Key to

79	80

1:200 000 map pages – these are shown in greater detail on pages VIII – XI

MICHELIN
Road Atlas of
France

MICHELIN
Road Atlas of
France

Crown Publishers, Inc., New York

Distributed in the United States by Crown Publishers, Inc.,
225 Park Avenue South, New York, New York 10003.
Published in Great Britain by The Hamlyn Publishing Group Limited,
Bridge House, 69 London Road, Twickenham, Middlesex TW1 3SB
CROWN is a trademark of Crown Publishers, Inc.

Manufactured in Spain

Contents

The role of the Michelin Green Guides is to provide tourists with an introduction to the regions of France and other foreign countries. The guides describe the sights, the countryside and picturesque routes; they also contain maps, plans and practical information as well as illustrations and photographs which whet one's appetite for travel. There are over 70 titles covering Europe and North America, which are published in French and other European languages and are revised regularly.

This Motoring Atlas of France is composed of the series of detailed maps originally published in 1910; they have benefited from the evolution of technical processes and have kept up to date with changes in the road network and the needs of the modern motorist. Over the years new symbols have been devised to facilitate the 'reading' of the map.

To improve their service to the customer, Michelin call upon the latest techniques in the compilation and production of their maps and guides. Because of their practical approach, their regular revision and their common concepts, these publications will continue to be an indispensable aid to travel.

use them together!

Library of Congress Cataloging-in-Publication Data
Michelin Tyre Company, Ltd.
Michelin road atlas of France.
1. France — Road maps. I. Title. II. Title: Road atlas of France.
G1844.21.P2M57 1987 912'.44 86-675268
ISBN 0-517-56536-6
ISBN 0-517-56537-4 (flexibind)
10 9 8 7 6 5 4 3 2 1
First Edition

Front endpapers
Keys to symbols
Town plans 1:200 000 maps
Key to map pages

IV Michelin maps and guides
VI Introduction
Traffic information
Road signs
VIII **Route planning**
X Motoring in France
XII **Paris area** at a scale of 1:105 000
XVI Snow affected roads

1 **Key** to 1:200 000 map symbols
2 **Maps of France** at a scale of 1:200 000

270 **Index** to 1:200 000 maps
311 **Paris** street plan

Back endpapers
Distances in France
Distances in Europe

Plans of cities and principal towns

268 ● Ajaccio
271 ● Aix-en-Provence
272 ● Angers
273 ● Annecy
273 ● Avignon
264 ● Bastia
276 ● Besançon
255 ● Béziers
224 ● Biarritz
192 ● Bordeaux
2 ● Boulogne
277 ● Bourges
44 ● Brest
28 ● Caen
2 ● Calais
282 ● Chartres
25 ● Cherbourg
283 ● Clermont-Ferrand
14 ● Dieppe
287 ● Dijon
292 ● Grenoble
29 ● Le Havre
296 ● Lille
297 ● Limoges
90 ● Lorient
298 ● Lyon
299 ● Le Mans
242 ● Marseille
301 ● Metz
302 ● Monte Carlo
303 ● Montpellier
304 ● Mulhouse
305 ● Nancy
110 ● Nantes
240 ● Nice
306 ● Nîmes
307 ● Orléans
308 ● Pau
263 ● Perpignan
68 ● Quimper
317 ● Reims
318 ● Rennes
319 ● Rouen
144 ● La Rochelle
48 ● St-Brieuc
322 ● St-Etienne
49 ● St-Malo
330 ● Strasbourg
245 ● Toulon
331 ● Toulouse
332 ● Tours
333 ● Troyes

Introduction

The first maps

André Michelin published his first guide book in 1900, to provide 'information which will be useful to a motorist travelling in France', and logically this led to the first Michelin road map, in 1907, and then to the first 1:200 000 series which covered the whole of France.

The first edition of this series, published between 1910 and 1913, was the forerunner of the modern series of Michelin sheet maps, still published at the scale decided by André Michelin early in the century. These maps in turn are the basis of this atlas, which, like the first Michelin maps and guides, is a thoroughly practical companion for travellers using the roads of France; it also looks beyond the roads to many of the topographical and man-made features of this varied country.

The roads of France

In European terms France is a large country, and it is still predominantly rural, characterized more by open country and villages or small towns than sprawling urban areas – outside Paris, only the conurbations of Lyon and Marseille have populations of more than a million. It is thus a country where the road network has traditionally been important, and it has become steadily more important through the last three decades.

There are more than 1.5 million kilometres (930 000 miles) of roads. The network includes over 6500 km (over 4000 miles) of motorways, some 800 000 km (almost 500 000 miles) of main roads, and around 700 000 km (around 435 000 miles) of minor roads. The main roads are either 'N' roads, which are regarded as part of the international or national routes network, or 'D' roads which are inter-regional; these are the red and yellow roads on the maps. Other roads are shown in white on the maps.

Many of the trunk roads, most logically those which do not duplicate motorway routes, have been uprated. Often superbly aligned, sometimes still lined with the poplar trees that were once traditional, these can make for enjoyable driving and overall journey speeds very near to the governing legal speed limit. From a driver's point of view the motorways are less interesting, but they do provide straightforward routes between main centres. Most are *autoroutes à péage*, or toll roads. The charge per kilometre varies from motorway to motorway and the toll payments on a long journey can be high. Different rates apply to coaches, goods and utility vehicles, cars towing caravans or trailers, motorcycles, and so on.

Overall, congestion is not a feature of motoring in France, though city rush hours are best avoided. The routes out of Paris or back into the capital can be very congested at weekends or holiday periods, while the almost perpetual congestion on the *périphérique* has become notorious. This ring road does, however, offer quick and easily understood routes from one side of the capital to another, or between suburban districts, and it links the motorways radiating out to the provinces. At peak holiday periods routes through Lyon can be very crowded but are difficult to avoid. Other traffic trouble spots are predictable – for example, parts of the south coast during the summer, or routes to winter sports resorts early in the year.

Using this atlas

The Michelin maps in this atlas provide the best possible guidance for drivers in France, from route pre-planning to on-the-spot selection to avoid a delay. Each spread of two pages in this atlas covers an area of approximately 61 by 92 kilometres (38 by 57 miles), displaying a sizeable area of country. Through routes are obvious and the painstaking work of the cartographers also ensures that the detail of road widths can be seen in advance. Diversions can be devised quickly, perhaps using the yellow or white minor roads.

The yellow roads are often used in signposted alternative routes, with signs frequently directing drivers to good 'D' roads; these can be particularly useful in avoiding built-up areas and often provide good, less congested long-distance routes. This system uses green signs which incorporate the word *Bis* since the routes are known as *Itinéraires Bis* in France.

Many of the 'D' roads are keys to intrinsic delights and the map symbols guide tourists to sites ranging from historic buildings to viewpoints. Many of the places picked out on the maps also merit entries in the renowned Michelin Green Guides, which cover regions of France with detailed descriptions of places of interest and suggestions for tours; the outline maps can be used in conjunction with this atlas. Picturesque roads are distinguished on the maps with green borders. More broadly, topography can be read off the maps, with hill shading, for example, fleshing out the bare bones of a named mountain pass or throwing into relief the sweep of one of the superb French river valleys which have provided routes for travellers since prehistoric times.

The maps are also related very directly to the Michelin Red Guide; places, not simply towns but villages and isolated hamlets, that merit entries in the Guide are underlined in red on the maps, while red frames pick out the towns with street plans included in the Guide.

This atlas has been planned as an end in itself, and as part of the Michelin tourist library, where it complements the series of well-established maps and guides. It does not take the place of the yellow sheet maps, which slip conveniently into a pocket or handbag with the local Green Guide, but, in combination, this atlas, the guides and the sheet maps are invaluable to travellers in France.

Traffic information

Centre de Renseignements Autoroutes (9-12h, 14-18h)
Monday-Friday (1) 47 05 90 01
Inter-Service Route (0–24h) (1) 48 58 33 33
Centres Régionaux d'Information et de Coordination Routière

Bordeaux	56 96 33 33	Metz	87 62 11 22
Créteil	(1) 48 98 92 18	Rennes	99 50 73 93
Lille	20 91 92 33	Rosny-s/Bois	(1) 48 58 33 33
Lyon	78 54 33 33		
Marseille	91 78 78 78		

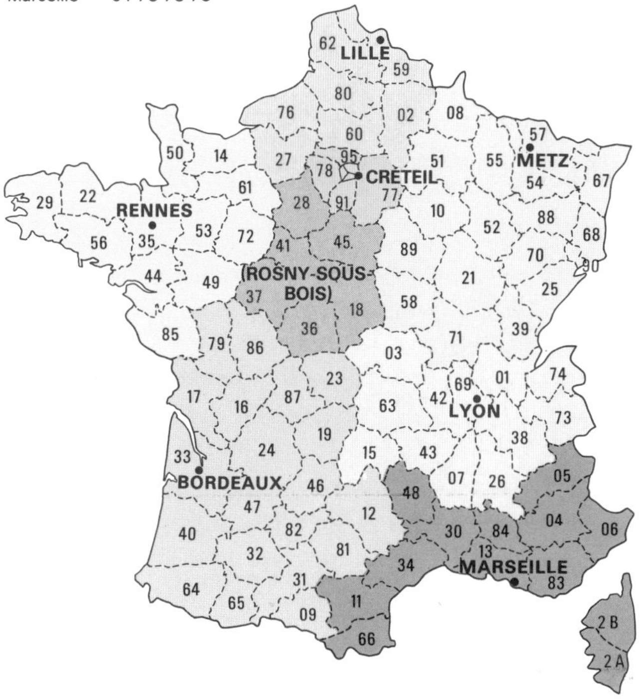

21 Number of *département*, listed on page 270

Road signs

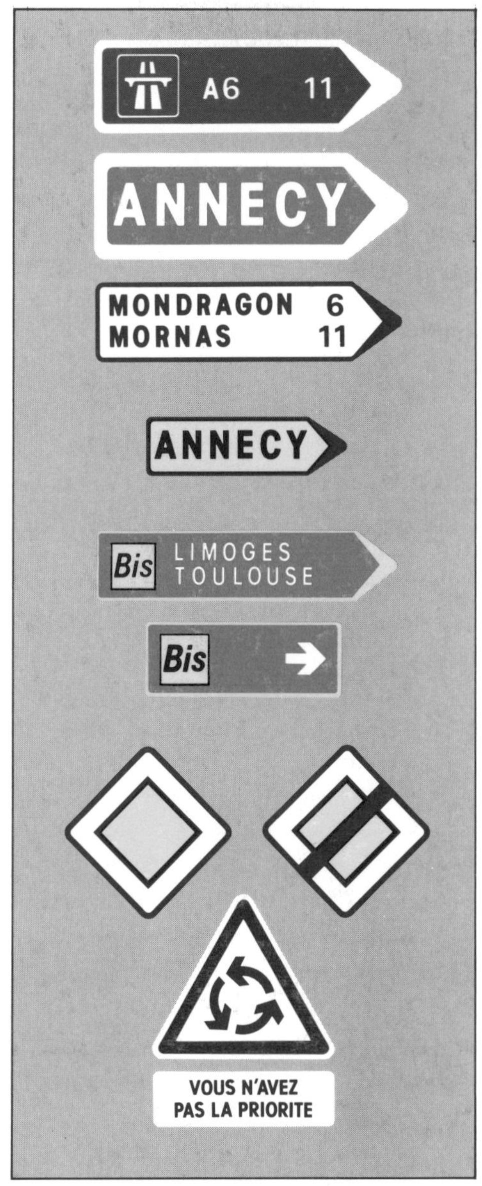

The background colours of direction signs are appropriate to categories of roads:

blue - motorways
green - main roads
white - local roads

Yellow signs with black lettering are used for temporary routes, especially diversions (*déviations*).

The *Itinéraire Bis* road signs are used to indicate less congested alternative routes.

Sign indicating the start of a stretch of 'priority' road and sign indicating the end of a 'priority' stretch.

Sign indicating a roundabout where vehicles already on the roundabout have priority.

Speed limits

Urban areas: 60 kmh/37 mph

Single carriageway roads: 90 kmh/56 mph
(on wet roads: 80 kmh/50 mph)

Dual carriageway roads: 110 kmh/68 mph
(on wet roads: 100 kmh/62 mph)

Motorways: 130 kmh/80 mph
(on wet roads: 110 kmh/68 mph)
A *minimum* speed limit of 80 kmh/50 mph applies to the overtaking lane of motorways in daylight and good weather.

These limits apply to motor cycles over 81cc; light motor cycles (51–80cc) are subject to a 75 kmh/47 mph limit.

Local variations are indicated on speed limit road signs. The *rappel* sign indicates a continuing restriction.

Priority

The system giving priority to traffic entering a road from the right now applies in built-up areas only, and then not in every case; main roads outside built-up areas have priority. Visual confirmation of a 'priority' road is displayed in yellow and black signs; the same sign with a diagonal cancel stripe clearly indicates the end of a 'priority' stretch. Stop signs must be observed as such, with drivers bringing their vehicles to a standstill. In roundabouts with the approach sign illustrated drivers must give way to vehicles already on the roundabout.

Full information on motoring in France is available from French Government Tourist Offices or motoring organizations such as the Automobile Association or the Royal Automobile Club.

GREAT BRITAIN
LONDON
Exeter
Dorchester
SOUTHAMPTON
Portsmouth
Bournemouth
BRIGHTON
Folkestone
PLYMOUTH
Boulog
le Touque
Paris-Plag
Berck-Plag
MANCHE
le Tréport
Dieppe
St Valery-en-Caux
Fécamp
Etretat
Neufchâtel-en-Bray
Yvetot
Bolbec
LE HAVRE
Honfleur
Trouville
Deauville
Cabourg
ROUEN
Pont-Audemer
Pont-l'Evêque
Louviers
les Andelys
Alderney
CHERBOURG
Guernsey
Valognes
Ste Mère-Eglise
Barneville-Carteret
Isigny
Arromanches
Carentan
Bayeux
CAEN
Jersey
Coutances
St Lô
Villers-Bocage
Lisieux
Bernay
Evreux
Vimoutiers
Falaise
Granville
Villedieu-les-Poêles
Vire
Flers
Gacé
l'Aigle
Avranches
Mortain
Argentan
Verneuil-sur-Avre
Perros-Guirec
Roscoff
Lannion
Tréguier
Paimpol
Brignogan-Plage
St Pol-de-Léon
Ile d'Ouessant
Morlaix
Guingamp
Erquy
St Malo
St Cast
Dinard
le Mont-St Michel
Domfront
Sées
BREST
Landerneau
St Brieuc
Lamballe
Dol-de-Bretagne
St Hilaire-du-Harcouët
Bagnoles-de-l'Orne
Mortagne-au-Perche
le Conquet
Dinan
Chartres
Morgat
Châteaulin
Carhaix-Plouguer
Fougères
Mayenne
Alençon
Bellême
Ile de Sein
Douarnenez
Loudéac
Montauban
Mamers
Nogent-le-Rotrou
Audierne
Quimper
RENNES
Vitré
Pont-l'Abbé
Pontivy
Laval
la Ferté-Bernard
Concarneau
Quimperlé
Josselin
LE MANS
Hennebont
Locminé
Ploërmel
St Calais
Lorient
Vendôme
Vannes
Redon
Châteaubriant
Château-Gontier
Auray
Segré
la Flèche
Quiberon
Nozay
Château-Renault
la Roche-Bernard
Pontchâteau
Angers
Blois
le Croisic
la Baule
Ancenis
TOURS
Montrichard
Belle Ile
St Nazaire
Paimboeuf
NANTES
Saumur
Pornic
Chinon
Noirmoutier-en-l'Ile
Clisson
Cholet
Loches
Beauvoir
Mortagne
Thouars
Loudun
St Jean-de-Monts
Challans
Bressuire
Ile d'Yeu
Chantonnay
Parthenay
Châtellerault
Châteaurou
la Roche-sur-Yon
la Châtaigneraie
Poitiers
le Blanc
les Sables-d'Olonne
Luçon
Fontenay-le-Comte
Montmorillon
l'Aiguillon-sur-Mer
Niort
St Maixent l'Ecole
Ile de Ré
St Martin de Ré
la Rochelle
Melle
Ile d'Oléron
St Pierre
Rochefort
Ruffec
Bellac
St Jean-d'Angély
Confolens
le Château
Marennes
Saintes
Rochechouart
LIMOG
la Tremblade
Royan
Cognac
Angoulême
le Verdon
Soulac-sur-Mer
Nontron
Barbezieux
LOIRE
Vilaine
Mayenne
Sarthe
Loir
Cher
Indre
Vienne
Creuse
Charente
Sèvre Nantaise
Orne
Eure
Seine

Route planning

Scale 1:2 200 000 approx 35 miles: 1 inch

Motorway or equivalent
Major road
Secondary through route
Motorway or road number (N 7)
Intermediate distances in kilometres (17)

Regional préfecture
Préfecture
Other principal town

The blue rectangles outline the coverage of each page in the 1:200 000 maps sequence which starts on page 2.
The blue numbers are map pages.

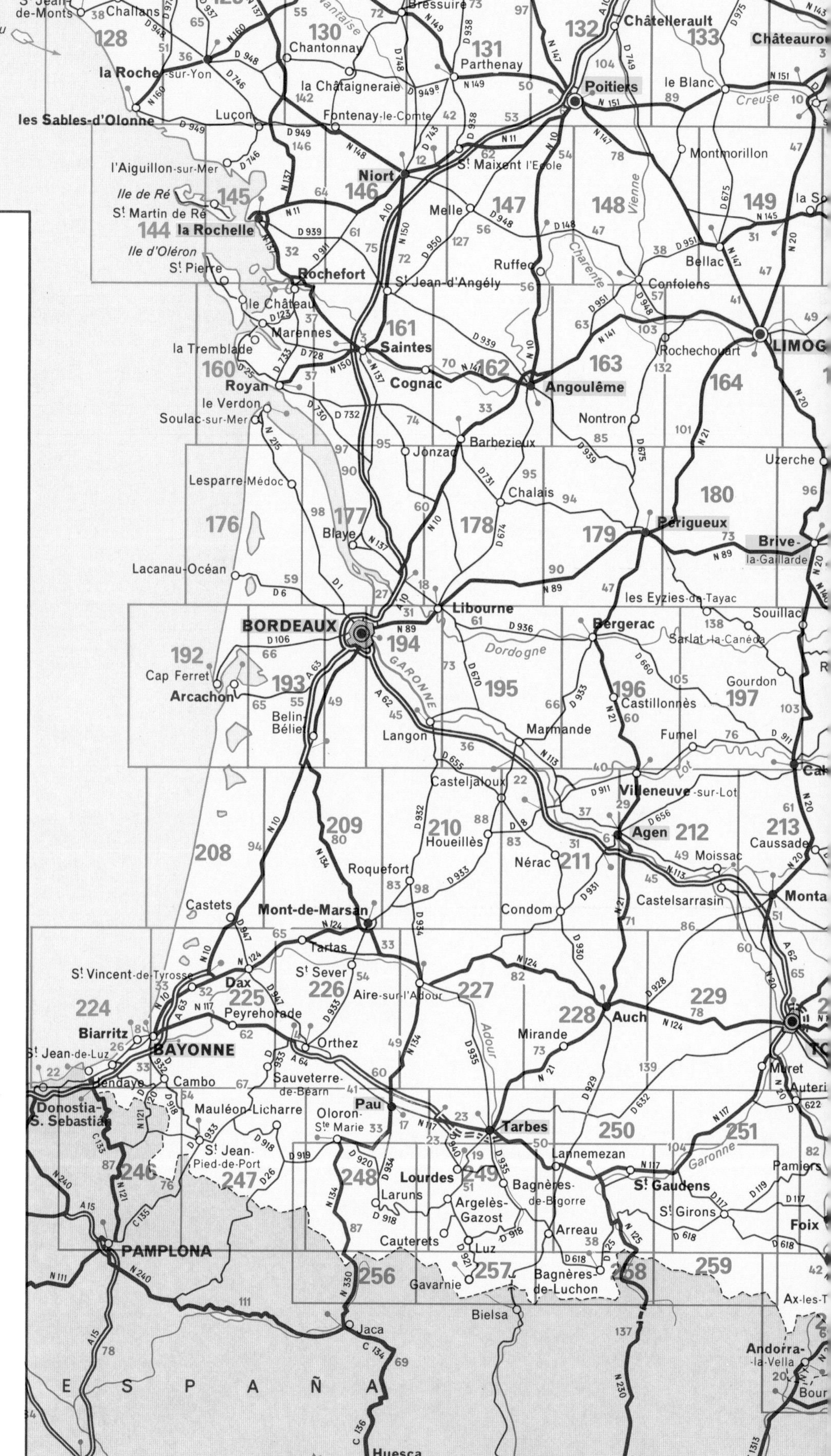

Motoring in France

- Driving in France is straightforward, with regulations and road signs generally similar to those in most West European countries. The basic rule is drive on the right, overtake on the left.
- Visitors should carry a full driving licence, vehicle registration document and evidence of insurance cover.
- Hazard warning lights or a red warning triangle must be carried, and used in a case of breakdown or accident. A spare set of light bulbs should be carried on a vehicle. Cars and commercial vehicles should have an external mirror on the left-hand side.
- Seat belts must be worn by the driver and front-seat passenger; children under ten may not travel in a front seat unless the car is a two-seater. Motor cyclists and pillion passengers must wear crash helmets.
- Full or dipped headlights must be used in poor visibility and at night and motor cyclists must use dipped headlights at all times, except when full beam is called for. Side lights should be used only as parking lights. Yellow-tinted headlights are preferred for tourist vehicles.
- Stop signs must be observed, with drivers bringing their vehicle to a standstill. On open roads, stopping vehicles must be driven completely off the road.
- Overtaking must not be attempted where a 'no overtaking' sign (a red vehicle and a black vehicle side by side) is displayed, where the manoeuvre would entail crossing an unbroken line on the road, or at the brow of a hill even if the road is not marked.
- Speeding or drink-driving offences are subject to on-the-spot fines, payable in cash, while a drink-driving offence may also result in the vehicle being immobilized on the spot.
- An accident causing injury must be reported to the police or gendarmerie. After an accident causing damage but not injury a Notice of Motoring Accident should be completed and signed by both parties.

XIV
Chatou
NEUILLY-s-S.
Puteaux
Mareil-Marly
le Port-Marly
Croissy-s-Seine
Rueil-Malmaison
Suresnes
ARC DE TRIOMPHE
OPÉRA
MADELEINE
CONCORDE
LOUVRE
SACRÉ-CŒUR
ST-LAZARE
Mémorial du Mt Valérien
L'Étang-la-Ville
Marly-le-Roi
Bougival
Louveciennes
la Celle-St Cloud
Bois de Boulogne
INVALIDES
MICHELIN
St-Cloud
Bailly
Noisy-le-Roi
Vaucresson
Garches
BOULOGNE BILLANCOURT
MONTPARNASSE
Rocquencourt
Marnes-la-Coquette
Parc de St Cloud
Ville-d'Avray
le Chesnay
ARBORETUM
Issy-les-Moulineaux
Vanves
Malakoff
Fontenay-le-Fleury
Sèvres
Meudon
Montrouge
Gentilly
St Cyr-l'École
Forêt de Meudon
Clamart
Châtillon
Arcueil
Bagneux
VERSAILLES
Viroflay
Chaville
Cachan
Fontenay-aux-Roses
Vélizy-Villacoublay
le Plessis-Robinson
Bourg-la-Reine
CAMP DE SATORY
Bouviers
ST QUENTIN-EN-YVELINES
Buc
Montigny-le-Bretonneux
Guyancourt
les Metz
Jouy-en-Josas
CENTRE TECHNIQUE CITROËN
Châtenay-Malabry
Sceaux
MICHELIN
les Loges-en-Josas
ÉCOLE H.E.C.
Bièvres
Voisins-le-Bretonneux
Antony
Fresnes
Verrières-le-Buisson
Toussus-le-Noble
Magny-les-Hameaux
Igny
Rungis
Châteaufort
Vauhallan
Saclay
Massy
Milon-la-Chapelle
Villiers-le-Bâcle
CENTRE D'ÉTUDES NUCLÉAIRES
Palaiseau
Chevreuse
St Rémy-lès-Chevreuse
St Aubin
ÉCOLE POLYTECHNIQUE
Chilly-Mazarin
Aéroport
Gif-s-Yvette
Orsay
Champlan
Bures-s-Yvette
Villebon
Longjumeau
les Ulis
Courtabœuf
Boullay-les-Troux
Gometz-le-Châtel
Villejust
Saulx-les-Chartreux
Ballainvilliers
Epinay-s-Orge
Gometz-la-Ville
les Molières
Nozay
Villiers-s-Orge
St Jean-de-Beauregard
Villemoisson-s-Orge
Pecqueuse
Janvry
Montlhéry
Ste Geneviève-des-Bois
Limours
Marcoussis
Longpont-s-Orge
St Michel-s-Orge
Forges-les-Bains
Linas
AUTODROME
Briis-s-Forges
Fontenay-les-Briis
Forêt de la Roche-Turpin
CAMP DE LINAS MONTLHÉRY
Leuville-s-Orge
Brétigny-s-Orge
le Plessis-Pâté
Bissy
Bois d'Ardeau
le Coudray
Soucy
Bel-Air

Paris area

Scale 1:105 000 1cm:1.05km approx 1.7 miles: 1 inch
Motorways – Roads
Motorway junctions
Motorway limited access junctions
Single carriageway motorway
Dual carriageway with motorway characteristics
Major road (having priority over access roads)
Secondary road
Minor road, surfaced
Minor road, of doubtful quality
Road under construction, prohibited road
Unmetalled road or private road
Footpath, long distance footpath
Cycle path
Road widths
Dual carriageway
Four lanes
Three lanes or two wide lanes
Two lanes, one lane
Distances
on motorways
free section
toll section
on other roads
intermediate
total
Classification
A 6 Motorways
N 5 D 28 RF Other roads
Obstacles
Gradient: 4-7%, 7-12%, 12% +
(ascent in the direction of the arrow)
Height above sea level
Headroom (given when less than 4.30m)
Load limit of a road
One-way road
Map page in main atlas
Conventional signs are shown inside the front cover
Paris street map, page 311
Belloy-en-France
Épinay-Champlâtreux
Villiers-le-Sec
Mareil-en-France
le Mesnil-Aubry
le Plessis-Gassot
Bouqueval
Écouen
Goussainville
Villiers-le-Bel
Sarcelles
Gonesse
Roissy-en-France
Vaudherland
Aéroport Charles de Gaulle
AÉROGARE Nº 1
AÉROGARE Nº 2
le Mesnil-Amelot
Thieux
Compans
Mitry-Mory
Tremblay-Vieux-Pays
Arnouville-lès-Gonesse
Bonneuil-en-France
Garges-lès-Gonesse
Villepinte
Tremblay-lès-Gonesse
Mitry-le-Neuf
Gressy
Claye-Souilly
Stains
Dugny
Le Blanc-Mesnil
Aulnay-s/s-Bois
Sevran
Villeparisis
le Bourget
la Courneuve
Drancy
Vaujours
Coubron
Courtry
le Pin
Villevaudé
Aubervilliers
BOBIGNY
Bondy
les Pavillons-s/s-Bois
Livry-Gargan
Clichy-s/s-B.
Montfermeil
Chelles
Pantin
Romainville
Noisy-le-Sec
Villemomble
le Raincy
Gagny
Brou-s-Chantereine
Pomponne
les Lilas
Bagnolet
Rosny
Neuilly-Plaisance
Vaires-s-M.
Montreuil
Neuilly-s-M.
Gournay-s-Marne
Champs-s-Marne
Torcy
Noisiel
Vincennes
Fontenay-s/s-Bois
Noisy-le-Grd
MARNE-LA-VALLÉE
St Mandé
Bois de Vincennes
Nogent-s-M.
le Perreux-s-M.
Bry-s-M.
Villiers-s-M.
Lognes
Collégien
Charenton
Joinville-le-Pont
St Maurice
Ivry-s-Seine
Maisons-Alfort
Champigny-s-M.
Croissy-Beaubourg
Emerainville
le Plessis-Trévise

33
Valmondois
Génicourt
Livilliers
Boissy-l'Aillerie
Ennery
Auvers-s-Oise
Butry-s-Oise
Stors
Mériel
Abb. du Val
Carrefour du Tremblé
Nerville-la-Forêt
Pré David
Maffliers
la Maison Blanche
FORÊT DE L'ISLE-ADAM
Montsoult
Immarmont
PONTOISE
Osny
Vaux
Épluches
Pont Petit
HÉLIPORT
la Bonneville
la Haute Borne
Méry-s-Oise
la Muette
Villiers-Adam
Béthemont-la-Forêt
Chauvry
Baillet-en-France
la Croix-Verte
Frépillon
Abb. de Maubuisson
St Ouen-l'Aumône
Bessancourt
Bouffémont
les Hauts-Champs
Domont
Gency
Vauréal
Menandon
Cergy
BASE DE LOISIRS
Ham
CERGY-PONTOISE
ERAGNY
PIERRELAYE
ST-OUEN-L'AUMÔNE
FORÊT DE MONTMORENCY
Eragny-s-Oise
Pierrelaye
Taverny
la Chasse
Bois Corbon
St Leu-la-Forêt
St Prix
Jouy-le-Moutier
Neuville-s-Oise
les Buttes Blanches
les Courlains
Beauchamp
Montlignon
Piscop
Vincourt
les Cailloux Gris
la Patte d'Oie d'Herblay
le Plessis-Bouchard
ST-LEU
ERMONT
Andilly
St Brice
Glatigny
Maurecourt
Chennevières
LA PATTE D'OIE D'HERBLAY
Margency
Conflans-Ste H.
Herblay
MONTIGNY
Franconville
Ermont
Eaubonne
Soisy
Montmorency
les Charvaux
le Fay
Fin d'Oise
Parc Agricole d'Achères
STATION D'ÉPURATION
Montigny-lès-Cormeilles
FRANCONVILLE
Deuil
Andrésy
la Frette-s-S.
Champ de Tir
STATION D'ÉPURATION
Sannois
St Gratien
Chanteloup-les Vignes
Denouval
FORÊT
Pavillon de la Muette
Cormeilles-en-Parisis
ARGENTEUIL-Nord
Enghien
Villetaneuse
Achères
Camp
le Parc
Epinay
Carrières-s/s-Poissy
Croix St Simon
la Faisanderie
MAISONS-LAFFITTE
ARGENTEUIL
UNIVERSITÉ
TALBOT
POISSY
le Mesnil-le-Roi
Sartrouville
ARGENTEUIL
Port de Gennevilliers
GENNEVILLIERS Port
GENNEVILLIERS
Villeneuve-la-Garenne
Croix de Noailles
ST GERMAIN
les Loges
Carrières-s/s-Bois
Bezons
Houilles
BOIS-COLOMBES
ASNIÈRES
VILLENEUVE LA-GARENNE
L'Ile-St Denis
MICHELIN
Gennevilliers
COLOMBES-Centre
Croix Pucelle
CAMP DES LOGES
Marante
Colombes
Bois-Colombes
Chambourcy
Terrasse
COLOMBES-Ouest
Carrières-s-S.
Pt Colombes
les Vallées
Asnières-s-S.
Montesson
NANTERRE
la Garenne-Colombes
Cim. des Chiens
Clichy
UNIVERSITÉ
Bécon
SEINE
Courbevoie
St Ouen
Montaigu
MUSÉE
le Vésinet
MICHELIN
NANTERRE
Levallois-Perret
Pte de Clignancourt
ST-GERMAIN-EN-LAYE
Joyenval
le Pecq
Chatou
la Défense
NEUILLY-s-S.
Pte de Clichy
Pte d'Asnières
SACRÉ-CŒUR
Fourqueux
Forêt
le Port-Marly
Puteaux
Pte Champerret
Mareil-Marly
Croissy-s-Seine
Rueil-Malmaison
Jardin d'Acclimatation
ST-LAZARE
NORD
Montval
Suresnes
Pte Maillot
ARC DE TRIOMPHE
Carrefour Royal
Cx St Michel
de
Mémorial du Mt Valérien
Bagatelle
OPÉRA
MUSÉE
MADELEINE
CONCORDE
L'Étang-la-Ville
Marly-le-Roi
Voisins
Bougival
Bois de Boulogne
LOUVRE
Marly-le-Roi
début 1987
Louveciennes
la Celle-St Cloud
St Cucufa
Bois de Boulogne
Pte d'AUTEUIL
INVALIDES
la Tuilerie
Bignon
Noisy-le-Roi
VERSAILLES Ouest
Parc forestier
MICHELIN
Bailly
Beauregard
Vaucresson
Garches
St-Cloud
BOULOGNE
R. Garros
Jin A. Kahn
Pte d'Auteuil
Pavillon du Butard
Pte de St Cloud
MONTPARNASSE
Rocquencourt
ST-CLOUD
Mémorial Lafayette
Parc de St Cloud
BOULOGNE-BILLANCOURT
Rennemoulin
Parly 2
Marne-la-Coquette
MANUFACTURE
Pte de Versailles
ARBORETUM
VERSAILLES-Nord
Ville-d'Avray
RENAULT
Pte de Chatillon
le Chesnay
Vanves
Issy-les-Moulineaux
Malakoff
Pte d'Orléans
Fontenay-le-Fleury
Pte St Antoine
Trianons
Forêt de
Fausses-Reposes
Sèvres
Bellevue
Meudon
Montrouge
Gentilly

XI
SUISSE
ITALIA
MÉDITERRANÉE
LAC LÉMAN
Dijon
Besançon
Bern
Lausanne
Genève
Chamonix
Torino
Lyon
Clermont-Fd
St-Etienne
Grenoble
Valence
Montélimar
Avignon
Nîmes
Montpellier
Marseille
Toulon
Nice
Cannes
Antibes
Menton
Monte-Carlo-Monaco
Perpignan
Carcassonne
Narbonne
Béziers
Albi
Rodez
Aurillac
Le Puy
Mende
Millau
Alès
Arles
Aix-en-P.
Gap
Digne
Briançon
Cuneo
Chambéry
Annecy
Albertville
Aosta
Bourg-en-Bresse
Mâcon
Chalon-sur-Saône
Nevers
Bourges
Moulins
Montluçon
Vichy
Roanne
Bastia
Calvi
Corte
Ajaccio
Sartène
Bonifacio
Figueres
Tunnel du Grand St Bernard
Tunnel du Mont Blanc
Tunnel du Fréjus
Iles d'Hyères

XV
Romainville
le Pré-St Gervais
Pte de Pantin
le Raincy
Villemomble
Franceville
Gagny
Chelles
Brou-s-Chantereine
Les Lilas
Pte des Lilas
Rosny
Neuilly-Plaisance
Vaires-s-M.
Bagnolet
Pte de Bagnolet
Montreuil
Pte de Montreuil
Neuilly-s-M.
Gournay-s-Marne
Champs-s-Marne
Torcy
Noisiel
BASTILLE
NATION
Vincennes
Fontenay-s/s-Bois
Pte de Vincennes
Noisy-le-Grd
Rentilly
Collégien
LYON
Nogent-s-M.
le Perreux-s-M.
Bry-s-M.
MARNE-LA-VALLÉE
Pte de Picpus
St Mandé
Pte de Charenton
Bois de Vincennes
Villiers-s-M.
Lognes
Pte de Bercy
Charenton
Joinville-le-Pont
la Fourchette
Malnoue
Croissy-Beaubourg
Ivry-s-Seine
St Maurice
Maisons-Alfort
Champigny-s-M.
Cœuilly
le Plessis-Trévise
Emerainville
Alfortville
Bois l'Abbé
Parc de Croissy
le Port à l'Anglais
St Maur-des-Fossés
Combault
Chennevières-s-Marne
Fontaine-des-Bordes
Vitry-s-Seine
la Varenne-St Hilaire
Pincevent
Pontault-Combault
Roissy-en-Brie
Créteil
Mont Mesly
Port de Bonneuil
Ormesson-sur-Marne
la Queue-en-Brie
Carreft Pompadour
le Pavé
Noiseau
Choisy-le-Roi
Val Pompadour
Bonneuil-s-M.
Sucy-en-Brie
les Marmousets
Ozoir-la-Ferrière
Thiais
la Belle Epine
Grignon
Brévannes
les Bruyères
Forêt de Notre-Dame
les Agneaux
Maison Blanche
la Grande Romaine
Orly
Valenton
Limeil-Brévannes
Boissy-St Léger
Lésigny
Zoo d'Attilly
la Chauvennerie
Villeneuve-le-Roi
Forêt de la Grange
le Grd Bervilliers
Beaurose
Gros Bois
Marolles-en-Brie
Férolles-Attilly
Orly-Sud
Villeneuve-St Georges
la Grange
Santeny
Ablon-s-Seine
Yerres
Villecresnes
Villemenon
Forcilles
Chevry-Cossigny
Crosne
Athis-Mons
Servon
le Bois du Parc
Cossigny
la Borde
Vigneux
Montgeron
Mandres-les-Roses
Silo
Périgny
Brie-Comte-Robert
Val d'Yerres
Brunoy
le Mesnil
BASE DE LOISIRS
Boussy-St Antoine
Epinay-s-Sénart
Vieux Pont
Moulin de Jarcy
Villemain
Carreft de Montgeron
Mainville
la Pyramide
Grisy-Suisnes
Draveil
Carreft du Cormier
Villemeneux
Lycée Agric
Carreft du Chêne d'Antin
FORÊT DE SÉNART
Varennes-Jarcy
le Petit Grisy
Viry-Châtillon
Carreft de la Souche
Quincy-s-Sénart
Sansalle
Suisnes
Carreft d'Orléans
Mln du Breuil
Grégy-s-Yerres
l'Ermitage
Carreft du Chêne Prieur
Combs-la-Ville
BASE NAUTIQUE
Champrosay
Croix de Villeroy
Cordon
Grigny
Soisy-s-Seine
MUSÉE
le Bois l'Évêque
Evry-les-Châteaux
Mardilly
Ris-Orangis
Chêne Moreau
Egrenay
le Saussoy
CENTRE PÉNITENTIAIRE
Etiolles
Tigery
Pont du Roi
Chanteloup
Fleury-Mérogis
Pt Bourg
Evry
Lieusaint
Moissy-Cramayel
Tremblesseaux
Villepècle
St Germain-lès-Corbeil
Mauny
Limoges-Fourches
Galande
Villaroche
Courcouronnes
CITROËN
SNECMA
St Pierre-du-Perray
CORBEIL-ESSONNES
Servigny
Plessis-le-Roi
Arvigny
Réau
Ourdy
58

Snow affected roads

Snow cleared: within 24 hours

Snow cleared: delay indeterminate

12-3 Approximate period of closure

● **Die** 75.22.02.56 For local road conditions: telephone number

Snow chains can be hired or purchased at many garages, especially in mountain regions. Studded tyres may be used 15 November to 15 March; vehicles with studded tyres are subject to a speed limit of 90 kmh/56 mph.

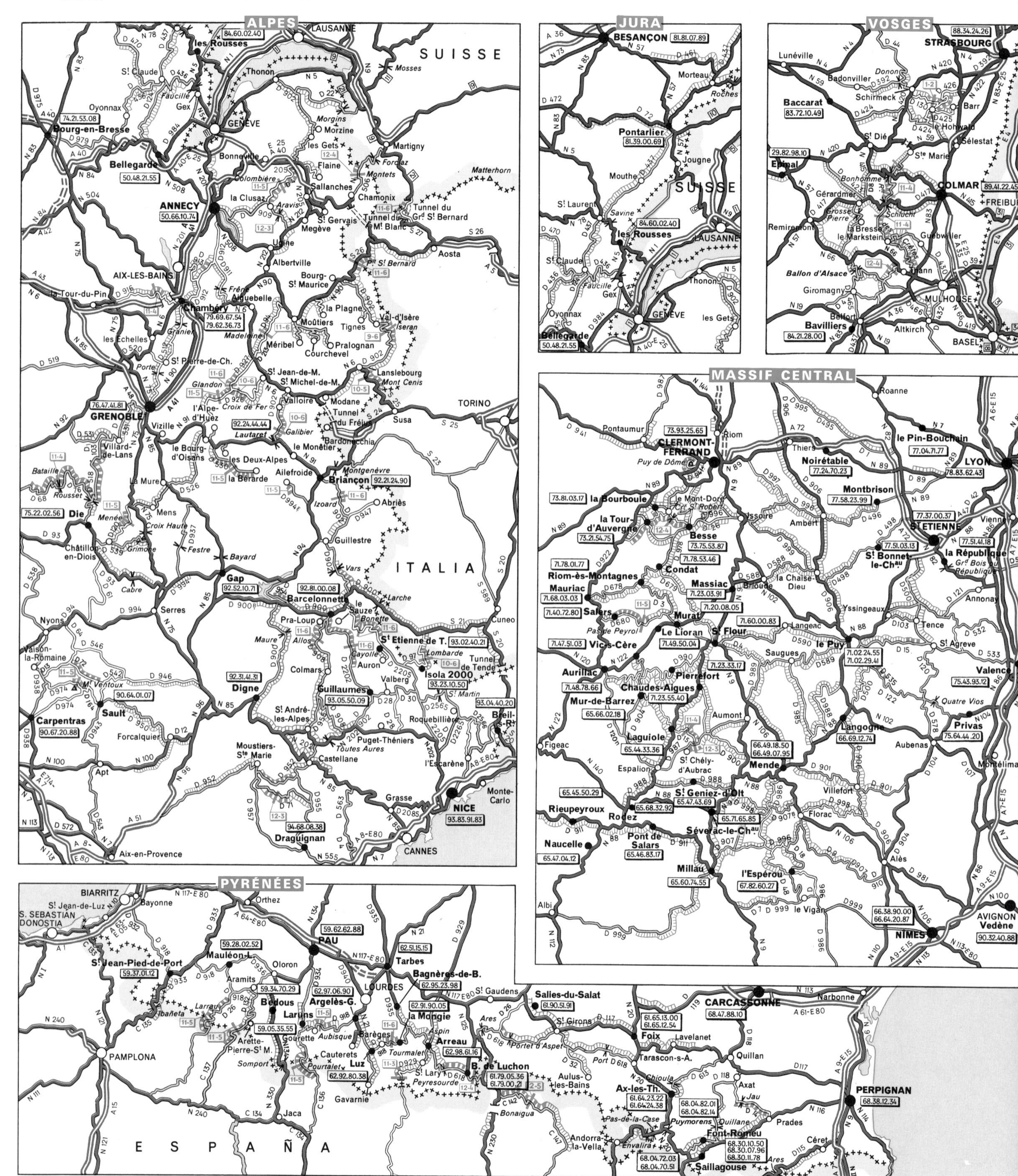

Verklaring van tekens — Légende
Zeichenerklärung — Key

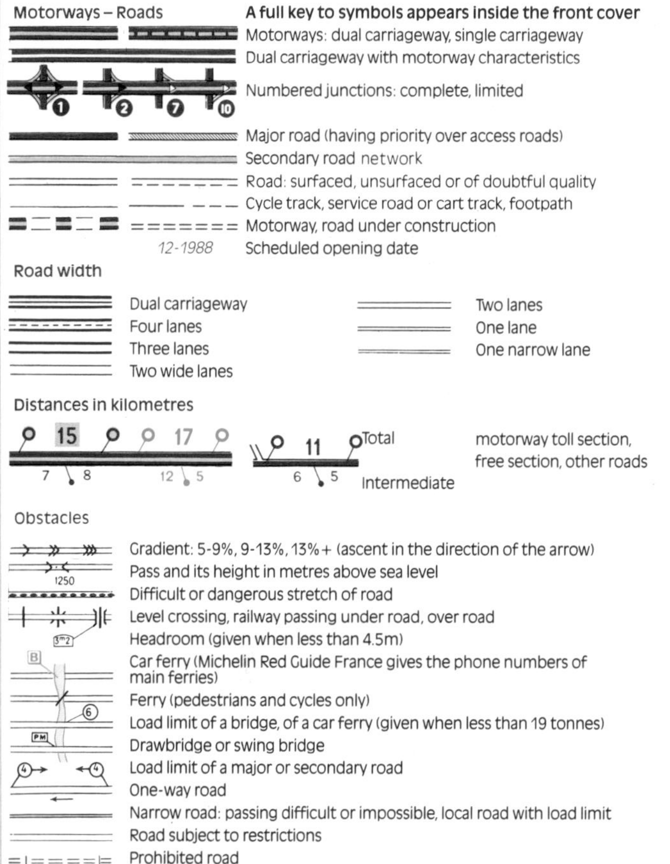

Motorways – Roads — **A full key to symbols appears inside the front cover**

Motorways: dual carriageway, single carriageway
Dual carriageway with motorway characteristics
Numbered junctions: complete, limited
Major road (having priority over access roads)
Secondary road network
Road: surfaced, unsurfaced or of doubtful quality
Cycle track, service road or cart track, footpath
Motorway, road under construction
12-1988 Scheduled opening date

Road width

Dual carriageway
Four lanes
Three lanes
Two wide lanes
Two lanes
One lane
One narrow lane

Distances in kilometres

15 17 7 8 12 5 — 11 6 5 Total / Intermediate — motorway toll section, free section, other roads

Obstacles

Gradient: 5-9%, 9-13%, 13%+ (ascent in the direction of the arrow)
1250 Pass and its height in metres above sea level
Difficult or dangerous stretch of road
Level crossing, railway passing under road, over road
Headroom (given when less than 4.5m)
Car ferry (Michelin Red Guide France gives the phone numbers of main ferries)
Ferry (pedestrians and cycles only)
Load limit of a bridge, of a car ferry (given when less than 19 tonnes)
Drawbridge or swing bridge
Load limit of a major or secondary road
One-way road
Narrow road: passing difficult or impossible, local road with load limit
Road subject to restrictions
Prohibited road

Autoroutes – Routes — **Voir la légende complète à la première page de garde**

Autoroute à chaussées séparées, à une seule chaussée
Double chaussée de type autoroutier (sans carrefour à niveau)
Échangeurs numérotés: complet, partiels
Route principale (en France classée à grande circulation)
Itinéraire régional ou de dégagement
Route: revêtue, non revêtue ou de mauvaise viabilité
Piste cyclable, chemin d'exploitation, sentier
Autoroute, route en construction
12-1988 Date prévue de mise en service

Largeur des routes

Chaussées séparées
Quatre voies
Trois voies
Deux voies larges
Deux voies
Une voie
Une voie étroite

Distances

15 17 7 8 12 5 — 11 6 5 Distances totalisées / Distances partielles — sur section à péage, sur section libre, sur route

Obstacles

Pente: 5-9%, 9-13%, 13% et plus (flèches dans le sens de la montée)
1250 Col et sa cote d'altitude
Parcours difficile ou dangereux
Passages de la route: à niveau, supérieur, inférieur
Hauteur limitée (indiquée au-dessous de 4,50m)
Bac passant les autos (le Guide Michelin France donne le numéro de téléphone des principaux bacs)
Bac pour piétons et cycles
Limite de charge d'un pont, d'un bac (indiquée au-dessous de 19t)
Pont mobile
Limite de charge d'une route nationale ou départementale
Route à sens unique
Une voie étroite: croisement difficile, impossible; chemin à charge limitée
Route réglementée (interdite à certaines heures, sens alterné, etc)
Route interdite

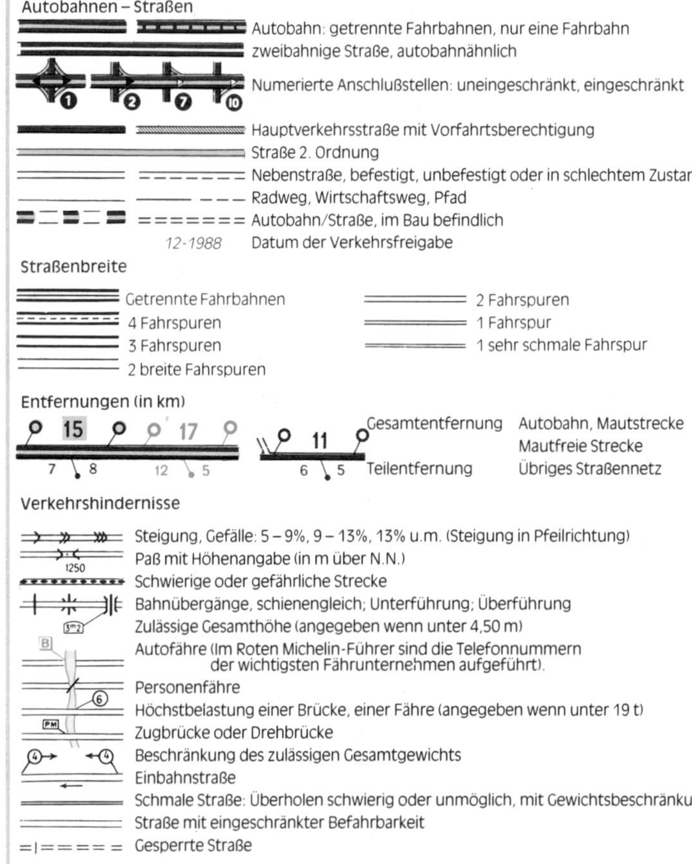

Autobahnen – Straßen

Autobahn: getrennte Fahrbahnen, nur eine Fahrbahn
zweibahnige Straße, autobahnähnlich
Numerierte Anschlußstellen: uneingeschränkt, eingeschränkt
Hauptverkehrsstraße mit Vorfahrtsberechtigung
Straße 2. Ordnung
Nebenstraße, befestigt, unbefestigt oder in schlechtem Zustand
Radweg, Wirtschaftsweg, Pfad
Autobahn/Straße, im Bau befindlich
12-1988 Datum der Verkehrsfreigabe

Straßenbreite

Getrennte Fahrbahnen
4 Fahrspuren
3 Fahrspuren
2 breite Fahrspuren
2 Fahrspuren
1 Fahrspur
1 sehr schmale Fahrspur

Entfernungen (in km)

15 17 7 8 12 5 — 11 6 5 Gesamtentfernung / Teilentfernung — Autobahn, Mautstrecke; Mautfreie Strecke; Übriges Straßennetz

Verkehrshindernisse

Steigung, Gefälle: 5 – 9%, 9 – 13%, 13% u.m. (Steigung in Pfeilrichtung)
1250 Paß mit Höhenangabe (in m über N.N.)
Schwierige oder gefährliche Strecke
Bahnübergänge, schienengleich; Unterführung; Überführung
Zulässige Gesamthöhe (angegeben wenn unter 4,50 m)
Autofähre (Im Roten Michelin-Führer sind die Telefonnummern der wichtigsten Fährunternehmen aufgeführt).
Personenfähre
Höchstbelastung einer Brücke, einer Fähre (angegeben wenn unter 19 t)
Zugbrücke oder Drehbrücke
Beschränkung des zulässigen Gesamtgewichts
Einbahnstraße
Schmale Straße: Überholen schwierig oder unmöglich, mit Gewichtsbeschränkung
Straße mit eingeschränkter Befahrbarkeit
Gesperrte Straße

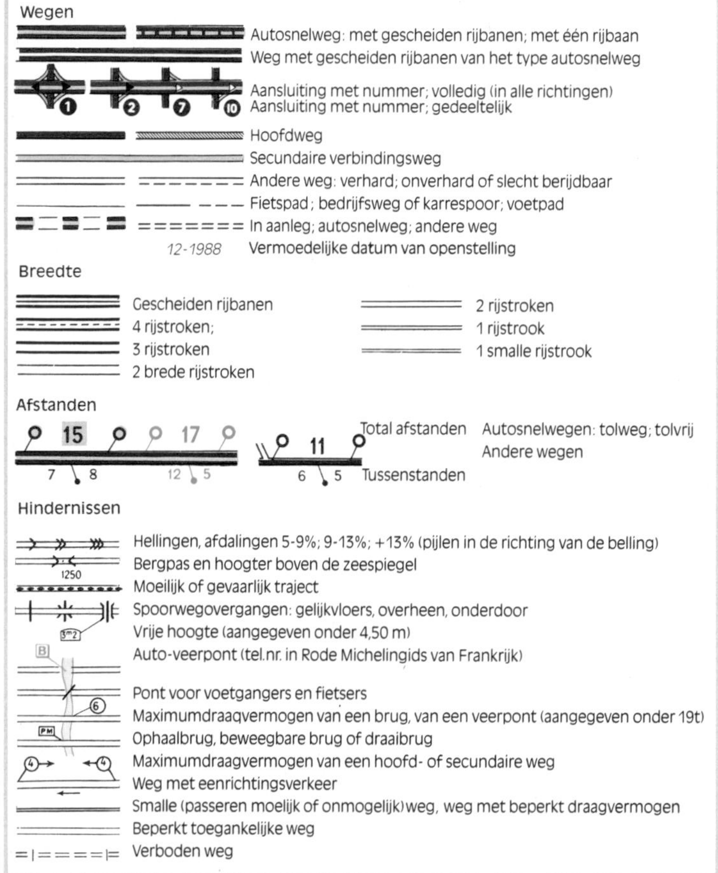

Wegen

Autosnelweg: met gescheiden rijbanen; met één rijbaan
Weg met gescheiden rijbanen van het type autosnelweg
Aansluiting met nummer; volledig (in alle richtingen)
Aansluiting met nummer; gedeeltelijk
Hoofdweg
Secundaire verbindingsweg
Andere weg: verhard; onverhard of slecht berijdbaar
Fietspad; bedrijfsweg of karrespoor; voetpad
In aanleg; autosnelweg; andere weg
12-1988 Vermoedelijke datum van openstelling

Breedte

Gescheiden rijbanen
4 rijstroken;
3 rijstroken
2 brede rijstroken
2 rijstroken
1 rijstrook
1 smalle rijstrook

Afstanden

15 17 7 8 12 5 — 11 6 5 Total afstanden / Tussenstanden — Autosnelwegen: tolweg; tolvrij; Andere wegen

Hindernissen

Hellingen, afdalingen 5-9%; 9-13%; +13% (pijlen in de richting van de belling)
1250 Bergpas en hoogter boven de zeespiegel
Moeilijk of gevaarlijk traject
Spoorwegovergangen: gelijkvloers, overheen, onderdoor
Vrije hoogte (aangegeven onder 4,50 m)
Auto-veerpont (tel.nr. in Rode Michelingids van Frankrijk)
Pont voor voetgangers en fietsers
Maximumdraagvermogen van een brug, van een veerpont (aangegeven onder 19t)
Ophaalbrug, beweegbare brug of draaibrug
Maximumdraagvermogen van een hoofd- of secundaire weg
Weg met eenrichtingsverkeer
Smalle (passeren moeilijk of onmogelijk) weg, weg met beperkt draagvermogen
Beperkt toegankelijke weg
Verboden weg

A B C

Calais

Rue	Carré	N°
Gambetta (Bd Léon)	Z	
Jacquard (Bd)	Z	
Lafayette (Bd)	Z	
Pasteur (Bd)	Z	
Royale (R.)	X	36
Amsterdam (R. d')	Y	2
Angleterre (Pl. d')	X	3
Barbusse (Pl. Henri)	X	5
Bonningue (R. Cdt)	X	7
Bruxelles (R. de)	Y	8
Escaut (Quai de l')	Y	12
Foch (Pl. Mar.)	Y	13
George-V (Pont)	Y	15
Gerschell (R. André)	X	16
Jacquard (Pont)	Y	19
Mer (R. de la)	X	24
Notre-Dame (R.)	X	26
Paix (R. de la)	X	27
Paul-Bert (R.)	Y	28
Phare	X	E
Prés.-Wilson (Av.)	Y	31
Quatre-Coins (R.)	Z	32
Rhin (Quai du)	Y	33
Richelieu (R.)	YZ	34
Rome (R. de)	Y	35
Soldat-Inconnu (Pl.)	Y	37
Tamise (Quai de la)	Y	40
Thermes (R. des)	X	41
Varsovie (R. de)	Y	43
Vauxhall (R. du)	Z	44

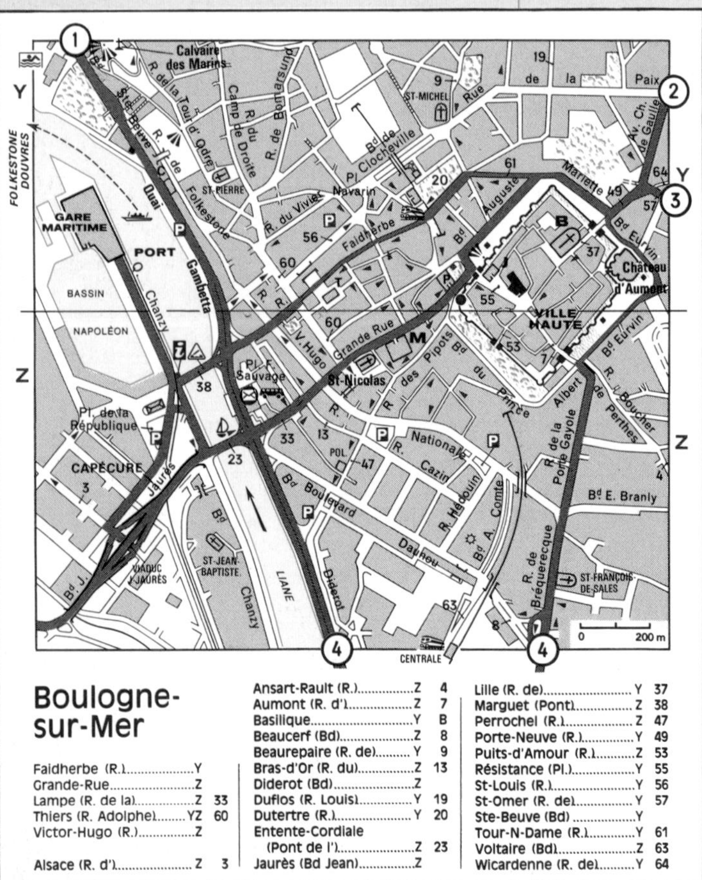

Boulogne-sur-Mer

Rue	Carré	N°
Faidherbe (R.)	Y	
Grande-Rue	Z	
Lampe (R. de la)	Z	33
Thiers (R. Adolphe)	YZ	60
Victor-Hugo (R.)	Z	
Alsace (R. d')	Z	3
Ansart-Rault (R.)	Z	4
Aumont (R. d')	Z	7
Basilique	Y	B
Beaucerf (Bd)	Z	8
Beaurepaire (R. de)	Y	9
Bras-d'Or (R. du)	Z	13
Diderot (Bd)	Z	
Duflos (R. Louis)	Y	19
Dutertre (R.)	Y	20
Entente-Cordiale (Pont de l')	Z	23
Jaurès (Bd Jean)	Z	
Lille (R. de)	Y	37
Marguet (Pont)	Z	38
Perrochel (R.)	Z	47
Porte-Neuve (R.)	Y	49
Puits-d'Amour (R.)	Z	53
Résistance (Pl.)	Y	55
St-Louis (R.)	Y	56
St-Omer (R. de)	Y	57
Ste-Beuve (Bd)	Y	
Tour-N-Dame (R.)	Y	61
Voltaire (Bd)	Z	63
Wicardenne (R. de)	Y	64

PAS DE CALAIS

Wissant — Cap Gris-Nez (50) — Cap Blanc-Nez (134) — Sangatte — Escalles — Audresselles — Ambleteuse — Wimereux — BOULOGNE-S-MER — le Portel — Cap d'Alprech — Equihen-Plage — Hardelot-Plage — Marquise — Samer — Neufchâtel-Hardelot

8

B C

D
E
F
3
Ramsgate
Dover (par aéroglisseur)
DUNKERQUE
Malo-les-Bains
ZONE INDUSTRIELLE PORTUAIRE
LAFARGE
USINOR
EDF
Fort Mardyck
St Pol
Mardyck
Grde Synthe
Pte Synthe
Coudekerque-Branche
Téteghem
Rosendaël
E.D.F. (Centrale nucléaire)
Grd Fort-Philippe
Pit Fort Philippe
les Dunes-d'Oye
les Huttes
Loon-Plage
le Clipon
Hameau-des-Dunes
Phare de Walde
CALAIS
Hoverport
le Fort-Vert
les Hemmes
le Tap-Cul
le Bout-d'Oye
l'Étoile
Oye-Plage
Waldam
Gravelines
St Georges-s-l'Aa
Pont-d'Oye
le Pit Courgain
Marck
Blériot-Plage
le Beau Marais
Offekerque
St Folquin
St Omer-Capelle
Pont-du-Halot
le Guindal
Bourbourg
Craywick
Coppenaxfort
Spycker
Armbouts-Cappel
Cappelle-la-Gde
Brouckerque
Steene
Pitgam
Socx
Crochte
Bissezeele
Looberghe
Drincham
Eringhem
Spreuwkoot
Zegerscappel
Esquelbecq
Cappelle-Brouck
St Pierre-Brouck
Ste Marie-Kerque
St Nicolas
la Bistade
Mannequebeurre
Guemps
Nlle Église
Vlle Église
Fort-Bâtard
Coulogne
le Pont-de-Coulogne
le Pont-de-Briques
Nielles-lès-Calais
St Tricat
les Attaques
le Pont-d'Ardres
Hennuin
Audruicq
Nortkerque
Bois-en-Ardres
Guînes
Andres
Balinghem
Ardres
Brêmes
Campagne-lès-Guînes
Caffiers
Fiennes
Bouquehault
Hermelinghen
Rodelinghem
Landrethun-lès-Ardres
Autingues
Louches
Zutkerque
Polincove
Recques-s-Hem
Ruminghem
Muncq-Nieurlet
Forêt d'Éperlecques
Watten
Holque
Bollezeele
Merckeghem
Millam
Volckerinckhove
Wulverdinghe
Rubrouck
Arnèke
Broxeele
Ochtezeele
Lederzeele
Éperlecques
Bayenghem-lès-Éperlecques
Nordausques
Zouafques
Tournehem-s-la-Hem
Nort-Leulinghem
Clerques
Licques
Hocquinghen
Audrehem
Mentque
Moulle
Houlle
Serques
St Momelin
Nieurlet
Buysscheure
Noordpeene
Zuytpeene
PARC RÉGIONAL
Clairmarais
Forêt de Rihoult-Clairmarais
St OMER
Arques
Tilques
Salperwick
St Martin-au-Laërt
Longuenesse
Wisques
Moringhem
Zudausques
Quelmes
Quercamps
Boisdinghem
Journy
Alquines
Surques
Bainghen
Colembert
Escœuilles
Longueville
Henneveux
Bournonville
Brunembert
Alincthun
Desvres
Mont Hulin
Lottinghen
Selles
Menneville
Vieil-Moutier
Bléquin
Nielles-lès-Bléquin
Affringues
Elnes
Lumbres
Setques
Acquin
Wizernes
Hallines
Esquerdes
Blendecques
Heuringhem
Racquinghem
Wardrecques
Campagne-lès-Wardrecques
Renescure
Ebblinghem
Ecques
Quiestède
Roquetoire
Helfaut
Thérouanne
Delettes
Coyecques
Fauquembergues
Avroult
Merck-St Liévin
Ouve-Wirquin
Cléty
Remilly-Wirquin
Inghem
Herbelles
Clarques
Rebecques
Mametz
Aire-s-la-Lys
Blessy
Witternesse
Isbergues
Lambres
Molinghem
Quernes
Rombly
Linghem
Norrent-Fontes
Estrée-Blanche
Liettres
Enquin-les-Mines
Erny St Julien
Nouveauville
Pétigny
Dennebrœucq
Audincthun
Renty
Aix-en-Ergny
Ergny
Bourthes
Zoteux
Wicquinghem
Campagne-lès-Boulonnais
St Martin-d'Hardinghem
Thiembronne
Wismes
Senlecques
Lédinghem
Bécourt
le Maisnil-Boutry
Courset
Preures
Bezinghem
Enquin-s-Baillons
Canal de Calais
Colme
Yser
Aa
Lys
N1
N43
N42
A26
D928
D943
D916
GR 128

A B C

DUNKERQUE
Malo-les-Bains
Leffrinckoucke
Zuydcoote
Bray-Dunes
De Panne
St-Idesbald
Oostduinkerke
Koksijde
Wulpen
Veurne (Furnes)
Adinkerke
Ghyvelde
Rosendaël
St Pol
Fort Mardyck
Gde Synthe
Pte Synthe
Téteghem
Coudekerque-Branche
Coudekerque
Uxem
Les Moëres
Hondschoote
Leisele
Alveringem
Pervijze
Diksmuide (Dixmude)
Armbouts-Cappel
Cappelle-la-Gde
Spycker
Bergues
Hoymille
Warhem
Killem
Rexpoëde
Oost-Cappel
Roesbrugge
Stavele
Oostvleteren
Reninge
Merkem
Lo (Lo-Reninge)
Steene
Socx
Crochte
Pitgam
Quaedypre
West-Cappel
Bissezeele
Wylder
Bambecque
Drincham
Eringhem
Zegerscappel
Esquelbecq
Wormhout
Herzeele
Houtkerque
Watou
Proven
Poperinge
Elverdinge
Boezinge
Ieper (Ypres)
Vlamertinge
Bollezeele
Ledringhem
Rubrouck
Arnèke
Zermezeele
Ochtezeele
Broxeele
Volckerinckhove
Lederzeele
Oudezeele
Winnezeele
Droogland
Steenvoorde
Hardifort
Cassel
Terdeghem
Boeschepe
Reningelst
Dikkebus
Kemmel (Heuvelland)
Loker
Westouter
Wijtschate
Mesen (Messines)
Wulvergem
Godewaersvelde
St Sylvestre-Cappel
Ste Marie-Cappel
Eecke
Berthen
St Jans Cappel
Flêtre
Caëstre
Méteren
Bailleul
Dranouter
Nieuwkerke Neuve-Eglise
Ploegsteert
Clairmarais
Forêt de Rihoult-Clairmarais
Noordpeene
Zuytpeene
Buysscheure
Nieurlet
Wemaers-Cappel
Oxelaëre
Bavinchove
Hondeghem
Staple
ST OMER
Arques
Blendecques
Ebblinghem
Renescure
Campagne-les-Wardrecques
Wardrecques
Lynde
Sercus
Wallon-Cappel
Hazebrouck
Borre
Pradelles
Strazeele
Merris
Outtersteene
Steenwerck
Nieppe
Pont-de-Nieppe
Armentières
Racquinghem
Blaringhem
Morbecque
La Motte-au-Bois
Steenbecque
Boëseghem
Thiennes
Forêt de Nieppe
Merville
Vx Berquin
Neuf-Berquin
Le Doulieu
Estaires
La Gorgue
Sailly-sur-la-Lys
Fleurbaix
Erquinghem-Lys
Laventie
Heuringhem
Quiestède
Ecques
Roquetoire
Wittes
Clarques
Rebecques
Thérouanne
Mametz
Aire-s-la-Lys
Isbergues
Blessy
Witternesse
Lambres
Molinghem
Guarbecque
St Venant
Haverskerque
St Floris
Calonne-s-la-Lys
Lestrem
Berguette
Robecq
Liettres
Estrée-Blanche
Rombly
Linghem
Norrent-Fontes
Ham-en-Artois
Busnes
Mont-Bernanchon
Vieille-Chapelle
La Couture
Richebourg
Neuve-Chapelle
Fromelles
Aubers
Herlies

Aartrijke
Waardamme
Lippensgoed-Bulskampveld
Hoekstraat
Oostmolen
Berken
Leugenboom
Engel
Rozeboom
Veldegem
Sijslo
Schare
Hertsberge
Het Aanwijs
Maria-Aalter
Aalterbrug
Pauwelsbos
Aaltebei
Brugge
Ichtegem
Geuzen-Bos
Sparappelhoek
Ruddervoorde
Kortekeer
Wildenburg
Blauwhuis
Stratem
Ouden-Molen
Bellem
Hamme
Koekelare
Berg-op-Zoom
Westkant
St.-Hubertus
Peerstalle
Aalter
Hansbeke
Molenkouter
Overbroek
Wijnendale
Torhout
Hazelbeekstraat
Groenstraat
Oud-Munke
Kranepoel
Rijbroek
Moskou
Ruidenberg
Maagdeveld
Pottebezemhoek
Doomkerk
Bruwaan
Loveld
Zande
Bovekerke
Edewalle
Moereveld
Veldhoek
Ondank
Wingene
Hekke
Klaphulle
Pietakker
Lotenhulle
Kortewilde
Bescheedweg
Markhove
Breskens
Riek
Hille
Scheewege
Beer
Rateling
Ruiselede
Poeke
Poesele
Nevele
Pereboom
Schaakse
Bredensteger
Zeswegen
Turfhauwe
Hooihoek
Schuiferskapelle
Kruisstraat
Werken
Kortemark
Lichtervelde
Meiboom
Zwevezele
Westhoek
Ondank
Kruisweg
Meigem
Zarren
Handzame
Elle
Haantje
Egemkapel
Egem
Vrouwenboom
Kanegem
Vinkt
Zarrenlinde
Amersveld
Kruisstraat
Haaszakhoek
Lokkedijse
Koolskamp
Hurselhoek
Pittem
Tielt
De Fles
Aarsele
Kaleshoek
Deinze
Zeveren
Luikhoek
St.-Jozef
Gits
Vuilpanne
Terrest
Gitsberg
Land van Belofte
Ardooie
Rijsseleind
Dries
Wontergem
Grammene
Petegem-a-d-Leie
Houthulst
Hazewindeken
Stadenreke
Hooglede
Staden
Wijnendale
Dentergem
Gottem
Machelen
Leihoek
Lindeken
Sleihage
Beveren
Tasse
Manegem
Marialoop
Ginste
Markegem
Varinkshoek
Stadenberg
Vijfwegen
Roulers
Roeselare
Kruipendaarde
Veld
't Haantje
Meulebeke
Olsene
Schaap Balie
Oostnieuwkerke
Most
Kachtem
Liester
Vijfwegen
Ginste-Grot
Wakken
Oeselgem
Tutegem
Westrozebeke
De Ruiter
Rumbeke
Abele
Emelgem
Avifora
Kalberg
Oostrozebeke
Zulte
Drogenbrood-Hoek
Koekuit
Zilverberg
Oekene
Ingelmunster
Kokeldries
St.-Baafs-Vijve
Winkelken
Mon! Guynemer
Poelkapelle
Izegem
Pauw
Langemark
Vossemolen
De Vinke
Kriekhoek
St.-Eloois-Vijve
Wielsbeke
Kruishoutem
Passendale
Koekuithoek
Bosmolens
Beitem
Lendelede
Ooigem
Moorslede
Hulste
Strate
Dries
Waregem
Nokere
Nieuwe Molen
Tyne Cot
Fortuinhoek
Waterdamhoek
Desselgem
Beveren
Spriete
Leeuwken
Zonnebeke
Broodseinde
St.-Pieter
Rollegem-Kapelle
St.-Katarina-Kapel
Stokerij
Bavikhove
Ooike
Frezenberg
Slijpskapelle
Keiberg
Strooiboomhoek
St.-Eloois-Winkel
Nieuwenhove
Molenaarshoek
Heulebeek
Ledegem
De Kat
Kuurne
Harelbeke
Deerlijk
Steenbrugge
Westhoek
Molenhoek
Dadizele
Gullegem
Heule
Belgiek
Knokke
Heirweg
Grotenkeer
Wortegem
Bellewaerde Park
Overheule
de Gavers
Engelhoek
Kruisweg
Middelwijk
Motte
Hooge
Beselare
Poezelhoek
Moorsele
Stasegem
Vichte
Sterhoek
Anzegem
Gijzelbrechtegem
Zillebeke
Terhand
Vijfwegen
Kezelberg
Bissegem
Kortrijk (Courtrai)
Bekaert
St.-Lodewijk
Vossenhoek
Tiegemberg
Mon! Cdn.
Geluveld
Molenhoek
Verbranden-Molen
Zwarte-Leen
Zandvoorde
Geluwe
Wevelgem
Zwevegem
Ingooigem
Kaster
Elsegem
Varent
Meerse
Kruiseke
Ons Dorp
Hooge
Otegem
Tiegem
Kerkhove
Kwadestraat
Menen (Menin)
Lauwe
Barakken
Marke
Kloosterhoek
Kortewilde
Ten-Brielen
Rekkem
Knok
St.-Anna
Rollegem
Knokke
Kreupel
Keiberg
Heestert
Waarmaarde
Kluisbergen
Houthem
Wervik
Reke
Halluin
Dronkaard
Aalbeke
Bellegem
Broekenhoek
Langestraat
Rugge
Ruien
Quatre-Rois
Komen Comines
Bas-Warneton
Neerwaasten
Wervicq-Sud
Bousbecque
Triez-Cailloux
Mont d'Halluin
Rollegem
Kwadebrug
Moen
Outrijve
Avelgem
Pensemont
Escanaffles
Kluisberg
Mont-de-l'Enclus
Comines
Bischophof
la Montagne
Roncq
Mouscron (Moeskroen)
Tombroek
Ruddervoorde
St.-Denijs
Vier-Abelen
Bossuit
Orroir
Jonckuois
Haut Becquereau
Amougies
Russeignies
Deûlémont
Linselles
Neuville-en-F.
Blanc-Four
Le Blaton
la Vignette
le Long Champ
Marguerite
Luingne
Dottignies (Dottenijs)
Kooigem
Helkijn (Helchin)
Barrière-de-Fer
Pottes
Becquereau
Ht Chemin
Ducquegnies
Anseroeul
les Écluses
Deulemont
le Pacau
Quesnoy-sur-Deûle
Tourcoing
Herseaux
Touquet
les Moutons
Audenarde
Spiere (Espierres)
Spiere-Helkijn
Rejet-Moulieux
Celles
Coq d'Agache
Frelinghien
la Croix Blanche
la Vigne
le Chien
Bondues
le Sapin-Vert
les Ballons
Estaimpuis
Evregnies
Warcoing
Rejet-de-Sèble
Cavrinnes
Arc-Wattripont
Arc-Ainières
Cordes
la Houlette
Croix-au-Bois
Despaing
le Colombier
Mouvaux
Wattrelos
la Baillerie
le Plouy
St Léger
Hérinnes
le Butor
Molenbaix
Archimont
Houplines
Wambrechies
Galant
Verlinghem
Leers
Leers-Nord
Pecq
Chemin-Vert
Armentières
Funquereau
la Prévoté
Marquette-lez-Lille
Marcq-en-Barœul
Croix
Roubaix
Fresnoy
Royère
Gibraltar
Estaimbourg
Bois-de-Chin
Clipet
Ogimont
Chapelle-d'Armentières
Lompret
Lommelet
Wasquehal
Lys
Néchin
Velaines
la Bourgogne
Couvent
Popuelles
Forest
Pérenchies
St André
la Madeleine
Hempempont
Baillœul
Esquelmes
Goudinière
Obigies
Prémesquies
Lomme
Lambersart
Canteleu
Mons-en-Barœul
Recueil
Lannoy
Toufflers
Ramegnies-Chin
Mont-St Aubert
Mourcourt
Melles
Quartes
Montrœul-au-Bois
Capinghem
Fives
Hem
Sanat.
Chaos
Pont-à-Chin
Bizencourt
Kain
Thimougies
Pétrieux
Hellemmes
Villeneuve-d'Ascq
Sailly
Robigeux
Templeuve
Houilly
Englos
Sequedin
Lille
Forest-sur-Marque
Willems
Cornet
le Breuze
Rumillies
Beclers
Maulde
Tressin
Hertain
Blandain
Froyennes
la Tombe
Haubourdin
Loos
Hallennes-lez-Haubourdin
Ronchin
Lezennes
Ascq
Chéreng
Baisieux
Orcq
Marchin
Ligny
Havinnes
Liberchies
Santes
Anstaing
Gruson
Lamain
Marquain
Tournai (Doornik)
Gaurain-Ramecroix
l'Arbrisseau
Thumesnil
Lesquin
Camphin-en-Pévèle
Creplaine
Haudion
Pic-au-Vent
Chercq
Vaulx
Emmerin
Wattignies
Gamand
Froidmont
Ere
Esplechin
Barges
la Muche
Vezon
Weyaux
Wavrin
Faches
Vendeville
Sainghin-en-Mélantois
Bouvines
Cysoing
Péronne
St Maur
Calonne
8. 1987
A 10-E 40
A 14
E 17
A 19
A 17
A 27
E 42
N 32
N 35
N 36
N 50
N 8
D
E
F
10
13

6
Lovendegem
Evergem
Lochristi
Zeveneken
Lokeren
Hamme
Vinderhoute
Merendree
Beervelde
Zele
GENT
(GAND)
Destelbergen
Dendermonde
(Termonde)
Landegem
Drongen
Afsnee
Laarne
Overmere
Nevele
Vosselare
St.-Martens-Latem
Deurle
Melle
Wetteren
Schellebelle
Berlare
Wichelen
Schoonaarde
Lebbeke
Deinze
De Pinte
Merelbeke
Zwijnaarde
Nazareth
Oosterzele
Massemen
Serskamp
Lede
Oordegem
Gavere
Semmerzake
Baaigem
Balegem
Scheldewindeke
Letterhoutem
St.-Lievens-Houtem
Bavegem
Vlierzele
Erondegem
Aalst
(Alost)
Erembodegem
Mere
(Erpe-Mere)
Burst
Kruishoutem
Zingem
Asper
Oombergen
Hillegem
Herzele
Haaltert
Denderleeuw
Liedekerke
Hekelgem
Nederzwalm
Munkzwalm
(Zwalm)
Zottegem
Oudenaarde
(Audenarde)
Ninove
Roosdaal
Kluisbergen
Maarke-Kerkem
Etikhove
(Maarkedal)
Brakel
Ophasselt
Geraardsbergen
Grammont
Ronse
(Renaix)
Ellezelles
Flobecq
(Vloesberg)
Lessines
(Lessen)
Enghien
(Edingen)
Herne
Galmaarden
Bever
(Biévène)
Frasnes lez-Buissenal
Ath (Aat)
Silly
Ghislenghien
Soignies
(Zinnik)
Braine-le-Comte
Chièvres
Leuze-en-Hainaut
Brugelette
Lombise
Rebecq
A 14
E 17
A 10
E 40
A 8
Schelde
Dender

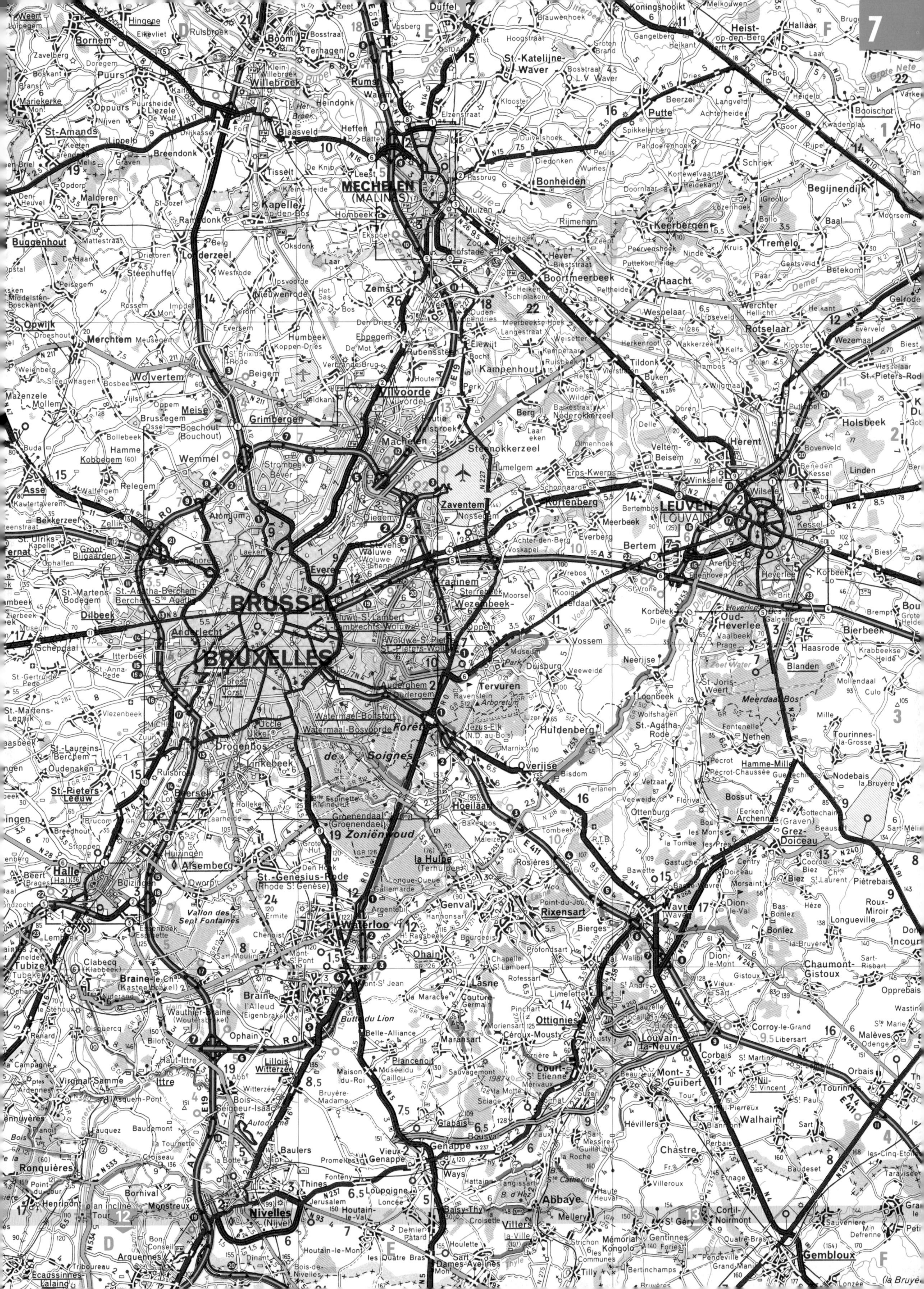

7
D
E
F
Boom
Mechelen
(Malines)
Willebroek
Puurs
Bornem
St.-Amands
Breendonk
Malderen
Buggenhout
Londerzeel
Kapelle-op-den-Bos
Zemst
Haacht
Keerbergen
Tremelo
Boortmeerbeek
Bonheiden
Putte
Heist-op-den-Berg
St.-Katelijne-Waver
Rijmenam
Begijnendijk
Rotselaar
Wespelaar
Wezemaal
Merchtem
Opwijk
Wolvertem
Meise
Grimbergen
Vilvoorde
(Vilvorde)
Kampenhout
Machelen
Steenokkerzeel
Zaventem
Kortenberg
Erps-Kwerps
Herent
Leuven
(Louvain)
Kessel-Lo
Holsbeek
Asse
Kobbegem
Wemmel
Zellik
Ternat
Dilbeek
St.-Agatha-Berchem
Berchem-Ste Agathe
Anderlecht
Brussel
Bruxelles
Evere
Woluwe-St. Lambert
St. Lambrechts-Woluwe
Kraainem
Wezembeek-Oppem
Auderghem
Oudergem
Tervuren
Watermaal-Bosvoorde
Uccle
Ukkel
Forest
Vorst
Drogenbos
Linkebeek
Forêt de Soignes
Zoniënwoud
Hoeilaart
Overijse
Huldenberg
Bertem
Heverlee
Oud-Heverlee
Bierbeek
Blanden
St.-Pieters-Leeuw
Beersel
Alsemberg
Halle
(Hal)
St.-Genesius-Rode
(Rhode St. Genèse)
la Hulpe
(Terhulpen)
Genval
Rixensart
Waterloo
Ohain
Lasne
Wavre
(Waver)
Grez-Doiceau
Archennes
Hamme-Mille
Tubize
Braine-le-Château
Braine l'Alleud
(Eigenbrakel)
Lillois-Witterzée
Plancenoit
Ottignies
Louvain-la-Neuve
Court-St. Etienne
Mont-St. Guibert
Nil-St. Vincent
Ittre
Ronquières
Nivelles
(Nijvel)
Genappe
Villers-la-Ville
Gembloux
Chaumont-Gistoux
Corroy-le-Grand
Tourinnes-la-Grosse
Butte du Lion
Vallon des Sept Fontaines
Meerdaal Bos
Abbaye
12
13

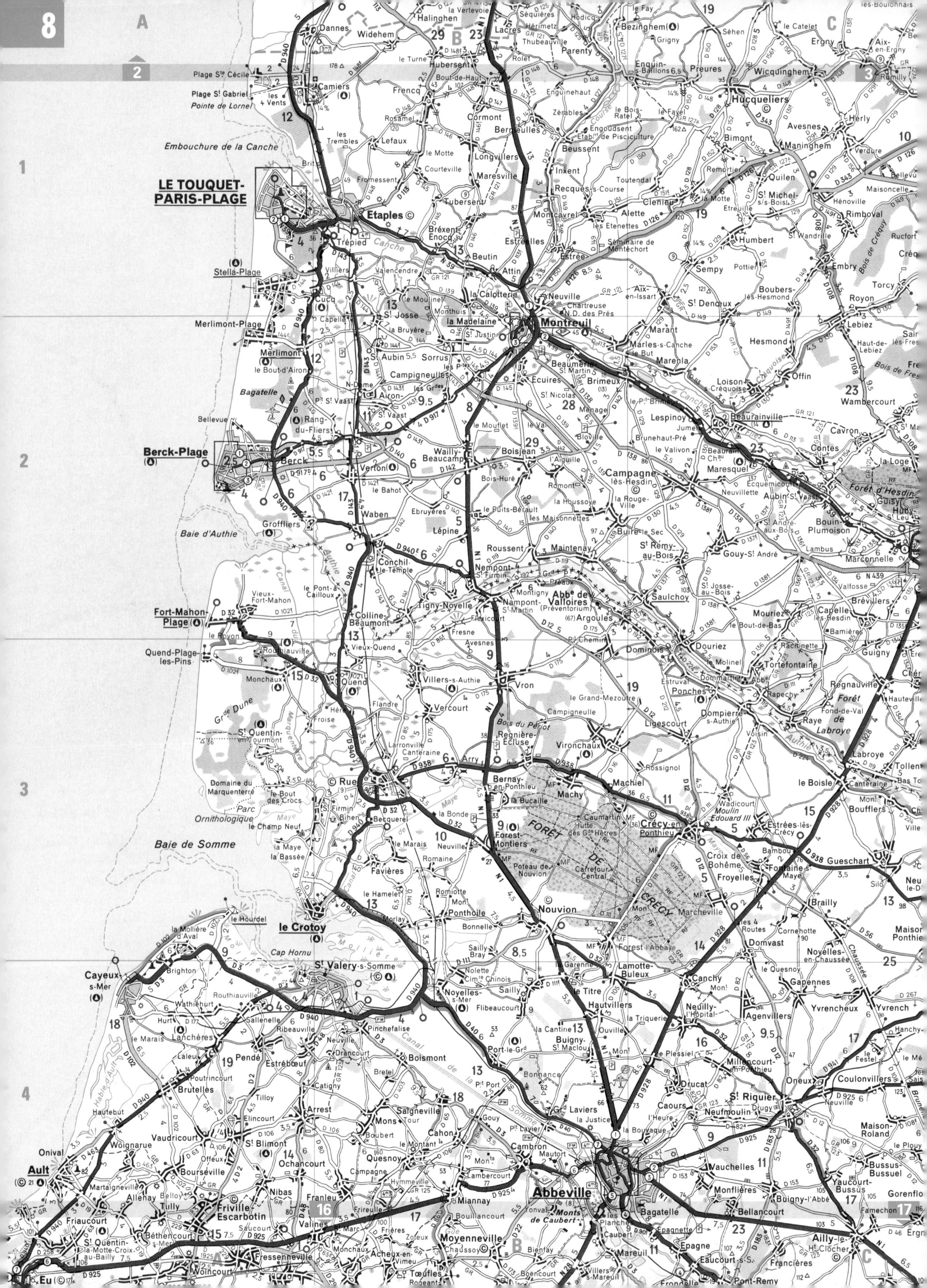

A B C

2 3

Dannes Widehem Halinghen la Vertevoie Lacres Séquières Hérimetz Thubeauville Hodicq Parenty le Fay Bezinghem Grigny Séhen le Catelet Ergny Aix-en-Ergny Rumilly

Plage Ste Cécile Plage St Gabriel les 4 Vents Pointe de Lornel Camiers le Turne Hubersent Bout-de-Haut Frencq Rolet Enguinehaut Enquin-s-Baillons Preures Wicquinghem Hucqueliers

Rosamel Cormont Zérables le Bois-Ratel le Fayel Enquin-s-Baillons Bimont Avesnes Herly

Embouchure de la Canche les Trembles Lefaux le Motte Longvilliers Bernieulles Beussent Engoudsent Etabt de Pisciculture Maninghem Verdure

Courteville Maresville Inxent Toutendal Remortier Quilen Bellevue Maisoncelle

LE TOUQUET-PARIS-PLAGE Fromessent Tubersent Recques-s-Course Clenleu la Motte St Michel-s/s-Bois Hénoville Rimboval

Etaples Bréxent-Enocq Montcavrel Alette les Etenettes Etreuille Humbert St Wandrille Rucfort

Trépied Canche Beutin Estréelles Séminaire de Montéchort Estrée Sempy Pottier Embry Créquy

Stella-Plage Villiers Valencendre Attin Aix-en-Issart St Denœux Boubers-lès-Hesmond Torcy Royon

Cucq le Mouline la Calotterie Neuville Chartreuse N.D. des Prés Marant Lebiez

Merlimont-Plage Capelle St Josse Monthuis la Madelaine la Bruyère St Justin Montreuil Marles-s-Canche le But Hesmond Haut-de-Lebiez

Merlimont le Bout-d'Airon St Aubin Sorrus Beaumerie St Martin Marenla Bois de Fressin

Campigneulles les Ptes Ecuires Brimeux Loison-s-Créquoise Offin

Bagatelle N-Dame Airon les Grdes St Nicolas Ménage le Pt Brimeux Beaurainville Wambercourt

Pt St Vaast Rang-du-Fliers St Vaast le Mouflet le Val Lespinoy Jumel Cavron

Bellevue Boisjean Blovillé Brunehaut-Pré

Berck-Plage Berck Verton Wailly-Beaucamp l'Aiguille le Valivon Beaurain Chau Contes la Loge

le Bahot Bois-Huré Campagne lès-Hesdin Maresquel Ecquemicourt Aubin St Vaast Forêt d'Hesdin Guisy Huby

Waben Ebruyères le Puits-Bérault la Houssoye la Rouge-Ville Neuvillette

Baie d'Authie Groffliers Lépine les Maisonnettes Buire-le Sec St André-aux-Bois Bouin-Plumoison

Conchil-le-Temple Roussent Maintenay St Remy-au-Bois Gouy-St André Lambus Marconnelle

Authie Nempont-St Firmin Préaux Valfosse

Vieux-Fort-Mahon le Pont-à-Cailloux Tigny-Noyelle Montigny Abbe de Valloires (Préventorium) Saulchoy St Josse-au-Bois Brévillers

Fort-Mahon-Plage Colline-Beaumont Flexicourt Nampont-St Martin Argoules Mouriez Capelle-lès-Hesdin le Bout-de-Bas Bamières

le Royon Fresne Dominois Douriez Racinette Guigny

Quend-Plage-les-Pins Routhiauville Vieux-Quend Avesnes Pt Chemin le Molinel Tortefontaine

Monchaux Quend Villers-s-Authie Vron Dommartin Regnauville

Grde Dune Hère Flandre Vercourt le Grand-Mezoutre Estruval Ponches Rapechy Forêt Hauteville

Froise Campigneulle Dompierre-s-Authie Fond-de-Val de Labroye

St Quentin-en-Tourmont Marquenterre Bois du Périot Regnière-Ecluse Ligescourt Raye

Larronville Canteraine Arry Vironchaux Labroye

Domaine du Marquenterre le Bout des Crocs Rue Bernay-en-Ponthieu Machy Machiel Rossignol Tollent le Boisle Canteraine

Parc Ornithologique St Firmin Bihen Becquerel Maye la Bonde la Bucaille Caumartin Hutte des Gdes Hêtres Crécy-en-Ponthieu Wadicourt Moulin Edouard III Estrées-lès-Crécy Boufflers

Baie de Somme le Champ Neuf la Maye la Bassée le Marais Neuville Forest-Montiers Forêt de Crécy Bambou Fontaine-s-Maye D 938 Gueschart

Favières Romaine Poteau de Nouvion Carrefour Central Croix de Bohème Froyelles Silo

le Hourdel le Crotoy le Hamelet Romiotte Morlay Ponthoile Nouvion Marcheville Brailly

la Mollière d'Aval Cap Hornu Bonnelle Forest l'Abbaye les 4 Routes Cornehotte Domvast Noyelles-en-Chaussée

Cayeux-s-Mer Brighton St Valery-s-Somme Sailly Bray Nolette Cimre Chinois la Garenne Lamotte-Buleux Canchy le Quesnoy Gapennes Chaussée

Routhiauville Wathiéhurt Noyelles-s-Mer Sailly Flibeaucourt le Titre Hautvillers la Triquerie Neuilly-l'Hôpital Agenvillers Yvrencheux Yvrench

Hurt Lanchères Sallenelle Ribeauville Pinchefalise la Cantine Buigny-St Maclou Ouville

le Marais Laleu Pendé Estrébœuf Neuville Drancourt Boismont Port-le-Grd le Plessiel Millencourt-en-Ponthieu le Festel Hanchy

Poutrincourt Brutelles Bretel Catigny Bonnance St Port Drucat Oneux Coulonvillers

Hable d'Ault Tilloy Arrest Saigneville Tour Grd Laviers la Justice Caours l'Heure Neufmoulin Drugy St Riquier Neuville

Hautebut Elincourt Mons Boubert Gouy Pt Laviers la Bouvaque Maison-Roland

Woignarue Vaudricourt St Blimont Cahon le Montant Cambron Mautort Vauchelles Bussus-Bussuel

Onival Ault Offeux Ochancourt Quesnoy Monts Campagne Lambercourt Hymmeville Yaucourt-Bussus

Martaigneville Bourseville Allenay Belloy Tully Nibas Miannay Abbeville Monflières Buigny-l'Abbé Gorenflos

Friville Escarbotin Franleu Firreulle Bouillancourt Monts de Caubert Bagatelle Bellancourt Famechon

Friaucourt Béthencourt-s-Mer St Quentin-la-Motte-Croix-au-Bailly Saucourt Valines St Marc Frières Zoteux Moyenneville Chaussoy les Planches Caubert Epagnette Ailly-le-Ht Clocher

Eu Woincourt Fressenneville Monchaux Acheux-en-Vimeu Tœufles Rogeant Bienfay Boencourt Mareuil Villers-s-Mareuil Epagne Eaucourt-s-S. Francières Pont-Remy Frondelle

16 17

Fauquembergues
Renty
Audincthun
Dennebrœucq
Reclinghem
Bomy
Erny
St Julien
Serny
Enquin-les-Mines
Liettres
Estrée-Blanche
Mazinghem
Rombly
Linghem
Norrent-Fontes
Ham-en-Artois
Robecq
Busnes
Mont-Bernanchon
Locon
Lillers
Burbure
Allouagne
Annezin
Béthune
Verquigneul
Hinges
Fruges
Coupelle-Vieille
Coupelle-Neuve
Ruisseauville
Lugy
Senlis
Radinghem
Matringhem
Hézecques
Mencas
Vincly
Laires
Febvin-Palfart
Fléchin
Ligny-lès-Aire
Rely
Lespesses
Lières
Auchy-au-Bois
Ames
Amettes
Nédon
Fontaine-Nédonchel
Westrehem
Lisbourg
Prédefin
Fontaine-lès-Boulans
Heuchin
Fiefs
Sachin
Pernes
Pressy
Floringhem
Cauchy-à-la-Tour
Auchel
Marles-les-Mines
Calonne-Ricouart
Camblain-Châtelain
Divion
Bruay-en-Artois
Labuissière
Houdain
Barlin
Hersin
Noeux-les-Mines
Sains-en-G.
Verchin
Canlers
Crépy
Equirre
Azincourt
Tramecourt
Ambricourt
Teneur
Tilly-Capelle
Bergueneuse
Boyaval
Eps
Tangry
Sains-lès-Pernes
Marest
Bours
Ourton
Beugin
Diéval
Valhuon
Anvin
Monchy-Cayeux
Blangy-s-Ternoise
Fleury
Conteville
Huclier
Hestrus
Erin
Béalencourt
Blingel
Humerœuille
Bermicourt
Wavrans-s-Ternoise
Hernicourt
Troisvaux
Bryas
Ostreville
la Thieuloye
Bajus
Monchy-Breton
Magnicourt-en-Comte
Frévillers
Hermin
Gauchin-Légal
Caucourt
Estrée-Cauchy
Olhain
Rebreuve
Fresnicourt
Servins
Gouy-Servins
Auchy-lès-Hesdin
Rollancourt
Incourt
Eclimeux
Pierremont
Gauchin-Verloingt
le Parcq
Neulette
Humières
St Pol
Ternoise
St Michel
Roëllecourt
Béthonsart
Villers-Châtel
Camblain-l'Abbé
Cambligneul
Marquay
Bailleul-aux-Cornailles
Chelers
Villers-Brûlin
Tincques
Mingoval
Savy-Berlette
Aubigny-en-Artois
Agnières
Capelle-Fermont
Acq
Fresnoy
Vieil-Hesdin
Beauvois
Noyelles-lès-Humières
Œuf-en-Ternois
Siracourt
Croisette
Ramecourt
Herlin-le-Sec
Foufflin-Ricametz
Ligny-St Flochel
Willeman
Guinecourt
Héricourt
Herlincourt
Maisnil
Ternas
Averdoingt
Wail
Linzeux
Hautecloque
Framecourt
Neuville-au-Cornet
Penin
Maizières
Berles-Monchel
Hte Avesnes
Galametz
Vacqueriette
Blangermont
Flers
Buneville
Monts-en-Ternois
Gouy-en-Ternois
Ambrines
Izel-les-Hameaux
Villers-Sir-Simon
Habarcq
Hermaville
Agnez-lès-Duisans
Fillièvres
Blangerval
Écoivres
Moncheaux-lès-Frévent
Magnicourt
Sars-le-Bois
Givenchy-le-Noble
Manin
Noyelle-Vion
Aubrometz
Conchy-s-Canche
Hautecôte
Nuncq
Sibiville
Houvin-Houvigneul
Denier
Lignereuil
Haravesnes
Boubers-s-Canche
Frévent
Séricourt
Canettemont
Beaufort-Blavincourt
Avesnes-le-Comte
Lattre-St-Quentin
Wanquetin
Rougefay
Cercamp
Rebreuve-s-Canche
Estrée-Wamin
Liencourt
Hauteville
Warlus
Berneville
Vaulx
Vacquerie-le-Boucq
le Ponchel
Buire-au-Bois
Fortel-en-Artois
Bouret-s-Canche
Rebreuviette
le Cauroy
Grd Rullecourt
Fosseux
Simencourt
Beaumetz-lès-Loges
Boffles
Bonnières
Beaudricourt
Barly
Gouy-en-Artois
Monchiet
Willencourt
Auxi-le-Château
Nœux-lès-Auxi
Villers-l'Hôpital
Beauvoir-Wavans
Ivergny
Sus-St-Léger
Sombrin
le Souich
Canteleux
Brévillers
Warluzel
Bavincourt
Saulty
Basseux
Bailleulval
Bailleulmont
Neuvillette
Frohen-le-Grand
Bouquemaison
Coullemont
Couturelle
Humbercourt
Lucheux
Bealcourt
Maizicourt
Remaisnil
la Herlière
Berles-au-Bois
Ransart
la Cauchie
Humbercamps
Monchy-au-Bois
Pommier
Bernâtre
St Acheul
Montigny-les-Jongleurs
Mézerolles
Outrebois
Occoches
Grouches
Luchuel
Pommera
Warlincourt-lès-Pas
Gaudiempré
Bienvillers-au-Bois
Hannescamps
Heuzecourt
Conteville
Agenville
Boisbergues
Hem
Doullens
Milly
Mondicourt
Grincourt-lès-Pas
St Amand
Halloy
Pas-en-Artois
Hénu
Souastre
Foncquevillers
Gommecourt
Prouville
Bernaville
Beaumetz
Autheux
Gézaincourt
Authieule
Amplier
Orville
Thièvres
Famechon
Couin
St Léger-lès-Authie
Bayencourt
Hébuterne
Domesmont
Fienvillers
Longuevillette
Sarton
Authie
Coigneux
Sailly-au-Bois
Ribeaucourt
Gorges
Candas
Beauval
Terramesnil
Marieux
Vauchelles-lès-Authie
Bus-lès-Artois
Courcelles-au-Bois
Colincamps
Lanches
Montrelet
Berneuil
Bonneville
Beauquesne
Val Vion
Louvencourt
Bertrancourt
Mailly-Maillet
Auchonvillers
Franqueville
St Hilaire
Domart-en-Ponthieu
Fieffes
Raincheval
Arquèves
Léalvillers
Acheux-en-Amiénois
Forceville
Engelbelmer
Beaumont
Parc Memorial
N 39
N 41
N 43
N 25
D 916
A 26
CIMENTS FRANÇAIS
Forêt de Lucheux
Autodrome

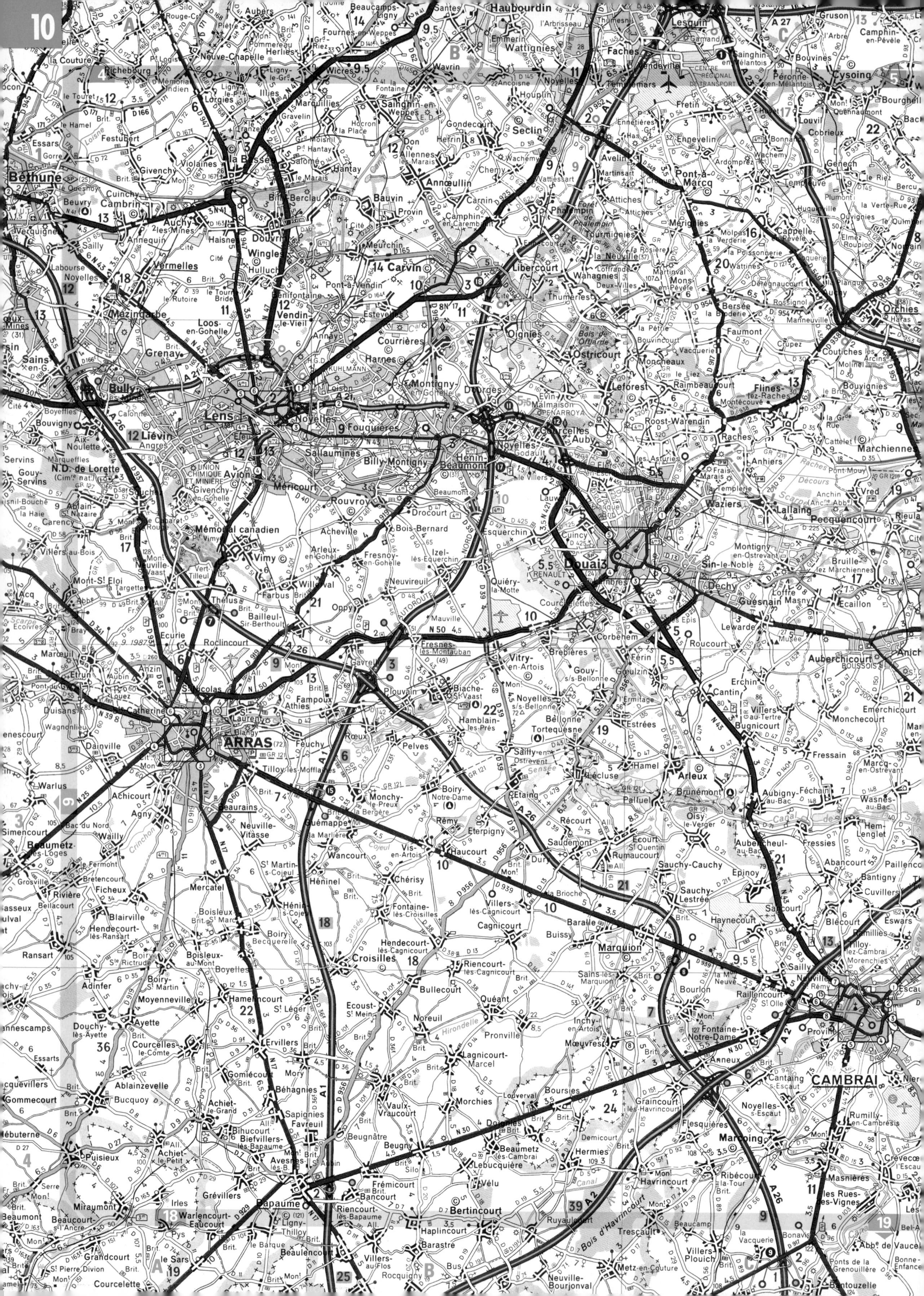
Haubourdin
Lesquin
Beaucamps-Ligny
Fournes-en-Weppes
Santes
Emmerin
Wattignies
Faches
Vendeville
Templemars
Gruson
Camphin-en-Pévèle
Bouvines
Cysoing
Péronne-en-Mélantois
Sainghin-en-Mélantois
Aubers
Neuve-Chapelle
Herlies
Richebourg
La Couture
Wicres
Wavrin
Noyelles
Illies
Lorgies
Marquillies
Sainghin-en-Weppes
Gondecourt
Seclin
Houplin
Fretin
Louvil
Bourghelles
Essars
Festubert
Violaines
La Bassée
Givenchy
Hantay
Salomé
Don
Allennes-les-Marais
Annœullin
Herrin
Chemy
Wachemy
Avelin
Ennevelin
Pont-à-Marcq
Genech
Templeuve
Béthune
Beuvry
Cuinchy
Cambrin
Auchy-les-Mines
Annequin
Haisnes
Douvrin
Billy-Berclau
Bauvin
Provin
Carnin
Camphin-en-Carembault
Phalempin
Attiches
Mérignies
Cappelle-en-Pévèle
Verquigneul
Sailly
Vermelles
Hulluch
Wingles
Meurchin
Carvin
Libercourt
La Neuville
Wahagnies
Tourmignies
Thumeries
Mons-en-Pévèle
Bersée
Labourse
Noyelles
Mazingarbe
Loos-en-Gohelle
Vendin-le-Vieil
Pont-à-Vendin
Estevelles
Annay
Courrières
Oignies
Ostricourt
Moncheaux
Faumont
Orchies
Coutiches
Flines-lez-Raches
Grenay
Harnes
Montigny-en-Gohelle
Dourges
Leforest
Raimbeaucourt
Bully
Lens
Liévin
Noyelles
Fouquières
Evin-Malmaison
Courcelles
Auby
Roost-Warendin
Raches
Marchiennes
Bouvigny
Aix-Noulette
Angres
Eleu
Sallaumines
Billy-Montigny
Hénin-Beaumont
Flers
Anhiers
Servins
Gouy-Servins
N.D. de Lorette
Avion
Méricourt
Rouvroy
Drocourt
Lauwin
Waziers
Lallaing
Pecquencourt
Rieulay
Ablain-St Nazaire
Carency
Souchez
Givenchy-en-Gohelle
Mémorial canadien
Vimy
Acheville
Bois-Bernard
Arleux-en-Gohelle
Fresnoy-en-Gohelle
Izel-lès-Equerchin
Esquerchin
Cuincy
Douai
Sin-le-Noble
Montigny-en-Ostrevant
Bruille-lez-Marchiennes
Villers-au-Bois
Mont-St Eloi
Neuville-St Vaast
Thélus
Farbus
Willerval
Neuvireuil
Quiéry-la-Motte
Dechy
Guesnain
Lewarde
Masny
Écaillon
Acq
Écoivres
Bray
Écurie
Bailleul-Sir-Berthoult
Oppy
Mauville
Roclincourt
Fresnes-lès-Montauban
Vitry-en-Artois
Brebières
Corbehem
Roucourt
Auberchicourt
Marœuil
Étrun
Anzin
St Aubin
St Nicolas
Gavrelle
Plouvain
Biache-St Vaast
Gouy-s/s-Bellonne
Férin
Gœulzin
Cantin
Erchin
Duisans
Ste Catherine
St Laurent-Blangy
Athies
Fampoux
Rœux
Noyelles-s/s-Bellonne
Hamblain-les-Prés
Tortequesne
Estrées
Villers-au-Tertre
Bugnicourt
Émerchicourt
Monchecourt
Wagnonlieu
Dainville
ARRAS
Feuchy
Pelves
Sailly-en-Ostrevent
Lécluse
Hamel
Arleux
Fressain
Marcq-en-Ostrevant
Warlus
Achicourt
Agny
Tilloy-lès-Mofflaines
Beaurains
Monchy-le-Preux
Boiry-Notre-Dame
Étaing
Récourt
Palluel
Brunémont
Aubigny-au-Bac
Féchain
Wasnes-au-Bac
Simencourt
Wailly
Neuville-Vitasse
Guémappe
Rémy
Éterpigny
Saudemont
Écourt-St Quentin
Rumaucourt
Oisy-le-Verger
Aubencheul-au-Bac
Fressies
Hem-Lenglet
Beaumetz-lès-Loges
Wancourt
Vis-en-Artois
Haucourt
Dury
Sauchy-Cauchy
Épinoy
Abancourt
Paillencourt
Rivière
Bretencourt
Ficheux
Mercatel
St Martin-s-Cojeul
Héninel
Chérisy
Sauchy-Lestrée
Bantigny
Cuvillers
Blairville
Boisleux-St Marc
Hénin-s-Cojeul
Fontaine-lès-Croisilles
Villers-lès-Cagnicourt
Baralle
Haynecourt
Sancourt
Blécourt
Eswars
Hendecourt-lès-Ransart
Ransart
Boiry-Becquerelle
Hendecourt-lès-Cagnicourt
Cagnicourt
Buissy
Marquion
Ramillies
Tilloy-lez-Cambrai
Morenchies
Adinfer
Boiry-Ste Rictrude
Boisleux-au-Mont
Boyelles
Croisilles
Riencourt-lès-Cagnicourt
Sains-lès-Marquion
Bourlon
Raillencourt-Ste Olle
Sailly
Neuville-St Rémy
Boiry-St Martin
Moyenneville
Hamelincourt
St Léger
Bullecourt
Quéant
Inchy-en-Artois
Douchy-lès-Ayette
Ayette
Courcelles-le-Comte
Ervillers
Écoust-St Mein
Noreuil
Pronville
Mœuvres
Fontaine-Notre-Dame
Proville
Gomiécourt
Mory
Béhagnies
Lagnicourt-Marcel
Anneux
Cantaing-s-Escaut
CAMBRAI
Ablainzevelle
Bucquoy
Achiet-le-Grand
Sapignies
Favreuil
Vaulx-Vraucourt
Morchies
Louverval
Boursies
Graincourt-lès-Havrincourt
Noyelles-s-Escaut
Rumilly-en-Cambrésis
Gommecourt
Hébuterne
Puisieux
Bihucourt
Biefvillers-lès-Bapaume
Achiet-le-Petit
Beugnâtre
Beugny
Doignies
Beaumetz-lès-Cambrai
Demicourt
Flesquières
Marcoing
Hermies
Lebucquière
Vélu
Avesnes-lès-Bapaume
Frémicourt
Bancourt
Havrincourt
Ribécourt-la-Tour
Crèvecœur
Masnières
Serre
Miraumont
Grévillers
Irles
Bapaume
Riencourt-lès-Bapaume
Bertincourt
Ruyaulcourt
Les Rues-des-Vignes
Beaucourt-s-l'Ancre
Warlencourt-Eaucourt
Ligny-Thilloy
Haplincourt
Barastre
Trescault
Beaucamp
La Vacquerie
Bonavis
Grandcourt
Pys
Le Sars
Le Barque
Beaulencourt
Villers-au-Flos
Bus
Metz-en-Couture
Villers-Plouich
Gouzeaucourt
St Pierre-Divion
Courcelette
Rocquigny
Neuville-Bourjonval
Ytres
Bantouzelle
Ponts de la Grenouillère
Abb. de Vaucelles
Bois d'Havrincourt
A 1
A 2
A 21
A 26
A 27
N 17
N 30
N 43
N 50

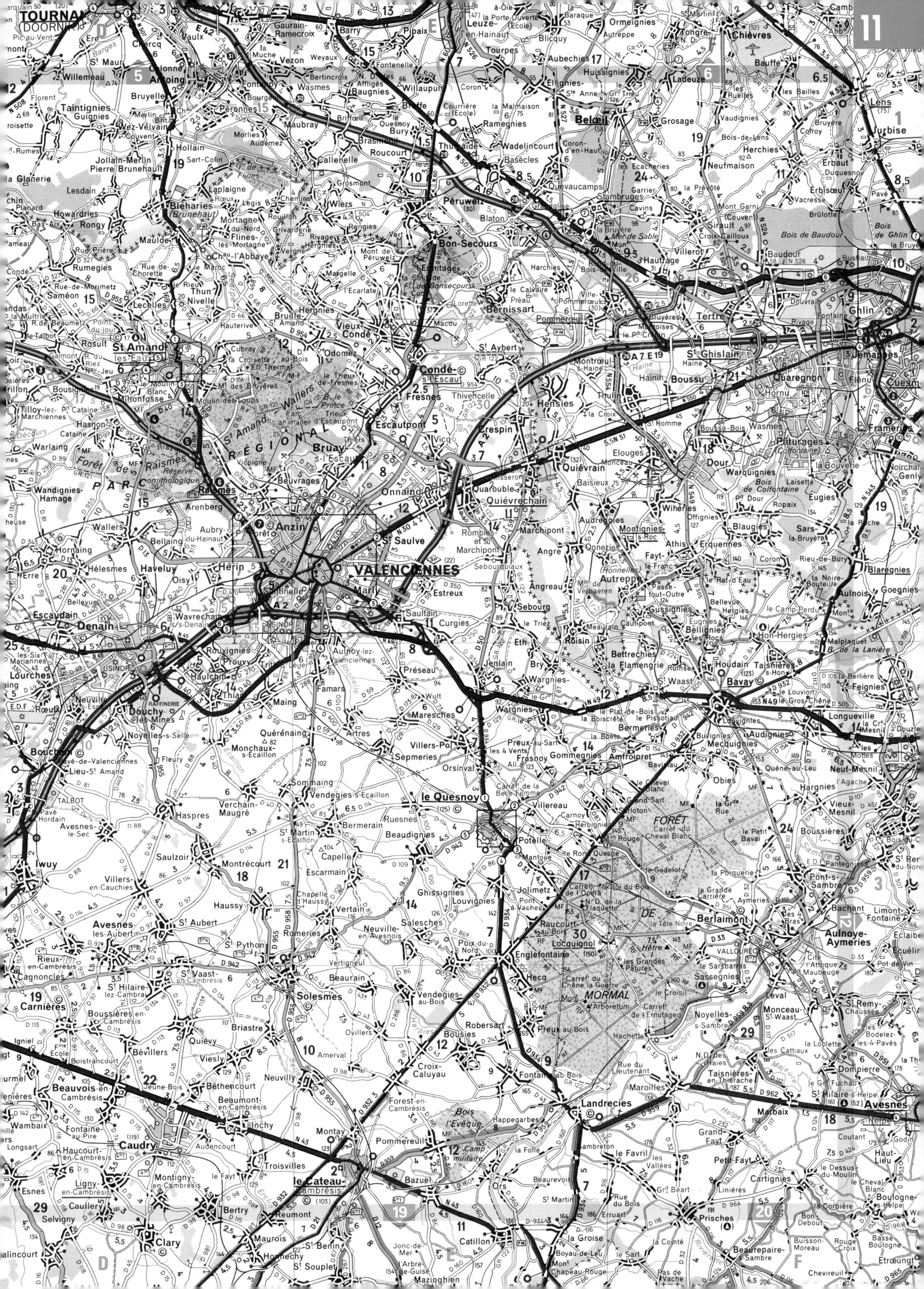
11
TOURNAI
(DOORNIK)
Leuze-en-Hainaut
Chièvres
Belœil
Péruwelz
Bon-Secours
St Amand-les-Eaux
Condé-s-l'Escaut
St Ghislain
Boussu
Quaregnon
Jemappes
Frameries
Quiévrain
Dour
Anzin
VALENCIENNES
Denain
Douchy-les-Mines
Bouchain
Le Quesnoy
Bavay
FORÊT DE MORMAL
Berlaimont
Aulnoye-Aymeries
Landrecies
Solesmes
Caudry
Le Cateau-Cambrésis
Avesnes-s-Helpe
Maubeuge
PARC NATUREL RÉGIONAL
Forêt de Raismes
Bois de Baudour
Bois de Ghlin
Mer de Sable
Bois de Colfontaine
Bois l'Évêque
Camp militaire
Sambre
Escaut
Helpe Majeure
Helpe Mineure
Selle
Écaillon
Rhonelle
Hon-Hergies
Malplaquet
Jenlain
Sebourg
Marly
Saultain
Trith-St-Léger
Raismes
Wallers
Haveluy
Hérin
Maing
Famars
Préseau
Villers-Pol
Englefontaine
Locquignol
Poix-du-Nord
Beaurain
Catillon
Prisches
Maroilles
Carnières
Beauvois-en-Cambrésis
Clary
Bertry
Inchy
Neuvilly
Montay
Pommereuil
Bazuel
Ors
Fontaine-au-Bois
Robersart
Bousies
Croix-Caluyau
Forest-en-Cambrésis
Hecq
Preux-au-Bois
Sassegnies
Noyelles-s-Sambre
Taisnières-en-Thiérache
Marbaix
Dompierre
Leval
Pont-s-Sambre
Bachant
Hautmont
D
E
F
5
6
19
20
A2
A7 E19
N49
N43
A23

Ormeignies
Chièvres
Tongre
Cambron-Casteau
Cambron-St Vincent
Froidmont
Louvignies
Soignies (86)
(Zinnik)
Salmonsart
Barrière-d'Ecaussinnes
Tour
Arquennes
Aubechies
Huissignies
Ladeuze
Bauffe
les Bailles
Lens
Hubermont
Montignies-lez-Lens
Neufvilles
Ecaussinnes-d'Enghien
Ecaussinnes-Lalaing
Feluy
Ellignies-Ste Anne
Beloeil
Grosage
Vaudignies
Jurbise
Masnuy-St Pierre
Basse-Gage
St Alfred (Ecole)
Naast
Marche-lez-Ecaussinnes
Seneffe
Quevaucamps
Stambruges
Neufmaison
Herchies
Erbaut
Masnuy St Jean
Mignault
Familleureux
Erbisoeul
Casteau
Thieusies
le Roeulx
Manage
Sirault
Bois de Baudour
Bois de Ghlin
Maisières
S.H.A.P.E.
Gottignies
Bois-d'Haine
Fayt-lez-Manage
Hautrage
Villerot
Baudour
Obourg
Houdeng-Aimeries
la Louvière
Tertre
Ghlin
Nimy
Strépy-Bracquegnies
Haine-St Pierre
Pommeroeul
St Ghislain
Jemappes
Mons (Bergen)
Havré
Boussoit
Maurage
St Vaast
Morlanwelz
Montroeul-s-Haine
Hainin
Boussu
Quaregnon
Flénu
Cuesmes
St Symphorien
Trivières
Péronnes
Bray
Carnières
Hensies
Thulin
Hornu
Ciply
Spiennes
Villers-St Ghislain
Mont-Ste Aldegonde
Ressaix
Leval-Trahegnies
Quiévrain
Elouges
Dour
Wasmes
Pâturages (Colfontaine)
Frameries
Nouvelles
Harmignies
Estinnes-au-Val
Estinnes-au-Mont
Waudrez
Binche
Epinois
Anderlues
Baisieux
Warquignies
Bois de Colfontaine
la Bouverie
Noirchain
Genly
Asquillies
Harveng
Vellereille-le-Sec
Abbe Bonne Espérance (Collège)
Buvrinnes
Audregnies
Wihéries
Eugies
Bougnies
Givry (Quévy)
Haulchin
Fauroeulx
Vellereille-les-Brayeux
Montignies-s-Roc
Blaugies
Sars-la-Bruyère
Quévy-le-Grd
Havay
Croix-lez-Rouveroy
Mont-Ste Geneviève
Lobbes
Angre
Fayt-le-Franc
Erquennes
Rieu-de-Bury
Blaregnies
Rouveroy
Peissant
Bienne-lez-Happart
Autreppe (Honnelles)
Aulnois
Goegnies-Chaussée
Villers-Sire-Nicole
Merbes-Ste Marie
Sars-la-Buissière
Sebourg
Gussignies
Bellignies
Hon-Hergies
Bettignies
Vx Reng
Grd Reng
Merbes-le-Château
Rubignies
Roisin
Malplaquet
Bersillies
Erquelinnes
Labuissière
Fontaine-Valmont
Bettrechies
Houdain
Taisnières-s-Hon
Mairieux
Elesmes
Bavay
Feignies
Maubeuge
Boussois
Jeumont
Solre-s-Sambre
Hantes-Wihéries
Louvignies
Longueville
Assevent
Marpent
Bermeries
Mecquignies
Audignies
Recquignies
Rocq
Montignies-St Christophe
Gommegnies
Amfroipret
Obies
Neuf-Mesnil
Louvroil
Rousies
Colleret
Bousignies-s-Roc
Thirimont
Hargnies
Hautmont
Cerfontaine
Ferrière-la-Grde
Quiévelon
Cousolre
Beaumont
Forêt du Cheval Blanc
Boussières
Ferrière-la-Pte
Leval-Chaudeville
Pont-s-Sambre
St Remy-du-Nord
Obrechies
Choisies
Bérelles
Leugnies
Solre-St Géry
Berlaimont
Aulnoye-Aymeries
Limont-Fontaine
Beaufort
Damousies
Wattignies-la-Victoire
Solrinnes
Eccles
Hestrud
Grandrieu
Renlies
Forêt de Mormal
Locquignol
Sassegnies
Dourlers
Dimechaux
Lez-Fontaine
Solre-le-Château
Sivry
Monceau-St-Waast
Noyelles-s-Sambre
St Aubin
Sars-Poteries
Beugnies
Clairfayts
Rance
Preux-au-Bois
Taisnières-en-Thiérache
Dompierre
Flaumont-Waudrechies
Felleries
Beaumont
Montbliart
Landrecies
Maroilles
St Hilaire-s-Helpe
Avesnes
Avesnelles
Sémeries
Liessies
Eppe-Sauvage
Grand-Fayt
Petit-Fayt
Haut-Lieu
Sains-du-Nord
Ramousies
Forêt de St Hermann
Moustier-en-Fagne
Cartignies
Boulogne-s-Helpe
Val Joly
Forêt de Trélon
Prisches
Beaurepaire-s-Sambre
Rainsars
Glageon
Trélon
Baives
Salles

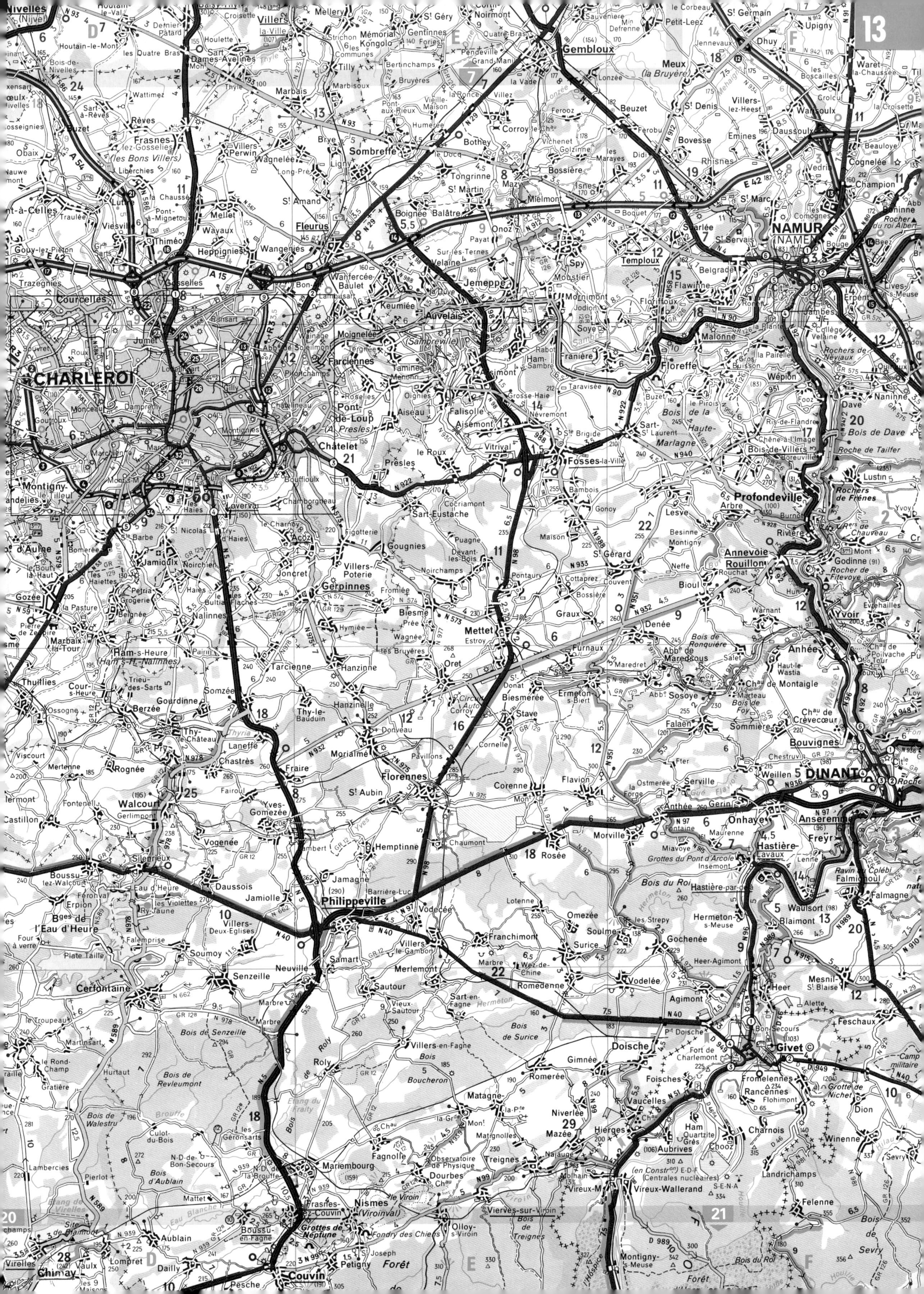

Nivelles
Houtain-le-Mont
Sart-Dames-Avelines
Villers-la-Ville
Mellery
Gentinnes
St Géry
Noirmont
Gembloux
Sauvenière
Petit-Leez
St Germain
Upigny
Les Quatre Bras
Tilly
Marbais
Meux
(la Bruyère)
Waret-la-Chaussée
Frasnes-lez-Gosselies
(les Bons Villers)
Villers-Perwin
Wagnelée
Brye
Sombreffe
Ligny
Bothey
Corroy-le-Chau
Beuzet
St Denis
Villers-lez-Heest
Bovesse
Emines
Dausoulx
Liberchies
Obaix
Buzet
Rèves
Tongrinne
St Martin
Mazy
Bossière
Isnes
Rhisnes
Cognelée
Champion
Luttre
Viesville
Pont-à-Celles
Mellet
Wayaux
Thiméon
Heppignies
Wangenies
St Amand
Fleurus
Boignée
Balâtre
Onoz
Mielmont
St Marc
NAMUR
(NAMEN)
Gouy-lez-Piéton
Trazegnies
Courcelles
Gosselies
Wanfercée-Baulet
Velaine
Jemeppe
Spy
Temploux
Flawinne
Belgrade
St Servais
Suarlée
Jambes
Erpent
Lives-s-Meuse
Jumet
Ransart
Keumiée
Auvelais
Moustier
Mornimont
Floriffoux
Malonne
Moignelée
Farciennes
Tamines
Soye
Franière
Floreffe
CHARLEROI
Gilly
Pironchamps
(Sambreville)
Arsimont
Ham-sur-Sambre
Wépion
Monceau
Dampremy
Montignies
Châtelineau
Pont-de-Loup
(A. Presles)
Aiseau
Falisolle
Aisemont
Névremont
Sart-St Laurent
Bois de la Haute-Marlagne
Dave
Bois de Dave
Naninne
Marchienne
Marcinelle
Châtelet
Presles
le Roux
Vitrival
Fosses-la-Ville
Bois-de-Villers
Roche de Taillefer
Lustin
Montigny-le-Tilleul
Loverval
Bouffioulx
Couillet
Sart-Eustache
Cocriamont
Bambois
Profondeville
Rochers de Frênes
Arbre
Lesve
Rivière
Mont-sur-Marchienne
Nalinnes
Acoz
Gougnies
Puagne
St Gérard
Annevoie-Rouillon
Godinne
Rocher de Fitevoye
Jamioulx
Marbaix-la-Tour
Joncret
Villers-Poterie
Gerpinnes
Biesme
Mettet
Graux
Bioul
Yvoir
Ham-s-Heure
(Ham-s-H.-Nalinnes)
Tarcienne
Hanzinne
Oret
Furnaux
Denée
Abbe de Maredsous
Maredret
Anhée
Thuillies
Cour-s-Heure
Somzée
Hanzinelle
Thy-le-Bauduin
Biesmerée
Ermeton-s-Biert
Sosoye
Chau de Montaigle
Berzée
Gourdinne
Thy-le-Château
Laneffe
Chastrès
Fraire
Morialmé
Donveau
Stave
Corroy
Falaën
Chau de Crèvecœur
Bouvignes
Pry
Rognée
Walcourt
Florennes
St Aubin
Corenne
Flavion
Serville
Weillen
DINANT
Fontenelle
Yves-Gomezée
Hemptinne
Morville
Anthée
Onhaye
Anseremme
Freÿr
Castillon
Vogenée
Silenrieux
Daussois
Jamiolle
Philippeville
Chaumont
Rosée
Hastière-Lavaux
Grottes du Pont d'Arcole
Bois du Roi
Hastière-par-delà
Boussu-lez-Walcourt
Erpion
Bges de l'Eau d'Heure
Villers-Deux-Eglises
Vodecée
Omezée
Soulme
Hermeton-s-Meuse
Gochenée
Waulsort
Blaimont
Falmignoul
Falmagne
Soumoy
Samart
Franchimont
Surice
Villers-le-Gambon
Neuville
Senzeille
Cerfontaine
Merlemont
Sautour
Romedenne
Vodelée
Agimont
Heer
Mesnil-St Blaise
Sart-en-Fagne
Vieux-Sautour
Bois de Senzeille
Bois de Surice
Doische
Villers-en-Fagne
Roly
Givet
Fromelennes
Rancennes
Gimnée
Romerée
Foisches
Fort de Charlemont
Bois de Revleumont
Matagne-la-Pte
Matagne-la-Gde
Niverlée
Vaucelles
Mazée
Hierges
Chooz
Dion
Aubrives
Bois de Walestru
Mariembourg
Fagnolle
Treignes
Vireux-Wallerand
Vireux-Molhain
Winenne
Landrichamps
Lambercies
N-D-de-Bon-Secours
Pierlot
Dourbes
Felenne
Frasnes-lez-Couvin
Nismes
(Viroinval)
Grottes de Neptune
Olloy-s-Viroin
Vierves-sur-Viroin
Bois de Treignes
Aublain
Boussu-en-Fagne
Chimay
Vaulx
Lompret
Dailly
Couvin
Petigny
Pesche
Forêt
Montigny-s-Meuse
Bois du Roi
Bois de Sevry
Sevry

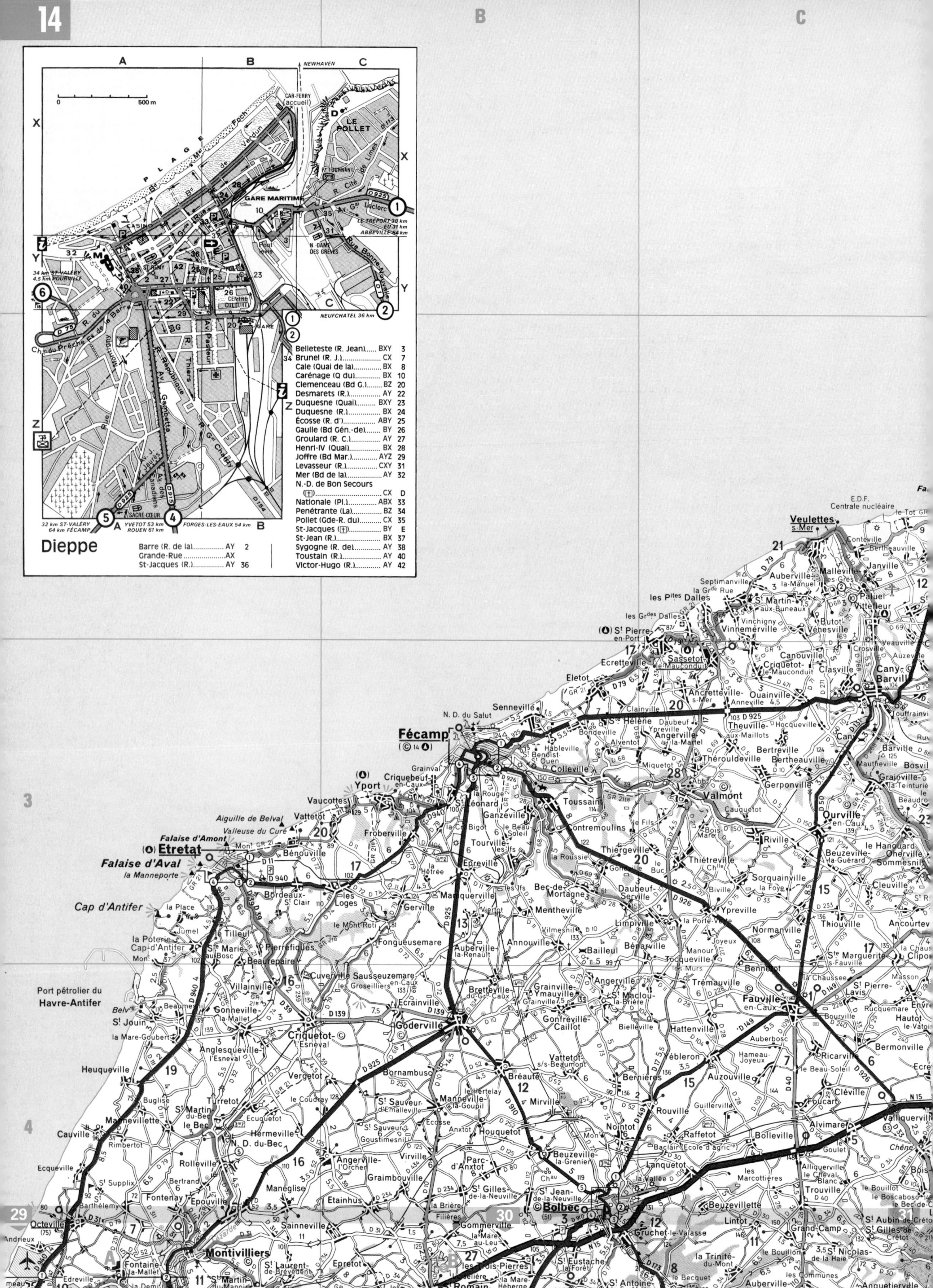

B
C
Dieppe
NEWHAVEN
CAR-FERRY (accueil)
LE POLLET
GARE MARITIME
PLAGE
CASINO
ST RÉMY
CENTRE CULTUREL
GARE
N.-DAME DES GRÈVES
Pont levis
PT TOURNANT
LE TRÉPORT 30 km
EU 31 km
ABBEVILLE 64 km
NEUFCHATEL 36 km
34 km ST-VALÉRY
4,5 km POURVILLE
32 km ST-VALÉRY
64 km FÉCAMP
YVETOT 53 km
ROUEN 61 km
FORGES-LES-EAUX 54 km
SACRÉ-CŒUR
500 m
Belleteste (R. Jean) BXY 3
Brunel (R. J.) CX 7
Cale (Quai de la) BX 8
Carénage (Q du) BX 10
Clemenceau (Bd G.) BZ 20
Desmarets (R.) AY 22
Duquesne (Quai) BXY 23
Duquesne (R.) BX 24
Écosse (R. d') ABY 25
Gaulle (Bd Gén.-de) BY 26
Groulard (R. C.) AY 27
Henri-IV (Quai) BX 28
Joffre (Bd Mar.) AYZ 29
Levasseur (R.) CXY 31
Mer (Bd de la) AY 32
N.-D. de Bon Secours CX D
Nationale (Pl.) ABX 33
Penétrante (La) BZ 34
Pollet (Gde-R. du) CX 35
St-Jacques BY E
St-Jean (R.) BX 37
Sygogne (R. de) AY 38
Toustain (R.) AY 40
Victor-Hugo (R.) AY 42
Barre (R. de la) AY 2
Grande-Rue AX
St-Jacques (R.) AY 36
Veulettes-s-Mer
E.D.F. Centrale nucléaire
Fécamp
N. D. du Salut
Yport
Vaucottes
Etretat
Falaise d'Amont
Falaise d'Aval
la Manneporte
Aiguille de Belval
Valleuse du Curé
Cap d'Antifer
Port pétrolier du Havre-Antifer
St Jouin
Criquetot-l'Esneval
Goderville
Valmont
Fauville-en-Caux
Bolbec
Montivilliers
Octeville
Cany-Barville
Ourville-en-Caux
Sassetot-le-Mauconduit
St Pierre-en-Port
Ganzeville
Bréauté
Lillebonne
29
30
31
3
4

D
E
F
Newhaven
Criel-Plage
Mont Jolibois
Criel-s-Mer
Mesnil-en-Caux
Tocqueville-s-Eu
Assigny
Biville-s-Mer
Penly
E.D.F. Centrale nucléaire (en constr on)
St Martin-Plage
Brunville
Berneval-s-Mer
Berneval-le-Grd
Belleville-s-Mer
St Martin-en-Campagne
Greny
DIEPPE
N. Dame Bon-Secours
Puys
Bracquemont
Graincourt
Englesqueville
Tourville-la-Chapelle
Derchigny
Glicourt
Gouchaupré
Musée
Pourville-s-Mer
Phare d'Ailly
Valleuse Vasterival
Port-l'Ailly
Ste Marguerite-s-Mer
Varengeville-s-Mer
Petit-Appeville
Neuville
Grèges
Sauchay
Intraville
Quiberville-Plage
Quiberville
St Aubin-s-Mer
Manoir d'Ango
Hautot-s-Mer
Rouxmesnil-Bouteilles
Martin-Eglise
Ancourt
Bellengreville
Forêt d'Arques
Envermeu
St Ouen-s/s-Bailly
Sotteville-s-Mer
St Valery-en-Caux
Falaise d'Amont
Veules-les-Roses
Longueil
Offranville
Tous-les-Mesnils
Arques
la Bataille
St Aubin-le-Cauf
St Nicolas-d'Aliermont
Douvrend
Bourg-Dun
St Denis-d'Aclon
Ouville-la-Rivière
St Aubin-s-Scie
Miromesnil
Martigny
Dampierre-St Nicolas
Angreville
la Chapelle-s-Dun
Blosseville
Ambrumesnil
Sauqueville
Tourville-s-Arques
St Jacques-d'Aliermont
Manneville-ès-Plains
Gueutteville-les-Grès
la Gaillarde
Avremesnil
Gueures
Colmesnil
Bois-de-Pimont
Luneray
Thil
Auppegard
Aubermesnil
Manéhouville
Anneville-s-Scie
le Bois-Robert
St Germain-d'Etables
Meulers
Angiens
St Pierre-le-Viger
la Chaussée
la Chapelle-du-Bourgay
Freulleville
Néville
Pleine-Sève
le Mesnil-Durdent
Houdetot
Fontaine-le-Dun
Brachy
Hermanville
Crosville-s-Scie
Ste Agathe-d'Aliermont
St Vaast-d'Equiqueville
Ste Colombe
Greuville
Bertreville
Dénestanville
Torcy-le-Petit
Torcy-le-Grand
Forêt du Croc
Ricarville-du-Val
Drosay
Ermenouville
Bourville
Crasville-la-Rocquefort
Lammerville
Omonville
Lintot-les-Bois
Longueville-s-Scie
Ste Foy
Anglesqueville
Brametot
Rainfreville
St Honoré
les Gdes Ventes
Héberville
Canville-les-2-Eglises
Tocqueville-en-Caux
Bacqueville-en-Caux
St Crespin
Criquetot-Longueville
Muchedent
Bures-en-Bray
Fultot
Gonzeville
Bretteville-St Laurent
Reuville
Biville-la-Rivière
Sassetot-le-Malgardé
Royville
Lamberville
Belmesnil
les Cent-Acres
Mesnil-Follemprise
Forêt des Nappes
Hautot-l'Auvray
Bénesville
St Laurent-en-Caux
Auzouville-s-Saâne
Saâne-St Just
St Ouen-le-Mauger
St Mards
Gonneville
le Catelier
N.D. du-Parc
Ardouval
Routes
Prétot
St Pierre-Bénouville
Beaunay
Heugleville-s-Scie
Cropus
Hêtre le Poilu
Doudeville
Etalleville
Boudeville
Biville-la-Baignarde
Auffay
St Hellier
Cressy
Harcanville
Berville
le Torp-Mesnil
Imbleville
Belleville-en-Caux
Bellencombre
Anvéville
Amfreville-les-Champs
Lindebeuf
Val-de-Saâne
Calleville-les-2-Eglises
St Denis-s-Scie
Sévis
Rosay
Ventes-St Rémy
Ouville-l'Abbaye
Criquetot
Vibeuf
St Vaast-du-Val
Vassonville
la Crique
Hautot-St Sulpice
Etoutteville
la Fontelaye
Tôtes
St Maclou-de-Folleville
St Victor-l'Abbaye
Montreuil-en-Caux
Maucomble
Grémonville
Bourdainville
Gd Fumechon
Bertrimont
Yerville
Ancretiéville
Varneville
Bracquetuit
Beaumont-le-Hareng
St Saëns
Veauville-lès-Baons
Baons-le-Comte
St Martin-aux-Arbres
Gueutteville
Fresnay-le-Long
Etaimpuis
Grigneuseville
Auzouville-l'Esneval
Ectot-l'Auber
Beautot
St Ouen-du-Breuil
Saussay
Hugleville-en-Caux
la Houssaye-Béranger
Cottévrard
Bosc-Bérenger
St Martin-Osmonville
Yvetot
Motteville
Emanville
Grugny
Bosc-le-Hard
Cideville
Limésy
Butot
Frichemesnil
Authieux
Critot
Rocquemont
Croix-Mare
St Austreberthe
le Bocasse
Esteville
Clères
Yquebeuf
Mesnil-Panneville
Sierville
Claville-Motteville
Touffreville-la-Corbeline
Goupillières
St Germain-s/s-Cailly
la Folletière
Fréville
Anceaumeville
Mont-Cauvaire
Cailly
Vieux-Manoir
Bouville
Blacqueville
Pavilly
Montville
Fontaine-le-Bourg
la Rue-St Pierre
Betteville
Carville-la-Folletière
Barentin
Bosc-Guérard-St Adrien
St Georges-s-Fontaine
St André-s-Cailly
Longuerue
16
31
32

A B C

Mers-les-Bains, le Tréport, Calvaire des Terrasses, Mesnil-Val, Criel-Plage, Jolibois, Eu, Friaucourt, St Quentin-la-Motte-Croix-au-Bailly, Béthencourt-s-Mer, Escarbotin, Saucourt, Fressenneville, Woincourt, Yzengremer, Méneslies, Valines, Monchaux, Acheux-en-Vimeu, Bouillancourt, Moyenneville, Chaussoy, Tœufles, Rogeant, Béhen, Chépy, Mareuil, Epagne, Erondelle, Huchenneville, Bray-lès-Mareuil

Brit, Mesnil-Sorel, Mesnil-Sterling, Flocques, Ponts-et-Marais, Marest, Bouvaincourt, Dargnies, Embreville, Feuquières-en-Vimeu, Hocquelus, Aigneville, Tours-en-Vimeu, Ercourt, Houdent, Corcelles, Corroy, Grébault-Mesnil, les Croisettes, les Alleux, Limercourt, Caumont, Inval, Bailleul, Trinques, Huppy, Limeux, Bellifontaine

Etalondes, la Pipe, les Quesnets, Bosc-Rocourt, St Pierre-en-Val, Incheville, Beauchamps, Buigny-lès-Gamaches, Monchelet, Maisnières, Hamicourt, Longuemort, Vismes, Onicourt, Poultière, Warcheville, Doudelainville, Cocquerel, Grandsart

Touffreville-sur-Eu, St Rémy, Heudelimont, Godelmesnil, la Bourdaine, le Fresne, Triage, le Lieu Dieu, Gousseauville, Harcelaines, Visse, Frettemeule, Martainneville, Maigneville, le Plouy, St Maxent, Marquenneville, Frucourt, Assigny, St Sulpice-s-Yères, le Thil, Etocquigny, Baromesnil, Monchy-s-Eu, Pau du Hêtre-des-Princes, Forêt d'Eu, Longroy, Breuilly, St Martin-au-Bosc, Nemours, Gamaches, Helicourt, Floriville, Tilloy, Wiammeville, Morival, Fresnes-Tilloloy, Vaux, Yonville, Hocquincourt, Citerne, Hallencourt

Littevillle, Canehan, St Martin-le-Gaillard, Bois du Tot, le Mesnil-Réaume, Millebosc, la Tuilerie, Infray, Busménard, Biencourt, Cerisy-Buleux, Neuville-au-Bois, Forceville-en-Vimeu, Mérélessart, Guilmécourt, Bois-Ricard, Cuverville-s-Yères, le Coudroy, Melleville, Guerville, Bazinval, Bouillancourt-en-Séry, le Translay, Ramburelles, Wiry-au-Mont, Allery, Greny, Auquemesnil, Sept-Meules, Montauban, Villy-le-Bas, Gde Vallée, le Vert Pignon, Saulx, Soreng, Monthières, Framicourt, Witainéglise, Oisemont, Woirel, Melincamp, Grattepanche, St Aignan, Haute Forêt d'Eu, Monchaux, Rieux, Aubonnes, Watteblery, Rambures, Villeroy, Fontaine-le-Sec, St Quentin-au-Bosc, le Burel, Regnétuit, Val-du-Roy, la Pierre, Poteau de Ste Catherine, Heurtevent, Bouttencourt, Neslette, Cannessières, Vergies

Gouchaupré, Taillemesnil, Avesnes-en-Val, Aigumont, Deville, Blangy-s-Bresle, Fontaine, Foucaucourt-hors-Nesle, Mouflières, Aumâtre, Frettecuisse, Heucourt, Croquoison, Brétigny, Etrimont, Grandcourt, Villy-le-Haut, Arbres, Poteau St Rémy, le Cornet, Normandeuse, Nesle-Hôpital, Lignières-en-Vimeu, le Fay, Epaumesnil, Bailly-en-Rivière, Blanques, Maisoncelle, Pierrepont, Bethencourt, Boiteaumesnil, Romesnil, Réderie, Bermesnil, Fresnoy-Andainville, St Maulvis, Avesnes, St Ouen-s/s-Bailly, Monthuit, Pelvert, Feuilloy, Folny, le Douet, Hesmy, St Rémy, Mienval, Pierrecourt, Senarpont, Mesnil-Eudin, Andainville, Renouval, Montigny, la Londe, Tourfécal, les Ifs, Fresnoy, Dancourt, St Riquier-en-Rivière, Pau Maître-Jean, Bourbel, Guimerville, Monchy-le-Preux, Inval-Boiron, Liger, Fresneville, le Chaussoy, Fumechon, les Vieux Ifs, Silo, Puisenval, le Coudroy, Preuseville, Nouveau-Monde, le Courval, le Mazis, St Aubin-Rivière, Dromesnil, Douvrend, le Mont-Landrin, Bailly-en-Campagne, Lignemare, Fallencourt, le Val-Jacob, les Buissons, le Sainfoin, St Léger-s-Bresle, le Quesne, Arguel, Villers-Campsart

N. D. d'Aliermont, Wanchy, Capval, Wanchielle, les Fosses, la Leuqueue, Campneuseville, Hodeng-au-Bosc, Bouafles, Liomer, Boisrault, le Hamel, Béthencourt, St Pierre-des-Jonquières, Houppelande, Smermesnil, Puchervin, Fouarmont, Réalcamp, Neuville-Coppegueule, Brocourt, Beaucamps-le-Vieux, Boissay, Epinay, Londinières, Fréauville, Bosc-Geffroy, Villers-s-Foucarmont, le Mesnil-Allard, Sailly, Edruchon, Vt Rouen-s-B., Bézencourt, Guibermesnil, Laboissière-St Martin, Blanchet, Ste Agathe-d'Aliermont, Hambures, Callengeville, Aubermesnil-aux-Erables, St Léger-aux-Bois, St Martin-au-Bosc, Coquereaux, Brétizel, St Germain-s-Bresle, Tronchoy, Vraignes-lès-Hornoy, Croixdalle, le Val-Mesneret, Neuville, Clais, Fresnoy-en-Val, les Essarts Varimpré, Rétonval, les Cateliers, la Neuville, Richemont, Aubéguimont, Bois de Runneval, Guémicourt, Lafresnoye, Watiéville, Bouvaincourt, Beauval, Osmoy-St Valery, les Hallots, Forêt du Hellet, Bailleul, Duranville, la Vieuville, Bonnerue, Varimpré, le Mont Gournoy, Basse Forêt d'Eu, la Plaine, Vieilles-Landes, Fréquecamp, Marescot, Beaucamps-le-Jeune, Montmarquet, Orival, Offignies, Bettembos, Bures-en-Bray, la Verrerie-du-Hellet, Baillolet, Lucy, Fesques, Brémont, Rougemare, Landes Vieilles-et-Neuves, la Comté, Blingemer, Ellecourt, Rivery, Morienne, Blanquiel, Charny, Gauville, Morvillers, Caulières

Béthune, Mesnerettes, le Marais, Orival, la Hle Rue, Vatierville, les Ventes-Mésangères, Vert-Bois, Marques, Aumale, Coppegueule, Cardonnoy, le Coq Gaulois, St Saturnin, Lignières, Follemprise, Mesnières-en-Bray, Ménonval, St Germain-s-Eaulne, Ste Beuve-en-Rivière, Auvilliers, le Caule, Nullemont, Culvreuse, Forestel, Barques, Ronde-Epine, Fourcigny, Marlers, Autrecourt, Aulages, le Bihorel, Epinay, Mesnil-David, Illois, la Couture, Villers, Fleuzy, Digeon, Beaurepaire, Escles-St Pierre, Ste Segrée, Souplicourt, Fresles, St Martin-l'Hortier, Quièvrecourt, la Mare, Laventure, Mortemer, les Fretils, Coupigny, Roupied, Mesnil-Huchon, Frettemolle, Pommeréval, Bully, Neufchâtel-en-Bray, Flamets, Ormesnil, Haudricourt, Quincampoix, Valery, Vallalet, Fouilloy, Bretteville, Calvaire, Carref de l'Epinette, Vauchel, Martincamp, Graval, Ronchois, Pt Ronchois, Sous-les-Quesnes, Gourchelles, Hescamps, Agnières, la Chapelle, Esclavelles, Sausseuzemare, Bouelles, Portmort, Beaufresne, Hardonseille, Haudricourt-au-Bois, Rothois, St Clair, Handicourt, Ventes-St Rémy, Carref de Maucomble, Brémontier, Neuville-Ferrières, Nesle-Hodeng, la Mare aux Daims, Dranville, la Hallegouche, la Neuville-Gouvion, la Huanière, Cuillère, Lannoy, Bernapré, Carroix, Romescamps, St Thibault, les Hayons, Massy, St Saire, Grattenoix, les Défens, Frettencourt, Abancourt, Ménantissard, Haleine, Maucomble, la Croix-des Mazis, Hodeng, Toupray, Conteville, Bois-des-Puits, le Vergenet, Hennicourt, les Calais, Sarcus, le Guide, Beaussault, Hadancourt, Belleville, Grasse

St Saëns, les Buhots, le Pont-du-Thil, Perduville, Bosc-Mesnil, Fontaine-en-Bray, le Carouge, Mesnil-Mauger, Louvicamp, St Maurice, le Campdos, la Chapelle, Criquiers, Blargies, la Neuville, Wallon, Bradiancourt, Ste Geneviève, la Rosière, Tréforêt, Compainville, Gaillefontaine, Pierrement, Vallabonnet, les Anthieux, Redderies, Pleuville-Moliens, Hayon, Bréquigny, la Boissière, Neufbosc, Mainnemare, Atteville, Beaubec, le Thil-Riberpré, le Bord-des Bois, Frévent, Formerie, Secqueville, Moliens, Broquiers, Monceaux-l'Abbé, Petit, St Martin-Osmonville, Montérolier, Sommery, la Cavée, Abbé, Bois de Léon, B. de l'Epinay, Croix Crochetot, Serqueux, les Noyers, Haucourt, Villedieu, Bouvresse, Boutavent, Colagnie-des-Bois, Feuquières, Marcoquet, Hautbos, Bromb., Grid., Mateneuse, Mathonville, Equinemare, Roncherolles-en-Bray, Liffremont, l'Epinay, Forges-les-Eaux, Génété, Rousseville, Mureaumont, Campeaux, St Arnoult, la Dreue, Saveaumare, Beaumont, la Fosse-à-l'Eau, la Frenaye, Mauquenchy, le Fossé, Longmesnil, la Garenne, Mondeville, Grumesnil, Colagnie-le-Bas, Epeaux, Omécourt, Grd Parc, Bosc-Bordel, Forgettes, Pommereux, St Michel-d'Halescourt, Canny-s-Thérain, Courcelles, la Chaussée, Loueuse, St Deniscourt, Estouteville, Buchy, la Bellière, Courcelles, St Samson-la-Poterie, Ernemont-Boutavent, le Ply, Roy-Bois

St Martin-du-Plessis, Bosc-Roger, Hucleu, la Chaule, la Ferté, Forêt de Bray, la Poterie, Haussez, Villers-Vermont, Héricourt-s-Thérain, Bois aux Moines, Bec au Vent, Morvillers, Riffin, Manoir, Pré, Bordeaux, la Rue-Giffard, Rouvray-Catillon, Bosc-Edeline, St Samson, Saumont, Hausseline, Doudeauville, Fontenay-Torcy, Seronville, Grémévil, les Authieux, Ste Croix-s-Buchy, le Bus, Bois-Héroult, Chef-de-l'Eau, Andelle, Béthencourt, Bosc-Asselin, Bois-le-Borgne, le Pt Argueil, la Vierge, Mésangueville, Vivière, Ménerval, les Ravines, Hyaumet, Sully, Escames, Hémécourt, Balleux, le Lémont, Bois-Guilbert, Yville, Fremont, Argueil, Gancourt, Bazancourt, Songeons

Forêt d'Eu, Forêt de Bray, Bresle, Yères, Eaulne, Béthune, Epte, Liger, Bois de Runneval, Nappes

N 28, N 29, N 1015, D 925, D 936, D 915, D 919, D 920, D 1314, D 135, D 316, D 236

8, 15, 32, 33

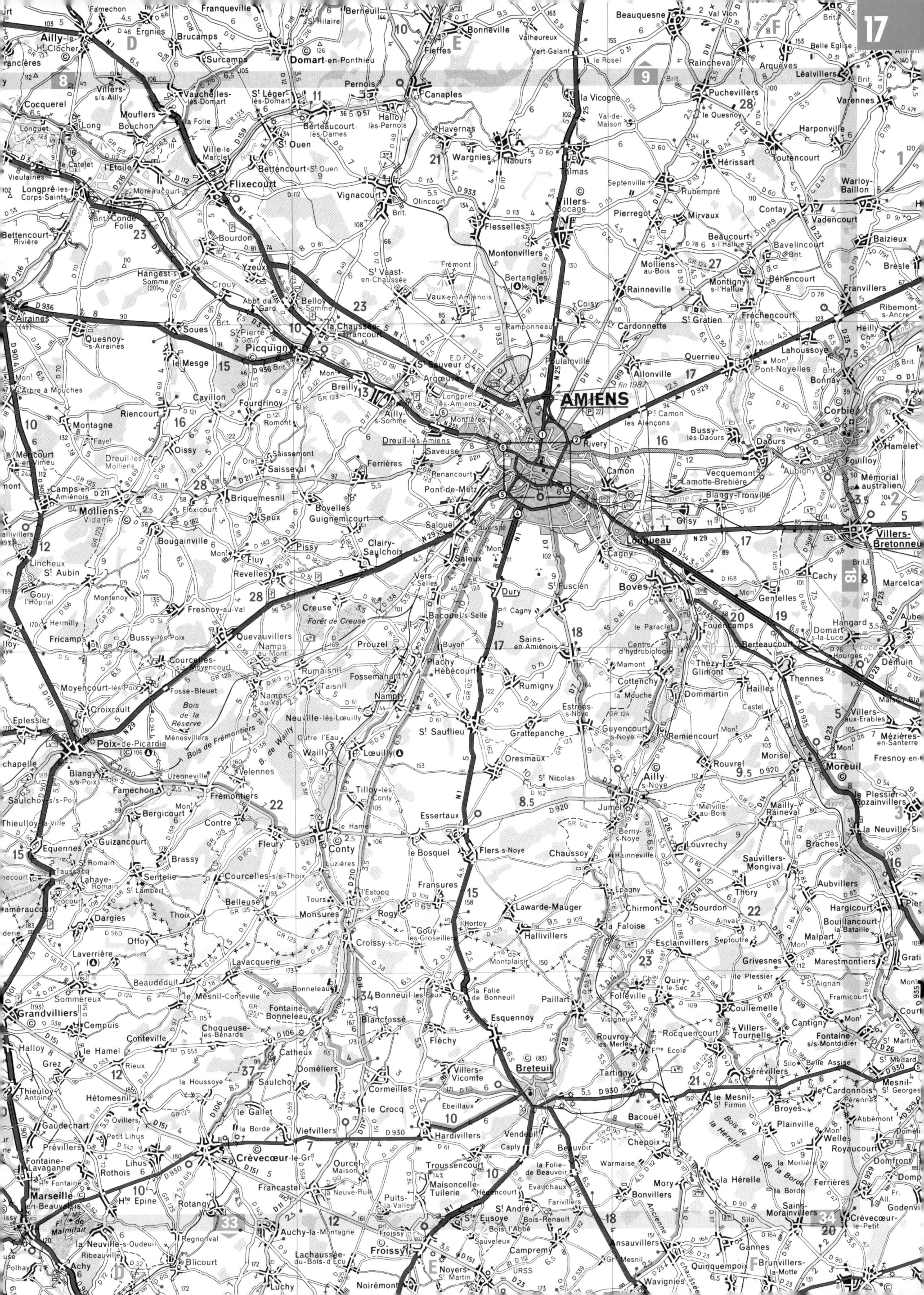
17
AMIENS
Ailly-le-Ht Clocher
Domart-en-Ponthieu
Bonneville
Beauquesne
Val Vion
Arquèves
Léalvillers
Canaples
Pernois
St Léger-lès-Domart
Berteaucourt-lès-Dames
St Ouen
Havernas
Wargnies
Naours
Talmas
Villers-Bocage
Rubempré
Hérissart
Toutencourt
Harponville
Varennes
Puchevillers
Raincheval
Flixecourt
Vignacourt
Flesselles
Longpré-les-Corps-Saints
L'Etoile
Condé-Folie
Hangest-s-Somme
Bourdon
Yzeux
Belloy-s-Somme
St Vaast-en-Chaussée
Montonvillers
Bertangles
Coisy
Rainneville
Molliens-au-Bois
Contay
Vadencourt
Warloy-Baillon
Baizieux
Bresle
Franvillers
Ribemont-s-Ancre
Heilly
Airaines
Quesnoy-s-Airaines
Soues
Picquigny
La Chaussée-Tirancourt
Cardonnette
St Gratien
Querrieu
Pont-Noyelles
Allonville
Poulainville
St Sauveur
Argœuves
Breilly
Ailly-s-Somme
Dreuil-lès-Amiens
Longpré-lès-Amiens
Montières
Rivery
Camon
Corbie
Daours
Bussy-lès-Daours
Vecquemont
Lamotte-Brebière
Blangy-Tronville
Glisy
Longueau
Cagny
Boves
Fouilloy
Mémorial australien
Villers-Bretonneux
Cachy
Gentelles
Hamelet
Montagne
Riencourt
Cavillon
Fourdrinoy
Oissy
Saisseval
Ferrières
Saveuse
Renancourt
Pont-de-Metz
Molliens-Vidame
Camps-en-Amiénois
Briquemesnil
Bovelles
Guignemicourt
Salouël
Saleux
Clairy-Saulchoix
Pissy
Fluy
Bougainville
Revelles
Lincheux
St Aubin
Gouy-l'Hôpital
Fresnoy-au-Val
Creuse
Forêt de Creuse
Vers-s-Selles
Bacouel-s-Selle
Dury
St Fuscien
Sains-en-Amiénois
Fouencamps
Thézy-Glimont
Hailles
Thennes
Berteaucourt
Domart-s-la-Luce
Hourges
Demuin
Quevauvillers
Bussy-lès-Poix
Fricamps
Courcelles-s-s-Moyencourt
Namps-au-Mont
Prouzel
Plachy-Buyon
Hébécourt
Rumigny
Rumaisnil
Fossemanant
Taisnil
Nampty
Moyencourt-lès-Poix
Croixrault
Poix-de-Picardie
Bois de Frémontiers
Neuville-lès-Lœuilly
St Sauflieu
Grattepanche
Estrées-s-Noye
Guyencourt-s-Noye
Cottenchy
Dommartin
Remiencourt
Rouvrel
Moreuil
Wailly
Lœuilly
Oresmaux
St Nicolas
Ailly-s-Noye
Jumel
Mailly-Raineval
Le Plessier-Rozainvillers
Blangy-s-Poix
Famechon
Frémontiers
Velennes
Tilloy-lès-Conty
Essertaux
Bergicourt
Contre
Fleury
Conty
Le Bosquel
Flers-s-Noye
Chaussoy
Louvrechy
Sauvillers-Mongival
Braches
La Neuville-Sire-Bernard
Equennes
Guizancourt
Brassy
Lahaye-St Romain
Sentelie
Courcelles-s-Thoix
Fransures
Lawarde-Mauger
Chirmont
Sourdon
Thory
Aubvillers
Belleuse
Monsures
Rogy
Dargies
Thoix
Gouy-les-Groseillers
Hallivillers
La Faloise
Esclainvillers
Hargicourt
Malpart
Offoy
Laverrière
Lavacquerie
Croissy-s-Celle
Grivesnes
Marestmontiers
Beaudéduit
Le Mesnil-Conteville
Sommereux
Grandvilliers
Cempuis
Fontaine-Bonneleau
Bonneuil-les-Eaux
La Folie de Bonneuil
Esquennoy
Paillart
Folleville
Quiry-le-Sec
Coullemelle
Cantigny
Choqueuse-les-Bénards
Conteville
Blancfossé
Fléchy
Rouvroy-les-Merles
Rocquencourt
Villers-Tournelle
Fontaine-s-s-Montdidier
Halloy
Grez
Le Hamel
Catheux
Doméliers
Villers-Vicomte
Breteuil
Tartigny
Sérévillers
Thieuloy-St Antoine
Hétomesnil
Le Saulchoy
Cormeilles
Le Crocq
Le Mesnil-St Firmin
Broyes
Le Cardonnois
Mesnil-St Georges
Gaudechart
Le Gallet
Viefvillers
Hardivillers
Vendeuil-Caply
Bacouël
Chepoix
Plainville
Welles
Royaucourt
Prévillers
Crèvecœur-le-Grd
Ourcel-Maison
Troussencourt
Beauvoir
La Folie-de-Beauvoir
Warmaise
Fontaine-Lavaganne
Rothois
Lihus
Francastel
Maisoncelle-Tuilerie
Mory
Bonvillers
La Hérelle
Ferrières
Domfront
Marseille-en-Beauvaisis
Hte Epine
Rotangy
Puits-la-Vallée
St André-Farivillers
Sainte-Eusoye
Sains-Morainvillers
Crèvecœur-le-Petit
La Neuville-s-Oudeuil
Auchy-la-Montagne
Froissy
Ansauvillers
Achy
Blicourt
Lachaussée-du-Bois-d'Ecu
Noyers-St Martin
Campremy
Gannes
Quinquempoix
Brunvillers-la-Motte
Luchy
Noirémont
Wavignies

Bertrancourt, Mailly-Maillet, Beaumont, Beaucourt-s-l'Ancre, Warlencourt-Eaucourt, Ligny-Thilloy, les Bapaume, Haplincourt, Ruyaulcourt, Trescault, Beaucamp, Villers-Plouich

Beaussart, Acheux-en-Amiénois, Auchonvillers, Parc Mémorial, Grandcourt, Pys, le Sars, le Barque, Beaulencourt, Villers-au-Flos, Barastre, Bus, Metz-en-Couture

Forceville, Englebelmer, Hamel, St Pierre Divion, Courcelette, Rocquigny, Neuville-Bourjonval, Thiepval, Gueudecourt, le Transloy, Léchelle, Ytres, Gouzeaucourt

Hédauville, Mesnil, Mémorial brit., Pozières, Martinpuich, Flers, Lesbœufs, Mesnil-en-Arrouaise, Equancourt, Fins, Martinsart, Authuille, Ovillers, Longueval, Morval, Sailly-Saillisel, Etricourt, Manancourt, Révelon

Bouzincourt, Senlis-le-Sec, Aveluy, Albert, Bazentin, Bazentin-le-Grd, Contalmaison, la Boisselle, Guillemont, Ginchy, Combles, le Gouvernement, Rancourt, Sorel, Heudicourt, Nurlu, Liéramont, Guyencourt-Saulcourt, Epehy

Hénencourt, Millencourt, Baizieux, Laviéville, Bécourt, Fricourt, Montauban-de-Picardie, Mametz, Hardecourt-aux-Bois, le Priez, Leforest, Bouchavesnes-Bergen, Moislains, Aizecourt-le-Bas, Villers-Faucon

Bresle, Dernancourt, Méaulte, Bécordel, Aérospatiale, Carnoy, Maricourt, Maurepas, Bois-Marlière, Franvillers, Buire-s-l'Ancre, Ville-s-Ancre, Bronfay, Billon, Belvédère de Vaux, Curlu, Aizecourt-le-Haut, Templeux-la-Fosse, Longavesnes

Ribemont-s-Ancre, Heilly, Treux, Méricourt-l'Abbé, Morlancourt, Bray-s-Somme, Suzanne, Vaux, Hem, Monacu, Cléry-s-S, Feuillères, Halles, Feuillaucourt, Mont-St-Quentin, Omiécourt, Driencourt, Bussu, Marquaix, Roisel, Hamel

Etinehem, la Neuville-lès-Bray, Eclusier, Frise, Cappy, Herbécourt, Ste Radegonde, Péronne, Tincourt, Doingt, Buire, N.D. de Moyenpont, Boucly, Hamelet

Vaux-s-Somme, Sailly-le-Sec, Sailly-Laurette, Chipilly, Cerisy, Gailly, Vaire-s-Corbie, Froissy, Dompierre-Becquincourt, Biaches, Flaucourt, la Maisonnette, Flamicourt, la Chapelette, Courcelles, Cartigny, Brusle, Nobecourt, Montigny, Bernes

Hamelet, le Hamel, Fouilloy, Méricourt-s-Somme, Chuignes, Chuignolles, Fontaine-lès-Cappy, Assevillers, Mesnil-Bruntel, Hancourt, Beaumetz, Fléchin, Mémorial australien, Morcourt, Proyart, Belloy-en-Santerre, Barleux, Eterpigny, Bouvincourt-en-Vermandois, Vraignes-en-Vermandois

Lamotte-Warfusée, le Bois du Sart, Foucaucourt-en-Santerre, Fay, Estrées, Villers-Carbonnel, Pont-lès-Brie, St Cren, Estrées-en-Chaussée, Pœuilly, Prusle

Villers-Bretonneux, Rainecourt, Herleville, Horgny, Brie, Mons-en-Chaussée, I.N.R.A., Vermand, Caulaincourt

Bayonvillers, Framerville-Rainecourt, Soyécourt, Deniécourt, Berny-en-Santerre, Briost, Athies, Devise, Méréaucourt, Tertry, Trefcon, Marcelcave, Harbonnières, Vauvillers, Vermandovillers, Fresnes-Mazancourt, Misery, St Christ, Omignon, Montécourt, Monchy-Lagache

Wiencourt-l'Equipée, Guillaucourt, Ablaincourt-Pressoir, Marchélepot, Cizancourt, Ennemain, Fourques, Flez, Beauvois, Aubercourt, Ignaucourt, Lihons, Licourt, Falvy, Douvieux, Guizancourt, Lanchy

Démuin, Caix, Cayeux-en-Santerre, Rosières-en-Santerre, Chaulnes, Hyencourt-le-Grd, Pertain, Epénancourt, Morchain, Pargny, Villecourt, Croix, Quivières, Moligneaux, Ugny-l'Equipée, Foreste, Vaux

Villers-aux-Erables, Maison-Blanche, Beaucourt-en-Santerre, Vrély, Méharicourt, Hallu, Puzeaux, Omiécourt, Hyencourt-le-Pt, Potte, Fontaine-lès-Pargny, Béthencourt-s-Somme, Matigny, Douilly, Villers-St Christophe

Mézières-en-Santerre, le Quesnel, Warvillers, Maucourt, Chilly, Punchy, Dreslincourt, Mesnil-St Nicaise, le Grd, Curchy, Buny, Toulle, Cuvilly, Aubigny

Fresnoy-en-Chaussée, Beaufort-en-Santerre, Fouquescourt, Hattencourt, Fonches, Rouy-le-Grd, Rouy-le-Pt, Offoy, Sancourt, Folies, Rouvroy-en-Santerre, Fransart, Etalon, Manicourt, Herly, Nesle, Voyennes, Viefville, Ham, Eppeville, Estouilly, Tugny, Pithon

Le Plessier-Rozainvillers, Hangest-en-Santerre, Bouchoir, la Chavatte, Liancourt-Fosse, Quiquery, Languevoisin, Hombleux, Canizy, la Neuville-Sire-Bernard, Arvillers, Parvillers, Fresnoy-lès-Roye, le Quesnoy, Crémery, Rethonvillers, Billancourt, Bacquencourt, Breuil, Buverchy, Verlaines

Contoire, Erches, Damery, la Cambuse, Goyencourt, Gruny, Marché-Allouarde, Cressy, Grécourt, Muille, Aubigny, Hamel, Davenescourt, Pierrepont-s-Avre, Saulchoy, Andechy, Biarre, Moyencourt, Esmery-Hallon, Villette, Brouchy

Warsy, Guerbigny, Villers-lès-Roye, l'Echelle, Roye, St Mard, St Aurin, Carrépuis, Balâtre, Omencourt, Ercheu, Bonneuil, Golancourt, Boussicourt, Becquigny, Fignières, Solente, Champien, Libermont, Forêt de l'Hôpital, Flavy-le-Meldeux, le Plessis-Patte-d'Oie, Villeselve, Collery, Gratibus, Roiglise, Ognolles

Lignières, Marquivillers, Armancourt, Laucourt, Verpillières, Margny-aux-Cerises, Fréniches, Frétoy-le-Château, Rouvrel, Tirlancourt, Berlancourt, Beines, Courtemanche, Laboissière-en-Santerre, Etelfay, Faverolles, Dancourt-Popincourt, Beuvraignes, le Pavé, Amy, Beaulieu-les-Fontaines, Béthancourt, Guiscard, Buchoire

St Martin, St Médard, Montdidier, Grivillers, Bus-la-Mésière, Tilloloy, Crapeaumesnil, Avricourt, Ecuvilly, Catigny, Campagne, Rezavoine, Muirancourt, Rimbercourt, Maucourt, Mesnil-St Georges, Ayencourt, Fescamps, Piennes, Sébastopol, Fresnières, Chevilly, Quesmy, Beaugies, Caillouël

Abbémont, Assainvillers, Remaugies, le Cessier, les Loges, Balny, Candor, Lagny, Sermaize, Béhancourt, Bussy, Haudival, Crisolles, les Usages, Camp militaire, Crépigny, Domélien, Rubescourt, Vaux, Onvillers, Boulogne-la-Grasse, la Poste, la Potière, la Taulette, Sceaucourt, Beaurains-lès-Noyon, Genvry, Tarlefesse, Grandrû

Domfront, Compassion, Dompierre, le Frestoy, Bains, Hainvillers, Conchy-les-Pots, Roye-s-Matz, Canny-s-Matz, Plessis-Cacheleux, Lassigny, Porquéricourt, Béhéricourt, Mondescourt, Babœuf, Godenvillers, Rollot, Orvillers, Biermont, Mancey, Dives, Vauchelles, Noyon, Salency

Crèvecœur-le-Petit, le Ployron, Laberlière, Plessis-de-Roye, Plémont, Cuy, Suzoy, Evricourt, Larbroye, Dive-le-Franc, Pont-l'Evêque, Morlincourt, la Rosière, St Hubert, Brétigny

Tricot, Courcelles-Epayelles, Mortemer, Gury, Sorel, Ville-Matz, Belval, Thiescourt, les Méliques Bocages, la Bernardie, le Jonquoy, Varesnes, Pontoise-lès-Noyon, Fme Neuve

Coivrel, Cuvilly, la Neuville-s-Ressons, Ricquebourg, Cannectancourt, Ville, Passel, Sempigny

Autoroute du Nord

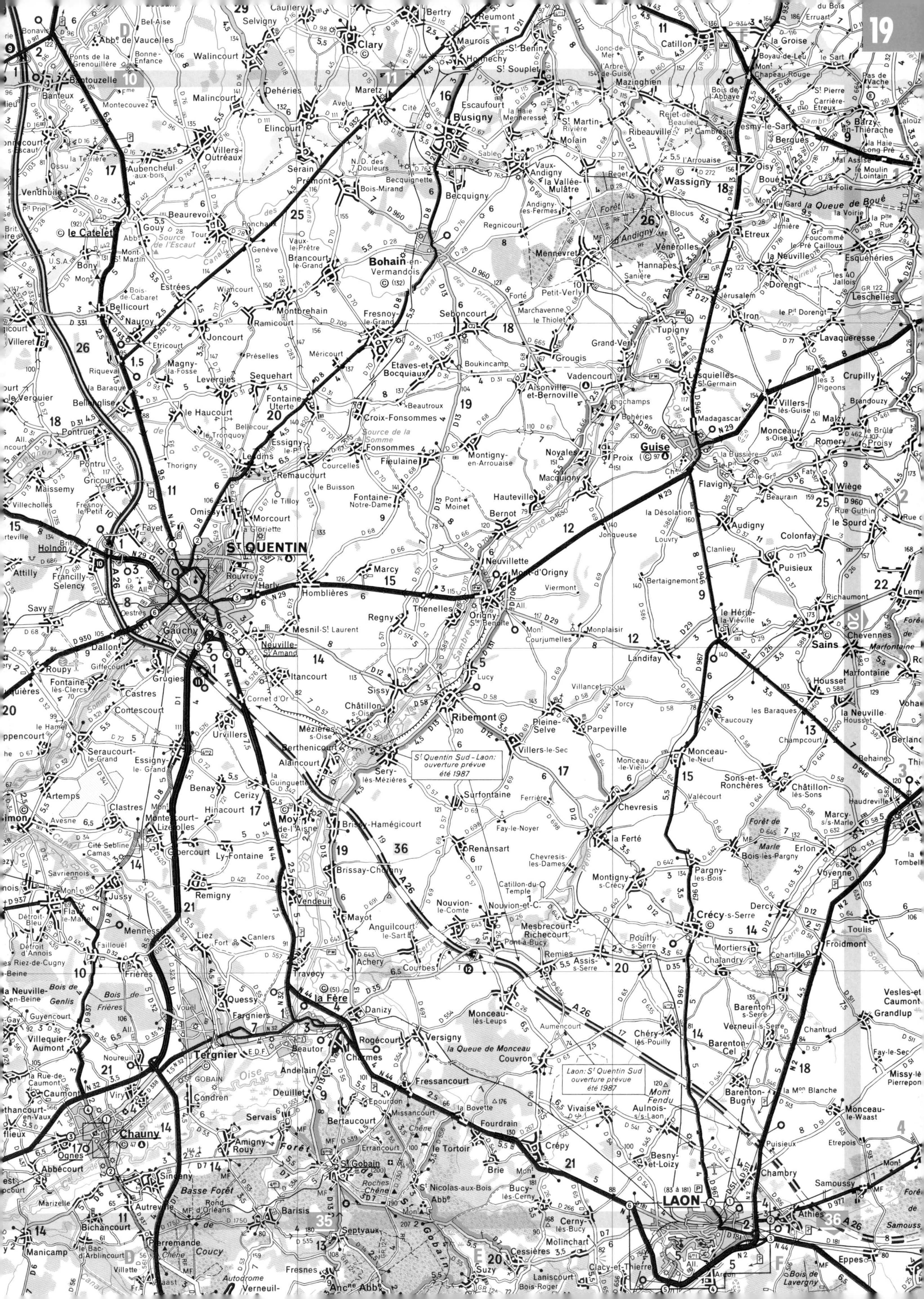

Clary
Catillon
Le Catelet
Bohain-en-Vermandois
Busigny
Wassigny
Maretz
Serain
Prémont
Fresnoy-le-Grand
Seboncourt
Etreux
Guise
Vadencourt
Lesquielles-St Germain
Villers-lès-Guise
Sains
Marfontaine
St QUENTIN
Gauchy
Harly
Homblières
Mont-d'Origny
Origny-Ste Benoite
Ribemont
Itancourt
Sissy
Châtillon-s-Oise
Moÿ-de-l'Aisne
Vendeuil
La Fère
Tergnier
Chauny
Crécy-s-Serre
Marle
Voyenne
Froidmont
LAON
Athies
Crépy
Fourdrain
Couvron
Versigny
St Gobain
Barisis
Septvaux
Coucy
Sinceny
Bichancourt
Manicamp
Jussy
Flavy-le-Martel
Ham
Clastres
Essigny-le-Grand
Holnon
Vermand
Bellicourt
Bellenglise
Levergies
Villers-Outréaux
Malincourt
Walincourt
Elincourt
Montbrehain
Fonsommes
Croix-Fonsommes
Essigny-le-Petit
Lesdins
Neuville-St Amand
Urvillers
Benay
Cerizy
Remigny
Mayot
Achery
Danizy
Beautor
Charmes
Andelain
Deuillet
Servais
Amigny-Rouy
Autreville
Abbécourt
Ognes
Viry-Noureuil
Villequier-Aumont
Faillouel
Frières
Quessy
Fargniers
Remies
Assis-s-Serre
Pouilly-s-Serre
Mortiers
Chalandry
Barenton-Cel
Barenton-Bugny
Chambry
Samoussy
Monceau-le-Waast
Toulis
Chevresis
Ferrière
Surfontaine
Renansart
Nouvion-et-C.
Mesbrecourt-Richecourt
Anguilcourt-le-Sart
Travecy
Rogécourt
Fressancourt
Bertaucourt
Brie
Bucy-lès-Cerny
Cerny-lès-Bucy
Molinchart
Cessières
Suzy
Clacy-et-Thierret
Besny-et-Loizy
Aulnois-s/s-Laon
Vivaise
Monceau-lès-Leups
Chéry-lès-Pouilly
Verneuil-s-Serre
Landifay
Parpeville
Pleine-Selve
Villers-le-Sec
Monceau-le-Neuf
Sons-et-Ronchères
Châtillon-lès-Sons
Marcy s/s-Marle
Bois-lès-Pargny
Pargny-les-Bois
Montigny-s-Crécy
La Ferté
Faucouzy
Housset
Puisieux
Colonfay
Le Sourd
Wiège
Flavigny
Audigny
Proix
Macquigny
Noyales
Hauteville
Bernot
Neuvillette
Regny
Thenelles
Mesnil-St Laurent
Marcy
Fieulaine
Montigny-en-Arrouaise
Aisonville-et-Bernoville
Grougis
Tupigny
Hannapes
Vénérolles
Mennevret
Etaves-et-Bocquiaux
Oisy
Boué
Lavaqueresse
Crupilly
Malzy
Romery
Proisy
Esquéhéries
Leschelles
Dorengt
Iron
Barzy-en-Thiérache
La Neuville-Housset
Richaumont
Chevennes
Forêt de Marle
Basse Forêt de Coucy
Forêt de St Gobain
Forêt d'Andigny
Canal de St Quentin
Oise
Serre
Somme
Sambre
St Quentin Sud - Laon: ouverture prévue été 1987
Laon: St Quentin Sud ouverture prévue été 1987
A 26
N 29
N 44
N 2
N 32
D 967
D 946

Beaurepaire-s-Sambre, Bon Debout, Buisson-Moreau, Rouge Croix, Basse Boulogne, Etroeungt, Wattignies, Cantraine, Rainsars, Bois de la Fagne de Sains, Forêt de Trélon, Trélon, Wallers-Trélon, Robechies, Baives, Bailièvre, Beauchamps, Virelles, Chimay

Glageon, Féron, Buisson-Barbet, Chevireuil, St Pierre, Pt Bois, Moranrieux, Salles, Macon, Circuit Auto St Remy, Ch^lle l'Arbrisseau, Haie Catelaine, Fontaine des Pauvres, les Reteaux, Floyon, Gd Bois, Larouillies, Couplevoie, Ohain, Monceau-Imbrechies, Momignies, Villers-la-Tour, Beaucamp, Fontenelle, Rocquigny, la Carnaille, Melsart, Martignon, Seloignes, Forges, Bourlers, Barzy-en-Thiérache, la Haie Long Pré, Garmouzet, Papleux, Hayettes, Trieux-de-Bléfontaine, Haie d'Anor, Trieux, Beauwelz, Hoeulé

Moulin Lointain, le Nouvion-en-Thiérache, Marlemperche, le Bois-là-Haut, Montreuil, Wignehies, Fourmies, Étg de la Galoperie, Bout d'En Haut, la Fourchinée, Bois de Chimay, Forêt du Nouvion (Domaine privé), Rond Point de Guise, la Flamengrie, la Haie Payenne, Rue du Midi, Roubais, Pied-du-Terne, les Maillets, les Noires Terres, Par-de-la-l'Etang, Passe-d'Anor, Pilate, la Rouillie, la Saboterie, Cr des Veneurs, Haudroy, Pt Bois, Monplaisir, Forêt de Fourmies, Anor, le Lobiette, Fourmatot, Fourneau-Philippe, Loge-Wactiaux, Villa-Lamarche, Haie Maubecque, le Routier, Pierre d'Haudroy, Clairfontaine, Rue de-la-Chasse, Milourd, la Masure, Macquenoise, l'Ermitage, Forge-Philippe, Abbe N.-D.-de Scourmont

Hennepieux, le Tilleul, la Capelle, Rue de Paris, Rue-Neuve, Rue-de-Jeantes, Mondrepuis, Cendron, le Vieux-Gaucher, Forêt de Signy-le-Petit, la Gruerie, Riezes, Dohis, Buironfosse, les Aumonts, Sommeron, Bray, Rue-de-Guise, Ecreveau, Rue-des-Marais, Rue d'Ardenne, Forêt d'Hirson (Domaine privé), Forêt de St Michel, les Grds Riaux, Four-Gérard, les 4 Chemins, Bois de l'Epaissenoux, le Boujon, Lerzy, Froidestrées, Champ-Bouvier, Gd Loudier, le Baty, Neuve-Maison, Blangy, le Chemiteaux, Cocreaumont, Sougland, la Neuville-aux-Joûtes, le Gravier-du-Bois, Brognon, la Fermière, Rue Lagasse, Forêt du Regnaval, Gr St Lot, Luzoir, Wimy, Ohis, Effry, Hirson, St Michel, les Logettes, la Bovette, la Croix-Colas, Signy-le-Petit, Chigny, le Bermont, Erloy, Gergny, Englancourt, Sorbais, Oise, Entre-deux-Bois, la Demi-Lieue, Buire, Montorieux, la Clopperie, la Croix-Bala

le Brûlé, Proisy, Marly, St Algis, Autreppes, Solmont, Étréaupont, Mont d'Origny, Abbe les Routières, le Routy, Origny-en-Thiérache, Blissy, Watigny, la Malaise, Fosses Rousseaux, la Cloperie, la Hourbe, Larzille, Foigny, l'Arbalète, la Hérie, Bucilly, les Vallées, Laurembert, Any, Fligny, Féronval, Bois-de-Laigny, Haution, la Chaussée-d'Étréaupont, le Chauderon, Landouzy-la-Ville, Eparcy, la Fosse, Martin-Rieux, Tarzy, Rue du Bois, Beaurepaire, la Bouteille, Rue-des-Boeufs, l'Ange-Gardien, la Boulloye, Bellevue, Val-la-Caure, la Neuville-aux-Tourneurs, la Vallée-au-Blé, Laigny, Fontaine-les-Vervins, la Bonde, Landouzy-la-Cour, Martigny, Leuze, Auge, Antheny, Voulpaix, Pont-à-l'Écu, Chêne-Bourdon, la Cour-des-Beauchés, Rue-Grde-Jeanne, la Hayette, Fontenelle, Champ, Lemé, Vervins, la Verte-Vallée, Rue-Heureuse, l'Epinette, Besmont, Beaumé, Aubenton, Bossus-lès-Rumigny, le Carbonnet, Estrebay, Laval-d'Estrebay

Forêt de Marfontaine, la Cailleuse, St Pierre, Cambron, Gd Denteuse, l'Arbre Joly, le Pt Vervins, Thenailles, la Nigaudière, Nogémont, la Sablonnière, la Rue-Charles, la Courte-Soupe, la Tour Genot, Rue-Larcher, Hurtebise, Logny-lès-Aubenton, Hannappes, Rumigny, Franqueville, Vilpion, les Lanneux, Gercy, Chaussée-de-Hary, Pt Lugny, Plomion, Longue Rue, Rue des Lamberts, le Mont-du-Faux, les Bois-Carbonnet, l'Ermitage, Ribeauville, Prez, Rougeries, le Héron, Grand-Rieux, Harcigny, Jeantes, le Coq-Banni, Coutenval, Coingt, Haye d'Aubenton, la Terre-des-Moines, la Rue-du-Moulin, Aouste, Voharies, St Gobert, Gronard, Bancigny, Ringeat, Mont-St Jean, Abbe de Bonnefontaine, la Houssoie, la Reupette, les Baraques, Houry, Hary, Braye-en-Thiérache, Malvaux, Lambercy, Corneaux, Iviers, Blanchefosse, la Hérissonnerie, la Croix-d'Aouste, Liart, Lugny, Prisces, Burelles, Blanche, Nampcelles-la-Cour, St Clément, Cuiry-lès-Iviers, Dohis, les Autels, Pts Caillaux, Berlancourt, Rogny, Abbe, la Corrierie, Bois du Val, le Val-St Pierre, Dagny, Brunehamel, Bay, la Férée, Thiernu, Bélimont, le Hocquet, Morgny-en-Thiérache, les Froidmonts, H. Chemin, Hts Bruyères, les Héneaux, Montigny-s/s-Marle, Gratreux, Forêt d'Estrémont, la Viotte, le Fréty, Parfondeval, Résigny, Louvet, la Garde-de-Dieu, Planche-à-Serre, Thiery-Pré, St Jean-aux-Bois

Marle, Cilly, Bosmont-s-Serre, Tavaux, Vigneux, Renneval, Archon, Dolignon, Grandrieux, Rouvroy, Mainbresson, Ribeauville, Fief-d'Arlois, Dormicourt, la Tombelle, Moranzy, Serre, Ste Geneviève, Reuil, Magny, Chéry-lès-Rozoy, Apremont, le Beau-Séjour, les Duizettes, le Suberteaux, St Pierremont, Pontséricourt, Agnicourt, Séchelles, Chaourse, Vincy, Raillimont, Mainbressy, la Rue-Gibourdelle, la Verrerie, la Neuville-Bosmont, l'Espérance, Soize, Rozoy-s-Serre, Montmeillant, Autremencourt, Attencourt, Montigny-le-Franc, Montcornet, Lislet, Vaux, Rocquigny, Cense-Boudesocq, Point-du-Jour, la Romagne, Sous-les-Faux, Caumont, Cuirieux, Ebouleau, Hurtaut, Montloué, Rubigny, Wadimont, la Hardoye, la Rosière, Maurov, les Fondys, Rogivi, Vesles-et-Caumont, Grandlup, Goudelancourt-lès-Pierrepont, Clermont-les-Fermes, Noircourt, Berlise, Fraillicourt, la Vaugérard, la Folie, Chaumont-Porcien, Pagan, Pierrepont, Mâchecourt, la Ville-aux-Bois-lès-Dizy, le Thuel, Coloru, Renneville, Beaumont, Trion, le Radois, St Berthould, Adon, Givron, Bégny, Fay-le-Sec, Marais St Boetien, Bucy-lès-Pierrepont, St Acquaire, Chaumontagne, Forest, Logny-lès-Chaumont, Wasigny, Missy-lès-Pierrepont, Chivres-en-Laonnois, Ste Preuve, Dizy-le-Gros, Waleppe, Ste Olive, Doumely-Bégny, Seraincourt, Boncourt, Braye, Bray, Chappes, Remaucourt, le Pavé, Herbigny, Liesse, Lappion, la Grange-aux-Bois, Sévigny, Hannogne-St Rémy, Justine, Gizy, le Ht Chemin, Montigny-la-Cour, la Bouvrie, Chaudion, Flay, Lucquy, Son, Hauteville, Marchais, Sissonne, St Quentin-le-Pt, Banogne, le Ruisselois, Recouvrance, Thorin, Forêt de Samoussy, All. et Brit., Nizy-le-Comte, la Selve, Bethancourt, Lacroix, St Fergeux, la Garenne, Inaumont, Coucy-lès-Eppes, Zoo, le Billon, le Thour, la Rue de l'Allemagne, Ecly, Château-Porcien, Condé-, Sorb

21
Aublain
Boussu-en-Fagne
Grottes de Neptune
Olloy-s-Viroin
Vierves-sur-Viroin
Bois de Treignes
Couvin
Petigny
Dailly
Forêt de Nismes
Pesche
Gonrieux
Presgaux
Le Mesnil
Oignies-en-Thiérache
Regniessart
Franche Forêt
Brûly-de-Pesche
Abri d'Hitler
Bois de Couvin
Bois-de-Gonrieux
Taille-Engelée
Bois de Croy
la Forge-du-Prince
Moulin-Manteau
Brûly
le Paquis
Gué-d'Hossus
Cul-des-Sarts
Pte Chapelle
l'Escaillère
Lisbonne
Regniowez
Hingues
Taillette
Rocroi
Vallée de Misère
le Gros-Caillou
Censes-Gallois
Bourg-Fidèle
Bas-Taillis
Sévigny-la-Forêt
Bois des Potées
Maubert-Fontaine
Tremblois-lès-Rocroi
Etalle
Girondelle
Chilly
Laval-Morency
Marby
Blombay
le Châtelet-s-Sormonne
Murtin-et-Bogny
Sormonne
Rimogne
Harcy
Renwez
Montcornet
Arreux
Cliron
Houldizy
Tournes
Damouzy
Flaignes-Havys
Belzy
l'Echelle
le Clos-Berteaux
Cernion
Rouvroy-s-Audry
Ham-les-Moines
Wartigny
Haudrecy
Logny-Bogny
Aubigny-les-Pothées
Servion
Vaux
Remilly-les-Pothées
Belval
Lépron
Neufmaison
Clavy
Warby
Fontaine-Olive
Marlemont
la Guinguette
la Saboterie
les Vallées
Faluel
Forêt du Hailly
Thin-le-Moutier
Forêt de Froidmont
Ecogne
Gruyères
Signy-l'Abbaye
la Fosse-au-Mortier
Vaux Gravier
la Vénerie
Librecy
Dommery
Forêt de Signy
Faurigault
Lalobbe
Jandun
Fosse-à-l'Eau
Bellevue
la Plate-Pierre
Forêt de Mortier
Hameuzy
Launois-s-Vence
la Sauge-aux-Bois
Grandchamp
Wagnon
les Forges
les Tavernes
Fosse-Mouillée
le Parlier
Viel-St Rémy
le Ronceau
Neuvizy
Maheru
les Haies
Margy
Novion-Porcien
Faissault
Hagnicourt
Harzillemont
Buissonwé
Macheroménil
Saulces-aux-Tournelles
Puiseux
Wignicourt
Vaux-Montreuil
Chesnois-Auboncourt
Saulces-Monclin
Vauzelles
Auboncourt
Provizy
Corny
la Malmaison
Faux
Sorcy
Bauthémont
Lucquy
Novy
Revin
Mont Malgré Tout
Anchamps
Roches de Laifour
Laifour
les Dames de Meuse
Bois des Marquisades
St Nicolas
Neuve-Forge
les Mazures
Longue Roche
Monthermé
Deville
Roche à 7 heures
Roche aux 7 villages
Chau Regnault
Bogny-s-Meuse
Joigny-s-Meuse
Meillier-Fontaine
Nouzonville
Neufmanil
CHARLEVILLE-MÉZIÈRES
Aiglemont
Montcy-Notre-Dame
St Laurent
Villers-Semeuse
Lumes
Warcq
Prix
la Francheville
Sept-Fontaines
Neuville
Fagnon
Warnécourt
Evigny
Forge-Maillard
Mondigny
Champigneul-s-Vence
St Marceau
Chalandry
Flize
Boulzicourt
Etrépigny
St Pierre-s-Vence
Guignicourt-s-Vence
Hocmont
Yvernaumont
Touligny
Barbaise
Raillicourt
Montigny-s-Vence
Poix-Terron
Villers-le-Tourneur
la Bascule
la Crête-Mouton
Mazerny
les Hauts-Chemins
Baâlons
Bouvellemont
Chagny
Omont
Mont Damion
la Horgne
les 3 Maisons
les Tailles
Beauvoi
les 4 Vents
Terron-lès-Vendresse
Vendresse
Singly
Villers-le-Tilleul
les Poursaudes
Elan
Forêt d'Elan
Sapogne
Hannogne-St Martin
Cheveuges-St-Aignan
Triage du Omicourt
Haut de Sapogne
Connage
Chémery-s-Bar
Malmy
Ambly
Maisoncelle
Artaise
la Neuville-à-Maire
Bois de la Cassine
Forêt du Mont Dieu
le Mont-Dieu
Stonne
Sauville
Louvergny
Marquigny
la Sabotterie
Tourteron
Lametz
Tannay
Les Grandes-Armoises
Mont Damion
Jonval
Guincourt
St Loup
Terrier
le Plain
Fumay
Haybes
Fépin
Montigny-s-Meuse
Forêt d'Hargnies-Laurier
Hargnies
Forêt de la Manise et des Heez d'Hargnies
Rocher de la Faligeotte
Mont Tranet
Calvaire des Manises
les Hts Buttés
les Bas-Buttés
Croix-Gillet
Forêt de Château-Regnault
Roc de la Tour
Tournavaux
Thilay
Haulmé
Naux
les Hautes-Rivières
Les Woieries
la Dauphine
Linchamps
Bois des Haies
la Neuville-aux-Haies
les Vx-Moulins-du-Thilay
Croix Scaille
Bois St Jean
Willerzie
Rienne
Gedinne
Bourseigne-Neuve
Vencimont
Malvoisin
Patignies
Sart-Custinne
Bois de Sevry
Louette-St Pierre
Louette-St Denis
Houdremont
Nafraiture
Orchimont
Vresse
Membre
Bohan
Roches la Dame
Chêne Chaudron
Bois des Hazelles
Gespunsart
Sugny
Pussemange
Rogissart
Bagimont
Frahan
Corbion
Forêt de Sedan
Sedan
Floing
Glaire
Balan
Bazeilles
Donchery
Vrigne-Meuse
Nouvion-s-Meuse
Dom-le-Mesnil
Villers-s-Bar
Wadelincourt
Frénois
Noyers
Thelonne
Remilly-Aillicourt
Bulson
Haraucourt
Chaumont
Vrigne-aux-Bois
Issancourt
Bosseval
St Menges
Fleigneux
Illy
Iges
Gernelle
la Grandville
Rumel
Vivier-au-Court
les Ayvelles
Elaire
Boutancourt
Balaives
Villers-s-le-Mont

Neupont
Mirwart
Herbaimont
Tronle
Fays-Famenne
Bestin
Bois de St Hubert
Parc à Gibier
Centre pénitenciaire
le Jardin
Sprimont
Amberloup (Ste Ode)
Fosset
Tonny
Bois de St Remacle
Bois de Mohimont
Bois de Transinne
Arville
Lorcy
Préfroid
Hurtebise
Val de Poix
Menil
Renuamont
Smuid
Poix-St Hubert
St Hubert
Bonnerue
Daverdisse
Hamayde
Séchery
les Boucats
Vesqueville
Tillet
Laval
Chisogne
Gerimont
Station de poursuite de satellites
Redu
Jenneville
Hatrival
Couvent
Beau-Plateau
Pinsamont
Haut-Fays
Gembes
Transinne
Moircy
Bois des Haies de Magery
Gribelle
Selassin
Mont
Lesse
Libin
Bois au Ban
Bras-Haut
Freux-Ménil
Magerotte
Gedinne-Station
Freux-la-Rue
Remagne
Porcheresse
Villance
Freux
Bras
Freux-Suzeraine
Nimbermont
Maissin
Calvaire
Glaireuse
Rondu
Chenet
Péry
Séviscourt
Bougnimont
Graide
Our
Anloy
Roumont
Bois de Warinsart
Remeaux
Remience
Beth
Laneuville
Bièvre
Opont
Libramont (Libramont-Chevigny)
Renaumont
Ourt
Wideumont
Rosière
Graide-Station
Framont
Ochamps
Ste Marie-Chevigny
Bernimont
Naomé
Sart
Presseux
Flohimont
Recogne
Vaux-s-Sûre
Monceau en-Ardenne
Paliseul
Jehonville
Forêt de Luchy
St Pierre
Sberchamps
fin 1987
la Hutte
Acremont
Neuvillers
Lamouline
Tronquoy
Respelt
Molinfaing
Bercheux
Oizy
Baillamont
Merny
Offagne
Blanche-Oreille
Verlaine
Morival
Juseret
Carlsbourg
Bois d'Outrouge
Launoy
Assenois-Glaumont
les Corettes
Massul
Lescheret
Gros-Fays
Nollevaux
Fays-les-Veneurs
Fineuse
Sémel
Tournay
Longlier
Lahérie
Chêne
Cornimont
Almache
Plainevaux
la Flêche
Burhaimont
Grandvoir
Maisoncelle
Ebly
Vaux-lez-Chêne
Vivy
Mogimont
Saupont
Rossart
Mon Idée
Hamipré
Bertrix
Petitvoir
Bombois
Mouzaive
Fruchenet
Géripont
Namoussart
Rochehaut
Bellevaux
Orgeo
Bourges
Neufchâteau
Offaing
Marbay
Ucimont
Warmifontaine
Nevraumont
Cousteumont
Narcimont
Frahan
Sensenruth
Noirefontaine
la Cornette
Plat Bois
Harfontaine
Grapfontaine
Montplainchamp
le Sart
Wittimont
Botassart
Curfoz
les Hayons
Auby
Gribomont
Menugoutte
Hosseuse
Nolinfaing
Bernimont
Habaru
Lavaux
Nivelet
Xaimont
Genevaux
Poupehan
Tombeau du Géant
Cugnon
St Médard
Assenois
Léglise
Rancimont
Chaire à prêcher
Abbe de Cordemoy
Renauvanne
Mortehan
Martilly
Straimont
Chevaudos
Corbion
Rer du Pendu
Bouillon
Dohan
les Fourches
Forêt
Thibésart
Forêt de Sedan
Roches de Dampiry
Forêt de Bouillon
Chau
Herbeumont
Forêt d'Herbeumont
les Fosses
Beaubru
Tombeau du Chevalier
Conques
Notre-Dame
Suxy
Mellier
Moulin-à-Vent
la Maison-Blanche
Libaipire
les Epioux
Forêt de Neufchâteau
les 4-Chemins
les Amerois
le Blanc Sart
Forêt de Muno
Roche du Chat
Rocher de Bohanan
Forêt de Chiny
Bge de la Vierre
Réserve de Chasse du Dos-de-Loup
Ste Cécile
Rer du Hât
Chiny
Défilé du Paradis
Rer du Pinco
Lacuisine
les Croisettes
Marbehan
Rulles
Chapelle
les Douze Cents
le Banel
Grd Hez
Watrinsart
Fontenoille
Menil
Laiche
le Charmois
Rossignol
Termes
Orsainfaing
Harinsart
Givonne
Villers-Cernay
la Neuville
Martué
Moyen
les Bulles
la Hailleule
Sedan
Pouru-aux-Bois
le Chesnois
Muno
les Quatre Arbres
Jambermont
Chassepierre
Florenville
Izel
Pin
Jamoigne
Breuvanne
Frenois
Ansart
Tintigny
Villers
Daigny
Balan
Francheval
Escombres
Banel
Romponcel
Valansart
Prouvy
Chau de Villemont
Han
la Moncelle
Rubécourt
Pouru-St Remy
Messempré
Bois du Banel
Pure
St Vincent
Poncelle
Bazeilles
Lamécourt
Messincourt
Réméhan
Tremblois-lès-Carignan
Williers
Forêt d'Orval
Bellefontaine
Fratin
le Rule
Douzy
Sachy
Osnes
Clémency
Matton
les Deux-Villes
Mogues
Brévilly
Tétaigne
Chêvre
Mohimont
Lahage
Remilly-Aillicourt
Mairy
Wé
Carignan
Abbe d'Orval
Forêt de Merlanvaux
Meidgibois
Bois de Lahage
Croix-Rouge
Pt Remilly
Lombut
Amblimont
Euilly
Pouilly
Charbeaux
Villers-devt-Orval
Margny
la Soye
Limes
Gérouville
Angecourt
Villers-devt-Mouzon
Blagny
Linay
Auflance
Fagny
Meix-devt Virton
Haraucourt
Autrecourt
Vaux-lès-Mouzon
Sailly
Ste Barbe
Villy
Fromy
Moiry
Herbeuval
Sapogne-s-Marche
Robelmont
Raucourt-et-Flaba
Mouzon
le Faubourg
Blanchampagne
Bois de la Riotte
Margut
Montlibert
Breux
Sommethonne
Berchiwé
Belle-Vue
Villemontry
Moulins-St Hubert
Malandry
la Ferté-s-Chiers
Signy-Montlibert
Thonne-le-Thil
Avioth
Houdrigny
Virton
Flaba
Autreville-St Lambert
Bois d'Inor
St Walfroy-Ermitage
Thonne-la-Long
Villers-la-Loue
Yoncq
Alma
Olizy-s-Chiers
Lamouilly
Bièvres
B. du Belloy
Thonnelle
St Valéry
Couvreux
Dampicourt
Montquintin
St Mard
la Bagnolle
la Thibaudine
Létanne
Inor
Chauvency-St Hubert
Verneuil-Petit
Rouvroy
Pouilly-s-Meuse
Nepvant
Fresnois
Thonne-les-Prés
Verneuil-Grand
Ecouviez
Harnoncourt
Bois de Guéville
Forêt de Stonne
Beaumont-en-Argonne
Forêt de Jaunay
Martincourt-s-Meuse
Chauvency-le-Chau
Montmédy
Lamorteau
Pont-Camus
Etabt de Pisciculture
Mont du Cygne
Luzy-St Martin
Ginvry
Brouennes
Villécloye
Velosnes

N 89
N 85
N 83
N 40
N 58
N 43
N 88
A 4
A 4-E 411
D 964
D 981

Bastogne (Bastenaken)
Wardin
Longvilly
Allerborn
Oberwampach
Niederwampach
Eschweiler
Wilwerwiltz
Munshausen
Hosingen
Preischeid
Dasburg
Affler
Dauwelshausen
Übereisenbach
Gemünd
Herbstmühle
Rodershausen
Wahlhausen
Waldhof-Falkenstein
Stolzembourg
Keppeshausen
Putscheid
Bivels
Vianden
Hoscheid
Kautenbach
Wiltz
Winseler
Pommerloch
Doncols
Bras
Sonlez
Remoifosse
Lutrebois
Lutremange
Tarchamps
Watrange
Harlange
Villers-la-Bonne-Eau
Sainlez
Livarchamps
Honville
Hollange
Chaumont
Hompré
Remichampagne
Grandrue
Burnon
Strainchamps
Tintange
Warnach
Bodange
Radelange
Fauvillers
Wisembach
Martelange
Rombach
Grumelange
Bigonville
Boulaide
Baschleiden
Surré
Mecher
Bavigne
Kaundorf
Liefrange
Lultzhausen
Insenborn
Esch-sur-Sûre
Goesdorf
Buderscheid
Bockholtz
Heiderscheid
Heiderscheidergrund
Eschdorf
Neunhausen
Pont Misère
Hochfels
Arsdorf
Bilsdorf
Heispelt
Tour Napoléon
Rindschleiden
Wahl
Kuborn
Hierheck
Dellen
Merscheid
Feulen
Ettelbruck
Diekirch
Erpeldange
Bettendorf
Herrenberg
Gilsdorf
Brandenbourg
Fouhren
Bourscheid
Welscheid
Burden
Michelau
Gænglay
Mertzig
Grosbous
Koetschette
Flatzbur
Rambrouch
Folschette
Buschrodt
Vichten
Michelbouch
Schieren
Colmar
Berg
Bissen
Roost
Medernach
Nommern
Cruchten
Nommerlayen
Essingen
Mersch
Beringen
Fischbach
Schoos
Lintgen
Gosseldange
Blaschette
Bourglinster
Lorentzweiler
Hunsdorf
Steinsel
Heisdorf
Walferdange
Grengewald
Senningerberg
Bereldange
Bridel
Kopstal
Kehlen
Keispelt
Meispelt
Olm
Capellen
Mamer
Strassen
LUXEMBOURG
Bamboesch
Findel
Hamm
Hespérange
Itzig
Alzingen
Fentange
Bivange
Roeser
Crauthem
Peppange
Livange
Bettembourg
Frisange
Hellange
Hagen
Abweiler
Pontpierre
Fennange
Huncherange
Noertzange
Budersberg
Schifflange
Ehlerange
Mondercange
Foetz
Pissange
Wickrange
Ehlange
Reckange-s-Mess
Leudelange
Roedgen
Schlewenhof
Bertrange
Grevels
Dippach
Sprinkange
Bettange-s-Mess
Schouweiler
Hautcharage
Bascharage
Sanem
Limpach
Garnich
Dahlem
Hivange
Holzem
Kleinbettingen
Steinfort
Koerich
Goeblange
Goetzingen
Windhof
Hobscheid
Eischen
Septfontaines
Simmerschmelz
Roodt-s-Eisch
Dondelange
Ansembourg
Tuntange
Hollenfels
Marienthal
Brouch
Saeul
Kapweiler
Schwebach
Calmus
Bœvange-s-Attert
Grevenknapp
Buschdorf
Useldange
Everlange
Rippweiler
Niederpallen
Redange
Ospern
Reimberg
Platen
Bettborn
Pratz
Schandel
Ell
Roodt-lès-Ell
Nagem
Lannen
Colpach-Haut
Colpach-Bas
Preizerdaul
Noerdange
Huttange
Beckerich
Levelange
Oberpallen
Hovelange
Guirsch
Tontelange
Attert
Nothomb
Petit-Nobressart
Grendel
Schockville
Parette
Holtz
Perlé
Corne du Bois des Pendus
Forêt d'Anlier
Vlessart
Anlier
Heinstert
Louchert
Nobressart
Almeroth
Metzert
Habay-la-Neuve
Pont d'Oie
Thiaumont
Lischert
Lottert
Heinsch
Tattert
Freylange
Viville
Bonnert
Frassem
Heckbous
Gaichel
Arlon (Aarlen)
Waltzing
Stockem
Fouches
Sampont
Heiden
Hachy
Vance
Sivry
Chantemelle
Sesselich
Toernich
Udange
Wolkrange
Autelhaut
Autelbas
Barnich
Sterpenich
Hondelange
Grass
Buvange
Differt
Selange
Turpange
Bebange
Messancy
Clémency
Fingig
Guelff
Habergy
Châtillon
Fourneau David
Meix-le-Tige
L'Ermitage-de-Wachet
St Léger
Bois de St Léger
Rachecourt
Battincourt
Willancourt
Aix-s-Cloie
Guerlange
Longeau
Athus
Pétange
Linger
Aubange
Halanzy
Mussy-la-Ville
Gennevaux
Baranzy
Musson
Signeulx
Bleid
Gomery
Piedmont
Mont-St Martin
Longwy
Cussigny
Gorcy
Longlaville
Rodange
Lamadelaine
Saulnes
Differdange
Mont Soleuvre
Niederkorn
Soleuvre
Oberkorn
Belvaux
Herserange
Lasauvage
Romain
Cosnes-et-Romain
Villers-la-Chèvre
Réhon
Ossuaire
St Pancré
Bois du Pas Bayard
Houdlémont
Ville-Houdlémont
St Remy
Buré-la-Ville
Lamadelaine
Montauban
Lacleraire

A
B
C
1
2
3
4
Raz Blanchard
Cap de la Hague
Rocher Jalletin
Sémaphore
Gros du Raz
Goury
St Germain-des-Vaux
les Herbeuses
la Coque
Sémaphore
Port Racine
Anse St Martin
Pointe Jardeheu
la Roche
Auderville
le Hâble
Omonville-la-Petite
Rue-Désert
Omonville-la-Rogue
Baie d'Ecalgrain
Digulleville
Jobourg
LA HAGUE (USINE ATOMIQUE)
Mont Pali
Eculleville
Rocher du Castel-Vendon
Gruchy
Nez de Voidries
Dannery
Landemer
Pointe de Nacqueville
Nez de Jobourg
Herqueville
Beaumont
Gréville-Hague
Urville
Nacqueville
la Rivière
Pointe de Querqueville
Querqueville
Ft Central
Ft de l'Ouest
Grande Rade
Guernsey Jersey
Rosslare
Herquemoulin
Baie du Houguet
Pierre Pouquelée
Hameau-de-la-Mer
CHERBOURG
Branville-Hague
Amfreville
Léveillé
Rue-d'Ozouville
Hainneville
Prieuré
Anse de Vauville
Vauville
Ste Croix-Hague
Tonneville
Equeurdreville-Hainneville
Flottemanville-Hague
Octeville
le Pt Thot
la Croix-Frimot
Camp Maneyrol
Nouainville
Port du Roule
Calvaire des Dunes
Biville
Gourbesville
Acqueville
le Saussey
le Pont
Rouges-Terres
le Val-de-Bas
Carreft des Pelles
les Ingoufs
la Loge
Champ
Vasteville
Sideville
Pénitot
de Tin
Herquetot
le Bosquet
Héauville
Teurthéville-Hague
Martinvast
le Manoir
Baudretot
Hardinvast
Tollevast
Clairefontaine
Crasville
le Férage
Siouville-Hague
la Viesville
Quetteville
Virandeville
les Contes
Hau de Haut
Beau Parlé
Couvert
Diélette
Helleville
St Christophe-du-Foc
le Bourg-Neuf
St Martin-le-Gréard
Flamanville
la Pte Siouville
les Pipets
Couville
E.D.F. Centrale nucléaire en constion
Arthur
Bretantot
Talfaret
les Quesnes
Carpentier
Flamanville
Sotteville
Croix-Jourdan
Sémaphore
Tréauville
Bricquebosq
Breuville
Ragonde
St Jouvin
Bonnemains
Quesney
Benoîtville
Cap de Flamanville
la Caudière
Sottevast
Houel
le Point-du-Jour
les Fontaines
Rauville-la-Bigot
la Viéville
Anse de Sciotot
les Pieux
Sciotot
Grosville
St Martin-le-Hébert
les Sources
Fme de Becqueville
Fritot
le Pertus
Rocheville
Sciotot
le Rozel
le Comte
Abbe N.D. de Grâce
Bernay
Longueville
Quettetot
St Germain-le-Gaillard
le Foyer
la Campion
le Poux
Pierreville
Hauteville
Pointe du Rozel
la Croix-Morain
Boullet
Bricquebec
Surtainville
la Mare-du-Parc
le Valhuey
Scye
le Vrétot
Béghin
la Vente-aux-Saulniers
St Paul
les Perques
le Carrefour
Senoville
Bastard
Sortosville-en-Beaumont
Beaubigny
la Fourquette
Bredonchel
la Vallée
le Valdécie
le Grd Hameau
la Brèche
la Rue
le Meaudenaville
les Barrières
le Crt au Pelletier
St Jacques-de-Néhou
les Forges-Vardon
Hatainville
St Pierre-d'Arthéglise
Masse de Romond
les Moitiers-d'Allonne
la Haye-d'Ectot
St Maurice-en-Cotentin
le Pont-aux-Moines
Forêt
Roches du Rit
la Trigale
Fierville-les-Mines
St Sauveur
la Mare-Tapin
Carteret
Barneville-Carteret
Auxais
la Blauderie
la Charronnerie
Chapelle
Cap de Carteret
Roualle
St Jean-de-la-Rivière
le Mesnil
Cadets
Besneville
Barneville-Plage
la Picauderie
la Vauterie
Blanlt
St Georges-de-la-Rivière
Guernsey (Saint Peter Port)
Jersey (Gorey)
Service saisonnier
Bosqueville
la Grde Rugueville
Carmesnil
Taillepied
Mon Griffon
Arbre
Huanville
la Croix-Blondel
Catteville
le Hâvre
St Maur
Ollonde
Neuville-en-Beaumont
Portbail
Canville-la-Rocque
St Sauveur-de-Pierrepont
St Lô-d'Ourville
la Besnarderie
les Rivières
St Nicolas-de-Pierrepont
Guillerderie
Jersey (Gorey)
Lindbergh-Plage
la Pellerine
Denneville
Neufmesnil
Denneville-Plage
les Gros Carré
Baudreville
Bolleville
la Valette
la Broquière
St Symphorien-le-Valois
la Cosnardière
St Rémy-des-Landes
Surville
Glatigny
Montgardon
la Renaudière
le Manoir
Blémont
Bretteville-sur-Ay
l'Orguillier
Angoville-sur-Ay
26

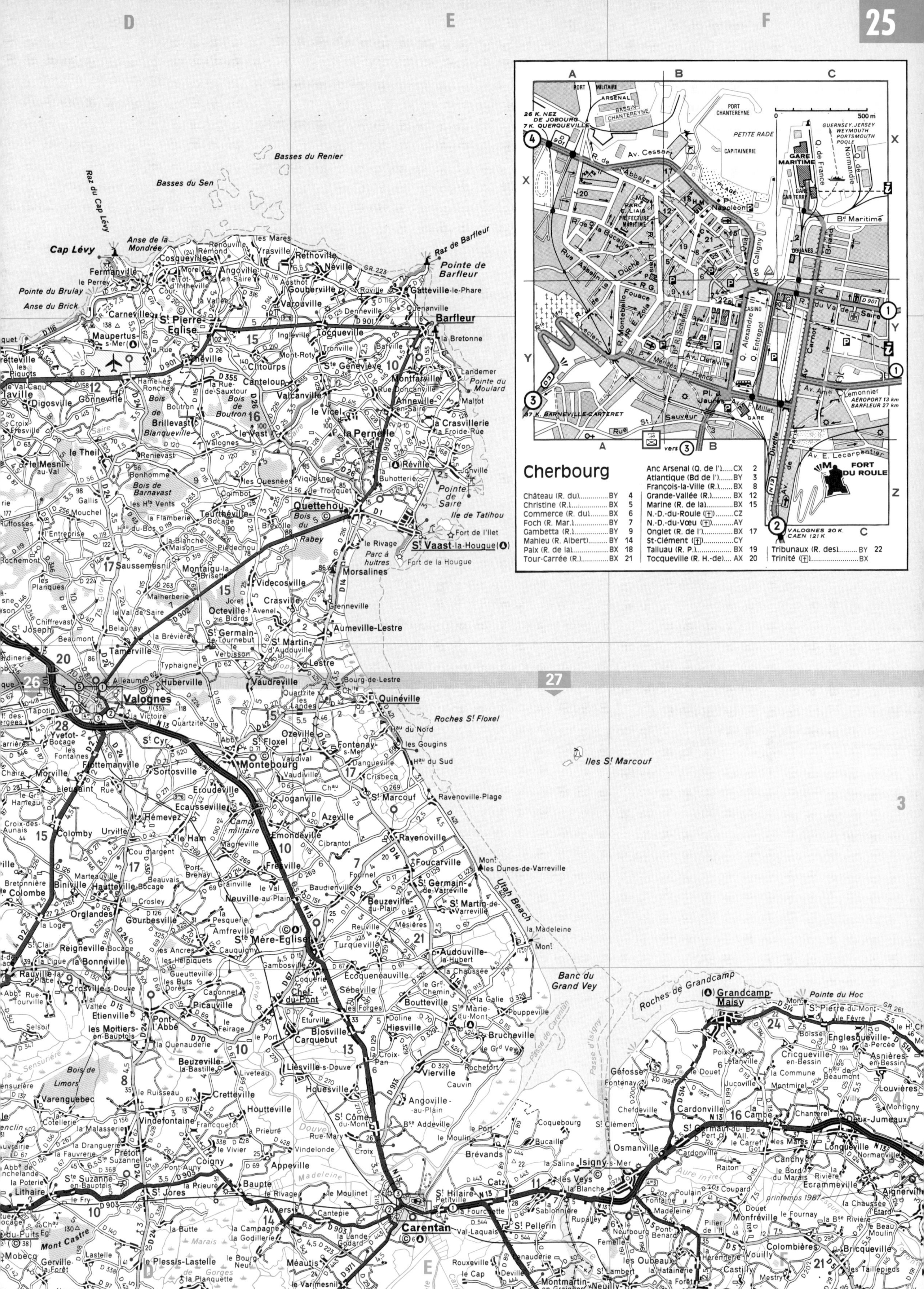

D
E
F
Cherbourg
Château (R. du)........BY 4
Christine (R.)........BX 5
Commerce (R. du)........BX 6
Foch (R. Mar.)........BY 7
Gambetta (R.)........BY 9
Mahieu (R. Albert)........BY 14
Paix (R. de la)........BX 18
Tour-Carrée (R.)........BX 21
Anc Arsenal (Q. de l')........CX 2
Atlantique (Bd de l')........BY 3
François-la-Ville (R.)........BX 8
Grande-Vallée (R.)........BX 12
Marine (R. de la)........BX 15
N.-D.-du-Roule........CZ
N.-D.-du-Vœu........AY
Onglet (R. de l')........BX 17
St-Clément........CY
Talluau (R. P.)........BX 19
Tocqueville (R. H.-de)........AX 20
Tribunaux (R. des)........BY 22
Trinité........BX
GARE MARITIME
FORT DU ROULE
AÉROPORT 13 km BARFLEUR 27 km
VALOGNES 20 K. CAEN 121 K
26 K. NEZ DE JOBOURG 7 K. QUERQUEVILLE
37 K. BARNEVILLE-CARTERET
GUERNSEY, JERSEY WEYMOUTH PORTSMOUTH POOLE
Basses du Renier
Basses du Sen
Raz du Cap Lévy
Cap Lévy
Raz de Barfleur
Pointe de Barfleur
Barfleur
St-Pierre-Eglise
Quettehou
St Vaast-la-Hougue
Valognes
Quinéville
Roches St Floxel
Iles St Marcouf
Montebourg
Ste Mère-Eglise
Utah Beach
Banc du Grand Vey
Roches de Grandcamp
Grandcamp-Maisy
Pointe du Hoc
Carentan
Isigny-s-Mer
Mont Castre

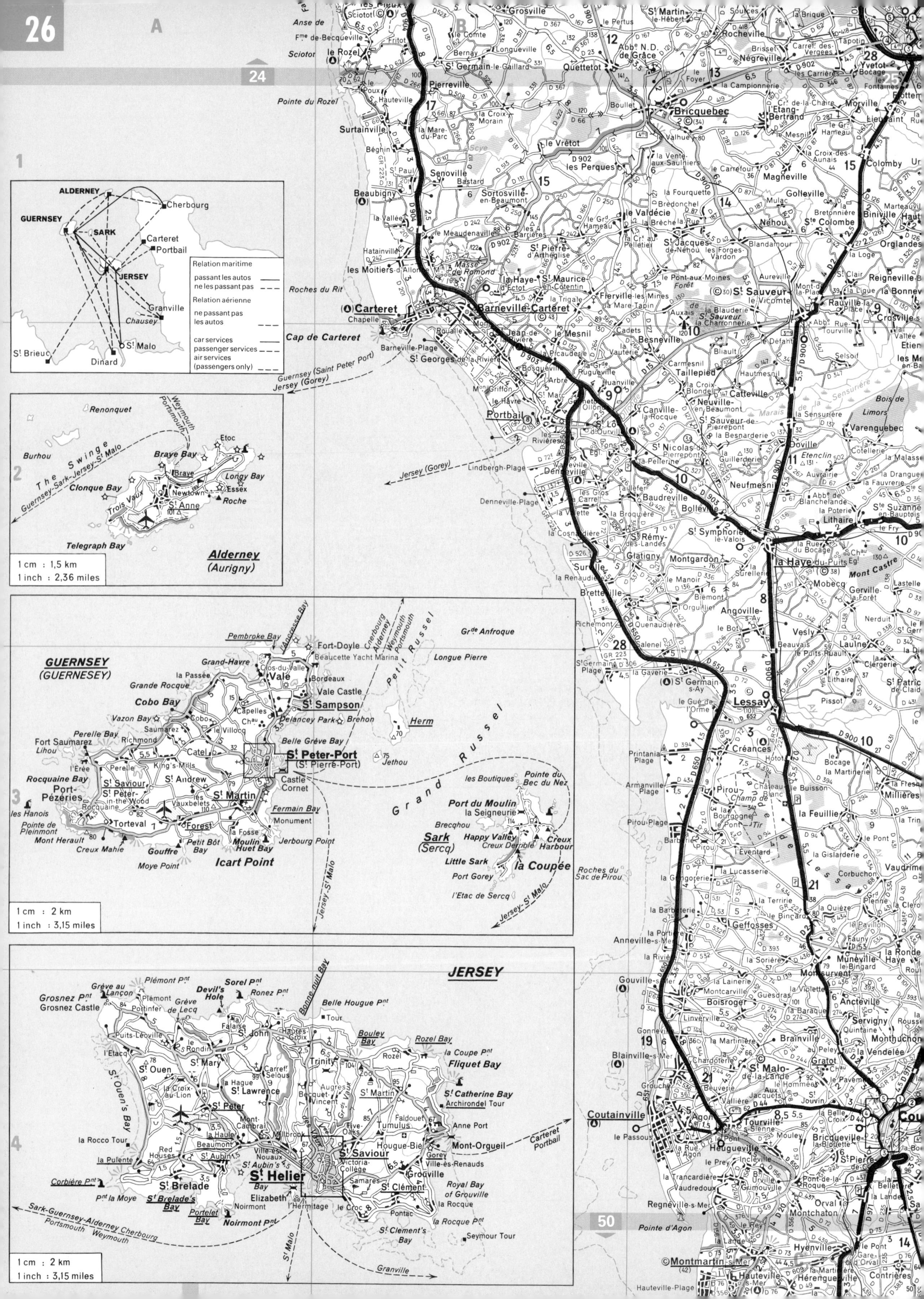

A B C

24

25

ALDERNEY
GUERNSEY
SARK
JERSEY
Cherbourg
Carteret
Portbail
Granville
Chausey
St Malo
Dinard
St Brieuc

Relation maritime
passant les autos
ne les passant pas
Relation aérienne
ne passant pas les autos

car services
passenger services
air services (passengers only)

Alderney (Aurigny)

Renonquet
Burhou
The Swinge
Guernsey-Sark-Jersey-St Malo
Weymouth Portsmouth
Braye Bay
Etoc
Braye
Longy Bay
Clonque Bay
Newtown
Essex
St Anne
Roche
Trois Vaux
Telegraph Bay

1 cm : 1,5 km
1 inch : 2,36 miles

GUERNSEY (GUERNESEY)

Pembroke Bay
L'Ancresse Bay
Fort-Doyle
Beaucette Yacht Marina
Grand-Havre
Clos-du-Valle
Vale
Bordeaux
Vale Castle
St Sampson
Delancey Park
Brehon
La Passée
Grande Rocque
Cobo Bay
Vazon Bay
Saumarez
Capelles
Cobo
le Villocq
Perelle Bay
Richmond
Fort Saumarez
Lihou
Catel
King's-Mills
St Peter-Port (St Pierre-Port)
Belle Grève Bay
l'Erée
Perelle
St Saviour
St Andrew
St Martin
Rocquaine Bay
Port-Pézéries
St Peter-in-the-Wood
Rocquaine
Vauxbelets
Castle Cornet
les Hanois
Torteval
Forest
Fermain Bay
Monument
Pointe de Pleinmont
Mont Herault
Creux Mahie
Gouffre
Petit Bôt Bay
la Fosse
Moulin Huet Bay
Jerbourg Point
Moye Point
Icart Point
Cherbourg Alderney Weymouth Portsmouth
Petit Russel
Grde Anfroque
Longue Pierre
Herm
Jethou
Grand Russel
les Boutiques
Pointe du Bec du Nez
Port du Moulin
la Seigneurie
Brecqhou
Sark (Sercq)
Happy Valley
Creux Derrible
Creux Harbour
Little Sark
Port Gorey
la Coupée
l'Etac de Sercq
Jersey-St Malo
Roches du Sac de Pirou

1 cm : 2 km
1 inch : 3,15 miles

JERSEY

Plémont Pnt
Sorel Pnt
Grève au Lançon
Grosnez Pnt
Grosnez Castle
Plémont
Devil's Hole
Grève de Lecq
Ronez Pnt
Bonne nuit Bay
Belle Hougue Pnt
Tour
Portinfer
Falaise
St John
Hautes-Croix
Bouley Bay
Rozel Bay
Puits-Léoville
le Rondin
la Coupe Pnt
l'Etacq
St Mary
Trinity
Rozel
Fliquet Bay
St Ouen
la Hague
Carref. Selous
St Lawrence
Zoo
St Catherine Bay
St Ouen's Bay
la Croix-au-Lion
Becquet-Vincent
St Martin
Archirondel Tour
St Peter
Mont-Cambrai
Five-Oaks
Tumulus
Faldouet
Anne Port
la Rocco Tour
la Haule
Millbrook
Hougue-Bie
Mont-Orgueil
Red Houses
Beaumont
St Aubin
la Pulente
Ville-ès-Nouaux
St Saviour
Gorey
Ville-ès-Renauds
Victoria-Collège
St Aubin's Fort
Grouville
Corbière Pnt
St Brelade
St Helier
Samarès
St Clément
Royal Bay of Grouville
Pnt la Moye
St Brelade's Bay
Bay
Elizabeth
l'Hermitage
le Croc
la Rocque
Portelet Bay
Noirmont
Noirmont Pnt
Pontac
la Rocque Pnt
St Clément's Bay
Seymour Tour
Sark-Guernsey-Alderney Cherbourg
Portsmouth Weymouth
St Malo
Granville
Carteret Portbail

1 cm : 2 km
1 inch : 3,15 miles

Anse de Sciotot
Fme de Becqueville
Sciotot
le Rozel
Pointe du Rozel
Surtainville
Beaubigny
Roches du Rit
Carteret
Cap de Carteret
Guernsey (Saint Peter Port)
Jersey (Gorey)
Barneville-Plage
St Georges-de-la-Rivière
Barneville-Carteret
Portbail
Jersey (Gorey)
Lindbergh-Plage
Denneville-Plage
Pierreville
les Pieux
Grosville
St Germain-le-Gaillard
Senoville
Sortosville-en-Beaumont
les Moitiers-d'Allonne
la Haye-d'Ectot
St Maurice-en-Cotentin
St Pierre-d'Arthéglise
Quettetot
Bricquebec
St Martin-le-Hébert
Rocheville
Négreville
Yvetot-Bocage
l'Etang-Bertrand
Morville
Le Vrétot
les Perques
le Valdécie
Magneville
Colomby
Golleville
St Jacques-de-Néhou
Néhou
Ste Colombe
Biniville
Orglandes
St Sauveur-le-Vicomte
Reigneville
Fierville-les-Mines
le Mesnil
Besneville
Taillepied
Catteville
Crosville
Canville-la-Rocque
Neuville-en-Beaumont
St Sauveur-de-Pierrepont
St Lô-d'Ourville
St Nicolas-de-Pierrepont
Varenguebec
Doville
Denneville
Baudreville
Bolleville
Neufmesnil
Lithaire
St Symphorien-le-Valois
St Rémy-des-Landes
Glatigny
Montgardon
la Haye-du-Puits
Mont Castre
Mobecq
Gerville-la-Forêt
Surville
Bretteville
Angoville-s-Ay
Vesly
Laulne
Lessay
St Germain-s-Ay
St Germain-Plage
Créances
Printania-Plage
Armanville-Plage
Pirou
Pirou-Plage
Millières
la Feuillie
Geffosses
Vaudrimesnil
Anneville-s-Mer
Gouville-s-Mer
Muneville-le-Bingard
Montsurvent
Ancteville
Boisroger
Servigny
Blainville-s-Mer
Brainville
Gratot
St Malo-de-la-Lande
Coutainville
Tourville-s-Sienne
Heugueville
Bricqueville-la-Blouette
Regnéville-s-Mer
Orval
Montchaton
Pointe d'Agon
Hyenville
Montmartin-s-Mer
Hauteville-s-Mer
Hérenguerville
Contrières
Hauteville-Plage

50

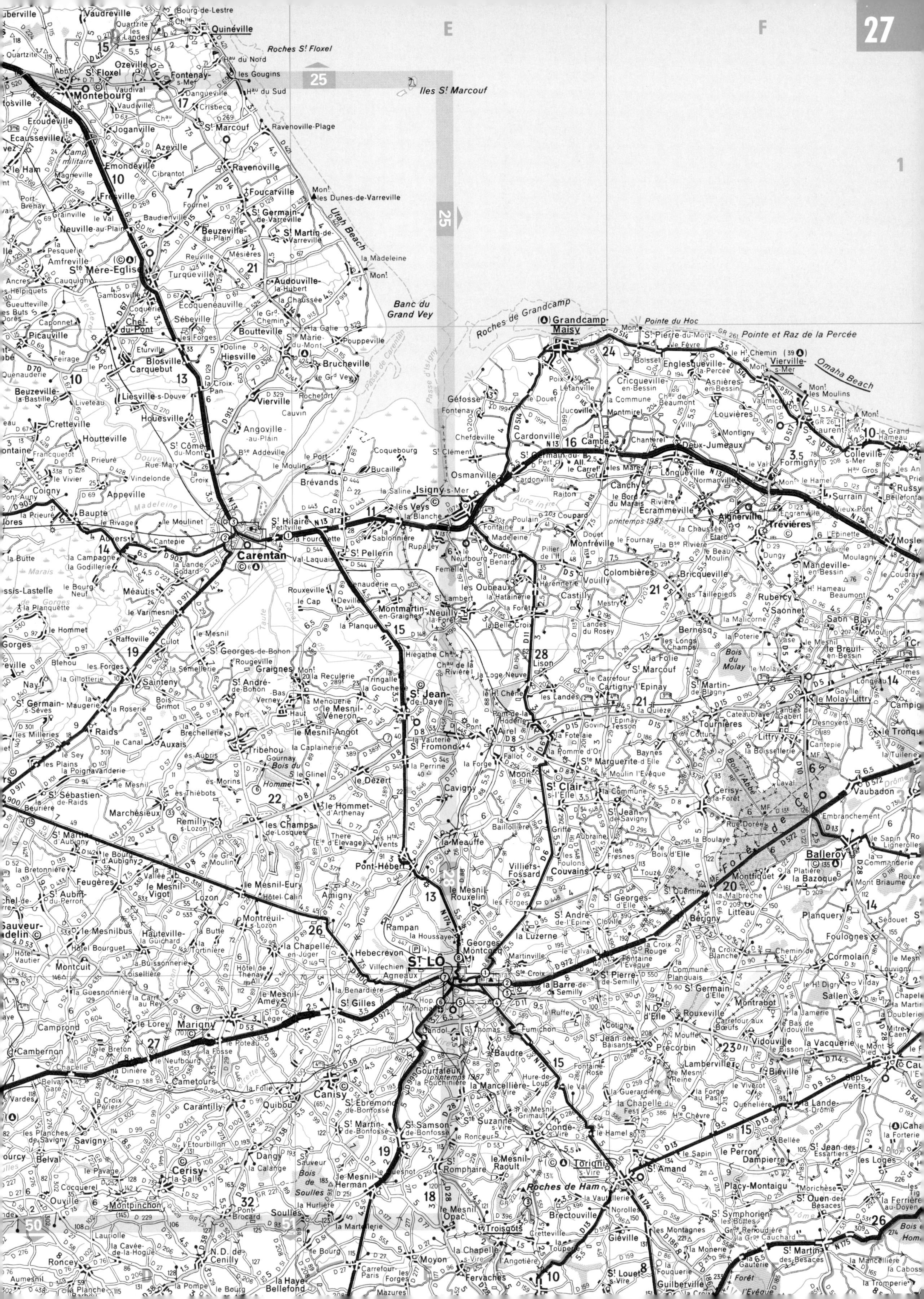

E

F

1

Quinéville
Montebourg
St Floxel
Ozeville
Fontenay-s-Mer
Iles St Marcouf
Roches St Floxel
St Marcouf
Ravenoville-Plage
Joganville
Azeville
Ravenoville
Emondeville
Foucarville
les Dunes-de-Varreville
St Germain-de-Varreville
St Martin-de-Varreville
Utah Beach
Beuzeville-au-Plain
Neuville-au-Plain
Ste Mère-Eglise
Turqueville
Audouville-la-Hubert
la Madeleine
Banc du Grand Vey
Chef-du-Pont
Picauville
Sébeville
Boutteville
Ste Marie-du-Mont
Brucheville
Pouppeville
Blosville
Carquebut
Hiesville
Liesville-s-Douve
Vierville
Angoville-au-Plain
Houesville
Cretteville
Houtteville
St Côme-du-Mont
Appeville
Baupte
Carentan
St Hilaire-Petitville
Catz
les Veys
Isigny-s-Mer
Brévands
Coquebourg
Bucaille
Grandcamp-Maisy
Roches de Grandcamp
Pointe du Hoc
Pointe et Raz de la Percée
Omaha Beach
St Pierre-du-Mont
Englesqueville-la-Percée
Vierville-s-Mer
Cricqueville-en-Bessin
Asnières-en-Bessin
Louvières
Géfosse-Fontenay
Osmanville
Cardonville
St Germain-du-Pert
Colleville-s-Mer
St Laurent-s-Mer
Formigny
Longueville
Deux-Jumeaux
Canchy
Écrammeville
Aignerville
Trévières
Monfréville
Colombières
Bricqueville
Mandeville-en-Bessin
Rubercy
Saonnet
Sainteny
Graignes
Montmartin-en-Graignes
Neuilly-la-Forêt
St Pellerin
Lison
Cartigny-l'Épinay
St Marcouf
Le Molay-Littry
St Martin-de-Blagny
Tournières
Littry
le Breuil-en-Bessin
Bois du Molay
St Jean-de-Daye
St Fromond
Airel
Raids
Auxais
Tribehou
le Mesnil-Véneron
le Dézert
Cavigny
St Clair-s-l'Elle
Ste Marguerite-d'Elle
Cerisy-la-Forêt
Forêt de Cerisy
Vaubadon
Balleroy
Marchésieux
Remilly-s-Lozon
les Champs-de-Losques
le Hommet-d'Arthenay
Pont-Hébert
la Meauffe
Villiers-Fossard
Couvains
St Jean-de-Savigny
Feugères
le Mesnil-Vigot
le Mesnil-Eury
Lozon
Amigny
le Mesnil-Rouxelin
St Georges-d'Elle
Bérigny
Montfiquet
la Bazoque
Montreuil-s-Lozon
Hauteville-la-Guichard
Rampan
St Georges-Montcocq
la Luzerne
Hebecrevon
St Lô
Agneaux
Marigny
St Gilles
la Barre-de-Semilly
St Pierre-de-Semilly
St Germain-d'Elle
Rouxeville
Sallen
Cormolain
Foulognes
Canisy
Gourfaleur
la Mancellière-s-Vire
Baudre
Fumichon
Précorbin
Vidouville
la Vacquerie
Lamberville
Bieville
Carantilly
Quibou
St Ébremond-de-Bonfossé
St Martin-de-Bonfossé
St Samson-de-Bonfossé
Condé-s-Vire
Torigni-s-Vire
Roches de Ham
St Amand
le Perron
Dampierre
Placy-Montaigu
St Jean-des-Essartiers
Savigny
Cerisy-la-Salle
Dangy
Bois de Soulles
le Mesnil-Herman
St Romphaire
le Mesnil-Raoult
Brectouville
Montpinchon
Soulles
le Mesnil-Opac
Troisgots
Giéville
St Ouen-des-Besaces
St Martin-des-Besaces
Roncey
N.D. de Cenilly
la Haye-Bellefond
Moyon
Fervaches
St Louet-s-Vire
Guilberville
Forêt l'Évêque

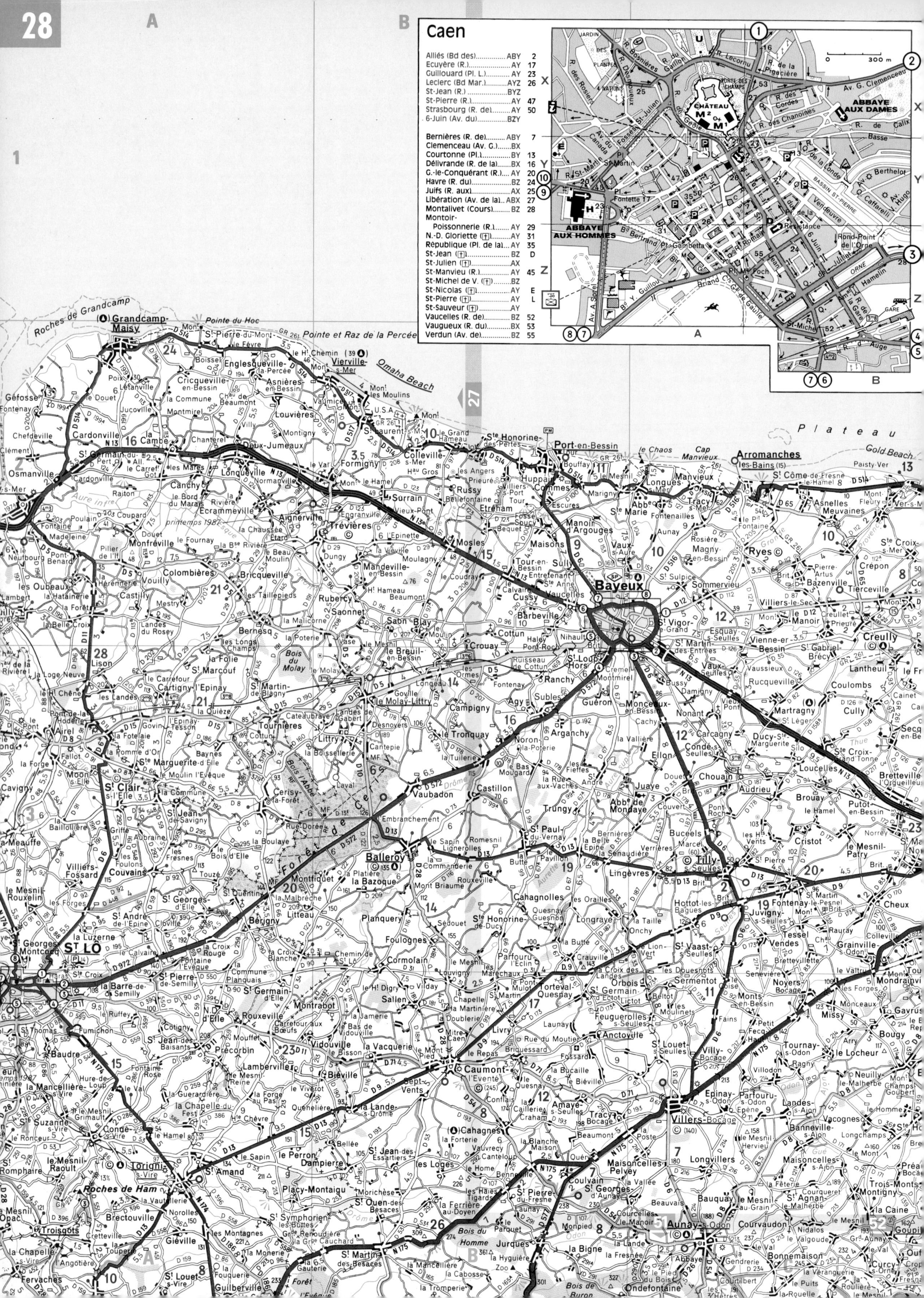
Caen
Alliés (Bd des) ABY 2
Ecuyère (R.) AY 17
Guillouard (Pl. L.) AY 23
Leclerc (Bd Mar.) AYZ 26
St-Jean (R.) BYZ
St-Pierre (R.) AY 47
Strasbourg (R. de) AY 50
6-Juin (Av. du) BZY
Bernières (R. de) ABY 7
Clemenceau (Av. G.) BX
Courtonne (Pl.) BY 13
Délivrande (R. de la) BX 16
G.-le-Conquérant (R.) AY 20
Havre (R. du) BZ 24
Juifs (R. aux) AX 25
Libération (Av. de la) ABX 27
Montalivet (Cours) BZ 28
Montoir-Poissonnerie (R.) AY 29
N.-D. Gloriette (†) AY 31
République (Pl. de la) AY 35
St-Jean (†) BZ D
St-Julien (†) AX
St-Manvieu (R.) AY 45
St-Michel de V. (†) BZ
St-Nicolas (†) AY E
St-Pierre (†) AY L
St-Sauveur (†) AY
Vaucelles (R. de) BZ 52
Vaugueux (R. du) BX 53
Verdun (Av. de) BZ 55
CHÂTEAU
ABBAYE AUX DAMES
ABBAYE AUX HOMMES
BASSIN ST-PIERRE
ORNE
GARE
Roches de Grandcamp
Grandcamp-Maisy
Pointe du Hoc
Pointe et Raz de la Percée
Omaha Beach
Vierville-s-Mer
St-Laurent-s-Mer
Colleville-s-Mer
Port-en-Bessin
Arromanches-les-Bains
Plateau
Gold Beach
Isigny-s-Mer
Trévières
Bayeux
Ryes
Creully
Balleroy
Forêt de Cerisy
Cerisy-la-Forêt
Le Molay-Littry
Tilly-s-Seulles
St-Lô
Torigni-s-Vire
Caumont-l'Éventé
Villers-Bocage
Aunay-s-Odon
Roches de Ham
Troisgots
St-Clair-s-l'Elle
Vire

Le Havre
Delavigne (Quai C.) FZ 25
Denis-Papin (R.) GY 25
Faidherbe (R. Gén.) FZ 30
Félix-Faure (R.) EXY
Féré (Quai Michel) FZ 32
Foch (Av.) EFY
François-1er (Bd) EFZ
Gaulle (Pl. Gén. de) FZ 36
Genestal (R. H.) FY 39
George V (Quai) FZ 42
Gobelins (R. des) EFY
Guillemard (R.) EY 43
Hôtel de Ville (Pl.) FY
Ile (Quai de l') FZ 46
Ingouville (R. d') FY
J.-J.-Rousseau (R.) GY
Kennedy (Chée J.) FZ 47
Lafaurie (R. G.) FX
Laffite (R. Ch) GY
Lamblardie (Quai) FZ 49
Lecesne (R. J.) FY
Leclerc (Av. Gén.) FY 52
Le Testu (Quai G.) FZ 53
Marceau (R.) GZ
Marical (R. Cl.) EX
Michelet (R.) GY
Neustrie (R. de) GY
Niemeyer (Esp. O.) FZ 58
N.-Dame (Quai) FZ 59
Prés.-Wilson (R.) FEY 69
Renan (R. E.) FGY
Séry (R.) EFZ 79
St-Joseph (†) EZ E
Ste-Adresse (R. de) EX
Southampton (Q.) FZ 89
Strasbourg (Bd) FGY
Tellier (R. J.) GY
Victor-Hugo (R.) FZ
Videcoq (Quai) FZ 94
Voltaire (R.) FZ
24e-Territorial (Ch.) GZ 97
Anatole-France (R.) FY
Archinard (Av. Gén.) FZ 5
Bellanger (R. Fr.) EY
Berthelot (R.) GY 7
Braque (R. G.) EFY
Brindeau (R. L.) FZ 12
Churchill (Bd W.) GY
Clemenceau (Bd) EZ
Clovis (R.) GX
Cochet (R.) EX 21
Colbert (Quai) GZ 22
Corbeaux (Av. L.) FZ
Coty (Av. René) FY
Joffre (R. Mar.) GX
Paris (R. de) FZ
République (Cours) GY
Albert-1er (Bd) EY
Briand (R. A.) GX
Delavigne (R. C.) GY
Etretat (R. d') EY
ROUEN 88 km
PONT DE TANCARVILLE 28 km PARIS 203 km
BASSIN DU COMMERCE
BASSIN VAUBAN
BASSIN DES DOCKS
PORTE OCÉANE
QUARTIER MODERNE
AVANT PORT
ARRIÈRE PORT
LE HAVRE
Calvados
Rade de Caen
Juno Beach
Sword Beach
Courseulles-s-Mer
St Aubin-s-Mer
Langrune-s-Mer
Luc-s-Mer
Lion-s-Mer
Douvres-la-Délivrande
Ouistreham
Riva-Bella
Cabourg
Houlgate
Villers-s-Mer
Falaise des Vaches Noires
Blonville-s-Mer
Trouville
DEAUVILLE
Villerville
Dives-s-Mer
Merville-Franceville-Plage
Hérouville
CAEN
Mondeville
Troarn
Dozulé
Beuvron-en-Auge
Cambremer
Crèvecœur
Mézidon-Canon
St Sylvain
Bretteville-s-Laize
Bourguébus
Ifs
Cormelles-le-Royal
Argences
Moult
St Pierre-s-Dives
Livarot
30
52
53
923930

Octeville
St Andrieux
Montivilliers
Sainneville
Gommerville
Gruchet-le-Valasse
Lintot
Fontaine-la-Mallet
St Laurent-de-Brévedent
Epretot
St Martin-du-Manoir
Gournay
St Romain-de-Colbosc
les Trois-Pierres
St Eustache-la-Forêt
St Antoine-la-Forêt
la Trinité-du-Mont
Auberville-la-Campagne
le Grd Hameau
Edreville
Bléville
Ignauval
Fst de Montgeon
Rouelles
St Aubin-Routot
Mélamare
Cap de la Hève
Ste Adresse
Sanvic
Graville
Harfleur
Gonfreville
Gainneville
la Queue-du-Gril
Oudalle
Rogerville
St Vincent-Cramesnil
Sandouville
la Remuée
la Cerlangue
St Nicolas-de-la-Taille
St Jean-de-Folleville
Lillebonne
N.D. de-Gravenchon
Rosslare
Portsmouth
Cork
Service saisonnier
St-Vigor-d'Ymonville
St Jean-d'Abbetot
Tancarville
C.F.R.
COMPLEXE PÉTROCHIMIQUE
RENAULT
CIMENTS LAFARGE
Canal du Havre
LE HAVRE
Pont de Tancarville (Péage)
Quillebeuf
St Aubin
Port-Jérôme
ESSO-SAF
Petiville
SEINE
Pointe de la Roque
Marais Vernier
Honfleur
Vasouy
Côte de Grâce
Berville-s-Mer
St Samson-de-la-Roque
Grestain
Mont Courel
la Pommeraye
Berville
Conteville
Marais-Vernier
Ste Opportune-la-Mare
la Cour
Cricquebœuf
Pennedepie
Villerville
la Rivière-St Sauveur
Jobles
Fiquefleur
Fatouville-Grestain
Foulbec
Risle
St Thurien
Tocqueville
Hennequeville
Equemauville
Gonneville-s-Honfleur
Barneville
le Québec
Ablon
St Pierre-du-Val
Pt Beaucher
St Samson
Bouquelon
Trouville
DEAUVILLE
les Aubets
la Croix-Sonnet
Mont St Jean
Equainville
la Terrerie
Maison Mauger
St Sulpice-de-Graimbouville
le Plessis
St Mards-de-Blacarville
St Ouen-des-Champs
Fourmetot
le Hamel
Trottemare
Genneville
Manneville-la-Raoult
le Hts Bois
Carreft David
St Maclou
Toutainville
la Vallée
Bourdon
Carreft-Destin
la Hannetot
Boulleville
Pont-Audemer
Touques
St Philibert
les Rots
Fourneville
la Roche
Beuzeville
la Masse
les Cauvins
Valletot
Manneville-s-Risle
Mont Canisy
Bonneville
St Gatien-des-Bois
Porte-Rouge
le Theil-en-Auge
St Germain-Village
Baquets
Isabel
le Mesnil
Quetteville
le Mont
les Mares
Corneville-s-Risle
St Arnoult
Englesqueville-en-Auge
Friche-Moisy
St Gatien
le Torpt
Tricqueville
Pinchéloup
St Paul-s-Risle
Blonville
Tourgeville
Vauville
la Forge
Canapville
St Martin-aux-Chartrains
Tourville-en-Auge
St Benoît-d'Hébertot
la Gohaigne
St André-d'Hébertot
les Faulqués
Fort-Moville
les Préaux
Tourville
la Vieville
Forges-de-Blonville
Roncheville
Mont St Léger
le Vx Bourg
les Jonquets
la Rue-de-Fort-Moville
Martainville
Vannecrocq
St Symphorien
Condé-s-Risle
le Faudis
Glatigny
St Cloud
Coudray-Rabut
Surville
Campigny
St Pierre-Azif
Ht Rue
St Etienne-la-Thillaye
la Lande-St Léger
les Hopsores
Selles
le Carrefour
Glanville
Pont-l'Evêque
Launay
les Authieux-s-Calonne
la Canurie
la Thillaye
Branville
St Julien-s-Calonne
St Léger-s-Bonneville
Maillot
Mon Blanche
la Prévoste
St Christophe-s-Condé
Beaumont-en-Auge
Reux
Perrey
Carrf Rouge
la Grenterie
Bonneville-la-Louvet
le Bois-Hellain
Epaignes
St Siméon
les Pelcats
St Martin-St Firmin
Bourgeauville
la Haie Tondue
Betteville
Pierrefitte-en-Auge
Manneville-la-Pipard
la Chapelle-Bayvel
la Noë-Poulain
Danestal
le Bourg
Annebault
Drubec
Clarbec
le Mesnil-s-Blangy
Calonne
Cormeilles
St Etienne-l'Allier
Cresseveuille
Gassard
St Hymer
la Forge
Blangy-le-Château
la Botte
Malou
la Cauvinière
la Poterie-Mathieu
St Georges-du-Vièvre
le Bocage
la Chapelle-Hainfray
Valsemé
Chaussey
Fierville-les-Parcs
St Pierre-de-Cormeilles
N.D. des Mares
la Chapelle
le Mont Roti
Launay
Moutier
le Breuil-en-Auge
Louferies
les Leudets
St Sylvestre-de-Cormeilles
le Tremblé
Lieurey
St Benoît-des-Ombres
Beaufour-Druval
Bonnebosq
Versan
Grande-Cour
le Torquesne
St Eugène
Cr de Pierre
la Vallée
le Vivier
le Brévedent
le Faulq
la Chaule
Cavicourt
les Marais
Morainville-Jouveaux
le Quesnay
St Jean-de-la-Léquerave
la Chle St Jean
Bazin
Coquainvilliers
Montellerie
St Philbert-des-Champs
le Pin
la Baudrière
St Jean-d'Asnières
Bailleul-la-Vallée
la Croix-de-Fer
Noards
St Georges-du-Mesnil
Auvillars
le Fournet
les Cheminées
Moyaux
Asnières
St Victor-d'Epine
Repentigny
la Corperie
Formentin
Norolles
Combray
Buisson
la Herrie
Fresne-Cauverville
la Bagardière
Heudreville-en-Lieuvin
Epreville-en-Lieuvin
N.D. d'Epine
Léaupartie
Manerbe
Ouilly-le-Vicomte
Boutemont
Fauguernon
la Cr Maillard
le Pouplin
Haras de Piencourt
Longuerue
Giverville
Montreuil-en-Auge
le Maupas
Ouilly-du-Houley
Aubinière
le Favril
St Gilles-de-Livet
la Roque-Baignard
Rocques
la Barberie
Fumichon
St Aubin-de-Scellon
Cout-Perelle
Morsan
Berthouville
Englesqueville
Grandouet
Bois-de-Rocques
Hermival-les-Vaux
Piencourt
Herondière
Savourey
les Mares
Bazoques
le Val Richer
Ancne Abbe
le Pré-d'Auge
la Pommeraye
LISIEUX
St Léger
St Pierre
Fontaine-la-Louvet
la Charterie
Boissy-Lamberville
Cambremer
la Croix-de-Pierre
Glatigny
Firfol
St Hippolyte-de-Canteloup
les Places
Barville
Folleville
le Val Ricard
le Theil-Nolent
le Marché-Neuf
le Cadran
St Ouen-le-Pin
la Boissière
Brit. All
St Désir
Beaujouas
le Louvre
la Bretagne
St Laurent-du-Mont
la Poste
St Aubin-s-Algot
Harang
la Bosquetterie
Basilique
Grais
Marolles
l'Hôtellerie
Thiberville
Duranville
la Chle St Clair
la Mitale
Pair
N.D. de-Livaye
la Vigne
la Houblonnière
Ragoterie
la Motte
Malicorne
Beuvilliers
Glos
Villers
Gouvix
la Chênevière
le Mesnil
Malouy
Plasnes
Valailles
Loup-Fribois
Monteille
Haras
St Pierre-des-Ifs
St Martin-de-la-Lieue
Courtonne-la-Meurdrac
la Cannerie
la Buissonnière
Bournainville-Faverolles
Courbépine
le Malharquier
Bois le Theil
les Monceaux
la Corne
les Cesnes-Rocray
Drucourt
Faverolles-les-Mares
les Chesnets
les Loges
Mont de la Vigne
Lécaude
le Mesnil-Eudes
le Mesnil-Guillaume
St Martin-de-Mailloc
Cordebugle
la Chapelle-Hareng
le Bois-Guillaume
le Theil
St Martin-du-T
le Mesnil-Simon
St Crespin
Caparmesnil
St Germain-de-Livet
St Jean-de-Livet
Carreft de Chambrin
la Forge de Chambrin
St Denis-de-Mailloc
St Julien-de-Mailloc
le Planquay
St Vincent-du-Boulay
le Tilleul
Bernay
Grandchamp-le-Chau
Lessard-et-le-Chêne
le Mesnil
Courtonne-les-Deux-Eglises
la Droulinière
Goupillière
la Thiboutière
Plainville
Caorches-St Nicolas
Bouffey
les Authieux-Papion
St Julien-le-Faucon
Coupesarte
Prêtreville
Caudemone
Bois de Noiremare
la Chapelle-Yvon
St Victor-de-C.
St Mards-de-Fresne
Bosc-Abbé
St Nicolas-Malgové
la Couture
Anglais
les Routes
la Chapelle-Noiremare
Auquainville
St Pierre-de-Mailloc
St Cyr-du-Ronceray
le Chêne
la Croix-de-Fer
la Villaie
Chrétienville
le Coudray
le Godet
le Mesnil-Durand
le Mesnil-Germain
le Bocage
la Rosière
la Fossard
le Mouchel
le Parc
la Cochonnière
la Rangée
St Martin-du-Mesnil-Oury
Fervaques
Tordouet
St Germain-la-Campagne
Grand-Camp
St Aubin
le Boquet
Beaumont
Castillon-en-Auge
Cheffreville-Tonnencourt
les Thomas
St Martin-de-Bienfaite
le Hamel
Orbiquet
Capelle-les-Grands
la Francardière
St Quentin-des-Isles
Longueraies
St Michel-de-Livet
Ste Marguerite-des-Loges
les Tendres
la Cressonnière
Cernay
l'Epinai
St Aubin-du-Thenney
Ferrières-St Hilaire
la Houssaye
Livarot
la Croupte
Bois de Broglie
la Vespière
Jonquerets-de-Livet

ROUEN
Caudebec-en-Caux
St Wandrille
Barentin
Pavilly
Montville
Duclair
Jumièges
FORÊT DE BROTONNE
Bourg-Achard
Routot
Maromme
Déville
Mont-St Aignan
Bois-Guillaume
Darnétal
Pt Quevilly
Gd Quevilly
Sotteville
Petit Couronne
St Etienne-du-Rouvray
Gd Couronne
Oissel
Elbeuf
Caudebec-l-Elbeuf
Bourgtheroulde-Inf.
Pont-de-l'Arche
Louviers
Val-de-Reuil
Léry
Boos
Brionne
Montfort-s-Risle
le Bec-Hellouin
Amfreville-la-Campagne
le Neubourg
Beaumont-le-Roger
EVREUX
Gravigny
Acquigny
Vironvay
SEINE

Argueil
Mésangueville
Gournay-en-Bray
St Germer-de-Fly
Neuf-Marché
Forêt de Lyons
Lyons-la-Forêt
Fleury-sur-Andelle
Charleval
Abbe de Fontaine-Guérard
Abbe de Mortemer
Etrépagny
Gisors
Les Andelys
Chau Gaillard
Forêt des Andelys
Gaillon
Vernon
Forêt de Vernon
Forêt de Bizy
Port-Villez
La Roche-Guyon
Forêt de Moisson
Bonnières
Magny-en-Vexin
Ecos
Fourges
Amfreville-s-les-Monts
Côte des 2 Amants
Pont-St Pierre
Forêt de Longboel
Forêt de Bacqueville
Ecouis
Heudicourt
Sérifontaine
Bois des Coquéraumont
Bois de Gisors
Forêt de la Bunodière
Hêtre de la Bunodière
Mont Robert
Seine
Epte
Andelle
Autoroute Normandie
A 13
N 14
N 15
N 31
D 316
D 181
D 915

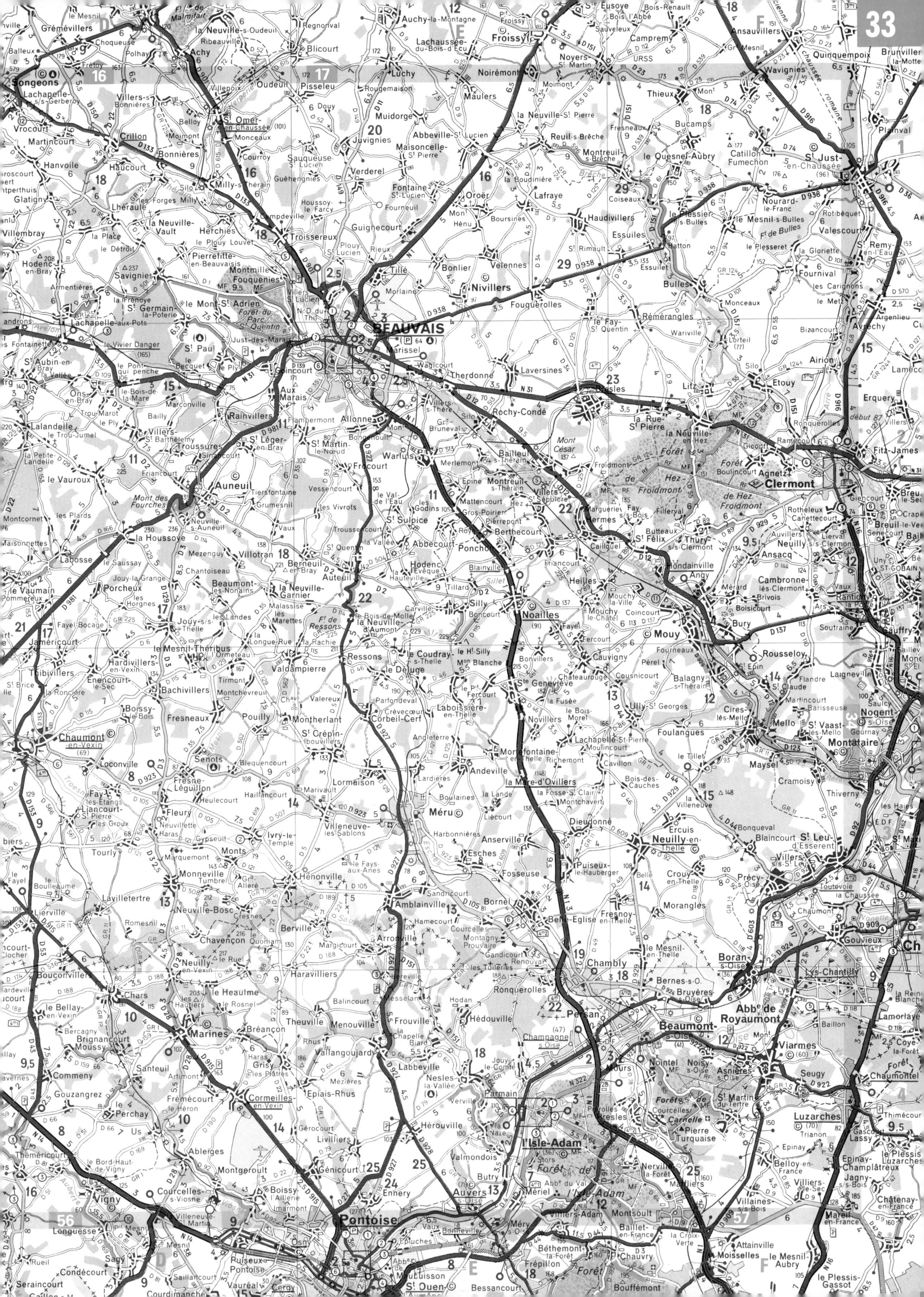

Songeons
Grémévillers
Achy
Auchy-la-Montagne
Froissy
Noyers-St Martin
Ansauvillers
Quinquempoix
Brunvillers
Lachaussée-du-Bois-d'Écu
Blicourt
Luchy
Noirémont
Wavignies
Crillon
St Omer-en-Chaussée
Pisseleu
Oudeuil
Maulers
Thieux
Bucamps
St Just-en-Chaussée
Plainval
Vrocourt
Martincourt
Bonnières
Juvignies
Muidorge
Abbeville-St Lucien
Reuil-s-Brêche
Montreuil-s-Brêche
le Quesnel-Aubry
Catillon-Fumechon
Hanvoile
Haucourt
Milly-s-Thérain
Verderel
Fontaine-St-Lucien
Oroër
Lafraye
Haudivillers
Essuiles
Nourard-le-Franc
le Mesnil-s-Bulles
le Plessier-s-Bulles
Valescourt
Lhéraule
Glatigny
la Neuville-Vault
Herchies
Troissereux
Guignecourt
Bonlier
Velennes
Nivillers
Bulles
St Remy-en-l'Eau
Fournival
Hodenc-en-Bray
Savignies
Pierrefitte-en-Beauvaisis
Fouquenies
Tillé
Fouquerolles
Rémérangles
Avrechy
Lachapelle-aux-Pots
St Germain-la-Poterie
le Mont-St Adrien
BEAUVAIS
le Fay-St Quentin
Wariville
Bizancourt
St Paul
Marissel
Therdonne
Laversines
Etouy
Airion
St Aubin-en-Bray
Goincourt
Aux Marais
Bresles
Litz
Erquery
Lamecourt
Rainvillers
Allonne
Villers-s-Thère
Rochy-Condé
la Rue-St Pierre
la Neuville-en-Hez
Fitz-James
St Léger-en-Bray
St Martin-le-Nœud
Warluis
Bailleul-s-Thérain
Forêt de Hez-Froidmont
Clermont
Agnetz
Auneuil
Frocourt
Montreuil-s-Thérain
Villers-St Sépulcre
Hermes
Le Vauroux
St Sulpice
Berthecourt
St Félix
Thury-s-s-Clermont
Neuilly-s-s-Clermont
Breuil-le-Vert
la Houssoye
Villotran
Berneuil-en-Bray
Abbecourt
Ponchon
Hondainville
Ansacq
Labosse
Porcheux
Beaumont-les-Nonains
Auteuil
Hodenc-l'Évêque
Heilles
Angy
Cambronne-lès-Clermont
la Neuville-Garnier
Silly
Noailles
Mouchy-la-Ville
Mouy
Bury
Rantigny
Jouy-s-s-Thelle
le Mesnil-Théribus
Ressons
le Coudray-s-Thelle
le Déluge
Cauvigny
Rousseloy
Laigneville
Hardivillers-en-Vexin
Enencourt-le-Sec
Valdampierre
Ste Geneviève
Balagny-s-Thérain
St Claude
Bachivillers
Fresneaux
Pouilly
Montherlant
Corbeil-Cerf
Laboissière-en-Thelle
Novillers
Ully-St Georges
Cires-lès-Mello
Mello
Nogent-s-Oise
Chaumont-en-Vexin
Boissy-le-Bois
St Crépin-Ibouvillers
Lachapelle-St Pierre
Foulangues
St Vaast-lès-Mello
Montataire
Loconville
Senots
Fresne-Léguillon
Lormaison
Andeville
Mortefontaine-en-Thelle
Maysel
Cramoisy
Thiverny
Fay-les-Étangs
Fleury
Méru
la Mare-d'Ovillers
Villeneuve-les-Sablons
Ivry-le-Temple
Anserville
Dieudonné
Neuilly-en-Thelle
St Leu-d'Esserent
Monts
Esches
Fosseuse
Puiseux-le-Hauberger
Précy-s-Oise
Monneville
Hénonville
Amblainville
Bornel
Belle-Église
Crouy-en-Thelle
Morangles
Lavilletertre
Neuville-Bosc
Fresnoy-en-Thelle
Chavençon
Berville
Arronville
Chambly
Boran-s-Oise
Gouvieux
Neuilly-en-Vexin
Haravilliers
Ronquerolles
Bernes-s-O.
Lys-Chantilly
Chars
le Heaulme
Bruyères-s-Oise
Persan
Beaumont-s-Oise
Abbaye de Royaumont
Marines
Bréançon
Theuville
Menouville
Frouville
Hédouville
Champagne-s-Oise
Viarmes
Brignancourt
Santeuil
Vallangoujard
Labbeville
Nesles-la-Vallée
Mours
Nointel
Noisy-s-Oise
Asnières-s-Oise
Seugy
Commeny
Grisy-les-Plâtres
Épiais-Rhus
Jouy-le-Comte
Parmain
St Martin-du-Tertre
Gouzangrez
Frémécourt
Cormeilles-en-Vexin
Hérouville
Forêt de Carnelle
Luzarches
Thimécourt
Livilliers
l'Isle-Adam
Valmondois
Épinay-Champlâtreux
Ableiges
Montgeroult
Génicourt
Ennery
Butry
Auvers-s-Oise
Forêt de l'Isle-Adam
Nerville-la-Forêt
Maffliers
Belloy-en-France
Villiers-le-Sec
Vigny
Courcelles-s-Viosne
Boissy-l'Aillerie
Méry-s-Oise
Villiers-Adam
Montsoult
Villaines-s-Bois
Châtenay-en-France
Longuesse
Pontoise
Baillet-en-France
Attainville
Moisselles
Mareil-en-France
Sagy
Puiseux-Pontoise
Osny
Béthemont-la-Forêt
Frépillon
Chauvry
le Mesnil-Aubry
Condécourt
Seraincourt
Vauréal
Cergy
St Ouen-l'Aumône
Bessancourt
Bouffémont
le Plessis-Gassot

A
B
C
17
18
31
58
Maignelay-Montigny
Tricot
Courcelles-Epayelles
Mortemer
Gury
Ricquebourg
Thiescourt
Evricourt
Lassigny
Cuvilly
Ressons-s-Matz
Belloy
Margny-s-Matz
Marqueglise
Elincourt-Ste Marguerite
Dreslincourt
Ribécourt
Pimprez
Ourscamps
Chiry
Passel
Pont-l'Évêque
Sempigny
Ravenel
Wacquemoulin
Montiers
Leglantiers
Angivillers
Laneuvilleroy
Moyenneville
Gournay-s-Aronde
Antheuil-Portes
Vignemont
Vandélicourt
Chevincourt
Mélicocq
Machemont
Montmacq
Bailly
Ollencourt
Tracy-le-Val
Monchy-Humières
Hémévillers
Braisnes
Villers-s-Coudun
Giraumont
Thourotte
Longueil
Le Plessis-Brion
Forêt de Laigue
Tracy-le-Mont
St Rémy-en-l'Eau
Lieuvillers
Pronleroy
Cressonsacq
Grandvillers-aux-Bois
Montmartin
Francières
Coudun
Baugy
Janville
Bienville
Erquinvillers
Cuignières
Noroy
Cernoy
Rouvillers
Lachelle
Clairoix
Choisy-au-Bac
Remy
Margny-lès-Compiègne
COMPIÈGNE
Venette
Clairière de l'Armistice
Rethondes
Berneuil-s-Aisne
Avrechy
Rémécourt
Lamecourt
Fouilleuse
Bailleul-le-Soc
Estrées-St Denis
Forêt de Remy
Moyvillers
Erquery
Maimbeville
St Aubin-s-s-Erquery
Epineuse
Bois-de-Lihus
Arsy
Camp militaire Royallieu
Vieux-Moulin
Trosly-Breuil
Fitz-James
Nointel
Avrigny
Catenoy
Choisy-la-Victoire
Blincourt
Jonquières
Canly
Le Fayel
Grandfresnoy
Le Meux
Armancourt
La Croix-St Ouen
Forêt de Compiègne
Pierrefonds
Breuil-le-Sec
Breuil-le-Vert
Labruyère
Sacy-le-Grand
Sacy-le-Petit
Longueil-Ste Marie
Chevrières
Rivecourt
Lacroix-St Ouen
Liancourt
Rosoy
St Martin-Longueau
Bazicourt
Houdancourt
Verderonne
Cinqueux
Monceaux
Les Ageux
Brenouille
Pont-Ste-Maxence
Pontpoint
Verberie
Rhuis
Saintines
St Sauveur
Béthisy-St Pierre
Béthisy-St Martin
Champlieu
Morienval
Orrouy
Retheuil
Mogneville
Angicourt
Rieux
Monchy-St Eloi
Villers-St Paul
Nogent-s-Oise
Creil
Verneuil-en-Halatte
Fleurines
Villers-St Frambourg
Brasseuse
Raray
Néry
Rocquemont
Glaignes
Séry
Fresnoy-la-Rivière
Vez
Crépy-en-Valois
Vaumoise
Vauciennes
Aumont-en-Halatte
Apremont
SENLIS
Chamant
Barbery
Rully
Trumilly
Duvy
Auger-St Vincent
Gondreville
Ormoy-Villers
Lévignen
Chantilly
Forêt de Chantilly
Mont-l'Évêque
Montépilloy
Fontaine-Chaalis
Baron
Péroy-les-Gombries
Boissy-Fresnoy
Bargny
Cuvergnon
Betz
Lamorlaye
Coye
Orry-la-Ville
La Chapelle-en-Serval
Thiers-s-Thève
Pontarmé
Abbe de Chaalis
Ermenonville
Nanteuil-le-Haudouin
Versigny
Montagny-Ste Félicité
Antilly
Boullarre
Survilliers
Mortefontaine
Plailly
Ver-s-Launette
Silly-le-Long
Chèvreville
Bouillancy
Acy-en-Multien
Rosoy-en-Multien
Le Plessis-Belleville
Ognes
Fosse-Martin
Marly-la-Ville
St Witz
Ève
Lagny-le-Sec
Othis
Brégy
Douy
Puisieux
Le Plessis-Placy
Vinçy
Puiseux-en-France
Vémars
Moussy-le-Neuf
Dammartin-en-Goële
Rouvres
St Pathus
Oissery
Forfry
Marchémoret
Longperrier
Gesvres-le-Chapitre
Marcilly
Trocy-en-Multien
Fontenay-en-Parisis
Louvres
Moussy-le-Vieux
Mauregard
Villeneuve-s-Dammartin
St Mard
Montgé-en-Goële
St Soupplets

LAON
Bichancourt
Manicamp
Quierzy
Brétigny
Septvaux
Coucy
Folembray
Verneuil-s/s-Coucy
Prémontré
Cessières
Molinchart
Suzy
Faucoucourt
Bourguignon-s/s-Coucy
Besmé
Camelin
Cuts
Blérancourt
St Paul-aux-Bois
Champs
Coucy-le-Chau
Auffrique
Bassoles-Aulers
Wissignicourt
Brancourt-en-Laonnois
Anizy-le-Chau
Chaillevois
Urcel
Vorges
Presles
Bruyères-et-Montbérault
Chivy
Étouvelles
Trosly-Loire
Guny
St Aubin
Selens
Pont-St Mard
Juvencourt
Landricourt
Forêt de Pinon
Pinon
Nampcel
Audignicourt
Vassens
Vézaponin
Épagny
Bagneux
Crécy-au-Mont
Leuilly-s/s-Coucy
Vauxaillon
Chavignon
Vaudesson
Pargny-Filain
Filain
Monampteuil
Colligis
Pancy-Courtecon
Chevregny
Autrêches
Morsain
Bieuxy
Nouvron
Tartiers
Juvigny
Leury
Terny
Vuillery
Laffaux
Margival
Nanteuil-la-Fosse
Sancy-les-Cheminots
Aizy-Jouy
Braye-en-Laonnois
Ostel
Vic-s-Aisne
Berny-Rivière
St Christophe-à-Berry
Cuisy-en-Almont
Fontenoy
Osly
Vaurezis
Pasly
Pommiers
Cuffies
Clamecy
Braye
Crouy
Bucy-le-Long
Vregny
Chivres-Val
Condé-s-Aisne
Celles-s-Aisne
Vailly-s-Aisne
Chavonne
Soupir
Moussy-Verneuil
Bourg-et-Comin
Pont-Arcy
Cys-la-Commune
Presles-et-Boves
St Mard
Viel-Arcy
Ambleny
Pernant
Mercin
SOISSONS
Vauxbuin
Belleu
Billy-s-Aisne
Venizel
Sermoise
Missy
Ciry-Salsogne
Vasseny
Chassemy
Brenelle
Braine
Courtieux
Montigny-Lengrain
St Bandry
Saconin
Cutry
Laversine
Cœuvres-et-Valsery
Missy-aux-Bois
Dommiers
Ploisy
Courmelles
Noyant-et-Aconin
Septmonts
Acy
Serches
Couvrelles
Augy
Cerseuil
Limé
Quincy-s/s-le-Mont
Paars
Perles
Fismette
Mortefontaine
Soucy
Montgobert
Vertes-Feuilles
Chaudun
Berzy-le-Sec
Rozières-s-Crise
Buzancy
Ambrief
Chacrise
Nampteuil-s/s-Muret
Lesges
Cuiry-Housse
Jouaignes
Tannières
Bazoches
St Thibaut
Mont-Notre-Dame
Ville-Savoye
Mont-St Martin
Vivières
Puiseux-en-Retz
Vierzy
Villemontoire
Hartennes
Muret
Droizy
Launoy
Maast
Longpont
Villers-Hélon
Parcy
Louâtre
Fleury
Corcy
Villers-Cotterêts
Dampleux
Arcy-Ste Restitue
Loupeigne
Bruys
Chéry
le Plessier-Huleu
Beugneux
Grand-Rozoy
St Remy-Blanzy
Cramaille
Saponay
Mareuil-en-Dôle
Chau de Fère
Dravegny
Faverolles
Ancienville
Oigny-en-Valois
Billy-s-Ourcq
Oulchy-la-Ville
Oulchy-le-Chau
Chouy
Noroy-s/s-Ourcq
Rozet-St Albin
Nanteuil-N.D.
Fère-en-Tardenois
Seringes
Coulonges-Cohan
Silly-la-Poterie
Troësnes
Marizy-Ste Geneviève
Marizy-St Mard
Vichel
Neuilly-St Front
Breny
Armentières-s-Ourcq
Bruyères-s-Fère
Villeneuve-s-Fère
Villers-s-Fère
Sergy
Cierges
la Ferté-Milon
Passy-en-Valois
Macogny
Latilly
la Croix-s-Ourcq
Rocourt-St Martin
Coincy
Brécy
Cournont
Fresnes-en-Tardenois
Roncheres
Mareuil-s-Ourcq
Dammard
Monnes
Priez
Sommelans
Grisolles
Beuvardes
Champvoisy
Chézy-en-Orxois
St Gengoulph
Bonnesvalyn
Bois du Chatelet
Courchamps
Monthiers
Hautevesnes
Licy-Clignon
Bussiares
Epaux-Bézu
Bézu-St Germain
Epieds
le Charmel
Vincelles
Crouy-s-Ourcq
Gandelu
Veuilly-la-Poterie
Torcy-en-Valois
Belleau
Étrépilly
Jaulgonne
Chartèves
Barzy-s-Marne
Trélou-s-Marne
Dormans
Coulombs-en-Valois
Germigny-s/s-Coulombs
Marigny-en-Orxois
Bouresches
Lucy-le-Bocage
Château-Thierry
Brasles
Gland
Mont-St Père
Mézy
Courtemont
Passy-s-Marne
Reuilly
Sauvigny
Courthiézy
Vendrest
Dhuisy
Coupru
Chierry
Blesmes
Fossoy
Crézancy
Connigis
AUTOROUTE
A 4

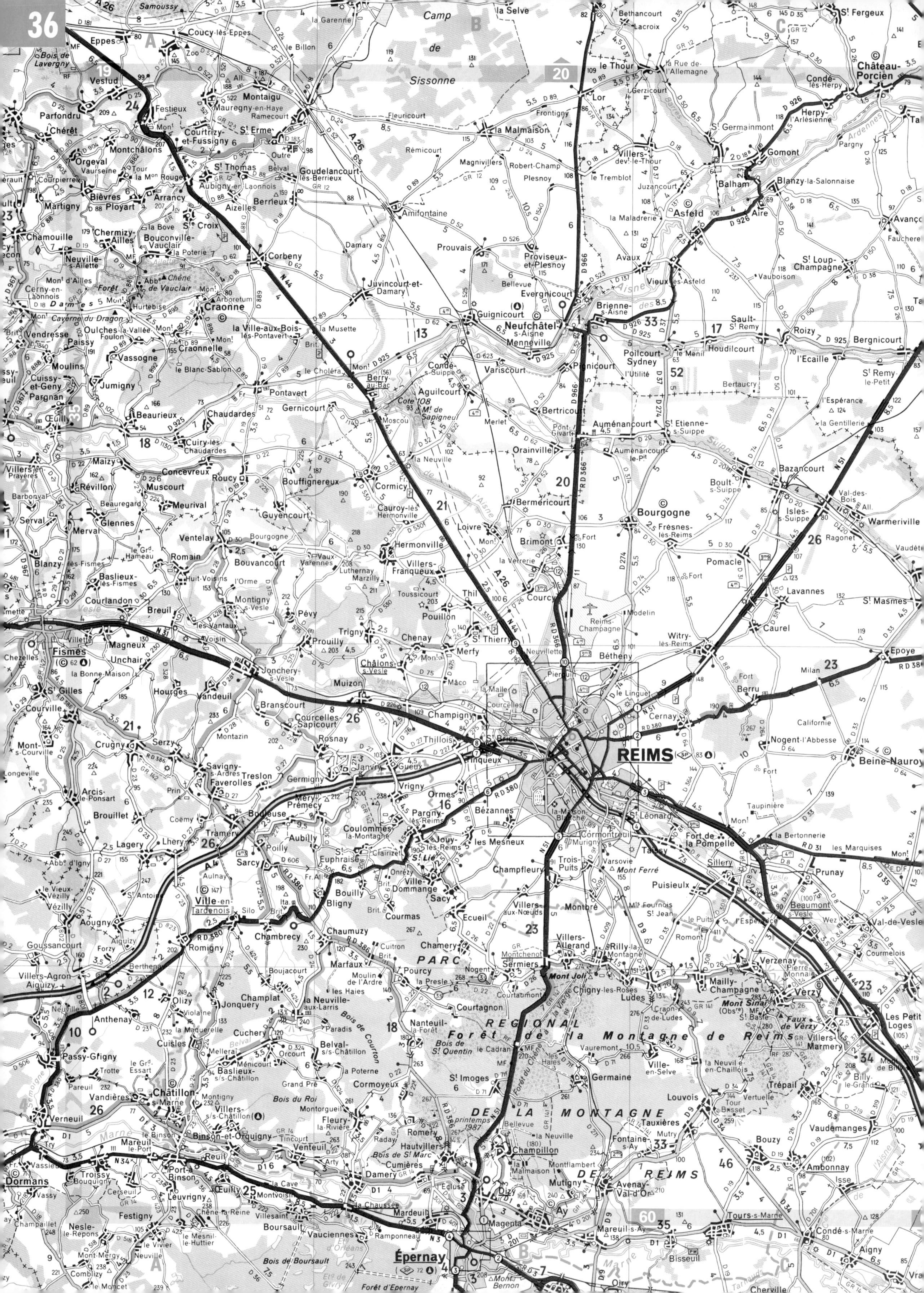
Camp de Sissonne
Coucy-lès-Eppes
Eppes
Montaigu
Festieux
St Erme
Corbeny
Craonne
Craonnelle
Pontavert
Berry-au-Bac
Guignicourt
Neufchâtel-s-Aisne
Menneville
Amifontaine
Prouvais
Proviseux-et-Plesnoy
Evergnicourt
Lor
le Thour
la Malmaison
Asfeld
Balham
Gomont
Blanzy-la-Salonnaise
Château-Porcien
Condé-lès-Herpy
St Fergeux
Aire
St Loup-Champagne
Avaux
Vieux-lès-Asfeld
Brienne-s-Aisne
Poilcourt-Sydney
Houdilcourt
Sault-St Remy
Roizy
Bergnicourt
l'Ecaille
Pignicourt
Variscourt
Condé-s-Suippe
Aguilcourt
Bertricourt
Auménancourt
St Etienne-s-Suippe
Bazancourt
Isles-s-Suippe
Warmeriville
Orainville
Bermericourt
Bourgogne
Brimont
Loivre
Hermonville
Cormicy
Cauroy-lès-Hermonville
Villers-Franqueux
Courcy
Witry-lès-Reims
Caurel
Lavannes
St Masmes
Epoye
Berru
Cernay
Nogent-l'Abbesse
Beine-Nauroy
Bétheny
St Thierry
Merfy
Chenay
Trigny
Pouillon
Thil
Pévy
Prouilly
Jonchery-s-Vesle
Muizon
Châlons-s-Vesle
Champigny
Tinqueux
St Brice
REIMS
Bezannes
Ormes
Gueux
Rosnay
Courcelles-Sapicourt
Branscourt
Vandeuil
Fismes
St Gilles
Courville
Savigny-s-Ardres
Faverolles
Treslon
Germigny
Méry-Prémecy
Coulommes-la-Montagne
Pargny-lès-Reims
Jouy-lès-Reims
les Mesneux
Cormontreuil
St Léonard
Taissy
Fort de la Pompelle
Sillery
Prunay
Puisieux
Champfleury
Trois-Puits
Villers-aux-Nœuds
Montbré
Rilly-la-Montagne
Villers-Allerand
Chigny-les-Roses
Ludes
Mailly-Champagne
Verzenay
Verzy
Mont Sinaï
Faux de Verzy
Villers-Marmery
Trépail
Ambonnay
Bouzy
Louvois
Tauxières
Fontaine-s-Ay
Avenay-Val-d'Or
Mutigny
Ay
Dizy
Magenta
Épernay
Mardeuil
Cumières
Hautvillers
Damery
Champillon
Germaine
Ville-en-Selve
PARC REGIONAL
Forêt de la Montagne de Reims
DE LA MONTAGNE DE REIMS
Mont Joli
Sermiers
Nogent
Chamery
Ecueil
Sacy
Ville-Dommange
Bligny
Chaumuzy
Marfaux
Pourcy
Courtagnon
Nanteuil-la-Forêt
St Imoges
Cormoyeux
Romery
Fleury-la-Rivière
Venteuil
Reuil
Binson-et-Orquigny
Châtillon-s-Marne
Villers-s/s-Châtillon
Belval-s/s-Châtillon
Cuchery
Olizy
Jonquery
Champlat
Romigny
Ville-en-Tardenois
Sarcy
Chambrecy
Anthenay
Passy-Grigny
Vandières
Verneuil
Dormans
Troissy
Port-à-Binson
Œuilly
Leuvrigny
Festigny
Boursault
Vauciennes
Bois de Boursault
Forêt d'Epernay
Tours-s-Marne
Bisseuil
Mareuil-s-Ay
Condé-s-Marne
Aigny
Isse
Vaudemanges
Billy-le-Grand
Les Petites Loges
Sept-Saulx
Val-de-Vesle
Beaumont-s-Vesle
Wez
Courmelois
Fresnes-lès-Reims
Pomacle
Ragonet
Bourgogne
Romain
Ventelay
Bouvancourt
Guyencourt
Bouffignereux
Roucy
Concevreux
Muscourt
Meurival
Maizy
Révillon
Glennes
Merval
Serval
Blanzy-lès-Fismes
Baslieux-lès-Fismes
Courlandon
Breuil
Magneux
Unchair
Hourges
Crugny
Serzy
Arcis-le-Ponsart
Brouillet
Lagery
Lhery
Tramery
Bouleuse
Aubilly
Poilly
Vézilly
Aougny
Goussancourt
Villers-Agron-Aiguizy
Chaudardes
Cuiry-lès-Chaudardes
Beaurieux
Gernicourt
Juvincourt-et-Damary
Chermizy-Ailles
Bouconville-Vauclair
Abbé de Vauclair
Oulches-la-Vallée-Foulon
Vassogne
Paissy
Jumigny
Moulins
Cuissy-et-Geny
Pargnan
Œuilly
Vendresse
Cerny-en-Laonnois
Neuville-s-Ailette
Chamouille
Martigny
Bièvres
Ployart
Arrancy
Orgeval
Montchâlons
Chérêt
Parfondru
Veslud
Courtrizy-et-Fussigny
St Thomas
Aubigny-en-Laonnois
Goudelancourt-lès-Berrieux
Berrieux
Aizelles
Juzancourt
Villers-devt-le-Thour
Le Tremblot
St Germainmont
Herpy-l'Arlésienne
Villers-en-Prayères
Mont-s-Courville
Vaudétré
Reims-Champagne

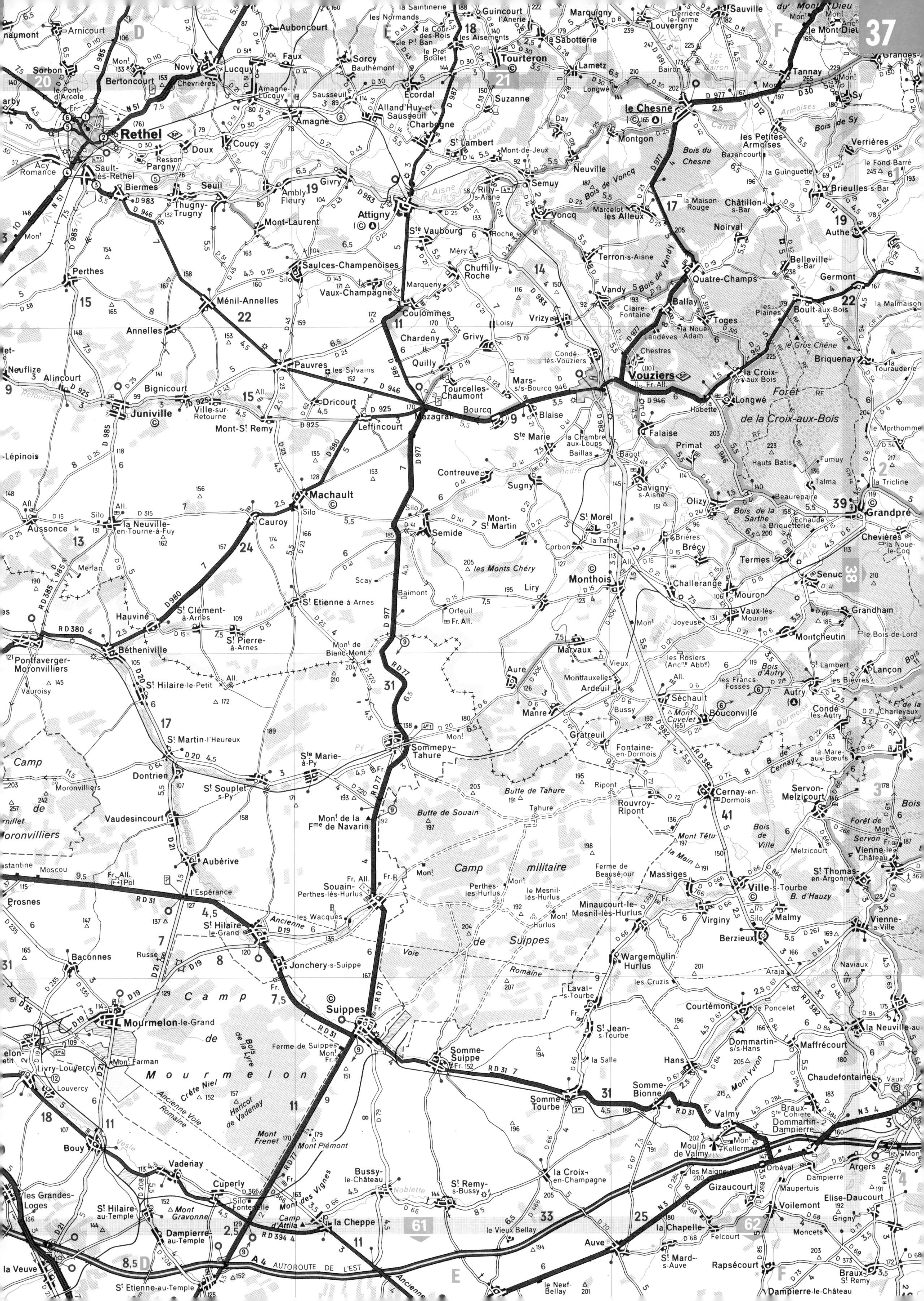

Rethel
Sorbon
Arnicourt
Bertoncourt
Novy
Lucquy
Aubencourt
Faux
Sorcy Bauthémont
Amagne
Coucy
Doux
Resson
Pargny
Acy Romance
Sault-lès-Rethel
Biermes
Seuil
Thugny-Trugny
Ambly Fleury
Givry
Attigny
Sauce-Champenoises
Mont-Laurent
Perthes
Ménil-Annelles
Annelles
Neuflize
Alincourt
Juniville
Bignicourt
Ville-sur-Retourne
Mont-St Remy
Pauvres
Dricourt
Leffincourt
Mazagran
Machault
Aussonce
la Neuville-en-Tourne-à-Fuy
Cauroy
St Clément-à-Arnes
Hauviné
Bétheniville
St Pierre-à-Arnes
St Etienne-à-Arnes
Pontfaverger-Moronvilliers
Vaudesincourt
St Hilaire-le-Petit
St Martin-l'Heureux
Dontrien
St Souplet-s-Py
Ste Marie-à-Py
Sommepy-Tahure
Aubérive
Prosnes
St Hilaire-le-Grand
Baconnes
Jonchery-s-Suippe
Mourmelon-le-Grand
Suippes
Souain-Perthes-lès-Hurlus
Livry-Louvercy
Bouy
Vadenay
Cuperly
St Hilaire-au-Temple
Dampierre-au-Temple
la Veuve
la Cheppe
Bussy-le-Château
St Remy-s-Bussy
Somme-Suippe
Somme-Tourbe
la Croix-en-Champagne
Auve
St Mard-s-Auve
Tourteron
Guincourt
Marquigny
Sauville
Louvergny
la Sabotterie
Lametz
le Chesne
Montgon
Neuville
Semuy
Rilly-s-Aisne
Voncq
les Alleux
Ecordal
Alland'Huy-et-Sausseuil
Charbogne
Suzanne
St Lambert
Ste Vaubourg
Chuffilly-Roche
Vaux-Champagne
Coulommes
Chardeny
Grivy
Quilly
Tourcelles-Chaumont
Vrizy
Vandy
Terron-s-Aisne
Mars-s/s-Bourcq
Bourcq
Blaise
Vouziers
Ste Marie
Contreuve
Sugny
Semide
Mont-St Martin
St Morel
Monthois
Liry
Savigny-s-Aisne
Olizy
Falaise
Longwé
Challerange
Brécy
Termes
Grandpré
Senuc
Mouron
Vaux-lès-Mouron
Marvaux
Aure
Manre
Ardeuil
Séchault
Bouconville
Autry
Grateuil
Fontaine-en-Dormois
Cernay-en-Dormois
Rouvroy-Ripont
Massiges
Ville-s-Tourbe
Virginy
Berzieux
Wargemoulin-Hurlus
Laval-s-Tourbe
St Jean-s-Tourbe
Hans
Courtémont
Dommartin-s/s-Hans
Somme-Bionne
Valmy
Gizaucourt
la Chapelle-Felcourt
Rapsécourt
Braux-Ste Cohière
Dommartin-Dampierre
Argers
Voilemont
Elise-Daucourt
Maffrécourt
Chaudefontaine
la Neuville-au-Pont
Vienne-la-Ville
St Thomas-en-Argonne
Malmy
Servon-Melzicourt
Lançon
Grandham
Montcheutin
Quatre-Champs
Ballay
Toges
Noirval
Châtillon-s-Bar
Boult-aux-Bois
Briquenay
Belleville-s-Bar
Autruche
Brieulles-s-Bar
Tannay
Sy
Forêt de la Croix-aux-Bois
Camp militaire de Suippes
Camp de Mourmelon
Butte de Tahure
Butte de Souain
A 4 AUTOROUTE DE L'EST

20
21
38
61
62

Butte de Stonne
Mont Damion
Grandes-Armoises
Mont du Cygne
la Berlière
Oches
Sommauthe
St Pierremont
Vaux-en-Dieulet
Autruche
Fossé
Harricourt
Bar-lès-Buzancy
Buzancy
Thénorgues
Verpel
Bayonville
Rémonville
Imécourt
Beffu
Champigneulle
Landres
St Georges
Grandpré
St Juvin
Sommerance
Chevières
Marcq
Fléville
Cornay
Exermont
Chatel-Chéhéry
Apremont
Lançon
Binarville
Montblainville
Varennes-en-Argonne
Boureuilles
Vauquois
Cheppy
Very
Montfaucon
Epinonville
Cierges-s/s-Montfaucon
Romagne-s/s-Montfaucon
Cunel
Bantheville
Aincreville
Doulcon
Dun-s-Meuse
Milly-s-Bradon
Murvaux
Brandeville
Stenay
Baâlon
Mouzay
Beaumont-en-Argonne
Létanne
Pouilly-s-Meuse
Inor
Martincourt-s-Meuse
Luzy-St Martin
Cesse
Nepvant
Brouennes
Chauvency
Thonne-les-Prés
Montmédy
Verneuil-Grand
Villécloye
Velosnes
Iré-le-Sec
Juvigny-s-Loison
Remoiville
Louppy-s-Loison
Jametz
Marville
Delut
Dombras
Vittarville
Brehéville
Lissey
Peuvillers
Damvillers
Réville-aux-Bois
Etraye
Wavrille
Crépion
Moirey
Flabas
Ville-devt-Chaumont
Gremilly
Consenvoye
Sivry-s-Meuse
Dannevoux
Vilosnes
Haraumont
Liny-devt-Dun
Fontaines-St Clair
Gercourt
Septsarges
Nantillois
Cuisy
Forges-s-Meuse
Béthincourt
Regnéville-s-Meuse
Samogneux
Brabant-s-Meuse
Malancourt
Haucourt
le Mort-Homme
Cumières
Cote 304
Champneuville
Chattancourt
Vacherauville
Bras-s-Meuse
Ossuaire
Fort de Douaumont
Vaux
Belleville
Charny
Marre
Esnes-en-Argonne
Avocourt
Montzéville
Béthelainville
Thierville-s-Meuse
VERDUN
Belrupt-en-Verdunois
Haudainville
Belleray
Regret
Sivry-la-Perche
Fromeréville-les-Vallons
Dombasle-en-Argonne
Récicourt
Jouy-en-Argonne
Blercourt
Nixéville
Dugny-s-Meuse
Landrecourt
Lempire-aux-Bois
Ancemont
Dieue
Senoncourt-les-Maujouy
Lemmes
Souilly
les Monthairons
Génicourt-s-Meuse
Villers-s-Meuse
Rambluzin
Ippécourt
St André-en-Barrois
Fleury-s-Aire
Waly
Beaulieu-en-Argonne
Autrécourt-s-Aire
Lavoye
Froidos
Rarécourt
Julvécourt
Vadelaincourt
Osches
Ville-sur-Cousances
les Souhesmes
Jubécourt
Rampont
Brocourt-en-Argonne
Auzéville-en-Argonne
Clermont-en-Argonne
Parois
Brabant-en-Argonne
Aubréville
Neuvilly-en-Argonne
Courcelles
les Islettes
le Claon
le Neufour
Florent-en-Argonne
la Chalade
la Forestière
Moiremont
la Neuville-au-Pont
Vienne-la-Ville
Vienne-le-Château
Ste Menehould
Verrières
Futeau
Chatrices
Passavant-en-Argonne
Villers-en-Argonne
Forêt de Dieulet
Forêt de Woëvre
Forêt de Montfaucon
Forêt de Hesse
Forêt de Verdun
Forêt de Souilly
Forêt de Beaulieu
Bois de la Gruerie
Bois de Consenvoye
Bois des Caures
Camp militaire
Champ de Tir
A 4
N 3
N 35 Voie Sacrée
Meuse

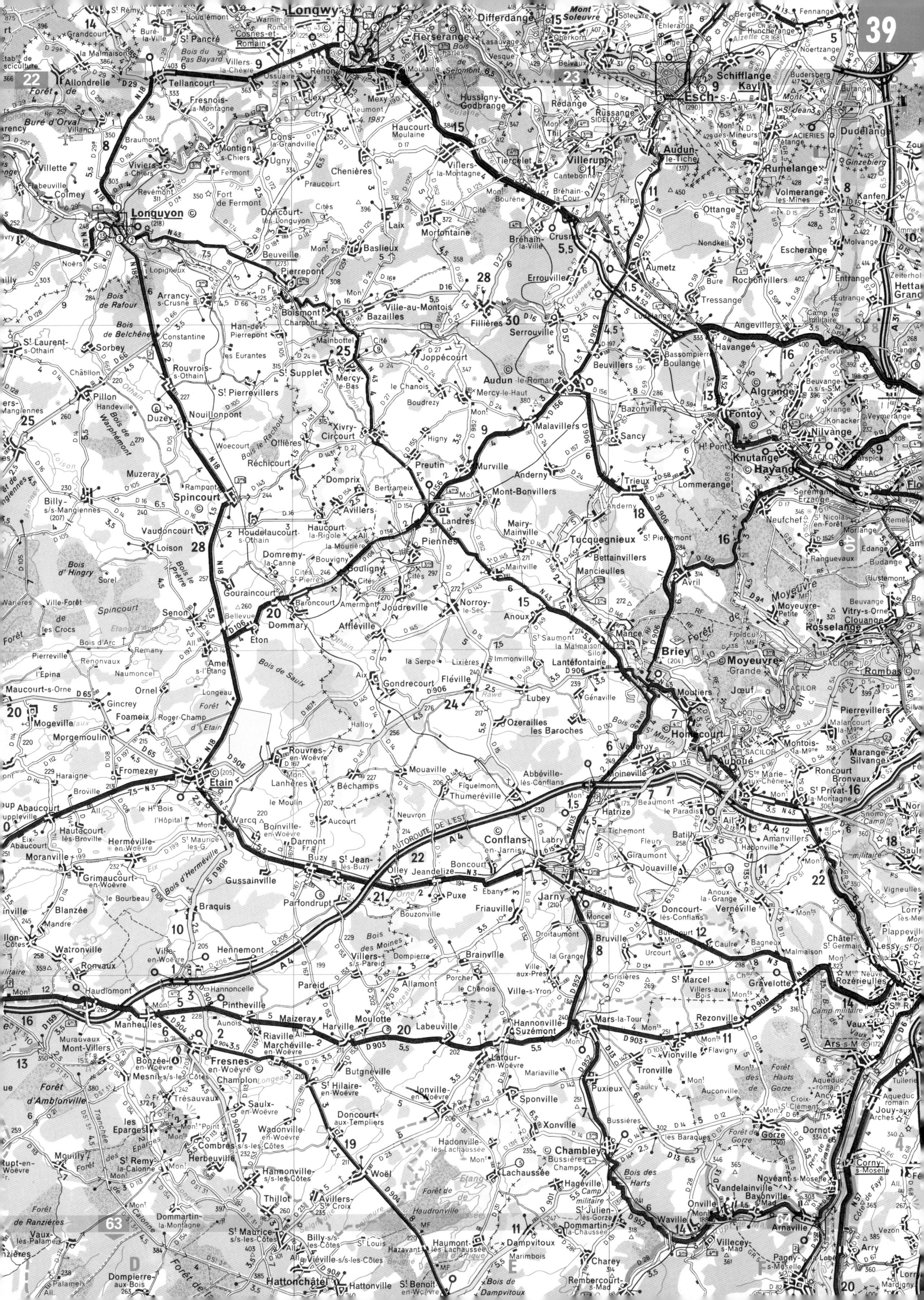

St Remy
Longwy
Differdange
Mont Soleuvre
Soleuvre
Ehlerange
Bergem
Huncherange
Fennange
Noertzange
Grandcourt
Houdlémont
Buré-la-Ville
St Pancré
Cosnes-et-Romain
Herserange
Lasauvage
Oberkorn
Belvaux
Alzette
Bois du Pas Bayard
Villers-la-Chèvre
Rehon
Mexy
Bois de Selomont
Vesque
Schifflange
Kayl
Budersberg
Allondrelle
Tellancourt
Fresnois-la-Montagne
Ossuaire
Lexy
Cutry
Heumont
Hussigny-Godbrange
Rédange
Russange
SIDELOR
Esch-s-A.
Forêt
Buré d'Orval
Villancy
Braumont
Montigny-s-Chiers
Cons-la-Grandville
Ugny
Haucourt-Moulaine
Thil
Tiercelet
Villerupt
Cantebonne
Audun-le-Tiche
St Jean
N.D. des Mineurs
ACIERIES
Dudelange
Gintzberg
Villette
Viviers-s-Chiers
Fermont
Chenières
Villers-la-Montagne
Rumelange
Flabeuville
Colmey
Revémont
Fort de Fermont
Praucourt
Bréhain-la-Cour
Hirps
Volmerange-les-Mines
Kanfen
Longuyon
Doncourt-lès-Longuyon
Laix
Cités
Silo
Cité
Morfontaine
Mont Bourène
Ottange
Crusnes
Bréhain-la-Ville
Aumetz
Nondkeil
Escherange
Molvange
Noërs
Lopigneux
Beuveille
Basileux
Pierrepont
Errouville
Bure
Rochonvillers
Entrange
Hettange-Grande
Arrancy-s-Crusne
Bois de Rafour
Boismont
Charpont
Bazailles
Ville-au-Montois
Fillières
Serrouville
Tressange
Œutrange
Bois de Belchêne
Constantine
Han-dev.-Pierrepont
Ludelange
Angevillers
Camp militaire
St Laurent-s-Othain
Sorbey
Les Eurantes
Mainbottel
Joppécourt
Havange
Bassompierre
Boulange
Beuvillers
Bellevue
Audun-le-Roman
Mercy-le-Haut
Châtillon
Rouvrois-s-Othain
St Supplet
Mercy-le-Bas
le Chanois
Boudrezy
Algrange
Beuvange-s-St-M.
Pillon
Handeville
St Pierrevillers
Fontoy
Volkrange
Konacker
Veymerange
Mangiennes
Bois de Warphémont
Duzey
Nouillonpont
Malavillers
Bazonville
Xivry-Circourt
Ollières
Hiany
Woecourt
Bois le Rachoux
Réchicourt
Sancy
Cité
Nilvange
Knutange
Hayange
H! Pont
SACILOR
Loison
Muzeray
Rampont
Dompriх
Preutin
Murville
Anderny
Trieux
Lommerange
SOLLAC
Billy-s/s-Mangiennes
Spincourt
Bertrameix
Mont-Bonvillers
Serémange-Erzange
Avillers
Landres
Neufchef
St Nicolas-en-Forêt
Vaudoncourt
Houdelaucourt-s-Othain
Haucourt-la-Rigole
Piennes
Mairy-Mainville
Tucquegnieux
St Pierremont
Morlange
Remelange
Bois d'Hingry
Sorel
Bois le Prêtre
Domremy-la-Canne
Bouvigny
Mouriere
Bettainvillers
Edange
Budange
Boulgny
Mancieulles
Avril
Ranguevaux
Gouraincourt
Cités
Mainville
Justemont
Warieres
Ville-Forêt
Spincourt
Senon
Baroncourt
Amermont
Joudreville
Norroy-le-Sec
Anoux
Moyeuvre-Petite
Beuvange
Forêt de les Crocs
Bellevue
Dommary
Eton
Affléville
Mance
Briey
Forêt de Moyeuvre
Vitry-s-Orne
Clouange
Rosselange
Bois d'Arc
Remany
Etang d'Amel
St Saumont
la Malmaison
Pierreville
Renonvaux
Amel-s-l'Etang
Bois de Saulx
la Serpe
Lixières
Immonville
Lantéfontaine
Moyeuvre-Grande
Rombas
l'Epina
Naumoncel
Aix
Gondrecourt
Fléville
Lubey
Génaville
Moutiers
Jœuf
Maucourt-s-Orne
Gincrey
Ornel
Longeau
Forêt d'Etain
Rawé
Ozerailles
les Baroches
Pierrevillers
Mogeville
Foameix
Roger-Champ
Halloy
Bois de St Martin
Homécourt
Malancourt-la-Mgne
Morgemoulin
Rouvres-en-Woëvre
Valleroy
Montois-la-Mgne
Fromezey
Mouaville
Auboué
Marange-Silvange
Haraigne
Etain
Lanhères
Béchamps
Fiquelmont
Thumeréville
Abbéville-lès-Conflans
Moineville
Ste Marie-aux-Chênes
Roncourt
Bronvaux
Broville
le Moulin
Beaumont
le Paradis
St Privat-la-Montagne
Abaucourt
le Ht Bois
l'Hôpital
Warcq
Boinville-en-Woëvre
Aucourt
Neuvron
Conflans-en-Jarnisy
Hatrize
Labry
Ail
Amanvillers
Hautecourt-lès-Broville
Eix-Abaucourt
St Maurice-lès-G.
Darmont
Buzy
St Jean-lès-Buzy
Autoroute de l'Est
Tichémont
Fleury
Batilly
Habonville
Moranville
Herméville-en-Woëvre
Olley
Jeandelize
Boncourt
Giraumont
Jouaville
Saulny
Grimaucourt-en-Woëvre
Eix
Bois d'Herméville
Gussainville
Ebany
Jarny
Doncourt-lès-Conflans
Anoux-la-Grange
Vernéville
Vigneulles
Blanzée
le Bourbeau
Parfondrupt
Puxe
Friauville
Moncel
Lorry-lès-Metz
Braquis
Bouzonville
Droitaumont
Bruville
Butricourt
Caulre
Bagneux
Plappeville
Mandre
Bois des Moines
Châtel-St Germain
Lessy
Watronville
Ville-en-Woëvre
Hennemont
Villers-s/s-Pareid
Dompierre
Brainville
la Grange
Urcourt
Malmaison
Ronvaux
Villes-aux-Prés
Grisières
St Marcel
Gravelotte
Rozérieulles
Haudiomont
Hannoncelle
Pareid
Allamont
Porcher
le Chênois
Ville-s-Yron
Villers-aux-Bois
Pintheville
Camp militaire
Manheulles
Maizeray
Harville
Moulotte
Labeuville
Hannonville-Suzémont
Mars-la-Tour
Rezonville
Vaux
Muraux
Mont-Villers
Aunois
Riaville
Marchéville-en-Woëvre
Vionville
Flavigny
Ars-s-M
Bonzée
Mesnil-s/s-les-Côtes
Fresnes-en-Woëvre
Champlon
Latour-en-Woëvre
Mariaville
Tronville
Forêt des Hauts de Gorze
Aqueduc romain
Tuilerie
Forêt d'Amblonville
Trésauvaux
Butgnéville
St Hilaire-en-Woëvre
Jonville-en-Woëvre
Sponville
Puxieux
Saulcy
Auconville
Croix-St Clément
Ancy-s-M.
Jouy-aux-Arches
Saulx-en-Woëvre
les Eparges
Point
Wadonville-en-Woëvre
Doncourt-aux-Templiers
Xonville
Bussières
les Baraques
Forêt de Gorze
Gorze
Dornot
Combres-s-les-Côtes
Herbeuville
Hadonville-lès-Lachaussée
Chambley-Bussières
Champs
Rupt-en-Woëvre
Mouilly
St Remy-la-Calonne
Forêt
Hannonville-s/s-les-Côtes
Woël
Etang de Lachaussée
Lachaussée
Bois des Harts
Vandelainville
Bayonville-s-Mad
Novéant-s-Moselle
Corny-s-Moselle
Côtes de Faye
Forêt de Ranzières
Thillot
Avillers-Ste Croix
Forêt de Haudronville
Hagéville
Camp militaire
St Julien-lès-Gorze
Onville
Waville
Arnaville
Vaux-lès-Palameix
Dommartin-la-Montagne
St Maurice-s-les-Côtes
Billy-s/s-les-Côtes
Hazavant
Haumont-lès-Lachaussée
Dampvitoux
Marimbois
Dommartin-la-Chaussée
Villecey-s-Mad
Pagny-s-Moselle
Arry
Vézon
Ranzières
Dompierre-aux-Bois
Palameix
Forêt de...
Viéville-s/s-les-Côtes
St Louis
Hattonchâtel
Hattonville
St Benoît-en-Woëvre
Bois de Dampvitoux
Charey
Rembercourt-s-Mad
Lorry-Mardigny

23
39
64
65

Esch-s-A. Schifflange Kayl Bettembourg Frisange Mondorf-les-Bains Schwebsange Remich Tettingen Oberleuken Borg Mettlach Büschdorf Tünsdorf Wehingen

Audun-le-Tiche Rumelange Dudelange Hagen Zoufftgen Basse-Rentgen Puttelange-lès-Thionville Beyren-lès-Sierck Burmerange Remerschen Schengen Perl Sehndorf Oberperl Apach Merschweiler Kirsch-lès-Sierck Manderen Ritzing Launstroff

Volmerange-les-Mines Ottange Kanfen Roussy-le-Village Rodemack Breistroff-la-Grde Contz-les-Bains Haute-Kontz Rettel Sierck-les-Bains Rustroff Montenach

Aumetz Escherange Rochonvillers Hettange-Grande Boust Cattenom Hunting Kirschnaumen Rémeling Halstroff

Tressange Angevillers Havange Koenigsmacker Kerling-lès-Sierck Oudrenne Laumesfeld Flastroff Waldweistroff

Thionville Yutz Manom Algrange Fontoy Nilvange Knutange Hayange Terville Elzange Valmestroff Inglange Kuntzig Monneren Veckring Bibiche Kemplich

Florange Uckange Stuckange Distroff Metzervisse Kédange-s-Canner Hombourg-Budange Dalstein Chémery-les-Deux

Fameck Guénange Richemont Rosselange Moyeuvre-Grande Briey Amnéville Hagondange Rombas Ebersviller Luttange Aboncourt Hestroff Piblange Anzeling

Joeuf Homécourt Auboué Maizières-lès-Metz Ennery Flévy Chailly-lès-Ennery Bettelainville Burtoncourt Gomelange Guinkirchen

Vigy Argancy Antilly Charly-Oradour Vry Charleville-s/s-Bois Volmerange-lès-Boulay Condé

Amanvillers Saulny Woippy Failly Retonfey Glatigny Les Étangs Vaudoncourt

Gravelotte Rozérieulles Metz Montigny Noisseville Coincy Courcelles-Chaussy Landonvillers Raville Servigny-lès-Raville

Mars-la-Tour Rezonville Vionville Ars-s-M. Jussy Peltre Jury Laquenexy Pange Courcelles-s-Nied

Gorze Augny Marly Pouilly Chesny Sorbey Bazoncourt Villers-Stoncourt Chanville Rémilly

Novéant-s-Moselle Corny-s-Moselle Fey Coin-lès-Cuvry Fleury Mécleuves Orny Aube Vittoncourt Adaincourt

Arnaville Arry Verny Pontoy Beux Luppy Béchy Han-s-Nied Vatimont Pagny-s-Moselle Lorry Sillegny Goin Liéhon Buchy

Mettlach
Merzig
Besseringen
Brotdorf
Bachem
Rimlingen
Niederlosheim
Wahlen
Nunkirchen
Rissenthal
Michelbach
Buschfeld
Dorf
Limbach
Neipel
Scheuern
Hasborn
Dörsdorf
Tholey
Bergweiler
Sotzweiler
Alsweiler
Winterbach
Marpingen
Oberlinxweiler
Schaumberg
Gross-Horst
Gresaubach
Steinbach
Thalexweiler
Berschweiler
Remmesweiler
Urexweiler
Mainzweiler
Ottweiler
Hargarten
Merchingen
Oppen
Reimsbach
Schmelz
Rümmelbach
Aschbach
Niedersaubach
Macherbach
Dirmingen
Erbringen
Honzrath
Hüttersdorf
Bubach-Calmesweiler
Eppelborn
Hirzweiler
Wustweiler
Welschbach
Harlingen
Bietzen
Haustadt
Weltersberg
Menningen
Düppenweiler
Primsweiler
Knorscheid
Lebach
Hierscheid
Stennweiler
Mondorf
Mechern
Fremersdorf
Saarfels
Beckingen
Piesbach
Körprich
Landsweiler bei Lebach
Humes
Habach
Hüttigweiler
Schiffweiler
Oberesch
Gerlfangen
Eidenborn
Hoxberg
Bilsdorf
Uchtelfangen
Illingen
Wemmetsweiler
Nalbach
Falscheid
Leopoldsthal
Heiligenwald
Landsweiler-Reden
Eimersdorf
Rehlingen
Dieffien
Dillingen
Eiweiler
Wiesbach
Mangelhausen
Hellenhausen
Lummerschied
Fürweiler
Siersburg
Hemmersdorf
Pachten
Saarwellingen
Reisbach
Hirtel
Kirschhof
Kutzhof
Merchweiler
Sinnerthal
Friedrichsthal
Obersalbach-Kurhof
Numborn
Wahlschied
Göttelborn
Quierschied
Neunkirchen-lès-Bouzonville
Itzbach
Oberlimberg
Roden
Ford
Schwarzenholz
Niedersalbach
Heusweiler
Walpershofen
Dilsburg
Holz
Hühnerfeld
Bildstock
Niedaltdorf
Rammelfangen
Gisinge
Niederlimberg
St. Barbara
Fraulautern
Hülzweiler
Herchenbach
Hilschbach
Hohlenstein
Altenwald
Schnappach
Elversberg
Wallerfangen
Beaumarais
Kerlingen
Ensdorf
Schwalbach
Sprengen
Kölln
Etzenhofen
Riegelsberg
Fischbach
Camphausen
Sulzbach
St. Ingbert
Guerstling
Ihn
Leidingen
Bedersdorf
SAARLOUIS
Griesborn
Knausholz
Kölle bach
Elm
Sellerbach
Neuweiler
Heining-lès-B.
Düren
Picard
Lisdorf
Derlen
Püttlingen
Hixberg
Aidling
Schreckling
Ittersdorf
Felsberg
Bous
Von der Heydt
Hirschbach
Vœlfling-lès-B.
Altforweiler
Neuforweiler
Ritterstrasse
Altenkessel
Dudweiler
Rentrisch
Reichenbrunn
Chau-Rouge
Villing
3 Maisons
Oberdorff
Gaweistroff
Berviller-en-M.
Berus
St. Oranna
Wadgassen
Völklingen
Rosstenbach
Luisenthal
Rüsshütte
Jägersfreude
Universität
Grosser Stiefel
Sengscheid
Odenhoven
Tromborn
Rémering-lès-Hargarten
Bisten
Linslerhof
Schaffhausen
Werbeln
Wehrden
Geislautern
Burbach
Schwarzenberg
Eschberg
Scheidt
Scheidterberg
Oberwürzbach
Heckendalheim
Friedrichweiler
Merten
Überherrn
Differten
Fürstenhausen
Klarenthal
Gersweiler
SAARBRÜCKEN
Schafbrücke
Bischmisheim
Halberg
Brebach
Dalem
Hargarten-aux-Mines
Falck
Houve
Forst der Warndt
Ludweiler-Warndt
Velsen
Krughütte
Vieille Verrerie
Schœneck
St. Arnual
Ensheim
Fechingen
Ormesheim
Grand-Roupelstouden
St. Victor
Creutzwald
Karlsbrunn
Pte Rosselle
Grossrosseln
St. Charles
le-Bruch
Forbach
Stiring-Wendel
Güdingen
Schönbach
Spicheren
Alsting
Eschringen
Wittersheim
Coume
Guerting
Forêt de
Dorf im Warndt
Lauterbach
Emmersweiler
St. Nikolaus
Marienau
Etzling
Hesseling
Zinzing
Bübingen
Bliesransbach
Grafinthal
Ban St Jean
Niedervisse
Varsberg
Ham-s/s-Varsberg
Diesen
Carling
Centrale E. Huchet
L'Hôpital
Karlsbrunn
Ste Fontaine
Colline
Nassweiler
Œting
Kelschberg
Morsbach
Gaubiving
Behren-lès-F.
Kerbach
Grosbliederstroff
Kleinblittersdorf
Blies-Guersviller
Blies-Schweyen
Bliesmengen-Bolchen
Bisten-en-Lorraine
Porcelette
Fl de St Avold
Freyming-Merlebach
Rosbruck
Cocheren
Folkling
Lixing-lès-Rouhling
Bousbach
Auersmacher
Obervisse
Boucheporn
Moulin d'Ambach
MF Chêne
Théding
Tenteling
Rouhling
Gungling
Sitterswald
Frauenberg
Zimming
Hallering
Longeville-lès-St Avold
Cité Emile Huchet
Les 3 Maisons
Forêt de Longeville
Forêt de Steinberg
Moulin Neuf
Bas Hombourg
Hombourg-Haut
Hellering
Betting-lès-St Avold
Béning-lès-St Avold
Seingbouse
Ebring
Nousseviller-St Nabor
Cadenbronn
Rilchingen-Hanweiler
Welferding
Diebling
Hundling
Sarreguemines
Folpersviller
Neunkirch
Bambiderstroff
St Avold
Valmont
Dourd'Hal
Macheren
Ebersviller
Les Trois Maisons
Lachambre
Guenviller
Farébersviller
Farschviller
Henriville
Metzing
Ippling
Rémelfing
Sarreinsming
Vigneulles
Laudrefang
Marienthal
Cappel
Loupershouse
Guebenhouse
Woustviller
Zetting
Neufgrange
Tritteling
Folschviller
Cité de Furst
Altviller
Holbach
Forêt de Macheren
Nied Allemande
Barst
Ellviller
Ernestviller
Hambach
Siltzheim
Dorviller
Créhange
Redlach
Steinbesch
Faulquemont-Cités
Téting-s-Nied
Biding
Hoste
Valette
Forêt de Puttelange
Puttelange-aux-Lacs
Heckenransbach
Forêt de Hambach
Sarreguemines
Vahl-Ebersing
Maxstadt
Silo
Diffenbach-lès-P.
Grundviller
Créhange
Métring
Pontpierre
Lelling
Laning
Rémering-lès-P.
Richeling
Ballering
Forêt de Willerwald
Sarralbe
Hutting
Herbitzheim
Strohhof
Faulquemont
Hémering
Lixing-lès-St Avold
Vahl
Altrippe
Leyviller
St Jean-Rohrbach
Hilsprich
Diderfing
Castviller
Bettring
Holving
Camp militaire
Frémestroff
Mainvillers
Herrenwald
Vahl-lès-Faulquemont
Guessling
St Louis
St Joseph
Freybouse
St Charles
St François
Hirbach
Hinsing
Oermingen
Saltzbronn
Chémery
Adelange
La Bellegrade
Hellimer
Diffembach-lès-Hellimer
Morsbronn
Brit
Eich
B. de Lorraine
Luterbach
Zellen
Etang de Bischwald
Boustroff
Bistroff
Meisenbruck
Ste Croix
Petit-Tenquin
Steinbach
Schweix
Le Val-de-Guéblange
Rech
Keskastel
Thicourt
Viller
Béning
Grostenquin
Bertring
St Blaise
Linstroff
Erstroff
Ackerbach
Petit-Rohrbach
Ventzviller
Audviller
Les Haras
Thonville
Eincheville
Landroff
Bérig
Harprich
Tensch
Gréning
Nelling
Kappelkinger
Hazembourg
Vœllerding
Schlosshof
Brulange
Suisse
Vintrange
Hingsange
Francaltroff
Réning
Insming
Kirviller
Hinsingen
Schopperten

Winterbach
Urweiler
Bosenberg
Marth
Herschweiler-Pettersheim
Quirnbach bei Kusel
Niedermohr
Obermohr
Miesenbach
Steinwenden
Ramstein-Miesenbach
Alsfassen
Niederkirchen im Ostertal
Bubach
Krottelbach
Henschtal
St. Wendel
Saal
Frohnhofen
Ohmbach
Frutzweiler
Steinbach
Maulsch-B
Nanzdietschweiler
Schrollbach
Weltersbach
Landstuhler Bruch
Oberlinxweiler
Werschweiler
Altenkirchen
Nanzweiler
Katzenbach
Marpingen
Hühner-K
Brücken
Börsborn
Dietschweiler
Remmesweiler
Dörrenbach
Breitenbach
Spesbach
Urexweiler
Niederlinxweiler
Dittweiler
Gries
Hütschenhausen
Eischbach
Landstuhl
Kindsbach
Lautenbach
Dunzweiler
Schmittweiler
Sand
Mainzweiler
Wetschhausen
Fürth
Remmesfürth
Dirmingen
Ottweiler
Steinbach
Kübelberg
Schönenberg-Kübelberg
Bruchmühlbach
Miesau
Hauptstuhl
Bann
Hirzweiler
Neumünster
Tour
Münchwies
Höchen
Glan
Eichelscheiderhof
Vogelbach
Oberarnbach
Wustweiler
Welschbach
Stennweiler
Websweiler
Frankenholz
Waldmohr
Lambsborn
Mittelbrunn
Langwieden
Obernheim
Hosterhof
Hüttigweiler
Schiffweiler
Hangard
Jägersburg
Kirchenarnbach
Wemmetsweiler
Wiebelskirchen
Oberbexbach
Eichelscheid
Bechhofen
Martinshöhe
Gerhardsbrunn
Steig
Labach
Illingen
Leopoldsthal
Graulheck
Heiligenwald
Landsweiler-Reden
Neunkirchen
Bexbach
Kleinottweiler
Reiskirchen
Michelin
Bruchhof
Rosenkopf
Knopp-Labach
Scharrhof
Neumühle
Zesselberg
Westheim
Harsberg
Solch
Sinnerthal
Limbach
Homburg-Erbach
Sanddorf
Karlsberg
Wiesbach
Krähenberg
Hettenhausen
Saalstadt
Hermersberg
Merchweiler
Wellesweiler
Niederbexbach
Biedershausen
Herrenwalderhof
Wallhalben-Oberhausen
Gottelborn
Friedrichsthal
Bildstock
Heinitz
Ludwigsthal
Altstadt
Käshofen
Schauerberg
Quierschied
Kohlhof
Haus Furpach
HOMBURG
Bundenbach
Klein-
Gross-
Nasse Hecke
Schmitshausen
Herschberg
Hühnerfeld
A8
Spiesen-Elversberg
Limbach
Beeden
Winterbach
Höheinöd
Altenwald
Mörsbach
Niederhausen
Brefeld
Schnappach
Schüren
Eschweilerhof
Kirrberg
Sulzbach
St. Ingbert
Rohrbach
Schwarzenbach
Battweiler
Reifenberg
Thaleischweiler-Fröschen
Hirschbach
Neuweiler
Tour
Wörschweiler
Schwarzenacker
Oberauerbach
Auf dem Hausgiebel
Massweiler
Kirkel
Einöd
Kaplaneihof
Niederauerbach
Dudweiler
Rentrisch
Hassel
Bierbach
Contwig
Rieschweiler-Mühlbach
Thalfröschen
Etabl Thermal Lautzkirchen
Ernstweiler
Tschifflick
Stambach
Höhfröschen
Petersberg
Jägersfreude
Universität
Reichenbrunn
Rittershof
Niederwürzbach
Bubenhausen
Zweibrücken
Dellfeld
Höhmühlbach
Staffelhof
Gross Stiefel
Sengscheid
Webenheim
Falkenbusch
Höheischweiler
Schwarzenberg Tour
Scheidt
Blieskastel
Ixheim
Nünschweiler
Fehrbach
Eschberg
Schafberg
Oberwürzbach
Philippsburg
Alschbach
Mimbach
Wattweiler
Mölschbacherhof
Heidelbingerhof
Bärenhütte
Hengsberg
Heckendalheim
Seelbach
Biesingen
Mittelbach
Rimschweiler
Gersbach
SAARBRÜCKEN
Ommersheim
Wecklingen
Blickweiler
A8
Windsberg
Walshausen
Scheidterberg
Schafbrücke
Bischmisheim
Asweiler
Hengstbach
Althornbach
Huberhof
Langenbergerhof
Halberg
Brebach
Ensheim
Fechingen
Ormesheim
Wahlerhof
Stuppacherhof
Dietrichingen
Klein-Steinhausen
Gross-
Bottenbach
Winzeln
Niedersimten
Simten
Obersimten
Ballweiler
Erfweiler-Ehlingen
Breitfurt
Gross Kahlenberg
Hornbach
Mauschbach
St. Johannes
Einöderwiesenhof
Opperding
Ohrenthal
Riedelberg
Rolbing
Stausteinerhof
Eschringen
Wittersheim
Wolfersheim
Rubenheim
Böckweiler
Neualtheim
Altheim
Kahlenberg
Dorst
Vinningen
Bübingen
Mandelbachtal
Bliesdalheim
Herbitzheim
Seyweiler
Brenschelbach
Schweyen
Kröppen
Walschbronn
Felsenbrunnerhof
Hochstellerhof
Bliesransbach
Bebelsheim
Gräfinthal
Gersheim
Walsheim
Peppenkum
Loutzviller
Eschviller
Waldhouse
Trulben
Kleinblittersdorf
Blies-Schweyen
Bliesmengen-Bolchen
Reinheim
Medelsheim
Ormersviller
Breidenbach
Ransbrunnerhof
Blies-Guersviller
Auersmacher
Niedergailbach
Utweiler
Rieswelier
©Volmunster
Schweix
Hilst
Imsbacherhof
Eppenbrunn
Sitterswald
Habkirchen
Frauenberg
Blies-Ebersing
Obergailbach
Bousseviller
Liederschiedt
Gungling
Rilchingen-Hanweiler
Folpersviller
Neunkirch
Bliesbruck
Erching
Epping
Weiskirch
Olsberg
Lengelsheim
Hanviller
NATUR
Welferding
Sarreguemines
Ste Anne
Guiderkirch
Nousseviller-lès-Bitche
Dollenbach
Roppeviller
Ippling
Fouilles
Bellevue
Urbach
Goetzenbruck
Haspelschiedt
Sarreinsming
Moronville
Brandelfingerhof
Rimling
Schorbach
Woelfling-lès-Sarreguemines
Bettviller
Neumuhle
Hottviller
Camp militaire de Bitche
Belvès
Remelfing
Forêt
Zetting
Wiesviller
Guising
Hoelling
Kapellenhof
Simserhof
Légeret
Holbach
Freudenberg
la Main du Prince
Grd Hohekirkel
Sturzelbronn
Neufgrange
Roth
Dieding
Gros-Réderching
Petit-Réderching
Bitche
Hambach
Siltzheim
Wittring
Achen
Singling
Bining
Rohrbach-lès-Bitche
Meyerhof
Frohmuhle
Reyersviller
Lambach
Siersthal
Loux
Heiligenbronn
Forêt de Lambach
Erbsenthal
Stockbronn
Schweizerlaendel
Waldeck
Sarreguemines
Forêt de Hambach
Weidesheim
Etting
Schwangerbach
Glasenberg
Champ de Tir
le Hochkopf
Forêt
Mouterhouse
Lemberg
Enchenberg
Kalhausen
Guisberg
Hoernerhof
Altkirch
Janau
Egelshardt
Bannstein
Chau de Falkenstein
Forêt de Willerwald
Sarralbe
Hutting
Herbitzheim
Strohhof
Schmittviller
Weiherkirch
Metschbrück
Montbronn
St Louis-lès-Bitche
le Dürrberg
Alt-Schmelz
Rochers du Ramstein
Lieschbach
Forêt
©Sarralbe
Oermingen
Langenwald
Rahling
Mouterhouse
Fronacker
Baerenthal
Philippsbourg
B. de Lorraine
Saltzbronn
Brit.
Eich
Rech
Luterbach
Dehlingen
Forêt de St Louis
Schierestal
Goetzenbruck
Kleinhammer
Sarreinsberg
PARC RÉGIONAL
Keskastel
Hardwald
Butten
Speckbronn
Meisenthal
Mailanderberg
Althorn
Hasselthal
Melch
Hanau
Breitenwasen
le Haras
Ste Madeleine
Neubau
Soucht
Obermuhlthal
Chau d'Arnsbourg
Waderhof
Ratzwiller
Pierre des 12 Apôtres
Untermuhlthal
Vœllerdingen
Schlosshof
Volksberg
DES VOSGES DU NORD
Hinsingen
Schopperten
Domfessel
Lorentzen
Scheidwald
Kohlhutte
Wildenguth
Saegmuhle
Hunnerscherr

66

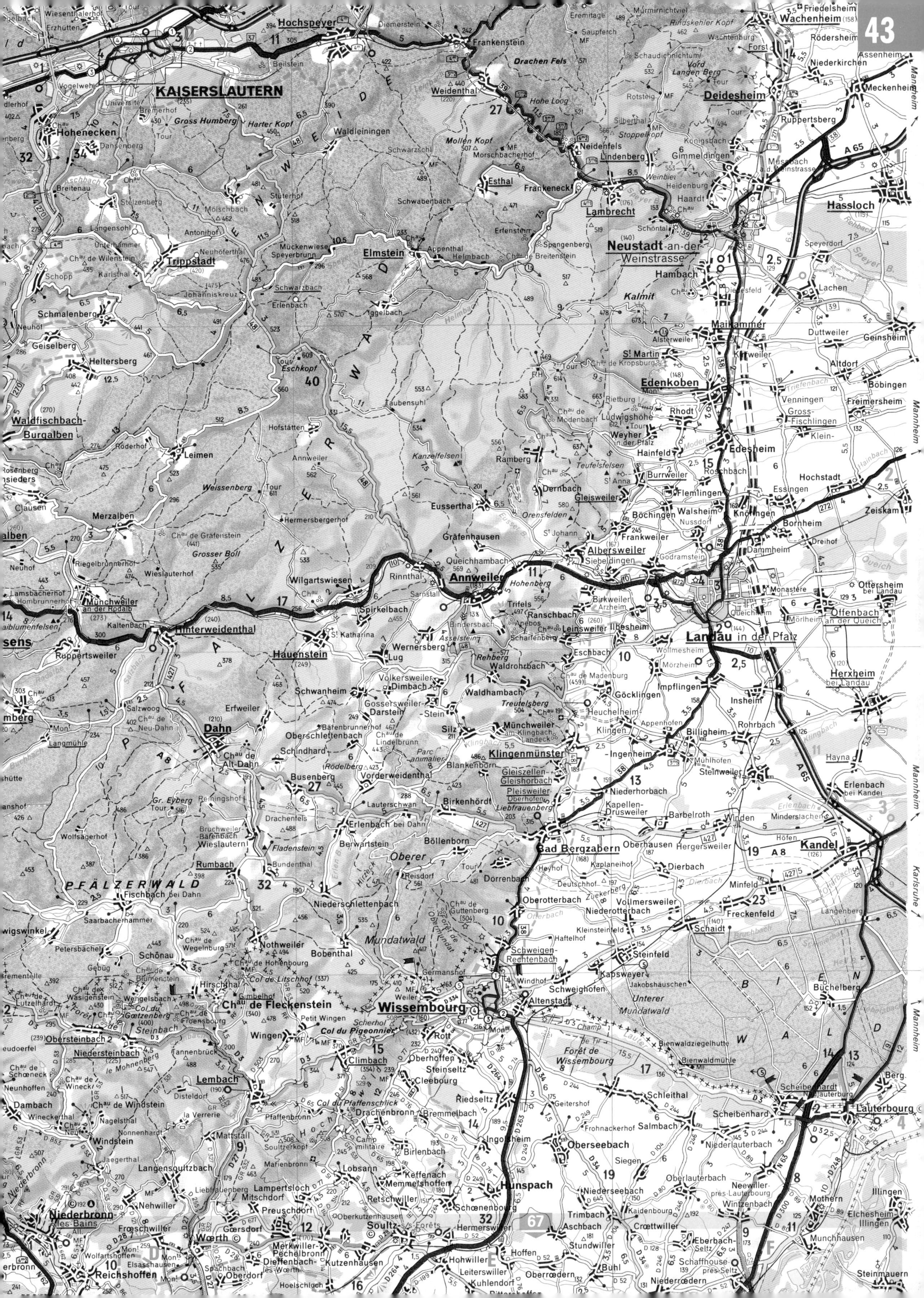

Hochspeyer
Frankenstein
Drachen Fels
Wachenheim
Friedelsheim
Rödersheim
Niederkirchen
KAISERSLAUTERN
Weidenthal
Deidesheim
Meckenheim
Ruppertsberg
Hohenecken
Gross Humberg
Harter Kopf
Waldleiningen
Mollen Kopf
Hohe Loog
Neidenfels
Lindenberg
Gimmeldingen
A 65
Hassloch
Esthal
Frankeneck
Lambrecht
Haardt
Trippstadt
Elmstein
Neustadt-an-der Weinstrasse
Hambach
Lachen
Kalmit
Schmalenberg
Geiselberg
Heltersberg
Maikammer
St Martin
Duttweiler
Geinsheim
Eschkopf
Edenkoben
Altdorf
Bobingen
Waldfischbach-Burgalben
Rhodt
Venningen
Freimersheim
Leimen
Weyher in der Pfalz
Edesheim
Hochstadt
Burrweiler
Flemlingen
Essingen
Merzalben
Eusserthal
Gleisweiler
Böchingen
Walsheim
Knöringen
Bornheim
Zeiskam
Gräfenhausen
Frankweiler
Dammheim
Albersweiler
Ottersheim bei Landau
Münchweiler an der Rodalb
Wilgartswiesen
Annweiler
Offenbach an der Queich
Hinterweidenthal
Hauenstein
Landau in der Pfalz
Herxheim bei Landau
Klingenmünster
Dahn
Rohrbach
Hayna
Gleiszellen-Gleishorbach
Pleisweiler-Oberhofen
Niederhorbach
Erlenbach bei Kandel
Busenberg
Bad Bergzabern
Kandel
Rumbach
PFÄLZERWALD
Fischbach bei Dahn
Dierbach
Minfeld
Oberotterbach
Niederotterbach
Freckenfeld
Schaidt
Mundatwald
Schweigen-Rechtenbach
Steinfeld
Nothweiler
Bobenthal
Büchelberg
BIENWALD
Chau de Fleckenstein
Wissembourg
Col du Pigeonnier
Obersteinbach
Niedersteinbach
Climbach
Forêt de Wissembourg
Lembach
Schleithal
Scheibenhard
Lauterbourg
Drachenbronn
Riedseltz
Oberseebach
Salmbach
Niederlauterbach
Windstein
Hunspach
Niederbronn-les-Bains
Soultz-s-Forêts
Woerth
Reichshoffen
Kutzenhausen
Aschbach
Mothern
Mannheim
Karlsruhe

Brest
Clemenceau (Av. G.)....... EY
Jaurès (R. J.)....... EY
Liberté (Pl. de la)....... EY
Lyon (R. de)....... DEY
Siam (R. de)....... EY
Aiguillon (R. d')....... EZ
Algésiras (R. d')....... EY 2
Brossolette (R. Pierre)... DZ
Château (R. du)....... EZ
Colbert (R.)....... EY 6
Collet (R. Yves)....... EY
Dajot (Cours)....... EZ
Denver (R.)....... EZ
Duquesne (R.)....... EY
Foch (Av. Mar.)....... EY 14
Frégate-La-Belle-Poule (R. de la)....... EZ 17
Kérabécam (R. de)....... EY 22
Le Bris (R. J.-M.)....... EZ
Macé (R. Jean)....... EZ
Marine (Bd de la)....... DZ 25
Michelet (R.)....... DY
Moulin (Bd Jean)....... DY
Recouvrance (Pt de)....... DZ
Réveillère (Av. Amiral)... EYZ 33
Roosevelt (Av. Fr.)....... DZ 36
Salaün-Penguer (Av.)....... EZ
Tourville (Porte)....... DZ
Voltaire (R.)....... EZ
Wilson (Pl.)....... EZ
Zola (R. Émile)....... EY
2e R.I.C. (R. du)....... DY
11-Martyrs (R. des)....... EY 42
HOPITAL DES ARMÉES
ARSENAL MARITIME
Porte Tourville
Pont de Recouvrance
Tour Tanguy
CHÂTEAU
PRÉFECTURE MARITIME
PORT DE COMMERCE
Penfeld
St-Louis
Pl. de la Liberté
Pl. Wilson
COURS DAJOT
ILE D'OUESSANT ©
(Parc régional d'Armorique)
Passage du Fromrust
Passage du Fromveur
Ile de Keller
Pnte de Cadoran
Baie de Beninou
Rochers
Lampaul
Phare du Stiff
Baie du Stiff
Men-Korn
Créac'h
N.D. de Bon Voyage
Pnte de Pern
Nividic
Baie de Lampaul
Phare de la Jument
Phare de Kéréon Men-Tensel
Ile de Bannec
Ile de Balanec
les Trois Pierres
Lédénès de Molène
Ile Molène
les Pierres Vertes
Lédénès de Quéménès
Ile de Lytiry
Ile de Trielen
Ile de Quéménès
les Serroux
Ile de Beniguet
les Pierres Noires
Chaussée des Pierres Noires
Chenal de la Helle
Chenal du Four
la Helle
le Faix
les Plâtresses
Phare de Trézien
Pointe de Corsen
Roches de Portsall
Roches d'Argenton
Pointe de Landunvez
Ile Verte
Ile d'Iock
les Liniou
I. Melon
I. Ségal
Portsall
Ploudalmézeau
Argenton
Landunvez
Porspoder
Plourin
Brélès
Lanildut
Kergroadès
Lampaul-Plouarzel
Aber Ildut
Lanrivoaré
Plouarzel
St Renan
Ploumoguer
Plouzané
Trébabu
le Conquet
Locmaria-Plouzané
Plougonvelin
Porsmilin
Trez-Hir
Pointe de St Mathieu
les Vieux Moines
Anse de Bertheaume
Pointe de Creac'h-Meur
Pnte du Pit Minou
Goulet
Pnte des Capucins
Pointe du Toulinguet
Chenal du Corbeau
Chenal du Pit Leac'h
la Parquette
Alignements de Lagatjar
Camaret
Pointe de Penhir
les Tas de Pois
Pointe de Dinan
Chau de Dinan
Plage de la Palud
68
69
A
B
C

D E F

Trou du Serpent
Ile de Batz
Le Ru
Roscoff
Pte de Perharidy
le Pouldu
an Annec
Théven Kerbrat
Ile de Sieck
Santec
Méchouroux
Dossen
Bois de Santec
Bougourouan
Moguériec
Kerbrat
Keragon
Laber
Keradennec
Pointe de Pontusval
Plage des Chardons Bleus
Sémaphore
Plateau d'Amand ar Ross
Chapelle Pol
Ménéham
Brignogan-Plage
le Garo
Plage du Lividic
Karrec-Hir
Boutrouilles
la Digue
Théven
Kervenven
Lézérider
Crozou
Goueltoc
Kérurus
Plounéour-Trez
Grève de Goulven
Grève de Frouden
Plages de Pors-Meur et de Pors-Guen
St Eden
Poulfoën
Kerfissien
Forban
Kerdanné
Lannurien
Leur-ar-Bagan
Kersauson
Kersaint
Kérouzéré
St Pol de-Léon
Tronjoly
Brélévénez
Kérider
St Maudez
Croissant de Plougoulm
Plougoulm
Kerisnel
Vierge
la Grève Blanche
St Michel
Venan
Ile Penenés
Grève de Zorn
Grève du Vougot
Nodéven
Neis-Vran
St Egarec
Rudoloc
Lanhir
Kerlouan
Rocher de Kernic
Baie de Kernic
Kéremma
Pont Christ
Plouescat
Cléder
Sibiril
Lanneusfeld
Kerlissien
Stang
Ruplouenan
Kerdezant
Kerzean
Lanveur
Kermenguy
Kelerdut
Lilia
Curnic
Guissény
Kerbrézant
Tréguennoc
Etang du Pont
Goulven
Tréflez
Mezonan
Lochrist
Kervren
Tréflaouénan
Kerhornaouen
Kervaro
Perros
Lanvaon
Brendaouez
Lavengat
Maillé
Moulin-du-Chatel
Kerlaudy
Ploué
Plouguerneau
Croas-ar-Gall
Keroudern
Plouider
Kérus
Gare de Tréflez
Plounévez-Lochrist
Croazou
Kergornadeac'h
Quéran
Meslein
Ste Catherine
Mespaul
L'Aber-Wrac'h
St Antoine
Ste Anne
Antéren
Roudoushil
Runeven
Kerouez
Trézilidé
Landéda
Paluden
Kerdélant
St Frégant
Lanneunval
Kernoués
Kergunic
Mouster
Pont-du-Chatel
Kerizinen
Menglèuz
Berven
Plouzévédé
Kermencouez
Croix Rouge
Prat-Paul
le Grouanec
Keradennec
Lannébeur
Kerouartz
Lannilis
Diouris
Pellan
Kernilis
Penmarch
Guiquelleau
Kerguélen
Pontéalec
St Vougay
Kervigodou
Kertanguy
Kreuzoret
Mon
Kergolestroc
Lannouarneau
Kerjean
Plouvorn
Menez-Bras
Moulin-du-Châtel
Kérarédeau
Loc-Brévalaire
Croas-Kerzu
Lesneven
Porléach
St Méen
Kérilien
Triévin
Lambader
Croas-ar-Born
Tréglonou
Tariec
Lanarvily
le Folgoët
Trégarantec
Traonien-Querné
Plougar
Trémagon
Kerbrat
Kérouné
Kergrac'h
Kergroas
Coativellec
Plougourvest
Kerguédal
Moulin-Neuf
Kerantour
St Jean-Balanant
Landouzan
Lesgall
Lichen
Locmélar
St Derrien
Kéryvon
Langéoguer
St Jaoua
Plouvien
Locmaria
le Drennec
Ploudaniel
Trébodennic
Guerruas
Kerlidou
Kérivinoc
Coat-Méal
Kerdalaes
Pentreff
Coat-Elez
Lestaner
Ruat
Kergoff
Bellevue
Lesvéoc
Kernoter
Kervoanec
Kerlaer
Base aéronavale
Bodilis
la Poterie
Locmenven
Breventoc
le Leuhan
Lannoazoc
Kerfelgar
Kergongar
St Urfold
Bourg-Blanc
Plabennec
Kerangueven
Pont Neuf
Guerjean
Fuzoret
Trémaouézan
Plounéventer
St Servais
Kérivin
Landivisiau
Kermat
St Thégonnec
Lanorven
Lannon
Lanneuffret
Kerbenéat
Moulin de Brézal
Lampaul-Guimiliau
St Jacques
Mendy
Lesguelen
Kériel
Guimiliau
les Trois Curés
Lestreonec
St Thonan
Créach Miloc
Plouédern
Chlle de Pont-Christ
Kergoat
Keralias
Lanvélar
St Eloi
Runhuel
Kerriou
Traonien
Kérivot
Kersaint-Plabennec
Botiguery
la Roche-Maurice
Mescoat
Roch Fily
Kergréven
Penhoat-Huon
Gouesnou
Keralleunoc
Pen-ar-Forest
St Derbot
Landerneau
Loc Eguiner
Kéroual
Croix-Rouge
Keroudy
Penfeld
St Divy
Kernevez
Ploudiry
Loc-Eguiner
Tromeur
Bohars
Fourneuf
la Haye
la Martyre
Locmélar
Loscoat
Kergaradec
Guipavas
Kermaria
le Queff
Le Traon
St Antoine
Boscornou
Dirinzinet
Goazeuzen
Grand-Kervao
Penfeld
Lambézellec
la Forest-Landerneau
Pencran
la Croix-Neuve
Kernonen
St Sauveur
Bellevue
St Yves
Beaurepos
Chau
Parc de Lann-Rohou
Pen-ar-Valy
Danouédel
Croas-Cabellec
Quillidiec
St Marc
Kermeur-St Yves
Etang du Roual
Bellevue
Lilyvon
Loc-Ildut
Quistinic
Moulin de Kerouat
Tréflévénez
Botrévy
Roch-Cléguer
Milin-Kerroc'h
Ty Douar
la Cavale Blanche
le Relecq-Kerhoun
Gorré-Menez
Dirinon
St Urbain
Kérezellec
Sizun
Recouvrance
Moulin-Blanc
Passage
Kervern
St Jean
le Dreff
Lannuzel
E.D.F.
Kerdaoulas
le Tréhou
Bodivy
Mougau Bian
Quilbignon
Laninon
Pont A. Louppe
Kéraliou
BREST
Traouidan
Kernisi
Loperhet
Trébeolin
Penbran
Irvillac
B. du Drennec
Roscoat
Lestréméiard
les 4-Pompes
la Maison Blanche
Phare du Portzic
Plougastel Daoulas
Difroud
Lanvrizan
Kérinot
Kérivoal-St Eloy
Signal de Toussaines (Tuchenn Gador)
RADE DE BREST
Illien-ar-Guen
Pte du Corbeau
des Espagnols
Ste Christine
Squivit
Daoulas
Malanty
Coat Nant
Forsquilly
St Eloy
Létiez
St Cadou
Roudouderc'h
St Adrien
Lauberlach
St Guénolé
Lanniwaz
Rostiviec
Porsguen
Tinduff
le Caro
Larmor
Pte de l'Armorique
Kerziou
Keramenez
Keralkun
Pte de Rostiviec
Kerzanton
Pors-Beac'h
Gorréquer
St Jean
Goasven
Troéoc
Bois du Gars
Bodévintin
l'Espérance
Roudouhir
PARC
MONTS
Pen-ar-Hoat
Pen-ar-Hoat-ar-Gorré
Parc animalier
Menez-Meur
Glujeau
Bodingar
Bodenna
Montagne St-Michel
St Rivoal
Lanvéoc
Ile Longue
I. Ronde
Pointe de Kerdéniel
Pte Doubidy
Pte du Château
Ste Marguerite
Hôpital-Camfrout
Logonna-Daoulas
Moulin-Mer
Kérascoët
Kerliver
Boudourec
Hanvec
Boudouguen
Kerancuru
Croas-ar-Go
Forêt du Cranou
Favod
Trébéron
Pointe du Bindy
Iles du Bindy
Goasquelliou
Troaon
Anse de Kérouse
Lanvoy
le Faou
Rumengol
Breuil
Ecole d'Agriculture du Nivot
Anse du Fret
Pte de Lanvéoc
Pen-ar-vir
le Fret
Anse de Poulmic
Base aéronavale Poulmic
le Loch
la Forêt
Kerbéron
Ile de Tibidy
Landévennec
Abb
Priolly
Térénez
Corniche
Tourguelennec
Kervez
Eglise
Brasparts
St Fiacre
Kerveneuré
St Jean
Maison-Blanche
Hirgas
Luguniat
Moulin-a-Mer
le Folgoat
Vx Bourg
St Léger
Guern-ar-Born
Vérydy
Camp
militaire
Kerzouanec
Trémaidic
St Efflez
Parc
Ft de Landévennec
Kergadalen
Pont de Térénez
Quimerch
Kerguélen
Lopérec
St Guénolé
la Marche
Kerbastum
les Quatre Chemins
Tal-ar-Groas
Rosnoen
Trégarvan
Trezeulom
Penfrat
Toulencoat
Squiriou
Kroas-Hent-Cléguer
la Trinité
Lezalan
Crozon
Morgat
Portzic
Ranvédan
Postolonnec
Ptes Grottes
Plage de l'Aber
le Veniec
Lespiguet
Argol
régional
Musée
le Passage
Lanvian
Kerrédan
Pont-de-Buis-lès-Quimerch
Kroaz-Pennod
Keravon
Beg ar Gador
Grandes Grottes
Telgruc-s-Mer
I. de l'Aber
Goarem-an-Abat
Kerbeuz
Brigneun
Ménez-Hom
Logonna-Quimerch
Rosconnec
St Ségal
Kiliégou
Lanneleg
Kerleskin
Hernot
Pte de St Hernot
Trez-Bellec Plage
Ellépuet
Postegoff
St Jean
d'Armorique
Dinéault
Ty-Blanet
St Sébastien
Ty-ar-Glas
Goulspage
Lanvaidic
Port-Launay
Lospars
Gwennili
Lanvezenne
Pleyben
Pte du Bellec
St Nic
Châteaulin

D E F

A
B
C
Ile de Batz
Roscoff
St Pol-de-Léon
Baie de Morlaix
Carantec
Tumulus de Barnenez
Pointe de Primel
Plougasnou
St Jean-du-Doigt
Baie de Lannion
Locquirec
St Michel en Grève
Lieue de Grève
Plestin-les-Grèves
Lanmeur
Taulé
Morlaix
Plouigneau
Plounérin
Plouaret
Lannion
Trégastel
Trébeurden
Pleumeur Bodou
Ploumanach
Les Sept Iles (Réserve naturelle)
St Thégonnec
Guimiliau
Pleyber-Christ
Plougonven
Guerlesquin
Loguivy-Plougras
Plougras
Forêt de Beffou
Commana
Roc Trévezel
La Feuillée
Brennilis
Huelgoat
Forêt de St Ambroise
Forêt de Fréau
Locmaria-Berrien
Poullaouen
Callac
Carnoët
Plourac'h
Scrignac
Berrien
Montagne St Michel
Réservoir de St Michel
Forêt de Lannuzouarn
Monts d'Arrée
Parc Naturel Régional d'Armorique
Roc'h Begheor
St Herbot
Lannédern
Loqueffret
Plouyé
Gorges du Corong
Duault
N 12 - E 50
45
69
70

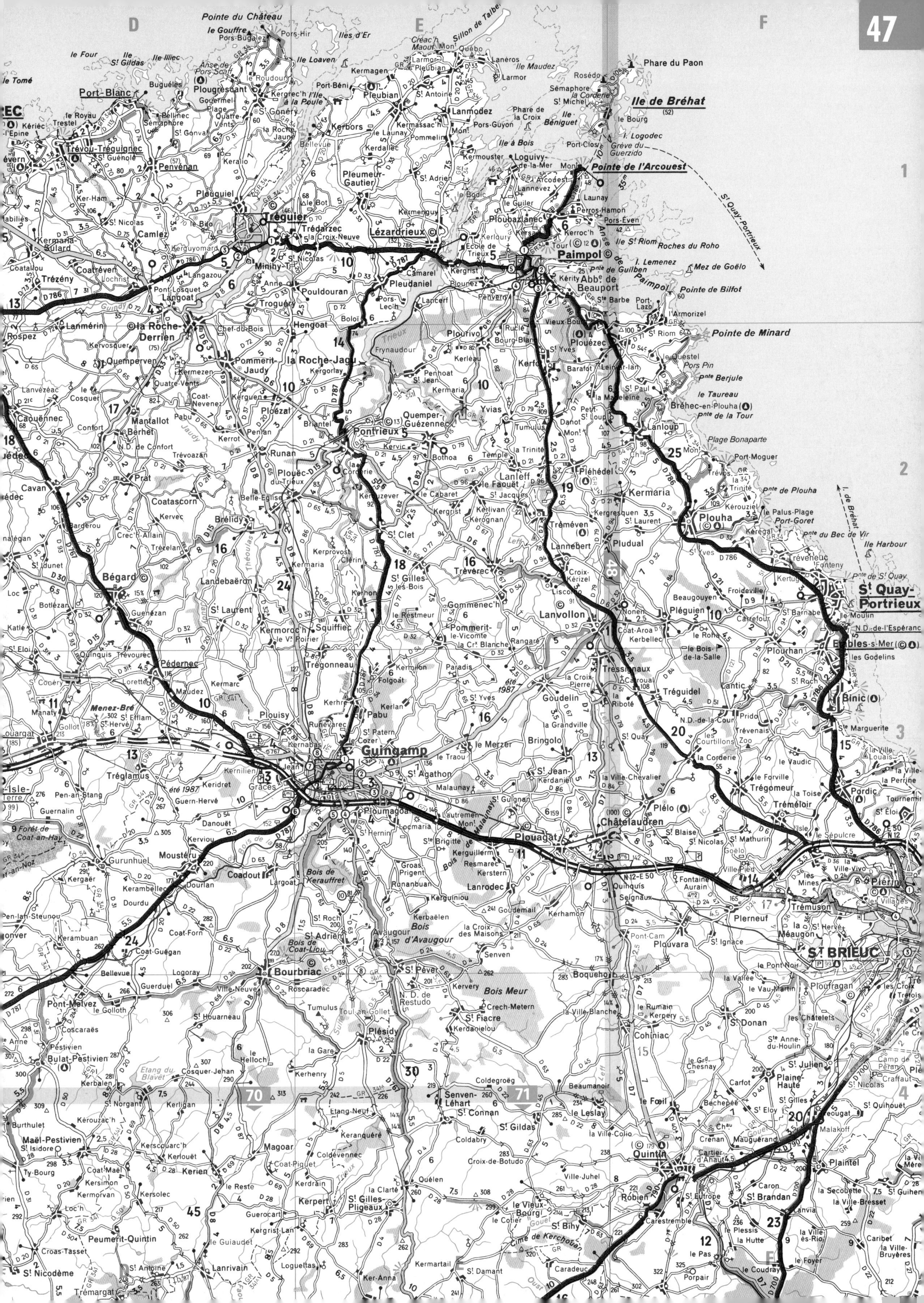

D E F

1 2 3 4

Pointe du Château
le Gouffre
Pors-Bugalez
Pors-Hir
Iles d'Er
Sillon de Talbert
Créac'h Maout
Mon! Québo
le Four
Ile St Gildas
Ile Illiec
Anse de Pors Scaff
Ile Loaven
Larmor-Pleubian
Kermagen
Lanéros
Ile Maudez
Larmor
Phare du Paon
le Tomé
Port-Blanc
Buguélès
Plougrescant
le Roudour
Port-Béni
Pleubian
St Antoine
Rosédo
Sémaphore
la Corderie
St Michel
Ile de Bréhat
Kériec
Trestel
le Royau
Kerrec'h Ile à la Poule
St Gonéry
Kerbors
Lanmodez
Kermassac'h
Phare de la Croix
Pors-Guyon
Ile Béniguet
le Bourg
Trévou-Tréguignec
St Guénolé
Penvénan
Kéralio
la Roche Jaune
Bellevue
le Launay
Pommelin
Kerdallec
Ile à Bois
Kermouster
Loguivy-de-la-Mer
Port-Clos
I. Logodec
Grève du Guerzido
Pointe de l'Arcouest
Pleumeur-Gautier
St Adrien
l'Arcouest
Lannevez
Launay
St Quay-Portrieux
Plouguiel
le Bot
Ker-Ham
St Nicolas
Tréguier
Trédarzec
la Croix-Neuve
Kermenguy
Lézardrieux
le Guiler
Ploubazlanec
Perros-Hamon
Pors-Even
Camlez
Kermaria-Sulard
Kerguyomard
Minihy-Tréguier
St Nicolas
Kerloury
Ecole de Trieux
Kerroc'h
Ile St Riom
Roches du Roho
Paimpol
I. Lemenez
Mez de Goëlo
Coatréven
Coatalou
Trézény
Lochrist
Langazou
Pont-Losquet
Langoat
Anne
Pouldouran
Camarel
Pleudaniel
Kergrist
Plounez
Kérity
Abbe de Beauport
Pte de Guilben
Anse de Paimpol
Pointe de Bilfot
Troguéry
Pors-Lec'h
Lancerf
Penvern
Ste Barbe
Port-Lazo
l'Armorizel
Lanmérin
La Roche-Derrien
Rospez
Chef-du-Bois
Hengoat
Boloi
Trieux
Ploubazlanec
Ploufivo
Rucle
Bourg-Blanc
Vieux-Bourg
Plouézec
St Riom
Pointe de Minard
Kervosquer
Quemperven
Pommerit-Jaudy
la Roche-Jagu
Frynaudour
Kerleau
Kerfot
St Yves
Barafot
Leinez-lan
le Questel
Pors Pin
Pte Berjule
Lanvézéac
le Cosquer
Kermezen
Quatre-Vents
Coat-Nevenez
Kerguen
Kergorlay
Penhoat
St Jean
Kermaria
Yvias
le Taureau
la Madeleine
St Paul
Bréhec-en-Plouha
Caouënnec
Confort
Mantallot
Berhet
Pabu
Kerrot
Ploëzal
Briantel
Quemper-Guézennec
Tumulus
Danot
Petit-St Loup
Lanloup
Pte de la Tour
Plage Bonaparte
N.D. de Confort
Trévoazan
Runan
Pontrieux
Kervic
Bothoa
la Trinité
Port-Moguer
Cavan
Prat
Plouëc-du-Trieux
la Corderie
le Cabaret
le Faouët
Lanleff
Temple
Pléhédel
Trévos
la Trinité
Pte de Plouha
Coatascorn
la Belle-Eglise
Kerouzever
Kergrist
St Jacques
Kerlivan
Kérognan
Kermaria
Kerouziel
le Palus-Plage
Port-Goret
Bardérou
Kervec
Brélidy
Crec'h-Allain
Trézélan
St Clet
Kergresquen
St Laurent
Tréméven
Plouha
Lannebert
Pludual
Kéregal
Pte du Bec de Vir
Ile Harbour
Kerprovost
Clérin
Kermaria
Ile de Bréhat
Bégard
Landebaëron
St Gilles-les-Bois
Trévérec
St Idunet
Croix-Kérizel
St Yves
Tréveneuc
Fonteny
Pte de St Quay
Kertugal
Loc
Botlézan
Guénézan
St Laurent
Gommenec'h
Liscorno
Lanvollon
Beaugouyen
Froideville
Pléguien
St Quay-Portrieux
Katlé
Kermoroc'h
Squiffiec
le Restmeur
Pommerit-le-Vicomte
la Cr. Blanche
Rangaré
Nonen
Coat-Aroa
Kerbellec
Carrefour
St Barnabé
le Moulin
N.D.-de-l'Espéranc
St Eloi
Quinquis
Trévourec
le Vx Poirier
Paradis
le Bois-de-la-Salle
Plourhan
Etables-s-Mer
les Godelins
Pédernec
Lorette
St Conéry
Trégonneau
Kermilon
Folgoat
la Croix Pierre
Tressignaux
Carroual
Tréguidel
Lantic
St Roch
Kermarc
Maudez
Goudelin
Ribolé
Binic
Manaty
Menez-Bré
St Efflam
St Hervé
Gollot
Plouisy
Kerhré
Kerlan
Pabu
St Yves
la Grandville
N.D.-de-la-Cour
Prido
Trévenais
Ste Marguerite
Ploumagoar
Runévarec
St Patern
St Cozer
Kernabat
Guingamp
le Merzer
Bringolo
St Quay
les Courtillons
Zoo
la Ville-Louais
Tréglamus
Kernilien
Ste Jean
Grâces
le Traou
St Agathon
St Jean-Kerdaniel
la Ville-Chevalier
la Corderie
le Vaudic
la Perrine
Pen-an-Stang
Guern-Hervé
Keridret
Malaunay
le Forville
Trégomeur
la Toise
Guernalin
Danouët
Locmaria
Lautremen
Bois de Malaunay
Kerdaniel
St Guignan
Plélo
Tréméloir
Pordic
Tournemine
Forêt de Coat-an-Hay
Kerviou
Mostérú
St Hernin
Ste Brigitte
Kerguillerm
Resmarec
Kerstern
Plouagat
Châtelaudren
St Blaise
St Nicolas
St Mathurin
Goëlo
l'Isle
le Sépulcre
St Eloi
Gurunhuel
Kergaër
Kerambellec
Dourdu
Coadout
Dourlan
Largoat
Bois de Kerauffret
Groas Prigent
Runanbuan
Lanrodec
Quinquis
Seignaux
Fontaine Aurain
Ville-Pied
les Mines
la Ville-Vivo
Plérin
les Villages
Pen-lan-Steunou
Coat-Forn
Kerguiniou
Kerbaëlen
la Croix-des Maisons
Goudemail
Kerhamon
Plerneuf
Trémuson
Kerambuan
Coat-Guégan
St Roch
St Adrien
Bois de Coat-Liou
Avaugour
Bois d'Avaugour
Senven
Pont-Cam
Plouvara
St Ignace
la Méaugon
St Hervé
St Brieuc
Bellevue
Logoray
Guerduel
Bourbriac
St Péver
Boquého
le Pont-Noir
la Vallée
le Vau-Martin
Ploufragan
les Croix
Pont-Melvez
le Golloth
Ville-Neuve
Roscaradec
N.D. de Restudo
Kervery
Bois Meur
Crech-Metern
la Ville-Blanche
le Rumain
Kerpery
Trélois
Coscaraës
St Houarneau
Tumulus
Toul-an-Gollet
St Fiacre
Kerdanielou
Cohiniac
St Donan
les Châtelets
Pestivien
Bulat-Pestivien
le Helloch
Plésidy
la Gare
Ste Anne-du-Houlin
Etang du Blavet
Cosquer-Jehan
Kerhenry
Coldegroëg
Beaumanoir
le Grd Chesnay
St Julien
Plaine-Haute
Camp de Péran
Craffaut
Kerbalen
St Norgant
Kerligan
Senven-Léhart
St Connan
le Leslay
le Foeil
Carfot
St Nicolas
Burthulet
Kérouzac'h
Etang-Neuf
St Gildas
Béchepée
St Eloy
St Gilles
Malakoff
Kéranquéré
Coldabry
la Ville-Colio
Chau
St Quihouët
Maël-Pestivien
St Isidore
Kerscouarc'h
Kerlouët
Magoar
Coldévennec
Crenan
Mauguérand
Ty-Bourg
Coat-Maël
Kersimon
Kerien
Coat-Piquet
Croix-de-Botudo
Ville-Juhel
Quintin
Cartier-d'Ahaut
Plaintel
Kermorvan
Kersolec
le Reste
Kerdrain
Quélen
la Clarté
Robien
Caron
St Brandan
la Secouette
la Ville-Bresset
St Guihen
Loc'h
St Gilles-Pligeaux
Kerpert
le Vieux-Bourg
le Cotier
St Bihy
St Eutrope
Carestremble
le Plessis
la Hutte
Lanvia
Guerocart
Kergrist-Lan
Peumerit-Quintin
le Guiaudet
Cime de Kerchouan
la Ville-ès-Rio
Caribet
la Ville-Bruyères
Croas-Tasset
Loguettas
le Pas
le Foyer
St Nicodème
St Antoine
Lanrivain
Ker-Anna
Kermartail
St Damant
Caradeuc
Porpair
le Coudray
Trémargat

48
70
71

St-Brieuc
Chapitre (R. du)............ AZ 3
Charbonnerie (R.)............AY 4
Glais-Bizoin (R.).......... ABY 20
Jouallan (R.)....................AY 26
St-Gilles (R.)....................AY 43
St-Guillaume (R.)............BZ 46
Commune (Bd de la)..... BY 12
Le Gorrec (R.P.).............. AZ 28
Libération (Av. de la)..... BZ 29
Lycéens-Martyrs (R. des)..........................AZ 32
Martray (Pl. du)............... AY 33
Quinquaine (R.).............. AY 38
Résistance (Pl. de la)...... AY 39
Rohan (R. de)................. AYZ 40
St-Gouéno (R.)................ AY 44
3-Frères-Le Goff (R.)........AY 52
3-Frères-Merlin (R.).......AY 53
CATHÉDRALE ST-ÉTIENNE
Grandes Promenades
Place St-Michel
Place au Lin
Pl. Gal de Gaulle
Pl. du Champ de Mars
NOTRE-DAME D'ESPÉRANCE
Rue Notre-Dame
Rue du Parc
Rue Foch
Rue Saint Benoît
Allée des Promenades
Bd Sévigné
Châteaubriand
Rue de Brest
Rue du 71e d'Infanterie
R. de la Gare
Rue de Gouët
Ch. Le Maout
Rue de Rohan
Rue Rousseau
Bd W. Gouédic
0 100 m
A
B
Y
Z
Phare du Paon
Ile de Bréhat
le Bourg
I. Logodec
Grève du Guerzido
Pointe de l'Arcouest
Ile St Riom
Roches du Roho
I. Lemenez
Mez de Goëlo
Pointe de Bilfot
Port-Lazo
l'Armorizel
Pointe de Minard
Pors Pin
Pnte Berjule
le Taureau
Bréhec-en-Plouha
Pnte de la Tour
Lanloup
Plage Bonaparte
Port-Moguer
Pnte de Plouha
Kermaria
le Palus-Plage
Port-Goret
Plouha
Pnte du Bec de Vir
Ile Harbour
Pludual
Tréveneuc
Pnte de St Quay
St Quay-Portrieux
Roches de St Quay
Pléguien
Binic
Pnte de la Rognouze
Tréguidel
Lantic
Etables-s-Mer
Pointe de Pordic
Pordic
Les Rosaires
Rocher des Tablettes
Martin-Plage
Pnte du Roselier
Plélo
Châtelaudren
Trégomeur
Tréméloir
Plérin
Pointe de Cesson
Anse d'Yffiniac
Pointe des Guettes
Hillion
Langueux
Yffiniac
ST BRIEUC
Trémuson
Plerneuf
Plouvara
Ploufragan
Trégueux
Plédran
St Donan
Cohiniac
Plaine-Haute
St Julien
Quintin
St Brandan
Plaintel
Quessoy
St Carreuc
Hénon
Pommeret
Morieux
Planguenoual
Coëtmieux
Andel
Lamballe
Noyal
Maroué
Meslin
Landéhen
Bréhand
St Trimoël
Penguily
Petit Léjon
Le Grd Pourier
Rohinet
Rohein
BAIE DE SAINT-BRIEUC
Plateau des Jaunes
I. Verdelet
Pnte de Pléneuf
le Val-André
Pléneuf-Val-André
Dahouët
Erquy
Cap d'Erquy
Plage du Guen
Sables-d'Or-les-Pins
Plurien
St Alban
Hénansal
Quintenic
Plédéliac
Plestan
Tramain
Tregomar
Forêt de la Hunaudaye
Bois de Coron
D 786
N 12-E 50
47
71
72
A
C

St-Malo
Broussais (R.)
Dinan (R. de)
Porcon-de-la-Bardinais (R.) 43
St-Vincent (R.) 57
Chateaubriand (Pl.) 8
Cordiers (R. des) 13
Herbes (Pl. aux) 25
Lamennais (Pl. Fr.) 28
Pilori (Pl. du) 38
Poids-du-Roi (Pl. du) 39
Poissonnerie (Pl. de la) 42
St-Benoit (R.) 56
Vauban (Pl.) 70
PORTE SAINT-THOMAS
FORT DE LA REINE
CHÂTEAU
TOUR BIDOUANE
REMPARTS
Espl. St-Vincent
PORTE ST-VINCENT
PTE DES CHAMPS-VAUVERTS
PTE DES BÉS
ST-VINCENT
Grand-R.
GDE PORTE
R. St-Sauveur
R. Broussais
R. de Toulouse
BASTION ST-LOUIS
BASTION ST-PHILIPPE
PTE DE DINAN
Q. de Dinan
DINARD, LA RANCE
100 m
Grd Romont
Chenal Beauchamp
Grande Ile
Ile Longue
Iles Chausey
la Pierre de Herpin
Pointe du Grouin
les Tintiaux
Ile des Landes (Réserve naturelle)
Cap Fréhel
Fort la Latte
Pointe de St Cast
St Cast-le-Guildo
St Briac-s-Mer
St Jacut-de-la-Mer
Lancieux
Ile de Cézembre
Jersey-Sark
Guernsey-Alderney
Portsmouth
les Haies de la Conchée
Pointe du Meinga
Rochers sculptés
Rothéneuf
Pointe de la Varde
Ile Du Guesclin
St MALO
Paramé
St Servan-s-Mer
DINARD
St Lunaire
Pointe du Décollé
Ile Harbour
St Coulomb
Cancale
Pointe du Hock
Pointe de la Chaîne
Ile des Rimains
Port-Mer
Port-Briac
Matignon
Ploubalay
Pleurtuit
Plancoët
Crehen
Corseul
DINAN
Châteauneuf-d'Ille-et-Vilaine
St Méloir-des-Ondes
St Benoît-des-Ondes
Le Vivier-s-Mer
Dol-de-Bretagne
Mont Dol
Hirel
la Fresnais
Pleudihen-s-Rance
Miniac-Morvan
la Gouesnière
Plélan-le-Petit
Jugon-les-Lacs
Evran
Combourg
la Bourbansais
Forêt de Coëtquen
Forêt du Mesnil
Lanvallay
Taden
Languenan
Plessix-Balisson
Pleslin
Trémereuc
Bonnemain
Lanhélin
Tressé
Baguer-Morvan
Roz-Landrieux
Pleugueneuc
Calorguen
Trévron
Bobital
Brusvily
Quévert
Aucaleuc
Vildé-Guingalan
Languédias
Trébédan
Plélan
Plorec-s-Arguenon
Bourseul
Pléven
Landes de Plélan
Étang de Jugon
Étang de Beaulieu

A
B
C
1
2
3
4
26
49
73
74
Pointe d'Agon
Montmartin-s-Mer
Hauteville-Plage
Hauteville-s-Mer
Hyenville
Hérenguerville
Contrières
Annoville
Quettreville-s-Sienne
Trelly
Lingreville
le Mesnil-Aubert
Roncey
Guéhébert
Grimesnil
la Planche-Guillemette
Muneville-s-Mer
Lengronne
St Denis-le-Gast
les Salines
route submersible
Bricqueville-s-Mer
Cérences
Chenal Beauchamp
Grd Romont
le Pignon
St Martin
Bréhal
Chanteloup
Gavray
Coudeville-Plage
Coudeville
Ver
Grande Ile
Ile Longue
les Huguenans
Jersey (St Helier)
Iles Chausey
Champ de Tir
Bréville-s-Mer
le Mesnil-Amand
Hudimesnil
le Loreur
Donville-les-Bains
Granville
Longueville
Yquelon
Anctoville-s-Bosq
St Sauveur-la-Pommeraye
le Mesnil-Rogues
Pointe du Roc
St Nicolas
Equilly
le Fourneau
Banc de Tombelaine
St Jean-des-Champs
Folligny
Beauchamps
Champrepus
St Pair
St Planchers
la Beslière
Hocquigny
le Tanu
St Aubin-des-Préaux
le Mesnil-Drey
St Ursin
Kairon-Plage
le Pont Bleu
St Léger
Abbe de la Lucerne
la Haye-Pesnel
la Lucerne-d'Outremer
St Pierre-Langers
Jullouville
Edenville
Carolles-Plage
Champcervon
la Rochelle-Normande
Pignon Butor
St Michel-des-Loups
les Chambres
Carolles
Cabane Vauban
Angey
Sartilly
Pointe de Champeaux
Champeaux
Montviron
la Pierre de Herpin
Pointe du Grouin
Ile des Landes (Réserve naturelle)
St Jean-le-Thomas
Ronthon
Champcey
Subligny
Lolif
Dragey
BAIE
Port-Mer
Basse-Cancale
Port-Briac
Ile des Rimains
Pointe de la Chaîne
Pointe du Hock
Cancale
Tissey
Bacilly
Marcey-les-Grèves
St Jean-de-la-Haize
Bec d'Andaine
Genêts
Vains
Avranches
Ponts
St Brice
St Senier-s-Avranches
la Godefroy
DU MONT SAINT MICHEL
St Léonard
Tombelaine
le Grouin du Sud
Pointe de Rochtorin
St Martin-des-Champs
le Val-St Père
St Quentin-s-le-Homme
LE MONT ST MICHEL
St Benoît-des-Ondes
Vildé-la-Marine
la Quémière
le Vivier-s-Mer
Chemin Dolais
Cherrueix
Ste Anne
Bas Courtils
Céaux
Courtils
Pontaubault
Ducey
la Fresnais
Hirel
Dol
Ossuaire
Huisnes-s-Mer
Poilley
Narbonne
Quatre Salines
Beauvoir
Ardevon
Servon
Précey
le Palais
St Broladre
St Marcan
Roz-s-Couesnon
Juilley
Lillemer
Mont-Dol
Dol-de-Bretagne
St Georges-de-Gréhaigne
les Pas
Moidrey
Tanis
Crollon
St Aubin-de-Terregatte
St Senier-de-Beuvron
Roz-Landrieux
Baguer-Pican
Sains
Macey
Vergoncey
Menhir de Champ-Dolent
Pontorson
Curey
Boucey
la Croix-Avranchin
Baguer-Morvan
Pleine-Fougères
Villiers-le-Pré
Epiniac
la Boussac
Vieux-Viel
Sougéal
Aucey-la-Plaine
Vessey
Montjoie
St James
le Tronchet
Trans
Sacey
Montanel
Carnet
Argouges
Broualan
Ville-Pican
Forêt de Ville-Cartier
la Fontenelle
Antrain
St Ouen-la-Rouërie
le Ferré
Bonnemain
Lanhélin
Poilley

N.D. de Cenilly
Troisgots
Brectouville
Giéville
St Martin des Besaces
Jurques
la Bigne
la Chapelle s-Vire
Moyon
Fervaches
St Louet s-Vire
Guilberville
Forêt l'Evêque
St Denis Maisoncelles
la Haye-Bellefond
Mazures
B. de Moyon
Domjean
Brémoy
Montamy
le Mesnil-Auzouf
Bois de Buron
Ondefontaine
le Guislain
Villebaudon
Chevry
Tessy-s-Vire
Fourneaux
Beuvrigny
la Ferrière-Harang
Mont-Bertrand
St Pierre-Tarentaine
le Tourneur
Maupertuis
Beaucoudray
Campeaux
Bures-les-Monts
Arclais
Danvou-la-Ferrière
Abbe de Hambye
Mont Robin
Montabot
Gouvets
Pont-Farcy
Ste Marie Outre l'Eau
Pont-Bellanger
Malloué
St Martin-Don
Carville
le Bény-Bocage
Montchauvet
Percy
le Chefresne
St Vigor-des-Mts
Ste Marie-Laumont
St Charles-de-Percy
Montchamp
Lassy
Margueray
Annebecq
Beaulieu
le Désert
le Reculey
Estry
St Vigor-des-Mézerets
la Colombe
Morigny
Beaumesnil
Campagnolles
Etouvy
la Graverie
Montbray
Landelles-et-Coupigny
le Mesnil-Robert
Presles
le Theil-Bocage
Sept-Frères
le Mesnil-Benoist
Coulonces
Burcy
Pierres
le Mesnil-Caussois
Chênedollé
Beslon
Courson
Mesnil-Clinchamps
St Aubin-des-Bois
St Sever-Calvados
Forêt de St Sever
St Manvieu-Bocage
St Martin-de-Tallevende
Vire
Vaudry
Viessoix
Vassy
Roullours
Rouffigny
Fontenermont
la Chapelle-Cécelin
Boisyvon
Chérence-le-Héron
le Gast
Ermitage
St Germain-de-Tallevende
Maisoncelles-la-Jourdan
Rully
Moncy
Bernières-le-Patry
Clairefougère
St Martin-le-Bouillant
Coulouvray-Boisbenâtre
Champ-du-Boult
St Jean-du-Corail-des-Bois
les Loges-s-Brécey
Truttemer-le-Grd
le Coudray
Montsecret
St Quentin-les-Chardonnets
Mt de Cerisi
St Nicolas-des-Bois
Gathemo
Vengeons
la Lande-Vaumont
le Ménil-Ciboult
Tinchebray
St Laurent-de-Cuves
St Michel-de-Montjoie
St Pois
Lingeard
Perriers-en-Beauficel
Beauficel
St Sauveur-de-Chaulieu
St Christophe-de-Chaulieu
Landisacq
Brécey
Cuves
le Mesnil-Gilbert
Vallée de la Sée
Brouains
Sourdeval
Chaulieu
Pont-d'Egrenne
St Jean-des-Bois
St Cornier-des-Landes
Chanu
les Cresnays
Chérencé-le-Roussel
le Fresne-Poret
Yvrandes
le Petit-Celland
le Mesnil-Adelée
le Mesnil-Tôve
Bellefontaine
St Barthélemy
Ger
Larchamp
le Grand-Celland
Juvigny-le-Tertre
le Mesnil-Rainfray
St Clément
Reffuveille
la Chapelle-Urée
le Neufbourg
Mortain
Montgothier
Montigny
Chasseguey
la Bazoge
Romagny
PARC NATUREL REGIONAL NORMANDIE MAINE
Fontenay
Rancoudray
Forêt de Mortain
Lonlay-l'Abbaye
le Mesnil-Thébault
Isigny-le-Buat
Martigny
Chèvreville
Milly
Bion
St Jean-du-Corail
la Fosse-Arthour
Vezins
Parigny
Barenton
St Georges-de-Rouelley
la Hte Chapelle
les Biards
Virey
Rouellé
St Hilaire-du-Harcouët
Lapenty
Villechien
Notre-Dame-du-Touchet
Husson
Domfront
St Roch-s-Egrenne
St Gilles-des-Marais
St Martin-de-Landelles
St Cyr-du-Bailleul
St Mars-d'Egrenne
Hamelin
les Loges-Marchis
St Symphorien-des-Monts
Ste Marie-du-Bois
St Brice-de-Landelles
Moulines
Ferrières
le Teilleul
Torchamp
Savigny-le-Vieux
Buais
Monthault
Heussé
Mantilly
Passais
Mont Margantin
Mellé
Louvigné-du-Désert
Ballon
St Fraimbault
Monthorin

Aunay-s-Odon
Courvaudon
Goupillières
les Moutiers-en-Cinglais
Gouvix
Urville
Bretteville-le-Rabet
la Bigne
Bonnemaison
Curcy-s-Orne
Ouffières
Grainville-Langannerie
Ondefontaine
Bois de Buron
Roucamps
Croisilles
Espins
Barbery
St Germain-le-Vasson
Estrées-la-Campagne
Montamy
le Mesnil-Auzouf
Mont d'Ancre
Thury-Harcourt
Fresney-le-Vieux
Bois-Halbout
Moulines
Ouilly-le-Tesson
Campandré-Valcongrain
Cesny
Fontaine-le-Pin
Soumont-St-Quentin
Danvou-la-Ferrière
Mont Pinçon
St Martin-de-Sallen
Esson
Placy
Acqueville
Tournebu
Potigny
Brèche au Diable
le Plessis-Grimoult
Caumont-s-Orne
Mesley
Donnay
Bons-Tassilly
Montchauvet
Culey-le-Patry
Cauville
Pont-de-la-Mousse
Combray
Martainville
Ussy
Soulangy
St Jean-le-Blanc
St Lambert
St Rémy
Mont du Père
Angoville
Villers-Canivet
St Charles-de-Percy
Lénault
Périgny
Pain de Sucre
Bonnœil
Montchamp
Lassy
St Pierre-la-Vieille
Clécy
St Omer
St Germain-Langot
St Pierre-Canivet
la Villette
l'Éminence
la Pommeraye
Pierrefitte-en-Cinglais
Leffard
Bois du Roi
Estry
St Vigor-des-Mézerets
Croix de la Faverie
Martigny-s-l'Ante
Falaise
la Chapelle-Engerbold
Cossesseville
Tréprel
Pierrepont
Presles
le Theil-Bocage
la Rocque
Proussy
le Bô
Rendez-vous-des-Chasseurs
St Christophe
Noron-l'Abbaye
Mt Myrrha
Pierres
Pontécoulant
Pont-d'Ouilly
le Mesnil-Jacquet
Guinée-Fougère
St Vigor-de-Mieux
St Germain-du-Crioult
Condé-s-Noireau
St Denis-de-Méré
Cahan
le Ht d'Ouilly
les Loges-Saulces
Vassy
Berjou
Ménil-Hubert
le Détroit
St Martin-de-Mieux
St Pierre-du-Bû
Vieux Bourg
le Mesnil-Villement
Rapilly
les Isles-Bardel
Cordey
Rully
St Pierre-du-Regard
Méandre de Rouvrou
Ménil-Vin
St Philbert-s-Orne
Moncy
Ste Honorine-la-Chardonne
Ségrie-Fontaine
Roche d'Oëtre
Gorges de St Aubert
Ménil-Hermei
Clairefougère
Pierre-d'Entremont
Caligny
Montilly-s-Noireau
Athis-de-l'Orne
la Lande-St Siméon
Bréel
la Forêt-Auvray
Bazoches-au-Houlme
Neuvy-au-Houlme
Montsecret
Cerisy-Belle-Étoile
Mt de Cerisi
Rabodanges
Champcerie
St Quentin-les-Chardonnets
la Bazoque
N.D.-du-Rocher
St Aubert-s-Orne
Bge de Rabodanges
Frênes
Abbé de Belle-Étoile
Ronfeugerai
Ste Honorine-la-Guillaume
Aubusson
St Georges-des-Groseillers
la Carneille
le Repas
Habloville
Ménil-Ciboult
Tinchebray
Mont Crespin
la Lande-Patry
Putanges-Pont-Écrepin
les Rotours
Landisacq
les Tourailles
Chênedouit
Giel-Courteilles
St Paul
Flers
Landigou
Durcet
Ste Opportune
Craménil
Ménil-Gondouin
la Courbe
St Cornier-des-Landes
Chanu
la Selle-la-Forge
Echalou
la Fresnaye-au-Sauvage
Ménil-Jean
Yvrandes
la Chapelle-Biche
le Buisson-Jourdan
St André-de-Briouze
Batilly
Messei
Larchamp
Forêt de Halouze
la Chapelle-au-Moines
St André-de-Messei
St Gervais
St Hilaire-de-Briouze
les Yveteaux
St Ouen-s-Maire
Bellou-en-Houlme
Briouze
Pointel
la Lande-de-Lougé
Lougé-s-Maire
Beauchêne
St Clair-de-Halouze
Saires-la-Verrerie
le Ménil-de-Briouze
le Châtellier
Banvou
Montreuil-au-Houlme
Parc Régional Normandie-Maine
la Ferrière-aux-Étangs
Lignou
Faverolles
Lonlay-l'Abbaye
Mont Brûlé
St Bômer-les-Forges
la Coulonche
Mont d'Hère
Lonlay-le-Tesson
Bois de Rânes
Rânes
la Fosse-Arthour
Dompierre
le Grais
St Georges-d'Annebecq
Champsecret
Mont en Gérôme
la Sauvagère
Beauvain
St Martin-l'Aiguillon
St Georges-de-Rouelley
la Htc Chapelle
Rouellé
Forêt des Andaines
St Maurice-du-Désert
l'Ermitage
Domfront
la Ferté-Macé
le Champ-de-la-Pierre
St Roch-s-Egrenne
St Gilles-des-Marais
St Front-de-Collière
Perrou
Ste Geneviève
Tour de Bonvouloir
St Michel-des-Andaines
Joué-du-Bois
Magny-le-Désert
la Motte-Fouquet
Bagnoles-de-l'Orne
St Brice
Lucé
Juvigny-s-Andaine
Tessé-la-Madeleine
Orgères-la-Roche
Carrouges
Torchamp
St Patrice-du-Désert
Avrilly
Mont Margantin
la Baroche-s-Lucé
la Chapelle-d'Andaine
Lignières-la-Doucelle
Passais-la-Conception
Tessé-Froulay
Couterne
Bois de Magny
Gorges de Villiers
Forêt de la Motte
St Denis-de-Villenette
Geneslay
Haleine
Antoigny
Ceaucé
St Fraimbault
Rennes-en-Grenouilles
Thubœuf
la Pallu
Méhoudin
St Ouen-le-Brisoult
Neuilly-le-Vendin
Forêt de Monaye

St Pierre-s-Dives
Livarot
Orbec
Vimoutiers
Argentan
Gacé
Trun
Chambois
Exmes
Haras du Pin
le Merlerault
Sées
Mortrée
Château d'O
Courtomer
Ecouché
Fervaques
Crèvecœur
Morteaux-Coulibœuf
Coudehard
Mont-Ormel
Camembert
St Evroult-de-Montfort
Nonant-le-Pin
Almenêches
Médavy
Marmouillé
Chailloué
Macé
Essay
le Mêle-s-Sarthe
Forêt de Gouffern
Forêt de Chaumont
Forêt d'Écouves
Signal d'Écouves
Rochers du Vignage
NORMANDIE
MAINE

Tordouet
St Martin-de-Bienfaite
la Cressonnière
Cernay
la Croupte
Orbec
la Vespière
Capelle-les-Grands
St Aubin-du-Thenney
St Jean-du-Thenney
Broglie
Ferrières-St Hilaire
St Quentin-des-Isles
Grandchain
St Aubin-le-Vertueux
Jonquerets-de-Livet
Ste Marguerite-en-Ouche
Landepereuse
St Aubin-des-Hayes
Beaumesnil
St Aubin-le-Guichard
Gouttières
le Val Gallerand
Grosley-s-Risle
Conchez
la Cauvinière
N.D.-de-Courson
Préaux
Cerqueux
Friardel
Meulles
les Moutiers-Hubert
la Folletière-Abenon
la Chapelle-Gauthier
Chamblac
St Vincent-la-Rivière
la Trinité-de-Réville
Bois de Broglie
Epinay
Thevray
Ajou
la Ferrière-s-Risle
la Houssaye
Romilly-la-Puthenaye
Family
Bois de Meulles
Canapville
Avernes-St Gourgon
la Goulafrière
St Agnan-de-Cernières
St Pierre-de-Cernières
la Roussière
Gisay-la-Coudre
la Barre-en-Ouche
Bosc-Renoult-en-Ouche
Champignolles
le Fidelaire
Pontchardon
St Aubin-de-Bonneval
St Germain-d'Aunay
Montreuil-l'Argillé
St Denis-d'Augerons
St Aquilin-d'Augerons
St Pierre-du-Mesnil
Mélicourt
Bois-Anzeray
Trisay
la Vieille-Lyre
le Bosc-Renoult
Ticheville
le Sap
Monnai
Verneusses
la Haye-St Sylvestre
la Neuve-Lyre
Forêt de Conches
Orville
St Laurent-du-Tencement
N.D.-du-Hamel
Mesnil-Rousset
Chambord
Bois-Normand-près-Lyre
Ste Marguerite-de-l'Autel
Marnefer
Neaufles-Auvergny
les Baux-de-Breteuil
les Moulins
Heugon
Villers-en-Ouche
Anceins
Couvains
la Ferté-Frênel
Glos-la-Ferrière
les Bottereaux
Neuville-s-Touques
Mardilly
Forêt de Chaumont
St Nicolas-des-Laitiers
Bocquencé
Gauville
Juignettes
St Antonin-de-Sommaire
Ambenay
Chaumont
le Sap-André
Forêt de la Ferté-Frênel
St Evroult-de-Montfort
la Trinité-des-Laitiers
la Gonfrière
St Nicolas-de-Sommaire
St Pierre-de-Sommaire
Rugles
Bois-Arnault
Résenlieu
Gacé
Touquettes
St Evroult-N.D.-du-Bois
St Symphorien-des-Bruyères
St Martin-d'Écublei
Cisai-St Aubin
Forêt de St Evroult
Coulmer
Croisilles
Orgères
St Pierre-des-Loges
Chéronvilliers
Bourth
l'Aigle
Forêt de l'Aigle
Chaise-Dieu
Chandai
St Michel-Tubœuf
Echauffour
Beaufai
Rai
Aube
St Ouen-s-Iton
le Ménil-Vicomte
Lignerès
Champ-Haut
St Hilaire-s-Risle
Brethel
Ecorcei
les Authieux-du-Puits
Ste Gauburge-Ste Colombe
Vitrai-s-l'Aigle
les Barils
le Merlerault
Planches
le Ménil-Bérard
Auguaise
la Chapelle-Viel
Crulai
Forêt de Moulins-Bonsmoulins
les Aspres
St Christophe-s-Avre
St Victor-s-Avre
Armentières-s-Avre
Bonnefoi
Beaulieu
Chennebrun
Brullemail
Fay
Irai
Rohaire
St Léonard-des-Parcs
Ferrières-la-Verrerie
Moulins-la-Marche
les Genettes
Bonsmoulins
Bois du Châtelet
Randonnai
St Maurice-lès-Charencey
Normandel
F.t de la Trappe
Moussonvilliers
Courtomer
Abb.ye de la Trappe
St Aquilin-de-Corbion
St Martin-des-Pézerits
Tellières-le-Plessis
Bresolettes
la Poterie-au-Perche
la Ventrouze
St Germain-le-Vieux
St Agnan-s-Sarthe
Soligny-la-Trappe
Prépotin
Forêt du Perche
Bois de Chérencey
Gâprée
St Aubin-de-Courteraie
St Germain-de-Martigny
Le Plantis
St Ouen-de-Sécherouvre
Bubertré
le Ménil-Guyon
le Chalange
Ste Scolasse-s-Sarthe
Champeaux-s-Sarthe
St Mards-de-Coulonges
Champs
Lignerolles
Tourouvre
Ste Anne
l'Hôme-Chamondot
Marchainville
Montchevrel
Bures
Ste Céronne-lès-Mortagne
Autheuil
Laleu
Bazoches-s-Hoëne
St Hilaire-le-Châtel
Malétable
Moulicent
Aunay-les-Bois
Feings
Coulonges-s-Sarthe
St Aubin-d'Appenai
Villiers-s-Mortagne
Mortagne-au-Perche
Longny-au-Perche
le Mêle-s-Sarthe
Buré
Boëcé
St Langis-lès-Mortagne
la Chauvellière

Gouberge
Ormes
Claville
la Campagne
Aviron
Gravigny
le Buisson-Isabelle
Fontaine-s/s-Jouy
Jouy-s-Eure
Cocherel
la Heunière
Crêches
le Bosc-Roger
Neuville
Parville
Sassey
Cerisey
Huest
Gauciel
Hardencourt-Cocherel
Ménilles
Douains
Beauvais
Branville
Portes
Caugé
Bois de Morsent
St Michel
Fauville
Boncourt
Miserey
Croisy-s-Eure
Pacy-s-Eure
Chaignes
Faverolles-la-C.
Ferrières-Ht Clocher
St Jean-de-Morsent
St Sébastien-de-Morsent
EVREUX
le Breuil
Ruffey
le Haut-Croisy
St Aquilin-de-Pacy
les Buissons
Orsel-le-Noble
la Bretonnière
la Musse
la Madeleine
le Coudray
Melleville
St Aubin
le Bois-Bercher
Cierrey
Caillouet
Boudeville
Aigleville
Villegats
Louversey
le Coudray
les Fayaux
Cracouville
le Vieil-Évreux
Orgeville
Buisson-de-Mai
la Noë-du-Bois
Chambines
Cravent
Manoir-du-Bois
le Ménillet
la Hte Croisille
Aulnay-s-Iton
Arnières-s-Iton
Buisson-Carambourg
le Val-David
le Plessis-Hébert
Fains
Gadencourt
Hécourt
Burey
St Elier
la Bonneville-s-Iton
Glisolles
Angerville-la-Campagne
la Trinité
Guichainville
Martainville
le Mesnil
le Val-Comtat
Goupigny
la Croisille
Forêt d'Evreux
Fumeçon
le Cormier
Boisset-les-Prévanches
Bosc-Roger
Neuville-des-Vaux
Vieux-Conches
les Baux-Ste Croix
les Grds Baux
Bérou
St Luc
la Houssaye
Mérey
St Chéron
la Brosse
Gaudreville-la-Rivière
Prey
St Germain-de-Fresney
le Haut-Boisset
les Essarts
Breuilpont
Conches-en-Ouche
le Fresne
Champ-Dolent
les Boscherons
la Trigalle
Garel
Seugey
Cissey
Garencières
le Val
Buisson-Crosson
Bretagnolles
Fresney
Forêt de Merey
la Boissière
Lorey
Villiers-en-Desœuvre
Valeuil
Maubreuil
le Heloup
le Boshion
les Ventes
le Plessis-Grohan
Ervolus
Grossœuvre
la Brosse
la Folie
la Lande
les 4-Vents
Epieds
Neuilly
la Folletière
le Mesnil-Hardray
la Bretèche
Orvaux
Villalet
la Bochelle
Sylvains-les-Moulins
Avrilly
Autrebois
la Forêt-du-Parc
Quessigny
Serez
Bueil
le Hallot
le Laye
Nogent-le-Sec
Manthelon
la Perruche
le Ménil-Chaudron
Bâtigny
Bisson-Fallu
Foucrainville
Obélisque d'Ivry
Nagel-Séez-Mesnil
le Nuisement
Champ-Dominel
Thomer-la-Sôgne
la Huguenoterie
le Parc
la Neuvillette
Garennes-s-Eure
Guainville
le Ménillet
les Minières
le Cleret
le Buisson-Chevalier
la Sogne
Jumelles
les Authieux
St André-de-l'Eure
Neuville
Mousseaux-Neuville
Boussey
le Chesne
les Essarts
le Sacq
le Failly
le Bois-Hébert
Malassis
Nantilly
la Gérarderie
le Buisson-Hardouin
la Millerette
Bailleul
Touvoye
Mouettes
la Couture-Boussey
la Chaussée d'Ivry
le Vallet
le Failly
Chanteloup
Coulonges
Corneuil
le Favril
Ferrières
la Futelaye
la Houssaye
Ivry-la-Bataille
les Beurons
le Roncenay
Arpentigny
Damville
Chavigny-Bailleul
All.
Triernon
l'Habit
Maribert
les Houlles
Pommereuil
le Coudray
le Deffend
Osmoy
les Rosières
Ezy-s-Eure
la Tuilerie
St Denis-du-Béhélan
le Roncenay-Authenay
Créton
Coudres
Champigny-la-Futelaye
Bois-le-Roi
Pont de St Jean
Oulins
Lignerolles
Gouville
les Minières
Tour
Francheville
Lignerolles
Forêt de Roseux
Anet
le Chesnay
Silo
Blandey
Boissy-s-Damville
Moisville
Beaufort
Saussay
Croth
Séez-Moulins
Chambray
Roman
les Écorchevez
Gaudreville
Coupigny
Marcilly-la-Campagne
Gersey
St Laurent-des-Bois
St Roch
Mousset
Boncourt
Condé-s-Iton
Ete d'Agrie
Renoulet
Morainville-s-Damville
le Buisson
Gratheuil
Sorel-Moussel
la Madeleine
la Ronce
le Gruer
Beauce
Tivoli
Motteux
le Val-Léger
Marcilly-s-Eure
Brazais
Beauregard
Poteau du Valot
les Nonains
la Harbouillière
la Forêt
la Cunelle
Pinson
la Bréviaire
Nuisement
St Nicolas-d'Attez
les Hayes
Grandvilliers
Tranchevilliers
les Routils
Illiers-l'Évêque
le Bremien
Abbé du Breuil-Benoît
les Christophes
les Vieilles Ventes
Forêt
Dame-Marie
Hellenvilliers
Droisy
les Assinières
Courdemanche
les Ardillières
Beau-Puits
Chêne
Malouy
St Ouen-d'Attez
Sanvilliers
le Merjean
Beaufre
la Maladrerie
Merville
Louye
le Pavillon
les Grès
la Gilbardière
les Naudières
Arpentigny
l'Hosmes
Panlatte
la Brosse
Buray
les Grès
Gué-des-Grues
les Loges
Bû
les Brosse
les Landes
N.D. des Puits
Aulnay-s-Muzy
Tizon
St Georges-Motel
Dreux
Abondant
Pt Cuisinet
le Neubourg
les Terres
la Troudière
le Mesnil
Godeneval
Nonancourt
la Madeleine
Fontaine
Toisley
Mesnil-s-l'Estrée
le Bourg-l'Abbé
Montreuil
Brissard
Serville
Marchezais
Piseux
Courgeon
le Rousset
Grosbois
Longuelune
le Plessis
Tillières-s-Avre
Breux-s-Avre
Acon
Ilou
St Lubin-des-Joncherets
St Germain-s-Avre
Vert-en-Drouais
Muzy
Fermaincourt
Verneuil-s-Avre
Poelay
Bâlines
Chevremont
le Jarrié
Bérou-la-Mulotière
Bois de Brouillets
les Brulés
Sotteville
l'Éclache
Dampierre-s-Avre
le Plessis
la Poterie
les Caves
St Rémy-s-Avre
Plessis-s-Vert
Flonville
les Buissons
Raville
Chérisy
le Luat-s-Vert
Ste Gemme-M.
Germainville
Courteilles
Baudry
la Renardière
Clanchemeule
la Ferrette
la Gâtine
Louvilliers-en-Drouais
Boston
Rueil-la-Gadelière
Montigny-s-Avre
Marigny
le Bois-Renault
Romainvilliers
Boissy-en-Drouais
Dreux
Moronval
Vernouillet
Marsauceux
Flouville
Fessanvilliers-Mattanvilliers
Revercourt
Bois-Fautray
la Métairie
les Authieux
les Corvées
Allainville
Luray
Mézières-en-D
Mérangle
les Vieilles-Granges
le Bois
la Boulaie
Corbonval
Escorpain
le Bois-le-Roi
Ecluzelles
Prémont
le Plessis
la Gadelière
Plevilliers
Beauvilliers
Sévard
St Lubin-de-Cravant
Prudemanche
Laons
Garancières-en-Drouais
Garnay
Ouerre
le Bois-Normand
la Noë
Brezolles
Vitray-s/s-Brezolles
le Tronchay
Boutaincourt
Blainville
Charpont
Croisilles
le Ménil-Ponceau
Beauche
Mezian
les Usages
la Choltière
Boissard
Marcouville
Chataincourt
la Ville-Dieu
Majainville
Grosliéres
Fortisle
Chambléan
Marville-Moutiers-Brûlé
Mauzaise
Renancourt
Boulay-St Clair
Bois de Rengeville
Crucey
le Harrier
Mainterne
Thessilly
la Bretonnière
Crécy-Couvé
Tréon
Imbermais
Villemeux-s-Eure
les Bois-Verts
l'Orée-du-Bois
Magny
Genêteux
la Houdière
Coudray
Neuville-les-Bois
Boutry
Aunay-s/s-Crécy
Fonville
Chaudon
Bertin
Montmureau
la Tuilerie
Angennes
la Plesse
Chennevières
Groslu
St Ange
Saulnières
Masserville
Vigny
Morvilliers
la Mancelière
les Châtelets
la Pommeraye
Boutigny
Camp militaire
le Rouvray
Fontaine-les-Ribouts
le Boullay-Mivoye
Cherville
la Barre
la Saucelle
Dampierre-s-Blévy
Blévy
Torçay
Mondétour
Puiseux
le Boullay-Thierry
Vaubrun
Lamblore
la Hte Barre
la Rue
Maillebois
la Pommeraie
Morvillette
Boullay-les-deux-Églises
Paincourt
Gironville
Minières
Ormoy
la Martinière
la Puisaye
Bois de la Saucelle
la Couvertière
Louvilliers-lès-Perche
Feuilleuse
Bois de St Vincent
Epineux
Crilouo
Levasville
Neuville-la-Mare
le Morillon
la Salle
la Barberie
Loinquin
Brouvilliers
Châteauneuf
St Jean-de-Rebervilliers
Moreaulieu
Tremblay-le-Vicomte
Borville
la Place
Senonches-Vidame
Béchetière
le Boulai
le Mesnil-Thomas
Bourgondière
St Léonard
le Val
Silo
Marville-les-Bois
Serazereux
Néron
les Ressuintes
la Framboisière
St Maixme
Bigeonnette
Chêne le Jaglu
St Sauveur
la Touche
Villette-les-Bois
Boucouville
Feucherolles
Étang de la Benette
Pommier-Benoist
les Épineraises
Chappe
Châteauneuf-en-Thymerais
Achères
Fadainville
le Péage
Forêt de Senonches
Tardais
Jaudrais
Hauterive
la Motte
Chêne-Chenu
Landouville
le Boullay-d'Achères
St Chéron-des-Champs
Laudigerie
les Haies-Neuves
Forêt
Tresneau
Thimert
Écublé
Theuvy
Trémemont
Senonches
Aumoy
la Ferme-Neuve
la Picotière
Guillandru
Bilheux
Bouglainval
Arpentigny
le Pt
le Mage
Challet
la Ville-aux-Nonains
Ardelles
Hanche
Gâtelles
la Bourse
Clévilliers
Berchères-la-Maingot
Réserve de Chasse
Buisson-Elouin
le Grd
Silo
Gonville
Bellandas
Digny
Tronchay-Cordet
Favières
le Chemin
Morteville
la Brequelle
les Menus
la Villedieu
le Bois-Rouvray
la Leu
Manou
le Plessis
le Rouvray
Affonville
le Luat
Briconville
St Germain-la-Gâtine
Fontaine-Aubert
la Hallière
le Charnoye
Vérigny
la Cr. de Vérigny
Fresnay

Brécourt, Hameau-de-Normandie, Limetz-Villez, Freneuse, Moisson, Lavacourt, Vétheuil, St Cyr-en-Arthies, Longuesse

Douains, Blaru, Gloton, Bennecourt, Méricourt, Mousseaux-s-Seine, la Villeneuve, St Martin-la Garenne, Drocourt, Montalet-le-Bois, Jambville, Sagy, Condécourt

Ménilles, Gournay, la Haie-de-Béranville, Jeufosse, Bonnières-s-Seine, Sandrancourt, Bois du Chênay, Sailly, Damply, Rueil, Seraincourt

Pacy-s-Eure, Chaignes, Chaufour, Rolleboise, Guernes, le Coudray, le Mesnil, Follainville-Dennemont, Mézières, Brueil-en-Vexin, Oinville-s-Montcient, Gaillon-s-M., Vallangoujard, Tessancourt-s-Aubette

Aquitin-Pacy, Boudeville, la Villeneuve-en-Chevrie, Chaignolles, Morvent, les Guinets, Cholet, Dennemont, Fontenay-St Père, Guitrancourt, la Chartre, Hardricourt, Evecquemont

Noé-du-Bois, Aigleville, Villegats, Chambines, Lommoye, Rosny-s-Seine, Gassicourt, Limay, Gargenville, Issou, Hanneucourt, Juziers, Mézy-s-Seine, Apremont, Meulan, les Mureaux

le Plessis-Hébert, Fains, Cravent, la Tuilerie, Forêt de Rosny, Ménil-Guyon, Gadencourt, Hécourt, le Val-Comtat, le Mesnil, Bosc-Roger, la Neuville-des-Vaux, St Illiers-la-Ville, la Belle-Côte, Apremont, Jouy-Mauvoisin, Buchelay, Mantes-la-Jolie, Porcheville, Poliet et Chausson, Renault, Elisabethville, Bois de Verneuil, Verneuil, Chapet

Merey, St Chéron, St Illiers-le-Bois, Thiron, Blèry, Perdreauville, Mantes-la-Ville, Magnanville, Flins

Haut-Boisset, les Essarts, Forêt de Merey, la Boissière, Breuilpont, les Bossus, Villiers-en-Désoeuvre, le Hamel, Boissy-Mauvoisin, Ménerville, Fontenay-Mauvoisin, Soindres, Auffreville-Brasseuil, la Plagne, Fresnel, Mézières-Chaufour, Aubergenville, Bouafle, Ecquevilly

Lorey, Epieds, la Folletière, Chanu, Bréval, la Butte, le Tertre-St Denis, Favrieux, Vert, Guerville, Epône, Nézel, Neuilly, le Hallot, la Fortelle, Breuil-Bois-Robert, la Villeneuve, Senneville, Vélannes, la Falaise, les Gardes, Vaux

Bueil, la Couarde, Launay, Flacourt, Boinville-en-Mantois, le Val-d'Aulnay, Bazemont, Morainvilliers, Obélisque d'Ivry, Neuvillette, Neauphlette, Villette, Leuze, Goussonville, Aulnay-s-Mauldre, Beulle, les Alluets-le-Roi

Boussey, Garennes-s-Eure, Guainville, Gilles, Mirbel, Longnes, Boinvilliers, Rosay, Garré, Jumeauville, Maule, Mousseaux-Neuville, Malassis, Heurteloup, Dammartin-en-Serve, Arnouville-lès-Mantes, Palmort, Herbeville, Boulémont

le Mesnil-Simon, Mondreville, Flins-Neuve-Eglise, Courgent, St Corentin, Septeuil, Hargeville, Mareil-s-Mauldre, Couture-Boussey, Nantilly, la Chaussée-d'Ivry, Montchauvet, Mulcent, Goupillières, Andelu, Crespières, la Houssaye, les Gâtines Rouges, le Ht Arbre, Tilly, les Millerus

Ivry-la-Bataille, St Martin-des-Champs, Villarceaux, Montainville, la Maladrerie, Wideville, Ezy-s-Eure, Civry-la-Forêt, le Moutier, les Vignettes, Bois-le-Roi, Roseux, Pont de St Jean, les Gâtines, Marchefroy, Boissets, Prunay-le-Temple, Ferranville, Villiers-le-Mahieu, Marcq, la Couperie, Camp de Frileuse, Davron

Saussay, Croth, Anet, Oulins, St Ouen, la Villeneuve-l'Evêque, la Picotière, Orvilliers, Osmoy, Thoiry, Parc Zoo, Autouillet, Beynes, Thiverval-Grignon, la Rolandrie, Flexanville, Boulaincourt, Forêt de Beynes, Gaulx-Marchais

St Roch, Mousset, Boncourt, Rouvres, Berchères-s-Vesgre, Favières, Tacoignières, les Vignes, Orgerus, St Hilaire, Béhoust, Auteuil, Institut National Agronomique

Beauregard, Poteau du Valtot, les Nonains, le Méziard, St Lubin-de-la-Haye, Gressey, le Moutier, Garancières, Boissy-sans-Avoir, St Germain-de-la-Grange, Cressay, les Christophes, les Vieilles Ventes, la Haye, Brunel, Richebourg, la Vallée-des-Fosses, le Breuil, la Bardelle, Villiers, Chatron, Neauphle-le-Vieux, les Petits Prés, la Boissière

Forêt, Chêne, le Pavillon, les Grès, le Coudray, Richeville, Bazainville, Forêt des 4 Piliers, Millemont, la Queue-les-Yvelines, Vicq, Neauphle-le-Château, Pontchartrain, les Vignes, Branloires, Orval, Bû, le Gué-des-Grues, les Loges, Maulette

St Georges-Motel, Montreuil, Forêt de Dreux, Abondant, Havelu, la Forêt, Mocsouris, Perdreauville, les Aubris, Galluis, Méré, Mareil-le-Guyon, Ste Appoline, Chennevières

Muzy, Brissard, Marchezais, Goussainville, Houdan, le Boulay, St Agnan, la Troche, le Buisson, Grosrouvre, la Surie, Rogneux, Chevalt Mort, le Tremblay-s-Mauldre, Jouars, Ergal, les Mousseaux, Elancourt

Flonville, Fermaincourt, Serville, Marolles, Thionville-s-Opton, St Côme, Dannemarie, Recoin, Gambais, les Haizettes, la Mormaire, Montfort-l'Amaury, Launay-Bertin, Bazoches-s-Guyonne, Donjon, Raville, Champagne, Bourdonné, Bois des Longues Mares, Houjarray, St Rémy-l'Honoré, Maurepas

Dreux, Chérisy, Broué, Bécheret, Cloches, Chaudejoute, Gambaiseuil, Bois de l'Epars, les Mesnuls, Coignières, Ste Gemme-M., Boutigny-s-Opton, Allemant, Condé-s-Vesgre, les Hayes, le Hallier, la Millière, les Htes Bruyères, Germainville, Bouchemont, Beauterne, la Grange-du-Bois

Marsauceux, la Chapelle-Forainvilliers, Rosay, la Musse, Breuil, Adainville, Bel Air, St Léger-en-Yvelines, les Essarts-le-Roi, Yvette, Mézières-en-D., Mérangle, Prémont, Luray, Ecluzelles, Beauchêne, Curé, Prouais, Paincourt, Grandchamp, les Sergontières, la Jaunière, le Mesle, le Ht Planet, les Grds Coins, le Matz, Etang de St Hubert, Haras, St Hubert, Girouard, les Layes, le Mousseau

Fontaine, St Laurent-la-Gâtine, Boissy, Ouerre, les Pinthières, la Hauteville, Bois de la Charmoie, Croix Pater, Bois de Biennouvienne, les Bréviaires, Auffargis, Blainville, Charpont, le Tartre-Gaudran, l'Aumône, l'Epinette, les Bses Masures, Forêt de Rambouillet, Fourcherolles

Croisilles, le Ménil-Ponceau, Mauzaise, le Passoir, la Gâtine, Marville-Moutiers-Brûlé, la Boissière-Ecole, le Perray-en-Yvelines, Sablière, les Vaux de Cernay, Villemeux-s-Eure, Renancourt, Faverolles, le Mesnil-Condit, Ecole Hériot, Poigny-la-Forêt, Abbaye, Imbermais

Fonville, Bréchamps, les Ruelles, les Patis, le Coudray, Senantes, Mittainville, la Forêt Verte, St Benoit, Chaudon, Silo, Vacheresse, Rochers d'Angennes, Vieille-Eglise-en-Yvelines, le Patis, St Robert, Vigny, Coulombs, Dancourt, Guiperreux, Etang de Guiperreux, B. de Gazeran, Rambouillet, Grand Parc

le Boullay-Mivoye, Cherville, Nogent-le-Roi, Lormaye, Chenicourt, la Villeneuve, l'Orme, Béchereau, le Bois-Dieu, le Gâteau, les Chaises, Forêt des Yvelines, la Villeneuve, les Bordes

Puiseux, le Boullay-Thierry, Vaubrun, Chandres, Chandelles, St Lucien, Hermeray, Saugis, Amblaincourt, Raizeux, Fosseuil, Gazeran, la Celle-les-Bordes

Gironville, Minières, Vacheresses-les-Basses, Ormoy, Villiers-le-Morhier, Eglancourt, la Louvière, Cady, St Antoine, St Hilarion, Parc Animalier, la Villeneuve

Neuville-la-Mare, Tremblay-le-Vicomte, la Place, Borville, Néron, le Coudray, la Malmaison, Ponceaux, Quencé, St Martin-de-Nigelles, Boulard, Epernon, Goulet, Fleau, Bois de Batonceau, Greffiers, St Rémy, Clairefontaine-en-Yvelines

Serazereux, Bouconville, Pierres, Hanches, Droue-s-Drouette, Montlieu, la Hunière, Maintenon, le Paty, Chaleine, Emancé, Réserve Zoologique, Orcemont, Poyers, la Cherelle, la Granville, Bois de St Benoît, Achères, Fadainville, le Péage, Feucherolles, le Parc, St Mamert, Maingournois, Sauvage, Houdreville, Loudreville, Rochefort

Landouville, le Boullay-d'Achères, St Chéron-des-Champs, Bois-Richeux, Trémémont, Marolles, Beauvais, Orphin, l'Epinay, Sonchamp, les Meurgers, St Arnoult-en-Y., Bouglainval, Changé, Grogneul, Houx, Gas, Berchères, Hte Maison, l'Abbé, Cerqueuse, Baudicourt

Challet, Clévilliers, Berchères-la-Maingot, Théleville, St Piat, Mévoisins, Yermenonville, Moineaux, Boigneville, Jonvilliers, Chatonville, Ponthévrard, la Brequeille, Chartainvilliers, Dionval, Armenonville, Ecrignolles, Ecrosnes, Craches, Ménainville, Marchais-Parfond, Prunay-en-Yvelines, Mainguerin, Dehisy

Luat, Briconville, St Germain-la-Gâtine, Fresnay-le-Gilmert, Bailleau, Baglainval, Bonjon, Harleville, Baillolet, Gallardon, Bonville, Bleury, Esclimont, Guerville, Ste Mesme, Hautbout, Longorme

55 32 33 78 79

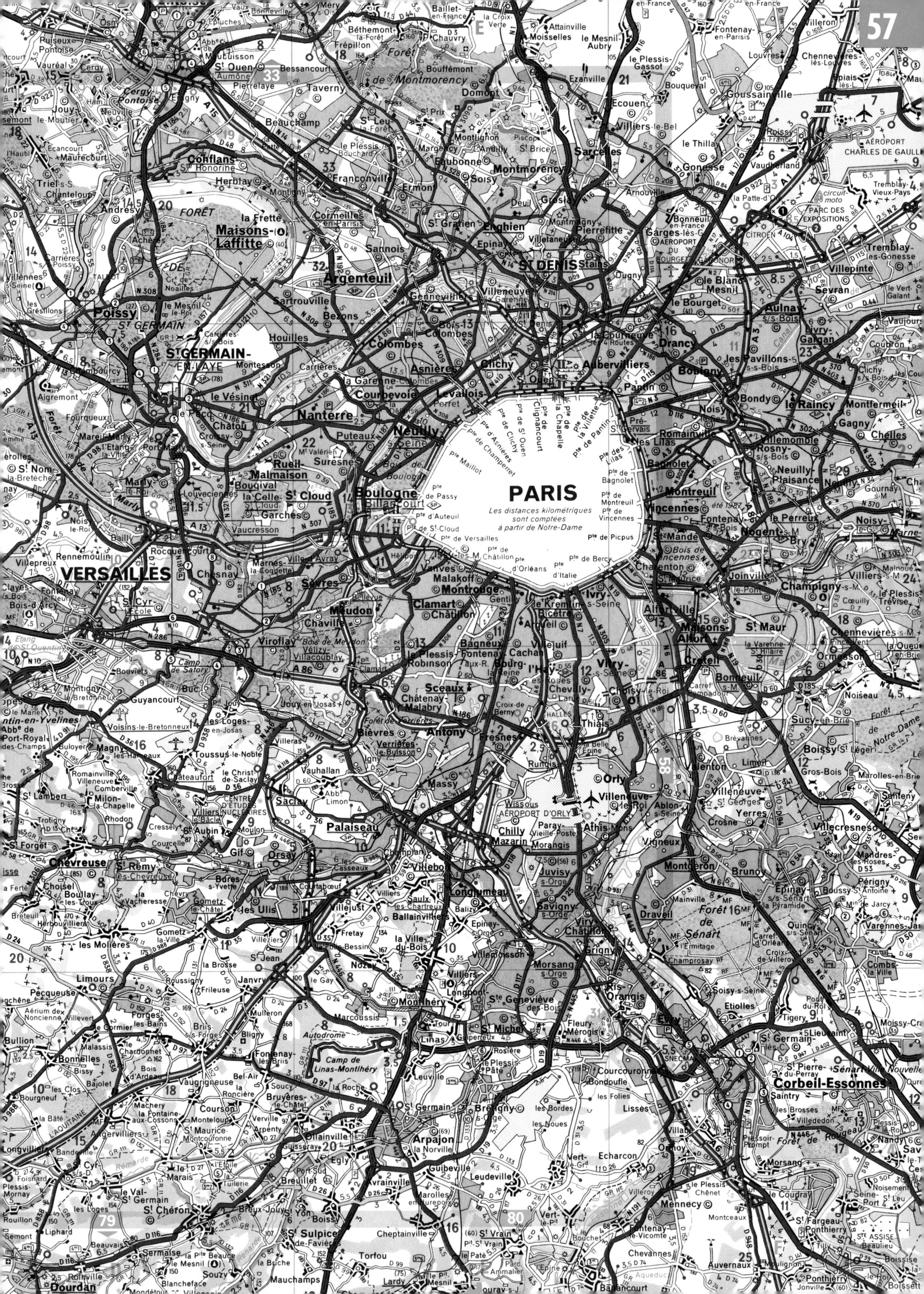
PARIS
Les distances kilométriques sont comptées à partir de Notre-Dame
Pte Maillot
Pte de Champerret
Pte d'Asnières
Pte de Clichy
Pte de St Ouen
Pte de Clignancourt
Pte de la Chapelle
Pte de la Villette
Pte de Pantin
Pte des Lilas
Pte de Bagnolet
Pte de Montreuil
Pte de Vincennes
Pte de Picpus
Pte de Bercy
Pte d'Italie
Pte d'Orléans
Pte de Châtillon
Pte de Versailles
Pte de St Cloud
Pte d'Auteuil
Pte de Passy
VERSAILLES
St DENIS
Argenteuil
Nanterre
Neuilly
Boulogne Billancourt
Montrouge
Sceaux
Antony
Orly
AÉROPORT D'ORLY
AÉROPORT DU BOURGET
AÉROPORT CHARLES DE GAULLE
PARC DES EXPOSITIONS
Sarcelles
Montmorency
Enghien
Cergy Pontoise
Conflans Ste Honorine
Maisons-Laffitte
Poissy
St GERMAIN-EN-LAYE
Rueil-Malmaison
St Cloud
Sèvres
Meudon
Vélizy-Villacoublay
Clamart
Palaiseau
Orsay
Chevreuse
Longjumeau
Juvisy-s-Orge
Savigny-s-Orge
Viry-Châtillon
Morsang-s-Orge
Ris-Orangis
Evry
Corbeil-Essonnes
Arpajon
Montlhéry
Dourdan
Limours
Montgeron
Draveil
Forêt de Sénart
Vincennes
Montreuil
Nogent-s-M
Champigny-s-M
St Maur
Créteil
Maisons-Alfort
Vitry-s-Seine
Ivry-s-Seine
Villejuif
Bobigny
Drancy
Aubervilliers
Clichy
Asnières
Courbevoie
Levallois-Perret
Colombes
Aulnay-s-s-Bois
Sevran
Villepinte
Tremblay-lès-Gonesse
Gonesse
le Raincy
Chelles
Boissy-St Léger
Villeneuve-St Georges
Brunoy
Forêt de Montmorency
Camp de Linas-Montlhéry
Autodrome
Mennecy
Forêt de Rougeau
St Sulpice de Favières

Dammartin-en-Goële
Longperrier
Rouvres
Marchémoret
St Soupplets
Forfry
Gesvres-le-Chapitre
Marcilly
Étrepilly
Trocy-en-Multien
Beauval
Lizy-s-Ourcq
Louvres
Chennevières-lès-Louvres
Moussy-le-Vieux
Villeneuve-s/s-Dammartin
St Mard
Montgé-en-Goële
Mauregard
le Mesnil-Amelot
Goussainville
Roissy-en-France
Aéroport Charles de Gaulle
Thieux
Juilly
Vinantes
le Plessis-aux-Bois
le Plessis-l'Évêque
Monthyon
Barcy
Chambry
Varreddes
Congis-s-Thérouanne
Isles-lès-Meldeuse
le Thillay
Gonesse
Vaudherland
Tremblay-Vieux-Pays
Mitry-Mory
Compans
Nantouillet
Iverny
Villeroy
Chauconin-Neufmontiers
Penchard
Germigny-l'Évêque
Armentières-en-Brie
Parc des Expositions
Bonneuil-en-France
Tremblay-lès-Gonesse
Villepinte
Sevran
Gressy
St Mesmes
Messy
Charny
Crégy
Poincy
Forêt de Montceaux
Changis-s-Marne
le Blanc-Mesnil
le Bourget
Aulnay-s/s-Bois
Villeparisis
Claye-Souilly
Charmentray
Trilbardou
Villenoy
MEAUX
Trilport
St Jean-les-2-Jumeaux
Montceaux-lès-M.
Drancy
Livry-Gargan
Vaujours
Coubron
Courtry
Fresnes-s-Marne
Annet-s-M.
Précy-s-Marne
Vignely
Nanteuil-lès-Meaux
Fublaines
Villemareuil
Bobigny
les Pavillons-s-Bois
Clichy-s-Bois
le Pin
Villevaudé
Jablines
Isles-lès-Villenoy
Mareuil-lès-Meaux
Quincy-Voisins
Boutigny
Forêt du Mans
Bondy
le Raincy
Montfermeil
Carnetin
Base de Loisirs
Lesches
Esbly
Condé-Ste Libiaire
Magny-St Loup
Vaucourtois
Noisy
Gagny
Chelles
Brou-s-Chantereine
Thorigny-s-M.
Dampmart
Chalifert
Coupvray
Montry
Couilly
Coulommes
Bouleurs
Sancy
la Haute-Maison
Villemomble
Rosny-s/s-Bois
Pomponne
St Thibault
Chessy
Montévrain
St Germain-s-Morin
Montreuil
Neuilly-Plaisance
Vaires-s-M.
Champs-Noisiel
Torcy
Lagny-s-M.
Conches
Chanteloup
Magny-le-Hongre
Bailly-Romainvilliers
Couteyrou
Villiers
Voulangis
Crécy-la-Chapelle
le Chemin
Maisoncelles-en-Brie
Mongrolle
Fontenay-s-Bois
le Perreux
Nogent-s-M.
Bry
Noisy-le-G.
Gouvernes
Guermantes
Bussy-St Martin
Bussy-St Georges
Collégien
Serris
Jossigny
Tigeaux
Montherand
Guérard
Mouroux
Joinville-le-Pont
Champigny-s-M.
Villiers-s-M.
le Plessis-Trévise
Croissy-Beaubourg
Ferrières
Villeneuve-le-Comte
Dammartin
la Celle-s-Morin
Faremoutiers
Maisons-Alfort
St Maur
Chennevières-s-M.
la Queue-en-Brie
Ormesson
Émerainville
Pontault-Combault
Roissy
Pontcarré
Forêt de Ferrières
Villeneuve-St Denis
la Dénicherie
Mortcerf
Hautefeuille
Forêt de Malvoisine
Créteil
Bonneuil-s-M.
Noiseau
Sucy-en-Brie
Forêt de Notre-Dame
Ozoir-la-Ferrière
Forêt d'Armainvilliers
Neufmoutiers-en-Brie
Forêt de Crécy
Favières
Crèvecœur-en-Brie
Boissy-St Léger
Lésigny
Gretz-Armainvilliers
Tournan-en-Brie
la Houssaye-en-Brie
Lumigny
Pézarches
Villeneuve-St Georges
Limeil-Brévannes
Marolles-en-Brie
Santeny
Férolles-Attilly
Chevry-Cossigny
les Chapelles-Bourbon
Marles-en-Brie
Rigny
Ormeaux
Yerres
Crosne
Villecresnes
Mandres-les-Roses
Brie-Comte-Robert
Presles-en-Brie
les Boulayes
Châtres
Fontenay-Trésigny
Nesles
Voinsles
Montgeron
Brunoy
Périgny
Boussy-St Antoine
Épinay-s/s-Sénart
Quincy-s/s-Sénart
Forêt de Sénart
Varennes-Jarcy
Grisy
Liverdy-en-Brie
Coubert
Vilbert
Rozay-en-Brie
Combs-la-Ville
Évry-les-Châteaux
Soignolles-en-Brie
Solers
Ozouer-le-Voulgis
Chaumes-en-Brie
Bernay-en-Brie
la Grange-Bléneau
Courpalay
la Chapelle-Iger
Soisy-s-Seine
Étiolles
Tigery
Moissy-Cramayel
Lieusaint
Limoges-Fourches
Lissy
Yèbles
Guignes
Verneuil-l'Étang
Beauvoir
Courtomer
Aubepierre
Argentières
St Germain-lès-C.
St Pierre-du-Perray
Sénart Ville Nouvelle
Corbeil-Essonnes
Saintry
Réau
Champdeuil
Crisenoy
Andrezel
Mormant
Ozouer-le-Repos
Quiers
Clos-Fontaine
Morsang
Nandy
Savigny-le-Temple
Cesson
Montereau-s-le-Jard
Voisenon
St Germain-Laxis
Fouju
Champeaux
St Méry
Bombon
Grandpuits
Bailly-Carrois
Mennecy
Vert-St Denis
Rubelles
Vaux-le-Vicomte
Moisenay
Blandy
Bréau
St Ouen-en-Brie
Fontenailles
MELUN
Maincy
Châtillon-la-Borde
la Chapelle-Gauthier
St Fargeau-Ponthierry
le Mée
Courtry
Sivry
Boissise
Mimouche
Vaux-le-Pénil
Champ-Brûlé
Fontains

Château-Thierry
Brasles
Fossoy
Reuilly
Sauvigny
Courthiézy
Vincelles
Lucy-le-Bocage
Germigny-s/s-Coulombs
Vendrest
Dhuisy
les Glandons
Coupru
Essômes
Étampes-s-Marne
Chierry
Blesmes
Crézancy
Connigis
Monthurel
St Agnan
la Chapelle-Monthodon
Sablonnière
Montreuil-aux-Lions
Cocherel
Domptin
Bézu-le-Guéry
Bonneil
Azy
Nogentel
Nesles-la-Montagne
Courboin
St Eugène
Celles-lès-Condé
Condé-en-Brie
Baulne-en-Brie
Ste Aulde
Villiers-Saint-Denis
Charly
Crouttes
Nanteuil
Saulchery
Chézy-s-Marne
Montigny-lès-Condé
le Breuil
Chamigny
Luzancy
Méry-s-Marne
Saâcy
Citry
Romeny-s-Marne
Nogent-l'Artaud
Pavant
Essises
Viffort
Montlevon
Pargny-la-Dhuys
Verdon
la Chapelle-s-Chézy
Montfaucon
la Ferté-s/s-Jouarre
Jouarre
Reuil-en-Brie
Bassevelle
Bussières
Rozoy-Bellevalle
Fontenelle-en-Brie
Artonges
Margny
Corrobert
St Cyr-s-M.
Orly-s-Morin
Boitron
Hondevilliers
Viels-Maisons
l'Épine-aux-Bois
Marchais-en-Brie
Montmirail
Vauchamps
St Ouen-s-Morin
la Trétoire
Sablonnières
Verdelot
Villeneuve-s-Bellot
Vendières
la Celle-s-Montmirail
Mécringes
Doue
Rebais
St Germain-s/s-Doue
Bellot
Montdauphin
Rieux
Montenils
Bergères-s/s-Montmirail
Boissy-le-Repos
St Léger
St Denis-lès-Rebais
Aulnoy
Boissy-le-Châtel
Coulommiers
Chauffry
St Barthélemy
Montolivet
Charleville
le Gault-Soigny
Jouy-s-Morin
Meilleray
le Vézier
Morsains
St Siméon
St Rémy-la-Vanne
Chailly-en-Brie
Marolles-en-Brie
la Ferté-Gaucher
St Martin-des-Champs
la Chapelle-Moutils
Villeneuve-la-Lionne
Tréfols
Joiselle
Champguyon
Forêt du Gault
les Essarts-lès-Sézanne
Beautheil
Choisy-en-Brie
Lescherolles
Réveillon
Neuvy
Chartronges
Chevru
St Mars-en-Brie
Esternay
Amillis
Leudon-en-Brie
Dagny
Beton-Bazoches
Châtillon-s-Morin
Frétoy
Cerneux
Courgivaux
Escardes
Bricot-la-Ville
Boisdon
Bezalles
Sancy-lès-Provins
Augers-en-Brie
St Bon
Villegagnon
les Marêts
Champcenest
Jouy-le-Châtel
Pécy
Villiers-St Georges
Nesle-la-Reposte
la Forestière
Courchamp
Rupéreux
Louan
St Hilliers
Voulton
Beauchery-St Martin
Bethon
Chantemerle
Villenauxe-la-Grande
Montgenost
Châteaubleau
Mortery
Rouilly
Cucharmoy
Léchelle
Montpothier
St Brice
Provins
Barbuise
la Villeneuve-au-Châtelot
Maison-Rouge
Vulaines-lès-Provins
la Chapelle-St Sulpice
St Loup-de-Naud
Ste Colombe
la Saulsotte
Sourdun
St Nicolas-la-Chapelle
Crancey
Pont-s-Seine
Chalautre-la-Petite
Longueville

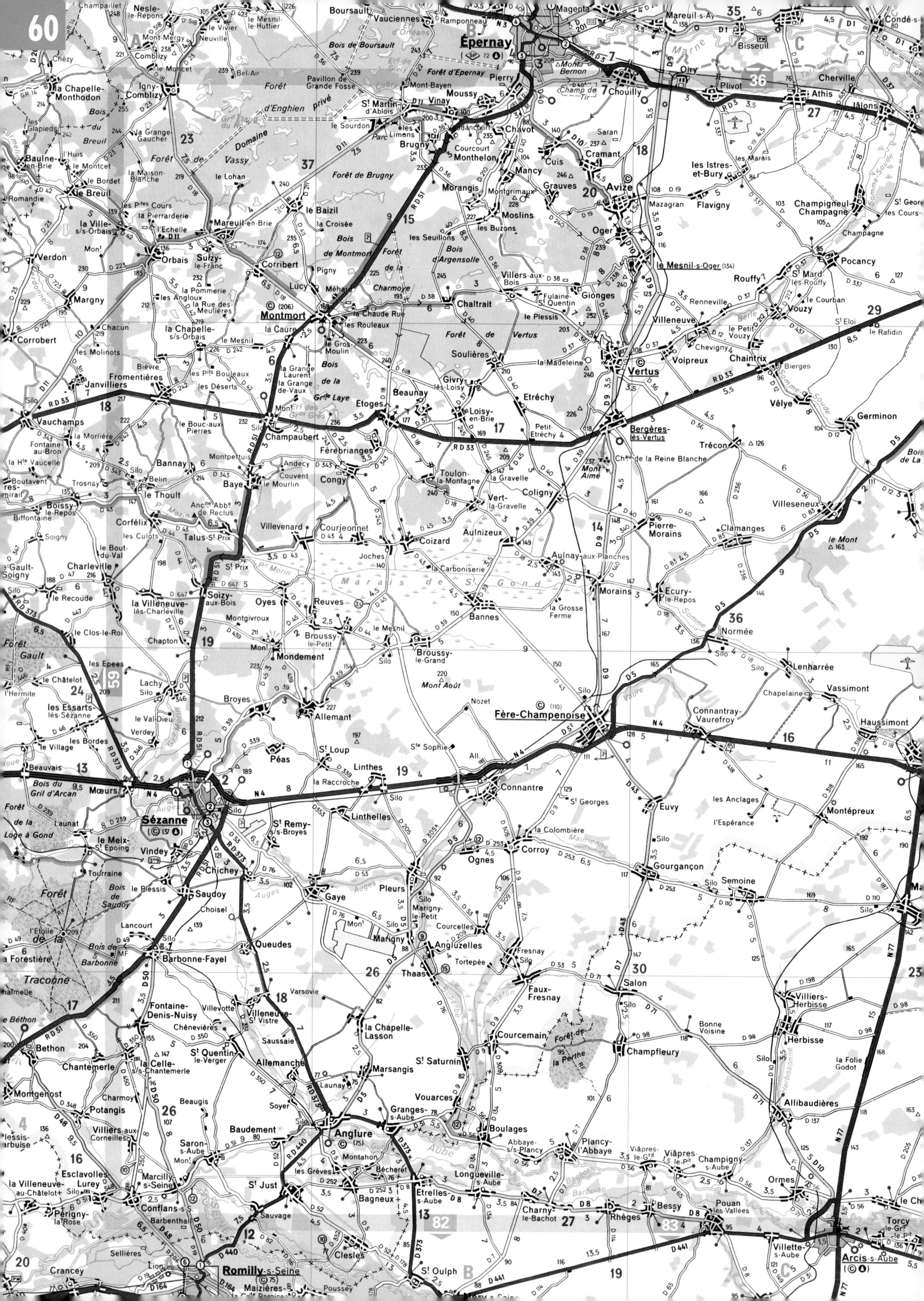

Champaillet
Nesle-le-Repons
le Mesnil-le-Huttier
Boursault
Vauciennes
Ramponneau
Magenta
Mareuil-s-Ay
Condé-s-
le Vivier
Neuville
Bois de Boursault
Épernay
Mont-Mergy
Comblizy
le Moncet
Bel-Air
Pavillon de Grande Fosse
Forêt d'Epernay
Pierry
Mont Bernon
Bisseuil
Oiry
Marne
Plivot
Cherville
la Chapelle-Monthodon
Igny-Comblizy
Forêt
d'Enghien privé
Mont-Bayen
St Martin-d'Ablois
Vinay
Moussy
Champ de Tir
Chouilly
Athis
Jâlons
Bois du Breuil
les Glapieds
la Grange-Gaucher
Domaine de Vassy
le Sourdon
les Limons
Parc
Brugny
Courcourt
Monthelon
Chavot
Saran
Cuis
Cramant
les Istres-et-Bury
les Marais
Baulne-en-Brie
l'Huis
le Montcet
Forêt de Vassy
la Maison-Blanche
le Lohan
Forêt de Brugny
Morangis
Mancy
Grauves
Avize
Flavigny
le Bordet
le Breuil
Romandie
les Pites Cours
la Pierrarderie
Mareuil-en-Brie
l'Echelle
le Baizil
la Croisée
Montgrimaux
Moslins
les Buzons
Mazagran
Champigneul-Champagne
St George
les Cours-
Champagne
la Ville-s/s-Orbais
Orbais
Sulzy-le-Franc
Corribert
Bois de Montmort
Forêt de la Charmoye
les Seuillons
Bois d'Argensolle
Oger
le Mesnil-s-Oger (134)
Pocancy
Verdon
Margny
la Pommerie
les Angloux
la Rue des Meulières
Lucy
Pigny
Méhard
Villers-aux-Bois
Fulaine-St Quentin
Gionges
Rouffy
St Mard-lès-Rouffy
Renneville
le Courban
Corrobert
Chacun
la Chapelle-s/s-Orbais
Montmort
la Chaude Rue
les Rouleaux
Chaltrait
le Plessis
Villeneuve
le Petit-Vouzy
Vouzy
St Eloi
le Rafidin
les Molinots
le Mesnil
la Caure
le Gros-Moulin
Forêt de Vertus
Soulières
la Madeleine
Vertus
Voipreux
Chevigny
Chaintrix
Bierges
Janvilliers
Fromentières
Bièvre
les Pits Bouleaux
les Déserts
la Grange Laurent
la Grange de-Vaux
Bois de la Grde Laye
Givry-lès-Loisy
Beaunay
Etréchy
Vélye
Germinon
Vauchamps
Mont
Etoges
Loisy-en-Brie
Petit-Etréchy
Bergères-lès-Vertus
Fontaine-au-Bron
la Morlière
le Bouc-aux-Pierres
Champaubert
Fèrebrianges
Mont Aimé
Chau de la Reine Blanche
Trécon
la Hte Vaucelle
Bannay
Montpertuis
Andecy
Couvent
le Mourlin
Congy
Toulon-la-Montagne
la Gravelle
Coligny
Villeseneux
Boutavent
Trosnay
Belin
le Thoult
Baye
Vert-la-Gravelle
Boissy-le-Repos
Biffontaine
Corfélix
Ancne Abbe de Reclus
Talus-St Prix
Villevenard
Courjeonnet
Coizard
Aulnizeux
Pierre-Morains
Clamanges
le Mont
Soigny
les Culots
Pit Morin
le Bout-du-Val
Joches
la Carboniserie
Aulnay-aux-Planches
Charleville
St Prix
Marais de St Gond
Morains
Ecury-le-Repos
le Recoude
la Villeneuve-lès-Charleville
Soizy-aux-Bois
Oyes
Reuves
Bannes
la Grosse Ferme
Montgivroux
Broussy-le-Petit
le Mesnil
Normée
le Clos-le-Roi
Chapton
Mont
Mondement
Broussy-le-Grand
Forêt Gault
les Epees
Mont Août
Lenharrée
le Châtelot
l'Hermite
Les Essarts-lès-Sézanne
Lachy
Broyes
Allemant
Nozet
Fère-Champenoise
Chapelaine
Vassimont
le Val-Dieu
Verdey
Connantray-Vaurefroy
Haussimont
le Village
les Bordes
Péas
St Loup
Ste Sophie
Beauvais
Bois du Gril d'Arcan
Mœurs
Linthes
la Raccroche
Connantre
Forêt de la Loge à Gond
Launat
Sézanne
St Remy-s/s-Broyes
Linthelles
St Georges
Euvy
les Anclages
l'Espérance
Montépreux
le Meix-St Epoing
Vindey
Chichey
la Colombière
Ognes
Corroy
Gourgançon
Semoine
Tourraine
le Plessis
Bois de Saudoy
Saudoy
Gaye
Pleurs
Marigny-le-Petit
Courcelles
Forêt de la Traconne
l'Etoile
Choisel
Lancourt
Mon!
Marigny
Angluzelles
Fresnay
Tortepée
la Forestière
Bois de Barbonne
Barbonne-Fayel
Queudes
Thaas
Faux-Fresnay
Salon
Villiers-Herbisse
Herbisse
Varsovie
Villevotte
Villeneuve-St Vistre
la Chapelle-Lasson
Fontaine-Denis-Nuisy
Chenevières
Saussaie
Courcemain
Forêt de la Perthe
Bonne Voisine
Champfleury
Bethon
Chantemerle
St Quentin-le-Verger
la Celle-s/s-Chantemerle
Allemanche
St Saturnin
la Folie Godot
Montgenost
Charmoy
Launay
Marsangis
Vouarces
Allibaudières
Potangis
Beaugis
Soyer
Granges-s-Aube
Boulages
Villiers-aux-Corneilles
Baudement
Anglure
Saron-s-Aube
Montahon
Abbaye-s/s-Plancy
Plancy-l'Abbaye
Viâpres-le-Grd
Viâpres-le-Pit
Champigny-s-Aube
Esclavolles-Lurey
la Villeneuve-au-Châtelot
Marcilly-s-Seine
les Grèves
Bécheret
Longueville-s-Aube
Ormes
Périgny-la-Rose
Conflans-s-S.
St Just
Bagneux
Etrelles-s-Aube
Charny-le-Bachot
Rhèges
Bessy
Pouan-les-Vallées
Torcy-le-Grd
Barbenthal
Sauvage
Villette-s-Aube
Arcis-s-Aube
Sellières
Clesles
Crancey
Romilly-s-Seine
St Oulph
Maizières-
Poussey
Lion

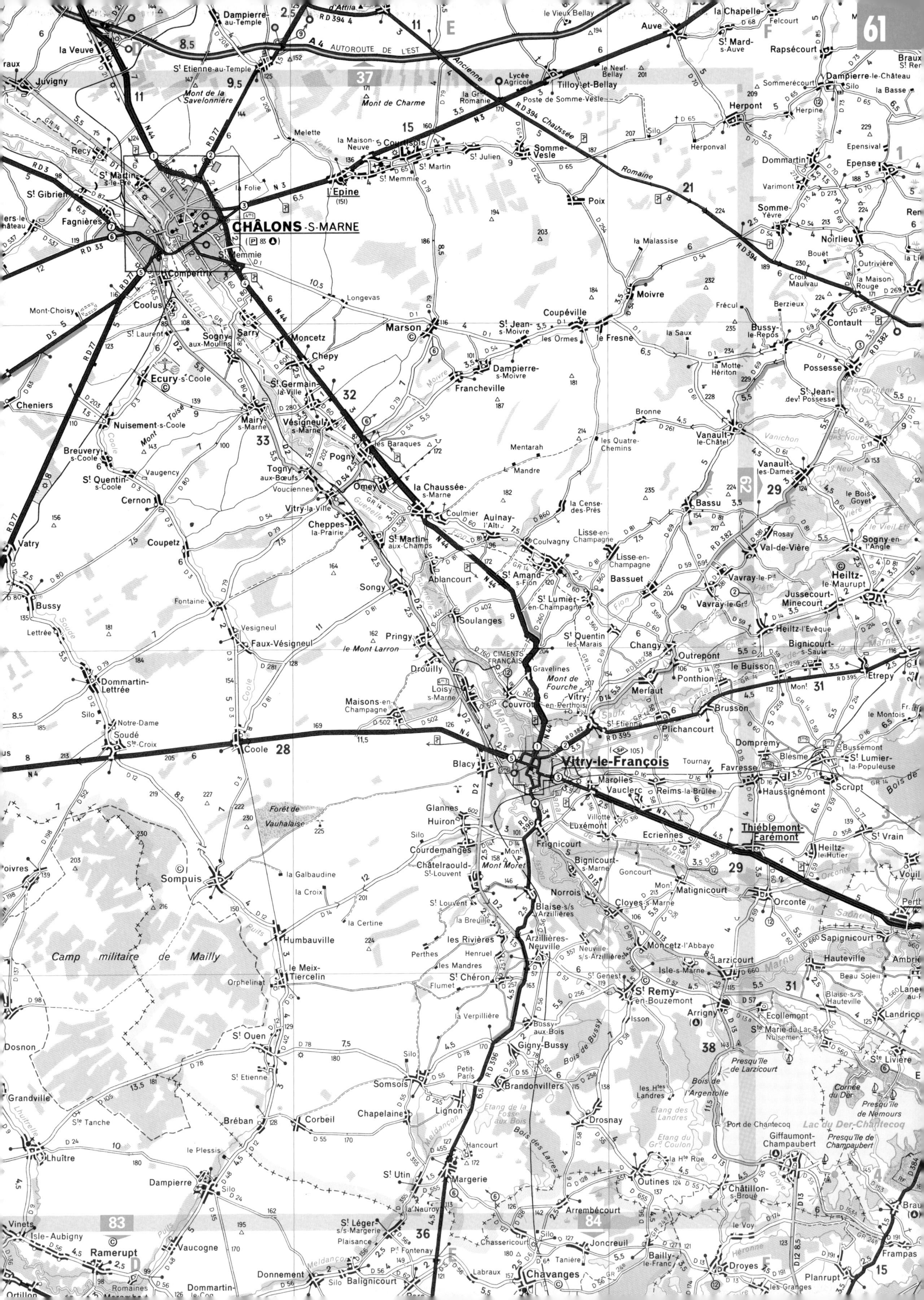
61
la Veuve
Juvigny
Dampierre-au-Temple
St Etienne-au-Temple
Mont de la Savelonnière
A 4 AUTOROUTE DE L'EST
Mont de Charme
le Vieux Bellay
Auve
la Chapelle-Felcourt
St Mard-s-Auve
Rapsécourt
Dampierre-le-Château
Lycée Agricole
Tilloy-et-Bellay
le Neuf-Bellay
la Gde Romanie
Poste de Somme-Vesle
Herpont
Sommerécourt
Herpine
la Basse
Recy
Melette
la Maison-Neuve
Courtisols
St Julien
Somme-Vesle
Herponval
Dommartin
Epensival
Epense
St Martin
St Memmie
Varimont
St Martin-s-le-Pré
St Gibrien
la Folie
l'Epine
Poix
Ancienne Chaussée Romaine
Somme-Yèvre
Noirlieu
Fagnières
CHÂLONS-S-MARNE
St Memmie
la Malassise
Bouët
Outrivière
Croix Maulvau
la Maison-Rouge
Compertrix
Longevas
Moivre
Mont-Choisy
Coolus
St Laurent
Sogny-aux-Moulins
Sarry
Moncetz
Chepy
Marson
St Jean-s-Moivre
Coupéville
les Ormes
le Fresne
Frécul
la Saux
Berzieux
Bussy-le-Repos
Contault
Ecury-s-Coole
St Germain-la-Ville
Dampierre-s-Moivre
Francheville
la Motte-Hériton
Possesse
Cheniers
Nuisement-s-Coole
Mairy-s-Marne
Mont Toisé
Vésigneul-s-Marne
Pogny
les Baraques
Bronne
Vanault-le-Châtel
St Jean-devt Possesse
Breuvery-s-Coole
St Quentin-s-Coole
Vaugency
Cernon
Togny-aux-Boeufs
Vouciennes
Omey
Vitry-la-Ville
la Chaussée-s-Marne
Mentarah
Mandre
les Quatre-Chemins
Vanault-les-Dames
Bassu
Cheppes-la-Prairie
St Martin-aux-Champs
Coulmier
Aulnay-l'Aître
Coulvagny
la Cense-des-Prés
Lisse-en-Champagne
Rosay
Val-de-Vière
Sogny-en-l'Angle
Vatry
Coupetz
Ablancourt
St Amand-s-Fion
Bassuet
Vavray-le-Pt
Vavray-le-Gd
Heiltz-le-Maurupt
Jussecourt-Minecourt
Bussy
Lettrée
Fontaine
Songy
Soulanges
St Lumier-en-Champagne
Vesigneul
Faux-Vésigneul
Pringy
le Mont Larron
CIMENTS FRANÇAIS
St Quentin-les-Marais
Changy
Heiltz-l'Evêque
Bignicourt-s-Saulx
Dommartin-Lettrée
Drouilly
Gravelines
Mont de Fourche
Outrepont
le Buisson
Ponthion
Etrepy
Loisy-s-Marne
Couvrot
Vitry-en-Perthois
Merlaut
Brusson
Maisons-en-Champagne
Notre-Dame
Soudé
Ste Croix
Coole
St Etienne
Plichancourt
Dompremy
Bussemont
Blesme
St Lumier-la-Populeuse
Blacy
Vitry-le-François
Tournay
Favresse
Marolles
Vauclerc
Reims-la-Brûlée
Haussignémont
Scrupt
Forêt de Vauhalaise
Glannes
Huiron
Villotte
Luxémont
Ecriennes
Thiéblemont-Farémont
Heiltz-le-Hutier
St Vrain
Courdemanges
Frignicourt
Bignicourt-s-Marne
Goncourt
Châtelraould-St-Louvent
Mont Moret
Sompuis
la Galbaudine
Norrois
Matignicourt
la Croix
Blaise-s/s-Arzillières
Cloyes-s-Marne
Orconte
la Certine
la Breuille
Camp militaire de Mailly
Humbauville
les Rivières
Perthes
Henruel
Arzillières-Neuville
Neuville-s/s-Arzillières
Moncetz-l'Abbaye
Larzicourt
Sapignicourt
Hauteville
Isle-s-Marne
Ambrieres
le Meix-Tiercelin
Orphelinat
les Mandres
St Chéron
Flumet
St Genest
St Remy-en-Bouzemont
Beau Soleil
Blaise-s/s-Hauteville
Isson
Arrigny
Ecollement
Landricourt
la Verpillière
Bussy-aux-Bois
Ste Marie-du-Lac-Nuisement
Dosnon
St Ouen
Gigny-Bussy
Bois de Bussy
Presqu'île de Larzicourt
Ste Livière
St Etienne
Somsois
Petit-Paris
Brandonvillers
les Htes Landres
Bois de l'Argentolle
Corrée du Der
Presqu'île de Nemours
Grandville
Ste Tanche
Bréban
Corbeil
Chapelaine
Lignon
Etang de la Fosse aux Bois
Drosnay
Etang des Landres
Port de Chantecoq
Lac du Der-Chantecoq
Giffaumont-Champaubert
Presqu'île de Champaubert
Lhuître
le Plessis
Hancourt
Etang du Gd Coulon
la Hte Rue
Dampierre
St Utin
Margerie
Outines
Châtillon-s-Broué
Vinets
Isle-Aubigny
Vaucogne
St Léger-s/s-Margerie
Plaisance
Pt Fontenay
Arrembécourt
Chassericourt
Joncreuil
le Voy
Ramerupt
Romaines
Donnement
Balignicourt
Labraux
Chavanges
Tanière
Bailly-le-Franc
Droyes
Planrupt
Frampas
les Granges
Dommartin-le-Coq
Ortillon

Moncets
Daucourt
Châtrices
Passavant-en-Argonne
Beaulieu-en-Argonne
Autrécourt-s-Aire
St André-en-Barrois
Rambluzin
Dampierre-le-Château
Braux-St Remy
Villers-en-Argonne
Waly
Fleury-s-Aire
Sommerécourt
Sivry-Ante
la Hotte
la Basse
le Chemin
Brizeaux
Foucaucourt-s-Thabas
Nubécourt
Heippes
Herpine
Ante
Eclaires
Grigny
Gumont
Aubercy
Bulainville
Bois Dahaie
Mondrecourt
le Vieil-Dampierre
Bournonville
Senard
Evres
Deuxnouds-devt Beauzée
Forêt de Meuse
Epensival
Dommartin
Epense
Triaucourt-en-Argonne
Beauzée-s-Aire
Amblaincourt
Rignaucourt
Benoite-Vaux
Varimont
la Neuville-aux-Bois
les Charmontois
Seraucourt
Issoncourt
(les Trois Domaines)
Somme-Yèvre
Remicourt
Givry-en-Argonne
Belval-en-Argonne
Pretz
les Anglecourt
Neuville-en-Verdunois
Noirlieu
Forêt de Belval
Sommaisne
Courcelles-s-Aire
Bouët
Outrivière
la Lieue
le Châtelier
Vaubécourt
la Vau Marie
Chaumont-s-Aire
Croix Maulvau
la Maison-Rouge
Yvraumont
Erize-la-Petite
Berzieux
St Mard-s-le-Mont
Bois de Monthiers
Bois de Laheycourt
les Merchines
Lamermont
Vaudoncourt
Rembercourt-aux-Pots
Longchamps-s-Aire
Bussy-le-Repos
Contault
la Vadivière
Sommeilles
la Tuilerie-des-Champs
Lisle-en-Barrois
Erize-la-Grande
Bois de la Grde Jurée
Yonval
Monthiers
Bois Murées
le Vt Monthier
Laheycourt
Bois des Argonnelles
Marat-la-Petite
Possesse
Bois Plantis
Noyers-le-Val
Auzécourt
Villotte-devt-Louppy
les Marats
St Jean-devt Possesse
Charmont
Nettancourt
Mon du Val
Bois de la Penthière
Louppy-le-Château
Louppy-s-Chée
Condé-en-Barrois
Génicourt-s/s-Condé
B. du Fays
Rosnes
Belrain
Villers-aux-Vents
Bois du Haraumont
Seigneulles
Erize-la-Brûlée
Vanault-les-Dames
Vernancourt
Hargeville-s-Chée
Brabant-le-Roi
Fontenoy
Petit Rumont
Vroil
Bettancourt-la-Longue
Revigny-s-Ornain
Laimont
le Haut Bois
B. des Chênes
Rumont
le Bois Goyet
Neuville-s-Ornain
Bussy-la-Côte
Chardogne
Lavallée
Rosay
Villers-le-Sec
Rancourt-s-Ornain
Forêt de Massonge
Vavincourt
Val-de-Vière
Sogny-en-l'Angle
Alliancelles
Venise
Varney
Erize-St Dizier
Heiltz-le-Maurupt
Remennecourt
Contrisson
Vassincourt
Mussey
Behonne
Rosières-devant-Bar
Naives-devant-Bar
Forêt de Geneviève
Jussecourt-Minecourt
Andernay
Mogneville
Fains-les-Sources
Géry
Heiltz-l'Evêque
Pargny-s-Saulx
Etabt Thermal
Sermaize-les-Bains
Couvonges
BAR-LE-DUC
Véelo
Resson
Loisey-C.
Bignicourt-s-Saulx
le Bois-du-Roi
Bois St Martin
Savonnières-devant-Bar
Culey
Salmagne
Etrepy
Beurey-s-Saulx
Combles-en-Barrois
Longeville-en-Barrois
Maurupt
le Bois Brulé
Robert-Espagne
Trémont-s-Saulx
Silmont
le Montois
Cheminon
Forêt du Haut Juré
Guerpont
Blesme
Bussemont
St Lumier-la-Populeuse
Brusson
les-Forges
le Fays
Forêt de Trois-Fontaines
Jean d'Heurs
Tannois
Nançois-s-Ornain
Haussignémont
Scrupt
Bois de Maurupt
Abbaye
Trois-Fontaines
Lisle-en-Rigault
Ville-s-Saulx
le Chêne
Tronville-en-Barrois
Velaines
Forêt
Brillon-en-Barrois
St Martin
Saudrupt
Bois de Montfromont
Bois de Velaines
St Vrain
Heiltz-le-Hutier
Camp militaire
Lombroie
Forêt de Jean d'Heurs
Haironville
Montplonne
Bazincourt-s-Saulx
Nant-le-Grand
Maulan
St Eulien
Baudonvilliers
Givrauval
Vouillers
Villiers-en-Lieu
Forêt de la Haie Renaut
Chancenay
Sommelonne
Rupt-aux-Nonains
Lavincourt
Nant-le Petit
Orconte
Perthes
St Dizier
Bettancourt-la-Ferrée
Stainville
Longeaux
la Bobotte
Ft de Valtierement-Jovilliers
la Houpette
Sapignicourt
Hallignicourt
St Dizier-le-Neuf
Bois de Charmois
Forêt de Ligny
Hauteville
Ambrières
Ancerville
Aulnois-en-Perthois
Fouchères-aux-Bois
Villers-le-Sec
Beau Soleil
Cousancelles
Jovilliers
Laneuville-au-Pont
les Côtes Noires
Ménil-s-Saulx
Blaise-s/s-Hauteville
Moëslains
Cousances-les-Forges
Savonnières-en-Perthois
Le Bouchon-s-Saulx
Hévilliers
Ecollemont
St Aubin
Landricourt
Valcourt
Marnaval
Chamouilley
Marie-du-Lac-&-Nuisement
Roches-s-Marne
Juvigny-en-Perthois
Ste Livière
Forêt
Dammarie-s-Saulx
Couvertpuis
Eurville
Brauvilliers
Eclaron
Humbécourt
Corrnée du Der
Presqu'île de Nemours
du Val
Bienville
Narcy
Forêt de Morley
Morley
Lac du Der-Chantecoq
le Val
(Domaine privé)
le Point de Vue
Allichamps
Giffaumont-Champaubert
Presqu'île de Champaubert
Prez-s-Marne
Bayard
Ruetz
Ruines Gallo-Romaines
Ecurey
Biencourt
Bois du
Forêt de Montiers
Ribeaucourt
Carref de Beaulieu
Villiers-aux-Bois
Champ-Gerbeau
Laneuville-à-Bayard
Fontaines-s-Marne
Val Paillard
Moutiers-s-Saulx
Louvemont
Gourzon
Sommeville
Chevillon
la Landre
le Bois-Lapierre
Troisfontaines
Avrainville
Braucourt
Flornoy
Rachecourt-s-Marne
Attancourt
Paroy-s-Saulx
Frampas
Wassy
Magneux
Breuil-s-Marne
le Val-d'Osne
le Val Louzet
Planrupt
Pont-Varin
Sommancourt
Bois de Mazières
les Granges
Voillecomte
Brousseval
Osne-le-Val
Effincourt
Curel

Ambly-s-Meuse
Ranzières
Vaux-lès-Palameix
St Maurice s/s-les-Côtes
Billy-s/s-les-Côtes
Dommartin-la-Chaussée
Dampvitoux
Haumont-lès-Lachaussée
Tilly-s-Meuse
Troyon
Dompierre-aux-Bois
Hattonchâtel
Hattonville
St Benoit-en-Woëvre
Charey
Rembercourt-s-Mad
Seuzey
Forêt de la Montagne
Bois de Dampvitoux
Bouquemont
Deuxnouds-aux-Bois
Vigneulles-lès-Hattonchâtel
Xammes
Jaulny
Lacroix-s-Meuse
Woimbey
Lamorville
Lavignéville
Creuë
Bois de Thiaucourt
Beney-en-Woëvre
Thiaucourt-Regniéville
Bannoncourt
Thillombois
Chaillon
Heudicourt
Lamarche-en-Woëvre
Bouillonville
Rouvrois-s-Meuse
Senonville
Forêt de Marcaulieu
Lahaymeix
Spada
Varvinay
Nonsard
Pannes
Viéville-en-Haye
Vilcey-s-Trey
Dompcevrin
Savonnières-en-Woëvre
Lac de Madine
Euvezin
Bois-Gérard
Essey-et-Maizerais
PARC RÉGIONAL DE LORRAINE
Maizey
Bois de Dompcevrin
Buxières s/s-les-Côtes
Buxerulles
Maizerais
Remenauville
Regniéville
Fey-en-Haye
Bois de Fresnes
Côte Ste Marie
Bois de Versel
Les Paroches
Forêt de Gaumont
Woinville
Butte de Montsec
Montsec
Lahayville
St Baussant
Bois de Mort Mare
Fresnes-au-Mont
Chauvoncourt
St Mihiel
Ménonville
Richecourt
Flirey
Limey-Remenauville
Mamey
Champ de tir
Marsoupe
Forêt de Hte Charrière
Forêt de Gobessart
Varnéville
Loupmont
Xivray-et-Marvoisin
Seicheprey
Lironville
Bislée
Ailly-s-Meuse
Han-s-Meuse
Bois d'Ailly
Forêt des Kœurs
Apremont-la-Forêt
Beaumont
Martincourt
Gézoncourt
Kœur-la-Pte
Forêt d'Apremont
Mandres-aux-4-Tours
Bernécourt
Noviant-aux-Prés
Brasseitte
St Agnant s/s-les-Côtes
Bouconville-s-Madt
Rambucourt
Hamonville
Grosrouvres
Manonville
Domèvre-en-Haye
Baudrémont
Marbotte
Bois de Belchêne
Sampigny
Mécrin
Liouville
Broussey-en-Woëvre
Ansauville
Minorville
Courcelles-en-Barrois
St Julien-s/s-les-Côtes
Raulecourt
Tremblecourt
Ménil-aux-Bois
Pont-s-Meuse
Boncourt-s-Meuse
Frémeréville-s/s-les-Côtes
Forêt de la Reine
Bois de Minorville
Vadonville
Girauvoisin
Gironville s/s-les-Côtes
Manoncourt-en-Woëvre
Grimaucourt-près-Sampigny
Lérouville
Royaumeix
Sanzey
Avrainville
Cousances-aux-Bois
Malaumont
Vignot
Jouy-s/s-les-Côtes
Andilly
Bois de Grimaucourt
Camp militaire
Commercy
Ménil-la-Tour
Rangeval
Boucq
Bois de Lagney
Bois de Chonville
Bois de Lérouville
Aulnois-s/s-Vertuzey
Chonville
Champ de Tir
Euville
Vertuzey
Bouvron
Francheville
Villey-St Etienne
Ernecourt
Lagney
Fort de Trondes
Domremy-aux-Bois
Ville-Issey
Forêt de Commercy
Forêt de Dommartin-aux-Fours
Forêt du Hasoy
Trondes
Lucey
Bruley
Nançois-le-Grand
St Aubin-s-Aire
Saulx-en-Barrois
Sorcy-St Martin
Sorcy-Gare
Troussey
Laneuveville-derrière-Foug
Bois de Pagney
Pagney-derrière-Barine
Mont St Michel
Laneuville-au-Rupt
Bois du Juré
Bois de Raumont
Ménil-la-Horgne
Bois de Palisse
Void
Pagny-s-Meuse
Foug
Grandmesnil
Ecrouves
Vaux-la-Grande
Bois de Voirut
Lay-St Rémy
Choloy-Ménillot
TOUL
Dommartin-lès-Toul
Oëy
Méligny-le-Grand
Braux
Vacon
Ourches-s-Meuse
Massey
Bois de Void
Vaux-la-Petite
Méligny-le-Petit
Naives-en-Blois
Bois de St Germain
Bois de Grammont
St Maurice
Chaudeney-s-Moselle
Chennevières
Bovée-s-Barboure
St Germain-s-Meuse
Val de Passey
Domgermain
Pierre-la-Treiche
Boviolles
Marson-s-Barboure
Broussey-en-Blois
Sauvoy
Ugny-s-Meuse
Gombervaux
Charmes-la-Côte
Bicqueley
Naix-aux-Forges
Reffroy
Bois de Touvigny
le Haut Bois
Rigny-la-Salle
Rigny-St Martin
Bois de Domgermain
Forêt de l'Essart
St Fiacre
Mont-le-Vignoble
Gye
Grand Bois de Marson
Villeroy-s-Méholle
Forêt de Vaucouleurs
Vaucouleurs
Tusey
Chalaines
Moutrot
St Joire
la Grangette
Mauvages
le Grand Bois
Forêt de Meine
Blénod-lès-Toul
Crézilles
Ochey
Demange-aux-Eaux
le Charmois
Montigny-lès-Vaucouleurs
Forêt de Montigny
Neuville-lès-Vaucouleurs
Gibeaumeix
Uruffe
Bulligny
Bois de la Dame
Bois d'Anciota
Baudignécourt
Rosières-en-Blois
Burey-en-Vaux
Sepvigny
Vannes-le-Châtel
Allamps
Bagneux
Barisey-la-Côte
Allain
Delouze
Gérauvilliers
Badonvilliers
Epiez-s-Meuse
Champougny
Pagny-la-Blanche-Côte
la Cristallerie
Housselmont
Houdelaincourt
Bois de Vauva
Abainville
Maxey-s-Vaise
Taillancourt
Montbras
Saulxures-lès-Vannes
Bois de Saulxures
Barisey-au-Plain
Colombey-les-Belles
Crépey
Bonnet
le Granit
la Grande Vallée
Forêt dite le Vau-Haton
Amanty
Traveron
Gondrecourt-le-Château
Burey-la-Côte
Mont-l'Etroit
Bois de Colombey
Bois de Selaincourt
Selaincourt
Tourailles-s/s-Bois
Bois de Burey
Sauvigny
Clérey-la-Côte
Autreville
Punerot
Harmonville
Saulxerotte
Mandres-en-Barrois
Horville-en-Ornois
Goussaincourt
Vouthon-Haut
Forêt
N 4
D 964
D 958
D 904
D 960
A 31
N 74
N 411

64
NANCY
Pont-à-Mousson
TOUL
Thiaucourt-Regniéville
PARC RÉGIONAL
DE LORRAINE
Nomeny
Delme
Dieulouard
Pompey
Frouard
Liverdun
Champigneulles
Maxéville
Malzéville
St Max
Essey
Tomblaine
Laxou
Villers
Vandœuvre
Jarville
Saulxures-lès-Nancy
Seichamps
Pulnoy
Houdemont
Ludres
Chavigny
Neuves-Maisons
Pont St Vincent
Varangéville
St Nicolas-de-Port
Dombasle-Meurthe
Custines
Malleloy
Bouxières-aux-Dames
Blénod
Jezainville
Montauville
Maidières
Fey-en-Haye
Vilcey-s-Trey
Martincourt
Domèvre-en-Haye
Manonville
Noviant-aux-Prés
Bernécourt
Flirey
Limey-Remenauville
Mamey
Lironville
Royaumeix
Ménil-la-Tour
Andilly
Avrainville
Jaillon
Aingeray
Sexey-les-Bois
Velaine-en-Haye
Fontenoy-s-Moselle
Gondreville
Dommartin-lès-Toul
Chaudeney-s-Moselle
Pierre-la-Treiche
Maron
Chaligny
Bicqueley
Gye
Moutrot
Blénod-lès-Toul
Crézilles
Ochey
Bulligny
Bagneux
Allain
Allamps
Colombey-les-Belles
Crépey
Germiny
Thélod
Xeuilley
Pierreville
Pulligny
Ceintrey
Voinémont
Houdreville
Hammeville
Vézelise
Tantonville
Haroué
Crantenoy
Bayon
Lorey
Haussonville
Romain
Crévéchamps
Tonnoy
Ferrières
Flavigny-s-Moselle
Richardménil
Azelot
Lupcourt
Manoncourt-en-Vermois
Rosières-aux-Salines
Art-s-Meurthe
Laneuveville-devant-Nancy
Fléville-devant-Nancy
Heillecourt
Messein
Méréville
Bainville-s-Madon
Maizières
Viterne
Thuilley-aux-Groseilles
Forêt de Haye
Bois de Faulx
Forêt de Champenoux
Amance
Champenoux
Laneuvelotte
Cerville
Buissoncourt
Lenoncourt
Haraucourt
Sommerviller
Crévic
Mazerulles
Eulmont
Agincourt
Dommartemont
Lay-St Christophe
Faulx
Montenoy
Leyr
Moivrons
Jeandelaincourt
Sivry
Belleau
Millery
Autreville-s-Moselle
Ville-au-Val
Landremont
Bezaumont
Loisy
Ste Geneviève
Atton
Mousson
Morville-s-Seille
Eply
Raucourt
Clémery
Létricourt
Aulnois-s-Seille
Chenicourt
Ajoncourt
Fossieux
Arraye-et-Han
Manhoué
Abaucourt
Lanfroicourt
Bey-s-Seille
Bioncourt
Vigny
Buchy
Luppy
Béchy
Solgne
Louvigny
Cheminot
Sillegny
Pagny-lès-Goin
Goin
Vandières
Pagny-s-Moselle
Prény
Arnaville
Vittonville
Champey-s-Moselle
Jaulny
Xammes
Charey
Rembercourt-s-Mad
Euvezin
Viéville-en-Haye
Regniéville
Remenauville
Lucey
Bruley
Pagney-derrière-Barine
Écrouves
Lagney
Bouvron
Francheville
Villey-St Etienne
Manoncourt-en-Woëvre
Grosrouvres
Minorville
Tremblecourt
Rogéville
Villers-en-Haye
Griscourt
Saizerais
Rosières-en-Haye
Marbache
Belleville
Moselle
A 31
A 33
N 4
N 57
N 74
N 411

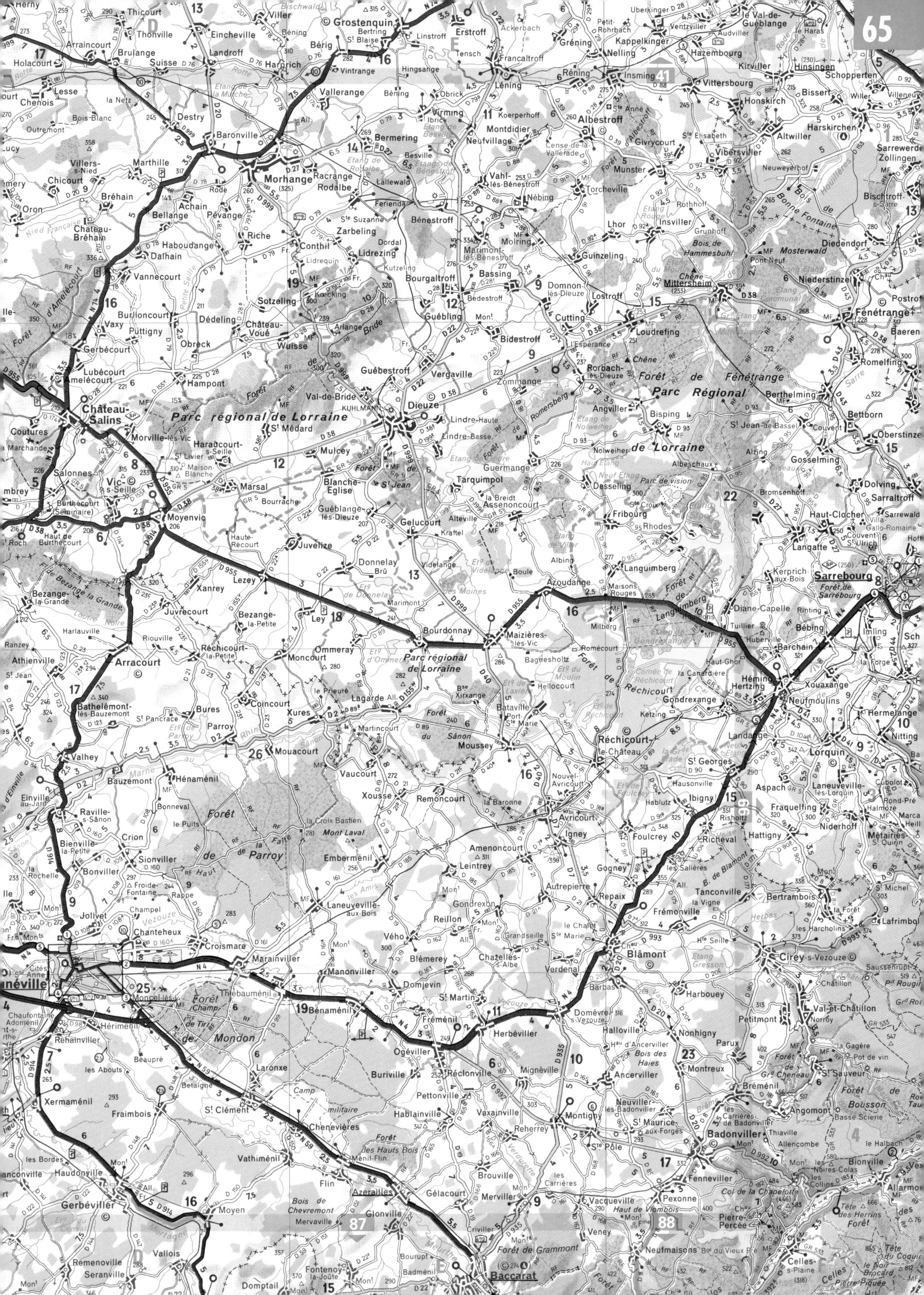
Grostenquin
Morhange
Château-Salins
Vic-s-Seille
Moyenvic
Marsal
Dieuze
Parc régional de Lorraine
Forêt de Fénétrange
Parc Régional de Lorraine
Albestroff
Mittersheim
Fénétrange
Sarrebourg
Réchicourt-le-Château
Arracourt
Blâmont
Cirey-s-Vezouze
Badonviller
Baccarat
Lunéville
Gerbéviller
Azerailles
Forêt de Parroy
Forêt de Mondon
Forêt de Grammont
Camp militaire
Tarquimpol
Lindre-Haute
Lindre-Basse
Vergaville
Bénestroff
Insming
Sarre-Union
Hinsingen
Diedendorf
Niederstinzel
Bettborn
Héming
Lorquin
Avricourt
Domèvre-s-Vezouze
Bénaménil
Croismare
Marainviller
Chanteheux
Einville-au-Jard
Valhey
Xermaménil
Moyen
Vallois
Pexonne
Celles-s-Plaine
Pierre-Percée
Col de la Chapelotte
Mont Laval
41
87
88

PARC RÉGIONAL DES
VOSGES DU NORD
Keskastel
Vœllerdingen
Schlosshoff
Kirrwiller
Hinsingen
Schopperten
Domfessel
Lorentzen
Diemeringen
Ratzwiller
Volksberg
Pierre des 12 Apôtres
Scheidwald
Forêt de la Petite Pierre
Honskirch
Bissert
Sarre-Union
Rimsdorf
Waldhambach
Rosteig
Wingen-s-Moder
Reipertswiller
Lichtenberg
Forêt d'Offwiller
Altwiller
Harskirchen
Mackwiller
Weislingen
Frohmuhl
Puberg
Wimmenau
Rothbach
Ingwiller
Sarrewerden
Zollingen
Thal-Drulingen
Rexingen
Tieffenbach
Hinsbourg
Zittersheim
Hochkopf
Neuweyerhof
Bonne Fontaine
Bois de
Adamswiller
Durstel
Struth
Erckartswiller
Sparsbach
Bischtroff-s-Sarre
Burbach
Berg
Asswiller
Petersbach
Weinbourg
Menchhoffen
Mosterwald
Diedendorf
Wolfskirchen
Gungwiller
Bettwiller
Drulingen
La Petite-Pierre
Weiterswiller
Uttwiller
Pont Neuf
Niederstinzel
Eywiller
Ottwiller
Lohr
Obersoultzbach
Niedersoultzbach
Eschwiller
Weyer
Postroff
Fénétrange
Hirschland
Siewiller
Veckersviller
Schœnbourg
Bust
Petite Pierre Sud
Neuwiller-lès-Saverne
Bouxwiller
Kirrwiller
Baerendorf
Romelfing
Kirrberg
Schalbach
Hangviller
Eschbourg
Réserve de Chasse
Forêt de Bouxwiller
Dossenheim-s-Zinsel
Griesbach-le-Bastberg
Riedheim
Bosselshausen
Fénétrange
Berthelming
Hellering-lès-Fénétrange
Rauwiller
Metting
Bickenholtz
Vescheim
Pfalzweyer
Berling
Vilsberg
Ernolsheim-lès-Saverne
Imbsheim
Hattmatt
Printzheim
Geiswiller
Zœbersdorf
St Jean-de-Bassel
Bettborn
Gœrlingen
Fleisheim
Wintersbourg
Gottesheim
Wickersheim
Oberstinzel
Gosselming
Vieux-Lixheim
Zilling
Buchelberg
St Michel
St Jean-Saverne
Scherlenheim
Dolving
Sarraltroff
Hilbesheim
Hérange
Lixheim
Mittelbronn
Phalsbourg
Eckartswiller
Col de Saverne
Monswiller
Steinbourg
Dettwiller
Wilwisheim
Haut-Clocher
Brouviller
St Jean-Kourtzerode
Bourscheid
Danne-et-Quatre-Vents
Ottersthal
Réding
Dannelbourg
Langatte
Kerprich-aux-Bois
Sarrebourg
Forêt de Sarrebourg
Hommarting
Waltembourg
Lutzelbourg
Haut-Barr
Saverne
Waldowisheim
Lupstein
Littenheim
Buhl-Lorraine
Henridorff
Otterswiller
Gottenhouse
Altenheim
Duntzenheim
Furchhausen
Diane-Capelle
Bébing
Arzviller
Hultehouse
Haegen
Thal-Marmoutier
Schwenheim
Wolschheim
Friedolsheim
Imling
Schneckenbusch
Niderviller
St Louis
Garrebourg
Lochwiller
Saessolsheim
Barchain
Guntzviller
Marmoutier
Reutenbourg
Landersheim
Héming
Hertzing
Xouaxange
Brouderdorff
Hasse
Haselbourg
Rocher du Nutzkopf
Forêt de Saverne
Dimbsthal
Singrist
Zehnacker
Zeinheim
Willgottheim
Neufmoulins
Hermelange
Plaine-de-Walsch
Hommert
Reinhardsmunster
Jetterswiller
Rangen
Forêt de Hesse
Nitting
Troisfontaines
Schaeferhof
Harreberg
Hengwiller
Birkenwald
Salenthal
Allenwiller
Crastatt
Hohengœft
Wintzenheim-Kochersberg
Landange
Lorquin
Hartzviller
Biberkirch
Walscheid
Dabo
Rocher de Dabo
Obersteigen
Romanswiller
Wasselonne
Kuttolsheim
Aspach
Laneuveville-lès-Lorquin
Voyer
Abreschviller
Engenthal
Cosswiller
Marlenheim
Fraquelfing
Niderhoff
Vasperviller
Wangenbourg
Hattigny
Métairies-St Quirin
St Quirin
Forêt de Walscheid
Forêt d'Engenthal
Westhoffen
Kirchheim
Odratzheim
Bertrambois
Lafrimbolle
Schneeberg
Windsbourg
Forêt d'Oedenwald
Traenheim
Balbronn
Irmstett
Bergbieten
Dahlenheim
Cirey-s-Vezouze
Forêt d'Abreschviller
Château et Cascade du Nideck
Rocher du Pfaffenlapp
Flexbourg
Dangolsheim
Soultz-les-Bains
Wolxheim
Val-et-Châtillon
Turquestein-Blancrupt
Forêt de St Quirin
Grossmann
Porte de Pierre
Oberhaslach
Heiligenberg
Dinsheim
Mutzig
Avolsheim
Petitmont
Rocher de Mützig
Niederhaslach
Urmatt
Gresswiller
Lutzelhouse
Muhlbach-s-Bruche
Forêt de Guirbaden
Mollkirch
Rosheim
Bréménil
St Sauveur
Forêt de Bousson
Angomont
Raon-lès-Leau
Raon-s-Plaine
Donon
Col du Donon
Wisches
Schirmeck
Grendelbruch
Signal de Grendelbruch
Klingenthal
Forêt de Rosheim
Boersch
St Léonard
Ober
Vexaincourt
Bionville
Luvigny
Grandfontaine
Wackenbach
Barembach
Allarmont
Bois Sauvages
Tête des Blanches Roches
La Broque
Rothau
Natzwiller
Ottrott
Bernardswiller
Forêt d'Obernai
Mont-Ste Odile
St Nabor
Goxwiller
Heiligenstein
Celles-s-Plaine
Val de Senones
Les Quelles
Wildersbach
Neuviller-la-Roche
Solbach
Neuntelstein
Le Donon

Frœschwiller
Gœrsdorf
Wœrth
Soultz-s/s-Forêts
Hermerswiller
Aschbach
Crœttwiller
Eberbach-Seltz
Oberbronn
Reichshoffen
Merkwiller-Pechelbronn
Dieffenbach-les-Wœrth
Kutzenhausen
Hohwiller
Leiterswiller
Kuhlendorf
Hoffen
Stundwiller
Buhl
Oberrœdern
Niederrœdern
Schaffhouse-près-Seltz
Oberdorf
Rittershoffen
Surbourg
Reimerswiller
Hatten
Eberbach
Gunstett
Biblisheim
Seltz
Zinswiller
Schirlenhof
Morsbronn-les-Bains
Forstheim
Schwabwiller
Betschdorf
Kesseldorf
Gundershoffen
Durrenbach
Hegeney
Laubach
Hinterfeld
Walbourg
Uttenhoffen
Engwiller
Griesbach
Beinheim
Eschbach
Koenigsbruck
Forstfeld
Kauffenheim
Rastatt
Wintersdorf
Mietesheim
Mertzwiller
Kindwiller
Bitschhoffen
Uberach
FORÊT DE HAGUENAU
Bruderhaus
St Arbogast
Chêne
Leutenheim
Roppenheim
Barrage d'Iffezheim
Iffezheim
Haguenau
Niedermodern
Krantzhubel
Soufflenheim
Rœschwoog
Neuhaeusel
Dauendorf
Marxenhouse
Rountzenheim
Auenheim
Sandweier
Uhlwiller
Schweighouse-s-Moder
Camp militaire
Schirrhein
Schirrhoffen
Sessenheim
Fort-Louis
Stattmatten
Hügelsheim
Morschwiller
Grassendorf
Ettendorf
Niederaltdorf
Ohlungen
Keffendorf
Musau
Weinumshof
Dengolsheim
Söllingen
Huttendorf
Berstheim
Wintershouse
Harthouse
Kaltenhouse
Oberhoffen-s-Moder
Dalhunden
Alteckendorf
Minversheim
Batzendorf
Forêt de Weitbruch
Marienthal
Bischwiller
Drusenheim
Stollhofen
Schiftung
Sinzheim
Wittersheim
Niederschaeffolsheim
Rohrwiller
Leiberstung
Halberstung
Gebolsheim
Hochstett
Birckwald
Gries
Greffern
Wahlenheim
Kriegsheim
Hochfelden
Mommenheim
Bernolsheim
Rottelsheim
Weitbruch
Herrlisheim
RAFF.ie DE PÉTROLE
Grauelsbaum
Schwarzach
Oberbruch
Weitenung
Schwindratzheim
Silo
Kurtzenhouse
Hildmannsfeld
Ulm
Moos
Steinbach
Waltenheim-s-Zorn
Krautwiller
Brumath
Lichtenau
Mutzenhouse
Geudertheim
Weyersheim
Offendorf
Helmlingen
Scherzheim
Balzhofen
Hohfrankenheim
Wingersheim
Stephansfeld
Bietlenheim
Oberweier
Donnenheim
Hop. Psychque
Muckenschopf
Bühl
Bilwisheim
Zorn
Hatzenweier
Kappelwindeck
Hohatzenheim
Mittelhausen
Mittelschaeffolsheim
Gambsheim
Unzhurst
Hœrdt
Memprechtshofen
Michelbuch
Gimbrett
Olwisheim
Forêt de Geudertheim
Rumersheim
le Ried
Bde de Gambsheim
Ottersweier
Walzfeld
Eckwersheim
Kilstett
Kienheim
Durningen
Freistett
Litzloch
Sasbachried
Reitwiller
Berstett
Rheinau
Gamshurst
Hesselbach
Vendenheim
Truchtersheim
Pfettisheim
RAFFINERIE DE PÉTROLE
la Wantzenau
Diersheim
Rheinbischofsheim
Großweier
Sasbach
Kloster Sanat.
Lampertheim
Reichstett
Honau
Hausgereut
Achern
Obersasbach
Kleinfrankenheim
Pfulgriesheim
Schnersheim
Hohbuhn
Sasbachwalden
Souffelweyersheim
Behlenheim
Wiwersheim
Wagshurst
Fautenbach
Mundolsheim
Griesheim
Sandweg
Oberachern
Offenheim
Stutzheim
Hœnheim
Fuchs-am-Buckel
Holzhausen
Leutesheim
Dingsheim
Niederhausbergen
Bischheim
Önsbach
Kappelrodeck
Quatzenheim
Mittelhausbergen
Oberhausbergen
Korker Wald
Zierolshofen
Furschenbach
Hurtigheim
Schiltigheim
Auenheim
la Robertsau
Mosbach
Waldulm
Ittenheim
Bodersweier
Querbach
Kaier
Renchen
Ulm
Cronenbourg
STRASBOURG
Weingarten
Oberberg
Handschuheim
Oberschaeffolsheim
Koenigshoffen
Haslach
Reiersbach
Bolzhurst
Legelshurst
Ottenhöfen
Neumühl
Kork
Urlöffen
Erlach
Wolfisheim
Eckbolsheim
Achenheim
Stadelhofen
Hubneck
Ringelbach
Neudorf
Zimmern
Kehl
Odelshofen
Tiergarten
Wolfhag
Gaisbach
Rœthig
Lingolsheim
Hangenbieten
Sundheim
Neusand
Zusenhofen
Oberkirch
Hilzen
Denkmäler
Kolbsheim
Holtzheim
Willstätt
Sand
Appenweier
Lautenbach
Ostwald
la Meinau
Neuhof
Maisenbühl
Nussbach
Eckartsweier
Herztal
Sulzbach
Stockfeld
Windschläg
Nesselried
Butschbach
Bottenau
Hubach
Duppigheim
Entzheim
Illkirch-Graffenstaden
la Ganzau
Marlen
Hesselhurst
Griesheim
Ebersweier
Staufenberg
Odsbach
Rams
Goldscheuer
Bohlsbach
Unterweiler
Hesselbach
Heimbach
Obertal
Geispolsheim
Gloeckelsberg
Blaesheim
Fort Uhrich
Kittersburg
Durbach
Rammersweier
Zell-Weierbach
Fegersheim
Eschau
Hohnhurst
Walters-Weier
Offenburg
Riedle
Brandeck-Kopf
Moos
Innenheim
Lipsheim
Ohnheim
Wibolsheim
Fessenbach
Kafersberg
Hohenberg
Rieth
Hindisheim
Ichtratzheim
Plobsheim
Altenheim
Müllen
Schutterwald
Langhurst
Waltersweier
Hinterohlsbach
Schwärzenbach
Krautergersheim
Hipsheim
Ludan
Neuried
Dundenheim
Kempferhof
Ortenberg
Hohes-Horn
Freudental
Höllhof
Wald
Nordhouse
Thumenau
Hofen
Marienhof
Ebersweier
Weisenbach
Haigerach
Sondersbach
Schönwald
Limersheim
Elgersweier
Ohlsbach
Reichenbach
St Blaise
Ichenheim
Zunsweier
Gengenbach
Schaeffersheim
Bolsenheim
Erstein-Gare
Erstein
Krafft
Meissenheim
Ottenweierhof
Schutterzell
Hofweier
Hohberg
Berghaupten
Rüttihof
Niederschopfheim
Lindach
Brückenhäuser
Hoch-Kopf
Nordrach
Schwaibach
Sanatorium
Täschenkopf
Uttenheim
E.D.F.
Bge de Gerstheim
RHIN
43
89

Quimper

Astor (R.)	AYZ	2
Chapeau-Rouge (R. du)	AY	9
Kéréon (R.)	AY	
Kerguélen (Bd de)	BZ	23
Parc (R. du)	ABZ	34
St-François (R.)	BZ	45
St-Mathieu (R.)	AZ	47
Beurre (Pl. au)	BY	4
Boucheries (R. des)	BY	6
Guéodet (R. du)	BY	16
Jacob (Pont Max)	AZ	18
Le Hars (R. Th.)	BZ	24
Locmaria (Allées)	AZ	26
Luzel (R.)	BY	28
Mairie (R. de la)	BY	29
Résistance et du Gén. de Gaulle (Pl. de la)	AZ	40
Ronarc'h (R. Amiral)	AZ	42
St-Corentin (Pl.)	BZ	43
Ste-Catherine (R.)	BZ	48
Sallé (R. du)	BY	52
Steir (Q. du)	AZ	53
Terre-aux-Ducs (Pl.)	AY	54
Tourbie (Pl. de la)	BY	57

Rumengol
Brasparts
Lannédern
Loqueffret
Plouyé
Lopérec
Pont-de-Buis-lès-Quimerch
St Ségal
le Cloître-Pleyben
Plonévez-du-Faou
Carhaix-Plouguer
Châteaulin
Port-Launay
Pleyben
Cléden-Poher
Landeleau
Lennon
Châteauneuf-du-Faou
Spézet
N.D. du Crann
Lothey
Gouézec
St Thois
St Goazec
Roc de Toullaëron
Roche du Feu
Montagnes Noires
Laz
Forêt de Laz
Gourin
Quéménéven
St Venec
Briec
Edern
Trégourez
Leuhan
Roudouallec
Landrévarzec
Quilinen (calvaire)
Langolen
Landudal
Coray
Site du Stangala
Guiscriff
Scaër
Tourch
Elliant
Ergué-Gabéric
QUIMPER
St Yvi
Rosporden
Forêt de Coat-Loc'h
Kernevel
Bannalec
St Thurien
St Evarzec
Gouesnach
la Forêt-Fouesnant
Fouesnant
Melgven
Cap-Coz
Baie de la Forêt
Bénodet
Concarneau
Beg-Meil
Trégunc
Nizon
Pont-Aven
Quimperlé
Baye
Riec-s-Bélon
Névez
Raguenès-Plage
Port-Manech
Moëlan-s-Mer
Clohars-Carnoët
Forêt de Carnoët
Anse de Bénodet
Pte de Mousterlin
Pte de la Jument
Pte de Trévignon
Iles de Glénan
Ile aux Moutons
Ile Raguenès
Baie de Kerogan
Clohars-Fouesnant
Pleuven
Combrit
Pte Bénodet
Mellac
Bélon
45
46
70
90

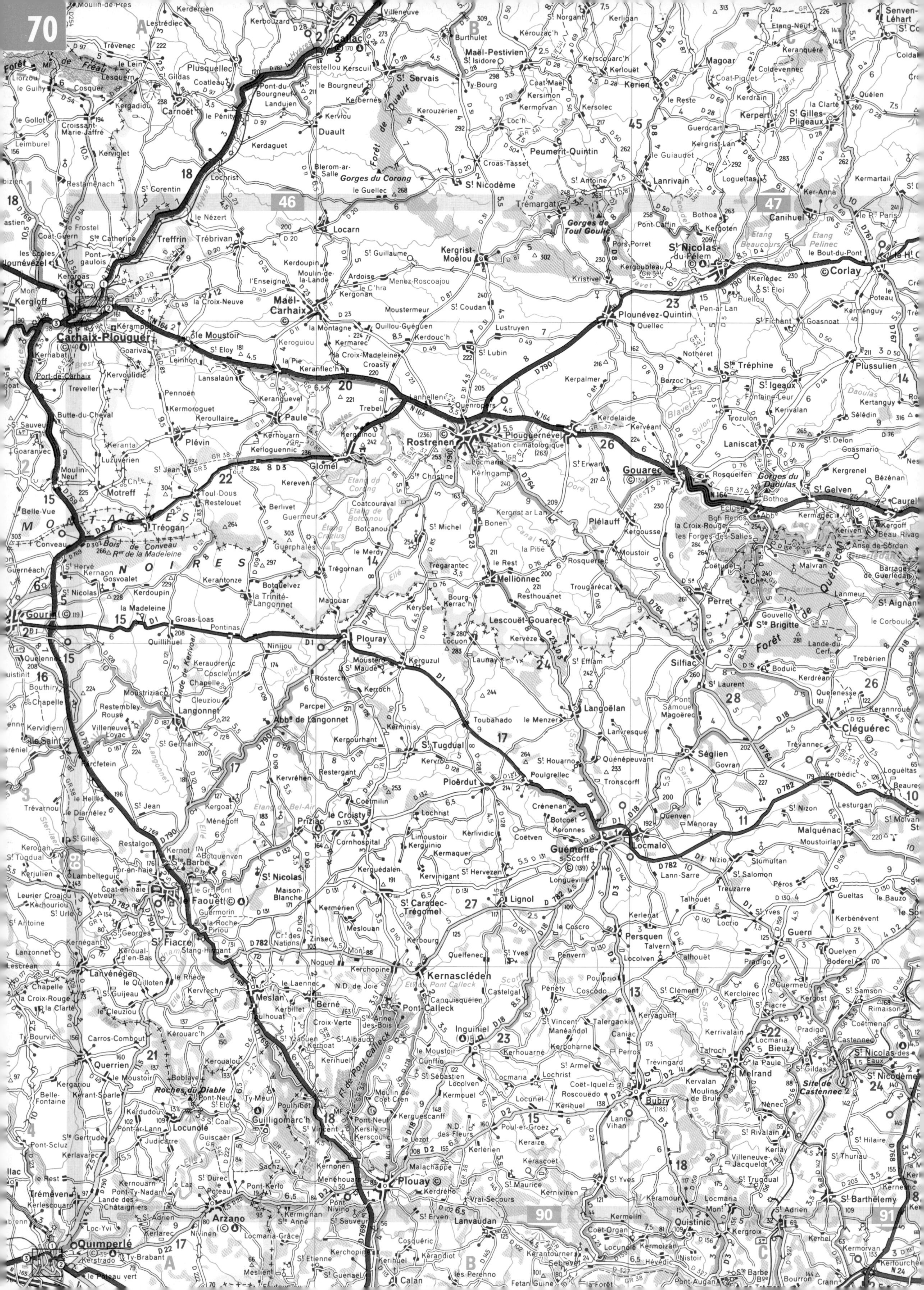

A B C

46 47 69 90 91

Callac
Maël-Pestivien
St Servais
Duault
Kerien
Magoar
St Gilles-Pligeaux
Peumerit-Quintin
Lanrivain
St Nicodème
Canihuel
Trémargat
Gorges de Toul Goulic
Locarn
Kergrist-Moëlou
St Nicolas-du-Pélem
Corlay
Carhaix-Plouguer
Maël-Carhaix
Plounévez-Quintin
Treffrin
Trébrivan
Le Moustoir
Paule
Plévin
Rostrenen
Plouguernével
Glomel
Gouarec
St Gelven
Laniscat
Plélauff
Motreff
Tréogan
Montagnes Noires
Mellionnec
Lescouët-Gouarec
Perret
Ste Brigitte
Forêt de Quénécan
Lac de Guerlédan
Gourin
Plouray
Silfiac
Langoëlan
Cléguérec
Langonnet
Abbaye de Langonnet
St Tugdual
Séglien
Ploërdut
Locmalo
Guémené-sur-Scorff
Priziac
Le Croisty
Malguénac
Le Faouët
St Caradec-Trégomel
Lignol
Persquen
Guern
St Fiacre
Kernascléden
Lanvénégen
Meslan
Berné
Pont-Calleck
Inguiniel
Bieuzy
Melrand
St Nicolas-des-Eaux
Querrien
Roches du Diable
Locunolé
Guilligomarc'h
Bubry
Site de Castennec
Plouay
Arzano
Lanvaudan
Quistinic
St Barthélemy
Quimperlé
Calan

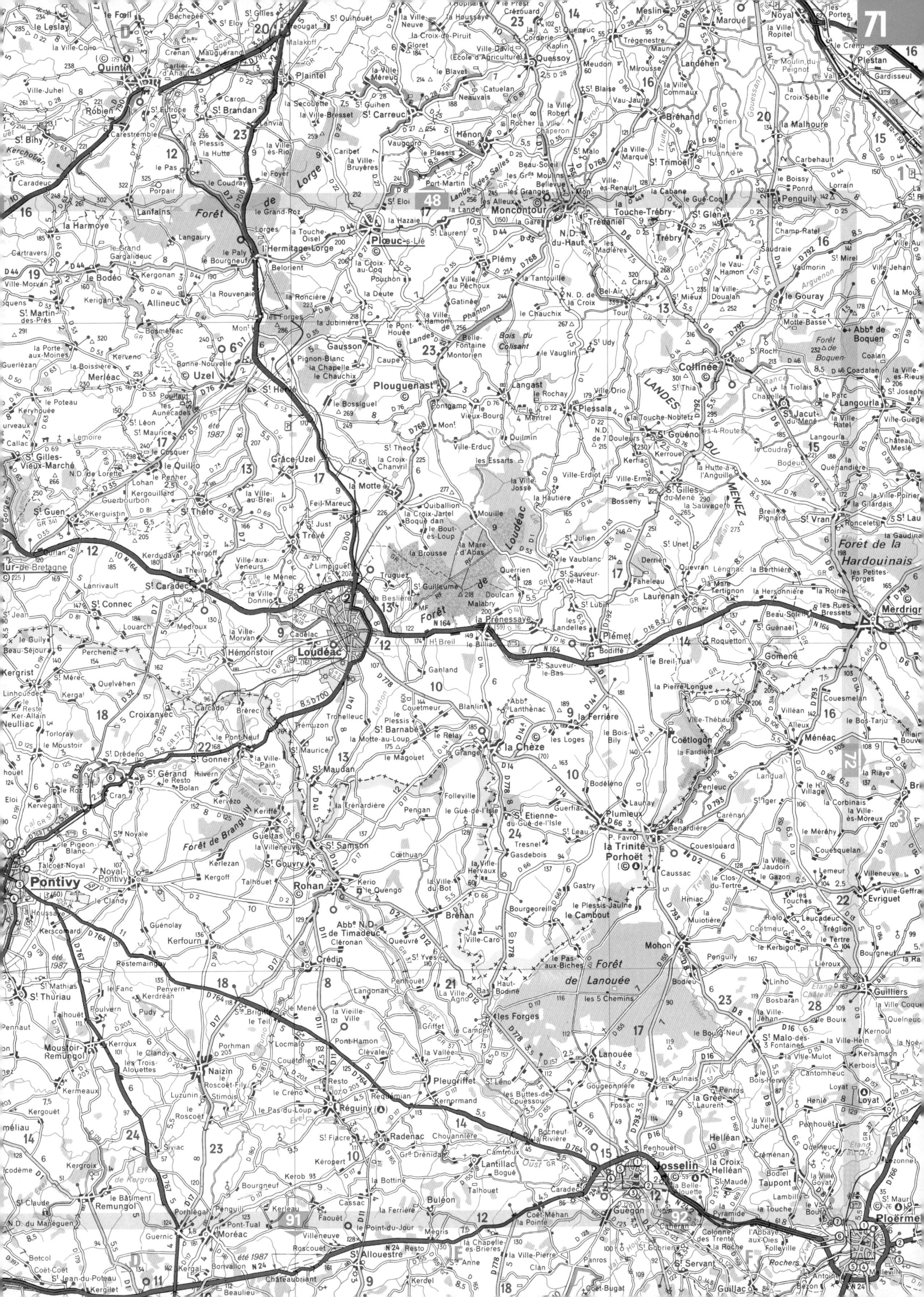
Quintin
Plaintel
Quessoy
Moncontour
Plœuc-s-Lié
Plémy
Uzel
Allineuc
Merléac
Plouguenast
Langast
Plessala
Collinée
Loudéac
St Caradec
Hémonstoir
Plémet
La Chèze
Coëtlogon
Ménéac
Merdrignac
Forêt de la Hardouinais
Forêt de Loudéac
Forêt de Lorge
Forêt de Branguily
Forêt de Lanouée
Landes du Menez
Pontivy
Noyal-Pontivy
Rohan
Crédin
Bréhan
St Samson
Gueltas
Naizin
Réguiny
Radenac
Pleugriffet
La Trinité Porhoët
Mohon
Lanouée
Josselin
Guégon
Guilliers
Ploërmel
Moréac
Remungol
Moustoir-Remungol
St Thuriau
St Allouestre
Buléon
Lantillac
St Servant
Guillac
St Gouéno
St Jacut-du-Mené
Langourla
St Vran
Trébry
St Glen
Penguily
Plestan
Landéhen
Bréhand
Hénon
St Carreuc
St Brandan
Lanfains
Le Bodéo
St Guen
St Gonnery
St Gérand
Croixanvec
St Barnabé
Cadélac
St Maudan
St Gouvry
Kerfourn
St Thélo
Le Quillio
St Connec
Gomené
Laurenan
St Malo-des-3 Fontaines
Lanouée
Evriguet
Loyat
Taupont
Helléan
La Croix Helléan

DINAN
Lanvallay
Pledéliac
Rieul
Plestan
Plélan-le-Petit
St Maudez
Aucaleuc
Vildé-Guingalan
Trélivan
Léhon
Tressaint
St Solen
St Helen
St Pierre-de-Plesguen
Quercy
Jugon-les-Lacs
Tramain
Landes de Plélan
Trébédan
Bobital
Calorguen
Plesder
Languédias
Brusvily
le Hinglé
Trévron
Pleugueneuc
la Bourbansais
Langouhèdre
Dolo
Mégrit
Plenée-Jugon
Tréméur
Trédias
Yvignac
Plumaudan
St André-des-Eaux
Evran
Trévérien
Sévignac
Broons
St Juvat
le Quiou
St Judoce
Rouillac
Guenroc
Tréfumel
St Maden
St Thual
Trimer
Abbaye de Boquen
Ereac
Lanrelas
Caulnes
Guitté
Plouasne
Longaulnay
Bécherel
Miniac-s/s-Bécherel
Montmuran
les Iffs
Mérillac
Plumaugat
St Jouan-de-l'Isle
Médréac
Quédillac
Landujan
Irodouer
Forêt de la Hardouinais
Merdrignac
Trémorel
St Méen-le-Grand
Forêt de Montauban
Montauban
la Chapelle-du-Lou
Romillé
Loscouët-s-Meu
St Onen-la-Chapelle
Boisgervilly
St Uniac
Bédée
Pleumeleuc
Illifaut
Gaël
St Maugan
Iffendic
Montfort
Breteil
Brignac
Muel
Bléruais
St Gonlay
Talensac
Cintré
Mauron
St Léry
Concoret
St Malon-s-Mel
Monterfil
Mordelles
Comper
Tombeau de Merlin
Fontaine de Jouvence
Paimpont
St Péran
Forêt de Paimpont (Domaine privé)
Guilliers
Néant-s-Yvel
Tréhorenteuc
Treffendel
Bréal-s/s-Montfort
St Thurial
Plélan-le-Grand
Maxent
Baulon
Goven
Camp de Coëtquidan
Beignon
Campénéac
Lassy
Ploërmel
Augan
Coëtquidan-St Cyr
St Malo-de-Beignon
Loutehel
Campel
Guichen
N 12-E 50
N 24
N 164
N 176

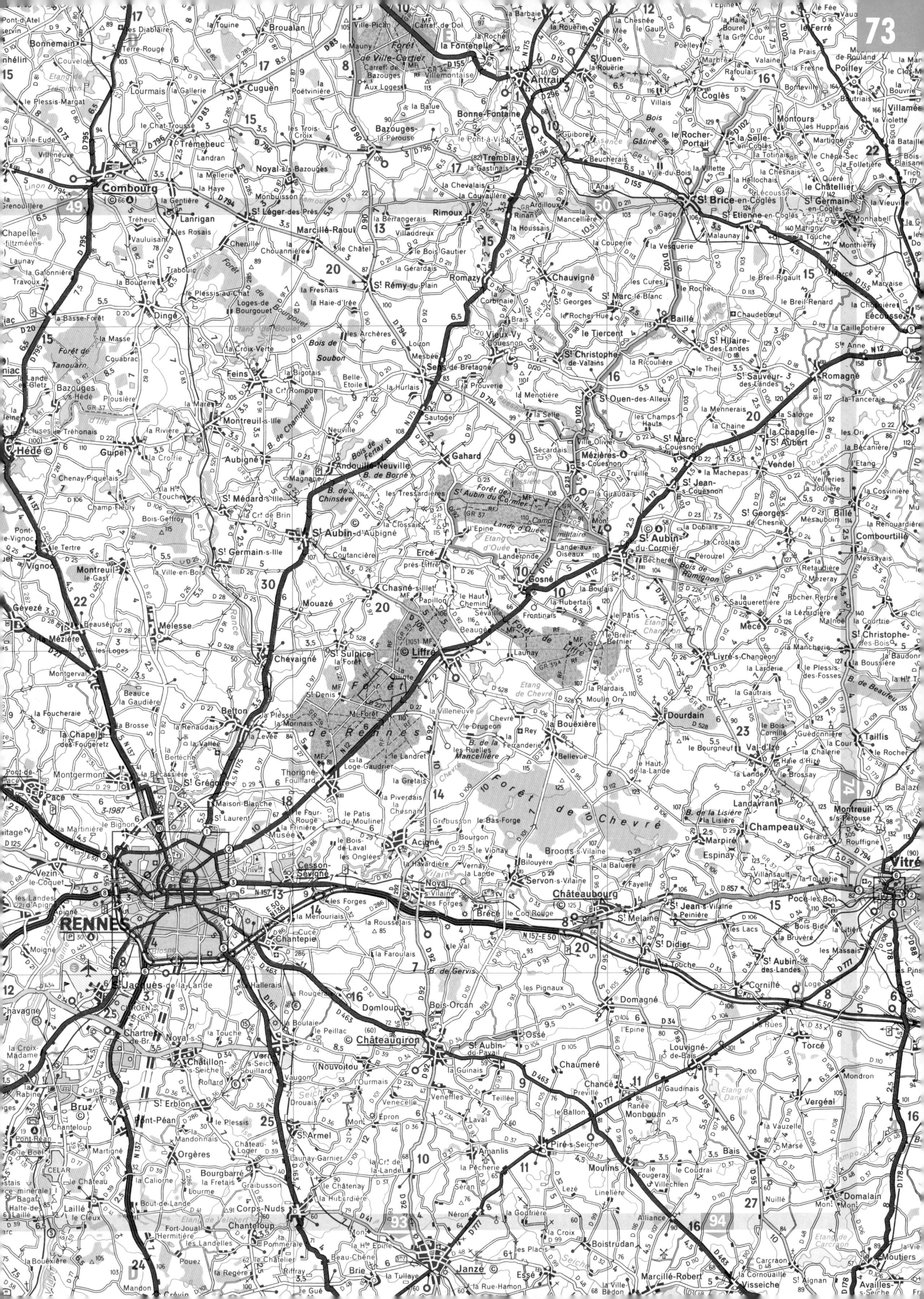

Pont-d'Atel
les Diablaires
la Touine
Broualan
Ville-Picart
Carref. de Dol
la Barbaie
la Rouerie
la Chesnée
le Mée
le Gault
l'Epine
la Haie-Bourel
la Gde Cour
le Ferré
Bonnemain
Terre-Rouge
Forêt de Ville-Cartier
la Fontenelle
la Roche
Poilley
Marbré
Rafoulais
Valaine
Poilley
Couvelou
Etang de Trémigon
Lourmais
la Gallerie
Cuguen
Poëtvinière
Carref. de Bazouges
Aux Loges
Villemontaise
Antrain
St Ouen-la-Rouerie
Coglès
la Fresne
Bonteville
la Bouvrie
le Plessis-Margat
la Balue
Bonne-Fontaine
Villais
Bois de Gâtine
Montours
Villamée
le Chat-Troussé
Trémeheuc
les Trois-Croix
Bazouges-la-Pérouse
le Pont-à-Vizil
Tremblay
Guiborel
le Rocher-Portail
la Selle-en-Coglès
les Hupprais
la Violette
la Ville-Eude
Villeneuve
Landran
Noyal-s-s-Bazouges
la Gastinais
la Beucherais
la Totinais
Martigné
le Chêne-Sec
la Folletière
Combourg
la Mellerie
la Haye
Monbuisson
la Chevalais
la Couvallière
la Ville-du-Bois
la Villette
la Chesnais
la Hellochais
le Châtellier
Lécousse
la Grenouillère
la Gentière
Lanrigan
St Léger-des-Prés
la Berrangerais
Rimoux
Ardilloux
Rinan
Mancellière
St Brice-en-Coglès
le Gage
St Germain-en-Coglès
la Vieuville
Tréheuc
les Rosais
Marcillé-Raoul
Villaudreux
la Houssais
St Étienne-en-Coglès
Malaunay
Marigny
Monthierry
Chapelle-Fiitzméens
Vauluisant
Chenillé
Chouannière
le Châtel
le Bois-Gautier
la Couperie
la Vesquerie
la Touche
Launay
la Galonnière
Travoux
la Bouderie
Trabouic
Forêt de Villecartier
la Gerardais
Romazy
Chauvigné
les Cures
le Breil-Rigault
Marcé
Maryaise
le Plessis-au-Chat
la Fresnais
St Rémy-du-Plain
la Haie-d'Irée
St Marc-le-Blanc
le Rocher
le Breil-Renard
la Basse-Forêt
Dingé
Loges de Bourgouet
Forêt de Bourgouet
Corbinaie
Brais
St Georges
le Rocher Hue
Baillé
Chaudebœuf
Lécousse
Étang du Boulet
les Archères
Vieux-Vy-s-Couesnon
le Tiercent
la Caillebotière
la Masse
Forêt de Tanouarn
Couabrac
la Croix-Verte
Bois de Soubon
Loiron
Mesbée
St Christophe-de-Valains
St Hilaire-des-Landes
Ste Anne
Feins
la Bigotais
Belle-Etoile
Sens-de-Bretagne
la Ricoullière
le Theil
St Sauveur-des-Landes
Romagné
la Lande-es-Gletz
Bazouges-s-Hédé
Plousière
la Cr. Rompue
la Hurlais
la Prouverie
St Ouen-des-Alleux
la Tanceraie
la Mare
Montreuil-s-Ille
B. de Champbelle
la Menotière
la Selle
les Champs-Hauts
la Mennerais
la Chaine
la Salorge
Écluses de Tréhonais
la Rivière
Neuville
Sautoger
la Chapelle-St Aubert
Hédé
Guipel
la Croirie
Aubigné
Bois de Ferray
Andouillé-Neuville
B. de Borne
Gahard
Sécardais
Ville Olivier
Mézières-s-Couesnon
St Marc-s-Couesnon
les Ori
la Bécanière
Chenay-Piquelais
la Ht Touche
St Médard-s-Ille
B. de Chinsève
les Tressardières
Forêt de St Aubin-du-Cormier
Étang de Bussière
Truille
la Giraudais
la Machepas
St Jean-s-Couesnon
Vendel
l'Étang
la Cosvinière
Champ-Fleury
Bois-Geffroy
la Cr. de Brin
Lande d'Ouée
Camp militaire
les Veilleries
la Joulière
Pont-Vignoc
St Aubin-d'Aubigné
la Crossais
l'Épine
Étang d'Ouée
la Dobiais
St Aubin-du-Cormier
St Georges-de-Chesné
Billé
Mésaubouin
la Renouardière
le Tertre
St Germain-s-Ille
la Coutancière
Ercé-près-Liffré
Landeronde
Lande-aux-Oiseaux
la Croslais
Pérouzel
Comboutillé
Vignoc
Montreuil-le-Gast
la Ville-en-Bois
Gosné
Bécherel
Bois de Rumignon
la Retaudière
Messayais
Mézeray
Illet
Chasné-s-Illet
la Boulais
la Hubertais
Papillon
le Haut-Chemin
Gévezé
Mouazé
Frontinais
le Patis
la Sauquerettière
Rocher Perbre
la Lézardière
Beauséjour
Melesse
Sévaille
Beaugée
Forêt de Liffré
Étang de Chaugeon
Mecé
la Courtie
Malnoë
la Mézière
les Loges
Chevaigné
St Sulpice-la-Forêt
Liffré
Launay
le Breil-Bernier
la Mancherie
St Christophe-des-Bois
Livré-s-Changeon
les Plessis-des-Fosses
la Baudonnerie
la Boussière
Montgerval
Beauce
la Gaudière
St Denis
la Quinte
Forêt de Rennes
Étang de Chevré
la Plardais
Moulin Ory
la Larderie
la Gautrais
la Ht Touche
B. de Beaufeu
la Foucheraie
Betton
la Plesse
la Morinais
Mi-Forêt
la Villeneuve
Chevré
le Drugeon
Rey
la Bouëxière
Dourdain
la Brosse
la Chapelle-des-Fougeretz
la Renaudais
la Levée
la Vallée
la Bertèche
B. de la Ruelles Mancellière
la Ferranderie
Bellevue
le Bourgneuf
le Bois-Cornillé
Val-d'Izé
Guédonnière
la Cour
la Chalerie
Taillis
le Rocher
Haie d'Hizé
la Lande
le Brossay
Pont-de-Pacé
Montgermont
la Bécassière
St Grégoire
Thorigné-Fouillard
la Loge-Gaudrier
le Landret
la Gretais
Forêt de Chevré
le Haut-de-la-Lande
Landavran
Pacé
Maison-Blanche
St Laurent
le Four-Rouge
la Prinière
Musée
la Piverdais
la Chesnais
B. de la Lisière
la Lisière
Champeaux
Montreuil-s-s-Pérouse
Balazé
le Bignon
la Martinière
le Patis du Moulinet
Grebusson
le Bas-Forge
Bourgon
le Vionay
Acigné
Broons-s-Vilaine
la Baluère
Marpiré
Espinay
Gérard
Rouffigné
Vitré
Vezin-le-Coquet
le Bois-de-Laval
les Onglées
Cesson-Sévigné
la Havardière
Vernay
la Lande
la Bilouyère
Servon-s-Vilaine
Fayelle
Villansault
la Touzerie
Noyal-s-Vilaine
les Forges
Châteaubourg
St Jean-s-Vilaine
la Peinière
Pocé-les-Bois
les Landes d'Apigné
les Forges
Brécé
le Coq Rouge
St Melaine
Rennes
la Menouriais
la Rousselais
Cucé
Chantepie
les Lacs
Bois-Bide
la Litière
la Bruyère
Moigné
la Faroulais
le Val
St Didier
les Massais
St Aubin-des-Landes
B. de Gervis
la Touche
Cornillé
la Loge
St Jacques-de-la-Lande
Hallerais
la Rougerais
les Pignaux
Domagné
Chavagne
Citroën
Domloup
Bois-Orcan
les Rues
Chartres-de-Br.
la Boulaie
le Peillac
l'Épine
Torcé
la Croix-Madame
Noyal-s-S.
la Touche
Châteaugiron
Ossé
St Aubin-du-Pavail
Louvigné-de-Bais
Châtillon-s-Seiche
Vern-s-Seiche
Souillard
Nouvoitou
Chaumeré
Mondron
Rollard
la Guinais
Chancé
Prévillé
la Gaudinais
Étang de Daniel
Vergéal
la Rabine
Carcé
Vaugon
l'Ourmais
Veneffles
Teillée
Ranée
Monbouan
Bruz
Chanteloup
St Erblon
Seiche
Drouais
Venecelle
Epron
Laval
le Ballon
la Vauzelle
Pont-Péan
le Plessis
Mon
Marsé
Pont Réan
le Boël
Martigné
la Mandonnais
Orgères
Château-Loger
St Armel
Piré-s-Seiche
Bais
Launay-Garnier
la Cr. de la Lande
Amanlis
CELAR
le Château
Bourgbarré
la Calionne
la Fretais
la Pécherie
Moulins
le Fougeray
Villechien
le Coudrai
Bagatz
Halte-de-Laillé
Lourme
Graibusson
le Châtenay
la Huberdière
Séran
Lezé
Linelière
Nuillé
Domalain
Laillé
le Cleux
Bout-de-Lande
Corps-Nuds
la Godfrière
Néron
Alliance
Fort-Jouan
Hermitière
Étang de Pelchert
Chanteloup
les Landelles
la Pommerale
le Châtelier
la Croix
les Placis
Boistrudan
Étang de Carcraon
Carcraon
Moutiers
la Bouëxière
Pouez
la Regère
Riffray
Beau-Chêne
la Ht Épine
Brie
la Tullaye
Janzé
Essé
la Rue-Hamon
la Ville-Bedon
Marcillé-Robert
Visseiche
la Cornouaille
St Aignan
Availles-s-Seiche
Mandon
Crévin
le Gué

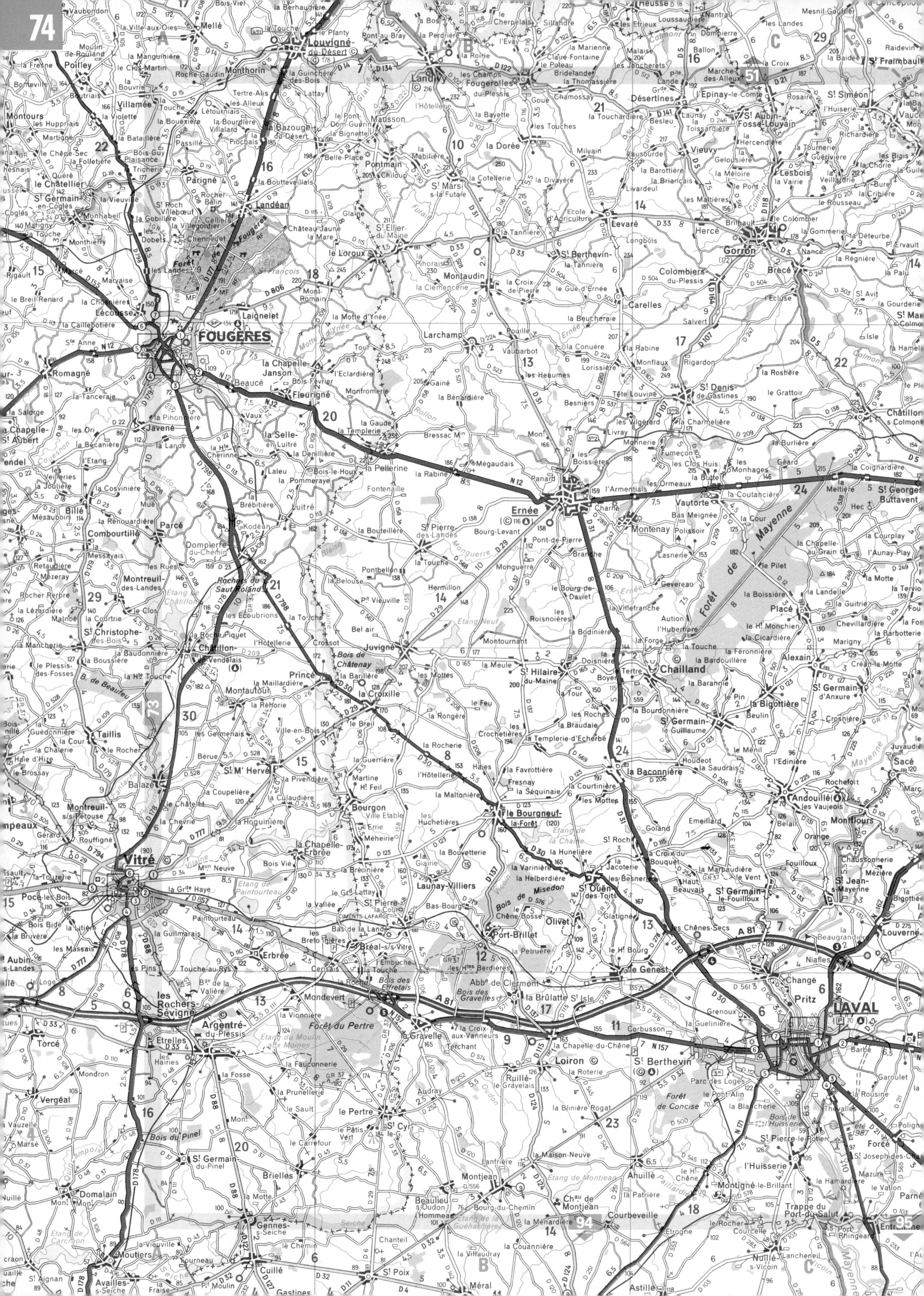

Louvigné-du-Désert
Landivy
Fougerolles-du-Plessis
Désertines
St Aubin-Fosse-Louvain
Monthorin
Villamée
Poilley
Montours
La Bazouge-du-Désert
Pontmain
St Mars-s-la-Futaie
la Dorée
Vieuvy
Lesbois
Le Chatellier
St Germain-en-Coglès
Parigné
Landéan
Forêt de Fougères
St Ellier-du-Maine
Levaré
St Berthevin-la-Tannière
Gorron
Brecé
Colombiers-du-Plessis
Carelles
Montaudin
Le Loroux
Laignelet
Lécousse
FOUGÈRES
Romagné
Larchamp
Vautorte
St Denis-de-Gastines
Châtillon-s-Colmont
Beaucé
Fleurigné
La Chapelle-Janson
Javené
La Selle-en-Luitré
Luitré
La Pellerine
Ernée
Montenay
St Georges-Buttavent
Forêt de Mayenne
Billé
Combourtillé
Parcé
Dompierre-du-Chemin
St Pierre-des-Landes
Placé
Montreuil-des-Landes
Rochers du Saut Roland
Juvigné
St Christophe-des-Bois
Châtillon-en-Vendelais
Princé
La Croixille
St Hilaire-du-Maine
Chailland
Alexain
St Germain-d'Anxure
Montautour
Taillis
St Germain-le-Guillaume
La Bigottière
St M' Hervé
Balazé
Bourgon
La Baconnière
Andouillé
Montreuil-s-Pérouse
Le Bourgneuf-la-Forêt
Montflours
La Chapelle-Erbrée
Vitré
Launay-Villiers
St Ouën-des-Toits
St Germain-le-Fouilloux
St Jean-s-Mayenne
Pocé-les-Bois
Erbrée
Port-Brillet
Olivet
Le Genest
Louverné
Bréal-s-Vitré
Changé
Pritz
Les Rochers-Sévigné
Mondevert
La Brûlatte
LAVAL
Argentré-du-Plessis
Étrelles
La Gravelle
Loiron
St Berthevin
Forêt du Pertre
Torcé
Vergéal
Ruillé-le-Gravelais
Le Pertre
St Cyr-le-G.
Forêt de Concise
St Pierre-le-Potier
L'Huisserie
St Germain-du-Pinel
Brielles
Montjean
Ahuillé
Montigné-le-Brillant
Domalain
Beaulieu-s-Oudon
Bourg-du-Chemin
Courbeveille
Gennes-s-Seiche
Moutiers
Cuillé
St Poix
Méral
Nuillé-s-Vicoin
Entrammes
Astillé
Availles-s-Seiche
Trappe du Port-du-Salut

PARC RÉGIONAL NORMANDIE MAINE
Forêt de Monaye
Couterne
Geneslay
Ceaucé
Lassay
Couptrain
Pré-en-Pail
Javron
le Horps
Ambrières
Mayenne
Villaines-la-Juhel
Hardanges
Loupfougères
Marcillé-la-Ville
Aron
Grazay
Champgenéteux
Courcité
Bais
Hambers
Jublains
Commer
Moulay
Montsûrs
Evron
Mézangers
le Rocher
Deux-Evailles
Montourtier
Izé
Trans
St Pierre-s-Orthe
Vimarcé
Sillé-le-Guillaume
Assé-le-Bérenger
Voutré
Ste Suzanne
Parennes
Torcé-Viviers-en-Charnie
Forêt de la Grande Charnie
Argentré
Soulgé-s-Ouette
Vaiges
Chammes
Blandouet
St Denis-d'Orques
Joué-en-Charnie
Chassillé
Loué
Bazougers
Saulges
Bannes
Thorigné-en-Charnie
Mont des Avaloirs
Corniche du Pail
Forêt de Pail
Butte de Montaigu
Bois de Mirebeau
Forêt de Bourgon
Bois d'Hermet
Mont Rochard
Bois des Vallons
A 81
N 12
N 157
N 162
51
52
94
95

PARC RÉGIONAL NORMANDIE-MAINE

Longuenoë
Rochers du Vignage
Hanaps
Échauffley
Marchemaisons
le Mêle-s-Sarthe
Coulonges-s-Sarthe
la Mesnière
Livaie
la Roche Elie
la Croix Madame
Carrefour du Chêne-au-Verdier
St Nicolas-des-Bois
Radon
Forges
Ménil-Erreux
Larré
Neuilly-le-Bisson
les Ventes-de-Bourse
Buré
Boëcé
la Roche-Mabile
Gandelain
Butte Chaumont
le Nid
Pinchevre
les Ragotières
le Marais
Semallé
Paradis
le Ménil-Broût
le Cruchet
St Léger-s-Sarthe
St Julien-s-Sarthe
la Saussaye
le Pissot
Cuissai
Lonrai
Colombiers
Valframbert
Hauterive
Montigny
Barville
Bouveuches
Blavette
la Baudrière
Garenne
Roullée
St Quentin-de-Blavou
les Seillons
Vidai
Mont Souprat
Multonne
St Denis-s-Sarthon
Ravigny
Pacé
le Chêne
Damigny
la Palette
Chenay
Cerisé
Chassé
la Fresnaye-s-Chédouet
Blèves
la Gonardière
Beauregard
St Jouin-de-Blavou
Pervenchères
Vauveineux
Condé-s-Sarthe
Montperthuis
Courteille
le Chevain
les Aitres
Lignières-la-Carelle
la Vincendière
Cassotière
Ventes-du-Four
Louzes
les Aulneaux
la Gâtine
ALENÇON
St Paterne
St Germain-du-Corbéis
la Ferrière-Bochard
St Barthélemi
St Pierre-des-Nids
Mieuxcé
Héloup
Arçonnay
les Brosses
Buisson
Forêt de Perseigne
Carrefour des Trois Ponts
Abbe de Perseigne
Aillières-Beauvoir
Contilly
Montgaudry
la Ravannière
St Gilles le Vl Bourg
la Chaussée
Champfleur
St Rigomer-des-Bois
Ancinnes
Neufchâtel-en-Saosnois
Villaines-la-Carelle
Marollette
Bouchage
Huchot
Suré
Frefouyer
la Perrière
Origny-le-Butin
Chemilli
St Céneri-le-Gérei
Moulins-le-Carbonnel
Bérus
Gesnes-le-Gandelin
Bois de Vaux
la Feuillière
Courtilloles
la Chesnaie
Béthon
Groutel
Livet-en-Saosnois
N.D. de Toutes Aides
St Longis
Mamers
St Léonard-des-Bois
Alpes Mancelles
Pont de-la-Folie
la Valette
Thebaudière
Cerisay
Aumone
Vaux
Oisseau-le-Pt
Chérisay
les Ormeaux
le Coudrai
Moulin
St Rémy-du-Val
Vezot
Courtillon
Panon
Marquoie
la Cour du-Bois
Chèreperrine
Origny-le-Roux
le Perrou
St Paul-le-Gaultier
les Molands
Sougé-le-Ganelon
le Bois Cochin
Meslay
Assé-le-Boisne
St Victeur
Ragotière
Fyé
la Route
Bourg-le-Roi
Ancinette
les Vallées
le Plessis
Rousse-Fontaine
Louvigny
l'Augotterie
Bas Ballon
Saosnes
Mont-Renault
la Guilloterie
Pizieux
St Calez-en-Saosnois
Commerveil
St Rémy-des-Monts
St Fulgent-des-Ormes
St Georges-le-Gaultier
Gué Ory
la Chatterie
St Ouen-de-Mimbré
la Hutte
Moire
Coulombiers
Thoiré-s/s-Contensor
Fleure
Grandchamp
le Gué-Chaussée
les Mées
St Pierre-des-Ormes
la Chapelle
Corbon
la Barrière
Fresnay-s-Sarthe
St Germain-s-Sarthe
Bois-Mocquet
Epierre
Chérancé
Thoigné
Courgains
Monhoudou
Montfreslon
les Pilleries
la Croix
St Vincent-des-Prés
Moncé-en-Saosnois
Champaissant
St Cosme-en-Vairais
Douillet
St Thibault
St Aubin-de-Locquenay
la Croix
Lombray
René
Riousse
Tertre
Corde
Bures
Bas Frété
Piacé
le Carrefour
le Coudray
Congé-les-Guerets
Doucelles
les 3 Croix
le Plessis
le Parc
Marolles-les-Braults
Avesnes-en-Saosnois
Nauvay
Mont-St Jean
Montreuil-le-Chétif
St Denis
le Guelian
Moitron-s-Sarthe
Saut du Serf
Vaugermain
la Forge
St Symphorien
Peray
la Croix
Guemançais
PARC RÉGIONAL
Pommereuil
Haut-Eclair
St Christophe-du-Jambet
Juillé
Vivoin
Malitourne
Nouans
Dangeul
Meurcé
les Haies
Dissé-s/s-Ballon
la Veidière
le Pont-d'Effe
Pt Parc
Beaumont-s-Sarthe
Jupilles
Mozé
Jambette
Possé
les Nouis
Maresché
Lucé-s/s-Ballon
la Pinterie
St Aignan
Jauzé
Courcival
Rouperroux-le-Coquet
Bois de Pezé
NORMANDIE-MAINE
Pezé-le-Robert
Val de Pierre
Ségrie
Montigné
la Crt Blanche
Ponthouin
les Bois-des-Brosses
l'Espérance
la Touche
le Coudray
Terrehault
St Guillaume
St Rémy-de-Sillé
Vernie
la Motte
les Landes
Assé-le-Riboul
le Frou
Congé-s-Orne
Mézières-s-Ponthouin
l'Ange-Marie
la Davière
les Chères
le Chenay
Monteau
Sables
la Cassine
le Tronchet
Teillé
Donjon
Ballon
St Mars-s/s-Ballon
le Sablon
Briosne-les-Sables
Aulaines
Citeaux
Bonnétable
le Bray
Crissé
Vignole
Mézières-s/s-Lavardin
le Souillard
le Ballet
St Marceau
le Boulay
Poissay
le Verger
le Jarossay
Courcemont
Boulardière
la Blairie
Neuvillalais
Maulny
les Forges
les Croupes
Cordoulain
le Pierray
Rouez
Courville
Cranne
Lavardin
St Jean-d'Assé
Ste Sabine-s-Longève
la Route
Montbizot
Souligné-s/s-Ballon
Beaufay
le Pavé-de-Torcé
la Bigottière
les Yvories
la Mercerie
les Haltières
Goupillère
Conlie
Vinay
Poché
les Gallnières
St Jamme-s-Sarthe
Bois Chabot
Courceboeufs
la Hamonerie
la Chapuisière
Breley
Torcé-en-Vallée
St Célerin
Tennie
Verniette
l'Habit
la Chapelle-St Fray
Trois Couleurs
Souillé
la Guierche
Joué-l'Abbé
les Quatre-Routes
Chanteloup
Sillé le Philippe
Passay
la Chapelle-St Rémy
Fontaine-St Jean
Cures
Domfront-en-Champagne
les Forges
la Bazoge
Montreuil
Montargis
le Pissot
Sourches
Bordigné (Couvent)
Neuvy-en-Champagne
Bernay
Ruillé-en-Champagne
Lavardin
Maquère
Neuville-s-Sarthe
Savigné-l'Évêque
Bratelet
le Touvois
la Puce
Lombron
Souvré
la Renaudière
la Milesse
Aigné
Maule
Touche
la Trugalle
Forge
le Mesnil
St Corneille
Saussay
Roches
les Croies
St Julien-le-Pauvre
la Quinte
Degré
St Saturnin
les Morlettes
Connerré
Amné
Éporcé
la Chapelle-St Aubin
Sargé-lès-le-Mans
Fatines
Montfort-le-Rotrou
la Pécardière
Pont-de-Gennes
la Belle Inutile
Bordeaux
Longnes
Brains-s-Gée
Coulans-s-Gée
Chaufour-Notre-Dame
la Denisière
Trangé
la Groirie
Belle-Croix
Coulaines
Parence
Réveillon
Champagné
Bois des Croix
St Mars-la-Brière
la Pie qui Couette
Auvers-s/s-Montfaucon
Touches
les Mons Rouges
Université
Yvré-l'Évêque
Villiers
la Vallée
les Jousières
Camp d'Auvours
Champ de Tir
St Denis-du-Tertre
Tuilerie de la Roche
Fay
Rouillon
la Futaie
Pruillé-le-Chétif
LE MANS
Abbe N.D. de l'Épau
les Arches
les Aulnais
Camp militaire
Soulitré
la Butte d'Ardenay
Ardenay
Miraill
les Grimaux
les Croix
Vendœuvres
Cranne
la Crt Georgette
Changé
les Rossays

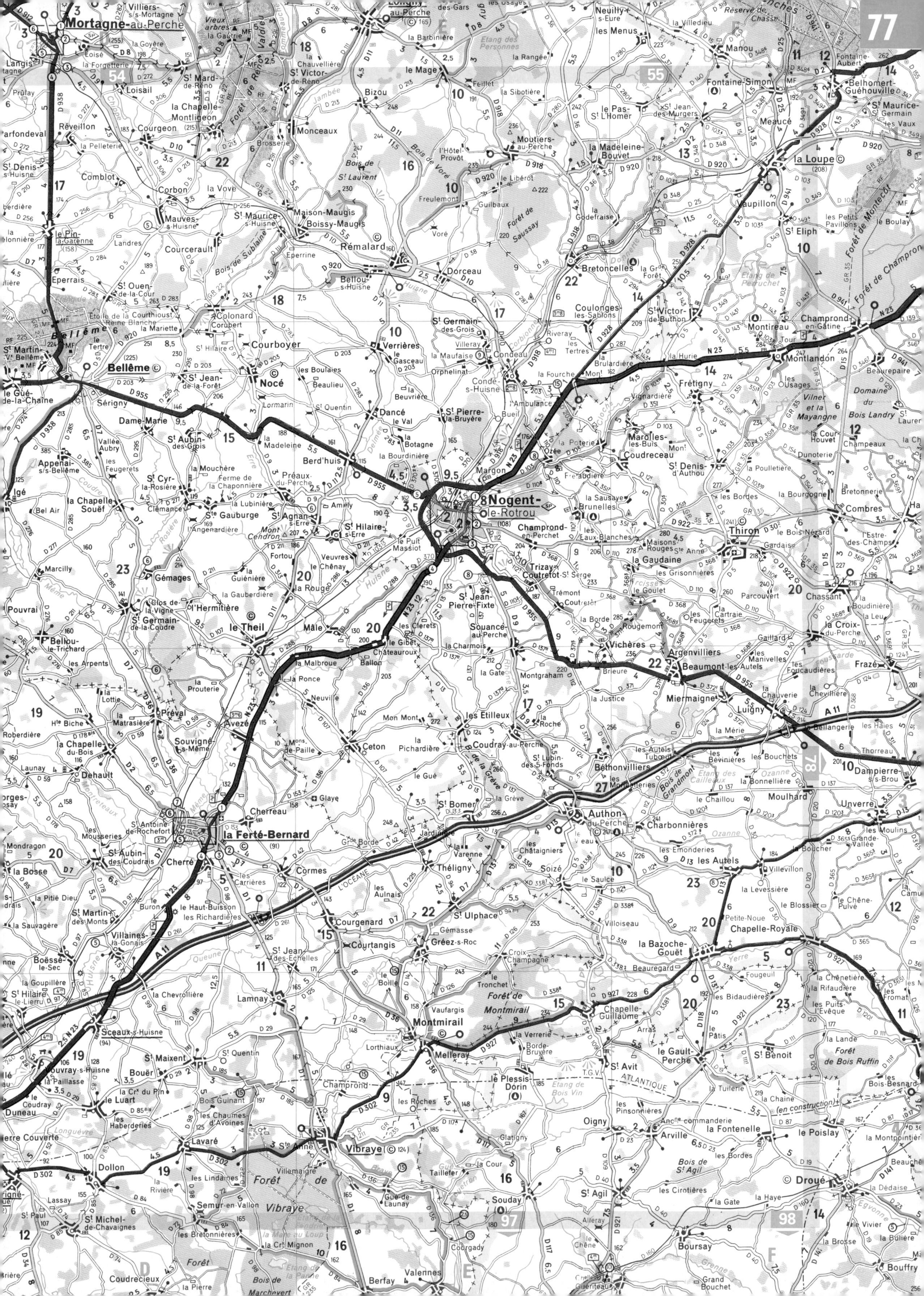
Mortagne-au-Perche
Longny-au-Perche
Neuilly-s-Eure
les Menus
Réserve de Chasse
Manou
Fontaine-Aubert
la Gaultrie
Valdieu
Forêt de Réno
St Mard-de-Réno
St Victor-de-Réno
le Mage
la Barbinière
Etang des Personnes
la Rangée
la Villedieu
Loisail
Bizou
la Sibotière
Fontaine-Simon
Belhomert-Guéhouville
St Maurice-St Germain
la Chapelle-Montligeon
Courgeon
Réveillon
Monceaux
Moutiers-au-Perche
le Pas-St L'Homer
St Jean-des-Murgers
Meaucé
les Vaux
la Pelleterie
l'Hôtel-Provôt
Bois de St Laurent
Bois de Voré
la Madeleine-Bouvet
la Loupe
St Denis-s-Huisne
Comblot
Corbon
la Vove
le Libérot
Freulemont
Guilbaux
Forêt de Saussay
la Godefraise
Laupillon
Forêt de Montecot
Mauves-s-Huisne
St Maurice-s-Huisne
Maison-Maugis
Boissy-Maugis
Rémalard
Voré
les Petits Pavillons
le Boulay
St Eliph
le Pin-la-Garenne
Landres
Courcerault
Bois de Subiane
Eperrine
Dorceau
Bretoncelles
la Gde Forêt
Forêt de Champrond
Eperrais
St Ouen-de-la-Cour
Bellou-s-Huisne
Huisne
Etang de Perruchet
Coulonges-les-Sablons
St Victor-de-Buthon
Montireau
Champrond-en-Gâtine
Colonard-Corubert
la Mariette
St Hilaire
Courboyer
St Germain-des-Grois
Villeray
Verrières
le Gasceau
la Maufaise
Condeau
Riverav
les Tertres
la Brulardière
la Hurie
Montlandon
Beaurepaire
Bellême
St Martin-Vx Bellême
le Tertre
St Jean-de-la-Forêt
Noce
les Boulais
Beaulieu
Orphelinat
Condé-s-Huisne
la Fourche
Frétigny
les Usages
Domaine du Bois Landry
le Gué-de-la-Chaîne
Sérigny
Lormarin
St Quentin
la Beuvrière
l'Ambulance
Vignardière
Vilner et la Mayangne
Dame-Marie
St Aubin-des-Grois
la Madeleine
Dancé
le Val
St Pierre-la-Bruyère
Bueil
Marolles-les-Buis
la Cour Houvet
Champeaux
Vallée Aubry
Appenai-s/s-Bellême
les Feugerets
la Mouchère
Ferme de la Chaponnière
Berd'huis
la Botagne
la Bourdinière
Préaux-du-Perche
la Poterie
Coudreceau
Margon
St Denis-d'Authou
Dunoterie
la Pouletière
St Cyr-la-Rosière
la Lubinière
Clémance
Ste Gauburge
l'Angenardière
St Agnan-s-Erre
Amilly
Nogent-le-Rotrou
Fréaudière
la Sausaye
Brunelles
la Bourgogne
la Bretonnerie
Combres
la Chapelle-Souëf
Bel Air
Mont Cendron
St Hilaire-s-Erre
le Puit Massiot
Champrond-en-Perchet
les Laux-Blanches
Maisons-Rouges
Ste Anne
Thiron
le Bois-Nézard
l'Estre-des-Champs
Gardais
Marcilly
Gémages
la Guiénière
Fortou
Veuvres
le Chêne
la Rouge
Huisne
Trizay-Coutretot-St Serge
la Gaudaine
les Grisonnières
le Goulet
Parcouvert
Chassant
Pouvrai
Clos de-la-Vigne
St Germain-de-la-Coudre
l'Hermitière
la Gauberdière
le Theil
Mâle
St Jean-Pierre-Fixte
Trémont
Coutretot
la Borde
la Cartraie
les Feugerets
Rougemont
la Boudinière
la Leu
la Croix-du-Perche
Bellou-le-Trichard
les Arpents
les Clerets
le Gibet
Châteauroux
la Charmois
Souancé-au-Perche
Vichères
Gaillard
Argenvilliers
Beaumont-les-Autels
les Manivelles
les Foucaudières
Frazé
la Malbroue
Ballon
la Gate
Montgraham
Brieure
la Justice
Miermaigne
la Chaverie
Luigny
la Chevillère
la Prouterie
la Ronce
Neuville
Préval
la Lottie
Hte Biche
la Matrasière
Avezé
Mon Mont
les Etilleux
la Roche
la Bellangerie
les Haies
Roberdière
la Chapelle-du-Bois
Souvigné-s-Même
Mons de-Paille
Ceton
la Pichardière
Coudray-au-Perche
St Lubin-des-5-Fonds
les Autels-Tubœuf
les Bevinières
les Bouchets
Thorreau
Dampierre-s/s-Brou
Launay
Dehault
le Gué
Béthonvilliers
Bois de Grandmont
Etang des Cailleaux
les Monsollières
la Bonnellière
Ozanne
Glaye
St Bomer
la Grève
le Chaillou
Moulhard
Unverre
Mondragon
St Antoine-de-Rochefort
Cherreau
la Ferté-Bernard
Jardinière
Authon-du-Perche
Charbonnières
les Moulins
Grande-Vallée
les Mousseries
St Aubin-des-Coudrais
Cherré
Gde Borde
Varenne
les Châtaigniers
les Emonderies
le Boucher
la Bosse
les Carrières
Cormes
Théligny
Soizé
le Saulce
les Autels
Villevillon
la Pitié Dieu
le Haut-Buisson
les Richardières
Buron
L'OCÉANE
les Aulnais
la Levessière
le Blossier
le Chêne-Pulvé
St Martin-des-Monts
Courgenard
St Ulphace
Villoiseau
Petite-Noue
Chapelle-Royale
la Sauvagère
Villaines-la-Gonais
Gémasse
Gréez-s-Roc
Courtangis
St Jean-des-Echelles
Croix-Champagne
la Bazoche-Gouët
Beauregard
Boëssé-le-Sec
Queune
la Goupillère
St Hilaire-le-Lierru
la Chevrollière
Lamnay
Boille
le Tronchet
Forêt de Montmirail
Chapelle-Guillaume
Fougeuil
la Chênetière
la Rifaudière
les Bidaudières
les Puits-l'Evêque
les Fromat...
Sceaux-s-Huisne
Vaufargis
Montmirail
Lorthiaux
la Verrerie
Borde-Bruyère
Arrais
le Pâtis
la Lande
Forêt de Bois Ruffin
St Maixent
St Quentin
Melleray
St Avit
le Gault-Perche
St Benoit
Vouvray-s-Huisne
la Paillasse
Bouër
la Crx du Pin
le Luart
Champrond
le Plessis-Dorin
Etang de Bois Vin
T.G.V. ATLANTIQUE
la Tuilerie
la Chaîne
les Bois-Besnard
Coudray
Duneau
Bois Guinant
les Chaumes-d'Avoines
les Roches
les Pinsonnières
(en construction)
les Haberderies
Longuève
Lavaré
Ste Anne
Vibraye
Glatigny
Oigny
Ancne commanderie
Arville
la Fontenelle
le Poislay
la Montpointier
Dollon
les Lindaines
Villemaigre
Forêt de Vibraye
Taillefer
la Cour
les Bordes
Bois de St Agil
les Cirotières
Droué
la Dédaise
Lassay
la Rivière
Semur-en-Vallon
Gué-de-Launay
Souday
St Agil
la Gate
la Haye
St Paul
St Michel-de-Chavaignes
les Bretonnières
la Mare au Loup
la Crx Mignon
Courgady
Alleray
le Chêne
Boursay
le Vivier
la Bulière
la Brosse
Forêt
Coudrecieux
Etang de la Parrie
Bois de Marchevert
Valennes
Berfay
Chelle
Cherreau
Grand Bouchet
Bouffry
la Pierre

55
56
77
98

A B C

Digny
Ardelles
Favières
Clévilliers
Berchères-la-Maingot
Mévoisins
Belhomert-Guéhouville
Vérigny
Briconville
St Germain-la-Gâtine
Fresnay-le-Gilmert
Poisvilliers
Chartainvilliers
Jouy
Soulaires
St Maurice-St Germain
Pontgouin
Billancelles
St Arnoult-des-Bois
Dangers
Mittainvilliers
Bailleau-l'Évêque
St Prest
Gasville
Champhol
Coltainville
Loupe
Le Favril
Landelles
Courville-s-Eure
Fontaine-la-Guyon
Bois de Fontaine
Bois Bailleau
St Aubin-des-Bois
Lèves
Forêt de Montécot
Forêt de Champrond
Bois de Pinson
Chuisnes
Fruncé
St Luperce
Cintray
Amilly
Mainvilliers
Lucé
CHARTRES
Nogent-le-Phaye
Houville-la-Branche
Fontaine
Champrond-en-Gâtine
Le Thieulin
St Denis-des-Puits
Villebon
Orrouer
St Georges-s-Eure
Fontenay-s-Eure
Le Coudray
Gellainville
Sours
Bois de la Gâtine
Domaine du Bois Landry
Les Corvées-les-Yys
Cernay
Ollé
Chauffours
Nogent-sur-Eure
Morancez
Thivars
Berchères-les-Pierres
Marchéville
Bailleau-le-Pin
Meslay-le-Grenet
Corancez
Nonvilliers
Les Châtelliers-Notre-Dame
Magny
Sandarville
Mignières
Dammarie
Happonvilliers
Ermenonville-la-Grande
St Loup
Theuville
Combres
Blandainville
Épeautrolles
Bourdinière
Fresnay-le-Comte
Boncé
Pézy
Illiers-Combray
Méréglise
Montigny-le-Chartif
Bois du Gd Parc
Ermenonville-la-Petite
Luplanté
Meslay-le-Vidame
Villeneuve-St Nicolas
Charonville
St Avit-les-Guespières
Vitray-en-Beauce
Montainville
Frazé
Mottereau
Vieuvicq
Bouville
Saumeray
Mézières-au-Perche
Bullou
Alluyes
Le Gault-St Denis
Rouvray-St Florentin
Dampierre-s-Brou
Brou
Yèvres
Dangeau
Montboissier
Moriers
Villars
Villeau
Unverre
Trizay-lès-Bonneval
Bonneval
Pré-St Martin
Neuvy-en-Dunois
Sancheville
Pré-St Évroult
Bullainville
Gohory
Logron
Flacey
St Maur-s-le-Loir
Dancy
Courbehaye
Châtillon-en-Dunois
St Christophe
Marboué
Bois de Moléans
Villiers-St Orien
Nottonville
Arrou
Donnemain-St Mamès
Conie
Varize
Bazoches-en-Dunois
Courtalain
Lanneray
St Denis-les-Ponts
Jallans
Civry
St Pellerin
Châteaudun
Lutz-en-Dunois
Péronville
Boisgasson
Langey
Camp Militaire
St Cloud-en-Dunois
Villampuy
St Hilaire-s-Yerre
La Chapelle-du-Noyer
Thiville
Ozoir-le-Breuil
La Chapelle-Onzerain
Montigny-le-Gannelon
Cloyes
Villamblain

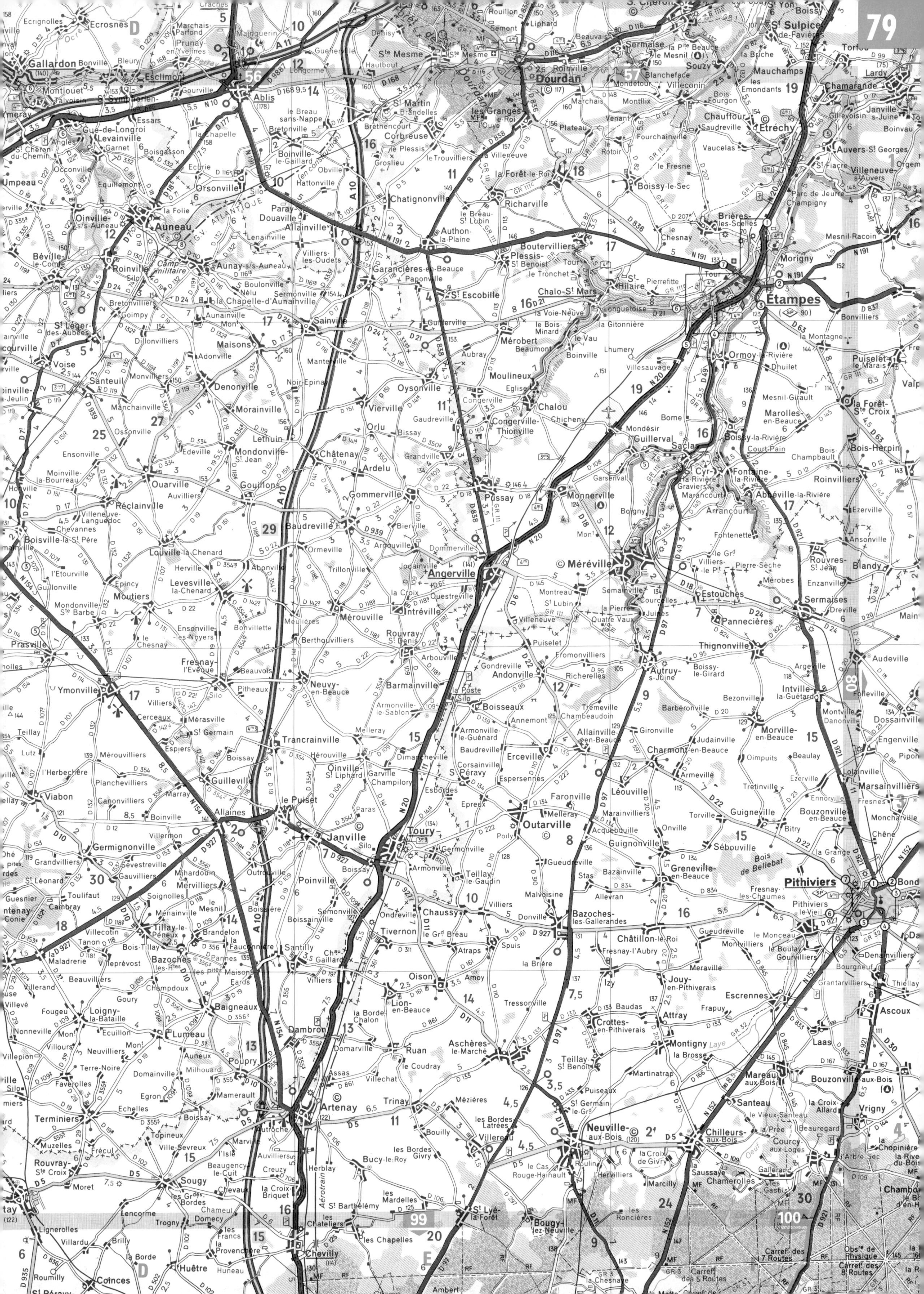
Gallardon
Ecrosnes
Ablis
Dourdan
Sermaise
St Sulpice-de-Favières
Torfou
Lardy
Chamarande
Étréchy
Auvers-St Georges
Villeneuve-s-Auvers
Montlouet
Esclimont
Gué-de-Longroi
Levainville
Orsonville
Auneau
Oinville-s-Auneau
Paray-Douaville
Allainville
Chatignonville
Authon-la-Plaine
Richarville
la Forêt-le-Roi
Boissy-le-Sec
Boutervilliers
Plessis-St Benoist
St Escobille
Chalo-St Mars
St Hilaire
Étampes
Morigny
Aunay-s-Auneau
Roinville
Garancières-en-Beauce
Sainville
Mérobert
Ormoy-la-Rivière
Puiselet-le-Marais
St Léger-des-Aubées
Voise
Santeuil
Denonville
Maisons
Oysonville
Moulineux
Chalou
Morainville
Vierville
Congerville-Thionville
Guillerval
Saclas
Boissy-la-Rivière
Marolles-en-Beauce
la Forêt-Ste Croix
Bois-Herpin
Châtenay
Ardelu
Mondonville-St Jean
Ouarville
Gouillons
Gommerville
Pussay
Monnerville
St Cyr-la-Rivière
Fontaine-la-Rivière
Abbéville-la-Rivière
Roinvilliers
Réclainville
Baudreville
Méréville
Angerville
Rouvres-St Jean
Blandy
Louville-la-Chenard
Levesville-la-Chenard
Moutiers
Intréville
Mérouville
Estouches
Sermaises
Rouvray-St Denis
Autruy-s-Juine
Prasville
Fresnay-l'Évêque
Neuvy-en-Beauce
Barmainville
Boisseaux
Andonville
Intville-la-Guétard
Ymonville
Trancrainville
Erceville
Charmont-en-Beauce
Morville-en-Beauce
Guilleville
Allaines
le Puiset
Janville
Toury
Outarville
Léouville
Marsainvilliers
Germignonville
Poinville
Chaussy
Bazoches-les-Gallerandes
Châtillon-le-Roi
Pithiviers
Tillay-le-Péneux
Bazoches-les-Htes
Tivernon
Oison
Jouy-en-Pithiverais
Escrennes
Ascoux
Loigny-la-Bataille
Lumeau
Baigneaux
Lion-en-Beauce
Aschères-le-Marché
Crottes-en-Pithiverais
Attray
Montigny
Laas
Poupry
Ruan
Artenay
Trinay
Neuville-aux-Bois
Chilleurs-aux-Bois
Mareau-aux-Bois
Bouzonville-aux-Bois
Vrigny
Terminiers
Sougy
Rouvray-Ste Croix
Bucy-le-Roy
St Lyé-la-Forêt
Bougy-lez-Neuville
Chevilly
Coinces
Huêtre
99
100
80
56
57

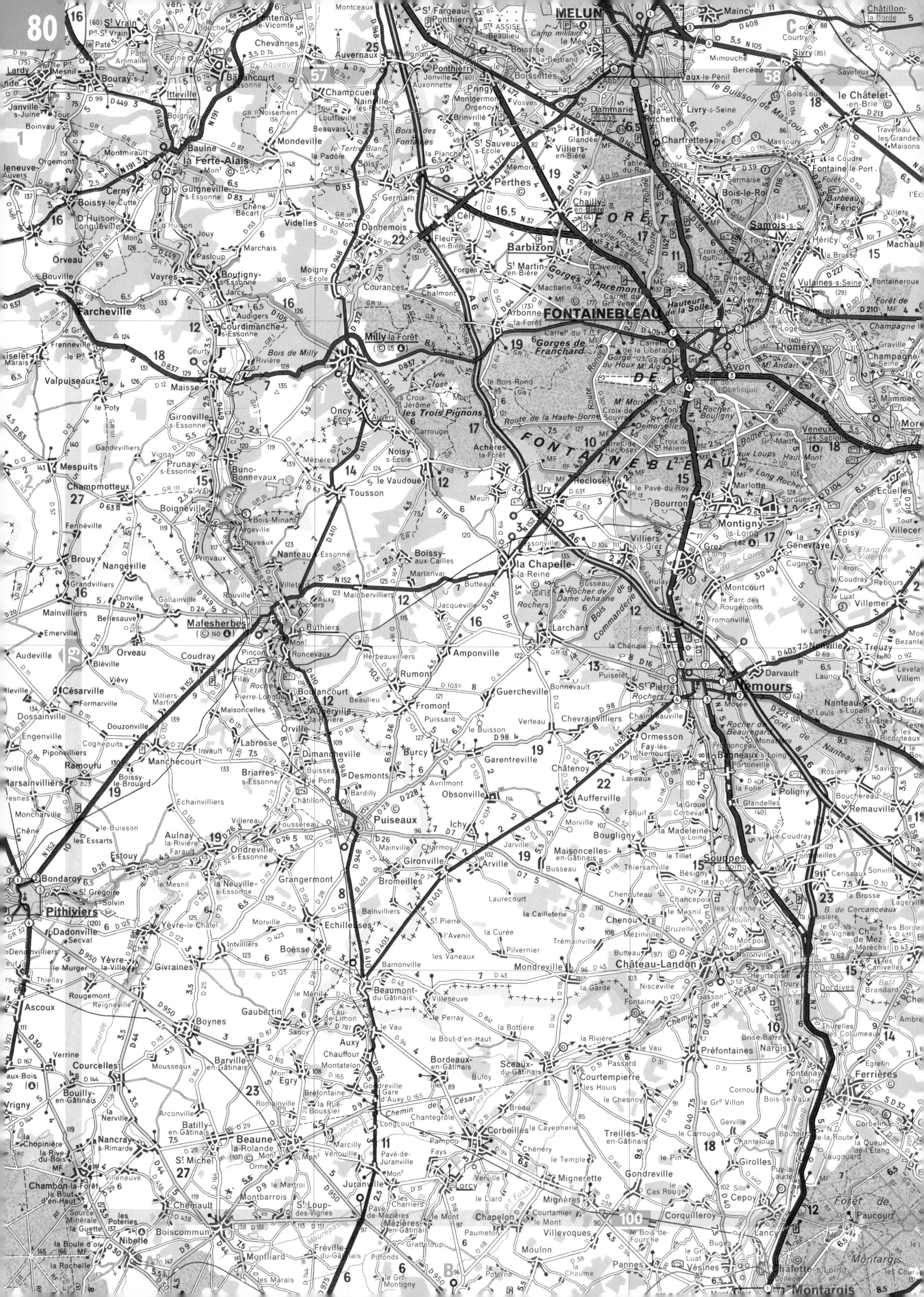
MELUN
Maincy
Châtillon-la-Borde
St Fargeau-Ponthierry
Ste ASSISE
Camp militaire
le Mée
Boissise
Vaux-le-Pénil
Sivry
Savigny-le-Temple
Fontenay-le-Vicomte
Chevannes
Auvernaux
Ballancourt
Itteville
Lardy
Bouray-s-J.
Janville-s-Juine
Champcueil
Nainville-les-Roches
Ponthierry
Pringy
Dammarie-les-Lys
Livry-s-Seine
le Buisson de Massoury
le Châtelet-en-Brie
Baulne
la Ferté-Alais
Mondeville
Soisy-s-École
Chartrettes
Villiers-en-Bière
St Sauveur-s-École
Perthes
Guigneville-s-Essonne
Cerny
Boissy-le-Cutté
D'Huison-Longueville
Videlles
Chailly-en-Bière
Fontaine-le-Port
Bois-le-Roi
Forêt de Barbeau
Samois-s-S.
Héricy
Barbizon
Dannemois
Cély
Fleury-en-Bière
St Martin-en-Bière
Orveau
Bouville
Farcheville
Boutigny-s-Essonne
Vayres-s-E.
Moigny-s-École
Courances
Gorges d'Apremont
FONTAINEBLEAU
Hauteurs de la Solle
Vulaines-s-Seine
Samoreau
Arbonne-la-Forêt
Milly-la-Forêt
Bois de Milly
Courdimanche-s-Essonne
Gorges de Franchard
Avon
Thomery
Champagne-s-Seine
Valpuiseaux
Maisse
Gironville-s-Essonne
Les Trois Pignons
Oncy-s-École
Noisy-s-École
Achères-la-Forêt
FORÊT DE FONTAINEBLEAU
Veneux-les-Sablons
Moret
Mespuits
Champmotteux
Buno-Bonnevaux
Prunay-s-Essonne
Tousson
le Vaudoué
Ury
Recloses
Bourron
Marlotte
Montigny-s-Loing
Écuelles
Boigneville
Nanteau-s-Essonne
Boissy-aux-Cailles
la Chapelle-la-Reine
Villiers-s-Grez
Grez-s-Loing
Épisy
Brouy
Nangeville
Larchant
Villemer
Malesherbes
Buthiers
Amponville
Treuzy
Coudray
Orveau
Rumont
Guercheville
Nemours
Darvault
Césarville
Boulancourt
Fromont
St Pierre
Nanteau-s-Lunain
Manchecourt
Dimancheville
Burcy
Garentreville
Ormesson
Bagneaux-s-Loing
Poligny
Briarres-s-Essonne
Desmonts
Obsonville
Châtenoy
Remauville
Aulnay-la-Rivière
Ondreville-s-Essonne
Puiseaux
Ichy
Aufferville
Bougligny
Pithiviers
Bondaroy
Estouy
Gironville
Arville
Maisoncelles-en-Gâtinais
Souppes-s-Loing
Dadonville
Yèvre-le-Châtel
Échilleuses
Chenou
Château-Landon
Yèvre-la-Ville
Givraines
Boësse
Beaumont-du-Gâtinais
Mondreville
Ascoux
Boynes
Gaubertin
Auxy
Préfontaines
Nargis
Courcelles
Barville-en-Gâtinais
Egry
Bordeaux-en-Gâtinais
Sceaux-du-Gâtinais
Courtempierre
Fontenay-s-Loing
Ferrières
Bouilly-en-Gâtinais
Batilly-en-Gâtinais
Beaune-la-Rolande
Corbeilles
Treilles-en-Gâtinais
Girolles
Nancray-s-Rimarde
St Michel
Juranville
Lorcy
Mignerette
Gondreville
Cepoy
Chambon-la-Forêt
Chemault
St Loup-des-Vignes
Mignères
Corquilleroy
Forêt de Paucourt
Nibelle
Boiscommun
Mézières-en-Gâtinais
Villevoques
Chapelon
Fréville-du-Gâtinais
Montliard
Moulon
Pannes
Vésines
Châlette-s-Loing
Montargis

la Chapelle-Gauthier
Rampillon
St Loup-de-Naud
Ste Colombe
Sourdun
St Nicolas-la-Chapelle
Forêt de Villefermoy
Fontains
Meigneux
Bois de St Martin
Cessoy-en-Montois
Sognolles-en-Montois
Savins
Longueville
Chalautre-la-Petite
Soisy-Bouy
Camp militaire
Bois de St Germain-Laval
Donnemarie-Dontilly
Jutigny
Chalmaison
Gouaix
Hermé
Melz-s-Seine
le Mériot
Forêt d'Echou
Coutençon
Gurcy-le-Châtel
Luisetaines
Sigy
Everly
Flamboin
le Port-Montain
Courceroy
la Motte-Tilly
Echouboulains
Bois du Fresnoy
Montigny-Lencoup
Abbaye de Preuilly
les Ormes-s-Voulzie
Noyen-s-Seine
Villiers-s-Seine
Fontenay-de-Bossery
Valence-en-Brie
Forêt de St Martin
Laval-en-Brie
Vimpelles
St Sauveur-lès-Bray
Grisy-s-Seine
Passy-s-Seine
Gumery
Salins
Egligny
Châtenay-s-Seine
Bray-s-Seine
Mouy-s-Seine
Jaulnes
Villenauxe-la-Petite
Vilļuis
Trainel
Montereau-faut-Yonne
Courcelles-en-Bassée
Gravon
Balloy
Mousseaux-lès-Bray
Bazoches-lès-Bray
Fontaine-Fourches
St Germain-Laval
la Tombe
Marolles-s-Seine
Montigny-le-Guesdier
la Louptière-Thénard
Varennes-s-Seine
Cannes-Ecluse
Barbey
Misy-s-Yonne
N.D. de-Champrond
Compigny
Plessis-du-Mée
Ville-St Jacques
Esmans
la Brosse-Montceaux
Villeneuve-la-Guyard
Vinneuf
Courlon-s-Yonne
Sergines
Plessis-St Jean
Pailly
Perceneige
Montmachoux
Villeblevin
Chaumont
Champigny
Serbonnes
Michery
la Chapelle-s-Oreuse
Fleurigny
Thorigny-s-Oreuse
Flagy
Dormelles
Bois de la Montagne
St Agnan
Bois de Champigny
Pont-s-Yonne
St Martin-s-Oreuse
Forêt de Soucy
la Postolle
Thoury-Férottes
Voulx
Diant
Bois de Chatillon
Villeperrot
Gisy-les-Nobles
Evry
Forêt de Voisines
St Ange-le-Vieil
Chevry-en-Sereine
Blennes
Villethierry
Cuy
Soucy
Voisines
Lorrez-le-Bocage
Vallery
St Sérotin
Villenavotte
Bois de Montard
les Clérimois
Vaux-s-Lunain
Lixy
Brannay
Courtois-s-Yonne
Nailly
St Denis
St Clément
Fontaine-la-Gaillarde
Chéroy
Dollot
B. de Bruneau
St Martin-du-Tertre
SENS
Saligny
Villiers-Louis
Villebéon
Villebougis
Paron
Malay-le-Grand
Pont-s-Vanne
St Valérien
Villeroy
Maillot
Noé
Theil-s-Vanne
Jouy
Villegardin
Fouchères
Subligny
Gron
Rosoy
B. de la Gde Vallée
Vaumont
Chevry
la Belliole
Villeneuve-la-Dondagre
Collemiers
Etigny
Bazoches-s-le-Betz
Courtoin
Véron
Bois de Chavan
Domats
Egriselles-le-Bocage
Marsangy
Passy
Bois de Mérinville
Ervauville
Bois de Bléry
Vernoy
Rousson
Dixmont
Mérinville
Savigny
Chaumot
Villeneuve-s-Yonne
St Loup-de-Gonois
Chantecoq
St Hilaire-les-Andrésis
Courtenay
Piffonds
St Julien-du-Sault
Armeau
F! du Pavillon-Gros
Villevallier
Forêt du Mileu
la Selle-s-le-Bied
Courtemaux
Louzouer
Thorailles
St Martin d'Ordon
St Loup-d'Ordon
Villecien
la Selle-en-Hermoy
Verlin
AUTOROUTE DU SOLEIL

Chalautre-la-Grande, la Saulsotte, Courtavant, la Rose, Barbenthail, Sellières, Romilly-s-Seine, Clesles, St Oulph, Méry-s-Seine

St Nicolas-la-Chapelle, le Plessis-Mériot, Frécul, Flours, E.D.F. Centrale Nucléaire (en constron), Marnay-s-Seine, Pont-s-Seine, Crancey, Maizières-la-Gde-Paroisse, Poussey, Châtres

Nogent-s-Seine, St Nicolas, Port, Bernières, la Poste, St Hilaire-s/s-Romilly, les Granges, Mesgrigny, Droupt-Ste Marie

Maulny, Blunay, Melz-s-Seine, le Mériot, Beaulieu, la Chapelle-Godefroy, la Crouillère, Parc de Pont, St Aubin, Longueperte, Gélannes, Pommereau, Pars-lès-Romilly, la Belle Etoile, le Petit St Georges, Vallant-St Georges, Droupt-St Basle

Toury, la Motte-Tilly, Courceroy, Villiers-s-Seine, Fontaine-Mâcon, le Paraclet (Ancne Abbe), Quincey, Malminout, Vaudepuits, Origny-le-Sec, Courlanges

Fontenay-de-Bossery, Gumery, Cercy, Trainel, Ferreux, St Loup-de-Buffigny, St Martin-de-Bossenay, Tremblay, les Ormeaux, le Clos, Rozières, la Fosse, Corduan, Bossenay, Ossey-les-Trois-Maisons, Orvilliers-St Julien, Fontaine-les-Grès, St Mesnin

Fontaine-Fourches, le Courtillot, Bouy-s-Orvin, Avant-lès-Marcilly, Bois de Fay, Belle-Assise, St Flavy, Soligny-les-Etangs, le Vallon, Fontenay-le-Pierreux, Fay-lès-Marcilly, Rigny-la-Nonneuse, Marigny-le-Châtel, Perthelaine, Charmoy, la Pèze

la Louptière-Thénard, Plessis-Gatebled, les Bornes, Montaphilant, Charmesseaux, Trancault, Avon-la-Pèze, Echemines, Belleville, Prunay, le Pavillon-Ste Julie, la Malmaison

Vertilly, Sognes, Bourdenay, Bellevillotte, Marcilly-le-Hayer, St Lupien, Obélisque, Villeloup, Perceneige, les Nozées, la Villeneuve-aux-Riches-Hommes, St Maurice-aux-Riches-Hommes, Mauny, Bercenay-le-Hayer, le Mothois, Faux-Villecerf, Dierrey-St Pierre

Bois de Trainel, Grange-le-Bocage, Lussin, Vallières, Chavaudon, Four gaulois, Vierge-Ste Espérance, Bois de Cornillon, Villadin, Dierrey-St Julien, les Dagues, Mesnil-Vallon, Montgueux

Forêt de la Chaume de Lancy, la Picardie, Pierre-Couverte, Pouy-s-Vannes, Chanteloup, Bois l'Abbesse, Mesnil-St Loup, Macey, Courroy, Thorigny-s-Oreuse, Bois des Chardonnières, Chêne, Courgenay, Bois du Fauconnais, Pâlis, Fontvannes, la Grange-au-Rez

la Postolle, Clairlieu, Planty, Estissac, Forêt de Voisines, Galbaux, les Htes Bergeries, Montdogat, la Charmée, la Singerie, les Marchais, Bois de Bagneaux, Rateau, les Essarts, Ferme de Vauluisant (Ancne Abbe), Villemaur-s-Vanne, Messon, Bucey-en-Othe, Voisines, le Hay, les Bses, la Goujauderie, la Pellerie, la Tournerie, Lailly, Villeneuve-l'Archevêque, Vulaines, St Benoist-s-Vanne, Silo, les Bordes, Neuville-s-Vanne, Bourg-de-Partie, Thuisy, Bois de Bucey, le Chaast, Prugny

Bel-Air, le Ruy, le Colombier, Molinons, Les Clérimois, Foissy-s-Vanne, les Caves, Bagneaux, Flacy, Paisy-Cosdon, Courmononcle, Bois des Brosses, Vaucheley, Chennegy, Télécomons Spatiales, Vauchassis

Fontaine-la-Gaillarde, Milly, les Htes de Flacy, les Châteliers, Rigny-le-Ferron, les Chênettes, les Jards, Aix-en-Othe, la Vove, Villemoiron-en-Othe, la Vente de l'Avocat, Bois des Montclains, le Valdreux, Bercenay-en-Othe, la Grenouillère, le Genetroy, Chigy, Maison Rouge, le Bois-de-Rigny, Vaujurennes, le Bois-le-Roi, les Cornées-Laliat, Alexandre, les Cornées, Druisy, Pitoite, Craney, Surançon, Concise

le Ht de Villiers, Villiers-Louis, Malay-le-Petit, le Pt Villiers, Pont-s-Vanne, les Sièges, Vareilles, Cérilly, Bérulle, le Mineroy, les Chalois, Laboulliant, St Mards-en-Othe, le Grand Vaucouard, Champcharme, Champcharme-Haut, Bois des Fays, Noé, Theil-s-Vanne, la Folie, les Vallées de Cérilly, Beauchêne, Coulours, le Vt Verger, les Quincarlets, Berluvier, les Robins, Vaubadon, la Belle Fayte, la Mivoie, Maraye-en-Othe, la Perrière, les Boulins, Champsicourt

Clos-de-Noé, Grde Vallée, les Hauberts, les Fleuris, Vaumort, les Thorets, les Vallées, Bois des Sièges, Villesabot, les Cormiers, Fournaudin, les Chevreaux, la Lisière-des-Bois, Nogent-en-Othe, Bois de Marais, Forêt Chenu, Augères, Heurtebise, l'Ormeau, Villefroide, les Langots, Beauregard, le Champion, les Loges, Forêt des Rajeuses, la Métairie, Boeurs-en-Othe, la Guinand, Eaux-Puiseaux

Val-St Etienne, Bois de Chavan, Chandeliers, le Marchais-Rallu, Vaudeurs, Grange-Sèche, Pont-Evrat, les Grdes Jarronnées, les Delavoix, les Hurpeaux, le Ht Nogent, Puiseaux, les Bordes, Vosnon, Cerisiers, Maurepas, la Roche au Diable, Grange-Pourrain, Bourbuisson, les Pommerats, les Chapelles, les Fays, la Longueraie, Beauciard, Bois de Sévy, les Boudins, la Coudre, Francœur, la Rue-Chèvre, la Charbonnière, Forêt de la Potence, les Birons, les Menus-Bois, Bois de Turny, la Tuilerie, Guette, Auxon

Pimançon, les Rethorets, Haras, Clos-Aubry, les Bordes, la Borde-à-la-Gousse, Villechetive, Arces, le Charme, Sormery, St Joseph, Villeneuve-au-Chemin, Sivrey, Vert, Roncenay, Courtelon, Fourneaux, Grange-Bertin, Dilo, le Merisier, B. de Malgouvernes, le Vaudevannes, les Fourneaux, Chailley, Saudurand, les Fays, la Brosse, Coursan-en-Othe, le Mesnil-St Georges, les Chaillots, le Moulin-du-Bois, Chêne-Merlin

Chapitre, Dixmont, les Grdes Vallées, la Tuilerie, profonde, la Hâte, B. des Centaines, Forêt de l'Abbesse, Etangs de St Ange, Courbépine, Vachy, Prunelles, le Montelard, le Ruet, Cuchot, Boullay, Courchamp, Linant, Lasson, le Marot, Montfey, Champgiron, Racines, Ervy-le-Châtel, Montbiérault, Chamblin

les Brûleries, le Grd Chêne, Forêt du Mileu, Bois de Joigny, Champ de Tir, la Ramée, Paroy-en-Othe, Bellechaume, Mercy, l'Hôpital, Turny, Neuvy-Sautour, Courcelles, Chaing, Chanipton, Jardelet, Basse Vacherie, Surva, Bailly, Vorvigny, Champlost, le Vau-du-Puits, Venizy, Boudernault, Haut-, le Bois Brûlé, Soumaintrain, Boudin, Courtaoult, Chessy-les-Prés

la Tuilerie, la Fourchotte, Bussy-en-Othe, Villepied, Bligny-en-Othe, Chatton, Mont Avrelot, les Buissons, Beugnon, le Mesnil, Villiers, Mézières, les Rouges, Montlehu, Chalandry, Vieux Champs, la Chaussée, Grd Champ, Loge-Borgne, Avrolles

59 81 102

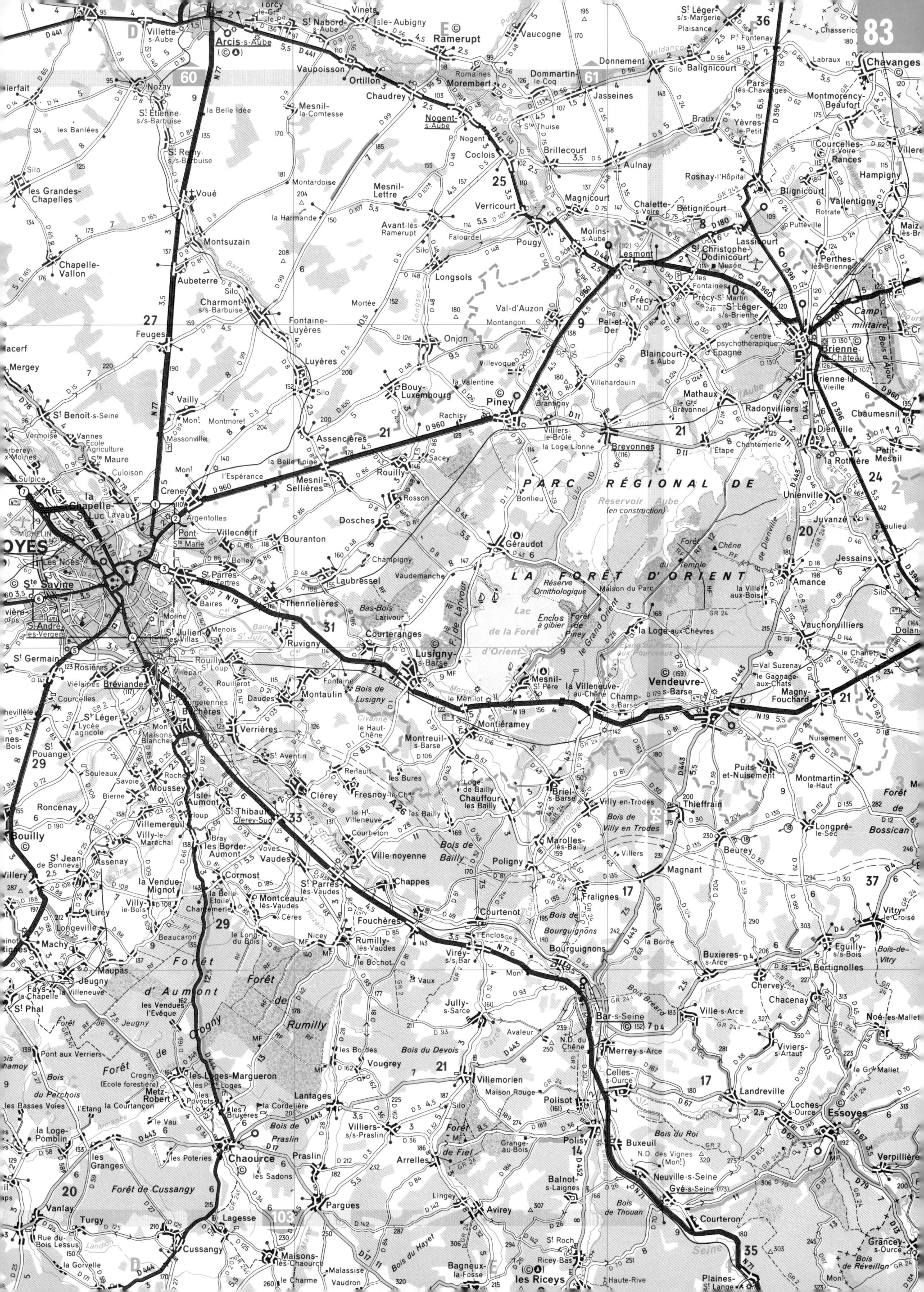
Arcis-s-Aube
Villette-s-Aube
St Nabord-s-Aube
Isle-Aubigny
Ramerupt
Vaucogne
St Léger s/s-Margerie
Plaisance
Chavanges
Nozay
Vaupoisson
Ortillon
Chaudrey
Romaines
Morembert
Dommartin-le-Coq
Donnement
Jasseines
Balignicourt
Pars-lès-Chavanges
Montmorency-Beaufort
St Étienne-s/s-Barbuise
la Belle Idée
Mesnil-la-Comtesse
Nogent-s-Aube
St Thuise
Brillecourt
Aulnay
Braux
Yèvres-le-Petit
Courcelles-s-Voire
Rances
St Remy-s/s-Barbuise
les Banlées
Coclois
Rosnay-l'Hôpital
Hampigny
Blignicourt
Vallentigny
les Grandes-Chapelles
Voué
Montardoise
Mesnil-Lettre
Verricourt
Magnicourt
Chalette-s-Voire
Bétignicourt
Rotrate
Putteville
la Harmande
Avant-lès-Ramerupt
Falourdel
Pougy
Molins-s-Aube
Lesmont
Lassicourt
St Christophe-Dodinicourt
Musée
Perthes-lès-Brienne
Montsuzain
Chapelle-Vallon
Longsols
Aubeterre
Charmont-s/s-Barbuise
Fontaine-Luyères
Mortée
Val-d'Auzon
Pel-et-Der
Précy-N.D.
les Fontaines
Précy-St Martin
St Léger-s/s-Brienne
Camp militaire
Feuges
Onjon
Montangon
Blaincourt-s-Aube
Épagne
centre psychothérapique
Brienne-le-Château
Bois d'Ajou
Mergey
Luyères
Villevoque
Villehardouin
Brienne-la-Vieille
Silo
Bouy-Luxembourg
la Valentine
Piney
Brantigny
Mathaux
le Gd Brevonnel
Radonvilliers
Chaumesnil
Vailly
St Benoît-s-Seine
Montmoret
Massonville
Assencières
Rachisy
Villiers-le-Brûlé
la Loge Lionne
Brevonnes
l'Étape
Chantemerle
Dienville
Petit-Mesnil
Vermoise
Vannes
École d'Agriculture
St Maure
Culoison
la Belle Épine
Sacey
la Rothière
Mesnil-Sellières
Rouilly
l'Espérance
Creney
Rosson
PARC RÉGIONAL DE LA FORÊT D'ORIENT
Bonlieu
Réservoir Aube (en construction)
Unienville
St Sulpice
la Chapelle-St Luc
Lavau
Argentolles
Pont-Ste Marie
Villecnetif
Bouranton
Dosches
Géraudot
Forêt du Temple
Chêne
de Dienville
Juvanzé
Jessains
TROYES
MICHELIN
Les Noës
Ste Savine
Belley
Champigny
Vaudemanche
Réserve Ornithologique
Maison du Parc
St Parres-aux-Tertres
Laubressel
Thennelières
Bas-Bois
Larivour
Lac de la Forêt d'Orient
Enclos à gibier
Forêt de Piney
le Grand Orient
la Ville-aux-Bois
Amance
la Moline
Baires
St Julien-les-Villas
Menois
Ruvigny
Courteranges
Lusigny-s-Barse
la Loge-aux-Chèvres
Étang du Parc aux Pourceaux
Vauchonvilliers
Dolancourt
St André-les-Vergers
St Germain
Rosières
Rouilly-St Loup
Villepart
Fontaine
Bois de Lusigny
Mesnil-St Père
la Villeneuve-au-Chêne
Vendeuvre-s-Barse
Champ-s-Barse
Val Suzenay
le Gagnage-aux-Chats
Magny-Fouchard
le Chanet
Bréviandes
Courcelles
Rouillerot
Daudes
Montaulin
le Ménilot
Montiéramey
Vielaines
St Léger
Lycée agricole
Bucheres
Maisons-Blanches
Verrières
le Haut-Chêne
Montreuil-s-Barse
Nuisement
St Pouange
Souleaux
Savoie
Bierne
Rochel
Moussey
Isle-Aumont
St Aventin
Renault
Fresnoy-le-Château
les Bures
Loge-de Bailly
Chauffour-les-Bailly
Briel-s-Barse
Villy-en-Trodes
Thieffrain
Puits-et-Nuisement
Montmartin-le-Haut
Forêt de Bossican
Roncenay
Villemereuil
Verloup
St Thibault
Clérey
Clérey-Sud
le Ht Villeneuve
les Bailly
Bois de Villy en Trodes
Longpré-le-Sec
Bouilly
Villy-le-Maréchal
Bray
les Border-Aumont
Voves
Vaudes
Courbeton
Ville-noyenne
Bois de Bailly
Poligny
Marolles-lès-Bailly
Villers
Magnant
Beurey
St Jean-de Bonneval
Assenay
Cormost
la Vendue-Mignot
Chappes
St Parres-lès-Vaudes
Fralignes
Villy-le-Bois
la Belle-Étoile
Chantemerle
Montceaux-lès-Vaudes
Cères
Courtenot
Bois de Bourguignons
Vitry-le-Croisé
Lirey
Longeville
Fouchères
Beaucaron
le Long-du-Bois
Niçey
Rumilly-lès-Vaudes
l'Enclos
Virey-s/s-Bar
Bourguignons
la Borde
Buxières-s-Arce
Eguilly-s-Bois
Bois-de-Vitry
Bertignolles
Machy
Maupas
Jeugny
Forêt d'Aumont
Forêt de Rumilly
le Bochot
Vaux
Chervey
Chacenay
Fays-la-Chapelle
la Villeneuve
St Phal
les Vendues-l'Évêque
Forêt de Crogny
Jully-s-Sarce
Bois Bréard
Bar-s-Seine
Ville-s-Arce
Noé-les-Mallet
Avaleur
N.D. du Chêne
Merrey-s-Arce
Viviers-s-Artaut
Pont aux Verriers
Crogny
(École forestière)
Bois du Perchois
les Bordes
Bois du Devois
Vougrey
Villemorien
Celles-s-Ource
le Gd Mallet
les Loges-Margueron
Metz-Robert
les Loges
les Provosts
Lantages
Maison Rouge
Polisot
Landreville
les Basses Voies
l'Étang
la Courtançon
la Cordelière
les Bruyères
Forêt de Fiel
Loches-s-Ource
Essoyes
la Loge-Pomblin
le Vau
Bois de Praslin
Villiers-s/s-Praslin
Grange-au-Bois
Polisy
Buxeuil
Bois du Roi
les Granges
les Poteries
Chaource
Praslin
Arrelles
N.D. des Vignes
Verpillières
Forêt de Cussangy
les Sadons
Balnot-s-Laignes
Neuville-s-Seine
Gyé-s-Seine
Vanlay
Turgy
Lagesse
Pargues
Lingey
Avirey
Bois de Thouan
Courteron
Rue du Bois Lessus
Cussangy
Maisons-lès-Chaource
Bois du Hayet
St Roch
Ricey-Bas
Seine
Grancey-s-Ource
Bois de Réveillon
la Gorvelle
Malassise
Vaudron
le Charme
Bagneux-la-Fosse
les Riceys
Haute-Rive
Plaines-St Lange
A 26
N 19
N 71
N 77
D 960
D 443
D 396
60
61
84
103

Chassericourt
Joncreuil
Bailly-le-Franc
Droyes
Frampas
Planrupt
Wassy
Magneux
Sommancourt
Balignicourt
Pt Fontenay
Labraux
Chavanges
Tanière
Forêt de Lentilles
Puellemontier
les Granges
Gervilliers
les Malots
Voillecomte
Brousseval
Valleret
Pars-lès-Chavanges
Montmorency-Beaufort
Lentilles
Montier-en-Der
Laneuville-à-Rémy
Montreuil-s-Blaise
Domblain
Braux
Yèvres-le-Petit
Jagée
Ceffonds
la Varnière
la Borde
Grandmont
Flancourt
la Bouverie
Courcelles-s-Voire
Rances
Villeret
Hampigny
Pré Godot
les Sellières
Billory
Robert-Magny
Vaux-s-Blaise
Rachecourt
Rosnay-l'Hôpital
Blignicourt
Boulancourt
la Grève
Bailly-aux-Forges
Suzémont
Bétignicourt
Vallentigny
Rotrate
Longeville-s-la-Laines
Thilleux
Cour des Pruneaux
Doulevant-le-Petit
Ville-en-Blaisois
Morancourt
Puttéville
Maizières-lès-Brienne
Louze
Lassicourt
St Christophe-Dodinicourt
Musée
Perthes-lès-Brienne
Epothémont
Rozières
Mertrud
Courcelles-s-Blaise
Dommartin-le-Franc
Forêt de
Bois-Lassus
les Fontaines
Précy-St Martin
St Léger-s/s-Brienne
Juzanvigny
Sauvage-Magny
Sommevoire
Camp militaire
Bois d'Ajou
Bridenne
la Ville-aux-Bois
Bois d'Humégnil
Anglus
Dommartin-le-St Père
Baudrecourt
Charmes-la-Grande
centre psychothérapique
Epagne
Crespy-le-Neuf
Ste Colombe
Bois de la Pissotte
Brienne-le-Château
Morvilliers
Pt Morvilliers
Forêt de Soulaines
St Victor
Soulaines-Dhuys
Bois Monsieur
Villiers-aux-Chênes
Doulevant-le-Chau
Monthonval
Charmes-en-l'Angle
Bois de Charmes
Brienne-la-Vieille
Mathaux
le Grd Brévonnel
Radonvilliers
Chaumesnil
Beauvoir
Bois de Chantecoq
la Chaise
Bois de Ville
Trémilly
Nully
Blumeray
Thil
Humbersin
Bois de l'Aillemont
Arnancourt
Dienville
Chantemerle
l'Etape
la Giberie
Etang de Ramerupt
Bois de Pute-Bête
Petit-Mesnil
la Rothière
Fuligny
Ville-s-Terre
la Gaîté
Cirey-s-Blaise
Bois d'Ambonville
Parc Régional de la Forêt d'Orient
Unienville
Bois de la Rothière
Etang de Laborde
Vernonvilliers
Fresnay
Bois de Beauregard
Beurville
Chânet
les Grands Ordons
Forêt de Blinfey
Bouzancourt
Juvanzé
Beaulieu
Thors
Blinfey
Forêt du Temple
Chêne
Jessains
Eclance
Lévigny
Maisons-lès-Soulaines
Bois de Hantelle
Daillancourt
Guindrecourt-s-Blaise
Amance
Trannes
Bossancourt
Saulcy
Rizaucourt
Champcourt
Blaise
la Ville-aux-Bois
Maison-Neuve
Bois de Courtgain
Harricourt
Vauchonvilliers
Dolancourt
Arsonval
Montier-en-l'Isle
Engente
Arrentières
Colombé-la-Fosse
Cornet
Buchey
Biernes
Curmont
Vendeuvre-s-Barse
le Chanet
Moulin
Colombé-le-Sec
Argentolles
Pratz
le Plachet
l'Etoile
Val Suzenay
le Gagnage-aux-Chats
Arganç on
la Forêt
Jaucourt
Ailleville
Voigny
Rouvres-les-Vignes
Lamothe-en-Blaisy
Magny-Fouchard
Maison-des-Champs
Gagnage
Bar-s-Aube
Fravaux
Proverville
Spoy
Lavilleneuve-aux-Fresnes
Mémorial
Colombey-les-deux-Eglises
Lignol-le-Château
la Boisserie
Nuisement
Ste Germaine
Belroy
la Pipière
Puits-et-Nuisement
Montmartin-le-Haut
Fontaine
Lachapelle-en-Blaisy
Sexfont
Couvignon
le Val Perdu
Bayel
Thieffrain
Forêt de Bossican
Meurville
Bois de Pimeux
la Belle Idée
Baroville
Forêt des Dhuits
Juzennecourt
Longpré-le-Sec
Bergères
Bois de Barramont
la Borde
Blaisy
Beurey
Bligny
Urville
la Bretonnière
Clairvaux
Forges-St Bernard
Montheries
Gillancourt
Magnant
Etang du Patis
Arconville
Clairvaux (Maison Centrale)
Lavilleneuve-au-Roi
Vitry-le-Croisé
Fraville
Longchamp-s-Aujon
Outre-Aube
Rennepont
St Martin-s-la-Renne
Forêt de Bois-Gérard
Champignol-lez-Mondeville
Fontaine-St Bernard
Maranville
Vaudrémont
Buxieres-s-Arce
Eguilly-s/s-Bois
Bois-de-Vitry
Bertignolles
Bois de Mormont
Fontarce
Ville-s/s-la-Ferté
Forêt de Clairvaux
Juvancourt
Autreville-s-la-Renne
Chervey
Chacenay
Cirfontaines-en-Azois
Moulin
Aizanville
Valdelancourt
Braux-le-Châtel
Ville-s-Arce
Noé-les-Mallets
Fays-Haut
Laferté-s-Aube
Varencey
Bois de Laferté
Viviers-s-Artaut
St Usage
Pont-la-Ville
Orges
Bricon
le Grd Mallet
les Fosses
Fontette
Fins
Landreville
Loches-s-Ource
Essoyes
Villars-en-Azois
le Val-du-Four
Essey-les-Ponts
Marmesse
Bel Air
Blessonville
Bois du Roi
Silvarouvres
Forêt de Châteauvillain
des Vignes (Mon!)
Verpillières-s-Ource
Cunfin
Ste Anne
Forêt de Beaumont
la Forge
Neuville-s-Seine
Gyé-s-Seine
Forêt d'Oisellemont
Dinteville
Derville
la Folie
Châteauvillain
Bonshommes
Bois du Charmoi
Beaumont
Lanty-s-Aube
Moulin
Bois de la Longe
Forêt de Chateauvillain
Courteron
Valfond
Créancey
Bon Air
Seine
Grancey-s-Ource
Bois de Réveillon
Bois des Forts
Forêt de Vigne-Rougé
Bois de Lanty
Ormoy-s-Aube
Montribourg
Autricourt
Plaines-St Lange
la Lucine
A 26
N 19
N 71
D 960
D 400
D 396
D 384
D 443

Breuil-s-Marne
Chatonrupt
Curel
Autigny-le-Petit
Autigny-le-Grand
Sommermont
Vecqueville
Joinville
Nomécourt
Bois de Joinville
Rupt
Osne-le-Val
Bois le Ban
Paroy-s-Saulx
le Val Louzet
Effincourt
Bure
Saudron
Mandres-en-Barrois
Gondrecourt-le-Château
Tourailles-s/s-Bois
Horville-en-Ornois
Forêt du Vau
Goussaincourt
Vouthon-Haut
Pancey
Gillaumé
Echenay
Montreuil-s-Thonnance
Thonnance-lès-Joinville
Suzannecourt
Forêt de la Saunoire
Aingoulaincourt
Soulaincourt
Harméville
Cirfontaines-en-Ornois
Luméville-en-Ornois
Chassey-Beaupré
Bertheléville
Vaudeville-le-Haut
Domremy-la-Pucelle
Bois de Domrémy
Basilique du Bois-Chenu
Dainville
Seraumont
Poissons
Noncourt-s-le-Rongeant
Sailly
Bressoncourt
Lezéville
Bois de Besigné
Avranville
Chermisey
Fronville
Thonnance-les-Moulins
Brouthières
Germay
Laneuville-au-Bois
Forêt des Batis et des Hamets
les Gourseaux Bois
Sionne
Ferrière-et-Lafolie
St Urbain
Bois de la Rippe
Germisay
Grand
Ruines romaines
Midrevaux
Pargny-s/s-Mureau
Maconcourt
Annonville
Bettoncourt-le-Haut
Epizon
Vaux-s-St Urbain
Mussey-s-M
Morionvilliers
Trampot
Brechainville
Forêt de Mureau
Forêt de Maupas
Bois des Fontenelles
Mont-lès-Neufchâteau
Donjeux
Landéville
Domremy-en-Ornois
Chambroncourt
Audeuil
Aillianville
Villouxe
Rouvroy-s-Marne
Saucourt-s-Rognon
Pautaines
Forêt du Pavillon
St Thiébault
les Hauts Bois
Bois le Comte
Fréville
Gudmont
Bois de Donjeux
Bois des Roncis
Leurville
Bois des Haies
Bois du Charmois
Liffol-le-Grand
Villiers-s-Marne
Doulaincourt
Busson
les Moyemonts
Champaumont
Forêt de la Bouloire
la Bergère
Bazoilles-s-Meuse
Rouécourt
Val de l'Ajoux
le Marquot
Bettaincourt-s-Rognon
Bois de Châtelmont
Orquevaux
Lafauche
Liffol-le-Petit
Montlebert
le Chênois
le Corroy
Provenchères-s-Marne
Froncles
Buxières
Bois des Grandes Combes
Bois le Chimarmont
Reynel
Forêt de Meley
Humberville
Vesaignes-s/s-Lafauche
Prez-s/s-Lafauche
Forêt du Jarney
Bois Gérard
Roches-s-Rognon
St Blin
Vignory
Forêt du Heu
Croix des Allemands
Montot-s-Rognon
Vignes-la-Côte
Manois
Semilly
le Corroy
Harréville-les-Chanteurs
Vouécourt
Signéville
la Croisette
Barrémont
Rimaucourt
l'Espérance
Dôme
Goncourt
Soncourt-s-Marne
Heu
Montéclair
Andelot
Chalvraines
Bois de Goncourt
Sommerécourt
Vraincourt
Viéville
Abbé de Septfontaines
Bois des Chaisaux
Bois du Jard
le Champ Briot
la Guinguette
le Charmois
Oudincourt
Rochefort-s-la-Côte
Blancheville
Morteau
Bois de Chalvraines
la Fortelle
Illoud
Gonaincourt
Ormoy-lès-Sexfontaines
Roôcourt-la-Côte
Vaux-s-Blaise
Chantraines
Ecot-la-Combe
les Mailles
St Thiébault
Bourmont
Nijon
Lamancine
Bologne
Briaucourt
Lacrête
les Grands Bois
Bois de Romain
Clinchamp
Morvau
Annéville-la-Prairie
Cirey-lès-Mareilles
Forêt de la Crête
Chevecheix
Mareilles
Churey
Ozières
Romain-s-Meuse
Bourg-Ste Marie
Brainville-s-Meuse
Marault
Riaucourt
Darmannes
Bourdons-s-Rognon
Consigny
Huilliécourt
Hâcourt
Graffigny
Laharmand
Bois de Cirey
Bois de Mareilles
Morlaix
Thol-lès-Millières
Vroncourt-la-Côte
Malaincourt-s-Meuse
Doncourt-s-Meuse
Levécourt
Brethenay
Condes
Treix
Forcey
le Puits-des-Mèzes
Bon-Espoir
Millières
Longchamp
Forêt de Clefmont
Maisoncelles
Champigneulles-en-Bassigny
Jonchery
Esnouveaux
Germainvilliers
Buxereuilles
Reclancourt
Bois Perron
Forêt d'Ageville
le Fevry
Ageville
Mennouveaux
Audeloncourt
Silo
Villiers-le-Sec
Choignes
Forge du Bas
Forge du Haut
Cuves
Buxières-lès-Clefmont
Perrusse
Clefmont
Breuvannes
Chaumont
Laville-aux-Bois
Biesles
Lanques-s-Rognon
Meuvy
Daillecourt
Bois de Pennecière
Bassoncourt
Chamarandes
Ninville
Brottes
Verbiesles
Forêt de la Garenne
Donnemarie
Noyers
Choiseul
Merrey
Forêt de Corgebin
le Corgebin
Bois de la Vendue
Luzy-s-Marne
Sarcey
Mandres-la-Côte
Bois du Vernon Fays
Essey-les-Eaux
Rangecourt
Lenizeul
Fresnoy-en-Bassigny
Neuilly-s-Suize
Poulangy
Boischaulle
l'Abondance
Is-en-Bassigny
Lavilleneuve
Damphal
Ravennefontaines
Foulain
la Perrière
Louvières
Courcelles
Odival
la Scierie
Bois du Mont Roussel
Bois de Montigny
Maulain
Crenay
Forêt de Marsois
Nogent-en-Bassigny
Lécourt
Provenchères-s-Meuse
Rochevilliers
Ht Charmoi
Marnay-s-Marne
Vesaignes-s-Marne
Bois du Défois
Sarrey
Montigny-le-Roi
Meuse
Malroy
Sources de la Meuse
Val-des-Dames
Poinson-lès-Nogent
le Chêne
Epinant
la Rosière
Mauvaignant
Vitry-lès-Nogent
Thivet
Tourterelle
Belfays
Dammartin-s-Meuse
Chauffourt
Fort d'Arc

Burey-la-Côte
Bois de Burey
Mont-l'Étroit
Sauvigny
Goussaincourt
Clérey-la-Côte
Autreville
Punerot
Harmonville
Vouthon-Haut
Brixey-aux-Chanoines
Ruppes
Saulxerotte
Goviller
Dolcourt
Vitrey
Ognéville
Vézelise
Tantonville
Favières
Laloeuf
Gélaucourt
Battigny
Chaouilley
Praye
Xirocourt
Vaudeville-le-Haut
Greux
Maxey-s-Meuse
Jubainville
Domremy-la-Pucelle
Bois de Domrémy
Basilique du Bois-Chenu
Martigny-les-Gerbonvaux
Tranqueville
Saint-Amond
Grand Rinchard
Vandeléville
Thorey-Lyautey
Sion
Saxon-Sion
Dommarie-Eulmont
Vaudémont
Signal de Vaudémont
Moncel-s-Vair
Coussey
Soulosse-s/s-St Élophe
Autigny-la-Tour
Bois d'Autigny
Gémonville
Tramont-Emy
Tramont-St André
Fécocourt
Tramont-Lassus
Pulney
Gugney
Grimonviller
Forcelles-s-Gugney
Housséville
Diarville
Sionne
Harchéchamp
Attignéville
Aroffe
Soncourt
Vicherey
Beuvezin
Fraisnes-en-Saintois
Bouzanville
Midrevaux
Bois de Bourlémont
Frebécourt
Barville
Houéville
Aouze
Pleuvezain
Maconcourt
Courcelles
Boulaincourt
Pargny-s/s-Mureau
Rollainville
Forêt de Neufeys
Remoiville
Rainville
Aboncourt
Blémerey
Chef-Haut
Frenelle-la-Grande
Frenelle-la-Petite
Ambacourt
Mont-lès-Neufchâteau
Rouceux
Neufchâteau
Rebeuville
Vouxey
Dolaincourt
Balléville
Dommartin-s-Vraine
St Prancher
Repel
Oëlleville
Puzieux
Juvaincourt
Poussay
Mirecourt
Fréville
Bois de la Vendue
Villars
Certilleux
Rouvres-la-Chétive
Châtenois
Courcelles-s/s-Châtenois
Viocourt
St Paul
Morelmaison
Gironcourt-s-Vraine
Biécourt
Totainville
Baudricourt
Domvallier
Ramecourt
Bazoilles-s-Meuse
Tilleux
Houécourt
Ménil-en-Xaintois
Dombasle-en-Xaintois
Rouvres-en-Xaintois
Thiraucourt
Mattaincourt
Circourt-s-Mouzon
Landaville
Longchamp-s/s-Châtenois
Darney-aux-Chênes
la Neuveville-s/s-Châtenois
St Menge
Remicourt
Gemmelaincourt
Offroicourt
Hymont
le Corroy
N. D. du Pillier de Saragosse
N. D. de Pitié
Lemmecourt
Dombrot-s-Vair
Viviers-lès-Offroicourt
Estrennes
Bazoilles-et-Ménil
Pompierre
Harréville-les-Chanteurs
Jainvillotte
Beaufremont
Aulnois
Ollainville
Sandaucourt
Belmont-s-Vair
Parey-s/s-Montfort
Domjulien
Girovillers-s/s-Montfort
Domèvre-s/s-Montfort
Valleroy-aux-Saules
Goncourt
Sartes
Hagnéville-et-Roncourt
Auzainvilliers
St Remimont
Grand Montot
They-s/s-Montfort
Rozerotte
Madecourt
Sommerécourt
Gendreville
Morville
Mandres-s-Vair
Mont St Jean
la Neuveville-s/s-Montfort
Remoncourt
Rancourt
Outremécourt
Roncourt
Vaudoncourt
Médonville
Malaincourt
Bulgnéville
Norroy
Vittel
Haréville
Valfroicourt
Bainville-aux-Saules
Gonaincourt
Vaudrecourt
Bois de Bourmont
Bois d'Enfer
Aingeville
Saulxures-lès-Bulgnéville
Contrexéville
Valleroy-le-Sec
Frénois
Bourmont
Nijon
Soulaucourt-s-Mouzon
Urville
St Ouen-lès-Parey
Suriauville
Monthureux-le-Sec
Esley
Pont-lès-Bonfays
Brainville-s-Meuse
Hâcourt
Graffigny
Vrécourt
Bois de la Bouloie
Col des Clochettes
Lignéville
Thuillières
Sans-Vallois
les Vallois
Malaincourt-s-Meuse
Doncourt-s-Meuse
Sauville
Crainvilliers
St Baslemont
Chèvre-Roche
le Réchaux
Dommartin-lès-Vallois
Senonges
Levécourt
Chaumont-la-Ville
la Vacheresse
Dombrot-le-Sec
Col du Haut de Salin
Provenchères-lès-Darney
Rocher sculpté
Jésonville
Robécourt
la Fennecière
Champigneulles-en-Bassigny
Bois du Creuchot
Rozières-s-Mouzon
Blevaincourt
Côte de Hautmont
Viviers-le-Gras
Gorges de la Gabionne
Dombasle-devant-Darney
Germainvilliers
Bois de l'Artembouchet
Rocourt
Villotte
Martigny-les-Bains
Gignéville
Relanges
Bonvillet
Marey
Les Rochottes
Lichecourt
Forêt de la Belle Perche
Damblain
Tollaincourt
Serocourt
Belmont-lès-Darney
Darney
Belrupt
Breuvannes
Mont St Étienne
Mont des Fourches
Frain
le Grand Pâquis
Nonville
Attigny
Forêt Domaniale
Hennezel
Bois de Pennecière
Bassoncourt
Romain-aux-Bois
Vaudainvilliers
Lamarche
Morizécourt
Grange-Jacquot
Colombey-lès-Choiseul
Mont Heuillon
Bleurville
Clairey
Choiseul
St Pierre
Abbaye de Morimond
Grignoncourt
Forêt de Morimond
Auréil-Maison
Serécourt
Tignécourt
le Hubert
Merrey
Fresnoy-en-Bassigny
Bois de Fresnoy
Forêt du Fort-Ferré
la Fagotière
Flabémont
Monthureux-s-Saône
Claudon
Forêt de Darney
Ravennefontaines
Larivière-s-Apance
Bois de Serqueux
Isches
St Julien
Forêt de Monthureux
Grange Rouge
Maulain
Bois de Change
Aigremont
Mont-lès-Lamarche
Côte des Noues
Fouchécourt
Mont de Savillon
le Burveau
Bois de Passavant
Parnot
Arnoncourt-s-Apance
Ainvelle
les Thons
Godoncourt
Fignévelle
la Rochère
la Verrerie-de-Selles
Malroy
Beaucharmoy
Serqueux
Regnévelle
Martinvelle
Ft de Selles et Passavant
Ambiévillle
Dammartin-s-Meuse
Pouilly-en-Bassigny
Bois du Danonce
Senaide
Lironcourt
Bousseraucourt
Passavant-la-Rochère
Selles
Pont-du-Bois

Bayon
Baccarat
Charmes
Rambervillers
Châtel-s-Moselle
Nomexy
Thaon-les-Vosges
Golbey
Jeuxey
ÉPINAL
Chantraine
Chaumousey
Bruyères
Brouvelieures
Docelles
Arches
Eloyes
Xertigny
Remiremont
St Amé
Vagney
Saulxures-s-Moselotte
Plombières-les-Bains
Bains-les-Bains
Dommartin-lès-Remiremont
Julienrupt
Le Tholy
Granges-s-Vologne
Forêt de Charmes
Forêt de Rambervillers
Forêt d'Épinal
Forêt de Fossard
Forêt de Longegoutte
Magnières
Rozelieures
Vallois
Deinvillers
Portieux
Vincey
Moriville
Padoux
Dompierre
Girecourt-s-Durbion
Longchamp
Deyvillers
Dogneville
Uxegney
Darnieulles
Les Forges
Renauvold
Dinozé
Pouxeux
Jarménil
Hadol
Uriménil
Dounoux
St Nabord
Raon-aux-Bois
Hautmougey
Harol
Dommartin-aux-Bois
Gugnécourt
Grandvillers
Fontenay
Aydoilles
Vaudéville
Xaffévillers
Nossoncourt
St Benoît-la-Chipotte
Col de la Chipotte
Col de Bonne Fontaine
Col du Xiard
Col du Rhamné
64
65
88
106
107

Baccarat
Forêt de Grammont
Neufmaisons
Celles-s-Plaine
Deneuvre
Bertrichamps
Forêt des Reclos
Thiaville-s-Meurthe
Lachapelle
Raon-l'Etape
Senones
Moussey
Belval
Col du Hantz
Donon
Wildersbach
Natzwiller
Neuviller-la-Roche
Solbach
Fouday
Waldersbach
Belmont
Champ du Feu
Blancherupt
Bellefosse
St Blaise-la-Roche
Colroy-la-Roche
Ranrupt
Saulxures
Moyenmoutier
Etival-Clairefontaine
St Rémy
St Benoît-la-Chipotte
Brû
Saales
Col de Saales
Col d'Urbeis
Steige
Maisonsgoutte
Bassemberg
Lalaye
Urbeis
Grandrupt
Châtas
Ban-de-Sapt
Hurbache
Denipaire
St Jean-d'Ormont
la Voivre
Nompatelize
la Salle
Housseras
St Michel-s-Meurthe
St Dié
la Petite-Fosse
Provenchères-s-Fave
Lusse
Lubine
Combrimont
Lesseux
Bertrimoutier
Wisembach
Ste Marie-aux-Mines
Ste Croix-aux-Mines
Lièpvre
Rombach-le-Franc
Col de Ste Marie
Ban-de-Laveline
Coinches
Saulcy-s-Meurthe
Taintrux
Rougiville
Ste Marguerite
Frapelle
Mortagne
les Rouges-Eaux
Brouvelieures
Domfaing
Belmont-s-Buttant
Biffontaine
Vervezelle
Bruyères
Laval-s-Vologne
Champ-le-Duc
Fiménil
Laveline-devt-Bruyères
Les Poulières
la Houssière
Corcieux
Vienville
Anould
St Léonard
Mandray
Entre-deux-Eaux
la Croix-aux-Mines
Fraize
Plainfaing
Clefcy
Col du Bonhomme
le Bonhomme
Lapoutroie
Fréland
Aubure
Kaysersberg
Orbey
Labaroche
les Trois-Epis
Turckheim
Gerbépal
Rambaville
Herpelmont
Jussarupt
Aumontzey
Granges-s-Vologne
Beauménil
Prey
Champdray
Rehaupal
Tendon
Liézey
le Tholy
Gérardmer
Xonrupt-Longemer
Col de la Schlucht
Hohneck
Soultzeren
Munster
Hohrodberg
Wihr-au-Val
Gunsbach
Soultzbach-les-Bains
Griesbach
Eschbach-au-Val
Luttenbach
Muhlbach
Metzeral
Breitenbach
Wasserbourg
Sondernach
Mittlach
Petit Ballon
Osenbach
Julienrupt
St Amé
le Syndicat
Vagney
Sapois
Rochesson
Gerbamont
la Bresse
Bas-Rupts
Col de Grosse Pierre
Dommartin-s-Remiremont
Thiéfosse
Saulxures-s-Moselotte
Cornimont
Ventron
Grand Ventron
Wildenstein
Kruth
Col du Herrenberg
Linthal
Lautenbach
Lautenbachzell
Murbach
Buhl
Soultz
107
108
65
66

89
Barr
Sélestat
COLMAR
Erstein
Benfeld
Lahr
Ettenheim
Herbolzheim
Kenzingen
Emmendingen
Endingen
Breisach am Rhein
Neuf-Brisach
FREIBURG IM BREISGAU
Bad-Krozingen
Rouffach
Andlau
Obernai
Mittelbergheim
Dambach-la-Ville
Marckolsheim
Sundhouse
Rhinau
Gerstheim
Friesenheim
Schwanau
Allmannsweier
Kappel-Grafenhausen
Rust
Europa-Park
Riegel
Teningen
Bahlingen
Vogtsburg
Eichstetten
Ihringen
March
Gundelfingen
Ebringen
Merzhausen
Ehrenkirchen
Pfaffenweiler
Norsingen
Andolsheim
Horbourg
Ingersheim
Guémar
Illhaeusern
Artzenheim
Biesheim
Logelheim
Ste Croix-en-Plaine
Fessenheim
Hirtzfelden
Kaiserstuhl
RHIN
108
109
66
67

Quimperlé
Arzano
Lanvaudan
Quistinic
Riec-s-Bélon
Moëlan-s-Mer
Clohars-Carnoët
Forêt de Carnoët
Rocher Royal
Rendez-vous-des-Chasseurs
Rédéné
Cléguer
Pont-Scorff
Calan
Inzinzac-Lochrist
Languidic
Hennebont
Caudan
Gestel
Quéven
Guidel
Doëlan
le Pouldu
Anse du Pouldu
Guidel-Plages
Aéroport de Lann-Bihoué
Lanester
Ploemeur
LORIENT
Locmiquélic
Riantec
Port-Louis
Larmor-Plage
Kervignac
Nostang
Merlevenez
Brandérion
Landévant
Plouhinec
Gâvres
Pnte de Gâvres
Pnte du Talut
Passe de l'Ouest
Passe du Sud
Belz
Etel
Barre d'Etel
Roches de Magouëro
Erdeven
Pnte d'Erdeven
Alignements de Kerzerho
Plouharnel
Carnac
Penthièvre
PRESQU'
DE QUIBER
St Pierre-Quibe
Quiberon
Côte Sauvage
Beg Rohu
Pointe du Percho
Portivy
Fort de Penthièvre
Chaussée de la Teignouse
Lorient
Assemblée Nat.(R.)......BYZ 3
Foch (R. Mar.)..............BYZ
Liège (R. de)................BYZ
Patrie (R. de la)...........BYZ 19
Port (R. du)...................BZ
Alsace-Lorraine (Pl.)......BY 2
Briand (Pl. A.)...............BZ 6
Clemenceau (Pl.).............BY 7
De-la-Bôve (Cours)..........BZ 8
Du-Couëdic (R.)...............BY 9
Du-Faouëdic (Av.).............AZ 10
Franchet-d'Esperey (Bd)...........AY 14
Libération (Pl. de la)........AY 15
Massé (R. Victor)..............BY 16
N.-D.-de Victoire (†)........BY E
St-Christophe (Pont)..........BY 20
Turenne (R.).....................BY 23
Vauban (R.)......................BY 24
HENNEBONT
PORT LOUIS LANESTER
D 765 QUIMPERLÉ
N 24 RENNES N 165 VANNES
QUIMPER QUIMPERLÉ N 165
PLOEMEUR LARMOR-PLAGE
KERENTRECH
LE MOUSTOIR
MERVILLE
NOUVELLE VILLE
ARSENAL MARITIME
HÔPITAL DES ARMÉES
BASE SOUS-MARINE
ZONE PORTUAIRE
ÎLE DE GROIX
ILE DE GROIX
Pointe de Bileric
Pen Men
Port Melin
Port-Tudy
Groix
Port St Nicolas
Trou de l'Enfer
Locmaria
Pnte des Chats
BELLE-ILE
Pointe des Poulains
Fort Sarah Bernhardt
Sauzon
Grotte de l'Apothicairerie
Pointe de Kerzo
Pointe de Taillefer
le Palais
Pnte de Ramonette
Port Donnant
Grand Phare
Aiguilles de Port Coton
Port Goulphar
Bangor
Pointe de Kerdonis
Locmaria
Port Blanc
Pointe de l'Echelle
Côte Sauvage

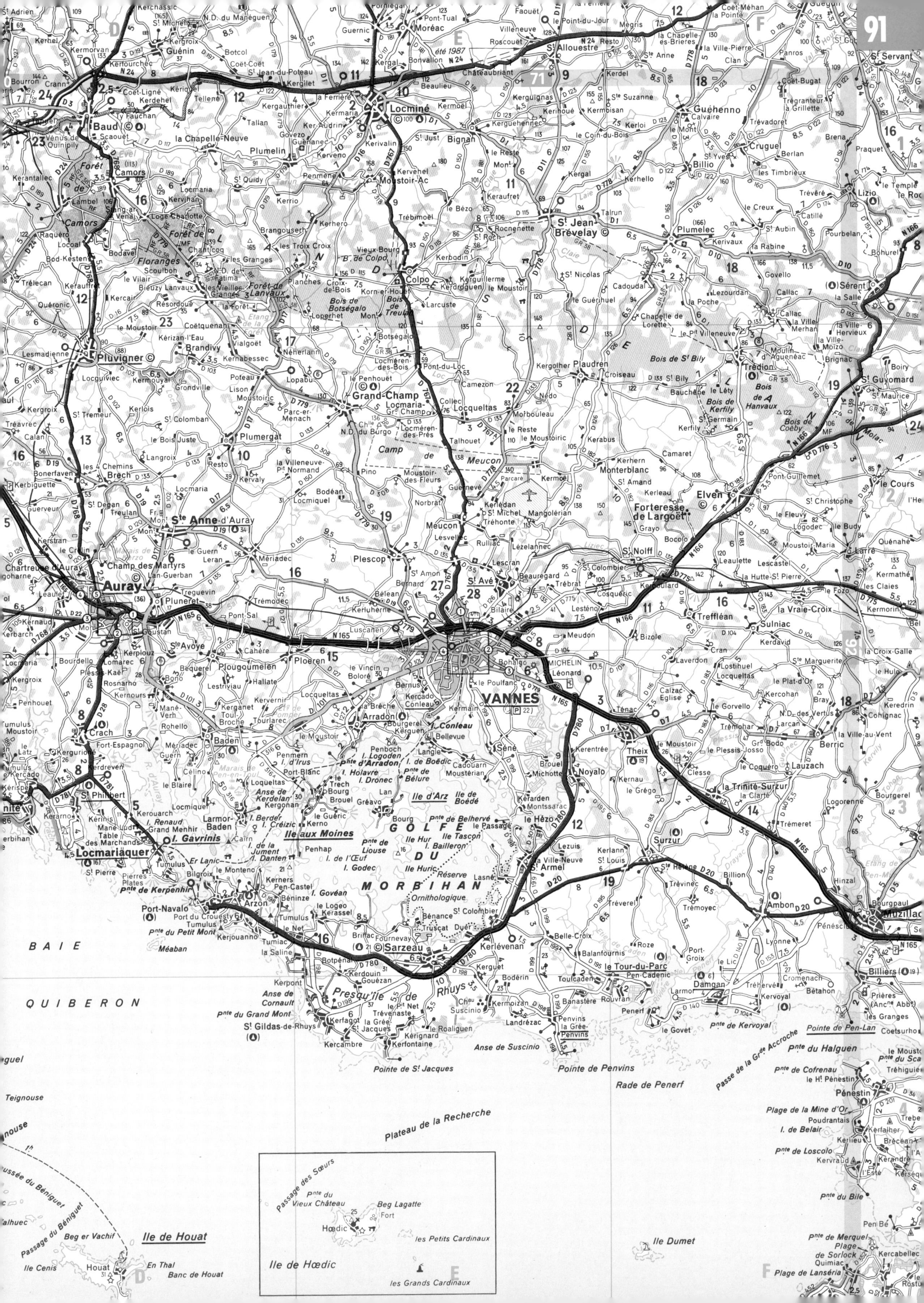

Locminé
Moréac
Baud
Guénin
St Allouestre
Guéhenno
Bignan
Plumelin
Camors
Moustoir-Ac
St Jean-Brévelay
Plumelec
Colpo
Forêt de Camors
Forêt de Floranges
Forêt de Lanvaux
Landes de Lanvaux
Pluvigner
Brandivy
Grand-Champ
Plaudren
Trédion
Lizio
Sérent
St Guyomard
Locqueltas
Camp de Meucon
Plumergat
Monterblanc
Elven
Forteresse de Largoët
Ste Anne-d'Auray
Meucon
Plescop
St Avé
St Nolff
Auray
Pluneret
Treffléan
Sulniac
La Vraie-Croix
Plougoumelen
Ploeren
VANNES
Arradon
Theix
Berric
La Trinité-Surzur
Baden
Crach
Séné
Noyalo
St Philibert
Locmariaquer
I. Gavrinis
Ile aux Moines
Ile d'Arz
GOLFE DU MORBIHAN
Le Hézo
Surzur
St Armel
Ambon
Muzillac
Arzon
Port-Navalo
Sarzeau
Presqu'île de Rhuys
St Gildas-de-Rhuys
Le Tour-du-Parc
Damgan
Billiers
Pénestin
Pointe de St Jacques
Pointe de Penvins
Rade de Penerf
Plateau de la Recherche
BAIE
QUIBERON
Ile de Houat
Ile de Hœdic
Ile Dumet
Les Grands Cardinaux
Passage du Béniguet

71
72
91
110
111

Ploërmel
Gourhel
Coëtquidan – St Cyr
St Malo-de-Beignon
Camp militaire
Musée
Bellevue-Coëtquidan
Loutehel
Campel
Bovel
St Servant
Guillac
Montertelot
Quily
Taupont
la Ville-Gourio
Augan
Porcaro
Guer
Maure-de-Bretagne
Mernel
les Brulais
la Chapelle-Caro
Caro
Monterrein
Monteneuf
Réminiac
Bois de la Grée
St Nicolas
Coët-bo
Comblessac
Lizio
le Roc-St André
St Abraham
Missiriac
Malestroit
Ruffiac
Tréal
Forêt de la Bourdonnaye
St Séglin
Lieuron
St Marcel
St Guyomard
Bohal
Carentoir
Quelneuc
Bruc-s-Aff
Pipriac
St Laurent
St Nicolas-du-Tertre
Landes de Couesmé
la Chapelle-Gaceline
Sixt-s-Aff
St Congard
Pleucadeuc
la Gacilly
St Just
Molac
St Martin
les Fougerêts
Cournon
Glénac
Rochefort-en-Terre
Pluherlin
Peillac
St Vincent-s-Oust
Bains-s-Oust
Renac
Questembert
Malansac
St Jacut-les-Pins
Parc de Bodelio
St Perreux
la Chapelle-St Melaine
Ste Marie
Pilaire
Limerzel
St Gorgon
Allaire
Redon
St Nicolas-de-Redon
Avessac
Caden
Noyal-Muzillac
Béganne
Rieux
Fégréac
Péaule
Le Guerno
Muzillac
Théhillac
Billiers
Marzan
Nivillac
St Dolay
Sévérac
Arzal
la Roche-Bernard
St Gildas-des-Bois
Guenrouet
Forêt de la Roche Bernard
Camoël
Férel
Missillac
Drefféac
Herbignac
la Chapelle-des-Marais
Ste Reine-de-Bretagne
Pontchâteau
Quilly
Assérac
Parc Régional de Brière

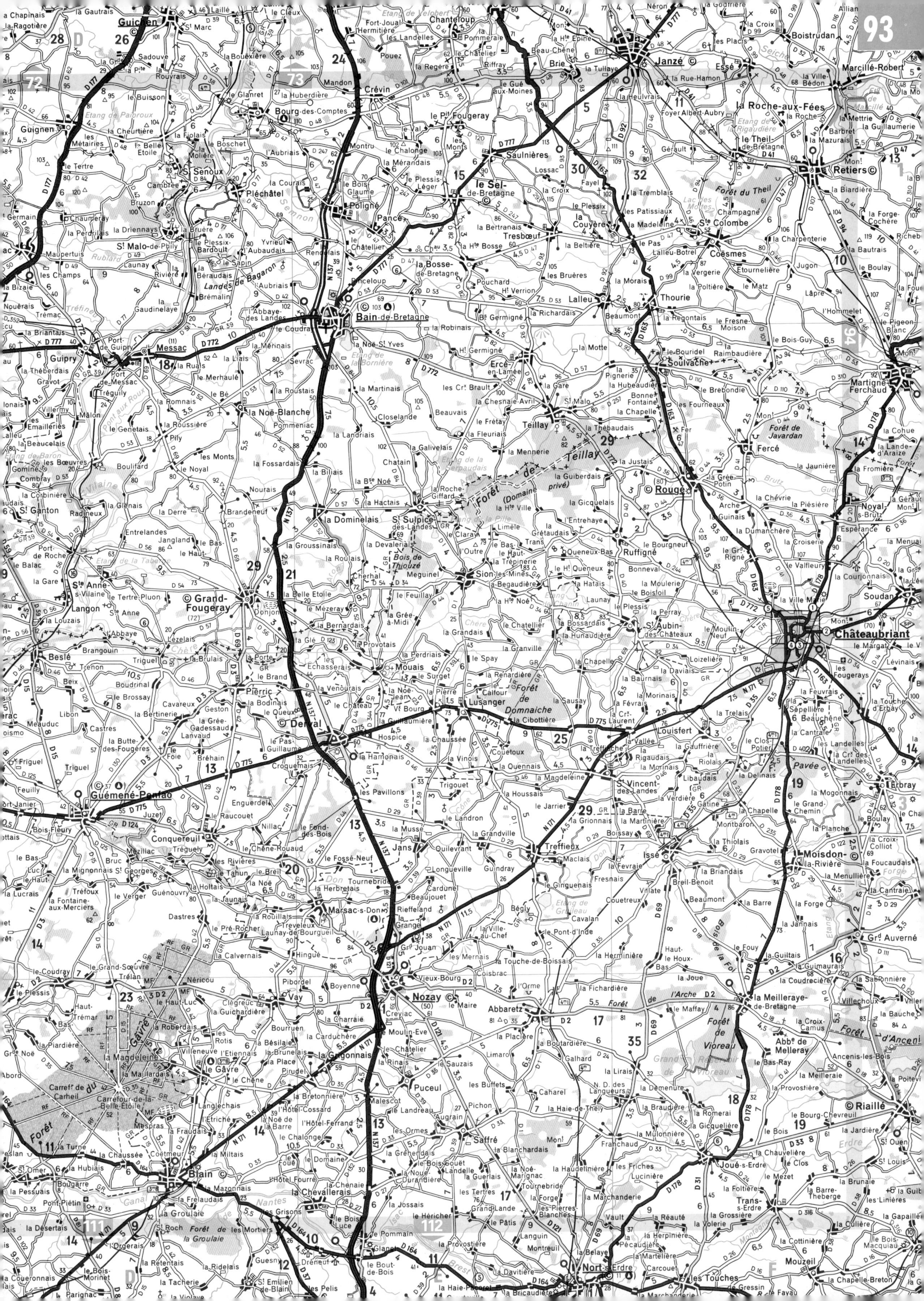

Guichen, la Gautrais, la Ragotière, Lailié, St Marc, la Bouëxière, Rouyrais, Sadouve, le Cleux, Chanteloup, Fort-Joual, Hermitière, les Landelles, Pommeraie, le Châtelier, Riffray, Beau-Chêne, Brie, la Hte Epine, Janzé, la Tullaye, Néron, la Godfriere, la Croix, les Placis, Boistrudan, Allian, Marcillé-Robert, la Ville-Bédon, Essé, la Rue-Hamon

Pouez, Mandon, Crévin, la Regère, le Gué aux-Moines, la Huberdière, le Glanret, Bourg-des-Comptes, le Buisson, Guignen, Etang de Paloroux, la Cheurtière, les Métairies, la Fiolais, la Belle Etoile, le Boschet, la Molière, l'Aubriais, le Pt Fougeray, le Val, le Chalonge, les Monts, Saulnières, la Heulvrais, Foyer Albert-Aubry, la Roche-aux-Fées, la Roche, la Mettrie, Barbret, la Guillaumerie, la Mazurais, Gérault, le Theil-de-Bretagne, Etang de la Rigaudière, Retiers

le Tertre, St Senoux, Cambrée, Bruzon, Pléchâtel, la Courais, la Bois Glaume, Poligné, Pancé, les Mérandais, le Plessis-Léger, le Sel-de-Bretagne, Lossac, la Croix, Fayet, la Tremblais, Forêt du Theil, Champagne, la Biardière, la Forge-Cochère, St Germain, Chaumeray, la Perdriais, la Driennays, la Bruère, le Plessix-Bardoult, St Malo-de-Phily, Yvrieul, l'Aubaudais, Semnon, Rendelais, le Châtellier, Chau, la Hte Bosse, la Bertranais, Tresbœuf, le Plessix, la Couyère, les Patissiaux, la Madeleine, Ste Colombe, la Charpenterie, Coësmes, Lalleu-Botrel, le Pas, la Beltière, la Bautrais, Richebourg

Maupertuis, Rublard, Launay, le Sapin, les Béraudais, Rivière, Landes de Bagaron, l'Aubriais, Brémalin, la Gaudinelaye, les Champs, la Bizaie, Nouërais, Trémac, Tréfine, la Bosse-de-Bretagne, Pouchard, Ht Verrion, les Bruères, la Morais, Thourie, la Vergerie, la Poltière, Etournelière, le Matz, Jugon, le Boulay, Lapre, l'Hommelet, le Pigeon-Blanc

l'Abbaye-des-Landes, le Coudray, Bain-de-Bretagne, la Robinais, Bs Germigné, la Richardais, Lalleu, Beaumont, la Regontais, le Fresne-Moison, la Briantais, Port-de-Guipry, Messac, Guipry, la Noë-St Yves, Etang de la Bornière, la Mérinais, le Liais, la Ruais, le Merhaulé, Sevrac, Ht Germigné, Ercé-en-Lamée, la Motte, le Bouridel, Soulvache, Raimbaudière, le Bois-Guy, la Thébérdais, Gravot, Port-de-Messac, Tréguily, Villermy, Malon, les Emailleries, la Roustais, la Noë-Blanche, Pommeniac, la Martinais, Closelande, les Crx Brault, la Chesnaie-Avril, la Gare, la Pignerie, la Hubeaudière, Bonne Fontaine, la Chapelle, les Fourneaux, la Brebondie, Martigné-Ferchaud

le Genetais, la Roussière, Pily, la Beaucelais, Etang de Baron, les Bœuvres, Gominé, Combray, les Monts, le Noyal, Boulifard, la Fossardais, la Landriais, Beauvais, le Frétay, la Fleuriais, Teillay, St Malo, la Thebaudais, Fer, Forêt de Javardan, la Cohue, la Lande-d'Araize, Fercé, la Galivelais, Etang de la Serpaudais, la Mennerie, Forêt de Teillay (Domaine privé), la Justais, la Guiberdais, la Grée-Potin, la Jaunière, la Fromière, la Biliais, la Bse Noë, Chatain, la Roche-Giffard, la Corbinière, St Ganton, Radineux, la Glenais, la Derre, Brandeneuf, Nourais, la Hactais, la Dominelais, St Sulpice-des-Landes, la Hte Ville, la Gicquelais, Rougé, l'Entrehaye, Arche, les Guinais, la Chévrie, la Piésière, Noyal-s-Brutz, Brutz

Entrelandes, Jangland, le Bas-Haut, Port de Roche, le Balac, la Gare, Etang de la Tabenne, Ste Anne-s-Vilaine, Langon, le Tertre-Pluon, Grand-Fougeray, Donjon, la Groussinais, la Devalerais, Bois de Thiouzé, la Roulais, Cherhal, Meguinel, la Belle Etoile, le Feuillay, Sion-les-Mines, la Trépinerie, la Bégaudière, le Bas-Haut, Trans, Queneux-Bas, le Ht Queneux, la Hatais, Limèle, la Grétaudais, Ruffigné, le Bourgneuf, la Dumanchère, la Croiserie, le Valfleury, l'Espérance, Bonneval, la Moulerie, le Boisloil, Launay, le Plessis, la Perray, St Aubin-des-Châteaux, Moulin-Neuf, la Ville Marie, Soudan, Courjonnais, le Mézeray, la Grée-à-Midi, la Bernardais, la Gié, Provotais, la Louzais, l'Abbaye, Lézelais, Chère, Besié, Brangouin, Trenon, Triguel, la Brulais, la Porte, la Chapelle, Loizelière, la Daviais, la Baumais, la Renardière, Châteaubriant, le Margat, Lévinais, les Fougerays

Beix, Boudrinal, le Brossay, Cavareux, Geston, la Bertinerie, Pierric, la Bodinais, le Queux, le Brand, Echasserais, Mouais, le Surget, la Pierre, Lusanger, Calfour, Forêt de Domnaiche, la Sausay, la Morinais, la Févrais, la Crt-Laurent, Louisfert, la Feuvrais, Sepellière, Beauchêne, la Cantrie, la Touche-d'Erbray, Libon, Meauduc, Castres, la Grée-Gadessaud, Lanvaud, Derval, la Butte-des-Fougeres, la Foie, Bréhain, le Pas-Guillaume, Hospice, la Guillaumerie, la Chaussée, la Cibottière, la Treffiache, la Vallée, la Gauffrière, la Rigaudais, les Clos-Potier, les Landelles, les Crx des Landelles, Friguel, Triguel, Croquemais, la Hamonais, la Vinois, Coëtoux, la Quennais, la Magdeleine, St Vincent-des-Landes, la Riolais, la Delinais, Pavée, Erbray, Feuilly, Guémené-Penfao, Juzet, Enguerdel, les Pavillons, Trigouet, la Houssais, le Jarrier, la Barre, Libaudais, Gatine, la Verdière, la Chapelle, la Mogonnais, le Grand-Chemin

Bois-Fleury, le Raucouet, Nillac, le Fond-des-Bois, la Musse, le Landron, la Grandville, la Grionnais, la Martinière, Montbaron, la Planche, le Boulay, Conquereuil, Tréguely, le Chêne-Rouaud, Jans, Quilevrant, Treffieux, Maclais, Boissay, la Thiolais, Isse, Gravotel, Moisdon-la-Rivière, la Croix-Colliot, la Foucaudais, la Menullière, le Bas-Luc, Mézillac, la Mignonnais, St Georges, les Rivières, le Tahun, le Breil, le Fossé-Neuf, Longueville, Guindray, la Fevraie, Fresnais, la Briandais, Breil-Benoit, le Haut-Luc, la Lucrais, Tréfoux, la Fontaine-aux-Merciers, le Verger, Guénouvry, la Holtais, la Jaunais, la Noë, la Herbretais, Tournebride, Cardunel, Beaujouet, le Gingueuais, Couetreux, Villate, Beaumont, la Barre, la Forge, la Cantraie, Dastres, le Pré-Rocher, la Rouillais, Marsac-s-Don, Rieffeland, Treveleux, Launay-de-Bourgueil, Grange, la Ville-au-Chef, Bégly, Cavalan, Etang de Gruleau, le Pont-d'Inde, la Jannais, Grd Auverné, la Calvernais, Hingué, Grd Jouan, les Mernais, la Touche-de-Boissais, la Herminière, le Fouy, la Guiltais, la Guimaurais, le Coudray, le Grand-Sœuvre, Trélan, Néricou, Pibordel, Boyenne, Vieux-Bourg, Coisbrac, l'Orme, Haut-le Houx-Bas, la Joue, la Coudrecière, la Sablonnière, Villechoux

le Plessis, Haut-Trémar, Bas, la Piardière, Gavre, le Haut-Luc, Clégréuc, la Guichardière, la Roberdais, Vay, Bourruen, la Charraie, Nozay, le Maire, Creyiac, Abbaretz, la Fichardière, Forêt de l'Arche, la Maffay, Forêt de Vioreau, la Meilleraye-de-Bretagne, la Bauche, la Croix-Camus, Forêt d'Ancenis, Grde Noë, la Magdeleine, Villeneuve, l'Etiennais, les Rotis, la Besilais, la Carduchère, le Moulin-Eve, le Châtelier, Limaro, la Placière, la Boutardière, Galhard, la Lirais, Grand Réservoir de Vioreau, Abbé de Melleray, le Bas-Ray, Ancenis-les-Bois, la Meilleraie, la Poitevi, la Maillardais, le Gâvre, le Chêne, la Brunelais, la Place, Pirudel, la Grigonnais, la Rinais, le Sauzais, Carheil, Carrefour du Carheil, Carrefour-de-la-Belle-Etoile, Abord, la Bretonnière, Puceul, les Buffets, Caharel, N. D. des Langueurs, la Demenure, la Provostière, Langlechais, l'Hôtel-Cossard, Malescot, le Landreau, Pichon, la Haie-de-Thély, la Braudière, la Romerai, le Bourg-Chevreuil, Riaillé, l'Etriché, Mespras, la Fraudais, la Barre, l'Hôtel-Ferrand, Augrain, la Gicquelière, le Bois, Forêt, la Turne, la Chaussée, Coëtmeur, la Miltais, la Chalonge, les Ormes, Saffré, Franchaud, la Mulonnière, la Jardière, Erdre, St Ouen, la Grenerdais, la Blanchardais, Mon., la Chauvelière, le Clos, St Louis

St Omer, la Hubiais, Bougarre, Blain, le Domaine, l'Hôtel Fourré, le Bois-Gouët, Landelle, la Guerlais, la Noë-Marignac, la Haudelinière, les Friches, Lucinière, Joué-s-Erdre, le Mezet, la Pessuais, Pont-Piétin, la Mazonnais, la Groulaie, la Frelaudais, Nantes à Brest, la Chevallerais, la Chenaie, la Noue-Durandière, les Tertres, Grand-Lande, Tournebride, la Forge, la Marchanderie, la Foltière, Trans-s-Erdre, la Barre-Theberge, les Linières, la Desertais, St Roch, Forêt de la Groulaie, les Mortiers, les Grisons, le Bois Luce, le Héricher, le Pâtis, les Pierres-Blanches, Vault, la Réauté, la Grossière, la Volerie, la Culière, la Gapaillère, l'Orgerais, la Retentais, la Ridelais, Guesny, Drêneuf, le Pommain, Glanet, la Provostière, Languin, Montreuil, la Belaye, la Pécaudière, la Herpinière, la Martellière, la Cottinière, le Bois Macquiau, Mouzeil, le Bois-Morinet, la Tacherie, St Emilien-de-Blain, les Pelis, le Bout-de-Bois, la Davitière, la Haie-Pacoret, Nort-s-Erdre, Carcouet, les Touches, Gressin, la Chapelle-Breton, la Couronnais, Parignac, le Viviais, la Badouère, la Marchandais, Fayau

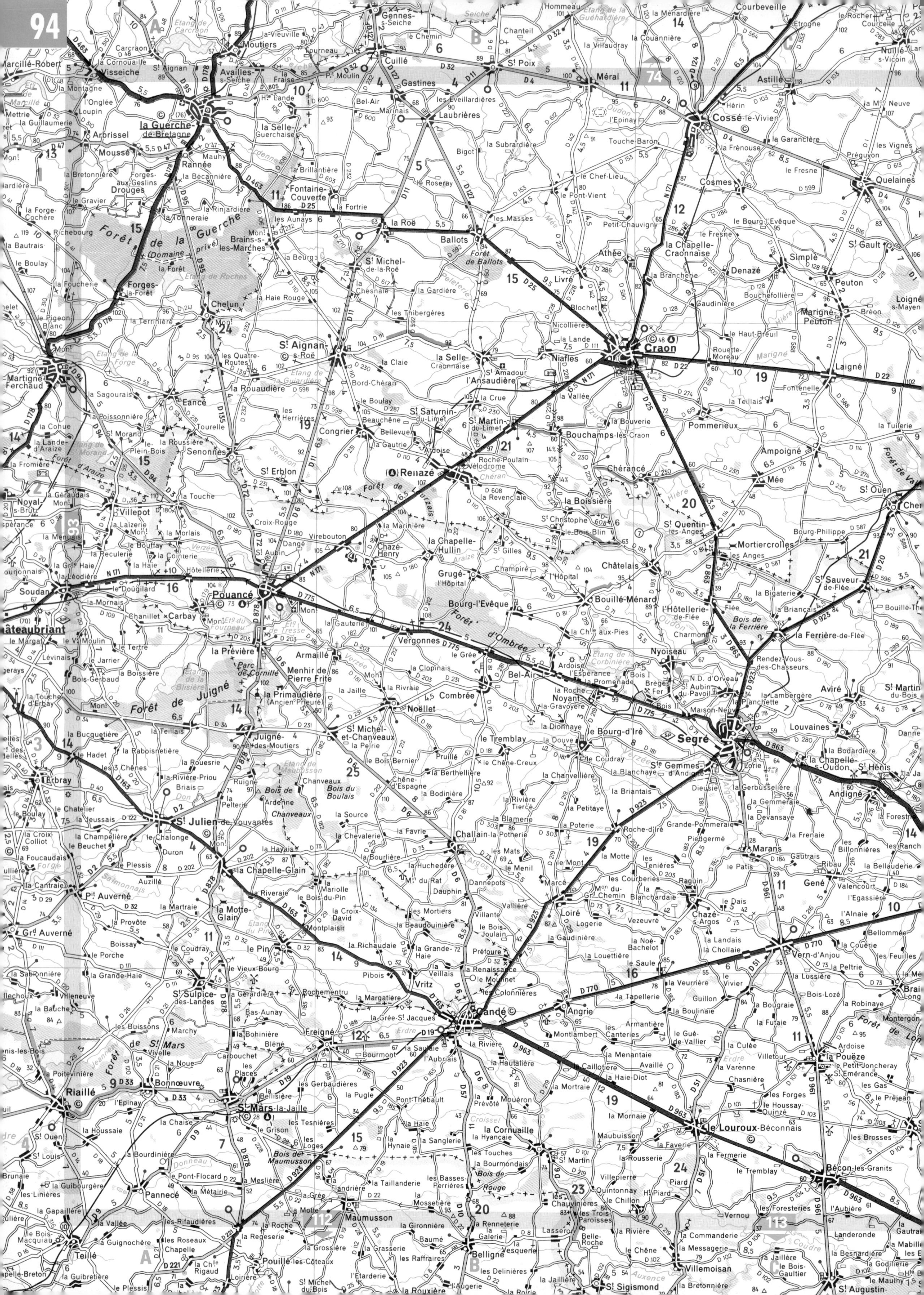
Marcillé-Robert
Visseiche
Moutiers
Availles-s-Seiche
Gennes-s-Seiche
Cuillé
Gastines
St Poix
Méral
Courbeveille
Astillé
Nuillé-s-Vicoin
la Guerche-de-Bretagne
Arbrissel
Moussé
Rannée
Drouges
Forges-aux-Geslins
Laubrières
Cossé-le-Vivien
Quelaines
Cosmes
Fontaine-Couverte
la Roë
Ballots
Athée
Livré
la Chapelle-Craonnaise
Simplé
Denazé
Peuton
Forêt de la Guerche (Domaine privé)
Brains-s-les-Marches
St Michel-de-la-Roë
Forêt de Ballots
Forges-la-Forêt
Chelun
Martigné-Ferchaud
St Aignan-s-Roë
la Selle-Craonnaise
Niafles
Craon
Laigné
Marigné-Peuton
Eancé
la Rouaudière
Congrier
St Saturnin-du-Limet
St Martin-du-Limet
Bouchamps-lès-Craon
Pommerieux
Ampoigné
Senonnes
St Erblon
Renazé
Chérancé
la Boissière
Mée
St Quentin-les-Anges
Mortiercrolles
Noyal-s-Brutz
Villepot
Chazé-Henry
la Chapelle-Hullin
Grugé-l'Hôpital
Châtelais
Soudan
Pouancé
Carbay
Bourg-l'Évêque
Bouillé-Ménard
l'Hôtellerie-de-Flée
St Sauveur-de-Flée
la Ferrière-de-Flée
Châteaubriant
Forêt d'Ombrée
Vergonnes
Armaillé
la Prévière
Bel-Air
Nyoiseau
Forêt de Juigné
Combrée
Noëllet
Noyant-la-Gravoyère
Segré
Juigné-des-Moutiers
St Michel-et-Chanveaux
le Tremblay
le Bourg-d'Iré
Ste Gemmes-d'Andigné
la Chapelle-s-Oudon
Andigné
Erbray
St Julien-de-Vouvantes
Challain-la-Potherie
Marans
la Chapelle-Glain
Pt Auverne
Grd Auverne
la Motte-Glain
Loiré
Chazé-s-Argos
Gené
le Pin
Vern-d'Anjou
St Sulpice-des-Landes
Vritz
Candé
Angrie
Freigné
la Pouëze
Riaillé
Bonnoeuvre
St Mars-la-Jaille
le Louroux-Béconnais
la Cornuaille
Bécon-les-Granits
Pannecé
Maumusson
Teillé
Pouillé-les-Côteaux
Belligné
Villemoisan
St Sigismond
St Augustin

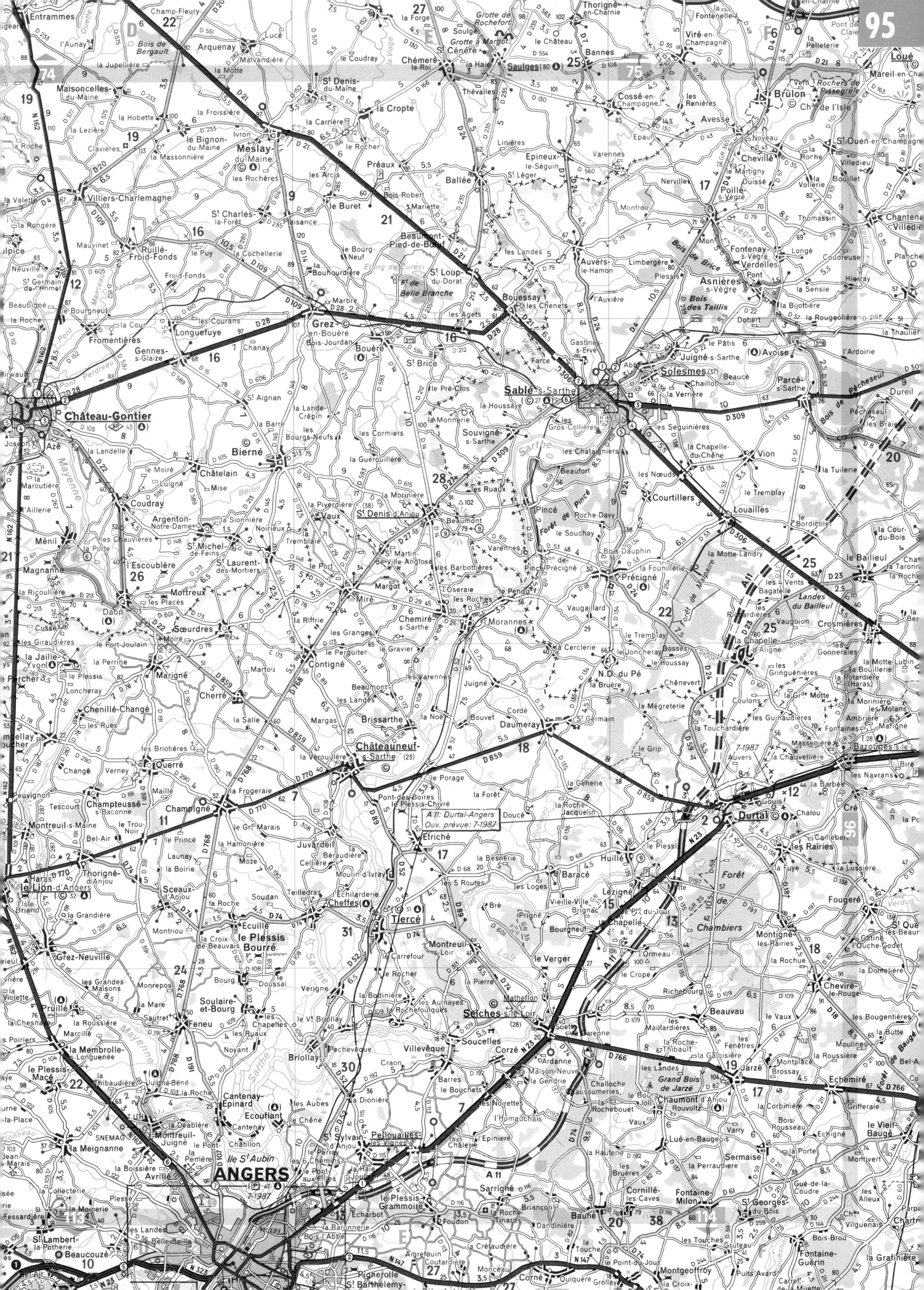
Entrammes
Champ-Fleury
Arquenay
Bois de Bergault
Malvandière
la Motte
Maisoncelles-du-Maine
la Jupellière
la Hobette
la Lezière
la Froissière
le Bignon-du-Maine
Meslay-du-Maine
la Massonnière
les Rochères
Villiers-Charlemagne
St Charles-la-Forêt
Plaisance
Ruillé-Froid-Fonds
la Cochellerie
Froid-Fonds
St Germain-de-l'Hommel
Beaubigné
Bourgneuf
Fromentières
Longuefuye
Gennes-s-Glaize
Grez-en-Bouère
Bois-Jourdan
Château-Gontier
Azé
St Aignan
la Lande-Crépin
la Barre
les Bourgs-Neufs
Bierné
Châtelain
Coudray
Argenton-Notre-Dame
St Michel-de-Feins
St Laurent-des-Mortiers
Ménil
Magnanne
l'Escoublère
Daon
Mortreux
Soeurdres
la Jaille-Yvon
Marigné
Chenillé-Changé
Cherré
Querré
Champteussé-s-Baconne
Champigné
Montreuil-s-Maine
Thorigné-d'Anjou
le Lion-d'Angers
Sceaux-d'Anjou
Grez-Neuville
Ecuillé
le Plessis-Bourré
Feneu
Soulaire-et-Bourg
Pruillé
la Membrolle-s-Longuenée
le Plessis-Macé
Cantenay-Epinard
Ecouflant
Montreuil-Juigné
la Meignanne
Avrillé
ANGERS
Beaucouzé
St Lambert-la-Potherie
St Sylvain-d'Anjou
Pellouailles-les-Vignes
le Plessis-Grammoire
Briollay
Villevêque
Soucelles
Seiches-s-le-Loir
Corzé
Tiercé
Cheffes
Etriché
A 11: Durtal-Angers Ouv. prévue: 7-1987
Châteauneuf-s-Sarthe
Brissarthe
Contigné
Miré
Chemiré-s-Sarthe
Morannes
Daumeray
Juigné
St Denis-d'Anjou
Beaumont
Souvigné-s-Sarthe
Sablé-s-Sarthe
Solesmes
Juigné-s-Sarthe
Parcé-s-Sarthe
Bois de Pécheseul
Avoise
Bouère
St Brice
Bouessay
St Loup-du-Dorat
Beaumont-Pied-de-Bœuf
Ft de Belle Branche
Ballée
Préaux
la Cropte
St Denis-du-Maine
Chémeré-le-Roi
St Cénéré
Saulges
Grotte de Rochefort
Grotte à Margot
Bannes
Thorigné-en-Charnie
Viré-en-Champagne
Cossé-en-Champagne
Brûlon
Rochers de Pissegrêle
Avessé
Epineux-le-Séguin
Auvers-le-Hamon
Asnières-s-Vègre
Bois de Brice
Poillé-s-Vègre
Fontenay-s-Vègre
Chevillé
St Ouen-en-Champagne
Loué
Vion
Courtillers
Louailles
Pincé
Forêt de Pincé
Précigné
Forêt de Malpaire
Crosmières
Landes du Bailleul
Bazouges-s-le-L.
Durtal
les Rairies
Huillé
Baracé
Lézigné
Forêt de Chambiers
Fougeré
Cheviré-le-Rouge
Beauvau
Jarzé
Grand Bois de Jarzé
Chaumont-d'Anjou
Echemiré
Forêt de Baugé
le Vieil-Baugé
Lué-en-Baugeois
Sermaise
Fontaine-Milon
St Georges-du-Bois
Fontaine-Guérin
Bauné
Cornillé-les-Caves
Sarrigné
Montreuil-s-Loir
Morannes
Corné
Montgeoffroy
St Barthélemy
Marcé
Suette
Matheflon

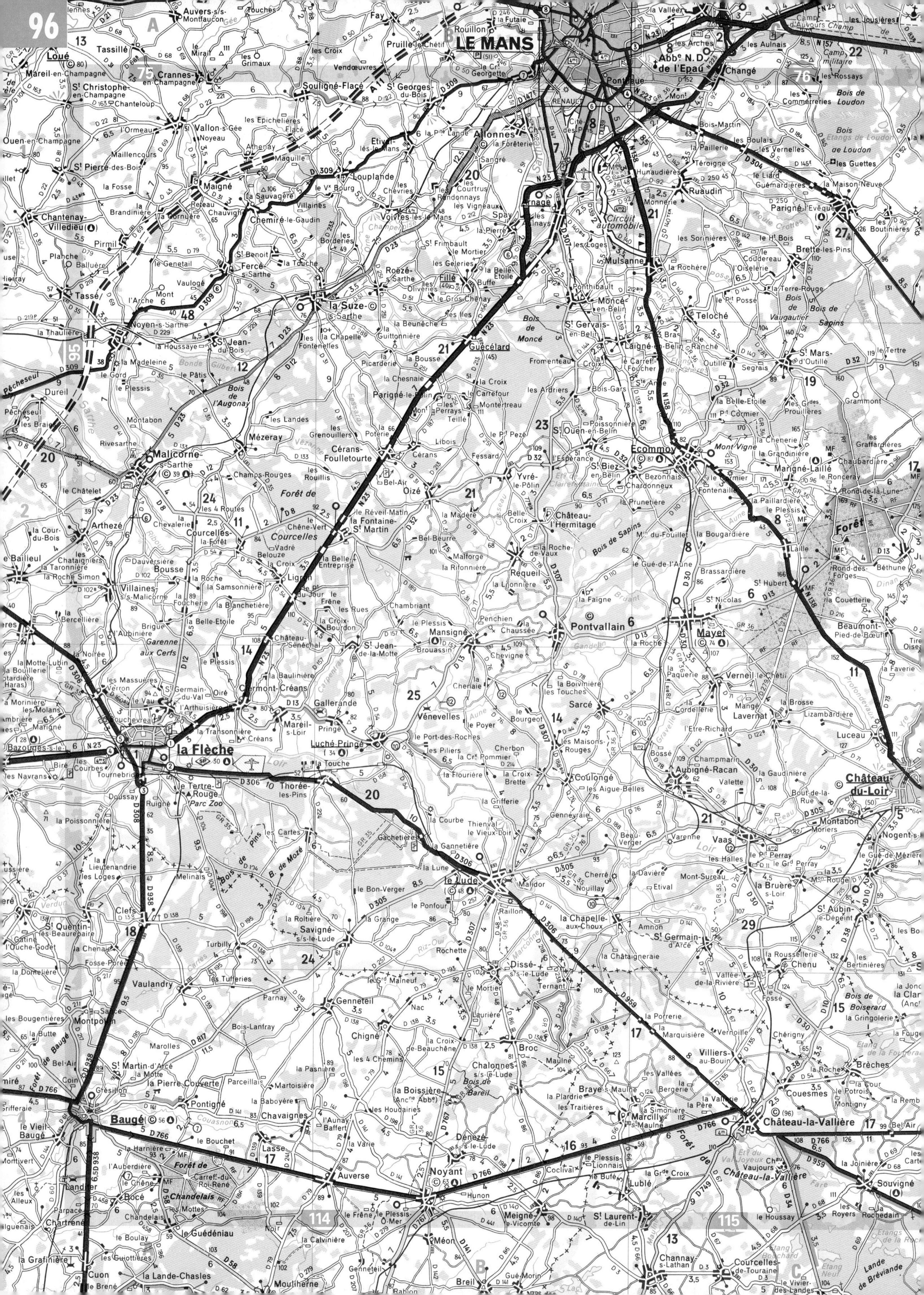
LE MANS
Auvers-s/s-Montfaucon
Fay
Rouillon
Pruillé-le-Chétif
Loué
Tassillé
Mareil-en-Champagne
Cranne-en-Champagne
St Christophe-en-Champagne
Chanteloup
Souligné-Flacé
St Georges-du-Bois
Abbe N.D. de l'Epau
Changé
Pontlieue
Vallon-s-Gée
Etival-lès-le-Mans
Allonnes
St Pierre-des-Bois
Maigné
Louplande
Chemiré-le-Gaudin
Voivres-lès-le-Mans
Spay
Arnage
Ruaudin
Parigné-l'Evêque
Chantenay-Villedieu
Circuit automobile
Mulsanne
Brette-les-Pins
Fercé-s-Sarthe
Roëzé-s-Sarthe
Fillé
Tassé
la Suze-s-Sarthe
Moncé-en-Belin
Teloché
Noyen-s-Sarthe
St Jean-du-Bois
Guécélard
St Gervais-en-Belin
Laigné-en-Belin
St Mars-d'Outillé
Parigné-le-Pôlin
Mézeray
Cérans-Foulletourte
St Ouen-en-Belin
Ecommoy
Malicorne-s-Sarthe
Yvré-le-Pôlin
St Biez-en-Belin
Marigné-Laillé
Arthezé
Courcelles-la-Forêt
Oizé
Château-l'Hermitage
Forêt de Courcelles
Ligron
Requeil
Laille
Villaines-s/s-Malicorne
Mansigné
Pontvallain
Mayet
St Jean-de-la-Motte
Clermont-Créans
Verneil-le-Chétif
Sarcé
Mareil-s-Loir
Luché-Pringé
Vénevelles
Lavernat
Luceau
la Flèche
Bazouges-s-le-Loir
Coulongé
Aubigné-Racan
Château-du-Loir
Thorée-les-Pins
Vaas
le Lude
Nogent-s-Loir
Clefs
Savigné-s/s-le-Lude
St Germain-d'Arcé
St Quentin-lès-Beaurepaire
Vaulandry
Genneteil
Dissé-s/s-le-Lude
Chenu
Montpollin
Chigné
Broc
Villiers-au-Bouin
St Martin-d'Arcé
Chalonnes-s/s-le-Lude
Baugé
Pontigné
Chavaignes
Marcilly-s-Maulne
Château-la-Vallière
Lasse
Noyant
Auverse
Dénezé-s/s-le-Lude
Forêt de Château-la-Vallière
Souvigné
Forêt de Chandelais
Bocé
Meigné-le-Vicomte
St Laurent-de-Lin
le Guédéniau
Channay-s-Lathan
Courcelles-de-Touraine
Cuon
Mouliherne
Breil
Méon
114
115

Bouloire
St Calais
Mondoubleau
Savigny-s-Braye
Montoire-s-le-Loir
Lavardin
Troo
la Chartre-s-le-Loir
Château-Renault
Neuvy-le-Roi
Beaumont-la-Ronce
Neuillé-Pont-Pierre
St Paterne-Racan
Monnaie
Vendôme
Forêt de Vendôme
Forêt de Château-Renault
Forêt de Prunay
Bois de Gâtines
Forêt de Beaumont
Forêt de Bercé
Villedômer
Semblançay
Epuisay
Danzé
Lunay
Mazangé
St Amand Longpré
Authon
Villechauve
Bessé-s-Braye
Vancé
Ruillé
Poncé-s-le-Loir
Couture-s-Loir
Artins
Sougé
Marçon
Dissay-s/s-Courcillon
Chemillé-s-Dême
Marray
la Ferrière
St Laurent-en-Gâtines
les Hermites
Monthodon
Nouzilly
Crotelles
Reugny
Autrèche
Montreuil-en-Touraine
Neuillé-le-Lierre

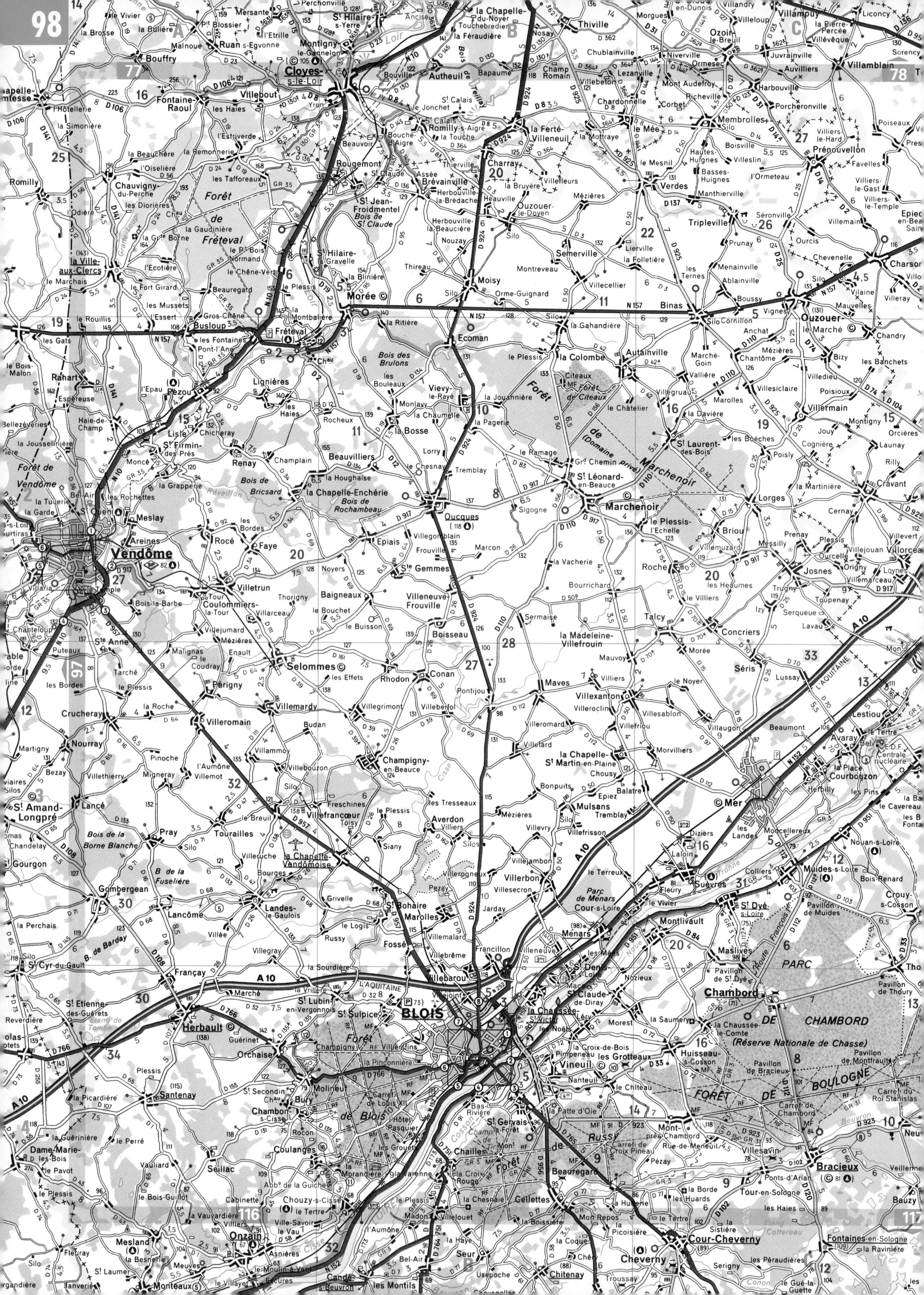

Cloyes-s-le-Loir
Montigny-le-Gannelon
St Hilaire-s-Yerre
la Chapelle-du-Noyer
Thiville
Villampuy
Ozoir-le-Breuil
Villamblain
Autheuil
Bapaume
Champ Romain
Chardonnelle
Fontaine-Raoul
Villebout
Romilly-s-Aigre
la Ferté-Villeneuil
le Mée
Membrolles
Prénouvellon
Rougemont
Charray
Verdes
Chauvigny-du-Perche
Forêt de Fréteval
St Jean-Froidmentel
Brévainville
Ouzouer-le-Doyen
Tripleville
la Ville-aux-Clercs
St Hilaire-Gravelle
Semerville
Moisy
Morée
Binas
Ouzouer-le-Marché
Busloup
Fréteval
Ecoman
la Colombe
Autainville
Pezou
Lignières
Vievy-le-Rayé
Forêt de Marchenoir
Lisle
St Firmin-des-Prés
Renay
Beauvilliers
St Laurent-des-Bois
St Léonard-en-Beauce
Forêt de Vendôme
la Chapelle-Enchérie
Bois de Rochambeau
Oucques
Marchenoir
Lorges
Cravant
Meslay
Vendôme
Rocé
Faye
Epiais
Briou
Villetrun
Coulommiers-la-Tour
Ste Gemmes
Baigneaux
Villeneuve-Frouville
Roches
Josnes
Villorceau
Ste Anne
Selommes
Rhodon
Conan
Talcy
Concriers
Séris
Périgny
Villemardy
Maves
Villexanton
Lestiou
Avaray
Villeromain
Champigny-en-Beauce
la Chapelle-St Martin-en-Plaine
Mer
Courbouzon
Nourray
Lancé
St Amand-Longpré
Pray
Tourailles
Villefrancœur
Averdon
Mulsans
Suèvres
Muides-s-Loire
Gombergean
Landes-le-Gaulois
St Bohaire
Marolles
Villerbon
Cour-s-Loire
Menars
St Dyé-s-Loire
Lancôme
Fossé
Montlivault
Maslives
Parc de Chambord
St Cyr-du-Gault
Françay
Villebarou
St Denis-s-Loire
Herbault
St Lubin-en-Vergonnois
St Sulpice
BLOIS
la Chaussée-St Victor
St Claude-de-Diray
Chambord
Forêt de Blois
Vineuil
Huisseau-s-Cosson
Forêt de Boulogne
Santenay
Molineuf
Bury
Chambon-s-Cisse
St Gervais-la-Forêt
Coulanges
Chailles
Forêt de Russy
Mont-près-Chambord
Bracieux
Seillac
Chouzy-s-Cisse
Cellettes
Beauregard
Onzain
Mesland
Cour-Cheverny
Cheverny
Fontaines-en-Sologne
Monteaux
Candé-s-Beuvron
les Montils
Seur
Chitenay

ORLÉANS
FORÊT D'ORLÉANS
St Péravy-la-Colombe
Coinces
Huêtre
Chevilly
Bougy-lez-Neuville
Bricy
Gidy
Cercottes
Loury
Ingrannes
St Sigismond
Boulay-les-Barres
Rebréchien
Trainou
Sully-la-Chapelle
Gémigny
Saran
Chanteau
Marigny-les-Usages
Vennecy
Rozières-en-Beauce
Bucy-St Liphard
Ormes
Fleury-les-Aubrais
Semoy
Boigny-s-Bionne
Fay-aux-Loges
Coulmiers
Ingré
Donnery
St Jean-de-la-Ruelle
St Jean-de-Braye
Combleux
Chécy
Mardié
Huisseau-s-Mauves
Chaingy
la Chapelle-St Mesmin
St Jean-le-Blanc
St Denis-en-Val
St Denis-de-l'Hôtel
Châteauneuf-s-Loire
Olivet
St Hilaire-St Mesmin
Parc floral
la Source
Jargeau
Darvoy
Sandillon
Meung-s-Loire
Mareau-aux-Prés
St Ay
Cléry-St André
Mézières-lez-Cléry
St Cyr-en-Val
Férolles
Sigloy
Ouvrouer-les-Champs
Baule
Dry
Vienne-en-Val
Tigy
Neuvy-en-Sullias
Beaugency
Lailly-en-Val
Ardon
Marcilly-en-Villette
Jouy-le-Potier
la Ferté-St Aubin
Ménestreau-en-Villette
Vannes-s-Cosson
Ligny-le-Ribault
Sennely
Vouzon
Souvigny-en-Sologne
Yvoy-le-Marron
Villeny
Chaumont-s-Tharonne
Lamotte-Beuvron
Chaon
la Marolle-en-Sologne
Montrieux-en-Sologne
Neung-s-Beuvron
la Ferté-Beauharnais
Nouan-le-Fuzelier
St Viâtre
Pierrefitte-s-Sauldre
Vernou-en-Sologne
Forêt de Lamotte
Forêt de Chaon
Bois des Buffières
Bois de Pully
Bois de Bucy
Camp militaire
LOIRE
L'AQUITAINE
A 10
A 71
N 20
N 152
N 157
N 60
79
100
117
118

Nibelle
Boiscommun
Fréville-du-Gâtinais
Mézières-en-Gâtinais
Paumeton
Villevoques
Lancy
Obsre de Rhysique
la Boule d'or
Carreft des 8 Routes
la Rochelle
Montliard
Pithiviers
Gratteloup
Moulon
Pannes
Vésines
Châlette-s-Loing
Montargis
la Cour-Dieu
Ingrannes
Carreft des 9 Routes
la Cave
Nesploy
Quiers-s-Bézonde
Flavecourt
Ladon
Mauperthuis
le Cas Rouge
Villemandeur
Bellegarde
Ouzouer
Villemoutiers
St Maurice s-Fessard
Bois de la Madeleine
la Baraudière
les Brosses
Lisledon
Amilly
Seichebrières
Sury-aux-Bois
Auvilliers-en-Gâtinais
Marsan
Chevillon-s-Huillard
le Chesnoy (Ecole d'Agriculture)
St Firmin-des-Vignes
Combreux
le Pont-des-Beignets
la Morinne
Presnoy
Breuillet
Chailly-en-Gâtinais
Villeneuve
Mormant-s-Vernisson
Vitry-aux-Loges
le Plessis
le Gué-Girault
la Bourgeoisière
Beauchamps-s-Huillard
Lombreuil
Vimory
la Motte
les Quatre-Routes
Chicamour
les Rousseaux
les 4 Croix
les Bois-de-Romaison
Ouchamps
Courtoin
la Renarderie
la Cogelière
Châtenoy
la Rivière
la Charpenterie
Etang du May
Thimory
Courtigis
les Grégoires
la Commodité
les Six Routes
Noyers
le Moulin-Neuf
la Blanchardière
Etang du Gibiais
Coudroy
Grignon
la Bordel
Oussoy-en-Gâtinais
St Hilaire s-Puiseaux
Solterre
Lintry
l'Etang
la Charbonnière
Carreft de Chênailles
Lorris
la Couarde
la Cour-Marigny
Plaisance
Montblin
Pressigny-les-Pins
Vieilles-Maisons-s-Joudry
Ouzouer-des-Champs
Châteauneuf-s-Loire
les Brosses
le Gué-aux-Loups
le Bois des Haies
St Martin d'Abbat
les Places
les 4 Routes
Montereau
Varennes-Changy
le Lieu-des-Champs
Nogent-s-Vernisson
Praslins
les Vallées
Germigny-des-Prés
Bouzy-la-Forêt
le Briou
Carreft de Sully
le Gué-l'Evêque
Changy-les-Bois
la Mivoie
Arboretum
Sigloy
le Mesnil
St Aignan-des-Gués
la Collandrie
Bray-en-Val
D'ORLÉANS
Chênes
Séquoias
Carreft de la Résistance
la Garenne-Dieu
le Moulinet-s-Solin
Bois de la Mivoie
les Barres (Ecole Forestière)
les Bouffons
la Grange-Rouge
les Bordes
Langesse
Bellevue
St Benoît-s-Loire
les Noues
les Allaires
Corboux
Chêne Paris
le Boulo
la Tuilerie
les Paillards
Guilly
Tigy
les Braudins
St Scholastique
le Carrouge
les Choux
Cormont
les Bézards
Neuvy-en-Sullias
les Prouteaux
Bonnée
les Coteaux
Boismorand
la Brosse
la Matholière
Bouteille
St Père-s-Loire
les Brosses
Marchais-Mignon
les Brûlés
les Châteliers
la Roseraie
Montizambert
la Brosse
les Maisons-Neuves
Grd Pont
l'Orme
les Gués
Ouzouer-s-Loire
Dampierre-en-Burly
le Verdier
les Marches
St Père
la Chaise
la Mainferme
Coulon
Sully-s-Loire
l'Epinoy
Cuissy
Bois Béhague
la Montagne
la Bussière
le Luet
Baffou
Puiseau
Forêt de Sully
St Aignan le-Jaillard
Benne
la Buffière
E.D.F. Centrale nucléaire
les Noues
St Ythier
Etang de la Grande Brosse
le Temple
les Grands Bois
Viglain
Silo
les Hameaux
Camp militaire
la Prise-d'Eau
la Marionière
Beauregard
Lion-en-Sullias
la Ronce
Arcole
Montfort
Gien
Nevoy
Montoire
Arrabloy
Fraisières
Pierrefitte
St Gondon
Gien-le-Vieux
les Danjoux
Bel Air
Pont Chevron
les Chêneaux
Villemurlin
St Florent
Port-Gallier
Poilly-lez-Gien
la Fontaine
les Vigneaux
la Mardelle
Villeneuve
les Champs
Mitoutin
Cormorin
Charleuzy
Marcault
la Vallée
St Martin s-Ocre
la Vaudelle
Isdes
Brenne
le Granval
les Rochereaux
la Ruellée
Beauvoir
les Villoings
St Brisson-s-Loire
Briare
la Grande Tuile
le Gué-Robert
les Guillaumes
Cerdon
Maltaverne
les Bruyères
Bédoise
Vaugereau
Mont-de-Mars
Ste Clair
Coullons
la Roche
la Grange Rouge
Mancy
St Firmin-s-Loire
Beauval
les Clousioux
les Hauteraux
Framel
les Brosses
les Alliots
la Papillonnerie
la Mothe
les Ners
la Matelotte
la Barbe Grise
Autry-le-Châtel
Forêt de St Brisson
la Blottière
les Monteaux
les Richoudières
la Noue
les Telliers
les Charriers
Châtillon-s-Loire
la Minée
Marchis-Neuf
la Pte Bernotterie
le Chêne-Rond
la Bouliniere
les Boires-d'en Haut
les Boires-d'en Bas
Villiers
la Bergerie
Clémont
les Fouchères
les Guillains
la Chabinerie
l'Aubier
Brinon-s-Sauldre
la Lande
Lauroy
le Rond-Point
Argent-s-Sauldre
Mont
les Ménigaults
les Réaux
l'Huys
Boischaumont
les Nérots
Bois Renard
Brenne
Montferry
les Quétins
le Chalonge
les Merlins
les Bordes
le Tertre-Meneau
les Brochards
Blancafort
Cernoy-en-Berry
les Robins
les Favrats
le Puits d'Havenat
les Gauvins
Bois de l'Hospice
le Verdois
Pierrefitte-ès-Bois
les Anes
les Légers
les Brosses
la Fousserotte
les Buissons
Villeneuve
Belle-Fontaine
Aubigny-s-Nère
l'Oizenotte
Concressault
les Tirioux
N 60
N 7
D 952
D 951
D 940
D 948
D 961
D 44
D 923
80
119
99
A
B
C
1
2
3
4

101
Thorailles
la Chapelle-St Sépulcre
la Selle-en-Hermoy
Chuelles
Quatre-Croix
St Martin d'Ordon
St Loup d'Ordon
Villevallier
Villecien
St Aubin-s-Yonne
Cézy
Joigny
Côte St Jacques
la Jacqueminière
Montcorbon
St Firmin-des-Bois
St Germain-des-Prés
Gy-les-Nonains
Douchy
Villefranche
Triguères
Châteaurenard
Cudot
Précy-s-Vrin
la Celle-St Cyr
Béon
Chamvres
Paroy-s-Tholon
Sépeaux
St Romain-le-Preux
Champvallon
Dicy
Chevillon
Prunoy
Volgré
Senan
Chêne-Arnoult
Charny
Fontenouilles
Melleroy
la Ferté-Loupière
Villiers-s-Tholon
Aillant-s-Tholon
Laduz
Forêt de la Ferté Loupière
la Chapelle-s-Aveyron
St Maurice-s-Aveyron
Chambeugle
Perreux
Sommecaise
Bois des Ferriers
les Ormes
Chassy
St Martin-s-Ouanne
Marchais-Beton
Châtillon-Coligny
Malicorne
St Denis-s-Ouanne
St Maurice-Thizouaille
St Aubin-Château-Neuf
St Maurice-le-Vieil
St Martin-s-Ocre
Egleny
Grandchamp
Merry-la-Vallée
Beauvoir
le Charme
Aillant-s-Milleron
Villiers-St Benoît
Forêt de Merry-Vaux
Champignelles
Dammarie-s-Loing
Parly
Pourrain
Louesme
Dracy
Rogny-les-7-Écluses
Champcevrais
Tannerre-en-Puisaye
Toucy
Forêt de Dracy
Villeneuve-les-Genêts
Diges
Moulins-s-Ouanne
les Taillés de Bléneau
Septfonds
Mézilles
Bléneau
Breteau
Ouzouer-s-Trézée
St Privé
Fontaines
Leugny
Champoulet
St Martin-des-Champs
Ronchères
Chastenay
Fontenoy
Levis
Sementron
St Fargeau
St Sauveur-en-Puisaye
Dammarie-en-Puisaye
Batilly-en-Puisaye
Saints
Lain
Taingy
Moutiers
Lavau
Bois de Bailly
Thury
Fouqilet
Thou
Faverelles
Bois de Beauregard
Parc St Hubert
Ste Colombe-s-Loing
Bonny-s-Loire
Ratilly
Lainsecq
Sougères-en-Puisaye
Treigny
Perreuse
Arquian
Annay
St Amand-en-Puisaye
Montagne des Alouettes
Neuvy-s-Loire
Sainpuits
Étais-la-Sauvin
Dampierre-s-s-Bouhy
Beaulieu
Centrale nucléaire en constr.

Joigny
Côte St Jacques
Looze
Brion
Bussy-en-Othe
Bailly
Vorvigny
Mercy
Champlost
Venizy
Soumaintrain
Courtaoult
Chessy-les-Prés
Bligny-en-Othe
Le Vau-du-Puits
Boudernault
Beugnon
Mont Avrelot
Montlhéu
Chalandry
Vieux Champs
Brienon-s-Armançon
Avrolles
St Florentin
Germigny
les Croûtes
Villepied
la Fourchotte
Vieux-Moulins
Laroche
St Cydroine
Migennes
Esnon
Crécy
Bas-Rebourseaux
Vergigny
Chéu
Butteaux
Percey
Jaulges
Flogny-la-Chapelle
Marolles-s/s-Lignières
Paroy-s-Tholon
Champlay
Epineau-les-Voves
Charmoy
Cheny
Ormoy
les Régniers
Bouilly
Rebourseaux
Forêt de Pontigny
Mont-St Sulpice
Chichy
la Malmaison
Lordonnois
Villiers-Vineux
Carisey
Charmeau
Bonnard
Hauterive
Bel-Air
Ste Radegonde
Ste Procaire
Neuilly
Bassou
Beaumont
Seignelay
Pontigny
les Baudières
Villemer
Chichery
Camp militaire
Chemilly-s-Yonne
Héry
Rouvray
Venouse
Ligny-le-Châtel
Varennes
Méré
Dyé
Bernouil
Tronchoy
Guerchy
Branches
Appoigny
les Chaumes
Guilbaudon
Forêt St Germain
la Resle
Montfort
la Mouillère
Maligny
Vézannes
Vézinnes
Junay
Tonnerre
Laduz
Monceau
Poilly-s-Tholon
Fleury-la-Vallée
Gurgy
Sougères-s-Sinotte
Montigny-la-Resle
Villy
Lignorelles
Sarrigny
Luchy
les Fréchots
les Bries
Sommeville
Monéteau
Villeneuve-St Salves
Tureau de St Denis
la Chapelle-Vaupelteigne
Bois de Maligny
Fontenay-près-Chablis
Tissey
Collan
Serrigny
Bleury
Auvergne
Marnay
Brécy
Chaumot
Charbuy
Bréandes
Perrigny
Curly
Thorigny
Bleigny-le-Carreau
Poinchy
Rameau
Fyé
Mormont
la Métairie
Lindry
les Ouches
les Bruyères
St Georges-s-Baulche
Jonches
la Chapelle
Egriselles
les Soleines
Beine
Chablis
Milly
Fleys
Viviers
Béru
Egleny
Villefargeau
Chazelles
Nantou
Montmercy
AUXERRE
Ecole d'Agriculture
Nangis
Venoy
Montallery
Chichée
Courgis
Quenne
Chemilly-s-Serein
Poilly-s-Serein
Pourrain
Vergeot
la Villotte
Orgy
Augy
Vaux
Chitry
Préhy
Forêt de Préhy
Pommard
Fontaine-Madame
Maulny
Chevannes
Vallan
St Bris-le-Vineux
St Cyr-les-Colons
Grd Vaucharme
Bois des Coings
la Charbonnière
Ste Vertu
Molay
Diges
Riot
Varennes
Escamps
Serein
Gy-l'Evêque
Eglise
Jussy
la Cour Barrée
Bellombre
Champs-s-Yonne
Bailly
Irancy
Bois de Senoy
la Croix-Pilate
Puits-de-Courson
Bois de St Cyr
Lichères-près-Aigremont
Aigremont
Arton
Perrigny
Semilly
Volvent
Nantenne
Escolives-Ste Camille
Saulce
Vincelottes
Vincelles
Cheuilly
Vau-Germain
Bois des Champs Cousseaux
les Barrats
la Grilletière
Coulanges-la-Vineuse
Courtenay
les Forêts
Chéry
Crosle
Coulangeron
Prénereau
Pesteau
Migé
Val-de-Mercy
Cravant
le Val St Martin
Sacy
Nitry
les Pères
Cuissy
Usselot
Grapoule
Bazarnes
Bertreau
Vermenton
le Val-du-Puits
Vorme
Villiers-la-Grange
Chastenay
Ouanne
Merry-Sec
Nanteau
Mouffy
Accolay
Ste Pallaye
Régny (Ancne Abbye)
Essert
le Val-du-Puits
Silo
Puteau
Charentenay
Montputois
Prégilbert
Crisenon
Bois de Trucy
Trucy-s-Yonne
Lucy-s-Cure
le Val-de-Malon
Pourly
Oudun
Duenne
Bounon
Pierrefitte
Fontenailles
Molesmes
TainGY
Champoux
Courson-les-Carrières
Fontenay-s/s-Fouronnes
Mont Fouronnes
Mailly-le-Château
la Gravelle
Séry
Bessy-s-Cure
Arcy-s-Cure
le Beugnon
la Poste-aux-Alouettes
Joux-la-Ville
le Puits-d'Edme
Voie romaine
Grottes d'Arcy
Grottes de St Moré
Aubigny
Anus
Malvoisine
Mailly-la-Ville
Précy-le-Sec
Forêt d'Hervaux
Fougilet
Villepot
la Chapelle
Laurent
les Champs Gras
Pont
Maupertuis
la Ripe
le Bouchet
Avigny
Rochers
Bois de Mailly-la-Ville
St Moré
Nailly
Val-de-la-Nef
Coutarnoux
les Mérys
Bois de Druyes
FORÊT DE FRÉTOY
le Saussois
le Bois-Fourneau
la Croix Ramonet
Ruines gallo-romaines (Camp de Cora)
Vau de Bouche
Voutenay-s-Cure
Thory
Tour-de-Pré
les Roches
Festigny
les Maisons
Rochers du Saussois
Merry-s-Yonne
Magny
la Perrière
Lac Sauvin
Bois-d'Arcy
Bois de Boulu
N.D. d'Orient
Lucy-le-Bois
Provency
Druyes-les-Belles-Fontaines
Montru
Fontenailles
Chevroche
Brosses
Farges
la Brosse
Conge
Tour
Sermizelles
Girolles
Annay-la-Côte
Vassy
Marcilly
la Poisse
Trion
Coulanges-s-Yonne
Crain
le Paumier
Misery
Châtel-Censoir
Fontenille
Montillot
Blannay
Tharot
Annéot
Etaule
la Sauvin
Villesavoie
Andryes
Lucy-s-Yonne
Faulin
Bourg Basson
Vaudonjon
Givry
Valloux
Sauvigny-le-Bois
Avallon
Bois-Avril
Ferrières
Surgy
Pousseaux
Bèze
Bois-de-Bèze
Lichères-s-Yonne
Bouteau
Vermoiron
Montmarte
Champien
Villeprenoy
les Joux
Charmois
le Tremblay
Avrigny
Asnières
Charbonnière
Domecy-s-le-Vault
Vault-de-Lugny
Pontaubert
Forêt

Turgy
Lagesse
Courteron
Cussangy
Maisons-lès-Chaource
Bagneux-la-Fosse
St Roch
Ricey-Bas
les Riceys
Ricey-Haut
Plaines-St Lange
Mussy-s-Seine
Vallières
Balnot-la-Grange
Ste Elisabeth
Bois de Gyé
Gommeville
Prusy
Chesley
Bragelogne
Beauvoir-s-Sarce
Coussegrey
Chaserey
Etourvy
Villiers-le-Bois
Forêt des Brosses
Charrey-s-Seine
Noiron-s-Seine
Quincerot
Channes
Molesmes
Villers-Patras
Obtrée
Trichey
Arthonnay
Forêt de Charme-Boullerain
Pothières
Mélisey
Villon
Villedieu
Vertault
Forêt de l'Hôpital
Mont Lassois
Vix
Vannaire
Forêt de Maulnes
Thorey
Rugny
Larrey
Poinçon-lès-Larrey
Bouix
Etrochey
Montliot
Molosmes
Bois de Rugny
Channay
Ste Colombe-s-Seine
St Martin-s-Armançon
Cruzy-le-Châtel
Nicey
Griselles
Marcenay
Cérilly
Châtillon-s-Seine
Commissey
Baon
Tanlay
Pimelles
Laignes
Bissey-la-Pierre
Forêt de Gland
Gland
St Vinnemer
Argentenay
Gigny
Balot
Ampilly-le-Sec
Buncey
Lézinnes
Ancy-le-Libre
Sennevoy-le-Bas
Montmain
Chamesson
CIMENTS LAFARGE
Massoult
Nesle
Forêt du Quartier
Ancy-le-Franc
Stigny
Jully
Fontaines-les-Sèches
Forêt de Chamesson
Vireaux
Pacy-s-Armançon
Sambourg
Cusy
Chassignelles
Bois de Ravières
Planay
Coulmier-le-Sec
Argenteuil-s-Armançon
Fulvy
Nuits
Ravières
Verdonnet
Puits
Savoisy
Chemin-d'Aisey
Moulins-en-Tonnerrois
Villiers-les-Hauts
Asnières-en-Montagne
Forêt du Grand Jailly
Etais
Bois du Champ Ragot
Bois de Nuits
Cry
Arrans
l'Essart et Rochefort
Villaines-en-Duesmois
Magny-Lambert
Noyers
Pasilly
Censy
Sarry
Perrigny-s-Armançon
Bois de Perrigny
Aisy-s-Armançon
Rougemont
Sanvigne
Etivey
Jouancy
Buffon
Touillon
Fontaines-en-Duesmois
Forêt de St Jean
Blaisy
Anc^ne Abb^e de Fontenay
Châtel-Gérard
Forêt de Millon
St Rémy
Marmagne
Bois de Chaumour
Montbard
Fain-lès-Montbard
Fresnes
Lucenay-le-Duc
Quincerot
Crépand
Nogent-lès-Montbard
Courcelles-lès-Montbard
L'Isle-s-Serein
Forêt de St Ambroise
Quincy-le-Vicomte
St Germain-lès-Senailly
Eringes
Bierry-les-Belles Fontaines
Fain-lès-Moutiers
Senailly
Montigny-Montfort
Benoisey
Seigny
Bussy-le-Grand
Blacy
Marmeaux
Vassy
Athie
Ménétreux-le-Pitois
Bussy-Rabutin
Thizy
Santigny
Viserny
Champ-d'Oiseau
Grignon
Grésigny-Ste Reine
Darcey
Angely
Moutiers-St Jean
les Laumes
Pisy
Villaines-les-Prévôtes
Fouilles d'Alésia
Montréal
Corsaint
Mont de Cra
Lantilly
Mt Auxois
Trévilly
Bard-lès-Epoisses
Jeux-lès-Bard
Venarey-les-Laumes
Alise-Ste Reine
Flavigny-s-Ozerain
Sceaux
Genay
Millery
Villars-et-Villenotte
Mussy-la-Fosse
Guillon
Corrombles
Cisery
Toutry
Epoisses
Pouligny
Ménétreux
Massingy-lès-Semur
Pouillenay
Forêt de Flavigny
Torcy-et-Pouligny
Semur-en-Auxois
Juilly
Souhey
Magny-la-Ville
Savigny-en-Terre-Plaine
Forléans
Massène
Leugny
St André-en-Terre-Plaine
A6
D 905
D 965
D 980
D 954
D 956
83
84
104
121
122

Forêt de Chateauvillain et d'Arc
Bois des Forts
Forêt de Vigne-Rouget
Bois de Lanty
Ormoy-s-Aube
Bon Air
Montribourg
Autricourt
Champigny
Gevrolles
Latrecey
la Lucine
Coupray
Carref de la Croix-de-Fer
Mormant
Riel-les-Eaux
Fme du Mont
St Roch
Cour-l'Eveque
Maison Paulin
Doncey
Forêt du Val du Puits
Forêt de Vaurois
Forêt du Montot
Montigny-s-Aube
Mont Rémin
Arc-en-Barrois
Bugnières
Belan-s-Ource
Veuxhaulles-s-Aube
Bois de Faye
Bois de Dancevoir
Maison-Fouin
Val-Bruant
Bois de la Fontaine
la Jarrie
Thoires
Dancevoir
Montrot
N.D. de Montrot
Obtrée
Chaumont-le-Bois
Mosson
Brion-s-Ource
Courban
le Souhy
Boudreville
Longué
Aubepierre-s-Aube
Forêt d'Arc
Bissey-la-Côte
Vannaire
Massingy
Ternat
Gieу-s-Aujon
Bois de Langres
Layer-s-Roch
Louesme
Forêt de la Chaume
Lignerolles
Courcelles-s-Aujon
Erlseul
St Loup-s-Aujon
Montliot
Crépan
les Goulles
Cascade d'Etufs
Etufs
Prusly-s-Ource
Bois de la Chaume
la Chaume
Rochetai
Marigny
Châtillon-s-Seine
la Barotte (Ecole d'Agriculture)
Villotte-s-Ource
Ste Marie
Forêt de Bois aux Moines
Bois de Lucey
Lucey
Gurgy-la-Ville
Rouvres-s-Aube
Arbot
Forêt de l'Herbue
le Plongerot
Maisey-le-Duc
Vanvey
Villiers-le-Duc
St Phal
Voulaines-les-Templiers
Leuglay
Faverolles-lès-Lucey
Gurgy-le-Château
Aulnoy-s-Aube
Bay-s-Aube
Vitry-en-Montagne
Buncey
Forêt Froidvent
Lugny (Anc Chartreuse)
Mont de Lucey
Buxerolles
Chêne
Rouelles
Parc à sanglier
Bois de Montavoir
Chambain
Germaines
Forêt de Chamesson
Chamesson
Mont de la Forêt
Forêt de Châtillon
Lugny
Recey-s-Ource
Menesble
le-Haut Colmier-le-Bas
Auberive
Acquenove
Allofroy
Bois de Montgérand
Bois d'Amorey
Val Clavin
Val des Choues (Anc Abbaye)
Voisin
Nod-s-Seine
la Forge
Essarois
Chaugey
Villars-Montroyer
St Germain le-Rocheux
Aisey-s-Seine
Grange Didier
le Puiset
la Forêt
Bure-les-Templiers
le Corroi
Praslay
Chemin-d'Aisey
Brémur-et-Vaurois
Busseaut
Rochefort
Montmoyen
Hierce
Terrefondrée
Villars-Santenoge
Vivey
Semond
Beaulieu
Châtellenot
Romprey
Poinson-lès-Grancey
Poinsenot
Musseau
Chenecières
Mauvilly
Valfermet
Forêt du Sarcy
Lamargelle-aux-Bois
Chalmessin
Magny-Lambert
Origny
St Marc-s-Seine
la Maison
Bellenod-s-Seine
Meulson
Grand-Bois
St Broing-les-Moines
le Mont
Beneuvre
Forêt de la Faye
Mouille
Vaux
la Cassotte
la Galdpine
Villemervry
la Montagne
Beaunotte
Moitron
Montenaille
Neuvelle-lès-Grancey
Grancey-le-Château
Villemoron
la Borde
Chalvosson
Plaisance
Cosne
le Pré-du-Sout
Aignay-le-Duc
Minot
Bussières
Busserotte
St Germain
Toutifaut
Meursauge
Quemigny-s-Seine
Lourosse
Charme
Fraignot
Vesvrotte
Courlon
Cussey-les-Forges
Duesme
la Folie
Source de la Coquille
le Pavillon
Combe-la-Haut
Jours-lès-Baigneux
Ampilly-le-Haut
Gronet
la Pothière
Etalante
Thorey
Bois de Nachot
Forêt de Cussey
Ampilly-les-Bordes
la Forêt
Cent Fontaines
Larcon
Palus
Salives
Mont-Armet
Mont Mercure
Barjon
Avot
les Forges
Chaume-lès-Baigneux
Forêt de la Fossillière
Echalot
Bois de Grandmont
Forêt de Mare
Etormay
Cessey
Ermitage du Val de Seine
N.D. des Bois
Forêt de Duesme
Combe Olivotte
Château Gré
Prégelan
le Meix
Marey-s-Tille
Baigneux-les-Juifs
Orret
la Vincente
Forêt de Miltot
Valduc
Forêt du Mont de l'Echelle
Avelanges
Poiseul-lès-Saulx
Bonvent
la Villeneuve-les-Convers
Laperrière
Laneuf
les Granges
Poiseul-la-Grange
Lochère
Centre d'Etudes Nucléaires
Bois Guyot
Forêt de Moloy
les Suchots
de Pissot
Poiseul-la-Ville
Bois Sec
Oigny
Gd Vallée
Léry
Bois de la Grande-Garenne
Forêt de la Bonière
Luxerois
Rabutin
Darcey
Jugny
Bois de Jugny
Billy-les-Chanceaux
Saulx-la-Ville
Saulx-le-Duc
Corpoyer-la-Chapelle
Munois
Silos
Frôlois
L'Abergement
Moloy
Courtivron
Tarsul
Dienay
Is-s-Tille
Corpoyer-les-Moines
le Vallon
Courceau
le Tertre
Lamargelle
Frénois
Bois du Tilloy
Bois de Bimont
Mont Vaubuzin
Chanceaux
la Grande Montagne
Villecomte
Bois de Champ Fouchard
Gissey-s/s-Flavigny
Villa gallo romaine
Pellerey
Bois de Terre Noire
Bois de Rovroy
Flavigny-s-Ozerain
Hauteroche
Thenissey
St Germain-Source-Seine
Sources de la Seine
Poncey-s-l'Ignon
Côte des Trapeux
Forêt de Is-s-Tille
Vernot
Ecorsaint
Blessey
les Vergerots
Source de l'Ignon
Chenerollles
Bois des Fontenis
Bois de Malte
Champ
Chaignay
Boux-s/s-Salmaise
Roche-Vanneau
Tour

Marnay-s-Marne
Thivet
Vitry-lès-Nogent
Poinson-lès-Nogent
Epinant
Montigny-le-Roi
Meuse
Dammartin-s-Meuse
Pouilly-en-Bassigny
Beaucharmoy
Bois du Danonce
la Rosière
Mauvaignant
le Chêne
Tourterelle
Bois de Mongessey
Bois du Rienbeau
Chauffourt
Fort de Dampierre
St Pierre
Dampierre
Frécourt
Bonnecourt
Forfillières
Avrecourt
Récourt
Saulxures
Damrémont
Bourbonne-les-Bains
Faverolles
Tronchoy
Rolampont
Lannes
Charmoilles
Ranconnières
Mont Mercure
Fouilles gallo-romaines
Vicq
Laneuville
Parc animalier
Charmes
Changey
Neuilly-l'Évêque
Poiseul
Andilly-en-Bassigny
Lavernoy
Coiffy-le-Bas
Coiffy-le-Haut
Genrupt
Beauchemin
Ormancey
Humes
Jorquenay
Réservoir de Charmes
Bannes
Bois des Riots
Celles-en-Bassigny
Varennes-s-Amance
les Granges Huguet
Montcharvot
St Martin-lès-Langres
Champigny-lès-Langres
Marcilly-en-Bassigny
Plesnoy
Forêt de Marcilly
Chézeaux
Bois de Chezeaux
Forêt de Voisey
Mardor
St Ciergues
Peigney
Orbigny-au-Val
Orbigny-au-Mont
Troischamps
Presles
Soyers
Vaux-la-Douce
Réservoir de la Mouche
Mont des Fourches
Lac de la Liez
Bois de Monservigny
Arbigny-s/s-Varennes
Champigny-s/s-Varennes
Langres
Brévoines
Perrancey
Chatenay-Mâcheron
Chatenay-Vaudin
Lecey
Celsoy
Montlandon
Bois d'Anrosey
Guyonvelle
Laferté-s-Amance
Vieux Moulins
Buzon
Corlée
St Maurice
Hortes
Maizières-s-Amance
Bize
Anrosey
Velles
Betoncourt-s-Mance
Courcelles-en-Montagne
Sts Geosmes
Fort Decrès
St Vallier-s-Marne
Rosoy-s-Amance
Bois de la Beaulieu
Boulaie
Pisseloup
Noidant-le-Rocheux
Balesmes-s-Marne
Source de la Marne
Culmont
Chaudenay
Rougeux
Charmoy
Montesson
Bois du Chanois
Torcenay
Corgirnon
Ht Chemin
Pierrefaites
Ouge
Flagey
Brennes
Bourg
Cohons
Chalindrey
Noidant-Chatenoy
le Pailly
les Loges
les Plains Bois
le Faubourg
Fayl-Billot
les Tilleuls
Louvière
la Folie
la Quarte
Bois du Chatelet
Chauvirey-le-Vieil
Bois de Charaumont
Orcevaux
Verseilles-le-Haut
Verseilles-le-Bas
Longeau
Heuilley-Cotton
Palaiseul
la Borde
les Archots
Bois Brûlé
la Papeterie
Mont-d'Olivotte
Broncourt
Cintrey
Ville-Haut
Aprey
Baissey
Vesvres-s-s-Perrogney
Percey-le-Pautel
Violot
N.D. des Bois
Grosse-Sauve
Forêt de Bussières
Poinson-lès-Fayl
Bussières-lès-Belmont
Pressigny
la Rochelle
Laitre
Villiers-lès-Aprey
Prangey
Vingeanne
Heuilley-le-Grand
St Broingt-le-Bois
Rivières-le-Bois
Charmes-St Valbert
Molay
Leuchey
Villegusien
St Michel
Grandchamp
Belmont
Genevrières
Savigny
Voncourt
Morey
la Dhuis
St Broingt-les-Fosses
Piépape
Chassigny
le Mont
Maâtz
Grenant
Saulles
Valleroy
Bourguignon-lès-Morey
Farincourt
St Julien
Roche-Fontaine
Courcelles-Val-d'Esnoms
Esnoms-au-Val
Prauthoy
Dommarien
Fromentelle
Coublanc
Fontaine
Seuchey
Bois Lessu
Tornay
Gilley
Bois dit le Ronchot
Frettes
Argillières
les Essarts
Suaucourt
Pisseloup
Chatoillenot
Bois de Montanson
le Défois
Aubigny-s-Badin
Montsaugeon
la Chassagne
Vaux-s/s-Aubigny
Choilley
Dardenay
Montvaudon
le Vergy
Leffond
la Voisine
Pierrecourt
Fouvent-le-Bas
Fouvent-le-Haut
St Andoche
Raucourt
Rivière-les-Fosses
Couzon-s-Coulange
Isômes
les Louches
Piémont
Forêt des Louches
Montarlot-lès-Champlitte
Aumônières
Larret
Trécourt
Volon
Boussenois
Cusey
le Breuillot
Mont Gin
Champlitte
Champlitte-la-Ville
Bois de Grosillères
Gatey
Courtesoult
Forêt de Andrevin
Roche-et-Raucourt
Occey
Montormentier
Percey-sous-Montormentier
Percey-le-Grand
Orain
le Prélot
Margilley
Dampierre
Vaite
Bois d'Occey
Courchamp
Sacquenay
la Romagne
la Pâture
Neuvelle-lès-Champlitte
Mont-le-Franois
Achey
Delain
Asnières
St Gertrude
St Maurice-s-Vingeanne
Montigny-s-Vingeanne
Forêt de Champlitte
Framont
Denèvre
Port de Savoyeux
Orville
Chazeuil
Chaume-et-Courchamp
la Villeneuve-s-Vingeanne
Canal
le Crochot
Montot
Dampierre-s-Salon
Mornay
Ecuelle
Bois de Vereux
Autet
Mercey-s-Saône
Véronnes
Forêt de Fontaine-Française
Theuley
Vars
Oyrières
Quitteur
Pouilly-s-Vingeanne
Fontaine-Française
St Seine-s-Vingeanne
St Seine-l'Église
Fahy-lès-Autrey
Auvet-et-la-Chapelotte
la Rente rouge
Vereux
la Résie
Pierrejux
Étang du Fourneau
St Seine-la-Tour
Beaujeu
la Grange-d'Étaule
Til-Châtel
Fontenelle
Rosières
la Rente-du-Bois
la Chapelotte
Chargey-lès-Gray
Montureux
Prantigny
St Vallier
Perte de la Venelle
Bourberain
Étoile de la Duchesse
la Rente-du-Puits
Autrey-lès-Gray
Bouhans
St Roch
Forêt de Belle Vaire
Lux
Velours
Licey-s-Vingeanne
Attricourt
Verfontaine
Rigny
Dampierre-et-Flée
Flée
la Fontaine-à-l'Âne
Feurg
Forêt de Sts de la Bèze
Beaumont-s-Vingeanne
Lœuilley
Broye-les-Loups-et-Verfontaine
Nantilly
Arc-lès-Gray
Corneux
St Broing
Bèze

Regnevelle, Martinvelle, Ambiévillers, Montmotier, Fontenoy-le-Château, Le Charmont, Lironcourt, Pont-du-Bois, Selles, Le Magny, St Georges, La Vierge, Le Saunier, Les Tremeurs, Les Censeaux

Senaide, Bousseraucourt, Passavant-la-Rochère, La Côte, Grignoncourt, La Basse-Vaivre, Bois de la Craie, Fontenois-la-Ville, Les Grosses-Granges, Le Lyaumont, Bois du Lyaumont

Bourbonne-les-Bains, Fresnes-s-Apance, Châtillon-s-Saône, Bois Barbey, Vougécourt, Alaincourt, Le Frisémont, Moulin-de-la-Craie, Les Maingrins

Villars-St Marcellin, Parc animalier, Enfonvelle, Jonvelle, Ameuvelle, Fouilles gallo-romaines, Montcourt, Corre, Demangevelle, Vauvillers, Montdoré, Betoncourt-St Pancras, Ruisseau des Écrevisses, Fleurey-lès-St Loup, Ailleville-et-Lyau

Genrupt, Forêt de Villars, N.D. de la Salette, Bois de la Laut, Les Charmes, Jeunes Bieppes, Bourbévelle, Ranzevelle, Le Grand Bois, Mailleroncourt-St Pancras, Dampvalley-St Pancras, Maugras, Cuve, Bouligney, Magnoncourt

Montcharvot, St Marcellin, La Dolomie, Ht Daumont, Villars-le-Pautel, Richecourt, Bois Lessus, Hurecourt, Girefontaine, St Loup-s-Semouse, Augrogne

Voisey, Forêt de Voisey, Melay, Le Donnet, Aisey-et-Richecourt, Ormoy, Polaincourt-et-Clairefontaine, Melincourt, Anjeux, Jasney

Vaux-la-Douce, Neuvelle-lès-Voisey, Blondefontaine, Barges, Betaucourt, Bois Lajux, Saponcourt, Clairefontaine, Anchenoncourt-et-Chazel, Le Grd Bois, La Pisseure, Fontaine-lès-Luxeuil

Les Essarts, Raincourt, Magny-lès-Jussey, Grand Bois, Chazel, Bois de la Mange, Moulin des Prés, Dampierre-les-Conflans, Plainemont, Ainvelle, Hauteville

Betoncourt-s-Mance, Velles, Vernois-s-Mance, Cemboing, Rosières-s-Mance, Cendrecourt, Tartécourt, Senoncourt, St Remy, Varigney, Francalmont

Pisseloup, Gircourt, St Marcel, Jussey, Miévilles, Venisey, Contréglise, Bassigney, Conflans-s-Lanterne, Briaucourt

Vitrey-s-Mance, Noroy-lès-Jussey, Montureux-lès-Baulay, Buffignecourt, Menoux, Cubry-lès-Faverney, Bourguignon-lès-Conflans, Breuches

Chauvirey-le-Châtel, Montigny-lès-Cherlieu, Gevigney, Amance, Baulay, Abelcourt, Velorcey

Chauvirey-le-Vieil, Bois de Montigny, Agneaucourt, Cherlieu, Abbe, Mercey, Fouchécourt, Bois de la Raie, Bois des Balières, Faverney, Mersuay, Courcelles, Equevilley, La Villedieu-en-Fontenette, Meurcourt, Villers-lès-Luxeuil

Bois de Charaumont, Forêt de Cherlieu, Bougey, Augicourt, Aboncourt, Gesincourt, Port d'Atelier-Amance, Breurey-lès-Faverney, Le Chaumont

Cintrey, Preigney, Marlay, Oigney, Lambrey, Bois du Grd Lien, Purgerot, Port-d'Atelier, Fleurey-lès-Faverney, Neurey-en-Vaux, Visoncourt

Laître, Bois la Sol, Melin, Semmadon, Arbecey, Chargey-lès-Port, Conflandey, Amoncourt, Le Val-St Eloi, St Léger, Les Landres, Mailleroncourt-Charette, Servigney

Molay, Malvillers, Bois de Chargey, Francis, Provenchère, Varogne, Vilory, Raichaine, La Villeneuve

Morey, Gourgeon, Combeaufontaine, Les Arpents, Chaux-lès-Port, Villers-s-Port, Vellefrie, Saulx

Lavigney, St Julien, Le Fays, Vallerois, Flagy, Bellenoye, Méchère

Betoncourt-les-Ménétriers, Cornot, La Neuvelle-lès-Scey, Port-s-Saône, Bougnon, Auxon, La Maize, La Montoillotte, Creveney

Artaufontaine, Bois de Contracourt, Forêt du Chanois, Grattery, Bas de Grotte, Epenoux, Pusy, Villerpoz, Colombier, Vellemi

Villers-Vaudey, Pisseloup, Nervezain, Confracourt, La Vaivre, Scey-s-Saône-et-St Albin, Ferrières-lès-Scey, Vauchoux, Scye, Charmoille, Villeparois, Montcey, Colombotte, Calmoutier

Fleurey-lès-Lavoncourt, Vauconcourt, Rupt-s-Saône, St Albin, Chemilly, Montigny-lès-Vesoul, Pusey, Gros Bois, Les Repes, Coulevon, Comberjon, Champ de Tir

Francourt, Donjon, Chantes, Chassey-lès-Scey, Pontcey, Montoille, La Motte, Vesoul, Dampvalley-lès-Colombe

Raucourt, Mont-St Léger, Grandecourt, Vy-lès-Rupt, Durgeon, Vaivre, Peugeot, Frotey-lès-V, Colombe-lès-V, Bois de Noroy

Volon, Renaucourt, Lavoncourt, Ovanches, Traves, Bucey-lès-Traves, Boursières, Chariez, Noidans-lès-Vesoul, Quincey, Navenne, Essernay

Roche-et-Raucourt, Brotte-lès-Ray, Theuley, Fédry, Cubry-lès-Soing, Aroz, Mont-le-Vernois, Echenoz-la-Méline, Villers-le-Sec, Grande Vaivre

Tincey, Vanne, Moutherot, Clans, Velle-le-Châtel, Roche de la Baume, Grotte de Solborde, La Providence

Vaite, Membrey, Recologne, Pontrebeau, Ray-s-Saône, Ferrières-lès-Ray, Charentenay, Soing, Lisey, Vy-le-Ferroux, Raze, Baignes, Andelarre, La Demie, Le Château Bleu, St Igny, Les Belles Baraques, Les Regardes

Port de Savoyeux, Queutrey, Noidans-le-Ferroux, Rosey, Andelarrot, Neurey-lès-la-Demie, Vallerois-Lorioz, Vallerois-le-Bois

Seveux, Vellexon, Seminaire, Fresne-St Mamès, Velleguindry, Vellefaux, Les Bégoulots, Les Marmets

Savoyeux, Cambonin, Le Pont-de-Planches, Vezet, Neuvelle-lès-la-Charité, Le Perrenot, Levrecey, Mailley, Echenoz-le-Sec, Bois de Ste Anne, Les Monins, Grand Bois de Dampierre, Les Gillots, Presle

Mercey-s-Saône, La Vaivre, Vaudey, Greucourt, Lieffrans, Chazelot, Le Magnoray, Bois de Mailley, Filain, Dampierre-s-Linotte, Trevey

Motey-s-Saône, Rougeau, Sept Fontaines, Ancne Abbe, Le Romvaux, Vy-lès-Filain, Bois de la Bruyère

La Grange-d'Etaule, Le Charme, St Gand, La Vernotte, Les Bâties, Grandvelle-et-le-Perrenot, Bois de Filain, Les Laverottes, La Laine, Fontenois-lès-Montbozon, Cognières

La Madeleine, Bois de St Gand, Les Blancs, Les Frondey, Bourguignon-lès-la-Charité, Maizières, Courboux, Authoison, Thieffrans

Ste Reine, Les Verrières, Velloreille, Fretigney, Pennesières, Argirey, Sorans-les-Cordiers, Bouhans-lès-Montbozon

Forêt de Belle Vaivre, L'Etang-des-Maisons, Igny, La Chapelle-St Quillain, La Montbleuse, Vaux-le-Moncelot, Moulin de la Rouchotte, Recologne-lès-Rioz, Fondremand, Hyet, Bois de Lajus, Roche-s-Linotte, Villers-Pater, Montbozon, Thiénans

Vellemoz, Etrelles, Frasne-le-Château, Eguilley, Quenoche, Ruhans, Millaudon, Ormenans, Besnans

Angirey, Petits Bois de Gy, Mont-les-Etrelles, Villers-Bouton, Trésilley, La Malachère, Aubertans, La Villedieu-lès-Quenoche, Loulans

Broing, Sauvigney, Longevelle, Villers-Chemin, Les Fontenis, Anthon, Les Grands Bois, Guiseuil, Cenans, Verchamp, Maussans, Montussaint

86 87 105 124 125

Wildenstein
Col du Herrenberg
Col de Boenlesgrab
Westhalten
Rouffach
Oberhergheim
Grand Ventron
Linthal
Lautenbach
Soultzmatt
Niederentzen
Oberentzen
Ventron
Kruth
le Markstein
Murbach
Buhl
Bergholtz
Gundolsheim
Munwiller
Meyenheim
Oderen
Guebwiller
Grand Ballon
Issenheim
Merxheim
Réguisheim
Grand Drumont
Petit Drumont
Fellering
Soultz Haut-Rhin
Raedersheim
Ungersheim
Col de Bussang
Urbès
Husseren-Wesserling
St Amarin
Geishouse
Hartmannswiller
Feldkirch
Bollwiller
Ensisheim
Storckensohn
Mollau
Moosch
Vieil Armand
Ecomusée
Pulversheim
Tête des Neufs Bois
Malmerspach
Willer-s-Thur
Wattwiller
Ruelisheim
Ballon d'Alsace
Rimbach-près-Masevaux
Bitschwiller
Thann
Uffholtz
Staffelfelden
Wittenheim
Battenheim
Vieux-Thann
Cernay
Wittelsheim
Kingersheim
Baldersheim
Sewen
Oberbruck
Dolleren
Kirchberg
Wegscheid
Leimbach
Roderen
Rammersmatt
Richwiller
Illzach
Sausheim
Sickert
Niederbruck
Masevaux
Aspach
Pfastatt
Lutterbach
MULHOUSE
Riervescemont
Lauw
Sentheim
Guewenheim
Michelbach
Reiningue
Schweighouse-Thann
Rixheim
Riedisheim
Lamadeleine-Val-des-Anges
Rougemont-le-Château
Leval
Mortzwiller
Soppe-le-Bas
Burnhaupt-le-Haut
Heimsbrunn
Morschwiller-le-Bas
Didenheim
Brunstatt
Zimmersheim
Habsheim
Rougegoutte
Petitmagny
Etueffont
Romagny-s/s-R.
Petitefontaine
Lachapelle-s/s-R.
Burnhaupt-le-Bas
Hochstatt
Eschentzwiller
Grosmagny
Bourg-s/s-Châtelet
Felon
Diefmatten
Galfingue
Froeningen
Flaxlanden
Bruebach
Dietwiller
Anjoutey
St Germain-le-Châtel
Etimbes
Angeot
Bellemagny
Bretten
Sternenberg
Gildwiller
Bernwiller
Zillisheim
Landser
Sermamagny
Eloie
Bethonvilliers
Lagrange
Vauthiermont
Hecken
Guevenatten
Ammerzwiller
Spechbach-le-Bas
Steinbrunn-le-Bas
Schlierbach
Geispitzen
Valdoie
Vétrigne
Roppe
Menoncourt
Larivière
St Cosme
Falkwiller
Balschwiller
St Bernard
Illfurth
Tagolsheim
Luemschwiller
Waltenheim
Offemont
Eguenigue
Denney
Phaffans
Lacollonge
Fontaine
Bréchaumont
Traubach-le-Bas
Buethwiller
Eglingen
Heidwiller
Walheim
Rantzwiller
Koetzingue
Bessoncourt
Frais
Woifersdorf
Elbach
Hagenbach
Gommersdorf
Altkirch
Aspach
Obermorschwiller
Wahlbach
Magstatt-le-Haut
BELFORT
Pérouse
Chèvremont
Foussemagne
Chavannes-s-l'Etang
Dannemarie
Emlingen
Heiwiller
Zaessingue
Stetten
Danjoutin
Fontenelle
Cunelières
Montreux-Vieux
Valdieu-Lutran
Retzwiller
Manspach
Altenach
Ballersdorf
Carspach
St Morand
Wittersdorf
Schwoben
Tagsdorf
Franken
Andelnans
Vézelois
Petit-Croix
Montreux-Jeune
Romagny
Hausgauen
Hundsbach
Jettingen
Meroux
Novillard
Autrechêne
Montreux-Château
Magny
St Ulrich
Fulleren
Hirsingue
Bettendorf
Berentzwiller
Bretagne
Chavannes-les-Grands
Strueth
Mertzen
Hirtzbach
Heimersdorf
Henflingen
Willer
Moval
Sevenans
Brebotte
Grosne
Chavanatte
Hindlingen
Largitzen
Ruederbach
Grentzingen
Knoeringue
Charmois
Recouvrance
Vellescot
Suarce
Friesen
Oberdorf
Steinsoultz
Muespach
Trévenans
Bourogne
Froidefontaine
Borgn
Ueberstrass
Luffendorf
Waldighoffen
Roppentzwiller
Morvillars
Lepuix-Neuf
Seppois-le-Bas
Bisel
Feldbach
Riespach
Durmenach
Dambenois
Allenjoie
Grandvillars
Joncherey
Mooslargue
Werentzhouse
Brognard
Mézire
Thiancourt
Faverois
Courtelevant
Réchésy
Koestlach
Vieux-Ferrette
Linsdorf
Sochaux
Fesches-le-Châtel
Delle
Florimont
Courcelles
Pfetterhouse
Moernach
Ferrette
Bouxwiller
Fislis
Dampierre-les-Bois
Etupes
Fêche-l'Eglise
Badevel
Boncourt
Lugnez
Beurnevésin
Durlinsdorf
Bendorf
Oltingue
Sondersdorf
Raedersdorf
Audincourt
Beaucourt
Montignez
Damphreux
Bonfol
Liebsdorf
Ligsdorf
Winkel
Seloncourt
Montbouton
Vandoncourt
Courtemaîche
Coeuve
Vendlincourt
Courtavon
Levoncourt
Oberlarg
Kiffis
Lutter
Pontarlier
Porrentruy
Biel
Delémont

88
107
126
127

Falkensteig
Höllental
Oberried
Zastler
Rappeneck
Schauinsland
Hofsgrund
St. Wilhelm
Feldberg
Feldberg im Schwarzwald
Todtnauberg
Todtnau
Herzogenhorn
Menzenschwand
Bernau im Schwarzwald
Todtmoos
Schönau im Schwarzwald
Belchen
Münstertal
Staufen im Breisgau
Bad-Krozingen
Ehrenkirchen
Pfaffenweiler
Heitersheim
Sulzburg
Müllheim
Badenweiler
Neuenburg
Auggen
Schliengen
Bad Bellingen
Kandern
Zell im Wiesental
Schopfheim
Wehr
Herrischried
Rickenbach
Bad Säckingen
Lörrach
Weil
Rheinfelden
Möhlin
Stein
Huningue
St. Louis
BASEL (BÂLE)
Allschwil
Binningen
Birsfelden
Muttenz
Pratteln
Münchenstein
Arlesheim
Dornach
Liestal
Sissach
Gelterkinden
Frick
Laufen
Fessenheim
Blodelsheim
Chalampé
Ottmarsheim
Kembs
Schwarzwald
Dinkelberg
Rhein
Rhin
Canal d'Alsace

Nantes

Barillerie (R. de la)	GY	8
Boileau (R.)	FZ	20
Budapest (R. de)	FY	33
Calvaire (R. du)	FY	36
Crébillon (R.)	FZ	53
Feltre (R. de)	GY	65
Fosse (R. de la)	GZ	69
J.-J.-Rousseau (R.)	FZ	90
Marne (R. de la)	GY	105
Orléans (R. d')	GZ	124
Paix (R. de la)	GZ	125
Racine (R.)	FZ	
Royale (Pl.)	GZ	144
Santeuil (R.)	FZ	191
Scribe (R.)	FZ	194
Verdun (R. de)	GY	207
Albert (R. du Roi)	GY	3
Audibert (Pont Gén.)	HZ	6
Babin-Chevaye (Bd)	GZ	7
Baudry (R. S.)	HY	
Bellamy (R. P.)	GY	
Bodiguel (R. Y.)	FY	17
Bossuet (R.)	GY	21
Bourse (Pl. de la)	GZ	24
Bretagne (Pl. de)	GY	26
Briand (Pl. A.)	FY	29
Briand (Pont A.)	HZ	30
Bureau (Bd L.)	FZ	
Cacault (R.)	GY	34
Cambronne (Cours)	FZ	
Carnot (Av.)	HZ	
Ceineray (Quai)	GY	38
Change (Pl. du)	GY	39
Château (R. du)	GY	41
Clisson (Cours Olivier de)	GZ	46
Commerce (Pl. du)	GZ	48
Crouan (Q. F.)	FZ	
Duchesse Anne (Pl.)	HY	61
Dugay-Trouin (Allée)	GZ	62
Estienne-d'Orves (Crs d')	HZ	64
Foch (Pl. Mar.)	HY	68
Fouré (R.)	HZ	
Gâche (Bd V.)	HZ	
Gambetta (R.)	HY	73
Graslin (Pl.)	FZ	78
Hélie (R. F.)	FY	83
Henri IV (R.)	HY	84
Immaculée-Conception (✝)	HY	E
Jaurès (R.J.)	FY	
Joffre (R. Mar.)	HY	
Kennedy (Cours J.-F.)	HY	95
Kervégan (R.)	GZ	97
Louis-Blanc (R.)	GZ	104
Madeleine (Chée)	GHZ	
Magellan (Quai)	HZ	
Martyrs-Nantais-de la Résist (Bd)	HZ	107
Mathelin-Rodier (R.)	HY	108
Mercœur (R.)	FY	112
Moncousu (Quai)	GZ	
Olivettes (R. des)	HZ	
Péhant (R. E.)	HZ	
Petite-Hollande (Pl.)	GZ	128
Pilori (Pl. du)	GY	129
Pommeraye (Pas)	GZ	135
Port-Communeau (Pl. du)	GY	136
Porte-Neuve (R.)	FY	138
Prairie-au-Duc (Bd)	FGZ	
République (Pl. de la)	GZ	139
Rhuys (Q. A.)	GZ	
Roosevelt (Crs F.)	GZ	142
St-André (Crs)	HY	145
St-Clément (✝)	HY	150
St-Nicolas (✝)	GY	F
St-Pierre (Cours)	HY	177
St-Pierre (Pl.)	GY	178
St-Pierre-St-Paul (✝)	HY	
St-Similien (✝)	GY	182
Ste-Croix (✝)	GY	D
Ste-Madeleine (✝)	HZ	188
Salengro (Pl. R.)	GY	190
Strasbourg (R. de)	GY	
Sully (R.)	HY	
Talensac (R.)	GY	197
Thiers (R.)	GY	200
Tourville (Quai de)	GZ	203
Turenne (Allée de)	GZ	204
Veil (R. G.)	GZ	205
Versailles (Quai de)	GY	
Viarme (Pl.)	FY	
Victor-Hugo (Bd)	GZ	208
50-Otages (Crs des)	GYZ	210

Pontchâteau
Campbon
Bouvron
Fay-de-Bretagne
Héric
La Chapelle-Launay
Savenay
Malville
N.D. des Landes
Grandchamps des-Fontaines
Casson
Donges
Le Temple-de-Bretagne
Vigneux-de-Bretagne
Treillières
Sucé-s-Erdre
Bouée
Lavau-s-Loire
Paimbœuf
Cordemais
St Étienne-de-Montluc
La Chapelle-s-Erdre
LOIRE
St Viaud
Frossay
Sautron
Orvault
NANTES
Couëron
St Herblain
St Père-en-Retz
Vue
Rouans
Le Pellerin
Basse-Indre
Rezé
La Montagne
Bouguenais
Chauvé
Forêt de Princé
Cheix-en-Retz
Brains
Bouaye
Port-St Père
Chéméré
Arthon-en-Retz
St Léger-les-Vignes
St Aignan-Grandlieu
Pont-St Martin
Le Clion-s-Mer
Canal de Haute Perche
St Hilaire-de-Chaléons
Ste Pazanne
St Mars-de-Coutais
Lac de Grand-Lieu
Passay
La Chevrolière
Les Moutiers
Prigny
Bourgneuf-en-Retz
St Lumine-de-Coutais
Geneston
St Cyr-en-Retz
Fresnay-en-Retz
St Même-le-Tenu
Forêt de Machecoul
St Philbert-de-Grand-Lieu
Machecoul
Marais de Machecoul
St Colomban
Bouin
Île de Bouin
St Philbert-de-Bouaine
Paulx
Corcoué-sur-Logne
Rocheservière
Bois-de-Céné
Beauvoir-s-Mer
Châteauneuf
St Étienne-de-Mer-Morte

NANTES
Nort-s-Erdre
les Touches
Mouzeil
Teillé
Maumusson
Pouillé-les-Côteaux
Ligné
Mésanger
la Roche-Blanche
Petit-Mars
Couffé
Ancenis
St Herblon
Anetz
Grandchamps-des-Fontaines
St Mars-du-Désert
St Géréon
Oudon
Sucé-s-Erdre
Casson
Champtoceaux
Drain
Liré
Bouzillé
la Chapelle-s-Erdre
Carquefou
Mauves-s-L.
le Cellier
la Varenne
Orvault
Thouaré-s-L.
la Chapelle-Basse-Mer
Barbechat
St Laurent-des-Autels
le Fuilet
St Sauveur-de-Landemont
Landemont
Montrevault
Ste Luce-s-Loire
St Julien-de-Concelles
le Loroux-Bottereau
St Christophe-la-Couperie
Basse-Goulaine
St Sébastien-s-Loire
la Boissière-du-Doré
le Puiset-Doré
Goulaine
le Landreau
Rezé
Vertou
la Chaussaire
la Regrippière
Gesté
la Chapelle-Heulin
Vallet
la Haie-Fouassière
St Fiacre-s-Maine
Mouzillon
Tillières
Villedieu-la-Blouère
les Sorinières
Pont-St Martin
Châteauthébaud
Monnières
le Pallet
Gorges
Clisson
St Germain-s-Moine
St Crespin-s-Moine
Montfaucon
le Bignon
Maisdon-s-Sèvre
Aigrefeuille-s-Maine
la Chevrolière
St Lumine-de-Clisson
Gétigné
Montigné-s-Moine
Roussay
Montbert
Geneston
Remouillé
St Hilaire-de-Clisson
Cugand
la Bernardière
Boussay
Torfou
St Colomban
St Philbert-de-Bouaine
St Hilaire-de-Loulay
la Bruffière
Tiffauges
Corcoué-sur-Logne
Vieillevigne
Montaigu
Treize-Septiers
les Landes-Genusson
Rocheservière
Boufféré
la Boissière-de-Montaigu
St Georges-de-Montaigu
St André-Treize-Voies

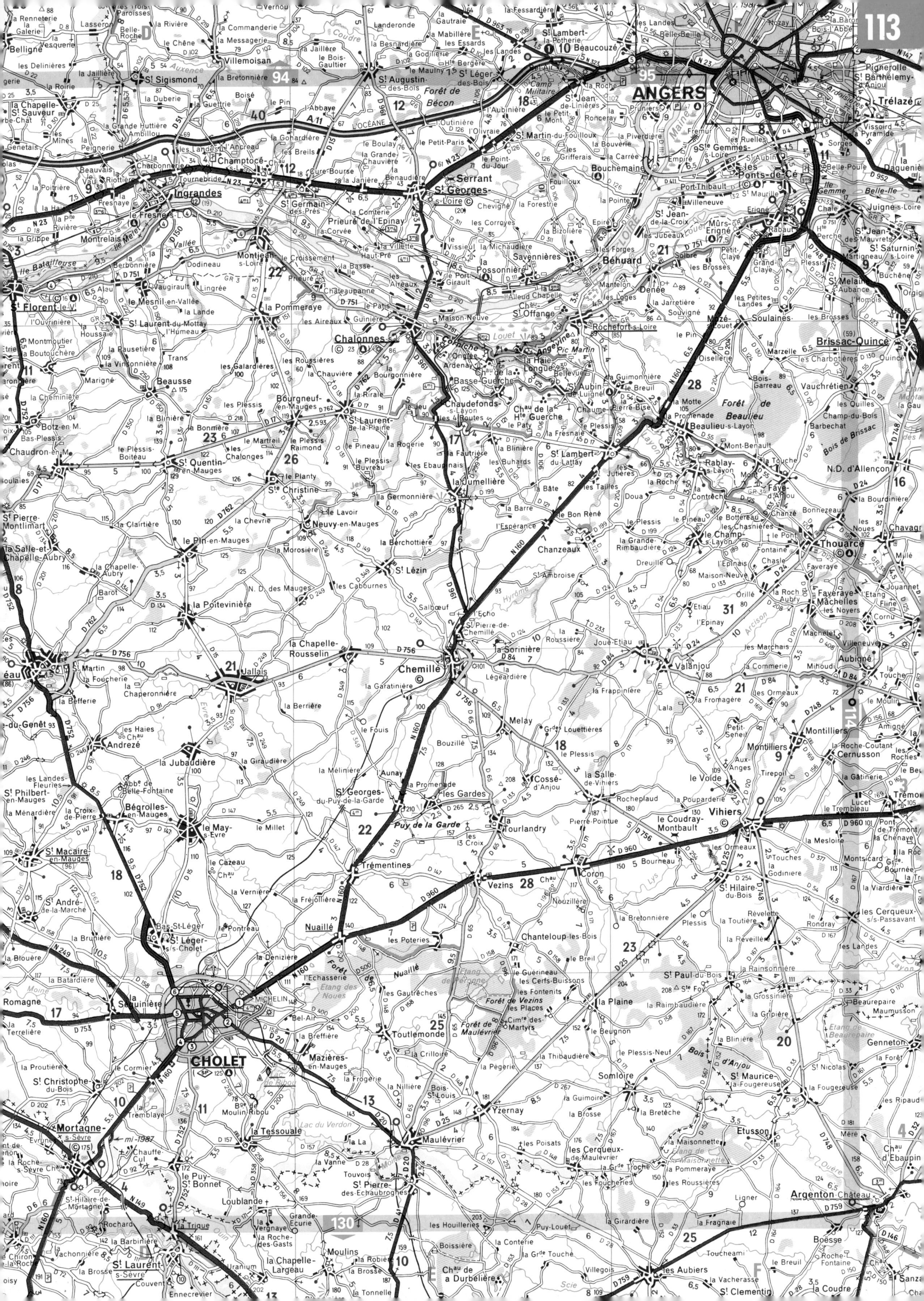
ANGERS
Trélazé
Beaucouzé
St Augustin-des-Bois
Forêt de Bécon
St Sigismond
Villemoisan
Champtocé
Ingrandes
St Georges-s-Loire
Serrant
Bouchemaine
les Ponts-de-Cé
St Gemmes-s-Loire
Savennières
Béhuard
Montjean-s-Loire
St Florent-le-V.
Chalonnes
Rochefort-s-Loire
Brissac-Quincé
Denée
Mûrs-Erigné
Juigné-s-Loire
St Saturnin-s-Loire
Chaudefonds-s-Layon
St Aubin-de-Luigné
Beaulieu-s-Layon
Forêt de Beaulieu
Vauchrétien
Rablay-s-Layon
St Lambert-du-Lattay
Faye-d'Anjou
Thouarcé
Le Champ-s-Layon
Chanzeaux
la Jumellière
Bourgneuf-en-Mauges
St Laurent-de-la-Plaine
St Quentin-en-Mauges
Ste Christine
Neuvy-en-Mauges
le Pin-en-Mauges
Beausse
la Pommeraye
St Laurent-du-Mottay
le Mesnil-en-Vallée
Botz-en-M.
Chaudron-en-M.
la Salle-et-Chapelle-Aubry
la Poitevinière
St Lézin
Jallais
Chemillé
Valanjou
Aubigné
Melay
Montilliers
Cernusson
Vihiers
Coron
Vezins
Trémentines
St Georges-du-Puy-de-la-Garde
Puy de la Garde
la Tourlandry
les Gardes
Cossé-d'Anjou
la Salle-de-Vihiers
le Coudray-Montbault
St Hilaire-du-Bois
Nuaillé
Forêt de Nuaillé
Chanteloup-les-Bois
CHOLET
St Léger-s-Cholet
Bégrolles-en-Mauges
le May-s-Evre
St Macaire-en-Mauges
Andrezé
la Jubaudière
St André-de-la-Marche
la Séguinière
Toutlemonde
Mazières-en-Mauges
Forêt de Vezins
Forêt de Maulévrier
la Plaine
Somloire
St Paul-du-Bois
Bois d'Anjou
St Maurice-la-Fougereuse
Yzernay
Maulévrier
la Tessoualle
Mortagne-s-Sèvre
St Christophe-du-Bois
le Puy-St Bonnet
Loublande
St Pierre-des-Echaubrognes
Etusson
Argenton-Château
les Aubiers
St Laurent-s-Sèvre
Moulins
la Chapelle-Largeau
Genneton
94
95
130
114

A B 95 96

Pignerolle St Barthélemy-d'Anjou Trélazé Vissoird la Pyramide Andard Brain-s-l'Authion Corné Quiquère Monceau Coutardière Aigrefouin la Crétaudière Dandinière Bauné la Touche le Point-du-Jour Montgeoffroy Grollay Patis-de-la-Noue les Rendus Rue-Bonnet Mazé Gée Fontaine-Guérin Bois-Brou Vilguenais Chartrené la Grafinière Cuon le Brené Chandelais le Guédéniau le Boulay les Guiottières la Lande-Chasles Vendanger Mouliherne Linières-Bouton la Calvinière

le Gué-de-Mazé le Méteil Moulines Beaufort-en-Vallée la Mottaye la Rue-du-Bois Chavigne Brion Évêquerie la Croix-de-Bois-Maudet la Cr. Péan les Hayes Jumelles Tesseul Forêt de Monnaie l'Oisellerie le Carrefour Forêt de Pontménard

la Daguenière Bohalle le Carrefour le Coureau Belle-Ile l. Mézangeon l. de Blaison Loire St Mathurin-s-L. Juigné-s-Loire le Defrou St Sulpice Gohier Blaison St Rémy-la-Varenne St Jean-des-Mauvrets St Saturnin-s-Loire Chauvigné le Pt Cotillon la Ménitré Port-St Maur les Ilettes le Bois-Brainson Bourdion Abbe de St Maur le Bourgneuf le Thoureil Montsabert la Gaignardière Bouguère Buchêne Orgigné le Haguineau la St Frère Coutures la Lussière Porteaux Roseray Patis-de-la-Mottais la Rue-du-Lattay Tonnelièvre Embranchard Grange-Marie les Déboires St Philbert-du-Peuple le Bois-de-Boulogne Vernantes Longué les Fauvelières le Clairay les Moncotiers la Curée Lathan

Charcé Quincé Raindron Montaigu Ellier-s-A. la Genaudière Cumeray Besse le Sale Village St Georges-des-7-Voies le Prieuré St Pierre-en-Vaux Bouchet les Caves Pt Cunault Gennes Cunault Chemellier Collière Longueville les Bauchais les Alleuds Grézillé Pimpéan le Sablon la Genevraie Sarre la Ronde les Brosses le Grolay Aligny la Dronière la Cour d'Avort Couesne Trèves-Cunault Prieuré Chênehutte-les-Tuffeaux les Rosiers les Liards les Sablons les Champs-Girard la Piotrie le Pt Port le Beau Buisson le Pel Croix-des-Granges St Clément-des-Levées le Gué-de-Fresne les Patures St Martin-de-la-Place la Gibardaye le Gué-d'Arcy Boumois Modtais les Souvenets Blou Mesanger le Doreur Baraudière la Petite-Breille l'Oucheraie Neuillé Coutures les Trois-Quartiers Salvert la Buffaie Lac des Hautes Belles la Blotière la Breille-les-Pins Vivy le Gué-de-Louet la Vende la Malgagne Nazé le Bellay les Caves Recouvrance Brain-s-Allonnes Jalesnes Beaucornu Vernoil

Saulgé-l'Hôpital Louerre le Vau Forêt de Milly le Chêne-Rond les Roches Milly Luigné la Guéreterie Bourdinière Bas-de-Luigné St Calais Chavagnes la Buffeaumoine Noyant-la-Plaine la Chalerie la Feranderie Sauné Linière Ambillou-Ch. Bois de Dénezé Pompierre la Mimerolle Launay la Croix la Hodxaie le Poitrineau Menives la Tour Villemolle Clermont la Bonardrie Beaucheron Virolay Verrie Fougerolle Camp militaire St Hilaire-St Florent St Lambert-des-Levées la Croix-de-la-Voulte les Roches le Fleuret la Thibaudière le Pré la Godinière la Coutancière Allonnes Bonneveau Russe Sousigné la Villaine Treillebois Gresille Brigné Villeneuve la Rue Saugré Crue Orfausse SAUMUR la Cousinière Moutaie Launay Beauvoyer Port-Graton Marais les Prés le Pt Brelier Villebernier Beaulieu Bourg-Neuf Rue Neuve la Motte la Touche Varennes-s-Loire Gaure Herse l'Ilette le Bordon

Martigné-Briand Malignë Hilay Louresse le Mouceau Dénezé-s-Doué Chavais la Tremblaye Rochemenier Rou-Marson Marson Bagneux Bournant Poce Nantilly Dampierre-s-L. Souzay-Champigny Parnay Turquant Montsoreau Bois-Aireau la Raguenière Maurepart Launay la Fosse le P. de Varenne Meigné la Motelle la Rue le Mousseau Distré Varrains Chaintré les Fourneaux Tigné Jambe-Sèche St Georges-s-Layon Forges la Bretaudière les Ulmes la Rousselière Igné Chétigné Munet Chacé Artannes-s-Thouet Rocheville Champigny St Cyr-en-Bourg Candes-St Martin Châtelaison Soulanger Moulin-Méan Doué-la-Fontaine Lande-Elevée Montfort Prieuré Courchamps le Coudray-Macouard la Motte Saumoussay la Herpinière Forêt de Fontevraud St Germain-s-Vienne Fontevraud-l'Abbaye

la Fosse-de-Tigné Méa Tancoigné les Rochettes Bois-de-Mains Concourson-s-Layon Savonnière la Chapelle Douces Cizay-la-Madeleine Laleu Chozé Fosse-Bellay Bron Mollay St Just-s-Dive Brézé les Belles-Caves Grd Fond Camp militaire Trémont Lune-de-Vaillé Cossé l'Aveau les Mousseaux Baugé Brossay Abbe d'Asnières Forêt de Cizay le Ruau Lançon Bizay Pas-de-Loup Couziers Pont-de-Trémont la Chenaye Vaillé-Rochereau la Pacaudière Beauvais le Baloir les Verchers-s-Layon Messemé Champagne la Madeleine Coux la Salle la Treille Bois de Brézé la Rigauderie la Tourette Echuilly Oiré Vaudelnay Chanteloup St Hilaire-le-Doyen Chaumont Balloire Méron Meigné Epieds Saix la Roche-Mortéac Cusay la Brosse la Trotinière la Lande Argentay les Caves la Raye Nueil-s-Layon Preuil les Bouchettes l'Humeau-de-Bray St Macaire-du-Bois le Puy-Notre-Dame Lenay Montreuil-Bellay Roiffé

les Cerqueux-s/s-Passavant Passavant-s-Layon Brossay la Grise Forêt de Brignon Chambernou Foye Chavannes Sanziers la Charpenterie les Egeons la Gouvinière Glandes Cléré-s-Layon la Coudraie l'Ebaupinaie Basses-Rues les Peaux Ferrières Bréchanteau Panreux Trézé les Dormans Raslay la Motte-Bourbon Pontignou Rabaté les Landes Bois de la Motte la Croix-de-Chaume les Rivières Pierre-Folle (Allée couverte) B. de Chalmont la Motte-Chandeniers la Gachère les Loges Jarles les Landes la Clavière Passais Lernay Coulon Antoigné Bournand Beaurepaire Maumusson St Pierre-à-Champ Bouillé-Loretz les Places Bagneux St Martin-de-Sanzay Sanzay Ambignon Pouançay la Roche-Montbrillais Patte-d'Oie Montfray les Trois-Moutiers Auton Genneton Étang de Maumusson Vraire le Terra Vilgué Argenton-l'Église le Luc Baugé Varanne St Cyr-la-Lande Pouant H. Nueil Berrie St Léger-de-Montbrillais Lantrais Vaon le Passoir Verrière la Boule-d'Or Epennes Cersay la Guillotière Bouillé St Paul le Colombier Fronteau la Roche Gatevinière Etambé Prailles Brion-près-Thouet Tourtenay Savoye Mont-Forton Ternay Monjaugin Bernazay Grande-Fête la Roche-Vernaise les Vaux-Ste Marie Bois de Fête Chau du Bois-Gourmand Véniers

les Ripaudières Ulcot Piedroy la Brousse le Preuil Mienne Gouraudière les Vernelles Blanchard Champigny la Gosselinière Pompois Vitray Mage Férolles Mayé Chavigny Tillé été 1987 St Martin-de-Mâcon Donjon Curçay-s-Dive Panthenay Niré-le-Dolent Buè Loudun Chau d'Ebaupinaye Audefois Massais Soulbrois la Capinière Ste Verge Belleville Louzy Meulle Chenne St Léger-de-Montbrun le Bouchet Daymé Bourg-Neuf Ranton Glénouze Insay Mandé Germier Baussay le Breuil-s/s-Argenton Grifferus Bernard Vibreuil Villiers Ligron Vrines Thouars Launay Rigny Limon Preuilly la Bâtie Lassay Nérieaux Niré-les-Landes Preugné Argenton-Château Richard la Sorinière Mauzé-Thouarsais Ste Radegonde Puyraveau Vrère Beauvais Bonne Dame de Ranton St Laon Mouterre-Silly Mazault Nouzilly Migaudon la Cailletière les Chagneries St Jacques-de-Thouars St Jean-de-Thouars Cascade Orbé Dorel Chambre Cirque de Missé St Léonard Parc d'Oiron Laire Pas-de-Jeu le Puits d'Arçay Arçay Chasseigne Silly Seugné Chalais Sanzay Moutiers-s-Argenton Fontenay

A B 131

Semblançay
St Antoine-du-Rocher
Cerelles
Channay-s-Lathan
Courcelles-de-Touraine
Lande de Bréviande
Bois de la Motte
Charentilly
Rillé
Ambillou
Bois d'Ambillou
Mettray
Savigné-s-Lathan
Pernay
St Roch
Parçay-les-Pins
Hommes
Cléré-les-Pins
Bois de Tivoli
La Membrolle-s-Choisille
TOURS
St Symphorien-les-Ponceaux
Avrillé-les-Ponceaux
Gizeux
Courléon
Continvoir
Fondettes
St Cyr
Luynes
La Riche
Bois de Crémille
Mazières-de-Touraine
St Étienne-de-Chigny
St Genouph
Joué
Cinq-Mars-la-Pile
Ballan-Miré
Savonnières
Landes de St Martin
Langeais
Villandry
Bois de Langeais
Vallères
Druye
St Michel-s-Loire
Benais
Forêt de Rochecotte
St Patrice
Bréhémont
Lignières-de-Touraine
Montbazon
Artannes-s-Indre
Ingrandes-de-Touraine
Restigné
Rivarennes
Azay-le-Rideau
Forêt de Villandry
Cheillé
Rigny-Ussé
Ussé
La Chapelle-s-Loire
Huismes
Forêt de Chinon
Saché
Thilouze
Sorigny
Avoine
Beaumont-en-Véron
St Benoît-la-Forêt
Villaines-les-Rochers
Landes du Ruchard
Camp militaire du Ruchard
Chinon
Villeperdue
Ste Catherine-de-Fierbois
Neuil
Cravant-les-Coteaux
Crissay-s-Manse
Avon-les-Roches
Rivière
Anché
Panzoult
Sazilly
St Epain
Seuilly
La Roche-Clermault
Le Coudray-Montpensier
L'Île-Bouchard
Crouzilles
Trogues
Noyant-de-Touraine
Ste Maure-de-Touraine
Marçay
Ligré
Rivau
Brizay
Theneuil
Parçay-s-Vienne
Pouzay
Lémeré
Assay
Champigny-s-Veude
Chezelles
Sepmes
Maillé
Rilly-s-Vienne
Nouâtre
Bournan
Bagneux
Draché
La Tour-St Gelin
Chaveignes
Verneuil-le-Chau
Marcilly-s-Vienne
Ceaux-en-Loudun
Marcé-s-Esves
Courcoué
Richelieu
Luzé
Ports
La Celle-St Avant
Bois-Aubry
Port-de-Piles
Braye-s/s-Faye
Braslou
Nueil-s/s-Faye
Marigny-Marmande
Razines
La Roche-Rigault
Antogny
Descartes
Faye

TOURS
Amboise
Loches
Chenonceaux
Bléré
Cormery
Montbazon
Ligueil
Descartes
Ste Maure de-Touraine
St Cyr
Joué
St Avertin
St Pierre des-Corps
Chambray
Vouvray
Vernou-s-Brenne
Rochecorbon
Montlouis-s-L.
Véretz
Esvres
Truyes
Reignac-s-Indre
Azay-s-Indre
Chambourg-s-Indre
Beaulieu-lès-Loches
Perrusson
St Jean-St Germain
Genillé
Francueil
Chissay-en-Touraine
Montrichard
Civray-de-Touraine
Chisseaux
Sublaines
Cigogné
Chédigny
St Quentin-s-Indrois
Luzillé
Épeigné-les-Bois
Montpoupon
le Liège
Chemillé-s-Indrois
Sennevières
St Hippolyte
Bridoré
Verneuil-s-Indre
St Senoch
Varennes
Ciran
Esves-le-Moutier
Mouzay
Vou
Dolus-le-Sec
Tauxigny
St Bauld
Manthelan
Louans
St Branchs
Sorigny
Veigné
Monts
Ste Catherine-de-Fierbois
Sepmes
Bossée
Grillemont
Bournan
Bagneux
Draché
Cussay
Marcé-s-Esves
la Celle-St Avant
Neuilly-le-Brignon
Paulmy
Ferrière-Larçon
Betz-le-Château
Nazelles-Négron
Pocé-s-Cisse
Limeray
Cangey
Veuves
Monteaux
Mosnes
Rilly-s-Loire
Souvigny-de-Touraine
St Règle
Lussault-s-Loire
St Martin-le-Beau
Athée-s-C.
Leugny
Azay-s-Cher
Larçay
Chançay
Reugny
Noizay
Parçay-Meslay
Monnaie
Mettray
Chanceaux-s-Choisille
Fondettes
la Membrolle-s-Choisille
FORÊT D'AMBOISE
FORÊT DE LOCHES
Pagode de Chanteloup
Bois de Verneuil
A10
N10
N76
N143
N152
D31
D760

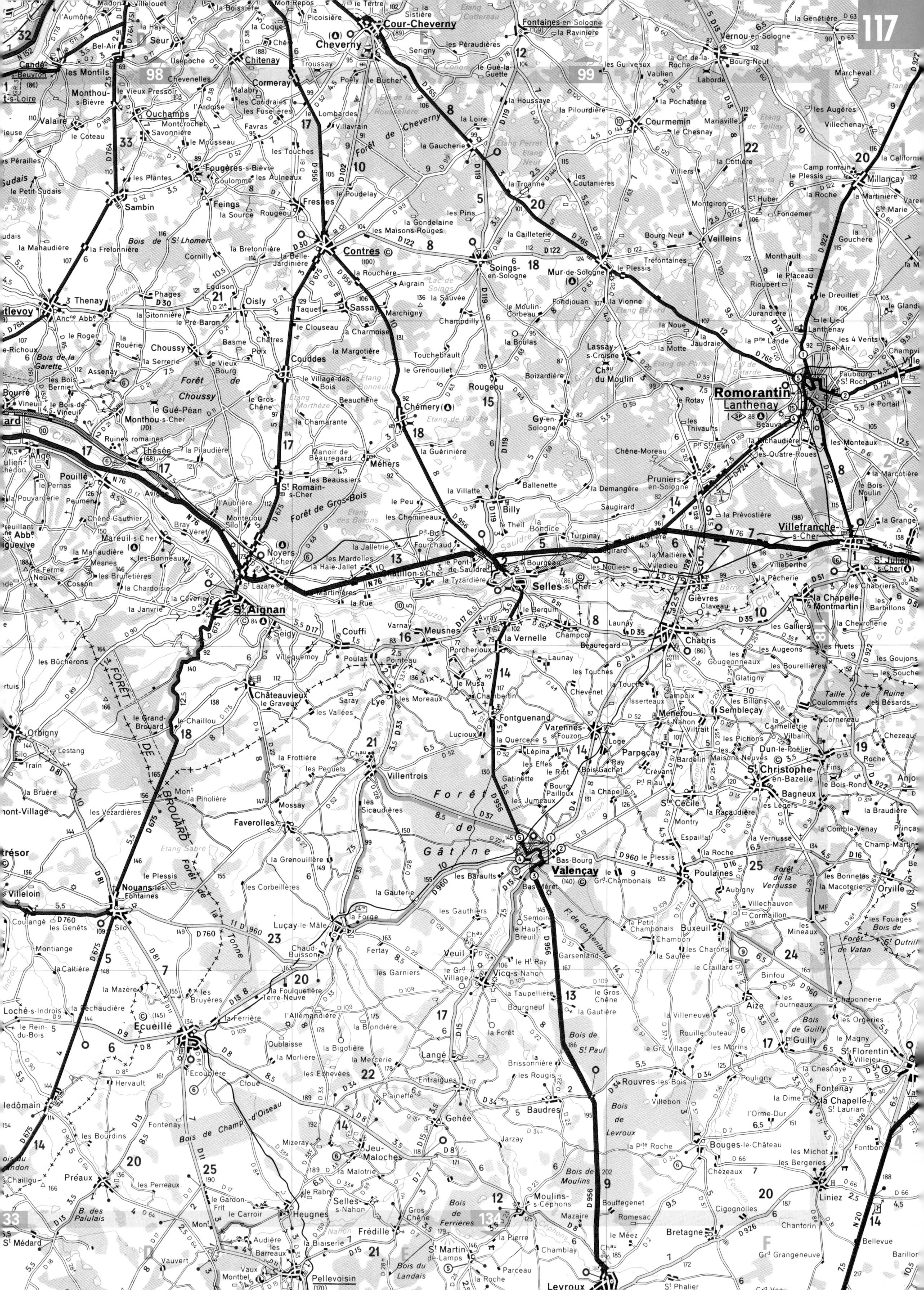
Cour-Cheverny
Cheverny
Fontaines-en-Sologne
Vernou-en-Sologne
Chitenay
Seur
Cormeray
Ouchamps
Fougères-s-Bièvre
Forêt de Cheverny
Courmemin
Millançay
Sambin
Feings
Fresnes
Contres
Soings-en-Sologne
Mur-de-Sologne
Veilleins
Thenay
Oisly
Sassay
Couddes
Choussy
Forêt de Choussy
Chémery
Rougeou
Lassay-s-Croisne
Romorantin-Lanthenay
Monthou-s-Cher
Gy-en-Sologne
Thésée
Pouillé
St Romain-s-Cher
Forêt de Gros-Bois
Méhers
Billy
Pruniers-en-Sologne
Villefranche-s-Cher
Noyers-s-Cher
Châtillon-s-Cher
Selles-s-Cher
Gièvres
St Julien-s-Cher
St Aignan
Couffi
Meusnes
la Vernelle
Chabris
La Chapelle-Montmartin
Châteauvieux
Lye
Fontguenand
Varennes-s-Fouzon
Menetou-s-Nahon
Sembleçay
Orbigny
Villentrois
Parpeçay
St Christophe-en-Bazelle
Forêt de Gâtine
Faverolles
Valençay
Poulaines
Nouans-les-Fontaines
Luçay-le-Mâle
Veuil
Vicq-s-Nahon
Buxeuil
Écueillé
Loché-s-Indrois
Langé
Rouvres-les-Bois
Guilly
St Florentin
Baudres
Gehée
Jeu-Maloches
Préaux
Bouges-le-Château
Liniez
Heugnes
Selles-s-Nahon
Moulins-s-Céphons
Frédille
St Martin-de-Lamps
Bretagne
Pellevoisin
Levroux
St Médard
N 76
D 956
D 675
D 922
D 760
D 960

A
B
C
99
134
135
117
Pierrefitte-s-Sauldre
Souesmes
Salbris
Ménétréol-s-Sauldre
Ste Montaine
Marcilly-en-Gault
Millançay
Selles-St Denis
la Ferté-Imbault
St Viâtre
Villeherviers
Romorantin-Lanthenay
Loreux
Forêt de Bruadan
Nançay
Neuvy-s-Barangeon
Theillay
Orçay
FORÊT DE VIERZON
Forêt de Vouzeron
Vouzeron
Mennetou-s-Cher
St Julien-s-Cher
Châtres-s-Cher
Thénioux
St Loup
Langon
Maray
Méry-s-Cher
Vierzon
St Georges-s-la-Prée
St Hilaire-de-Court
Vierzon-Forges
Vignoux-s-Barangeon
Allogny
Mehun-s-Yèvre
Foëcy
Allouis
Genouilly
Graçay
St Outrille
Dampierre-en-Graçay
Massay
Méreau
Lury-s-Arnon
Quincy
Preuilly
Berry-Bouy
Marmagne
St Florentin
Vatan
Reuilly
Lazenay
Limeux
Ste Thorette
La Chapelle-St Ursin
Giroux
Paudy
Diou
Ménétréols s/s-Vatan
Ste Lizaigne
Poisieux
Plou
Villeneuve-s-Cher
St Georges-s-Arnon
Chârost
St Florent-s-Cher
Lizeray
les Bordes
Station de radioastronomie
Bois de Font-Moreau
Ancienne voie romaine
A71
N20
N76
D922

Aubigny-s-Nère
Concressault
Barlieu
Pierrefitte-ès-Bois
Santranges
Belleville-s-Loire
Oizon
Dampierre-en-Crot
Vailly-s-Sauldre
Sury-ès-Bois
Sury-près-Léré
Léré
Ennordres
Villegenon
Thou
Assigny
Savigny-en-Sancerre
Cosne
la Verrerie
Forêt d'Ivoy
Subligny
Jars
le Noyer
Bannay
la Chapelle-d'Angillon
Ivoy-le-Pré
la Chapelotte
Boucard
Menetou-Râtel
Sury-en-Vaux
St Satur
Sancerre
St Thibault
Tracy
Henrichemont
Neuilly-en-Sancerre
Crézancy-en-Sancerre
Ménétréol
Thauvenay
Méry-ès-Bois
Achères
St Palais
Neuvy-Deux-Clochers
Vinon
Gardefort
Courgues
St Bouize
Humbligny
Veaugues
Morogues
Montigny
Jalognes
Menetou-Salon
Parassy
Aubinges
St Céols
Quantilly
Feux
St Martin-d'Auxigny
Groises
Vignoux-s/s-les-Aix
Soulangis
les Aix-d'Angillon
Rians
Azy
Lugny-Champagne
St Georges-s-Moulon
Étréchy
Vasselay
St Michel-de-Volangis
St Martin
Sancergues
Charentonnay
Fussy
Ste Solange
Brécy
Chaumoux-Marcilly
Sévry
Couy
Asnières
St Germain-du-Puy
Villabon
Baugy
Précy
BOURGES
Moulins-s-Yèvre
Osmoy
Farges-en-Septaine
Garigny
Villequiers
Savigny-en-Septaine
Camp d'Avord
Saligny-le-Vif
Chassy
Mornay-Berry
Menetou-Couture
St Hilaire-de-Gondilly
Avord
Soye-en-Septaine
Crosses
Bengy-s-Craon
Plaimpied-Givaudins
Jussy-Champagne
Nérondes
LOIRE

101
102
119
136
137
Cosne-s-Loire
Myennes
Sury-près-Léré
la Celle-s-Loire
St Père
Moulin l'Évêque
St Loup
Alligny-Cosne
St Vérain
Bitry
Dampierre-s-Bouhy
Bouhy
Sainpuits
Etais-la-Sauvin
Billy-s-Oisy
Entrains-s-Nohain
Forêt des Courgeonneries
Forêt des Dames
Ciez
Menestreau
Couloutre
Perroy
Pougny
St Martin-s-Nohain
Donzy-le-Pré
Donzy
Forêt de Donzy
St Quentin-s-Nohain
St Laurent
Suilly-la-Tour
Menou
Varzy
Oudan
Colméry
Cessy-les-Bois
St Malo-en-Donziois
Ste Colombe
Forêt de Bellary
Châteauneuf-Val-de-Bargis
Champlemy
Forêt de Charnouveau
Corvol-d'Embernard
Chazeuil
Arthel
Arzembouy
Giry
Butte de Montenoison
Montenoison
St Andelain
Tracy-s-Loire
Pouilly-s-Loire
Couargues
St Bouize
Garchy
Vielmanay
Nannay
Arbourse
Chasnay
Dompierre-s-Nièvre
St Bonnot
Forêt de Bouhy
Forêt de Ronceaux
Bulcy
Narcy
Mesves-s-Loire
Varennes-lès-Narcy
Herry
Murlin
Beaumont-la-Ferrière
Forêt de Prémery
Les Grands Bois
Prémery
Lurcy-le-Bourg
la Chapelle-Montlinard
la Charité-s-Loire
Sancergues
St Martin-des-Champs
Raveau
Forêt des Bertranges
la Marche
Champvoux
Chaulgnes
Sichamps
St Aubin-les-Forges
Poiseux
Forêt de Poiseux
Forêt de Guérigny
Guérigny
Urzy
Nolay
St Benin-des-Bois
Bois de Mauboux
Jussy-le-Chaudrier
Précy
Argenvières
St Léger-le-Petit
Tronsanges
Beffes
Germigny-s-Loire
Garigny
Pougues-les-Eaux
Marseilles-lès-Aubigny
Jouet-s-l'Aubois
Menetou-Couture
St Hilaire-de-Gondilly
Garchizy
Fourchambault
Torteron
Cours-les-Barres
Varennes-Vauzelles
St Martin-d'Heuille
Montigny-aux-Amognes
Ourouër
St Sulpice
St Firmin
Bona
Coulanges
St Jean-aux-Amognes
St Benin-d'Azy
Marzy
NEVERS
Bois de Sauvigny

Avallon
Vézelay
Asquins
St Père
Pontaubert
Chamoux
Domecy
Pierre-Perthuis
Quarré-les-Tombes
St Germain-des-Champs
Chastellux
St André-en-Morvan
Bazoches
Tannay
St Didier
Monceaux-le-Comte
Lormes
Brinon-s-Beuvron
Corbigny
Chitry-les-Mines
Cervon
Vauclaix
Brassy
Gâcogne
Montsauche
Dun-les-Places
Ouroux-en-Morvan
Mhère
Forêt de Montreuillon
Montreuillon
Sardy-les-Epiry
Epiry
Bgᵉ de Pannesière-Chaumard
Montigny-en-Morvan
Achun
Aunay-en-Bazois
Bazolles
St Saulge
Châtillon-en-Bazois
Château-Chinon
Dommartin
Arleuf
Moulins-Engilbert
Rouy
Frasnay-Reugny
PARC RÉGIONAL DU MORVAN

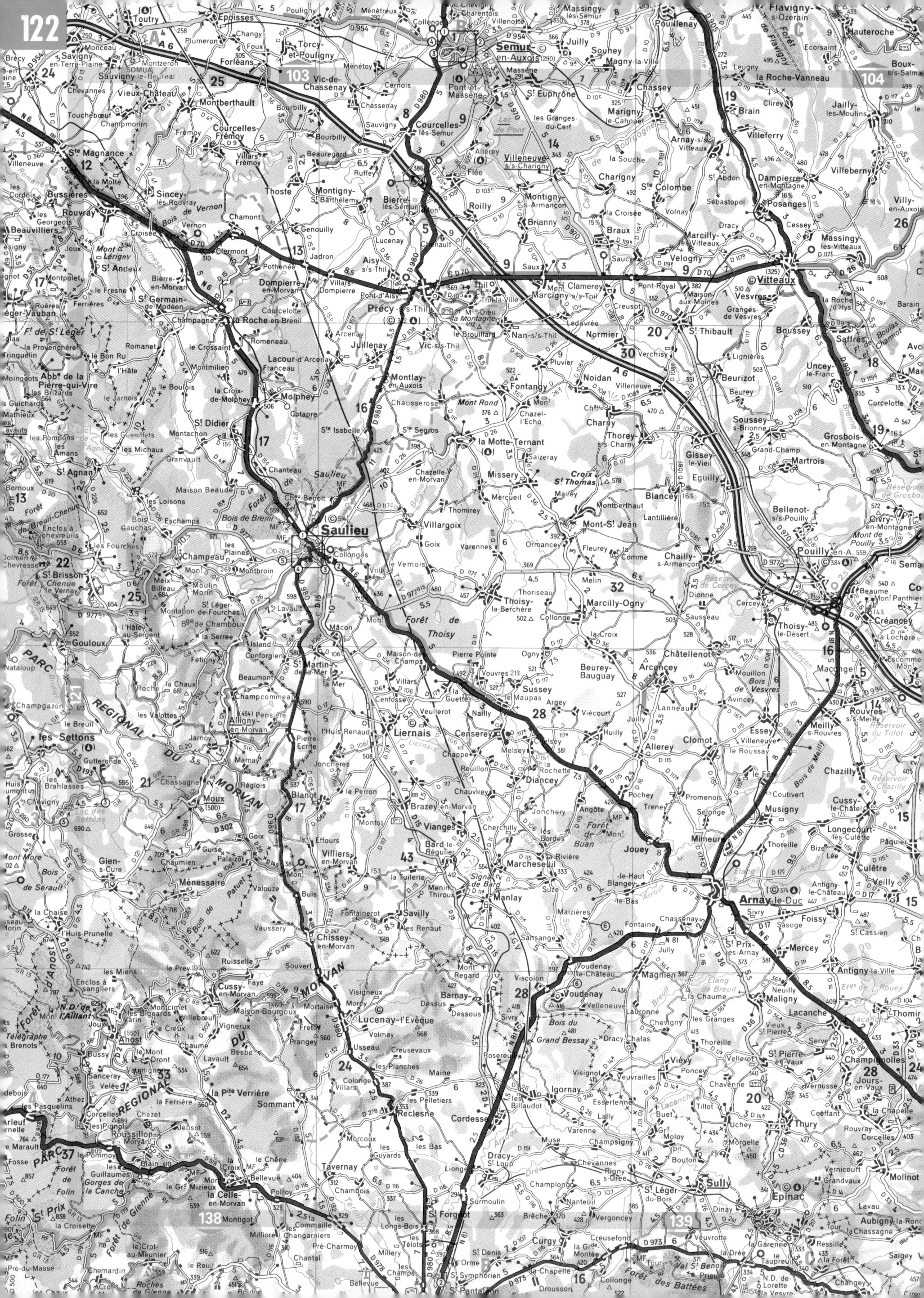

Toutry Epoisses Pouligny Ménétreux Charentois Massingy-lès-Semur Pouillenay Flavigny-s-Ozerain Hauteroche
Savigny-en-Terre-Plaine Monceau Plumeron Changy Foux Torcy-et-Pouligny Collonge Villenotte Semur-en-Auxois Juilly Souhey Magny-la-Ville Forêt de Flavigny Ecorsaint
Brécy Sauvigny-le-Beuréal Montzeron Forléans Ménétoy Massène Leugny la Roche-Vanneau Boux-s/s-Salmaise
103 104
Chevannes Vieux-Château Vic-de-Chassenay Cernois Pont-et-Massène St Euphrône Chassey Brain Jailly-les-Moulins
Montberthault Chassenay Marigny-le-Cahouet Clirey
Toucheboeuf Champmorlin Bourbilly Sauvigny Courcelles-lès-Semur Lac de Pont les Granges-du-Cerf Arnay-s/s-Vitteaux Villeferry
Courcelles-Frémoy Frémoy Bourbilly Allerey Villeneuve-s/s-Charigny la Souche Canal de Bourgogne
Ste Magnance Villars-Frémoy Beauregard Ruffey Flée Dampierre-en-Montagne Villeberny
Villeneuve la Motte Sincey-lès-Rouvray Thoste Montigny-St Barthélemy Bierre-lès-Semur Roilly Montigny-s-Armançon Charigny Ste Colombe St Abdon Sébastopol Posanges Villy-en-Auxois
les Cordois Bussières Rouvray Bois de Vernon Vernon Chamont Genouilly Brianny la Croisée Volnay Braux Cessey
les Georgeots Beauvilliers la Croisée Clermont Jadron Lucenay Chenault Marcilly-lès-Vitteaux Dracy Massingy-lès-Vitteaux
Joux Mont de Lérigny St Andeux Pothenée Aisy-s/s-Thil Saux Saucy Velogny
Montpolet Bierre-en-Morvan Dompierre-en-Morvan Villars-Dompierre Thil Clamerey Marcigny-s/s-Thil Pont-Royal Vitteaux Vesvres
le Fresne St Germain-de-Modéon Pont-d'Aisy Précy-s/s-Thil Mon-Dieu la Montagne Thil-la-Ville Creusot Maison-aux-Moines Granges-de-Vesvres la Roche-d'Hys Barain
Ferrières Ruères Léger-Vauban Courcelotte Champagne la Roche-en-Brenil le Brouillard Nan-s/s-Thil Normier St Thibault Boussey Saffres Forêt de Boulas et Charmoy
F. de St Léger la Provenchère Romanet Romeneau Arcenay Vic-s/s-Thil Ledavrée Verchisy Lignières
Moingeots le Bon Ru le Crossaint Lacour-d'Arcenay Juillenay Pluvier Noidan Beurizot Uncey-le-Franc
Abbe de la Pierre-qui-Vire l'Hâte Montmilien Francenay Fontangy Villeneuve Beurey Corcelotte
les Brizards le Jarnois le Boulois la Croix-de-Molphey Molphey Montlay-en-Auxois Mont Rond Chazel-l'Echo Charny Soussey-s-Brionne Grosbois-en-Montagne
Guichards Mathieux Avauts Lac de St Agnan St Didier Montachon Cotapre Chausserose Ste Isabelle Ste Segros la Motte-Ternant Thorey-s/s-Charny Grand-Champ Martrois
les Pompons les Amans les Gueniffets les Michaux Granvault Saizeray Gissey-le-Vieil
St Agnan Chanteau Saulieu Chazelle-en-Morvan Missery Croix St Thomas Eguilly Réservoir de Grosbois
Bornoux Maison Beaude Forêt de Saulieu Mercueil Mairey Blancey
Forêt de Breuil-Chenue les Loisons Forêt Bois de Brenil Thomirey Montberthaut Lantillière Bellenot-s/s-Pouilly
Enclos à chevreuils Bois Gauchas Eschamps Villargoix Mont-St Jean Civry-en-Montagne
Dolmen Chevresse les Fourches Champeau les Plaines Collonges Goix Varennes Ormancey Fleurey Comme Chailly-s-Armançon Mont de Pouilly Pouilly-en-A.
St Brisson Forêt Chenue le Vernay Meix Billeau Montbroin Moulin Morin Vrilly le Vernois Thoriseau Melin Marcilly-Ogny Réservoir de Cercey Dionne Cercey Beaume Créancey
St Léger-de-Fourches Bge de Chamboux Montaison l'Hâteau-Sergent Lavault Thoisy-la-Berchère Collonge Sausseau Thoisy-le-Désert
Gouloux la Serre Mâcon Forêt de Thoisy Pierre Pointe la Croix Châtellenot Arconcey Mouillon Bois de Vesvres Macongne
Nataloup Parc Fétigny Island Conforgien St Martin-de-la-Mer Maison-des-Champs Vouvres Sussey le Maupas Beurey-Bauguay Avincey
Roche la Chaux Beaumont Villars Cenfosse la Guette Nailly Argey Viécourt Lanneau Rouvres-s/s-Meilly
Champgazon Regional les Valottes Champcommeau Pensière Alligny-en-Morvan Veullerot Liernais Censerey Melsey Huilly Allerey Clomot Essey Villeneuve le Roussay Meilly-s-Rouvres Réservoir du Tillot
le Breuil les Settons Jarnoy Pierre-Ecrite l'Huis Renaud Chappes Reuillon Cresley la Rochette Diancey
Gutteronde du Marnay Jonchères Chauvirey Pochey Treney Promenois le Foie Bois de Meilly Chazilly
les Brahlasses Chassagne Morvan Réglois Blanot le Perron Brazey-en-Morvan Jonchery Angôte Solonge Coutivert Réservoir de Chazilly
Chevigny Lac des Settons Moux Montot Vianges Cherchilly les Bordes Forêt de Buan Musigny Cussy-le-Châtel
Grosse Effours Bard-le-Régulier Mimeure Longecourt-lès-Culêtre
Mont More Bois de Sérault Gien-s-Cure Guise Palaizot Chaumien Villiers-en-Morvan la Tuilerie Marcheseuil la Rivière Jouey Thoreille Bize Lée Culêtre
Ménessaire Valouze Menin Thiroux Signal de Bard Manlay Suze le-Haut Blangey le-Bas Arnay-le-Duc Antigny-le-Château Veilly
la Chaise l'Huis-Prunelle Bois de Patuet Buis Fontainerot Savilly les Renaut Maizières Fontaine Chassenay Sivry Foissy Sasoge
Vaussery Chissey-en-Morvan Sansange St Prix-lès-Arnay St Cassien
Forêt d'Anost les Miens le Prey Ruisselle Souvert Morvan Mont-Regard Voudenay-le-Château Jully Magnien Mercey Antigny-la-Ville
Enclos à sangliers Cussy-en-Morvan Faye Barnay Dessus Viscolon Voudenay Etang de Breuil la Chaume Neuilly Maligny Ets de Rouvey
N.D. de l'Allant les Bigeards Montcimet Maison-Bourgoux Visigneux Morey Mortaise Lucenay-l'Evêque Dessous Sivry Velleneuve Lauronne les Granges Lacanche Thomir
Télégraphe Brenots Varin Villebœuf le Creux Vignerux Fretoy Prangey Volnay Bois du Grand Bessay Dracy-Chalas Chevigny Vieux St Pierre Serve
Anost le Mont Dront Chaume Lavault Besbe Usseau Creusevaux Rosereuil Thoreille Velleret St Pierre-en-Vaux Champignolles
Bussy Sanceray Velée Athez Regional la Pte Verrière les Planches Colonge Villars Maine Visignot Veuvrailles Viévy Poncey Jours-en-Vaux
Pasquelins Corcelles les Pignots la Ferrière Sommant Reclesne les Pelletiers les Billaudot Igornay Essertenne Chavenne Vernusse Coeffant la Chapelle
Chézet Roussillon-en-Morvan Jeusot Cordesse Lally la Varenne Buet Tillot Uchey Thury Rouvray Corcelles
Marault Fosse Parc Pommoy Forêt de Folin Blain Morcoux Muse Champsigny Grd Moloy Morgelle Vernicourt Molinot
Guillaumes Gorges de la Canche le Chêne les Guyards Tavernay Lionge Dracy-St Loup Chevannes Rigny-s-Dree Bouton Grandvaux
St Prix Folin la Croisette Forêt de Glenne le Grd Mizieux la Croix Bellevue la Celle-en-Morvan Polroy Chambois Surmoulin Champlong Nanteuil St Léger-du-Bois Sully Dinay Epinac Lavau
138 Montigot la Commaille Changarniers Milliore les Longs-Bois St Forgeot Brêche Vergoncey 139 Aubigny-la-Ronce la Chassagne
le Crot-au-Meunier Pré-Charmoy Millery les Télots Curgy la Grde Montée Creusefond Veuvrotte la Drée la Garenne le Taupreuil Ressille la Forêt Saigey
Pré-du-Masse Chemardin le Reuil Chantal les Champs St Denis l'Orme la Chapelle Tour Val St Benoît Prieuré N.D. de Lorette
Roches de Glenne Bellevue St Symphorien St Pantaléon Drousson Collonge Forêt des Battées Changey

123
DIJON
Beaune
Nuits-St Georges
Gevrey-Chambertin
Clos de Vougeot
Chenôve
Talant
Fontaine-lès-Dijon
Quetigny
Longvic
Chevigny-St Sauveur
Marsannay-la-Côte
St Seine-l'Abbaye
Val-Suzon
Sombernon
Pont-de-Pany
Velars-s-Ouche
Plombières-lès-Dijon
Forêt de Is-s-Tille
Forêt de Pasques
Forêt de Cîteaux
Forêt de Borne
Abbe de Cîteaux
Savigny-lès-Beaune
Aloxe-Corton
Meursault
Auxey-Duresses
Pommard
Volnay
Seurre
Pouilly-s-Saône
Aiserey
Genlis
Arc-s-Tille
Bligny-sur-Ouche
Châteauneuf
Fixin
Morey-St Denis
Chambolle-Musigny
Vosne-Romanée
Comblanchien
Corgoloin
Ladoix
Chorey
Levernois
Corberon
Labergement-lès-Seurre
Pagny-la-Ville
Pagny-le-Château
A 31
A 38
A 6
A 36
N 74
N 5
N 71
D 996
D 968
AUTOROUTE DU SOLEIL
104
105
124
139
140

Bèze
Licey-s-Vingeanne
Attricourt
Dampierre-et-Flée
Beaumont-s-Vingeanne
Lœuilley
Broye-les-Loups-et-Verfontaine
Bouhans
Nantilly
Arc-lès-Gray
Rigny
Gray
Gray-la-Ville
St Adrien
Battrans
Ancier
Sauvigney-lès-Gray
St Broing
Corneux
Nantouard
St Loup
Velesmes
Villefrancon
Forêt des Hauts-Bois
Echevanne
la Bergerette
Cresancey
Onay
Velloreille-lès-Choye
Choye
Noiron
Champtonnay
Gommeray
Cugney
Charcenne
Venère
Virey
Bonboillon
Tromarey
Avrigney
Chancevigney
Cult
Hugier
Marnay
Bay
Montagney
Sornay
Chenevrey
Burgille
Courchapon
Jallerange
Pagney
le Moutherot
Vitreux
Etrabonne
Rouffange
Romain
Mercey-le-Grand
Vigearde
Louvatange
le Pin
Mercey
Sermange
Auxange
Gendrey
Taxenne
Ougney
Malange
Évans
Dampierre
Châteauneuf
les Minerais
Monteplain
Ranchot
la Barre
Rans
Orchamps
Lavans-lès-Dole
Romange
Mont Rouge
Audelange
Eclans
Our
Etrepigney
Plumont
la Bretenière
Doulonne
Nenon
Rochefort-s-Nenon
Gros Buisson
Baraques-du-Cinq
Falletans
Baverans
Brevans
Azans
Dole
Foucherans
Damparis
Champvans
Samerey
Crissey
Choisey
les Baraques
Villette-lès-Dole
Forêt de Chaux
Grand Contour
la Motte
les Turots
la Vieille-Loye
Chatelay
Germigney
Santans
Chissey
Arc-et-Senans
Montbarrey
Belmont
la Loye
Augerans
Goux
Parcey
Gevry
Tavaux
Molay
Champdivers
l'As-de-Pique
Nevy-lès-Dole
Souvans
Bans
Vaudrey
Ounans
Ecleux
Chamblay
Clairvent
Villeneuve-d'Aval
Forêt de Chamblay
Forêt de Largançon
Rosière
Montmalin
St Cyr
Molamboz
la Ferté
Mont-s/s-Vaudrey
Bois de Villers-Robert
Villers-Robert
Pt Villers-Robert
Rahon
Forêt de Rahon
St Baraing
Chaussin
Balaiseaux
Serrotte
les Granges
le Deschaux
les Baraques
Seligney
Gatey
Bois de Longwy
Longwy-s-le-Doubs
Asnans
Hotelans
Petit-Noir
Annoire
Pourlans
Clux
Beauchemin
Moussières
Jousserot
Chemin
Peseux
la Borde
Bousselange
Villangrette
Lanthes
le Meix
Tichey
St Loup
Grosbois-lès-Tichey
Montagny-lès-Seurre
Bois de la Bauche
Franxault
Borde-Rouge
St Aubin
B. des Noues
Aumur
Bois du Recépage
Abergement-la-Ronce
Belvoie
Cité
Chaugey
Port-de-Pagny
Pagny-la-Ville
Pagny-le-Château
Tontenans
Borde-Martenne
Forêt de Pochon
Maison-Dieu
Losne
St Jean-de-Losne
St Symphorien-s-Saône
Esbarres
Magny-lès-Aubigny
St Usage
Echenon
St Seine-en-Bâche
Laperrière-s-Saône
St François
Bois de Mainoue
Brazey-en-Plaine
Montot
Mailly-la-Ville
Mailly-le-Port
les Maillys
Mailly-le-Château
le Gros Charme
Bois des Bas
Trouhans
Pont Hémery
la Moronge
Murgey
Pont
Champdôtre
Echigey
Tart-l'Abbaye
Tart-le-Bas
Tart-le-Haut
Marliens
Pluvault
Pluvet
Tréclun
Tillenay
Auxonne
Labergement-lès-Auxonne
Villers-Rotin
les 3 Maisons
Flagey-lès-Auxonne
Billey
Clos Simonin
la Bussière
Sampans
Monnières
Landon
Mont Roland
Jouhe
Biarne
Rainans
Archelange
Gredisans
Bellevue
Châtenois
Authume
Menotey
Amange
Bois Boucot
Chevigny
Sur la Chaux
Crochères
la Louvière
Champ de Tir
Moulin de la Bruyère
la Colombière
la Cour
Peintre
Moissey
Vriange
l'Abergement
Forêt de la Serre
Serre-les-Moulières
Saligney
Offlanges
Montmirey-la-Ville
Montmirey-le-Château
Frasne
Pointre
Brans
Champagnolot
la Tuilerie
Dammartin
Thervay
Marpain
Montrambert
Malans
Bresilley
Château Balançon
Mutigney
Champagney
Chassey
Nilleu
Cléry
Pesmes
Sauvigney-lès-Pesmes
les Forges
Bard-lès-Pesmes
Bois du Vaudenay
Abbé d'Acey
Motey-Besuche
Chaumercenne
la Résie-St Martin
Chancey
Ste Cécile
Chevigney
Aubigney
la Grde Résie
le Gros Bois
Valay
Lieucourt
Vadans
Arsans
Broye
Perrigny-s-l'Ognon
Heuilley-s-Saône
Maxilly-s-Saône
Montseugny
Talmay
Bois Charmois
Montmançon
St Sauveur
Pontailler-s-Saône
Vonges
St Léger
Lamarche-s-Saône
Vielverge
Soissons-s-Nacey
Poncey-lès-Athée
Athée
Flammerans
Lorrey
Pont de Pierre
Bois de la Feuillée
Villers-les-Pots
Soirans-Fouffrans
la Chapelle
Longeault
Collonges-lès-Premières
Premières
Bois de Mondragon
Magny-Montarlot
Montarlot
Forêt de Longchamp
Longchamp
Genlis
Beire-le-Fort
Huchey
Labergement-Foigney
Cessey-s-Tille
Chambeire
Izier
Tellecey
Forêt de St Léger
Cirey-lès-Pontailler
Pont Bourdin
Etevaux
l'Aiguillon-Nord
Vaux-s-Crône
Remilly-s-Tille
Bressey-s-Tille
Lamblin-Haut
Binges
Mazeroy
Drambon
Mitreuil
Trochères
Marandeuil
l'Etang-Mailly
Arc-s-Tille
Belleneuve
Savolles
Magny-St Médard
Cuiserey
Charmes
Bézouotte
Pont-Bernard
Arçon
Cheuge
Forêt de Mirebeau
Mirebeau
Tanay
Taniot
Beire-le-Châtel
Vesvrotte
Pt Beire
Fouchanges
Rente de l'Albane
Arceau
Arcelot
Vievigne
Noiron-s-Bèze
Fiélin
Rente de l'Ile
Chevigny
Blagny-s-Vingeanne
Champagne-s-Vingeanne
Pt Colonge
Grd Colonge
Oisilly
Renève-le-Château
Renève
Essertenne-et-Cecey
Jancigny
Forêt d'Autrey
Poyans
Mantoche
Velet
Apremont
Germigney
Montrichier
la Loge
Esmoulins
Champvans
le Tremblois
la Grange-des-Carmes
Passirey
Feurg
la Fontaine-à-l'Ane
Verfontaine
Flée
Bois du Mt Voitout
Rente de Dame Alix
Forêt de Velet
B. de la Tour
LA COMTOISE
105
106
140
141

Etrelles
Fresne-le-Château
Recologne-les-Rioz
Quenoche
Ruhans
Villers-Pater
Ormenans
Besnans
Servigny
Gouhelans
Mont-lès-Etrelles
Villers-Chemin
Villers-Bouton
Trésilley
les Fontenis
la Malachère
Aubertans
Loulans
Mondon
Morchamps
Romain
Vantoux
Velleclaire
Grachaux
Hauterive
les Roselieres
Rioz
Anthon
Dournon
Marloz
Beaumotte-lès-Montbozon
Cenans
Maussans
Montussaint
Puessans
Huanne
Mésandans
Bucey-lès-Gy
Oiselay-et-Grachaux
Cordonnet
Montarlot-lès-Rioz
Traitiéfontaine
les Neuves Granges
Blarians
Flagey-Rigney
Larians-et-Munans
Germondans
Battenans-les-Mines
Tallans
Trouvans
Rillans
Tournans
Vergranne
Gy
Bonnevent-Velloreille
Neuvelle-lès-Cromary
Chambornay-lès-Bellevaux
Cirey
Vandelans
Rigney
la Barre
Cendrey
Rougemontot
Verne
Voillans
St Maurice
Bois de Bucey
Bois du Chanois
Sorans
Forêt de Sorans
Rignosot
la Tour-de-Sçay
Luxiol
la Bretenière
Rochefort
Boult
Villers-le-Temple
Aulx-lès-Cromary
Valleroy
Thurey-le-Mont
Mont Bichoux
Val-de-Roulans
Fontenotte
Baume-les-Dames
Grands Bois
Montboillon
Chaux
Cromary
Palise
Moncey
Corcelle
Villers-Grélot
Autoreille
la Lotière
Perrouse
Lusans
Breconchaux
Grosbois
Gezier-et-Fontenelay
Etuz
Boulot
Voray-s-l'Ognon
Venise
Chaudefontaine
le Puy
l'Ecouvotte
Séchin
Courcuire
Chambornay-lès-Pin
Cussey-s-l'Ognon
Bussières
Buthiers
Bonnay
Vieilley
Champoux
Pouligney
St Hilaire
Esnans
Silley
Pont-les-Moulins
Pin
Sauvagney
Geneuille
Chevroz
Mérey-Vieilley
Châtillon-Guyotte
Vennans
Fourbanne
Ougney
Guillon-les-Bains
Vregille
Devecey
Fort de Chailluz
Marchaux
Roulans
Emagny
Moncley
Auxon-dessus
Châtillon-le-Duc
Tallenay
Braillans
Amagney
les Longeaux-du Bas
Laissey
Bretigney-Notre-Dame
Adam-lès-Passavant
St Juan
Bois du Gd Bugnot
Auxon-dessous
Forêt de Chailluz
Bois de Sassy
Combe-Lançon
Malmaison
Deluz
Dammartin-les-Templiers
Chevigney-s-l'Ognon
Bois des Fouchères
Miserey-Salines
Valentin
Novillars
Vaire-Arcier
Champlive
Forêt de l'Aiguillon
Aissey
Thise
Forêt de Vaîte
Bois de Glamondans
Vauchamps
Passavant
Chaucenne
Roche-lez-Beaupré
Bois de la Côte du Mont
Glamondans
Recologne
Noironte
Pelousey
Pirey
Ecole
Chalezeule
Chalèze
Nancray
Ambre
Bouclans
Côtebrune
Moulin à eau
Audeux
Franey
Pouilley-les-Vignes
Champagney
Champvans-les-Moulins
Gennes
Côte de Joux
Placey
Mazerolles-le-Salin
Serre-les-Sapins
BESANÇON
Montfaucon
la Ramée
Gonsans
Chaux-lès-Passavant
Bremondans
Belmont
Corcondray
Vaux-les-Prés
Franois
Château Farine
Chaudanne
Fort Chaudanne
Brégille
Morre
Saône
la Chevillotte
Forêt de Chauley
Magny-Châtelard
Naisey
Villers-Buzon
Chemaudin
Planoise
Velotte
N.D. de la Libération
la Grosse Grange
Pouilley-Français
Dannemarie-s-Crête
Belle Etoile
Beure
la Vèze
Verrières-du-Grosbois
Villedieu-le-Camp
Grandfontaine
Avanne
Aveney
Mamirolle
Granges-de-Vienney
Camp du Valdahon
Vercel-Villedieu
Arguel
Fontain
Bois d'Aglans
Forêt du Gros Bois
Gouffre de Poudrey
Velesmes-Essarts
Rancenay
Montferrand-le-Château
Larnod
Pugey
la Malpierre
les Marchands
la Gde Combe
le Gratteris
l'Hôpital-du-Grosbois
Chevigney
St Vit
Bois d'Ambre
Thoraise
Torpes
Busy
Bonnet Rond
Chalet d'Arguel
les Cloutiers
St Maximin
Trépot
Camp militaire
Valdahon
Routelle
Vorges-les-Pins
Mérey-s/s-Montrond
Tarcenay
Foucherans
Charbonnières-les-Sapins
Etalans
Oupans
Rosey
Boussières
Granges Mathieu
Grange Cery
Villers-s/s-Montrond
Grotte de Plaisir Fontaine
Bonnevaux-le-Prieuré
Fallerans
Etray
Osselle
Grottes d'Osselle
Chenecey-Buillon
Montrond-le-Château
Granges-du-Sapin
les Cordées
Ravin du Puits Noir
Guyans-Durnes
Abbans-dessous
Abbans-dessus
Charnay
Epeugney
Malbrans
N.D. du Chêne
le Château
Saules
Villars-St Georges
Maisières-Notre-Dame
Ornans
Durnes
Vernierfontaine
Nods
Byans-s-Doubs
Cessey
Grange-de-Battant
Cademène
Scey-en-Varais
Miroir de Scey
Bois sur Roche
St Hippolyte-les-Durnes
Voires
Fourg
Chouzelot
Quingey
Courcelles
Rurey
Nahin
Châtel St Denis
Chassagne-St Denis
Montgesoye
Lavans-Vuillafans
Chasnans
Athose
Lombard
Lavans-Quingey
Palantine
Rouhe
Goux-s/s-Landet
Cléron
Bois d'Ully
Echevannes
le Petit-Paris
Liesle
Pessans
Châtillon-s-Lison
Amondans
Bois Gd Napry
Vuillafans
Lods
Hautepierre-le-Châtelet
Arc-s/s-Cicon
Mesmay
Brères
Samson
Poinvillers
Montfort
Cussey-s-Lison
Val Ste Marie
Lizine
Fertans
Norvaux
Châteauvieux-les-Fossés
Chantrans
Lallebois
Aubonne
Champagne-s-Loue
Ronchaux
Paroy
Echay
Refranche
Malans
Amancey
le Grand Bois
Flagey
Mouthier-Haute-Pierre
la Morele
la Perrouse
Buffard
Bartherans
Doulaize
St Loup
Silley
Longeville
Renédale
Bois de Nouailles
St Gorgon-Main
Myon
Chay
Chiprey
Coulans-s-Lison
Bolandoz
Amathay-Vésigneux
Source de la Loue
Mont Pelé
Rennes-s-Loue
Alaise
Reugney
la Damette
Grange de Vaivre
By
Eternoz
Déservillers
Evillers
Ouhans
Bugny
la Chapelle-s-Furieuse
Saraz
Grange-Rouge
Mont d'Uziers
Port-Lesney
Bois de Bellefontaine
Ivrey
Bois des Flanches
Nans-s-Ste Anne
Montmahoux
Labergement-du-Navois
Granges-Maillot
Septfontaines
Goux-les-Usiers
la Vrine
Vallun
St Benoît
Mt Poupet
Belvre Lachaussée
Grotte Sarrazine
Creux Billard
Gevresin
le Chalet
Bois des Raffours
Pagnoz
St Thiébaud
Saizenay
Bois Bovard
Geraise
Ste Anne
Crouzet-Migette
Levier
la Ficelle
Bonnevent
Combe de la Chaux
Sombacour
Bians-les-Usiers
St Lazare
la Chaux
Arçon
Aiglepierre
Marnoz
Salins-les-Bains
Fort St André
les Arsures
Prétin
Clucy
le Tilleret
Gouailles
Pont du Diable
Dournon
Villeneuve-d'Amont
Forêt du Jura
la Chaux
Chapelle-d'Huin
le Souillot
Pissenavache
Côte du Fol
Vuillecin
Dommartin
Doubs

Fontenelle
Soye
L'Isle-s-le-Doubs
Colombier-Châtelot
Hérimoncourt
Huanne
Mésandans
Gondenans
Pompierre-s-Doubs
Blussans
Blussangeaux
Villars-s/s-Écot
Écot
Mathay
Bondeval
Bourguignon
Rillans
Trouvans
Tournans
Viéthorey
Fontaine-lès-Clerval
Sourans
Goux-lès-Dambelin
Écurcey
Roches-lès-Blamont
Vergranne
Grange-des-Noix
L'Hôpital-St-Lieffroy
Santoche
Bois de la Côte d'Armont
Chénadot
Lanthenans
Hyémondans
Vermondans
Pont-de-Roide
Blamont
Verne
Voillans
Clerval
Anteuil
Glainans
Tournedoz
Mambouhans
Dambelin
Neuchâtel-Urtière
Remondans-Vaivre
Pierrefontaine-lès-Blamont
Luxiol
Autechaux
Hyèvre-Paroisse
Branne
Chaux-lès-Clerval
Baume-les-Dames
Roche-lès-Clerval
MONTAGNES DU LOMONT
Col de Ferrière
Bois du Grand Lomont
Villars-s/s-Dampjoux
Noirefontaine
Montécheroux
Chamesol
Hyèvre-Magny
Crosey-le-Grand
Crosey-le-Petit
Vellerot-lès-Belvoir
Vyt-lès-Belvoir
Valonne
Solemont
Feule
Dampjoux
Liebvillers
Villers-St-Martin
Lomont-s-Crête
Chazot
Orve
Vernois-lès-Belvoir
Bief
Soulce
Cusance
Rahon
Belvoir
Rosières-s-Barbèche
Péseux
St Hippolyte
Esnans
Pont-les-Moulins
Silley
Guillon-les-Bains
Montivernage
Servin
Vellevans
Randevillers
Sancey-le-Long
Sancey-l'Église
Sancey-le-Grand
Valoreille
Froidevaux
Fleurey
Montandon
Provenchère
Vauclusotte
Blanchefontaine
Thiébouhans
Trévillers
Adam-lès-Passavant
Lanans
Surmont
La Grange
Belleherbe
St Juan
Vaudrivillers
Ouvans
Cour-St-Maurice
Orgeans
Mancenans-Lizerne
Maîche
Damprichard
Passavant
Landresse
Laviron
La Côte Noire
Vaucluse
Ebey
Courtetain-et-Salans
Orsans
Vellerot-lès-Vercel
Charmoille
Chamesey
Battenans-Varin
Mont-de-Vougney
Cerneux-de-Maîche
Charquemont
Villers-Chief
Germéfontaine
Longevelle
Rosureux
St Julien
Frambouhans
Bremondans
Belmont
Chaux-lès-Passavant
Pierrefontaine-les-Varans
Bretonvillers
Epenouse
Eysson
Domprel
Plaimbois-du-Miroir
Bonnétage
Les Fontenelles
Vercel-Villedieu-le-Camp
Camp du Valdahon
Grandfontaine-s-Creuse
La Sommette
Défilé des Epais Rochers
Laval-le-Prieuré
Montbéliardot
Le Russey
Fournet-Blancheroche
Adam-lès-Vercel
Longechaux
Plaimbois-Vennes
Mont-de-Laval
Consolation-Maisonnettes
Le Luhier
Le Mémont
Cirque de Consolation
Roche du Prêtre
Valdahon
Avoudrey
Flangebouche
Loray
Vennes
Guyans-Vennes
Orchamps-Vennes
Fuans
Le Bizot
Narbief
La Bosse
Le Bélieu
Epenoy
Etray
Rantechaux
Passonfontaine
Grandfontaine-Fournets
Les Fournets
La Chenalotte
Noël-Cerneux
La Chaux de Fonds
Vanclans
Nods
Luisans
Mont Vouillau
Les Fins
Villers-le-Lac
Les Brenets
Le Locle
Athose
Longemaison
Col du Tounet
Morteau
Saut du Doubs
Arc-s/s-Cicon
Gilley
Montlebon
Grand'Combe-Châteleu
Défilé du Coin de la Roche
La Chaux-du-Milieu
La Sagne
Boudevilliers
Aubonne
St Gorgon-Main
Mont Pelé
La Longeville
Montbenoît
Ville-du-Pont
Les Gras
Les Ponts-de-Martel
Les Geneveys-s-Coffrane
Montmollin
Montlebon
Bugny
Montflovin
Lièvremont
Hauterive-la-Fresse
Maisons-du-Bois
Les Alliés
Arçon
La Brévine
Brot-Dessous
Rochefort
Colombier
Boudry
Noiraigue
Travers
Couvet
Bevaix
Cortaillod
Vuillecin
Dommartin
Doubs
Les Bayards
Boveresse
Môtiers
Gorgier
Grand Taureau
Gorges du Doubs
LAC

108
109
143
Porrentruy
Courtedoux
Fontenais
Courgenay
Alle
Charmoille
Miécourt
Cornol
Fregiécourt
Pleujouse
Asuel
Lucelle
Pleigne
Movelier
Ederswiler
Kleinlützel
Röschenz
Liesberg
Soyhières
Bourrignon
Mettembert
Delémont
Courroux
Courcelon
Courchapoix
Corban
Mervelier
Vicques
Courrendlin
Rossemaison
Courtételle
Develier
Bassecourt
Courfaivre
Glovelier
Boécourt
Mont Terri
les Rangiers
St Ursanne
Montmelon
Montenol
Ocourt
Seleute
Montancy
Chevenez
Bressaucourt
Rocourt
Fahy
Doubs
Epiquerez
Epauvillers
Soubey
St Brais
Saulcy
Undervelier
Soulce
Rebévelier
Gorges du Pichoux
Moutier
Belprahon
Roches
Mont Raimeux
Grandval
Crémines
Corcelles
Eschert
Perrefitte
Souboz
Lajoux
Montfaucon
les Enfers
les Pommerats
Saignelégier
le Bémont
Muriaux
le Noirmont
les Breuleux
les Genevez
Tramelan
Châtelat
Sornetan
Moron
Champoz
Court
Sorvilier
Pontenet
Saules
Loveresse
Malleray
Bévilard
Reconvilier
Tavannes
Saicourt
Pierre Pertuis
Sonceboz
Corgémont
Cortébert
Courtelary
Cormoret
Villeret
St Imier
Mont Soleil
Sonvilier
Renan
le Chasseral
Vallon de St Imier
Péry
La Heutte
Plagne
Vauffelin
Romont
Pieterlen
Lengnau
Grenchen
Bettlach
Selzach
Solothurn
(Soleure)
Langendorf
Oberdorf
Weissenstein
Gänsbrunnen
Graitery
Grenchenberg
Frinvillier
Taubenloch Schlucht
Orvin
Evilard
Macolin
Bözingen
BIEL
BIENNE
Nidau
Port
Brügg
Aegerten
Studen
Safnern
Meinisberg
Büren an-der-Aare
Arch
Lamboing
Tüscherz
Twann
Ligerz
Diesse
Prêles
Nods
Lignières
la Neuveville
le Landeron
Cressier
Cornaux
Erlach
Gals
Ins
St. Blaise
Marin-Epagnier
Hauterive
NEUCHÂTEL
Serrières
Bielersee
St Petersinsel
Täuffelen
Hagneck
Ipsach
Sutz
Bellmund
Jens
Worben
Merzligen
Hermrigen
Bühl
Mörigen
Epsach
Walperswil
Aarberg
Lyss
Kappelen
Busswil
Diessbach
Schnottwil
Seedorf
Bargen
Kallnach
Siselen
Lüscherz
Vinelz
Brüttelen
Finsterhennen
Treiten
Gampelen
Müntschemier
Kerzers
Fräschels
Golaten
Schüpfen
Münchenbuchsee
Meikirch
Radelfingen
Wohlen
Kirchlindach
Zollikofen
Frauenkappelen
Mühleberg
Gümmenen
Gurbrü
Galmiz
Murten
(Morat)
Muntelier
Mur
Mt Vully
Cudrefin
Champmartin
Montmagny
Chabrey
Bellerive
Constantine
Faoug
Courgevaux
Laupen
Neuenegg
Flamatt
BERN
Köniz
Bümpliz
Wabern
Zimmerwald
Lac de Neuchâtel

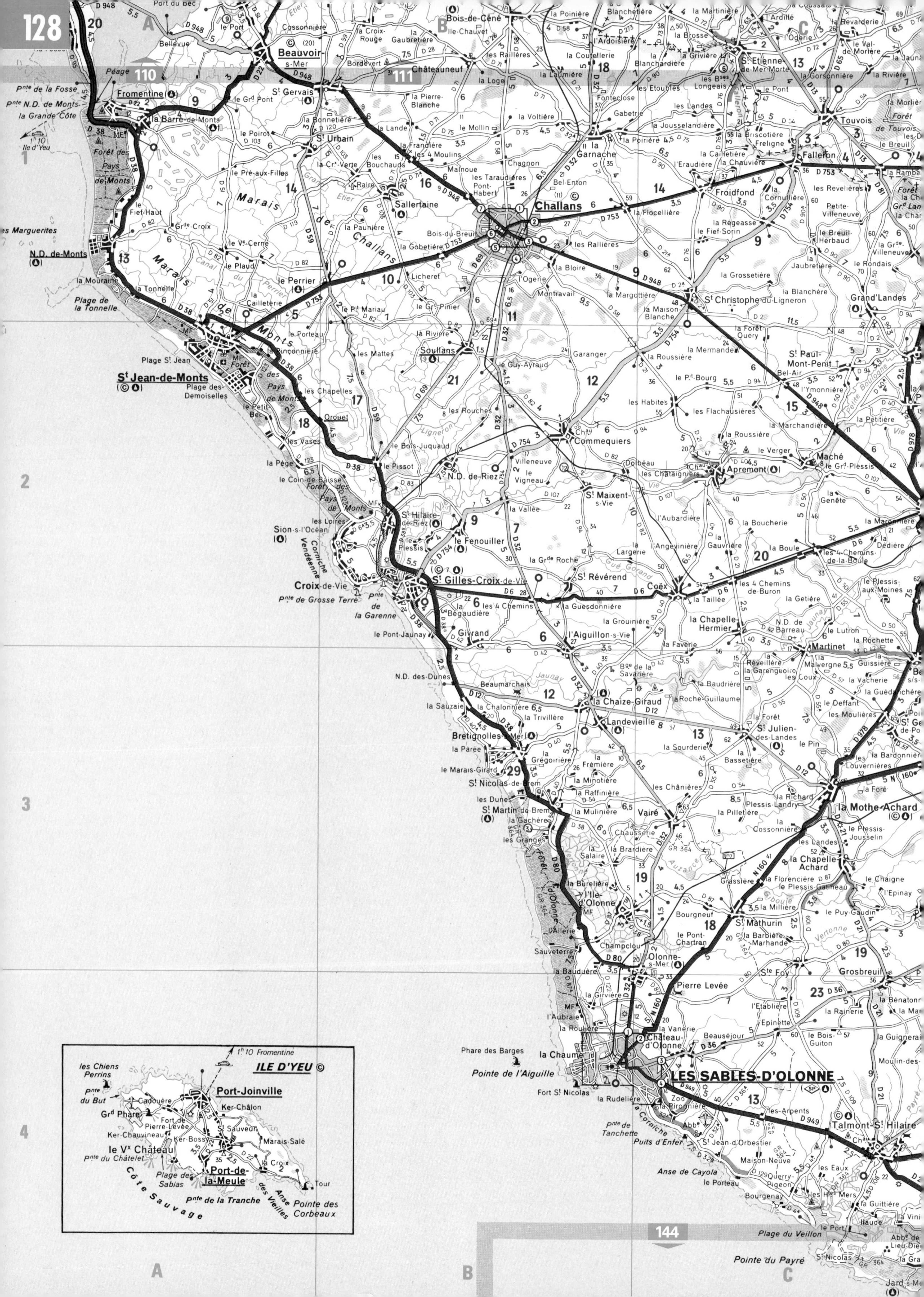

A
B
C
1
2
3
4
110
111
144
Beauvoir-s-Mer
Bois-de-Céné
Châteauneuf
St Gervais
Fromentine
Pte de la Fosse
Pte N.D. de Monts
la Grande Côte
Ile d'Yeu
la Barre-de-Monts
Forêt des Pays de Monts
St Urbain
Sallertaine
Marais de Challans
Challans
la Garnache
Froidfond
St Étienne-de-Mer-Morte
Touvois
Falleron
N.D. de-Monts
Plage de la Tonnelle
le Perrier
St Jean-de-Monts
Plage St Jean
Plage des Demoiselles
Soullans
St Christophe-du-Ligneron
Grand'Landes
St Paul-Mont-Penit
Orouet
Commequiers
Apremont
Maché
N.D. de Riez
St Maixent-s-Vie
St Hilaire-de-Riez
Sion-s-l'Océan
Corniche Vendéenne
le Fenouiller
Croix-de-Vie
Pte de Grosse Terre
Pte de la Garenne
St Gilles-Croix-de-Vie
St Révérend
Coëx
la Chapelle-Hermier
Martinet
Givrand
l'Aiguillon-s-Vie
N.D. des-Dunes
la Chaize-Giraud
Landevieille
St Julien-des-Landes
Bretignolles-s-Mer
St Nicolas-de-Brem
St Martin-de-Brem
la Mothe-Achard
Vairé
la Chapelle-Achard
l'Ile-d'Olonne
St Mathurin
Olonne-s-Mer
Sauveterre
Grosbreuil
Pierre Levée
Château-d'Olonne
Phare des Barges
la Chaume
Pointe de l'Aiguille
LES SABLES-D'OLONNE
Fort St Nicolas
Pte de Tanchette
Puits d'Enfer
Anse de Cayola
Talmont-St Hilaire
Plage du Veillon
Pointe du Payré
ILE D'YEU
1h10 Fromentine
les Chiens Perrins
Pte du But
Port-Joinville
Grd Phare
Ker-Châlon
Fort de Pierre-Levée
Ker-Chauvineau
le Vx Château
Pte du Châtelet
Côte Sauvage
Plage des Sabias
Port-de-la-Meule
Pte de la Tranche
Anse des Vieilles
Pointe des Corbeaux
Marais-Salé
la Croix
Tour

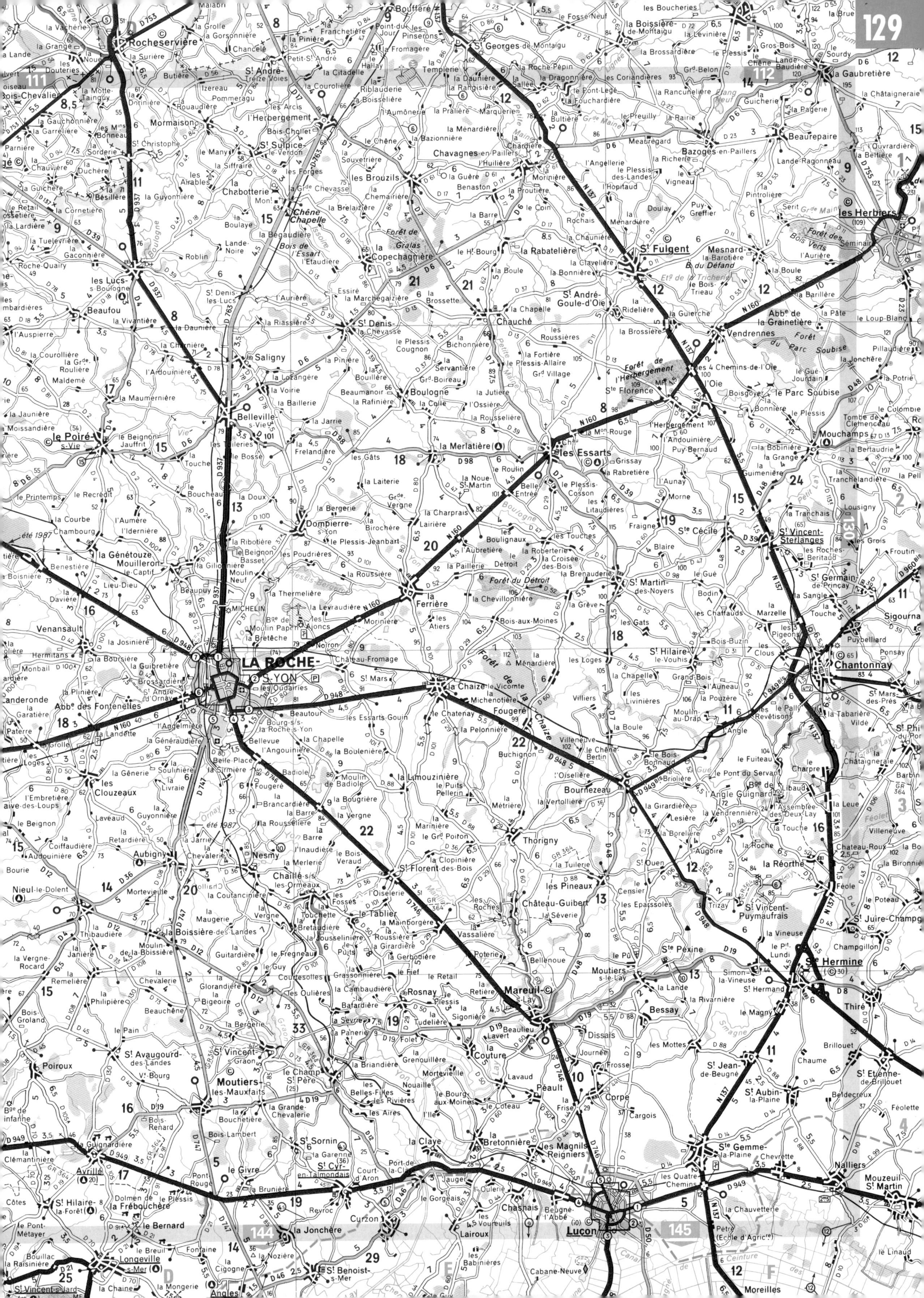
Rocheservière
St André-Treize-Voies
l'Herbergement
St Sulpice-le-Verdon
Mormaison
les Brouzils
Chavagnes-en-Paillers
St Georges-de-Montaigu
la Boissière-de-Montaigu
Bazoges-en-Paillers
la Gaubretière
Beaurepaire
les Herbiers
St Fulgent
Mesnard-la-Barotière
Chêne Chapelle
Forêt de Gralas
la Copechagnière
la Rabatelière
les Lucs-s-Boulogne
Beaufou
St Denis-la-Chevasse
Chauché
St André-Goule-d'Oie
Vendrennes
Saligny
Boulogne
Forêt de l'Herbergement
Ste Florence
l'Oie
le Parc Soubise
le Poiré-s-Vie
Belleville-s-Vie
la Merlatière
les Essarts
Mouchamps
Dompierre-s-Yon
Ste Cécile
St Vincent-Sterlanges
la Génétouze
Mouilleron-le-Captif
Venansault
la Ferrière
Forêt du Détroit
St Martin-des-Noyers
St Germain-de-Princay
LA ROCHE-S-YON
la Chaize-le-Vicomte
Fougeré
St Hilaire-le-Vouhis
Chantonnay
Sigournais
les Clouzeaux
Bournezeau
Thorigny
Aubigny
Nesmy
St Florent-des-Bois
Chaillé-s-les-Ormeaux
les Pineaux
Château-Guibert
la Réorthe
St Vincent-Puymaufrais
Nieul-le-Dolent
la Boissière-des-Landes
Ste Pexine
Ste Hermine
Mareuil-s-Lay
Rosnay
Moutiers-s-le-Lay
Bessay
Thiré
Poiroux
St Avaugourd-des-Landes
St Vincent-Graon
Moutiers-les-Mauxfaits
le Champ St Père
la Couture
Péault
St Jean-de-Beugné
St Aubin-la-Plaine
St Etienne-de-Brillouet
Avrillé
St Sornin
St Cyr-en-Talmondais
la Claye
la Bretonnière
les Magnils-Reigniers
Ste Gemme-la-Plaine
Nalliers
Mouzeuil-St Martin
St Hilaire-la-Forêt
le Bernard
Curzon
Chasnais
Luçon
Longeville-s-Mer
St Benoist-s-Mer
Angles
Lairoux
Moreilles

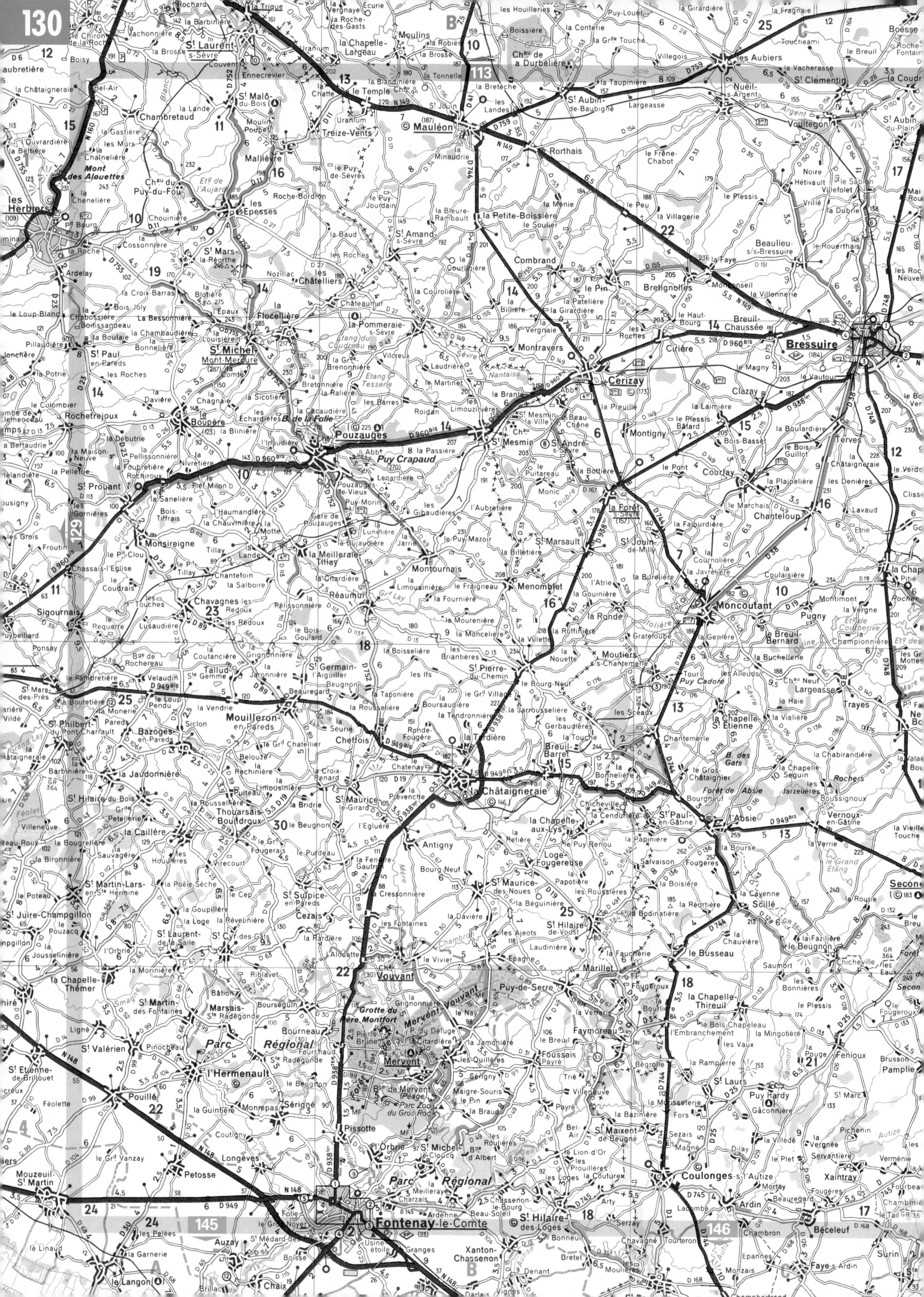
St Laurent-s-Sèvre
Mauléon
Les Aubiers
Nueil-s-Argent
St Clémentin
St Aubin-de-Baubigné
Voultegon
Mont des Alouettes
Les Herbiers
Chau du Puy-du-Fou
Les Epesses
Mallièvre
Treize-Vents
Rorthais
St Amand-s-Sèvre
La Petite-Boissière
Beaulieu-s/s-Bressuire
Combrand
Bretignolles
Breuil-Chaussée
Bressuire
La Pommeraie-s-Sèvre
St Michel-Mont-Mercure
Montravers
Cerizay
Clazay
Le Boupère
Rochetrejoux
Pouzauges
Puy Crapaud
St Mesmin
St André-s-Sèvre
Montigny
Terves
St Prouant
Courlay
Chanteloup
La Forêt-s-Sèvre
Monsireigne
La Meilleraie-Tillay
Montournais
St Marsault
St Jouin-de-Milly
Menomblet
Moncoutant
Pugny
Sigournais
Chavagnes-les-Redoux
Réaumur
La Ronde
Le Breuil-Bernard
Largeasse
Moutiers-s/s-Chantemerle
St Pierre-du-Chemin
Tallud-Ste Gemme
St Germain-l'Aiguiller
Mouilleron-en-Pareds
Cheffois
La Tardière
La Chapelle-St Etienne
Trayes
Breuil-Barret
St Philbert-du-Pont-Charrault
Bazoges-en-Pareds
La Jaudonnière
La Châtaigneraie
St Paul-en-Gâtine
L'Absie
Vernoux-en-Gâtine
St Hilaire-du-Bois
Thouarsais-Bouildroux
St Maurice-le-Girard
Antigny
La Chapelle-aux-Lys
Loge-Fougereuse
St Martin-Lars-en-Ste Hermine
St Sulpice-en-Pareds
Cezais
St Maurice-des-Noues
St Hilaire-de-Voust
Scillé
Secondigny
St Juire-Champgillon
St Laurent-de-la-Salle
St Cyr-des-Gâts
Le Busseau
Le Beugnon
La Chapelle-Thémer
Vouvant
Puy-de-Serre
Marillet
La Chapelle-Thireuil
St Martin-des-Fontaines
Marsais-Ste Radégonde
Faymoreau
Grotte du Père Montfort
Mervent
Forêt de Mervent-Vouvant
St Valérien
Parc Régional
Foussais-Payré
Fenioux
L'Hermenault
Pouillé
Sérigné
Pissotte
St Laurs
Puy Hardy
St Maixent-de-Beugné
St Michel-le-Cloucq
Longèves
Petosse
Mouzeuil-St Martin
Coulonges-s-l'Autize
Xaintray
Ardin
Fontenay-le-Comte
St Hilaire-des-Loges
Béceleuf
Xanton-Chassenon
Faye-s-Ardin
Le Langon
Chaix
113
129
145
146

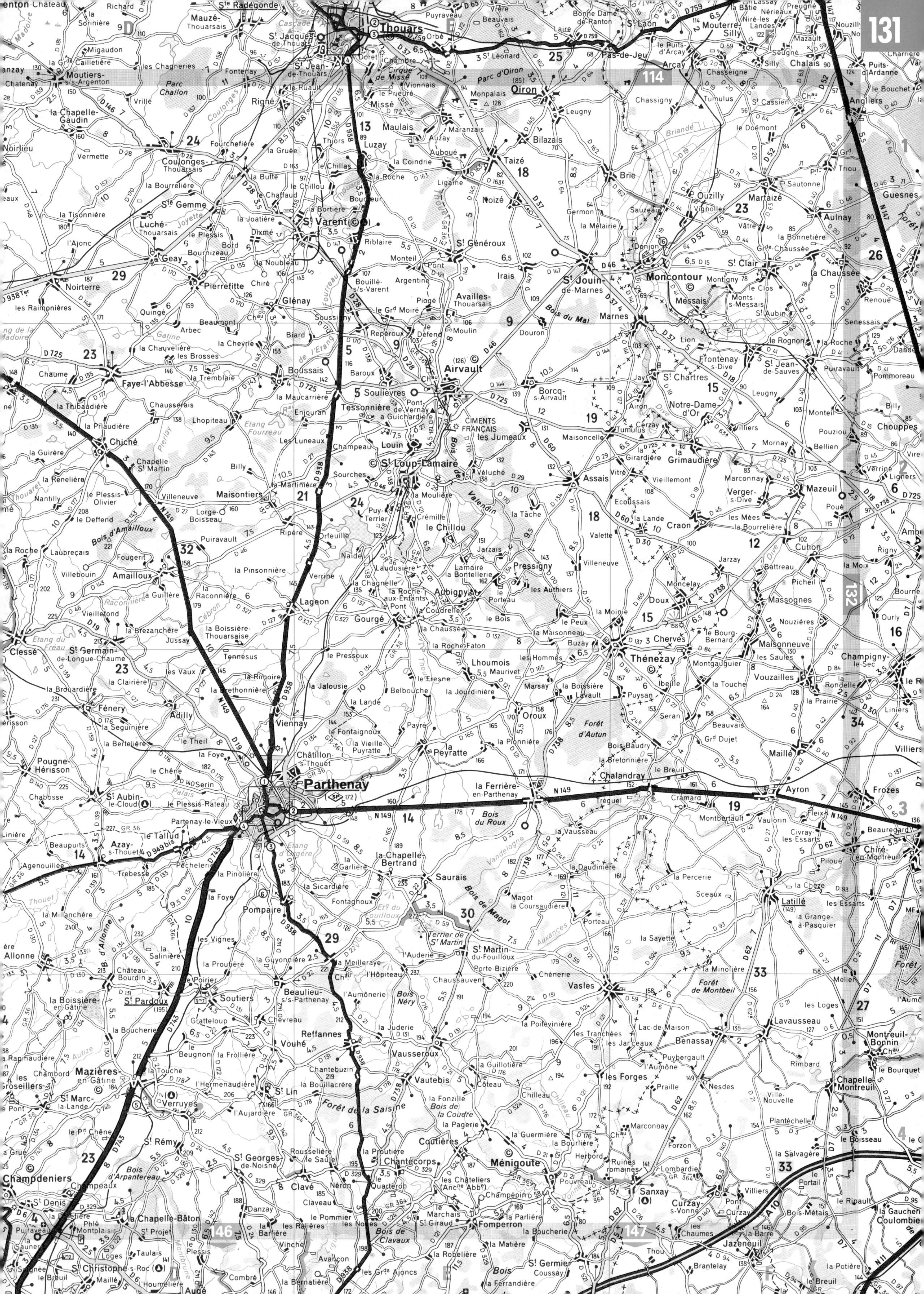
Thouars
Oiron
Airvault
St Varent
St Jouin-de-Marnes
Moncontour
St Loup-Lamairé
Parthenay
Thénezay
Ménigoute
Vasles
Mazières-en-Gâtine
Champdeniers
Latillé
Chiché
Amailloux
Assais
Mirebeau
Moutiers-s/s-Argenton
Coulonges-Thouarsais
Geay
Noirterre
Faye-l'Abbesse
Boussais
Louin
Aubigny
Gourgé
Lageon
Viennay
Châtillon-s-Thouet
Pompaire
Saurais
Azay-s-Thouet
Allonne
Verruyes
St Martin-du-Fouilloux
Coutières
Chantecorps
Sanxay
Jazeneuil
Curzay-s-Vonne
Lavausseau
Benassay
Ayron
Chalandray
Maillé
Vouzailles
Cherves
Craon
Mazeuil
Chouppes
Angliers
Martaizé
Aulnay
Messais
Marnes
Borcq-s-Airvault
St Généroux
Irais
Availles-Thouarsais
Glénay
Pierrefitte
Taizé
Bilazais
Brie
Luzay
Maulais
Missé
St Jean-de-Thouars
Ciments Français
Forêt d'Autun
Forêt de la Saisine
Forêt de Montbeil
Bois de Magot
Bois du Roux
Parc d'Oiron
Parc Challon
Thouet
Dive
N 149
D 938
D 743
A 10
114
132
146
147

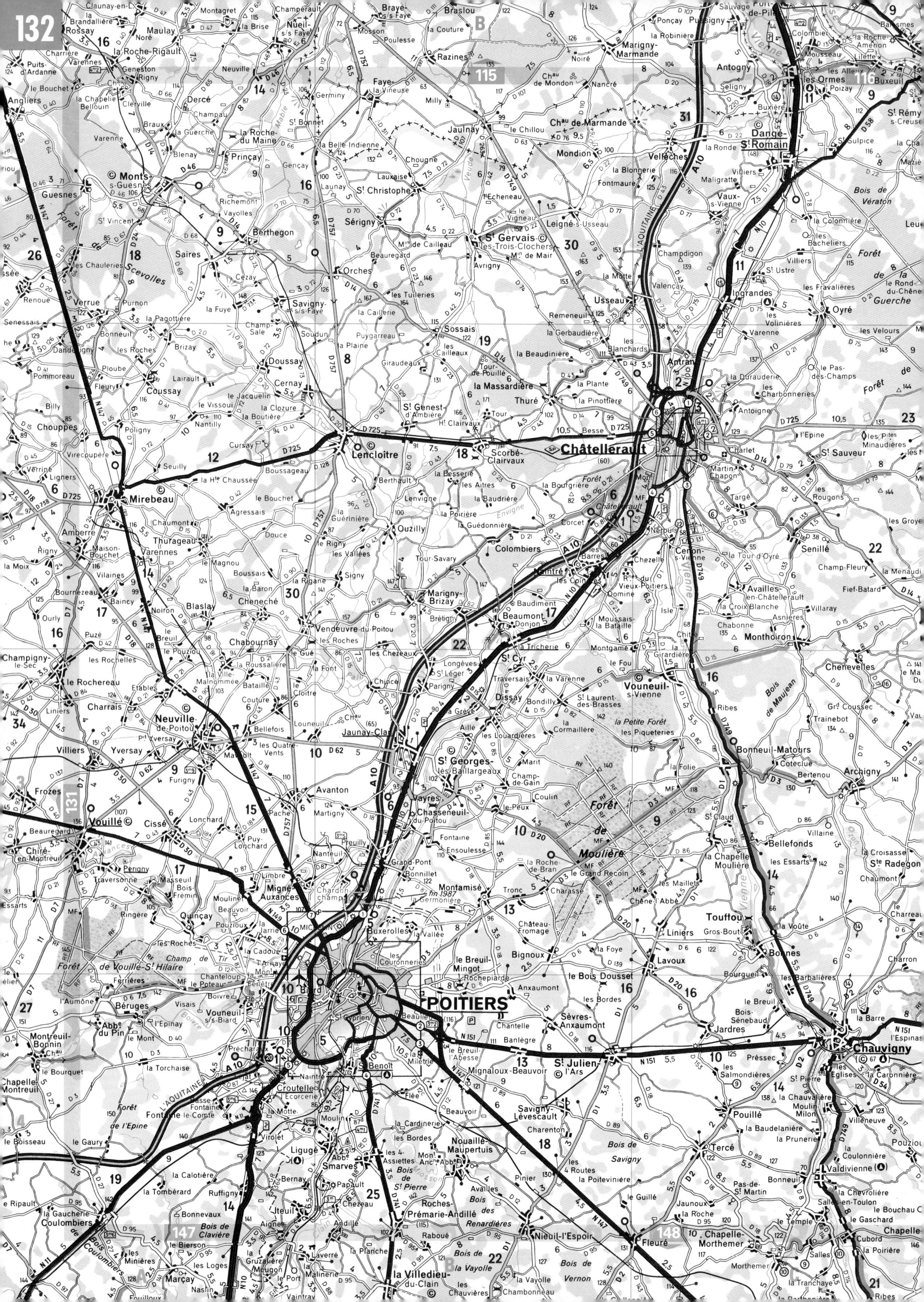

POITIERS
Châtellerault
Chauvigny
Mirebeau
Lencloitre
Neuville-de-Poitou
Vouillé
Jaunay-Clan
Dangé-St Romain
Ingrandes
Vouneuil-s-Vienne
Bonneuil-Matours
Forêt de Moulière
Forêt de Vouillé-St Hilaire
Monts-s-Guesnes
St Gervais-les-Trois-Clochers
Migné-Auxances
Buxerolles
St Benoît
Ligugé
Nouaillé-Maupertuis
Mignaloux-Beauvoir
St Julien-l'Ars
Lavoux
Vendeuvre-du-Poitou
Dissay
St Georges-lès-Baillargeaux
Chasseneuil-du-Poitou
Naintré
Cenon-s-Vienne
Availles-en-Châtellerault
Archigny
Valdivienne
Nieuil-l'Espoir
la Villedieu-du-Clain
Fleuré
Croutelle
Fontaine-le-Comte
Béruges
Coulombiers
Marçay
L'AQUITAINE
A 10
N 10
N 147
N 151
D 749
D 725
D 757
115
116
131
147
148

Ferrière-Larçon
Betz-le-Château
Neuilly-le-Brignon
le Châtelier
Paulmy
116
Ste Jullite
St Flovier
Silo
Châtillon-s-Indre
117
St Médard
Abilly
le Grand-Pressigny
la Celle-Guenand
Forêt de Ste Jullite
le Pt Pressigny
Charnizay
Obterre
Cléré-du-Bois
Murs
Isle-Savary
Clion
le Tranger
la Guerche
Barrou
Chaumussay
Preuilly-s-Claise
Azay-le-Ferron
Forêt de Preuilly
Paulnay
Saulnay
Lésigny
Chambon
Boussay
Bossay-s-Claise
Mézières-en-Brenne
Parc de Boussay
Martizay
St Michel-en-Brenne
la Roche-Posay
Yzeures-s-Creuse
Pleumartin
Tournon-St Pierre
Tournon-St Martin
Lureuil
Lingé
Rosnay
Vicq-s-Gartempe
Angles-s-l'Anglin
Lurais
Preuilly-la-Ville
Douadic
Pouligny-St Pierre
St Pierre-de-Maillé
Fontgombault
Sauzelles
le Blanc
St Aigny
Mérigny
Ruffec
Ciron
Romefort
Nalliers
Ingrandes
Concremiers
St Savin
St Germain
Paizay-le-Sec
Villemort
Béthines
St Hilaire-s-Benaize
Bélâbre
Antigny
Leignes-s-Fontaine
Haims
Villesalem
Liglet
Prissac
Pindray
Jouhet
148
149
Château-Guillaume
la Trimouille
Lignac
Dunet

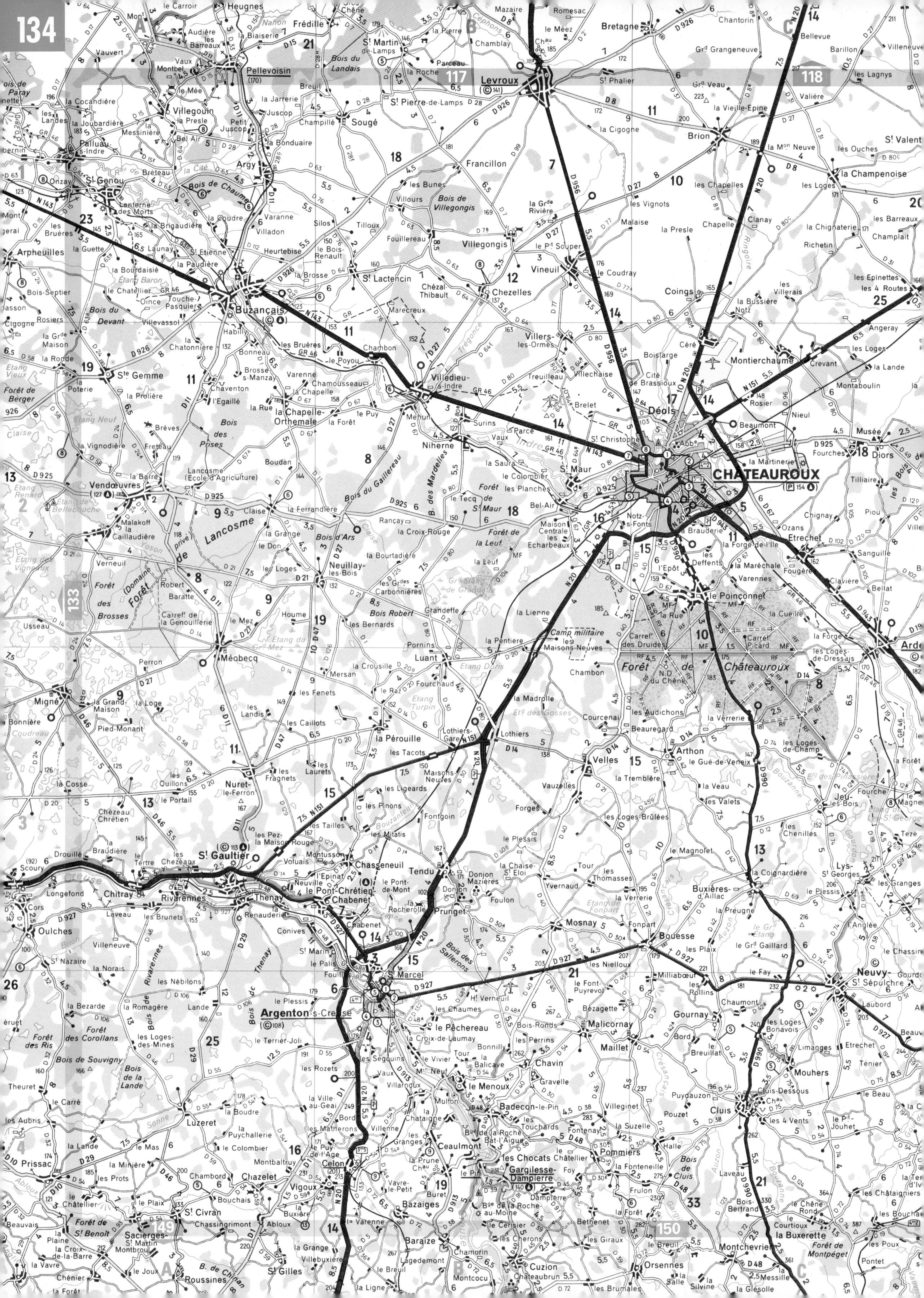

117
118
133
149
150
CHATEAUROUX
Déols
Levroux
Buzançais
Argenton-s-Creuse
Pellevoisin
Palluau-s-Indre
St Genou
Villegouin
Argy
Sougé
Francillon
Brion
Vineuil
Villegongis
Chezelles
St Lactencin
Villedieu-s-Indre
Villers-les-Ormes
Montierchaume
Coings
Bois de Chaumont
Bois de Villegongis
Ste Gemme
Arpheuilles
Vendœuvres
Méobecq
Mézières
Niherne
St Maur
Le Poinçonnet
Forêt de Châteauroux
Forêt de Lancosme
Neuillay-les-Bois
Luant
Lothiers
Velles
Arthon
Jeu-les-Bois
Ardentes
Diors
Etrechet
Mosnay
Bouesse
Tendu
Chasseneuil
Le Pont-Chrétien-Chabenet
St Marcel
St Gaultier
Thenay
Rivarennes
Nuret-le-Ferron
Migné
Ciron
Le Pêchereau
Le Menoux
Malicornay
Chavin
Gargilesse-Dampierre
Ceaulmont
Badecon-le-Pin
Pommiers
Cluis
Mouhers
Neuvy-St Sépulchre
Gournay
Celon
Vigoux
Bazaiges
Baraize
Cuzion
Orsennes
Montchevrier
La Buxerette
Chazelet
St Civran
Sacierges-St Martin
Luzeret
Prissac
Roussines
St Gilles
Oulches
Chitray
Forêt de St Benoît
Forêt des Ris
Forêt des Corollans
Bois de Souvigny
Camp militaire des Maisons-Neuves
N 20
N 143
N 151
D 925
D 926
D 927
D 990

135
Issoudun
Charost
St Florent-s-Cher
St Georges-s-Arnon
Châtillon
Trouy
Levet
Lissay-Lochy
Senneçay
Plaimp Givaudins
Chinault
St Aoustrille
St Denis
Saugy
Civray
Rosières
Lunery
St Caprais
Arçay
Lapan
St Lunaise
St Ambroix
Chouday
Ségry
Mareuil-s-Arnon
Primelles
Corquoy
Châteauneuf-s-Cher
Thizay
Condé
Brives
Meunet-Planches
St Aubin
Chezal-Benoît
St Baudel
Vouillon
Forêt de Choeurs
Bommiers
Pruniers
Ambrault
Sassierges-St Germain
Villecelin
Montlouis
St Symphorien
Chavannes
Crézançay
St Loup-des-Chaumes
Vallenay
Bruère-Allichamps
Farges-Allichamps
Noirlac
Nozières
Orval
Ineuil
Villiers
Lignières
Chatoullé
St Août
St Hilaire-en-Lignières
Morlac
Touchay
Ids-St Roch
Marçais
Bouzais
St Christophe-en-Boucherie
Rezay
St Pierre-les-Bois
Arcomps
Verneuil-s-Igneraie
St Chartier
Nohant
Thevet-St Julien
Vicq-Exemplet
le Châtelet
Loye-s-Arnon
Faverdines
Montgivray
la Châtre
Lacs
Montlevicq
Châteaumeillant
Néret
St Jeanvrin
St Maur
St Christophe-le-Chaudry
Reigny
Culan
Champillet
Briantes
la Motte-Feuilly
Urciers
Feusines
Sidiailles
Vesdun
Pouligny-St Martin
Pouligny-Notre-Dame
Ste Sévère-s-Indre
Lignerolles
Crevant
Pérassay
St Saturnin
St Désiré
St Eloy-d'Allier
Courçais
D 918
D 940
D 943
D 925
D 951
D 997
N 151
N 144
118
119
136
150
151

Crosses
Bengy-s-Craon
Nérondes
Jussy-Champagne
Tendron
La Guerche-s-l'Aubois
Vorly
Senneçay
Flavigny
Ignol
Raymond
Cornusse
Osmery
Lugny-Bourbonnais
Croisy
Germigny
St Denis-de-Palin
Bois-Sir-Amé
St Germain-des-Bois
Ourouër-les-Bourdelins
Bussy
Lantan
Blet
Charly
Dun-s-Auron
La Chapelle-Hugon
Vereaux
Grossouvre
Chalivoy-Milon
Sagonne
Givardon
Chaumont
Sancoins
Thaumiers
Bannegon
Meillant
Arpheuilles
Neuilly-en-Dun
Augy-s-Aubois
St Aignan-des-Noyers
Vernais
Bessais-le-Fromental
Lurcy-Lévis
Charenton-du-Cher
Ainay-le-Château
Valigny
St Amand-Montrond
Orval
Colombiers
Bouzais
Isle-et-Bardais
Couleuvre
Ainay-le-Vieil
La Celette
St Bonnet-Tronçais
Forêt de Tronçais
Urçay
Cérilly
Vitray
Meaulne
Saulzais-le-Potier
Theneuille
Le Brethon
Épineuil-le-Fleuriel
St Vitte
Vallon-en-Sully
Ygrande
St Caprais
Louroux-Bourbonnais
Hérisson
Nassigny
Chazemais
Cosne-d'Allier
Vieure
Forêt de Meillant
Forêt de Maulne
Forêt de Civrais
119
120
135
151
152

NEVERS
Coulanges
Vauzelles
Marzy
Challuy
Sermoise-s-Loire
Gimouille
Imphy
Chevenon
Sauvigny-les-Bois
St Eloi
St Benin-d'Azy
Frasnay-Reugny
Cizely
Fertrève
Forêt de Vincence
Limon
Beaumont-Sardolles
Trois-Vèvres
La Machine
Diennes-Aubigny
Cercy-la-Tour
Magny-Cours
Circuit Auto
St Parize-le-Châtel
Luthenay-Uxeloup
Druy-Parigny
Béard
St Ouen-s-Loire
Sougy-s-Loire
Decize
St Léger-des-Vignes
Champvert
Fleury-s-Loire
Avril-s-Loire
Devay
Langeron
St Pierre-le-Moûtier
Livry
Forêt de Chabet
Azy-le-Vif
Forêt du Perray
Neuville-lès-Decize
St Germain-Chassenay
Charrin
St Hilaire-Fontaine
Lamenay-s-Loire
Cossaye
Toury-Lurcy
Chantenay-St Imbert
Toury-s-Jour
Dornes
Lucenay-lès-Aix
Tresnay
St Léopardin-d'Augy
Aubigny
Villeneuve-s-Allier
Aurouër
St Ennemond
Forêt de Munet
Couzon
Bagneux
Forêt de Bagnolet
Trévol
Gennetines
La Chapelle-aux-Chasses
Paray-le-Frésil
Chevagnes
Agonges
Montilly
Chézy
Lusigny
St Menoux
Marigny
Avermes
MOULINS
Yzeure
Neuvy
Coulandon
Souvigny
Autry-Issards
Bressolles
Toulon-s-Allier
Montbeugny
Thiel-s-Acolin
Bois de Chapeau
Chapeau
Chemilly
Bois de Leyde
Neuilly-le-Réal
St Pourçain-s-Besbre
Besson
Meillers
Noyant-d'Allier
Gipcy
Forêt de Moladier
Bois de Pommai
LOIRE
Allier
120
121
138
152
153

121
122
137
153
154
Forêt de Vincence
Moulins-Engilbert
Bois de Limanton
Limanton
PARC RÉGIONAL DU MORVAN
Forêt de la Gravelle
Haut-Folin
Forêt de St Prix
Forêt de Glenne
Roches de Glenne
Mt Preneley
Glux-en-Glenne
St Prix
Mt Glandure
Mont Beuvray
St Léger s/s B.
Villapourçon
Onlay
Cussy
Montigny-s-Canne
Vandenesse
St Honoré les-Bains
Préporché
Mont Genièvre
Forêt de Châtillon
Bois de Buzon
Larochemillay
Touleur
St Gratien-Savigny
Montaron
Bois de Chevannes
Vieille Montagne
Cercy-la-Tour
Forêt de Buremont
Sémelay
Chiddes
Millay
Poil
Maison-de-Bourgogne
Thaix
Bois de la Verrerie
Rémilly
Avrée
Fours
B. de Fours
Bois de Briffault
Luzy
Mont Dône
St Didier-s-Arroux
St Nizier-s-Arroux
Charbonnat
Savigny-Poil-Fol
Fléty
Tazilly
La Nocle-Maulaix
Ternant
Cuzy
Montambert
St Hilaire-Fontaine
Chevannes
Monastère Tibétain
La Boulaye
Montmort
Gannay-s-Loire
Cronat
Mont d'Azy
St Seine
Mont Tharot
Marly-s/s-Issy
Issy-l'Évêque
Toulon
Cressy-s-Somme
Mont Tauffrin
Vitry-s-Loire
Maltat
Grury
Mont Dardon
Uxeau
St Radegonde
Forêt de Marteney
Lesme
Signal de Mont
Bourbon-Lancy
La Chapelle-au-Mans
Vendenesse-s-Arroux
Bois de Beaumont
Marly-s-Arroux
Gueugnon
Chassy
Chalmoux
Forêt de Germigny
Neuvy-Grandchamp
Bois de Vesvre
Beaulon
St Aubin-s-Loire
B. de Chazé
Clessy
Forêt de Carterand
Bois de la Motte
Abbé de Sept-Fons
St Vincent-Bragny
Diou
Gilly-s-Loire
Perrigny-s-Loire
Rigny-s-Arroux
Dompierre-s-Besbre
Pierrefitte-s-Loire
St Agnan
Zoo du Pal
Digoin
St Léger-lès-Paray
Coulanges
Saligny-s-Roudon
LOIRE
N 81
N 79
D 979
D 973
D 994
D 985

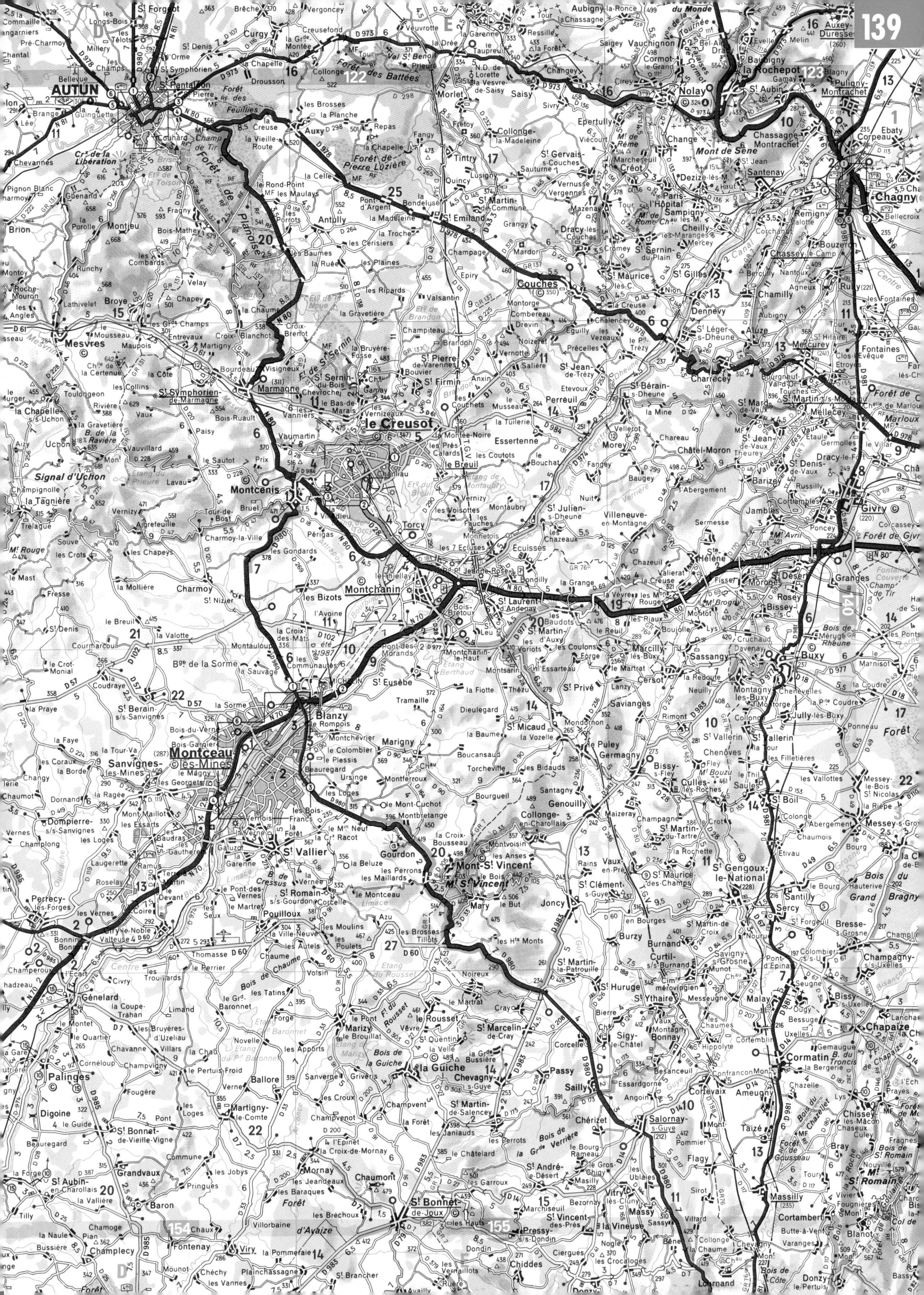

AUTUN
Curgy
St Forgeot
St Pantaléon
Forêt des Feuillies
Forêt des Battées
Val St Benoît
Nolay
la Rochepot
St Aubin
Auxey-Duresses
Meursault
Puligny-Montrachet
Chassagne-Montrachet
Mont de Sène
Santenay
Chagny
Morlet
Saisy
Epertully
Épinac
Sully
Auxy
Forêt de Pierre Luzière
Tintry
Collonge-la-Madeleine
St Gervais-s-Couches
Dezize-lès-M.
Paris-l'Hôpital
Sampigny-lès-M.
Cheilly-les-Maranges
Créot
Couches
St Emiland
Antully
Forêt de Planoise
Champ de Tir
Cr. de la Libération
Montjeu
Broye
Mesvres
Marmagne
St Symphorien-de-Marmagne
St Sernin-du-Bois
St Firmin
le Creusot
le Breuil
Montcenis
Torcy
Montchanin
St Laurent-d'Andenay
St Martin-d'Auxy
Uchon
Signal d'Uchon
la Tagnière
Charmoy
Toulongeon
la Chapelle-s-Uchon
Dracy-lès-Couches
St Maurice-lès-C.
St Gilles
Dennevy
St Léger-s-Dheune
Charrecey
Mercurey
Aluze
Chamilly
Rully
Bouzeron
Chassey-le-Camp
Remigny
St Jean-de-Trézy
St Bérain-s-Dheune
Perreuil
Essertenne
Morey
Châtel-Moron
St Jean-de-Vaux
St Denis-de-Vaux
Barizey
Mellecey
St Martin-s-Montaigu
Givry
Jambles
Forêt de Givry
Forêt de Marloux
St Julien-s-Dheune
Villeneuve-en-Montagne
Ecuisses
Ste Hélène
Moroges
Rosey
Bissey-s-C.
St Désert
Buxy
Marcilly-lès-Buxy
Sassangy
Cersot
St Privé
Blanzy
Montceau-les-Mines
Sanvignes-les-Mines
St Vallier
Gourdon
Mont-St Vincent
Marigny
Genouilly
Collonge-en-Charollais
Germagny
St Micaud
Joncy
St Gengoux-le-National
St Boil
Sercy
Saules
Culles-les-Roches
Bissy-s-Fley
Santilly
Messey-s-Grosne
St Martin-du-Tartre
St Clément-s-Guye
Mary
Pouilloux
Perrecy-les-Forges
Ciry-le-Noble
Génelard
Palinges
Digoine
Martigny-le-Comte
Ballore
la Guiche
Chevagny-s-Guye
St Marcelin-de-Cray
Marizy
Passy
Sailly
Salornay-s-Guye
Cormatin
Chapaize
Malay
Ameugny
Taizé
Chérizet
St André-le-Désert
Mornay
Chaumont
St Bonnet-de-Joux
Grandvaux
St Aubin-en-Charollais
Baron
Fontenay
Viry
Champlecy
St Vincent-des-Prés
Pressy-s-Dondin
Massilly
Cortambert
Blanot
Bray
Chissey-lès-Mâcon
Mt St Romain
Bois du Chapitre
Forêt de Gousseau
Bresse-s-Grosne
Champagny-s-Uxelles
Bissy-s-Uxelles
Messey-le-Bois
Jully-lès-Buxy
Montagny-lès-Buxy

122
123
140
154
155

Chagny
Forêt de Chagny
Forêt de Gergy
Verdun-s-le-Doubs
Chalon-s-Saône
Givry
Forêt de Givry
Forêt de Champforgeuil
St Marcel
St Rémy
Lux
Châtenoy-le-Royal
Châtenoy-en-B.
Oslon
Lans
Épervans
Crissey
Fragnes
Virey
Sassenay
Allériot
Bey
Damerey
Montcoy
St Martin-en-Bresse
Sermesse
Frontenard
Navilly
Pierre-de-Bresse
Charette
St Germain-du-Bois
Mervans
Serley
Simard
Thurey
Lessard-en-Bresse
Montret
St Germain-du-Plain
Ouroux-s-Saône
Baudrières
St Vincent-en-Bresse
St André-en-Bresse
Branges
Sornay
Louhans
Châteaurenaud
Vincelles
Montagny-près-Louhans
Sennecey-le-Grand
St Cyr
St Ambreuil
Beaumont-s-Grosne
Laives
Gigny-s-Saône
Bois du Petit Chorme
Ormes
Simandre
Tournus
Cuisery
Lacrost
Préty
Brienne
La Genête
Ratenelle
Loisy
Jouvençon
Ménetreuil
La Chapelle-Naude
La Chapelle-Thècle
Montpont-en-Bresse
Bruailles
Ste Croix
Romenay
St Trivier-de-Courtes
Curciat-Dongalon
St Nizier-le-Bouchoux
Courtes
Vescours
Arbigny
Uchizy
Farges-lès-Mâcon
Chardonnay
Brancion
Col de Brancion
Martailly-lès-Brancion
Cruzille
Lugny
Fleurville
St Oyen-Montbellet
Varennes-St Sauveur
Dommartin-lès-Cuiseaux
Condal
Cormoz
Forêt de Pourlans
Pourlans
Longepierre
La Villeneuve
Annoire
123
124
139
155
156

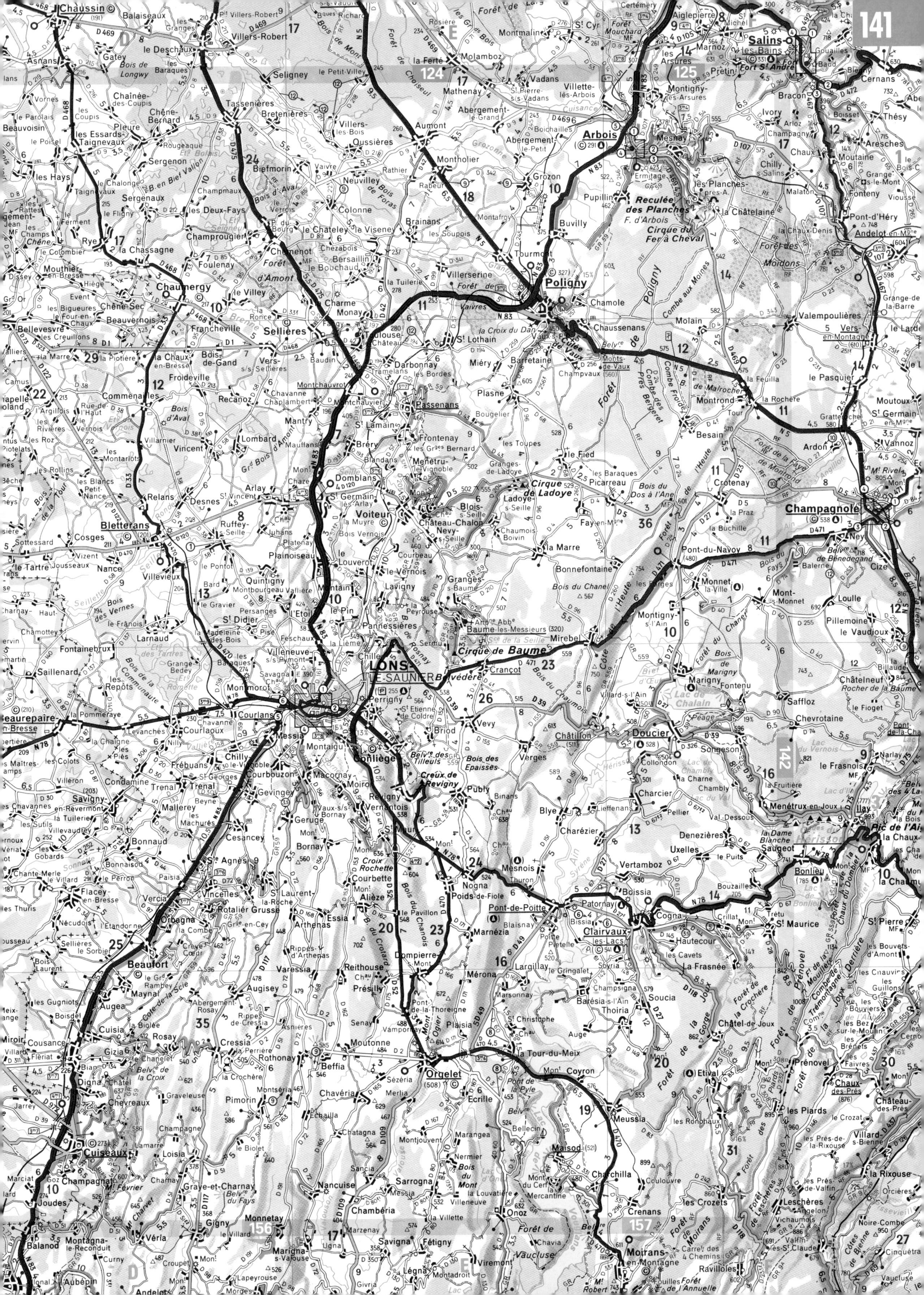
Chaussin
Villers-Robert
le Deschaux
Asnans
Gatey
Bois de Longwy
Seligney
Mathenay
Molamboz
la Ferté
Montmalin
St Cyr
Forêt Mouchard
Aiglepierre
Salins-les-Bains
Fort St André
Marnoz
les Arsures
Pretin
Montigny-lès-Arsures
Bracon
Cernans
Thésy
Vadans
Villette-lès-Arbois
Abergement-le-Grand
Abergement-le-Petit
Arbois
Mesnay
Ivory
Champagny
Chaux
Aresches
Tassenières
Bretenières
Villers-les-Bois
Oussières
Aumont
Chêne-Bernard
Chaînée-des-Coupis
Pleure
les Essards-Taignevaux
Beauvoisin
Sergenon
Biefmorin
Neuvilley
Montholier
Grozon
Pupillin
Reculée des Planches
les Planches-près-Arbois
Chilly-s-Salins
Fonteny
les Hays
Sergenaux
les Deux-Fays
Champrougier
Colonne
Brainans
Buvilly
la Châtelaine
Cirque du Fer à Cheval
Pont-d'Héry
Andelot-en-Mgne
Rye
la Chassagne
Chemenot
le Chateley
le Viseney
Forêt d'Amont
Bersaillin
le Bouchaud
Tourmont
Poligny
Chamole
Forêt des Moidons
Mouthier-en-Bresse
Foulenay
Chaumergy
le Villey
Charme
Monay
Villerserine
Forêt de Vaivres
Valempoulières
Chêne-Sec
Beauvernois
Bellevesvre
Francheville
Sellières
Toulouse-le-Château
St Lothain
la Croix du Dan
Chaussenans
Molain
Vers-en-Montagne
la Chaux-en-Bresse
Bois-de-Gand
Vers-s/s-Sellières
Darbonnay
Miéry
Barretaine
Culée de Vaux
Monts-de-Vaux
Champvaux
Forêt de Poligny
la Feuilla
le Pasquier
Froideville
Commenailles
Recanoz
Chavanne
Montchauvrot
Passenans
Plasne
Montrond
la Rochère
Moutoux
St Germain-en-Mgne
Mantry
St Lamain
Bougelier
Lombard
Vincent
Frontenay
Ménétru-le-Vignoble
les Toupes
le Fied
Besain
Ardon
Vannoz
Arlay
Relans
Desnes
Domblans
St Germain-lès-Arlay
Voiteur
Château-Chalon
Blois-s-Seille
Nevy-s-Seille
Ladoye-s-Seille
Cirque de Ladoye
Picarreau
Fay-en-Mgne
Bois du Dos à l'Âne
Crotenay
la Praz
Champagnole
Bletterans
Ruffey-s-Seille
Cosges
Nance
Villevieux
Plainoiseau
le Louverot
la Marre
Bonnefontaine
la Buchille
Pont-du-Navoy
Ney
Balerne
Cize
Quintigny
le Vernois
Lavigny
Granges-s-Baume
Monnet-la-Ville
Mont-s-Monnet
Loulle
le Pontot
Bard
le Gravier
Montain
l'Etoile
le Pin
la Peyrouse
Baume-les-Messieurs
Montigny-s-l'Ain
Pillemoine
le Vaudioux
Fontainebrux
Larnaud
St Didier
Pannessières
Mirebel
Saillenard
Villeneuve-s/s-Pymont
LONS-LE-SAUNIER
Cirque de Baume
Crançot
Marigny
Châtelneuf
Rocher de la Baume
Beaurepaire-en-Bresse
Montmorot
Courlans
Courlaoux
Perrigny
St Étienne-de-Coldre
Vevy
Villard-s-l'Ain
Fontenu
Lac de Chalain
Saffloz
le Fiogey
Messia
Montaigu
Conliège
Briod
Bois des Épaisses
Verges
Châtillon
Doucier
Chevrotaine
Songeson
Chilly-le-Vignoble
Frébuans
Courbouzon
Macornay
Revigny
Belvre des Tilleuls
Creux de Revigny
Publy
Binans
Collondon
Charcier
Chambly
le Frasnois
Narlay
Condamine
Trenal
Gevingey
Moiron
Vernantois
Blye
Lieffenans
la Fruitière
Ménétrux-en-Joux
Savigny-en-Revermont
Mallerey
Geruge
Vaux-s/s-Bornay
Charézier
Pellier
Val-Dessous
Bornay
Cesancey
Bonnaud
Denezières
Saugeot
la Chaux-du-Dombief
Ste Agnès
Croix Rochette
Mesnois
Uxelles
Vertamboz
Bonlieu
Flacey-en-Bresse
Vincelles
Courbette
Nogna
Poids-de-Fiole
Boissia
Bouzailles
Alièze
St Laurent-la-Roche
Rotalier
Grusse
Orbagna
Essia
Arthenas
Pont-de-Poitte
Patornay
Cogna
Crillat
St Maurice
Blaisnay
Marnézia
Clairvaux-les-Lacs
Hautecour
Beaufort
Maynal
Rippes-d'Arthenas
Varessia
Reithouse
Présilly
Dompierre-s-Mont
Largillay
Soyria
les Cavets
La Frasnée
Augea
Augisey
Mérona
Marsonnay
Champsigna
Barésia-s-l'Ain
Thoiria
Soucia
Cuisia
Rosay
Abergement-Rosay
Rippes-de-Cressia
Asnières
Senay
Vamporey
Pont-de-la-Thoreigne
Plaisia
St Christophe
Châtel-de-Joux
Forêt de la Crochère
Forêt de la Gorge
Gizia
Cressia
Rothonay
Beffia
Moutonne
Orgelet
la Tour-du-Meix
Coyron
Étival
Prénovel
Chaux-des-Prés
Digna
Chevreaux
Pimorin
Chavéria
Sézéria
Merlia
Écrille
Meussia
Les Piards
Château-des-Prés
Cuiseaux
Loisia
Chatagna
Montjouvent
Marangea
Bellecin
Maisod
Villard-s-Bienne
Champagnat
Joudes
Graye-et-Charnay
Nancuise
Sarrogna
Charchilla
Crenans
les Crozets
Leschères
la Rixouse
Gigny
Monnetay
Chambéria
Onoz
Moirans-en-Montagne
Forêt de Moirans
Véria
Balanod
Montagna-le-Reconduit
Marigna-s-Valouse
Savigna
Fétigny
Viremont
Forêt de Vaucluse
Ravilloles
Cinquétral
Aubépin
Andelot
Lapeyrouse
Légna
Montadroit
Forêt de l'Annuelle
Étival
124
125
142
156
157
D
E
F

A
B
C
125
126
141
157
158
Pontarlier
Champagnole
Nozeroy
Mouthe
Malbuisson
Vallorbe
Dent de Vaulion
Jougne
Les Hôpitaux-Neufs
Morez
Morbier
Les Rousses
St Laurent-en-Grandvaux
Les Planches-en-Mgne
Chaux-Neuve
Foncine-le-Haut
Foncine-le-Bas
Frasne
Boujailles
Censeau
Levier
Chaffois
Doubs
La Cluse-et-Mijoux
Oye-et-Pallet
Les Grangettes
Mont d'Or
Rochejean
Lac de St Point
Andelot-en-Mgne
Supt
Chapois
Forêt de la Joux
Sapin Président
Sapins de la Glacière
Mignovillard
Forêt de Mignovillard
Bonnevaux
Bouverans
Vaux-et-Chantegrue
Labergement-Ste Marie
Remoray
Longevilles
Métabief
Mont Risoux
Forêt du Risoux
Vallée de Joux
Lac de Joux
Le Sentier
Le Brassus
Le Pont
L'Abbaye
Le Lieu
Mont Tendre
Col du Marchairuz
Bière
Gimel
Aubonne
Rolle
Gland
Nyon
St Cergue
La Dôle
Crêt Pela
Col de la Faucille
Bois-d'Amont
Prémanon
Longchaumois
La Rixouse
St Claude
Lac
Château-des-Prés
Chaux-des-Crotenay
Pont-de-la-Chaux
Sirod
Syam
Crans
Ney
Vers-en-Montagne
Valempoulières
Ardon
Lemuy
Montmarlon
Pont-d'Héry
Clucy
Saizenay
Cernans
Thésy
Aresches
Moutaine
Fonteny
Bracon
Pic de l'Aigle
Ilay
Bonlieu
Forêt du Mont Noir
Combe des Cives
Chapelle-des-Bois
Bellefontaine
Col de la Savine
Fort-du-Plasne
Entre-deux-Monts
Massif du Prélet
Crête de la Joux Devant
Tancua
Prénovel
Lézat
Bief-du-Fourg
Cerniébaud
Arsure-Arsurette
Communailles-en-Montagne
Molpré
Longcochon
Billecul
Fraroz
Gillois
Mont Sâla
Mont Pelé
Marchissy
Longirod
St George
Burtigny
Bassins
Begnins
Genolier
Givrins
Trélex
Vich
Coinsins
Duillier
Bursinel
Dully
Allaman
Perroy
Féchy
Bougy-Villars
Signal de Bougy
Essertines-s-Rolle
St Oyens
Saubraz
Ballens
Berolle
Mollens
Montricher
L'Isle
Pampigny
Vaulion
Ballaigues
Lac

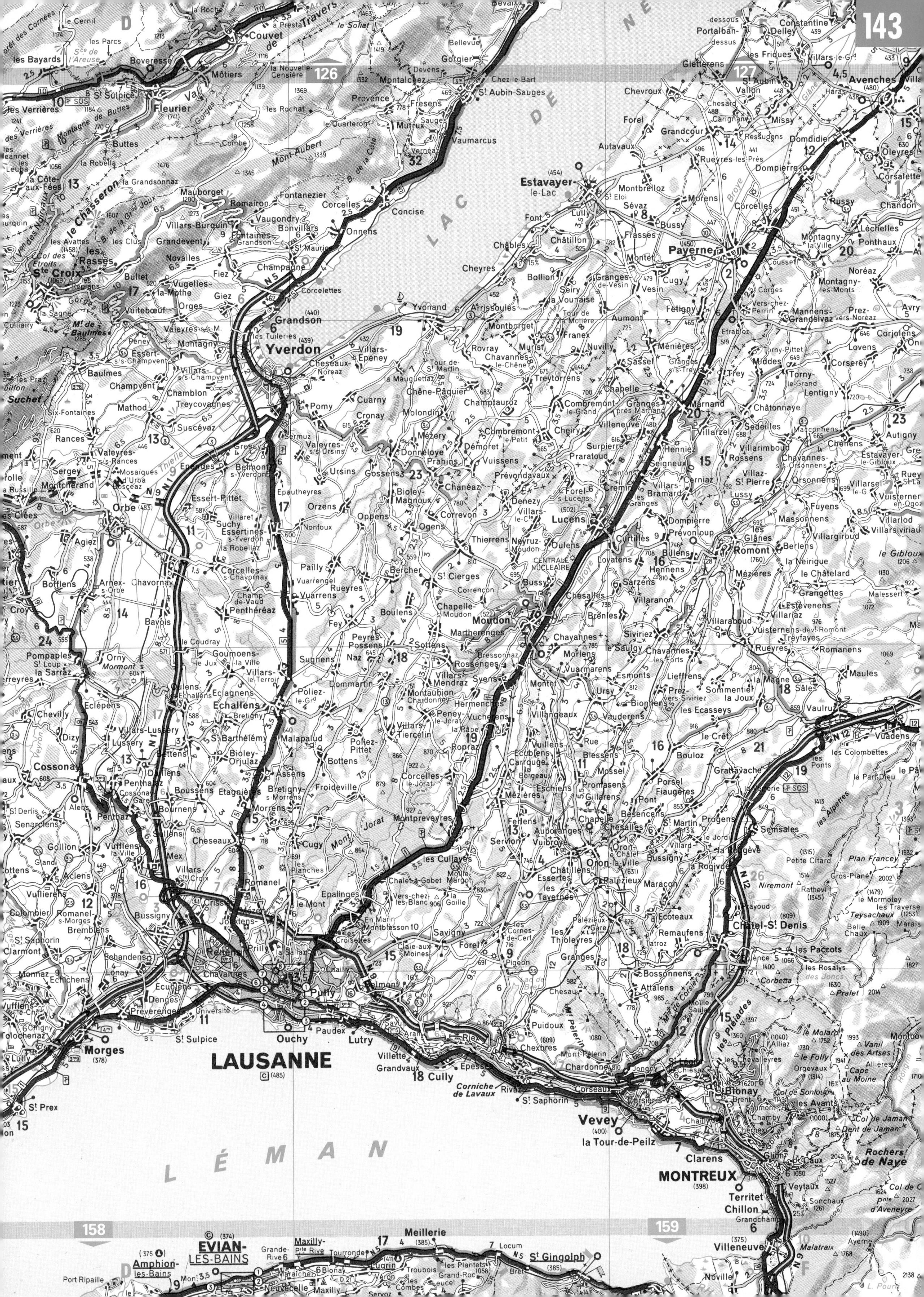
126
127
158
159
LAUSANNE
Yverdon
Grandson
Estavayer-le-Lac
Payerne
Avenches
Lucens
Moudon
Romont
Echallens
Cossonay
Morges
Orbe
Ste Croix
Fleurier
Couvet
Môtiers
Boveresse
St Sulpice
les Verrières
les Bayards
Buttes
Baulmes
Champvent
Chavornay
La Sarraz
Pompaples
Penthalaz
Bussigny
Renens
Prilly
Pully
Ouchy
Lutry
Cully
Chexbres
Vevey
la Tour-de-Peilz
Clarens
MONTREUX
Territet
Chillon
Villeneuve
Blonay
Châtel-St Denis
Semsales
Oron-la-Ville
Mézières
Savigny
Epalinges
Chalet-à-Gobet
les Cullayes
Montpreveyres
Corcelles-le-Jorat
Thierrens
Bercher
Ogens
Denezy
Villarzel
Granges-près-Marnand
Marnand
Surpierre
Cheyres
Font
Châbles
Vaumarcus
Concise
Corcelles
Onnens
Bonvillars
Champagne
St Aubin-Sauges
Gorgier
Bevaix
Montalchez
Provence
Fresens
Mutrux
Constantine
Portalban
Gletterens
Chevroux
Domdidier
Dompierre
Grandcour
Missy
Corcelles
Cousset
Montagny-la-Ville
Prez-vers-Noréaz
Villaz-St Pierre
Vuisternens-dev.-Romont
Vaulruz
Sâles
Bulle
les Paccots
Les Pléiades
Rochers de Naye
Col de Jaman
Dent de Jaman
Caux
Glion
Veytaux
LAC DE NEUCHÂTEL
LÉMAN
LAC
DE
Corniche de Lavaux
Mont Jorat
Mont Aubert
le Chasseron
le Suchet
Travers
CENTRALE NUCLÉAIRE
EVIAN-LES-BAINS
Amphion-les-Bains
Port Ripaille
Grande-Rive
Maxilly-Pte Rive
Meillerie
Locum
St Gingolph
Tourronde
Lugrin
Neuvecelle
Maxilly
Bret
Novel
N1
N5
N9
N12
St Prex
Préverenges
Ecublens
Chavannes
Université
Paudex
Belmont
St Saphorin
Rivaz
Epesses
Grandvaux
Villette
Riex
Chardonne
Corseaux
Corsier-s-V.
Jongny
St Légier
Mt Pèlerin
Puidoux
Attalens
Bossonnens
Remaufens
Palézieux
Maracon
Progens
la Rogivue
Bouloz
Porsel
Vuadens
Grattavache
le Crêt
les Ecasseys
Sommentier
la Joux
Villaraboud
Mézières
Berlens
Romanens
Siviriez
Chavannes-les-Forts
Ursy
Rue
Blessens
Promasens
Vuarmarens
Esmonts
Morlens
Chesalles
Brenles
Sarzens
Villaranon
Hennens
Billens
Curtilles
Lovatens
Bussy
Oulens
Chanéaz
Correvon
Bioley-Magnoux
Oppens
Orzens
Pailly
Vuarrens
Penthéréaz
Bavois
Arnex-s-Orbe
Bofflens
Agiez
Eclépens
Chevilly
Dizy
Lussery
Villars-Lussery
Senarclens
Gollion
Vufflens-la-Ville
Aclens
Vullierens
Colombier
Romanel-s-Morges
Bremblens
St Saphorin
Clarmont
Lonay
Echichens
Monnaz
Denges
Etagnières
Assens
Bretigny-s-Morrens
Morrens
Cugy
Froideville
Poliez-Pittet
Bottens
Malapalud
Villars-Tiercelin
Peney-le-Jorat
Ropraz
Vucherens
Hermenches
Syens
Rossenges
Sottens
Boulens
Peyres-Possens
Naz
Sugnens
Dommartin
Poliez-le-Grd
Montaubion-Chardonney
Villars-Mendraz
Martherenges
Chapelle-Moudon
St Cierges
Correvon
Bressonnaz
Chavannes
Vulliens
Carrouge
Ecublens
Ferlens
Servion
Essertes
Châtillens
les Tavernes
Forel
Pigeon
les Cornes-de-Cerf
Vers-chez-les-Blanc
la Goille
Montblesson
En Marin
Romanel
Cheseaux
Mex
Villars-Ste-Croix
Sullens
Bournens
Boussens
Bettens
Daillens
St Barthélémy
Bioley-Orjulaz
Goumoens-la-Ville
Goumoens-le-Jux
Villars-le-Terroir
Eclagnens
Oulens-s-Echallens
Orny
Mormont
Bretigny
Essertines-s-Yverdon
Suchy
Essert-Pittet
Belmont-s-Yverdon
Gressy
Ependes
Ependes
Pomy
Cuarny
Cronay
Molondin
Mézery
Donneloye
Prahins
Démoret
Gossens
Ursins
Valeyres-s-Ursins
Chêne-Pâquier
Champtauroz
Combremont-le-Grand
Combremont-le-Petit
Villeneuve
Cheiry
Praratoud
Prévondavaux
Vuissens
Forel
Cremin
Villars-Bramard
Seigneux
Henniez
Treytorrens
Rovray
Chavannes-le-Chêne
Murist
Franex
Nuvilly
Ménières
Sassel
Granges-s-Trey
Trey
Fétigny
Vesin
Cugy
Aumont
Montborget
Arrissoules
Yvonand
Villars-Epeney
Cheseaux-Noréaz
Tour-de-St Martin
Bollion
Seiry
Châtillon
Lully
Montet
Frasses
Sévaz
Bussy
Morens
Rueyres-les-Prés
Montbrelloz
Autavaux
Forel
Vallon
Carignan
Chesard
St Aubin
les Friques
Delley
Villars-le-Grd
Oleyres
Corsalettes
Russy
Léchelles
Chandon
Ponthaux
Noréaz
Montagny-les-Monts
Mannens-Grandsivaz
Corjolens
Lovens
Middes
Torny-le-Grand
Corserey
Lentigny
Châtonnaye
Sédeilles
Rossens
Villarimboud
Chavannes-s-Orsonnens
Estavayer-le-Gibloux
Villarsel-le-G.
Orsonnens
Fuyens
Massonnens
Villarlod
Villargiroud
les Glânes
la Neirigue
le Châtelard
Grangettes
Estévenens
Villariaz
Treyfayes
Rueyres
Maules
la Magne
les Colombettes
les Ponts
la Part-Dieu
les Alpettes
Plan Francey
Petite Cierd
Gros-Plané
Niremont
le Mormotey
les Traverses
Teysachaux
Belle Chaux
les Rosalys
Corbetta
Pralet
le Molard
le Folly
Vanil des Artses
Allières
Cape au Moine
Orgevaux
les Chevalleyres
Alliaz
Col de Sonloup
les Avants
Chamby
Sonchaux
Col de Chaude
Pointe d'Aveneyre
Malatraix
Ayerne
L. Pourri
Noville
Grandchamp
Chailly
Brent
Fontanezier
Romairon
Vaugondry
Villars-Burquin
Fontaines-s-Grandson
Grandevent
Novalles
Fiez
Giez
Vugelles-la-Mothe
Orges
Vuitebœuf
Valeyres-s-M.
Montagny
Peney
Essert-s-Champvent
Villars-s-Champvent
Chamblon
Treycovagnes
Mathod
Suscévaz
Rances
Valeyres-s-Rances
Sergey
Montcherand
Six-Fontaines
Bullet
les Rasses
Mauborget
la Grandsonnaz
la Côte-aux-Fées
la Robella
les Parcs
le Cernil
la Combe
les Rochat
Bellevue
le Devens
la Nouvelle-Censière
Mt de Baulmes
Croy
Romainmôtier
Orny
Vaulion

A
B
C
1
2
128
129
60
Pointe du Payré
St Nicolas
la Grange
Jard-s-Mer
St Vincent-s-Jard
Maison de Clemenceau
Roche de l'Islatte
Bouillac
la Raisinière
Longeville-s-Mer
Forêt de Longeville
la Chaine
Saligottière
l'Alouette
les Conches
la Terrière
le Breuil
Fontaine
la Cigogne
la Nozière
St Benoist-s-Mer
la Mongerie
les Rabouillères
Angles
les Rivières
Moricq
Tour
Grues
la Ville d'Angles
le Port-de-Moricq
Canal de Ceinture
Canal du Gd Prée
Milieu du Grd Prée
la Palle
Ste Marie
les Tendes
le Grd Clos Jean
les Mottes
la Banche
la Belle-Henriette
la Grière
Ste Anne
les Jars
Pointe du Grouin du Cou
P^nte du Chiquet
la Tranche-s-Mer
la Grière Plage
Anse du Maupas
P^nte du Rocher
la Faute-s-Mer
l'Aiguillon-s-Mer
Réserve Nationale de Chasse
Pointe d'Arçay
PERTUIS BRETON
P^nte du Lizay
Phare des Baleines
Conche des Baleines
les Portes-en-Ré
Mon^t
la Rivière
le Gillieux
P^nte du Fier
Réserve naturelle
Fier d'Ars
St Clément des-Baleines
Loix
P^nte du Grouin
Rade de St Martin
Fosse de Loix
St Martin-de-Ré
Cit^elle
Ars-en-Ré
P^nte de Gngnon
le Martray
la Passe
la Couarde-s-Mer
le Morinant
la Flotte
Abb^e des Châtelier
Fort de
le Bois-Plage-en-Ré
la Gollandière
Gros-Jonc
P^nte de Chanchardon
Phare de Chanchardon
les Grenettes
Rivedoux-Plage
la Noue
ILE DE RÉ
Ste Marie-de-Ré
P^nte de Chauveau
Phare de Chauveau
PERTUIS D'ANTIO
Rocher d'Antioche
P^nte de Chassiron
Phare de Chassiron
la Morelière
Chassiron
Plage de Soubrejon
la Gautrie
St Denis-d'Oléron
la Betaudière
les Trois Pierres
la Brée-les-Bains
les Seulières
les Boulassiers
les Huttes
Port du Douhet
Anse du Marais Salé
Anse de Maleconche
Plage de la Gautrelle
l'Ile
Chaucre
St Georges-d'Oléron
Forêt des Saumonards
Foulerot
P^nte de Chaucre
Domino
Chéray
la Gibertière
Plage des Sables Vigniers
Sauzelle
Bois Fleuri
P^nte de Chardonnière
l'Aiguille
la Giboire
St Gilles
l'Ileau
Fromagerie
St Pierre-d'Oléron
la Boirie
la Valinière
la Ménounière
Chefmalière
Arceau
la Biroire
la Dresserie
les Châteliers
Maisonneuve
Côte Sauvage
les Pibles
la Cotinière
Dolus-d'Oléron
Matha
Séverin
la Perroche
La Rochelle
Chaudrier (R.)............Y 14
Merciers (R. des)............Y 37
Minage (R. du)............Y 38
Palais (R. du)............Z 41
vers 2
CHAMP DE MARS
D 9 1 LUÇON 41 km
0 300 m
Boulevard de Cognehors
NIORT 63 km
LUÇON 51 km
N 11
ESPLANADE DU PARC
Av. Porte Dauphine
Albert Ier
des Remparts
R. A. d'Orbigny
R. des Voiliers
des Cordeliers
Av. L. Robinet
LA PALLICE
Av. Leclerc
Pl. de Verdun
PARC CHARRUYER
CITÉ ADMINIS^ve
Gambetta
PORTE ROYALE
Av. de la Porte Royale
B^d A. Verdier
Thiers
Amelot
Rue Neuve
Réaumur
Av. J. Guiton
Maubec
R. St Claude
Maréchal Joffre
VIEUX PORT
AVANT PORT
PORT DE PLAISANCE
R. des Minimes
Av. du 123ème
Av. du G^al De Gaulle
Boulevard
GARE
D 937
32km 4 ROCHEFORT
3 63 km ST-JEAN D'ANGELY
Y
Z
St-Yon (R.)............Y 55
Barentin (Pl.)............Z 5
Bonpland (R.)............Y 8
Bourse (Hôtel de la)............YZ C
Carénage (Quai du)............Z 10
Cathédrale St-Louis (✝)............Y 12
Chaine (Tour)............Z E
Champ-de-Mars (R. du)............Y 13
Dames (Cours des)............Z 16
Dompierre (R. de)............Y 18
Dupaty (R.)............Y 20
Duperré (Quai)............Z 22
Escale (R. de l')............Z 23
Gargoulleau (R.)............Y 29
Glacière (R. de la)............Y 31
Grosse Horloge (Porte de la)............Z F
Henri II (Maison)............Y K
Lanterne (Tour de la)............Z B
Marché (Pl. du)............Y 35
Maubec (Quai)............Z 36
Notre-Dame (✝)............Y 39
Noue (R. de la)............Y 40
Pernelle (R.)............Y 42
Rambaud (R.)............Y 45
St-Côme (R.)............Y 47
St-J.-du-Pérot (R.)............Z 49
St-Louis (R.)............Z 50
St-Nicolas (Tour)............Z D
St-Sauveur (R., ✝)............Z 54
Sur-les-Murs (R.)............Z 59
Valin (Quai)............Z 62
Vieljeux (R.-L.)............Z 63

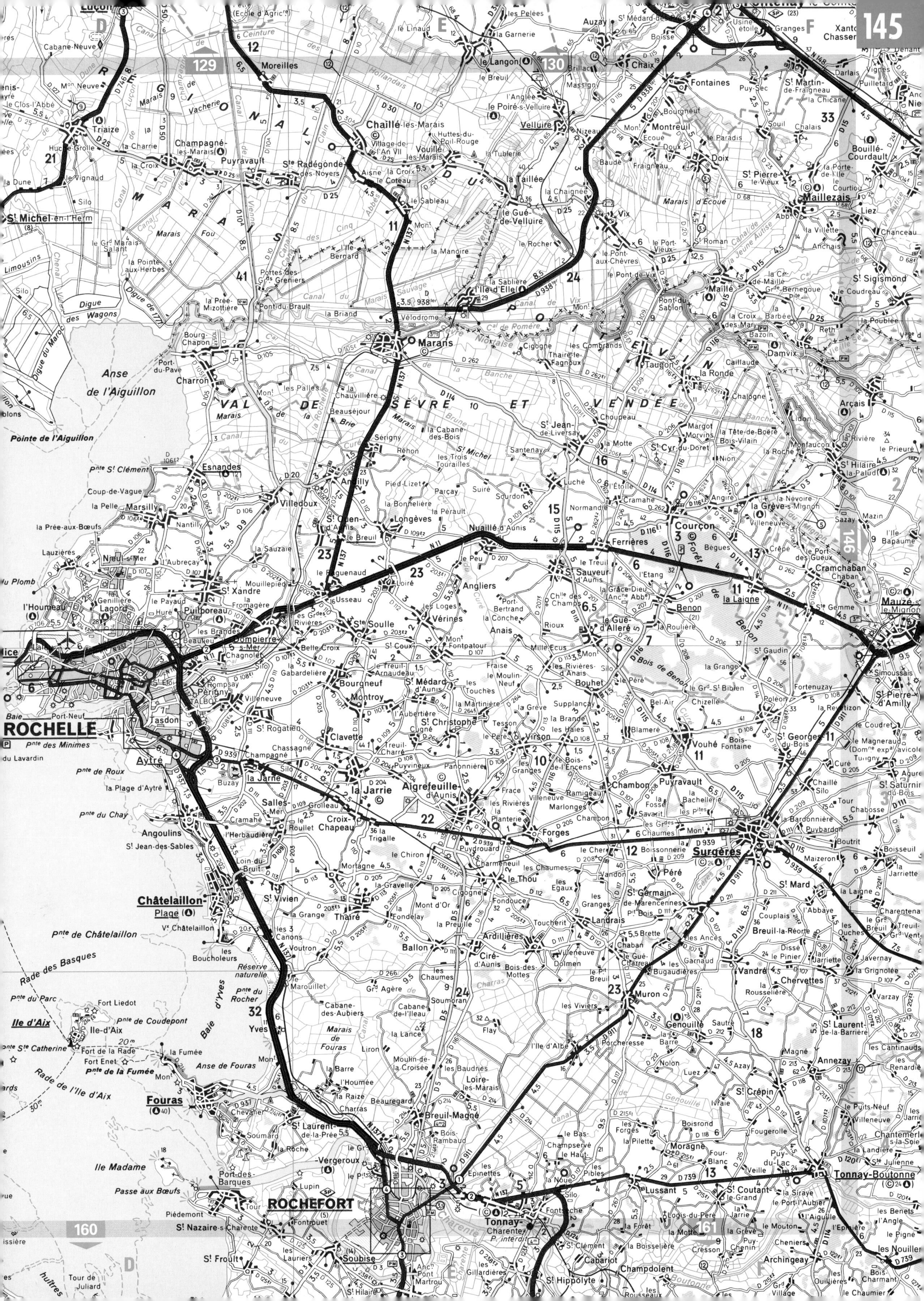

129
130
146
160
161

D E F

ROCHELLE

Rochefort

Marans

Surgères

Châtelaillon-Plage

Fouras

Ile d'Aix

Ile Madame

Anse de l'Aiguillon

Pointe de l'Aiguillon

Rade des Basques

Baie d'Yves

Anse de Fouras

Rade de l'Ile d'Aix

Pertuis Breton

MARAIS POITEVIN

VAL DE SÈVRE ET VENDÉE

Maillezais

Tonnay-Charente

Tonnay-Boutonne

Mauzé-s-le-Mignon

Aigrefeuille-d'Aunis

Courçon

Chaillé-les-Marais

St Michel-en-l'Herm

Soubise

130
131
145
161
162
St Pompain
Oulmes
Benet
Coulon
Magné
Bessines
NIORT
Échiré
St Gelais
Chauray
La Crèche
St Maixent-l'École
Aigonnay
Prailles
Mougon
Thorigné
Prahecq
Celles-s-Belle
Frontenay-Rohan-Rohan
Mauzé-s-le-Mignon
Beauvoir-s-Niort
Aiffres
Fors
Granzay
Marigny
Brioux-s-Boutonne
Chizé
FORÊT DE CHIZÉ
Réserve Nationale de Chasse
Loulay
Aulnay
Villemorin
Forêt d'Aulnay
Forêt de Chef-Boutonne
St Jean-d'Angély
Melle
Paizay-le-Tort
Lusseray
Chérigné
Secondigné-s-Belle
Villiers-en-Bois
Usseau
Vallans
Épannes
Sansais
Amuré
St Georges-de-Rex
Le Vanneau
Villiers-en-Plaine
Coudray-Salbart
St Maxire
Sciecq
St Rémy
Cherveux
Surin
Faye-s-Ardin
Augé
Parc Régional
La Villedieu
Dampierre-s-Boutonne
Néré
Cherbonnières
Courcelles
L'AQUITAINE
A10
N11
N150
D950
D948

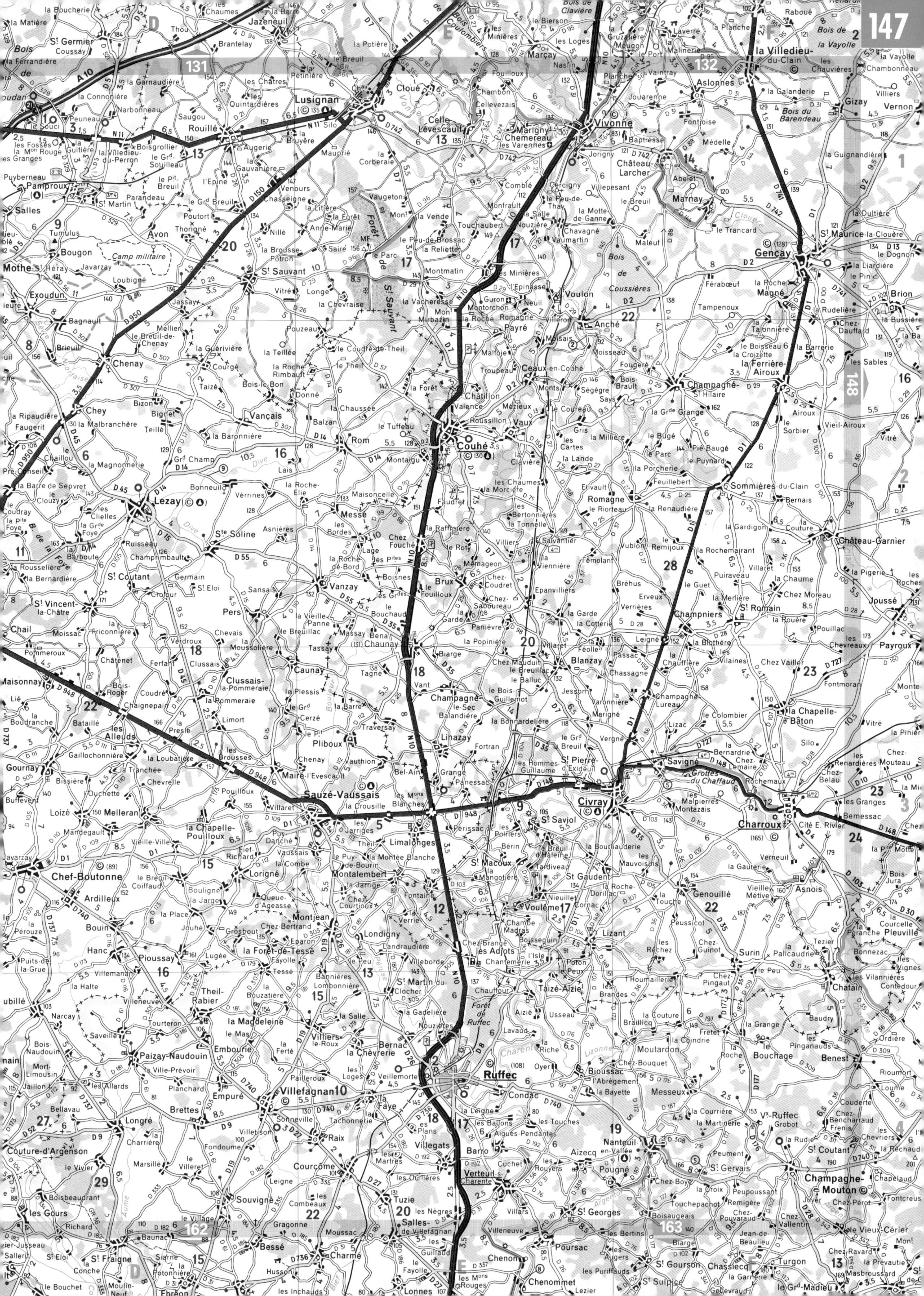

Jazeneuil
Lusignan
Celle-Lévescault
Marçay
Vivonne
la Villedieu-du-Clain
Aslonnes
Château-Larcher
Marnay
Gizay
Vernon
Rouillé
Pamproux
Salles
Bougon
Avon
Camp militaire
St Sauvant
Exoudun
Chenay
Chey
Vançais
Rom
Couhé
Vaux
Payré
Anché
Voulon
Gençay
Magné
St Maurice-la-Clouère
Brion
Champagné-St Hilaire
Ceaux-en-Couhé
Châtillon
Lezay
Ste Soline
Messé
Chaunay
Brux
Romagne
Sommières-du-Clain
Château-Garnier
Vanzay
Pers
Clussais-la-Pommeraie
Champniers
St Romain
Blanzay
Payroux
Jousse
Les Alleuds
Sauzé-Vaussais
Limalonges
Civray
Savigné
Charroux
Chef-Boutonne
Melleran
Montalembert
Genouillé
Surin
Pleuville
Asnois
Lorigné
Montjean
Londigny
Lizant
Chatain
Pioussay
la Forêt-de-Tessé
Paizay-Naudouin
Embourie
Villefagnan
Ruffec
Bioussac
Benest
Longré
Brettes
Courcôme
Verteuil-s-Charente
Nanteuil-en-Vallée
Pougné
Champagne-Mouton
Souvigné
Salles-de-Villefagnan
Bessé
Charmé
Poursac
St Gourson
Chassiecq
Turgon
St Fraigne
Lonnes
Chenommet
131
132
148
162
163

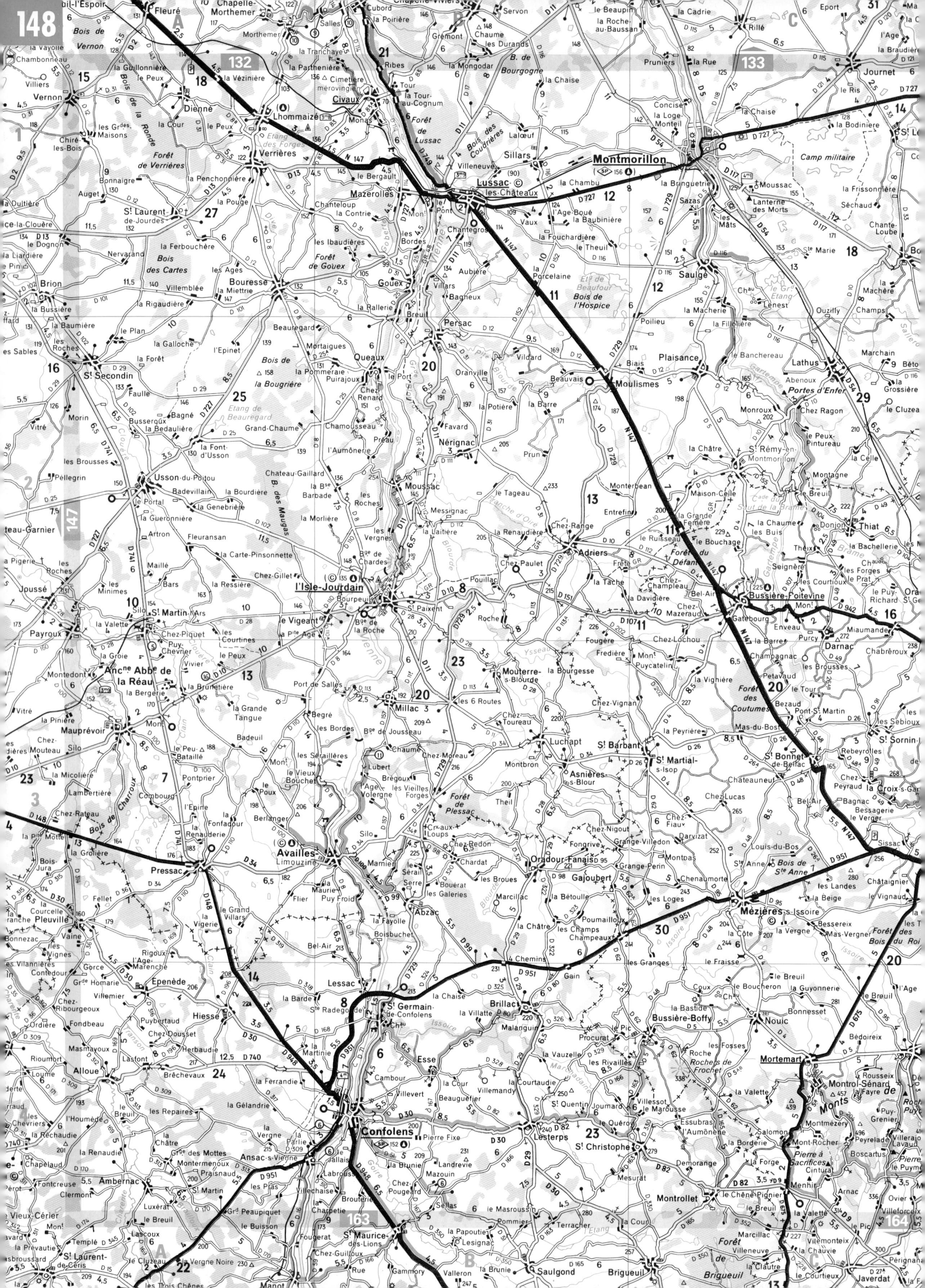

Fleuré
Chapelle-Morthemer
Cubord
Chapelle-Viviers
Servon
Rillé
Journet
Bois de Vernon
Vernon
Dienné
Lhommaizé
Civaux
Cimetière mérovingien
Forêt de Lussac
Verrières
Forêt de Verrières
Bois de la Ronde
Mazerolles
Lussac-les-Châteaux
Montmorillon
Camp militaire
Sillars
St Laurent-de-Jourdes
Moussac
Lanterne des Morts
Sazas
Saulgé
Forêt de Gouex
Gouex
Bois des Cartes
Bouresse
Persac
Brion
St Secondin
Bois de la Bougrière
Queaux
Moulismes
Plaisance
Lathus
Portes d'Enfer
Nérignac
St Rémy-en-Montmorillon
Usson-du-Poitou
B. des Maugas
Moussac
Adriers
Forêt du Défant
Thiat
Bussière-Poitevine
l'Isle-Jourdain
Le Vigeant
St Martin-l'Ars
Payroux
Anc^ne Abb^e de la Réau
Darnac
Mouterre-s-Blourde
Millac
Luchapt
St Barbant
St Martial-s-Isop
St Bonnet-de-Bellac
St Sornin
Mauprévoir
Asnières-s-Blour
Forêt de Plessac
Bois de Charroux
Availles-Limouzine
Oradour-Fanais
Gajoubert
Pressac
Mézières-s-Issoire
Forêt des Bois du Roi
Pleuville
Abzac
Epenède
Lessac
St Germain-de-Confolens
Brillac
Bussière-Boffy
Nouic
Hiesse
Esse
Mortemart
Alloue
Montrol-Sénard
Monts de Blond
Confolens
Lesterps
St Christophe
Ansac-s-Vienne
Ambernac
Montrollet
St Maurice-des-Lions
St Laurent-de-Céris
Saulgond
Brigueuil
Forêt de Brigueuil
Javerdat
132
133
147
163
164

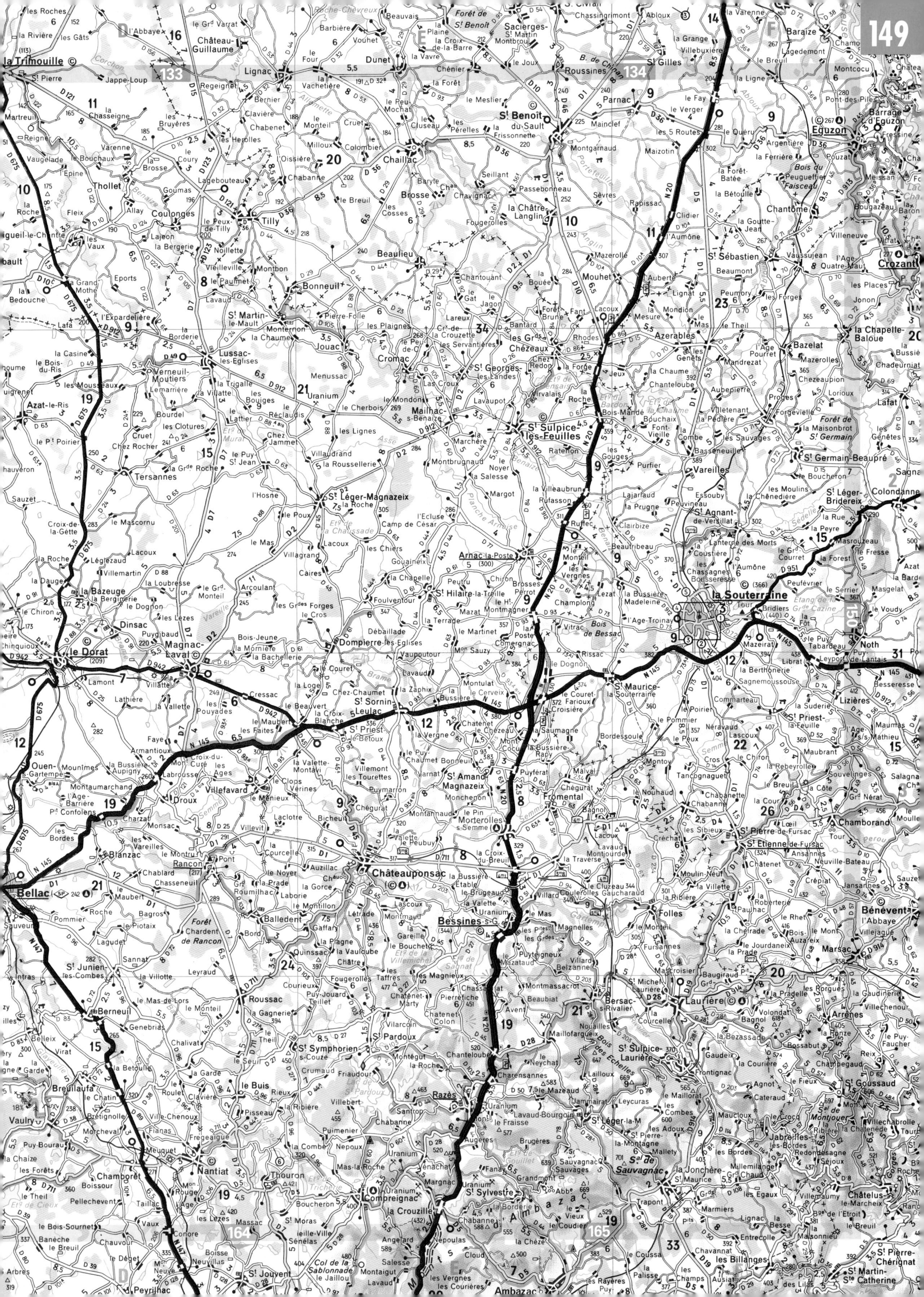

la Trimouille
Château-Guillaume
Lignac
Dunet
Forêt de St Benoît
Saciergès-St Martin
Roussines
St Gilles
Parnac
St Benoît du Sault
Eguzon
Chaillac
Brosse
Thollet
Coulonges
Tilly
la Châtre-Langlin
Beaulieu
Bonneuil
Mouhet
St Sébastien
Crozant
St Martin-le-Mault
Jouac
Lussac-les-Eglises
Cromac
les Grds Chézeaux
Azerables
Bazelat
la Chapelle-Baloue
Verneuil-Moutiers
Azat-le-Ris
Mailhac-s-Benaize
St Sulpice-les-Feuilles
St Georges-les-Landes
Lafat
St Germain-Beaupré
Tersannes
St Léger-Magnazeix
Vareilles
St Léger-Bridereix
Colondannes
St Agnant-de-Versillat
Arnac-la-Poste
la Bazeuge
St Hilaire-la-Treille
la Souterraine
Dinsac
Magnac-Laval
le Dorat
Dompierre-les-Eglises
St Maurice-la-Souterraine
Noth
Lizières
St Sornin-Leulac
St Priest-la-Feuille
Villefavard
St Amand-Magnazeix
Fromental
Chamborand
Blanzac
Rancon
Châteauponsac
Morterolles-s-Semme
St Etienne-de-Fursac
Bellac
Balledent
Bessines-s-G.
Folles
Bénévent-l'Abbaye
Marsac
Berneuil
Roussac
Bersac-s-Rivalier
Laurière
Arrènes
St Symphorien-s-Couze
St Pardoux
St Sulpice-Laurière
St Goussaud
Breuilaufa
le Buis
Razès
St Léger-la-M.
Nantiat
Thouron
Compreignac
St Sylvestre
Sauvagnac
Châtelus-le-Marcheix
la Jonchère-St Maurice
Ambazac
Monts d'Ambazac
St Jouvent
Peyrilhac
les Billanges
St Martin-Ste Catherine
St Pierre-Chérignat

134
135
149
165
166
A
B
C
Aigurande
Crozon-s-Vauvre
Crevant
Ste Sévère-s-Indre
Orsennes
Montchevrier
Cuzion
Barrage d'Éguzon
St Plantaire
Forêt de Montpéget
la Buxerette
Pouligny-Notre-Dame
Lourdoueix-St Michel
Méasnes
Nouziers
la Forêt-du-Temple
Mortroux
Moutier-Malcard
Crozant
Fresselines
Nouzerolles
Lourdoueix-St Pierre
Châtelus-Malvaleix
Genouillac
Bonnat
Chéniers
Linard
Malval
Chambon-Ste Croix
Dun-le-Palestel
St Sulpice-le-Dunois
Colondannes
Naillat
Fleurat
Bussière-Dunoise
Anzême
Champsanglard
Jouillat
Glénic
St Vaury
St Fiel
Ajain
Jarnages
Ladapeyre
Guéret
St Léger-le-Guérétois
Ste Feyre
St Laurent
Pionnat
Vigeville
Cressat
le Grand-Bourg
Gartempe
St Silvain-Montaigut
Montaigut-le-Blanc
Bénévent-l'Abbaye
Puy de Goth
St Victor-en-Marche
Forêt de Chabrières
Peyrabout
Savennes
St Yrieix-les-Bois
Moutier-d'Ahun
Ahun
St Christophe
Augères
Azat-Châtenet
Aulon
Mourioux
Ceyroux
Janaillat
St Dizier-Leyrenne
St Éloi
Sardent
Maisonnisses
Lépinas
Sous-Parsat
Chamberaud
Fransèches
St Avit-le-Pauvre
St Sulpice-les-Champs
Pontarion
St Hilaire-le-Château
la Pouge
St Georges-la-Pouge
Bosmoreau-les-Mines
Masbaraud-Mérignat
Bourganeuf
Forêt de Mérignat
St Pierre-Chérignat
St Martin-Ste Catherine
Pierre-aux 9 Gradins
Vidaillat
Soubrebost
Genêts
N 145
D 940
D 951
D 912
D 941
D 942
D 990

135
136
166
167
152
MONTLUÇON
Commentry
Néris-les-Bains
Désertines
Domérat
Huriel
Boussac
Gouzon
Chambon-s-Voueize
Evaux-les-Bains
Auzances
Marcillat-en-Combraille
Pionsat
Bellegarde-en-Marche
Chambonchard
Château-s-Cher
St Maurice-près-Pionsat
Roche-d'Agoux
Charensat
Lupersat
Mainsat
Arfeuille-Châtain
Rougnat
Sannat
Tardes
Lussat
Lépaud
Viersat
Budelière
Quinssaines
Prémilhat
Lamaids
Treignat
Lavaufranche
Soumans
Bord-St-Georges
Auge
Trois-Fonds
Pierrefitte
St Chabrais
St Loup
St Julien-le-Châtel
Peyrat-la-Nonière
Champagnat
St Maixant
St Amand
St Alpinien
St Silvain-Bellegarde
Préveranges
St Marien
St Palais
Viplaix
Courçais
Chazemais
Mesples
Chambérat
La Chapelaude
Vaux
Estivareilles
Reugny
Audes
St Victor
Verneix
Chamblet
Durdat-Larequille
Arpheuilles-St Priest
Ronnet
Montluçon
Teillet-Argenty
Lignerolles
St Genest
Villebret
Mazirat
Terjat
St Marcel-en-Marcillat
St Fargeol
St Maignier
Espinasse
Vergheas
Bussières
Fontanières
Reterre
Bois de l'Espinasse
Bois de Tigoulet
Forêt de Drouille
Bois des Landes
N 145
N 144
D 997
D 993
D 915
D 988
D 996
D 943
A 71

136
137
151
167

A 71: Clermont-F^{d}
-Montmarault
ouv. prévue : fin 1987

A 71: Clermont-F^{d}
-Montmarault
ouv. prévue : fin 1987

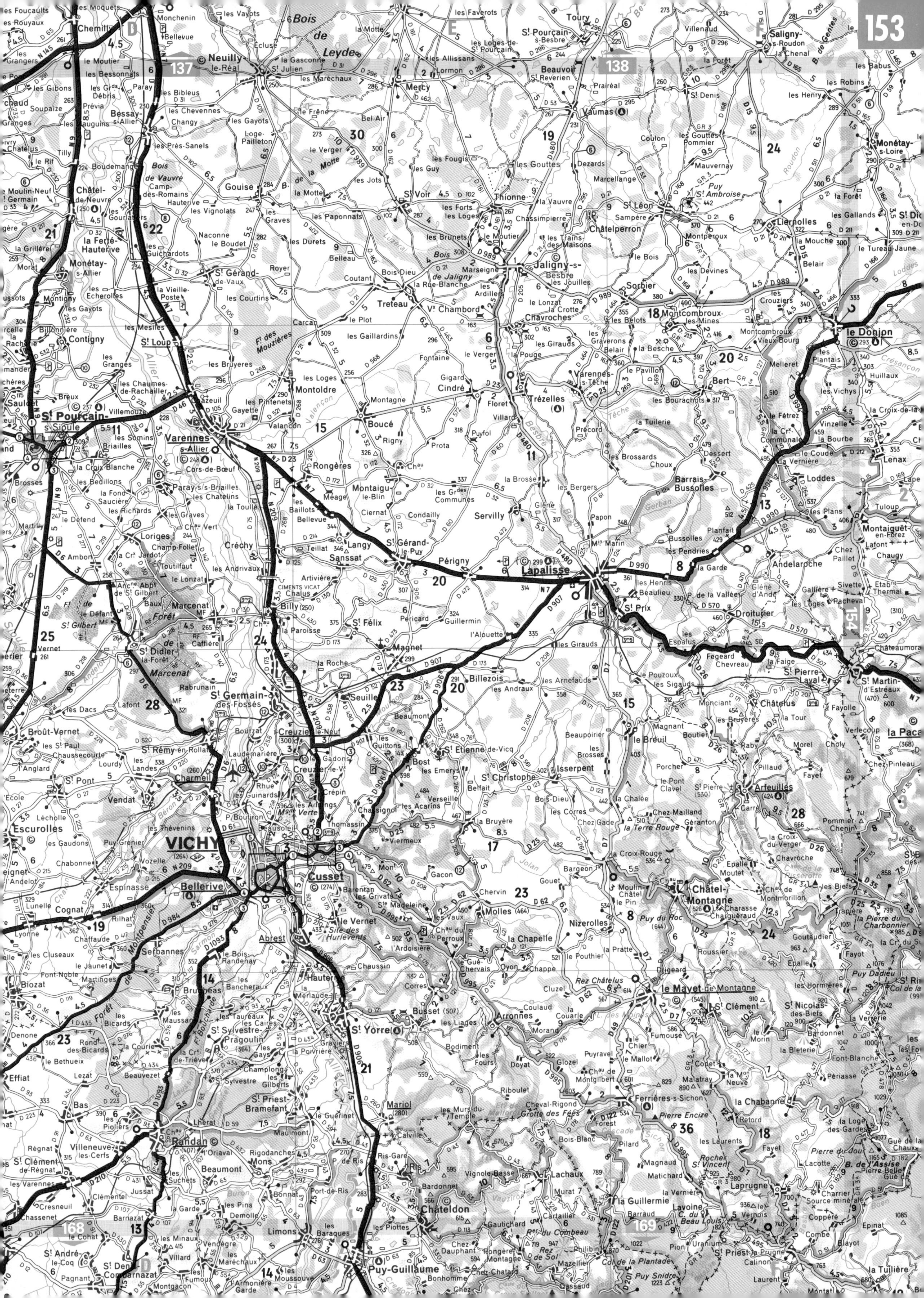

Bois de Leyde
Neuilly-le-Réal
St Julien
Mercy
Beauvoir
St Pourçain-s-Besbre
Toury
Saligny-s-Roudon
Bessay-s-Allier
Chemilly
Vaumas
Monétay-s-Loire
Bois de la Motte
Gouise
St Voir
Thionne
St Léon
Liernolles
Châtel-de-Neuvre
la Ferté-Hauterive
Monétay-s-Allier
St Gérand-de-Vaux
Jaligny-s-Besbre
Châtelperron
Sorbier
Treteau
Vx Chambord
Chavroches
Montcombroux-les-Mines
le Donjon
Contigny
St Loup
Ft des Mouzières
Montoldre
Cindré
Trézelles
Varennes-s-Têche
Bert
St Pourçain-s-Sioule
Varennes-s-Allier
Boucé
Rongères
Montaigu-le-Blin
Barrais-Bussolles
Loddes
Lenax
Paray-s/s-Briailles
Loriges
Créchy
St Gérand-le-Puy
Périgny
Servilly
Lapalisse
Montaiguët-en-Forez
Andelaroche
Droiturier
St Prix
Marcenat
Billy
St Félix
Magnet
St Didier-la-Forêt
Forêt de Marcenat
St Germain-des-Fossés
Seuilly
Billezois
St Pierre-Laval
St Martin-d'Estréaux
Creuzier-le-Neuf
Creuzier-le-Vx
St Etienne-de-Vicq
Isserpent
le Breuil
Châtelus
Arfeuilles
Broût-Vernet
St Rémy-en-Rollat
Charmeil
Bost
St Christophe
VICHY
Cusset
Bellerive
Escurolles
Vendat
St Pont
Espinasse
Châtel-Montagne
Molles
Nizerolles
la Chapelle
Abrest
Serbannes
Hauterive
le Mayet-de-Montagne
St Clément
St Nicolas-des-Biefs
Brugheas
St Sylvestre-Pragoulin
St Yorre
Busset
Arronnes
Ferrières-s-Sichon
Lavoine
St Priest-Bramefant
Mariol
Randan
Villeneuve-les-Cerfs
St Clément-de-Régnat
Lachaux
Laprugne
la Guillermie
Châteldon
Puy-Guillaume
Limons
St Priest-la-Prugne
Effiat
Puy du Roc
Pierre Encize
Rocher St Vincent
la Chabanne
St André-le-Coq
St Denis-Combarnazat
137
138
154
168
169

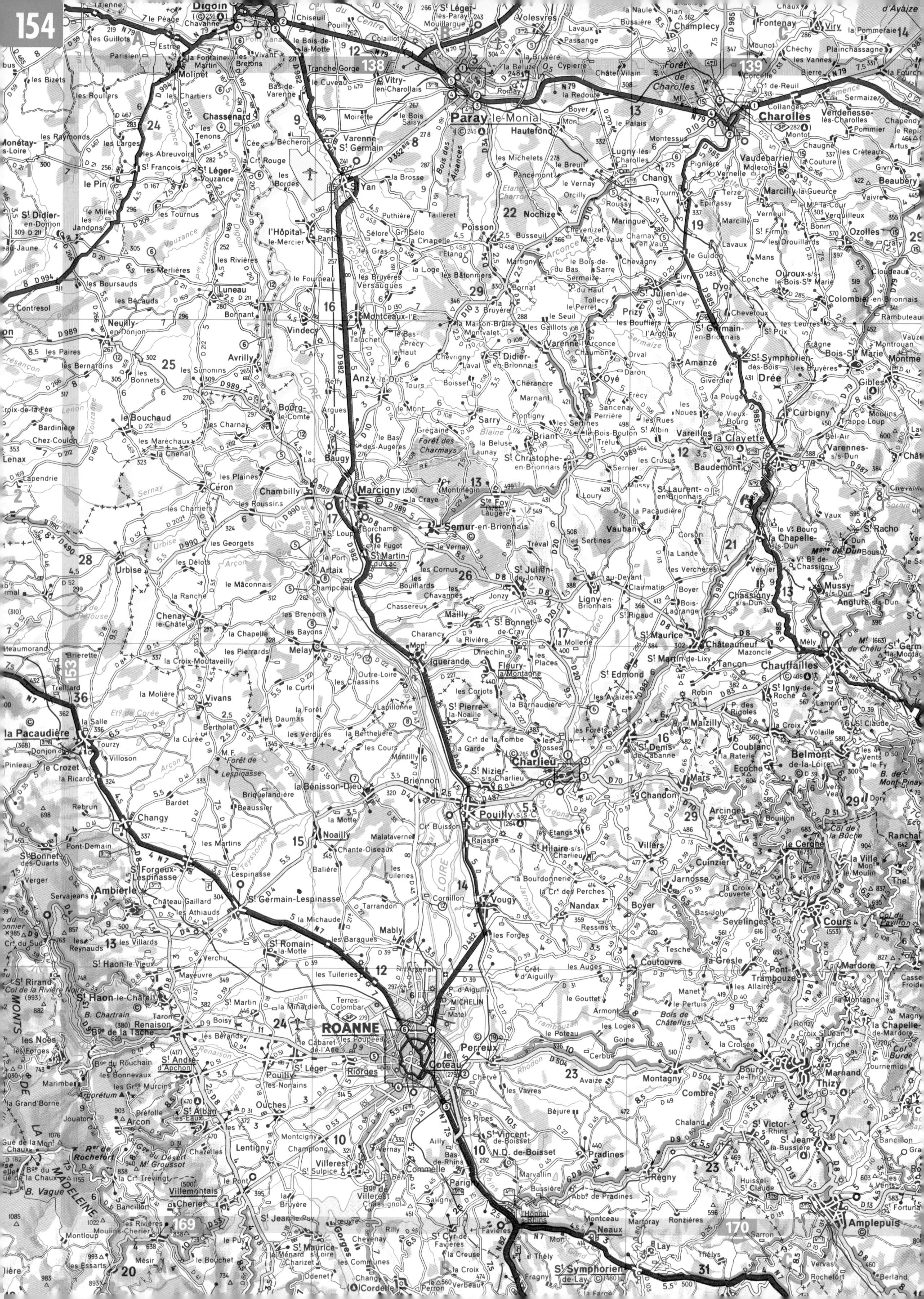

138 139 153 169 170

Digoin
Chavanne
Chiseuil
Pouilly
St Léger-lès-Paray
Volesvres
Champlecy
Fontenay
Viry
Molinet
Vitry-en-Charollais
Paray-le-Monial
Hautefond
Charolles
Vendenesse-lès-Charolles
Chassenard
St Léger-s-Vouzance
Varenne-St Germain
St Yan
Nochize
Changy
Lugny-lès-Charolles
St Didier-en-Donjon
l'Hôpital-le-Mercier
Poisson
Ozolles
Luneau
Montceaux-l'Étoile
Vindecy
Prizy
St Julien-de-Civry
St Germain-en-Brionnais
Colombier-en-Brionnais
Neuilly-en-Donjon
Avrilly
Anzy-le-Duc
St Didier-en-Brionnais
Varenne-l'Arconce
Oyé
Amanzé
St Symphorien-des-Bois
Drée
Bois-Ste Marie
Gibles
Bourg-le-Comte
Sarry
Briant
Curbigny
le Bouchaud
Baugy
Forêt des Charmays
St Christophe-en-Brionnais
Vareilles
la Clayette
Baudemont
Varennes-s/s-Dun
Céron
Chambilly
Marcigny
Montmégin
Ste Foy
St Laurent-en-Brionnais
Semur-en-Brionnais
Vauban
Urbise
Artaix
St Martin-du-Lac
St Julien-de-Jonzy
Ligny-en-Brionnais
la Chapelle-s/s-Dun
St Racho
Chenay-le-Châtel
Mailly
Chassigny-s/s-Dun
Mussy-s/s-Dun
Anglure-s/s-Dun
Melay
Iguerande
Fleury-la-Montagne
St Maurice
Châteauneuf
Chauffailles
la Pacaudière
Vivans
St Pierre-la-Noaille
St Edmond
St Igny-de-Roche
Maizilly
St Denis-de-Cabanne
Charlieu
Coublanc
Belmont-de-la-Loire
Changy
la Bénisson-Dieu
Briennon
Pouilly-s/s-Charlieu
Chandon
Mars
Écoche
Arcinges
Noailly
St Hilaire-s/s-Charlieu
Villers
le Cergne
St Forgeux-Lespinasse
Ambierle
St Germain-Lespinasse
Vougy
Nandax
Jarnosse
Cuinzier
Cours
Sevelinges
St Romain-la-Motte
Mably
Coutouvre
la Gresle
Pont-Trambouze
St Haon-le-Vieux
St Haon-le-Châtel
Renaison
ROANNE
Riorges
le Coteau
Perreux
Montagny
Combre
Bourg-de-Thizy
Thizy
Marnand
St André-d'Apchon
Pouilly-les-Nonains
St Alban-les-Eaux
Ouches
Arcon
St Vincent-de-Boisset
N.D. de Boisset
Pradines
St Victor-s-Rhins
St Jean-la-Bussière
Lentigny
Villerest
Commelle
Régny
Villemontais
Cherier
l'Hôpital-s-Rhins
Neaux
Amplepuis
St Jean-St Maurice-sur-Loire
St Cyr-de-Favières
Lay
St Symphorien-de-Lay
Cordelle
MONTS DE LA MADELEINE
LOIRE

Cluny
Mâcon
Pont-de-Vaux
Pont-de-Veyle
Bâgé-le-Châtel
Tramayes
Matour
Monsols
Beaujeu
Belleville
Villefranche-s-Saône
Trévoux
Anse
Thoissey
Lamure-s-Azergues
Châtillon-s-C.
St Trivier-s-Moignans
Fleurie
Juliénas
Chénas
Solutré
Pouilly
Fuissé
Vergisson
Milly-Lamartine
Berzé-la-Ville
Berzé-le-Châtel
Azé
Lugny
Vinzelles
Chaintré
Crêches-s-S.
Romanèche-Thorins
Villié-Morgon
Chiroubles
Régnié
Quincié-en-Beaujolais
Salles-Arbuissonnas-en-Beaujolais
Montmerle-s-Saône
Ars-s-Formans
Ambérieux-en-Dombes
Reyrieux
Fareins
Villeneuve
St Bonnet-des-Bruyères
St Christophe
Chenelette
Poule
Propières
les Echarmeaux
Chambost-Allières
Chamelet
Létra
Theizé
Oingt
Col des Enceints
Col de Crie
Col du Fût d'Avenas
Mont St Rigaud
Mt Brouilly
Roche d'Ajoux
Butte de Suin
A 40: ouv. prev.: été 1987
139
140
156
170
171

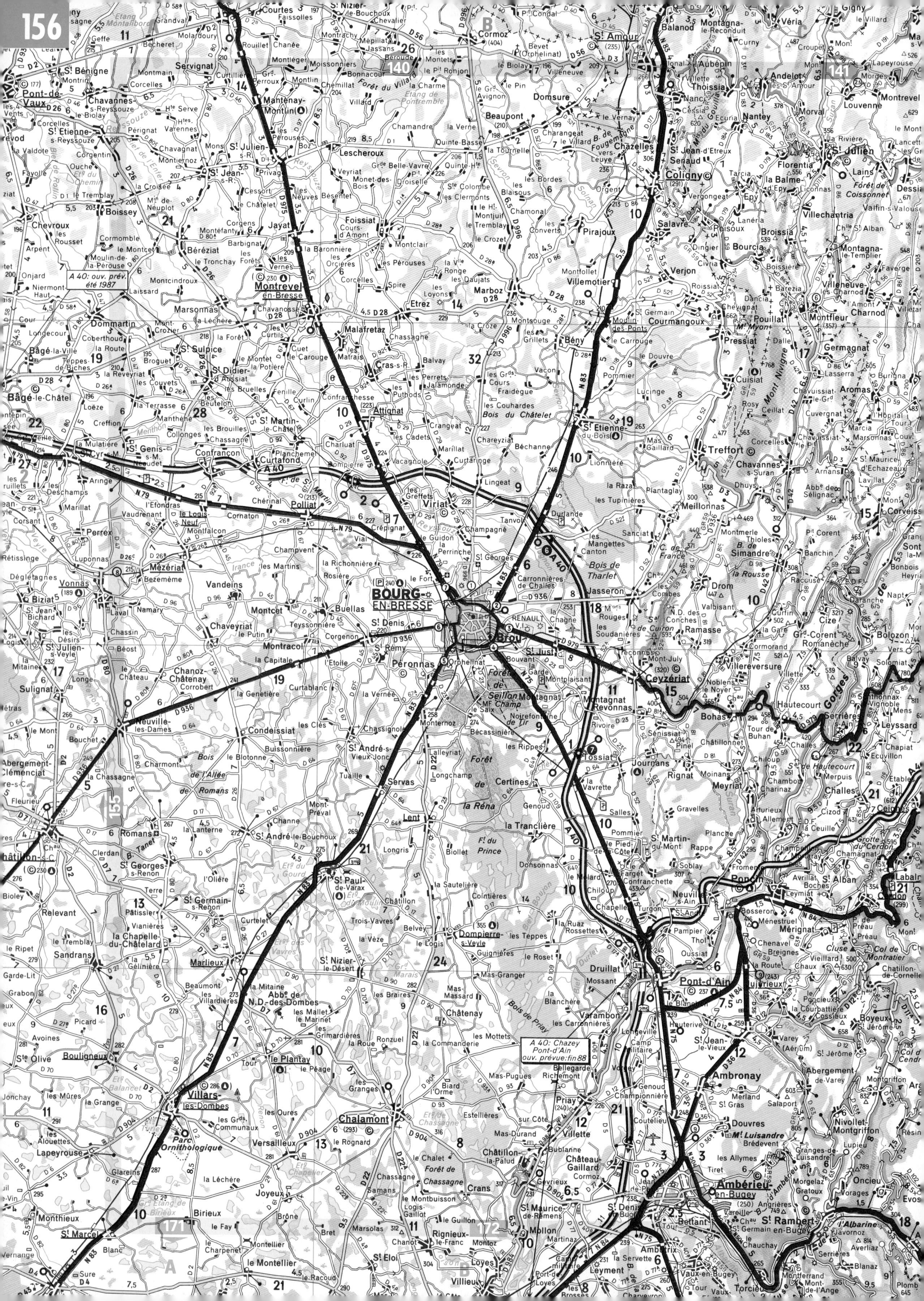

140
141

A 40: ouv. prév. été 1987

BOURG-EN-BRESSE

A 40: Chazey Pont-d'Ain ouv. prévue: fin 88

155
171
172

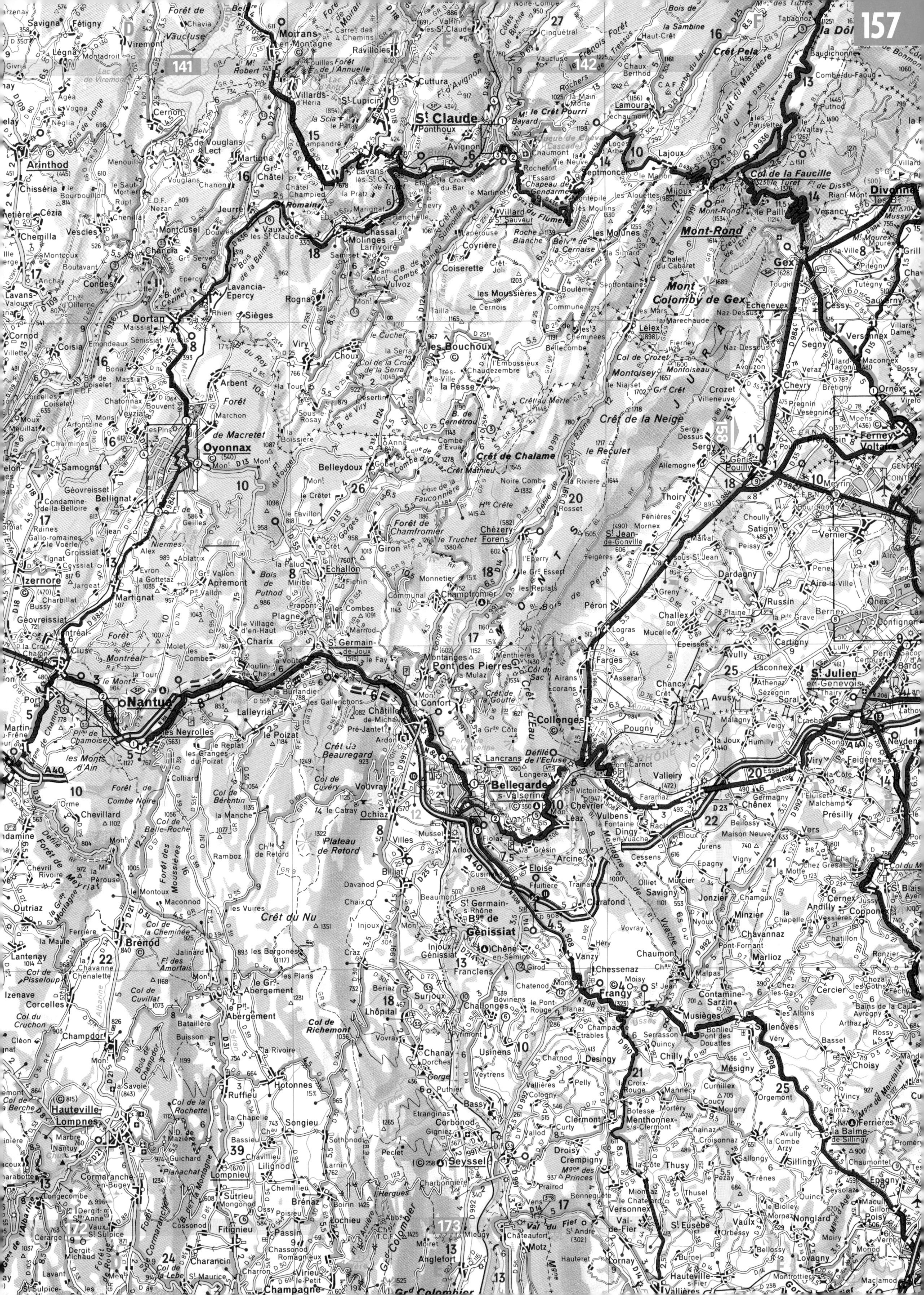

141
142
158
172
173
St Claude
Moirans-en-Montagne
Arinthod
Oyonnax
Nantua
Dortan
Izernore
Bellegarde-s-Valserine
Gex
Divonne
Mont-Rond
Col de la Faucille
Mijoux
Lajoux
Septmoncel
Les Bouchoux
Crêt de la Neige
Crêt de Chalame
Le Reculet
Mont Colomby de Gex
JURA
Ferney-Voltaire
St Genis-Pouilly
St Julien-en-Genevois
Collonges
Frangy
Seyssel
Hauteville-Lompnes
Brénod
Lompnieu
Champagne-
Crêt du Nu
Plateau de Retord
Crêt de Beauregard
Col de Richemont
B^{ge} de Génissiat
Défilé de l'Ecluse
Pont des Pierres
Champfromier
Chézery-Forens
Echallon
Forêt de Chamfromier
Lancrans
Valleiry
Viry
Chêne-en-Semine
Chanay
Culoz
Bassy
Vesancy
Echenevex
Lélex
Thoiry
Péron
Farges
Chancy
Avusy
Pougny
Cruseilles
Dingy-en-Vuache
Vulbens
Montagne de Vuache
Meyrin
Vernier
Bernex
Onex
Confignon
Chevry
Crozet
Segny
Cessy
Versonnex
Ornex
Sergy
Allemogne
Pouilly
Mornex
Grd Colombier

LAC LÉMAN

142

143

157

173

174

Crêt Pela

la Dôle

Col de la Faucille

Divonne-les-Bains

Gex

Ferney-Voltaire

Versoix

Nyon

Coppet

Hermance

Yvoire

Excenevex

Thonon-les-Bains

Amphion-les-Bains

Évian-les-Bains

Douvaine

Massongy

GENÈVE

Annemasse

Carouge

Meyrin

St Julien-en-Genevois

Mont Salève

Reignier

Bonne

Boëge

les Voirons

St Jeoire

Mieussy

Bonneville

la Roche-s-Foron

Marignier

Cluses

Mont-Saxonnex

Cruseilles

Pont de la Caille

Thorens-Glières

Evires

Col d'Evires

Chaîne du Bargy

Col de la Colombière

le Grand-Bornand

St Jean-de-Sixt

la Clusaz

Chaîne des Aravis

Tête du Parmelan

Mont Lachat

Montagne de Sous-Dîne

Annecy

Annecy-le-Vieux

la Balme-de-Sillingy

Col de la Buffaz

Habère-Poche

Habère-Lullin

Lullin

Col de Cou

Col des Moises

Bellevaux

Mégevette

Haute Pointe

Col du Perret

Saxel

Machilly

St Cergues

Bons-en-Chablais

Allinges

Armoy

Lyaud

Reyvroz

Vailly

Meillerie
St Gingolph
Villeneuve
Malatraix
Mosses
les Mosses
la Torne
Thollon
Pic de Mémise
Novel
Port-Valais
Rennaz
Roche
Tour d'Aï
Leysin
les Diablerets
Ormont-Dessus
Bernex
la Dent d'Oche
le Grammont
Chessel
Vouvry
Aigle
Yvorne
Chevenoz
les Cornettes de Bises
Vacheresse
Col de Vernaz
Vionnaz
LES DIABLERETS
Villars-s-Ollon
Ollon
la Chapelle-d'Abondance
Pic de Morclan
Collombey
Monthey
Bex
Gryon
Abondance
Châtel
Mont de Grange
Pas de Morgins
Morgins
Troistorrents
St Maurice
Grd Muveran
le Biot
St Jean-d'Aulps
Pointe de Nantaux
Val-d'Illiez
Dent de Morcles
Montriond
Avoriaz
Champéry
Dents du Midi
Morzine
les Gets
Col de Coux
Salvan
Martigny
Grd Mt Ruan
Tour Sallière
Samoëns
Verchaix
Bge d'Emosson
Finhaut
Col de la Forclaz
Sembrancher
Sixt-Fer-à-Cheval
le Cheval Blanc
Vallorcine
Orsières
Champex
Cluses
Mt Buet
les Carroz-d'Arâches
Col des Montets
Flaine
Argentière
Aigles Rouges
Aigle d'Argentière
Aigle du Chardonnet
Désert de Platé
Plateau d'Assy
le Brévent
Mer de Glace
Mt Dolent
Sallanches
CHAMONIX
Aigle Verte
Combloux
St Gervais-les-Bains
les Houches
Aiguille du Midi
Vallée Blanche
Grdes Jorasses
Grd Golliat
174
175
143

ILE D'OLÉRON
ROCHEFORT
le Château-d'Oléron
Viaduc d'Oléron
St Trojan-les-Bains
Pertuis de Maumusson
Marennes
la Tremblade
Forêt de la Coubre
Phare de la Coubre
Pointe de la Coubre
la Palmyre
St Palais-s-Mer
ROYAN
Phare de Cordouan
Pointe de Grave
St Georges-de-Didonne
Meschers-s-Gironde
Talmont
le Verdon-s-Mer
Soulac-s-Mer
Saujon
Cozes
Mortagne-s-Gironde
St Vivien-de-Médoc
GIRONDE
144
145
176
177

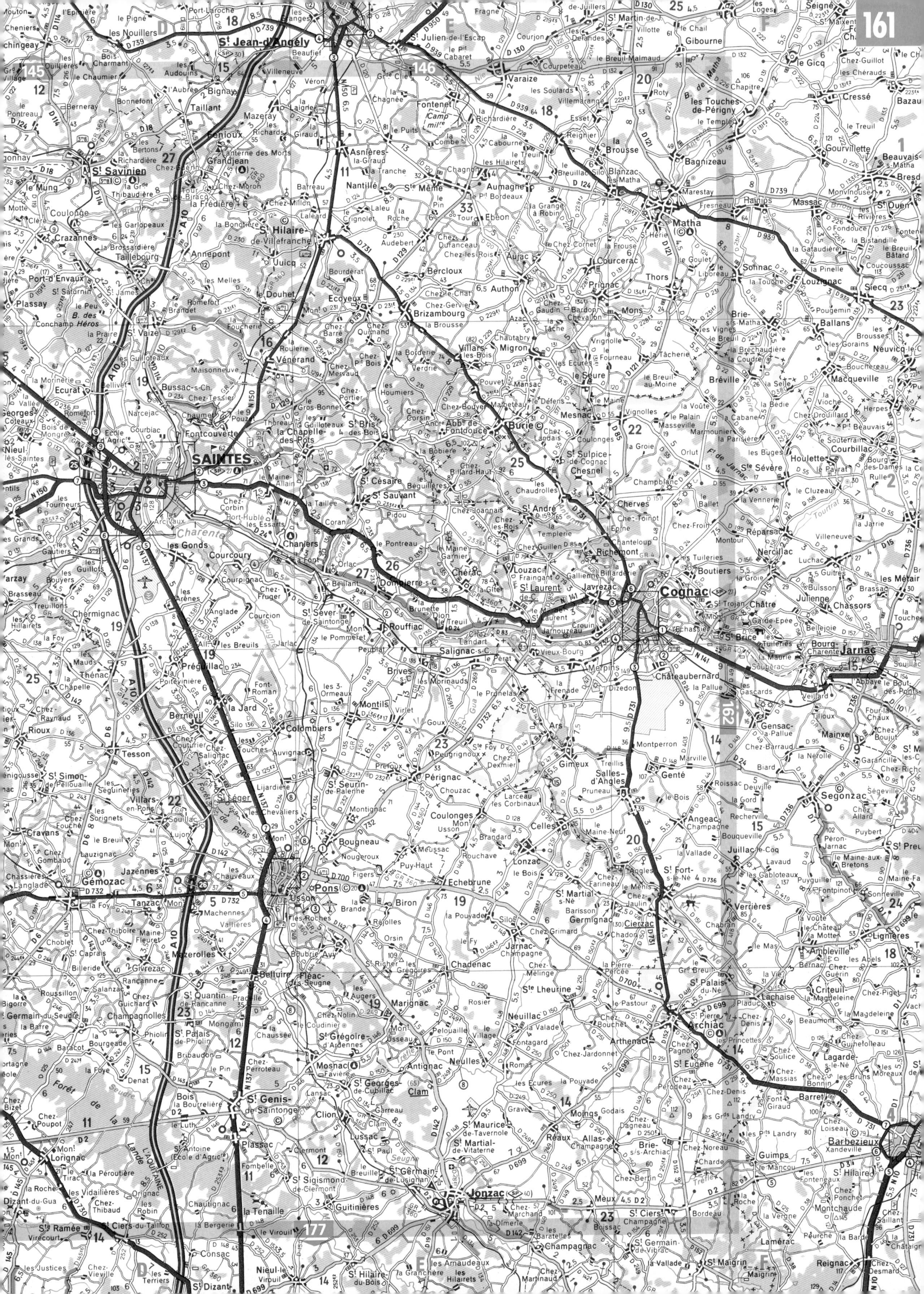
St Jean-d'Angély
St Savinien
SAINTES
Cognac
Jarnac
Matha
Pons
Jonzac
Archiac
Barbezieux
Burie
Gémozac
St Genis-de-Saintonge
Taillebourg
Segonzac
Châteaubernard
Charente
Forêt de la Lande
145
146
162
177
D
E
F

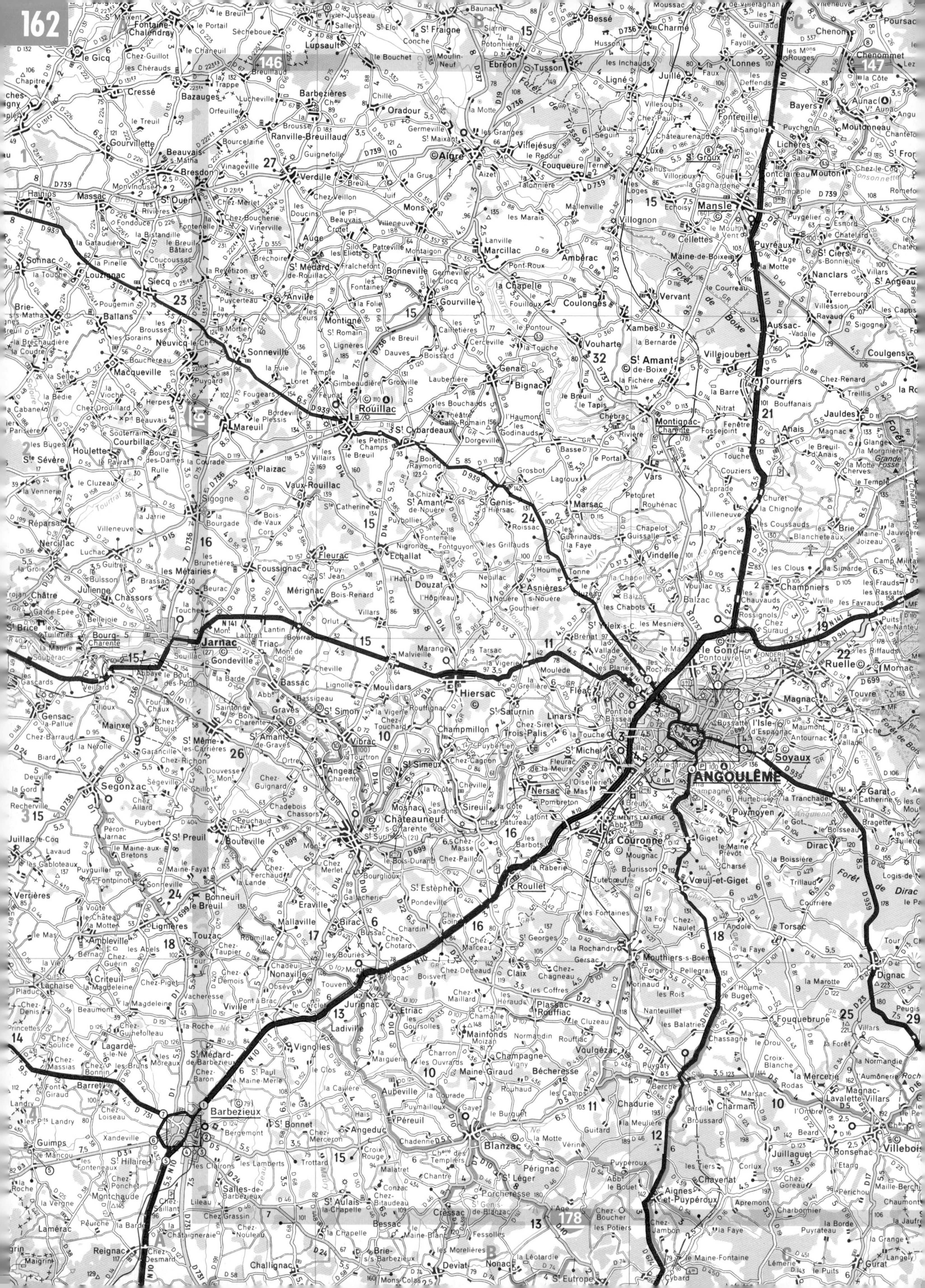

St Maixent
Fontaine-Chalendray
le Breuil
le Portail
Sécheboue
le Vivier-Jusseau
Salles
Lupsault
St Eloi
St Fraigne
Conche
Baunac
Siarne
Potonnière
Ebréon
Tusson
Bessé
Husson
Charmé
Moussac
Guillaud
le Fayolle
les Mons Rouges
Chenon
Chenommet
Poursac
le Gicq
le Chaneuil
Chez-Guillot
Chez-les-Chérauds
146
Breuillaud
Barbezières
le Bouchet
Moulin-Neuf
les Inchauds
Lonnes
Faux
Juillé
Ligné
147
la Côte
Chapitre
Cressé
Bazauges
la Trappe
Lucheville
Orfeuille
Chillé
Oradour
la Motte
Forêt de Tusson
Villesoubis
Chez-Pauly
les Deffends
Fontenille
Bayers
Aunac
Vt Aunac
Moutonneau
le Treuil
Brousse
Ranville-Breuillaud
Germeville
St Maixant
les Granges
Villejésus
Vau
Seguin
Châteaurenaud
la Sangle
Puychenin
Lichères
Chantelo
Gourvillette
Bourcelaine
Vinageville
Guignefolle
Aigre
Aizet
le Redour
Fouqueure
Terné
St Groux
Luxé
la Salle
Mouton
Chez-le-Coq
Beauvais-s-Matha
Bresdon
Verdille
le Breuil
la Grue
la Talonnière
Sehus
Villorioux
la Gagnardene
Goué
Fontclaireau
Sonsonnette
Hainios
Massac
Monvinouse
St Ouen
Chez-Merlet
Chez-Veillon
Juif
Mons
Mallenville
les Marais
Loges
Mansle
Echoisy
Mompaple
Romefort
les Rivières
Chez-Boucherie
Fondouce
Fontenelle
Vinerville
les Doucins
Le Pt Beauvais
Crotet
Villeneuve
Villognon
Cellettes
le Moulin à Vent
Puygelier
Esnord
le Chatelard
la Bistandille
le Breuil Bâtard
Coucoussac
la Brechoire
Auge
les Eliots
Silo
Patreville
Montaigon
Lanville
Marcillac
Ambérac
Maine-de-Boixe
Puyréaux
la Motte
St Ciers
s-Bonnieure
la Gataudière
la Pinelle
Sonnac
la Touche
Louzignac
la Revêtizon
St Médard-de-Rouillac
Fraichefont
Bonneville
Germeville
le Clocq
Pont-Roux
Forêt de Boixe
Nanclars
St Angeau
Siecq
Puycerteau
Anville
les Fontaines
Gourville
la Chapelle
le Fouilloux
Coulonges
le Courreau
Vervant
Terrebourg
Villession
Ravaud
Sigogne
les Capus
Brie-s-Matha
Ballans
Pougemin
la Foye
les Brousses
le Mortier
Neuvicq-le-Ch.
la Folie
les Leurs
Montigné
St Romain
Lignères
le Breuil
Dauves
les Caillettères
Cerceville
le Pontour
la Touche
Xambes
Vouharte
la Bernarde
St Amant-de-Boixe
Villejoubert
Aussac-Vadalle
Coulgens
la Bréchaudière
la Coudre
les Gorains
Sonneville
Boucheteau
Puy-Boissard
Genac
Bignac
la Fichère
Tourriers
Chez-Renard
Treillis
Macqueville
la Selle
la Bédie
la Vioche
Chez-Drouillard
Herpes
Puygard
Fougears
la Fuie
Loret
le Temple
la Gimbeaudière
Grosville
Laubertière
le Breuil
le Tapis
Chébrac
la Rivière
la Barre
Bouffanais
Nitrat
Jauldes
la Cabane
Pt Beauvais
Bordeville
le Plessis
Mareuil
Feunat
Rouillac
les Bouchauds
Théâtre Gallo-Romain
l'Haumont
les Godinauds
Montignac-Charente
Fenêtre
Fossejoint
Anais
Magnac
Glange
les Buges
Ste Sévère
Houlette
Courbillac
le Souterrain
Bourg-des-Dames
le Payrat
St Cybardeaux
les Petits-Champs
le Breuil
Dorgeville
Basse
le Portail
Vars
la Touche
le Breuil-d'Anais
la Morgnière
Grande Fosse
la Vennerie
le Cluzeau
Rulle
la Courade
Plaizac
les Villairs
Bois Raymond
Grosbot
Lagroux
Couziers
la Motte
Cherves
le Temple
Forêt de Bois Blanc
Sigogne
Vaux-Rouillac
la Chize
St Amant-de-Nouère
St Genis-d'Hiersac
Marsac
Petouret
Rouhénac
Laprade
Churet
la Chignolle
Réparsac
la Jarrie
la Bourgade
Ste Catherine
Bois-de-Vaux
Cors
Puybollier
Roissac
les Guérinauds
la Faye
Chapelot
Guissalle
Villeneuve
les Coussauds
Blancheteaux
Brie
Maine-Joizeau
la Jauvigère
Villeneuve
Nercillac
Luchac
les Brunetières
Fontenelle
Nigronde
Fontguyon
Echallat
les Grillauds
Vindelle
Argence
Camp Militaire
la Simarde
les Frauds
les Rassats
la Groie
Guitres
Buisson
les Métairies
Foussignac
Fleurac
Puy-St Jean
l'Habit
Douzat
Neuillac
l'Houme
Tonne
Asnières-s-Nouère
Vouillac
les Clous
Champniers
Viville
les Favrauds
Châtre
Julienne
Chassors
Beurac
Mérignac
Bois-Renard
l'Hôpital
Nouère
Gouthier
la Chapelle
Balzac
les Chabots
Balzac
les Chauvauds
Rossignols
Chez Suraud
Puits-de-Nanteuil
Garde-Epée
Belleioie
St Brice
les Tuileries
la Maurie
Bourg-Charente
Jarnac
Lantin
Triac
Villars
Orlut
Bourras
Malvieille
Tarsac
la Vigerie
St Yrieix-s-C
Brénat
Vallade
les Planes
les Rochers
les Mesniers
le Gond-Pontouvre
Fonderie
les Riffauds
Ruelle
Mornac
Souberac
les Gascards
Veillard
Abbaye
le Bout-des-Ponts
Souillac
Gondeville
Mont de Condé
la Barde
Bassac
Cheville
Lignolle
Moulidars
Marange
Hiersac
Moulède
la Grelliere
Fléac
Magnac
Touvre
Gensac-la-Pallue
Tilloux
Mainxe
la Chaux
Chez-Boujut
Saintonge
le Bois Charente
Graves
Bassigeau
St Simon
la Vigerie
Rouffignac
Chez-Touchard
St Saturnin
Linars
Trois-Palis
Chez-Siret
Pont de Basseau
Bussatte
l'Isle-d'Espagnac
Maumont
Antournac
la Lèche
la Vallade
Forêt de Bois Blanc
Chez-Barraud
la Nerolle
Garancille
St Même-les-Carrières
Chez-Richon
St Amant-de-Graves
Vibrac
Champmillon
Puybertier
la Touche
St Michel
Soyaux
Biard
Deuville
Douvesse
Mont
Ortre
Tourtron
St Simeux
Chez-Cagnon
Fleurac
la Meure
l'Oisellerie
le Mas
Nersac
Beauregard
Angoulême
Garat
Ste Catherine
la Gord
Segonzac
Ségeville
le Chillot
Chez-Guignard
Angeac-Charente
la Voûte
Cheville
Sireuil
Pombreton
la Côte
Campagne
Hurtebise
la Tranchade
Recherville
Chez-Allard
Chadebois
Chassors
Mosnac
les Sandons
Chez-Patureau
Lafont
Breuty
Ciments Lafarge
Puymoyen
le Got
la Bragette
Juillac-le-Coq
Peron-Jarnac
Puybert
St Preuil
Peuchaud
Bouteville
Châteauneuf-s-Charente
St Surin
Chez-Masse
la Couronne
Mougnac
les Barbots
Giget
Dirac
le Bolsseau
Lavaud
le Maine-aux-Bretons
Mont
Chez-Merlet
Chez-Ferchaud
le Bois-Durand
Chez-Paillou
la Raberie
Bourisson
Tutebœuf
le Maine Prévôt
Charsé
la Boissière
Logis-de-M
les Gabloteaux
Puyguillier
le Maine-Fayat
la Lande
Bourgloux
St Estèphe
Roullet
Vœuil-et-Giget
Trillaud
Forêt de Dirac
Verrières
Fontpinot
Sonneville
Bonneuil
le Breuil
Eraville
la Gallecherie
Pondeville
les Fontaines
la Foy
Coufrière
la Voûte
le Château
la Motte
Lignières
Mallaville
Birac
Chez-Goin
Chez-Naulet
l'Andole
Torsac
le Mas
Ambleville
Bernac
les Abels
Chez-Guérin
Touzac
Roumillac
Chez-Taupier
Bussac
Chardin
Chez-Chotard
les Bouries
Chez-Marceau
St Georges
la Rochandry
Gersac
Mouthiers-s-Boëme
la Faye
Tour
Lachaise
Criteuil-la-Magdeleine
Chez-Piget
la Magdeleine
Chez-Demois
Vacheresse
Chadeuil
Nonaville
Obsève
Touvent
Mont
Peignac
Boisvert
Chez-Debeaud
Claix
Chez-Chagneau
Forge
Morinaud
Pellegrain
les Rois
le Buget
l'Houme
la Marotte
Dignac
Pladuc
Chez-Denis
Beaumont
Viville
Pont à Brac
le Cercle
Jurignac
Etriac
Chez-Maillard
les Héraults
les Coffres
Plassac-Rouffiac
Nanteuillet
les Balatries
Fouquebrune
Peugis
Princettes
Chez-Soulice
Chez-Guinefolleau
Lagarde-le-Né
la Roche
Ladiville
les Goursolles
Chamaille
Mainfonds
Moizan
Normandin
Rouffiac
le Cluzeau
Chassagne
le Drou
Villars
la Forêt
la Normandie
Chez-Massias
Chez-Bonnin
les Bruns
les Moreaux
St Médard-de-Barbezieux
Chez-Baron
Vignolles
la Maiguerie
Charron
les Ouvrards
Champagne-Vigny
Voulgézac
Puygaty
Croix-Blanche
Aumônerie
Barret
Font-Giraud
St Paul
le Maine-Merle
le Clos
Maine-Giraud
Bécheresse
Berche
Silo
la Mercerie
Rodas
Magnac-Lavalette-Villars
Landry
Chez-Loiseau
Barbezieux
le Gât
la Caillère
Aubeville
la Courade
Rouhaud
les Camps
Chadurie
Gardille
Broussard
Charmant
l'Ombre
Guimps
Xandeville
St Bonnet
Bergemont
Hais
Puymailloux
Péreuil
Angeduc
Chez-Merceron
Chadenne
Gayet
le Burguet
Blanzac
Ne
la Motte
Guitard
Vérine
la Meulière
Beard
Ronsenac
Villebois
le Mancou
les Fontenaux
St Hilaire
Chez-Ponchet
Montchaude
Trottard
Croix-Rouge
les Clairons
les Templiers
Péri gnac
Puypéroux
les Tiers
Corlux
l'Etang
Juillaguet
la Roche
la Vergne
Salles-de-Barbezieux
Chez-Saillant
Lileau
Malatret
Chantre
Conzac
Chez-Bitaudeau
St Léger
Porcheresse
Abbe le Bouet
Chavenat
Aignes-et-Puypéroux
Chez-Goreau
Apremont
Charbomier
Maille-Berchi
Chaumont
Lamérac
Peurche
la Barde
Chez-Grassin
la Châtaigneraie
Chez-Nouleau
St Aulais-la-Chapelle
Bessac
Cressac
St Genis-de-Blanzac
l'Age
178
Chez-Boucher
les Potiers
Chez-Jambon
la Faye
Puyrateau
la Borde
la Jaufre
Reignac
Maigrin
Chez-Desmard
la Chapelle
le Maine-Blanc
Fessolles
Brie-s/s-Barbezieux
les Morelières
Challignac
Deviat
Nonac
la Léotardie
St Eutrope
Mons-Colas
St Cybard
le Maine-Fontaine
Lèmerie
le Puits
la Grange
Gurat
Langely

147
148
164
179

D E F

St Gourson
Chassiecq
Turgon
St Laurent-de-Céris
Parzac
Beaulieu-s-Sonnette
St Claud
Cellefrouin
Ventouse
Nieuil
Lussac
Suaux
Roumazières-Loubert
la Péruse
Manot
St Maurice-des-Lions
Chabanais
Exideuil
Chirac
Chabrac
Étagnac
Saulgond
Brigueuil
Rochebrune
Saillat-s-V.
Chaillac-s-Vienne
Rochechouart
Chassenon
Pressignac
Genouillac
Mazières
Suris
St Quentin-s-Charente
Lézignac-Durand
Cherves-Châtelars
Chasseneuil-s-Bonnieure
St Mary
Agris
Taponnat
Vitrac-St Vincent
Montemboeuf
Massignac
Verneuil
Videix
Chéronnac
Vayres
Oradour-s-Vayres
la Rochefoucauld
Rivières
St Projet
St Adjutory
Yvrac-et-Malleyrand
Mazerolles
le Lindois
Sauvagnac
les Salles-Lavauguyon
St Bazile
Roussines
St Mathieu
Maisonnais-s-Tardoire
Cussac
Bunzac
Rancogne
Vilhonneur
St Sornin
Pranzac
Orgedeuil
Rouzède
Ecuras
Montbron
Vouthon
Busserolles
Champniers-et-Reilhac
Bussière-Badil
Eymouthiers
Chazelles
Marthon
St Germain-de-Montbron
Feuillade
Piégut-Pluviers
Soudat
St Barthélemy-de-Bussière
Marval
la Chapelle-Montbrandeix
Pensol
Grassac
Souffrignac
Varaignes
Teyjat
Étouars
St Estèphe
Augignac
Abjat-s-Bandiat
le Bourdeix
Javerlhac-et-la Chle-St Robert
Charras
Mainzac
Hautefaye
St Martin-le-Pin
Nontron
Savignac-de-Nontron
St Saud-Lacoussière
Champs-Romain
Rougnac
Connezac
Lussas-et-Nontronneau
St Martial-de-Valette
St Pardoux-la-Rivière
Combiers
les Graulges
Beaussac
Rudeau-Ladosse
Champeaux-et-la Chle-Pommier
St Front-s-Nizonne
Sceau-St Angel
la Rochebeaucourt-et-Argentine
Ste Croix-de-Mareuil
St Sulpice-de-Mareuil
Mareuil
la Chapelle-Montmoreau
Milhac-de-Nontron
St Front-la-Rivière
Vieux-Mareuil
Quinsac
Puyguilhem
Grottes de Villars
St Martin-de-Fressengeas

Rochebrune
St Junien
Oradour-s-Glane
Nieul
Peyrilhac
St Jouvent
Bonnac-la-Côte
Chaptelat
Couzeix
Rilhac-Rancon
Veyrac
St Gence
St Brice-s-Vienne
St Victurnien
Saillat-s-V.
Chaillac-s-Vienne
St Martin-de-Jussac
Ste Marie-de-Vaux
St Yrieix-s/s-Aixe
Verneuil-s-Vienne
Rochechouart
Cognac-la-Forêt
St Priest-s/s-Aixe
LIMOGES
Panazol
Feytiat
Aixe-s-Vienne
Isle
Condat-s-Vienne
St Auvent
St Cyr
St Laurent-s-Gorre
Séreilhac
Vayres
Oradour-s-Vayres
St Bazile
Gorre
Solignac
Le Vigen
Chalusset
Burgnac
Lavignac
Champsac
Flavignac
Meilhac
Jourgnac
Cussac
Champagnac
Nexon
St Maurice-les-Brousses
St Jean-Ligoure
Pageas
les Cars
Rilhac-Lastours
Châlus
St Hilaire-les-Places
St Priest-Ligoure
La Chapelle-Montbrandeix
Montbrun
Dournazac
Bussière-Galant
Janailhac
Pensol
la Meyze
la Roche-l'Abeille
Firbeix
St Nicolas
Ladignac-le-Long
St Pierre-de-Frugie
Mialet
le Chalard
St Saud-Lacoussière
la Coquille
St Priest-les-Fougères
Coussac-Bonneval
Chaleix
St Jory-de-Chalais
St Yrieix-la-Perche
Mavaleix
Jumilhac-le-Grand
St Paul-la-Roche
Glandon
Sarlande
St Julien-le-Vendômois
St Martin-de-Fressengeas
Sarrazac
St Eloy-les-Tuileries
l'Hôpital

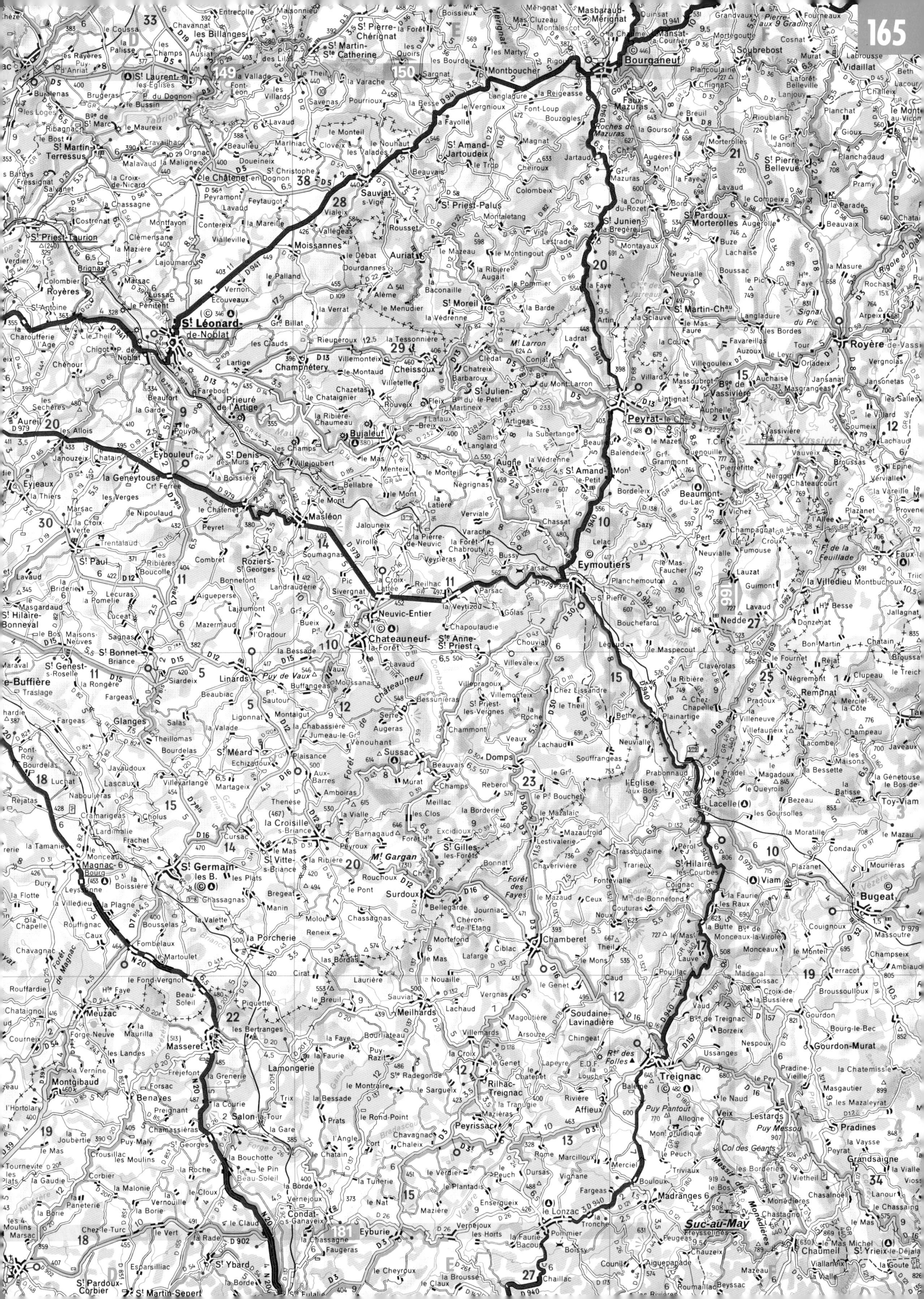

Bourganeuf
St Léonard-de-Noblat
Eymoutiers
Treignac
Peyrat-le-Château
Châteauneuf-la-Forêt
Masseret
Meuzac
Magnac-Bourg
St Germain-les-Belles
Royère-de-Vassivière
Bugeat
Chamberet
St Priest-Taurion
Sauviat-sur-Vige
Moissannes
St Amand-Jartoudeix
St Julien-le-Petit
Bujaleuf
Masléon
Linards
Surdoux
Domps
Meilhards
Salon-la-Tour
Condat-s-Ganaveix
Eyburie
Le Lonzac
Chaumeil
Suc-au-May
Lac de Vassivière
Forêt de Châteauneuf
Massif des Monédières
Rilhac-Treignac
Affieux
Madranges
Nedde
Rempnat
Beaumont-du-Lac
Lacelle
St Hilaire-les-Courbes
Soudaine-Lavinadière
Peyrissac
Benayes
Montgibaud
St Ybard
Lamongerie
St Gilles-les-Forêts
Sussac
La Croisille-s-Briance
La Porcherie
Glanges
St Méard
Roziers-St Georges
Neuvic-Entier
St Paul
Eybouleuf
St Denis-des-Murs
Champnétery
Cheissoux
Auriat
St Moreil
St Martin-Terressus
St Laurent-les-Églises
Les Billanges
St Martin-Ste Catherine
St Pierre-Chérignat
Montboucher
Faux-Mazuras
St Junien-la-Bregère
St Pardoux-Morterolles
St Martin-Château
Vidaillat
Soubrebost
Gourdon-Murat
Pradines
Veix
Viam
Toy-Viam
Tarnac
Faux-la-Montagne

Fourneaux
la Pouge
Théolissat
Massigoud
Combret
le Cher
le Prat
le Fot
St Alpinien
Lupersat
Montcor
Gradins
Charbonnier
Mazeirat
Chansard
Vergnas
la Villotte
la Borne
Sagnas
Aubusson
Montignat
St Silvain Bellegarde
Erollas
Brigoux
Labrousse
Villemonteil
la Chapelle
le Mont
le Poirier
Sannegrand
les Fourches
Vidaillat
Beth
Baubiat
Chasseline
St Michel-de-Veisse
les Barbaris
Blessac
la Seiglière
Puyboube
Chez-Taverne
Laforêt-Belleville
Chavanat
Lacour
Lanjouy
Challeix
Lamant
Courcelles
Treichazeix
Farges
Villatte
Peyrat
Prondessagne
Mautes
Planchat
le Monteil-au-Vicomte
Banize
Villages
le Plat
St Marc-à-Frongier
Frongier
Rozeille
St Pardoux-le-Neuf
Poux-Bourreau
Rioublanc
Janoit
Gioux
le Lac
Epagnat
Essarteau
Lachaud
Forest
Chassaing-Cheval
Murzeix
Villevaleix
St Pierre-Bellevue
Planchadaud
Masvaudier
Mergoux
Lune
Combes
Mazaublanc
les Puids
la Villetelle
Naleichard
Vaud
la Mouline
Vallières
Margnot
Congres
Chammeyroux
Moutier-R.
Néoux
St Avit-de-Tardes
Lachaud
Lascaud
Pramy
la Villatte
la Chaise
la Seauve
Hussard
le Bichaud
Montrugeas
la Salle
Memanges
le Mazendreau
Rougnat
le Compeix
la Parade
Pimpergeas
la Villeneuve
Puy-Judeau
Rebeirix
Bussière-Maraud
Augerolle
Beauvaix
Chatain
Aubepeyre
St Yrieix-la-Montagne
Vialle
Montourcis
Chambroutière
Ecole E.N.B.
Margnat
Faureix
Ste Feyre-la-Montagne
la Dessagne
les Bussières
les Farges
Magne
Madery
le Marcelleix
Bandy
Fressanges
Planechaud
Montoulier
Felletin
Arfeuille
St Pardoux-d'Arnet
Lachaise
le Cloux-Valleraix
Banize
Gibouleaux
la Chaumette
le Maureix
Pardanaud
la Chaussade
le Pradeau
Boussac
la Masure
Bessat
Serre
Banizette
Chirouse
Tours
Crocq
le Pic
Faye
Rigole du Diable
Rubaine
Rochas
Pourceyroux
Pelletanges
Lapleoux
Troupiat
St Maurice-près-Crocq
St Alvard
Langladure
Signal du Pic
Vaud-Gelade
Arpeix
Train
Villesauveix
les Bordes
le Mazet
St Quentin-la-Chabanne
Senoueix
St Frion
Prugne
Pontcharraud
Laval
les Bordes
Chertrain
les Fougères
Villedeau
St Antoine
Cherblanc
Arfeuille
Favareilles
Auzoux
la Vaud-Gelade
St Marc-à-Loubaud
la Nouaille
Lavaud
Lascaud-Maury
Maslaurent
la Roche-Bouchard
Longeaigue
le Naberon
Tour
Royère-de-Vassivière
le Leyri
Orladeix
Vergnolas
Bouffanges
la Ribière
la Valette
Hyvernaresse
les Magnadas
le Chalard
St Georges-Nigremont
la Cour
le Chancet
Neypoux
Valeoux
le Mas-Crépaud
Brousse
la Basse
le Moussard
le Mas-Randonnet
Montel-Guillaume
Logis-de-Chapal
Auchaise
Masgrangeas
Jansanat
Jansonetas
les Maisons
le Chiroux
Uranium
le Tarderon
Poussanges
Croze
Pont interdit
Lascaux
Arboureix
Dougnat
Barge
les Salles
le Bonneix
Gioux
Gratade
Longe-Vergne
Villevas
Lépinas
Vassivière
le Villard
Senoueix
Villemoneix
le Saintoux
la Ribière
le Theil
Lac de Vassivière
Soumeix
Lachaud
le Luc
le Montfranc
Bunleix
Boucheresse
Croix-de-Gours
Traleprat
Salesse
Mours
Quériaux
Cherboucheix
l'Etrange
St Agnant-près-Crocq
Vauveix
Broussas
Joux
Teiffoux
Méalet
Magnat
St Michel
Nergout
Pierrefitte
le Mont
D'Epine
Gentioux
Paillier
les Farges
Villecrouseix
Chissac
Clairavaux
les 3 ponts
MF
Nouaillat
Chez-Prieuré
Noudière
les Moulins
Châteaucourt
Vervialle
la Vareille
Pigerolles
Cruchant
Viers
Flayat
Plazanet
Provenchère
le Condrot
la Léziou
Gradeix
Maugenoueix
Angioux
Camp
Beissat
Malleret
Foulnoux
Vichez
Verginas
Champagnat
Moulières
Chaumont
Louvage
Bauvy
Boulareix
Mongt
Croux
Chez-Gorce
Gasne-Claire
Camp militaire
Louzelergue
de la
Fumouse
Fôt de la Feuillade
Faux-la-Montagne
le Rat
Neuvialle
Soulière
le Pt Meymat
Crépiat
Segonzat
Courtine
la Mijoie
Féniers
Villefert
Méouze
Lauzat
Triouiet
Loudoueneix
Comps
Drouillac
le Mas-d'Artige
le Paumet
le Trucq
St Oradoux-de-Chirouze
Guimont
la Villedieu
Montbuchoux
Croix-Longe
le Mourcy
Bissareix
Lavaud
Hte Besse
Arsaillier
Malsagne
Caux
la Jasse
Crabanat
Ville-Valleix
Col du Massoubre
Lombarteix
le Pt Breuil
Forêt de Châteauvert
Nedde
Donzenat
Jallagnat
Négarioux
Villemonteix
Pallacœur
Hl Pras
Camp militaire
le Best
Bgd de Chammet
la Cour
Pt Billoux
Bon Martin
Chatain
Orliac
Chammet
Ludinas
Peyrelevade
Grde Combe
Morneix
Guillirin
St Denis
Baisseresse
Hume
la Courtine
les Mottes
le Fournet
Réjat
Broussas
Servières
le Bos
St Setiers
Langlade
Beaune
Eygerolle
Négremont
le Treich
Clupeau
Vinzan
Vle Maison
les Chazeaux
Rempnat
Merciel-la-Côte
Chez-Troussas
Chouziou
Pradoux
Chamboux
le Chassaing
Sarsoux
la Villeneuve
Tarnac
Plazanet
Sounaleix
Eyragne
le Chalard
Villefaurieix
Champeau
Couffy
Cezeyrat
Signal d'Audouze
Feyssac
la Pommerie
Recounergues
St Martial-le-Vieux
Amarot
Mas-Peytoux
Lacombe
Javeaux
le Monteil
Feyssaguet
Audouze
Fronsergues
Cros-les-Ganes
Lachaud
Lamaz
les Maisons
Bouroux
Grd Billoux
Sornac
la Bessette
les Chabannes
Sce de la Vienne
le Longy
Malepouge
Franceix
Combefort
Couffy-s-Sarsonne
Pradel
le Magadoux
la Génetouse
le Bos-de-Vézy
Clamoudeix
le Queyrois
la Batisse
Marcy
Laval
St Rémy
le Pt Laval
Forêt de Mirambel
Maisoute
Brou
Bezeau
Toy-Viam
Larfeuil
Millevaches
Courteix
les Goursolles
Véjoles
St Merd-les-Oussines
le Magimel
Taphaleschas
Rochefort
Bellechassagne
le Marais
la Moratille
le Mazau
Condau
le Chassain
Orliange
Fournol
Chavanac
Forêt de Bellechassagne
Plazanet
Mourièras
les Fargettes
les Cars (Ruines romaines)
St Sulpice-les-Bois
la Rigaudie
Seringour
la Veyssière
Aix
Viam
Bugeat
Coudert
Ars
les Maisons
Lissac
St Germain-Lavolps
Vaureix
la Bachelerie
Lignareix
St Pardoux-le-Neuf
la Faurie
les Raux
les Rioux
Cisterne
la Graule
St Pardoux-le-Vieux
Linarzeix
Marsaloux
Couignoux
Pérols-s-Vézère
Freyte
Daubech
Massoutre
Celle
Puy Pendu
la Malaurent
l'Estrade
le Loubeix
le Montbellet
Monceaux
le Monteil
Champseix
Chaumeil
Lontrade
Alleyrat
la Tourette
L'Ebraly
la Jalousie
Ambiaud
Barsanges
la Vialle
Chaveroche
la Brédèche
Terracot
Razel
Mt Bessou
Eybrail
St Dézery
Chassang
Madegal
Coissac
Ruy de Razel
le Mas-Chevalier
le Vert
Chassagnac
Croix-de-la-Bussière
Broussoulloux
Orluc
Ceppe
le Soulier
Loche
la Nouaille
le Bournel
Lavaur
Mareille
la Bazaneix
Gourdon
Fonfreyde
le Las
Saugeras
la Jassonne
Ussel
Plomb
Bourg-le-Bec
Viaduc des Farges
Roumignac
Chambige
St Fréjoux
Nespoux
Gourdon-Murat
la Saulière
Beynat
Meymac
de la Chabanne
Larfeuil
Bonnefond
Laubard
Monteil-du-Bos
Pradine-Vieille
la Chatemissie
Chadebec
Ambrugeat
la Besse
la Rebière
le Pey
Masgautier
Laubary
Beynette
la Sagne
Eymanoux
Etg du Marlancon
le Mas-Petieu
le Naud
les Mazaleyrat
Anglards
la Gautherie
St Germain-le-Lièvre
Clozange
la Coste
St Exupéry-les-Roches
Lestards
Marouby
Lafond
les Chèzes
Puy Messou
Pradines
Clédal
la Naucodie
Rouffiat
Laval
la Mazière
le Lac
St Angel
Montcourier
l'Estrade
Col des Géants
la Vaysse
Contensouzas
Cisterne
le Peuch
Mestes
le Bouboulex
Peyrat
Janoueix
Mussac Gare
Lannet
Grandsaigne
la Lavastre
Florentin
le Naudeix
la Serre
Chabanettes
la Gane
Veyrière
les Bordes
la Vialle
la Guignerie
les Chassagnes
Lognac
Vietheil
Viossange
Davignac
Cussac
Valiergues
Monédières
Chasalnoel
Lanour
les Pradalest
le Gourgeal
Péret
Bel-Air
le Pradal
le Ponchel
Bessole
Chastagnol
le Chassaing
Commerly
Chavetourte
Combressol
la Chapelle
la Plagne
les Marteaux
Bonnesaigne
la Vialatte
le Mas
Mas-May
la Brette
le Bouchaud
Chaudemaison
Maussac
le Mas Michel
Chaumeil
St Yrieix-le-Déjalat
Theillac
la Massonnie
la Gautherie
B. Laborde
Chaumerliac
St Victour
Viallaneix
la Vialle
la Goute
Marzeix
le Monjanel
Forêt de Bonneval
la Coste
Chirac-Bellevue
Mazeau
Fôt de Ventadour
Lerme
Arel
St Etienne-la-Geneste
Veyssac
Soudeilles
Soustras
les Charres
Verdier

150
151
165
182

Viaduc des Fades
Manzat
Montel-de-Gelat
Villosanges
Mérinchal
Tralaigues
Miremont
St Jacques d'Ambur
Chartreuse de Port Ste Marie
Chapdes-Beaufort
Montfermy
Landogne
Pontaumur
St Avit
Condat-en-Combraille
Combrailles
Pulvérières
Puy de Tressoux
des Volcans
Bromont-Lamothe
Pontgibaud
St Ours
Puy de Louchadière
Puy de la Nugère
Puy Chopine
Puy de Chaumont
Puy de Côme
Puy de Pariou
Puy de Dôme
St Etienne-des-Champs
St Hilaire-les-Monges
Giat
Voingt
Puy-St Gulmier
Cisternes-la-Forêt
Gelles
Prondines
Herment
Tortebesse
Forêt de l'Eclache
Heume-l'Eglise
Olby
St Pierre Roche
Nébouzat
PARC
Briffons
Rochefort-Montagne
Orcival
Aydat
RÉGIONAL
Bourg-Lastic
Messeix
Laqueuille
Roche Sanadoire
Roche Tuilière
Puy de l'Aiguiller
St Sauves-d'Auvergne
Murat-le-Quaire
la Bourboule
le Mont-Dore
Murol
St Nectaire
DES VOLCAN
Tauves
Singles
Puy de Sancy
la Tour d'Auvergne
Super-Besse
Besse-en-Chandesse
D'AUVERGNE
Bagnols
Plateau de l'Artense
St Donat
Picherande
Puy de Montchal
Compains

A 71: Clermont-Fd - Montmarault ouv. prévue fin 1987
Manzat
Combronde
Aubiat
Persignat
Thuret
Sardon
St André-le-Coq
St Denis-Combarnazat
Limons
Puy de Chalard
Chanteloup
Teilhède
Beauregard-Vendon
la Moutade
le Cheix
Pontmort
Varennes-s-M.
Martres-s-M.
Surat
Parc
Loubeyrat
Prompsat
Davayat
Yssac
Maringues
Luzillat
Charnat
Vinzelles
Vallée des Prades
Charbonnières-les-Varennes
Châtelguyon
St Hippolyte
Enval
Mozac
RIOM
Ennezat
Clerlande
Crevant-Laveine
Noalhat
Gorges
Chau de Tournoël
Volvic
Marsat
Ménétrol
Entraigues
Chappes
Bulhon
Pulvérières
des Volcans
Puy de Tressoux
Puy de la Nugère
Châteaugay
Malauzat
St Beauzire
Chavaroux
Joze
Culhat
Orléat
Puy de Louchadière
Col de la Nugère
d'Auvergne
Puy de la Coquille
Puy Chopine
Chanat-la-Mouteyre
Cebazat
Gerzat
Lussat
les Martres-d'Artière
Lezoux
Blanzat
Sayat
Nohanent
Côtes de Clermont
Montferrand
Puy de Chanturgue
Malintrat
Pont-du-Château
Lempty
Beauregard-l'Evêque
Seychalles
Col des Goules
Puy de Côme
Puy de Pariou
Orcines
Durtol
Aulnat
Mirabeau
Chignat
Puy de Dôme
Chamalières
CLERMONT FERRAND
Lempdes
Dallet
Vertaizon
Bouzel
Moissat
Ravel
Ceyssat
Royat
Cournon d'Auvergne
Mezel
Chauriat
Vassel
Espirat
Glaine-Montaigut
Col de Ceyssat
Puy de Monchier
Col de la Moreno
Puy de Barme
Puy de Laschamp
Circuit Auto
Beaumont
Aubière
Romagnat
Ceyrat
Pérignat-lès-Sarliève
Pérignat-s-Allier
Billom
Bongheat
PARC
Puy Pelat
Puy de Mercœur
Nébouzat
St Genès-Champanelle
Plau de Gergovie
le Cendre
St Georges-s-Allier
Orcet
la Roche-Noire
Puy de Lassolas
Puy de la Vache
Saulzet-le-Chaud
Fontfreide
Theix
la Roche-Blanche
Mirefleurs
Contournat
St Julien-de-Coppel
Montmorin
Mauzun
Recoleine
Montlosier
Randanne
la Batisse
Chanonat
le Crest
Busséol
Puy de St Romain
Laps
Fayet-le-Château
Col de la Ventouse
Aurières
Montagne de la Serre
Chadrat
Veyre-Monton
Martres-de-Veyre
St Maurice
Mont Redon
St Amant-Tallende
Corent
Puy de Serpanoux
Croizat-Tour
Aydat
Cournols
St Saturnin
Longues
Vic-le-Comte
Sallèdes
Pignols
Puy de Champeyrogne
Isserteaux
RÉGIONAL
Saulzet-le-Froid
Abbaye N.D. de Randol
St Sandoux
la Sauvetat
Authezat
Parent
Puy St Hippolyte
Puy de Monténard
Olloix
Puy de St Sandoux
Plauzat
Montpeyroux
Buron
Yronde
Manglieu
Sugères
Brousse
DES VOLCANS
Puy d'Alou
Ludesse
Coudes
Champsiaux
St Babel
Beaune-le-Froid
Chautignac
St Nectaire
Murol
Puy de Mazeyres
Montaigut-le-Blanc
Champeix
Neschers
Sauvagnat-Ste Marthe
Aulhat-St Privat
Flat
Saut de la Pucelle
Grandeyrolles
Verrières
Puy de Bessolles
Clémensat
Chidrac
Pardines
Plateau de Pardines
Issoire
Sauxillanges
Egliseneuve-des-Liards
St Victor-la-Rivière
St Floret
Creste
St Vincent
St Cirgues-s-C.
Perrier
Meilhaud
Chauffour
St Quentin-s-Sauxillanges
D'AUVERGNE
Besse-en-Chandesse
St Diéry
St Pierre-Colamine
Tourzel
Puy d'Ysson
Parentignat
Usson
St Rémy-de-Chargnat
St Jean-en-Val
Puy Pertuzat
Gorges de Courgoul
Courgoul
Vodable
Solignat
Antoingt
le Broc
Bergonne
Chassagne
Mareugheol
Sarpoil
St Étienne-s-Usson
St Martin-des-Plains
Chaméane
St Anastaise
Dauzat-s-Vodable
Ternant-les-Eaux
Villeneuve
Gignat
Nonette
Orsonnette
Bansat
Lamontgie
Vernet-la-Varenne
Valbeleix
Boudes
St Germain-Lembron
St Hérent
la Chapelle-sur-Usson
Champagnac-le-Jeune
Compains
Chandelière
Vèze
la Chapelle-Marcousse
Auzat-s-A.
Esteil
Beaulieu
Jumeaux
184
152
153
167

153 154

Gautichard, Rez du Combeau, Chez-Dauphant, Rongère, Rez de Sol, Philibin, Uranium, Pion, St Priest-la-Prugne, Calinon, Combe, Blayot, Epinat, Montloup, Moulins-Cherier, Mésir, le Puy, le Bouchet, St Maurice-s-Loire, le Ménard, Charizet, Odenet, Gorges

Guillaume, Bonhomme, Montagne, Mazellier, Col de la Plantade, Puy Snidre, les Etivaux, Laurent, la Tuilière, Borjat, les Essarts, Forêt de Crémeaux, Chang, Cordelle, Presle, le Pr de Presle

Chez-Claude, Victor-Montvianeix, Chez-Banchereï, le Mas, Montvianeix, Monpeyroux, les Ferriers, Pitelet, Trappe, Puy de Montoncel, Col de la Charme, Les Bois Noirs, Montat, Bout, les Gadaillières, la Matauda, Cozilly, la Badole, les Portes, du-Lac, Vitré, Bully, Fragny, Foive

Guesle, Marette, les Roux, Touzet, Fagot, Chez-Duzelier, la Muratte, Redeyis, les Crocs, B. Génetine, la Croix de Tour, St Just-en-Chevalet, Vaudier, Prory, Epualé, Crémeaux, St Polgues, la Place, Dancé, Port Piset

Béchon, St Rémy s-Durolle, Palladuc, Pradelle, les Hommades, Mt St Thomas, Arconsat, Chausseterre, Contenson, la Bombarde, Gathion, St Romain-d'Urfé, Péré, Juré, Lucé, le Pont, Senouche, Rondier

Chouvel, Gosson, Faydit, les Sarraix, Chanier, les Phants, la Meule, Chabreloche, Croix St Martin, Col de St Thomas, Villeneuve, le Taillis, Luré, Chassenay, Amions, le Gouttet, Buy

Les Garniers, la Monnerie-le-Montel, Chanteleuse, Bois du Guet, les Ronzières, Pont des Machabré, la Grotte, St Marcel-d'Urfé, Grézolles, Souternon, Farge, Forêt de Bas

Courty, Thiers, Bellevue, P. de Celles, Roc du Guet, Goutte Noire, la Goutte, Serrot, Champoly, Gd Ris, St Martin d'Urfé, les Forêts, St Julien-d'Oddes

Faux, Martignat, Maubert, Celles-s-Durolle, Cornillon, Col des Sagnes, Cervières, Ett de Royon, les Salles, Mas-Mollet, Vassauges, Chavagneux, Marcilleux

Marguerite, Vernières, Chau de Montguerlhe, l'Obstancie, Col du Frissonnet, le Gd Bois, la Courtade, Pierre Branlante, Piolard, Urval, St Martin-la-Sauveté, Chazelles, St Germain Laval

Rocher de Borbes, Mayoux, Gourlier, Vaulx, Puy d'Oscot, la Malaptie, Puy des Os, Vachon, Viscomtat, Lojardie, Noirétable, la Vialle, Mayen, la Sauveté, Puy Blanc, Nollieux, Morand, Verrières

Bost, Escoutoux, Ste Agathe, la Dardie, Col du Pertuis, Thiolier, les Baraques, St Julien-la-Vêtre, St Thurin, le Mas, St Pulgent, Fontavin, Ailleux, Cezay, le Bost

la Terrasse, Lestrade, Lamalie, le Besset Bas, Gd Cognet, le Pommier, Roc Blanc, Aiguebonne, Pierre Pamol, Verine, Fresse, St Jean-la-Vêtre, St Priest-la-Vêtre, Pierre Branlante, Gd Ris, St Didier-s-Rochefort, Gd Vernay, Gallet, Albieux, Bussy-Albieux

la Valérie, Chossière, Grün de Chignor, N.D. de l'Ermitage, Bois de l'Ermitage, la Fressinie, le Faux, les Combes, Ventuel, Rochefort, Marcy, St Sixte, Goutte Belin

Néronde-s-Dore, Gouzon, Vollore-Ville, Vollore-Montagne, Pargnien, Fafournoux, la Rochette, Sugier, Pragniot, la Côte-en-Couzan, Chazelles, Anzon, l'Hôpital-s-Rochefort, les Trouillères, Arthun

Tour du Maure, la Barge, Lagat, Vimont, le Got, Morand, Puits-Giraud, Pralois, St Laurent, Varenne, Siergue, Montcel, Beauvoir

Aubusson-d'Auvergne, le Trévy, N.D. d'Espinasse, Fl d'Aubusson, Puy de Morand, la Valla, le Poyet, Bruchet, Débats-Rivière-d'Orpra, Culvé, la Fabrique, Groseillier

Courpière, Salet, la Farge, la Chamba, le Genetey, Boissel, Palogneux, Leigneux, Boën, la Bouteresse

Chassonnerix, Puy Bien, la Chambonie, la Renaudie, Col de la Loge, Croix des Sapeaux, la Chaise, Sail-s/s-Couzan, les Junchuns, Trelins, Ste Agathe

le Mégain, le Poyet-Haut, la Terrasse, la Goutte, la Cartelade, la Pirouse, Jeansagnière, Ladret, St Just-en-Bas, aux Gouttes, Chau de Couzan, Chorigneux, Goutelas, Meximieux, Montverdun

Sauviat, Augerolles, Piboulet, les Mines, le Brugeron, Nermond, les Fougères, Col de Croix-Ladret, Colombet, Chazeau, Epezy, Vial, Prélion, Marcoux, la Tuilerie

Olmet, Baradue, Brouchagny, Puy Gros, Roc de l'Olme, Chalmazel, Diminasse, St Georges-en-Couzan, la Place, Veaux, Col de la Pelletière, Ste Anne, Bruyère, Marcilly, Ecutieux, Marcilly-le-Châtel

St Flour, Cublas, Girou, le Besset, les Fayes, la Chabasse, Parc Régional, la Chabrerie, Chevelière, Davoisenne, Trémollin, Fontobé

Murat, Domaize, les Palles, St Gervais-s/s-Meymont, la Griffoie, Olliergues, le Theillet, St Pierre-la-Bourlhonne, la Marilly, Col du Béal, Procher, le Supt, Dissangue, Gd Ris, Aubigneux, Maure, Say, Chalain-d'Uzore

St Dier-d'Auvergne, Fresse, Bourgnon, Tours-s-Meymont, la Naidie, la Penderie, Marat, la Fortiche, Col de la Chamboite, B. des Granges, le Champas, Goutte-Claire, Pont de la Pierre, Sauvain, St Bonnet-le-Courreau, Bucherolles, Faverge, Germagneux, Lard, Pralong

Bourdelles, la Groishe, les Fraisses, Vertolaye, Bois de la Grange, Bois Couzan, Pierre sur Haute, Puy Grillot, Champdieu

Ceilloux, le Bost, le Breuil, Dourbias, les Rodilles, P. de David, Col de Chansert, Cognol, Jasseries de Colleigne, Chavanne, le Courreau, Planchat, Solègue, Chazeaux

Cunlhat, la Gardette, la Chapelle-Agnon, Fayet, Paillat, Puy de Chauvé, Pré-Daval, Mont Courreau, Jasserie de Garnier, Châtelneuf, Mt Semiol, Malleray, Faury, le Pizet, Curtieux

la Pruilhière, Bertignat, Job, Rocher de la Volpie, la Volpie, Jasserie de la Cr de Fossat, Oule, Pic de Glisieux, Mont-Vadan, Roche Gourgon, Roche, Essertines-en-Châtelneuf, Montbrison

l'Allevras, Vindiolet, la Gravière, le Verdier, Sauvanis, Ribe, Valcivières, Perrier, Gde Pierre Basanne, le Chevallard, Lérigneux, Jambin

Auzelles, Grandval, l'Imberdis, le Monteix, la Forie, Col des Supeyres, Rimbaud, Sichard, Dovezy, le Palais, Bard, Ecotay-l'Olme

Montboissier, Neuville, la Vaisse, Solier, Thiolières, Cleurettes, Montgolfier, Albafont, Jasseries du Grand Genevrier, Baracuchet, le Pin, Quérézieux

la Faye, les Amouillaux, St Amant-Roche-Savine, Col des Fourches, le Lac, la Bernardie, Baudoux, Conol, la Bruyère, Verrières-en-Forez, Lézigneux

Dois, B. de Mauchet, St Eloy-la-Glacière, Forez, Bunanges, les Allebasses, Prabouré, le Fayt, la Gorce, Jasserie de la Fayolle, Mérigne, Champanet

Fiosson, Montghéol, Chau de Roche Savine, le Monestier, St Pardoux, Ambert, Valeyre, la Combe, Moulin Richard-de-Bas, B. de Naufrange, Col de la Croix de l'Homme Mort, Fortuffière, Vallansange, Chazelles-s-Lavieu

le Cluel, les Bois Noirs, Charbonnier, Balance, Boisseyre, Aubignat, Val de Laga, St Martin-des-Olmes, Rse de Pierre Dure, Gagnère, St Anthème, Gumières, Lavieu, le Poyet

Pissis, Echandelys, les deux Frères, Forêt de Boisgrand, Garnisson, St Ferréol-des-Côtes, les Chaux, la Barge, Col des Pradeaux, Tour, la Sauvetas, le Montet, le Besset

l'Hospieux, Lossedat, le Rouvet, les Andes, Tire-Vache, Sus-Montargues, N.D. de Mons, Champétières, le Mons, la Chabanne, la Chaumette, Prolange, Chassagne, Soleymieux

Fournols, le Fraisse, les Besseyres, le Poyet, Clavière, les Eteignons, Chougoirand, la Besse, Montagneux, Couhard

Aix-la-Fayette, Péagier, l'Hopital, Malvielle, le Bouy, Ville-Courty, Chatelet, Puvie, Duret, Grandrif, Puy de Loir, St Clément-de-Valorgue, Sephos, St Jean-Soleymieux

Ladoux, Viallard, Puy-du-Sapt, Flaittes, Brugeailles, Espinasse, Bostfaucher, Molhiac, Ferréol

B. de Guérine, Croix de l'Ostrévy, Chambon-s-Dolore, Croix de la Paix, Collanges, Rouville, la Chaux, le Temple, Meneyrolles, St Romain, Rouffix, Raffiny, Sauvazoux

Pouveroux, Pégoire, les Ayes, Marsac-en-Livradois, Issarlier, Vernadel, les Marchands, au Puy, le Breuil, Joansiecq, la Citre, Marols

Lair, Bremant, Pavagnat, le Montel, Mirat, Chadernolle, Baffie, Sicaud, Chanauvet, l'Etrablat, la Chaulme, la Chapelle-en-Lafaye

St Germain-l'Herm, les Cros, Faverol, Faillargues, les 4 Routes, Tonvic, Chaillargues, St Priest, Malevai, Saillant, Maziaux, le Chabany

Catherine, Dijuste, St Bonnet-le-Chastel, Bargues, Riodange, les Issards, Suargue, St Just, Chaumont-le-Bourg, Combest, Col de Chemintrand, Paillange, Eglisolles, le Mont, Montarcher, Vivier, Montbuzac

Losfond, Fenérol, Best, Cours, Masselèbre, Fontobines, les Penderies, le Cros, Chau Espinasse, Laffix, Lissonnat, Tortorelle

Vintaud, Ardennes, Cistrie, Novacelles, Champsiaux, Ett de Marchaud, St Bonnet-le-Bourg, Beurières, Chavagnat, la Fayolle, Viverols, les Mas, Garde-Paradis, les Villards, Marandier

170

185

St Symphorien-de-Lay
Lay
Fourneaux
Vendranges
Neulise
St Priest-la-Roche
Cordelle
Bully
St Polgues
Crémeaux
Dancé
Pinay
St Jodard
St Paul-de-Vézelin
St Just-la-Pendue
Croizet-s-Gand
Chirassimont
Machézal
Les Sauvages
Joux
Tarare
Valsonne
St Cyr-de-Valorges
Ste Colombe-s-Gand
St Marcel-de-Félines
Violay
Ste Agathe-en-Donzy
Bussières
Néronde
Balbigny
Grézolles
Souternon
St Julien-d'Oddes
Pommiers
St Georges-de-Baroille
St Germain-Laval
Nollieux
Nervieux
Mizérieux
Epercieux-St Paul
Pouilly-lès-Feurs
Rozier-en-Donzy
Panissières
Cottance
Longessaigne
Villechenève
Affoux
Chambost-Longessaigne
Civens
Salvizinet
Feurs
Cleppé
Ste Foy-St Sulpice
Arthun
Bussy-Albieux
St Sixte
Boën
Leigneux
Trelins
Débats-Rivière-d'Orpra
L'Hôpital-s-Rochefort
St Laurent
Sail-s/s-Couzan
Ste Agathe
la Bastie-d'Urfé
St Étienne-le-Molard
Poncins
Salt-en-Donzy
Jas
Essertines-en-Donzy
St Barthélemy-Lestra
St Martin-Lestra
Valeille
Montverdun
Marcoux
Marcilly-le-Châtel
Chalain-d'Uzore
St Paul-d'Uzore
Mornand
Chambéon
St Laurent-la-Conche
Magneux-Hte Rive
Marclopt
St Cyr-les-Vignes
Virigneux
Meys
Bellegarde-en-Forez
Maringes
St André-le-Puy
Montrond-les-Bains
Chalain-le-Comtal
Pralong
Champdieu
Chazelles-s-Lyon
Montbrison
Savigneux
Grézieux-le-Fromental
Boisset-lès-Montrond
Unias
Cuzieu
St Galmier
Chamboeuf
Précieux
Craintilleux
Rivas
Veauche
Veauchette
St Médard-en-Forez
St Thomas-la-Garde
St Romain-le-Puy
St Georges-Hte Ville
Sury-le-Comtal
St Cyprien
Andrézieux-Bouthéon
Bonson
St Rambert-s-Loire
St Just-s-Loire
St Marcellin-en-Forez
St Héand
La Fouillouse
La Tour-en-Jarez
St Priest-en-Jarez
St Anthème
Lavieu
Chazelles-s-Lavieu
Margerie-Chantagret
Soleymieux
St Jean-Soleymieux
Marols
La Chaulme
Montarcher
Chenereilles
St Bonnet-le-Château
Périgneux
Chambles
St Genest-Lerpt
Roche-la-Molière
Villars
St ÉTIENNE
Terrenoire
Col de la Croix de l'Homme Mort
Forêt de Bas

LYON
Villeurbanne
VIENNE
Trévoux
Anse
Reyrieux
Neuville-s-Saône
Montluel
Miribel
Rillieux
Caluire
Vaulx-en-Velin
Décines-Charpieu
Meyzieu
Bron
St Priest
Vénissieux
St Fons
Oullins
Pierre-Bénite
St Genis-Laval
Irigny
Givors
Rive-de-Gier
Mornant
Vaugneray
L'Arbresle
Bois-d'Oingt
Limonest
Charbonnières-les-Bains
Tassin-la-1/2 Lune
Ecully
Francheville
Ste Foy
Brignais
Feyzin
Solaize
St Symphorien-d'Ozon
Chasse
Condrieu
Ampuis
Heyrieux
Pont-Evêque
Estrablin
Pélussin
Lorette
Grand-Croix
Chavanay
Les Roches
Ternay
Seyssuel
Mions
Genas
Corbas
Chaponost
Craponne
Dardilly
Charly
Vernaison
Millery
Grigny
Communay
Chaponnay
Villette-de-Vienne
Luzinay
Septème
A6
A7
A42
A43
A47
155
156
172
187

le Montellier
St. Eloi
Loyes
Villieu
Ambutrix
Vaux-en-Bugey
Leyment
Chauchay
Torcieu
Serrières
Blanaz
Tenay
Cordieux
Pérouges
Meximieux
Faramans
Bourg-St. Christophe
Chazey-s-Ain
Lagnieu
Conand
Arandas
Hostias
Ste Croix
Pizay
Ste Julie
St. Sorlin-en-Bugey
Souclin
Chartreuse de Portes
Béligneux
Bressolles
Charnoz
Villebois
Ordonnaz
Montluel
Dagneux
Beynost
Niévroz
Balan
St. Maurice-de-Gourdans
Blyes
Parmilieu
Porcieu
Bénonces
Camp de la Valbonne
Camp militaire
St. Jean-de-Niost
St. Vulbas
Montalieu
Lompnas
Hières-s-Amby
Charette
Serrières-de-Briord
Jonage
Jons
Anthon
Villette-d'Anthon
Loyettes
Bouvesse
Briord
Marchamp
Chavanoz
Pont-de-Chéruy
Meyzieu
Pusignan
Janneyrias
Leyrieu
Annoisin-Chatelans
Optevoz
Lhuis
Charvieu-Chavagneux
St. Romain-de-Jalionas
Crémieu
Siccieu
Courtenay
Creys
Groslée
Colombier
Tignieu
Villemoirieu
Dizimieu
Soleymieu
Arandon
St. Victor-de-Morestel
Satolas
Chozeau
Moras
Trept
Passins
Morestel
Brangues
Chamagnieu
St. Laurent-de-Mure
Panossas
Veyssilieu
St. Hilaire-de-Brens
Sermérieu
Grenay
Vénérieu
Salagnon
Frontonas
St. Marcel-Bel-Accueil
Vézeronce
Heyrieux
la Verpillière
l'Isle-d'Abeau
St. Chef
St. Savin
Vasselin
Veyrins
Villefontaine
Vaulx-Milieu
Montcarra
Dolomieu
Faverges-de-la-Tour
Bonnefamille
Bourgoin-Jallieu
Ruy
Rochetoirin
la Chapelle-de-la-Tour
St. Clair-de-la-Tour
la Bâtie-Montgascon
Diémoz
la Tour-du-Pin
Nivolas-Vermelle
Cessieu
Oytier-St. Oblas
St. Georges-d'Espéranche
Chèzeneuve
Meyrié
Sérézin-de-la-Tour
St. Victor-de-Cessieu
St. Didier-de-la-Tour
Charantonnay
Artas
Crachier
St. Agnin-s-Bion
les Eparres
Succieu
Montagnieu
Beauvoir-de-Marc
Meyrieu-les-Etangs
Culin
Tramolé
Châteauvilain
Chélieu
Moidieu-Détourbe
Royas
Badinières
Doissin
Chassignieu
St. Jean-de-Bournay
Ste Anne-s-Gervonde
Eclose
Biol
Virieu
Savas-Mépin
Châtonnay
Paladru
Villeneuve-de-Marc
Eyzin-Pinet
Meyssiès
Lieudieu
Flachères
St. Didier-de-Bizonnes
Belmont
Blandin
Bizonnes
Châbons
Champier
Eydoche
Burcin
Charavines
Cour-et-Buis
St. Julien-de-l'Herms
Semons
Nantoin
Commelle
Arzay
Mottier
Longechenal
Oyeu
Bossieu
Bévenais
Primarette
Ornacieux
la Côte-St. André
Colombe
Apprieu

ANNECY
Gorges du Fier
Rumilly
Grd Colombier
Virieu-le-Grand
Culoz
Ruffieux
Belley
Lac du Bourget
Abbe de Hautecombe
AIX-LES-BAINS
Mont du Chat
Dent du Chat
Le Bourget-du-Lac
La Motte-Servolex
CHAMBÉRY
La Ravoire
Challes-les-Eaux
Mont Revard
Grésy
Albens
Montagne du Semnoz
Crêt de Châtillon
Sévrier
Alby-s-Chéran
Yenne
St Genix-s-Guiers
Le Pont-de-Beauvoisin
Les Abrets
Aoste
Lépin-le-Lac
Montagne de l'Épine
Col du Granier
Montmélian
Les Échelles
Pas du Frou
Gges du Guiers Vif
St Pierre-d'Entremont
Cirque de St Même
Pontcharra
Allevard
St Laurent-du-Pont
St Geoire-en-Valdaine
Lescheraines
Le Châtelard
Col de Leschaux
Massif des Bauges

158 159 173 190

Annecy
Seynod
Albigny
Veyrier
Chavoire
Menthon-St-Bernard
Talloires
Duingt
Sévrier
St-Jorioz
Thônes
Alex
Bluffy
Cimetière des Glières
Col de la Croix Fry
Manigod
la Clusaz
Col des Aravis
la Giettaz
Megève
Praz-s-Arly
Flumet
N.D. de Bellecombe
St Nicolas-la Chapelle
Crest-Voland
Montagne du Semnoz
Crêt de Châtillon
Gruffy
Quintal
Leschaux
Col de Leschaux
la Chapelle-St Maurice
Entrevernes
St Eustache
Lathuile
Doussard
Chevaline
Col de la Forclaz
la Tournette
Montmin
Serraval
le Bouchet
Chaîne des Aravis
Col de l'Épine
Marlens
St Ferréol
Faverges
Giez
Seythenex
Ugine
Cons-Ste Colombe
Marthod
Thénésol
Allondaz
Albertville
Conflans
Queige
Villard-s-Doron
Beaufort
Hauteluce
Col des Saisies
Signal de Bisanne
Aillon-le-Vieux
Aillon-le-Jeune
Lescheraines
Arith
le Châtelard
la Motte-en-Bauges
Doucy-en-Bauges
Jarsy
École
Bellecombe-en-Bauges
la Compôte
Dent de Cons
la Sambuy
Plateau des Teppes
Col de Tamié
Abb^e de Tamié
l'Arcalod
Mercury
Gilly
Tournon
Frontenex
Verrens-Arvey
Cléry
St Vital
Montailleur
Grésy-s-Isère
Ste Hélène-s-I.
Monthion
N.D. des Millières
Grignon
Tours-en-Savoie
la Bâthie
Esserts-Blay
Cevins
St Paul-s-I.
Rognaix
Feissons-s-Isère
Grand Arc
Bonvillard
Fréterive
Miolans
St Pierre-d'Albigny
Chamousset
Châteauneuf
Aiton
Montgilbert
Aiguebelle
Randens
Chamoux-s-G.
St Jean-de-la-Porte
Arbin
Montmélian
Villard-Sallet
Rotherens
la Rochette
Presle
Arvillard
Détrier
Allevard
Pontcharra
Champ-Laurent
St Georges-des-Hurtières
St Alban-des-Hurtières
Argentine
Épierre
St Léger
la Chapelle
St Rémy-de-Maurienne
Montgellafrey
les Chavannes-en-Maurienne
Montsapey
Pic du Rognolet
Grand Pic de la Lauzière
Col de la Madeleine
le Cheval Noir
Celliers
Longchamp
St François
N.D.-du-Cruet
la Léchère
Doucy
St Oyen
Aigueblanche
Moûtiers
Salins-les-Thermes
Brides-les-Bains
Valmorel
St Jean-de-Belleville
St Martin-de-Belleville
St Laurent-de-la-Côte
les Allues
Méribel
le Grand Mont
Forêt de St Hugon
Chartreuse de St Hugon
Pic du Frêne
Mont du Chat
Montgirod
St Marcel
Courchevel
Les Trois Vallées

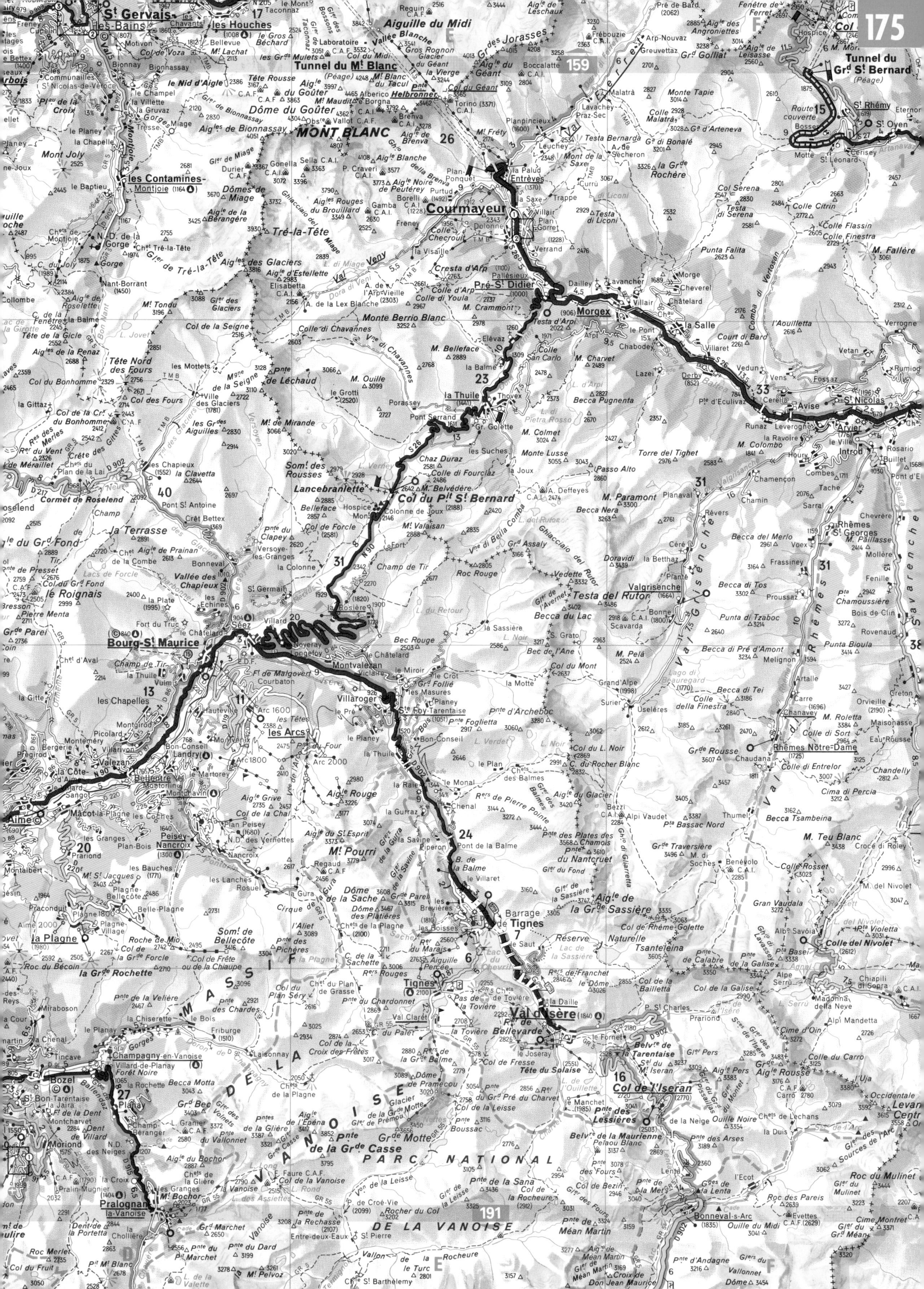
St Gervais-les-Bains
les Houches
Aiguille du Midi
Tunnel du Mt Blanc
Aigle de Leschaux
Gd des Jorasses
Fenêtre de Ferret
Col
Tunnel du Grd St Bernard
St Rhémy
St Oyen
159
Mont Joly
Dôme du Goûter
Aigles de Bionnassay
MONT BLANC
Aigle de Brenva
Col du Géant
Helbronner
Mt Maudit
Aigle Blanche
Aigle Noire de Peutérey
les Contamines-Montjoie
Dômes de Miage
Aigle de la Bérangère
Tré-la-Tête
Aigles des Glaciers
Val Veny
Courmayeur
Entrèves
Val Ferret
Testa Bernarda
Gd Golliat
Monte Tapie
Colle Malatrà
la Grde Rochère
Col Serena
Testa di Serena
Colle Citrin
Colle Flassin
Colle Finestra
M. Fallère
Punta Falita
Pré-St Didier
Morgex
la Salle
Testa d'Arpi
M. Crammont
Monte Berrio Blanc
Colle di Chavannes
Col de la Seigne
Tête Nord des Fours
Col du Bonhomme
Col des Fours
Col de la Cr du Bonhomme
M. Belleface
Colle San Carlo
M. Charvet
Becca Pugnenta
Derby
Avise
St Nicolas
Arvier
Introd
la Thuile
Pointe de Léchaud
M. Ouille
Mt de Mirande
les Grdes Aiguilles
Crête des Gittes
Cormet de Roselend
les Chapieux
la Clavetta
40
Pont St Antoine
M. Colmet
Monte Lusse
Torre del Tighet
M. Colombo
Chaz Duraz
Colle di Fourclaz
Lancebranlette
Col du Pt St Bernard
Passo Alto
M. Paramont
Becca Nera
Som! des Rousses
Colonne de Joux
Col de Forcle
Mt Valaisan
Grd Assaly
Doravidi
la Terrasse
Vallée des Chapieux
le Roignais
Pierre Menta
Roc Rouge
Testa del Rutor
Vedette
Valgrisenche
Becca di Tos
Bourg-St Maurice
Séez
Becca du Lac
Becca di Pré d'Amont
Punta Bioula
Rhêmes St Georges
M. Paillasse
Montvalezan
Bec Rouge
Col du Mont
M. Pelà
Becca di Tei
Colle della Finestra
les Chapelles
Villaroger
Ste Foy-Tarentaise
Pte d'Archeboc
Pte Foglietta
Arc 1600
les Arcs
Arc 2000
Arc1800
Col du L. Noir
C. du Rocher Blanc
Grde Rousse
Rhêmes Notre-Dame
M. Roletta
Colle di Sort
Colle di Entrelor
Cima di Percia
Becca Tsambeina
Aime
Valezan
Bellentre
la Côte-d'Aime
Aigle Rouge
Aigle Grive
Aigle du Glacier
Rers de Pierre Pointe
Alpi Vaudet
Pta Bassac Nord
Peisey-Nancroix
Aigle du St Esprit
Mt Pourri
Dôme de la Sache
Pte des Plates des Chamois
Pte du Nantcruet
Grde Traversière
M. Teu Blanc
Colle Rosset
M. del Nivolet
la Plagne
Plagne 1800
Plagne-Bellecôte
Sommet de Bellecôte
Roche de Mio
Col de la Grde Forcle
Cirque de la Gura
Barrage de Tignes
Aigle de la Grde Sassière
Col de Rhême-Golette
Tsanteleina
Réserve Naturelle
Colle del Nivolet
la Grde Rochette
MASSIF DE LA VANOISE
Tignes
Aiguille Percée
Pte du Chardonnet
Col du Plan Séry
Val Claret
Val d'Isère
Rer de Bellevarde
Col de la Bailletta
Col de la Galise
Pte de Calabre
Pte de la Galise
Chiapili di Sopra
Champagny-en-Vanoise
Bozel
Friburge
Pte des Chardes
Pte de la Velière
Col de la Croix des Frêtes
Aigle de la Grde Balme
Col de Fresse
Tête du Solaise
Belvre de la Tarentaise
Aigle Pers
Aigle Rousse
Col de l'Iseran
16
Colle du Carro
Occidentale
Levanna Centrale
Pte des Lessières
Dôme de Pramecou
Grd Bec
Planay
Aigle de l'Epéna
Grde Motte
Pte de la Grde Casse
PARC NATIONAL DE LA VANOISE
Belvre de la Maurienne
Pte des Arses
Aigle du Bochor
Mt Bochor
Col de la Vanoise
Pralognan-la-Vanoise
Col de Bezin
Pte de la Sana
Col de la Rocheure
Pte de la Rechasse
Rocher du Col
191
Pte de Méan Martin
Bonneval-s-Arc
Roc des Pareis
Roc du Mulinet
Cime Monfret
Grd Marchet
Pte du Dard
Pte de la Vallette
Mt Pelvoz
Pte d'Andagne
Dôme

A B C

160

Lède de la Canillouse
la Courtrillade
Montalivet-les-Bains
Vensac
Gaudin
le Mayne
les Arrestieux
Jau
Dignac
Dignac-et-Loirac
Noaillac
le Broustera
Loirac
Richard
le Centre
Goulée
Port-de-Goulée
Valeyrac
Sipian
la Verdasse
la Lagune
Port-de-By
Troussas
By
Bégadanet
le Breuil
St Christo
le Gua
Mayan
Larnac
Mouva
la Hontane
Courbian
Périgueys
Semian
Moulineyre
Vendays-Montalivet
Queyrac
Laujac
Meillan
Bégadan
le Pion
Lescapon
Tremblaux
les Ptes Granges
Couquèques
Cap-du-Prat
Forêt de Vendays
Sarnac
les Ormes
Biail
Cissac-en-Médoc
Civrac-en-Médoc
Hourean
Pey-du-Haut
Coudessant
Gaillan-en-M.
Prignac-en-M.
la Gorce
Queyzans
St Yzans-de
Cayrehours
Marais de Lespaut
Roudillac
Blaignan
Peyressan
Bourgueyraud
Lafon
la Cardonne
Potensac
Ancne Abbe de l'Ile
Berganton
Blanc
Lesparre-Médoc
St Trelody
Vernous
l'Hôpital
Plautignan
Ordonnac
Marqué
Flamand
Forêt du Junca
la Bresquette
Escot
Canquillac
St Germain d'Esteuil
Miqueu
St Isidore
Rebichette
Bouries
Conneau
le Pin-sec
Plassan
Liard
Artiguillon
le Trale
St Gaux
St Corbian
Lille
Naujac-s-Mer
17
Magagnan
la Toudeille
Lugagnac
Lisan
la Prise
Herreyrat
Lagune
Cazeaux
B. du Plantier
Vertheuil
Hourtin-Plage
le Contaut
le Pit Mont
Marais du Palu
Louley
Lande de Vignolles
20
la Caussade
Hanteillan
Blanquet
les Genêts
C.F.M.
Cartignac
les Reynals
Cissac-Médoc
le Breuil
Mouton Rothsch
Piqueyrot
le Port
Brè
St Sauveur
Lescarjean
Fonpiqueyre
Labrousse
Fournas
Forêt d'Hourtin
Dunes des Places
Hourtin
Haut-Bré
Lagunan
Pey-de-Camin
Lachanau
Sémignan
Villeneuve
Ballac
Lac d'Hourtin-Carcans
Berle de Caillova
le Crohot de France
la Gracieuse
Lupian
Marcillan
Rionet
Phares d'Hourtin
Ste Hélène-de-Hourtin
Peintre
Mourlan
St Laurent-et-Benon
Balaugue
Cartujac
Carnet
le Vivey
le Garthieu
Craste Lambert
16
Ste Hélène-de-l'Etang
12
Picard
Bernos
Courbiac
le Crohot des-Cavales
Craste Pipeyrous
Berdillan
Senajou
Benon
Bombannes
Couyras
Carcans-Plage
Forêt de Carcans
Villeneuve
Craste la Queyrave
St Queyran
Donissan
Maubuisson
le Pouch
Carcans
Couyrasseau
Devidas
Fourcas
le Tris
Cap-de-Ville
Mayne-Pauvre
Troussas
Berron
Pudos
Libardac
Baudan
Listrac
Lestage
le Montaut
13
Craste Raouset
Bernones
Fon-Réaux
Réserve naturelle
Etang Cousseau
Marais de Talaris
Canal de Jonction
l'Alexandre
Brach
Touleron
21
la Lande
Barbat
Bouquey
Mauvesin
Devinas
Lande de Ludey
Castelnau-de-Médoc
les Lamberts
Forêt de Lacanau
12
20
Ave
Landes de Méogas
Grd Ludey
Pit Ludey
Lacanau-Océan
le Huga
Talaris
Cordes
Romé
les Pins
le Moutchic
Méogas
Constantenins
Carreyre
Landes du Bourg
10
Mongarni
la Providence
le Tedey
Lac de Lacanau
Narsot
Lande de Villeneuve
le Devès
le Port
Lacanau
Méjos
Taussac
Sadouillan
Grande Escoure
16
Taussac
Pimbe
St Raphaé
le Lion
les Nerps
aux Andraux
au Chalet
Planque-Peyre
Ste Hélène
Longarisse
Craste de la Levade
Gémeillan
le Bernos
11
Tronquats
10
Lède du Grd Bernos
Mistre
Maubourguet
Etg de Batejin
le Grd Courgas
le Pit Courgas
Bedillor
le Plec
Salaunes
Hourton
Dunes du Hourtin
Landes de Lacousteyre
Landes du Gartiou-Croutat
Craste de Castagnot
l'Eyron
le Mair d'Estev
Etang de Batourtot
Saumos
Landes d'Eyron
le Bétout
la Rue
24
Grd Bos
22
le Lignan

192

193

le Porge-Océan
le Gressier
Etang de Lède Basse
Maisonneuve
Lescarran
Pit Bos
Pilliote
Serigas
Sautuges
Issac
Gleyse Vieille
Vignas
le Temple

A B C

1 2 3 4

Mirambeau
St Ciers-s-Gironde
Montendre
Montlieu-la-Garde
Chevanceaux
Baignes-Ste Radegonde
Blaye
Bourg
St André-de-Cubzac
Libourne
Fronsac
Guîtres
Montguyon
Pauillac
Margaux
Blanquefort
St Médard-en-Jalles
Ambarès-et-Lagrave
Carbon-Blanc
Bassens
St Loubès
St Sulpice
Coutras
Galgon
St Savin
Cavignac
Laruscade
Bussac-Forêt
Clérac
Bedenac
Reignac
Etauliers
St Aubin-de-Blaye
Marcillac
Donnezac
Cartelègue
St Christoly-de-Blaye
Pugnac
Cézac
Cubzac-les-Ponts
Macau
Ludon-Médoc
Parempuyre
Cantenac
Lamarque
Cussac
St Julien
Plassac
Centrale nucléaire du Blayais
Terrain militaire
Ile de Patiras
Ile Nouvelle
Dordogne
AQUITAINE A 10
N 137
N 10
D 730
193
194
161
178

Reignac
Challignac
Condéon
Brie-s/s-Barbezieux
Deviat
Nonac
St Eutrope
Montmoreau-St Cybard
Gurat
Vaux-Lavalette
Touvérac
Berneuil
Poullignac
Ste Souline
Courgeac
St Laurent-de-Belzagot
St Amant
Salles-Lavalette
Oriolles
Chillac
St Félix
St Martial
Juignac
Passirac
Brossac
Châtignac
St Laurent-des-Combes
Montboyer
Bors
Pillac
Montignac-le-Coq
Palluaud
Chantillac
Boisbreteau
Brie-sous-Chalais
Bardenac
Courlac
Bellon
St Séverin
Guizengeard
St Vallier
Curac
Boresse-et-Martron
Chalais
Yviers
Orival
St Romain
Rouffiac
Aubeterre-s-Dronne
Bors
St Palais-de-Négrignac
Sauvignac
St Quentin-de-Chalais
St Christophe
Rioux-Martin
Médillac
St Avit
Bazac
Les Essards
Bonnes
Neuvicq
Montguyon
La Genétouze
Chenaud
Festalemps
St Privat
Boscamnant
Parcoul
St Aulaye
St Vincent-Jalmoutiers
Puymangou
Ponteyraud
Vanxains
Clérac
St Pierre-du-Palais
St Aiguin
La Roche-Chalais
St Michel-l'Écluse
Servanches
La Jemaye
Forêt de la Jemaye
St Martin-de-Coux
St Michel-de-Rivière
Cercoux
La Clotte
La Barde
Échourgnac
Chamadelle
Les Eglisottes-et-Chalaures
Le Fieu
St Christophe-de-Double
Eygurande-Gardedeuil
St Barthélemy-de-Bellegarde
St Michel-de-Double
FORÊT DE LA DOUBLE
Lagorce
Coutras
Guitres
Abzac
Porchères
Camps-s-l'Isle
St Antoine-s-l'Isle
Le Pizou
Moulin-Neuf
Ménesplet
Montpon-Ménestérol
St Martial-d'Artenset
St Laurent-des-Hommes
Bonzac
St Denis-de-Pile
St Médard-de-Guizières
St Seurin-s-l'Isle
St Sauveur-de-Puynormand
Gours
Petit-Palais
Puynormand
Minzac
St Martin-de-Gurçon
Carsac-de-Gurson
Villefranche-de-Lonchat
St Rémy
St Géraud-de-Corps
Lussac
Tayac
Francs
Montagne
Néac
Pomerol
Libourne
Puisseguin
St Cibard
St Philippe-d'Aiguille
Les Salles
Montpeyroux
St Méard-de-Gurçon
Monfaucon
Fraisse
Beaupouyet
St Sauveur-Lalande
St Géry
St Christophe-des-Bardes
St Georges
Puy Chalud
D 674
D 730
D 708
N 10
N 89
D 20
D 5
D 10
162
177
195

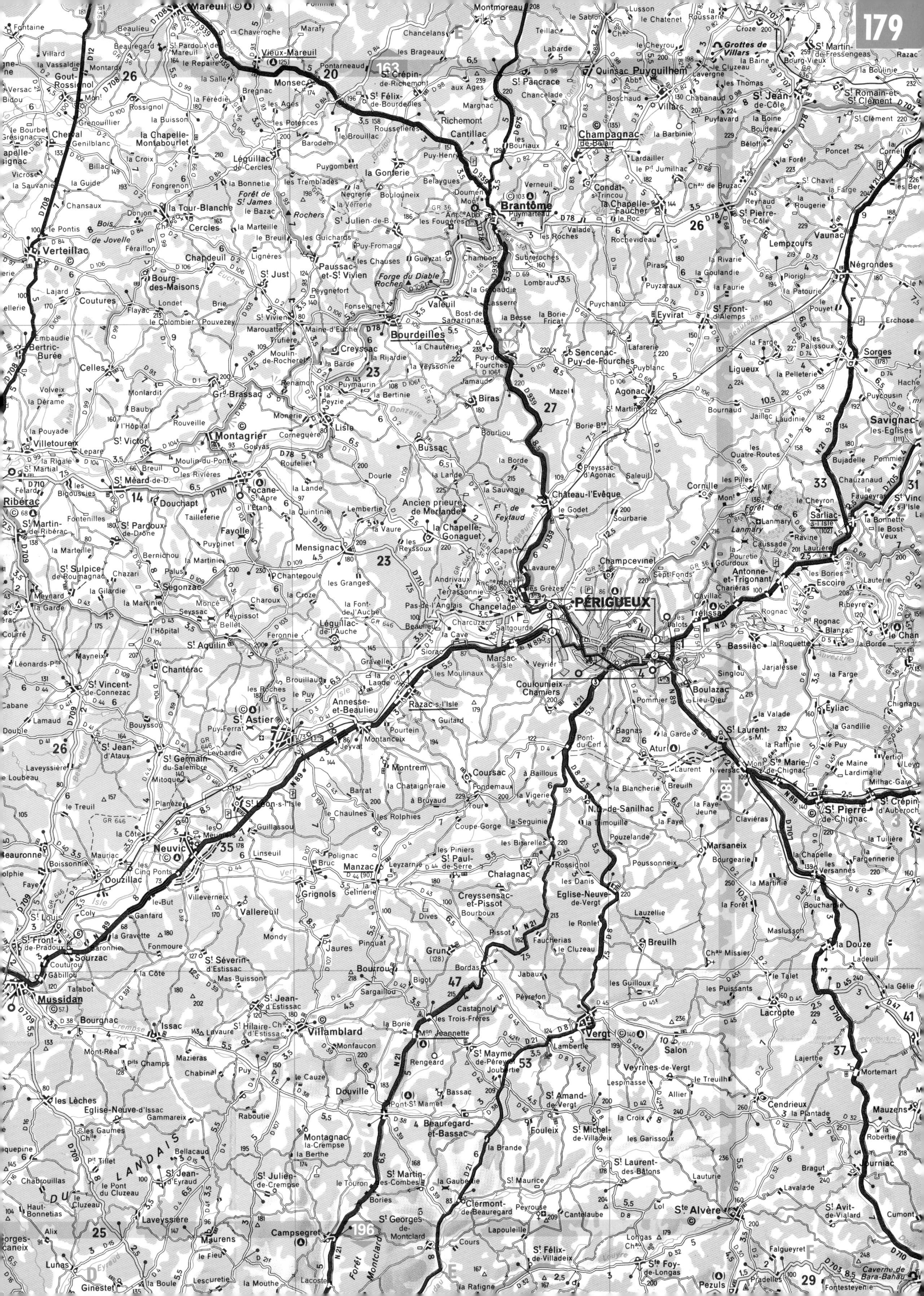

Fontaine
Mareuil
Beaulieu
Chaveroche
Marafy
Montmoreau
le Sablon
Lusson
le Chatenet
Roussarie
Croze
St Martin-de-Fressengeas
Razac
Beauregard
St Pardoux-de-Mareuil
Vieux-Mareuil
Chancelans
les Brageaux
Teillac
Labarde
le Cheyrou
Grottes de Villars
la Baine
Bourg-Vieux
la Vassaldie
Montardit
le Repaire
Pontarneaud
St Crépin-de-Richemont
le Cluzeau
la Boulinie
Gout-Rossignol
la Salle
Monsec
St Félix-de-Bourdeilles
aux Ages
St Pancrace
Quinsac
Puyguilhem
Lavergne
les Thomas
St Jean-de-Côle
St Romain-et-St Clément
Versac
Bidou
Bregnac
la Férédie
les Ages
Margnac
Chancelade
Abbaye
Boschaud
Villars
Chabanaud
St Clément
Rossignol
Richemont
Puyfavard
la Boine
Grenouillier
les Potences
Rousselières
Boudeau
le Bourbet
Cherval
Genilblanc
la Buisson
Barodem
le Brouillac
Cantillac
les Bouriaux
Champagnac-de-Belair
la Barbinie
Béloffie
Poncet
Corneil
Grésignac
la Chapelle-Montabourlet
Puy-Henry
Lardailler
la Forêt
Vicrose
la Croix
Léguillac-de-Cercles
Puygombert
la Gonterie
le Pt Jumilhac
St Chavit
la Sauvanie
Billac
la Guide
Fongrenon
la Bonnetie
les Tremblades
Belaygues
Verneuil
Condat-s-Trincou
Chau de Bruzac
la Farge
Forêt de St James
la Negrerie
Boulouneix
Doumen
Mont
Brantôme
la Chapelle-Faucher
Reynaud
Chansaux
Donjon
la Tour-Blanche
le Bazac
la Verrerie
Puymarteau
le Roc
St Pierre-de-Côle
la Rougerie
le Pontis
Bois de Jovelle
Cercles
Rochers
St Julien-de-B.
les Fougères
Valade
les Roches
Vaunac
Verteillac
Féraillon
la Marteille
le Breuil
les Guichards
Rochevideau
Lempzours
Chapdeuil
Lignères
Puy-Fromage
Gueyzat
Chambon
Subreroches
Piras
la Rivarie
Négrondes
Bourg-des-Maisons
St Just
les Chauses
Paussac-et-St Vivien
Forge du Diable
Rocher
Lombraud
Puyzaraux
la Goulandie
Lajard
Coutures
Londet
Peygnefort
Gerbaudie
la Faurie
Piorio
la Patourie
Valeuil
Lasserre
Puychantu
Flayac
Brie
Fonseigner
Bost-de-Sarrazignac
la Besse
la Borie-Fricat
Eyvirat
St Front-d'Alemps
le Pouyet
Erchose
le Colombier
Pouvezey
St Vivien
Marouatte
Maine-d'Euche
Bourdeilles
Embaudie
Bertric-Burée
Truffière
Creyssac
la Chauterie
Sencenac-Puy-de-Fourches
Lafarerie
la Farge
les Palissoux
Sorges
Moulin-de-Rocherel
la Barde
la Rijardie
la Veyssonie
Puy-de-Fourches
Puyblanc
Ligueux
Celles
la Pelleterie
Renamon
Puymaurin
Jamaud
Mazel
Agonac
Hache
Volveix
Monlardit
Grd Brassac
la Peyzie
la Bertinie
Biras
Bournaud
Puycousin
la Dérame
Bauby
St Martin
Jaillac
Laudinie
Savignac-les-Eglises
Rouveille
Monerie
Lisle
Borie-Bse
la Pouyade
l'Hôpital
Corneguère
Bourliou
Villetoureix
St Victor
Montagrier
Gouyas
Bussac
les Quatre-Routes
Bujadelle
Pommier
la Rigale
Lepare
Moulin-du-Pont
Roufelier
Preyssac-d'Agonac
St Martial
Breuil
les Rivières
la Borde
Saleuil
Chauzanaud
Faugeyrac
Félard
les Bigoussies
St Méard-de-D.
Tocane-St Apre
la Lande
Dourle
la Lande
la Sauvagie
Château-l'Evêque
Cornille
les Pilles
Ribérac
Douchapt
l'Etang
Lembertie
Ancien prieuré de Merlande
Forêt de Feytaud
le Godet
Sourbarie
le Cheyron
St Vincent-s-l'Isle
St Martin-de-Ribérac
Fontenilles
Tailleferie
la Quintinie
Forêt de Lanmary
Lanmary
Sarliac-s-l'Isle
la Bonnette
le Bost-Veux
St Pardoux-de-Drône
Fayolle
la Vaure
la Chapelle-Gonaguet
Ravine
la Marteille
Bernichou
Puypinet
Mensignac
les Reyssoux
Caussade
Lauriere
St Sulpice-de-Roumagnac
Chazari
la Martinie
Chantepoule
Andrivaux
Capel
Champcevinel
la Pouretie
Gourdoux
Antonne-et-Trigonant
les Bories
Escoire
Lauterie
Palus
les Granges
Terrassonnie
Lavaure
Sept-Fonds
Charièras
Ribeyre
la Gilardie
Ségonzac
Charoux
la Croze
Abbaye
les Grèzes
Meynard
la Martinie
Moncé
la Font-de-l'Auche
Pas-de-l'Anglais
Chancelade
PÉRIGUEUX
Cavillac
Trélissac
Rognac
la Garde
Seyssac
Peypissot
le Bellet
Léguillac-de-l'Auche
Charcuzac
les Valots
Pt Rognac
Blanzac
Courré
l'Hôpital
Feronnie
Beaulieu
Saltgourde
la Cave
le Chan
St Aquilin
Bassillac
la Roquette
la Borde
Mayneix
Léonards-Plts
Siorac
Marsac-s-l'Isle
Veyrier
Chantérac
Gravelle
les Moulinaux
Coulounieix-Chamiers
Jarjalesse
Singlou
la Farge
St Vincent-de-Connezac
la Lande
Brouillaud
les Roches
le Puy
Boulazac
Lieu-Dieu
Cabane
Pommier
Eyliac
Chignac
Lamaud
Annesse-et-Beaulieu
Razac-s-l'Isle
Bouyssou
St Astier
Puy-Ferrat
Pourtein
Guitard
la Valade
la Gandilie
Double
Jeyvat
Montanceix
Bagnas
la Garde
St Laurent-s-M.
la Rafinie
le Puy
St Jean-d'Ataux
Leybardie
Pont-du-Cerf
Atur
Vertiol
Laveyssière
St Germain-du-Salembre
Montrem
Coursac
à Baillous
Laurent
Niversac
St Marie-de-Chignac
le Maine
Lardimalie
Leyg
le Loubeau
Mitoque
Barrat
la Chataigneraie
Fondemaux
la Vigerie
la Blancherie
Breuilh
Milhac-Gare
Planèze
Bruyaud
Tour
N.D. de-Sanilhac
la Faye-Jeune
St Pierre-de-Chignac
St Crépin-d'Auberoch
le Treuil
St Léon-s-l'Isle
les Chaulnes
les Rolphies
Coupe-Gorge
la Seguinie
la Trimouille
la Faye
Claviéras
la Tuilière
la Côte
Guillassou
les Meyniers
Pouzelande
Marsaneix
Beauronne
Neuvic
Mauriac
Linseuil
Polignac
St Paul-de-Serre
les Piniers
les Bitarelles
Bourgearie
la Chapelle
la Fargennerie
Boissonnie
les Cinq Ponts
Bruc
Manzac
Leyzarnie
Chalagnac
Rossignol
Poussonneix
les Versannes
Faye
Douzillac
Grignols
la Gélinerie
les Danis
Eglise-Neuve-de-Vergt
la Martinie
le But
Villeverneix
Vallereuil
Creyssensac-et-Pissot
Bourboux
la Forêt
St Louis
Coly
Ganfard
Dives
Lauzellie
la Boucharie
St Front-de-Pradoux
la Gravette
Mondy
Pissot
le Ronlet
Maslusson
Sourzac
Fonmoure
Jaures
Pinquat
Faucherias
le Cluzeau
Breuilh
la Douze
Couturou
Gabillou
St Séverin-d'Estissac
Grun
Bordas
Chau Missier
Ladeuil
Talabot
Mas-Buisson
Bourrou
Jabaux
le Talet
la Gélie
Mussidan
la Côte
Bigot
Sargaillou
les Guilloux
les Puissants
St Jean-d'Estissac
Castagnol
Peyrefon
Lacropte
Bourgnac
Issac
Lavaure
St Hilaire-d'Estissac
Villamblard
la Borie
les Trois-Frères
Mon Jeanette
Vergt
Salon
Mont-Réal
Monfaucon
Rengeard
St Mayme-de-Péreyrol
Joubertie
Lambertie
Plts Champs
Mazieras
Chabinal
Puy
le Cauze
Douville
Bassac
Veyrines-de-Vergt
Lespinasse
le Treuilh
Lajerthe
Mortemart
les Lèches
Eglise-Neuve-d'Issac
Gammareix
Raboutie
Pont-St Mamet
St Amand-de-Vergt
Allier
Cendrieux
la Plantade
Mauzens
les Gaumes
Chle
Montagnac-la-Crempse
la Berthe
Beauregard-et-Bassac
Fouleix
St Michel-de-Villadeix
la Croix
les Garissoux
la Robertie
Pt Tillet
Bellacaud
la Brande
Bragut
Journiac
Chabrouillas
Pt Tillet
le Pont du Cluzeau
DU LANDAIS
St Jean-d'Eyraud
St Julien-de-Crempse
St Martin-des-Combes
la Gaubertie
St Maurice
St Laurent-des-Bâtons
Lauturie
Lavalade
le Cluzeau
le Touron
Bories
Clermont-de-Beauregard
Peyrouse
Cantelaube
Lol
Ste Alvère
St Avit-de-Vialard
Cumont
Haut-Bonnetias
Laveyssière
Maurens
Campsegret
St Georges-de-Montclard
Lapouleille
Alix
Longas
Chau
Lunas
le Fieu
Forêt Montclard
Cours
St Félix-de-Villadeix
Ste Foy-de-Longas
Falgueyret
Caverne de Bara-Bahau
Ginestet
la Boule
Lescurerie
la Mouthe
Lacoste
la Rafigne
Pezuls
Pradelles
Fonteteyenie
Cheyr
Crempse
Eyraud
Vern
Isle
Beauronne
Euche
Dronne
Côle
Auvezère
Manoire

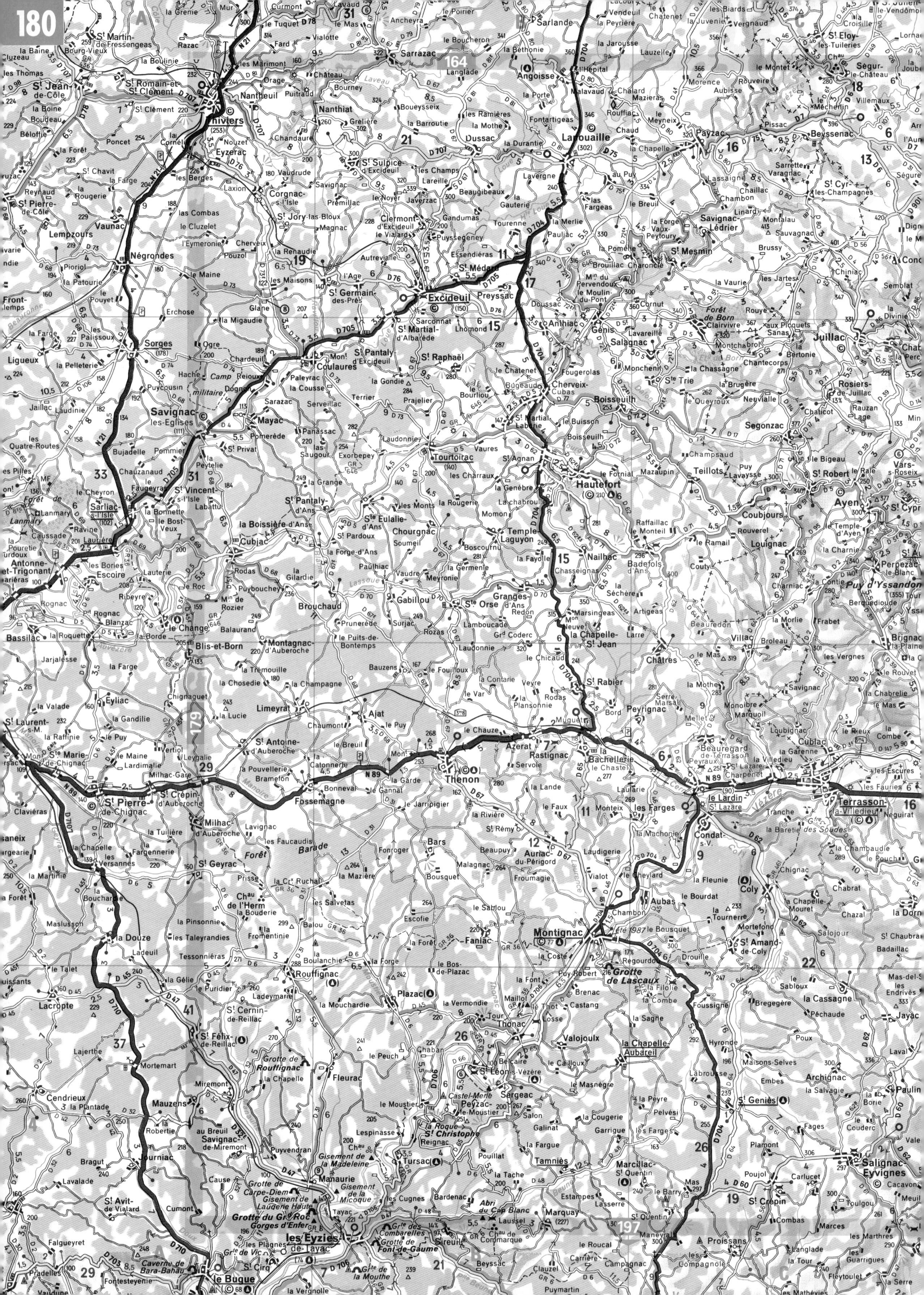

St Jean-de-Côle
St Martin-de-Fressengeas
St Romain-et-St Clément
Thiviers
Nantheuil
Sarrazac
Sarlande
Angoisse
Lanouaille
Payzac
Beyssenac
Ségur-le-Château
St Eloy-les-Tuileries
Nanthiat
St Sulpice-d'Excideuil
Corgnac-s-l'Isle
St Pierre-de-Côle
Vaunac
Lempzours
Négrondes
Clermont-d'Excideuil
St Jory-las-Bloux
Savignac-Lédrier
St Mesmin
St Médard
Excideuil
St Germain-des-Prés
Preyssac
Génis
Anlhiac
Salagnac
Forêt de Born
Juillac
Sorges
Ligueux
Coulaures
St Pantaly-d'Excideuil
St Martial-d'Albarède
St Raphaël
Cherveix-Cubas
Boisseuilh
Rosiers-de-Juillac
Segonzac
Savignac-les-Eglises
Mayac
Camp militaire
Tourtoirac
St Agnan
Hautefort
Teillots
St Robert
Ayen
Sarliac-s-l'Isle
Forêt de Lanmary
St Vincent-s-l'Isle
St Pantaly-d'Ans
Ste Eulalie-d'Ans
Temple-Laguyon
Nailhac
Coubjours
Louignac
Antonne-et-Trigonant
Cubjac
Escoire
Brouchaud
Gabillou
Ste Orse
Granges-d'Ans
Badefols-d'Ans
Puy d'Yssandon
Bassilac
le Change
Blis-et-Born
Montagnac-d'Auberoche
la Chapelle-St Jean
Châtres
Villac
Eyliac
Limeyrat
Ajat
St Rabier
Peyrignac
Beauregard-de-Terrasson
Cublac
St Laurent-s-M.
Ste Marie-de-Chignac
St Antoine-d'Auberoche
Thenon
Azerat
Rastignac
la Bachellerie
le Lardin-St Lazare
Terrasson-la-Villedieu
St Pierre-de-Chignac
St Crépin-d'Auberoche
Fossemagne
Milhac-d'Auberoche
Forêt Barade
Bars
St Geyrac
Auriac-du-Périgord
Condat-s-V.
Coly
Montignac
Aubas
la Douze
Fanlac
Grotte de Lascaux
St Amand-de-Coly
Rouffignac
Plazac
Lacropte
Tour Thonac
Valojoulx
la Chapelle-Aubareil
St Félix-de-Reillac
St Cernin-de-Reillac
Grotte de Rouffignac
Fleurac
St Léon-s-Vézère
Sergeac
Castel-Merle
Peyzac-le-Moustier
Mauzens-et-Miremont
Cendrieux
Savignac-de-Miremont
Journiac
la Roque St Christophe
Tursac
Tamniès
Marcillac-St Quentin
St Geniès
Archignac
Salignac-Eyvignes
Manaurie
Gisement de la Madeleine
Gisement de la Micoque
Grotte de Carpe-Diem
Gisement de Laugerie Haute
Grotte du Gd Roc
Gorges d'Enfer
les Eyzies-de-Tayac
Grotte des Combarelles
Grotte de Font-de-Gaume
Abri du Cap Blanc
Marquay
Proissans
St Crépin
Caverne de Bara-Bahau
le Bugue
St Cirq
Grotte de la Mouthe
St Avit-de-Vialard
N 21
N 89
D 704
D 705
D 710
164
179
197

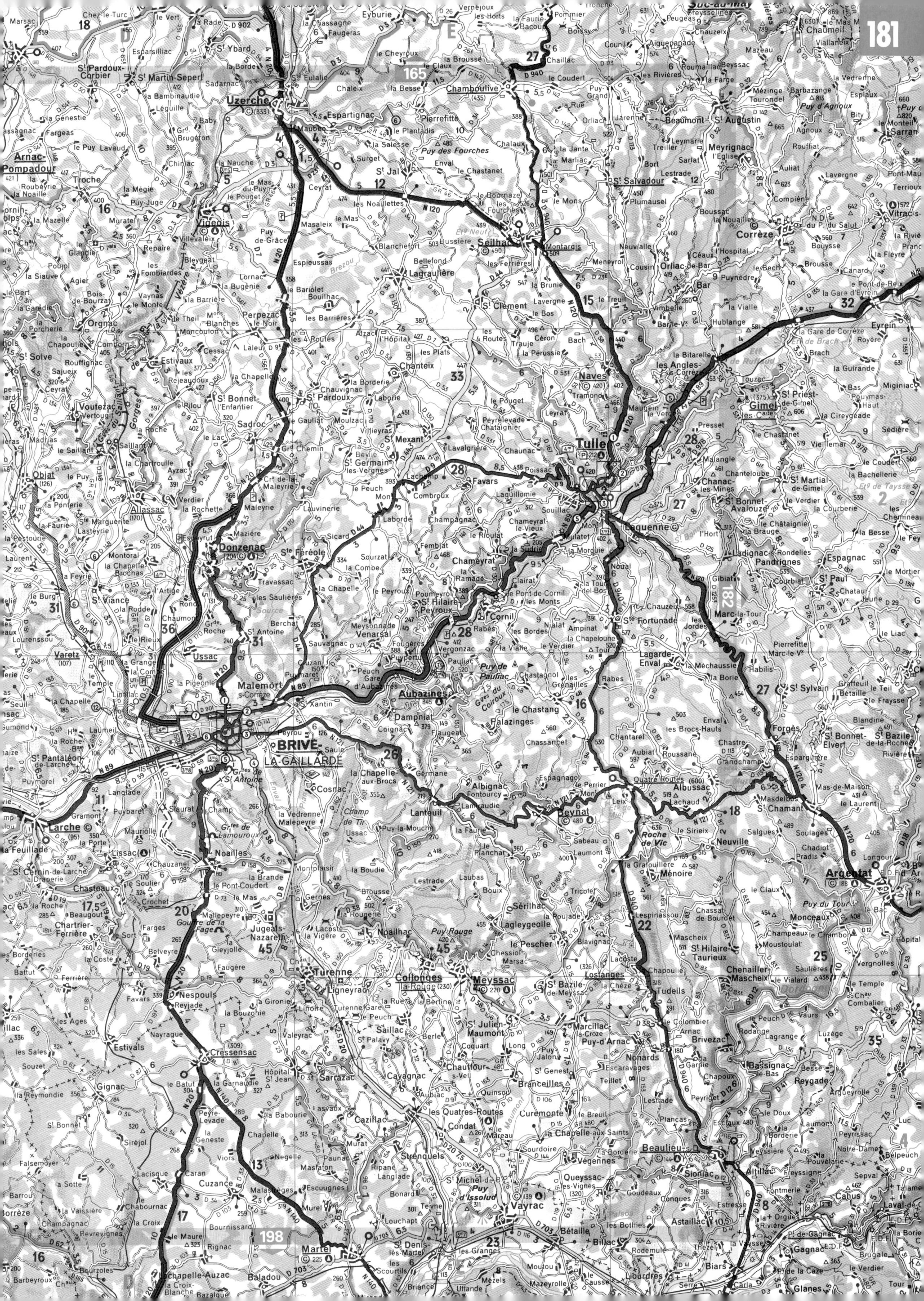

Uzerche
Arnac-Pompadour
St Ybard
St Martin-Sepert
St Pardoux-Corbier
Chamboulive
Espartignac
Pierrefitte
Puy des Fourches
St Jal
Vigeois
Seilhac
Montargis
Lagraulière
St Clément
Chanteix
St Salvadour
St Augustin
Beaumont
Meyrignac-l'Eglise
Corrèze
Vitrac-s-M.
Naves
Tulle
Gimel
St Priest-de-Gimel
Laguenne
Chameyrat
Favars
St Mexant
St Germain-les-Vergnes
Orgnac
Voutezac
Objat
Allassac
Donzenac
Ste Féréole
Sadroc
Perpezac-le-Noir
Estivaux
Ussac
Malemort-s-Corrèze
BRIVE-LA-GAILLARDE
Aubazines
Cornil
St Hilaire-Peyroux
Venarsal
Varetz
St Pantaléon-de-Larche
Larche
Lissac
Noailles
Jugeals-Nazareth
Turenne
Collonges-la-Rouge
Meyssac
Beynat
Albussac
Argentat
St Chamant
Forgès
Marc-la-Tour
Ste Fortunade
Lagarde-Enval
Neuville
Ménoire
Sérilhac
Lagleygeolle
Puy Rouge
Nespouls
Cressensac
Gignac
Sarrazac
Cavagnac
Cazillac
Strenquels
Vayrac
Puy d'Issolud
Martel
St Denis-lès-Martel
Beaulieu-s-D.
Sioniac
Brivezac
Nonards
Puy-d'Arnac
Marcillac-la-Croze
Tudeils
Curemonte
Queyssac-les-Vignes
Bétaille
Bilhac
Astaillac
Altillac
Bassignac-le-Bas
Reygade
Monceaux
Puy du Tour
Chenailler-Mascheix
St Hilaire-Taurieux
St Sylvain
St Bonnet-Elvert
St Bazile-de-la-Roche
Gagnac
Glanes
Cuzance
Chapelle-Auzac
Lostanges
St Bazile-de-Meyssac
Chauffour-s-Vell
Branceilles
St Julien-Maumont
Saillac
Ligneyrac
Chasteaux
Chartrier-Ferrière
Cosnac
Lanteuil
Albignac
Dampniac
Palazinges
Chastang
Puy de Pauliac
Roche de Vic
Chanac-les-Mines
St Martial-de-Gimel
St Bonnet-Avalouze
Ladignac-s-Rondelles
Pandrignes
Espagnac
St Paul
Laval-de-Cère

Chaumeil · St Yrieix-le-Déjalat · Chaudemaison · la Massonnie · Forêt de Bonneval · Maussac · Chaumerliac · St Victour
Beyssac · la Vedrenne · les Bournas · Marzeix · le Monjanel · Soudeilles · Maleyre · Darnets · Fl de Ventadour · Lerme · Palisse-H · Aumont · Soustras · Chirac-Bellevue · les Charres · St Etienne-la-Geneste · Ste Marie-Lapanouze · Roche-le-Peyroux
Mézinge · Barbazange · Tourondel · Puy d'Agnoux · Esplaux · Puy de Sarran · Sarran · Laval · Puy Foissac · Egletons · Font-Martin · le Lieuteret · Malesoute · Palisse · Pellassiauve · Cheyssac · la Plane · Pellachal · Liginiac · Site de St Nazaire
Augustin · Agnoux · Bity · Rouffiat · le Monteil · Verrières · les Veyssières · Croix-du-Bourg · Moustier-Ventadour · la Genestine · Praillous · Gane · les Bordes · Auchebie · Chastagner · Antiges · Chabrat · Bge de Mareges · Puy de Manzagol
Corrèze · Lavergne · Vitrac-s-M · Pont-Maure · Terrioux · Seugnac · Rosiers-d'Egletons · Aucher · Chau de Ventadour · Montsour · Espinasse · Mialaret · Neuvic · Longvert · l'Arbre du Renard
Bouysse · la Rivière · Maumont · Tonnant · Gibiat · les Farges · les Bouyges · Messence · Bouix · Lamazière-Basse · la Siauve · Bge de Neuvic d'Ussel · Vernejoux · Pont de Vernejoux
Montaignac-St Hippolyte · Chapelle-Spinasse · Mortegoutte · la Maurie · St Hilaire-Luc · Traux · Brameix · Sérandon · Chassagne · Champagnac
Neyrat · l'Espinassouse · le Battut · Pradines · la Meynie · Maureix · Boueix · le Colombier · Juinière · la Rousserie · Seviolle
la Gare de Corrèze · Eyrein · la Jugie · Escouadisse · Marcouyeux · St Hilaire-Foissac · Job · St Pantaléon-de-Lapleau · Esteyriches · Fontloube · la Brousse · les Ages · Pont-des-Ajustants · Rte des Ajustants · Chaflane · Belvre de Gratte-Bruyère · Veyrières
Brach · Royère · le Peuch · le Jardin · Chastre · la Ramade · la Bourgeade · la Forêt · Rouffianges · la Chevalerie · Tiaulade · la Jarrige · Dordogne
Touzac · Gimel · St Priest-de-Gimel · la Guirande · les 3 Pilous · Puyhabilier · Rossignol · Valeix · Borie · Lapleau · le Braud · Vent-Haut · Vent-Bas · Arches · Chabanes · Furlange · Vendes
Bas · Pouymas-Haut · Miginiac · Champagnac-la-Noaille · Combrignac · Lafage-s-Sombre · Aix · Autranges · Latronche · Pont de St Projet · Soultz · les Andrieux · Ambrassac
le Chastanet · la Cireygeade · Sédière · le Mas · Clergoux · Malèze · Vieillemar · Chabanne · Prauvialle · Puyméjoux · la Mirande · Montfort · Sourniac · Vezac
Chanteloube · St Martial-de-Gimel · le Coudert · la Bachellerie · Marcillac-la-Croisille · Meyrignac · Coiral · le Grolier · le Poteau-du-Gay · Vasseioux · Soursac · Merly · les Mons · Gorges de la Dordogne · le Cheix · Chau de Miremont · Bilgeac · Jaleyrac
St Bonnet-Avalouze · le Verdier · la Courberie · le Teil · les Chemineaux · Trémoulet · Bge de la Valette · Teyssonnière · St Merd-de-Lapleau · Dillanges · May · les Rers Noirs · la Terrade · la Forestie · le Fanc · Bourianne · Tonnac · Aymons
le Châtaignier · la Besse · Pebeyre · St Pardoux-la-Croisille · Prach · Vergne · Teil · le Chamet · Chalimont · Bge de l'Aigle · Laval-Luzège · la Fage · le Peuch · Lherm · la Besse · Boissières
Ladignac · Pandrignes · Espagnac · le Mortier · Brigoux · Nougein · la Chapeloune · l'Herbeil · Durfort · Aynes · Chalvignac · la Vergne · Serre · Fageoles · Conrut · la Charreyre
St Paul · Chataur-Jeune · la Bitarelle · Gumond · Gros-Chastang · Coufinier · Bassignac-le-Haut · Pont du Chambon · Lalot · Redenat · Auriac · Spontour · Pont de Spontour · la Ferrière · Doumis · Crouzit · Escoalier · Puy St Mary · Mauriac · le Vigean
Marc-la-Tour · le Liac · Doumail · Soumaille · Vaujour · Longuechaux · Lascombe · Forêt de Miers · Brageac · la Tiolière · St Thomas · Trébiac · Verlhac
Pierrefitte · Marc-le-Vx · Habilis · la Roche-Canillac · Champagnac-la-Prune · le Mas · Sirieix · Dezejoul · la Vedrenne · le Mons · Tourniac · Ostenac · Artige · la Vialle · Salins · Cascade
St Sylvain · Graffeuil · le Teil · Betaille · le Fraysse · le Buisson · Gramont · Ymons · Vielzot · Puy du Bassin · Maugant · Pomeyrol · la Grillère · Cussac · Pomiès · Ginalhac · Apcher
Forgès · Blandine · St Martin-la-Méanne · le Rieux · Darazac · le Peuch · Chadirac · Polprat · Saligoux · Chaussenac · Ally · Escorailles · Vernet · Drugeac
St Bonnet-Elvert · St Bazile-de-la-Roche · Freygnac · Layastroux · Bge du Chastang · Escoussac · Artiges · Rilhac-Xaintrie · Visis · Vaissières · Loudiès · Puy de Bouvals · Escladines · les Martres · Drignac
Espargnière · Rivière · Cautine · Miermont · la Besse · Rollère · Granoux · Bouvals · Fraissy · Monteil · le Peuch · Custrac
Mas-de-Maison · le Pic · Belvédère · Gorges de la Dordogne · Bge de la Glane · St Privat · Chameyrac · Barriac-les-Bosquets · le Puy-Soutro · Fages
Masdelbos · St Chamant · le Laurent · Aumont · Glény · Servières-le-Chau · St Julien-aux-Bois · Clamensac · Salvagnac · Beth · Pleaux · Miallet · Fontenilles · Vialard
Salgues · Soulages · St Martial-Entraygues · le Coudert · Malesse · Rey · Nozières · le Viel · Farges · Serres · Freydevialle · Moncelles
Chadiot · Pradis · le Gibanel · le Sirieix · Haute-Brousse · le Bois · Jaladis · Herm · le Raynal · Chabus · Chau de Branzac · Loupiac · Ste Eulalie
Argentat · Longour · Bge d'Argentat · Charlane · la Maison-Neuve · Doulet · le Cout · Jauriac · St Christophe-les-Gorges · N.D. du Château · l'Hôpital
le Claux · Puy du Tour · le Raz · Meilhac · Luc · la Porte · Enchanet · Calau · la Jarrige · Farge · Besse
Monceaux · le Bac · Hautefage · le Vert · Chaumeil · Souit · St Cirgues-la-Loutre · Gour Noir · Estourocs · St Pierre · Bge d'Enchanet · Ggs de la Maronne · St Martin-Cantalès · le Batut
Champeaux · Moustoulat · le Chambon · Garel · l'Hôpital · le Fraysse · Bge de Hautefage · St Geniez-Ô-Merle · le Monteil · Longayroux · Reinal · Chanterpericot · la Croix · Serre · Bertrande
Chenailler-Mascheix · le Vialard · Saulières · Croisille · Vergnolles · St Bonnet-les-Tours · Tours de Merle · le Chambon · St Rauffy · Vabre · Ggs de la Albart · le Couderc · St Cirgues-de-Malbert
le Temple · Chau Combalier · la Broquerie · le Rieux · Cros-de-Montvert · Arnac · Flouroux · St Illide · la Lande · Cors · St Cernin
le Peuch · Vaurs · Dalmasane · la Chapelle-St Géraud · Massalve · Sexcles · Coubertergue · Goulles · Anglards · Tremouille · Cavarnal · Marcenat · Malbert · la Veissière · Vergne · Uzeol · Lagarde
Rodange · Lagrange · Luzège · Artigues · Parieu-Bas · Veillant · Favard · Castanier
Bassignac-le-Bas · Besse · Reygade · St Mathurin-Léobazel · Contensous · St Julien-le-Pèlerin · Cavanet · Rouffiac · la Brousse · Seigneroles · Uzols · St Santin-Cantalès · la Bontat · Bel Air · Freix-Anglards
Mercœur · Ségalat · Mialaret · la Bissière · la Peyre · Cazaret · Vals · St Victor · le Claux · Alex · Bassignac
Argueyrolle · le Doux · Laumont · Peyrissac · l'Arbre du Raisin · le Teulet · Montvert · la Croix-de-Bonnet · Monedières · Cassiès · Selves · Verniejouls
Notre-Dame · Belpeuch · Camps · Gorges du Peintre · Sagnemoussouse · Rieussec · Dilhac · Sagnabous · Huguefons · Nieudan · Boutonnet · Ayrens · Sels · Puezac · Salemagne
Altillac · la Pouvelarie · Freyssigne · Sepval · Talamet · Gorges de la Cère · Mamoussou · Cère · Cabannes · Bousquin · las Bordes · Laroquebrou · Pont d'Orgon · Chau de Ouier · Tanues · la Combe · Teissières-de-Cornet · Sournac
Fontmerle · Cahus · Laval-de-Cère · la Salesse · Lamativie · le Maziol · Siran · D 653 · Lavaurs · l'Hôpital · le Puech · la Calmette · le Bouret
Rivière · Pl de Gagnac · Gagnac · la Borie · Candes · Nauviolle · Comiac · Roudier · Palat · Bge de Nepes · St Gérons · St Etienne-Cantalès · Miecaze · Crandelles · la Bouigue · Brousse · Colinette
Brugale · la Caze · le Verdier · Condamine · Roudettes · Pl de Rode · Maroncle · Bge de St Etienne-Cantalès · les Hugues · le Cassan · St Paul-des-Landes · Vielles · Leybros · Espinat
Carla · Glanes · Tour · Calviac · la Balbarie · Pompidour · Espinet · Vabre · Viescamp · Lacapelle · Foulan · le Pontet

166 · 181 · 198 · 199 · A · B · C · N 120 · N 89

Mezeyrat, Journiac, Beaulieu, Gioux, Ponet, Caux, Fouillat, Ginnes, Pichefande, Beaubie, les Chirouzes, Lac de Montcineyre, Puy de Montcineyre, Chaumiane, Marsol

Vaux, le Lonjard, Thynière, la Pradelle, Fraisse, Val, Outre-Val, la Troubade, Lanobre, Veillac, le Monteil, la Rochette, Jallandrieu, la Banut, Laspialade, Nadeil, la Joux, Lamur, Falaitouze, Dressondeix, Graffaudeix, Compains, Escouailloux, Belleguette, Chandelière, la Cabane

Site du Mont, Sauliac, Bort-les-Orgues, Chassagnes, Cheylade, Vallat, la Monsernie, St Genès-Champespe, Broussoux-le-Lac, L. de la Landie, le Boucheix, Espinat, Cureyre, Col de la Chaumoune, Brion, Auzolles

Pierrefitte, Puy de Bort, Orgues, Ribeyrolles, Chantery, Madic, St Thomas, Marchal, la Cregut, L. Crégut, la Tuilière, Charlut, la Mareuge, Egliseneuve-d'Entraigues, Redondel, Bogon, Espinchal, Sandalouze, la Godivelle, St Alyre-ès-Montagne, l'Argilier

Champs-s-Tarentaine, Auzanges, Pérol, Bge de Lastioulles, Chabrol, l'Esclauze, Savignats, Chanterelle, Lavergne, Lascombes, L. d'en Haut, L. d'en Bas, Jassy, Boutaresse

Peyroux, Fournol, Valessard, la Jarrige, la Force, Embort, le Vialard, Couderc, Bagnard, Lasparet, Courtilles, Sarran, la Roche, le Chambon, le Bouchet, Verchales, Soubro, Cheyssac, Bge de Vaussaire, Vaussaire, Trémouille, Montboudif, Espinassouze, le Bac, Marniac, la Bastide, Garrey, les Salesses

Baraquette, Fleurac, Couzan, Ridoux, Bellier, Ggres de la Rhue, Coindre, Forêt de Maubert, Heire, Fallet, Jolon, Roucoule, Veyssel, Belvé, la Missonie, Marvaud, le Lac, Montgreleix, Mt Chamaroux, le Saillant, le Luguet

Couchal, Sauronnet, Salsignac, Courtilles, Vebret, Antignac, St Etienne-de-Chomeil, Romeix, Neuvialle, Mazou, Jointy, St Amandin, Cornilloux, Bge des Essarts, Vezol, Roche Pointue, Condat, Laquerie, Lac des Moines, Bufier, Dreils, la Renordie, le Fayet, Cascade, CÉZALLIER

Ydes-Bourg, Saignes, Serres, Montmallier, la Monselie, Louchevre, Journiac, Pons, Bagil, Abbe de Féniers, la Furée, Marlat, Maucher, Chauffour, le Godde, Rocherousse

Sauvat, Chastel-Merlhac, Chau Murat, Lieucamp, Augoules, Fanlade, Ensalers, Chapsal, l'Estampe, PARC, Chassagny, Serres, Marcenat, Labastide

Lavergne, Broussoles, Auteroche, Ribes, Jallaniac, Vensac, Menet, le Monteil, Dijon, Broc, Embesse, St Angeau, Chau de Lugarde, le Meynial, Gorges, Massugère, le Greil, Vins-Haut

Toulat, Venteion, la Roche, le Cher, Bellière, Prallac, la Fage, Total-H, Riom-ès-Montagnes, Marchastel, Lugarde, Artige, St Bonnet-de-Condat, Rascoupet, la Terrisse

Marlat, Olgeac, Craissac, Auzers, Varleix, Chayrouse, Roche, Valette, la Taphanel, Peyrolet, Pechefaux, Regheat, Landeyrat, Inquérade, Courbières, Pradiers, Vèze

Lieuchy, Orgues de Peyre Grosse, Trizac, la Chassagne, la Coste, Marcombes, Rigniac, Peyre-Grosse, Freytet, les Blattes, Chau, la Garde, Val, Souvrevèze, la Griffoul, les Prades, Soulages, Lac

Mossages, Chavaroche, Fouroux, Apchon, Nastrat, Viale, St Saturnin, Regetel, Malliargues, Cde des Veyrines, Romaniargues, Coudour, Chavanon, Egl., le Bac, Bois de Roche Grde, Puy de Mathonière, Allanche

la Vaissière, Valans, Jalliac, la Margerie, Collandres, la Morel, la Jalaine, Taussac, Pierre-Besse, Peyrelade, Nouix, Villas, Vernols

Fressange, Labro, les Aldières, Chamblat, Rastoul, les Mouleyres, Roche, Ségur-les-Villas, Mallargues, l'Hôpital, Lampres

Chanterelle, Coltuse, St Vincent, RÉGIONAL, Alberoche, St Hippolyte, la Bastide, DES, Cheylade, la Gazelle, la Peyro, Rouchy, Gourt

Malprade, Anglards-de-Salers, Joncoux, Noux, Espinassolles, Vallée du Mars, le Vaulmier, la Font-Sainte, Roche-Monteix, la Bade, Lextrait, Vernet, Tissonnières, la Bussinie, Chau de Valentine, le Joland, Cézerat, Roche, Plamonte

Fignac, Gge de St Vincent, Col d'Aulac, Cde du Sartre, Aymas, le Monteil, Fortuniez, Bois de la Pinatelle, Chanzac, le Lac, le Baladour, Nuis, Suc Grand

Chapsière, Nuzeroles, Navaste, Pailliez, Espinouse, Foulloux, la Buge, Plateau du Limon, Nozières, Sauvages, Mouret, St Anastasie, Roc de Cuze

net-de-Salers, Tougouse, Chasternac, Col de Neronne, Lesmaronies, Falgoux, la Pébrelie, le Falgoux, le Poux, le Claux, le Limon, Dienne, Collanges, le Peuch, la Boissonnière, Serrusse, Mons, Moucher, Chalinargues

Ruzolles, Tour, Leybros, Salers, Cascade, Recousset, Chersoubro, Franconeche, la Chaze, la Jarrige, la Courbatière, Drils, le Chaumeil, Col d'Entremont, le Lapsou, Chavagnac, Tissonnières, Rer de Laval, Joursac

le Theil, Apcher, Palemont, St Paul-de-Salers, MONTS, Puy Violent, Roc du Merle, Col de Serres, Puy de la Tourte, la Gandilhon, la Maurinie, Lavigerie, Laqueille, la Chevade, Brujalaine, Auxillac, Farges, Mazières, Freissinet, la Chouloy, Neussa, Moissac

St Rémy-de-Salers, Clédart, Védèche, Vielmur, Malrieu, Roc des Ombres, Pas de Peyrol, Col d'Eylac, Puy de Peyre-Arse, VOLCANS, Laveissière, le Meynial, Chastel, Virargues, Celles

Martin-neroux, Fontanges, Chaumont, Roc des Auzières, Roche Taillade, la Peyre-de-la-Cros, Puy Mary, Col de Cabre, Roche de Vasciviere, Fraisse-Ht, Rer de Bonnevie, Murat, Ribettes, Ribes, la Chapelle-d'Alagnon, Gaspard

Chamant, Chastrade, Restivalages, le Fau, Col de Redondel, Puy de Bataillouse, Gorges, Fraisse, Chambeuil, Albepierre-Bredons, Meymargues, Beynac, Secourieux, Touls

Malgorse, la Vergne, la Peyre, le Roufiel, St Georges, la Bastide, Puy Chavaroche, Col de Rombière, Roche, le Lioran, Cheylanes, Coltines

Eylandes, St Projet-de-Salers, Boudou, Rudéz, Cascade, Col de Cère, le Lioran, la Molède, Forêt de Murat, Auzolles, Ussel, Liadouze, Puy Griou, Super-Lioran, Laveissenet

Camboureau, Viellespeze, Mandailles, Puy de l'Usclade, les Chazes, Tunnel du Lioran, Buy Rocher, Burons d'Albepierre, Albepierre, Œuillet, la Cham

Tour, Marzes, Thourou, Col de Legal, Aubusson, Mandailles, les Gardes, le Cher, Loubizargues, Chambeyrac, 25

Anjony, Tournemire, St Julien-de-Jordanne, l'Elancèze, Fonjouquet, Plomb du Cantal, Prat de Bouc, Lescure, Valuéjols, Nouvialle, Luc, Rivet

Martin-Valois, Lafaurge, Bruel, Cornozières, Puy de Girgols, Col de Bruel, Liaumier, le Courpou Sauvage, St Jacques-des-Blats, Puy Brunet, Col de la Tombe du Père, St Maurice

Tillit, Girgols, Col de Fontbillou, Vendorge, Mazieux, Vallée, les Davines, la Sagnette, Chambon, la Chaumette

Carvialles, Tidernat, Crt de Cheules, Vercueyres, St Cirgues-de-Jordanne, Puy de la Poche, Cde Faillitoux, N.D. de Consolation, Nierveze, Puy Gros, D'AUVERGNE, la Combe, Belinay, Sauvages, le Jarry, Latga, Tanavelle

Apcher, Entre-deux-Rieux, Pradines, Aubin, Jaulhac, Lascelle, las Moneyries, Thiézac, Pas de Compaing, Chaos de Casteltinet, la Vidalenche, Muratel, Bressanges, Paulhac, la Peyre

Marmanhac, Laroquevieille, Crêtes, le Cailac, Salilhes, la Goutte, le Bourguet, Lustrande, Puy de Mercou, le Chambon, Riou

Peruejouls, Sedaige, Velzic, Vaurs, Belvé, la Roucole, les Roussinches, la Bohal, Chabasses, Lestival, la Salesse, Alluzet, Douze, Lascols

Mercadier, sac, Lasvergne, Route des Crêtes, Pas de Cère, Salvanhac, Bruget, Puy de Mougudo, St Clément, le Capat, Forêt du Cinia, Puy de la Grousse, Farreyre, Neyrebrousse, Cézens, Pontfarin, Cussac, la Chaumette, Mallesagnes

Reillaguet, Vic-s-Cère, Roufflac, Frayssé-Ht, le Château, Col de Curebourse, la Francio, Malbo, Brezons, Lalo, Paulbagol, Lussenac, Aubac, Farges, Chambernon, Fressanges

Donne, Beilhac, Boussac, Onsac, Comblat, Rocher des Pendus, Chatour, le Bousquet, Roupons, Vigouroux, Bessede, Joux, la Jarrige, Rouire, Pont-de-Rochebrune, Tagenac

St Simon, Séverac, Pesteils, Polminhac, l'Hôpital, Mamou, le Puy, Couferouge, Paiherols, Rouches, Trénac, Assac, Rochebrune, Gourdièges, Puy Reynel, Verneujo, Costeirac

AURILLAC, Giou-de-Mamou, Marfons, Clavières, Aris, Vernet, les Huttes, Jou-s-Monjou, Lacapelle-Barrès, Naucelles, le Bréjal, St Martin, Pierrefort, Frayssinet, Liauriac, Cordesse, Rochegonde

Yolet, Vixouze, Maruejoul, Meymac, Peyre, Bouygues, Brommet, la Vieille, Narnhac, Budies, Neuvéglise, la Neuve

Compains
la Godivelle
CÉZALLIER
Allanche
Ardes
Blesle
Massiac
Brioude
St Flour
Viaduc de Garabit
Ruynes-en-Margeride
Chau d'Alleuze
Neuvéglise
Jumeaux
Brassac-les-Mines
Auzon
Lempdes
St Germain-Lembron
Vichel
Collanges
Molompize
Ferrières-St Mary
Neussargues-Moissac
Talizat
Andelat
Roffiac
Ussel
Coltines
Lavoûte-Chilhac
St Cirgues
Pinols
Col de la Fageole
Forêt de la Margeride
MONTAGNE DE LA MARGERIDE
Mont Mouchet
Gorges de l'Alagnon
168
183
200
201

PARC
RÉGIONAL
LIVRADOIS
FOREZ
Arlanc
Viverols
Usson-en-Forez
Estivareilles
la Chaise-Dieu
Craponne-s-Arzon
Paulhaguet
Allègre
Retournac
Vorey
St Paulien
Lavoûte-s-Loire
LE PUY
Polignac
Espaly-St Marcel
Vals
Loudes
Saugues
Monistrol d'A.
St Privat-d'Allier
Solignac-s-Loire
Cussac-s-Loire
Le Monastier-s-Gazeille
Cayres
Langeac
Chaspinhac
St Julien-Chapteuil
Craponne
Bellevue-la-Montagne
Fix-St Geneys
Sembadel
Champagnac-le-Vieux
Chomelix
Yssingeaux
Gorges de l'Allier
Monts du Devès
Suc de Miceselle
Col des Dansadoux
Forêt de Lamandie
Bois de Chantelauze
169
170
186
201
202

St Clair-du-Rhône
Cheyssieu
Vernioz
Monsteroux-Milieu
Montseveroux
Pélussin
Chavanay
Clonas-s-Varèze
Auberives-s-V.
Assieu
St Alban-de-Varèze
Primarette
Mont Pilat
Crêt de l'Œillon
St Maurice-l'Exil
St Pierre-de-Bœuf
Malleval
Bessey
La Chapelle-de-Surieu
St Romain-de-Surieu
Moissieu-s-Dolon
Revel-Tourdan
Pisieu
Le Péage-de-Roussillon
Roussillon
Bellegarde-Poussieu
Véranne
Lupé
Maclas
Sonnay
Pact
Beaurepaire
St Barthélemy
Limony
Salaise-s-Sanne
Agnin
Bougé-Chambalud
Jarcieu
Lapeyrouse-Mornay
St Appolinard
St Jacques-d'Atticieux
Charnas
Chanas
Sablons
Serrières
Félines
Brossainc
St Julien-Molin-Molette
Thélis-la-Combe
Colombier
Épinouze
Manthes
Lens-Lestang
Moras-en-Valloire
St Sorlin-en-Valloire
St Rambert-d'Albon
Anneyron
Savas
Peyraud
Peaugres
Bogy
Champagne
St Marcel-lès-Annonay
Boulieu
Davézieux
St Cyr
St Désirat
Annonay
Burdignes
Andance
Andancette
Albon
Thorrenc
Châteauneuf-de-Galaure
Tersanne
Hauterives
Palais Idéal
Roiffieux
Villevocance
Vanosc
Talencieux
Beausemblant
Laveyron
St Vallier
Mureils
La Motte-de-Galaure
St Avit
Vocance
Quintenas
Sarras
Ardoix
St Alban-d'Ay
Claveyson
Ratières
Bathernay
Montchenu
St Romain-d'Ay
St Symphorien-de-Mahun
Satillieu
Ponsas
St Barthélemy-de-Vals
Eclassan
Arras-s-Rhône
Serves-s-Rhône
Charmes-s-l'Herbasse
Marges
Lalouvesc
St Jeure-d'Ay
Cheminas
Sécheras
Érôme
Gervans
St Donat-s-l'Herbasse
Marsaz
Vaudevant
St Victor
Lemps
Vion
Chantemerle-les-Blés
Chavannes
Peyrins
St Félicien
Étables
Crozes-Hermitage
Tain-l'Hermitage
Mercurol
Veaunes
St Bardoux
Clérieux
Pailharès
Colombier-le-Vx
Tournon
Chanos-Curson
Romans-s-Isère
Bourg-de-Péage
Granges-les-Beaumont
Arlebosc
Boucieu-le-Roi
St Barthélemy-le-Plain
Mauves
Beaumont-Monteux
Châteauneuf-s-I.
Nozières
Empurany
Colombier-le-Jeune
Glun
La Roche-de-Glun
Pont-de-l'Isère
Chatuzange
Lamastre
Gilhoc-s-Ormèze
St Sylvestre
Mayres
Châteaubourg
St Romain-de-Lerps
Alixan
Bésayes
St Barthélemy-le-Pin
St Basile
Champis
Cornas
St Péray
St Marcel-lès-Valence
Bourg-lès-Valence
Montélier
Alboussière
St Didier-de-Crussol
Crussol
Guilherand
Valence
St Apollinaire-de-Rias
Boffres
Châteauneuf-de-Vernoux
Toulaud
Soyons
Malissard
Chabeuil
Lamastre
Désaignes
Col du Buisson
Col de Montreynaud
Col des Fans
Col de la Rouveire
Corniche du Rhône
Gorges du Doux
Roche Péréandre
Autoroute du Soleil
45ème parallèle
171
188
203
204

172
187
204
205
Arzay
Bossieu
Ornacieux
Balbins
la Côte-St André
Mottier
Longechenal
Bévenais
le Grand-Lemps
Colombe
Primarette
Moissieu-s-Dolon
Revel-Tourdan
Pisieu
Pommier-de-Beaurepaire
Faramans
Penol
Gillonnay
St Hilaire-de-la-Côte
la Frette
Bellegarde
Sardieu
Pajay
Brézins
Sillans
Rives
Pact
Beaurepaire
St Barthélemy
Marcilloles
St Siméon-de-B
Bressieux
St Étienne-de-St Geoirs
Izeaux
Beaucroissant
Renage
Lapeyrouse-Mornay
Beaufort
Thodure
Viriville
Châtenay
St Pierre-de-B
St Geoirs
St Paul-d'Izeaux
Marcollin
Lentiol
Manthes
Lens-Lestang
St Didier
Moras-en-Valloire
Camp de Chambaran
Marnans
Brion
St Michel-de-St Geoirs
la Forteresse
Tullins
le Grand-Serre
St Clair-s-Galaure
Roybon
Chasselay
Nerpol-et-Serres
Quincieu
Morette
Cras
Palais Idéal
Hauterives
Montfalcon
Varacieux
Vatilieu
Chantesse
Poliénas
Tersanne
St Martin-d'Août
Forêt de Chambaran
Vinay
l'Albenc
Montrigaud
St Christophe-et-le-Laris
Murinais
Beaulieu
St Avit
Miribel
Montchenu
St Bonnet-de-Valclérieux
Dionay
Chevrières
Têche
Rovon
Ratières
Bathernay
St Laurent-d'Onay
Crépol
St Antoine
St Appolinard
St Vérand
St Marcellin
Cognin-les-Gorges
Charmes-s-l'Herbasse
le Chalon
St Michel-s-Savasse
Montmiral
Chatte
St Sauveur
Izeron
Malleval
Margès
Arthémonay
Montagne
St Bonnet-de-Chavagne
St Pierre-de-Chérennes
Rencurel
Bren
St Donat-s-l'Herbasse
Geyssans
Beauvoir-en-R.
St Romans
Marsaz
Parnans
Presles
Peyrins
Triors
St Lattier
St Hilaire-du-Rosier
St André-en-R.
Pont-en-Royans
Choranche
St Bardoux
Génissieux
Châtillon-St Jean
Eymeux
St Just-de-Claix
Auberives
Clérieux
Mours-St Eusèbe
Romans-s-Isère
St Paul-lès-Romans
St Nazaire-en-Royans
la Motte-Fanjas
St Thomas-en-Royans
Châtelus
St Julien-en-Vercors
Granges-les-Beaumont
Hostun
St Eulalie-en-R.
St Laurent-en-Royans
Échevis
St Martin-en-Vercors
Bourg-de-Péage
Jaillans
Rochechinard
St Jean-en-Royans
Combe Laval
Grds Goulets
Châteauneuf-s-I.
Chatuzange-le-Goubet
Meymans
Beauregard-Baret
Oriol-en-Royans
les Barraques-en-Vercors
St Martin-le-Colonel
Alixan
Marches
Rochefort-Samson
Bouvante
la Chapelle-en-Vercors
Besayes
Barbières
St Agnan-en-Vercors
Montélier
Charpey
St Vincent-la-Commanderie
Peyrus
Chabeuil
Malissard
Léoncel
Châteaudouble
Vassieux-en-Vercors
Col de la Bataille
Col des Limouches
Forêt de Lente
Gorges de la Bourne
Forêt des Coulmes
Isère
A
B
C

173
190
205
206
GRENOBLE
Voiron
Moirans
Voreppe
St Egrève
Sassenage
Fontaine
Seyssinet
Seyssins
Echirolles
Eybens
St Martin-d'Hères
Meylan
Domène
Gières
Le Pont-de-Claix
Claix
Vif
Vizille
Uriage-les-Bains
Chamrousse
St Nizier-du-Moucherotte
Lans-en-Vercors
Villard-de-Lans
Laffrey
la Mure
Monestier-de-Clermont
Gresse-en-Vercors
Le Bourg-d'Oisans
l'Alpe-d'Huez
Allemond
Vaujany
Crolles
Goncelin
Le Touvet
St Pierre-de-Chartreuse
St Laurent-du-Pont
Charmant Som
Chamechaude
Dent de Crolles
CHAÎNE DE BELLEDONNE
Grd Pic de Belledonne
MASSIF DE LA CHARTREUSE
Massif d'Allevard
Moucherotte
Valbonnais
Séchilienne
Gorges de la Romanche
le Taillefer

St Rémy-de-Maurienne
les Chavannes en-Maurienne
St Pierre-d'Allevard
Morêtel-de-Mailles
le Collet d'Allevard
Bout du Monde
Mt Mayen
Pinsot
le Grd Charnier
Pic du Frêne
St Etienne-de-Cuines
la Chambre
St Avre
Montaimont
le Molard des Bœufs
Col de Valbuche
Aiguille de la Grde Moenda
Col de Chaussy
Montpascal
St Martin-de-Belleville
les Menuires
Col du Châtelard
Pte du Vallon
MASSIF DE
Perron des Encombres
Col des Encombres
Crêt du Poulet
Crêt Luisard
la Ferrière
le Grd Rocher
le Curtillard
CHAÎNE DE BELLEDONNE
Pics de Berlanche
Col du Merlet
Pte de l'Aup du Pont
le Fremezan
St Alban-des-Villards
St Colomban-des-Villards
Pic du Glzyin
Puy Gris
Roc de Monteil
Pic de la Grde Valloire
Bec d'Arguille
C. de Merdaret
le Fond-de-France
Montvernier
Pontamafrey
le Châtel
Hermillon
St Jean-de-Maurienne
Villargondran
St Julien-Mont-Denis
Croix des Têtes
Col de la Pierre Blanche
Mt Bréguin
St Martin-la-Porte
Beaune
Thyl
Orelle
St Michel-de-Maurienne
Col du Télégraphe
St Martin-d'Arc
Valmeinier
la Toussuire
Col du Chaput
Fontcouverte
Villarembert
Albiez-le-Jeune
Albiez-le-Vieux
Montricher-Albanne
Crêt de la Chat
Col du Glandon
Cime de la Sambuis
Col de la Croix
Aigles de l'Argentière
Massif d'Allevard
le Rocher Blanc
Col des Sept Laux
Dent du Pra
Col de la Croix de Fer
St Sorlin-d'Arves
St Jean-d'Arves
Combe Genin
Col du Molard
Pte des Chaudannes
Pte d'Emy
la Grde Chible
Montrond
Entraigues
Défilé de Maupas
Col du Sabot
Roc de la Balme
les Aiguillettes
Cimes de la Cochette
Pte du Châtel
Valloire
Crey du Quart
Crey de Péré
Roche Noire
Champ de Tir
Cime des Torches
Mt Falcon
Gros Grenier
Crey Rond
Mt Pellard
les Verneys
Vaujany
Pic de l'Etendard
Col des Prés Nouveaux
Allemond
Dôme des Petites Rousses
Pic Bayle
Pic du Mas de la Grave
Aigle de l'Epaisseur
Mt Touvet
la Sétaz des Prés
Pic du Lac Blanc
les Aiguilles d'Arves
Pics Buffe d'en Haut
Roche Château
Tête de Vallon
Galibier-Grandes-Rousses
le Goléon
Col de Nevache
Seuil des Rochilles
l'Alpe-d'Huez
Villard-Reculas
Col de Sarennes
Pic des Trois Evêchés
Col du Galibier
Grand Galibier
Pic de la Moulinière
Crête des Sarrazins
Croix de Cassini
Clavans-en-Haut-Oisans
Besse
Cime du Rachas
Col de la Ponsonnière
Bourg-d'Oisans
Oratoire du Chazelet
Combe de Malaval
Mizoën
Bge du Chambon
la Grave
Villar-d'Arène
Col du Lautaret
Tunnel des Ardoisières
Galerie du Rif Blanc
Tunnel des Valois
Mont-de-Lans
Auris
Pic de Combeynot
Roc Noir
l'Aiguillette du Lauzet
Rampe des Commères
les Deux-Alpes
Belvre de la Croix
la Meije
le Rateau
Pic Gaspard
Pic du Lac de Combeynot
le Casset
Villard-Reymond
Villard-Notre-Dame
Venosc
Dôme de la Lauze
Tête de la Toura
Têtes du Replat
la Grde Ruine
Pic de Neige Cordier
Pics de Chamoissière
Col d'Arsine
le Monêtier-les-Bains
Aigle de Venosc
Aigle du Plat de la Selle
Mt du Soreiller
Aigle Dibona
Tête de Charrière
Pic des Agneaux
St Christophe-en-Oisans
Roche Faurio
Glacier Blanc
Pic de Dormillouse
Tête de la Muraillette
Clapier du Peyron
Roche de la Muzelle
la Bérarde
Pic de Clouzis
Serre Chevalier
MASSIF DES ECRINS
Barre des Ecrins
Plan du Carrelet
Pic Coolidge
Cime du Paillon
Cime de la Condamine
PARC NATIONAL DES ECRINS
Valsenestre
Mt Pelvoux
Ailefroide
Pic de Valsenestre
Aigle des Arias
Sommets de l'Ailefroide
Les Claux
St Antoine
Pic des Souffles
Pic d'Olan
les Rouies
Pics du Says
Pic Sans Nom
Mt Gioberney
Pte des Bœufs Rouges
Puy Aillaud
Vallouise
la Chapelle-en-Valjouffrey
Valjouffrey
Col de l'Eterpat
Croix de Rougny
Valjouffrey
174
189
206
207

PARC NATIONAL DE LA VANOISE
175
MASSIF DU M^T CENIS
Lanslebourg-Mont-Cenis
Lanslevillard
Val Cenis
Col du Mont Cenis
Lac du Mont Cenis
Bessans
Termignon
Sollières-Sardières
Bramans
Aussois
Avrieux
Villarodin-Bourget
Modane
Fourneaux
Dent Parrachée
Grand Roc Noir
Dôme de Chasseforêt
Aig^le de Scolette
Tunnel du Fréjus
Bardonècchia
Rochemolles
Moncenisio
Novalesa
Rocciamelone
Susa
Venàlzio
Giaglione
Chiomonte
Exilles
Salbertrand
Oulx
Sauze d'Oulx
Cesana Torinese
Clavière
Montgenèvre
BRIANÇON
Névache
Sestriere
Pragelato
Fenestrelle
Usseaux
M. Orsiera
Massello
Perrero
Prali
Bric Ghinivert
M. Chaberton
Col de l'Échelle
Col de Montgenèvre
Pic du Gr^d Glaiza
Bric Froid
Bric Bouchet
Punta Corbour
Uia di Ciamarella
l'Albaron
Champ de Tir
Busso
207

Bordeaux

Albret (Cours d')............CY
Alsace-Lorr. (Crs)...........DX
Capdeville (R.)...............BV 18
Clemenceau (Cours)......CV
Intendance (Cours)........CX
Jaurès (Pl. Jean) ....DV
Ste-Catherine (R.)..........DY
Tourny (Allées de)..........CV
Victor-Hugo (Cours)......DY

Abbé-de-l'Épée (R.).......BV
Argonne (Crs de l')........CY
Arnozan (Cours X.).........DV
Audeguil (R. F.) ....BY
Aviau (R. d')......................CU
Belfort (R. de) ....CY
Belleville (R.)....................BY
Bir-Hakeim (Pl. de).........DY
Bonnac (R. G.)..................BX
Bonnier (R. Claude)........BX
Bourse (Pl. de la) ....DX
Briand (Cours A.) ....CY
Burguet (R. J.)..................CY
Canteloup (Pl.)..................DY
Capucins (Pl. des)...........DY
Carles (R. Vital)................CX
Chapeau-Rouge
(Cours)............................DX 20
Chartres (Allées) ....DV
Chartrons (Q. des).........DU
Château-d'Eau (R.).........BX
Chauffour (R.)..................BX
Clare (R.)...........................DY
Comédie (Pl. de la)......... CX 21
Costedoat (R. E.).............CY
Course (R. de la)..............CU
Crx-de-Seguey (R.).........BU
Cursol (R. de) ....CY
Dr-A.-Barraud (R.)...........BV
Dr-Nancel-Pénard (R.)... CX 24
Douane (Q. de la)............ DX
Doumer (Pl. Paul)...........CU
Duffour-Dubergier (R.).. CY 26
Esprit-des-Lois (R.)........ DV 27
Faures (R. des).................DY
Fayolle (Crs E.-de)..........CU
Foch (Cours Mar.)...........CV
Fondaudège (R.) CV
Gambetta (Pl.)..................CX
Gaspard-Philippe (R.)....DY 37
Godard (R. Camille)........CU
Hamel (R. du).................. DY 43
Huguerie (R.)...................CV
Joffre (R. Mar.)................CY
Johnston (R. D.)..............BU
Judaïque (R.)....................BX
Juin (Crs Mar.).................BY
Lagrange (R.) ....CU
Lande (R. Paul-L.)............CY
Lecocq (R.)........................BY
Leyteire (R.).......................DY
Libération (Cours)..........CY
Louis-XVIII (Quai)............DV
Mandron (R.)...................CU
Marne (Cours de la) ....DY
Martinique (Cours) ....DU
Martyrs-de-la-
Résistance (Pl.)............BX
Mie (R. Louis)....................BY
Monnaie (Q. de la)..........DY
Montbazon (R.)..............CX 58
Mouneyra (R.) ....BY
Naujac (R.).........................BV
Notre-Dame (†)............. CX
Notre-Dame (R.).............DU D
Orléans (Allées) ....DV
Palais (Pl. du)....................DX
Palais-Gallien (R.)............CV
Parlement (Pl. du).........DX 65
Pas-St-Georges (R.)........DX
Pasteur (Cours) ....CY
Paulin (R.).........................BV
Pessac (R. de)...................CY
Pey Berland (†)..............CX E
Philippart (R. F)............. DX 69
Portal (Cours)...................DU
Porte-Dijeaux (R.)...........CX
Queyries (Q. des)............DV
Quinconces (Espl.).........DV
République (Pl.)............. CY 73
Richelieu (Quai) ....DX
St-Genès (R. de)..............CY
St-James (R.) ....DY
St-Michel (†)................ DY F
St-Rémi (R.).......................DX
St-Sernin (R.)................. BX 76
Ste-Croix (†)....................DY K
Salinières (Q. des)...........DY
Sauvageau (R. C.)............DY
Somme (Cours de la) .....DY
Sourdis (R. F.-de)............BY
Tondu (R. du) ....BY
Tournon (Cours de)....... CV 83
Tourny (Pl. de)............... CV 84
Turenne (R.) ....BV
Verdun (Cours de) ....CU
Victoire (Pl. de la)...........DY
Villedieu (R.)................... CY 88
Yser (Cours de l')............DY
3-Conils (R. des).............CX

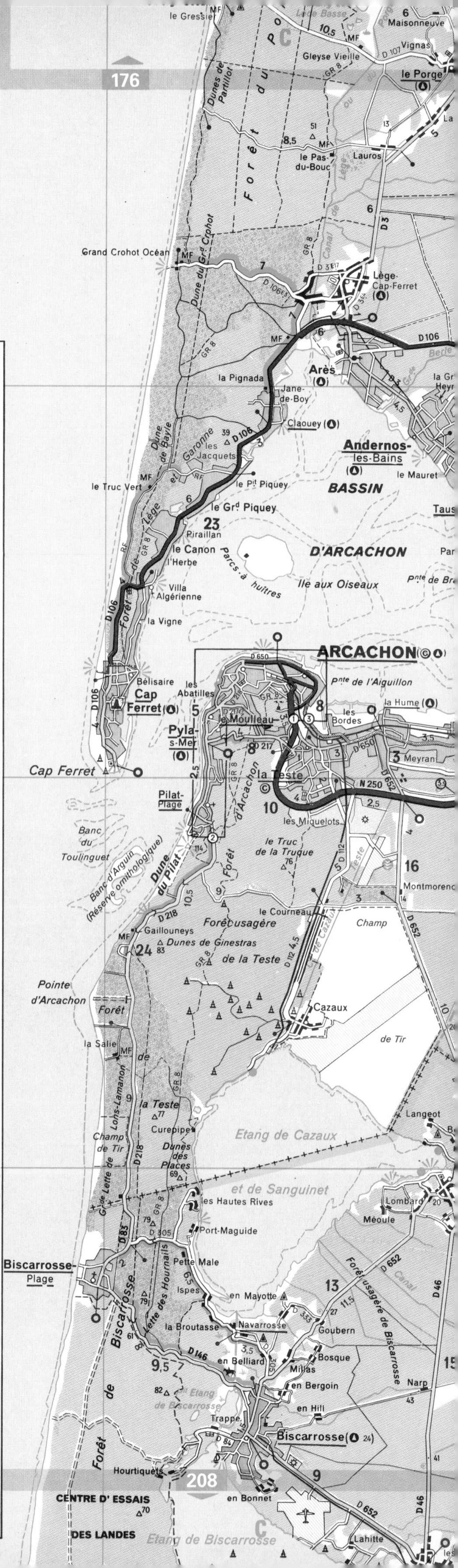

BORDEAUX
Caudéran
Mérignac
BORDEAUX-MÉRIGNAC
Talence
Pessac
Bègles
Gradignan
Villenave-d'Ornon
Floirac
Cenon
Lormont
Bruges
Eysines
le Haillan
St Médard-en-Jalles
Blanquefort
le Taillan-Médoc
Bacalan
la Bastide
Camp militaire de Souge
Terrain militaire
Lande des Courtious Brûlés
Martignas-s-Jalle
St Jean-d'Illac
Mérignac
Cestas
Canéjean
Léognan
Cadaujac
Martillac
Labrède
Saucats
Cabanac-et-Villagrains
St Morillon
PARC RÉGIONAL DES LANDES DE GASCOGNE
Marcheprime
Biganos
Audenge
Lanton
le Teich
Facture
Mios
Salles
le Barp
CENTRE D'ÉTUDES NUCLÉAIRES
CENTRE D'ESSAIS
Belin-Béliet
Lugos
Forêt de Salles
Forêt de Lugos
Gare de Lugos
Hostens
St Magne
Louchats
Guillos
Origne
St Symphorien
Saugnacq-et-Muret
Mano
Lagune de le Gd Teychoueyre
Domaine départemental
Belhade
Argelouse
Villagrains
Bois de Laperge
Parc ornithologique
Forêt de Lagnereau
N 250
N 10
A 63
A 630
D 106
D 651
D 5
D 3
D 220
D 211
176
194
208
209

BORDEAUX
Caudéran
Mérignac
BORDEAUX-MÉRIGNAC
Talence
Pessac
Bègles
Gradignan
Le Bouscat
Bruges
Eysines
Lormont
Cenon
Floirac
Bouliac
Carbon-Blanc
Libourne
Arveyres
Vayres
Beychac
Yvrac
Montussan
Artigues
Tresses
Pompignac
Salleboeuf
Camarsac
Fargues-St Hilaire
Carignan-de-B.
Latresne
Lignan
Loupes
Sadirac
Créon
La Sauve
Villenave-d'Ornon
Cadaujac
Quinsac
Camblanes
Cénac
Madirac
St Caprais-de-Bordeaux
Cambes
Baurech
Tabanac
Targon
Léognan
Cestas
Canéjean
Martillac
Labrède
Saucats
St Médard-d'Eyrans
Isle-St-Georges
Ayguemorte-les-Graves
Beautiran
Castres-Gironde
Portets
Langoiran
Capian
Lestiac
Paillet
Cardan
Rions
Arbanats
Virelade
Podensac
Béguey
Cadillac
Cérons
Loupiac
Barsac
Ste Croix-du-Mont
Preignac
Illats
Landiras
Villagrains
Cabanac-et-Villagrains
St Morillon
St Selve
St Michel-de-Rieufret
Guillos
Budos
Sauternes
Bommes
Fargues
Langon
St Macaire
Toulenne
Hostens
Louchats
St Magne
Origne
Balizac
Noaillan
Villandraut
Uzeste
Préchac
St Symphorien
Roquetaillade
Mazères
Bazas
Argelouse
Belhade
Mano
Cudos
Sauviac
AUTOROUTE DES DEUX MERS
GARONNE
193
209
210
A 62
A 63
N 89
N 113

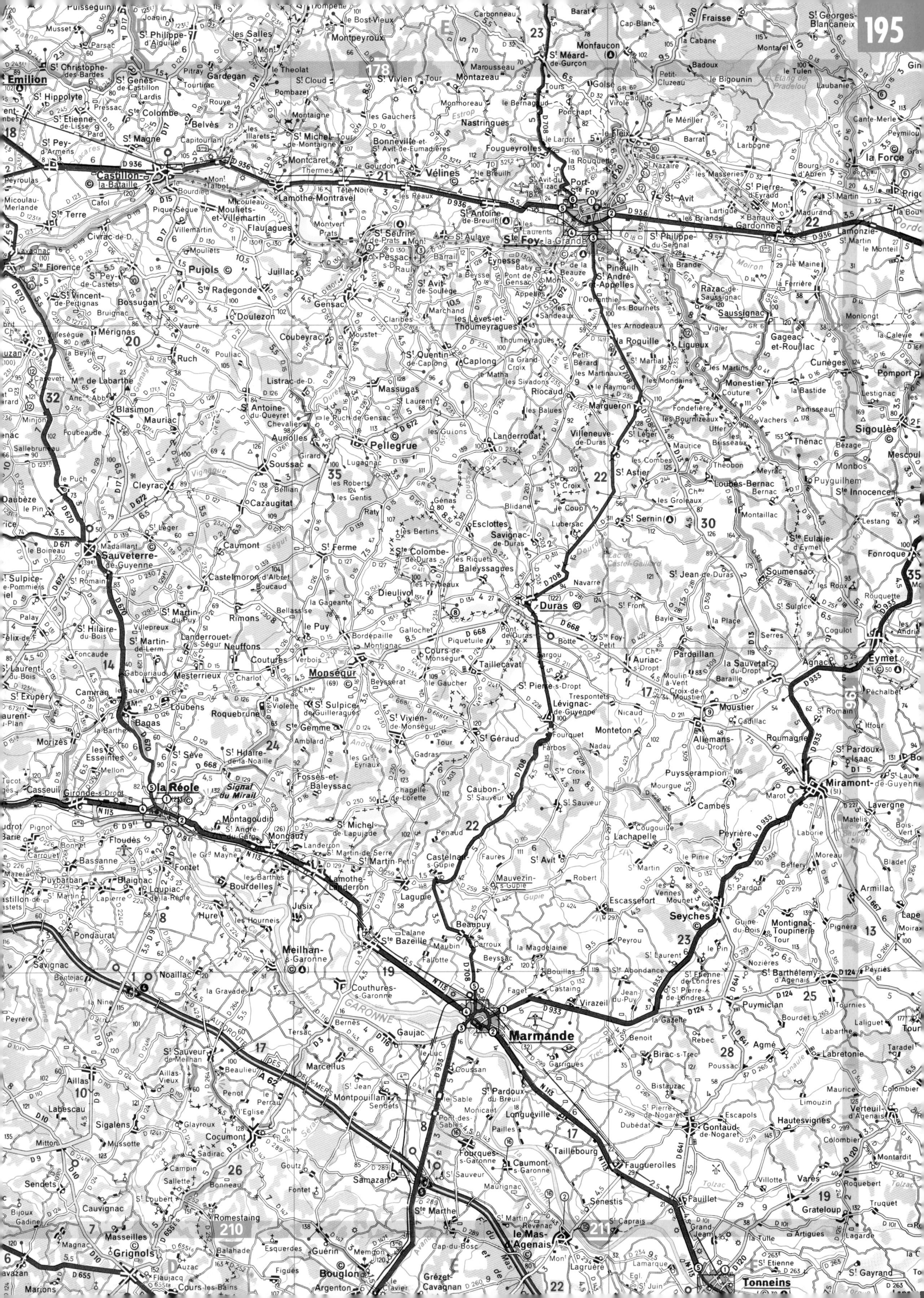
Émilion
Castillon-la-Bataille
Vélines
Lamothe-Montravel
Ste Foy-la-Grande
Port-Ste-Foy
Le Fleix
La Force
Pujols
Gensac
Pellegrue
Sauveterre-de-Guyenne
Duras
Eymet
Sigoulès
Monségur
La Réole
Signal du Mirail
Miramont-de-Guyenne
Seyches
Marmande
Meilhan-s-Garonne
Cocumont
Grignols
Bouglon
Le Mas-d'Agenais
Tonneins
Saussignac
Margueron
Sainte-Bazeille
Castelmoron-d'Albret
Lévignac-de-Guyenne
Allemans-du-Dropt
Lauzun
Gontaud-de-Nogaret
Fauillet
Samazan
Caumont-s-Garonne
D 936
D 668
D 708
D 933
N 113
A 62
GARONNE
178
210
196

179
180
195
211
212
Bergerac
Lamonzie-Montastruc
Queyssac
Lembras
Mouleydier
St Capraise-de-Lalinde
Lalinde
Couze-et-St Front
Lanquais
Trémolat
Le Buisson
Limeuil
Cadouin
Molières
Beaumont
Monbazillac
Sigoulès
Bouniagues
Issigeac
Eymet
Castillonnès
Villeréal
Monpazier
Biron
Lauzun
Cancon
Monflanquin
Castelnaud-de-Gratecambe
Monclar
Casseneuil
Ste Livrade-s-Lot
Villeneuve-s-Lot
Castelmoron-s-Lot
Tombebœuf
Montpazier
Lacapelle-Biron
Gavaudun
Salles
Montagnac-s-Lède
Lacaussade
Monségur
Condezaygues
Trentels
St Sylvestre
Pomport
Bridoire
Rouffignac-de-Sigoulès
Faux
Monsac
Naussannes
Boisse
Faurilles
Ste Sabine
St Aubin-de-Cadelech
Falgueyrat
Serres-et-Montguyard
Cahuzac
Montauriol
Lougratte
Monbahus
Moulinet
Monviel
St Pastour
Pailloles
Beaugas
St Etienne-de-Fougères
Pinel-Hauterive
Fongrave
Forêt de Montclard
Forêt de la Bessède
Moulin de Malfourat
Cingle de Trémolat
Dordogne
Dropt
Lot

les Eyzies-de-Tayac
Grotte de Font-de-Gaume
Proissans
Sarlat-la-Canéda
Souillac
Campagne
Meyrals
Carlux
Castels
St Cyprien
Beynac-et-Cazenac
Vézac
Vitrac
Cingle de Montfort
Carsac-Aillac
Fénelon
Siorac-en-Périgord
la Roque-Gageac
Castelnaud
Domme
Cénac
Groléjac
Payrac
Belvès
St Cybranet
Gourdon
Grottes de Cougnac
Daglan
St Pompont
Bouzic
Léobard
Salviac
Prats-du-Périgord
Besse
Cazals
Villefranche-du-Périgord
Gindou
Lavercantière
St Germain-du-Bel-Air
Concorès
Frayssinet
Thédirac
Catus
Montgesty
Frayssinet-le-Gélat
Pomarède
Cassagnes
Chau de Bonaguil
Montcabrier
Duravel
Puy-l'Évêque
Prayssac
Castelfranc
Luzech
Mercuès
Chau de Roussillon
CAHORS
Laroque-des-Arcs
Lamagdelaine
Arcambal
Grézels
Floressas
Sérignac
Sauzet
Trespoux-Rassiels
Soturac
Touzac
Masquières
Fumel
180
181
198
212
213

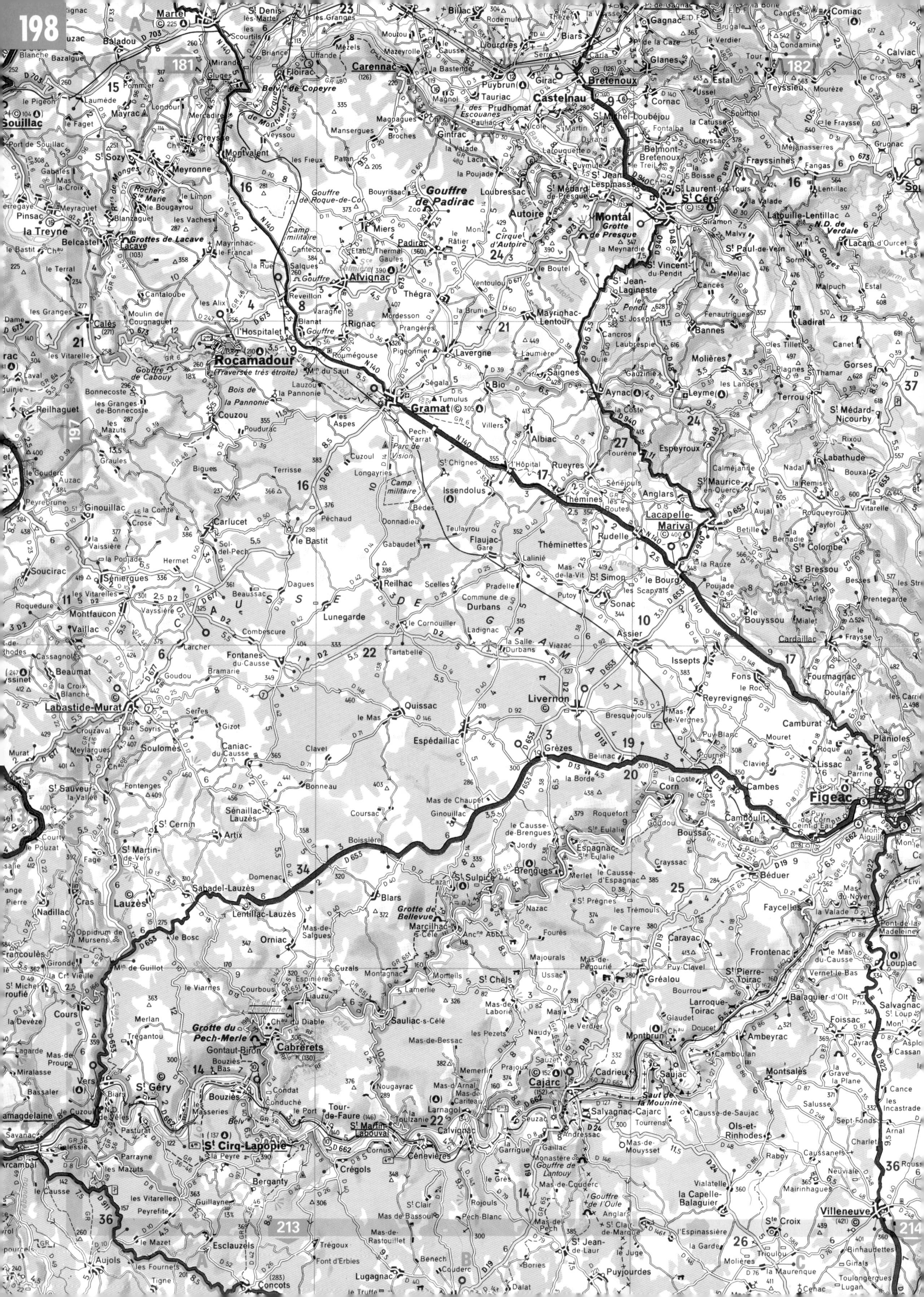

Martel Baladou St Denis-lès-Martel les Granges Bilhac Rodemule Liourdres la Veyssel Thézels Gagnac Comiac Candès
Souillac Pommier Floirac Carennac Puybrun Tauriac Girac Bretenoux Castelnau Glanes Teyssieu Calviac
Belv. de Copeyre Cirque de Montvalent Mayrac Creysse Gluges Mirandol Lauméde Le Pigeon le Faget Mercadier Londour
Magnagues Gintrac Prudhomat Escouanes Cornac St Michel-Loubéjou Belmont-Bretenoux Ussel Estal Sousceyrac
St Sozy Meyronne Montvalent Veyssou Mansergues Broches la Valade Lacan Nicole St Martin Durand Lafouquette Creyssac Fontalba le Treil
les Fieux Patan Bouyrissac Loubressac St Jean-Lespinasse St Médard-de-Presque St Laurent-les-Tours St Céré Frayssinhes Latouille-Lentillac
Gouffre de Roque-de-Cor Gouffre de Padirac Autoire Montal Grotte de Presque Cirque d'Autoire
Rocher Ste Marie le Bougayrou le Limon les Vaches Meyraguet Pinsac Blanzaguet la Treyne Belcastel Grottes de Lacave Lacave
Camp militaire Miers Padirac le Ratier Cantecor Salgues Gouffre Alvignac Thégra la Meynardie St Paul-de-Vern St Vincent-du-Pendit N.D. de Verdale Lacam d'Ourcet
Mayrinhac-le-Francal le Bastit le Terral Cantaloube les Alix Reveillon Varagne Rignac Mordesson la Brunie Mayrinhac-Lentour St Jean-Lagineste Sorn Malpuch Estal
Calès Moulin de Cougnaguet l'Hospitalet Blanat Gouffre Prangères Lavergne Bannes Ladirat
Rocamadour (Traversée très étroite) Gouffre de Cabouy Bois de la Pannonie la Pannonie Roumégouse Pigeonnier Mn du Saut Ségala Saignes Laumière Cancros Laubrespie Molières Gorses Canet
Reilhaguet Bonnecoste les Granges de Bonnecoste Couzou Poudurac Gramat Tumulus Bio Aynac Leyme Terrou St Médard-Nicourby
les Aspes Pech-Farrat Parc de Vision Villers Albiac la Coste Espeyroux Labathude Rixou
Auzac Graules Bigues Terrisse Cuzoul Longayries Camp militaire Issendolus St Chignes l'Hôpital Rueyres Tourène Calméjanne St Maurice-en-Quercy Nadal Bouxal
Ginouillac Carlucet la Comte Crose Péchaud Bèdes Donnadieu Thémines Sénéjouls Anglars Lacapelle-Marival Aujal Roqueyroux la Vitarelle
Soucirac Sol-del-Pech le Bastit Gabaudet Teulayrou Flaujac-Gare Théminettes Rudelle la Bernadie Betille Ste Colombe Fayfol
Sénierques Hermet Reilhac Lalinié Mas-de-la-Vit St Simon le Bourg la Rauze St Bressou Besses Prentegarde
Montfaucon Beaussac Dagues Scelles Pradelle Commune de Durbans Sonac les Scapyals la Poujade Arles le Bouyssou
CAUSSE DE GRAMAT
Vaillac Lunegarde le Cornouiller Ladignac Putoy Assier Cardaillac le Frayssé
Combescure Larcher Fontanes-du-Causse Tartabelle la Salle-Durbans Viazac Issepts Fourmagnac
Beaumat Labastide-Murat Bramarie Goudou Fons le Roc Doulan Reyrevignes
Quissac le Mas Livernon Bresquéjouls Mas-de-Vergnes Camburat
Serres Gizot Soyris Soulomès Caniac-du-Causse Clavel Espédaillac Grèzes Belinac Puy-Blanc Mouret Planioles
Fontenges Sénaillac-Lauzès Bonneau Mas de Chaupet Ginouillac la Borde Corn Cambes Lissac Clavies Figeac
St Sauveur-la-Vallée St Cernin Artix Coursac Roquefort Ste Eulalie le Causse-de-Brengues Jordy Espagnac-Ste Eulalie Goudou Boussac Camboulit Puy de Corn Ceint-d'Eau
St Martin-de-Vers Fage Boissière Domenac Sabadel-Lauzès Lauzès Cras Nadillac Lentillac-Lauzès Blars St Sulpice Brengues Merlet le Causse-d'Espagnac Crayssac Béduer Faycelles
Grotte de Bellevue Marcilhac-s-Célé le Bosc Orniac Mas-de-Salgues Nazac Fourès St Prègnes les Trémouls le Cayre Carayac Frontenac Pont-de-la-Madeleine
Mn de Guillot Cuzals Montagnac Monteils St Chels Majourals Mas-de-Pégourié Puy Clavel St Pierre-Toirac Lupiac Vernet-le-Bas
le Viarnes Courbous Lauzu Espinières Sauliac-s-Célé Lamerlie Ussac Grealou Larroque-Toirac Balaguier-d'Olt Foissac Salvagnac St Loup
Grotte du Pech-Merle Cabrerets Chau du Diable Mas-de-Bessac les Pezets Naudy le Verdier Montbrun Glaudet Doucet Ambeyrac
Gontaut-Biron Merlan Trégantou Bouziès-Bas Memerlin Prajoux Cajarc Sauzet Cadrieu Saujac Saut de la Mounine Montsalès Grave la Plane Cassan
Vers St Géry Bouziès Condat Nougayrac Mas-d'Arnal Larnagol Tour-de-Faure St Martin-Labouval Calvignac Salvagnac-Cajarc Causse-de-Saujac Cance Salusse
St Cirq-Lapopie la Peyre Crégols Cénevières Seuzac Gaillac Andressac Ols-et-Rinhodes Mas-de-Mouysset Sept-Fonds Arnal Charlet
les Mazuts Bergantry Monastère de Lantouy Gouffre de Lantouy Mas-de-Couderc Gouffre de l'Oule Vialatelle la Capelle-Balaguier Mairinhagues Villeneuve
Arcambal le Causse les Vitarelles Guillayne Peyrefite St Clair Rojouls Pech-Blanc le Grès Mas de Bassoul Mas-del-Pech St Clair-de-Marque l'Espinassière Ste Croix
le Mazet Esclauzels Trégoux Mas-de-Rastouillet Font d'Erbies Benech Couderc St Jean-de-Laur le Juge Puyjourdes la Garde Trioulou Molières la Maurenque Binhaudettes
Aujols les Fournets Tigne Concots Lugagnac le Truffe Bories Dalat Cénac Toulongergues Lugan

181 182 197 213 214

AURILLAC
Arpajon-s-Cère
St Paul-des-Landes
Lacapelle-Viescamp
St Etienne-Cantalès
Ytrac
Glénat
la Ségalassière
Pers
Omps
St Saury
le Rouget
Roumégoux
Sansac-de-Marmiesse
St Mamet-la-Salvetat
Roannes-St Mary
Vézac
Carlat
Labrousse
Cayrols
Parlan
Bessonies
Boisset
Marcolès
Prunet
Lafeuillade-en-Vézie
Lacapelle-del-Fraisse
Leucamp
Lacroix-Barrez
Vezels-Roussy
St Julien-de-Toursac
Quézac
Maurs
St Etienne
Calvinet
Montsalvy
Puy de l'Arbre
Sansac-Veinazès
Junhac
Sénezergues
Cassaniouze
Mourjou
Fournoulès
St Constant
Bagnac-s-Célé
St Santin
Vieillevie
Grand-Vabre
Conques
Site du Bancarel
Entraygues-s-T.
Bge de Couesque
St Hippolyte
Espeyrac
Sénergues
Montmurat
Flagnac
Livinhac-le-Ht
Boisse-Penchot
Decazeville
Noailhac
Aubin
Cransac
Firmi
Viviez
Asprières
les Albres
Montbazens
Valzergues
Auzits
Nauviale
Marcillac-Vallon
Valady
Salles-la-Source
Villecomtal
Muret-le-Châu
Golinhac
Campuac
St Félix-de-Lunel
St Cyprien-s-Dourdou
Gorges du Dourdou
Pic de Kaymard
Causse de Lanhac
CAUSSE DE COMTAL
Tindoul de la Vayssière (Gouffre)
Rignac
Anglars
Lanuéjouls
Privezac
Clairvaux-d'Aveyron
Goutrens
Bournazel
Roussennac
Sébazac-Concourès
Gorges du Lot
Rocher du Duc
182
183
200
214
215

Lacapelle-Barrès
Pierrefort
St Martin-s/s-Vigouroux
Gourdièges
Neuvéglise
Oradour
B^ge de Grandval
Raulhac
Thérondels
Pont de Tréboul
Paulhenc
Gorges de la Truyère
Chaudes-Aigues
Mur-de-Barrez
B^ge de Sarrans
Brommat
Lieutadès
Espinasse
Fournels
St Juéry
Ste Geneviève-s-Argence
Jabrun
Deux-Verges
St Rémy-de-Chaudes-Aigues
Lacroix-Barrez
Alpuech
Lacalm
Graissac
la Terrisse
la Trinitat
Brion
Grandvals
Cassuéjouls
Huparlac
Roc du Cayla
St Urcize
Recoules-d'Aubrac
Malbouzon
St Amans-des-Cots
Laguiole
Soulages-Bonneval
Nasbinals
Marchastel
Montpeyroux
Curières
Aubrac
Pic des Fourques
Condom-d'Aubrac
St Chély-d'Aubrac
Roc de Campiels
Forêt d'Aubrac
A U B R A C
Estaing
Espalion
St Côme-d'Olt
Prades-d'Aubrac
Aurelle-Verlac
Signal de Mailhebiau
Bozouls
Gabriac
St Geniez-d'Olt
St Laurent-d'Olt
Campagnac
St Martin-de-Lenne
St Saturnin-de-Lenne
Montrozier
DU COMTAL
Camp militaire

184
185
202
216
217

Loubaresse
Chaulhac
Julianges
St Privat-du-Fau
Montchauvet
Grèzes
Esplantas
Vazeilles-près-Saugues
St Préjet-d'Allier
Croisances
Alleyras
Ouides
Blavignac
St Léger-du-Malzieu
le Malzieu-Ville
le Malzieu-Forain
Mialanes
Chanaleilles
Thoras
Chambon-le-Château
St Symphorien
St Vénérand
St Christophe-d'Allier
St Bonnet-de-Montauroux
St Pierre-le-Vx
Prunières
Lajo
St Roch
Laval-Atger
St Chély-d'Apcher
St Alban-s-Limagnole
Ste Eulalie
St Paul-le-Froid
Grandrieu
les Bessons
Rimeize
Fontans
St Denis-en-Margeride
la Panouse
Aumont-Aubrac
Javols
Serverette
la Villedieu
St Sauveur-de-Ginestoux
St Jean-la-Fouillouse
Pierrefiche
les Laubies
St Amans
Estables
Ste Colombe-de-Peyre
la Chaze-de-Peyre
St Sauveur-de-Peyre
Arzenc-de-Randon
Châteauneuf-de-Randon
Roche Branlante
Rieutort-de-Randon
Ribennes
Recoules-de-Fumas
le Buisson
St Léger-de-Peyre
Lachamp
Plateau du Palais du Roi
Laubert
Montbel
Causse de Montbel
Antrenas
Servières
Pelouse
Marvejols
Montrodat
Chastel-Nouvel
Belvezet
Mende
Badaroux
Allenc
Chirac
Palhers
St Bonnet-de-Chirac
Grèzes
Barjac
Causse de Changefège
St Privat
Mt Mimat
Lanuéjols
Bagnols-les-Bains
Chadenet
le Bleymard
Balsièges
Brenoux
St Bauzile
Montjézieu
Auxillac
Chanac
Esclanèdes
St Etienne-du-Valdonnez
la Canourgue
Col de Montmirat
Mont Chabio
Mont Lozère

185
186

Costaros
Arlempdes
Goudet
Présailles
Mt Mezenc
Freycenet-la-Cuche
Le Béage
Gerbier de Jonc
St Martial
Issarlès
Le Lac-d'Issarlès
Coucouron
Lachapelle-Graillouse
Ste Eulalie
Sagnes-et-Goudoulet
Usclades-et-Rieutord
Chapeauroux
St Haon
Landos
Pradelles
Langogne
Naussac
St Etienne-du-Vigan
Auroux
St Paul-de-Tartas
Issanlas
St Cirgues-en-Montagne
Suc de Bauzon
Burzet
Montpezat-s-Bauzon
Mazan-l'Abbaye
Forêt de Mazan
Lanarce
Col de la Chavade
Thueyts
Barnas
Mayres
Astet
Neyrac-les-Bains
Lavillatte
Rocles
St Flour-de-Mercoire
St Alban-en-Montagne
Le Plagnal
Forêt de Bauzon
Cellier-du-Luc
Chaudeyrac
Cheylard-l'Evêque
Forêt de Mercoire
St Etienne-de-Lugdarès
Serre de la Croix de Bauzon
Col de la Crs de Bauzon
La Souche
Jaujac
Luc
Laveyrune
Borne
Col de Meyrand
Le Tanargue
Loubaresse
St Laurent-les-Bains
La Bastide-Puylaurent
Valgorge
Massif de Prataubérat
Chasseradès
St Frézal-d'Albuges
Belvezet
Montagne du Goulet
Largentière
Joannas
Rocles
Beaumont
St Mélany
Sablières
Prévenchères
Montselgues
Thines
St Jean-de-Pourcharesse
Planzolles
Joyeuse
Lablachère
Faugères
Payzac
St Genest-de-Beauzon
St Pierre-le-Déchausselat
Malarce-sur-la-Thines
Ste Marguerite-Lafigère
La Garde-Guérin
Pied-de-Borne
Altier
Cubières
Cubiérettes
Villefort
Gravières
Les Salelles
Chambonas
Les Vans
Chassagnes
Casteljau
Col de Finiels
Pic Cassini
St André-Capcèze
Malons
Ponteils
Concoules
Bois de Paiolive

217
218

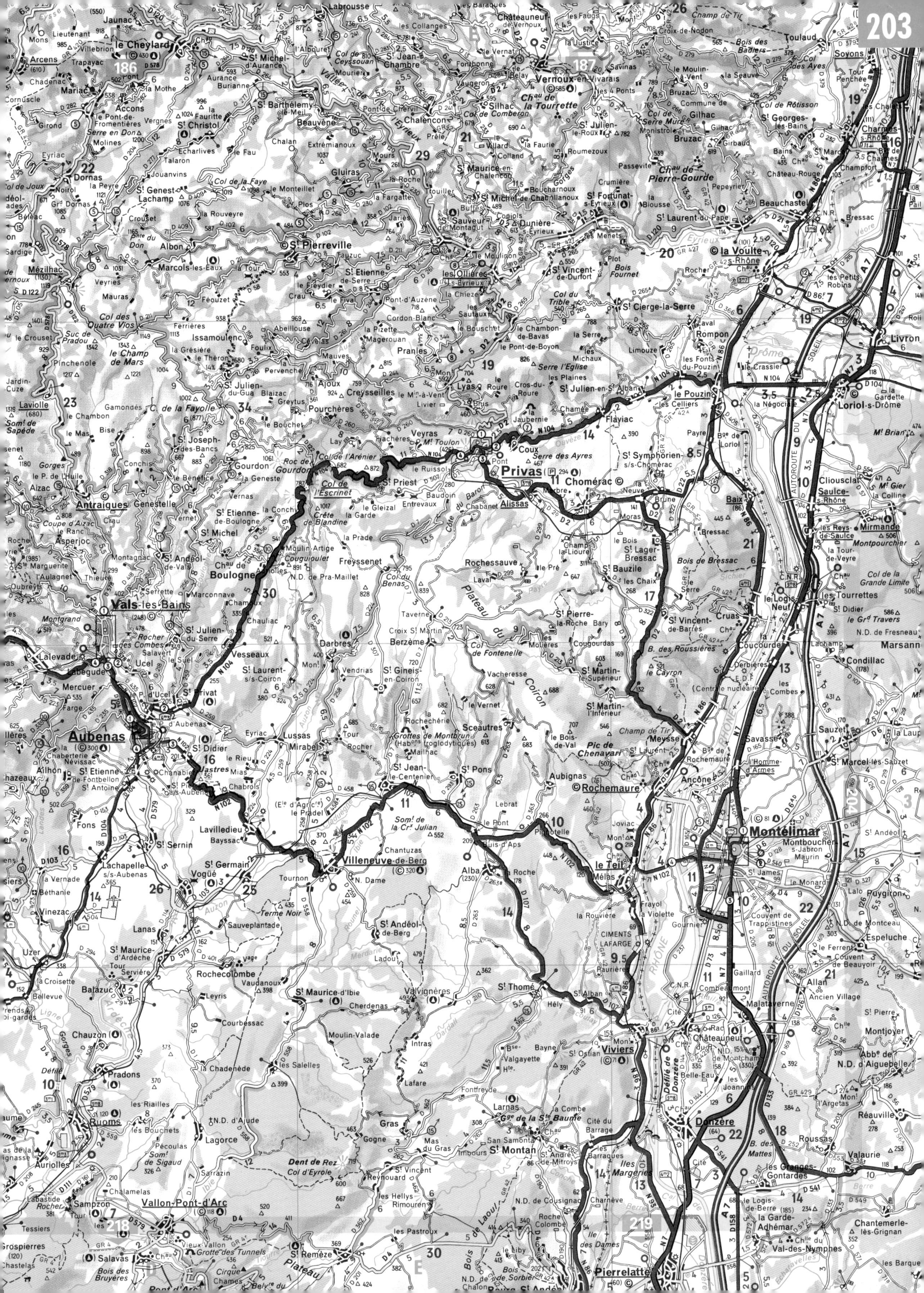

le Cheylard
Vernoux-en-Vivarais
St Pierreville
la Voulte-s-Rhône
les Ollières-s-Eyrieux
Loriol-s-Drôme
Livron
le Pouzin
Privas
Chomérac
Baix
Vals-les-Bains
Antraigues
Aubenas
Villeneuve-de-Berg
Rochemaure
Montélimar
le Teil
Viviers
Cruas
Donzère
Vallon-Pont-d'Arc
Pierrelatte
Ruoms
Mirmande
Saulce-s-Rhône

Chabeuil
Malissard
Châteaudouble
Léoncel
Col de la Bataille
Vassieux
Montvendre
Combovin
Portes-lès-Valence
Beaumont-lès-Valence
Montéléger
Beauvallon
Etoile-s-Rhône
Montmeyran
Ombléze
PARC
DU
St Julien-en-Quint
Upie
Montoison
Ourches
Gigors
Plan-de-Baix
Beaufort-s-Gervanne
Eygluy-Escoulin
Vachères-en-Quint
Ponet-et-St Auban
Livron-s-Drôme
Allex
Eurre
Vaunaveys
Suze
Montclar-s-Gervanne
Pontaix
Die
Grane
Crest
Aouste-s-Sye
Mirabel-et-Blacons
Saillans
Vercheny
Aurel
Chabrillan
Divajeu
Piégros-la-Clastre
Espenel
Mirmande
Autichamp
la Roche-s-Grane
St Sauveur-en-Diois
St Benoit-en-Diois
Rimon-et-Savel
Montmaur-en-Diois
Barnave
la Répara
Saou
Chastel-Arnaud
Marsanne
Roynac
Soyans
Pennes-le-Sec
Puy-St Martin
Francillon-s-Roubion
la Chaudière
Aucelon
Cléon-d'Andran
Pont-de-Barret
le Poët-Célard
Mornans
Bézaudun-s-Bîne
Pradelle
Bonlieu-s-Roubion
Manas
Charols
Bourdeaux
Rochefourchat
Brette
St Gervais-s-R.
Félines
Truinas
St Nazaire-le-Désert
Volvent
la Bâtie-Rolland
Salettes
Eyzahut
Crupies
la Bégude-de-Mazenc
Souspierre
Comps
Puygiron
Dieulefit
Vesc
Bouvières
Gumiane
Chalancon
Espeluche
Portes-en-Valdaine
le Poët-Laval
Rochefort-en-Valdaine
Aleyrac
Montjoux
Arnayon
Montjoyer
Roche-St Secret-Béconne
Chaudebonne
Salles-s/s-Bois
Taulignan
Teyssières
Villeperdrix
Réauville
Montbrison
Grignan
le Pègue
Rousset-les-Vignes
St Ferréol-Trente-Pas
Sahune
St May
Rémuzat
Condorcet
Eyroles
Montréal-les-Sources
Chamaret
St Pantaléon-les-Vignes
Venterol
Colonzelle
Grillon
Valréas
Aubres
les Pilles
Curnier
Arpavon
le Poët-Sigillat

188 189 206 220 221

VERCORS

Clelles
Mens
Corps
Châtillon-en-Diois
Luc-en-Diois
Veynes
Aspres-s-Buëch
Serres
Rosans
St Michel-les-Portes
Mt Aiguille
Col de la Croix Haute
Lus-la-Croix-Haute
St Julien-en-Beauchêne
l'Obiou
Grd Ferrand
Tréminis
St Disdier
Col du Festre
Pic de Bure
Montmaur
la Faurie
Col de Cabre
Glandage
Col de Grimone
Col de Menée
Montbrand
Valdrôme
Aspremont
Chabestan
la Bâtie-Montsaléon
Barcillonnette
Montrond
Sigottier
Col de Rabou
Bge du Sautet
Montagne de St Genis
Ventavon

190
205
221
222
18
23
34

A B C

la Chapelle-en-Valjouffrey
Valjouffrey
Pic des Souffles
les Rouies
Pic d'Olan
Pics du Says
Pelvoux
N.D. de la Salette
Col de l'Eterpat
Croix de Rougny
Pte de Marceline
Tête du Clotonnet
Pic de Turbat
Col de Turbat
la Rouye
Mt Gioberney
Pte des Bœufs Rouges
Som! des Bans
Vallouise
Puy-St Vincent
Villar-Loubière
la Chapelle-en-Valgaudemar
Pic des Aupillous
Pic de Bonvoisin
Pte de l'Aiglière
Combe de Narreyroux
Tête d'Oréac
Corps
Aspres-lès-Corps
St Firmin
Grun de St Maurice
St Maurice-en-V.
Aigle du Midi des Andrieux
Aigle de Morges
Pte de Verdonne
Crête de Praroi
Pic Pétarel
Pic de Disdier
Sirac
PARC
Pic de la Cavale
Tête de Dourmillouse
Beaufin
le Séchier
St Jacques-en-V.
Pic de Pian
Tête Virante
les Choucières Vertes
Puy Rivarol
Crête de Dourmillouse
C. de Font Froide
Mgne du Pt Chaillol
le Banc du Peyron
Pte de Rougnoux
NATIONAL
Pic Pierroux
Pic de Colle Blanche
Mgne de Cédera
Aigle de Cédera
Roc des Hommes
C. de Freissinières
Dourmillouse
le Glaizil
Chauffayer
les Costes
Molines-en-Champsaur
Vieux Chaillol
Grd Pinier
DES
la Motte-en-Champsaur
St Eusèbe-en-Champsaur
le Cuchon
Champoléon
Som! Drouvet
Roc Roux
Route Napoléon
les Infournas
Pic du Tourond
Pic Queyrel
Pte de la Vénasque
Roc d'Alibrandes
Merlette
Pic de Rochelaire
Tête de Claudel
Bénévent-et-Charbillac
Pte de Lingustier
le Palastre
la Pousterle
Orcières
Prapic
ECRINS
St Étienne-en-Dévoluy
Col du Noyer
St Bonnet
Chaillol
St Michel-de-Chaillol
St Jean-St Nicolas
le Carabrut
Tête des Maïtz
Col des Tourettes
Grd B. de Poligny
Poligny
les Barraques
Bec de l'Aigle
la Fare-en-C.
Buissard
Chabottes
Pont du Fossé
Archinard
le Pain de Sucre
Pte de la Diablée
St Julien-en-Champsaur
Forest
Grde Autane
Pte Autane
le Mourre Froid
Col de Rabou
Rocher de la Palette
Pic de l'Aiguille
Pic de Gleize
Laye
St Laurent-du-Cros
Ancelle
St Léger-les-Mélezes
le Barle
Tête de Soleil Bœuf
Som! de la Plane
Pic Melette
Col de Gleize
C. de Chabanottes
Refuge Napoléon
Col Bayard
Col de Manse
Puy de Manse
Pte de Fleurendon
Pte de Serre
Tête de Lucy
Tête de Colly
Tête de l'Hivernet
Tête de Clappe
la Rochette
Col de Moissière
les Parias
Pic de Chabrières
Mt Guillaume
Reallon
Mgne de Charance
Romette
Pont-Sarrazin
la Bâtie-Neuve
Chorges
St Apollinaire
Puy-Sanières
Puy-St Eusèbe
les Croix de Viandre
la Roche-des-Arnauds
GAP
Rambaud
Montgardin
Prunières
Serre-Ponçon
la Freissinouse
Pelleautier
Céüse
N.D. du Laus
Avançon
Savines-le-Lac
Crots
Forêt de Boscodon
Som! des Marseillais
Col du Villar
Neffes
Jarjayes
Puy Cervier
St Étienne-le-Laus
Mt Colombis
Col Lebraut
Baie des Moulettes
Forêt de Morgon
Pic de Morgon
Cirque de Morgon
Cirque du Bragousse
Sigoyer
Châteauvieux
Valserres
Remollon
Théus
Demoiselles coiffées
Espinasses
Rousset
Bge de Serre-Ponçon
le Sauze
Ubaye
Col de la Rousse
Tête de la Gipière
Col des Olettes
la Pte Céüse
Tallard
Fouillouse
Col de Foureyssasse
Rochebrune
Piégut
Som! de la Cita
Mgne de la Scie
la Bréole
St Vincent-les-Forts
le Lauzet-Ubaye
Vitrolles
Lardier-et-Valença
la Saulce
Curbans
Som! de Monsérieux
Som! de Serre Brouchon
Col de Sarraut
Gigors
Bréziers
Bellaffaire
Col des Fillys
Col St Jean
Dormillouse
Plan-de-Vitrolles
Turriers
Faucon-du-Caire
Som! des Plauts
Col des Garcinets
Montclar
Col Bas
Pic de Savernes
Monêtier-Allemont
Malaup
Roche Cline
St Martin-lès-Seyne
Selonnet
Pic de Bernardez
Claret
le Caire
Grde Gautière
Som! de Tête Grosse
Tête de Charbonnier
Crête des Mélezes
Jalinier
Som! de Bramefan
Astoin
les Tourniquets
Chabanon
Seyne
Melve
la Motte
Bayons
Tête Grosse
Maure

191

Pic du Grd Glaiza
Col de Turres
Pic Charbonnel
Grd Queyron
Cime de la Charvie
Lausette-Fort
St Pancrace
Le Laus
Le Blétonnet
Le Clottet
Les Fonds
Prelles
Le Villaret
Pic de Mélézin
St Martin-de-Queyrières
St Hippolyte
Chalets des Ayes
Pnte Peygu
Turge de la Suffie
Bois de Péméant
Refuge Napoléon
Pic de Rochebrune
Pic de Pt Rochebrune
Col de Malrif
Pic de Clausis
La Montette
Col St Martin
Bric Bouchet
B. de Mamozel
Pra-Roubaud
Le Roux
Valpreveyre
Burfarant
Queyrières
B. des Ayes
Pic de Beaudouis
Chalets d'Izoard
Col d'Izoard
Pic de Côte Belle
Casse Déserte
Col du Tronchet
Col de Péas
Somt du Grd Vallon
Serre de l'Aigle
Malrif
Le Villard
Abriès
Col de Malaure
Pic de Malaure
Villanova
Malpertus
Ferrera
Villard-Meyer
Belvre du Pelvoux
Ste Marguerite
Pic de Peyre Eyraute
Roc de Serre Chapelle
Chalets de l'Orceyrette
Col des Ayes
Chalets de l'Eychaillon
Chalets de Clapeyto
Pic de l'Agrenier
Chalets de Lombard
Eygliers
Crête de Jilly
Tête du Pelvas
Col d'Urine
L'Argentière-la-Bessée
Tête du Puy
Pic de Ht Mouriare
Brunissard
Chalvet
Forêt de Marassan
Aiguilles
Ristolas
La Monta
Curbarant
Colle del Baracun
Col du Néal
Pic des Esparges Fines
Le Coin
Chalp
Souliefs
Commune de Château-Ville-Vieille
Les Meyriès
Pic de la Lauze
Peinin
Rge Napoléon
Col de la Croix
Pta Pleng
Mt Parrouissin
Tête du Peyron
Le Cougnet
Arvieux
Rouet
Les Maisons
Le Pasquier
Ville-Vieille
Bois Foran
Crête de Mourre-Froid
Pic de Maloqueste
L'Echalp
Barbara
Pic du Béal Traversier
Bois du Puy
Le Lauzet
Le Serre
Grd Serre de la Cavale
Les Moulins
Château-Queyras
Les Prats
Pic Arnaudet
Pic du Fond de Peinin
Pic de Ségure
Pic du Rondet
M. Manzol
Rer Touard
La Roche-de-Rame
L'Adroit
Pic du Gazon
Villargaudin
Aigle du Ratier
Mont
L'Ange Gardien
Demoiselle coiffée
Somt Bucher
La Gardiole de l'Alp
Parc Régional
Pt Belvédère
Grand Belvédère
M. Granero
Gouffre de Gourfouran
Bois Noir
Prareboul
Col de Furfande
Chets de Furfande
Mt de Bramousse
Col des Prés de Fromage
La Rua
Gaudissard
Molines-en-Queyras
Le Coin
Fontgillarde
Crête de Caramagne
Lac Egourgéou
Pic Foréant
Le Grd Queyras
Bergerie-sous-Roche
Belvre du Cirque
Col de la Traversette
Le Chambon
Col du Lauzet
Les Escoyers
Montbardon
La Chapelue
Pierre-Grosse
La Chalp
St Véran
traversée interdite
Mgne de Beauregard
Crête de la Taillante
Rge Napoléon
Col Vieux
La Grde Aiguillette
Champcella
Le Villard
St-Crépin
Prachaval
Combe du Queyras
Le Veyer
Bramousse
Chets de Bramousse
Col de Fromage
Pic de Rasis
Le Raux
Pic de Chalf Renard
Pic Traversier
Le Pain de Sucre
passage incertain
Col Agnel
Pic de Caramantran
Soustra
Losas
Mt Viso
Visolotto
Col de Vallanta
Chanteloube
Les Achards
Les Eymars
Col de Bramousse
Somt d'Assan
Du Queyras
Col des Estronques
Marbre
Le Villard
Ste Cécile
St Roch
Pnte des Marcellettes
N.D. de Clausis
Col St Véran
Gagliardone
Costa Ciabert
Pta tre Chiosis
Le Truchet
Le Cros
Eygliers
La Font-d'Eygliers
Mont du Roy
La Clapière
Ceillac
B. des Eusselières
Rioufenc
Tête de Longet
Col Blanchet
Tête des Toillies
Réotier
Mont-Dauphin
Ft de la Rortie
Pied-la-Viste
Guillestre
Cristillan
Vallon du Mélezet
Pied-du-Mélezet
Cime-du-Mélezet
La Raille
Col du Longet
Col de Cristillan
Chianale
Savigliano
Tour Real
Fouran
Les Casses
Le Plan-de-Phasy
Barbein
Les Clots
La Mouretière
Somt de Cugulet
Combe Chauve
Peyre-Haute
Risoul
Pic d'Escreins
Pnte de Saume
Le Longet
Péouvou
Pontechianale
Genzana
Clotinaille
St Clément
Gaudissart
Ft de Risoul
La Main de Dieu
Basse Rua
Crête des Veyres
Ste Anne
Rocher de l'Echasse
Col Tronchet
Bric de Rubren
Maddalena
Castello
St Alban
Etienne
Pré du Laus
Risoul 1850
B. d'Escreins
Pic des Heuvières
Col Girardin
Combe Brémond
Le Gâ
Tête de Malacoste
M. Ferra
M. Pietralunga
M. Passet
Villaretto
Siguret
Pic du Clocher
Col de Chérine
Crête de Razis
Le Forest
Ste Marie-de-Vars
Vars
St Marcellin
Ste Catherine
Réserve Naturelle du Val d'Escreins
Pnte d'Escreins
Col de la Coulette
Pic de la Font Sancte
Maurin
Maljasset
Panestrel
Pic des Houerts
La Barge
C.A.F.
Pic du Pelvat
Serrière de la Testera
Col de Valbelle
Peyrol
La Salce
Crête des Couniets
Aiguille Pierre André
Pnte Hte de Mary
Pelvat de Chabrière
Tête de l'Autaret
S. Anna
Chigzale
Bellino
Pusterle
Chiesa
Ft de Saluces
C. de la Coche
St André-d'Embrun
Pra-Mouton
La Mayt
Pic de Chabrières
Pic St André
Les Croix
Les Rencuraux
Les Plans
Les Claux
Pnte du Chatelret
La Mortice
Col de Serenne
La Blachière
Lacs de Marinet
Dents de Maniglia
Pnte du Fond du Roure
Col de l'Autaret
Cle Bicocca
Pelvo d'Elva
Le Villard
Pic de Crévoux
Les Esconduits
Refuge Napoléon
Tête de Paneyron
St Antoine
Aigle de Chambeyron
Col de Mary
Cle di Bellino
Brec de l'Homme
M. Faraut
Rca la Marchisa
Chiosso
Colle delle Sagneres
Viani
Le Coin
Les Vabres
Praveyral
La Chalp
Crévoux Pic
La Souvagea
Pont du Châtelet
Lac des Couleurs
Col de la Gypière
Brec de Chambeyron
M. Albrage
M. Chersogno
Les Gaillards
Crévoux
Ft de Méale
Col de Vars
Grde Serenne
Fouillouze
C.A.F.
Lac Premier
Colonnes Coiffées
Les Prats
Col du Crachet
Campiglione
M. Ruissas
Cesani
St Sauveur
Le Méale
Le Pic Haut
Melezen
B. de Traverse
Pte Serenne
Les Bonis
B. de Debalens
B. de l'Eyssilloun
Stroppia
Col de Stroppia
Rocca Bianca
M. Bouliagna
Chiappera
S. Michele-Prazzo
Les Orres
Forest
Le Château
Les Ribes
Tête de Cassoun
St Paul
Col de Mirandol
Rochers de St Ours
Col du Vallonnet
Roche Blanche
Rca di Ciarm
Prazzo
Ussolo
Melezet
Pramouton
Rocher de Serre
Mgne de Parpaillon
La Grde Combe
Tête de Vallon Claous
Pas de la Reyssole
Tête de Sautron
Saretto
Lausetto
Villaro
Acceglio
Sup
Valle
Col de Parpaillon
Grd Parpaillon
Tournoux
Bois de Tournoux
Tête de l'Homme
Meyronnes
St Ours
Somt de la Meyna
Col de Sautron
Pontemaira
Sorgti della Maira
Frere
Rca Corna
Pic de Boussolenc
Cabane du Grd Parpaillon
Gleizolles
Fort de Tournoux
B. des Chalanches
Tête de l'Alp
Tête de Virasse
Col des Monges
Alto Vallonasso
Tête de la Mazelière
Siguret
Cne de l'Eyssalette
Arête du Parpaillon
Cne du Grd Vallon
Ste Anne
Ste Anne la Condamine
E.D.F.
P. Rippert
La Condamine-Châtelard
Certamussat
Larche
Tête Dure
Bec du Lièvre
Aigle Jean Coste
Tête de Moise
S. Giacomo
Chialvetta
C.A.I.
Colle Soleglio Bue
Preit
De Jérusalem
Le Pouzenc
L'Aupillon
Grd Bérard
Grde Eperviere
Tête de Croués
Le Grach
Châtelard
Champ de Tir des Tardées
B. de la Lauze
Maison-Méane
Tête de Siguret
Tête de Vauclave
Col de Ruburent
Pratorotondo
Col de l'Ane
Col des Orres
La Chalanche
Clausal
Villard
Col de la Pare
Tête du Coin de l'Ours
Col de Larche (Colle della Maddalena)
Grangia Rosano
M. Cassorso
Servino
Les Passours
Les Plastres
La Pare
Chanenc
Pas de Grégoire
Bec de l'Aigle
Jausiers
Pso della Gardetta
L'Aubrée
Les Dalis
Basse-Chalanche
Treou
Tato
Bouzoulières
Les Sanières
Les Davids
Le Bourget
Guégnier
L'Ubac
Lans
Le Villard
Vallon des Sagnes
Tête de Fer
Lacs de la Maddalena
Source
Chiampasso
Rioclar
Les Prats
Malpasset
Champ de Tir
Les Allemands
La Frache
Faucon
La Chalannette
La Prégonde
Serre Bouréou
L. des Sagnes
Cne Donnadieu
Argentera
Cabane di Goretta
M. Oserot
Cle Margherina
Méolans
Les Thuiles
La Lauze
St Pons
Barcelonnette
Le Villard-de-Faucon
Rochas
Cte du Lauzanier
Bersezio
M. Giordano
Les Guérins
Siolane des Besses
Clot-Meyran
La Maure
Pra-Soubeiran
La Conchette
La Conche
Enchastrayes
Le Pis
L. des Hommes
Cma delle Lose
Tête de l'Enchastraye
Rer des 3 Evêques
Col de Pouriac
Barricate
Pte delle Barricate
Pra-Loup
Molanès
Costebelle
Uvernet-Fours
Le Sauze
Super-Sauze
Gaudissard
Crt de l'Alpe
Tête de l'Empeloutier
Tête de Pelouse
Pas de la Cavale
Mt Aiga
Gias Bal
Murenz
Pontebernardo
Castello
Pietraporzio
Pte Séolane
L'Abbaye de Laverq
Tête Dure
Cime de Voga
Camp des Fourches
M. Bassura
Grde Séolane
Col des Thuiles
Pont du Fau
Le Chapeau de Gendarme
Montagne de l'Alpe
La Rente

223

Le Mourre Haut
Restefond
Cols des Granges Communes
Col des Fourches
Col du Fer
Talarico
Cma del Rouss
Les Agneliers
Gges de la Malune
Le Pain de Sucre
Col de Fours
Le Chevalier
Gratoire
Ref. du Très Haut
Col de la Bonette
Bousiéyas
Cime des Blanches
Mt Vallonnet
Tête de la Sestrière
Bachelard
Le Villard-des-Arnauds
Le Villard
Ventebrun
Les Longs
Col de la Moutière
Bayasse
Cime de la Bonette
Le Pra
Vens
Zanotti

A
B
C
1
2
3
4
192
193
224
225
CENTRE D' ESSAIS
DES LANDES
Zone militaire
interdite
Etang de Biscarrosse
et de Parentis
en Bonnet
Lahitte
les Moulies
le Bôo
Parentis-en-Born
Poms
Naoutoy
Bourruque
Mothes
Malet
Ychoux
le Lac
les Espalanques
Herran
Gastes
Hillan
Maynage
Esleys
Dupouy
Lucats
les Forges
Haou
Bourdieu
Lavigne
Pelouche
Lafont
Mongaillard
Forêt de Piche
St Trosse
Forêt de Ligautenx
Forêt de Ste Eulalie
P. de l'Oustaline
Ste Eulalie-en-Born
Grd Ligautenx
Pt Ligautenx
Tuyas
Lette de Sebiat
Souleyraou
Guirosse
Bestaven
Pontenx-les-Forges
Menaut
Baxente
Chau d'Aureilhan
Etang d'Aureilhan
Bouricos
Jean-de-Crabe
Gaillard
Lüe
Mimizan-Plage
Merquedey
Vigon
Daricau
Aureilhan
St Paul-en-Born
la Barde
Larrousseau
Haza
Médous
Labouheyre
Villenave
Mimizan
Baschoc
Gillet
Grué
Cantaure
Mariné
Eslurgues
Réserve
Terrenave
Méneou
Salin
Chéou
Esting
Archus
Lette d'Esting
Forêt de Mimizan
Lespecier
Angoulin
Leych
Gaye
Jouanicot
Escource
Mont
Bias
Jouanon
Bouheben
Cap-de-Pin
Silo
Solférino
Musée
Capas
Lisacq
Forêt de St Julien-en-Born
Larden
Salbert
Lestajaou
Contis-Plage
Rose
Lesbordes
Tuquelets du Nord
la Lette
Tresse
Contis-les-Marais
le Clisson
Mézos
Caoule
Guetch
Castéja
Onesse-et-Laharie
Lairt
les Pignats
Cornalis
Tuquelets du Sud
St Julien en-Born
Lafitte
Cap-de-l'Homy Plage
Laharie
Plaisance
Lit-et-Mixe
Uza
le Cout
Grand Coulin
Harenoin
Hourre
Morcenx
Sindères
Padaou
Yons
More
Forêt de Lit-et-Mixe
Lévignacq
Miquéou
Moulin-Vieux
Lugadets
Mixe
Naboude
Vignacot
Carpit
Garrosse
Morcenx-Bourg
Malecraste
le Bouscat
Frouas
Louise
Bernadic
Forêt de
Caillaube
Mathiouic
St Girons-Plage
St Girons
Lesperon
le Souquet
Criéré
Cerbouyres
Comne de Vielle-St Girons
Bernadon
Jaougue
Vielle-St Girons
Labaste
Mougnoc
Jeantot
Gracian
Piroc
Péliou
Vielle
Linxe
Gourrau
Rion-des-Landes
Arnaoutchoc
Mansenes
Pouin
Stuc
Mailloc
Etg de Léon
Huchet
Courant d'Huchet
Pas du Loup
Pichelebe
Escalus
Castets
Lestage
Comne de St Michel-Escalus
Boos
Moliets
Marquis
Léon
Galoppe
St Michel
Camerade
Taller
Bourrut
Quartier-de-Marcel
Maa
le Village s/s-les-Pins
Cougnala
Lacomère
Fôt de Moliets
Hourron
Lacay
le Cos
Moliets-Plage
Moliets-et-Maa
Betoy
Chanchon
Minjouay
Laluque
Lesgor
Perichon
Etg de Laprade
Etg de Coidoum
N 10
D 652
D 46
D 43
D 626
D 44
D 38
D 42

Lesquire
la Nave
Belhade
Lagleyre
Castelnau
Marianne
Hourtoy
Argelouse
Moustey
Montauzey
Botte
la Trougne
l'Abeilley
Bastide
Bourideys
Luas
Merrein
Insos
Berdoy
les Ombres
les Pesqueyres
Capdarrieux
Souis
Bernatgé
Richet
Moucherucq
Cazalis
Lucmau
le Brous
Harribey
Barthe
la Ville
Sore
le Hl Richet
Pissos
Menroux
Douc
la Crotte
Lanan
Pechon
le Pradia
les Deymets
Pignada
Robert
Lagassey
Callen
Grison
Escourssolles
Traounquet
Dumène
Pallas
Lesquerde
Bern
Gruey
le Thus
PARC RÉGIONAL
Daugnague
la Crotte
le Hallot
Luxey
Bouchon
Silo
Cantegrit
Mahan
les Houssats
DES LANDES
le Bouscat
Pt Pedelay
Lagavarre
Labrit
Guidenson
Trensacq
Couyalas
Champ de Tir
Commensacq
Capbat
Sarroucas
la Gelère
DE GASCOGNE
Silo
Marquèze (Ecomusée)
Batharière
Yoy
Lesgoudies
Nan
Silos
le Houga
Etg de Graoulie
Sabres
Perrègue
Lasbroudes
Traverses
Mautoire
Pouy-Blanquine
Lompre
le Sen
Udrères
Grateloup
Peyticq
Ninon
Grd Sablis
Labrit
Morin
Jourets
Pouy Blanc
Couartes
Maguide
la Place
Lencouacq
les Basses
Luglon
Vert
les Plantons
Sauque
Lassalle
Peyrau
Marais de l'Anguille
Marais du Brau de Pian
Cachen
Chinanin
Bélis
Benézet-de-Guinas
Sangla
Hourats
Arue
Nabias
Garein
Puy Luçon
Tauladon
Bezin
Brocas
Mont
Parcs-de-Poussade
Branenx
Perret
Roquefort
Mln Vieux
le Ginx
Maillères
Sarbazan
Bagatelle
Arengosse
la Chapelle
Guillemensous
Canenx-et-Réaut
le Jay
Castillon
Barbet
Fruit
Loustalot
Corbleu
Camparrouy
Finoh
Cère
Geloux
Rivoire
Ygos-St Saturnin
Maisonnave
Lalanne
Lapeyre
Beillons
Villenave
Chinan
Réaut
Bargues
la Bastide
Houdut
Cledas
Bostens
Ousse-Suzan
Matha
Lucbardez-et-Bargues
Pouydesseaux
Marrouat
Parentis-de-Uchacq
Pillardit
Birbe
Bonhiard
Chay
Suzan
Garbay
Bigne
St Martin-d'Oney
Pouyblanc
St Avit
le Caloy
Gaillères
Ste Foy
Menjoulico
Coumet
Mellan
Pierrot
Marquinat
Uchacq-et-Parentis
Pouy
Lamadou
Loubère
Campet-et-Lamolère
la Bataille
Lamolère
Raubet
Toine
St Orens
Maureillan
Villeneuve-de-Marsan
St Yaguen
Brouste
Mont-de-Marsan
Beausset
Bougue
St Cricq-Villeneuve
Carsen-Ponson
Ricq
Gribère
St Jean-d'Août
St Médard
Chourgues
Camp militaire
Pouy-des-Trucs
St Croix
Morsac
Barlac
Berteuil
Pouchiou
St Pierre du Mont
Broca
Mazerolles
Perquie
Meilhan
Nauton
Ravignan
Cangrand
Malet
Campagne
St Perdon
Arricaud
Laglorieuse
Pujo-le-Plan
Carnette
Ponson
Carcarès-
Parpaillot
Loustalet
Candille
Bretagne-de-Marsan
Lubatas
le Plan

Pompéjac
la Salle
Gillets
Libet
Cudos
Labeyrie
Sauviac
la Potence
Lavazan
Magnac
Masseilles
Grignols
Flaujacq
Auzac
Balahade
Esquerdes
Guérin
Memgon
Figues
Bouglon
Argenton
Cap-du-Bosc
le Mas-d'Agenais
Bernos
Beaulac
Insos
Artiguevieille
Marions
Sillas
Cours-les-Bains
la Rode
Ruffiac
Bachac
le Clavier
Grézet-Cavagnan
Garreau
Ste Gemme-Martaillac
Cavagnan
Labastide-Castel-Amouroux
Berdery
Martaillac
Lucmau
Briel
Musset
Taves
les Trois-Chênes
Heulies
Antagnac
Poussignac
Lestrade
Plantey
St Gény
Soubiran
Carreft du Pt Poteau
Pétron
Mauriac
Beys
Lerm-et-Musset
le Trésot
le Broudon
St Martin-de-Curton
Leyritz-Moncassin
les Deymets
Escaudes
Sansin
Goualade
Destrac
Frayon
Biret
Saurine
Carnine
Beauziac
le Tren
Moleyres
Moncassin
Casteljaloux
Villefranche-du-Queyran
Courbian
la Réunion
le Sendat
St Sabin
Captieux
Grd Lèbe
Castelnau
Paropy
la Fille
Pejouans
Laroque
le Lanin
la Forge
Source de l'Avance
Anzex
Bouchon
Giscos
St Michel-de-Castelnau
Pindères
Couthures
Rivedieu
Pichon
les Barbes
Lartigue
Pompogne
Caubeyres
Maillas
Terrefort
Parsol
les Cultures
Tir
Chalan
Hourquey
Videau
Lubans
Rieussout
le Pont Long
Menjoue
Sauméjan
Auba
Fargues-s-Ourbise
St Julien
Publanc
Monturon
le Poteau
Allons
Houeillès
Baradé
Tour d'Avance
Carreft du Placiot
Forêt de Campet
Campet
Luxuriguey
Bertranet
Capchicot
Thivet
la Tucolle
la Grange (Ancn Prieuré)
Tourneuve
Lasserre
Durance
Chau Henri IV
Traverses
Bel-Air
Boussès
au Matha
Silo
la Gare
Bourriot-Bergonce
Bergonce
Carreft du Tremblant
Miquelot
Retjons
Losse
Lubbon
Chau de Peyrebère
Vialote
Lussolle
Arx
Guillemot
Baudignan
Peyrebère
St Pau
Réaup
Lugazaut
Maison Neuve
Chicoy
Estampon
Lapeyrade
Peyrouet
Nautin
Meylan
Conques
Cieuse
Nabias
St Gor
Vielle-Soubiran
Pijo
Rimbez-et-Baudiets
Cazaubon
Roquefort
Carrère
Gueyze
Loubie
Sos
Poudenas
Sarbazan
Estigarde
Balen
Serbué
Espagne
Bernadon
St Martin-de-Noët
Jou Maisouot
Jourdan
St Meille
Arbussan
Laslangaches
Herré
Buros
Ste Maure-de-Peyriac
Hartanet
Arouille
Douzevielle
Parissot
Créon-d'Armagnac
St Pé-St Simon
Loustaunau
Fourcès
St Justin
Pagny
Mont
St Julien-d'Armagnac
Gabarret
Torrebren
Corneillan
Fondat
Labrise
Betbezer-d'Armagnac
Chicot
Caumale
Escalans
Gajo
Pellehaut
Bernet
Labastide-d'Armagnac
Lagrange
Cap-de-la-Hargue
le Marais
Rouge
N.D. de Pibèque
Pillairdit
Noel
Lasserre
Arech
Lacquy
N.D. des Cyclistes
Briat
Barbotan-les-Thermes
Labarrère
Montréal
Mauvezin-d'Armagnac
Bellevue
Sarran
Castelnau-d'Auzan
le Frêche
Chau de Bégué
Tavernes de l'Uby
Parleboscq
Lacaze
Fitron
Béziey
Séviac
Arquizan
Cazaubon
Egl.
St Christau
Duran
Bouau
Moreau
Riouperyrous
Rome
St Vidou
Cucassé
Monclar
Brechan
Laballe
Houeillère
Pomiro
Montaut
Mauléon-d'Armagnac
Larée
Sentex
Cabeil
Doat
Zou-Fou-Fou
Lamothe
les Ponchons
Arthez-d'Armagnac
Lannemaignan
Tachouzin
Soubère
Berduquet
Barbey
Ste Fauste
Tourné
Maignan
Pouchalan
Pardeillan
Lagraulet-du-Gers
Perquie
Bariquère
Sauvagnère
les Pigails
Marguestau
Prat
Cutxan
Cap-Pelat
Millet
Esplavis
Bretagne-d'Armagnac
le Verduzan
Larroussa
Ravignan
Marcoge
Montégut
Castagnet
Borcary
Larroudé
Esbérous
Armagnac
Garderon
Cazeneuve
Lusson
St Cane
Castex-d'Armagnac
Estang
Haget
Campagne-d'Armagnac
St Aubin
Escagnan
le Boutet
la Pelinguette
Gaube
Lias
le Pin

Tonneins
Lagarde
Artigues
Castelmoron-s-Lot
Jean-del-Roc
Fauché
Lissandre
Ste Livrade-s-Lot
Paulhiac
Bias
Villeneuve-s-Lot
St Sulpice-de-Rivelot
Dardenne
La Grâce
Port-de-Penne
St Etienne-de-Fougères
La Landette
St Gayrand
la Castagnade
Touraille
Fongrave
Arnautis
Baurillon
Laparade
St Martin
Monbarbat
Marsac
Barry
Pleyde
Roubillon
Gouneau
Roussanes
Granges-s-Lot
le Temple-s-Lot
la Rigne
Allez-et-Cazeneuve
Laurier
Cazeneuve
Pujols
Tour
St Germain
Boissie
Dolmayrac
Tombebouc
Ste Colombe-de-Villeneuve
Castille
Clairac
Villeton
St Christophe
Murailleт
Punet
Ayet
Monheurt
Fernand
Ciments Lafarge
St Brice
Bourran
Lafitte-s-Lot
St Sardos
Montpezat
St Caprais-du-Temple
Pérignac
Lamaurelle
Grottes de Lestournelles
Filhol
Noaillac
Giget
Piquepoule
St Just
Maurin
Nicole
Rech-de-Berre
Bataille
la Tourasse
Colleignes
Lacaze
Lacépède
St Amand
St Médard
Laugerie
Floirac
Pech Bardat
Cours
Lacenne
Sembas
Castella
St Antoine-de-Ficalba
Grottes de Fontirou
la Massas
Hautefage-la-Tour
Lomplan
Longuetille
Monluc
Ste Radegonde-s-Lot
St Vincent
Dominipech
Quittimont
Ste Foy-de-Puch
Arpens
Laugnac
Silo
Damazan
Aiguillon
Galapian
Lagarrigue
St Salvy
Lesterne
Prayssas
Hiot
Marsac
La Croix-Blanche
Monbalen
Camp militaire
Les Bordiels
Bayssac
Cassignas
Laroque-Timbaut
St Léger
St Côme
St Avit
la Salle
Cne de Madaillan
Fraisse
St Julien-de-Terre-Fosse
Arasse
Galimas
Vitrac
les Tricherie
Tricot
les Palais
Frégimont
Gaujac
Cornié
le Quey
Lusignan-Petit
Serbat
St Arnaud
St Pierre
Norpech
Buzet-s-Baïse
Boussères
Tour St Julien
Bazens
Pécile
les Taules
Masse
Carritot
Lasserre
Artigues
Bajamont
Renaudy
St Robert
St Pierre-de-Buzet
Thouars-s-G.
Lagarde
Port-Ste Marie
Clermont-Dessous
St Médard
Puy-Masson
Lusignan Grand
Cardonnet
Lacépède
Franc
Cne de Foulayronnes
Talives
le Caoulet
Sauvagnas
Méneaux
St Laurent
le Paravis
la Garcine
Nioles
Resteau
Fourtic
Lapouleille
Béquin
St Hilaire-de-Lusignan
St Cirq
Monbran
Alary
Bédat
la Candelie
Jourda
Pont-du-Casse
Tour
Férréol
la Sauvetat-de-Savères
Calezun
Rouach
Feugarolles
Mongaillard
Xaintrailles
Vianne
Bruch
Montesquieu
Sérignac-s-G.
St Léger
Goulard
Carrère-de-G.
Colayrac-St Cirq
Monbusq
Brax
le Passage
AGEN
Bon-Encontre
la Frégate
Touzа
St Ferréol
Cassou
la Jourdanie
St Caprais-de-Lerm
St Damien
St André
Malbes
Pech-Redon
Limon
Salles
Broustaud
Mazelières
Estussan
Lavardac
Barbaste
de-Bordes
Bréchan
Séguinot
Espiens
Tour
St Loup
Mourrens
Ste Colombe-en-Bruilhois
Roquefort
Dolmayrac
la Garenne
Pélissier
Lamothe-Bézat
St Pierre-de-Gaubert
St Amans
Castelculier
Grd Fonds
Naudou
St Pierre-de-Clairac
Puymirol
Prades
Lafox
St Jean-de-Thurac
St Romain-le-Noble
St Urcisse
le Serbat
la Couture
Pailloula
Andiran
Montagnac-s-Auvignon
Estillac
Boé
Baille
Passage
Boissonade
Gudech
Sauveterre-St Denis
Laspeyres
Nérac
Caudéroue
Tasta
Nazareth
Collège agricole
Calignac
Moncaut
Fontarède
Pleichac
Aubiac
Moirax
Bois-Renaud
Layrac
Berty
Nazelles
St Nicolas-de-la-Balerme
St Sixte
Hordosse
Rey
Pont
Tauziète
Grezau
Cazal-du-Bos
Saumont
Laplume
Cazaux
la Capelle
le Sahuc
Lapeyre
Caudecoste
Puy-Fort-Eguille
Garlies
Tartifume
Fieux
Bourgade
Chtre les Couchurtes
St Lary
Nomdieu
St Vincent-de-Lamontjoie
Brimont
Cne de Marmont-Pachas
Pachas
Contras
Goulens
Fals
Donzac
Latapie
Andiran
Labarthe
Mazéret
Fréchou
Laclotte
St Ourens
le Commun
Lasserre
Francescas
Baulens
Daubèze
Lamontjoie
Escalup
Lauzeraux
Cuq
Dunes
Pouy
Peyriague
Lescout
Artigues
St Crice
Campaignо
Chau de Roquelaure
la Croix-Blanche
Pergain-Taillac
Astaffort
Hartoye
Andiran
Sistels
Lannes
Bégué
Parron
Lagrangerie
Casteron
Ligardes
Pouy-Roquelaure
Jauquet
St Mézard
Manlèche
Fraymiret
Barbonvielle
Gimbrède
Berne
Charrin
Marcadis
Lassalé
Moncrabeau
Estrépouy
Lasbadies
Dèhès
Rignac
N.D. d'Esclaux
le Feuga
Ourtiguet
Cazaux
Fousserie
Lion d'Or
la Roche
Courréjot
Liatores
Vicnau
St Caprais
Berrac
Cadreils
Sempesserre
Ste Mère
Rouillac
Flamarens
Cannes
Ste Raphine
le Bédat
Gazaupouy
St Martin-de-Goyne
Heuguère
Peyradis
Miradoux
Losse
Heux
Puypardin
Grazimis
Verduzan
Fausserie
Auriole
Beauregard
Tourré
Plieux
Lasserre
St Aignan
Larroque-Engalin
la Hillère
Sempé
Moussaron
Tour
Marrin
Cahuzac
Gensac
Scieurac
Maridac
la Romieu
St Avit-Frandat
Castet-Arrouy
Cazaux
Busca
Condom
le Baradieu
Castelnau-s-l'Auvignon
Martet
Castéra-Lectourois
Lacassagne
le Goalard
Larressingle
Pouy
Aurens
Lagarde
Lançon
Plieux
Peyrès
Rougès
Couchet
Peyriac
Caussens
Liet
Tressens
Marsolan
Baqué
Heure-et-Bartens
l'Isle-Bouzon
Gramont
Vopillon
Malossane
le Camus
Mons
Blaziert
Cauboue
Caillau
Lectoure
Larroque
Landiran
Tane
St Créac
Peyrègé
Fondelin
Herret
Béraut
St Orens
les Bousigues
St Geny
L. des 3 Vallées
Naudin
Embarthe
Ramounet
Cassaigne
Pouy-Petit
Roquepine
l'Alouëillé
Terraube
le Brana
Espardiagués
Mouchan
Chau de Tauzia
Maignaut-Tauzia
Ordac
Thomas
Mas-d'Auvignon
Sauby
Rabin
Aurenque
Magnas
le Lau
St Clar
Aérium
Frans
André
Ancne Abbe de Flaran
le Canonge
Roquettes
Valence-s-Baïse
Busca-Maniban
Monlud
St Puy
Pellebit
Labadie
la Blanche
Larroque
le Ramier
Paulhac
Castelnau-d'Arbieu
Avezan

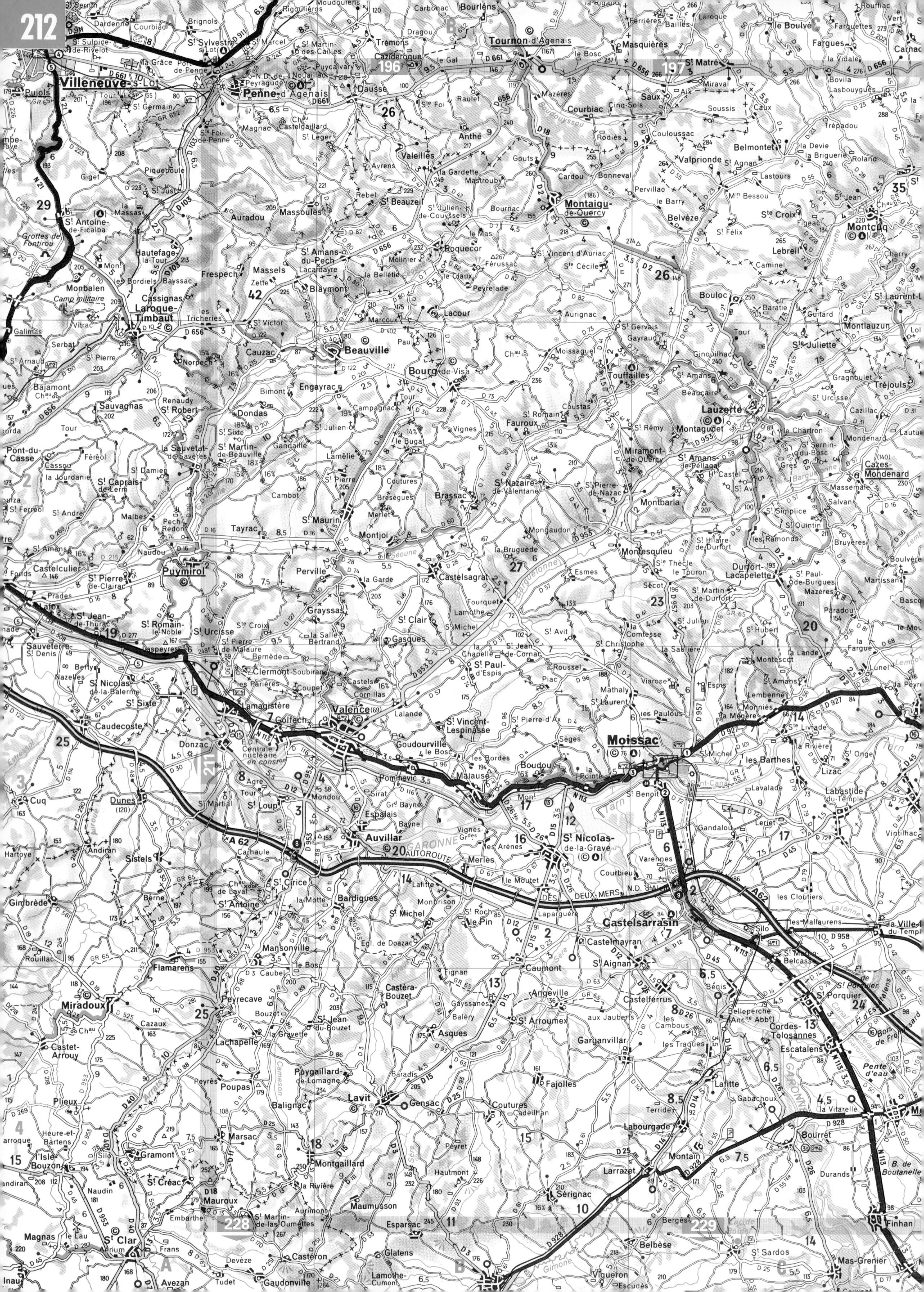
Villeneuve-s-Lot
Pujols
Penne-d'Agenais
St Sylvestre-s-Lot
St Sulpice-de-Rivelot
Dardenne
Courbiac
Brignols
Rigoulières
Mouquières
St Marcel
St Martin-des-Cailles
Trémons
Dragou
Carbonac
Bourlens
Tournon-d'Agenais
Masquières
Ferrières
Bailles
Laroque
le Boulvé
Fargues
Carnac
Cazideroque
Puycalvary
Dausse
Ste Foi
Raulet
Anthé
Valeilles
Avrens
la Gardette
Mastrouby
Gouts
Cardou
Bonneval
Montaigu-de-Quercy
Mazères
Courbiac
Cinq-Sols
Saux
St Matré
Miraval
Soussis
Bovila
Lasbouygues
Trépadou
Rodiès
Couloussac
Valprionde
St Agnan
Belmontet
la Devie
la Briguerie
Roland
Lastours
Mln Bessou
Pervillac
le Barry
Belvèze
Ste Croix
St Félix
St Jean
Montcuq
Lebreil
Caminel
Charry
Magnac
Castelgaillard
St Léger
St Foi-de-Penne
Piquepoule
Giget
St Just
la Massas
St Antoine-de-Ficalba
Grottes de Fontirou
Hautefage-la-Tour
Monbalen
Camp militaire
Les Bordiels
Bayssac
Cassignas
Laroque-Timbaut
Vitrac
Galimas
Serbat
St Arnaud
St Pierre
Norpech
Bajamont
Sauvagnas
Renaudy
St Robert
Auradou
Massoulès
Rebel
St Beauzeil
St Julien-de-Couyssels
le Mas
Bournac
Roquecor
Férussac
Molinier
St Amans-du-Pech
Lacardayre
la Belletie
le Claux
Peyrelade
Massels
Frespech
Zette
Blaymont
Lacour
Marcoux
St Vincent d'Auriac
Ste Cécile
Aurignac
St Gervais
Gayraud
Moissaguel
Touffailles
Ginouilhac
St Amans
Beaucaire
Bouloc
Baratie
Tour
Montlauzun
Ste Juliette
Guitard
St Laurent-L.
Gragnoulet
Tréjouls
St Urcisse
Cazillac
les Tricheries
St Victor
Cauzac
Beauville
Pau
Bourg-de-Visa
Engayrac
Bimont
Campagnac
Tour
Dondas
St Sixte
St Martin-de-Beauville
la Sauvetat-de-Savères
Pont-du-Casse
Féréol
Cassou
la Jourdanie
St Damien
St Caprais-de-Lerm
St Ferréol
St André
Malbes
Pech-Redon
St Julien
Gandaille
Lamélie
le Bugat
Vignes
St Romain
Coustas
Fauroux
St Rémy
Lauzerte
Montagudet
le Chartron
Mondenard
Miramont-de-Quercy
St Amans-de-Pellagal
Castel
St Sernin-du-Bosc
Grès
Cazes-Mondenard
Massemale
Salvan
St Pierre
Coutures
Bresegues
Merlet
Cambot
Brassac
St Nazaire-de-Valentane
St Pierre-de-Nazac
Montbarla
St Simplice
St Quintin
les Ramonds
Bruyères
Bouivère
Tayrac
St Maurin
Montjoi
Mongaudon
Montesquieu
St Hilaire-de-Durfort
Naudou
St Amans
Castelculier
St Pierre-de-Clairac
Puymirol
Perville
la Garde
Castelsagrat
la Bruguède
Esmes
Ste Thècle
le Touron
Sécot
Durfort-Lacapelette
St Paul-de-Burgues
Mazères
Martissan
Fonds
Prades
Lafox
St Jean-de-Thurac
St Romain-le-Noble
St Urcisse
Ste Croix
Grayssas
St Clair
Fourquet
Lamothe
St Michel
St Martin-de-Durfort
St Julien
Paradou
St Hubert
la Comtesse
St Christophe
la Saulière
la Fargue
la Lande
Sauveterre-St Denis
Berty
Nazelles
St Nicolas-de-la-Balerme
St Sixte
Naspeyres
St Pierre-de-Malaure
Bernède
Clermont-Soubiran
les Parières
Coupet
la Salle Bertrand
Gasques
Castels
Cornillas
la Chapelle
St Paul-d'Espis
St Jean-de-Cornac
Piac
Roussel
Viarose
Mathaly
Espis
Montescot
St Amans
Lembenne
Monniès
Lunel
la Peyre
Caudecoste
Lamagistère
Golfech
Valence
Lalande
St Vincent-Lespinasse
St Pierre-d'Ax
St Laurent
les Paulous
la Mègère
St Livrade
Donzac
Centrale nucléaire en constn
Goudourville
le Bosc
les Bordes
Sèges
Boudou
Moissac
St Michel
la Rivière
St Onge
Lizac
les Barthes
Agre
Tour
St Loup
Mondou
Pommevic
Malause
la Pointe
St Benoit
Lavalade
Labastide-du-Temple
Cuq
Dunes
St Martial
Sirat
Espalais
Gd Bayne
Bayne
Gandalou
Lerie
Vinthlac
Andiran
Hartoye
Sistels
Carhaule
Auvillar
GARONNE
AUTOROUTE
Vignes-Gdes
les Arènes
St Nicolas-de-la-Grave
Varennes
Courbieu
Merles
le Moutet
DES DEUX MERS
N.D. d'Alem
les Cloutiers
Gimbrède
Berne
Chau de Laval
St Antoine
St Cirice
la Motte
Bardigues
Lafitte
Monbrison
St Michel
St Roch
le Pin
Laparguère
Castelsarrasin
les Mallaurens
la Ville-du-Temple
Silo
Rouillac
Flamarens
Mansonville
Egl. de Doazac
le Bosc
Caubel
Castelmayran
St Aignan
Caumont
St Martin-Belcassé
St Porquier
Miradoux
Peyrecave
Bouzet
Castéra-Bouzet
Fignan
Gayssanes
Baléry
Angeville
Castelferrus
aux Jauberts
Bénis
Belleperche Ancne Abb.
les Cambous
Cordes-Tolosannes
Bois de Fronsseard
Castet-Arrouy
Cazaux
Lachapelle
la Gravette
St Jean-du-Bouzet
Asques
St Arroumex
Garganvillar
les Traques
Escatalens
Pente d'eau
Pleux
Peyrès
Poupas
Puygaillard-de-Lomagne
Baradis
Fajolles
Lafitte
Gabachoux
Balignac
Lavit
Gensac
Coutures
Cadeilhan
Terride
la Vitarelle
Heure-et-Bartens
Marsac
Labourgade
Bourret
l'Isle-Bouzon
Gramont
Montgaillard
Peyret
Montain
Durands
B. de Boutanelle
Larrazet
Naudin
St Créac
la Rivière
Hautmont
Sérignac
Mauroux
Embarthe
Aurimont
Maumusson
St Martin-de-las-Oumettes
Esparsac
Bergès
Finhan
Magnas
le Lau
St Clar
Aprium
Frans
Castéron
Glatens
Belbèse
St Sardos
Mas-Grenier
Inau
Avezan
Devèze
Tudet
Gaudonville
Lamothe-Cumont
Vigueron
Escudès
Gimone
Tarn
Séoune
Barguelonne
Arrats
Ayroux
Sère
Cameson
Canal latéral
Estressol
196
197
228
229
211
A
B
C
1
2
3
4

Cambayrac
Trespoux-Rassiels
Vayrol
Aujols
Esclauzels
Concots
Limogne-en-Quercy
Flaujac-Poujols
Villesèque
Labastide-Marnhac
Laburgade
Cremps
Lugagnac
Le Montat
CAUSSE DE LIMOGNE
Escamps
Cieurac
Lhospitalet
Varaire
Beauregard
Lascabanes
Cézac
Pern
Lalbenque
Vaylats
Bach
Saillac
Fontanes
Camp de Caylus
St Paul-de-Loubressac
Flaugnac
Castelnau-Montratier
Montdoumerc
Labastide-de-Penne
Belmont-Ste Foi
Mouillac
Lapenche
Belfort-du-Quercy
Puylaroque
Caylus
Montpezat-de-Quercy
Montfermier
Cayriech
St Georges
Lavaurette
Molières
Auty
Septfonds
Monteils
Caussade
St Antonin-Noble-Val
Réalville
Mirabel
Puycornet
Piquecos
Lamothe-Capdeville
Albias
Bioule
Nègrepelisse
Montricoux
Bruniquel
Forêt de Grésigne
Vaour
Puygaillard-de-Quercy
Montauban
Léojac
Généébrières
Monclar-de-Quercy
Larroque
Puycelci
Bressols
Corbarieu
Villebrumier
Labastide-St Pierre
Reyniès
Orgueil
Campsas
Nohic
Salvagnac
Montgaillard
Beauvais-s-Tescou
Varennes
Montdurausse
Verlhac-Tescou
St Urcisse
Forêt de Sivens
Gorges de l'Aveyron
Forêt du Bretou
Forêt de la Garrigue
197
198
214
229
230
D
E
F

Limogne-en-Quercy
CAUSSE DE LIMOGNE
Puyjourdes
Martiel
Villefranche-de-Rouergue
Gorges de l'Aveyron
Caylus
Parisot
Najac
Laguépie
St Martin-Laguépie
Rieupeyroux
La Salvetat-Peyralès
Mirandol-Bourgnounac
Pampelonne
Monestiés
Cordes
Carmaux
Vaour
Castelnau-de-Montmiral
Cahuzac-s-Vère
Valderiès
Cagnac-les Mines
ALBI
St Juéry
Marssac-s-T.
Gaillac
Lescure
Rivières
Tarn
Montrosier
Féneyrols
St Antonin-Noble-Val
Lunac
Lescure-Jaoul
Bor-et-Bar
Jouqueviel
Tayrac
Castelmary
Sauveterre
Crespin
Tanus
Montauriol
Rosières
Blaye-les-Mines
Labastide-Gabausse
Villeneuve-s-Vère
Castanet
Fayssac
Senouillac
Labastide-de-Lévis
Castelnau-de-Lévis
Arthès
Puygouzon
Cambon
Lacapelle-Ségalar
Laparrouquial
St Marcel
Salles
Virac
Milhavet
Souel
Noailles
Donnazac
Andillac
Vieux
Broze
Montels
Mauriac
Milhars
Marnaves
Mouzieys-Panens
Bournazel
Vindrac-Alayrac
Tonnac
Itzac
Campagnac
Grésigne
Alos
Frausseilles
Amarens
Sanvensa
Morlhon-le-Haut
Maleville
Compolibat
Prévinquières
Privezac
Anglars
Lanuéjouls
Vabre-Tizac
La Capelle-Bleys
St Salvadou
La Fouillade
Monteils
Toulonjac
Savignac
Loc Dieu
Vailhourles
Puylagarde
Memer
Lacapelle-Livron
Loze
St Projet
Mas-de-Guiralet
Beauregard
Vidaillac
Laramière
Promilhanes
Espinas
Ginals
Verfeil
Varen
Arnac
Lexos
Saint-Michel-de-Vax
Roussayrolles
Ste Cécile-du-Cayrou
Chaussée ouest 1987
199
198
213
230
231

CAUSSE DU COMTAL
Camp militaire
Forêt des Palanges
PLATEAU DU LÉVÉZOU
Presqu'île d'Ambialet
Lac de Pont-de-Salars
Lac de Pareloup
Lac de Villefranche-de-Panat
Lac du Viaur
Clairvaux-d'Aveyron
Balsac
Sébazac-Concourès
Onet-le-Château
Montrozier
Bertholène
Laissac
Sévérac-l'Eglise
Druelle
RODEZ
Olemps
le Monastère
Ste Radegonde
Agen-d'Aveyron
Baraqueville
Flavin
Pont-de-Salars
Ségur
Prades-Salars
Camboulazet
Calmont
Trémouilles
Canet-de-Salars
Naucelle
Ste Juliette
Arvieu
Salles-Curan
Curan
Salmiech
Cassagnes-Bégonhès
Auriac-Lagast
Alrance
Rullac
la Selve
Durenque
Villefranche-de-Panat
Lédergues
St Victor
St Rome-de-Tarn
Réquista
Connac
Brousse-le-Château
Broquiès
Valence-d'Albigeois
St Michel-Labadié
Montclar
St Izaire
Coupiac
Ambialet
Plaisance
la Bastide-Solages
St Affrique
Vabres-l'Abbaye
Alban
Balaguier-s-Rance
St Juéry
Rebourguil
199
200
216
231
232
D
E
F

Campagnac
St Saturnin
Causse de Sévérac
Sévérac-l'Eglise
Buzeins
Gaillac d'Aveyron
Recoules-Prévinquières
Lapanouse
Sévérac-le-Château
le Massegros
Causse de Sauveterre
Point Sublime
St Georges-de-Lévéjac
Gorges du Tarn
les Vignes
St Rome-de-Dolan
Vézins-de-Lévézou
Bois-du-Four
Lévézou
St Léons
St Laurent-de-Lévézou
Verrières
Rivière-s-Tarn
Mostuéjouls
le Rozier
Peyreleau
Aven Armand
Gorges de la Jonte
Grotte de Dargilan
St Beauzély
Aguessac
Compeyre
Paulhe
Chaos de Montpellier-le-Vieux
Causse Noir
Castelnau-Pégayrols
Plateau du Lévézou
Montjaux
Millau
Creissels
St Georges-de-Luzençon
Compregnac
Le Viala-du-Tarn
St Rome-de-Tarn
Gorges de la Dourbie
Cantobre
Causse-Bégon
Nant
St Jean
Camp du Larzac
St Rome-de-Cernon
la Cavalerie
la Bastide-Pradines
Lapanouse-de-Cernon
Ste Eulalie-de-Cernon
Roquefort-s-Soulzon
Tournemire
St Affrique
l'Hospitalet-du-Larzac
Viala-du-Pas-de-Jaux
St Jean-d'Alcapiès
St Jean-et-St Paul
la Couvertoirade
Cornus
St Beaulize
Versols-et-Lapeyre
Montaigut
Sauclières

des-Gendarmes · Montmirat · Col de Montmirat · N 106 · M O N T · L O Z È R E · Chalet de Chantegrive · Costeilades · Pont-de-Montvert · Sauveterre · Mont Chabio · Lonjagnes · Nozières · 201 · 202 · les Combettes · la Vayssière · la Brousse · Finiels · P A R C · Prat-Souteyrant · Salarials · Mas Camargues · Pic Cassini · MF du Mas de la Barque · Col de Rabusat · B. des Armes · Pré de la Dame · le Chambon · Planzolles · Concoules

Paros · le Bac · les Bondons · Mont-Méjan · Rûnes · Finialette · Champlong-de-Lozère · l'Hôpital · Bellecoste · Bois de la Méjarié · Pijau · Col de la Cr. de l'Ermite · Tour de Malmontet · Bézout · Aiguebelle · la Banlève · Montre

les Lacs · Molines · Rocheblave · Quézac · Ispagnac · Cantonnet · le Crouzet · Malbosc · Ruas · Fraissinet-de-Lozère · Rieumal · le Viala · Racoules · Villeneuve · Frutgères · Belvre des Bouzèdes · Boissets · Épinie · Nissoulogres · le Mas-André · le Buisson · Biesset · Fayet · St Julien-du-Gourg · Ariges · Cocures · la Vernède · Saliège · le Villaret · l' Hermet · le Pont-de-Montvert · Felgerolles · Troubat · la Vialasse · Aubaret · Gourdouze · Hermet

Prades · Montbrun · le Chambonnet · Monteils · Bédouès · Mirai · Rampon · Grizac · Masméjan · Bois des Rouvières · N A T I O N A L · D E S · Vialas · Polimies · Nojaret · Génolhac · Col de Valoussière · Mgne de Lempézou · Mont de Ramponenche · les Vernets · les Bastides · Col de la Croix de Berthel · Soleyrols · Crépon · Travers · Pont de Rastel

d'Aluech · Castelbouc · Chadenède · Charbonnières · la Condamine · Florac · le Sapet · Bois d'Altefage · Montvaillant · la Valette · Grandville · les Vernèdes · les Chazes · Mijavols · St Maurice-de-Ventalon · Castagnol · le Ventalon · Poujols · Fraissinet-de-Poujols · Valbelle · Sce du Pêcher · Rocher de Rochefort · la Salle-Prunet · Montagne du Bougès · Col du Bougès · Rabiers · Sat de Ventalon · Bougès · le Salson · les Espinas · le Cros · St Andéol-de-Clerguemort · Chamborigaud · la Citerne · Vallongue · Balazuègnes · Chau · St Julien-d'Arpaon · C É V E N N E S · le Moulin · Vimbouches · Conchès · Lézinier · Crouzas

deval · Crosgarnon · Bque de la Fontaine · le Mazel · Tardonnenche · Currières · la Roche · le Rouvet · St Frézal-de-Ventalon · Pénens · Loubreyroux · la Fajole · Plaine Chanet · M É J E A N · Puychauzier · Malhautier · les Crozes · Cassagnas · la Rivière · St Privat-de-Vallongue · la Lauze · St Julien-des-Points · Nivoliers · St Laurent-de-Trèves · Col de l'Houmenet · Col de Jalcreste · la Canonge · 218 · la Bertresque · Valescure · Dèze · N106

Hures · Salgas · Racoules · Nozières · Col du Rey · l'Hospitalet · Barre des-Cévennes · le Vergougnous · Col des Laupies · Flandre · St André de Lancize · le Vialar · les Ayres · St Hilaire-de-Lavit · Valès · le Collet-de-Dèze · Blannaves · Plan de Fontmort · Mt Mars · St Michel-de-Dèze · le Castanet · Vebron · Col des Faïsses · Col de Solpérière · Mont · Trabassac · Nogaret · la Fabrègue · Masel Rosade · Calbertette · Col de Pendédis · la Viale · Chaos de Nîmes le Vieux · Villeneuve · les Vanels · Montagut · l'Hospitalet · Saubert · Masbonnet · St Martin-de-Lansuscle · C. de Malhausette · les Moles · St Germain-de-Calberte · Prades · Poulassargue · l'Hom · Veygalier · Cam de la Corniche · Molezon · Carnac · Moncamp · Aures · Fraissinet-de-Fourques · Fourques · Col de Perjuret · les Ablatats · Rousses · Biasses · Rouvière · Fabrègues · les Abrits · St Martin-de-Boubaux · Lamelouze · les Appens · la Bragouse · Salvensac · Gatuzières · Jonte · le Pompidou · Masaribal · Malataverne · Pont Ravagers · Andajac · Thonas · la Roque · Massevaques · Gges du Tapoul · le Masillou · Bassurels · Ste Croix-Vallée-Française · les Abrits · les Lunès · Meyrueis · Ayres · le Crouzet · Jontanels · Tunnel du Marquaires · la Falguière · Gabriac · St Étienne-Vallée-Française · le Maselet · Mandajors · Pourcarès · Campis · Cabrillac · Col Salidès · Pont-Marès · N.D. de Valfrancesque · le Castanet · Moissac-Vallée-Française · Tour · le Pereyret · Brugairolles · St Paul-la-Coste · Roquedols · Col del Bès · Gaseiral · Montredon · St André-de-Valborgne · Cévennes · Fontanilles · St Roman-de-Tousque · le Martinet · Col d'Uglas · Ferrussac · le Villaret · les Oubrets · les Fons · la Bessède · le Mas Aurc · Col de l'Exil · la Méjanelle · Col de St Pierre · Falguières · les Aiglidines · Aubignac

P A R C · N A T I O N A L · Forêt de l'Aigoual · Col de la Caumette · MONT AIGOUAL · Observatoire · Forêt d'Aire de Côte · Tourgueille · St Marcel-de-Fontfouillouse · Saumane · Peyroles · Pic d'Arbousse · Pont des Abarines · les Puechs · Mialet · Abîme du Bramabiau · St Sauveur-des-Pourcils · Camprieu · Col de Prat Peyrot · l'Hort-de-Dieu (Arboretum) · Aire de Côte · Col de l'Espinas · Faveyrolle · les Plantiers · l'Estréchure · Cachar · St Jean-du-Gard · Trabuc · Paussan · Coupiac · Col de la Sereyrède · les Salles · Mont · Col du Pas · Borgne · la Bessedelle · la Hierle · St Martin-de-Corconac · Cabrière · Le Mas-Soubeyran · Malbosc · les Monts · D E S · l'Espérou · Mgne de l'Espérou · Mas-Méjean · les Angliviels · Mas-Laûtal · Bonperrier · Milliérines · Vallée-Obscure · les Fournels · Marcassargues · Massiès · Col de Faubel · Bois de Randavel · Valleraugue · la Pieyre · le Cros · Ardailles · Mas-Gibert · Corbières · Favière · Col de l'Asclier · le Fageas · Col du Mercou · Mt Brion · Maylet · les Abeillères · Pagès · Corbès · Thoiras · le Suquet · Lauplettes · Caucalan · Laupies · Mgne d'Aulas · Taleyrac · le Gasquet · Puech Sigal · Mgne du Liron · la Coste · Soudorgues · St Croix-de-Caderle · Montvaillant · le Puech · Pallières · Dourbie · Prunaret · C É V E N N E S · Montals · Pic de Barrette · la Valette · les Horts · Calviac · Malerargues · Dourbies · le Mourier · Col du Minier · le Mazel · Salindre · Lasalle · Algues · le Solier · la Rouvière · Cassanas · les Gardies · Pradals · Pont-du-Lingas · Col des Vieilles · la Coste · Peyregrosse · Cabriès · N.D. de la Rouvière · la Peyre · Col de la Triballe · St Martial · les Vignolles · St Bonnet-de-Salendrinque · Cornelly · Vabres · Lale · Crozes-Bs · Lingas · Bque de Rivaud · Salagosse · Rer de Bonnetier · C. des Portes · Puechagut · Arphy · Puech-Arnal · Rouvièrette · la Planque · St André-de-Majencoules · le Villaret · Montredon · Colognac · Barafort · Col de Bane · St Félix-de-Pallières · Crozes-Ht · Col de l'Homme Mort · la Cravate · Beaulieu · Mandagout · le Savel · la Rouvière · la Marine · Col du Rédarès · Pailhès · Montagne du · St Guiral · Peyraube · les Travers · Puech · Col des Mouzoules · Mars · Aulas · Serres · le Vigan · Paillerols · le Rey · le Castanet · le Prat · Pont-d'Hérault · Pinoch · Sanissac · Villaret · St Roman-de-Codières · Bouras · Mas de Gentil · Col de Bantarde · Monoblet · Fressac · St Martin-de-Sossenac · le Jaoul · le Villaret · Vernes · Bréau-et-Salagosse · Aumessas · Molières · Cavaillac · Arrigas · la Goutte · Bouliech · Espérics · Roquedur-le-Haut · Valmale · Montagne de la Fage · Cros · l'Église-de-Cros · Sounalou · Sumène · Cézas · Cambo · Mgne des Cagnasses · les Montèzes · Durfort · la Bruguière · Bez · Esparon · Campis · le Bas · Figaret · St Julien-de-la-Nef · Valatougès · Pic de Midi · Espaze · St Hippolyte-du-Fort · Alzon · Estelle · Lembrusquière · Arre · B. de Tessonne · Roc des Pézouls · Avèze · Loves · le Verdier · la Cadière · la Baraque · Labric · Mandiargues · Valfonts · la Licide · le Quintanel · Navas · Pommiers · St Bresson · Défilé · Moulès · Comne de Moulès-et-Baucels · Ganges · la Gardiole · Aguzan · Sauve · Commune de Conqueyrac · Ayrolles · C. de Campviel · le Landre · la Rigalderie · Montdardier · St Laurent-le-Minier · le Pont · Montoulieu · la Vieille · la Masselle · Ceyrac · Mas du Viala · Régagnas · Perrarines · Rrs de la Tude · les Maynes · Cazilhac · Haut · Laroque · Plateau de Thaurac · Pradines · le Triadou · Mt Haut · Bge de Ceyrac · la Lavagne · Blandas · le Barral · Pic d'Anjeau · Gorge · C. de la Cyre · Agonès · Grotte des Demoiselles · B. de Sauzet · Fonsa · Cirque · le Camp d'Alton · Vissec · 233 · Cirque de Navacelles · Assas · Rogues · Roc de Senescal · Beauquinies · B. de Mont Mal · Coupiac · Valrac · St Bauzille-de-Putois · 234 · Bois de Monnier · Pompignan · Mirabel · Guillaumand · Tourres · Forêt de Coutach · Pont du Hasard · la Baume-Auriol · la Borie d'Arre · Caverne du Maure · Gorniès · Soutayrol · Abîme de Rabanel · Crête de Taillade

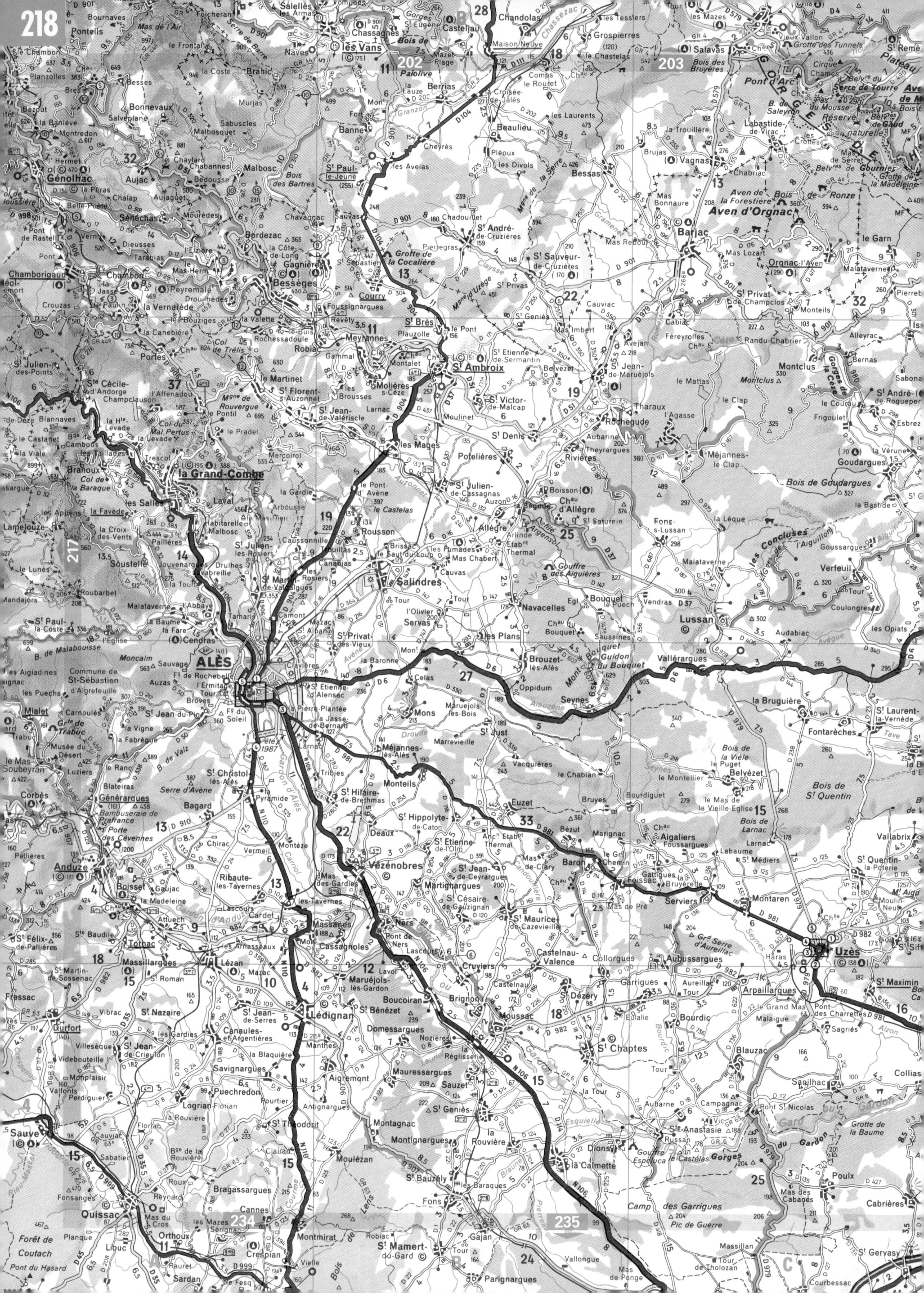

202
203
217
234
235
28
Génolhac
Les Vans
Chassagnes
Naves
Paiolive
Bois de Paiolive
Chandolas
Maison Neuve
Grospierres
Salavas
Vallon
Pont d'Arc
Gorges de l'Ardèche
Réserve naturelle
Berrias
Beaulieu
Banne
St Paul-le-Jeune
Bessas
Vagnas
Barjac
Aven d'Orgnac
Orgnac-l'Aven
Labastide-de-Virac
Malbosc
Aujac
Bonnevaux
Brahic
Sénéchas
Bordezac
Bessèges
Gagnières
Chamborigaud
Chambon
Peyremale
Courry
Grotte de la Cocalière
St André-de-Cruzières
St Sauveur-de-Cruzières
St Privas
Cauviac
St Privat-de-Champclos
Meyrannes
Robiac
Portes
St Ambroix
St Jean-de-Maruéjols
Montclus
Gorges de la Cèze
St Julien-des-Points
Ste Cécile-d'Andorge
Molières-s-Cèze
St Florent-s-Auzonnet
St Jean-de-Valériscle
St Victor-de-Malcap
Tharaux
Rochegude
St Denis
Les Mages
Potelières
Rivières
Méjannes-le-Clap
Goudargues
Bois de Goudargues
Branoux
la Grand-Combe
Les Salles
Laval
St Julien-de-Cassagnas
Allègre
Rousson
Salindres
Navacelles
Lussan
Verfeuil
Les Concluses
Soustelle
St Julien-les-Rosiers
St Martin-de-Valgalgues
Cendras
St Privat-des-Vieux
Servas
Les Plans
Brouzet-lès-Alès
Vallérargues
St Paul-la-Coste
ALÈS
St Christol-lès-Alès
Mons
Méjannes-lès-Alès
St Just
Seynes
la Bruguière
Fontarèches
St Laurent-la-Vernède
St Jean-du-Pin
Monteils
St Hilaire-de-Brethmas
Euzet
Belvézet
Bois de St Quentin
Générargues
Bagard
St Hippolyte-de-Caton
St Étienne-de-l'Olm
Aigaliers
Vallabrix
Anduze
Boisset
Vézénobres
Martignargues
St Maurice-de-Cazevieille
Baron
Foissac
Serviers
Montaren
St Quentin-la-Poterie
Uzès
Tornac
Massillargues
Lézan
Cassagnoles
Ners
Cruviers
Castelnau-Valence
Collorgues
Aubussargues
Arpaillargues
St Maximin
Durfort
St Nazaire
Canaules-et-Argentières
Lédignan
Maruéjols-lès-Gardon
Boucoiran
Brignon
Moussac
St Dézéry
St Chaptes
Bourdic
Blauzac
Sanilhac
Collias
Savignargues
Aigremont
Mauressargues
Sauzet
St Geniès
Montignargues
La Rouvière
Dions
La Calmette
Ste Anastasie
Pont St Nicolas
Gorges du Gardon
Sauve
Quissac
Bragassargues
Cannes
St Théodorit
Moulézan
St Bauzély
Fons
Gajan
Camp des Garrigues
Poulx
Cabrières
Montmirat
Crespian
St Mamert-du-Gard
Parignargues
Sardan
St Gervasy

Pierrelatte
Bourg-St Andéol
La Garde-Adhémar
Chantemerle-lès-Grignan
Chamaret
Colonzelle
Grillon
Valréas
Clansayes
Montségur-s-Lauzon
Richerenches
St Paul-Trois-Châteaux
Solérieux
la Baume-de-Transit
Centrale nucléaire du Tricastin
St Restitut
Visan
Vinsobres
St Marcel-d'Ardèche
Ouvrages de Donzère-Mondragon
Lapalud
St Martin-d'Ardèche
Aiguèze
Bouchet
Suze-la-Rousse
Tulette
Villedieu
Bollène
Lamotte-du-Rhône
St Paulet-de-Caisson
Pont-St Esprit
Rochegude
Ste Cécile-les-Vignes
Cairanne
Rasteau
Roaix
Vaison-la-Romaine
Mondragon
Lagarde-Paréol
Séguret
Mornas
Sablet
Sérignan-du-Comtat
Travaillan
Gigondas
Bagnols-s-Cèze
Piolenc
Camaret-s-Aigues
Violès
ORANGE
Vacqueyras
Chusclan
Orsan
Codolet
Jonquières
Beaumes-de-Venise
Laudun
Caderousse
Courthézon
Aubignan
Sarrians
Loriol-du-Comtat
Carpentras
Connaux
Châteauneuf-du-Pape
St Victor-la-Coste
Roquemaure
Bédarrides
Monteux
Pouzilhac
Tavel
Sauveterre
Sorgues
Entraigues
Pernes-les-Fontaines
Villeneuve-lès-Avignon
Rochefort-du-Gard
Vedène
Le Pontet
St Saturnin-lès-Avignon
Velleron
Castillon-du-Gard
Remoulins
AVIGNON
Morières
Jonquerettes
L'Isle-sur-la-Sorgue
Le Thor
Fournès
Domazan
Estézargues
Châteauneuf-de-Gadagne
Caumont-s-Durance
Théziers
Aramon
Barbentane
Rognonas
Châteaurenard
Noves
Montfrin
Cabannes

204
205
219
236
237

A B C

1 2 3 4

Valréas
Nyons
Aubres
Venterol
Curnier
Arpavon
le Poët-Sigillat
Pelonne
Verclause
Bellecombe
Montferrand-la-Fare
Rochebrune
Ste Jalle
Châteauneuf-de-Bordette
Vinsobres
Mirabel-aux-Baronnies
St Maurice-s-Eygues
Piégon
Beauvoisin
Bénivay-Ollon
Buis-les-Baronnies
Vercoiran
Ste Euphémie-s-O.
St Auban-s-l'O.
Montguers
Villedieu
Buisson
St Roman-de-Malegarde
Puyméras
Mérindol-les-Oliviers
Faucon
Propiac
la Penne-s-l'Ouvèze
Pierrelongue
la Rochette-du-Buis
le Poët-en-Percip
Mévouillon
Roaix
Rasteau
Vaison-la-Romaine
St Marcellin
Mollans-s-Ouvèze
Eygaliers
Plaisians
St Léger-du-Ventoux
Aulan
Villefranche-le-Château
Crestet
Entrechaux
Séguret
Sablet
Brantes
Savoillan
Reilhanette
Montbrun-les-Bains
Barret-de-Lioure
Malaucène
Suzette
Gigondas
Vacqueyras
MONT VENTOUX
Observatoire
le Chalet-Reynard
le Barroux
Bédoin
Crillon-le-Brave
Beaumes-de-Venise
Caromb
Aubignan
Flassan
Sault
Aurel
Ferrassières
St Trinit
Loriol-du-Comtat
Carpentras
Mazan
Mormoiron
Villes-s-Auzon
Monieux
Monteux
Blauvac
Malemort-du-Comtat
Méthamis
St Didier
Pernes-les-Fontaines
Venasque
Althen-des-Paluds
le Beaucet
la Roque-s-Pernes
Velleron
Saumane-de-Vaucluse
Fontaine-de-Vaucluse
Abbaye de Sénanque
Murs
Lioux
St Saturnin-d'Apt
Rustrel
le Thor
l'Isle-s-la-Sorgue
Gordes
Joucas
Roussillon
Gargas
Apt
Lagnes
Cabrières-d'Avignon
Goult
St Pantaléon
Beaumettes
Saignon
Caumont-s-Durance
Plateau d'Albion
PLATEAU DE VAUCLUSE
Gorges de la Nesque
Dentelles de Montmirail

205
206
222
237
238
Sorbiers
Col d'Ubaye
Méreuil
Tour
St Genis
Montagne de St Genis
Bois de l'Ubac
Ventavon
Claret
les Croix
Montjay
Chanousse
Trescléoux
Eyguians
Lazer
les Bertrands
les Marcillons
Melve
la Motte
Jalinier
la Médecine
Flachière
Viran-Verset
Chapaisse
Som! de la Fayée
Lagrand
Saléon
Arzeliers
la Plâtrière
Thèze
Sigoyer
Cougourdane
Brunet
la Blachère
Beauséjour
Clamensane
St Honoré
Som! de la Peyle
Som! de Charouille
le Suillet
Étoile-St Cyrice
Villebois-les-Pins
Orpierre
Nossage-et-Bénévent
Laragne-Montéglin
Montéglin
Upaix
Beauvoir
Col de Grêle
Tête des Monges
Maynard
Reychasset
Crête de Jaunard
le Bachas
Pierre-Vesce
Gd Puy
les Espranons
le Poët
Colombe
les Concis
Escuyer
St Véran
Borelly
Nibles
Valavoire
Laborel
les Bègues
Chevalet
Châteauneuf-de-Chabre
Vaumeilh
Pied-de-Hongrie
Châteaufort
Ste Colombe
Montagne de Chabre
Barret-le-Haut
Col de St Ange
le Brusq
Pomet
le Plan
les Fourniers
les Oeufs
les Armands
les Donnets
Valernes
les Mayols
Roustan
Col de la Croisette
Barret-le-Bas
Gges de la Méouge
Antonaves
Mison
Font-Michelle
la Clapisse
Trainon
Gourras
St Geniez
Chabert
Col St Jean
Ballons
Izon-la-Bruisse
St Pierre-Avez
Pic de St Cyr
Serre-des-Ormes
Salérans
Som! de la Platte
St Aubert
l'Adrech
Ribiers
la Silve
Roman
Servoules
St Didier
Plan-de-la-Baume
Défilé de Pierre Écrite
Gache
Chardavon
Clue
Rer de Dromon
Eygalayes
la Calandre
Lachau
Mgne de Chanteduc
Col d'Araud
Rougnouse
Col de la Branche
Col St Pierre
Roc de Glorittte
la Flogère
les Meuniers
Mézien
Sorine
les Naux
Abros
Rers de St Michel
N.D. de Calma
Rioufret
les Peyres
Crête de l'Âne
les Autarets
Plaugiers
Mgne de l'Ubac
la Baume
Mgne de la Baume
Entrepierres
Pont de la Reine Jeanne
St Jaume
Mgne du Riable
Eourres
Mgne de Mare
le Rancurel
Roc de l'Aigle
Franchironnette
les Chabanons
Sisteron
Vilhosc
St Symphorien
Chante Duc
Mgne du Pied du Mulet
les Vieux Noyers
Col de la Mairie
Bevons
Tour
Briasc
Bge de Salignac
Prieuré
le Grépon
Mgne de Palle
le Mourier
les Étangs
Ancn Village
Aubard
St Martin
Grde Bastie
Pécoule
le Thor
Col de la Pigière
Montfroc
Curel
St Vincent-s-Jabron
Noyers-s-Jabron
le Couvent
Salignac
St Martin
Beaudument
les Parrichaux
les Omergues
la Bègue
les Remises
les Patins
Lange
Perivoye
les Bons-Enfants
le Jambard
Villevielle
Crête de la Faye
Pas de Redortiers
Som! de Larran
Châteauneuf-Miravail
Piedguichard
Bois de la Clapeyrie
Mgne de St Michel
Mgne de Pélegrine
Mgne de Sumiou
la Tour
Valbelle
les Escoffiers
Sourribes
Rourebeau
la Pérusse
le Tréboux
Col de St Vincent
Baisse de Malcort
Som! de l'Homme
Signal de Lure
Jas-de-Madame
Pas des Portes
Jas des Bailles
Peipin
Aubignosc
Trois Bastides
Baptiste-Blanche
St André-de-Villeséche
la Rédoune
Néoures
MONTAGNE DE LURE
Refuge de Lure
Pas de la Graille
le Forest
Volonne
Tours
Som! du Ruth
le Grd Collet
les Martins
les Girons
Bois du Cracq
Champ de l'Amant
Forêt de Cruis
N. D. de Lure
Combe de la Sapée
les Paulons
Château-Arnoux
Châteauneuf-Val-St Donat
Chadouvin
Mourre Pelé
les Morards
les Bastians
le Contadour
Saumane
Oratoire St Joseph
Bois Croumpa
St Jean
l'Escale
les Coulayes
le Crapon
Vière
la Gardette
l'Hospitalet
Bois du Défends
Garce
Revest-du-Bion
le Jonquet
Comne de Redortiers
la Rochegiron
Gouffre des Cèdres
N.D. de Lumière
Mallefougasse
St Auban
Montfort
Forêt de St Étienne
Jas-de-Berne
Cruis
les Gipières
St Donat
Route Napoléon
Malijai
St Christol
Mirabeau
de l'Ortiguière
St Pancrace
Crête de Gamby
Lardiers
St Étienne
les Boyers
Montlaux
Augès
Praconteau
Rochers des Mées
les Mées
Forêt des Mées
N.D. des Anges
Gouffre du Caladaire
Banon
Hl Montsalier
St Joseph
St Sébastien
Ongles
Pierredon
Ancien Village
les Martrons
Peyruis
Chênerilles
Notre-Dame
Ancn Village
Fl de Sigonce
le Revest
la Blache
Revest-St Martin
Ganagobie
Prieuré
les Bourelles
la Lèche
Chavon
Montsalier
Cheyran
Grges de Dauban
le Largue
le Rer d'Ongles
Fontienne
Sigonce
Gubian
la Pourcine
B. du Roi
Rer des Mourres
N.D. du Plan
B. de Lurs
Dabisse
Paillerol
les Pts Champs
Puimichel
Ajonc
Simiane-la-Rotonde
Carniol
Val Martine
le Plan
Limans
St Pierre
les Tourettes
Lurs
Ravin du Val Richard
en Sales
Revest-des-Brousses
le Château
Valsaintes
l'Abbadie
Pichovet
Ybourgues
Melve
Forcalquier
Cimetière
Pierrerue
Achard
N.D. des Anges
les Pourcelles
les Blancs
Entrevennes
le Castellet
Boulinette
N.D. de Bellevue
Vachères
Aubenas-les-Alpes
Oppedette
Cañon d'Oppedette
Fenouillet
Bge de la Laye
les Minimes
Mane
Châteauneuf
Observatoire de Hte Provence
N.D. de Salagon
Fougères
Niozelles
la Brillanne
Bois de St Martin
St Julien-d'Asse
Oraison
Valbonette
Trabaye
Brunet
Pimayon
Ste Croix-à-Lauze
Chlle St Ferréol
S. Michel-l'Observatoire
St Paul
Sauvan
Dauphin
St Maime
Tour
Bois d'Asson
N.D. de la Roche
Villeneuve
St Pancrace
le Taillas
la Tuilière
le Grd Logisson
Viens
Lincel
N.D. d'Ubage
Bellevue
Volx
les Buissonnades
la Val-d'Asse
Mas-St Andrieux
Courennes
St Paul
Reillanne
Prieuré de Carluc
St Martin-les-Eaux
les Bars
Foulx
Martin-Castillon
les Granons
Villemus
Col de la Mort d'Imbert
St Clément
Andrieux
la Combe
Chante-Galet
Valensole
Grd Arlane
Mauroue
Céreste
Montjustin
Col de Montfuron
Mt des Espels
Mont d'Or
St Jean
Bégude
Durance
Jabron
Méouge
Vançon
Asse
Sasse
Largue
Laye
Calavon
Encrême
N 75
N 85
N 96
N 100
D 951
D 946
D 942
D 950
D 4
D 6
D 13
D 14
D 12
Sébastien

206
207
221
238
239

A B C

Gr. de Gautière
Gautière
Astoin
Tête de Charbonnier
Crête des Mélèzes
Chauvet
Surville
Seyne
St Pons
les Clariond
l'Abbaye de Laverq
Gr. de Séolane
Péguieu
Col des Thuiles
Som.t de Bramefan
les Tourniquets
la Hte Combe
la Bse Combe
Bas-Chardavon
Haut-Chardavon
Chabanon
les Jurans
le Fau
l'Aiguillette
Mgne de la Blanche
les Agneliers
la Médecine
les Htes Graves
les Bses
Bayons
Motte
Tête Grosse
Col du Fanget
Ste Rose
Grand-Puy
Maure
Cabane des Mulets
Tête de la Sestrière
Tête de Vescal
Rer Chabrier
le Bédouin
Forest-Lacour
Som.t de la Chanau
Col de Maure
Roche Close
Tête de Chabrière
Plan Bas
la Rouchaye
Charcherie
le Grd Puy
Clamensane
Esparron-la-Bâtie
le Pont
Crête de Val-Haut
Clot de Bouc
l'Infernet
Couloubrous
Pic des Têtes
Col de Vautreuil
les Trois Evêchés
Col
Maynard
Langon
l'Oratoire
le Marzenc
Auzet
Roussimat
Mgne des Têtes
la Foux d'Allos
Mgne de Reynier
Reynier
la Citadelle
les Cimettes
la Sambue
Tête de l'Estrop
le Puy
Baudinard
le Gayne
Clue de Verdaches
le Moulin
le Vernet
Saume-Longe
les Mées
Tête Noire
Valavoire
Mgne de Jouère
la Sapie
Col de Clapouse
Vaux
le Château
la Route
le Ht Vernet
Mariaud
Som.t du Tromas
Mourre-Gros
les Monges
Som.t de Chine
Barles
Verdaches
Montagne de l'Ubac
Vière
les Eaux Chaudes
Trainon
le Forest
Blayeul Som.t
Col du Labouret
Som.t de la Croix
Som.t de Valdemars
St Geniez
Briançon
Clue
les Sauvans
St Clément
le Villard
le Labouret
la Favière
Som.t du Caduc
Som.t de Valcibière
Chabert
Authon
Feissal
Som.t de Nibles
le Château
Clues de Barles
Crête de Blayeul
Prads
Rer de Dromon
Crête de Géruen
Col St Antoine
Forêt de Mélan
le Pérouré
Sangraure
Sorine
Abros
St Vincent
Col de Fontbelle
Ainac
Lambert
Esclangon
Boullard
St Pierre
Tercier
Tête de l'Adrech de Vachière
Som.t du Mourre de Simanice
les Naux
Mgne de Mélan
Beaujeu
les Combes
le Château
le Clucheret
Som.t de Chappe
Heyre
Faillefeu
Mélan
le Bès
Chaudol
Col de la Baisse
Som.t de Denjuan
Col de Vachière
le Castellard
Htes Duyes
Malefiance
Recuit
la Javie
Blégiers
Mgne du Carton
la Grd Croix
St Symphorien
le Clouet
la Robine
le Villard
N.D. de Lauzière
Notre-Dame
Chavailles
Col de Lachen
le Forest
Crête de Liman
le Guéni
le Mousteiret
le Brusquet
Chanolles
Roufleir
la Combe
Som.t de Vaumuse
le Planas
Chlle
Ste Madeleine
Col de la Croix
Chanolette
Beauvezer
Beaudument
les Patouilles
le Plan
Som.t de Pompe
Cheval Blanc
la Valette
Siron
la Bigue
Champ de Tir
Mgne de Côte-Longue
Som.t de Mourre-Frey
Mgne de Chamatte
Thoard
la Rouine
Bouinenc
Draix
la Pérusse
Beaucouse
les Isnards
les Bourres
Marcoux
Archail
Vaunavès
les Bourguignons
l'Andran
Som.t de Cucuyon
Som.t de Cluchemet
Col de la Cine
Thorame-Haute
Trois Bastides
Baptiste-Blanche
Courbons
Chlle la Croix
St Vincent
N.D. du Bourg
Pic de Couard
le Moustier
Notre-Dame
Château-Garnier
Thorame-Basse
Pont
Barras
Pic d'Oise
Pas de Bonnet
Som.t du Ruth
Champtercier
DIGNE
le Villard
Vaumet
la Peine
la Reynière
Mgne de Tournon
St Thomas
la Bâtie
Mgne de Cordœil
Chadouvin
Mourre Pelé
les Beauduns
les Sièyes
St Pancrace
Etabnt Thermal
la Sèbe
Tartonne
le Thouron
Col de Séoune
Mgne de Charvet
Font-Gaillarde
l'Escale
les Coulayes
Garce
Aiglun
la Tour
la Treille
Plan de Gaubert
les Hostelleries
Gaubert
les Dourbes
Plan-de-Chaude
Col du Défend
Rebière
Col du Pas de Labaud
Montagne de Coupe
Som.t du Grasson
Htes Bses les Sauzeries
Lambruisse
Argens
Thorame-Haute Gare
N.D. Bois de Condamine
Mirabeau
Mallemoisson
les Thumins
Som.t de Cousson
les Fons
la Braisse
St Michel de Cousson
Entrages
Som.t de la Sapée
Route Napoléon
Malijai
St Christol
Fontenelle
les Grillons
le Chaffaut
St Jurson
les Dourbettes
Laubre
Douroulles
Montagne de Maurel
Clumanc
le Riou
Valaury
la Tour
Mgne de l'Allier
Som.t de la Reynière
Vauclet
Carmejane (École d'Agric.re)
les Ragots
Lagremuse
Espinouse
Châteauredon
la Gourrée
la Clappe
les Nèbles
Chambaresc
les Bourillons
le Gion
Toueste
Som.t du Cuguiet
le Castellet
Chênerilles
N.D. des Cornettes
Clue de Chabrières
Chabrières
St Pierre
Chauvet
Col de Corobin
Source
Mézel
Beynes
Chaudon
Som.t de Mouchon
les Chaillans
Hyèges
la Mure
le Brusc
Mgne de Beynes
Creisset
Chaudon-Norante
Som.t de St Martin
St Lions
Crête des Serres
Ravin du Val Richard
N.D. de Liesse
Plus-Haut
St Jacques
Chalvet
Moriez
St André-les-Alpes
Ajonc
Ravin des Brandaires
Ravin des Cardaires
les Cardaires
Palus
Col de la Croix
la Bse Palud
Gévaudan
Mon. C. des Robines
Méouilles
Puimichel
Route
Barrême
Valbonnette-Bse
Bois de Lieye
Col de la Pierre Plantée
en Sales
Bellegarde
St Jean
Trévans
Pont du Pas d'Escale
Gros-Jas
le Poil
St Julien
St Jeannet
Chlle St Jean
St André
la Barre
le Riou d'Ourgeas
Courchons
les Blancs
les Orésonnis
Estoublon
Saule-Mort
la Sapée
Entrevennes
Gorges de Trévans
St Julien-du-Verdon
Anc.n Village
Bras-d'Asse
Maulans
Soleil-Bœuf
Majastres
Senez
Napoléon
Lioux
Clue de Vergons
St Julien-d'Asse
la Bégude-Blanche
la Melle
Mgne de Vibres
N.D. des Clots
Som.t du Castellard
Blaron
Mandarom
la Baume
lac de Castillon
la Blache
St Georges
Col de St Jurs
Crête de Montmuye
la Tuilière
la Maurelière
Bge de Castillon
la Chapelle
Poteau de Telle
St Jurs
le Bas-Chaudoul
Tour
Blieux
la Crau
Clue de Taulanne
Brunet
Allès
Ravin de Balène
Serre de Montdenier
Taulanne
le Cheiron
la Palud
le Grd Logisson
Pas-de-Laval
Naverre
Chiran
le Grd Mourre
Col des Lèques
lac de Chaudanne
Vincel
Pré Chauvin
Cadières de Brandis
Puimoisson
Ségriès
N. D. de Beauvoir
la Tuilière
N.D. du Roc
Bge de Chaudanne
Venascle
le Pavillon
les Louches
Mourre de Chanier
Berbené
Porte de St Jean
Villards-Brandis
Castellane
Mauroue
Grd Arlanc
Auvestre
Colostre
St Martin
Moustiers Ste Marie
les Brochiers
les Subis
Crête des Traversières
Chasteuil
Brans
Destourbes Mgne
Mont St Maxime
St Clair
Crête de Montdenier
la Clue
Clue de Chasteuil
Taloire
St Thyrs
Eoulx

207
PARC NATIONAL DU MERCANTOUR
Cime de la Bonette
Col de la Bonette
Restefond
Col de la Cayolle
Mont Pelat
Allos
St Dalmas-le-Selvage
St Etienne-de-Tinée
Auron
Isola
Isola 2000
Vinadio
Mt Ténibre
Corborant
las Donnas
Entraunes
St Martin-d'Entraunes
Châteauneuf-d'Entraunes
Villeneuve-d'Entraunes
Col des Champs
Péone
Valberg
Beuil
Guillaumes
Mt St Honorat
Mt Mounier
St Sauveur-s-Tinée
Gorges de Valabres
241
Gorges de Daluis
Daluis
Gorges Supres du Cians
Rigaud
Lieuche
Sausses
Annot
Entrevaux
Puget-Théniers
Touët-s-Var
Villars-s-Var
Massoins
Malaussène
Col de Toutes Aures
Clue de Rouaine
Montagne de Gourdan
Clue du Riolan
Sigale
Roquesteron
Clue d'Aiglun
Aiglun
Briançonnet
Clue de St Auban
St Auban
Montagne de Charamel
Gréolières-les-Neiges
Cheiron
Montagne de Thorenc
Thorenc
Gréolières
Coursegoules
Bézaudun-les-Alpes
Bouyon
239
240

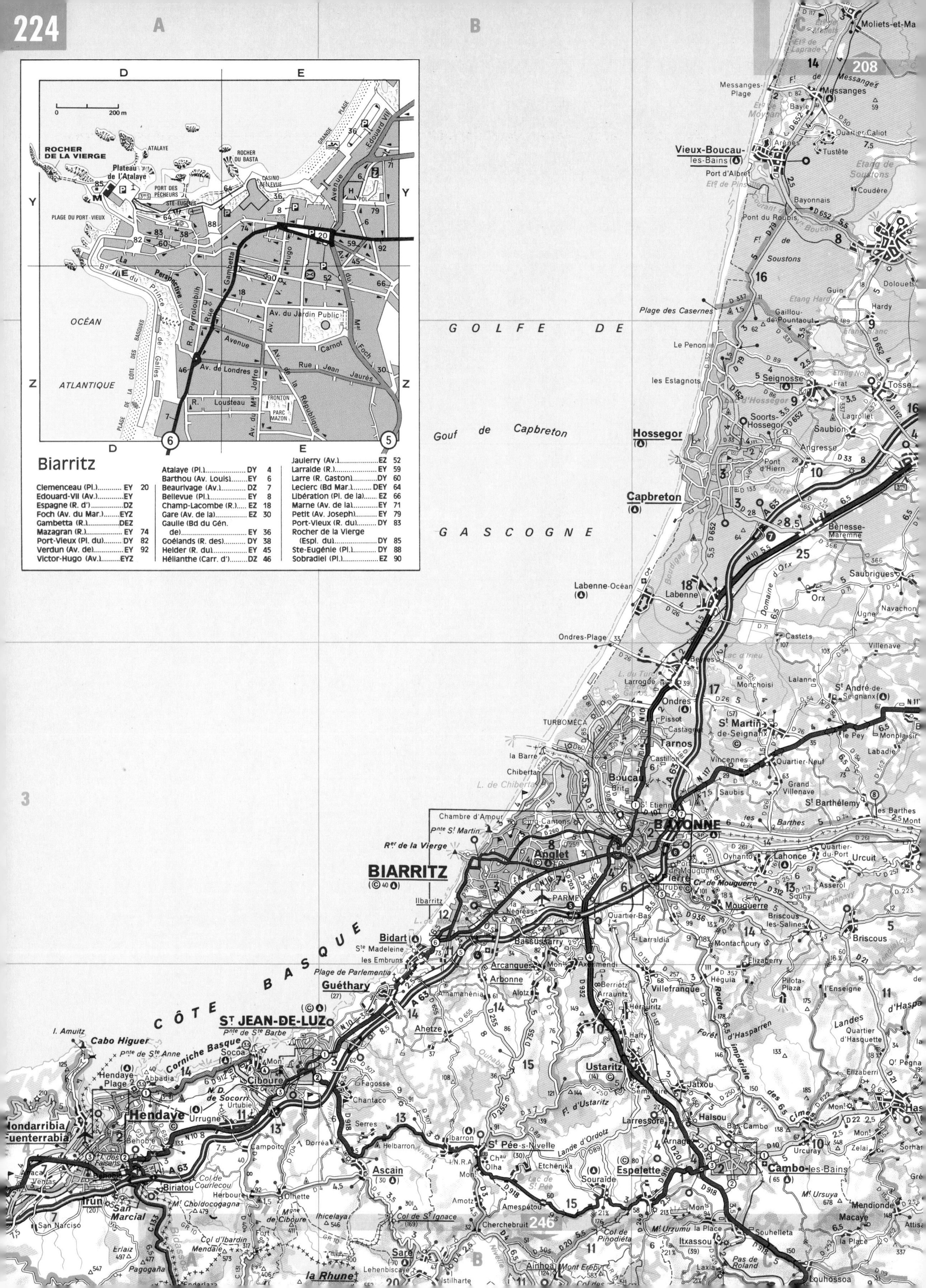

208

Biarritz

Street	Grid	No.
Clemenceau (Pl.)	EY	20
Edouard-VII (Av.)	EY	
Espagne (R. d')	DZ	
Foch (Av. du Mar.)	EYZ	
Gambetta (R.)	DEZ	
Mazagran (R.)	EY	74
Port-Vieux (Pl. du)	DY	82
Verdun (Av. de)	EY	92
Victor-Hugo (Av.)	EYZ	
Atalaye (Pl.)	DY	4
Barthou (Av. Louis)	EY	6
Beaurivage (Av.)	DZ	7
Bellevue (Pl.)	EY	8
Champ-Lacombe (R.)	EZ	18
Gare (Av. de la)	EZ	30
Gaulle (Bd du Gén. de)	EY	36
Goélands (R. des)	DY	38
Helder (R. du)	EY	45
Hélianthe (Carr. d')	DZ	46
Jaulerry (Av.)	EZ	52
Larralde (R.)	EY	59
Larre (R. Gaston)	DY	60
Leclerc (Bd Mar.)	DEY	64
Libération (Pl. de la)	EZ	66
Marne (Av. de la)	EY	71
Petit (Av. Joseph)	EY	79
Port-Vieux (R. du)	DY	83
Rocher de la Vierge (Espl. du)	DY	85
Ste-Eugénie (Pl.)	DY	88
Sobradiel (Pl.)	EZ	90

GOLFE DE GASCOGNE

Gouf de Capbreton

CÔTE BASQUE

BIARRITZ

BAYONNE

Anglet

St JEAN-DE-LUZ

Hendaye

Hossegor

Capbreton

246

208
209
226
246
247
Chanchon
Minjouay
Laluque
Lesgor
Perichon
Cangrand
Malet
Ponson
Carcarès-Ste Croix
Tartas
Bégaar
Grangeon
Herm
Petit Marquis
Ququetardit
Gourbera
Cout
Bernadia
Jeanbidaou
Marrein
Magescq
Candale
Buglose
N.D. de Buglose
Pontonx-s-l'Adour
St Jean-de-Lier
Audon
Pelin
Gouts
Tastet
Houdin
Nerthe
Basta-les-Forges
Gurgues
Gousse
Vicq-d'Auribat
Onard
St Pierre
Leborde
Berceau de St Vincent-de-Paul
Etabt Thermal
Petit-Saumon
Cassen
Poyanne
Laurède
Nerbis
Abbesse
le Bayle
Thétieu
Préchacq-les-Bains
Louer
St Geours-d'Auribat
Boucosse
Duha
la Pince
St Vincent-de-Paul
Goos
Gamarde-les-Bains
Mugron
Caplet
N. D. de Fatima
la Poste
St Paul
Dax
Yzosse
Candresse
Mouras
Nousse
Lourquen
Monts
Gourby
Mont
Eyranx
Montfort-en-Chalosse
Tour
Poyalle
Angoumé
Mées
St Vincent-de-Xaintes
Narrosse
Hinx
Laur
Lahosse
Larbey
St Geours-de-Maremne
Saas
Rivière-Saas-et-Gourby
la Rocque
Thermes-de-Saubusse
Adour
Lapeyre
Bégu
Sort-en-Chalosse
Poyartin
Beyrie
Gibret
Seyresse
l'Etoile
Oro
Moulière
Baigts
Œyreluy
St Pandelon
Tercis-les-Bains
Vimport
Camp
Saubusse
Una
Saugnac-et-Cambran
Garrey
Ozourt
Castelnau-Chalosse
Lurbe
Bergouey
St Laurent
Siest
Carrère
Heugas
Macouaou
Clermont
Donzacq
Josse
Orist
Mahourat
Moulin de Benesse
Bénesse-lès-Dax
Mimbaste
Bastennes
St Jean-de-Marsacq
Pont Lamarquèze
Pey
Bernets
Castets
Cap-de-Monpeyroux
B. de Labarthe
Gaujac
Silo Puyau
Geloux
Mombet
la Mine
St Lon-les-Mines
Gaas
St Martin
Pouillon
Pomarez
Labatuzan
Vt Bourg
Arènes
Lembeye
Lacarmente
St Etienne-d'Orthe
Bellegarde
Bélus
Tastet
Garanx
Maréchal
Lamothe
Charles
Estibeaux
Mouliéron
Castel-Sarrazin
Rasport
le Moulin à Vent
Cagnotte
Larrouy
St Martin-de-Hinx
Port-de-Lanne
Noy
Misson
Mouscardès
Arsague
Argoubet
Amou
Tilh
Villandrau
Habas
Ossages
Ste Marie-de-Gosse
le Pont
Bordus
Orthevielle
Peyrehorade
Chau d'Aspremont
Tour
le Bec du Gave
Horgave
Benzin
Labatut
St Girons
Bonnut
St Laurent-de-Gosse
les Barthes
Hastingues
Cauneille
Sorde-l'Abbaye
Œyregave
Abbaye d'Arthous
St Jean
la Bourgade
Sames
Bordes-du-Haut
St Cricq-du-Gave
Lahontan
N.D. d'Abet
Puyoô
Bellevue
Ste Marie
St Boès
Guiche
Bordes-du-Bas
Roudigou
Burre
Bellocq
Ramous
Lagaillardie
Lassarrade
Lanusse
Léren
Qr du Guilhat
Baigts-de-Béarn
Mont du Gal Foy
Butte de Miremont
Chau de Gramont
les Cinq-Cantons
Cassaber
Qr du Bois
Bérenx
St Pé-de-Léren
Salles-Mongiscard
Castétarbe
Orthez
Nogues
Bardos
Qr des Tisserands
Bidache
Came
la Gaîté
St Dos
Carresse
Sarrabère
Cazenave
Lavie
Baure
Mont
Qr Lambert
Qr du Battan
le Mech
Guinerand
Auterrive
Salies-de-Béarn
Ste Suzanne
Magret
Noarre
Abbaye de Belloc
Qr de Mixe
la Ferrerie
Labastide-Villefranche
Castagnède
Pène de Mu
Lanneplaà
Mondrans
Biron
Labastide-Clairence
B. de Tartas
Arancou
Donjon
Qr Beigmau
le Cout
Pléchot
Brassalay
Sarpourenx
Escos
Lasbordes
Trescoint
Laà
Castetner
Bois de Mixe
Qr de Bentaberry
Oraàs
la Saline
Qr des Antys
l'Hôpital-d'Orion
Ozenx
Qr de la Chapelle
Qr de Pessarou
Bergouey
Peyrède
le Leu
Montestrucq
Loubieng
Abitain
Athos
Orion
Lasserrade
Charritte
Viellenave-s-Bidouze
Aspis
Sauveterre-de-Béarn
Burgaronne
Beusse
Ayherre
Arraute
Biscay
St Martin
Bideren
Donjon
Aussue
Orriule
Apairy
Chau de Belzunce
Orègue
Ilharre
Oreyte
Andrein
Bachoué
la Haranne
Masparraute
Autevielle
Guinarthe
Munein
Barraute
Laàs
Castetbon
Bonloc
Succos
Labets-Biscay
Arbouet
Camu
St Gladie
Grottes d'Isturits et d'Oxocelhaya
Isturits
Amorots
Gabat
Osserain
Parenties
Arrive
Montfort
Narp
Ossenx
St Martin-d'Arberoue
Sumberraute
Béguios
Amendeuix
Camou-Mixe
Suhast
Rivareyte
Espiute
Tabaille-Usquain
Araujuzon
Audaux
Pic de Garralda
Luxe
Sussaute
Gestas
Araux
Burnein
Bastanès
St Esteben
Colorotz
Méharin
Garris
Oneix
Aïcirits
Arbérats
le Tuquet
Rivehaute
Viellenave-de-Navarrenx
Méritein
Zaldumbidia
Sillègue
Tartas
Camblong
Béhasque
Domezain
Hélette
Hazarola
St Palais
Lapiste
Berraute
Etcharry
Nabas
Bisdeyos
Castetnau
Navarrenx
N 10
N 124
N 117
D 947
D 933
D 936
A 64

Meilhan
Campagne
St Perdon
Mont-de-Marsan
Mazerolles
Laglorieuse
Pujo-le-Plan
Perquie
Parpaillot
Ronsacq
Bretagne-de-Marsan
Lestronques
Grd Candeles
Bergosse
Haut-Mauco
Benquet
St Jean
Artassenx
les Barrères
St Gein
le Leuy
Aurice
St Christau
Bascons
Maurrin
Castandet
Hontanx
Mugriet
Deyouan
Lamothe
St Etienne
Souprosse
Cauna
Lagastet
Bas-Mauco
Pédelord
Grenade-s-l'Adour
Ricaud
Marquestau
Goudosse
Gendarme
Antoinette
St Maurice-s-Adour
Larrivière
Bordères-et-Lamensans
Cazères-s-l'Adour
Nerbis
Toulouzette
Mugron
Péré
Ste Eulalie
St Sever
Camelot
Prous
Robert
Lartigue
Montaut
Arènes
Arcet
Augreilh
Fleurus
Soustras
Escales
Montgaillard
Renung
Hauriet
Banos
Captan
Cazaubon
Labouyrie
Fargues
Brocas
Audignon
Eyres-Moncube
Montsoué
Pouy Montsoué
Duhort-Bachen
Larbey
St Aubin
Aulès
Dumes
Lafféourère
Bahus
Sarraziet
Buanes
Classun
Eugénie-les-Bains
Aire-s-l'Adour
Maylis
Doazit
Barat
La Capère
Coudures
Caupenne
Horsarrieu
Ste Colombe
Bergouey
Serreslous-et-Arribans
Aubagnan
Vielle-Tursan
St Loubouer
Bahus-Soubiran
Hagetmau
St Girons Crypte
Coye
St Cricq-Chalosse
Bats
Urgons
Pécorade
Gaujacq
Serres-Gaston
Castelnau-Tursan
Bellegarde
Agès
Lande d'Agès
Samadet
Geaune
Brassempouy
Pouy
Cazalis
Portets
Payros-Cazautets
Sorbets
Latrille
Ségos
Momuy
Labastide-Chalosse
Lacrabe
Arboucave
Clèdes
Mauries
Nassiet
Amou
Morganx
Puyol-Cazalet
St Agnet
Casenave
Monségur
Moulin de Mant
Lacajunte
Miramont-Sensacq
Castaignos-Souslens
Mant
Argelos
Sarron
Marpaps
Poudenx
Bentéyou
Pimbo
Bonnegarde
Beyries
Peyre
Pechevin
Monget
Malaussanne
Philondenx
Lauret
Moncla
Bonnut
Sault-de-Navailles
Bassercles
Castelner
Montagut
Garlin
Labeyrie
Arget
Cabidos
Chalabart
Poursiugues-Boucoue
Boueilh
Lacadée
St Médard
Arzacq-Arraziguet
Coublucq
Sallespisse
Piets-Plasence-Moustrou
Vignes
Pouliacq
Bafiracq-Maumusson
Hagetaubin
Morlanne
Ribarrouy
Argelès
Casteide-Candau
Garos
Louvigny
Méracq
Taron-Sadirac-Viellenave
Orthez
Balansun
Mesplède
Pomps
Mialos
Claracq
Castétis
N'Haux
Arthez-de-Béarn
Bouillon
Uzan
Larreule
Fichous-Riumayou
Séby
Lème
Garlède-Mondebat
Thèze
Lalonquette
Mouhous
Lannecaube
Biron
Argagnon
Castillon
Lonçon
Auga
Carrérel
Arnos
Viven
Miossens-Lanusse
Sarpourenx
Castetner
Maslacq
Doazon
Mazerolles
Momas
Doumy
Argelos
Auriac
Coslédaà
Urdès
Boumourt
Autodrome
Astis
Gouze
Lendresse
Mont
Audéjos
Aubin
Bournos
Sévignacq-Thèze
Lasclaveries
Lacq
Arance
S.N.E.A.
Serres-Ste Marie
Casteide-Cami
Cescau
Caubios-Loos
Navailles-Angos
Escoubès
Sauvelade
Abidos
Artix
Labastide-Monréjeau
Viellenave-d'Arthez
Uzein
Sauvagnon
Barinque
St Armou
Riupeyrous
Lagor
Os-Marsillon
Mourenx
Labastide-Cézéracq
Bougarber
Anos
Ville Nouvelle
Noguères
Pechiney
Besingrand
Beyrie-en-Béarn
Serres-Castet
Bretagne
Souyé
Montardon
Higuères-Souye
Bernadets
Vielleségure
Pardies
Denguin
Aussevielle
Lac d'Uzein
Lande du Pont-Long
St Castin
Lahourcade
Abos
Tarsacq
Poey-de-Lescar
Camp milre
Buros
Maucor
St Jammes
Morlaàs
Navarrenx
Camptort
Loubieng
Siros
Lescar
Eslayou
Gave de Pau
Adour
Luy
Louts
Gabas
D 924
N 124
D 933
D 944
D 945
D 946
N 117
A 64
N 134
D 2
209
225
247
248

Castex-d'Armagnac
Estang
Lias-d'Armagnac
Campagne-d'Armagnac
Cazeneuve
Gondrin
Eauze
Maupas
Ayzieu
Réans
Courrensan
Roques
Monlezun-d'Armagnac
Panjas
Bourrouillan
Forêt de Gondrin
Lagardère
Laujuzan
Salles-d'Armagnac
Ramouzens
Justian
Mormès
Manciet
Noulens
Lannepax
Mourède
Perchède
Caupenne-d'Armagnac
Ste Christie-d'Armagnac
Espas
Bascous
le Houga
Magnan
Cravencères
Demu
Lagraulas
Vic-Fezensac
Nogaro
Arblade-le-Haut
Autodrome
Avéron-Bergelle
Séailles
Luppé-Violles
Lanne-Soubiran
Loubédat
Sion
Urgosse
Castillon-Debats
Margouët-Meymes
St Griède
St Martin-d'Armagnac
Sorbets
Bétous
Préneron
Lelin-Lapujolle
Bois d'Aignan
Roquebrune
Sabazan
Bouzon-Gellenave
Aignan
Caumont
Maulichères
Sarragachies
Fustérouau
Lupiac
Belmont
Termes-d'Armagnac
Castelnavet
Tudelle
Tarsac
Riscle
Pouydraguin
Cazaux-d'Anglès
St Mont
Izotges
Peyronnan
Loussous-Débat
Couloumé-Mondebat
Bières-d'Armagnac
St Pierre-d'Aubézies
Peyrusse-Grande
Riguepeu
Cahuzac-s-Adour
Tasque
Lasserade
Peyrusse-Vieille
Callian
Bois de Monpellier
Maumusson-Laguian
Cannet
Goux
Préchac-s-Adour
Galiax
Plaisance
Castelnau-d'Anglès
Viella
St Lanne
Gazax-et-Baccarisse
Castelnau-Rivière-Basse
Jû-Belloc
Beaumarchés
Louslitges
Aubous
Aydie
Mazères
St Aunix-Lengros
Armous-et-Cau
Bassoues
Montesquiou
Courties
Mont-Disse
Madiran
Ladevèze-Rivière
Scieurac-et-Flourès
Conchez-de-Béarn
Arrosès
Hères
Tieste-Uragnoux
Ladevèze-Ville
Mascaras
Bois de Bassoues
Pouylebon
Tourdun
Aurions-Idernes
Cadillon
Soublecause
Labatut-Rivière
Marciac
Laveraët
St Christaud
Monclar-s-Losse
Crouseilles
Hagedet
Betracq
Armentieux
Monpezat
Caussade-Rivière
Pallanne
Bars
Séméacq-Blachon
Lascazères
Arricau-Bordes
Moncaup
Villefranque
Estirac
Auriébat
Monlezun
Castillon
Ricourt
Marseillan
St Justin
Lespielle
Corbère-Abères
Sombrun
Maubourguet
Sauveterre
Tillac
St Maur
Escurès
Lembeye
Bassillon-Vauzé
Lahitte-Toupière
Blousson-Sérian
Troncens
Monpardiac
Simacourbe
Vidouze
Larreule
Monfaucon
Lafitole
Sembouès
Cazaux-Villecomtal
Samsons-Lion
Peyrelongue-Abos
Monségur
Buzon
Bazugues
Maspie
Luc-Armau
Labatut
Nouilhan
Gensac
Ansost
Barbachen
Malabat
Aux-Aussat
Lucarré
Castéra-Loubix
Caixon
Beccas
Haget
Betplan
Laguian
Mielan
Anoye
Momy
Artagnan
Ségalas
Puntous de Laguian
Villecomtal-s-Arros
Bentayou-Sérée
Maure
Lamayou
Vic-en-Bigorre
Rabastens-de-Bigorre
Estampes
Castex
Sadeillan
Mont-de-Marrast
Baleix
Sanous
Sarriac-Bigorre
Montégut-Arros
Estampures
Villenave-près-Béarn
Caslelde-Doat
St Lézer
Camalès
Mingot
Fréchède
Sedze-Maubecq
Escaunets
Pontiacq-Viellepinte
Bazillac
Sénac
Moumoulous
Bernadets-Debat
Sarraguzan
Pujo
Escondeaux
Lacassagne

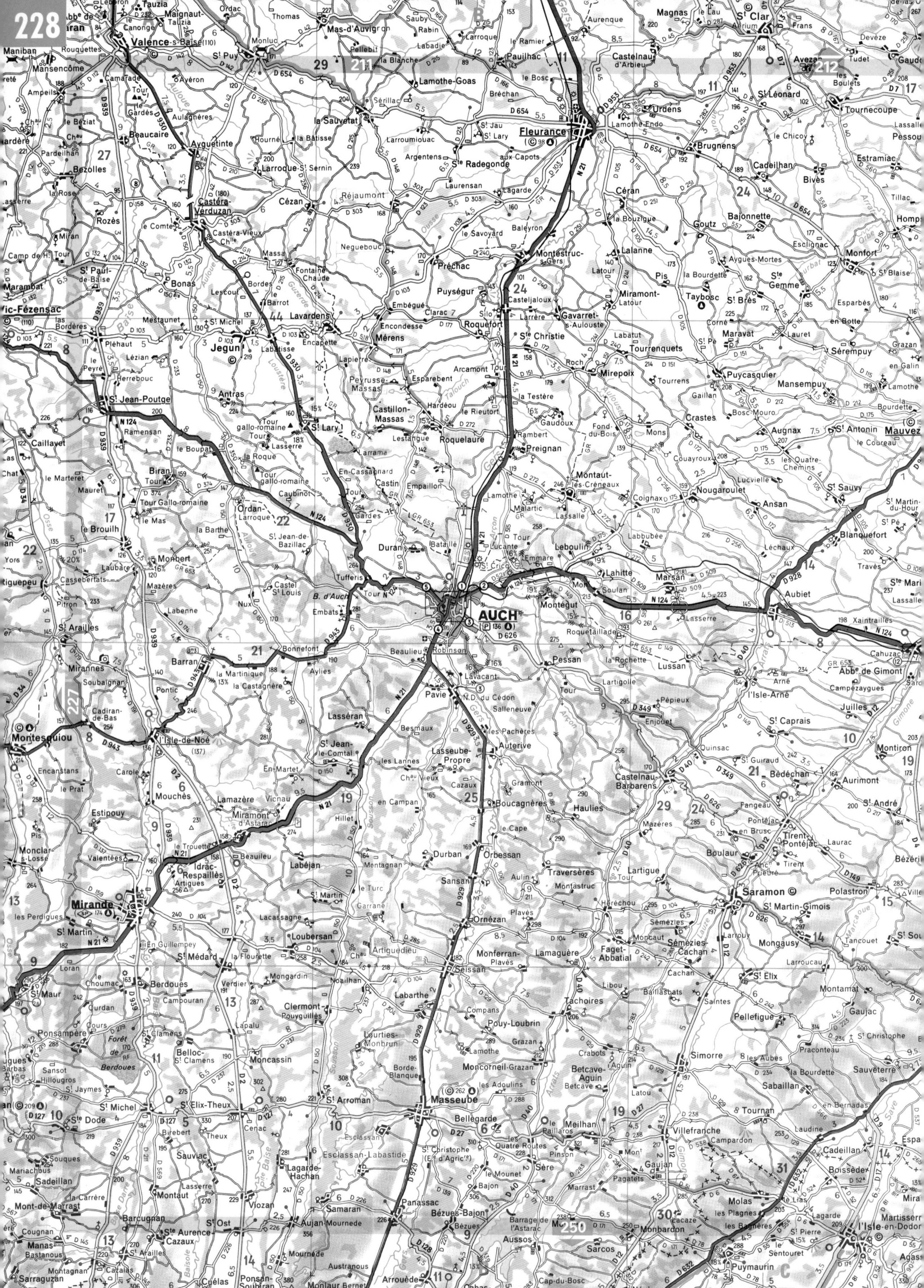

Valence-s-Baïse
Tauzia
Maignaut-Tauzia
Ordac
Thomas
Mas-d'Auvignon
Magnas
St Clar
Frans
Devèze
Castelnau-d'Arbieu
Avezan
Tudet
Pauilhac
Larroque
le Ramier
Aurenque
la Blanche
Lamothe-Goas
St Puy
Monluc
Mansencôme
Maniban
Rouquettes
Ayéron
Camarade
Tour
Ampeils
Gardès
Aulagnères
Sérillac
la Sauvetat
Bréchan
le Bosc
Fleurance
Lamothe-Endo
Urdens
St Léonard
Tournecoupe
le Chicoy
Brugnens
Cadeilhan
Estramiac
Bivès
Beaucaire
Ayguetinte
Bezolles
Pardeilhan
St Jau
St Lary
Larroumiouac
Argentens
Ste Radegonde
aux Capots
Laurensan
Lagarde
Larroque-St Sernin
Hourné
la Bâtisse
Céran
la Bouzigue
Goutz
Bajonnette
Tillac
Homps
Castéra-Verduzan
Castéra-Vieux
Cézan
Réjaumont
Rozès
le Comte
Miran
Neguebouc
le Savoyard
Baleyron
Montestruc-s-Gers
Lalanne
Esclignac
Monfort
Camp de Ht Tour
St Paul-de-Baïse
Bonas
Massa
Fontaine Chaude
Préchac
Puységur
Latour
Pis
la Bourdette
Tayboscq
Ste Gemme
St Blaise
Aygues-Mortes
Marambat
Vic-Fézensac
Lescout
Bordes
le Barrot
Lavardens
Embéqué
Clarac
Roquefort
Casteljaloux
Miramont-Latour
Gavarret-s-Aulouste
St Brès
Esparbès
Mestaunet
St Michel
las Bordères
Pléhaut
Jegun
Labatisse
Encapette
Encondesse
Mérens
Silo
Larrère
Ste Christie
Labatut
Tourrenquets
Corné
Maravat
Lauret
en Botte
Grazan
Sérempuy
Lézian
le Peyré
Herrebouc
Antras
Lapierre
Peyrusse-Massas
Esparebent
Arcamont
Roch
Mirepoix
Tourrens
Puycasquier
Gaillan
Mansempuy
en Galin
Lamothe
St Jean-Poutge
Ramensan
Caillavet
Tour gallo-romaine
Lasserre
St Lary
Castillon-Massas
Hardéou
le Rieutort
la Testère
Gaudoux
Fond-du-Bois
Mons
Crastes
Bosc-Mouro
Augnax
St Antonin
Mauvezin
le Coureau
la Bourdette
le Boupat
la Roque
Lestangue
Roquelaure
Rambert
Preignan
Larrama
les Quatre-Chemins
Couayroux
Biran
le Marteret
Mauret
En-Cassagnard
Castin
Empaillon
Caubinot
Montaut-les-Créneaux
Nougaroulet
Lucvielle
St Sauvy
Tour Gallo-romaine
le Mas
Ordan-Larroque
Gardes
Lamothe
Malartic
Lassalle
Coignax
Ansan
St Martin-du-Hour
St Pé
le Brouilh
la Barthe
St Jean-de-Bazillac
Duran
Bataillé
Lucante
Leboulin
Labbubée
Léchaux
Blanquefort
Yors
Laubare
Monbert
St Cricq
Emmare
Lahitte
Marsan
Travès
Riguepeu
Cassebertats
Castel St Louis
Tufferis
Tour
Mont
Soulan
Aubiet
Ste Marie
Mazères
B. d'Auch
AUCH
Montégut
Lassalle
Pitron
Labenne
Nux
Embats
Lasserre
Xaintrailles
St Arailles
Roquetaillade
Barran
Bonnefont
Beaulieu
Robinson
Pessan
la Rochette
Lussan
Cahuzac
Abbe de Gimont
Mirannes
Soubaignan
la Martinique
la Castagnère
Aylies
Lavacant
Pavie
N.D. du Cédon
Salleneuve
Lartigolle
Pépieux
Enjouet
l'Isle-Arné
Arné
Campezaygues
Juilles
Cadiran-de-Bas
Pontic
Lasséran
Besmaux
les Pachères
St Caprais
Montesquiou
l'Isle-de-Noé
St Jean-le-Comtal
Lasseube-Propre
Auterive
Quinsac
St Guiraud
Montiron
Encanstans
Carole
En-Martet
les Lannes
Chau Vieux
Cazaux
Gramont
Castelnau-Barbarens
Bédéchan
Aurimont
le Prat
Mouchès
Estipouy
Lamazère
Vicnau
Miramont-d'Astarac
Hillet
en Campan
Boucagnères
Haulies
Mazères
Fangeau
St André
Pontéjac
en Brusc
Tirent-Pontéjac
Laurac
Monclar-s-Losse
le Trouette
Valentées
Idrac-Respaillès
Artigues
Beauileu
Labéjan
Montagnan
Durban
le Cape
Orbessan
Traversères
Lartigue
Boulaur
Tirent
Bézéril
Mirande
les Perdigues
St Martin
le Turc
Sansan
Aulin
Montastruc
Saramon
Polastron
Lacassagne
St Martin
Garrané
Ornézan
Plavès
Hérechou
St Martin-Gimois
Sémézies
Tancouet
St Soulan
En Guillempey
St Médard
la Flourette
Loubersan
Artiguedieu
Monferran-Plavès
Lamaguère
Faget-Abbatial
Moncaut
Sémézies-Cachan
Larroufiy
Mongausy
Larroucau
St Maur
Loran
le Choumac
Berdoues
Verdier
Mongardin
Noailhan
Seissan
Cachan
St Elix
Montamat
Gaujac
Ourdan
Campouran
Clermont-Pouyguillès
Labarthe
Compans
Libou
Baillasbats
Tachoires
Saintes
Pellefigue
Ponsampère
Cours
Lapalu
Pouy-Loubrin
Grazan
St Christophe
Forêt de Berdoues
St Clamens
Belloc-St Clamens
Moncassin
Lourties-Monbrun
Lamothe
Crabots
Praconteau
Sansot
Hillougros
Borde-Blanque
Moncorneil-Grazan
Betcave-Aguin
Simorre
les Aubes
la Bourdette
Sauveterre
St Jaymes
Latou
Sabaillan
St Michel
St Elix-Theux
St Arroman
Masseube
les Adoulins
Tournan
en Bernadas
Ste Dode
Birebert
Theux
Cenac
Bellegarde
le Paillaros
Meilhan
Villefranche
Campardon
Laudine
Souques
Mariachous
Sauviac
Esclassan
Esclassan-Labastide
St Christophe
les Quatre Routes
Pinson
Mont
Gaujan
Cadeillan
Boissède
Sadeillan
Montaut
Lasserre
Lagarde-Hachan
le Mounet
Bajon
Sère
Marrast
Pagatets
Molas
les Lias
Mira
Mont-de-Marrast
la Carrère
Viozan
Samaran
Panassac
Bézues-Bajon
Barrage de l'Astarac
Monbardon
les Plagnes
les Bagnères
Lagarde
Martisserre
Barcugnan
St Ost
Aujan-Mournède
Bézues
Lacaze
St Pierre
l'Isle-en-Dodon
Cougnan
Manas-Bastanous
Ste Aurence-Cazaux
St Arailles
Mournède
Aussos
Sarcos
le Sentouret
Puymaurin
Agassac
Montagnan
Cazalas
Sarraguzan
Cuélas
Ponsan-Soubiran
Austranous
Monlaur Bernet
Arrouède
Cabas-
Cap-du-Bosc

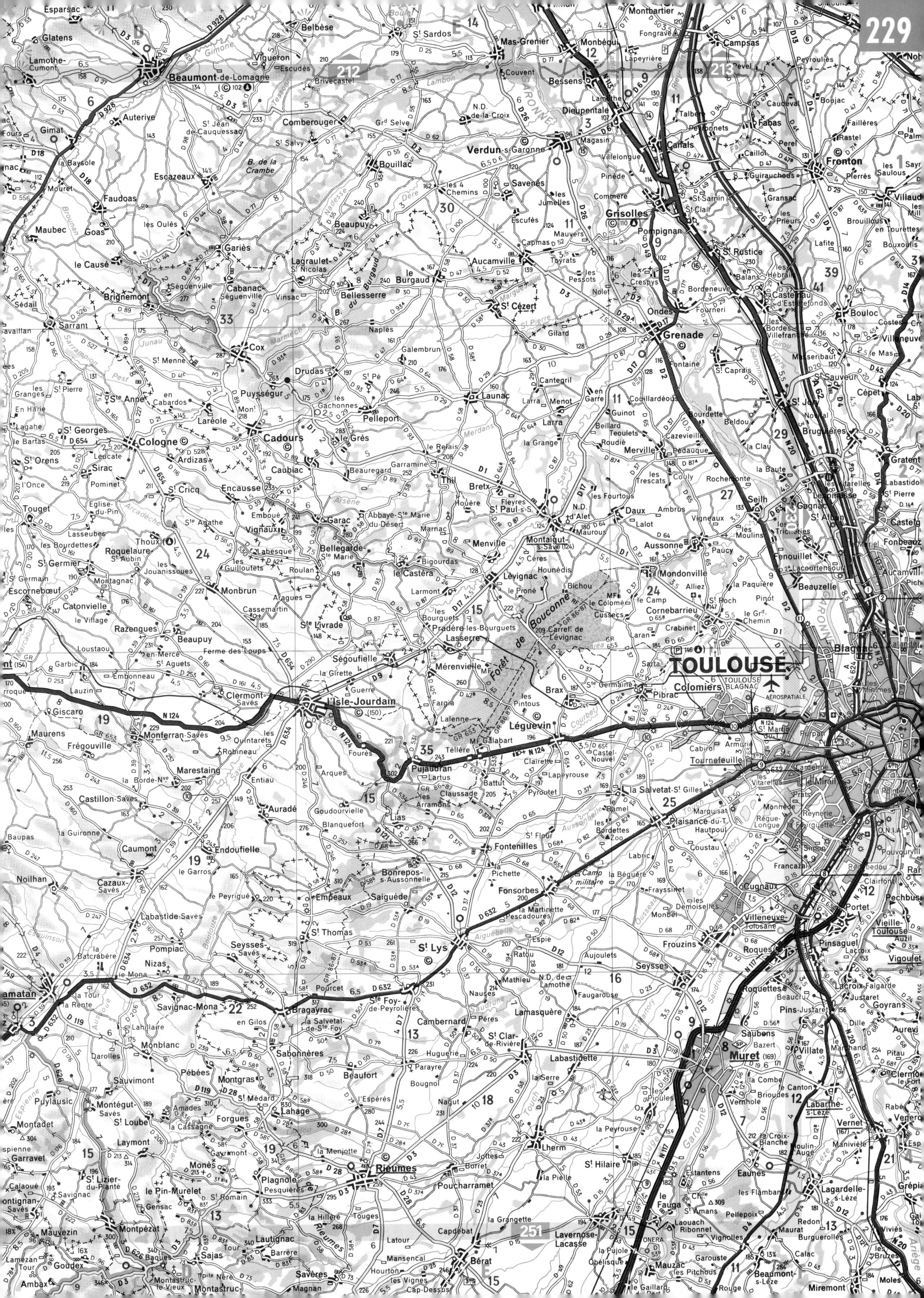

Esparsac
Glatens
Lamothe-Cumont
Beaumont-de-Lomagne
Belbèse
St Sardos
Mas-Grenier
Montbartier
Monbéqui
Campsas
Vigueron
Escudès
212
Brivecastel
Bessens
213
Dieupentale
Auterive
St Jean de Cauquessac
Comberouger
N.D. de-la-Croix
Fabas
Gimat
Canals
St Salvy
Verdun-s-Garonne
Fronton
Bouillac
B. de la Crambe
Escazeaux
Savenès
Pinède
Villaudric
Faudoas
les 4 Chemins
Grisolles
Maubec
Goas
les Oulès
Beaupuy
Pompignan
St Rustice
Gariès
Lagraulet-St Nicolas
Aucamville
le Causé
le Burgaud
Cabanac-Séguenville
Brignemont
Bellesserre
St Cézert
Castelnau-d'Estrétefonds
Bouloc
Villeneuve
Sarrant
Cox
Naples
Grenade
Fontaine
Galembrun
Drudas
St Caprais
St Sauveur
Cépet
Puysségur
St Pé
Launac
Cantegril
St Jory
les Granges
St Pierre
Ste Anne
Lareole
Pelleport
Larra
Bruguières
St Georges
Cologne
Cadours
le Grès
Merville
Gratentour
St Orens
Ardizas
Caubiac
Garramine
Thil
Bretx
Sirac
Pominet
St Cricq
Encausse
Fleyres
St Paul-s-S.
Daux
Seilh
Gagnac
Touget
Garac
Abbaye-Ste Marie du-Désert
Montaigut-s-Save
Vignaux
Aussonne
St Alban
Thoux
Bellegarde-Ste Marie
Menville
Fenouillet
Roquelaure-St Aubin
le Castéra
Lévignac
Mondonville
Aucamville
St Germier
Monbrun
Beauzelle
Escornebœuf
Catonvielle
Cornebarrieu
St Roch
Cassemartin
Ste Livrade
Pradère-les-Bourguets
Razengues
Beaupuy
Lasserre
Forêt de Bouconne
Blagnac
Ségoufielle
Mérenville
TOULOUSE
Clermont-Savès
L'Isle-Jourdain
Brax
Pibrac
Colomiers
TOULOUSE BLAGNAC
AEROSPATIALE
Giscaro
Maurens
Frégouville
Monferran-Savès
Léguevin
Marestaing
Pujaudran
Castelnouvel
Tournefeuille
Castillon-Savès
Auradé
Lias
La Salvetat-St Gilles
Plaisance-du-T.
le Mirail
Caumont
Endoufielle
Fontenilles
Cugnaux
Cazaux-Savès
Bonrepos-s-Aussonnelle
Fonsorbes
Empeaux
Saiguède
Villeneuve-Tolosane
Portet
Labastide-Savès
St Thomas
Frouzins
Pompiac
Seysses-Savès
St Lys
Roques
Pinsaguel
Vieille-Toulouse
L'Isle-Jourdain
Samatan
Nizas
Bragayrac
Ste Foy-de-Peyrolières
Seysses
Lacroix-Falgarde
Savignac-Mona
Lamasquère
Roquettes
Goyrans
Pins-Justaret
Monblanc
Sabonnères
Cambernard
St Clar-de-Rivière
Labastidette
Muret
Sauvimont
Beaufort
Montégut-Savès
St Loube
Montgras
Forgues
Lahage
Lherm
Labarthe-s-Lèze
Montadet
Laymont
Rieumes
Eaunes
Vernet
Garravet
St Lizier-du-Planté
Plagnole
Poucharramet
St Hilaire
Lagardelle-s-Lèze
Savignac
le Pin-Murelet
Montpézat
Lautignac
Capdebat
Bérat
Lavernose-Lacasse
le Fauga
Mauzac
Beaumont-s-Lèze
Mauvezin
Sajas
Savères
Goudex
Ambax
Montastruc-Savès
Miremont
Moles
251

Villebrumier
Montgaillard
Salvagnac
Gaillac
Nohic
Villemur-s-Tarn
Montvalen
Fronton
Bondigoux
Layrac-s-T
Grazac
Lisle-s-Tarn
St. Géry
Villaudric
Villematier
Mirepoix-s-Tarn
Roquemaure
Rabastens
Coufouleux
Loupiac
Parisot
Bessières
Mézens
Bouloc
Vacquiers
Buzet-s-Tarn
St. Sulpice
Giroussens
Forêt de Buzet
Paulhac
Montjoire
Gargas
Villariès
Bazus
Gémil
Roquesérière
Azas
Lugan
Ambres
St. Gauzens
Montastruc
Lavaur
Gratentour
Montberon
Pechbonnieu
Garidech
Montpitol
St. Agnan
Garrigues
Bonrepos-Riquet
Castelmaurou
Gragnague
Rouffiac-Tolosan
Aucamville
St. Jean
St. Marcel-Paulel
Verfeil
Beaupuy
Blagnac
Montrabé
Lavalette
Teulat
Belcastel
Mondouzil
Gauré
Pin-Balma
Balma
TOULOUSE
Mons
Bourg-St. Bernard
Villeneuve-lès-Lavaur
Maurens-Scopont
Flourens
Drémil
Vallesvilles
Saussens
Francarville
Vendine
Quint
Aigrefeuille
Lanta
Prunet
Loubens-Lauragais
le Faget
Cuq-Toulza
Lauzerville
Auzielle
Mascarville
Albiac
Caraman
Labège
Préserville
Odars
Castanet-Tolosan
Escalquens
Belberaud
Fourquevaux
Tarabel
Cambiac
Pechabou
Pompertuzat
Ségreville
Labastide-Beauvoir
Toutens
Beauville
Falga
Roumens
Montgiscard
Baziège
Maurens
Cessales
St. Félix-Lauragais
Ayguesvives
Villenouvelle
Montgaillard-Lauragais
Lux
Vallègue
Montesquieu-Lauragais
St. Rome
Villefranche-de-Lauragais
Vieillevigne
Rieumajou
Montmaur
St. Léon
Gardouch
Renneville
Avignonet-Lauragais
Lagardelle-s-Lèze
Labarthe-s-Lèze
Vernet
Portet
Pinsaguel
Vieille-Toulouse
Vigoulet
Ramonville-St. Agne
Clermont-le-Fort
Issus
Noueilles
Grépiac
Auragne
Caussidières
Mauzac

ALBI
Graulhet
Réalmont
Lautrec
Castres
Mazamet
Revel
Puylaurens
Labruguière
Montredon-Labessonnié
Villefranche-d'Albigeois
Alban
Vabre
Brassac
Roquecourbe
Lacrouzette
Vielmur-s-Agout
Dourgne
Sorèze
Soual
Aussillon
St Amans-Soult
Cadalen
Lombers
Dénat
Lagrave
Florentin
Briatexte
PARC RÉGIONAL DU HAUT LANGUEDOC
MONTAGNE NOIRE
Pic de Nore
Forêt de Montaud
Pic de Montaud
Les Cammazes
Arfons
Escoussens
Verdalle
Massaguel
Saïx
Semalens
Cuq
Guitalens
Labastide-Dénat
Mouzieys-Teulet
Teillet
Ferrières
Lacabarède
Payrin
Noailhac
Boissezon
Valdurenque
Lagarrigue
Burlats
Montfa
St Germier
Vénès
Jonquières
Carbes
Fréjeville
Navès
Viviers-lès-Montagnes
St Affrique-les-Montagnes
Cambounet-s-le-Sor
St Germain-des-Prés
Lescout
Palleville
Blan
Poudis
Garrevaques
St Ferréol
Durfort
Vaudreuille
Labécède-Lauragais
Issel
Laprade
Lacombe
Fontiers-Cabardès
Caudebronde
Cuxac-Cabardès
Labastide-Esparbairenque
Roquefère
Castans
Pradelles-Cabardès
Les Martys
Miraval-Cabardès
Sept-Faux
Chaos de la Balme
Peyro-Clabado
Sidobre
Gorges du Banquet
Rayssac
Paulinet
Teulat
Lautrec
Montdragon
Serviès
Moulayrès
Brousse
Puycalvel
Missècle
Labessière-Candeil
Sieurac
Orban
Fénols
Aussac
Poulan-Pouzols
Carlus
Rouffiac
Puygouzon
Cambon
Fauch
Ronel
Roumégoux
Arifat
St Lieux-Lafenasse
St Antonin-de-Lacalm
Terre-Clapier
Le Travet
Mont-Roc
St Pierre-de-Trivisy
Montredon
Castelfranc
St Jean-de-Vals
Vialavert
St Salvy-de-la-Balme
Cambounès
Le Rialet
Le Vintrou
Bout-du-Pont-de-Larn
Pont-de-Larn
Hautpoul
Les Montagnes
Aiguefonde
Caucalières
Lempaut
Belleserre
Cahuzac
Lagardiolle
St Avit
Les Brunels
Ramondens
Foncroisette

A B C

St Sernin-s-Rance
Belmont-s-Rance
Camarès
Brusque
Lacaune
Murat-s-Vèbre
Brassac
Anglès
la Salvetat-s-Agout
Fraisse-s-Agout
Olargues
St Pons-de-Thomières
Labastide-Rouairoux
St Amans-Soult
St Chinian
Riols
Prémian
Courniou
Rieussec
Assignan
Villespassans
Cébazan
Creissan

MONTS DE LACAUNE
PARC RÉGIONAL DU HAUT LANGUEDOC
MONTS DE L'ESPINOUSE

Lac de la Raviège
Lac du Laouzas
Sommet de l'Espinouse
Pic de Montalet
Col de Fontfroide
Col du Cabaretou
Col de Rodomouls
Grotte de la Devèze
Forêt de Montroucous
Forêt de Combesalat
Forêt de Valbonne
Pic de Nore
Roc de Peyremaux

215 216 231 253 254

Cornus
St Beaulize
Montpaon
Canals
le Caylar
CAUSSE DU LARZAC
Sorbs
le Cros
Vissec
Cirque de Navacelles
St Maurice-Navacelles
St Michel
Plateau de Guilhaumard
Pas de Licous
le Clapier
Romiguières
St Félix-de-l'Héras
Pas de l'Escalette
Col Notre-Dame
Ceilhes-et-Rocozels
Roqueredonde
Pégairolles-de-l'Escalette
Cirque du Bout du Monde
la Vacquerie-et-St Martin-de-Castries
Pégairolles-de-Buèges
St Pierre-de-la-Fage
Col de l'Homme Mort
Plateau de l'Escandorgue
Col du Perthus
Lauroux
Poujols
Soubès
St Etienne-de-Gourgas
Avène
Caussé de Gabriac
Joncels
les Plans
Lodève
Fozières
St Privat
Mont St Baudille
St Guilhem-le-Désert
Cirque de l'Infernet
Grotte de Clamouse
Lunas
Cazilhac
le Bousquet-d'Orb
Graissessac
Camplong
St Etienne-Estréchoux
Olmet
le Puech
St Jean-de-la-Blaquière
St Jean-de-Fos
Montpeyroux
Aniane
St Saturnin
Lac du Salagou
Octon
Brenas
Clermont-l'Hérault
St Félix-de-Lodez
Jonquières
Gignac
St André-de-Sangonis
Bédarieux
Cirque de Mourèze
Mourèze
Salasc
Villeneuvette
Ceyras
Brignac
Lamalou-les-Bains
Hérépian
les Aires
Faugères
Pézènes-les-Mines
Cabrières
Péret
Aspiran
Canet
Vendémian
Plaissan
Roquessels
Montesquieu
Fos
Paulhan
Campagnan
St Pargoire
Laurens
Gabian
Neffiès
Fontès
Adissan
Usclas-d'Hérault
Autignac
Roujan
Caux
Nizas
Cazouls-d'Hérault
Lézignan-la-Cèbe
Montagnac
Abbaye de Valmagne
Causses-et-Veyran
Magalas
Pouzolles
Margon
Alignan-du-Vent
Pézenas
Aumes
St Geniès-le-Bas
Puissalicon
Murviel-lès-Béziers
Coulobres
Abeilhan
Tourbes
Puimisson
Espondeilhan
Castelnau-de-Guers
Thézan-lès-Béziers
Servian
Valros
Nézignan-l'Evêque
Pinet
Lieuran-lès-Béziers
Bassan
Corneilhan
St Thibéry
Pomérols
Cazouls-lès-Béziers
Montblanc
Florensac
Lignan
Boujan-s-Libron
Maraussan
Puisserguier

Pic d'Anjeau
Roc de Senescal
Beauquiniès
Soutayrol
Caverne du Maure
Gorniès
Vis
Montagne de la Séranne
le Roc Blanc
le Claux
Bel-Air
Grenouillet
Madières
St André-de-Buèges
Mas-des-Prats
les Rives
Mastargues
Boisseron
Vareilles
Pont
St Étienne-d'Issensac
St Jean-de-Buèges
Peyre Martine
Gges de la Buèges
Source de la Buèges
le Méjanel
Gairolles-Buèges
Gervais
Bertrand
Frouzet
Grand Arc
Mgne de la Suque
Mascla
la Conque
Montlous
Causse-de-la-Selle
Marrou
le Buis
Grotte de Baume Cellier
Grotte du Sergent
Défilé
Hérault
Gorges de l'Hérault
Mgne de Labat
Paillas
Mgne de la Cellette
Bois de Mounié
Lavène
Bois de Fontanilles
Mas de Cournon
Puéchabon
Pont du Diable
Aniane
Mas Neuf
Bauxite
la Boissière
St Dominique
Capion
Gignac
St Martin
N. D. de Grâce (Couv.t)
St Jean-d'Aumière
Mas de Capdaniel
l'Ermitage
la Taillade
Bauzille-de-la-Sylve
Mas-d'Arnaud
Mas Clavel
Vendémian
Cabrials
Commune d'Aumelas
Cardonnet
le Grd Puech
Mgne de la Moure
St Julien
Villeveyrac
Marcouine
Puech de Madame
Poussan
Veyrac
Farlet
la Rouquette
Bauxite
Montmèze
Loupian
Mosaïques
Bouzigues
Balaruc-les-Bains
Rer de Roquerols
Pnte du Barrou
le Barrou
Mèze
Huîtres
Grand-Grange
Félines
le Mourre-Blanc
Parcs
THAU
Salines
Bellevue
la Bellonette
Villeroy
BASSIN
Plage de la Corniche
la Corniche
Sète
St Clair
CIMENTS LAFARGE
Agonès
C. de la Cyre
Grotte des Demoiselles
St Bauzille-de-Putois
B. de Sauzet
Valrac
Coupiac
Abîme de Rabanel
Brissac
N.D. du Suc
le Villaret
C. de la Cardonille
Bois du Pous
le Pous
N.D. de Londres
St Martin-de-Londres
Mas de Bouis
B. de Bouis
Terrain
Fouilles
Cambous
Comne de Viols-en-Laval
militaire
Viols-le-Fort
Cazevieille
Sueilles
Houbiac
la Figarède
les Matelettes
Cantagrils
Argelliers
Bois de Asse
Vailhauquès
Castel
Bois de la Rouvière
Montarnaud
Bel-Air
St Paul
Valmalle
Mt Haut
Pioch Rouquier
Murviel-lès-Montpellier
Lamouroux
Cournonterral
Cournonsec
Mas d'Antonègre
Montbazin
Gigean
Issanka
Balaruc-le-Vieux
les Usines
Frontignan
Peyrade
Frontignan-Plage
RAFFINERIE MOBIL
Mas des Dunes
Salines
B. de la Fontaine
les Aresquiers
le Mas Vieux
Vic-la-Gardiole
St Félix de Monceau
Montagne de la Gardiole
Mireval
Autodrome
Ancne Abbe de St Félix de Montceau
LA LANGUEDOCIENNE
Pompignan
Mirabel
Guillaumand
Tourres
Ferrières-les-Verreries
Bois de la Baume
Mas de Murle
Bois du Capucin
Lauret
Mas Blanc
les Rives
Pont de Janud
Rouet
Gabriac
Biranques
les Camps
Bois du Pâtus
le Fesq
Mgne d'Hortus
Gourdou
Valflaunès
le Rey
la Borie
Mas-de-Londres
Pic St Loup
Chau de Montferrand
St Mathieu-de-Tréviers
Mortiès
Tréviers
la Salade
St Jean-de-Cuculles
les Cazarels
N.D. des Champs
le Triadou
les Matelles
B. de l'Ane
la Baraque
Roquet
Bois de Valène
Tour
Murles
St Gély-du-Fesc
Combaillaux
les Sajolles
Montlobre
Grabels
Fontfroide-le-Haut
Juvignac
les Quatre Pilas
St Georges-d'Orques
la Mosson
Fourques
l'Engarran
Vignogoul
Ancne Abbaye
Lavérune
Pignan
St Jean-de-Védas
Saussan
Fabrègues
Agnac
Mas-de-Mante
Launac
St André
St Bauzille
Montpellier-la-Paillade
Celleneuve
Alco
Restinclières
St Vincent-de-Barbeyrargues
St Clément-de-Rivière
Coulondres
Prades-le-Lez
Bouzenac
Montferrier
N.D. de Baillarguet
Viviers
Clapiers
Jacou
Teyran
Assas
Zoo
Université
Plan de Jalade
Castelnau
MONTPELLIER
I.B.M.
Flaugergues
Juvénal
la Mogère
Blanquière
Boirargues
Lattes
Fangouse
Pérols
la Cauze
Maurin
Villeneuve-lès-Maguelonne
Mas des Quinze
Beauregard
Maguelone
Étang de Pérols
Étang des Moures
Étang de Vic
Étang d'Ingril
Canal du Rhône à Sète
Ete de Pierre Blanche
Ete de l'Arnel
Étg du Prévost
Les Quatre Vents
Palavas-les-Flots
Grau du Prévost
Aéroport de Fréjorgues
Étang de Mauguio ou de l'Or
les Cabanes de Pérols
Port de Carnon
Carnon-Plage
Grd Travers
la Grande-Motte
le Grau
Port-C
Golfe
d'Aigues-Mortes
Pointe de l'Espig
GOLFE
Mauguio
Mas de Fabre
Marot
le Haut Vauguières
le Bas
les Cabanes
Candillargues
Cnes de Lunel
le Béranget
Mudaison
Lansargues
St Nazaire-de-Pézan
Baillargues
St Aunès
la Crouzette
Doscare
Auroux
le Crès
Salaison
Vendargues
Castries
Aqueduc
Fontmagne
Pont des Tourilles
Malrives
Sussargues
Guzargues
Mas de Carrat
St Drézéry
Lirou
Montaud
les Mazes
St Bauzille-de-Montmel
Chau Montlaur
St Jean-de-Cornies
St Hilaire-de-Beauvoir
Beaulieu
Restinclières
St Christol
Vérargues
la Bruyère
St Geniès-des-Mourgues
les Morguetas
Ste Colombe
St Brès
Valergues
Lunel
Saussines
Boisseron
Galargues
Buzignargues
Puech Bouquet
Sommières
Campagne
Chau Montredon
Garrigues
Puech Carbonnier
Mas-de-Martin
Bois de Paris
Aspères
Salinelles
St Clément
Carnas
C. de la Crx de Gailhan
Gailhan
Lecques
Fontanès
Vacquières
Sauteyrargues
Vabre
Laudou
Lancyre
Valcyre
Fontanès
la Roque
la Vieille
Ste Croix-de-Quintillargues
la Suque
Cecèles
Bois Nègre
Claret
Corconne
Crémal
Les Embruscalles
Crête de Taillade
Forêt de Coutach
Pont du Hasard
Quissac
Planque
Liouc
Aiguebelle
B. des Coulondèdes
Brouzet-lès-Quissac
Cabanes
le Patron
Sardan
Orthoux
Mas du Cros
les Mazes
Sérignac
Crespian
Rauret
Fesq
Quilhan
Vic-le-Fesq
Bois de Gailhan
N.D. de Prime Combe
les Rives
217
218
233
255
A
B
C
1
2
3
4

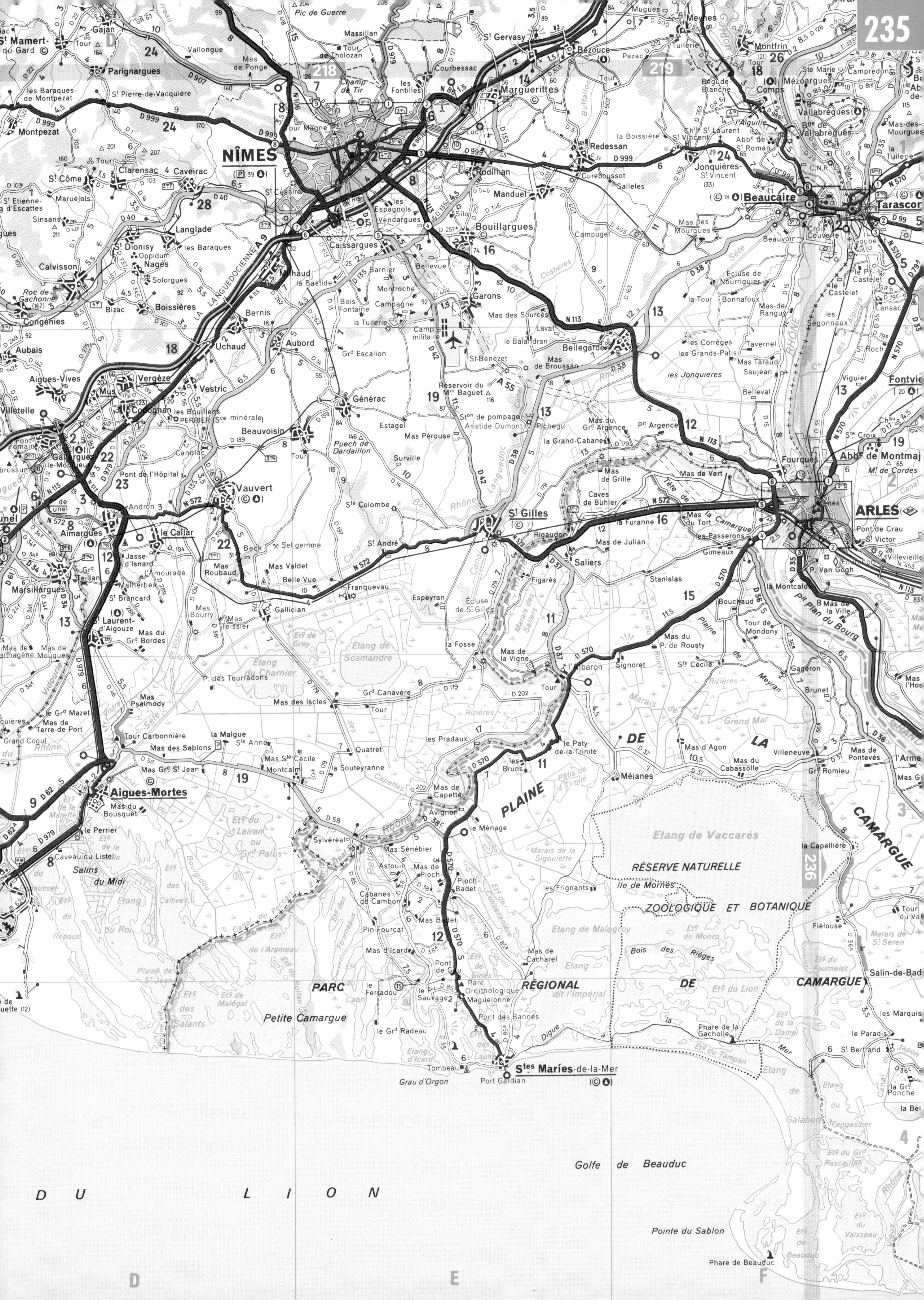

St Mamert-du-Gard
Gajan
Parignargues
St Pierre-de-Vacquière
les Baraques-de-Montpezat
Montpezat
Clarensac
Caveirac
St Côme
St Etienne-d'Escattes
Maruéjols
Sinsans
Langlade
les Baraques
St Dionisy
Oppidum
Nages
Solorgues
Calvisson
Roc de Gachonne
Bizac
Boissières
Congénies
Aubais
Aigues-Vives
Vergèze
Mus
Codognan
Vestric
Villetelle
les Bouillens
PERRIER (Sce minérale)
Gallargues-le-Montueux
Candiac
Pont de l'Hôpital
Aimargues
le Cailar
Jasse-d'Isnard
l'Amourade
Malherbes
St Brancard
Marsillargues
St Laurent-d'Aigouze
Mas du Grd Bordes
le Grd Mazet
Mas de Terre-de-Port
Grand Cogul
Tour Carbonnière
Mas des Sablons
la Malgue
Aigues-Mortes
Mas du Bousquet
le Perrier
Caveau du Listel
Salins du Midi
Etg du Repaus
Etg du Roi
Plaine de St Jean
Etg de Malégal
Etg des Salants
Petite Camargue
NÎMES
Tour Magne
Marguerittes
Courbessac
Massillan
Pic de Guerre
Champ de Tir
les Fontilles
St Césaire
les Espagnols
Vendargues
Caissargues
Milhaud
la Bastide
Bernis
Uchaud
Aubord
Barnier
Montroche
Bois Fontaine
Campagne
la Tuilerie
Camp militaire
Grd Escalion
Générac
Beauvoisin
Vauvert
Estagel
Puech de Dardaillon
Mas Pérouse
Surville
Ste Colombe
Beck
Sel gemme
St André
Mas Roubaud
Mas Valdet
Belle-Vue
Franquevau
Gallician
Mas Bourry
Mas Teissier
Etg de Grey
Etang de Scamandre
Etang du Charnier
P. des Tourradons
Mas Psalmody
Mas des Iscles
Grd Canavère
Quatret
la Souteyranne
Mas Ste Cécile
Montcalm
Mas Grd St Jean
Sylvéréal
Mas Sénébier
Astouin
Mas de Pioch
Cabanes de Cambon
Mas Badet
Pin-Fourcat
Mas d'Icard
Pont de Gau
le Ferradou
le Sauvage
Parc Ornithologique
Maguelonne
Pont des Bannes
le Grd Radeau
Tombeau
Grau d'Orgon
Port Gardian
Stes Maries-de-la-Mer
PARC RÉGIONAL DE CAMARGUE
St Gervasy
Bezouce
Rodilhan
Redessan
Manduel
Bouillargues
Garons
Mas des Sources
Bellegarde
St Bénézet
Réservoir du Mn Baguet
Ston de pompage Aristide Dumont
Pichegu
la Grand-Cabane
St Gilles
Mas de Grille
Caves de Bühler
Rigaudon
Saliers
Figarès
Ecluse de St Gilles
Espeyran
la Fosse
Mas de la Vigne
l'Albaron
Signoret
les Pradaux
le Paty-de-la-Trinité
les Bruns
Méjanes
Mas de Capette
Avignon
le Ménage
Pioch Badet
Mas de Cacharel
Etang dit l'Impérial
Etang de Vaccarès
RÉSERVE NATURELLE ZOOLOGIQUE ET BOTANIQUE
Ile de Mornes
les Frignants
Etang de Malagroy
Bois des Rièges
Etg du Lion
Phare de la Gacholle
Golfe de Beauduc
DU LION
Pointe du Sablon
Phare de Beauduc
Mugues
Meynes
Montfrin
Tuilerie
Pazac
Bégude-Blanche
Comps
Mézoargues
Vallabrègues
la Boissière
St Vincent
Jonquières-St Vincent
Curebousset
Salleles
Beaucaire
Tarascon
Campuget
Mas des Mourgues
Beauvoir
Ecluse de Nourriguier
la Tour
Bonnafoux
les Corrèges
les Grands-Patis
les Jonquieres
Mas Taraud
Saujean
Belleval
Pt Argence
Fourques
Abbe de Montmajour
ARLES
Mas de Vert
Mas du Tort
les Passerons
la Furanne
Mas de Julian
Gimeaux
Stanislas
la Montcalde
Bouchaud
Tour de Mondony
Mas du P. de Rousty
Ste Cécile
Gageron
Brunet
Mas d'Agon
Villeneuve
Mas du Cabassolle
Grd Romieu
la Capellière
Fiélouse
Salin-de-Badon
les Marquis
le Paradis
St Bertrand
la Grd Ponche
Etg du Grd Rascaillan
Etg du Vaisseau
PLAINE DE LA CAMARGUE
218
219
236

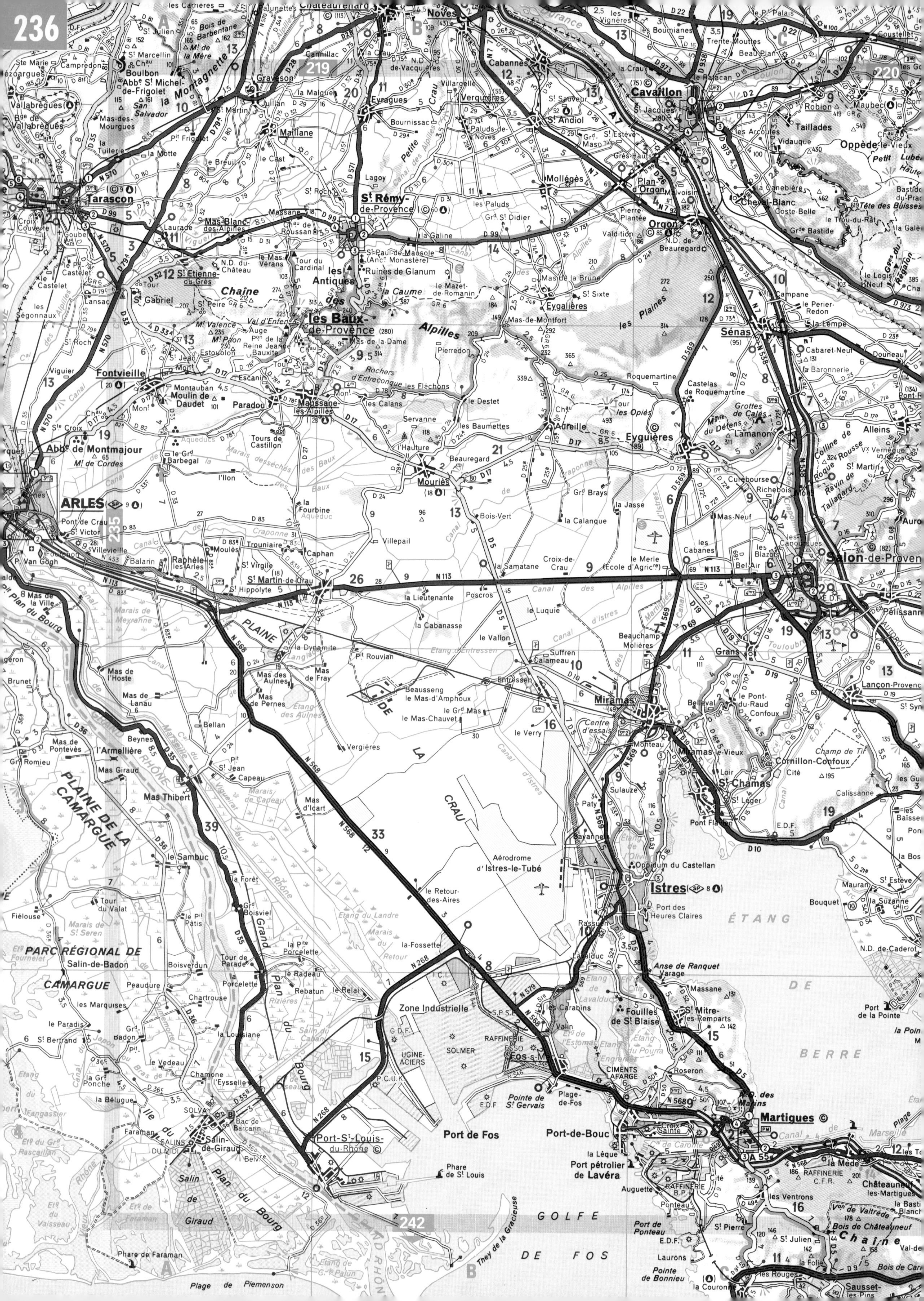

Tarascon
Boulbon
Graveson
Maillane
Noves
Cabannes
Cavaillon
Robion
Maubec
Taillades
Oppède-le-Vieux
Châteaurenard
Eyragues
St Andiol
Verquières
Mollégès
Plan-d'Orgon
Orgon
Cheval-Blanc
St Rémy-de-Provence
Mas-Blanc-des-Alpilles
St Etienne-du-Grès
Les Antiques
Ruines de Glanum
Les Baux-de-Provence
Chaîne des Alpilles
Eygalières
Sénas
Lamanon
Eyguières
Aureille
Mouriès
Maussane-les-Alpilles
Paradou
Fontvieille
Moulin de Daudet
Abbe de Montmajour
Arles
Raphèle-les-Arles
St Martin-de-Crau
Salon-de-Provence
Pélissanne
Grans
Miramas
Miramas-le-Vieux
St Chamas
Cornillon-Confoux
Lançon-Provence
Istres
Aérodrome d'Istres-le-Tubé
Étang de Berre
Plaine de la Crau
Plaine de la Camargue
Parc Régional de Camargue
Salin-de-Badon
Mas Thibert
Le Sambuc
Salin-de-Giraud
Port-St-Louis-du-Rhône
Port de Fos
Fos-s-Mer
Zone Industrielle
Port-de-Bouc
Port pétrolier de Lavéra
Martigues
St Mitre-les-Remparts
Fouilles de St Blaise
Châteauneuf-les-Martigues
La Mède
Sausset-les-Pins
Golfe de Fos
Phare de Faraman
Plage de Piémenson

Apt
Saignon
St Martin-de-Castillon
Céreste
Montjustin
Villemus
Goult
Ménerbes
Lacoste
Bonnieux
Buoux
Sivergues
Auribeau
Castellet
Vitrolles
Montfuron
St Elzéar
Pierrevert
PARC
RÉGIONAL
DU
LUBÉRON
Grand Lubéron
Mourre Nègre
Massif des Cedres
Cabrières d'Aigues
Peypin-d'Aigues
La Motte-d'Aigues
La Bastide-des-Jourdans
Vaugines
Cucuron
Lourmarin
Puyvert
Lauris
Puget
Cadenet
Sannes
Ansouis
St Martin-de-la-Brasque
Grambois
Beaumont-de-Pertuis
Mirabeau
La Tour-d'Aigues
Villelaure
Charleval
Silvacane
La Roque-d'Anthéron
Pertuis
Lambesc
Rognes
St Estève-Janson
Le Puy-Ste Réparade
Meyrargues
Peyrolles-en-Provence
Jouques
St Paul-lez-Durance
St Cannat
Chaîne de la Trévaresse
Venelles
Puyricard
Eguilles
Coudoux
Ventabren
Velaux
AIX-EN-PROVENCE
Montagne Ste Victoire
Vauvenargues
Le Tholonet
Beaurecueil
Châteauneuf-le-Rouge
Rousset
Puyloubier
Trets
Peynier
Fuveau
Gardanne
Meyreuil
Les Milles
Luynes
Bouc-Bel-Air
Cabriès
Simiane-Collongue
Rognac
Vitrolles
Les Pennes-Mirabeau
Septèmes-les-Vallons
Mimet
Cadolive
Belcodène
La Bouilladisse
La Destrousse
Auriol
Peypin
Roquevaire
Gignac-la-Nerthe
St Victoret
Marignane
Le Rove
L'Estaque
St Antoine
Allauch
Plan-de-Cuques
MARSEILLE
Ensuès-la-Redonne
La Madrague-de-la-Ville
St Zacharie

220 221 238 242 243

Manosque
Valensole
Riez
Moustiers Ste Marie
Roumoules
Pierrevert
Ste Tulle
Corbières
Gréoux-les-Bains
Allemagne-en-Provence
St Martin-de-Brômes
Montagnac
Ste Croix-de-Verdon
Aiguines
Les Salles s-Verdon
Bauduen
Esparron-de-Verdon
Albiosc
Montpezat
St Laurent-du-Verdon
Baudinard
Quinson
Artignosc-s-Verdon
Vinon-s-Verdon
Cadarache
Ginasservis
St Julien
Gorges du Verdon
Régusse
Moissac-Bellevue
Montmeyan
Aups
La Verdière
Tavernes
Varages
Rians
Artigues
Esparron
Fox-Amphoux
Sillans-la-Cascade
Salernes
Barjols
Pontevès
Cotignac
Entrecasteaux
Brue-Auriac
Châteauvert
Correns
Montfort-s-Argens
Carcès
Pourrières
Seillons-Source-d'Argens
Ollières
Bras
St Maximin-la-Ste Baume
Pourcieux
Tourves
Brignoles
Le Val
Vins-s-Caramì
Cabasse
Rougiers
Nans-les-Pins
St Zacharie
Mazaugues
La Roquebrussanne
Garéoult
Forcalqueiret
Besse-s-Issole
Camps-la-Source
La Celle
Plan-d'Aups
La Ste Baume
St Pilon
Montagne de la Loube
Bois du Bessillon
Gros Bessillon
Mont Aurélien
La Provençale
A 8
A 51
N 7
221
222
237
243
244

222 223

les Louches, Mourre de Chanier, Crête des Traversières, les Subis, Berbené, Chasteuil, Porte de St Jean, Brans, Villars-Brandis, Castellane, la Garde, Col des Portes, Col de Luens, Peyroules, la Foux, les Lattes, Col de Bleine, Cime de Bausson, Thorenc, Tours

Clue de Chasteuil, le Réglés, Taloire, Robion, St Thyrs, Eoulx, Destourbes Mgne, la Bâtie, la Rivière, Mousteiret, Col St Pierre, Mgne de Bleine, Valderoure, la Ferrière, Bas-Thorenc, Oppidum de Castelleras

Rougon, Liouné, le Plan, Col de la Crs de Châteauneuf, Clue de Carejuan, Point Sublime, Pont-de-Soleils, Soleils, Valcros, Bois du Défends, Ste Anne, Route Napoléon, Demuyes, Malamaire, Caillon, Col Bas, Bauroux, Bois de Valderoure

la Palud-s-Verdon, Mgne de Mayreste, Col d'Ayen, Soleils, B. de la Faye, le Bourguet, Châteauvieux, le Logis-du-Pin, la Martre, la Doire, Séranon, Caille, Mgne de l'Hubac, Andon, Pont-du-Loup

Bolougne, Barre de l'Escalès, Sentier Martel, B. de Colle de Breis, Breis, B. des Défends, Bagarry, Brenon, Château-Rima, Bois de Séranon, la Moulière, Mgne de l'Audibergue, l'Audibergue, Col de Valferrière

VERDON, Trigance, St Maymes, Riblaquon, le Plan-d'Anelle, Clare, le Castellas, l'Artuby, Col de Clavel, Villaute, Vieutor, la Lubi, St Andon, les Amphons, Montagne de

Sublime, Balcons de la Mescla, Jabron, Gorges de l'Artuby, le Picauvet, Mgne de Brouis, Barlet, Mgne de Lachens, la Bastide, Blacouas, Esclapon, Escragnolles, Bail, Route

Falaise des Cavaliers, Cr Martel, la Cournuelle, Pont de l'Artuby, Bois de Siounet, Bargème, le Collet, Ste Pétronille, la Souche, la Roque-Esclapon, Vallon du Fil, Belvre de Baou Mourine, Forêt de Briasc, St Jean, Pas de la Faye, St Vallier de Thiey

Basset, les Bessons, Canyon de l'Artuby, Colline d'Estelle, Bois de Fayet, Comps-s-Artuby, Bois Duou, la Colle, St Romain, le Moutet, Bois de Malay, Montagne de Malay, le Fil, la Gray, Mons, Donadieu (P. naturel), B. de la Maline

la Barre, Avens, de Canjuers, St Bayon, Chamay, Sauvechane, Guent, Brovès, Col de la Glacière, St Marcelin, Préfagoux, Beauregard, Roche Taillée (Aqueduc romain), St Ferréol, Col de la Leque, Grottes de St Cézaire

Serrière de Lagne, le Logis-Neuf, Lagne, les Mouches, Praguillen, Paresse, Mieraure, CAMP MILITAIRE DE CANJUERS, Bourgaille, Gorges de la Siagne, Spéracèdes, le Tignet

Mgne de Barjaude, le Logis-d'Auveine, Peygros, la Cabrière, Mgne de Beau-Soleil, Bois du Défens, Pierrion, Blaque Meyanne, Col du Bel-Homme, le Cuinier, Chau Meaunier, Léouves, St Cézaire-s-Siagne

Bois des Blaques, Camp militaire, Lavelan, la Bste Nouguière, Malignon, Seillans, le Baguier, Fayence, N. D. de l'Ormeau, Tourrettes, Callian, Montauroux, P. de la Siagne, Tournon

N. D. du Plan, St Martin, les Vergelins, Couan, Favas, Bargemon, le Reclos, Ste Anne, N. D. des Cyprès, Tassi, les Terrassonnes, la Colle-Noire

Bois des Prannes, Montferrat, Méaulx, le Plan, les Selves, les Crouis, Biançon

Beaume, Olves, Ampus, la Grde Rimade, Châteaudouble, Gges de Châteaudouble, le Plan, Col de Boussaque, Callas, Claviers, la Bégude, Trestaure

Tourtour, St Pierre-de-Tourtour, la Grange, la Garde Colle Pelade, St Auxile, la Colle-Blanche, Garron, Bois de l'Ermite, Pré-Claou

Florielle, Puy de la Sigue, Rebouillon, Figanières, les Clèdes, les 4 Chemins, St Paul-en-Forêt, Grime, Mine de Garrot

240

les Mandins, Lentier, le Malmont, Notre-Dame, Bois de Prignonet, Forêt St Paul

St Jean, Thuerry, le Villard, Matourne, la Clape, les Salles, St Pons, Cascade de Pennafort, Bompin, Maupas, la Rouvière, St Denis

les Plans, le Figuieret, Pierre de la Fée, Draguignan, Terrissolle, Bois du Rouet, la Verrerie, Bagnols-en-Forêt, St Antoine, B. de Bagnols, les Adrets-de-l'Estérel

Antonidane, le Flayosquet, les Pts Esclans, Colle du Rouet, le Rouet, Bois du Défens, Gorges du Blavet, Pic de la Gardiette, Anc. Bge de Malpasset, Carrefour-du-Logis-de-Paris

les Salgues, Abbé, Flayosc, les Pradineaux, Bois de Malvoisin, Basse-Maure, Camp militaire, Jas-d'Esclans, les Crottes, Grds Esclans, la Foux

Masseboeuf, Sauve-Clare, N. D. des Selves, Trans-en-Provence, St Michel d'Esclans, la Bouverie, la Lieutenante, Champ de Tir, Pin-de-la-Lègue, Boson

les Salettes, Ste Foy, Berne, Ermitage St Ferréol, le Mitan, Catchéou, les Pins Parasols, Bois de Palayson, Forêt de Terres Gastes, le Capitou

la Clapière, N. D. de Benva, les Miquelets, Lorgues, Roubine, les Nourradons, la Motte, Clastron, St Cabrian, Valbourgès, le Muy, la Combe, Lagourin, Camp Lecocq, le Gabre, MASSIF DE L'ESTÉREL, Carrefour de Roche Noire

St Jeaume, Mappe, N. D. de Florièye, Ott, les Chênes Verts, Ste Roseline (Ancne Abbé), les Valises, la Roquette, LA PROVENÇALE, les Darboussières, Mt Vinaigre

le Moutas, les Clarètes, les Arcs, Roquebrune-s-Argens, Puget-s-Argens, Mosquée, Camp Cs Robert, la Tour-de-Mare, Valescure

Pont-d'Argens, Vignaubière, la Martinette, Taradeau, Tour, St Pierre, N. D. de la Roquette, Mgne de Roquebrune, Palayson, Colombier, Arènes, Camp Galliéni

Thoronet, les Maneous, les Crottes, Bois d'Astros, le Pont-d'Argens, la Cognasse, les Preyres, Fréjus, St Raphaël, Boulouris

les Germains, St Louis, St Martin, Thoron, Sommet de l'Escaïayol, Sommet du Peynier, N. D. de Pitié, les Tourres, Fréjus Plage, le Lion

Mgne des Ubacs, les Bertrands, Astros, Vidauban, Ste Brigitte, St Martin, le Clos, Somt de St Martin, Grde Bastide, Domaine des Baux, Villepey, la Péguière

Bauxite, le Recou, E.D.F. Entraigues, Chaumes, Forêt des Arcs, les Bauquières, Sommet de Castel-Diol, Col de Valdingarde, Golfe de Fréjus

244 245

le Vieux-Cannet, les Esperifets, Peissonnel, les Pommiers des Arcs, la Bastide-Rouge, Vieux-Revest, la Mère, Villepey, St Aygulf

le Luc, le Cannet-des-Maures, la Forge, A.L.A.T., Bois de Bouis, MAURES, Pourrières, St Donat, Col de Gratteloup, Peigros, Pnte de la Lauvette

Paradis, Roux, Hoste, St Julien, la Miquelette, le Revest, les Pierrons, les Gastons, Col de Bougnon, Cabasse, Lissandre, la Gaillarde, Pnte de la Calle

les Lauves, la Hte Verrerie, les Bertrands, Bois du Rouquan, DES, Colle Dure, Camp-Long, les Ricards, Valaury, les Issambres, les Calanques, Pnte des Issambres, San-Peire-s-Mer

la Bse Verrerie, Reillanne, Garde-Freinet, Repenti, Autodrome, les Plaines, la Moure, Plan-de-la-Tour, le Plan, la Garonnette, Val d'Esquières

les Cours-des-Longs, MASSIF, Forêt de la, Col de Vignon, Preconil, Prat-Bourdin, Coriolan, la Nartelle, Sémaphore, Cap des Sardinaux, Tourelle de la Sèche-à-l'Huile

Mourrefrey, la Grde Pièce, Fort, la Garde-Freinet, Courrurères, St Preire, Hte Suane, Ste Maxime

la Tuilière, la Fouquette, les Mayons, Roches Blanches, St Clément, les Vernades, Guerre-Vieille, Grde Pointe, l'Avelan, les Mûres

Golfe de Fréjus

GRASSE
NICE
CANNES
Antibes
Juan-les-Pins
Vence
Cagnes-s-M.
Villefranche
Cap Ferrat
Cap d'Antibes
Golfe-Juan
Vallauris
Mandelieu
Mougins
Valbonne
Biot
Villeneuve-Loubet
St Paul
St Laurent-du-Var
Gourdon
Tourrettes-s-Loup
Le Bar-s-Loup
Cabris
St Vallier de Thiey
Pas de la Faye
Col de Vence
Ile Ste Marguerite
Ile St Honorat
Iles de Lérins
Golfe de Napoule
Golfe Juan
Baie des Anges
La Napoule-Plage
Théoule-s-Mer
Miramar
Le Trayas
Massif de l'Esterel
Pic de l'Ours
Mt Vinaigre
Agay
Anthéor
Cap du Dramont
Boulouris
Corniche
NICE CÔTE-D'AZUR
Bastia
Ile-Rousse
Calvi
Ajaccio
223
239
241
Nice
Félix-Faure (Av.)............GZ 21
France (R. de)............DFZ
Gambetta (Bd)............EXZ
Gioffredo (R.)............HY
Hôtel-des-Postes (R. de l')............HY 30
Liberté (R. de la)............GZ 35
Masséna (Esp., Pl.)............GZ
Masséna (R.)............GZ 43
Médecin (Av. J.)............GY 44
Paradis (R.)............GZ 56
Pastorelli (R.)............GY 58
République (R.)............JX 64
Alberti (R.)............GHY 2
Alphonse-Karr (R.)............FYZ
Alsace-Lorraine (Jardin d')............EZ 3
Anglais (Prom. des)............EFZ
Arènes-de-Cimiez (Av.)............HX
Armée-du-Rhin (Pl. de l')............JX 5
Arson (Pl. et R.)............JY
Auber (Av.)............FY
Barbéris (R.)............JXY
Barel (Pl. Max)............JY
Barla (R.)............JY
Berlioz (R.)............FY
Bieckert (Av. E.)............HX
Binet (R. A.)............FX
Bonaparte (R.)............JY
Carabacel (Bd)............HXY
Carnot (Bd)............JZ 14
Cassini (R.)............JY
Châteauneuf (R.)............DEY
Cimiez (Bd de)............GX
Clemenceau (Av.)............FY
Congrès (R. du)............FZ
Dante (R.)............EZ
Delfino (Bd Gén.)............JX
Desambrois (Av.)............HX 18
Diables-Bleus (Av. des)............JX 19
Dubouchage (Bd)............GHY
Du Gésu (St-Jacques)............HZ N
Durante (Av.)............FY
États-Unis (Q.)............GHZ
Fleurs (Av. des)............DEZ
Foch (Av. Mar.)............GY
Gal (R. A.)............JXY
Gallieni (Av.)............HJX
Garibaldi (Pl.)............HJY
Garnier (Bd J.)............EFX
Gaulle (Pl. Ch. de)............FX
Gautier (Pl. P.)............HZ 25
Gounod (R.)............FY
Grosso (Bd F.)............DYZ
Guisol (R. F.)............JY
Guynemer (Pl.)............JZ
Ile-de-Beauté (Pl.)............JZ 32
Jaurès (Bd J.)............HYZ
Joffre (R. Mar.)............EFZ
Lunel (Quai.)............JZ 37
Malausséna (Av.)............FX
Marceau (R.)............FX
Meyerbeer (R.)............FZ 45
Moulin (Pl. J.)............HY 47
Notre-Dame............FY
N.-D.-Auxiliatrice............HJX
N.-D.-Port............JY 52
Paillon (Prom. du)............HZ
Papacino (Q.)............JZ
Phocéens (Av.)............GZ 59
Pilatte (Bd)............JZ
Rauba-Capéu (Q.)............HJZ
Riquier (Bd)............JY
Risso (Bd)............JXY
Rivoli (R.)............FZ 65
Rossini (R.)............FY
Sacré-Cœur............FZ 67
St-Augustin............HY D
St-Étienne............FX
St-Jean-Bapt. (Av.)............HY 73
St-Joseph............JY
St-Pierre-d'Arène............EZ 78
Ste-Réparate Cath............HZ L
Saleya (Cours)............HZ 83
Sauvan (R. H.)............EZ 84
Ségurane (R.)............JY
Sola (Bd P.)............JX
Stalingrad (Bd)............JZ
Thiers (Av.)............EFY
Trachel (R.)............FX
Tzaréwitch (Bd)............DEY
Verdun (Av. de)............GZ 89
Vernier (R.)............FX
Victor-Hugo (Bd)............FYZ
Walesa (Bd Lech)............JYZ
Wilson (Pl.)............HY 92
MUSÉE CHAGALL
GARE NICE-VILLE
CARABACEL
CHÂTEAU
PORT
RIQUIER
LAZARET
PROMENADE DES ANGLAIS
Quai des États-Unis
BAIE DES ANGES
CORSE

D
E
F
1
2
3
4
Mt Malinvern
Cime du Gélas
Col de Tende
Tunnel de Tende
Limonetto
Cime du Bec
Col des Seigneurs
Col de la Boaire
Mt Bertrand
Col Roux
Cime de l'Agnel
Col du Sabion
Mt Clapier
le Boréon
Madone de Fenestre
Mt Neillier
Mt Bégo
Vallée des Merveilles
PARC
NATIONAL
DU
MERCANTOUR
Tende
St Dalmas-de-Tende
la Brigue
N.D. des Fontaines
Mt Saccarel
St Martin-Vésubie
Cime du Diable
Venanson
Mt Tournairet
Roquebillière
Belvédère
la Bollène-Vésubie
Col de Turini
Forêt de Turini
l'Authion
Saorge
Fontan
Gorges de Bergue
Gorges de Saorge
Madone del Poggio
la Giandola
Breil-s-Roya
Pigna
Lantosque
Peïra-Cava
Col de Brouis
Sospel
Utelle
Madone d'Utelle
St Jean-la-Rivière
Lucéram
Col de Braus
Levens
Coaraze
l'Escarène
Castillon
Col de Castillon
Mt Grammont
Contes
Peille
Ste Agnès
Peillon
Gorbio
Roquebrune
MENTON
Cap-Martin
Cap Martin
Beausoleil
MONTE-CARLO
la Condamine
MONACO
Cap-d'Ail
Eze
la Turbie
Beaulieu
Villefranche
Golfe de St Hospice
St Jean-Cap-Ferrat
Cap Ferrat
NICE
St Laurent-du-Var
Gattières
Carros
Aspremont
Falicon
Drap
Tourrette-Levens
Castagniers
Ventimiglia
Bordighera
Vallecrosia
Camporosso
Dolceacqua
Apricale
Rocchetta-Nervina
Airole
Olivetta-San-Michele
Mortola-Inferiore
Capo Mortola
Ponte San Ludovico
Garavan
Genova
A 8
A 10
N 202
N 204
N 98
N 7
240

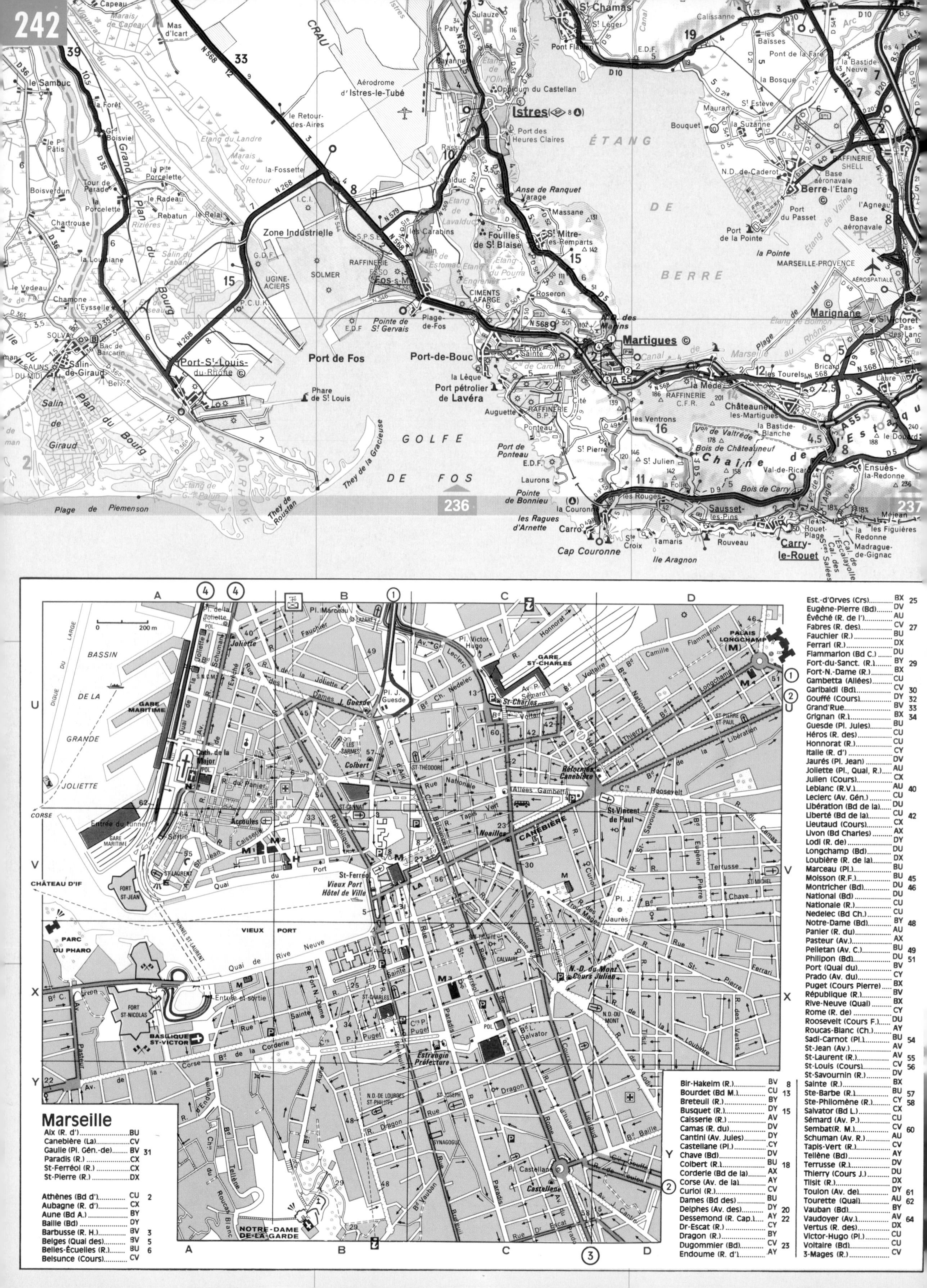
Istres
Aérodrome d'Istres-le-Tubé
ÉTANG DE BERRE
Berre-l'Etang
Marignane
MARSEILLE-PROVENCE
Martigues
Port-de-Bouc
Port de Fos
Fos-s-Mer
Zone Industrielle
Port-St-Louis-du-Rhône
Salin-de-Giraud
GOLFE DE FOS
Port pétrolier de Lavéra
St-Mitre-les-Remparts
Châteauneuf-les-Martigues
Chaîne de l'Estaque
Sausset-les-Pins
Carry-le-Rouet
Cap Couronne
Plage de Piemenson
St-Chamas
236
237
Marseille
Aix (R. d') BU
Canebière (La) CV
Gaulle (Pl. Gén.-de) BV 31
Paradis (R.) CX
St-Ferréol (R.) CX
St-Pierre (R.) DX
Athènes (Bd d') CU 2
Aubagne (R. d') CX
Aune (Bd A.) BY
Baille (Bd) DY
Barbusse (R. H.) BV 3
Belges (Quai des) BV 5
Belles-Écuelles (R.) BU 6
Belsunce (Cours) CV
Bir-Hakeim (R.) BV 8
Bourdet (Bd M.) CU 13
Breteuil (R.) BY
Busquet (R.) DY 15
Caisserie (R.) AV
Camas (R. du) DV
Cantini (Av. Jules) DY
Castellane (Pl.) CY
Chave (Bd) DV
Colbert (R.) BU 18
Corderie (Bd de la) AX
Corse (Av. de la) AY
Curiol (R.) CV
Dames (Bd des) BU
Delphes (Av. des) DY 20
Dessemond (R. Cap.) AY 22
Dr-Escat (R.) CY
Dragon (R.) BY
Dugommier (Bd) CV 23
Endoume (R. d') AY
Est.-d'Orves (Crs) BX 25
Eugène-Pierre (Bd) DV
Évêché (R. de l') AU
Fabres (R. des) CV 27
Fauchier (R.) BU
Ferrari (R.) DX
Flammarion (Bd C.) DU
Fort-du-Sanct. (R.) BY 29
Fort-N.-Dame (R.) BX
Gambetta (Allées) CU
Garibaldi (Bd) CV 30
Gouffé (Cours) DY 32
Grand'Rue BV 33
Grignan (R.) BX 34
Guesde (Pl. Jules) BU
Héros (R. des) CU
Honnorat (R.) CU
Italie (R. d') CY
Jaurès (Pl. Jean) DV
Joliette (Pl., Quai, R.) AU
Julien (Cours) CX
Leblanc (R.V.) AU 40
Leclerc (Av. Gén.) CU
Libération (Bd de la) DU
Liberté (Bd de la) CU 42
Lieutaud (Cours) CX
Livon (Bd Charles) AX
Lodi (R. de) DY
Longchamp (Bd) DU
Loubière (R. de la) DX
Marceau (Pl.) BU
Moisson (R.F.) BU 45
Montricher (Bd) DU 46
National (Bd) DU
Nationale (R.) CU
Nedelec (Bd Ch.) CU
Notre-Dame (Bd) BY 48
Panier (R. du) AU
Pasteur (Av.) AX
Pelletan (Av. C.) BU 49
Philipon (Bd) DU 51
Port (Quai du) BV
Prado (Av. du) CY
Puget (Cours Pierre) BX
République (R.) BV
Rive-Neuve (Quai) BX
Rome (R. de) CY
Roosevelt (Cours F.) DU
Roucas-Blanc (Ch.) AY
Sadi-Carnot (Pl.) BU 54
St-Jean (Av.) AV
St-Laurent (R.) AV 55
St-Louis (Cours) CV 56
St-Savournin (R.) DV
Sainte (R.) BX
Ste-Barbe (R.) BU 57
Ste-Philomène (R.) CY 58
Salvator (Bd L.) CX
Sémard (Av. P.) CU
Sembat (R. M.) CV 60
Schuman (Av. R.) AU
Tapis-Vert (R.) CV
Tellène (Bd) AY
Terrusse (R.) DV
Thierry (Cours J.) DU
Tilsit (R.) DX
Toulon (Av. de) DY 61
Tourette (Quai) AU 62
Vauban (Bd) BY
Vaudoyer (Av.) AV 64
Vertus (R. des) DX
Victor-Hugo (Pl.) CU
Voltaire (Bd) CU
3-Mages (R.) CV
GARE ST-CHARLES
GARE MARITIME
VIEUX PORT
CANEBIÈRE
PALAIS LONGCHAMP
BASILIQUE ST-VICTOR
NOTRE-DAME DE-LA-GARDE
PARC DU PHARO
CHÂTEAU D'IF
FORT ST-JEAN
FORT ST-NICOLAS
Cath. de la Major
Vieux Port Hôtel de Ville
Estrangin Préfecture
Castellane
Noailles
Colbert
St-Charles
Joliette

AIX-EN-PROVENCE
Montagne Ste Victoire
la Croix de Provence
Puyloubier
Pourrières
Ventabren
Meynes
Gallice
les Milles
Meyreuil
Beaurecueil
Montagne du Cengle
Châteauneuf-le-Rouge
Rousset
Trets
Peynier
Gardanne
Bouc-Bel-Air
Cabriès
Simiane-Collongue
Gréasque
Belcodène
Mimet
Vitrolles
les Pennes-Mirabeau
Septèmes-les-Vallons
Chaîne de l'Etoile
Pilon du Roi
Plan-de-Cuques
Allauch
Roquevaire
Auriol
la Bouilladisse
la Destrousse
Montagne de Regagnas
St Zacharie
Nans-les-Pins
Mont Aurélien
Pourcieux
la Ste Baume
Plan-d'Aups
MASSIF DE LA SAINTE BAUME
St Pilon
Gémenos
Aubagne
Parc de St Pons
Cuges-les-Pins
Rade de Marseille
MARSEILLE
l'Estaque
St Antoine
la Madrague-de-la-Ville
Ile Ratonneau
Pomègues
Chau d'If
Plage du Prado
Bonneveine
Pointe-Rouge
Mazargues
Montredon
Cap Croisette
Ile Tiboulen
Ile Maire
Bec Sormiou
Ile de Jarre
Ile Calseraigne
Congloué
Ile de Riou
les Calanques
St Marcel
la Penne-s-Huveaune
Carnoux-en-Provence
Col de la Gineste
Massif de Puget
Cassis
Port-Miou
Cap Canaille
Roquefort-la-Bédoule
Ceyreste
la Ciotat
la Ciotat-Plage
Ile Verte
Cap de l'Aigle
Calanque de Figuerolles
les Lecques
St Cyr-s-Mer
la Cadière-d'Azur
le Castellet
le Beausset
Bandol
Ile de Bendor
Sanary-s-Mer
Ile des Embiez
Propriano (Service saisonnier)
Ajaccio
Bastia
237
238
244
D
E
F

Tourves
Brignoles
la Celle
Rougiers
Nans-les-Pins
Montagne de la Loube
Camps-la-Source
Flassans-s-Issole
le Luc
Besse-s-Issole
Ste Anastasie-s-Issole
Mazaugues
la Roquebrussanne
Garéoult
Forcalqueiret
Gonfaron
Signal de la Ste Baume
St Pilon
Rocbaron
Carnoules
Pignans
Néoules
Signes
Méounes-les-Montrieux
Puget-Ville
N. D. des Anges
Forêt de Pignans
Barre de Cuers
Cuers
Belgentier
Pierrefeu-du-Var
Forêt de Morières-Montrieux
Solliès-Toucas
Solliès-Pont
Solliès-Ville
le Beausset
Mont Caume
le Revest-les-Eaux
la Farlède
Col de Babaou
MASSIF
Forêt des Maures
Evenos
Mt Faron
la Valette-du-Var
la Crau
Hyères
la Londe-les-Maures
le Gros Cerveau
Ollioules
Sanary-s-Mer
la Seyne
TOULON
la Garde
le Pradet
Carqueiranne
les Salins-d'Hyères
Six-Fours-les-Plages
les Sablettes
St Mandrier-s-Mer
Cap Cépet
Presqu'île de St Mandrier
Cap Sicié
Cap de Carqueiranne
Golfe de Giens
Hyères-Plage
RADE D'HYÈRES
Presqu'île de Giens
Giens
la Tour-Fondue
ILES
Ile de Porquerolles
Porquerolles
Cap d'Arme
Cap Rousset
Cap de Léoube
Cap de Brégançon
Corse (Service saisonnier)
A 8
A 50
A 57
N 7
N 97
N 98
238
239
243

Toulon

Alger (R. d') .... EY
Clemenceau (Av. G.) .... EXY
Hoche (R.) .... EY
Jaurès (R. Jean) .... DEX
Lafayette (Cours) .... EY
Landrin (R. P.) .... EXY
Pastoureau (R. H.) .... EX 55
Seillon (R. H.) .... EY 74
Strasbourg (Bd de) .... EX

Albert-1er (Pl.) .... DX
Anatole-France (R.) .... DXY
Armes (Pl. d') .... DX
Baudin (R.) .... EY
Berthelot (R.) .... EX 7
Besagne (Av. de) .... EY
Bir-Hakeim (Rd-Pt) .... EY
Blache (Pl. N.) .... EX
Blum (Pl. L.) .... DX
Bonaparte (Rd-Pt) .... EZ
Boucheries (R. des) .... EY 10
Brunetière (R. F.) .... EY 12
Carnot (Av. L.) .... DX
Cathédrale (Traverse de la) .... EY 13
Chalucet (R.) .... DX
Churchill (Av. W.) .... DX 15
Clappier (R. V.) .... EX
Colbert (Av.) .... EX
Collet (Av. Amiral) .... DX
Corderie (R. de la) .... DXY
Dardanelles (Av. des) .... DX
Daudet (R. Alphonse) .... EY 20
Delpech (R.) .... EX
Démocratie (Bd de la) .... EX
Dutasta (Bd) .... EY
Fabié (R. F.) .... EX
Foch (Av. Mar.) .... DX
Gambetta (Pl.) .... EY 27
Garibaldi (R.) .... EY 28
Guillemard (R. R.) .... DX
Huile (Pl. à l') .... EY 35
Jaujard (R. Amiral) .... EZ
Le Bellegou (Av. E.) .... EZ
Lebon (R. Ph.) .... EX
Leclerc (Bd Gén.) .... DX
Lesseps (Bd. F. de) .... EX
Liberté (Pl. de la) .... EX
Lices (Ch. des) .... EX
Lorgues (R. de) .... EXY
Louis-Blanc (Pl.) .... EY 39
Louvois (Bd) .... DEY
Marchant (Av. Cdt) .... EX
Méridienne (R.) .... EY 41
Micholet (Av. V.) .... DEY 43
Monsenergue (Pl. I.-G.) .... DY 45
Moulin (Av. J.) .... DX 48
Muraire (R.) .... EX 49
Murier (R. du) .... EY
Nicolas (Bd Cdt) .... DEX
Orfèvres (Pl. des) .... EY 53
Pasteur (Pl. L.) .... EZ
Péri (Pl. G.) .... DX
Peyresc (R.) .... DX
Poincaré (R. H.) .... EY
Pressensé (R. F. de) .... EY 66
Pujet (Pl.) .... EXY
Rageot-de-la-Touche (Av.) .... DX
Raynouard (Bd) .... EX
République (Av.) .... DEY 68
Roosevelt (Av. F.) .... EYZ
St-Bernard (R.) .... EY
Ste-Anne (Pont) .... DX
Sémard (R. P.) .... EY
Siblas (Av. de) .... EX
Sinse (Q. de la) .... EZ
Stalingrad (Q. de) .... EY
Tessé (Bd de) .... EX
Toesca (Bd P.) .... DX
Vauban (Av.) .... DX
Victor-Hugo (Pl.) .... EX
9e-D.I.C. (Rd-Pt) .... EZ
112e-Régt-d'Infanterie (Bd du) .... EX

Sare
la Rhune
Ainhoa
Itxassou
Pas de Roland
Louhossoa
Hélette
Dancharia
Dancharinea
Vera de Bidasoa
Col d'Ibardin
Col de Lizarrieta
Urdax
Zugarramurdi
Grottes de Sare
Artzamendi
Col de Méhatché
Mt Baygoura
Bidarray
Lesaca
Echalar
Yanci
Puerto de Otxondo
Gora makil
St Martin-d'Arrossa
Ossès
Irissarry
Aranaz
Montes de Bidasoa
Maya del Baztán
Sumbilla
Mendaur
Col d'Ispéguy
St Étienne-de-Baïgorry
Valle del Baztán
Elizondo
Bértiz-Arana
Santesteban
Uhart-Cize
St Jean-Pied-de-Port
Banca
Almándoz
Aldudes
Vallée des Aldudes
Arnéguy
Valcarlos
Urepel
Puerto de Velate
Forêt d'Hayra
Ventas de Arraiz
Alto Ibañeta
Roncesvalles
(Roncevaux)
Embalse de Eugui
Eugui
Burguete
Ulzama
Alto de Egozcue
Alto Erro
Zubiri
Garralda
Aria
Garayoa
Esteribar
Oroz-Betelu
Monte Elordi
Sierra de Labia de Arce
Valle de Arce
Embalse de Usoz
Villava
Huarte
Burlada
Egüés
PAMPLONA
Sierra de Archuba
Sierra de Zariquieta
Alto de Badostáin

St Palais
Méharin
Arbérats
Aicirits
Béhasque
Domezain
Gestas
Rivehaute
Viellenave-de-Navarrenx
Bastanès
Méritein
Navarrenx
Beyrie-s-Joyeuse
Jauregia
Armendarits
Aincy
Orsanco
Uhart-Mixe
Larribar
Sorhapuru
Lohitzun
Oyhercq
Ainharp
Etcharry
Aroue
Ithorots
Olhaiby
Lichos
Charre
Nabas
Castetnau
Susmiou
Sus
Dognen
Gurs
Angous
Arrast
Charritte-de-Bas
Espès-Undurein
Moncayolle
Larrory
Artigau
L'Hôpital-St Blaise
Préchacq-Navarrenx
Lucq-de-Béarn
Saucède
Aren
Geüs-d'Oloron
St Goin
Poey-d'Oloron
Géronce
Orin
Verdets
Moumour
Iholdy
Hiribehere
Behaune
Col d'Ipharlatcé
Ostabat
Arhansus
Lantabat
St Martin
St Etienne
Col des Palombières
Larceveau
Juxue
Pagolle
Mauléon-Licharre
Chéraute
Hoquy
Viodos
Berrogain-Laruns
Abense-de-Bas
Donismendy
Bois de Josbaig
Aïnhice
Gamarthe
Ibarolle
Bunus
Plazagaina
St Just
Col d'Osquich
Musculdy
Garindein
Libarrenx
Roquiague
Esquiule
Lacarre
Bussunarits
Sarrasquette
Ahaxe
Ibarre
Nethe
Lauhiburu
Hosta
St Antoine
Ordiarp
Pic d'Elaudy
Idaux
Gotein
Caparnia
Barcus
Som! de Cambillou
Oloron
St Pée-d'en-Bas
St Pée-d'en-Haut
B. de Oyhanbeltza
Col de Napale
Mendy
Mendite
Sauguis
St Etienne
Ste Barbe
Paradis
Minone
Chabaigoiti
Féas
Ance
Lecumberry
Alciette
Pic de Belchou
Garaybie
Aussurucq
Suhare
Ossas
la Madeleine
B. de Gouloume
Mendive
Béhorléguy
Forêt des Arbailles
Pic Etchekortia
Pic de Zabozé
Hauskoa
Trois-Villes
Col de Sustary
Tardets-Sorholus
Sommet d'Erretzu
Aramits
Bois de Bugangue
Soum d'Aulis
Col d'Etche
Bugangue
Pic de Behorléguy
Pic Sinigue
Col d'Aphanize
Cihigue
Camou
Alos
Sibas
Abense-de-Haut
Lanne
Forez
Arette
Issor
Bisarce
Bassaburua
Bohokortia
Pic des Vautours
Sunharette
Alçabéhéty
Alçay
Arhan
Sunhar
Restoue
Montory
Col d'Haltza
Col Burdin Olatze
Potto
Charritte-de-Haut
Lichans
Laguinge
Haux
St Sauveur
Ilhounatze
B. de Zouhoure
Lacarry
Etchebar
Atherey
Pic d'Arguibelle
Col d'Arhansus
Licq-Athérey
Etcheber
Barlanès
Pic de Sudou
Soum de Liorry
Col de Burdincurutcheta
Pic Mendibel
Pic Laramendy
Bois de Harribelsette
Oulon
Col de Lie
Lourdios-Ichère
Trône du Roi
Pic Arthaburu
Chalet
Plau d'Iraty
Pic des Escaliers
les chalets d'Iraty
Col Bagargui
Pic Salhagagne
Fl de Haux
Col d'Ordabure
la Mouline
Soum d'Ire
Candau
Col d'Ichère
Bois d'Ichère
le Layens
Som! d'Occabe
Egurgy (Etabnt Pisciculture)
Col Heguichouri
Pellusegagne
Larrau
Pic d'Igountze
Col de Lakurde
Pic d'Arbouty
Pic de Legorre
Forêt d'Iraty
Pic de Bizkarzé
Laugibar
B. de St Joseph
St Joseph
Crevasses d'Holcarté
Negumendi
la Caserne
B. d'Arbouty
Pic d'Issarbe
Ste Engrâce
Pic Soulaing
Forêt d'Issaux
Col de Houratate
Col de Bouezou
Osse-en-Aspe
Irati
Embalse de Irabia
Rio Urchuria
Col d'Erroymendi
Pic d'Orhy
Port de Larrau
Sarimendi
Grand Etroit
Gorges de Kakouetta
Senta
B. de Soudet
Pic de Guilhers
Pas de Guilhers
Gorges d'Uhare
Col de la Pierre St Martin
Arette-Pierre-St Martin
B. de Pétraoube
Lées-Athas
Larregorry
Gouffre
P. d'Arlas
Pescamou
Pic du Soumcouy
Pas d'Azuns
Mail d'Eygarri
Sierra de Abodi
Paso de las Alforjas
Chardékagagna
Otchogorrigagna
Pic Lakhoura
Portillo de Eraice
Tête Sauvage
Pic de Coutende
Labérouat
Pic d'Ourtasse
Lescun
Belagua
Sa de Anialarra
Pic d'Anie
le Billare
Bois de Bresme
El Castillo
Alto Laza
Venta de Arracos
Larrondo
Budogula
Santuario de Musquilda
Ascomurrua
Izalzu
Lizarraga
Sierra Longa
Table des Trois Rois
Dec de Lhurs
Engastelua
Ochagavía
Linza Maz
Pic d'Ansabère
Bois de Lazerque
Jaurrieta
Escaroz
Sierra de Uztárroz
Uztárroz
Punta de Arniotoa
Igardacua
Petrechema
Beyegu
Oronz
Monterria
Zuriza
Pic Lariste
Col de Pau
Pic de Laraille
Pic de Burcq
Esparza
Violeta
Isaba
Barranco de Belabarce
Peña Ezcaurre
Tacheras
Chipeta
la Mina
Pic Rouge
Ermita de Sta Agueda
Ibilcieta
Salazar
Sarriés
Sta Bárbara
Urzainqui
Sierra de Arrigorrieta
Alano
Asagarbia
Pic d'Arlet
Igal
Izal
Güesa
Roncal
Punta Barrena
Calveira
Force
Monte Campanil
Segarra
Choza Funia
Puerto de Acheri
225
248
256

Lahourcade
Abos
Tarsacq
Aussevielle
Poey-de-Lescar
Siros
Lescar
Buros
Maucor
Morlaàs
St Jammes
Gabaston
Sedzère
Monein
Parbayse
Arbus
Artiguelouve
Cuqueron
Lons
Billère
Pau
Serres-Morlaàs
Ouillon
Espéchède
Andoins
Sendets
Idron
Lée
Laroin
Jurançon
Gelos
Bizanos
Mazères-Lezons
Uzos
Aressy
Meillon
Ousse
Artigueloutan
Nousty
Soumoulou
Lucq-de-Béarn
Lacommande
Aubertin
St Faust
Cardesse
Rontignon
Narcastet
Assat
Angaïs
Espoey
Gomer
Lucgarier
Orin
Verdets
Ledeuix
Estialescq
Lasseube
Gan
Baliros
Bordes
Boeil-Bezing
Beuste
Lagos
Moumour
Estos
Goès
Précilhon
Bosdarros
Pardies-Piétat
St Abit
Baudreix
Bordères
Bénéjacq
Oloron-Ste Marie
Escout
Escou
Lasseubetat
Haut-de-Gan
Arros-de-Nay
Bourdettes
Mirepeix
Nay
Coarraze
Bidos
Herrère
Gurmençon
Ogeu-les-Bains
Rébénacq
Haut-de-Bosdarros
Feás
Agnos
Asasp
Eysus
Buziet
Buzy
Bescat
Lys
Bruges
Asson
Igon
Lestelle-Bétharram
Montaut
Lurbe-St Christau
Arudy
Sévignacq-Meyracq
Mifaget
Capbis
St Pé-de-Bigorre
Issor
Escot
Izeste
Ste Colome
Pédestarrès
Louvie-Juzon
Grottes de Bétharram
Arthez-d'Asson
Sarrance
Castet
Bielle
Bilhères
Lourdios-Ichère
Pont-Suzon
Béon
Aste
Bedous
Louvie-Soubiron
Béost
Laruns
Ferrières
Arbéost
Osse-en-Aspe
Accous
Lées-Athas
Eaux-Bonnes
Col d'Aubisque
Gourette
Aucun
Arrens
Lescun
Cette-Eygun
Etsaut
Borce
Urdos
Gabas
Pic du Midi d'Ossau
Pic de la Sagette
Balaïtous
PARC NATIONAL DES PYRÉNÉES
Pont d'Espagne

Villenave-près-Béarn
Montaner
Pontiacq-Viellepinte
Escaunets
Bédeille
Séron
Ponson-Dessus
Ponson-Debat-Pouts
Talazac
Siarrouy
Tarasteix
Pujo
Camalès
Bazillac
Ugnouas
Escondeaux
Lacassagne
Mingot
Sénac
Moumoulous
Fréchède
Bernadets-Debat
Mazerolles
Estampures
Cougnan
Manas-Bastanous
Sarraguzan
Duffort
Fontrailles
Trie-s-Baïse
Lapeyre
Sadournin
Villenave
Marsac
Tostat
Sarniguet
Andrest
Aurensan
Gayan
Lescurry
Castéra-Lou
Soréac
Louit
Mansan
Peyrun
Laméac
Antin
Osmets
Lubret-St Luc
Lalanne-Trie
Vidou
Luby-Betmont
Lagarde
Oroix
Pintac
Oursbelille
Bazet
Bours
Chis
Orleix
Dours
Sabalos
Collongues
Castelvieilh
Chelle-Debat
Cabanac
Aubarède
Pouyastruc
Villembits
Lustar
Sentous
Tournous-Darré
Campuzan
Puydarrieux
Bois du Commandeur
Bordères-s-l'Echez
Ibos
Ger
Gardères
Aast
TARBES
Aureilhan
Séméac
Sarrouilles
Souyeaux
Hourc
Coussan
Gonez
Laslades
Mouledous
Oricux
Thuy
Goudon
Marquerie
Sère-Rustaing
Peyriguère
Bugard
Libaros
Bonnefont
Tournous-Devant
Champ de Tir
Plateau de Ger
Azereix
Juillan
Laloubère
Soues
Lansac
Lespouey
Calavanté
Sinzos
Clarac
Peyraube
Bordes
Tournay
Bernadets-Dessus
Montastruc
Galan
Tamboury
Pontacq
Ossun
Louey
Odos
Horgues
Angos
Barbazan-Debat
Salles-Adour
Allier
Momères
Montignac
Mascaras
Fréchou-Fréchet
Oueilloux
Ozon
Castéra
Burg
Castelbajac
Houeydets
Bégole
Clarens
Barlest
Hibarette
St Martin
Bernac-Debat
Bernac-Dessus
Barbazan-Dessus
Hitte
Luc
Oléac-Dessus
Lanespède
Poumarous
Ricaud
Campistrous
Bénac
Barry
Averan
Layrisse
Orincles
Visker
Arcizac-Adour
Vielle-Adour
Hiis
Montgaillard
Orignac
Chelle-Spou
Gourgue
Capvern-les-Bains
Lutilhous
Lagrange
Lannemezan
Adé
Loubajac
Bartrès
LOURDES
Julos
Paréac
Loucrup
Antist
Cieutat
Artiguemy
Mauvezin
Escoubès
Bourréac
Lézignan
Ordizan
Trébons
Astugue
Arrayou-Lahitte
Arcizac-ez-Angles
Hauban
Mérilheu
Bonnemazon
Capvern
Molère
Benqué
Argelès
Uzer
Castillon
Bettes
Bourg-de-Bigorre
Tilhouse
Lahitte
La Barthe-de-Neste
Escala
Montoussé
Le Béout
Omex
Ségus
Viger
Pic du Jer
Jarret
Les Angles
Artigues
Sère-Lanso
Juncalas
Gez
Ossun
Neuilh
Pouzac
Bagnères-de-Bigorre
Gerde
Asté
Esconnets
Lies
Fréchendets
Batsère
Espèche
Avezac
Izaux
Pic du Pibeste
Lugagnan
Agos
Vidalos
Ouzous
Germs
Labassère
Parc Thermal de Salut
Grotte de Médous
Marsas
Asque
Bulan
Lomné
Espieilh
Sarlabous
Lortet
Bazus-Neste
Mazouau
Ourdis
Gazost
Ourdon
Berbérust
Cotdoussan
Cheust
Soulagnets
Beaudéan
Le Monné
Banios
Esparros
Labastide
Arrodets
Laborde
Pic de Montégut
Casque du Lhéris
Hèches
Ayzac
Gez
Boô
St Pastous
Ayros
Vier
Bordes
Préchac
Beaucens
Artalens
Hautacam
Aranou
Col du Couret
Pic de l'Oussouet
Campan
Lesponne
Forêt des Baronnies
Las Tachouères
Pic de Montaigu
Vallée de Lesponne
Pic de Lhéris
Galade
Ste Marie-de-Campan
Pène de la Téoulère
Signal de Bassia
Sarrancolin
Ilhet
Pic de Montaut
St Savin
Pierrefitte-Nestalas
Villelongue
Uz
Soulom
Col de Tramassel
Pic de Barran
Col d'Ouscouaou
Col d'Isaby
Chiroulet
Pic de Hount Blanque
La Laurence
Col de Beyrède
Beyrède
Sarrat de Bon
Gripp
Lac Bleu
Pic du Midi de Bigorre
Col d'Arizes
Pène Lounque
Col d'Aspin
Espiadet
Payolle
Jumet
Camous
Fréchet-Aure
Ardengost
Gorge de Luz
Pic d'Aube
Soum Arrouy
Pène Blanque
Observatoire
Col du Tourmalet
Taoulet
Artigues
Aspin-Aure
Pic de Viscos
Viscos
Soum de Nère
Pène Taillade
Chèze
Barèges
La Mongie
Cabanes de Camoudiet
Barrancoueu
Arreau
Pailhac
Jézeau
Saligos
Vizos
Sers
Viey
Esquièze
Betpouey
Sazos
Sassis
Viella
Esterre
Luz-St Sauveur
St Sauveur
Pic de Pène Blanque
Pène Arrouye
Campana de Cloutou
L'Arbizon
Cadéac
Cazaux-Debat
Ris
Grézian
Ancizan
Bordères-Louron
Pic d'Ayré
Pic des 4 Termes
Pic d'Aulon
Pic de Baztan
Gouaux
Bazus-Aure
Guchen
Aulon
Guchan
Soum de Napout Costes
Pont Napoléon
MASSIF DE NÉOUVIELLE
Col d'Aubert
Pic de Néouvielle
Pic de Bergons
Pic d'Ardiden
Russell-Culaous
Pic d'Anglade
Lac de l'Oule
Col de Portet
Vielle-Aure
Grailhen
Col du Pla
Avajan
Camparan
Vielle
Soulan
257
258

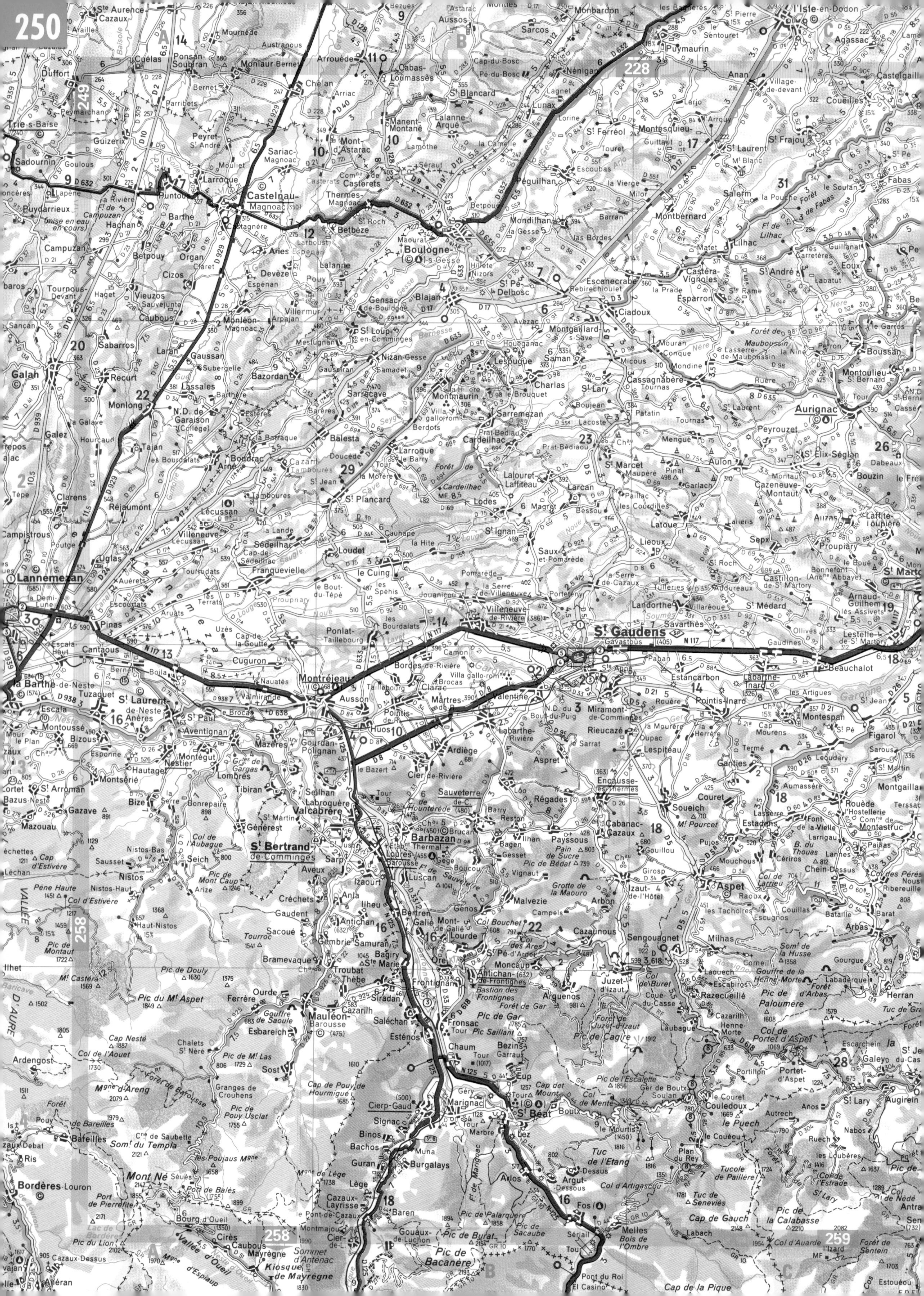

249
228
258
259

Castelnau-Magnoac
Boulogne-s-Gesse
L'Isle-en-Dodon
Trie-s-Baise
Lannemezan
Montréjeau
St Gaudens
Aurignac
St Bertrand-de-Comminges
Barbazan
Sauveterre-de-C.
Encausse-les-Thermes
Aspet
Mauléon-Barousse
Cierp-Gaud
St Béat
Bordères-Louron
Valcabrère
Villeneuve-de-Rivière
Labarthe-Inard

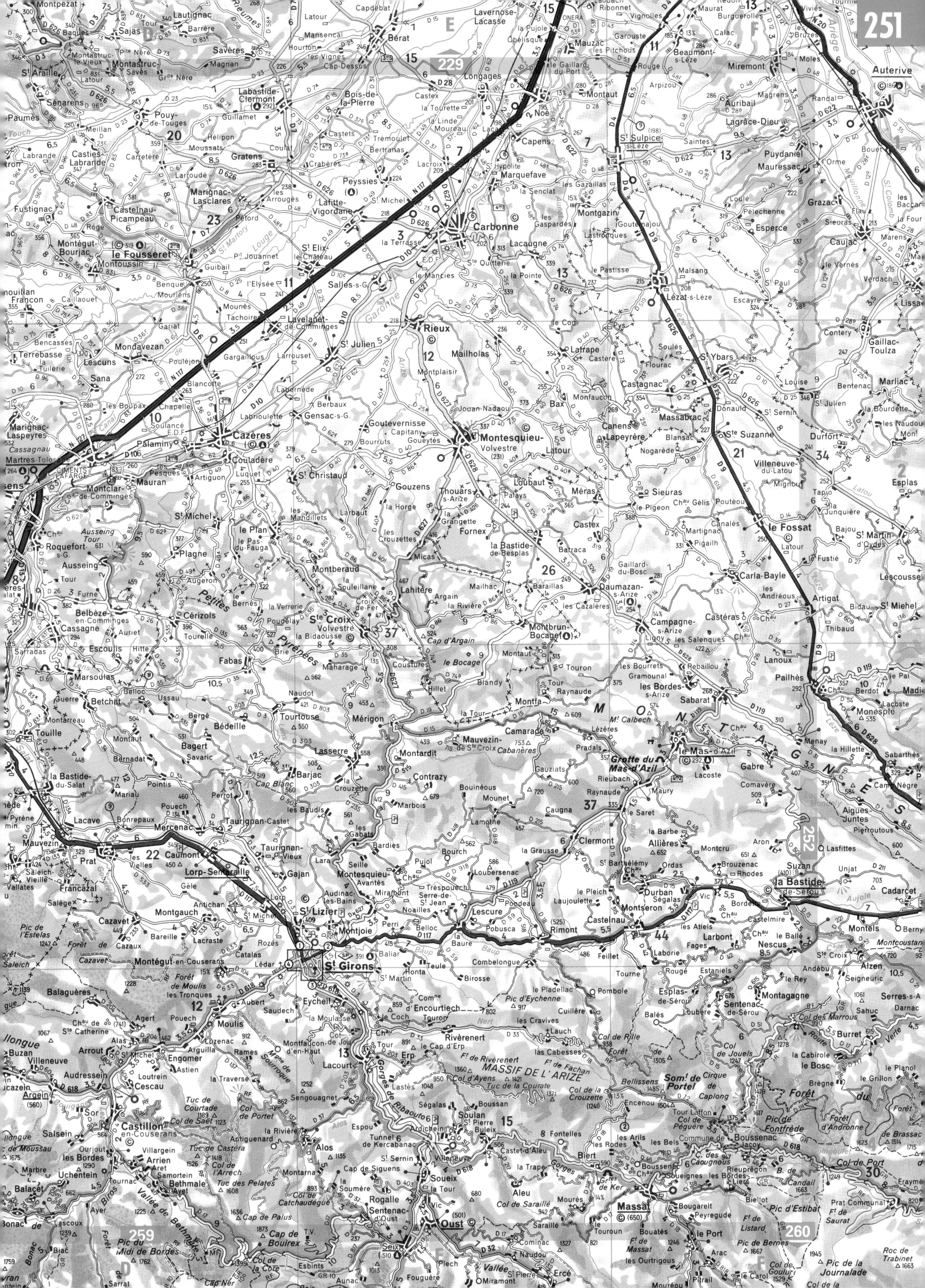
Montpezat
Lautignac
Sajas
Bérat
Capdébat
Lavernose-Lacasse
Mauzac
Vignolles
Burguerolles
Vivies
Savères
Montastruc-Savès
Longages
Beaumont-s-Lèze
Miremont
Auterive
St Araille
Labastide-Clermont
Bois-de-la-Pierre
Noé
Montaut
Sénarens
Pouy-de-Touges
Auribail
Lagrâce-Dieu
Capens
St Sulpice-s-Lèze
Gratens
Peyssies
Puydaniel
Mauressac
Marquefave
Casties-Labrande
Marignac-Lasclares
Castelnau-Picampeau
Lafitte-Vigordane
Carbonne
Montgazin
Grazac
Esperce
Caujac
Montégut-Bourjac
le Fousseret
Montoussin
St Elix-le-Château
Lacaugne
Salles-s-G.
Lézat-s-Lèze
Francon
Lavelanet-de-Comminges
Rieux
Mailholas
Lissac
Mondavezan
St Julien
Latrape
St Ybars
Gaillac-Toulza
Terrebasse
Lescuns
Sana
Castagnac
Marliac
Massabrac
Bax
Marignac-Laspeyres
Cazères
Palaminy
Gensac-s-G.
Montesquieu-Volvestre
Canens
Lapeyrère
Ste Suzanne
Durfort
Martres-Tolosane
Couladère
St Christaud
Latour
Villeneuve-du-Latou
Mauran
Montclar-de-Comminges
Gouzens
Thouars-s-Arize
Loubaut
Méras
Sieuras
Esplas
St Michel
le Plan
Fornex
Castex
le Fossat
Roquefort-s-G.
Ausseing
Plagne
Montberaud
Lahitère
la Bastide-de-Besplas
Carla-Bayle
St Martin-d'Oydes
Daumazan-s-Arize
Belbèze-en-Comminges
Cassagne
Cérizols
Ste Croix-Volvestre
Montbrun-Bocage
Campagne-s-Arize
Artigat
Escoulis
Fabas
Marsoulas
Betchat
Mérigon
les Bordes-s-Arize
Sabarat
Pailhès
Touille
Bédeille
Lasserre
Mauvezin-de-Ste-Croix
le Mas-d'Azil
Grotte du Mas-d'Azil
Gabre
la Bastide-du-Salat
Barjac
Montardit
Contrazy
MONTAGNES
Mercenac
Taurignan-Castet
Clermont
Mauvezin
Prat
Caumont
Lorp-Sentaraille
Taurignan-Vieux
Gajan
Montesquieu-Avantès
Allières
Durban
la Bastide-de-Sérou
Cadarcet
Francazal
St Lizier
Lescure
Montseron
Castelnau
Rimont
Cazavet
Montgauch
Montjoie
St Girons
Montégut-en-Couserans
Balaguères
Moulis
Eycheil
Encourtiech
Montagagne
Serres-s-A
Burret
Arrout
Engomer
Villeneuve
Audressein
Lacourt
Erp
MASSIF DE L'ARIZE
Argein
Cescau
Castillon-en-Couserans
Portel
Soulan
Boussenac
Les Bordes
Uchentein
Bethmale
Alos
Soueix
Massat
Aleu
Balacet
Vallée de Bethmale
Seix
Oust
le Port
Ercé
Sarrat
229
252
259
260

Mouzens Auragne Trévigne St Léon Caussidières les Pourquiers Gardouch Renneville Ségadènes Arques le Marès St Brice St Laurent Camboyer Montmaur les Pagès la Ginelle le Castelet le Cammas Tréville

Daujas Mauzac en Grèses Seyre Montclar-Lauragais Avignonet-Lauragais Montferrand Airoux Soupex Puginier Souilhe Peyrens

Randal Sicardou Mis Mauvaisin Nailloux Roquefoulet Beauteville Majesté les Alix Seuil de Naurouze la Rouatière Labastide-d'Anjou Souilhanels

Auterive Pontié Cadau Montgeard Monestrol Lasserre Lagarde Gourvieille Obélisque de Riquet le Ségala Ricaud

l'Orme le Secourieu Bouisson Aignes Caignac Bgne de l'Estrade Baraigne Castelnaudary

Grazac Flau Sieuras Les Baccarets Cintegabelle Boulbonne (Ancne Abbe) Bigorre St Michel-de-Lanès Belflou la Barthe Molleville Mas-Stes-Puelles

Caujac Marens Mailhol Bout-du-Pont les Parisés Piel Terraqueuse Calmont la Tuilerie Marquein Malvezy la Fourre Cumiès

le Vernès Verdach St Quirc Silo Picarrou Fortanié Gibel Salles-s-l'Hers Villeneuve-la-Comptal St Jean

Lissac Ampouillac Artenac Baulias Tour Fajac-la-Relenque le Marchand St Hubert Montauriol Brézil

Contery Labatut Canté la Peyre l'Abade Ste Camelle Payra-s-l'Hers Fendeille

Gaillac-Toulza Freyras Nafaure Mazères la Louvière-Lauragais Bérengou Mézerville Peyrefitte-s-l'Hers Mireval-Lauragais

Marliac Bentenac Saverdun Danis le Tord-en-Haut Molandier Mayreville Chau la Tour Pech du Roi Henriques

St Julien la Bourdette les Naudous Larlenque Vernèses l'Etoile l'Hospitalet Talvézy St Sernin la Bade St Amans Fonters-du-Razès Laurac

Durfort Justiniac Brie le Canou la Bastide-de-Couloumat les Mouillères Bonac Pech-Luna Puy de Faucher Generville

Tapio Esplas la Caussatière Casse la Barthète le Saltré Marty Belpech Fajac-la-Selve les Pesquiés Gaja-la-Selve Arbonnens

la Junquière Pauliac Cousinet Montaut le Py Cahuzac Pujet les Courtines Cazalrenoux

Bajou Unzent le Vernet Laberdou la Devèze la Remise Pécharic-et-le-Py le Poteau

St Martin-d'Oydes Bonnac Salvayre le Fargue Tremège Villeneuve-du-Paréage Crieu Gaudiès la Commanderie Ribouisse Gélade d'en-Bas Bonnérys-d'en-Haut

le Fustié Gaillac St Amans Bézac Lavail Tresmèzes Blazens le Capitaine Plaigne Lafage St Julien-de-Briola Orsans

Lescousse Artigat Balaguier Trémoulet Lapenne Villautou les Gascous Plavilla

Bidau St Michel Pourcaud Thibaud la Bardaille la Bastide-de-Lordat les Cazazils Taillefer

Roujolis Tambouret Escosse Lafitte Rivalneuve-du-Bosc George Roc Redon le Carlaret St Félix-de-Tournegat Bois de la Belène les Bessous Montbel Ste Foi St Gaudéric

Gouses Chaumont le Pal Madière Rhodes-de-Bas Pamiers Merly Ludiès Barthes en Peyrotte St Aulin Marty Pech Redon

Berdot Lacoste Monesple St Victor-Rouzaud le Tarré Tour la Tour-du-Crieu Lassere Font Communal St Amadou Baylès Vals Manses Teilhet Peyrie-et-Peyrot Senesse Larché Chau de Terride Malegoude Seignalens

Menay la Hillette Sabarthès St Bauzeil St Jean-du-Falga Vernolle les Pujols les Issards Rieucros Rocques Besset Coutens Mirepoix Parayre Cazals-des-Baylès

Artix Benagues Ferriès Montégut-Plantaurel Camp Nègre Cazaux Rieux-de-Pelleport Fontvives Coussa la Guinguette Vermeille Tourtrol la Grde Borde Jacquet Roumengoux Moulin-Neuf Cazal-des-Faures

MONTAGNES Aigues-Juntes Pierroutous Rozies Loubens le Souleilla Varilhes les Bordes Arvigna Viviès Jalabert Mazeroles Paychels Montcabirol la Bastide-de-Bousignac Treziers

Lasfittes Sarguet Pic de Montmioul Laborie St Félix-de-Rieutord Roubichou Vira Roussinergue Senesse-de-Senabugue Barry-d'en-Haut Sibra Tour Lagarde

Unjat Cadarcet Charameau Carol Pas du Portel Crampagna Dalou Ségura Malléon Calzan Col de Calzan Engraviès Chau St Pastou Dun le Pape St Julien-de-Gras-Capou Troye-d'Ariège St Quentin-la-Tour Chau Montaragou Camon

Montels Berny Faouré-Nègre DU Clarac Loubières Garrigou St Jean-de-Verges Marseillas Gudas Mont Pastouret Seigneurix Merviel Tapia Pic de Montegut Gouiric Limbrassac Quellle Belloc

Montcoustan St Croix Alzen Seigneuric Tresbens St Martin-de-Caralp Baulou R. Soula de Labouiche Col del Bouich Tournac Labarre Villeneuve-du-Bosc Ventenac le Bousquet le Taychel Pradettes Aigues-Vives Léran Baychère Bgne de Montbel

Andébu Vernajoul Cos St Sauveur Arabaux Col de Py PLANTAUREL Col de Sarnac Carla-de-Roquefort Lieurac Sautel Tabre Régat

Serres-s-Arget Darnac Col des Marrous St Pierre-de-Rivière Baronnie FOIX la Vergnière Pradières l'Herm Col de Charcany Neylis Esclagne Laroque-d'Olmes Montbel

Burret la Mouline la Pouge Bénac Ganac Cadirac Pech de Foix les Monges Carol Rappy Illat Fajou Villaret les Baïhards

le Bosc Burges le Planol Brassac Becq Caraybat Pic de l'Aspre Soula Roquefort-les-Cascades Leychert Tanière Cap de la Monge Raissac Ste Ruffine la Bastide-s-l'Hers Mireval le Peyrat Ste Colombe-s-l'Hers

Brègne le Grillon Cazals Péralbe Ferrières Montgaillard Pain de Sucre St Cirac Canalot Roc Marot Roquefixade Péreille Dreuilhe Fontcirgue Camp-Redon

MASSIF DE L'ARIZE Forêt du Consulat de Foix Forêt de Brassac Micou Prayols le Prat d'Albis St Paulet Celles Landes Nalzen Lavelanet les Ghaubets Canterugue Lesparrou Engauly Galouche Vilhac

Forêt d'Andronne Rocher de Batail Bout de Touron St Antoine Montoulieu Pont du Diable St Paul-de-Jarrat N.D. de Celles Freychenet le Gabachou St Jean-d'Aigues-Vives Bénaix l'Aiguillon N.D. du Val-d'Amour Pasquet la Borie

Col de Port Fraymène Seignaux Antras Labat Tragine Montferrier Villeneuve-d'Olmes Pic de Mède Bélesta Col del Teil

Prat Communal Cabus Tour Montorgueil Aynat Amplaing Garrabet Armentière Col de la Lauze Crête de Madoual Morenci Serre-Longue

Saurat Ménac Arignac Jarnat Mercus Pigaillous Chau Fougax-et-Barrineuf Rieufourcant le Gélat

Bédeilhac Soudour Calamès Rabat-les-Trois-Seigneurs Surba Croquié Pic de la Lauzate la Peyregade Planas Montségur les Coussats Fl de Correl l'Espine Picotalent Forêt Col de la Cr. des Morts

Roc de Trabinet Pic de la Journalade Lacombe Bompas Arnave Col d'Ijou St Paul le Castelet Serres Mt Fourcat Pelail Lalibert

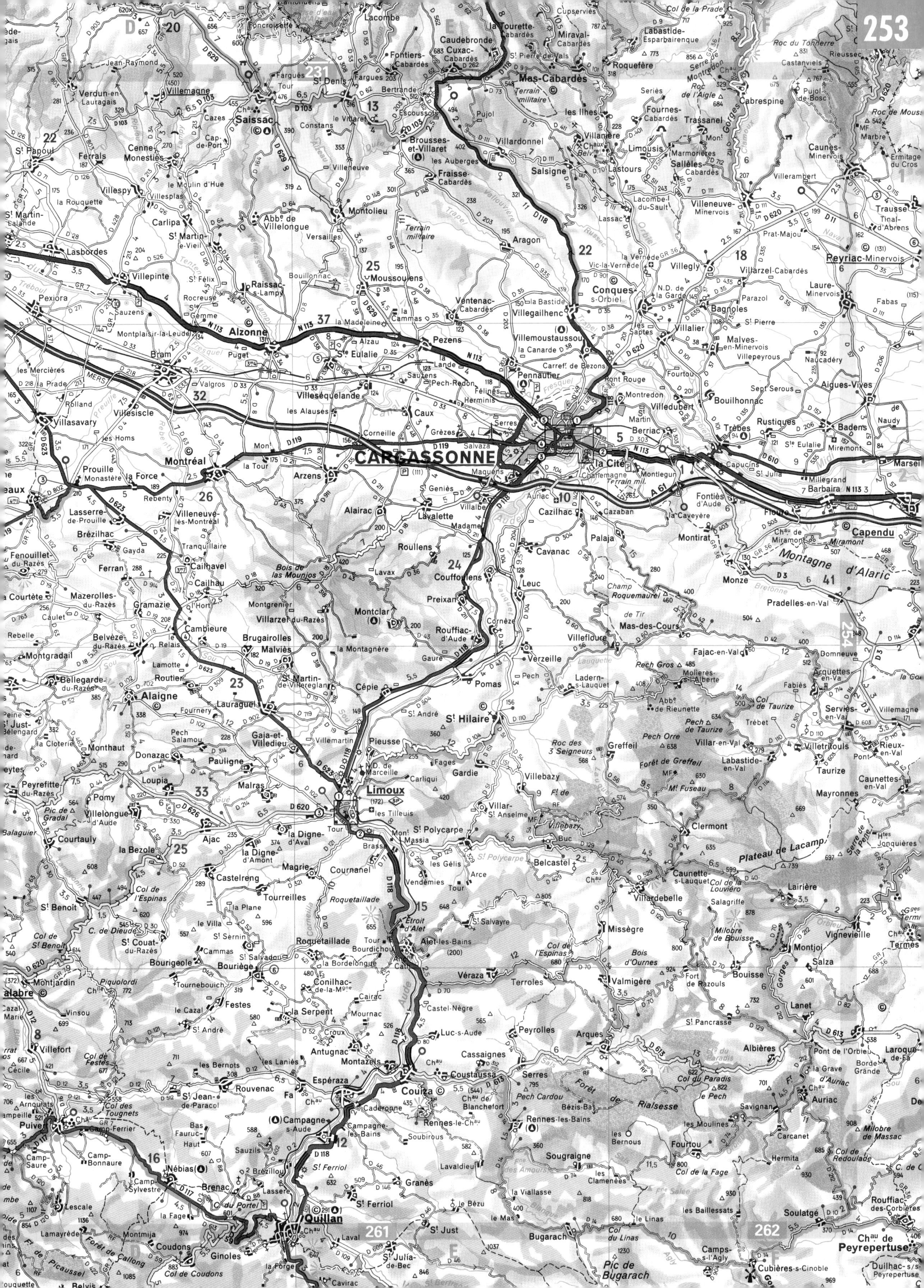

231
Lacombe
la Tourette-Cabardès
Cupserviès
Col de la Prade
Miraval-Cabardès
Labastide-Esparbairenque
Roc du Tonnerre
Caudebronde
Cuxac-Cabardès
Fontiers-Cabardès
Jean-Raymond
Villemagne
Fargues
St Denis
Mas-Cabardès
Roquefère
Castanviels
Verdun-en-Lauragais
Saissac
Bertrande
Pujol
Terrain militaire
Fournes-Cabardès
Trassanel
Cabrespine
Pujol-de-Bosc
Roc de l'Aigle
Gorges du Clamoux
Cazes
Constans
le Villaret
Escoussols
les Ilhes
Cenne-Monestiès
Cap-de-Port
Brousses-et-Villaret
Villardonnel
Villanière
Limousis
Marmorières
Caunes-Minervois
St Papoul
Ferrals
Villeneuve
les Auberges
Salsigne
Lastours
Sallèles-Cabardès
Ermitage du Cros
le Moulin d'Hue
Fraisse-Cabardès
Lacombe-du-Sault
Villerambert
Villespy
Villesplas
Villeneuve-Minervois
Trausse
Tinal-d'Abrens
la Rouquette
Montolieu
St Martin-Lalande
Carlipa
Abbé de Villelongue
Lassac
Prat-Majou
St Martin-le-Vieil
Versailles
Terrain militaire
Aragon
Lasbordes
Villepinte
St Félix
Raissac-s-Lampy
Bouillonnac
Moussoulens
Vic-la-Vernède
Villegly
Villarzel-Cabardès
Reyriac-Minervois
Pexiora
Rocreuse
St Gemme
Sauzens
Ventenac-Cabardès
la Bastide
Villegailhenc
Conques-s-Orbiel
N.D. de la Garde
Bagnoles
Laure-Minervois
Fabas
Alzonne
la Madeleine
la Cammas
les Saptes
Villalier
St Pierre
Montplaisir-la-Leude
Bram
Puget
Alzau
Ste Eulalie
Pezens
Villemoustaussou
la Canarde
Malves-en-Minervois
Villepeyrous
Naucadéry
les Mercières
Valgros
la Lande
Carref. de Bezons
Pennautier
Sauzens
Pech-Redon
Fourtou
Bouilhonnac
Sept Serous
Aigues-Vives
la Prade
Rolland
Villeséquelande
Félines
Herminis
Pont Rouge
Montredon
Villedubert
Villasavary
Villesiscle
les Alauses
Caux
Martin
Berriac
Rustiques
Badens
Naudy
les Homs
Canal
Corneille
Grèzes
Serres
Trèbes
Ste Eulalie
Miremont
Montréal
Mont
la Tour
Arzens
CARCASSONNE
Salvaza
la Cité
N 113
les Capucins
St Julia
Marseillette
Prouille
la Force
Monastère
Maquens
Charlemagne
Montlegun
Millegrand
Barbaira
Rebenty
St Geniès
Terrain mil.
A 61
Fontiès-d'Aude
Lasserre-de-Prouille
Villeneuve-lès-Montréal
Alairac
Lavalette
Villalbe
Auriac
Cazilhac
Cazaban
la Caveyère
Floure
Capendu
Brézilhac
Tranquillaire
Madame
Montirat
Chau de Miramont
Gayda
Cavanac
Palaja
Miramont
Fenouillet-du-Razès
Ferran
Cailhavel
Roullens
Montagne d'Alaric
Bois de las Mounjos
Lavax
Couffoulens
Monze
la Courtète
Cailhau
Leuc
Champ Roquemaurel
Mazerolles-du-Razès
Montgrenier
Preixan
de Tir
Pradelles-en-Val
Caulet
Gramazie
l'Hort
Villarzel-du-Razès
Montclar
Mas-des-Cours
Rebelle
Cambieure
Brugairolles
Rouffiac-d'Aude
Cornèze
Villefloure
Belvèze-du-Razès
le Relais
Malviès
la Montagnère
Fajac-en-Val
Domneuve
254
Montgradail
Lamotte
Gaure
Verzeille
Pech Gros
Arquettes-en-Val
Bellegarde-du-Razès
Routier
St Martin-de-Villereglan
Cépie
Pomas
Ladern-s-Lauquet
Mollères-l'Alberte
Alaigne
Pech
Abbé de Rieunette
Col de Taurize
Fabiès
Serviès-en-Val
Villemagne
Fournery
Lauraguel
St André
St Hilaire
Pech de Taurize
Trébet
St Just-Bélengard
Pech Salamou
Gaja-et-Villedieu
Villemartin
Pieusse
Roc des 3 Seigneurs
Greffeil
Pech Orre
Villar-en-Val
Villetritouls
Rieux-en-Val
la Cloterie
Monthaut
Donazac
Pauligne
Fages
N.D. de Marceille
Carliqui
Gardie
Forêt de Greffeil
Labastide-en-Val
Taurize
Pont
Peyrefitte-du-Razès
Pomy
Loupia
Malras
Limoux
Villebazy
Mt Fuseau
Caunettes-en-Val
Mayronnes
Villelongue-d'Aude
Pic de Gradal
Tour
les Tilleuls
Villar-St Anselme
Clermont
Ajac
la Digne-d'Aval
Mont Massia
St Polycarpe
Buc
Plateau de Lacamp
Hies Jonquières
Serre de la Pène
Courtauly
la Bezole
la Digne-d'Amont
Brassa
les Gélis
Belcastel
Magrie
Cournanel
Arce
Caunette-s-Lauquet
Col de la Louviéro
Lairière
Castelreng
Vendémies
Villardebelle
Salagriffe
St Benoît
Col de l'Espinas
Torreilles
Roquetaillade
la Plane
Etroit d'Alet
C. de Dieude
le Villa
St Salvayre
Missègre
Milobre de Bouisse
Vignevieille
Col de St Benoît
St Sernin
Roquetaillade
Bourdichou
Alet-les-Bains
Col de l'Espinas
Bois d'Ournes
Montjoi
Termes
St Couat-du-Razès
Cammas
St Salvador
Salza
Bourigeole
Bouriège
la Bordelongue
Conilhac-de-la-Mgne
Véraza
Terroles
Valmigère
Fort de Razouls
Bouisse
Montjardin
Piquolordi
Tournebouich
Cairac
Lanet
Festes
la Serpent
Castel-Negre
Vinsou
le Cazal
Mournac
St Pancrasse
St André
Peyrolles
Villefort
Croux
Luc-s-Aude
Arques
Albières
Laroque-de-Fa
Col de Festes
Antugnac
Montazels
Cassaignes
Pont de l'Orbieu
les Laniés
les Bernots
Col du Paradis
la Grave
Borde Grande
Espéraza
Coustaussa
Serres
Chau d'Auriac
Rouvenac
Couiza
Pech Cardou
le Pech
Auriac
St Jean-de-Paracol
Col des Tougnets
Caderonne
Chau de Blanchefort
Bézis-Bas
Forêt de Rialsesse
Savignan
Puivert
Camp-Ferrier
Campagne-s-Aude
Rennes-le-Chau
Rennes-les-Bains
les Moulines
Milobre de Massac
Bas
Faurac-Haut
Campagne-les-Bains
Soubirous
Les Bernous
Fourtou
Carcanet
Camp-Saure
Camp-Bonnaure
Sauzils
Col de Redoulade
16
Nébias
Brézilhou
St Ferriol
Lavaldieu
Sougraigne
Col de la Fage
Hermita
Camp Sylvestre
Brenac
Granès
les Clamenèes
Lescale
C. du Portel
Lassere
Tour
St Ferriol
la Vialasse
les Baillessats
Soulatgé
Rouffiac-des-Corbières
la Fage
Quillan
le Bézu
le Mas
le Linas
Lamayrède
Montmija
Laval
261
St Just
Bugarach
Col du Linas
262
Chau de Peyrepertuse
Forêt de Callong
Coudons
Ginoles
St Julia-de-Bec
Camps-s-l'Agly
Col de Coudons
Pic de Bugarach
Cubières-s-Cinoble
Duilhac-s/s-Peyrepertuse
la Forge
Cavirac

Masnaguine
Cassagnoles
Ferrals-les-Montagnes
Fourneliers
Cantignergues
Vélieux
la Garrigue
Belleraze
St Jean-de-Minervois
Gimios
Barroubio
Villespassans
Creissan
Puisserg
Millau
la Manière
Argentières
Abeuradou
St Julien-de-Molières
les Gours
le Bouis
Bois-Bas
le Cazal
Vialanove
Cailhol
St Hippolyte
la Roueyre
Fargoussières
Fontanche
Cruzy
Roueyre
Malemort
Roc de Moussu
Camplong
l'Auriol
Fournes
Fauzan
Gorges de la Cesse
Ponts naturels
Minerve
la Caunette
Babio
Paguignan
Cazelles
Montplo-le-Bas
Montouliers
Quarante
Sailles
Curatier
Capestang
les Rivières
Marbre
Brama
Ermitage du Cros
Calamiac
la Crémade
Pic St Martin
Félines-Minervois
Cesseras
Azillanet
Aigne
Aigues-Vives
Agel
Bize-Minervois
Sériège
Malviès
Paulignan
Centeilles
St Germain
la Livinière
Siran
la Ramière
la Prade
la Mignarde
les Tuileries
Argeliers
Preissan
la Croisade
l'Etang de Capestang
Trausse
Tinal-d'Abrens
Artix
Cadirac
Beaufort
Mailhac
le Terral
la Grangette
Montels
Peyriac-Minervois
Pépieux
Oupia
Pouzols-Minervois
Cabezac
Mirepeisset
Ouveillan
la Redonde
Port la Robine
Rieux-Minervois
Floris
Massiac
Azille
le Marquisat
St Julien
Olonzac
Homps
Abbe Fontcalvy
Rabès
Truillas
Fabas
la Pierre Plantée
Jouarres-le-Vieux
Ste Valière
Ginestas
Somail
la Fondelon
Sallèles-d'Aude
St Eugène
l'Estagnol
Laredorte
Tourouzelle
Ste Cécile
Argens-Minervois
Roubia
Paraza
Ventenac-en-Minervois
Moussoulens
Cuxac-d'Aude
St Frichoux
St Roch
St Aunay
Etang asséché de Marseillette
Castelnau-d'Aude
la Boulandière
Sérame
St Nazaire
St Marcel
Vivès
l'Etang
Puichéric
Escales
la Bastide
Tour
Fontarèche
Canet
Raissac
Marcorignan
Moussan
Védilhan
Ruines Romaines
Ricardelette
Bougna
Naudy
Roquecourbe-Minervois
N.D. de-Colombier
Montrabech
Lézignan-Corbières
la Domèque
Villedaigne
Fresquet
Malvesy
les Levrettes
Usine Atomique
les Pouzets
Blomac
l'Horte
Montbrun-des-Corbières
Névian
Marseillette
St Couat-d'Aude
Conilhac-Corbières
Villenouvette
Cruscades
St James
Montredon-des-Corbières
Narbonne
Vinassa
Capendu
Douzens
Moux
Gaujac
St Estève
Pont
Chlle de Canos
Ornaisons
Luc-s-Orbieu
Parc de la Campane
Bizanet
les Hauts de Narbonne
Comigne
Roc Gris
Fontcouverte
Autoroute des Deux Mers
Gd Caumont
Aussières
Ricardelle
Crabioules
Bouscat
d'Alaric
le Faubourg
Boutenac
Quillanet
Jonquières
Montplaisir
Lunes
Montfort
Réquy
N.D. de Consolation
Ferrals-les-Corbières
Gasparets
Gaussan
St Julien
Rochegrise
la Nautique
Roc de l'Aigle
Fabrezan
Villemajou
Roc de Fontfroide
Montlaur
Camplong-d'Aude
Bois de la Pinède
les Olieux
St Martin de Toques
Fontfroide
Abbe de Fontfroide
Prat de Cest
Bages
Gd Mandirac
Pechlat
Ardolou
Vaugelas
Villerouge-la-Crémade
Belle Vue
Thézan-des-Corbières
St André de-Roquelongue
Massif de Fontfroide
Estarac
la Coque
Cicéron
les Auzines
Ribaute
les Vals
Palais
Montséret
Pech Rascas
Mont Milan
les Pigeonniers
Villemagne
Lagrasse
Terre-Rouge
Caraguilhes
Pradines
Bois du Vicomte
Etang de Campignol
Rieux-en-Val
N.D. du Carla
Tournissan
St Laurent-de-la-Cabrerisse
Plan de Couloubret
Peyriac-de-Mer
l'Evèque
Prat-Neuf
le Rabet
Donos
I. de Planasse
Réserve africaine
Caunettes-en-Val
St Auriol
St Estève
Taura
Ile de l'Aute
le Hameau du Lac
Etang de l'Ayrolle
St Pierre-des-Champs
Talairan
Coustouge
Fontjoncouse
Montplaisir
le Cingle
Ripaud
les Campets
Portel-des-Corbières
N.D. des Oubiels
la Courtive
Hres Jonquières
St Martin-des-Puits
le Razès
Jonquières
St Victor Ermitage
Gléon
Lastours
les Mattes
les Cabanes
Serre de Blanes
Tréviac-Bas
Plan du Pal
Sigean
Ciments Lafarge
Chau de Durfort
Col de Villerouge
Come de Bête
Villesèque-des-Corbières
Montpezat
Termes
Villerouge-Termenès
Col du Prat
Albas
Durban-Corbières
St Martin
Cap Romarin
Félines-Termenès
Cascastel-des-Corbières
Roquefort-des-Corbières
Marbre
Pech Montaut
Pech de Guillaumet
Villeneuve-les-Corbières
Col de Souil
Lapalme
Salin de Lapalme
Mouthoumet
Col de Bedos
Davejean
Col d'Amie
Quintillan
Fraissé-des-Corbières
Laroque-de-Fa
Pic Cascagne
Col de la Gineste
Palairac
Serre de Quintillan
St Jean-de-Barrou
Pic du Pied du Poul
les Cabanes-de-Lapalme
Col de Canteloup
N.D. de l'Olive
Col de Feuilla
St Pancrace
Col de Couisse
Col de Ferréol
Embres-et-Castelmaure
Castelmaure
Feuilla
Caves
Grau de la Franqui
la Franqui
Dernacueillette
Maisons
Ségure
Col d'Extrême
N.D. de Faste
Montoulié de Périllou
Treilles
Leucate
Massac
Milobre de Massac
Montgaillard
Tour des Géographes
Mgne de Tauch
Nouvelles
C. de Cédeillan
Pech de Fraysse
St Roch
Pech de Genièvre
Périllos
Chelle St Aubin
Fitou
les Cabanes-de-Fitou
Rouffiac-des-Corbières
Roc Fourcat
Tuchan
Chau d'Aguilar
Mt Plat
Serre du Buis
Col de Grès
C. de la Croix dessus
Padern
la Vall Oriole
Port-Fitou
Devès
la Serre
Opoul-Périllos
Pnte de la Corrège
Duilhac-s/s-Peyrepertuse
Cucugnan
Paziols
N.D. du Bon Conseil
La Catalane
Port-L
A9
A61
N113
N9
La Languedocienne
232
253
262
263

Cazouls-lès-Béziers
Lignan
Boujan-s-Libron
Montblanc
Pomérols
Florensac
la Bellonette
Rouquette
Villenouvette
Maraussan
Maureilhan
BÉZIERS
Bessan
Marseillan
Poussan-le-Bas
Cabrials
la Grassette
Coussergues
Montmarin
la Jourdane
St Jean-de-Libron
Clairac
St Bauzille
le Neuf
Preignes
le Vieux
St Jean d'Aureillan
Cers
Vias
Agde
Etang de Bagnas
le Castellas
les Onglous
Marseillan-Plage
Colombiers
Écluses de Fonséranes
Villeneuve
Portiragnes
Sauvian
Nissan-lez-Enserune
Lespignan
Vendres
Sérignan
Sérignan-Plage
Redoute-Plage
Port-Cassafières
Farinette-Plage
Tamarissière
la Guirandette
Rochelongue
le Grau-d'Agde
Aqualand
le Cap d'Agde
Cap d'Agde
Richelieu
Fort Brescou
Port Ambonne
le Môle
Maraval
Valras-Plage
la Vistoule
la Yole
l'Etang de Vendres
Salles-d'Aude
Fleury
Puech de Labade
la Pagèze
les Cabanes-de Fleury
Grau de Vendres
Etang de Pissevaches
Moyau
Laquirou
Marmorières
l'Oustalet
Camplazens
Gouffre de l'Œil Doux
la Clape
Vires
St Pierre-s-Mer
Port de Brossolette
Narbonne-Plage
Rouquette
les Ayguades
Gruissan
Gruissan-Plage
233
234
263
D
E
F
1
2
Béziers
Floureus (R.) AY 18
Péri (Pl. Gabriel) AY 44
République (R. de la) AY 51
Riquet (R. Paul) AY 53
Abreuvoir (R. de l') AZ 2
Albertini (Av. Enseigne) CY 4
Canterelles (R.) AZ 6
Citadelle (R. de la) BY 7
Corneilhan (Av. de) BX 9
Drs-Bourguet (R. des) AZ 13
Dr-Vernhes (R. du) AY 14
Estienne-d'Orves (Av.) BYZ 16
Font-Neuve (Av. de la) BX 19
Four-à-Chaux (Bd du) AX 20
Garibaldi (Pl.) BZ 21
Genève (Bd de) CY 22
Joffre (Av. Mar.) BZ 26
Madeleine (Pl. de la) AY 33
Massol (R.) AZ 35
Moulins (Rampe des) AY 39
Orb (R. de l') AZ 42
Puits-des-Arènes (R.) ABZ 50
Révolution (Pl. de la) AY 52
Saint-Jacques (R.) ABZ 55
St.-Nazaire AY E
Tourventouse (Bd) AZ 58
Victoire (Pl. de la) BY 61
Viennet (R.) AY 62
11 Novembre (Pl. du) BX 66
Allées Paul Riquet
Pl. Jean Jaurès
Plateau des Poètes
Gare du Midi
Palais des Congrès
Basilique St-Aphrodise
La Madeleine
St-Jude
St-Jacques
Pont-Vieux
Pont-Neuf
Cimetière Vieux
200 m

Oloron Ste Marie
Précilhon
Escout
Escou
Herrère
Lasseubetat
Haut-de-Gan
Belair
Rébénacq
Bosdarros
N.D. de Piétat
Arros-de-Nay
Bourdettes
Haut-de-Bosdarros
Les Pindats
Les Labassères
Bidos
Bouderon
Agnos
Soeix
Gurmençon
Féas
Ance
Aramits
Arette
Issor
Lanne
Barlanes
Asasp
Eysus
Ogeu-les-Bains
Buziet
Buzy
Bescat
Arudy
Sévignacq-Meyracq
Ste Colome
Louvie-Juzon
Lys
Bruges
Mifaget
Capbis
Pédestarrès
Lurbe-St Christau
St Christau
Bois du Bager
Bois d'Arudy
Pic Mail-Arrouy
Escot
Défilé d'Escot
Pic Roumendarès
Col de Marie-Blanque
Plateau de Bénou
Castet
Izeste
Bielle
Bilhères
Sarrance
Lourdios-Ichère
Pont-Suzon
Pic Montagnon
le Layens
Pic Soulaing
Forêt d'Issaux
Bedous
Osse-en-Aspe
Orcun
Athas
Jouers
Aydius
Lées-Athas
Accous
Béon
Aste
Gère
Louvie-Soubiron
Béost
Laruns
Pic du Moulle de Jaout
Col de Louvie
Ferrières
Arbéost
Col d'Aubisque
Eaux-Bonnes
Gourette
Pic de Ger
Pic d'Anie
Lescun
Etsaut
Borce
Urdos
Cette-Eygun
l'Estanguet
Pic de Sesques
Pic Permayou
Gorges du Bitet
Miégebat
Pic de la Sagette
Gabas
Artouste
Pic des Tourettes
Balaïtous
PARC NATIONAL DES PYRÉNÉES
VALLÉE D'ASPE
VALLÉE D'OSSAU
Pic du Midi d'Ossau
Col du Somport
Candanchú
Col du Pourtalet
Formigal
Sallent de Gállego
Balneario de Panticosa
Picos del Infierno
Canfranc-Estación
Canfranc
Villanúa
Pico de la Garganta
Tunnel du Somport
Collarada
Pico de Escarra
Peña Telera
Escarrilla
Sandiniés
Tramacastilla de Tena
El Pueyo de Jaca
Panticosa
Piedrafita de Jaca
Búbal
Hoz de Jaca
Polituara
Valle de Tena
Hecho
Siresa
Valle de Hecho
Urdués
Aragüés del Puerto
Jasa
Aísa
Visaurín
Monte Campanil
Forca
Huesca
A
B
C

248
249
258
LOURDES
Pontacq
Ossun
Juillan
Bénéjacq
Coarraze
St Pé-de-Bigorre
Forêt de St Pé-de-Bigorre
Forêt de Mourle
Forêt d'Ossun
Bagnères-de-Bigorre
Tournay
Capvern-les-Bains
Argelès-Gazost
Pierrefitte-Nestalas
Aucun
Arrens
Cauterets
Pont d'Espagne
Vignemale
Barèges
Col du Tourmalet
Pic du Midi de Bigorre
la Mongie
Campan
Ste Marie-de-Campan
Payolle
Luz-St Sauveur
MASSIF DE NÉOUVIELLE
PARC NATIONAL DES PYRÉNÉES
Gavarnie
Cirque de Gavarnie
Cirque de Troumouse
Gèdre
St Lary-Soulan
Vielle-Aure
Aragnouet
Tunnel de Bielsa
Hospital de Parzán
MONTE PERDIDO
Marboré
Pic de la Munia
Brèche de Roland
le Taillon
Pic du Pibeste
Hautacam
Pic d'Ardiden
Pic de Néouvielle
Pic Long
Pic de Campbieil
Vallée de Lesponne
Vallée du Lutour
Vallée d'Ossoue
Lac Bleu
Lac de Gaube
Grotte de Médous
Grottes de Bétharram
Lérida
Tramezaïgues
D
E
F

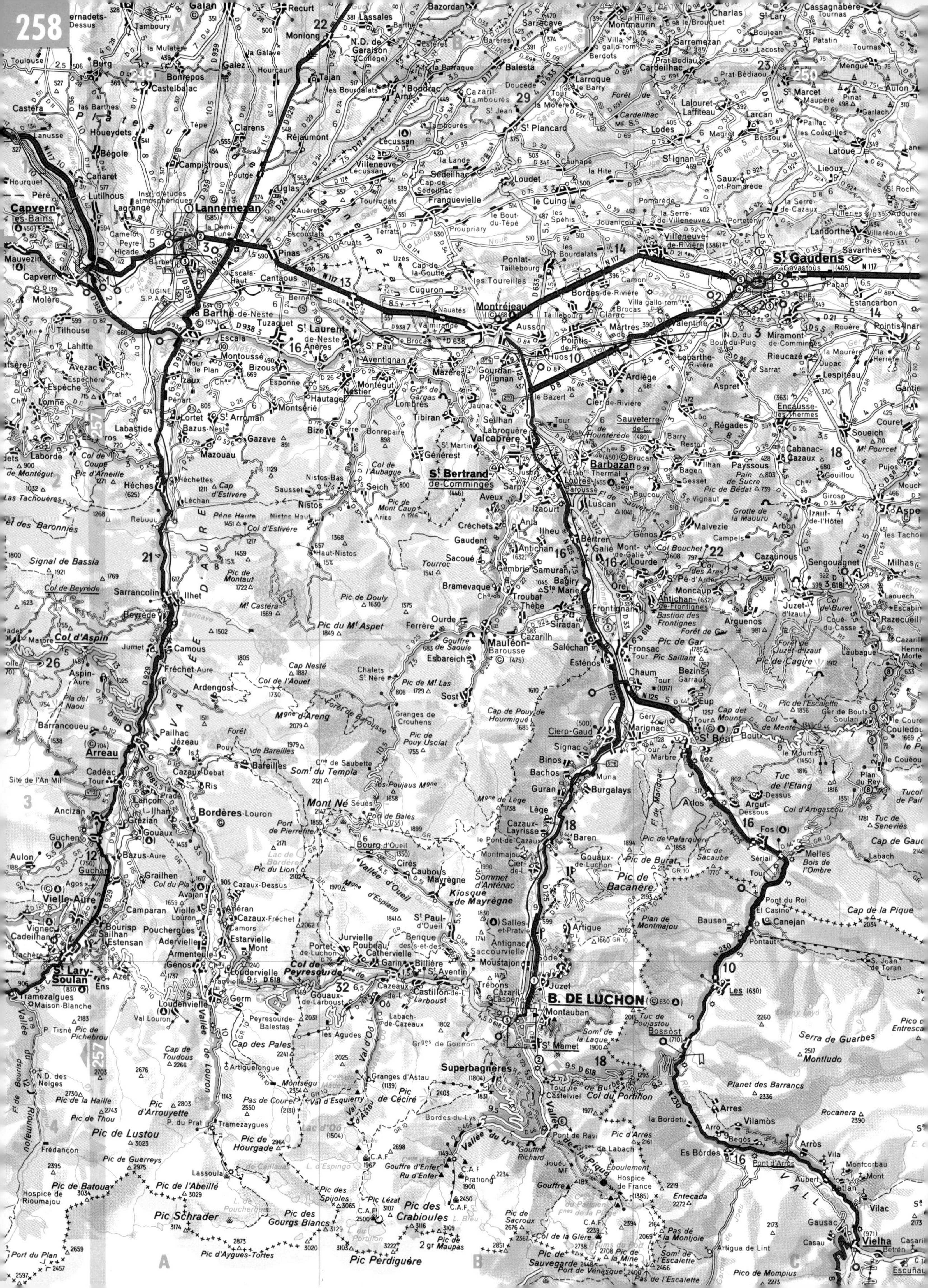
249
250
257
Galan
Recurt
Lassales
Bazordan
Charlas
St Lary
Cassagnabère-Tournas
Monlong
N.D. de Garaison (Collège)
Sarrecave
Montmaurin
Villa gallo-rom.
le Brouquet
Sarremezan
Burg
Bonrepos
Galez
Tajan
Boudrac
Balesta
Larroque
Cardeilhac
Castelbajac
Castéra
Clarens
Réjaumont
Cazaril-Tambourès
St Plancard
Lalouret-Laffiteau
Larcan
St Marcet
Aulon
Houeydets
Bégole
Lécussan
Lodes
Latoue
Cabaret
Campistrous
Villeneuve-Lécussan
Sédeilhac
Loudet
St Ignan
Lieoux
Lutilhous
Uglas
Franquevielle
le Cuing
Saux-et-Pomarède
Capvern-les-Bains
Lagrange
Lannemezan
Villeneuve-de-Rivière
St Gaudens
Mauvezin
Capvern
Pinas
Montréjeau
Valentine
Molère
Cantaous
Cuguron
Tilhouse
La Barthe-de-Neste
St Laurent-de-Neste
Ausson
Martres
Miramont-de-Comminges
Estancarbon
Lahitte
Avezac
Escala
Montoussé
Bizous
Aventignan
Mazères
Gourdan-Polignan
Huos
Labarthe-Rivière
Rieucazé
Espèche
Izaux
Montégut
Nestier
Ardiège
Aspret
Lespiteau
Hautaget
Lombrès
Tibiran
Cier-de-Rivière
Labastide
Lortet
St Arroman
Bizé
Valcabrère
Sauveterre-de-C.
Régades
Encausse-les-Thermes
Soueich
Laborde
Gazave
Mazouau
Générest
Col d'Arneille
St Bertrand-de-Comminges
Barbazan
Cabanac-Cazaux
Pujos
Hèches
Cap d'Estivère
Seich
Sarp
Loures-Barousse
Pic de Bédat
Las Tachouères
Nistos
Aveux
Luscan
Grotte de la Mauoro
Malvezie
Izaut-de-l'Hôtel
Aspet
Signal de Bassia
Col d'Estivère
Créchets
Anla
Izaourt
Arbon
Gaudent
Antichan
Bertren
Galié
Mont-de-Galié
Lourde
Col Bouchet
Sengouagnet
Milhas
Pic de Montaut
Sacoué
Gembrie
Samuran
Bagiry
Col de Beyrède
Sarrancolin
Ilhet
Bramevaque
Ste Marie
Troubat
Thèbe
Antichan-de-Frontignes
Bastion des Frontignes
Juzet-d'Izaut
Col de Buret
Razecueillé
Beyrède
Mt Castéra
Pic de Douly
Siradan
Frontignan
Arguenos
Moncaup
Cagire
Col d'Aspin
Jumet
Camous
Pic du Mt Aspet
Ferrère
Ourde
Mauléon-Barousse
Saléchan
Fronsac
Pic de Gar
Col de Juzet-d'Izaut
Aspin-Aure
Fréchet-Aure
Cap Nesté
Col de l'Aouet
Gouffre de Saoule
Esbareich
Esténos
Chaum
Pic Saillant
Bezins-Garraux
Pic de Cagire
Ardengost
Chalets St Néré
Pic de Mt Las
Sost
Forêt de Bafousse
Cap de Pouy de Hourmigué
Cierp-Gaud
Marignac
St Béat
Col de Menté
Couledous
Barrancoueu
Mgne d'Areng
Granges de Crouhens
Arreau
Pailhac
Jézeau
Pic de Pouy Usclat
Signac
Boutx
Site de l'An Mil
Cadéac
Cazaux-Debat
Bareilles
Cne de Saubette
Som. du Templa
Binos
Bachos
Lez
Tuc de l'Etang
Ris
Guran
Burgalays
Argut-Dessus
Ancizan
Lançon
Bordères-Louron
Mont Né
Pic de Balès
Mgne de Lège
Lège
Arlos
Col d'Artigascou
Grézian
Port de Pierrefite
Cazaux-Layrisse
Baren
Fos
Guchen
Gouaux
Bourg d'Oueil
Pic de Palarquère
Pic de Sacaube
Cap de Gaud
Aulon
Bazus-Aure
Lac de Bordères
Montmajou
Gouaux-de-Luchon
Pic de Burat
Sériail
Melles
Guchan
Grailhen
Pic du Lion
Cirès
Caubous
Sommet d'Anténac
Pic de Bacanère
Bois de l'Ombre
Col du Pla
Cazaux-Dessus
Vallée d'Oueil
Mayrègne
Kiosque de Mayrègne
Vielle-Aure
Avajan
Mgne d'Espiaup
Pont du Roi
Camparan
Vielle-Louron
Anéran
Cazaux-Fréchet
Camors
St Paul-d'Oueil
Salles-et-Pratviel
Artigue
Plan de Montmajou
El Casino
Canejan
Cap de la Pique
Vignec
Cadeilhan
Bourisp
Sailhan
Estensan
Pouchergues
Adervielle
Estarvielle
Jurvielle
Poubeau
Cathervielle
Benque
Saccourvielle
Bausen
Pontaut
Armenteule
Mont
Portet-de-Luchon
Moustajon
S. Joan de Toran
Génos
Col de Peyresourde
Garin
Billière
Trébons
Juzet
St Lary-Soulan
Azet
Loudervielle
St Aventin
Les
Tramezaigues
Maison-Blanche
Ens
Germ
Gouaux-de-Larboust
Castillon-de-Larboust
Cazeaux-de-Larboust
Cazaril-Laspènes
B. DE LUCHON
Montauban
Tuc de Poujastou
Bossòst
Loudenvielle
Val Louron
Peyresourde-Balestas
Labach-de-Cazeaux
Som. de la Laque
Pic de Pichebrou
Cap des Pales
Les Agudes
St Mamet
Serra de Guarbes
Montludo
Cap de Toudous
Artiguelongue
Granges d'Astau
Superbagnères
Col du Portillon
Planet des Barrancs
N.D. des Neiges
Montsegu
Pic de Cécire
Tour de Castelviel
Pic d'Arrouyette
P. du Prat
Pas de Couret
Val d'Esquierry
Vallée de Louron
Vallée de la Pique
Rocanera
Pic de la Haille
Pic de Thou
Tramezaygues
Bordes-du-Lys
Vallée du Lys
la Bordetu
Arres
Vilamòs
Pic de Lustou
Lac d'Oô
Pont de Ravi
Gouffre Richard
Pic d'Arrès
Arròs
Frédançon
Pic de Guerreys
Pic de Hourgade
C.A.F.
Gouffre d'Enfer
Ru d'Enfer
Pic de Labach
Es Bòrdes
Pont d'Arròs
Vila
Montcorbau
Pic de l'Abeillé
Lassoula
L. d'Espingo
Prationg
Gouffre
Éboulement
Hospice de France
Entecada
Aubert
Betlan
Pic de Batoua
Hospice de Rioumajou
Pic des Spijoles
Pic Lézat
Pic des Crabioules
Pic de Sacroux
Pas de la Montjoie
Vilac
Pic Schrader
L. de Pouchergues
Pic des Gourgs Blancs
Col de la Glère
Som. de l'Escalette
Gausac
Casau
Vielha
Port du Plan
Pic d'Aygues-Tortes
Pic de Maupas
Pic de Sauvegarde
Pic de la Mine
Artigua de Lint
Betrén
Escuñau
Pic Perdiguère
Port de Vénasque
Pas de l'Escalette
Pico de Mompius
Rioumajou
Vallée de Rioumajou
Plateau de Lannemezan
Vallée d'Aure
A
B
C
1
2
3
4

Martres-Tolosane
Cazères
Palaminy
Couladère
Gensac-s-G.
Goutevernisse
Montesquieu-Volvestre
Latour
Castagnac
Massabrac
Canens
Lapeyrère
Boussens
Mancioux
St Martory
Roquefort-s-G.
Montclar-de-Comminges
St Michel
le Plan
Plagne
Ausseing
Montberaud
Gouzens
Thouars-s-Arize
Fornex
la Bastide-de-Besplas
Méras
Castex
Sieuras
Daumazan-s-Arize
Campagne-s-Arize
Montbrun-Bocage
Ste Croix-Volvestre
Cérizols
Petites Pyrénées
Belbèze-en-Comminges
Cassagne
Escoulis
Fabas
Mane
Salies-du-Salat
Montespan
Figarol
Betchat
Touille
His
Bédeille
Tourtouse
Mérigon
Montardit
Mauvezin-de-Ste Croix
Camarade
Lasserre
Barjac
Contrazy
le Mas-d'Azil
Grotte du Mas-d'Azil
la Bastide-du-Salat
Castagnède
Montgaillard
Rouède
Castelbiague
Mauvezin
Lacave
Mercenac
Taurignan-Castet
Taurignan-Vieux
Prat
Caumont
Lorp-Sentaraille
Clermont
Allières
Saleich
Francazal
Gajan
Montesquieu-Avantès
Lescure
Rimont
Castelnau
Durban
Montseron
Arbas
Fougaron
Cazavet
Montgauch
St Lizier
Montjoie
St Girons
Montégut-en-Couserans
Eycheil
Moulis
Balaguères
Forêt de la Bellongue
Rivèrenert
la Bellongue
St Jean-du-Castillonnais
Galey
Augirein
Orgibet
Buzan
Villeneuve
Audressein
Argein
Arrout
Engomer
Cescau
Castillon-en-Couserans
Lacourt
Erp
Massif
Soulan
Som^t de Portel
Biert
Massat
Alos
Arrien
Bethmale
Uchentein
Balacet
Antras
Sentein
Bonac
Soueix
Oust
Seix
Vallée de Bethmale
Cap de Bouirex
Pic du Midi de Bordes
Ercé
Aulus-les-Bains
Pic de Montbéas
Vallée d'Ustou
Ustou
Couflens
Mt Valier
Pic de Fonta
Col de Pause
Pic de Maubermé
Pic de l'Homme
Pic de Barlonguère
Pic de la Pale
Pic des Trois Comtes
Pic de Montaud
Pic de Soubirou
Salau
Pic de Montagnou
Pic de Séron
Cap de Ruhos
Pic de Montareing
Mt Rouch
Pic des Mulats
Pic de Certascan
Pic de Couillac
Pic de Turguilla
Pic Rouge de Bassiès
Pico de Moredo
Cabeza de Marimanya
Montgarri
Baguergue
Salardú
Gessa
Arties
Tredòs
Baqueira
Alós de Gil
Pico de Ventolao

251
252
259
Tarascon-s-Ariège
Grotte de Niaux
Pic des 3 Seigneurs
Pic de Saint Barthélemy
Montagne de Tabe
Aulus-les-Bains
Vicdessos
Auzat
les Cabannes
Château-Verdun
Ax-les-Thermes
Pic Rouge de Bassiès
Pointe des Trois Comtes
Pic de Montcalm
Pic d'Estats
Pic de Tristagne
Pic du Port
Pic de Serrère
Pic de la Portaneille
Pic de l'Estanyó
Pics de Casamanya
Pic de la Cabanette
Pic Alt de la Coma Pedrosa
Arinsal
ANDORRA
Soldeu
El Serrat
Canillo
Ordino
La Massana
Encamp
Port d'Envalira
Pas de la Case
Col de Puymorens
Porté-Puymorens
Pic Pédrous
Pic Nègre d'Embalire
Pics Orientaux de Font Nègre
Pic dels Pessons
ANDORRA LA VELLA
Les Escaldes
Sant Julià de Lòria
Puig Pèdros (ou P. de Campcardos)
Tossa Plana
Meranges
Bolvir
Puig Punsó
Roc de la Guardia
la Seu d'Urgell
Castellciutat
Martinet
Bellver de Cerdanya
Prats i Sansor
Alp
Lleida
Túnel del Cadí
Barcelona
A
B
C
1
2
3
4

Quillan
Coudons
Ginoles
St Just
Bugarach
Col du Linas
Pic de Bugarach
Col de Coudons
Chalet de Carach
Belvianes
Cavirac
St Julia-de-Bec
St Louis
Parahou-Grand
Roc Paradet
Col de St Louis
Forêt des Fanges
Défilé de Pierre-Lys
St Martin-Lys
Plateau de Sault
Belvis
Belfort
Espezel
Roquefeuil
Belcaire
Quirbajou
Marsa
Joucou
Serre des Buis
Cailla
Lavagnac
Caudiès-de-Fenouillèdes
Prugnanes
Col Campérié
Lapradelle
Puilaurens
Villeraze
N.D. de Laval
Fenouillet
Castel-Fizel
Fosse
Col del Mas
Axat
Artigues
Aunat
Rodome
Galinagues
Mazuby
Niort-de-Sault
Mérial
Bessède-de-Sault
le Clat
Gorges de St Georges
Pech des Carabatets
Salvezines
Forêt d'Ayguesbonnes
las Cabanes
Vira
le Vivier
Col du Pradel
la Fajolle
Fontanès-de-Sault
Gesse
Forêt de Gesse
Nantilla
Forêt de Navarre
Gincla
Boucheville
Campagna-de-Sault
Gorges de l'Aguzou
la Calm
Pic d'Ourthizet
Picaucel
Port de Pailhères
Mijanès
Rouze
Usson-les-Bains
Escouloubre
le Bousquet
Buillac
Roquefort-de-Sault
St Colombe-s-Guette
Montfort-s-Boulzane
Sarrat Naout
Pellado
Sournia
Rabouillet
Col d'Aussières
Counozouls
Mgne de Cabrixa
Col de Moulis
Carcanières-les-Bains
Escouloubre-les-Bains
le Puch
Artigues
le Pla
Carcanières
Villeneuve-Rebiscane
Pic de Tarbezou
Querigut
Chau du Donézan
Forêt de Gravas
Pic Dourmidou
Ft de Salvanère
Serre d'Escales
Rer du Roussillou
Roque Jalère
Roc Cornu
Col de Jau
Lapazeuil
la Coume
Mosset
Tour de Mascara
Comes
P. de Balbonne
Forêt des Hares
C. des Hares
Carcanet
la Glèbe
Pics de Roque Rouge
le Roc Blanc
Pic de Ginèvre
Pic du Bernard-Sauvage
Pic de Tour
Molitg
Campôme
Molitg-les-Bains
Catllar
Porteille d'Orlu
Rieutort
Puyvalador
Odeillo
Madrès
Serrat Grand
Urbanya
Roc des Creus
Forêt du Galbe
Val de Galbe
Fontrabiouse
Espousouille
Réal
Coume de Ponteils
Pic de la Pelade
Pic de Beys
Pic Peric
Pics Rouges
Porteille de la Coumette d'Espagne
Formiguères
Villeneuve
C. de Sansa
Puig d'Escoutou
C. de Portus
Nohèdes
Conat
Prades
Ria
Codalet
Mt Coronat
Betllans
Pic du Pam
Forêt de Coste
Porteille de la Grave
C. de Creu
Sansa
la Tartère
Villefranche-de-Conflent
Abbe St Michel-de-Cuxa
Le Touzal Colomé
Matemale
Pic du Bastard
Railleu
Ayguatébia
Caudiès-de-Conflent
Lloumet
Thuir-d'Evol
Evol
Jujols
Serdinya
N.D.-de-Vie
Clara
Taurinya
Mont Llaret
Roc d'Aude
les Angles
Tour
Pic Carlit
Pic de Casteillou
Talau
Oreilla
Joncet
Gges des Canalettes
Corneilla-de-Conflent
C. de Millères
Fillols
Combeleran
Pla des Avellans
Col del Pam
Col de la Quillane
Fts de Llansades
Olette
Souanyas
Marians
Escaro
Aytua
Fuilla
Vernet-les-Bains
Col de Rouge
Roc de la Calme
la Llagonne
Serre de Clavera
Canaveilles
Défilé des Graus
Nyer
Sahorre
Thorrent
Casteil
Abbe de St Martin
Pyrénées 2000
Font-Romeu
Mont-Louis
Serrat de la Tausse
Sauto
Thuès-les-Bains
Thuès-entre-Valls
Canaveilles-les-Bains
Tour de Goa
Pic du Canigou
Pic des Mauroux
Targassonne
Egat
Bolquère
Super-Bolquère
Fetges
Fontpédrouse
Gges de la Carança
Forêt d'en entre-Valls
Puig de Très Estelles
Centrale solaire
Odeillo
la Cabanasse
St Thomas-les-Bains
Prats-Balaguer
Forêt de Campilles
Py
Mariailles
Dorres
Angoustrine
Four solaire
Via
St Pierre dels Forcats
Planès
C. de Mantet
Forêt de la ville
Puig Rojà
Villeneuve-des-Escaldes
Col Rigat
Estavar
Bajande
Llivia
Saillagouse
Eyne
Eyne 2600
Pic de Gallinas
Col Mitja
Pic de Rives Blanques
Mantet
Pla Guillem
Massif du Canigou
Ur
Pic Redoun
C. del Pal
Bque des Allemands C.A.F.
Pic de l'Orry
Cambras d'Azé
Pic de Serre Gallinière
Cime des Cùms
Pic de la Collada Verde
Col de la Regina
Collade des Roques Blanques
C. de Llous
Llo
Err
Gorges du Ségre
Pic de Llouzes
Pic du Géant
Pic de la Dona
Vallter 2000
Porteille de Mantet
Cime de Pomarole
Roc Colom
les Esquerdes de Rotja
les Fourquets
Puig Caga-Llops
Bourg-Madame
Ste Léocadie
Nahuja
Osséja
Palau-de-Cerdagne
la Jassette
Pic des Nou Fonts
C. de Nuria
Pic de Finestrelles
Pics de la Vache
Ulldeter
Pla dels Hospitalets
Pic de Coma Armada
Gra de Fajol
Coll de Pal
Pic de Costabonne
la Preste
St Sauveur
la Forge
Pic de la Tossa d'Err
Col de Llo
Puig d'Estaque
Santuario de Núria
Núria (2000)
Torreneules
Pico de Mantinello
Sa de la Balmeta
Sistré
Sa de la Fembra Morta
Col Prégon
Pic de la Clape
Valcebollère
las Planes
Pic de Ségre
Manelic
la Redonella
Setcases
Espinavell
Forcas
Col de Pradeilles
B. de las Coronas
Puigmal
Pic de Dorria
Balandrau
Sa del Catllar
Pico de las Agudas
Pla de Salinas
Cime Coume Mourère
Salines
la Molina
Ripoll
Barcelona
Queralbs (1180)

253
254
Chau de Peyrepertuse
C. de la Croix dessus
Padern
Paziols
Opoul-Périllos
Cubières-s-Cinoble
Duilhac-s/s-Peyrepertuse
Cucugnan
Col du Tribi
Rer du Mont St Bernard
N.D. du Bon Conseil
Gorges de Galamus
St Antoine-de-Galamus
la Quille
Chau de Quéribus
Col de Pla de St Paul
Corbasse
Vingrau
Pas-de-l'Escale
Sarrat de Montpeyroux
Fort de Salses
Salses
Prugnanes
Grau de Maury
Caune de l'Arago
Mas-de-las-Frèdes
la Devèze
St Paul-de-Fenouillet
Maury
Tautavel
Montpins
Garrieux
Mas Fages
Camp militaire
Boulzane
Lesquerde
Maury
Mas-Amiel
Serre d'el Clot
Tour
Clue de la Fou
Fosse
la Borde-Vieille
Cave-des-Corbières
St Martin
Mas Camps
Cases-de-Pène
Espira-de-l'Agly
St Hippolyte
le Vivier
St Arnac
la Borde-Neuve
Latour-de-France
Mas Jau
Rivesaltes
Felluns
Lansac
Rasiguères
Estagel
N.D. de Pène
Ansignan
Serre de Verges
Planèzes
Marbre
N.D. du Salut
Claira
Calce
Prats-de-Sournia
Pellado
Trilla
Ste Catherine
Peyrestortes
Baixas
Pia
Sournia
Pézilla-de-Conflent
Cassagnes
Cuchous
Montner
Col de la Dona
Mas de las Fonts
Bompas
Caramany
Col de la Bataille
Força Réal
Ermitage
Caladroi
le Puch
Col des Auzines
Trevillach
Bélesta
Mas de la Garrigue
St Estève
le Vernet
Chau Roussillon
Roc Cornu
Campoussy
Néfiach
Millas
Corneilla-la-Rivière
Pézilla-la-Rivière
Baho
Tarerach
Montalba-le-Château
Sybille
St Féliu-d'Amont
Villeneuve-la-Rivière
PERPIGNAN
Col de Roque-Jalère
Pic de Baou
St Féliu-d'Avall
le Soler
Marche St Charles
Moulin à Vent
Cabestany
Comes
Marcevol
Ille-s-Têt
Toulouges
Arboussols
Prieuré
Corbère-les-Cabanes
St Joseph
Rodès
Ste Lucie
Canohès
Musée
Mas-Palégry
Eus
St Michel-de-Llotes
Corbère
Mas Canta
les Rosiers
Catllar
Prades
Marquixanes
Vinça
Bouleternère
les Masos
Bellecroze
Polltg
Thuir
Pollestres
Nyls
N.D. de Domanova
Villeneuve-de-la-Raho
Théza
Espira-de-Conflent
Rigarda
Caméla
St Martin
Ponteilla
Llonat
los Masos
Casefabre
Castelnou
Llupia
Codalet
Lloncet
Lavall
Finestret
Joch
Ste Colombe
Trouillas
Mas Sabole
Bagès
Montescot
la Sacristie
Egl. de Fontcouverte
Terrats
Roque Rouge
St Michel-de-Cuxa
Villerach
Estoher
Prieuré de Serrabone
Chlle St Pons
les Tuileries
Fontcouverte
Monastir del Camp
Vilemolaque
St Jean-Lasseille
Ortaffa
Mas Atra
Glorianes
Veinat-d'en-Llense
Caixas
les Hostalets
Fourques
Passa
Clara
Boule-d'Amont
Banyuls-dels-Aspres
Taurinya
Can Baills
Veinat-d'en-Joan-Père
St Sébastien
Montauriol
Palau-del-Vidre
St Etienne
Prunet
Brouilla
Forêt du Llech
la Coume
Baillestavy
Chlle Ste Anne
Chlle de la Trinité
Montner
Walpuy
Tordères
Mas Llauro
Tresserre
Villeclare
Col Fourtou
Prunet-et-Belpuig
Calmeilles
la Mouline
Balatg
Col Xatard
Llauro
St Luc
la Grange
St Génis-des-Fontaines
Chef des Cortalets
la Bastide
Oms
Agouillous
Nidolères
Mas-Santraure
Bonne Aigue
CANIGOU
Ras del Prat Cabrera
St Marsal
Mas Cantuern
Col de Llauro
Villelongue-dels-Monts
Laroque-des-Albères
Valmanya
Vivès
Forêt de Pinateil
Col Palomère
Taillet
St Ferréol Ermitage
le Boulou
Montesquieu
PIC DU CANIGOU
Puig de l'Estelle
Taulis
N.D. de la Roure
lo Naret
Thermes du Boulou
Pic Estelle
Arago C.A.F.
Mine de Fer de Batère
Mas Groanques
Riuros
Aubiry
Jean-la-de-Corts
St Martin-de-Fenollar
Heureuse
Serra del Roc Nègre
Tour de la Descargue
Pic de Gallinasse
Villargeil
Roc del Grevol
Roc du Midi
Puig des Très Vents
Corsavy
Montbolo
la Vila
Pont
Maureillas-las-Illas
St Christophe
Puig Roja
le Pont de Reynès
Céret
les Cluses
l'Albère
Col de l'Ouillat
Pic Neulos
C.A.F. la Rabasse
Palalda
Amélie-les-Bains-Palalda
Reynès
les Hauts de Céret
Léca
Corsavy
le Bernadou
Pallagourdy
Serre Vernet
les Estables
Ggès de la Fou
St Pierre
Alzine-Rodone
Gorges du Mondony
Miralles
le Perthus
Col du Perthus
Pic des 3 Termes
St Martin-d'Albère
Puig d'el Pigné
St Guilleim
la Souque
Mas-Carol
P. de Boularic
Riunoguès
Fort de Bellegarde
Requesens
Arles
Can Partère
Pic de Fontfrède
Stèle des Évadés
la Llau
Mas Malé
Montferrer
Mas-Pagris
Montalba-d'Amélie
Puig de la Pourasse
Pic Calmeille
Serra-Canals
la Borbota
Can Pitot
Pilon de Belmatx
Pic de Granarols
Veinat-d'en-Coumé
Pic des Salines
T.C.
Roc St Sauveur
Pas du Loup
Roc de France
Ermita de les Salines
Superior las Illas
Ermita Sta Lucia
C. de Soous
Manyaques
Serre de Montner
el Roure
Puig Cabrès
Sauveur
Fort Lagarde
le Tech
Puig Redon
Coll de Lli
Puig del Faig
La Jonquera
Cantallops
d'Empordà
Prats-de-Mollo
Défilé de la Baillanouse
le Grau
Cremadeills
Puig del Tourn
la Preste
Col del Faig
la Forge-del-Mitg
Tour de Mir
Tour
Serralongue
Col de la Seille
Can Guillamou
Mas-Noëll
Mt Capell
La Vajol
Agullana
L'Estrada
Bell-Lloch
C. de la Guille
St Laurent-de-Cerdans
Pico Falco
Tàpies
Macanet de Cabrenys
Capmany
Chlle Ste Marguerite
N.D. du Coral
Tours de Cabrens
Coustouges
Castell de Bach Grillera
Riu Arnera
Ermita de Sant Esteve
Darnius
Sant Climent Sescebes
Col d'Ares
Mont Nègre
Villeroge
Montfalgars
Roc del Tabal
Lamanère
Pradells
Can Damoun
Embassament de Boadella
Masarac
Barcelona
A
B
C

Perpignan
Alsace-Lorraine (R.) .... DX 2
Arago (Pl.) .... CY 3
Argenterie (R. de l') .... DX 4
Barre (R. de la) .... DX 6
Clemenceau (Bd) .... BX
Louis-Blanc (R.) .... DX 34
Marchands (R. des) .... DX 36
Mirabeau (R.) .... DX 37
Péri (Pl. Gabriel) .... CY 39
Théâtre (R. du) .... DY 46
Albert (Av. Marcelin) .... BZ
Anatole-France (Bd) .... FY
Anc.-Champ-de-Mars (Av. de l') .... BCV
Arago (Pont) .... AV
Augustins (R. des) .... DY
Baléares (Av. des) .... DZ
Barcelone (Quai de) .... BY
Bardou-Job (Pl.) .... BX 5
Bartissol (R. E.) .... DX 7
Batelo (Quai F.) .... DV 8
Bompas (Av. de) .... DV
Bourrat (Bd Jean) .... EFX
Briand (Bd Aristide) .... EFZ
Brutus (Av. Gilbert) .... BCZ
Cambre (R. Pierre) .... EZ
Camus (Av. A.) .... FZ
Carnot (Quai Sadi) .... DX 20
Cassanyes (Pl.) .... FY
Castillet (Pl. du) .... DX 22
Castillet (R. du) .... EV
Catalogne (Pl. de) .... BY
Cathédrale .... DEX B
Côte-des-Carmes (R.) .... EY 23
Courteline (R.) .... AZ
Dalbiez (Av. Victor) .... BZ
Desnoyés (Bd) .... ABV
Dugommier (R.) .... CZ
Escarguel (Crs L.) .... BXY
Esplanades (Pl. des) .... EYZ
Foch (R. du Mar.) .... BCY
Fontaine-Neuve (R.) .... EY 27
Fusterie (R. de la) .... DY
Gambetta (Pl.) .... DX
Gaulle (Av. Gén.-de) .... AY
Gde-Bretagne (Av.) .... AX
Gde-la-Monnaie (R.) .... DY 28
Grande-la-Réal (R.) .... DY
Guillaut (Av. Gén.) .... DZ 29
Guynemer (Av.) .... FZ
Joffre (Av. Mar.) CV
Joffre (Pont) .... DV
Kennedy (Bd) .... FZ 31
Lattre-de-T. (Quai de) .... CY 32
Leclerc (Av. Mar.) .... BX
Llucia (R.) .... EY
Loge de Mer .... DX D
Loge (R. de la) .... DX 33
Lycée (Av. du) .... BZ
Mailly (R.) .... DY
Masso (R. Paul) .... AYZ
Mercader (Bd Félix) .... BCZ
Moulin (Pl. Jean) .... EY
N.-D.-de-la-Réal (✝) .... EY
Palmarole (Cours) .... DEV
Panchot (Av. J.) .... AZ
Payra (R. Jean) .... DV
Petite-la-Réal (R.) .... EY
Platanes (Prom. des) .... DEV
Poincaré (Bd Henri) .... DEZ
Porte-de-l'Assaut (R.) .... CDY 40
Prés.-Doumer (R.) .... AZ
Pyrénées (Bd des) .... BYZ
Remparts-la-Réal (R.) .... DY 42
Résistance (Pl. de la) .... DX 43
Ribère (Av.) .... AZ
Rigaud (Pl.) .... DEY
Rois-de-Majorque (R. des) .... DZ
Rude (R. François) .... AV
St-Jacques (✝) .... FY
St-Jean (R.) .... DX 44
St-Joseph (✝) .... AY
St-Martin (✝) .... AZ
St-Mathieu (✝) .... DY
St-Sacrement (✝) .... EX
Ste-Thérèse (✝) .... EZ
Soubielle (R. Cdt-E.) .... ABY
Talut (R. Alphonse) .... ABV
Torcatis (R. Louis) .... ABV
Variétés (Pl. des) .... DV 48
Vauban (Quai) .... CDX
Vélodrome (R. du) .... EFZ
Victoire (Pl. de la) .... DX 49
Waldeck-Rousseau (R.) .... EFZ
Wilson (Bd) .... DEV
Zola (R. Emile) .... EY
NARBONNE 64 km
AÉROPORT 6 km
FOIX 136 km
LE CASTILLET
PALAIS DES ROIS DE MAJORQUE
CITADELLE
LA PÉPINIÈRE
BAS-VERNET
AUTOROUTE A9
GÉRONE 92 km
COL D'ARÈS 74 km
LE BOULOU 21 km
COL DU PERTHUS 31 km
PORT-VENDRES 31 km
CERBÈRE 47 km
CANET-PLAGE 13 km
ST-CYPRIEN-PLAGE 20 km
Port-Leucate
Port-Barcarès
le Barcarès
Paquebot Lydia (ensablé)
Port St Ange
Torreilles-Plage
St Laurent-de-la-Salanque
Torreilles
Ste Marie
Ste Marie-Plage
Canet-en-Roussillon
Canet-Plage
Etang de Canet et de St Nazaire
St Cyprien-Plage
St Cyprien
les Capellans
Latour-Bas-Elne
Taxo d'Avall
Argelès-Plage
Argelès-s-Mer
Racou-Plage
Fort Miradoux
Collioure
Port-Vendres
Cap Béar
Fort-Béar
Cap Oullestreil
Paulilles
Banyuls-s-Mer
Cap l'Abeille
Cap Rederis
Cap Peyrefite
Cap Canadell
Cerbère
Cap Cerbère
C. des Balitres
Portbou
Pta Clapé
Colera
Cap Lladró
Platja de Garbet
Cap Ras
El Port de Llançà
Llançà
La Valletta
Vilamaniscle
Rabós
Espolla
Mollet
Delfià
Molinàs
Conventol de St Quirze
Gisbert
Mas-Corbera
El Pils
Col del Tourn
Puig de la Calme
Col de Banyuls
Pic Jouan
Mas Atxer
Mas Parrer
Mas Reig
Puig-del-Mas
les Abeilles
Tour Madeloc
Col des 3 Hêtres
Pic Sailfort
Coll del Pal
Pic des Termes
Tour de la Massane
Abb. de Valbonne
C. de Mollo
Cosprons
N.D. de Consolation
l'Ermitage
le Rimbau
Pic Martinegu
Gorges de Lavall
St Laurent
Valmy
CÔTE VERMEILLE

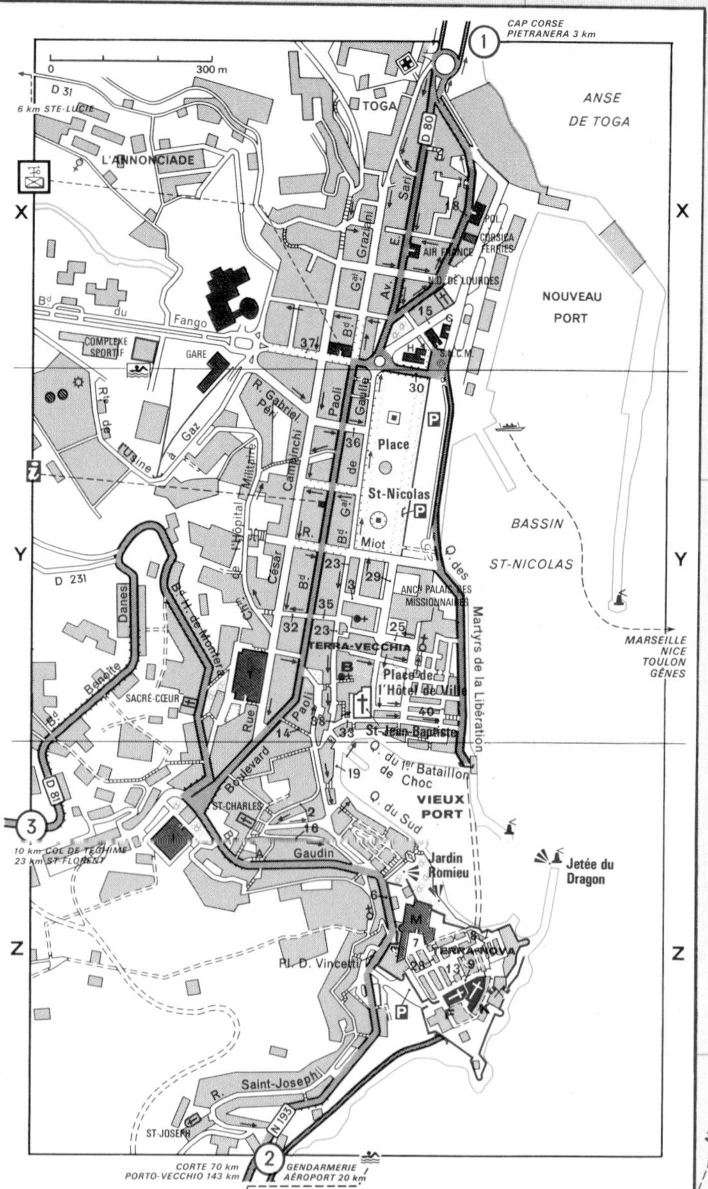

CAP CORSE

Bastia

Street	Square	Ref.
Campinchi (R César)	**Y**	
Gaudin (Bd Auguste)	**Z**	
Napoléon (R.)	**Y**	23
Paoli (Bd)	**YZ**	
Sari (Av. Émile)	**X**	
Sébastiani (Av. Mar.)	**XY**	37
Carbuccia (R. Gén.)	Z	2
Casale (R. Jean)	Y	3
Docteur-Favale (Cours)	Z	6
Donjon (Pl. du)	Z	7
Dragon (R. du)	Z	8
Evêché (R. de l')	Z	9
Guasco (Pl.)	Z	13
Immaculée Conception (✝)	Y	B
Jardins (R. des)	YZ	14
Landry (R. Adolphe)	X	15
Letteron (R. Chanoine)	Z	16
L.-de-Casabianca (R. Cdt)	X	18
Marine (R. de la)	YZ	19
Neuve-St-Roch (R.)	Y	25
Paroisse (R. de la)	Z	28
Pierangeli (Cours H.)	Y	29
Pietri (Av. François)	XY	30
Ste. Croix (✝)	Z	K
Ste. Marie (✝)	Z	F
St-François (R.)	Y	32
St-Jean (R.)	Y	33
St-Roch (R.)	Y	35
Salicetti (R. du Conventionnel)	Y	36
Terrasses (R. des)	Y	38
Zéphyrs (R. des)	Y	40

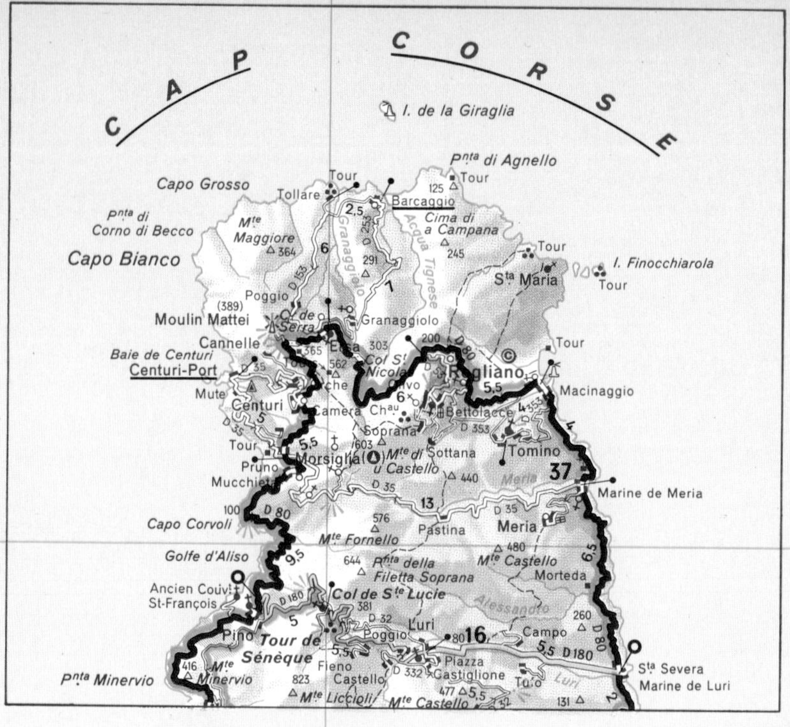

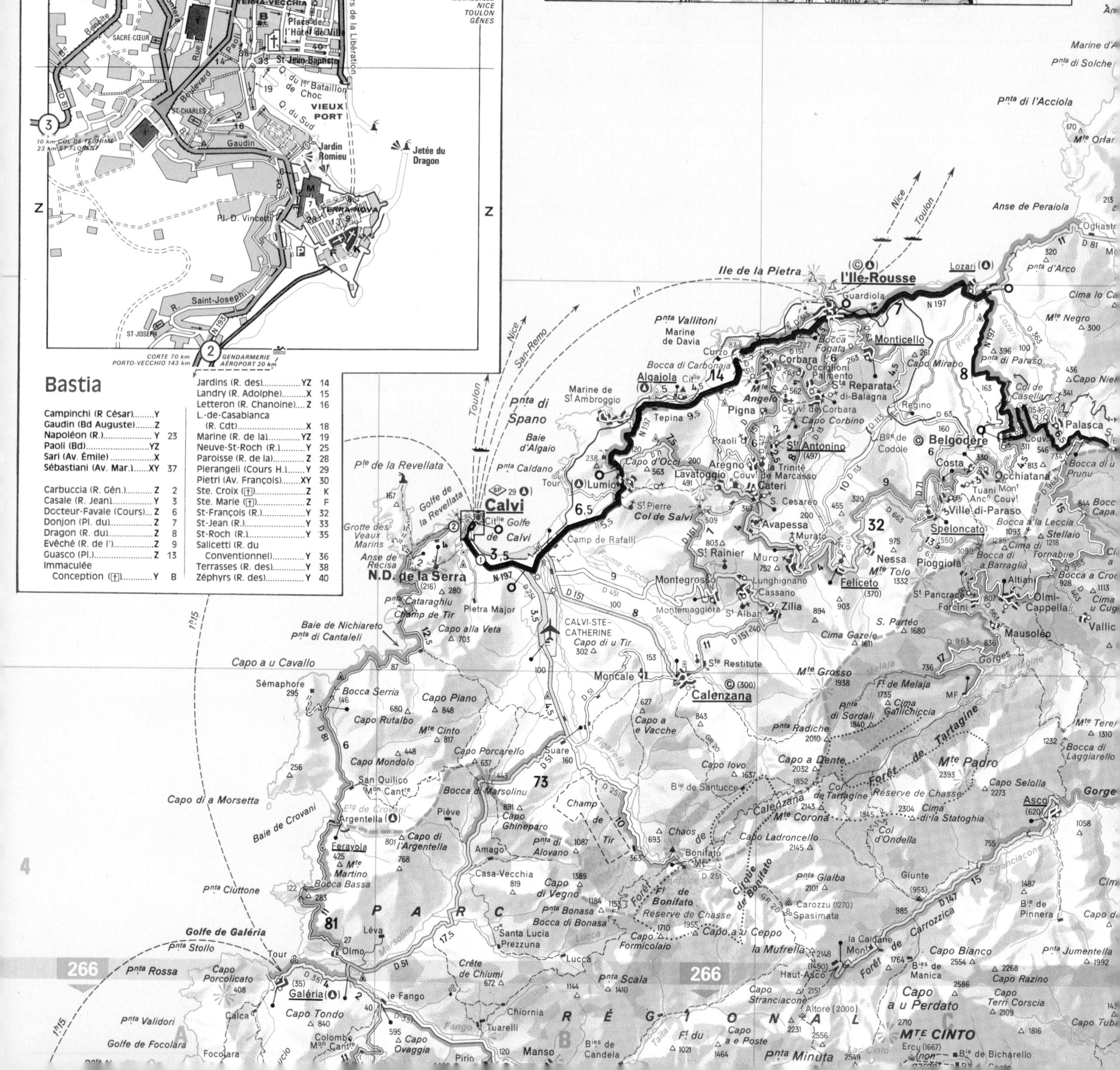

266

266

D E F

1 2 3 4

GOLFE DE ST FLORENT

DES AGRIATES

P^{nta} Minervio
Minerbio
Barrettali
Marine de Giottani
M^{te} Alticcione
Conchiglio
Cagnano
Marine de Luri
Marine de Porticciolo
Tour de Losse
Pietracorbara
Marine de Pietracorbara
Marinca
Pinzuta
Canari
M^{te} Cuccaro
M^{te} di a Croce
Cortina
Orneto
Selmacci
Cima di e Follice
Punta di Canelle
Marine de Canelle
Abro
Ogliastro
St Michel
Sisco
Crosciano
Moline
St Catherine
Marine de Sisco
Barrigioni
Balba
Vicaja
Rocher d'Albo
Marine d'Albo
Lainosa
Olcani
M^{te} Corvo
M^{te} Merizatodio
Monte Stello
Silgaggia
Couvent
Erbalunga
Nonza
Bocca di Santa Maria
N.D. des Neiges
M^{te} Capra
Brando
Castello
Pozzo
Poretto
Grillasca
Celle
Olmeta-di-Capocorso
Lavasina
Marine de Negru
M^{te} Pruno
Sta Maria-di-Lota
Figarella
Partine
Miomo
Mandriale
St Hyacinthe
Bocca di S. Léonardo
Acquatta
Grigione
Muchieta
Marine de Farinole
Braccolaccia
San-Martino-di-Lota
Farinole
Canale
Pietranera
Palagaccio
Cima di Gratera
Ville-di-Pietrabugno
Alzeto
Guaitella
Ste Lucie
Marseille
Nice
Livorno
Toulon
San Remo
Genova
La Spezia
Piombino
P^{nta} di Santolino
Anse de Faggiola
Punta di Curza
P^{nta} Vecchiaia
P^{nta} di a Mortella
P. de Patrimonio
Etang de Loto
Patrimonio
Palazzo
Serra di Pigno
Cardo
Mont Robbia
Col de S. Bernardino
les Marines du Soleil
Poggio
Suerta
BASTIA
Phare de Fornali
Barbaggio
M^{te} di Arazza
Mont Genova
Treperi
St Florent
Anc^{ne} Cath de Nebbio
M^{te} Castagne
M^{te} Secco
M^{te} St Angelo
Col de Teghime
Lupino
M^{te} Lavezzo
S. Pancrace
Bocca di Vezzu
Casta
Baccialu
P. du Diable
Champ de Tir
Cima di Pedi Pilato
M^{te} a Mazzola
Furiani
de Chiurlino
M^{te} a Torra
la Marana
Olivacce
Poggio-d'Oletta
Etang de Biguglia
St François
Cima di u Zuccarello
Oletta
Mont Filetto
Biguglia
Casatorra
M^{te} di Tuda
Casetta
Olmeta-di-Tuda
Défilé de Lancone
Borgo
M^{te} Ambrica
Bocca di S. Pancrazio
Lavandaggio
S^{to} Pietro-di-Tenda
Col de S. Stefano
Vallecalle
Ortale
Ile S. Damiano
Cima a Muzelli
San-Gavino-di-Tenda
Rapale
Fusaja
M^{te} Torricelle
Purettone
Urtaca
Egl. de San Cesareo
San-Michele
Valrose
Novella
Cima de Mitilelli
M^{te} Asto
Sorio
Pieve
Rutali
Plage de la Marana
Bocca a Croce
Lama
Egl. de San Nicolao
Murato
F^t de Stella
Cima di Taffoni
Borgo
Revinco
BASTIA-PORETTA
M^{te} Buggientone
Bocca di Tenda
Plage de Pinetto
Crocetta
la Canonica (Anne Cath.)
Lucciana
Cima di Tanoria
Vignale
San Parteo
Fouilles de Mariana
Cima di Pinzali
Pietralba
M^{te} Reghia di Pozzo
Col de Bigorno
Campitello
Scolca
Bigorno
E.D.F.
Casamozza
Pedano
M^{te} Maggiore
Volpajola
Fontanone
Lento
Marcello
Torra
Arena
Cima di u Ghinebro
M^{te} Tasso
Barchetta
Prunelli-di-Casacconi
Vescovato
Piana
Canavaggia
Quercitello
Canaja
Campile
Col de Chercheroni
Olmo
Venzolasca
Querciolo
Castifao
M^{te} Tevisi
Costa Roda
Divina
Loreto-di-Casinca
Sorbo-Ocagnano
Anghione
Moltifao
Ponte Nuovo
M^{te} Castellare
Bisinchi
St André
Carogne
Penta-di-Casinca
St Pancrazio
Castellare-di-Casinca
St Thomas
Castello-di-Rostino
Crocicchia
Monte
M^{te} St Angelo
Valle-di-Rostino
Pastoreccia
Acquatella
Ferlaggia
Silvareccio
Porri
Folelli
San Pellegrino
Ponte Leccia
Serra Debbione
Piazze
Penta
Ortiporio
Grate
Sta Maria S. Michele
C. de St Antoine
Casabianca
Col de St Agostino
Casalta
Taglio
Isolaccio
Piedigriggio
M^{te} Compoli
Giocatojo
Poggio-Marinaccio
Piano
Champlan
P^{nta} di Ciuffello
Stretta
Lutina
Bocca a Serna
Stoppia-Nova
S. Biagio
Quercitello
Figareto
Popolasca
Morosaglia
Col de Prato
Ficaja
Pruno
Pero-Casevecchie
Cavallare
Prato-di-Giovellina
F^t de Pineto
Borgo
Chapelle
Castineta
la Porta
Scata
St Bonifacio
San-Gavino-d'Ampugnani
Talasani
Aig^{les} de Popolasca
Croce d'Arbitro
Cima Ferletta
Gavignano
San-Damiano
Velone
St Jean
Poggio-Mezzana
Castiglione
M^{te} San Petrone
Croce
Polveroso
Alzi
Croce Niolo
Orneto
P^{nta} a Corniaccia
Francardo
Poggio
Saliceto
Nocario
Verdèse
Piazzole
Pietra Giusta
Ste Lucie de Moriani
Cima a l'Orzale
Alti
Borgo
Bocca di San Pietro
Campana
Couv^t d'Orezza
Monacia-d'Orezza
Sta Lucia-di-Moriani
Serrale
Moriani-Plage
Capo d'Alici
Pont de Castirla
Caporalino
Lano
Coibiti
Casanova
San-Lorenzo
Piedicroce
Rapaggio
St Bartolomeo
St Jean-de-Moriani
Cioti
San-Nicolao
St Angelo
Corsoli
Campodonico
St Quilico
Parata
Valle-d'Orezza
M^{te} Olmelli
Sta Regina
Castirla
Cima al Cucco
Erone
Pie-d'Orezza
Piedipartino
Loriani
Stazzona
Tre Pieve
St Reparata-di-Moriani
St Michel
Bocca al Pruno
Cambia
Carcheto
Brustico
Carpineto
Ortia
Poggiale Forci
Felce
Maria-Poggio
Omessa
Rusio
P^{nta} di l'Ernella
Carticasi
Col d'Arcarotta
M^{te} Castello
St Christine

267
267

A
B
C
PARC
RÉGIONAL
264
268
1
2
3
4
Galéria
Capo Tondo
Golfe de Focolara
Punta Palazzo
Golfe de Solana
La Scandola
Réserve Naturelle
Punta Rossa
Golfe de Girolata
Girolata
Osani
Col de la Croix
Capo Cenino
Partinello
Serriera
GOLFE
DE PORTO
Porto
Ota
Gges de Spelunca
Evisa
les Calanche
Piana
Capo Rosso
Col de Lava
Capo d'Orto
Marignana
Cristinacce
Forêt d'Aïtone
Col de Vergio
Col de Sevi
Capo Macendole
Renno
Letia
Soccia
Orto
Poggiolo
Guagno
Balogna
Vico
Murzo
Arbori
Rosazia
Salice
Azzana
Rezza
Mte Rao
Revinda
Golfe de Topiti
Golfe de Chiuni
Golfe de Pero
Cargèse
Pnte de Cargèse
Sagone
Coggia
Pnte Puntiglione
GOLFE
DE SAGONE
Tiuccia
Casaglione
Ambiegna
Arro
Lopigna
Sari-d'Orcino
Cannelle
St Andréa-d'Orcino
Calcatoggio
Sarrola-Carcopino
Tavaco
Vero
Ucciani
Carbuccia
Appietto
Peri
Cuttoli-Corticchiato
Tolla
Ocana
Afa
Alata
Villanova
Capo di Feno
Golfe de Lava
Pnte Parragiola
Port Provençal
Mezzavia
Bastelicaccia
Eccica
Suarella
Cauro
AJACCIO
Porticcio
Pnte de la Parata
Iles Sanguinaires
Grosseto
Albitreccia
Ste Marie-Sic
Cardo-Torgia
Mte CINTO
Paglia Orba
Calacuccia
Corscia
Lozzi
Albertacce
Casamaccioli
Forêt de Valdo-Niello
Mte Tozzo
Cimatella
Mte Cervello
Toulon

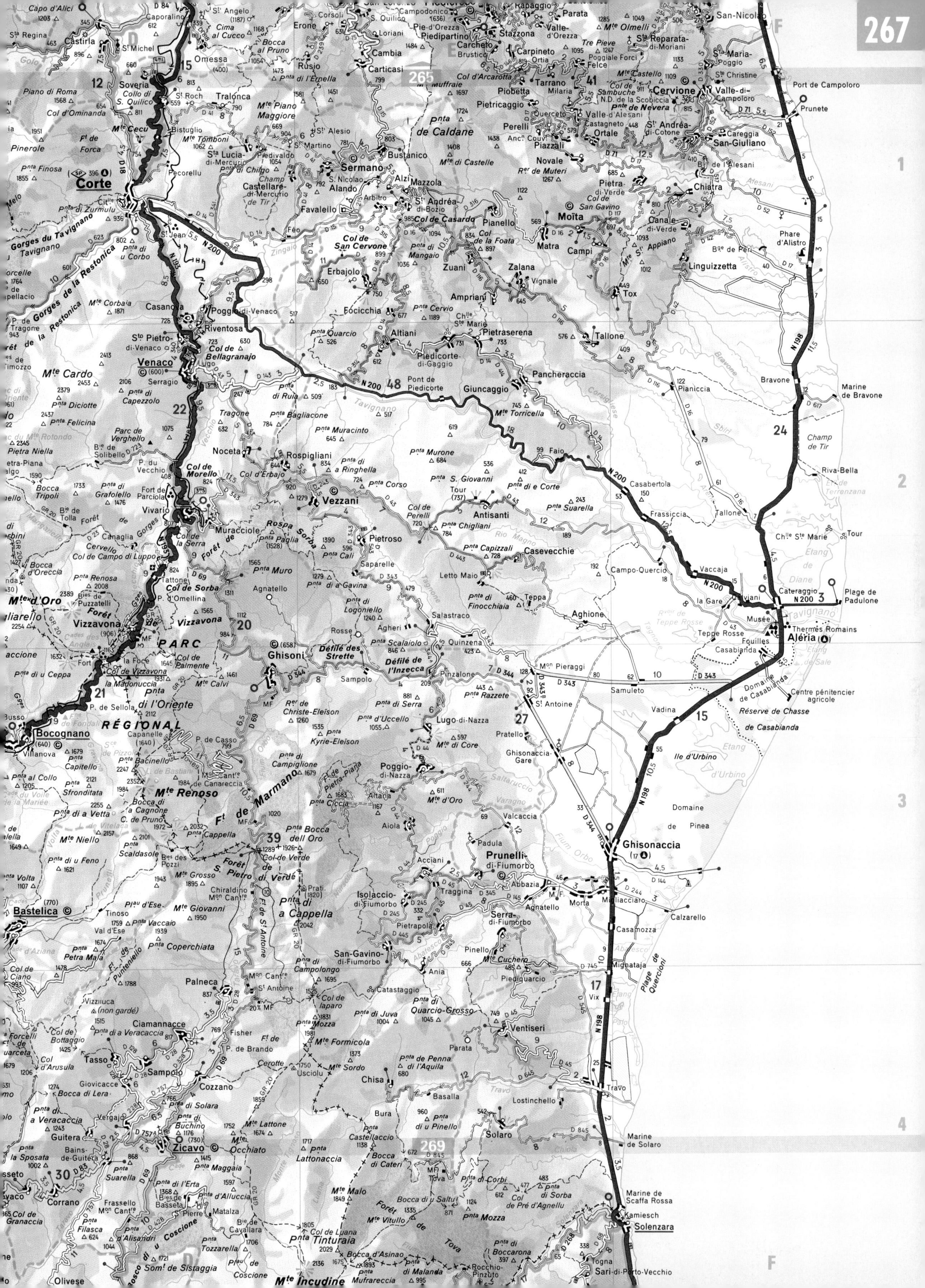

Capo d'Alici, Caporalino, St Angelo, Corsoli, Campodonico, Rapaggio, Parata, San-Nicolao
Sta Regina, Castirla, St Michel, Cima al Cucco, Erone, S. Quilico, Pie-d'Orezza, Piedipartino, Stazzona, Valle-d'Orezza, Mte Olmelli, Sta Reparata-di-Moriani
Golo, Omessa, Bocca al Pruno, Rusio, Loriani, Cambia, Carcheto, Brustico, Carpineto, Ortia, Tre Pieve, Poggiale, Forci, Felce, Sta-Maria-Poggio
Piano di Roma, Soveria, Collo di S. Quilico, Pnta di l'Ernella, Carticasi, Col d'Arcarotta, Tarrano, Milaria, Mte Castello, Cervione, Ste Christine, Valle-di-Campoloro, Port de Campoloro, Prunete
Col d'Ominanda, St Roch, Tralonca, Mte Piano Maggiore, Muffraje, Piobetta, Pietricaggio, Col de Sambuche, N.D. de la Scobiccia, Pnte de Nevera
Mte Cecu, Bistuglio, Mte Tomboni, St Alesio, Pnta de Caldane, Quercetu, Valle-d'Alesani, Castagneto, St Andréa-di-Cotone, Caraggia, San-Giuliano
Pinerole, Ft de Forca, Sta Lucia-di-Mercurio, Piedivaldo, St Martino, Bustanico, Perelli, Ancn Couvt, Piazzali, Ortale
Pnta Finosa, Corte, Pecorellu, Pnta di Chigo, Champ, Castellare-di-Mercurio, Sermano, Alzi, Mte di Castelle, Novale, Rer de Muteri, Bne de l'Alesani, Chiatra
Melo, Pnta di Zurmulu, Col de Tir, S. Nicolao, Alando, Mazzola, Arbitro, Favalello, Sts Andréa-di-Bozio, Pietra-di-Verde, Col de San Gavino, Moïta, Canale-di-Verde, Alesani
Gorges du Tavignano, Tavignano, Pnta di u Corbo, St Jean, N 200, Feo, Col de San Cervone, Col de Casardo, Pianello, Col de la Foata, Matra, Campi, Mte St Appiano, Phare d'Alistro, Bge de Peri
Gorges de la Restonica, Zingaio, Erbajolo, Pnta di Mangaio, Zuani, Zalana, Vignale, Linguizzetta, Tox, Alistro
Mte Corbaia, Casanova, Poggio-di-Venaco, Focicchia, Pnta Cervio, Chlle Ste Marie, Ampriani, Tallone
Tragone, Sto Pietro-di-Venaco, Riventosa, Col de Bellagranajo, Pnta Quarcio, Altiani, Piedicorte-di-Gaggio, Pietraserena, Pancheraccia, Bravone, N 198
Mte Cardo, Venaco, Serragio, Pnta di Capezzolo, Pnta di Ruia, Pnta Bagliacone, Pont de Piedicorte, Giuncaggio, Mte Torricella, Pianiccia, Marine de Bravone
Pnta Dicìotte, Pnta Felicina, Tragone, Tavignano, Pnta Muracinto, Sbiri, Champ de Tir
Parc de Verghello, Bie de Solibello, Pietra Niella, Noceta, Rospigliani, Pnta di a Ringhella, Pnta Murone, Faio, Riva-Bella
P. du Vecchio, Col de Morello, Col d'Erbajo, Vezzani, Pnta Corso, Pnta S. Giovanni, Tour, Pnta di e Corte, Casabertola, Etg de Terrenzana
Bocca Tripoli, Pnta di Grafolello, Fort de Parciola, Vivario, Antisanti, Col de Perelli, Pnta Chigliani, Pnta Suarella, Frassiccia, Tallone
Bie de Tolla, Forêt, Canaglia, Gorges, Muracciole, Rospa Sorba, Pnta Paglia, Pietroso, Rio Magno, Chlle Ste Marie, Tour, Etang de Diane
Cervello, Col de Campo di Luppo, Col de la Serra, Forêt de, Pnta Cali, Saparelle, Pnta Capizzali, Casevecchie, Campo-Quercio
Bocca d'Oreccia, Pnta Renosa, Pnta Muro, Agnatello, Pnta di a Gavina, Letto Maio, Vaccaja, Cateraggio, Plage de Padulone
Mte d'Oro, Puzzatelli, Tattone, Col de Sorba, P. d'Omellina, Pnta di Logoniello, Pnta di Finocchiaia, Teppa, la Gare, Aghione, Tavignano
Forêt, Vizzavona, Vizzavona, Salastraco, Rosse, Agheri, Rvoir de Teppe Rosse, Musée, Teppe Rosse, Thermes Romains, Aléria
PARC, Ghisoni, Défilé des Strette, Pnta Scalaiolo, Quinzena, Casabianda, Fouilles, Etang de Sale
Fort, la Foce, Col de Vizzavona, Col de Palmente, Défilé de l'Inzecca, Mon Pieraggi, Samuleto, Domaine de Casabianda, Centre pénitencier agricole
Pnta di u Ceppa, la Madonuccia, Pnta di l'Oriente, Mte Calvi, Sampolo, Pinzalone, Pnta Razzete, St Antoine, Vadina, Réserve de Chasse de Casabianda
P. de Sellola, RÉGIONAL, Rer de Christe-Eleison, Pnta di Serra, Pnta d'Uccello, Lugo-di-Nazza, Pratello
Bocognano, Capanelle, P. de Casso, Pnta Kyrie-Eleison, Mte di Core, Ghisonaccia-Gare, Etang, Ile d'Urbino
Villanova, Pnta Bacinello, Pnta Capitello, Mon Cantre, Pnta di Campiglione, Poggio-di-Nazza, Saltaruccio, Urbino
Pnta al Collo, Pnta Sfronditata, Bie de Canareccia, Mte Renoso, Ft de Marmano, Pnta di Pietra Piana, Altana, Mte d'Oro, Vargano, Domaine de Pinea
Bocca di a Cagnone, C. de Pruno, Pnta di a Vetta, Pnta Ciccia, Aiola, Valcaccia
Mte Niello, Pnta Cappella, Pnta Bocca dell Oro, Padula, Ghisonaccia
Pnta Scaldasole, Bies des Pozzi, Col de Verde, Forêt S. Pietro, Prunelli-di-Fiumorbo, Fium Orbo
Pnta di u Feno, Mte Grosso, Ft de St Antoine, Acciani, Abbazia, Morta, Migliacciaro
Pnta Volta, Chiraldino, Mon Cantre, Prati, Isolaccio-di-Fiumorbo, Traggina, Agnatello, Calzarello
Bastelica, Plau d'Ese, Mte Giovanni, Pnta di a Cappella, Serra-di-Fiumorbo, Casamozza
Tinoso, Val d'Ese, Pnta Vaccaio, Pnta Coperchiata, Pietrapola, Abatesco
Pnta Petra Mala, Ft de Punteniello, San-Gavino-di-Fiumorbo, Pinello, Mte Cuchero, Mignataja
Col de Ciano, Pnta di Campolongo, Ania, Piediquarcio, Plage de Quercioni
Vizziluca (non gardé), Palneca, Mon Cantre, St Antoine, Col de laparo, Catastaggio, Vix
Ciamannacce, Pnta di a Veracaccia, Pnta di Juva, Pnta di Quarcio-Grosso, Ventiseri
Col de Bottaggio, Col de Forcelli, Fisher, P. de Brando, Pnta Mozza, Mte Formicola, Parata
Tasso, Col d'Arusula, Sampolo, Cerotte, Pnta Sordo, Pnta de Penna di l'Aquila, Chisa, Travo
Giovicacce, Bocca di Lera, Cozzano, Usciolu, Basalla, Lostinchello
Pnta di a Veracaccia, Vergajo, Pnta di Solara, Pnta di Buchino, Mte Lattone, Bura, Pnta di u Pinello, Solaro
Guitera, Bains-de-Guitera, Zicavo, Mte Occhiato, Pnta Castellaccio, Marine de Solaro
Pnta la Sposata, Pnta Suarella, Pnta Maggaia, Lattonaccia, Bocca di Cateri, Tova
Corrano, Pnta di l'Erta, Bies de Basseta, Pnta d'Alluccia, Mte Malo, Pnta di Corbi, Pnta di Sorba, Col de Pré d'Agnellu, Marine de Scaffa Rossa
Col de Granaccia, Frassello, Mon Cantre, St Pierre, Matalza, Bocca di u Saltu, Forêt de Tova, Pnta Mozza, Kamiesch, Solenzara
Pnta Filasca, Pnta d'Alisandri, Coscione, Bie de Cavallara, Mte Vitullo, Col de Luana, Pnta Tinturaia
Pnta Tozzarella, Bocca d'Asinao, Pnta di Boccarona, Rocchio-Pinzuto, Tozzarella, Tova, Pnta di Malanda
Olivese, Som! de Sistaggia, Pleu de Coscione, Mte Incudine, Pnta Mufrareccia, Sari-di-Porto-Vecchio, Togna

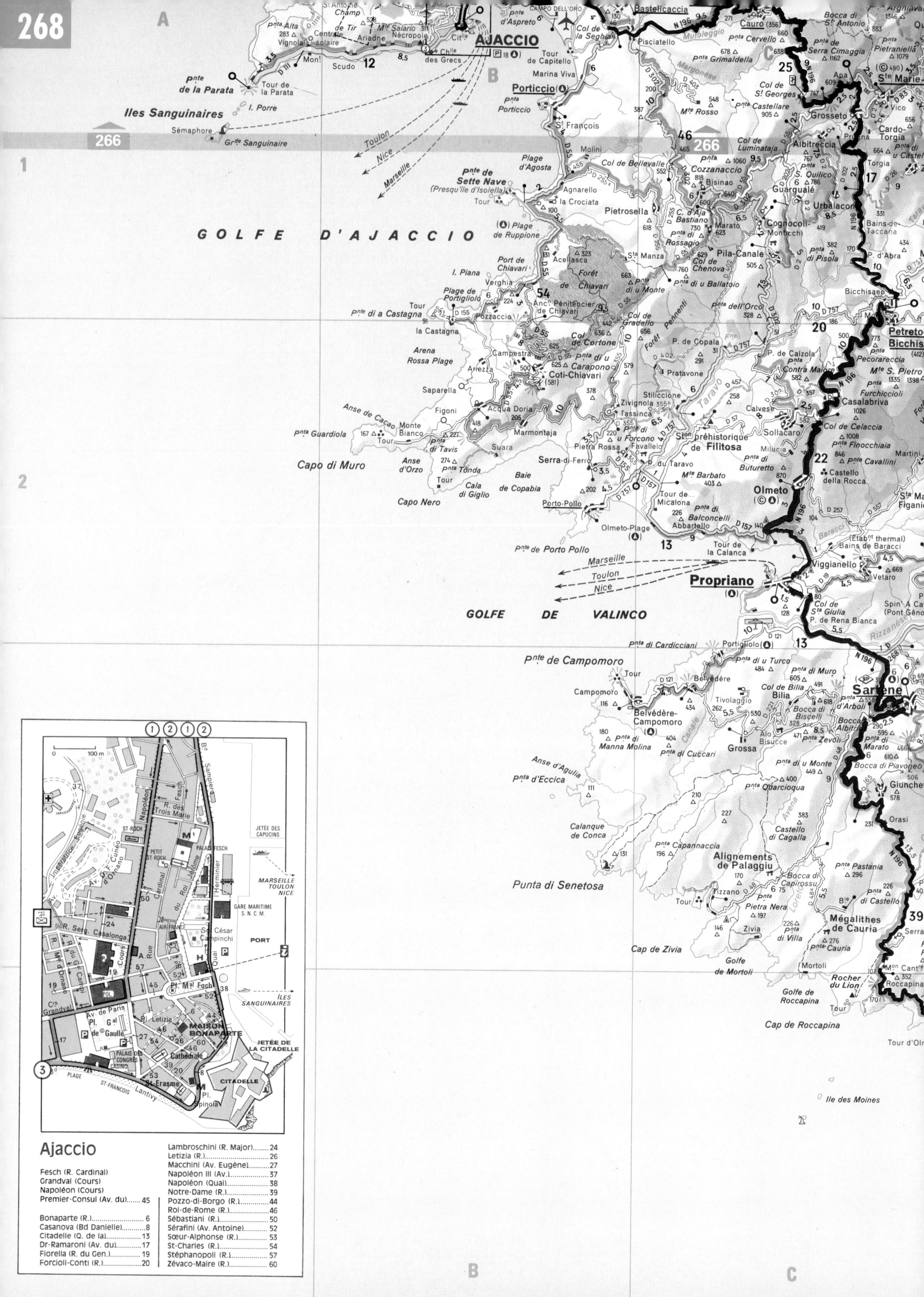
A
B
C
1
2
AJACCIO
Pnte de la Parata
Tour de la Parata
Iles Sanguinaires
I. Porre
Sémaphore
Grde Sanguinaire
266
Toulon
Nice
Marseille
Scudo
Porticcio
Pnta Porticcio
St François
Plage d'Agosta
Pnte de Sette Nave
(Presqu'île d'Isolella)
Agnarello
la Crociata
Pietrosella
GOLFE D'AJACCIO
Plage de Ruppione
Port de Chiavari
I. Piana
Verghia
Plage de Portigliolo
Pnte di a Castagna
la Castagna
Arena Rossa Plage
Forêt de Chiavari
Ancn Pénitencier de Chiavari
Coti-Chiavari
Col de Cortone
Pnta di u Carapono
Saparella
Figoni
Anse de Cacao
Monte Bianco
Pnta Guardiola
Capo di Muro
Anse d'Orzo
Pnta Tonda
Cala di Giglio
Capo Nero
Baie de Copabia
Acqua Doria
Marmontaja
Suara
Serra-di-Ferro
Porto-Pollo
Pnte de Porto Pollo
Olmeto-Plage
Stion préhistorique de Filitosa
Olmeto
Tour de la Calanca
Propriano
GOLFE DE VALINCO
Marseille
Toulon
Nice
Cozzanaccio
Bisinao
Pila-Canale
Cognocoli-Monticchi
Guargualé
Albitreccia
Grosseto
Urbalacone
Bains-de-Taccana
Petreto-Bicchisano
Casalabriva
Col de Celaccia
Castello della Rocca
Viggianello
Bains de Baracci
Col de Sta Giulia
Pnta di Cardicciani
Portigliolo
Pnte de Campomoro
Campomoro
Belvédère-Campomoro
Belvédère
Tivolaggio
Bilia
Grossa
Sartène
Pnta di Manna Molina
Pnta di Cuccari
Anse d'Aguila
Pnta d'Eccica
Calanque de Conca
Pnta Capannaccia
Alignements de Palaggiu
Punta di Senetosa
Mégalithes de Cauria
Cap de Zivia
Golfe de Mortoli
Rocher du Lion
Golfe de Roccapina
Cap de Roccapina
Ile des Moines
Tour d'Olmeto
N 196
Jetée des Capucins
Palais Fesch
Gare Maritime S.N.C.M.
Port
Maison Bonaparte
Cathédrale
Citadelle
Jetée de la Citadelle
Palais des Congrès Casino
Pl. Gal de Gaulle
Av. de Paris
Plage St-François
Lantivy
St-Erasme
Pl. Spinola
Îles Sanguinaires
Marseille Toulon Nice
Ajaccio
Fesch (R. Cardinal)
Grandval (Cours)
Napoléon (Cours)
Premier-Consul (Av. du)...... 45
Bonaparte (R.)...... 6
Casanova (Bd Danielle)...... 8
Citadelle (Q. de la)...... 13
Dr-Ramaroni (Av. du)...... 17
Fiorella (R. du Gen.)...... 19
Forcioli-Conti (R.)...... 20
Lambroschini (R. Major)...... 24
Letizia (R.)...... 26
Macchini (Av. Eugène)...... 27
Napoléon III (Av.)...... 37
Napoléon (Quai)...... 38
Notre-Dame (R.)...... 39
Pozzo-di-Borgo (R.)...... 44
Roi-de-Rome (R.)...... 46
Sébastiani (R.)...... 50
Sérafini (Av. Antoine)...... 52
Sœur-Alphonse (R.)...... 53
St-Charles (R.)...... 54
Stéphanopoli (R.)...... 57
Zévaco-Maire (R.)...... 60

Zicavo
Occhiato
Bains-de-Guitera
Corrano
Frassello
Lattonaccia
Bocca di Cateri
Marine de Scaffa Rossa
Kamiesch
Solenzara
Pnta Suarella
Pnta Maggaia
Pnta di l'Erta
Pnta d'Alluccia
Matalza
Mte Malo
Forêt de Tova
Bocca di u Saltu
Pnta di Corbi
Pnta di Sorba
Col de Pré d'Agnellu
Pnta Mozza
Mte Vitullo
Pnta Filasca
Pnta d'Alisandri
Bosco di u Coscione
Bte de Cavallara
Col de Luana
Pnta Tinturaia
Pnta Tozzarella
Bocca d'Asinao
Pnta di Boccarona
Som! de Sistaggia
Mte Incudine
Pnta Mufrareccia
Pnta di Malanda
Rocchio-Pinzuto
Tagna
Sari-di-Porto-Vecchio
Olivese
Pnta di Menta
Pnta di Giavingiolo
Bocca di Chiralba
Asinao
Pnta di u Fornello
Col de Larone
Pnta di a Jerba
la Penna
Mte Santo
Cala d'Oro
Pnta di Renuccio
Argiavara
Pnta Belliche
Pnta di Ferriate
Pnta di l'Uncinuto
Pnta Pinzoli
Col de la Vaccia
Fozzaninco
Pnta di Piena Longa
Pnta di u Pargolo
Alza
Canella
Pnta d'Ariola
Pnta di la Mascaraccia
Pnta di Menta Morta
Aiguilles de Bavella
Réserve de Chasse de Bavella
Pnta Tafonata di Paliri
Mte Piano
Pnta di u Cavalelli
Pnta Grossa
Pnta di u Marcorinaccio
Col de Bavella
Paliri
Sambuco
Anse de Favone
Tega
Pnta di S. Bavinzo
Pnta la Giovanna
Cantoli
Trou de la Bombe
Cnes de Capello
Pnta Batarchione
Favone
Col de Guardia
PARC
RÉGIONAL
Pnta Velaco
Pnta di Pietra Bianca
Pnta di a Tacolaia
Aullène
Pnta di Cuciurpula
Quenza
Pnta d'Orra
Tarco
Col de l'Eustache
Sorbollano
Zonza
Pnta Quercitella
Pnta d'Usciolo
Pnta d'Orto
Ft de Vittoli
Col de Tana
Zérubia
Serra-di-Scopamène
Forêt de Zonza
Conca
Pnta di Telica
Pnta di u Sapalone
Bocca di Pelza
San-Gavino-di-Carbini
Paccionitoli
Mte Calva
Mte Lalo
Pnta d'Aquella
Tour
Anse de Fautea
Bocca di a Parata
Cargiaca
Castello de Cucuruzzu
Pnta Tighiarella
Pnta d'Evini
Carabona
Bocca d'Illarata
Taglio Rosso
Pirelli
Loreto-di-Tallano
Zoza
Giglio
Pnta Pinosa
Ste Lucie-de Porto Vecchio
la Testa
St Andréa-di-Tallano
U Castello
Altagène
Levie
Gualdariccio
Pnta di u Diamante
Forêt de Marghese
Lecci
Poggioli
I. Roscana
Pinarello
Golfe de Pinarello
I. de Pinarello
Capo
Torraccia
Olmiccia
Mela
Couvt St François
Ste Lucie-de-Tallano
Mte Rosso
Barocaggio
Pnta Valle Maggiore
Mte Piano Maggiore
Carbini
Roche diorite orbiculaire
Pantano
Orone
Pnta di Corbo
Pnta di a Mola
Porto-Vecchiaccio
Cirendino
Foce di Mela
Col de Mela
Agnarone
Pnta Fenaggia
MF de Marghese
Gialla
Ribba
Fossi
Bisène
Tirolo
L'Ospedale
Forêt de l'Ospédale
Castello d'Arraggio
Pnta Capicciola
Chialza
Pnta di a Vacca Morta
Torre
Pnta d'Araso
Tasso
Orio
Radicci
Renajolo
Col de Punticella
Crête de Fungia
St Cyprien
Pnta di u Forcone
Casa
Pnte de St Cyprien
Matra
Foce-Bilzese
Col de Bacinu
Palavese
Col de Taglio Maggiore
la Trinité
Golfo di Sogno
Cala Rossa
Baie de Stagnolo
Fanal de Giovan-Lungo
GOLFE DE PORTO-VECCHIO
Forconcello
Foce
Vignalella
Tunnel de Scaffi d'Ocholo
Poretta
Pnta di a Barra
Pnte de la Chiappa
Pnta di Litia
Chippono
Porto-Vecchio
Piccovagia
I. Farina
Pnta di Compolelli
Cagna
Muratello
Pnta di u Cerchio
Montagne de Cagna
Pnta d'Ovace
Arca
Pnta di Monaco
I. Forana
Rer de la Vacca
Burrivoli
Pietralonga-Filippi
Stabiacco
Tagliu Rossu
Chetebbio
Cerbicale
Iles Cerbicale
Plage de Palombaggia
I. Piana
Naseo
l'Omo di Cagna
Cecca
Pascialello
Pnta di l'Oro
Gianuccio
Pnta Senza Nome
Precoio
Bocca dell'Oro
Capo d'Asciaio
I. Pietricaggiosa
Salvadilevo
Sotta
Pnta di a Caccia
Piscia
Cardetto
Golfe de Sta Giulia
Sta Giulia
I. di u Toro
Pruno
San-Gavino
Uscido
Poggiale
Tarrabucceta
Bocca San Piero
Conte
Pnta di Rafaello
Porto Novo
Ogliastrello
Pietra-Longa-Salvini
Monacia-d'Aullène
Pnta d'Arcivale
Chera
Saparelli
Plau d'Arapa
Bocca d'Arésia
Pnta di Sponsaglia
Pnta di Stavolinca
Suartone
Mte Quieta
Pianotolli-Caldarello
Chiova-d'Asino
Figari
Ste Lucie
P. de Figari
Mte Bianco
Mte Milese
Pnta di Rondinara
Mte Scopeto
Bocca di a Testa
Golfe de Figari
I. Bruzzi
Pnta de Figari
Mte Rosso
GOLFE DE STA MANZA
Pnta di Ventilegne
Golfe de Ventilegne
Plage de Tonnara
Col de Parmentile
Etg de Balistra
Pnte de Capicciola
Rocchi Bianchi
I. de la Tonnara
Mte Corbo
Etg de Canetto
Port de Stagnolo
Bocca d'Arbia
Col de Foce de Lera
Gurgazu
Iles Lavezzi
Pyramide de la Sémillante
Ecueil de Lavezzi
Ermitage de la Trinité
Grte du Sdragonato
(Anc? Couvt) St Julien
Calalonga Plage
I. Poraggia
Capo di Feno
Cala di Paragnano
la Madonetta
Pnta di San Mulari
I. Ratino
Ile Cavallo
Bonifacio
Semaphore
I. Perduto
Falaises
Capo Pertusato
I. Piana
Pnte de Sprono
I. de San Bainzo
267
D
E
F
1
2
3
4

Index Register

Comment se servir de cet index
How to use this index
Toelichting bij het register
Zum Gebrauch des Registers

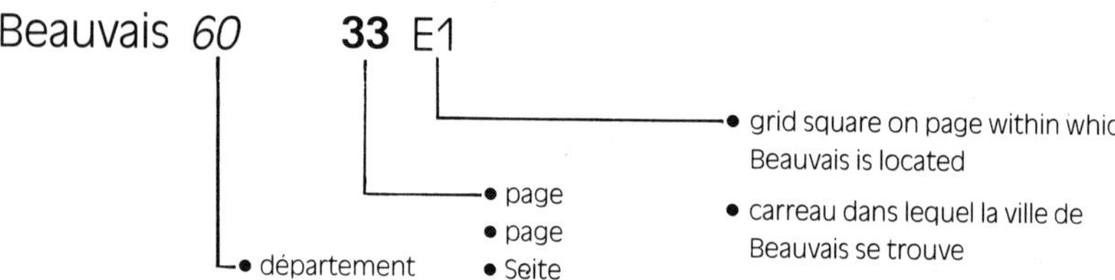

Les sorties de ville indiquées par un numéro cerné de noir sont identiques sur les plans et les cartes au 1/200 000.

The prominent black numbers in circles at the sides of the city maps correspond with the numbers given for main routes on the 1:200 000 maps.

De overzichtskaartjes van de grote steden geven de verbindingen aan voor het doorgaande verkeer. De omcirkelde zwarte cijfers aan de rand van deze kaartjes verwijzen naar de cijfers van de uitvalswegen op de kaartbladzijden in deze atlas.

Die in schwarz gedruckten und durch Kreise hervorgehobenen Zahlen an den Seitenleisten der Übersichtspläne der wichtigsten Städte entsprechen in den Karten 1:200.000 der für Durchgangsstraßen verwendeten Numerierung.

Départements

01 Ain
02 Aisne
03 Allier
04 Alpes-de-Haute-Provence
05 Hautes Alpes
06 Alpes Maritimes
07 Ardèche
08 Ardennes
09 Ariège
10 Aube
11 Aude
12 Aveyron
13 Bouches-du-Rhône
14 Calvados
15 Cantal
16 Charente
17 Charente-Maritime
18 Cher
19 Corrèze
2A Corse-du-Sud
2B Haute-Corse
21 Côte-d'Or
22 Côtes-du-Nord
23 Creuse
24 Dordogne
25 Doubs
26 Drôme
27 Eure
28 Eure-et-Loir
29 Finistère
30 Gard
31 Haute-Garonne
32 Gers
33 Gironde
34 Hérault
35 Ille-et-Vilaine
36 Indre
37 Indre-et-Loire
38 Isère
39 Jura
40 Landes
41 Loir-et-Cher
42 Loire
43 Haute-Loire
44 Loire-Atlantique
45 Loiret
46 Lot
47 Lot-et-Garonne
48 Lozère
49 Maine-et-Loire
50 Manche
51 Marne
52 Haute-Marne
53 Mayenne
54 Meurthe-et-Moselle
55 Meuse
56 Morbihan
57 Moselle
58 Nièvre
59 Nord
60 Oise
61 Orne
62 Pas-de-Calais
63 Puy-de-Dôme
64 Pyrénées-Atlantiques
65 Hautes-Pyrénées
66 Pyrénées-Orientales
67 Bas-Rhin
68 Haut-Rhin
69 Rhône
70 Haute-Saône
71 Saône-et-Loire
72 Sarthe
73 Savoie
74 Haute-Savoie
75 Paris
76 Seine-Maritime
77 Seine-et-Marne
78 Yvelines
79 Deux-Sèvres
80 Somme
81 Tarn
82 Tarn-et-Garonne
83 Var
84 Vaucluse
85 Vendée
86 Vienne
87 Haute-Vienne
88 Vosges
89 Yonne
90 Territoire-de-Belfort
91 Essonne
92 Hauts-de-Seine
93 Seine-St-Denis
94 Val-de-Marne
95 Val-d'Oise

A

Aa *62,59* **3** E4
Aast *64* **249** D1
Abainville *55* **63** D4
Abancourt *59* **10** C3
Abancourt *60* **16** C3
Abaucourt *54* **64** C1
Abaucourt-Hautecourt *55* **39** D3
Abbans-Dessous *25* **125** D3
Abbans-Dessus *25* **125** D3
Abbaretz *44* **93** E4
Abbécourt *02* **19** D4
Abbecourt *60* **33** E2
Abbenans *25* **107** D4
Abbéville-lès-Conflans *54* **39** E3
Abbeville *80* **8** B4
Abbeville-St-Lucien *60* **33** E1
Abbévillers *25* **108** A4
Abbéville-la-Rivière *91* **79** F2
Abeilhan *34* **233** E4
L'Aber-Wrac'h *29* **45** D1
Abère *64* **227** D4
L'Abergement-Clémenciat *01* **155** F3
L'Abergement-de-Cuisery *71* **140** B3
L'Abergement-de-Varey *01* **156** C4
Abergement-le-Grand *39* **141** E1
Abergement-le-Petit *39* **141** E1
Abergement-la-Ronce *39* **124** A4
Abergement-St-Jean *39* **141** D1
L'Abergement-Ste-Colombe *71* **140** B2
Abergement-lès-Thésy *39* **142** A1
Abidos *64* **226** A4
Abilly *37* **133** D1
Abîme (Pont de l') *73* **173** F2
Abitain *64* **225** E4
Abjat-sur-Bandiat *24* **163** F3
Ablain-St-Nazaire *62* **10** A2
Ablaincourt-Pressoir *80* **18** B2
Ablainzevelle *62* **10** A4
Ablancourt *51* **61** E2
Ableiges *95* **33** D4
Les Ableuvenettes *88* **87** D3
Ablis *78* **79** D1
Ablon-sur-Seine *94* **57** F3
Aboën *42* **186** B1
Aboncourt *57* **40** C2
Aboncourt *54* **86** B2
Aboncourt-Gesincourt *70* **106** B2
Aboncourt-sur-Seille *57* **64** C2
Abondance *74* **159** D2
Abondant *28* **56** A3
Abos *64* **226** A4
Abreschviller *57* **66** A3
Abrest *03* **153** D3
Les Abrets *38* **173** D3
Abriès *05* **207** F1
Abscon *59* **10** C2
L'Absie *79* **130** C3
Abzac *16* **148** B3
Abzac *33* **178** A4
Accarias (Col) *38* **205** E1
Accolans *25* **107** E4
Accolay *89* **102** B3
Accons *07* **203** D1
Accous *64* **248** A3
Achain *57* **65** D1
Achen *57* **42** A4
Achenheim *67* **67** D3
Achères *78* **57** D1
Achères *18* **119** D2
Achères-la-Forêt *77* **80** B2
Achery *02* **19** E3
Acheux-en-Amiénois *80* **9** F4
Acheux-en-Vimeu *80* **16** B1
Acheville *62* **10** B2
Achey *70* **105** F4
Achicourt *62* **10** A3
Achiet-le-Grand *62* **10** A4
Achiet-le-Petit *62* **10** A4
Achun *58* **121** D3
Achy *60* **33** D1
Acigné *35* **73** E3
Aclou *27* **31** D3
Acon *27* **55** E3
Acq *62* **9** F2
Acqualta *2B* **265** E2
Acqueville *50* **24** C2
Acqueville *14* **52** B1
Acquigny *27* **31** F3
Acquin-Westbécourt *62* **3** E3
Acy *02* **35** E2
Acy-en-Multien *60* **34** C4
Acy-Romance *08* **37** D1
Adaincourt *57* **40** C4
Adainville *78* **56** B3
Adam-lès-Passavant *25* **125** F2
Adam-lès-Vercel *25* **26** A3
Adamswiller *67* **66** B1
Adast *65* **257** D2
Adé *65* **249** D2
Adelange *57* **41** D4
Adelans *70* **107** D2
Adervielle *65* **258** A3
Adilly *79* **131** D3
Adinfer *62* **10** A4
Adissan *34* **233** F3
Les Adjots *16* **147** E3
Adon *45* **101** D3
Adour *32,40,65* **225** D2
Les Adrets *38* **189** F1
Les Adrets-de-l'Estérel *83* **239** F3
Adriers *86* **148** B2
Afa *2a* **266** B4
Affieux *19* **165** E4
Affléville *54* **39** E2
Affoux *69* **170** C1
Affracourt *54* **86** C1
Affringues *62* **3** E4
Agassac *31* **250** C1
Agay *83* **240** A3
Agde *34* **255** F1
Agel *34* **254** B1
Agel (Mont) *06* **241** E4
Agen *47* **211** F2
Agencourt *21* **123** E3
Agen-d'Aveyron *12* **215** E1
Agenville *80* **9** D4
Agenvillers *80* **8** C4
Les Ageux *60* **34** A2
Ageville *52* **85** E3
Agey *21* **123** D2
Aghione *2b* **267** E2
Agincourt *54* **64** B3
Agly *11,66* **262** B1
Agmé *47* **195** F4
Agnac *47* **195** F3
Agnat *43* **184** C1
Agneaux *50* **27** E4
Agnetz *60* **33** F2
Agnez-lès-Duisans *62* **9** F3
Agnicourt-et-Séchelles *02* **20** A3
Agnières *62* **9** F2
Agnières *80* **16** C3
Agnières-en-Dévoluy *05* **205** F2
Agnin *38* **187** E1
Agnos *64* **248** A2
Agny *62* **10** A3
Agon-Coutainville *50* **26** C4
Agonac *24* **179** F2
Agonès *34* **217** E4
Agonges *03* **137** D3
Agonnay *17* **161** D1
Agos-Vidalos *65* **257** D2
Agout *34,81* **230** C2
Agris *16* **163** D2
Agudelle *17* **177** E1
Aguessac *12* **216** B2
Aguilcourt *02* **36** B2
Aguts *81* **230** C3
Agy *14* **28** B3
Ahaxe-Alciette-Bascassan *64* **247** D2
Ahetze *64* **224** B4
Ahéville *88* **87** D2
Ahuillé *53* **74** C4
Ahun *23* **150** C4
Ahuy *21* **123** E1
Aibes *59* **12** C3
Aibre *25* **107** E4
Aïcirits *64* **225** E4
Aiffres *79* **146** B2
Aigaliers *30* **218** C3
Aigle (Barrage de l') *19* **182** B2
L'Aigle *61* **54** B3
Aiglemont *08* **21** E3
Aiglepierre *39* **125** D4
Aigleville *27* **55** F1
Aiglun *06* **223** E4
Aiglun *04* **222** A3
Aiglun (Clue d') *06* **223** E4
Aignan *32* **227** E2
Aignay-le-Duc *21* **104** B3
Aigne *34* **254** B1
Aignerville *14* **28** A2
Aignes *31* **252** A1
Aignes-et-Puypéroux *16* **162** C4
Aigneville *80* **16** B1
Aigny *51* **36** C4
Aigonnay *79* **146** C2
Aigoual (Mont) *30* **217** E3
Aigle (Pic de l') *39* **142** A3
Aigre *16* **162** B1
Aigrefeuille *31* **230** B3
Aigrefeuille-d'Aunis *17* **145** E3
Aigrefeuille-sur-Maine *44* **112** B3
Aigremont *78* **57** D2
Aigremont *52* **86** A4
Aigremont *89* **102** C3
Aigremont *30* **218** B4
Aiguebelette-le-Lac *73* **173** E3
Aiguebelette (Lac d') *73* **173** E3
Aiguebelle *73* **174** B3
Aigueblanche *73* **174** C3
Aiguefonde *81* **231** E4
Aigueperse *69* **155** D2
Aigueperse *63* **152** C4
Aigues *26,84* **219** F2
Aigues-Juntes *09* **251** F3
Aigues-Mortes *30* **235** D3
Aigues-Vives *09* **252** C3
Aigues-Vives *34* **254** B1
Aigues-Vives *30* **235** D2
Aigues-Vives *11* **253** F2
Aiguèze *30* **219** D1
Aiguilhe *43* **185** F3
Aiguilles *05* **207** E1
Aiguillon *47* **211** D1
L'Aiguillon *09* **252** C4
L'Aiguillon-sur-Mer *85* **144** C1
L'Aiguillon-sur-Vie *85* **128** B2
Aiguille (Plan de l') *74* **159** E4
Aiguines *83* **238** C1
Aigurande *36* **150** B1
Ailhon *07* **203** D3
Aillant-sur-Milleron *45* **101** D2
Aillant-sur-Tholon *89* **101** F2
Aillas *33* **195** D4
Ailleux *42* **169** F2
Aillevans *70* **107** D3
Ailleville *10* **84** B3
Aillevillers-et-Lyaumont *70* **106** C1
Aillianville *52* **85** F2
Aillières-Beauvoir *72* **76** C1
Aillon-le-Jeune *73* **173** F3
Aillon-le-Vieux *73* **174** A3
Ailloncourt *70* **107** D2
Ailly *27* **31** F4
Ailly-le-Haut-Clocher *80* **8** C4
Ailly-sur-Meuse *55* **63** D2
Ailly-sur-Noye *80* **17** F3
Ailly-sur-Somme *80* **17** E2
Aimargues *30* **235** D2
Aime *73* **175** D3
Aimé (Mont) *51* **60** B2
Ain *1,39* **141** E3
Ainay-le-Château *03* **136** B3
Ainay-le-Vieil *18* **136** A3
Aincille *64* **246** C2
Aincourt *95* **32** C4
Aincreville *55* **38** B2
Aingeray *54* **64** A3
Aingeville *88* **86** A3
Aingoulaincourt *52* **85** E1
Ainharp *64* **247** E1
Ainhice-Mongelos *64* **247** D1
Ainhoa *64* **246** B1
Ainvelle *88* **86** B4
Ainvelle *70* **106** C1
Airaines *80* **17** D1
Airan *14* **29** E4
Aire *08* **36** C1
Aire *55* **37** F2
Aire-sur-l'Adour *40* **226** C2
Aire-sur-la-Lys *62* **4** A4
Airel *50* **27** E3
Les Aires *34* **233** D3
Airion *60* **33** F2
Airon-Notre-Dame *62* **8** B2
Airon-St-Vaast *62* **8** B2
Airoux *11* **252** C1
Airvault *79* **131** E2
Aiserey *21* **123** F3
Aisey-et-Richecourt *70* **106** B1
Aisey-sur-Seine *21* **104** A2
Aisne *2,8,51,55,60* **36** C1
Aisonville-et-Bernoville *02* **19** E2
Aïssey *25* **125** F2
Aisy-sous-Thil *21* **122** B1
Aisy-sur-Armançon *89* **103** E3
Aiti *2b* **265** D4
Aiton *73* **174** B3
Aitone (Forêt d') *2A* **266** B2
Aix *19* **166** C3
Aix *59* **11** D1
Aix-les-Bains *73* **173** E2
Les Aix-d'Angillon *18* **119** E3
Aix-en-Ergny *62* **8** C1
Aix-en-Issart *62* **8** C1
Aix-en-Othe *10* **82** B3
Aix-en-Provence *13* **237** E3
Aix-en-Diois *26* **205** D2
Aix-la-Fayette *63* **169** D4
Aix-Noulette *62* **10** A2
Aixe-sur-Vienne *87* **164** B2
Aizac *07* **203** D2
Aizanville *52* **84** C4
Aize *36* **117** F4
Aizecourt-le-Bas *80* **18** C1
Aizecourt-le-Haut *80* **18** C1
Aizecq *16* **147** E4
Aizelles *02* **36** A1
Aizenay *85* **128** C2
Aizier *27* **30** C2
Aizy-Jouy *02* **35** F1
Ajac *11* **253** D3
Ajaccio *2A* **266** B4
Ajaccio (Golfe d') *2A* **268** B1
Ajain *23* **150** C3
Ajat *24* **180** B3
Ajoncourt *57* **64** C2
Ajou *27* **54** C1
Ajoux *07* **203** E2
Ajustants (Route des) *19* **182** C1
Alagnon *15,43* **184** A3
Alagnon (Gorges de l') *15,43,63* **184** B1
Alaigne *11* **253** D3
Alaincourt *70* **106** B1
Alaincourt *02* **19** D3
Alaincourt-la-Côte *57* **64** C1
Alairac *11* **253** E2
Alaise *25* **125** E4
Alan *31* **250** C2
Alando *2b* **267** E1
Alata *2a* **266** B4
Alba *07* **203** E3
Alban *81* **215** D4
Albaret-le-Comtal *48* **200** C1
Albaret-Ste-Marie *48* **201** D1
Albarine (Cluse de l') *01* **156** C4
Albarine (Gorges de l') *01* **157** D4
L'Albaron *13* **235** E3
Albas *11* **254** B3
Albas *46* **197** E4
Albé *67* **89** D1
Albefeuille-Lagarde *82* **213** D3
L'Albenc *38* **188** C2
Albens *73* **173** E2
Albepierre-Bredons *15* **183** F3
L'Albère *66* **262** C3
Albert *80* **18** A1
Albertacce *2b* **266** C1
Albertville *73* **174** B2
Albestroff *57* **65** E1
Albi *81* **214** B4
Albiac *31* **230** C3
Albiac *46* **198** B2
Albias *82* **213** E3
Albières *11* **253** F4
Albiès *09* **260** B1
Albiez-le-Jeune *73* **190** B2
Albiez-le-Vieux *73* **190** B2
Albignac *19* **181** E3
Albigny-sur-Saône *69* **171** E1
Albine *81* **232** A4
Albiosc *04* **238** B1
Albitreccia *2a* **268** C1
Albon *26* **187** E2
Albon *07* **203** D1
Alboussière *07* **187** E4
Les Albres *12* **199** D4
Albussac *19* **181** F3
Alby-sur-Chéran *74* **173** F1
Alçay-Alçabéhéty-Sunharette *64* **247** E2
Aldudes *64* **246** B2
Aldudes (Vallée des) *64* **246** B2
Alembon *62* **3** D3
Alençon *61* **76** B1
Alénya *66* **263** D2
Aléria *2b* **267** F2
Alès *30* **218** A3
Alet-les-Bains *11* **253** E3
Alette *62* **8** B1
Aleu *09* **259** F3
Alex *74* **174** A1
Alexain *53* **74** C3
Aleyrac *26* **204** A4
Alfeld (Lac d') *88* **107** F2
Alfortville *94* **57** F2
Algajola *2b* **264** B3
Algans *81* **230** C3
Algolsheim *68* **89** E4
Algrange *57* **39** F2
Alièze *39* **141** E3
Alignan-du-Vent *34* **233** E4
Alincourt *08* **37** D2
Alincthun *62* **3** D3
Alise-Ste-Reine *21* **103** F4
Alissas *07* **203** E2
Alix *69* **171** D1
Alixan *26* **188** A4
Alizay *27* **31** F2
Allain *54* **64** A4
Allaines *80* **18** B1
Allaines-Mervilliers *28* **79** D3
Allainville *78* **79** E1
Allainville *28* **55** F3
Allainville-en-Beauce *45* **79** E3
Allaire *56* **92** B3
Allamont *54* **39** E4
Allamps *54* **63** F4
Allan *26* **203** F4
Allanche *15* **184** A2
Alland'Huy-et-Sausseuil *08* **37** E1
Allarmont *88* **66** A4
Allas-Bocage *17* **177** E1
Allas-Champagne *17* **161** E4
Allas-les-Mines *24* **197** D1
Allassac *19* **181** D2
Allauch *13* **243** E2
Allègre *30* **218** B2
Allègre *43* **185** E2
Allègre (Château d') *30* **218** B2
Alleins *13* **236** C2
Allemagne-en-Provence *04* **238** B1
Allemanche-Launay-et-Soyer *51* **60** A4
Allemans *24* **178** C2
Allemans-du-Dropt *47* **195** F3
Allemant *51* **60** A3
Allemant *02* **35** E1
Allemond *38* **189** F3
Allenay *80* **8** A4
Allenc *48* **201** F3
Allenjoie *25* **108** A4
Allennes-les-Marais *59* **10** B1
Allenwiller *67* **66** C3
Allerey *21* **122** C3
Allerey-sur-Saône *71* **140** B1
Allériot *71* **140** A2
Allery *80* **16** C1
Alles-sur-Dordogne *24* **196** C1
Les Alleuds *49* **114** A2
Les Alleuds *79* **147** D3
Les Alleux *08* **37** F1
Alleuze *15* **184** B4
Allevard *38* **174** A4
Allèves *74* **173** F2
Allex *26* **204** A2
Alleyrac *43* **202** B1
Alleyras *43* **201** F1
Alleyrat *23* **150** C4
Alleyrat *19* **166** C3
Allez-et-Cazeneuve *47* **211** F1
Alliancelles *51* **62** A2
Alliat *09* **260** B1
Allibaudières *10* **60** C4
Allichamps *52* **62** A4
Allier *3,18,43,58,63* **184** C1
Allier *65* **249** E2
Allières *09* **259** F2
Les Alliés *25* **126** A4
Alligny-Cosne *58* **120** A1
Alligny-en-Morvan *58* **122** A3
Allineuc *22* **71** D1
Allinges *74* **158** C1
Allogny *18* **118** C3
Allogny (Forêt d') *18* **118** C3
Allondans *25* **107** F4
Allondaz *73* **174** B2
Allondrelle-la-Malmaison *54* **39** D1
Allonne *60* **33** E2
Allonne *79* **131** D3
Allonnes *28* **78** C2
Allonnes *49* **114** C2
Allonnes *72* **96** B1
Allons *47* **210** B2
Allons *04* **222** C3
Allonville *80* **17** F2
Allonzier-la-Caille *74* **158** A4
Allos *04* **223** D1
Allos (Col d') *04* **222** C1
Allouagne *62* **9** F1
Alloue *16* **148** A4
Allouis *18* **118** C3
Allouville-Bellefosse *76* **14** C4
Les Allues *73* **174** C4
Les Alluets-le-Roi *78* **56** C2
Alluy *58* **121** D4
Alluyes *28* **78** B3
Ally *15* **182** C3
Ally *43* **184** C3
Almayrac *81* **214** C3
Almenêches *61* **53** E3
Almon-les-Junies *12* **199** E3
Alo Bisucce *2A* **268** C3
Alos *09* **259** E3
Alos *81* **214** A3
Alos-Sibas-Abense *64* **247** E2
Alouettes (Mont des) *85* **130** A1
Aloxe-Corton *21* **123** E4
L'Alpe d'Huez *38* **190** A3
Alpes Mancelles *72* **75** F2
Alpilles (Chaîne des) *13* **236** A1
Alpuech *12* **200** B2
Alquines *62* **3** D3
Alrance *12* **215** E3
Alsting *57* **41** F3
Altagène *2a* **269** D2
Alteckendorf *67* **67** D2
Altenach *68* **108** B3
Altenbach *68* **108** B1
Altenheim *67* **66** C2
Altenstadt *67* **43** E4
Althen-des-Paluds *84* **219** F3
Altiani *2b* **267** E2
Altier *48* **202** A4
Altillac *19* **181** F4
Altkirch *68* **108** B3
Altorf *67* **67** D4

Altrippe 57 41 E4
Altviller 57 41 E4
Altwiller 67 65 F1
Aluze 71 139 F2
Alvignac 46 198 B1
Alvimare 76 14 C4
Alzen 09 252 A4
Alzi 2b 267 E1
Alzing 57 41 D2
Alzon 30 217 D4
Alzonne 11 253 D2
Amage 70 107 D1
Amagne 08 37 E1
Amagney 25 125 E2
Amailloux 79 131 D2
Amance 54 64 C2
Amance 70 106 B2
Amance 10 84 A2
Amancey 25 125 E4
Amancy 74 158 B3
Amange 39 124 B3
Amanlis 35 73 E4
Amanty 55 63 E4
Amanvillers 57 40 A3
Amanzé 71 154 C2
Amareins-Francheleine 01 155 E3
Amarens 81 214 A3
Amathay-Vésigneux 25 125 F4
Amayé-sur-Orne 14 29 D4
Amayé-sur-Seulles 14 28 B4
Amazy 58 121 D2
Ambacourt 88 86 C2
Ambarès-et-Lagrave 33 177 E4
Ambax 31 250 C1
Ambazac 87 165 D1
Ambel 38 205 F1
Ambenay 27 54 C2
Ambérac 16 162 B1
Ambérieu-en-Bugey 01 156 C4
Ambérieux 69 171 E1
Ambérieux-en-Dombes 01 155 F4
Ambernac 16 148 A4
Amberre 86 132 A2
Ambert 63 169 E4
Ambès 33 177 E4
Ambeyrac 12 198 C4
Ambialet 81 215 D4
Ambiegna 2a 266 B3
Ambierle 42 154 A3
Ambiévillers 70 86 C4
Ambillou 37 115 E1
Ambillou-Château 49 114 A2
Ambilly 74 158 B2
Amblaincourt 55 62 C1
Amblainville 60 33 E3
Amblans-et-Velotte 70 107 D3
Ambleny 02 35 D2
Ambléon 01 173 D2
Ambleteuse 62 2 C3
Ambleville 16 162 A3
Ambleville 95 32 C4
Amblie 14 29 D2
Amblimont 08 22 A4
Ambloy 41 97 F3
Ambly-Fleury 08 37 D1
Ambly-sur-Meuse 55 38 C4
Amboise 37 116 B1
Ambon 56 91 F3
Ambonil 26 204 A1
Ambonnay 51 36 C4
Ambonville 52 84 C2
Ambourville 76 31 E1
Ambrault 36 135 D2
Ambres 81 230 C2
Ambricourt 62 9 D2
Ambrief 02 35 E2
Ambrières 51 62 A3
Ambrières-le-Grand 53 75 D1
Ambrines 62 9 E3
Ambronay 01 156 C4
Ambrugeat 19 166 B4
Ambrumesnil 76 15 E2
Ambrus 47 211 D2
Ambutrix 01 156 C4
Amby (Gorges d') 38 172 B2
Amécourt 27 32 C2
Amel-sur-l'Étang 55 39 D3
Amelécourt 57 65 D2
Amélie-les-Bains-Palalda 66 262 B3
Amendeuix-Oneix 64 225 E4
Amenoncourt 54 65 E3
Amenucourt 95 32 C4
Ames 62 9 E1
Amettes 62 9 E1
Ameugny 71 139 F4
Ameuvelle 88 106 B1
Amfreville-la-Campagne 27 31 E3
Amfreville-les-Champs 76 15 D3
Amfreville-les-Champs 27 32 A2
Amfréville 14 29 E3
Amfreville 50 25 D3
Amfreville-sous-les-Monts 27 32 A2
Amfreville-sur-Iton 27 31 F4
Amfreville-la-Mi-Voie 76 31 F2
Amfroipret 59 11 F3
Amiens 80 17 E2
Amifontaine 02 36 B1
Amigny 50 27 E3
Amigny-Rouy 02 19 D4
Amillis 77 59 D3
Amilly 45 100 C1
Amilly 28 78 B1
Amions 42 170 A1
Amirat 06 223 E4
Ammerschwihr 68 89 D3
Ammerzwiller 68 108 B2
Ammeville 14 53 E1
Amné 72 76 A4
Amnéville 57 40 B3
Amoncourt 70 106 B2
Amondans 25 125 E3
Amont-et-Effreney 70 107 E1
Amorots-Succos 64 225 D4
Amou 40 226 A3
Ampilly-les-Bordes 21 104 A3
Ampilly-le-Sec 21 103 F2
Amplepuis 69 154 C4
Amplier 62 9 E4
Ampoigné 53 94 C2
Amponville 77 80 B3
Ampriani 2b 267 E1
Ampuis 69 171 E4
Ampus 83 239 D2
Amuré 79 146 A2
Amy 60 18 B4
Anais 17 145 E2
Anais 16 162 C2
Anan 31 250 C1
Ance 43 186 A2
Ance 64 247 F2
Anceaumeville 76 15 E4
Anceins 61 54 B2
Ancelle 05 206 B2
Ancemont 55 38 C4
Ancenis 44 112 C1
Ancerville 55 62 B3
Ancerville 57 40 C4
Ancerviller 54 65 F4
Ancey 21 123 D2
Anchamps 08 21 E2
Anché 37 115 D3
Anché 86 147 E2
Anchenoncourt-et-Chazel 70 106 C1
Anchin (Anc. abbaye d') 59 10 C2
Ancienville 02 35 D3
Ancier 70 124 C1
Ancinnes 72 76 B2
Ancizan 65 249 F4
Les Ancizes-Comps 63 167 E1
Ancône 26 203 F3
Ancourt 76 15 F2
Ancourteville-sur-Héricourt 76 14 C3
Ancretiéville-St-Victor 76 15 E4
Ancretteville-sur-Mer 76 14 C3
Ancteville 50 26 C4
Anctoville 14 28 B4
Anctoville-sur-Boscq 50 50 B2
Ancy 69 171 D1
Ancy-le-Franc 89 103 D2
Ancy-le-Libre 89 103 E2
Ancy-sur-Moselle 57 40 A4
Andaines (Forêt des) 61 52 B4
Andainville 80 16 C2
Andance 07 187 E2
Andancette 26 187 E2
Andard 49 114 A1
Andé 27 31 F3
Andechy 80 18 B3
Andel 22 48 B4
Andelain 02 19 D4
Andelaroche 03 153 F2
Andelarre 70 106 B3
Andelarrot 70 106 B3
Andelat 15 184 A3
Andelle 27,76 16 A4
Andelnans 90 108 A3
Andelot 52 85 E3
Andelot-en-Montagne 39 142 A1
Andelot-lès-St-Amour 39 156 C1
Andelu 78 56 C2
Les Andelys 27 32 B3
Andernay 55 62 B2
Andernos-les-Bains 33 192 C2
Anderny 54 39 E2
Andert-et-Condon 01 173 D2
Andevanne 08 38 A2
Andeville 60 33 E3
Andigné 49 94 C3
Andillac 81 214 A4
Andilly 95 57 E1
Andilly 54 63 F2
Andilly 74 158 A3
Andilly 17 145 E2
Andilly-en-Bassigny 52 105 E1
Andiran 47 211 D3
Andlau 67 89 D1
Andoins 64 248 C1
Andolsheim 68 89 D3
Andon 06 239 F1
Andonville 45 79 E3
Andornay 70 107 E3
Andorra la Vella 260 A3
Andouillé 53 74 C3
Andouillé-Neuville 35 73 E2
Andouque 81 214 C4
Andrein 64 225 E4
Andres 62 3 D2
Andrest 65 249 E1
Andrésy 78 57 D1
Andrezé 49 113 D3
Andrezel 77 58 B4
Andrézieux-Bouthéon 42 170 B4
Andryes 89 102 A4
Anduze 30 218 A3
Anéran-Camors 65 258 A3
Anères 65 250 A3
Anet 28 56 A2
Anetz 44 112 C1
Angais 64 248 C1
Angé 41 117 D2
Angeac-Champagne 16 161 F3
Angeac-Charente 16 162 B3
Angecourt 08 22 A4
Angeduc 16 162 B4
Angely 89 103 D4
Angeot 90 108 A2
Angers 49 95 D4
Angerville-la-Campagne 27 55 E1
Angerville 14 29 F3
Angerville 91 79 E2
Angerville-Bailleul 76 14 B4
Angerville-l'Orcher 76 14 B4
Angervilliers 91 57 D4
Angerville-la-Martel 76 14 C3
Angeville 82 212 B4
Angevillers 57 39 F2
Angey 50 50 B2
Angicourt 60 34 A2
Angiens 76 15 D2
Angirey 70 124 C1
Angivillers 60 34 A1
Anglade 33 177 D2
Anglais (Cascades des) 2B 267 D2
Anglards-de-St-Flour 15 184 B4
Anglards-de-Salers 15 183 D2
Anglars 46 198 C2
Anglars-Juillac 46 197 E4
Anglars-Nozac 46 197 F2
Anglars-St-Félix 12 199 D4
Anglefort 01 157 E4
Anglemont 88 87 F1
Angles 85 144 C1
Angles 04 222 C3
Anglès 81 232 A3
Les Angles 65 257 E2
Les Angles 30 219 E4
Les Angles 66 261 D3
Angles-sur-l'Anglin 86 133 D3
Les Angles-sur-Corrèze 19 181 F2
Anglesqueville-la-Bras-Long 76 15 D3
Anglesqueville-l'Esneval 76 14 A4
Anglet 64 224 B3
Angliers 17 145 E2
Anglure 51 60 B4
Anglure-sous-Dun 71 154 C2
Anglus 52 84 B1
Angluzelles-et-Courcelles 51 60 B3
Angoisse 24 180 B1
Angomont 54 65 F4
Angos 65 249 E2
Angoulême 16 162 C3
Angoulins 17 145 D3
Angoumé 40 225 D2
Angous 64 247 E1
Angoustrine 66 261 D3
Angoville 14 52 B1
Angoville-au-Plain 50 27 D2
Angoville-en-Saire 50 25 D1
Angoville-sur-Ay 50 26 C2
Angres 62 10 A2
Angresse 40 224 C2
Angrie 49 94 B4
Anguerny 14 29 D3
Anguilcourt-le-Sart 02 19 E3
Angviller-lès-Bisping 57 65 F2
Angy 60 33 F2
Anhaux 64 246 C2
Anhiers 59 10 C2
Aniane 34 234 A2
Aniche 59 10 C2
Anisy 14 29 D3
Anizy-le-Château 02 35 E1
Anjeux 70 106 C1
Anjony 15 183 D3
Anjou 38 187 E1
Anjouin 36 118 A3
Anjoutey 90 108 A2
Anla 65 250 B3
Anlezy 58 137 F1
Anlhiac 24 180 B1
Annay 62 10 B2
Annay 58 101 D4
Annay-la-Côte 89 102 C4
Annay-sur-Serein 89 102 C3
Annebault 14 29 F3
Annebecq 14 51 E1
Annecy 74 173 F4
Annecy (Lac d') 74 174 A1
Annecy-le-Vieux 74 158 A4
Annelles 08 37 D2
Annemasse 74 158 B2
Annéot 89 102 C4
Annepont 17 161 D1
Annequin 62 10 A1
Annesse-et-Beaulieu 24 179 E3
Annet-sur-Marne 77 58 B1
Anneux 59 10 C4
Anneville-Ambourville 76 31 E1
Anneville-en-Saire 50 25 E2
Anneville-sur-Mer 50 26 C3
Anneville-sur-Scie 76 15 F2
Annéville-la-Prairie 52 85 D3
Anneyron 26 187 E2
Annezay 17 145 F4
Annezin 62 9 F1
Annœullin 59 10 B1
Annoire 39 140 C1
Annois 02 19 D3
Annoisin-Chatelans 38 172 B2
Annoix 18 136 A1
Annonay 07 187 D2
Annonville 52 85 E1
Annot 04 222 D3
Annouville-Vilmesnil 76 14 B3
Annoux 89 103 D3
Annoville 50 50 B1
Anor 59 20 B1
Anos 64 226 C4
Anost 71 122 A4
Anould 88 88 B3
Anoux 54 39 E2
Anoye 64 227 D4
Anquetierville 76 31 D1
Anrosey 52 105 F2
Ansac-sur-Vienne 16 148 A4
Ansacq 60 33 F2
Ansan 32 228 C2
Ansauville 54 63 F2
Ansauvillers 60 17 F4
Anse 69 171 E1
Anserville 60 33 E3
Ansignan 66 262 A1
Ansigny 73 173 E1
Ansost 65 227 E4
Ansouis 84 237 E1
Anstaing 59 5 E4
Antagnac 47 210 B1
Anterrieux 15 200 C1
Anteuil 25 126 B1
Antezant-la-Chapelle 17 146 B4
Anthé 47 212 B1
Anthelupt 54 64 C3
Anthenay 51 36 A4
Antheny 08 20 C2
Antheuil 21 123 D3
Antheuil-Portes 60 34 B1
Anthien 58 121 E2
Anthon 38 172 A2
Anthy-sur-Léman 74 158 C1
Antibes 06 240 B2
Antibes (Cap d') 06 240 B2
Antichan 65 250 B3
Antichan-de-Frontignes 31 250 B4
Antifer (Cap d') 76 14 A3
Antignac 31 258 B3
Antignac 17 161 E4
Antignac 15 183 D1
Antigny 85 130 B3
Antigny 86 133 D4
Antigny-la-Ville 21 122 C4
Antilly 60 34 C4
Antilly 57 40 B3
Antin 65 249 F1
Les Antiques 13 236 B1
Antisanti 2b 267 E2
Antist 65 249 E2
Antogny 37 132 C1
Antoigné 49 114 B4
Antoigny 61 52 B4
Antoingt 63 168 B4
Antonaves 05 221 E1
Antonne-et-Trigonant 24 179 F2
Antony 92 57 E3
Antorpe 39 124 C3
Antraigues 07 203 D2
Antrain 35 73 E1
Antran 86 132 C2
Antras 09 259 D3
Antras 32 228 A2
Antrenas 48 201 D3
Antugnac 11 253 E4
Antully 71 139 E1
Anvéville 76 15 D3
Anville 16 162 A1
Anvin 62 9 D2
Any-Martin-Rieux 02 20 C2
Anzat-le-Luguet 63 184 A1
Anzeling 57 40 C2
Anzême 23 150 B2
Anzex 47 210 C1
Anzin 59 11 D2
Anzin-St-Aubin 62 10 A3
Anzy-le-Duc 71 154 B2
Aoste 38 173 D3
Aougny 51 36 A3
Aouste 08 20 C3
Aouste-sur-Sye 26 204 B2
Aouze 88 86 B1
Apach 57 40 C1
Apchat 63 184 B1
Apchon 15 183 E2
Apinac 42 185 F1
Apothicairerie (Grotte de l') 56 90 B4
Appelle 81 231 D3
Appenai-sous-Bellême 61 77 D2
Appenans 25 126 B1
Appenwihr 68 89 D4
Appeville 50 26 C2
Appeville-Annebault 27 31 D2
Appietto 2a 266 B3
Appilly 60 18 C4
Appoigny 89 102 A2
Apprieu 38 188 C1
Appy 09 260 C1
Apremont 01 157 D2
Apremont 08 38 F3
Apremont 60 34 A3
Apremont 85 128 C2
Apremont 73 173 E3
Apremont 70 124 B1
Apremont-la-Forêt 55 63 E2
Apremont-sur-Allier 18 137 D1
Aprey 52 105 D2
Apt 84 220 C4
Arabaux 09 252 B4
Arâches 74 159 D3
Aragnouet 65 257 F4
Aragon 11 253 E1
Aramits 64 247 F2
Aramon 30 219 D4
Aranc 01 156 C4
Arance 64 226 A4
Arancou 64 225 E4
Arandas 01 172 C1
Arandon 38 172 C1
Araujuzon 64 225 F4
Araules 43 186 B3
Araux 64 225 F4
Aravis (Chaîne des) 73,74 158 C4
Aravis (Col des) 73,74 174 C1
Arbailles (Forêt des) 64 247 E2
Arbanats 33 194 B2
Arbas 31 259 D2
Arbecey 70 106 B2
Arbellara 2a 269 D2
Arbent 01 157 D2
Arbéost 65 256 C2
Arbérats-Sillègue 64 225 E4
Arbignieu 01 173 D2
Arbigny 01 140 B4
Arbigny-sous-Varennes 52 105 F1
Arbin 73 173 F3
Arbis 33 194 C2
Arblade-le-Bas 32 227 D2
Arblade-le-Haut 32 227 D1
Arbois 39 141 E1
Arbois (Mont d') 74 175 D1
Arbon 31 258 C2
Arbonne 64 224 B4
Arbonne-la-Forêt 77 80 B1
Arboras 34 233 F2
Arbori 2a 266 B2
Arbot 52 104 C2
Arbouans 25 107 F4
Arboucave 40 226 B2
Arbouet-Sussaute 64 225 E4
Arbourse 58 120 B2
Arboussols 66 262 A2
Arbre (Puy de l') 15 199 F2
L'Arbresle 69 171 D1
Arbrissel 35 94 A1

Aix-en-Provence

Agard (Passage) CY 2
Bagniers (R. des) BY 4
Clemenceau (R.) BY 18
Cordeliers (R. des) BY 20
Espariat (R.) BY 26
Fabrot (R.) BY 28
Méjanes (R.) BY 51
Mirabeau (Cours) BY
Paul-Bert (R.) BX 66
Thiers (R.) CY 80
Bon-Pasteur (R. du) AX 9
Boulégon (R.) BX 12
Brossolette (Av.) AZ 13
De-la-Roque (R. J.) BX 25
Hôtel-de-Ville (Pl.) BY 37
Italie (R. d') CY 42
Lattre-de-T. (Av. de) AY 46
Matheron (R.) BY 49
Minimes (Crs des) AY 52
Montigny (R. de) BY 55
Napoléon Bonaparte (Av.) AY 57
Nazareth (R.) BY 58
Opéra (R. de l') CY 62
Prêcheurs (Pl. des) CY 70
Richelme (Pl.) BY 72
St-Honoré (Pl.) BY 73
St-Jean de Malte (†) CY V
St-Sauveur (†) BX R
St-Sauveur (Cloître) BX N
Ste-Marie-Madeleine (†) CY Y
Saporta (R. G.-de) BX 75
Thermes (Av. des) AY 78
Verdun (Pl. de) CY 86
4-Septembre (R.) BZ 87

Arbus 64 248 A1
Arbusigny 74 158 B3
Arc 73 190 B1
Arc-en-Barrois 52 104 C1
Arc-et-Senans 25 124 C4
Arc-lès-Gray 70 124 B1
Arc-sous-Cicon 25 126 A3
Arc-sous-Montenot 25 142 A1
Arc-sur-Tille 21 123 F2
Arcachon 33 192 C2
Arcachon (Bassin d') 33 192 C2
Arçais 79 145 F2
Arcambal 46 198 A4
Arcangues 64 224 B3
Arçay 18 135 F1
Arçay 86 131 F1
Arceau 21 123 F1
Arcenant 21 123 D3
Arcens 07 203 D1
Arces 17 160 C3
Arces 89 82 B4
Arcey 21 123 D2
Arcey 25 107 E4
Archail 04 222 B2
Archamps 74 158 A3
Archelange 39 124 B3
Arches 88 87 E3
Arches 15 182 C2
Archettes 88 87 E3
Archiac 17 161 F4
Archiane (Cirque d') 26 205 D2
Archignac 24 180 C4
Archignat 03 151 E1
Archigny 86 132 C3
Archingeay 17 161 D1
Archon 02 20 B3
Arcine 74 157 E3
Arcinges 42 154 C3
Arcins 33 177 D3
Arcis-le-Ponsart 51 36 A3
Arcis-sur-Aube 10 60 C4
Arcizac-Adour 65 249 E2
Arcizac-ez-Angles 65 249 D3
Arcizans-Avant 65 257 D2
Arcizans-Dessus 65 257 D2
Arcomie 48 201 D1
Arcomps 18 135 F3
Arçon 25 126 A4
Arcon 42 154 A4
Arconcey 21 122 C3
Arçonnay 72 76 A2
Arconsat 63 169 E1
Arconville 10 84 B3
Arcouest (Pointe de l') 22 47 E1
Les Arcs 83 239 E3
Les Arcs 73 175 D3
Arcueil 94 57 E2
Arcy-Ste-Restitue 02 35 E3
Arcy-sur-Cure 89 102 B4
Ardèche 7 203 D4
Ardelles 28 55 E4
Ardelu 28 79 E2
Ardenais 18 135 F3
Ardenay-sur-Mérize 72 96 C1
Ardengost 65 249 F4
Ardenne (Abbaye d') 14 29 D3
Ardentes 36 134 C2
Ardes 63 184 B1
Ardeuil-et-Montfauxelles 08 37 E3
Ardevon 50 50 C3
Ardiège 31 250 B3
Les Ardillats 69 155 D3
Ardilleux 79 147 D3
Ardillières 17 145 E3
Ardin 79 130 C4
Ardizas 32 229 D2
Ardoix 07 187 E2
Ardon 39 141 F2
Ardon 45 99 E2
Ardouval 76 15 F3
Ardres 62 3 D2
Aregno 2b 264 B3
Areines 41 98 A2
Aren 64 247 F1
Arengosse 40 209 D3
Arenthon 74 158 B3
Arès 33 192 C1
Ares (Col d') 66 262 A4
Ares (Col des) 31 250 B3
Aresches 39 142 A1
Aressy 64 248 C1
Arette 64 247 F2
Arette-Pierre-St-Martin 64 247 F3
Arfeuille-Châtain 23 151 E4
Arfeuilles 03 153 F3
Arfons 81 231 E4
Argagnon 64 226 A3
Arganchy 14 28 B3
Argançon 10 84 A3
Argancy 57 40 B3
Argein 09 259 D3
Argelès 65 257 F1
Argelès-Gazost 65 257 D2
Argelès-sur-Mer 66 263 D3
Argeliers 11 254 B1
Argelliers 34 234 B2
Argelos 40 226 A3
Argelos 64 226 C4
Argelouse 40 209 E1
Argences 14 29 E4
Argens 83 239 D3
Argens 04 222 C3
Argens-Minervois 11 254 B2
Argens (Source d') 83 238 B3
Argent-sur-Sauldre 18 100 B4
Argentan 61 53 D3
Argentat 19 182 A3
Argentenay 89 103 D2
Argenteuil 95 57 E1
Argenteuil-sur-Armançon 89 103 E3
Argentière 74 159 E4
L'Argentière-la-Bessée 05 207 D1
Argentières 77 58 C4
Argentine 73 174 B4
Argentolles 52 84 C3
Argenton 47 210 C1
Argenton-Château 79 114 A4
Argenton-l'Église 79 114 A4
Argenton-Notre-Dame 53 95 D2
Argenton-sur-Creuse 36 134 A4
Argentré 53 75 D4
Argentré-du-Plessis 35 74 A4
Argenvières 18 120 A3
Argenvilliers 28 77 F3
Argers 51 37 F4
Arget 64 226 B3
Argiésans 90 107 F3
Argillières 70 105 F3
Argilliers 30 219 D4
Argilly 21 123 E4
Argis 01 156 C4
Argiusta-Moriccio 2a 269 D1
Argœuves 80 17 E2
Argol 29 68 C1
Argonay 74 158 A4
Argonne (Forêt d') 08,51,55 38 A4
Argouges 50 50 C4
Argoules 80 8 B2
Argueil 76 32 B1
Arguel 80 16 C2
Arguel 25 125 E3
Arguenos 31 258 C2
Argut-Dessous 31 258 C3
Argut-Dessus 31 258 C3
Argy 36 134 A1
Arhansus 64 247 D1
Ariège 9,31 252 A2
Aries-Espénan 65 250 A1
Arifat 81 231 F2
Arignac 09 252 A4
Arinthod 39 157 D1
Arith 73 173 F2
Arjuzanx 40 208 C3
Arlanc 63 185 E1
Arlay 39 141 D2
Arlebosc 07 187 D3
Arlempdes 43 202 B1
Arles 13 235 F2
Arles-sur-Tech 66 262 B4
Arlet 43 184 C3
Arleuf 58 121 F4
Arleux 59 10 C3
Arleux-en-Gohelle 62 10 B2
Arlos 31 250 B4
Armaillé 49 94 A3
Armainvilliers (Forêt d') 77 58 B3
Armançon 21, 89 102 C1
Armancourt 80 18 B4
Armancourt 60 34 B2
Armaucourt 54 64 C2
Armbouts-Cappel 59 3 F2
Armeau 89 81 F4
Armendarits 64 247 D1
Armenonville-les-Gâtineaux 28 56 B4
Armenteule 65 258 A3
Armentières 59 5 D4
Armentières-en-Brie 77 58 C1
Armentières-sur-Avre 27 54 C3
Armentières-sur-Ourcq 02 35 E3
Armentieux 32 227 E3
Armes 58 121 D1
Armillac 47 195 F3
Armissan 11 255 D2
Armix 01 172 C1
Armorique (Parc Régional d') 29 46 B4
Armous-et-Cau 32 227 F3
Armoy 74 158 C1
Arnac 15 182 B2
Arnac-Pompadour 19 181 D1
Arnac-la-Poste 87 149 E2
Arnac-sur-Dourdou 12 232 C2
Arnage 72 96 B1
Arnancourt 52 84 C2
Arnas 69 155 E4
Arnaud-Guilhem 31 250 C2

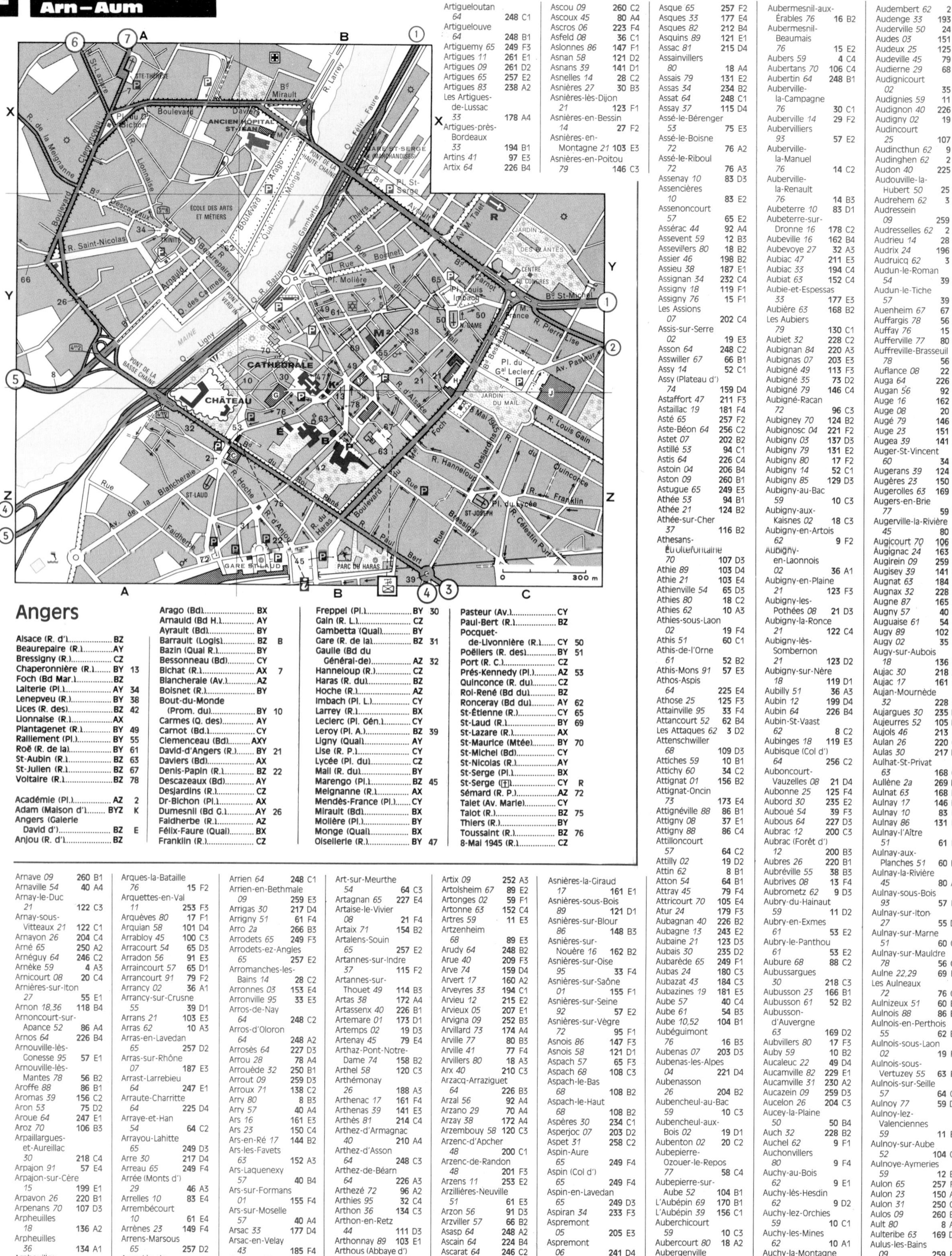
CATHÉDRALE
CHÂTEAU
ANCIEN HÔPITAL ST-JEAN
ÉCOLE DES ARTS ET MÉTIERS
GARE ST-SERGE (MARCHANDISES)
JARDIN DES PLANTES
CENTRE DE CONGRÈS
JARDIN DU MAIL
GARE ST-LAUD
PARC DU HARAS
ST-LAUD
ST-JOSEPH
TRINITÉ
STE-THÉRÈSE
MAINE
PONT DE LA HAUTE CHAÎNE
PONT DE LA BASSE CHAÎNE
PONT VERDUN
Pl. du Gal Leclerc
Pl. Molière
Pl. du Lycée
R. Saint-Nicolas
R. Larrey
Bd Mirault
Bd Descazeaux
R. Louis Gain
R. Hanneloup
R. Franklin
R. Célestin Port
Av. Pasteur
R. Pierre Lise
Bd St-Michel
0 300 m

Angers

Alsace (R. d') BZ
Beaurepaire (R.) AY
Bressigny (R.) CZ
Chaperonnière (R.) BY 13
Foch (Bd Mar.) BZ
Laiterie (Pl.) AY 34
Lenepveu (R.) BY 38
Lices (R. des) BZ 42
Lionnaise (R.) AX
Plantagenet (R.) BY 49
Ralliement (Pl.) BY 55
Roë (R. de la) BY 61
St-Aubin (R.) BZ 63
St-Julien (R.) BZ 67
Voltaire (R.) BZ 78

Académie (Pl.) AZ 2
Adam (Maison d') BYZ K
Angers (Galerie David d') BZ E
Anjou (R. d') BZ
Arago (Bd) BX
Arnauld (Bd H.) AY
Ayrault (Bd) BY
Barrault (Logis) BZ B
Bazin (Quai R.) BY
Bessonneau (Bd) CY
Bichat (R.) AX 7
Blancherale (Av.) AZ
Boisnet (R.) BY
Bout-du-Monde (Prom. du) BY 10
Carmes (Q. des) AY
Carnot (Bd.) CY
Clemenceau (Bd) AXY
David-d'Angers (R.) BY 21
Daviers (Bd) AX
Denis-Papin (R.) BZ 22
Descazeaux (Bd) AY
Desjardins (R.) CZ
Dr-Bichon (Pl.) AX
Dumesnil (Bd G.) AY 26
Faidherbe (R.) AZ
Félix-Faure (Quai) BX
Franklin (R.) CZ
Freppel (Pl.) BY 30
Gain (R. L.) CZ
Gambetta (Quai) BY
Gare (R. de la) BZ 31
Gaulle (Bd du Général-de) AZ 32
Hanneloup (R.) CZ
Haras (R. du) BZ
Hoche (R.) AZ
Imbach (Pl. L.) CY
Larrey (R.) BX
Leclerc (Pl. Gén.) CY
Leroy (Pl. A.) BZ 39
Ligny (Quai) AY
Lise (R. P.) CY
Lycée (Pl. du) CZ
Mail (R. du) BY
Marengo (Pl.) BZ 45
Meignanne (R.) AX
Mendès-France (Pl.) CY
Mirault (Bd) BX
Molière (Pl.) BY
Monge (Quai) BX
Oisellerie (R.) BY 47
Pasteur (Av.) CY
Paul-Bert (R.) BZ
Pocquet-de-Livonnière (R.) CY 50
Poëliers (R. des) BY 51
Port (R. C.) CZ
Prés-Kennedy (Pl.) AZ 53
Quinconce (R. du) CZ
Roi-René (Bd du) BZ
Ronceray (Bd du) AY 62
St-Étienne (R.) CY 65
St-Laud (R.) BY 69
St-Lazare (R.) AX
St-Maurice (Mtée) BY 70
St-Michel (Bd) CY
St-Nicolas (R.) AY
St-Serge (Pl.) BX
St-Serge (✝) CY R
Sémard (R. P.) AZ 72
Talet (Av. Marie) CY
Talot (R.) BZ 75
Thiers (R.) BY
Toussaint (R.) BZ 76
8-Mai 1945 (R.) CZ

Arnave 09 260 B1
Arnaville 54 40 A4
Arnay-le-Duc 21 122 C3
Arnay-sous-Vitteaux 21 122 C1
Arnayon 26 204 C4
Arné 65 250 A2
Arnéguy 64 246 C2
Arnèke 59 4 A3
Arnicourt 08 20 C4
Arnières-sur-Iton 27 55 E1
Arnon 18,36 118 B4
Arnoncourt-sur-Apance 52 86 A4
Arnos 64 226 B4
Arnouville-lès-Gonesse 95 57 E1
Arnouville-lès-Mantes 78 56 B2
Aroffe 88 86 B1
Aromas 39 156 C2
Aron 53 75 D2
Aroue 64 247 E1
Aroz 70 106 B3
Arpaillargues-et-Aureillac 30 218 C4
Arpajon 91 57 E4
Arpajon-sur-Cère 15 199 E1
Arpavon 26 220 B1
Arpenans 70 107 D3
Arpheuilles 18 136 A2
Arpheuilles 36 134 A1
Arpheuilles-St-Priest 03 151 F2
Arphy 30 217 E3
Arquenay 53 95 D1
Arques 62 3 F3
Arques 11 253 E4
Arques 12 215 F1
Les Arques 46 197 E3
Arques-la-Bataille 76 15 F2
Arquettes-en-Val 11 253 F3
Arquèves 80 17 F1
Arquian 58 101 D4
Arrabloy 45 100 C3
Arracourt 54 65 D3
Arradon 56 91 E3
Arraincourt 57 65 D1
Arrancourt 91 79 F2
Arrancy 02 36 A1
Arrancy-sur-Crusne 55 39 D1
Arrans 21 103 E3
Arras 62 10 A3
Arras-en-Lavedan 65 257 D2
Arras-sur-Rhône 07 187 E3
Arrast-Larrebieu 64 247 E1
Arraute-Charritte 64 225 D4
Arraye-et-Han 54 64 C2
Arrayou-Lahitte 65 249 D3
Arre 30 217 D4
Arreau 65 249 F4
Arrée (Monts d') 29 46 A3
Arrelles 10 83 E4
Arrembécourt 10 61 E4
Arrènes 23 149 F4
Arrens-Marsous 65 257 D2
Arrentès-de-Corcieux 88 88 B3
Arrentières 10 84 B2
Arrest 80 8 A4
Arreux 08 21 E2
Arriance 57 40 C4
Arricau-Bordes 64 227 D3
Arrien 64 248 C1
Arrien-en-Bethmale 09 259 E3
Arrigas 30 217 D4
Arrigny 51 61 F4
Arro 2a 266 B3
Arrodets 65 249 F3
Arrodets-ez-Angles 65 257 E2
Arromanches-les-Bains 14 28 C2
Arronnes 03 153 E4
Arronville 95 33 E3
Arros-de-Nay 64 248 C2
Arros-d'Oloron 64 248 A2
Arrosès 64 227 D3
Arrou 28 78 A4
Arrouède 32 250 B1
Arrout 09 259 D3
Arroux 71 138 C2
Arry 80 8 B3
Arry 57 40 A4
Ars 16 161 E3
Ars 23 150 C4
Ars-en-Ré 17 144 B2
Ars-les-Favets 63 152 A3
Ars-Laquenexy 57 40 B4
Ars-sur-Formans 01 155 F4
Ars-sur-Moselle 57 40 A4
Arsac 33 177 D4
Arsac-en-Velay 43 185 F4
Arsague 40 225 F3
Arsans 70 124 C1
Arsonval 10 84 B2
Arsure-Arsurette 39 142 B2
Les Arsures 39 141 F1
Arsy 60 34 B2
Art-sur-Meurthe 54 64 C3
Artagnan 65 227 E4
Artaise-le-Vivier 08 21 F4
Artaix 71 154 B2
Artalens-Souin 65 257 E2
Artannes-sur-Indre 37 115 F2
Artannes-sur-Thouet 49 114 B3
Artas 38 172 A4
Artassenx 40 226 B1
Artemare 01 173 D1
Artemps 02 19 D3
Artenay 45 79 E4
Arthaz-Pont-Notre-Dame 74 158 B2
Arthel 58 120 C3
Arthémonay 26 188 A3
Arthenac 17 161 F4
Arthenas 39 141 E3
Arthès 81 214 C4
Arthez-d'Armagnac 40 210 A4
Arthez-d'Asson 64 248 C3
Arthez-de-Béarn 64 226 A3
Arthezé 72 96 A2
Arthies 95 32 C4
Arthon 36 134 C3
Arthon-en-Retz 44 111 D3
Arthonnay 89 103 E1
Arthous (Abbaye d') 40 225 D3
Arthun 42 170 A2
Artigat 09 251 F2
Artignosc-sur-Verdon 83 238 B2
Artigue 31 258 B3
Artiguedieu 32 228 B3
Artigueloutan 64 248 C1
Artiguelouve 64 248 B1
Artiguemy 65 249 F3
Artigues 11 261 E1
Artigues 09 261 D2
Artigues 65 257 E2
Artigues 83 238 A2
Les Artigues-de-Lussac 33 178 A4
Artigues-près-Bordeaux 33 194 B1
Artins 41 97 E3
Artix 64 226 B4
Artix 09 252 A3
Artolsheim 67 89 E2
Artonges 02 59 F1
Artonne 63 152 C4
Artres 59 11 E3
Artzenheim 68 89 E3
Arudy 64 248 B2
Arue 40 209 F3
Arve 74 159 D4
Arvert 17 160 A2
Arveyres 33 194 C1
Arvieu 12 215 E2
Arvieux 05 207 E1
Arvigna 09 252 B3
Arvillard 73 174 A4
Arville 77 80 B3
Arville 41 77 F4
Arvillers 80 18 A3
Arx 40 210 C3
Arzacq-Arraziguet 64 226 B3
Arzal 56 92 A4
Arzano 29 70 A4
Arzay 38 172 A4
Arzembouy 58 120 C3
Arzenc-d'Apcher 48 200 C1
Arzenc-de-Randon 48 201 F3
Arzens 11 253 E2
Arzillières-Neuville 51 61 E3
Arzon 56 91 D3
Arzviller 57 66 B2
Asasp 64 248 A2
Ascain 64 224 B4
Ascarat 64 246 C2
Aschbach 67 43 E4
Aschères-le-Marché 45 79 E4
Asclier (Col de l') 30 217 E3
Asco 2b 264 C4
Asco (Gorges de l') 2B 264 C4
Ascou 09 260 C2
Ascoux 45 80 A4
Ascros 06 223 F4
Asfeld 08 36 C1
Aslonnes 86 147 F1
Asnan 58 121 D2
Asnans 39 141 D1
Asnelles 14 28 C2
Asnières 27 30 B3
Asnières-lès-Dijon 21 123 F1
Asnières-en-Bessin 14 27 F2
Asnières-en-Montagne 21 103 E3
Asnières-en-Poitou 79 146 C3
Asnières-la-Giraud 17 161 E1
Asnières-sous-Bois 89 121 D1
Asnières-sur-Blour 86 148 B3
Asnières-sur-Nouère 16 162 B2
Asnières-sur-Oise 95 33 F4
Asnières-sur-Saône 01 155 F1
Asnières-sur-Seine 92 57 E2
Asnières-sur-Vègre 72 95 F1
Asnois 86 147 F3
Asnois 58 121 D1
Aspach 57 65 F3
Aspach 68 108 C3
Aspach-le-Bas 68 108 B2
Aspach-le-Haut 68 108 B2
Aspères 30 234 C1
Asperjoc 07 203 D2
Aspet 31 258 C2
Aspin-Aure 65 249 F4
Aspin (Col d') 65 249 F4
Aspin-en-Lavedan 65 249 D3
Aspiran 34 233 F3
Aspremont 05 205 E3
Aspremont 06 241 D4
Les Aspres 61 54 B3
Aspres-lès-Corps 05 206 A1
Aspres-sur-Buëch 05 205 E3
Aspret-Sarrat 31 258 C2
Asprières 12 199 D3
Asque 65 257 F2
Asques 33 177 E4
Asques 82 212 B4
Asquins 89 121 E1
Assac 81 215 D4
Assainvillers 80 18 A4
Assais 79 131 E2
Assas 34 234 B2
Assat 64 248 C1
Assay 37 115 D4
Assé-le-Bérenger 53 75 E3
Assé-le-Boisne 72 76 A2
Assé-le-Riboul 72 76 A3
Assenay 10 83 D3
Assencières 10 83 E2
Assenoncourt 57 65 E2
Assérac 44 92 A4
Assevent 59 12 B3
Assevillers 80 18 B2
Assier 46 198 B2
Assieu 38 187 E1
Assignan 34 232 C4
Assigny 18 119 F1
Assigny 76 15 F1
Les Assions 07 202 C4
Assis-sur-Serre 02 19 E3
Asson 64 248 C2
Asswiller 67 66 B1
Assy 14 52 C1
Assy (Plateau d') 74 159 D4
Astaffort 47 211 F3
Astaillac 19 181 F4
Asté 65 257 F2
Aste-Béon 64 256 C2
Astet 07 202 B2
Astillé 53 94 C1
Astis 64 226 C4
Astoin 04 206 B4
Aston 09 260 B1
Astugue 65 249 E3
Athée 53 94 B1
Athée 21 124 B2
Athée-sur-Cher 37 116 B2
Athesans-Étroitefontaine 70 107 D3
Athie 89 103 D4
Athie 21 103 E4
Athienville 54 65 D3
Athies 80 18 C2
Athies 62 10 A3
Athies-sous-Laon 02 19 F4
Athis 51 60 C1
Athis-de-l'Orne 61 52 B2
Athis-Mons 91 57 E3
Athos-Aspis 64 225 E4
Athose 25 125 F3
Attainville 95 33 F4
Attancourt 52 62 B4
Les Attaques 62 3 D2
Attenschwiller 68 109 D3
Attiches 59 10 B1
Attichy 60 34 C2
Attignat 01 156 B2
Attignat-Oncin 73 173 E4
Attignéville 88 86 B1
Attigny 08 37 E1
Attigny 88 86 C4
Attilloncourt 57 64 C2
Attilly 02 19 D2
Attin 62 8 B1
Atton 54 64 B1
Attray 45 79 F4
Attricourt 70 105 E4
Atur 24 179 F3
Aubagnan 40 226 B2
Aubagne 13 243 E2
Aubaine 21 123 D3
Aubais 30 235 D2
Aubarède 65 249 F1
Aubas 24 180 C3
Aubazat 43 184 C3
Aubazines 19 181 E3
Aube 57 40 C4
Aube 61 54 B3
Aube 10,52 104 B1
Aubéguimont 76 16 B3
Aubenas 07 203 D3
Aubenas-les-Alpes 04 221 D4
Aubenasson 26 204 B2
Aubencheul-au-Bac 59 10 C3
Aubencheul-aux-Bois 02 19 D1
Aubenton 02 20 C2
Aubepierre-Ozouer-le-Repos 77 58 C4
Aubepierre-sur-Aube 52 104 B1
L'Aubépin 69 170 B1
L'Aubépin 39 156 C1
Auberchicourt 59 10 C3
Aubercourt 80 18 A2
Aubergenville 78 56 C1
Aubérive 51 37 D3
Auberive 52 104 C2
Auberives-en-Royans 38 188 B3
Auberives-sur-Varèze 38 171 E4
Aubermesnil-aux-Érables 76 16 B2
Aubermesnil-Beaumais 76 15 E2
Aubers 59 4 C4
Aubertans 70 106 C4
Aubertin 64 248 B1
Auberville-la-Campagne 76 30 C1
Auberville 14 29 F2
Aubervilliers 93 57 E2
Auberville-la-Manuel 76 14 C2
Auberville-la-Renault 76 14 B3
Aubeterre 10 83 D1
Aubeterre-sur-Dronne 16 178 C2
Aubeville 16 162 B4
Aubevoye 27 32 A3
Aubiac 47 211 E3
Aubiac 33 194 C4
Aubiat 63 152 C4
Aubie-et-Espessas 33 177 E3
Aubière 63 168 B2
Les Aubiers 79 130 C1
Aubiet 32 228 C2
Aubignan 84 220 A3
Aubignas 07 203 E3
Aubigné 49 113 F3
Aubigné 35 73 D2
Aubigné 79 146 C4
Aubigné-Racan 72 96 C3
Aubigney 70 124 B2
Aubignosc 04 221 F2
Aubigny 03 137 D3
Aubigny 79 131 E2
Aubigny 80 17 F2
Aubigny 14 52 C1
Aubigny 85 129 D3
Aubigny-au-Bac 59 10 C3
Aubigny-aux-Kaisnes 02 18 C3
Aubigny-en-Artois 62 9 F2
Aubigny-en-Laonnois 02 36 A1
Aubigny-en-Plaine 21 123 F3
Aubigny-les-Pothées 08 21 D3
Aubigny-la-Ronce 21 122 C4
Aubigny-lès-Sombernon 21 123 D2
Aubigny-sur-Nère 18 119 D1
Aubilly 51 36 A3
Aubin 12 199 D4
Aubin 64 226 B4
Aubin-St-Vaast 62 8 C2
Aubinges 18 119 E3
Aubisque (Col d') 64 256 C2
Auboncourt-Vauzelles 08 21 D4
Aubonne 25 125 F4
Aubord 30 235 E2
Auboué 54 39 F3
Aubous 64 227 D3
Aubrac 12 200 C3
Aubrac (Forêt d') 12 200 B3
Aubres 26 220 B1
Aubréville 55 38 B3
Aubrives 08 13 F4
Aubrometz 62 9 D3
Aubry-du-Hainaut 59 11 D2
Aubry-en-Exmes 61 53 E2
Aubry-le-Panthou 61 53 E2
Aubure 68 88 C2
Aubussargues 30 218 C3
Aubusson 23 166 B1
Aubusson 61 52 B2
Aubusson-d'Auvergne 63 169 D2
Aubvillers 80 17 F3
Auby 59 10 B2
Aucaleuc 22 49 D4
Aucamville 82 229 E1
Aucamville 31 230 A2
Aucazein 09 259 D3
Aucelon 26 204 C3
Aucey-la-Plaine 50 50 B4
Auch 32 228 B2
Auchel 62 9 F1
Auchonvillers 80 9 F4
Auchy-au-Bois 62 9 E1
Auchy-lès-Hesdin 62 9 D2
Auchy-lez-Orchies 59 10 C1
Auchy-les-Mines 62 10 A1
Auchy-la-Montagne 60 17 E4
Aucun 65 257 D2
Audaux 64 225 F4
Aude 11,66 253 E4
Audéjos 64 226 A4
Audelange 39 124 C3
Audeloncourt 52 85 F3
Audembert 62 2 C2
Audenge 33 193 D2
Auderville 50 24 B1
Audes 03 151 E1
Audeux 25 125 D2
Audeville 45 79 F3
Audierne 29 68 B2
Audignicourt 02 35 D1
Audignies 59 11 F3
Audignon 40 226 A2
Audigny 02 19 F2
Audincourt 25 107 F4
Audincthun 62 9 D1
Audinghen 62 2 C2
Audon 40 225 F1
Audouville-la-Hubert 50 25 E3
Audrehem 62 3 D3
Audressein 09 259 D3
Audresselles 62 2 C3
Audrieu 14 28 C3
Audrix 24 196 C1
Audruicq 62 3 E2
Audun-le-Roman 54 39 E2
Audun-le-Tiche 57 39 F1
Auenheim 67 67 F1
Auffargis 78 56 C3
Auffay 76 15 E3
Aufferville 77 80 B3
Auffreville-Brasseuil 78 56 B1
Auflance 08 22 B4
Auga 64 226 C3
Augan 56 92 B1
Auge 16 162 A1
Auge 08 20 C2
Augé 79 146 C1
Auge 23 151 D2
Augea 39 141 D4
Auger-St-Vincent 60 34 B3
Augerans 39 124 B4
Augères 23 150 A3
Augerolles 63 169 D2
Augers-en-Brie 77 59 E3
Augerville-la-Rivière 45 80 B3
Augicourt 70 106 A2
Augignac 24 163 F3
Augirein 09 259 D3
Augisey 39 141 D4
Augnat 63 184 B1
Augnax 32 228 C2
Augne 87 165 E2
Augny 57 40 B4
Auguaise 61 54 B3
Augy 89 102 B2
Augy 02 35 F2
Augy-sur-Aubois 18 136 C2
Aujac 30 218 A1
Aujac 17 161 E1
Aujan-Mournède 32 228 B4
Aujargues 30 235 D1
Aujeurres 52 105 D2
Aujols 46 213 E1
Aulan 26 220 C2
Aulas 30 217 D4
Aulhat-St-Privat 63 168 C3
Aullène 2a 269 D1
Aulnat 63 168 B2
Aulnay 17 146 B4
Aulnay 10 83 F1
Aulnay 86 131 F1
Aulnay-l'Aître 51 61 E2
Aulnay-aux-Planches 51 60 B2
Aulnay-la-Rivière 45 80 A3
Aulnay-sous-Bois 93 57 F1
Aulnay-sur-Iton 27 55 D1
Aulnay-sur-Marne 51 60 C1
Aulnay-sur-Mauldre 78 56 C2
Aulne 22,29 69 E2
Les Aulneaux 72 76 C1
Aulnizeux 51 60 B2
Aulnois 88 86 B2
Aulnois-en-Perthois 55 62 B3
Aulnois-sous-Laon 02 19 F4
Aulnois-sous-Vertuzey 55 63 E2
Aulnois-sur-Seille 57 64 C1
Aulnoy 77 59 D2
Aulnoy-lez-Valenciennes 59 11 E3
Aulnoy-sur-Aube 52 104 C2
Aulnoye-Aymeries 59 12 B3
Aulon 65 257 F3
Aulon 23 150 A4
Aulon 31 250 C2
Aulos 09 260 B1
Ault 80 8 A4
Aulteribe 63 169 D2
Aulus-les-Bains 09 259 F4
Aulx-lès-Cromary 70 125 E1
Aumagne 17 161 E1
Aumale 76 16 C3
Aumâtre 80 16 C2
Aumelas 34 234 A3
Auménancourt 51 36 B2

Aumerval 62 9 E1
Aumes 34 233 F4
Aumessas 30 217 D4
Aumetz 57 39 F1
Aumeville-Lestre 50 25 E2
Aumont 80 17 D2
Aumont 39 141 E1
Aumont-Aubrac 48 201 D2
Aumont-en-Halatte 60 34 A3
Aumontzey 88 88 A3
Aumur 39 124 A4
Aunac 16 162 C1
Aunat 11 261 E1
Aunay-les-Bois 61 53 F4
Aunay-en-Bazois 58 121 E3
Aunay-sous-Auneau 28 79 D1
Aunay-sous-Crécy 28 55 F3
Aunay-sur-Odon 14 28 C4
Auneau 28 79 D1
Auneuil 60 33 D2
Aunou-le-Faucon 61 53 E3
Aunou-sur-Orne 61 53 E4
Auppegard 76 15 E2
Aups 83 238 C2
Auquainville 14 30 B4
Auquemesnil 76 16 A2
Auradé 32 229 D3
Auradou 47 212 A1
Auragne 31 230 A4
Auray 56 91 D2
Aure 08 37 E3
Aurec-sur-Loire 43 186 B1
Aureil 87 165 D2
Aureilhan 65 249 E1
Aureilhan 40 208 B2
Aureille 13 236 B2
Aurel 26 204 C2
Aurel 84 220 C2
Aurelle-Verlac 12 200 C4
Aurensan 32 227 D2
Aurensan 65 249 E1
Aureville 31 230 A4
Auriac 19 182 B2
Auriac 64 226 C4
Auriac 11 253 F4
Auriac-du-Périgord 24 180 B3
Auriac-l'Eglise 15 184 B2
Auriac-Lagast 12 215 E3
Auriac-sur-Dropt 47 195 F3
Auriac-sur-Vendinelle 31 230 C3
Auriat 23 165 E1
Auribail 31 251 F1
Auribeau 84 237 E1
Auribeau-sur-Siagne 06 240 A2
Aurice 40 226 A1
Auriébat 65 227 E3
Aurières 63 167 F3
Aurignac 31 250 C2
Aurillac 15 183 D4
Aurimont 32 228 C3
Aurin 31 230 B3
Auriol 13 243 F2
Auriolles 33 195 D2
Auriolles 07 203 D4
Aurions-Idernes 64 227 D3
Auriples 26 204 A2
Auris 38 190 A3
Auron 06 223 E1
Auron 3,18 136 A2
Aurons 13 236 C2
Auros 33 194 C4
Aurouër 03 137 E3
Auroux 48 202 A2
Aussac 16 162 C2
Aussac 81 231 D1
Ausseing 31 251 D2
Aussevielle 64 226 B4
Aussillon 81 231 F4
Aussois 73 191 D2
Ausson 31 250 B3
Aussonce 08 37 D2
Aussonne 31 229 F2
Aussos 32 228 B4
Aussurucq 64 247 E2
Autainville 41 98 C2
Autechaux 25 126 A1
Autechaux-Roide 25 126 C1
Les Autels 02 20 C3
Les Autels-St-Bazile 14 53 E1
Les Autels-Villevillon 28 77 F3
Auterive 31 252 A1
Auterive 82 229 D1
Auterive 32 228 B3
Auterrive 64 225 E3
Autet 70 105 F4
Auteuil 78 56 C2
Auteuil 60 33 E2
Autevielle-St-Martin-Bideren 64 225 E4
Authe 08 37 F1
Autheuil 61 54 C4
Autheuil 28 98 B1
Autheuil-Authouillet 27 32 A4
Autheuil-en-Valois 60 34 C3
Autheux 80 9 D4
Authevernes 27 32 B3
Authezat 63 168 B3
Authie 62,80 9 D3
Authie 80 9 E4
Authie 14 29 D3
Authieule 80 9 E4
Les Authieux 27 55 E2
Les Authieux-du-Puits 61 53 F3
Les Authieux-Papion 14 29 F4
Authieux-Ratiéville 76 15 F4
Les Authieux-sur-Calonne 14 30 B2
Les Authieux-sur-le-Port-St-Ouen 76 31 F2
Authiou 58 120 C2
Authoison 70 106 C4
Authon 04 222 A1
Authon 41 97 F3
Authon-Ebéon 17 161 E1
Authon-la-Plaine 91 79 E1
Authon-du-Perche 28 77 E3
Authou 27 31 D3
Authuille 80 18 A1
Authume 39 124 B3
Authumes 71 140 C1
Autichamp 26 204 A2
Autignac 34 233 D3
Autigny 76 15 D3
Autigny-le-Grand 52 85 D1
Autigny-le-Petit 52 85 D1
Autigny-la-Tour 88 86 A1
Autingues 62 3 D3
L'Aution 06 241 E2
Autoire 46 198 B1
Autoreille 70 125 D1
Autouillet 78 56 C2
Autrac 43 184 B1
Autrans 38 189 D2
Autrèche 37 97 F4
Autrechêne 90 108 A3
Autrêches 60 35 D1
Autrecourt-et-Pourron 08 22 A4
Autrécourt-sur-Aire 55 38 B4
Autremencourt 02 20 A3
Autrepierre 54 65 E3
Autreppes 02 20 A2
Autretot 76 15 D4
Autreville 88 86 B1
Autreville 02 19 D4
Autréville-St-Lambert 55 22 A4
Autreville-sur-Moselle 54 64 B2
Autreville-sur-la-Renne 52 84 C3
Autrey 88 87 F2
Autrey 54 64 B4
Autrey-lès-Cerre 70 107 D3
Autrey-lès-Gray 70 105 E4
Autrey-le-Vay 70 107 D4
Autricourt 21 104 A1
Autruche 08 38 A1
Autruy-sur-Juine 45 79 F3
Autry 08 37 F3
Autry-le-Châtel 45 100 C4
Autry-Issards 03 137 D4
Autun 71 139 D1
Auty 82 213 E2
Auvare 06 223 E3
Auve 51 37 E4
Auvernaux 91 80 B1
Auvers 50 27 D2
Auvers 43 184 C4
Auvers-le-Hamon 72 95 E1
Auvers-St-Georges 91 79 F1
Auvers-sous-Montfaucon 72 76 A4
Auvers-sur-Oise 95 33 E4
Auverse 49 96 B4
Auvet-et-la-Chapelotte 70 105 E4
Auvézère 19, 24 180 C1
Auvillar 82 212 B3
Auvillars 14 29 F3
Auvillars-sur-Saône 21 123 F4
Auvillers-les-Forges 08 21 D2
Auvilliers 76 16 B3
Auvilliers-en-Gâtinais 45 100 B1
Aux-Aussat 32 227 F4
Aux Marais 60 33 D2
Auxais 50 27 D3
Auxange 39 124 C3
Auxant 21 122 C3
Auxelles-Bas 90 107 F2
Auxelles-Haut 90 107 F2
Auxerre 89 102 B2
Auxey-Duresses 21 123 D4
Auxi-le-Château 62 9 D3
Auxillac 48 201 D4
Auxon 10 82 C4
Auxon 70 106 C3
Auxonne 21 124 A3
Auxon-Dessous 25 125 D2
Auxon-Dessus 25 125 D2
Auxy 71 139 E1
Auxy 45 80 B4
Auzainvilliers 88 86 B2
Auzances 23 151 E4
Auzas 31 250 C2
Auzat 09 260 A1
Auzat-sur-Allier 63 168 C4
Auzay 85 130 A4
Auzebosc 76 15 D4
Auzécourt 55 62 B2
Auzelles 63 169 D3
Auzers 15 183 D2
Auzet 04 222 B1
Auzéville-en-Argonne 55 38 B4
Auzeville-Tolosane 31 230 A3
Auzielle 31 230 B3
Auzits 12 199 E4
Auzon 43 184 C1
Auzouer-en-Touraine 37 97 F4
Auzouville-Auberbosc 76 14 C4
Auzouville-l'Esneval 76 15 D4
Auzouville-sur-Ry 76 32 A1
Auzouville-sur-Saâne 76 15 E3
Availles-en-Châtellerault 86 132 C2
Availles-Limouzine 86 148 A3
Availles-sur-Chizé 79 146 B3
Availles-sur-Seiche 35 94 A1
Availles-Thouarsais 79 131 E1
Avajan 65 258 A3
Avallon 89 102 C4
Avaloirs (Mont des) 53 75 F1
Les Avanchers 73 174 C4
Avançon 05 206 B3
Avançon 08 36 C1
Avanne 25 125 D2
Avant-lès-Marcilly 10 82 B1
Avant-lès-Ramerupt 10 83 E1
Avanton 86 132 B3
Avapessa 2b 264 C3
Avaray 41 98 C3
Avaugour 22 47 E3
Avaux 08 36 B1
Aveize 69 170 C2
Aveizieux 42 170 C3
Avelanges 21 104 C4
Avelesges 80 17 D2
Avelin 59 10 B1
Aveluy 80 18 A1
Aven Armand 48 216 C2
Avenas 69 155 D3
Avenay 14 29 D4
Avenay-Val-d'Or 51 36 B4
Avène 34 233 D2
Aveney 25 125 D3
Avenheim 67 67 D3
Les Avenières 38 172 C3
Avensac 32 229 D1
Avensan 33 176 C3
Aventignan 65 250 A3
Averan 65 249 D2
Averdoingt 62 9 E2
Averdon 41 98 B3
Avermes 03 137 E4
Avernes 95 32 C4
Avernes-St-Gourgon 61 53 F1
Avernes-sous-Exmes 61 53 E2
Avéron-Bergelle 32 227 E2
Averton 53 75 F2
Avesnelles 59 12 B4
Avesnes 62 8 C1
Avesnes-les-Aubert 59 11 D3
Avesnes-lès-Bapaume 62 10 A4
Avesnes-Chaussoy 80 16 C2
Avesnes-le-Comte 62 9 F3
Avesnes-en-Bray 76 32 C1
Avesnes-en-Saosnois 72 76 C3
Avesnes-en-Val 76 16 A2
Avesnes-le-Sec 59 11 D3
Avesnes-sur-Helpe 59 12 B4
Avessac 44 92 C3
Avessé 72 95 F1
Aveux 65 250 A3
Aveyron 12, 82 213 F4
Aveyron (Gorges de l') 81,82 213 F3
Avezac-Prat 65 249 F3
Avezan 32 228 C1
Avèze 63 167 D3
Avèze 30 217 E4
Avezé 72 77 D3
Avèze (Gorges d') 63 167 D3
Aviernoz 74 158 B4
Avignon 84 219 E4
Avignon-lès-St-Claude 39 157 E1
Avignonet 38 189 D4
Avignonet-Lauragais 31 252 B1
Avillers 54 39 E2
Avillers 88 87 D2
Avillers-Ste-Croix 55 39 E4
Avilley 25 125 F1
Avilly-St-Léonard 60 34 A3

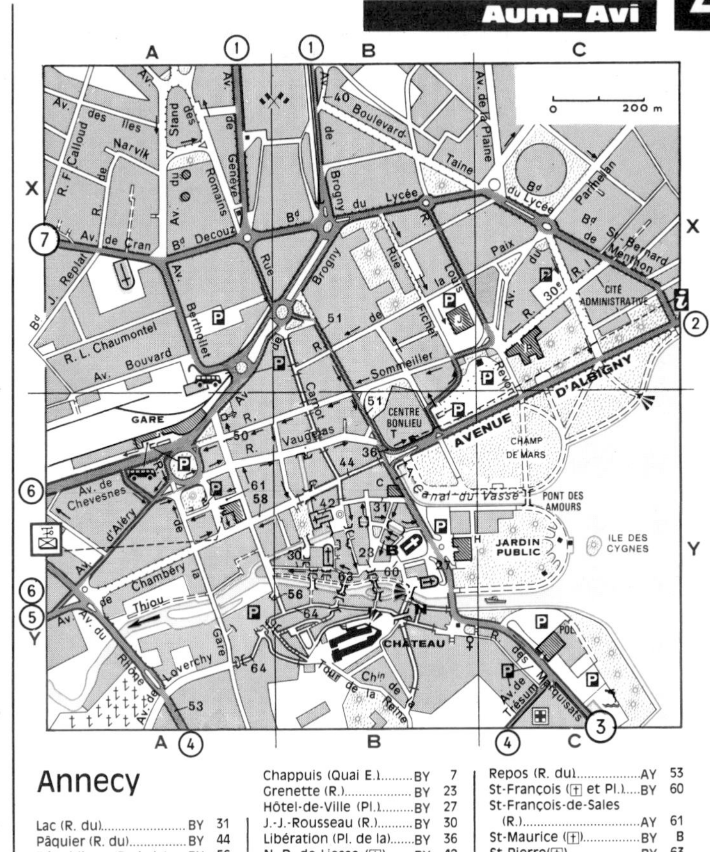

Annecy

Lac (R. du) BY 31
Pâquier (R. du) BY 44
République (R. de la) BY 56
Royale (R.) AY 58
Ste-Claire (Fg et R.) BY 64
Chappuis (Quai E.) BY 7
Grenette (R.) BY 23
Hôtel-de-Ville (Pl.) BY 27
J.-J.-Rousseau (R.) BY 30
Libération (Pl. de la) BY 36
N.-D.-de-Liesse (†) BY 42
Poste (R. de la) AY 50
Président-Faure (Av.) BXY 51
Repos (R. du) AY 53
St-François († et Pl.) BY 60
St-François-de-Sales (R.) AY 61
St-Maurice (†) BY B
St-Pierre (†) BY 63

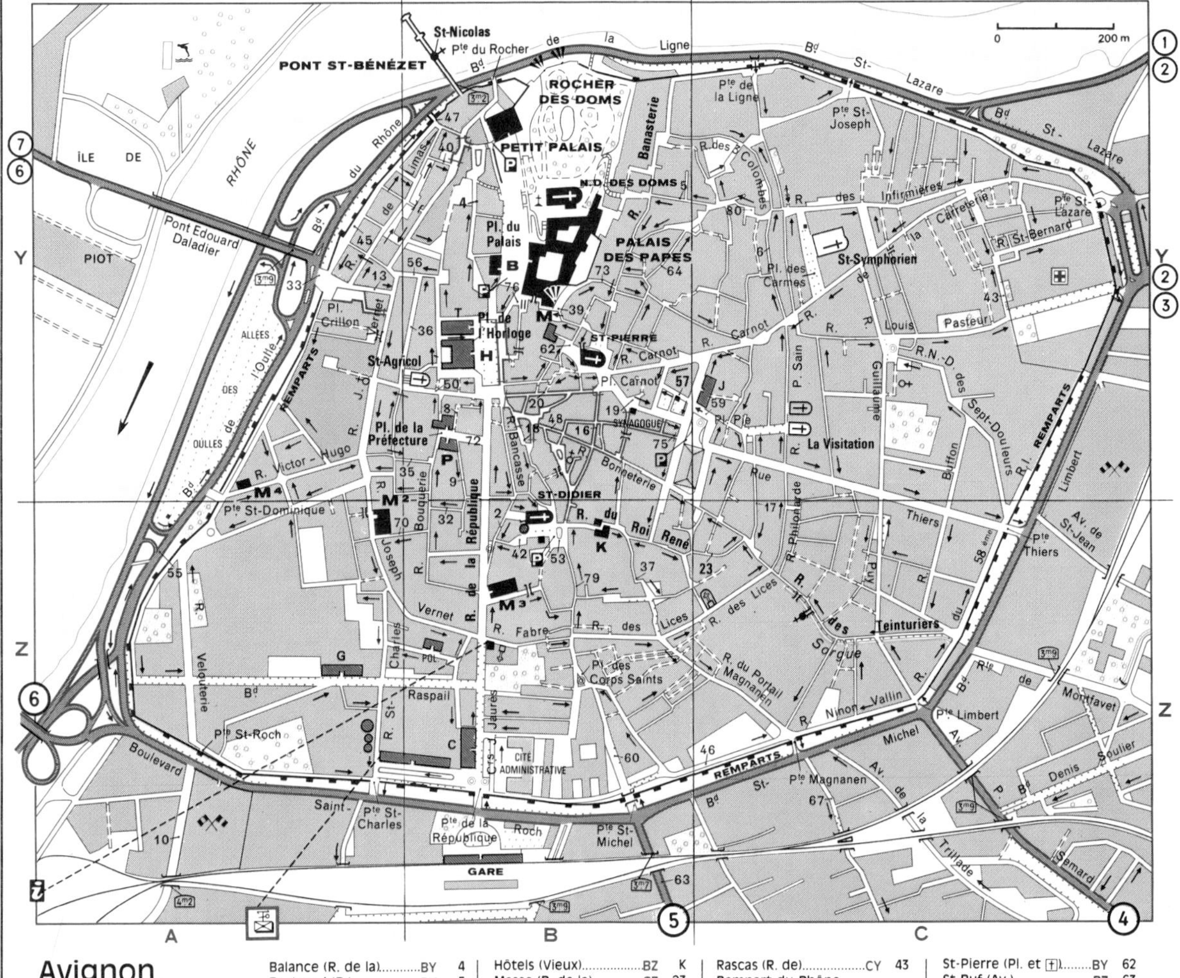

Avignon

Fourbisseurs (R. des) BY 16
Jaurès (Cours J.) BZ
Marchands (R. des) BY 20
République (R.) BYZ
St-Agricol (R. et †) BY 50
Vernet (R. J.) AY
Vieux-Sextier (R. du) BY 75
Aubanel (R. Théodore) BZ 2
Balance (R. de la) BY 4
Bertrand (R.) BY 5
Campane (R.) CY 6
Collège-du-Roure (R. du) BY 8
Dorée (R.) BY 9
Eisenhower (Av.) AZ 10
Folco-de-Baroncelli (R.) AY 13
Four-de-la-Terre (R. du) CZ 17
Galante (R.) BY 18
Jérusalem (Pl.) BY 19
Hôtels (Vieux) BZ K
Masse (R. de la) CZ 23
Monnaies (Hôtel des) BY B
N.-D.-des-Doms (†) BY
Ortolans (R. des) BZ 32
Oulle (Pte de l') AY 33
Petite-Calade (R. de la) BY 35
Petite-Fusterie (R. de la) BY 36
Pétramale (R.) BZ 37
Peyrollerie (R.) BY 39
Pont (R. du) BY 40
Prévot (R.) BZ 42
Rascas (R. de) CY 43
Rempart-du-Rhône (R. du) AY 45
Rempart-St-Michel (R. du) CZ 46
Rhône (Pte du) BY 47
Rouge (R.) BY 48
St-Didier (R. et †) BYZ 53
St-Dominique (Bd) AZ 55
St-Étienne (R.) ABY 56
St-Jean-le-Vieux (Pl.) BY 57
St-Jean-le-Vieux (R.) CY 59
St-Michel (R.) BZ 60
St-Pierre (Pl. et †) BY 62
St-Ruf (Av.) BZ 63
St-Symphorien (†) CY
Ste-Catherine (R.) BY 64
Sources (Av. des) CZ 67
Vernet (R. Horace) ABZ 70
Viala (R. Jean) BY 72
Vice-Légat (R. du) BY 73
Vilar (R. Jean) BY 76
Visitation (†) CY
3-Faucons (R. des) BZ 79
3-Pilats (R. des) CY 80

Avion 62 10 A2
Avioth 55 22 C4
Aviré 49 94 C3
Avirey-Lingey 10 38 E4
Aviron 27 31 F4
Avize 51 60 B1
Avocourt 55 38 B3
Avoine 61 53 D3
Avoine 37 115 D3
Avoise 72 95 F2
Avolsheim 67 66 C3
Avon 79 147 D1
Avon 77 80 C2
Avon-la-Pèze 10 82 B2
Avon-les-Roches 37 115 E3
Avondance 62 9 D1
Avord 18 119 E4
Avoriaz 74 159 E2
Avosnes 21 122 C2
Avot 21 104 C3
Avoudrey 25 126 A3
Avrainville 52 62 B4
Avrainville 91 57 E4
Avrainville 54 64 A2
Avrainville 88 87 D1
Avranches 50 50 C3
Avranville 88 85 F1
Avre 80 17 F3
Avrechy 60 33 F2
Avrecourt 52 105 E1
Avrée 58 138 B2
Avremesnil 76 15 E2
Avressieux 73 173 D3
Avreuil 10 83 D4
Avricourt 60 18 B4
Avricourt 54 65 E3
Avricourt 57 65 E3
Avrieux 73 191 D2
Avrigney 70 124 C2
Avrigny 60 34 A2
Avril 54 39 F2
Avril-sur-Loire 58 137 E2
Avrillé 49 95 D4
Avrillé 85 129 D4
Avrilly 03 154 A2
Avrilly 61 52 A4
Avrilly 27 55 E2
Avrillé-les-Ponceaux 37 115 D1
Avroult 62 3 E4
Avy 17 161 E3
Awoingt 59 11 D4
Ax-les-Thermes 09 260 C2
Axat 11 261 E1
Axiat 09 260 C1
Ay 51 36 B4
Ay-sur-Moselle 57 40 B3
Ayat-sur-Sioule 63 152 B4
Aydat 63 168 A3
Aydat (Lac d') 63 168 A3
Aydie 64 227 D3
Aydius 64 248 A3
Aydoilles 88 87 E3
Ayen 19 180 C2
Ayencourt 80 18 A4
Ayette 62 10 A4
Ayguatébia-Talau 66 261 E3
Ayguemorte-les-Graves 33 194 B2
Ayguesvives 31 230 B4
Ayguetinte 32 228 A1
Ayherre 64 225 D4
Ayn 73 173 D3
Aynac 46 198 B2
Les Aynans 70 107 D3
Ayrens 15 182 C4
Ayron 86 131 F3
Ayros-Arbouix 65 257 D2
Ayse 74 158 C3
Ayssènes 12 215 F3
Aytré 17 145 D3
Les Ayvelles 08 21 E3
Ayzac-Ost 65 257 D2
Ayzieu 32 227 E1
Azannes-et-Soumazannes 55 38 C2
Azas 31 230 B2
Azat-Châtenet 23 150 A4
Azat-le-Riz 87 149 D2
Azay-le-Brûlé 79 146 C1
Azay-le-Ferron 36 133 E2
Azay-le-Rideau 37 115 E2
Azay-sur-Cher 37 116 B2
Azay-sur-Indre 37 116 B3
Azay-sur-Thouet 79 131 D3
Azé 71 155 E1
Azé 41 97 F2
Azé 53 95 D2
Azelot 54 64 C4
Azerables 23 149 F2
Azerailles 54 65 E4
Azerat 24 180 B3
Azérat 43 184 C1
Azereix 65 249 D2
Azet 65 258 A4
Azeville 50 25 E3
Azillanet 34 254 B1
Azille 11 254 A1
Azilone-Ampaza 2a 269 D1
Azincourt 62 9 D2
Azolette 69 155 D3
Azoudange 57 65 E2
Azur 40 224 C1
Azy 18 119 E3
Azy-sur-Marne 02 59 E1
Azy-le-Vif 58 137 E2
Azzana 2a 266 C3

B

Baâlon 55 38 B1
Baâlons 08 21 E4
Babeau-Bouldoux 34 232 C4
Babœuf 60 18 C4
Baby 77 81 F2
Baccarat 54 87 F1
Baccon 45 99 D2
Bach 46 213 F1
Bachant 59 12 B3
Bachas 31 251 D2
Bachelard (Gorges du) 04 223 D1
La Bachellerie 24 180 B3
Bachivillers 60 33 D3
Bachos 31 250 B4
Bachy 59 10 C1
Bacilly 50 50 C3
Le Bacon 48 201 D1
Baconnes 51 37 D3
La Baconnière 53 74 C3
Bacouël 60 17 F4
Bacouel-sur-Selle 80 17 E2
Bacourt 57 64 C1
Bacquepuis 27 31 E4
Bacqueville 27 32 A2
Bacqueville-en-Caux 76 15 E3
Badailhac 15 200 A1
Badaroux 48 201 E3
Badecon-le-Pin 36 134 B4
Badefols-d'Ans 24 180 B2
Badefols-sur-Dordogne 24 196 C1
Baden 56 91 D3
Badens 11 253 F2
Badevel 25 108 A4
Badinières 38 172 B4
Badménil-aux-Bois 88 87 E2
Badonviller 54 65 F4
Badonvilliers 55 63 E4
Baerendorf 67 66 A2
Baerenthal 57 42 C4
La Baffe 88 87 E3
Baffie 63 169 E4
Bagard 30 218 A3
Bagas 33 195 D3
Bagat-en-Quercy 46 212 C1
Bagatelle (Parc d'attractions de) 62 8 A2
Bâgé-le-Châtel 01 155 F2
Bâgé-la-Ville 01 155 F2
Bagert 09 259 E2
Bages 66 262 C2
Bages 11 254 C3
Bagiry 31 258 B2
Bagnac-sur-célé 46 199 D2
Bagneaux 89 82 B3
Bagneaux-sur-Loing 77 80 C3
Bagnères-de-Bigorre 65 257 E2
Bagnères-de-Luchon 31 258 B4
Bagneux 03 137 D3
Bagneux 92 57 E3
Bagneux 36 117 F3
Bagneux 02 35 D1
Bagneux 49 114 B2
Bagneux 51 60 B4
Bagneux 54 63 F4
Bagneux 79 114 B4
Bagneux-la-Fosse 10 103 E1
Bagnizeau 17 161 F1
Bagnoles 11 253 F1
Bagnoles-de-l'Orne 61 52 B4
Bagnolet 93 57 F2
Bagnols 63 167 E4
Bagnols 69 171 D1
Bagnols-les-Bains 48 201 F4
Bagnols-en-Forêt 83 239 F3
Bagnols-sur-Cèze 30 219 D2
Bagnot 21 123 F4
Baguer-Morvan 35 50 A4
Baguer-Pican 35 50 A4
Baho 66 262 C2
Bahus-Soubiran 40 226 C2
Baigneaux 33 194 C2
Baigneaux 41 98 B2
Baigneaux 28 79 D4
Baignes 70 106 B3
Baignes-Ste-Radegonde 16 177 F1
Baigneux-les-Juifs 21 104 A4
Baignolet 28 78 C3
Baigts 40 225 F2
Baigts-de-Béarn 64 225 F3
Baillargues 34 234 C2
Baillé 35 73 F1
Bailleau 28 56 B4
Bailleau-l'Évêque 28 78 B1
Bailleau-le-Pin 28 78 B2
Baillestavy 66 262 A3
Baillet-en-France 95 33 E4
Bailleul 80 16 C1
Bailleul 61 53 D2
Bailleul 76 14 B3
Bailleul 59 4 C3
Le Bailleul 72 95 F2
Bailleul-aux-Cornailles 62 9 E2
Bailleul-Neuville 76 16 A3
Bailleul-lès-Pernes 62 9 E1
Bailleul-Sir-Berthoult 62 10 A2
Bailleul-le-Soc 60 34 A2
Bailleul-sur-Thérain 60 33 E2
Bailleul-la-Vallée 27 30 B3
Bailleulmont 62 9 F3
Bailleulval 62 9 F3
Bailleval 60 33 F2
Baillolet 76 16 A3
Baillou 41 97 F1
Bailly 78 57 D2
Bailly 60 34 C1
Bailly-aux-Forges 52 84 C1
Bailly-Carrois 77 58 C4
Bailly-en-Rivière 76 16 A2
Bailly-le-Franc 10 84 B1
Bailly-Romainvilliers 77 58 B2
Baincthun 62 2 C3
Bainghen 62 3 D3
Bain-de-Bretagne 35 93 E1
Bains 43 185 E4
Bains-les-Bains 88 87 D4
Bains de Guitara 2A 267 D4
Bains-sur-Oust 35 92 C2
Bainville-aux-Miroirs 54 87 D1
Bainville-aux-Saules 88 86 C3
Bainville-sur-Madon 54 64 B4
Bairols 06 223 F3
Bairon (Lac de) 08 37 F1
Bais 35 73 F4
Bais 53 75 E2
Baise 32,47, 65 211 D3
Baisieux 59 5 E4
Baissey 52 105 D2
Baives 59 12 C4
Baix 07 203 F2
Baixas 66 262 C1
Baizieux 80 17 F1
Le Baizil 51 60 A1
Bajamont 47 211 F2
Bajonnette 32 228 C1
Bajus 62 9 E2
Balacet 09 259 D3
Baladou 46 198 A1
Balagny-sur-Thérain 60 33 F3
Balaguères 09 259 D2
Balaguier d'Olt 12 198 C4
Balaguier-sur-Rance 12 215 E4
Balaine (Arboretum) 03 137 E3
Balaiseaux 39 124 B4
Balaives-et-Butz 08 21 E3
Balan 01 172 A1
Balan 08 21 F3
Balanod 39 141 D4
Balansun 64 226 A3
Balanzac 17 160 C2
Balaruc-les-Bains 34 234 A4
Balaruc-le-Vieux 34 234 A4
Balâtre 80 18 B3
Balazé 35 74 A3
Balazuc 07 203 D4
Balbigny 42 170 B2
Balbins 38 188 B1
Balbronn 67 66 C3
Baldenheim 67 89 E2
Baldersheim 68 108 C1
La Baleine 50 50 C1
Baleix 64 227 D4
Balesmes-sur-Marne 52 105 E2
Baleyssagues 47 195 E2
Balgau 68 109 D1
Balham 08 36 C1
Balignac 82 212 A4
Balignicourt 10 83 F1
Bâlines 27 55 D3
Balinghem 62 3 D2
Baliracq-Maumusson 64 226 C3
Baliros 64 248 C2
Balizac 33 194 B4
Ballainvilliers 91 57 E3
Ballaison 74 158 B2
Ballan-Miré 37 115 F2
Ballancourt-sur-Essonne 91 80 A1
Ballans 17 162 A1
Ballay 08 37 F1
Balledent 87 149 D3
Ballée 53 95 E1
Balleray 58 120 C4
Balleroy 14 28 C3
Ballersdorf 68 108 B3
Balléville 88 86 B2
Ballon 17 145 E3
Ballon 72 76 B3
Ballon d'Alsace 88 107 F1
Ballon de Servance 88 107 F1
Ballons 26 221 D1
Ballore 71 139 D4
Ballots 53 94 B1
Balloy 77 81 E2
Balma 31 230 A3
La Balme 73 173 D2
La Balme-de-Sillingy 74 158 A4
La Balme-de-Thuy 74 158 B4
La Balme-d'Épy 39 156 C1
La Balme-les-Grottes 38 172 B1
Balmont 74 173 F1
Balnot-la-Grange 10 103 E1
Balnot-sur-Laignes 10 83 E4
Balogna 2a 266 B2
Balot 21 103 F2
Balsac 12 215 D1
Balschwiller 68 108 B3
Balsièges 48 201 E4
Baltzenheim 68 89 E5
Balzac 16 162 C2
Bambecque 59 4 B2
Bambiderstroff 57 41 D3
Le Ban-St-Martin 57 40 B3
Ban-sur-Meurthe 88 88 B3
Banassac 48 201 D4
Banat 09 260 B1
Banca 64 246 B2
Bancigny 02 20 B3
Bancourt 62 10 B4
Bandol 83 243 F3
Baneins 01 155 F3
Baneuil 24 196 B1
Bangor 56 90 C4
Banios 65 257 F2
Banize 23 166 A1
Bannalec 29 69 F3
Bannans 25 142 B1
Bannay 57 40 C3
Bannay 18 119 F2
Bannay 51 60 A2
Banne 07 218 B1
Bannegon 18 136 B2
Bannes 51 60 B3
Bannes 52 105 E1
Bannes 46 198 C2
Bannes 53 95 E1
Banneville-la-Campagne 14 29 E3
Banneville-sur-Ajon 14 28 C4
Bannières 81 230 C3
Bannoncourt 55 63 D1
Bannost 77 59 D3
Banogne-Recouvrance 08 20 B4
Banon 04 221 D3
Banos 40 226 A2
Ban-de-Laveline 88 88 C2
Ban-de-Sapt 88 88 B1
Bans 39 124 C4
Bansat 63 168 C4
Bantanges 71 140 B3
Banteux 59 19 B1
Banthelu 95 32 C4
Bantheville 55 38 A2
Bantigny 59 10 C3
Bantouzelle 59 19 D1
Bantzenheim 68 109 D2
Banvillars 90 107 F3
Banville 14 28 C2
Banvou 61 52 B3
Banyuls-dels-Aspres 66 262 C3
Banyuls-sur-Mer 66 263 D3
Baon 89 103 D2
Baons-le-Comte 76 15 D4
Bapaume 62 10 A4
Bar 19 181 F1
Bar-lès-Buzancy 08 38 A1
Bar-le-Duc 55 62 B2
Bar-sur-Aube 10 84 B3
Le Bar-sur-Loup 06 240 B1
Bar-sur-Seine 10 83 E4
Baracé 49 95 E3
Baraigne 11 252 C1
Baraize 36 134 B4
Baralle 62 10 B3
Baraqueville 12 215 D2
Barastre 62 10 B4
Baratier 05 206 C3
Barbachen 65 227 E4
Barbaggio 2b 265 E2
Barbaira 11 253 F2
Barbaise 08 21 E3
Barbas 54 65 F4
Barbaste 47 211 D2
Barbâtre 85 110 C4
Barbazan 31 250 B3
Barbazan-Debat 65 249 E2
Barbazan-Dessus 65 249 E2
Barbechat 44 112 B2
La Barben 13 237 D2
Barbentane 13 219 E4
Barberaz 73 173 E3
Barberey-St-Sulpice 10 83 D2
Barberier 03 153 D3
Barbery 14 51 C1
Barbery 60 34 B3
Barbeville 14 28 B2
Barbey 77 81 D2
Barbey-Seroux 88 88 A3
Barbezières 16 162 B1
Barbezieux 16 162 A4
Barbières 26 188 B4
Barbirey-sur-Ouche 21 123 D2
Barbizon 77 80 B1
Barbonne-Fayel 51 60 A3
Barbonville 54 64 C4
Barbotan-les-Thermes 32 210 B4
Le Barboux 25 126 C3
Barbuise 10 59 F4
Barby 73 173 F3
Barby 08 37 D1
Barc 27 31 D4
Le Barcarès 66 263 D1
Barcelonne 26 204 B1
Barcelonne-du-Gers 32 226 C2
Barcelonnette 04 207 D4
Barchain 57 65 F2
Barcillonnette 05 205 F4
Barles (Clues de) 04 222 B2
Barcugnan 32 228 A4
Barcus 64 247 F2
Barcy 77 58 C1
Bard 42 170 A3
Bard-lès-Époisses 21 103 E4
Bard-lès-Pesmes 70 124 C2
Bard-le-Régulier 21 122 B3
La Barde 17 178 A3
Bardenac 16 178 B2
Bardiana 28 266 B1
Bardigues 82 212 B3
Le Bardon 45 99 D2
Bardos 64 225 D3
Bardou 24 196 B2
Bardouville 76 31 E1
Barèges 65 257 E3
Bareilles 65 250 A4
Barembach 67 66 B4
Baren 31 258 B3
Barentin 76 31 E1
Barenton 50 51 F4
Barenton-Bugny 02 19 F4
Barenton-Cel 02 19 F4
Barenton-sur-Serre 02 19 F4
Barésia-sur-l'Ain 39 141 E4
Barfleur 50 25 E1
Bargème 83 239 E1
Bargemon 83 239 E2
Barges 70 106 A1
Barges 21 123 F3
Barges 43 202 A1
Bargny 60 34 C3
Barie 33 195 D3
Les Barils 27 54 C3
Baringue 64 226 C4
Barisey-au-Plain 54 63 F4
Barisey-la-Côte 54 63 F4
Barisis 02 19 D4
Barizey 71 139 F2
Barjac 48 201 E4
Barjac 09 259 E2
Barjac 30 218 C1
Barjols 83 238 C3
Barjon 21 104 C3
Barjouville 28 78 C2
Barles 04 222 B1
Barlest 65 249 D2
Barleux 80 18 B2
Barlieu 18 119 E1
Barlin 62 9 F2
Barly 80 9 E4
Barly 62 9 F3
Barmainville 28 79 E3
Barnas 07 202 C2
Barnave 26 204 C2
Barnay 71 122 B4
Barnenez (Cairn de) 29 46 A2
Barneville 14 30 A2
Barneville-Carteret 50 24 C4
Barneville-sur-Seine 27 31 D2
Barocaggio-Marghèse (Forêt de) 2A 269 E2
La Baroche-Condouin 53 75 E1
La Baroche-sous-Lucé 61 52 A4
Les Baroches 54 39 E3
Baromesnil 76 16 A1
Baron 33 194 C1
Baron 30 218 B3
Baron 71 139 D4
Baron 60 34 B3
Baron-sur-Odon 14 29 D4
Baronville 57 65 D1
Barou-en-Auge 14 53 D1
Baroville 10 84 B3
Le Barp 33 193 E3
Barquet 27 31 D4
Barr 67 89 D1
Barrais-Bussolles 03 153 F2
Barran 32 228 A3
Barrancoueu 65 249 F4
Les Barraques 05 206 A2
Barras 04 222 A2
Barraute-Camu 64 225 F4
Barraux 38 173 F4
Barre 81 232 B2
La Barre 39 124 C3
La Barre 70 125 E1
La Barre-de-Monts 85 128 A1
La Barre-de-Semilly 50 27 E4
Barre-des-Cévennes 48 217 E2
La Barre-en-Ouche 27 54 B1
Barrême 04 222 B4
Les Barres (Arboretum) 45 100 C2
Barret 16 162 A4
Barret-le-Bas 05 221 D1
Barret-de-Lioure 26 220 C2
Barretaine 39 141 E2
Barrettali 2b 264 B2
Barriac-les-Bosquets 15 182 C3
Barricourt 08 38 A1
Barro 16 147 E4
Barrou 37 133 D2
Le Barroux 84 220 A2
Barry 65 249 D2
Barry (Château de) 84 219 E1
Barry-d'Islemade 82 213 D3
Bars 24 180 B3
Bars 32 227 F3
Barsac 33 194 C3
Barsac 26 204 C2
Barst 57 41 E4
Bart 25 107 F4
Bartenheim 68 109 D3
Barthe 65 250 A1
La Barthe-de-Neste 65 249 F3
Bartherans 25 125 D4
Les Barthes 82 212 C3
Bartrès 65 249 D2
Barville 27 30 C3
Barville 88 86 B1
Barville 61 76 C1
Barville-en-Gâtinais 45 80 A4
Barzan 17 160 C4
Barzun 64 248 C2
Barzy-en-Thiérache 02 19 F1
Barzy-sur-Marne 02 35 F4
Bas de Chareil 03 152 C2
Bas-en-Basset 43 186 A2
Bas-et-Lezat 63 153 D4
Bas-Lieu 59 12 B4
Bas-Mauco 40 226 B1
Bascons 40 226 B1
Bascous 32 227 E1
Baslieux 54 39 E1
Baslieux-lès-Fismes 51 36 A2
Baslieux-sous-Châtillon 51 36 A4
Basly 14 29 D2
Basque (Côte) 64 192 A1
Bassac 16 162 A3
Bassan 34 233 E4
Bassanne 33 195 D3
Basse-Goulaine 44 112 A2
Basse-Ham 57 40 B1
Basse-Rentgen 57 40 B1
Basse-sur-le-Rupt 88 88 A4
La Basse-Vaivre 70 106 B1
La Bassée 59 10 A1
Bassemberg 67 88 C1
Basseneville 14 29 E3
Bassens 73 173 E3
Bassens 33 177 E4
Bassercles 40 226 A3
Basses 86 114 C4
Basseux 62 9 F3
Bassevelle 77 59 E1
Bassignac 15 182 C2
Bassignac-le-Bas 19 181 F4
Bassignac-le-Haut 19 182 B2
Bassigney 70 106 C2
Bassillac 24 179 F2
Bassillon-Vauzé 64 227 D4
Bassing 57 65 E1
Bassoles-Aulers 02 35 E1
Bassoncourt 52 85 F4
Bassou 89 102 A1
Bassoues 32 227 F3
Bassu 51 61 F2
Bassuet 51 61 F2
Bassurels 48 217 E2
Bassussarry 64 224 B3
Bassy 74 157 E4
Bastanès 64 225 F4
Bastelica 2a 267 D3
Bastelicaccia 2a 266 C4
Bastennes 40 225 F2
Bastia 2b 265 E2
La Bastide 83 239 E1
La Bastide 66 262 A3
La Bastide-de-Besplas 09 251 E2
La Bastide-de-Bousignac 09 252 C3
La Bastide-de-Lordat 09 252 B2
La Bastide-de-Sérou 09 251 F3
La Bastide-d'Engras 30 218 C3
La Bastide-des-Jourdans 84 237 F1
La Bastide-du-Salat 09 259 D2
La Bastide-l'Évêque 12 214 B1
La Bastide-Pradines 12 216 B4
La Bastide-Puylaurent 48 202 A3
La Bastide-Solages 12 215 D4
La Bastide-sur-l'Hers 09 252 C4
La Bastidonne 84 237 F2
La Bastie-d'Urfé 42 170 A2
Le Bastit 46 198 A2
Basville 23 166 C1
Bataille (Col de la) 26 204 C1
La Bataille 79 147 D3
Bathelémont-lès-Bauzemont 54 65 D3
Bathernay 26 187 F2
La Bâthie 73 174 C3
La Bâtie-des-Fonds 26 205 E3
La Bâtie-Divisin 38 173 D4
La Bâtie-Montgascon 38 172 C3
La Bâtie-Montsaléon 05 205 E4
La Bâtie-Neuve 05 206 B3
La Bâtie-Rolland 26 204 A3
La Bâtie-Vieille 05 206 B3
Les Bâties 70 106 B4
Batilly 54 40 A3
Batilly 61 52 C3
Batilly-en-Gâtinais 45 80 A4
Batilly-en-Puisaye 45 101 D4
La Batisse 63 168 A3
Bats 40 226 B2
Batsère 65 249 F3
Battenans-les-Mines 25 125 F1
Battenans-Varin 25 126 C2
Battenheim 68 108 C1
Battexey 88 86 C1
Battigny 54 86 B1
Battrans 70 124 C1
Batz (Ile de) 29 45 F1
Batz-sur-Mer 44 110 A2
Batzendorf 67 67 D2
Baubigny 21 139 F1
La Bauche 73 173 E4
Baud 56 91 D1
Baudement 51 60 A4
Baudemont 71 154 C2
Baudignan 40 210 C3
Baudignécourt 55 63 D4
Baudinard-sur-Verdon 83 238 C2
Baudoncourt 70 107 D2
Baudonvilliers 55 62 B3
Baudre 50 27 E4
Baudrecourt 57 65 D1
Baudrecourt 52 84 C1
Baudreix 64 248 C2
Baudrémont 55 63 D2
Baudres 36 117 E4
Baudreville 50 26 C2
Baudreville 28 79 E2
Baudricourt 88 86 C2
Baudrières 71 140 B3
Bauduen 83 238 C1
Baugé 49 96 A4
Baugy 60 34 B1
Baugy 71 154 B2
Baugy 18 119 E4
Baulay 70 106 B2
Baule 45 99 D2
La Baule 44 110 B2
La Baule-Escoublac 44 110 B2
Baulme-la-Roche 21 123 D2
Baulne 91 80 A1
Baulne-en-Brie 02 59 F1
Baulny 55 38 A3
Baulon 35 72 C4
Baulou 09 252 A3
La Baume 48 201 D3
La Baume 74 159 D2
Baume (Cirque de) 39 141 E3
La Baume-Cornillane 26 204 B1
Baume-les-Dames 25 125 F1
La Baume-de-Transit 26 219 E1
La Baume-d'Hostun 26 188 B3
Baume-les-Messieurs 39 141 E2
Bauné 49 95 E4
Baupte 50 27 D2
Bauquay 14 28 C4
Baurech 33 194 B2
La Baussaine 35 72 C2
Bauvin 59 10 B1
Les Baux-de-Breteuil 27 54 C2
Les Baux-de-Provence 13 236 B2
Les Baux-Ste-Croix 27 55 E1
Bauzemont 54 65 D3
Bauzy 41 98 C4
Bavans 25 107 F4
Bavay 59 11 F3
Bavella (Col de) 2A 269 E1
Bavelincourt 80 17 F1
Bavent 14 29 E3
Baverans 39 124 B3
Bavilliers 90 107 F3
Bavinchove 59 4 A3
Bavincourt 62 9 F3
Bax 31 251 E2
Bay 08 20 C3
Bay 70 124 C2
Bay-sur-Aube 52 104 C2
Bayac 24 196 B1
Bayard (Château) 38 173 F4
Bayard (Col) 05 206 A2
Bayas 33 177 F3
Baye 29 69 F4
Baye 51 60 A2
Bayecourt 88 87 E2
Bayel 10 84 B3
Bayencourt 80 9 F4
Bayenghem-lès-Éperlecques 62 3 E3
Bayenghem-lès-Seninghem 62 3 E4
Bayers 16 162 C1
Bayet 03 153 D2
Bayeux 14 28 B2
Bayon 54 87 D1
Bayon-sur-Gironde 33 177 D3
Bayonne 64 224 C3
Bayons 04 222 A1
Bayonville 08 38 A2
Bayonville-sur-Mad 54 40 A4
Bayonvillers 80 18 A2
Bazac 16 178 B2
Bazaiges 36 134 B4
Bazailles 54 39 E1
Bazainville 78 56 B2
Bazancourt 60 32 C1
Bazancourt 51 36 D2
Bazarnes 89 102 B3
Bazas 33 194 C4
Bazauges 17 162 A1
Bazegney 88 87 D2
Bazeilles 08 22 A3
Bazeilles-sur-Othain 55 38 C1
Bazelat 23 149 F2
Bazemont 78 56 C2
Bazens 47 211 D2
Bazentin 80 18 B1
Bazenville 14 28 C2
Bazet 65 249 E1
La Bazeuge 87 149 D2
Bazian 32 227 F2
Bazicourt 60 34 A2
Baziège 31 230 B4
Bazien 88 87 F1
Bazillac 65 249 E1
Bazincourt-sur-Epte 27 32 C2
Bazincourt-sur-Saulx 55 62 B3
Bazinghen 62 2 C3
Bazinval 76 16 B1
La Bazoche-Gouet 28 77 F3
Bazoches 58 121 E2
Bazoches-au-Houlme 61 52 C2
Bazoches-lès-Bray 77 81 E2
Bazoches-en-Dunois 28 78 C4
Bazoches-les-Gallerandes 45 79 E3
Bazoches-les-Hautes 28 79 D3
Bazoches-sur-le-Betz 45 81 D4
Bazoches-sur-Guyonne 78 56 C3
Bazoches-sur-Hoëne 61 54 B4
Bazoches-sur-Vesles 02 35 A2
La Bazoge 72 76 B4
La Bazoge 50 51 E3
La Bazoge-Montpinçon 53 75 D2
Bazoges-en-Paillers 85 129 F1
Bazoges-en-Pareds 85 130 A3
Bazoilles-et-Ménil 00 00 C2
Bazoilles-sur-Meuse 88 86 A2
Bazolles 58 121 D3
Bazoncourt 57 40 C4
La Bazoque 14 28 B3
La Bazoque 61 52 A2
Bazoques 27 30 C3
Bazordan 65 250 A2
La Bazouge-de-Chemeré 53 75 D4
La Bazouge-des-Alleux 53 75 D3
La Bazouge-du-Désert 35 74 A1
Bazougers 53 75 D4
Bazouges 53 94 C2
Bazouges-la-Pérouse 35 73 E1
Bazouges-sous-Hédé 35 73 D2
Bazouges-sur-le-Loir 72 95 F3
Bazuel 59 11 E4
Bazugues 32 227 F4
Bazus 31 230 A2
Bazus-Aure 65 258 A3
Bazus-Neste 65 249 F3
Le Bêage 07 202 C1
Béal (Col du) 42,63 169 E3
Béalcourt 80 9 D3
Béalencourt 62 9 D2
Béard 58 137 E2
Beaubec-la-Rosière 76 16 B4
Beaubery 71 154 C1
Beaubigny 50 24 B3
Beaubray 27 55 D2
Beaucaire 30 235 F1
Beaucaire 32 228 A1
Beaucamps-le-Jeune 80 16 C3
Beaucamps-Ligny 59 4 C4
Beaucamps-le-Vieux 80 16 C2
Beaucé 35 74 A2
Beaucens 65 257 E2
Le Beaucet 84 220 A4
Beauchalot 31 250 C3
Beauchamp 95 57 D1
Beauchamps 50 50 C2
Beauchamps 80 16 B1
Beauchamps-sur-Huillard 45 100 B1
Beaucharmoy 52 86 A4
Beauchastel 07 203 F1
Beauche 28 55 D3
Beauchemin 52 105 D1
Beauchêne 41 97 F1
Beauchêne 61 51 F3
Beauchery-St-Martin 77 59 E4

Beauclair 55 38 B1
Beaucoudray 50 51 D1
Beaucourt 90 108 A4
Beaucourt-en-Santerre 80 18 A3
Beaucourt-sur-l'Ancre 80 10 A4
Beaucourt-sur-l'Hallue 80 17 F1
Beaucouzé 49 95 D4
Beaucroissant 38 188 C1
Beaudéan 65 257 F2
Beaudéduit 60 17 D4
Beaudignies 59 11 E3
Beaudricourt 62 9 E3
Beaufai 61 54 B3
Beaufay 72 76 C3
Beauficel 50 51 E3
Beauficel-en-Lyons 27 32 B2
Beaufin 38 205 F1
Beaufort 34 254 B2
Beaufort 73 174 C2
Beaufort 38 188 A1
Beaufort 39 141 D3
Beaufort 31 229 E4
Beaufort 59 12 B3
Beaufort-Blavincourt 62 9 F3
Beaufort-en-Argonne 55 38 B1
Beaufort-en-Santerre 80 18 A3
Beaufort-en-Vallée 49 114 B1
Beaufort-sur-Gervanne 26 204 B1
Beaufou 85 129 D1
Beaufour-Druval 14 29 F3
Beaufremont 88 86 A2
Beaugas 47 196 B4
Beaugeay 17 160 B1
Beaugency 45 99 D2
Beaugies-sous-Bois 60 18 C4
Beaujeu 69 155 D3
Beaujeu 04 222 B2
Beaujeu-St-Vallier-Pierrejux 70 105 F4
Beaulandais 61 52 B4
Beaulencourt 62 10 B4
Beaulieu 45 101 D4
Beaulieu 36 149 E1
Beaulieu 21 104 A3
Beaulieu 43 185 F3
Beaulieu 38 188 C2
Beaulieu 61 54 C3
Beaulieu 63 184 C1
Beaulieu 08 20 C2
Beaulieu 58 121 D2
Beaulieu 14 51 F1
Beaulieu 07 218 B1
Beaulieu 15 167 D4
Beaulieu 34 234 C2
Beaulieu-en-Argonne 55 38 B4
Beaulieu-en-Rouergue (Ancienne Abbaye de) 46 214 A2
Beaulieu-les-Fontaines 60 18 B4
Beaulieu-lès-Loches 37 116 C3
Beaulieu-sous-Bressuire 79 130 C1
Beaulieu-sous-Parthenay 79 131 E4
Beaulieu-sous-la-Roche 85 128 C3
Beaulieu-sur-Dordogne 19 181 F4
Beaulieu-sur-Layon 49 113 F2
Beaulieu-sur-Mer 06 241 E4
Beaulieu-sur-Oudon 53 74 B4
Beaulieu-sur-Sonnette 16 163 D1
Beaulon 03 138 A3
Beaumais 14 53 D2
Beaumarchés 32 227 E3
Beaumat 46 198 A3
Beaumé 02 20 B2
La Beaume 05 205 E3
Beaume (Gorges de la) 07 202 C4
Beauménil 88 87 F3
Beaumerie-St-Martin 62 8 B2
Beaumes-de-Venise 84 220 A3
Beaumesnil 27 54 C1
Beaumesnil 14 51 E1
Beaumettes 84 237 D1
Beaumetz 80 9 D4
Beaumetz-lès-Aire 62 9 D1
Beaumetz-lès-Cambrai 62 10 B4
Beaumetz-lès-Loges 62 10 A3
Beaumont 89 102 A1
Beaumont 32 211 D4
Beaumont 19 181 F1
Beaumont 24 196 B2
Beaumont 86 132 B2
Beaumont 63 168 B2
Beaumont 74 158 A3
Beaumont 43 184 C2
Beaumont 54 63 E2
Beaumont 50 24 B1
Beaumont 07 202 C3
Beaumont-les-Autels 28 77 F3
Beaumont-de-Lomagne 82 229 D1
Beaumont-de-Pertuis 84 237 F1
Beaumont-du-Gâtinais 77 80 B4
Beaumont-du-Lac 87 165 F2
Beaumont-du-Ventoux 84 220 A2
Beaumont-en-Argonne 08 22 A4
Beaumont-en-Auge 14 30 A3
Beaumont-en-Beine 02 18 C3
Beaumont-en-Cambrésis 59 11 D4
Beaumont-en-Véron 37 115 D3
Beaumont-en-Diois 26 205 D3
Beaumont-la-Ferrière 58 120 B3
Beaumont-Hamel 80 9 F4
Beaumont-le-Hareng 76 15 F4
Beaumont-Monteux 26 187 F4
Beaumont-les-Nonains 60 33 D2
Beaumont-Pied-de-Bœuf 72 96 C2
Beaumont-Pied-de-Bœuf 53 95 E1
Beaumont-lès-Randan 63 153 D4
Beaumont-le-Roger 27 31 D4
Beaumont-la-Ronce 37 97 E4
Beaumont-Sardolles 58 137 E1
Beaumont-sur-Dême 72 97 D3
Beaumont-sur-Grosne 71 140 A3
Beaumont-sur-Lèze 31 251 F1
Beaumont-sur-Oise 95 33 F4
Beaumont-sur-Sarthe 72 76 B3
Beaumont-sur-Vesle 51 36 C3
Beaumont-sur-Vingeanne 21 124 A1
Beaumont-lès-Valence 26 204 A1
Beaumont-Village 37 116 C3
Beaumontel 27 31 D4
Beaumotte-lès-Montbozon 70 125 E1
Beaumotte-lès-Pin 70 125 D2
Beaunay 51 60 B2
Beaune 21 123 D4
Beaune 73 190 C2
Beaune-d'Allier 03 152 B2
Beaune-la-Rolande 45 80 A4
Beaune-sur-Arzon 43 185 E2
Beaunotte 21 104 A3
Beaupont 01 156 B1
Beauport (Abbaye de) 22 47 E1
Beaupouyet 24 178 C4
Beaupréau 49 113 D3
Beaupuy 32 229 D2
Beaupuy 82 229 E1
Beaupuy 31 230 B2
Beaupuy 47 195 E3
Beauquesne 80 9 E4
Beaurain 59 11 E4
Beaurains 62 10 A3
Beaurains-lès-Noyon 60 18 C4
Beaurainville 62 8 C2
Beaurecueil 13 243 E1
Beauregard 41 98 B4
Beauregard 01 155 E4
Beauregard 46 213 F1
Beauregard-Baret 26 188 B4
Beauregard-de-Terrasson 24 180 C3
Beauregard-et-Bassac 24 179 E4
Beauregard-l'Évêque 63 168 C2
Beauregard-Vendon 63 152 C4
Beaurepaire 38 188 A1
Beaurepaire 60 34 A3
Beaurepaire 85 129 F1
Beaurepaire 76 14 A3
Beaurepaire-en-Bresse 71 141 D3
Beaurepaire-sur-Sambre 59 20 A1
Beaurevoir 02 19 D1
Beaurières 26 205 D3
Beaurieux 02 36 A2
Beaurieux 59 12 C4
Beauronne 24 179 D3
Beausemblant 26 187 E2
Beausoleil 06 241 E4
Beaussac 24 163 D4
Beaussais 79 146 C2
Beaussault 76 16 B3
Beausse 49 113 D2
Le Beausset 83 244 A2
Beauteville 31 252 B1
Beautheil 77 59 D3
Beautiran 33 194 B2
Beautor 02 19 D4
Beautot 76 15 E4
Beauvain 61 52 C4
Beauvais 60 33 E1
Beauvais-sur-Matha 17 162 A1
Beauvais-sur-Tescou 81 213 E4
Beauval 80 9 E4
Beauval-en-Caux 76 15 E3
Beauvallon 26 204 A1
Beauvau 49 95 F4
Beauvène 07 203 E1
Beauvernois 71 141 D1
Beauvezer 04 222 C2
Beauville 31 230 C4
Beauville 47 212 B2
Beauvilliers 89 121 F1
Beauvilliers 41 98 B2
Beauvilliers 28 78 C2
Beauvoir 50 50 B3
Beauvoir 60 17 E4
Beauvoir 77 58 C4
Beauvoir 03 153 E1
Beauvoir 89 101 F2
Beauvoir-de-Marc 38 172 A4
Beauvoir-en-Lyons 76 32 B1
Beauvoir-en-Royans 38 188 C3
Beauvoir-sur-Mer 85 128 A1
Beauvoir-sur-Niort 79 146 B3
Beauvoir-sur-Sarce 10 103 E1
Beauvoir-Wavans 62 9 D3
Beauvois 62 9 D2
Beauvois-en-Cambrésis 59 11 D4
Beauvois-en-Vermandois 02 18 C2
Beauvoisin 30 235 D2
Beauvoisin 39 141 D1
Beauvoisin 26 220 B1
Beaux 43 186 A2
Beauzac 43 186 A2
Beauzée-sur-Aire 55 62 C1
Beauzelle 31 229 F2
Beauziac 47 210 B1
Bébing 57 65 F2
Beblenheim 68 89 D3
Le Bec d'Allier 18 137 D1
Bec-de-Mortagne 76 14 B3
Le Bec-Hellouin 27 31 D3
Le Bec-Thomas 27 31 E3
Beccas 32 227 E4
Béceleuf 79 130 C4
Béchamps 54 39 E3
Bécherel 35 72 C2
Bécheresse 16 162 B4
Béchy 57 64 C1
Bécon-les-Granits 49 94 C4
Bécordel-Bécourt 80 18 A1
Bécourt 62 8 C1
Becquigny 80 18 A3
Becquigny 02 19 E1
Bédarieux 34 233 D3
Bédarrides 84 219 F3
Beddes 18 135 E3
Bédéchan 32 228 C3
Bédée 35 72 C3
Bédeilhac-et-Aynat 09 252 A4
Bédeille 64 249 D1
Bédeille 09 259 E2
Bedenac 17 177 F2
Bédoin 84 220 B2
Bédouès 48 217 E1
Bedous 64 248 A3
Béduer 46 198 C3
Beffes 18 120 A4
Beffia 39 141 E4
Beffu-et-le-Morthomme 08 38 A2
Beg-Meil 29 69 D4
Bégaar 40 225 F1
Bégadan 33 176 C1
Béganne 56 92 B3
Bégard 22 47 D2
Bègles 33 194 B1
Begnécourt 88 86 C3
Bégole 65 249 F2
Bégrolles-en-Mauges 49 113 D3
La Bégude-de-Mazenc 26 204 A3
Bègues 03 152 C3
Béguey 33 194 C2
Béguios 64 225 D4
Béhagnies 62 10 A4
Béhasque-Lapiste 64 247 D1
Béhen 80 16 C1
Béhencourt 80 17 F1
Béhéricourt 60 18 C4
Behlenheim 67 67 D3
Behonne 55 62 C2
Béhorléguy 64 247 D2
Béhoust 78 56 B2
Behren-lès-Forbach 57 41 F3
Béhuard 49 113 F1
Beignon 56 72 B4
Beillé 72 77 D4
Beine 89 102 B2
Beine-Nauroy 51 36 C3
Beinheim 67 67 F1
Beire-le-Châtel 21 123 F1
Beire-le-Fort 21 124 A2
Beissat 23 166 C2
Bel-Homme (Col du) 83 239 E2
Bélâbre 36 133 F4
Belan-sur-Ource 21 104 A1
Bélarga 34 233 F3
Bélaye 46 197 E4
Belberaud 31 230 B3
Belbèse 82 212 C4
Belbeuf 76 31 F2
Belbèze-de-Lauragais 31 230 B4
Belbèze-en-Comminges 31 251 D2
Belcaire 11 261 D1
Belcastel 12 214 C1
Belcastel 81 230 B2
Belcastel-et-Buc 11 253 E3
Belcodène 13 243 E1
Bélesta 66 262 A2
Bélesta 09 252 C4
Bélesta-en-Lauragais 31 230 C4
Beleymas 24 179 D4
Belfahy 70 107 F2
Belfays 25 126 C2
Belflou 11 252 B1
Belfonds 61 53 E4
Belfort 90 107 F3
Belfort-du-Quercy 46 213 E2
Belfort-sur-Rebenty 11 261 D1
Belgeard 53 75 D2
Belgentier 83 244 B2
Belgodère 2b 264 C3
Belhade 40 193 E4
Belhomert-Guéhouville 28 77 F1
Le Bélieu 25 126 B3
Béligneux 01 172 A1
Belin-Béliet 33 193 E3
Bélis 40 209 F3
Bellac 87 149 D3
Bellaffaire 04 206 B4
Bellagranajo (Col de) 2B 267 D2
Bellaing 59 11 D2
Bellancourt 80 8 C4
Bellange 57 65 D1
Bellavilliers 61 76 C1
Le Bellay-en-Vexin 95 33 D4
Belle-Église 60 33 E3
Belle-et-Houllefort 62 2 C3
Belle-Ile 56 90 B4
Belle-Isle-en-Terre 22 47 D3
Belleau 54 64 B2
Belleau 02 35 E4
Bellebat 33 194 C2
Bellebrune 62 2 C3
Bellechassagne 19 166 C3
Bellechaume 89 82 B4
Bellecombe 39 157 E2
Bellecombe-en-Bauges 73 174 A2
Bellecombe-Tarendol 26 220 C1
Bellefond 21 123 F1
Bellefond 33 195 C2
Bellefonds 86 132 C3
Bellefontaine 39 142 B3
Bellefontaine 50 51 E3
Bellefontaine 88 87 E4
Bellefontaine 95 34 A4
Bellefosse 67 88 C1
Bellegarde 81 214 C4
Bellegarde 32 228 B4
Bellegarde 45 100 B1
Bellegarde 30 235 E2
Bellegarde-du-Razès 11 253 D3
Bellegarde-en-Forez 42 170 C3
Bellegarde-en-Marche 23 151 D4
Bellegarde-en-Diois 26 204 C3
Bellegarde-Poussieu 38 187 F1
Bellegarde-Ste-Marie 31 229 E2
Bellegarde-sur-Valserine 01 157 E3
Belleherbe 25 126 B2
Bellemagny 68 108 B2
Bellême 61 77 D2
Bellenaves 03 152 C3
Bellencombre 76 15 F3
Belleneuve 21 124 A2
Bellenglise 02 19 D2
Bellengreville 14 29 E4
Bellengreville 76 15 F2
Bellenod-sur-Seine 21 104 A3
Bellenot-sous-Pouilly 21 122 C2
Bellentre 73 175 D3
Belleray 55 38 C4
Bellerive-sur-Allier 03 153 D3
Belleroche 42 155 D3
Belleserre 81 231 D4
Bellesserre 31 229 E1
Belleu 02 35 E2
Belleuse 80 17 D3
Bellevarde (Rocher de) 73 175 E4
Bellevaux 74 158 C2
Bellevesvre 71 141 D2
Belleville 54 64 B2
Belleville 69 155 E3
Belleville 79 146 A3
Belleville-en-Caux 76 15 E3
Belleville-sur-Bar 08 37 F1
Belleville-sur-Loire 18 119 F1
Belleville-sur-Mer 76 15 F1
Belleville-sur-Meuse 55 38 C3
Belleville-sur-Vie 85 129 D2
Bellevue 74 175 D1
Bellevue (Grotte de) 46 198 B3
Bellevue-la-Montagne 43 185 E2
Belley 01 173 D2
Belleydoux 01 157 E2
Bellicourt 02 19 D1
La Bellière 61 53 D4
La Bellière 76 16 B4
Bellignat 01 157 D2
Belligné 44 94 B4
Bellignies 59 11 F2
La Belliole 89 81 E3
Belloc 09 252 C3
Belloc-St-Clamens 32 228 A4
Bellocq 64 225 E3
Bellon 16 178 B2
Bellonne 62 10 B3
Bellot 77 59 E2
Bellou 14 53 E1
Bellou-en-Houlme 61 52 B3
Bellou-sur-Huisne 61 77 E1
Bellou-le-Trichard 61 77 D2
Belloy 60 34 B1
Belloy-en-France 95 33 F4
Belloy-en-Santerre 80 18 B2
Belloy-St-Léonard 80 16 C2
Belloy-sur-Somme 80 17 E1
Belluire 17 161 D4
Belmesnil 76 15 E3
Belmont 39 124 C4
Belmont 69 171 D1
Belmont 67 88 C1
Belmont 32 227 F2
Belmont 52 105 E3
Belmont 70 107 D2
Belmont 01 173 D1
Belmont 38 172 C4
Belmont 25 126 A2
Belmont-Bretenoux 46 198 C1
Belmont-lès-Darney 88 86 C3
Belmont-de-la-Loire 42 154 C3
Belmont-Ste-Foi 46 213 F2
Belmont-sur-Buttant 88 88 A2
Belmont-sur-Rance 12 232 B1
Belmont-sur-Vair 88 86 B2
Belmont-Tramonet 73 173 D3
Belmontet 46 212 C1
Belonchamp 70 107 E2
Belpech 11 252 B2
Belrain 55 62 C2
Belrupt 88 86 C4
Belrupt-en-Verdunois 55 38 C3
Bélus 40 225 D2
Belval 88 88 B1
Belval 08 21 E3
Belval 50 27 D4
Belval-Bois-des-Dames 08 38 A1
Belval-en-Argonne 51 62 B1
Belval (Parc de Vision) 08 38 A1
Belval-sous-Châtillon 51 36 B4
Belvédère 06 241 E2
Belvédère-Campomoro 2a 268 C3
Belvédère du Cirque 05 207 F2
Belverne 70 107 E3
Belvès 24 197 D2
Belvès-de-Castillon 33 195 D1
Belvèze 82 212 C1
Belvèze-du-Razès 11 253 D2
Belvézet 30 218 C3
Belvezet 48 202 A3
Belvianes-et-Cavirac 11 261 E1
Belvis 11 261 D1
Belvoir 25 126 B1
Belz 56 90 C2
Bémécourt 27 55 D2
Bénac 65 249 D2
Bénac 09 252 A4
Benagues 09 252 A3
Benais 37 115 D2
Bénaix 09 252 C4
Bénaménil 54 65 E4
Bénarville 76 14 C3
Benassay 86 131 F4
Bénat (Cap) 83 245 D3
La Benâte 17 146 A4
Benay 02 19 D3
Benayes 19 165 D4
Bendejun 06 241 D3
Bendorf 68 108 C4
Bénéjacq 64 248 C2
Benerville-sur-Mer 14 29 F2
Bénesse-lès-Dax 40 225 E2
Bénesse-Maremne 40 224 C2
Benest 16 147 F4
Bénestroff 57 65 E1
Bénesville 76 15 D3
Benet 85 146 A1
Beneuvre 21 104 C3
Bénévent-l'Abbaye 23 150 A3
Bénévent-et-Charbillac 05 206 A2
Beney-en-Woëvre 55 63 F1
Benfeld 67 89 E1
Bengy-sur-Craon 18 119 F4
Bénifontaine 62 10 A1
Béning-lès-St-Avold 57 41 E3
La Bénisson-Dieu 42 154 B3
Bénivay-Ollon 26 220 B1
Bennecourt 78 32 B4
Bennetot 76 14 C4
Benney 54 64 C4
Bennwihr 68 89 D3
Bénodet 29 69 D4
Benoisey 21 103 F4
Benoîtville 50 24 B2
Benon 17 145 F2
Bénonces 01 172 C1
Bénouville 76 14 A3
Bénouville 14 29 D3
Benqué 65 249 F3
Benque 31 250 C1
Benque-Dessous-et-Dessus 31 258 B3
Benquet 40 226 B1
Bentayou-Sérée 64 227 D4
Bény 01 156 B2
Le Bény-Bocage 14 51 F1
Bény-sur-Mer 14 29 D2
Béon 01 173 D1
Béon 89 101 F1
Béost 64 256 C2
La Bérarde 38 190 B4
Bérat 31 251 E1
Béraut 32 211 D4
Berbérust-Lias 65 257 E2
Berbezit 43 185 D2
Berbiguières 24 197 D1
Berc 48 201 D1
Bercé (Forêt de) 72 96 C2
Bercenay-en-Othe 10 82 C3
Bercenay-le-Hayer 10 82 B2
Berche 25 107 F4
Berchères-la-Maingot 28 56 A4
Berchères-les-Pierres 28 78 C2
Berchères-sur-Vesgre 28 56 A2
Berck 62 8 A2
Bercloux 17 161 E1
Berd'Huis 61 77 E2
Berdoues 32 228 A4
Bérelles 59 12 C3
Bérengeville-la-Campagne 27 31 F4
Berentzwiller 68 108 C3
Bérenx 64 225 F3
Béréziat 01 156 A1
Berfay 72 97 E1
Berg 67 66 B1
Berg-sur-Moselle 57 40 B1
Berganty 46 198 A4
Bergbieten 67 66 C3
Bergerac 24 196 A1
Bergères 10 84 B3
Bergères-sous-Montmirail 51 59 F2
Bergères-lès-Vertus 51 60 B2
Bergesserin 71 155 D1
Bergheim 68 89 D2
Bergholtz 68 108 B1
Bergholtzzell 68 108 B1
Bergicourt 80 17 D3
Bergnicourt 08 36 D2
Bergonne 63 168 B4
Bergouey 64 225 E4
Bergouey 40 226 A2
Bergueneuse 62 9 E2
Bergues 59 4 A2
Bergues-sur-Sambre 02 19 F1
Berguette 62 4 B4
Bérig-Vintrange 57 65 E1
Bérigny 50 28 A3
Berjou 61 52 B2
Berlaimont 59 11 F3
Berlancourt 60 18 C4
Berlancourt 02 20 A3
Berlats 81 232 A2
Berlencourt-le-Cauroy 62 9 E3
Berles-au-Bois 62 9 F3
Berles-Monchel 62 9 F2
La Berlière 08 38 A1
Berling 57 66 B2
Berlise 02 20 B4
Berlou 34 232 C4
Bermerain 59 11 E3
Berméricourt 51 36 B2
Bermeries 59 11 F3
Bermering 57 65 E1
Bermesnil 80 16 C2
Bermicourt 62 9 D2
Bermont 90 107 F3
Bermonville 76 14 C4
Bernac 81 214 B4
Bernac 16 147 E4
Bernac-Debat 65 249 E2
Bernac-Dessus 65 249 E2
Bernadets 64 226 C4
Bernadets-Debat 65 249 F1
Bernadets-Dessus 65 249 F2
Le Bernard 85 129 D4
La Bernardière 85 112 B4
Bernardswiller 67 66 C4
Bernardvillé 67 89 D1
Bernâtre 80 9 D4
Bernaville 80 9 D4
Bernay 27 30 C4
Bernay 72 76 A4
Bernay-en-Brie 77 58 C3
Bernay-en-Ponthieu 80 8 B3
Bernay-St-Martin 17 146 A3
Berné 56 70 B4
Bernécourt 54 63 F2
Bernède 32 226 C2
La Bernerie-en-Retz 44 111 D3
Bernes 80 18 C2
Bernes-sur-Oise 95 33 F4
Bernesq 14 28 A2
Berneuil 17 161 D3
Berneuil 16 178 A1
Berneuil 87 149 D4
Berneuil 80 9 D4
Berneuil-en-Bray 60 33 D2
Berneuil-sur-Aisne 60 34 C2
Berneval-le-Grand 76 15 F1
Berneville 62 9 F3
Bernex 74 159 D1
Bernienville 27 31 E4
Bernières 76 14 C4
Bernières-d'Ailly 14 53 D1
Bernières-le-Patry 14 51 F2
Bernières-sur-Mer 14 29 D2
Bernières-sur-Seine 27 32 A3
Bernieulles 62 8 B1
Bernin 38 189 E2
Bernis 30 235 D1
Bernolsheim 67 67 D2
Bernon 10 103 D1
Bernos-Beaulac 33 210 A1
Bernot 02 19 E2
Bernouil 89 102 C1
Bernouville 27 32 C3
Bernwiller 68 108 B2
Berny-en-Santerre 80 18 B2
Berny-Rivière 02 35 D2
Bérou-la-Mulotière 28 55 D3
Berrac 32 211 E3
Berre-des-Alpes 06 241 E3
Berre-l'Étang 13 242 C1
Berre (Étang de) 13 242 C1
Berriac 11 253 F2
Berrias 07 218 B1
Berric 56 91 F3
Berrie 86 114 B4
Berrien 29 46 B4
Berrieux 02 36 A1
Berrogain-Laruns 64 247 E1
Berru 51 36 C3
Berrwiller 68 108 B1
Berry-au-Bac 02 36 A2
Berry-Bouy 18 118 C4
Le Bersac 05 205 E4
Bersac-sur-Rivalier 87 149 F4
Bersaillin 39 141 E1
Bersée 59 10 C1
Bersillies 59 12 B3
Berson 33 177 D3
Berstett 67 67 D3
Berstheim 67 67 D2
Bert 03 153 F2
Bertangles 80 17 E1
Bertaucourt-Epourdon 02 19 E4
Berteaucourt-les-Dames 80 17 E1
Berteaucourt-lès-Thennes 80 17 F2
Bertheauville 76 14 C3
Berthecourt 60 33 E2
Berthegon 86 132 A1
Berthelange 25 124 C3
Berthelming 57 65 F2
Berthen 59 4 C3
Berthenay 37 115 E2
Berthenicourt 02 19 E3
Berthenonville 27 32 B3
La Berthenoux 36 135 E3
Berthez 33 194 C4
Bertholène 12 215 F1
Berthouville 27 30 C3
Bertignat 63 169 E3
Bertignolles 10 84 A3
Bertincourt 62 10 B4
Bertoncourt 08 37 D1
Bertrambois 54 65 F3
Bertrancourt 80 9 F4
Bertrange 57 40 B2
Bertre 81 230 C3
Bertren 65 250 B3
Bertreville 76 14 C3
Bertreville-St-Ouen 76 15 E3
Bertric-Burée 24 179 D2
Bertrichamps 54 88 A1
Bertricourt 02 36 B2
Bertrimont 76 15 E4
Bertrimoutier 88 88 B2
Bertry 59 11 D4
Béru 89 102 C2
Béruges 86 132 A4
Bérulle 10 82 B3
Bérus 72 76 A2
Berven 29 45 F2
Berville-la-Campagne 27 55 D1
Berville 95 33 D3
Berville 76 15 D3
Berville 14 53 D1
Berville-en-Roumois 27 31 D3
Berville-sur-Mer 27 30 B1
Berville-sur-Seine 76 31 E1
Berviller-en-Moselle 57 41 D2
Berzé-le-Châtel 71 155 E1
Berzé-la-Ville 71 155 E1
Berzème 07 203 E3
Berzieux 51 37 F3
Berzy-le-Sec 02 35 E2
Bès 04 222 B1
La Besace 08 21 F4
Besain 39 141 F2
Besançon 25 125 E2
Bésayes 26 188 A4
Besbre 03 153 E2
Bescat 64 248 B2
Bésignan 26 220 B1
Bésingrand 64 226 B4
La Beslière 50 50 C2
Beslon 50 51 D2
Besmé 02 35 D1
Besmont 02 20 B2
Besnans 70 125 F1
Besné 44 110 C1
Besneville 50 24 C4
Besny-et-Loizy 02 19 F4
Bessac 16 162 B4
Bessais-le-Fromental 18 136 B2
Bessamorel 43 186 A3
Bessan 34 255 E1
Bessancourt 95 57 D1
Bessans 73 191 E1
Bessas 07 218 B1
Le Bessat 42 187 D1
Bessay 85 129 F4
Bessay-sur-Allier 03 153 D1
Besse 38 190 A3
Besse 15 182 C3
Bessé 16 147 D4
Besse 24 197 D2
Besse-en-Chandesse 63 168 A4
Bessé-sur-Braye 72 97 E2
Besse-sur-Issole 83 238 C4
Besséde-de-Sault 11 261 E1
Bességes 30 218 A1
Bessenay 69 171 D2
Bessens 82 229 E1
Besset 09 252 C3
Bessey 42 187 D1
Bessey-lès-Cîteaux 21 123 F3
Bessey-la-Cour 21 122 C3
Bessey-en-Chaume 21 123 D4
La Besseyre-St-Mary 43 184 C4
Bessières 31 230 B1
Bessines 79 146 B2
Bessines-sur-Gartempe 87 149 E3
Bessins 38 188 B2
Besson 03 153 D1
Bessoncourt 90 108 A3
Bessonies 46 199 D1
Les Bessons 48 201 D2
Bessuéjouls 12 200 A4
Bessy 10 60 C4
Bessy-sur-Cure 89 102 B4
Bestiac 09 260 C1
Bétaille 46 181 E4
Betaucourt 70 106 B1
Betbèze 65 250 B1
Betbezer 40 210 A4
Betcave-Aguin 32 228 B4
Betchat 09 259 D2
Bétête 23 150 C2
Béthancourt-en-Valois 60 34 C3
Béthancourt-en-Vaux 02 19 D4
Bétharram (Grottes de) 64 257 D1
Béthelainville 55 38 B3
Béthemont-la-Forêt 95 33 E4
Béthencourt 59 11 D4

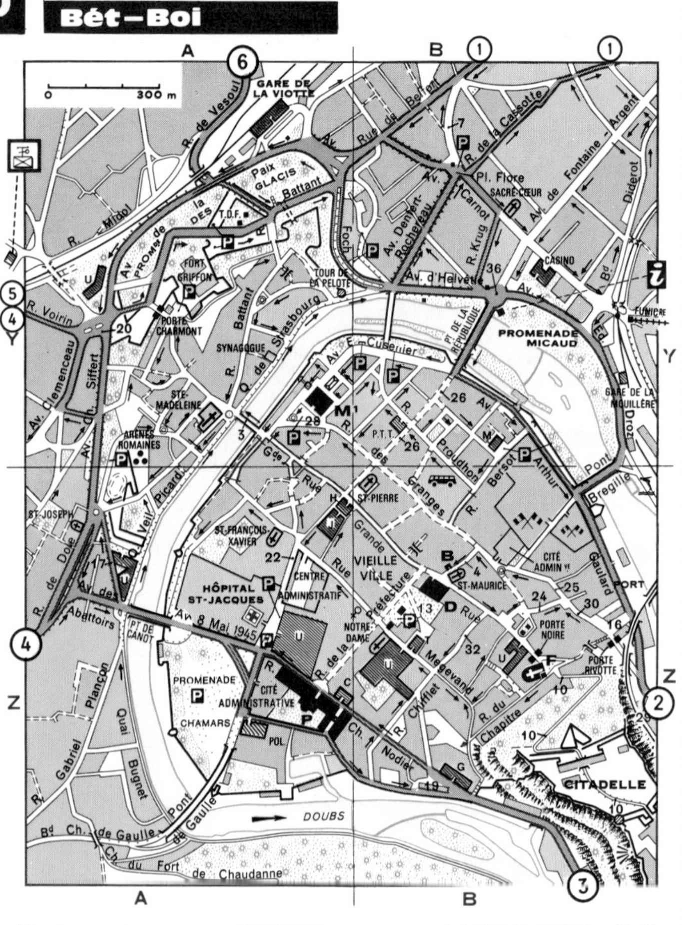

Besançon

- Battant (R.) ... AY
- Belfort (R. de) ... BY
- Bersot (R.) ... BZ
- Carnot (Av.) ... BY
- Grande-Rue ... ABZ
- Granges (R. des) ... BYZ
- République (R. de la) ... BY 26
- Battant (Pont) ... AY 3
- Bibliothèque municipale ... BZ B
- Bibliothèque (R. de la) ... BZ 4
- Chaprais (R. des) ... BY 7
- Fusillés-de-la-Résistance (R. des) ... BZ 10
- Granvelle (Palais) ... BZ D
- Granvelle (Prom.) ... BZ 13
- Jacobins (Pl. des) ... BZ 16
- Janvier (R. Antide) ... AZ 17
- Lattre-de-Tassigny (Pl. Mar.-de) ... BZ 19
- Leclerc (Pl. du Mar.) ... AY 20
- Orme-de-Chamars (R.) ... AZ 22
- Péclet (R.) ... BZ 24
- Pontarlier (R. de) ... BZ 25
- Révolution (Pl. de la) ... AY 28
- Rivotte (Fg) ... BZ 29
- Rivotte (R.) ... BZ 30
- Ronchaux (R.) ... BZ 32
- St-Jean (✝) ... BZ F
- 1re-Armée Française (Pl.) ... BY 36

Béthencourt-sur-Mer 80 8 A4
Béthencourt-sur-Somme 80 18 C3
Bétheniville 51 37 D2
Bétheny 51 36 B3
Béthincourt 55 38 B3
Béthines 86 133 E4
Béthisy-St-Martin 60 34 B3
Béthisy-St-Pierre 60 34 B2
Bethmale 09 259 E3
Bethmale (Vallée de) 09 259 E3
Béthon 72 76 B2
Bethon 51 59 F4
Bethoncourt 25 107 F4
Béthonsart 62 9 F2
Béthonvilliers 28 77 E3
Bethonvilliers 90 108 A2
Béthune 62 9 F1
Béthune 76 16 A3
Bétignicourt 10 83 F1
Beton-Bazoches 77 59 D3
Betoncourt-lès-Brotte 70 107 D2
Betoncourt-les-Ménétriers 70 106 A3
Betoncourt-St-Pancras 70 106 C1
Betoncourt-sur-Mance 70 106 A2
Bétous 32 227 E2
Betplan 32 227 E4
Betpouey 65 257 E3
Betpouy 65 250 A1
Bétracq 64 227 D3
Betschdorf 67 67 E1
Bettaincourt-sur-Rognon 52 85 E2
Bettainvillers 54 39 F2
Bettancourt-la-Ferrée 52 62 B3
Bettancourt-la-Longue 51 62 A2
Bettange 57 40 B3
Bettant 01 156 C4
Bettborn 57 66 A2
Bettegney-St-Brice 88 87 D2
Bettelainville 57 40 B3
Bettembos 80 16 C3
Bettencourt-Rivière 80 17 D1
Bettencourt-St-Ouen 80 17 D1
Bettendorf 68 108 C3
Bettes 65 249 E3
Betteville 76 31 D1
Bettignies 59 12 B2
Betting-lès-St-Avold 57 41 E3
Bettlach 68 108 C4
Betton 35 73 D3
Betton-Bettonet 73 174 A3
Bettoncourt 88 86 C2
Bettoncourt-le-Haut 52 85 E2
Bettrechies 59 11 F3
Bettviller 57 42 B3
Bettwiller 67 66 B1
Betz 60 34 C4
Betz-le-Château 37 116 B4
Beugin 62 9 F2
Beugnâtre 62 10 B4
Beugneux 02 35 E3
Beugnies 59 12 B4
Beugnon 89 82 C4
Le Beugnon 79 130 C3
Beugny 62 10 B4
Beuil 06 223 F2
Le Beulay 88 88 B2
Beulotte-St-Laurent 70 107 E1
Beure 25 125 E2
Beurey 10 83 F3
Beurey-Bauguay 21 122 B3
Beurey-sur-Saulx 55 62 B3
Beurières 63 185 E1
Beurizot 21 122 C2
Beurlay 17 160 C1
Beurville 52 84 C2
Beussent 62 8 B1
Beuste 64 248 C2
Beutal 25 107 E4
Beutin 62 8 B1
Beuvardes 02 35 F4
Beuveille 54 39 D1
Beuvezin 54 86 B1
Beuvillers 54 39 F2
Beuvillers 14 30 B4
Beuvrages 59 11 E2
Beuvraignes 80 18 B4
Beuvray (Mont) 71 138 C1
Beuvrequen 62 2 C3
Beuvreuil 76 33 D1
Beuvrigny 50 51 E1
Beuvron 41,45 98 C4
Beuvron 58 121 D2
Beuvron-en-Auge 14 29 F3
Beuvry 62 10 A1
Beuvry-la-Forêt 59 10 C2
Beux 57 40 C4
Beuxes 86 115 D4
Beuzec-Cap-Sizun 29 68 B2
Beuzeville-la-Bastille 50 25 D4
Beuzeville-la-Grenier 76 14 B4
Beuzeville-la-Guérard 76 14 C3
Beuzeville 27 30 B2
Beuzeville-au-Plain 50 25 E3
Beuzevillette 76 14 C4
Bévenais 38 188 C1
Bévéra 06 241 E2
Beveuge 70 107 D4
Béville-le-Comte 28 79 D1
Bévillers 59 11 D4
Bevons 04 221 E2
Bévy 21 123 E3
Bey 71 140 B2
Bey 01 155 F2
Bey-sur-Seille 54 64 C2
Beychac-et-Caillau 33 194 B1
Beylongue 40 208 C4
Beynac 87 164 B2
Beynac-et-Cazenac 24 197 D1
Beynat 19 181 E3
Beynes 78 56 C2
Beynes 04 222 B3
Beynost 01 171 F1
Beyrède-Jumet 65 249 F4
Beyren-lès-Sierck 57 40 B1
Beyrie-en-Béarn 64 226 B4
Beyrie-sur-Joyeuse 64 247 D1
Beyries 40 226 A3
Beyssac 19 180 C1
Beyssenac 19 180 C1
Le Bez 81 231 F3
Bez-et-Esparon 30 217 D4
Bézac 09 252 A2
Bezalles 77 59 D3
Bézancourt 76 32 B1
Bezange-la-Grande 54 65 D2
Bezange-la-Petite 57 65 D2
Bezannes 51 36 B3
Bézaudun-les-Alpes 06 223 F4
Bézaudun-sur-Bîne 26 204 B3
Bezaumont 54 64 B2
Bèze 21 124 A1
Bézenac 24 197 D1
Bézenet 03 152 B2
Bézéril 32 228 C3
Béziers 34 255 D1
Bezinghem 62 3 D4
Bezins-Garraux 31 250 B4
La Bezole 11 253 D3
Bezolles 32 228 A1
Bezons 95 57 E1
Bezouce 30 235 E1
Bézouotte 21 124 A1
Bézu-la-Forêt 27 32 B2
Bézu-le-Guéry 02 59 D1
Bézu-St-Éloi 27 32 C3
Bézu-St-Germain 02 35 E4
Bézues-Bajon 32 228 B4
Biache-St-Vaast 62 10 B3
Biaches 80 18 B2
Bians-les-Usiers 25 125 F4
Biard 86 132 A4
Les Biards 50 51 D4
Biarne 39 124 B3
Biarre 80 18 B3
Biarritz 64 224 B3
Biarrotte 40 225 D3
Biars-sur-Cère 46 181 F4
Bias 47 196 B4
Bias 40 208 B2
Biaudos 40 224 C3
Bibiche 57 40 C2
Biblisheim 67 67 E1
Bibost 69 171 D2
Bichancourt 02 19 D4
Biches 58 121 D4
Bickenholtz 57 66 B2
Bicqueley 54 64 A3
Bidache 64 225 D3
Bidarray 64 246 C1
Bidart 64 224 B3
Bidestroff 57 65 E2
Biding 57 41 E4
Bidon 07 219 D1
Bidos 64 248 A2
Biécourt 88 86 B2
Biederthal 68 109 D4
Bief 25 126 C1
Bief-des-Maisons 39 142 A2
Bief-du-Fourg 39 142 B2
Biefmorin 39 141 D1
Biefvillers-lès-Bapaume 62 10 A4
Bielle 64 256 B2
Bielsa (Tunnel de) 65 257 F4
Bienassis 38 172 B2
Biencourt 80 16 C1
Biencourt-sur-Orge 55 62 C4
Bienne 39 142 A4
Bienville 52 62 B4
Bienville 60 34 B1
Bienvillers-au-Bois 62 9 F4
Bienville-la-Petite 54 65 D3
Biermes 08 37 D1
Biermont 60 18 B4
Bierné 53 95 D2
Bierne 59 4 A2
Biernes 52 84 C2
Bierre-lès-Semur 21 122 B1
Bierry-les-Belles-Fontaines 89 103 D4
Biert 09 259 F3
Bierville 76 32 A1
Biesheim 68 89 E3
Biesles 52 85 E4
Bietlenheim 67 67 E2
Bieujac 33 194 C3
Bieuxy 02 35 D1
Bieuzy 56 70 C4
Biéville 50 28 B4
Biéville-Beuville 14 29 D3
Biéville-Quiétiéville 14 29 F4
Bièvre 78,91 57 D3
Bièvres 91 57 E3
Bièvres 08 22 B4
Bièvres 02 36 A1
Biffontaine 88 88 A2
Biganos 33 193 D2
Bignac 16 162 B2
Bignan 56 91 E1
Bignay 17 161 D1
La Bigne 14 28 B4
Bignicourt 08 37 D2
Bignicourt-sur-Marne 51 61 E3
Bignicourt-sur-Saulx 51 61 F2
Le Bignon 44 112 A3
Le Bignon-Mirabeau 45 81 D3
Le Bignon-du-Maine 53 95 D1
Bignoux 86 132 B3
Bigorno 2b 265 E3
La Bigottière 53 74 C3
Biguglia 2b 265 E2
Bihorel 76 31 F1
Bihucourt 62 10 A4
Bilazais 79 131 E1
Bilhères 64 256 B2
Bilia 2a 268 C3
Bilieu 38 172 C4
Billac 19 181 E4
Billancelles 28 78 A1
Billancourt 80 18 B3
Les Billanges 87 149 F4
Billaude (Cascade de la) 39 142 A3
Les Billaux 33 177 F4
Billé 35 73 F2
Billecul 39 142 B2
Billère 64 248 B1
Billey 21 124 B3
Billezois 03 153 E3
Billiat 01 157 E3
Billième 73 173 E2
Billière 31 258 B4
Billiers 56 91 F4
Billio 56 91 F1
Billom 63 168 C2
Billy 41 117 E2
Billy 14 29 E4
Billy 03 153 D2
Billy-Berclau 62 10 A1
Billy-lès-Chanceaux 21 104 A4
Billy-Chevannes 58 120 C4
Billy-le-Grand 51 36 C4
Billy-Montigny 62 10 B2
Billy-sous-les-Côtes 55 39 E4
Billy-sous-Mangiennes 55 39 D2
Billy-sur-Aisne 02 35 E2
Billy-sur-Oisy 58 120 C1
Billy-sur-Ourcq 02 35 E3
Bilwisheim 67 67 D2
Bilzheim 68 89 D4
Bimont 62 8 C1
Binarville 51 38 A3
Binas 41 98 C1
Bindernheim 67 89 E2
Binges 21 124 A2
Binic 22 48 A3
Bining 57 42 B4
Biniville 50 25 D3
Binos 31 250 B4
Binson-et-Orquigny 51 36 A4
Bio 46 198 B2
Biol 38 172 C4
La Biolle 73 173 E2
Biollet 63 151 F4
Bion 50 51 E3
Bioncourt 57 64 C2
Bionville 54 66 A4
Bionville-sur-Nied 57 40 C3
Biot 06 240 B2
Le Biot 74 159 D2
Bioule 82 213 E3
Bioussac 16 147 E4
Biozat 03 153 D4
Bile (Pointe du) 56 91 F4
Birac 16 162 B3
Birac 33 195 D4
Birac-sur-Trec 47 195 F4
Biran 32 228 A2
Biras 24 179 E2
Biriatou 64 244 A4
Birieux 01 156 A4
Birkenwald 67 66 C3
Birlenbach 67 43 E4
Biron 17 161 E3
Biron 64 225 F3
Biron 24 196 C3
Bisanne (Signal de) 73 174 C2
Biscarrosse 40 192 C4
Bischheim 67 67 E3
Bischholtz 67 66 C1
Bischoffsheim 67 66 C4
Bischtroff-sur-Sarre 67 66 A1
Bischwihr 68 89 D3
Bischwiller 67 67 E2
Bisel 68 108 B3
Bisinchi 2b 265 E4
Bislée 55 63 D2
Bisping 57 65 F2
Bissert 67 65 F1
Bisseuil 51 36 C4
Bissey-la-Côte 21 104 A1
Bissey-la-Pierre 21 103 F2
Bissey-sous-Cruchaud 71 139 F2
Bissezeele 59 4 A2
Bissières 14 29 E4
Bissy-la-Mâconnaise 71 140 A4
Bissy-sous-Uxelles 71 139 F4
Bissy-sur-Fley 71 139 F3
Bisten-en-Lorraine 57 41 D3
Bistroff 57 41 D4
Bitche 57 42 C4
Bithaine-et-le-Val 70 107 D3
Bitry 58 120 B1
Bitry 60 35 D2
Bitschhoffen 67 67 D1
Bitschwiller-lès-Thann 68 108 B1
Bivès 32 228 C1
Biviers 38 189 E2
Biville-la-Baignarde 76 15 E3
Biville 50 24 B2
Biville-sur-Mer 76 15 F1
Bivilliers 61 54 B4
Biville-la-Rivière 76 15 E3
Bizanet 11 254 B2
Bizanos 64 248 B1
Bize 52 105 F2
Bize 65 250 A3
Bize-Minervois 11 254 B1
Bizeneuille 03 152 A1
Biziat 01 155 E2
Bizonnes 38 172 B4
Le Bizot 25 126 B3
Les Bizots 71 139 E2
Bizou 61 77 E1
Bizous 65 250 A3
Blacé 69 155 E4
Blacourt 60 32 C1
Blacqueville 76 15 D4
Blacy 89 103 D4
Blacy 51 61 E3
Blaesheim 67 67 D4
Blagnac 31 230 A3
Blagny 08 22 B4
Blagny-sur-Vingeanne 21 124 A1
Blaignac 33 195 D3
Blaignan 33 176 C1
Blain 44 93 D4
Blaincourt 60 33 F3
Blaincourt-sur-Aube 10 83 F2
Blainville-Crevon 76 32 A1
Blainville-sur-l'Eau 54 64 C4
Blainville-sur-Mer 50 26 C4
Blainville-sur-Orne 14 29 D3
Blairville 62 10 A3
Blaise 52 84 C2
Blaise 51,52 84 C2
Blaise 08 37 E2
Blaise-sous-Arzillières 51 61 E3
Blaison 49 114 A1
Blaisy 52 84 C3
Blaisy-Bas 21 123 D1
Blaisy-Haut 21 123 D2
Blajan 31 250 B1
Blamont 25 126 C1
Blâmont 54 65 F3
Blan 81 231 D3
Le Blanc 36 133 E3
Le Blanc-Mesnil 93 57 F1
Blanc (Pic du Lac) 38 190 A3
Blancafort 18 100 B4
Blancey 21 122 C2
Blancfossé 60 17 E4
Blanche-Église 57 65 E2
Blanchefontaine 25 126 C2
Blanchefosse-et-Bay 08 20 C3
Blancherupt 67 88 C1
Blancheville 52 85 E3
Blandainville 28 78 B2
Blandas 30 217 D4
Blandin 38 172 C4
Blandouet 53 75 E4
Blandy 91 79 F2
Blandy 77 58 B4
Blangermont 62 9 D2
Blangerval-Blangermont 62 9 D3
Blangy-le-Château 14 30 B3
Blangy-sous-Poix 80 17 D3
Blangy-sur-Bresle 76 16 B2
Blangy-sur-Ternoise 62 9 D2
Blangy-Tronville 80 17 F2
Blannay 89 102 B4
Blanot 21 122 A3
Blanot 71 139 F4
Blanquefort 33 177 D4
Blanquefort 32 228 C2
Blanquefort-sur-Briolance 47 197 D3
Blanzac 16 162 B4
Blanzac 43 185 E3
Blanzac 87 149 D3
Blanzac-lès-Matha 17 161 F1
Blanzaguet-St-Cybard 16 163 D4
Blanzat 63 168 A2
Blanzay 86 147 E3
Blanzay-sur-Boutonne 17 146 B4
Blanzée 55 39 D3
Blanzy 71 139 E3
Blanzy-lès-Fismes 02 36 A2
Blanzy-la-Salonnaise 08 36 C1
Blargies 60 16 C4
Blarians 25 125 E1
Blaringhem 59 4 A4
Blars 46 198 B3
Blaru 78 32 B4
Blasimon 33 195 D2
Blaslay 86 132 A2
Blassac 43 184 C3
Blaudeix 23 150 C2
Blausasc 06 241 E3
Blauvac 84 220 B3
Blauzac 30 218 C4
Blavet 56 71 D3
Blavignac 48 201 D1
Blavozy 43 186 A3
Blay 14 28 B2
Blaye 33 177 D3
Blaye-les-Mines 81 214 B3
Blaymont 47 212 B1
Blaziert 32 211 E4
Blécourt 59 10 C3
Blécourt 52 85 D2
Blégiers 04 222 C2
Bleigny-le-Carreau 89 102 B2
Bleine (Col de) 06 239 F1
Blémerey 88 86 C2
Blémerey 54 65 E3
Blendecques 62 3 F3
Bléneau 89 101 D3
Blennes 77 81 D3
Blénod-lès-Pont-à-Mousson 54 64 B1
Blénod-lès-Toul 54 63 F4
Bléone 4 222 A3
Bléquin 62 3 D4
Blérancourt 02 35 D1
Blercourt 55 38 B4
Bléré 37 116 B2
Bléruais 35 72 B3
Blésignac 33 194 C2
Blesle 43 184 B2
Blesme 51 61 F2
Blesmes 02 59 E1
Blessac 23 166 B1
Blessey 21 123 D1
Blessonville 52 84 C4
Blessy 62 3 F4
Blet 18 136 B1
Bletterans 39 141 D2
Bleurville 88 86 B4
Bleury 28 79 D1
Blevaincourt 88 86 A3
Blèves 72 76 C1
Blévy 28 55 E4
Le Bleymard 48 201 F4
Blicourt 60 17 D4
Blienschwiller 67 89 D1
Blies-Ébersing 57 42 A3
Blies-Guersviller 57 41 F3
Bliesbruck 57 42 B3
Blieux 04 222 B4
Blignicourt 10 84 A1
Bligny 51 36 B3
Bligny 10 84 A3
Bligny-lès-Beaune 21 123 D4
Bligny-en-Othe 89 82 B4
Bligny-le-Sec 21 123 D1
Bligny-sur-Ouche 21 123 D3
Blincourt 60 34 A2
Blingel 62 9 D2
Blis-et-Born 24 180 A2
Blismes 58 121 E3
Blodelsheim 68 109 D1
Blois 41 98 B4
Blois-sur-Seille 39 141 E2
Blomac 11 254 A2
Blomard 03 152 B2
Blombay 08 21 D2
Blond 87 148 C4
Blond (Monts de) 87 148 C4
Blondefontaine 70 106 A1
Blonville-sur-Mer 14 29 F2
Blosseville 76 15 D2
Blosville 50 25 E4
Blot-l'Église 63 152 B4
Blotzheim 68 109 D3
Blou 49 114 C2
Blousson-Sérian 32 227 F4
La Bloutière 50 51 D2
Bloye 74 173 E1
Bluffy 74 174 A1
Blumeray 52 84 C2
Blussangeaux 25 126 B1
Blussans 25 126 B1
Blye 39 141 E3
Blyes 01 172 B1
Le Bô 14 52 B1
Bobigny 93 57 F2
Bobital 22 72 B1
Le Bocasse 76 15 E4
Bocca Bassa 2B 264 A4
Bocé 49 96 A4
Bocognano 2a 267 D3
Bocquegney 88 87 D2
Bocquencé 61 54 A2
Le Bodéo 22 70 D1
Bodilis 29 45 F2
Boé 47 211 F2
Boëcé 61 76 C1
Boëge 74 158 B2
Boeil-Bezing 64 248 C2
Boën 42 170 A2
Bœrsch 67 66 C4
Boeschepe 59 4 C3
Boëseghem 59 4 A4
Bœsenbiesen 67 89 E2
Boësse 45 80 A3
Boësse 79 113 F4
Boëssé-le-Sec 72 77 D3
Bœurs-en-Othe 89 82 B3
Boffles 62 9 D3
Boffres 07 187 D4
Bogève 74 158 C2
Bogny-sur-Meuse 08 21 E2
Bogy 07 187 E2
Bohain-en-Vermandois 02 19 E1
Bohal 56 92 A2
La Bohalle 49 114 A1
Bohars 29 45 E3
Bohas 01 156 C3
Boigneville 91 80 A2
Boigny-sur-Bionne 45 99 E1
Boinville-le-Gaillard 78 79 E1
Boinville-en-Mantois 78 56 B1
Boinville-en-Woëvre 55 39 D3
Boinvilliers 78 56 B2
Boiry-Becquerelle 62 10 A3
Boiry-Notre-Dame 62 10 B3
Boiry-St-Martin 62 10 A4
Boiry-Ste-Rictrude 62 10 A3
Bois 17 161 D4
Le Bois 73 174 C4
Bois-Anzeray 27 54 C1
Bois-Arnault 27 54 C2
Bois-Aubry (Abbaye de) 37 115 E4
Bois Bellau 02 35 E4
Bois-Bernard 62 10 B2
Bois-Chenu (Basilique du) 88 86 A1
Bois-Colombes 92 57 E2
Bois-d'Amont 39 142 B4
Bois-d'Arcy 78 56 D2
Bois-d'Arcy 89 102 B4
Bois-de-Céné 85 111 D4
Bois-de-Champ 88 88 A2
Le Bois-de-Cize 80 8 A4
Bois-de-Gand 39 141 D2
Bois-de-la-Pierre 31 251 E1
Bois-d'Ennebourg 76 31 F2
Le Bois-d'Oingt 69 171 D1
Bois-l'Évêque 76 32 A1
Bois-Grenier 59 4 C4
Bois-Guilbert 76 32 B1
Bois-Guillaume 76 31 F1
Le Bois-Hellain 27 30 B3
Bois-Héroult 76 16 A4
Bois Herpin 91 79 F2
Bois-Himont 76 14 C4
Bois-Jérôme-St-Ouen 27 32 B4
Les Bois Noirs 63,42 169 E1
Bois-Normand-près-Lyre 27 54 C2
Bois-lès-Pargny 02 19 F3
Le Bois-Plage-en-Ré 17 144 C2
Le Bois-Robert 76 15 F2
Bois-le-Roi 77 80 C1
Bois-le-Roi 27 55 F2
Bois-Ste-Marie 71 154 C2
Bois-Sir-Amé (Château de) 18 135 F1
Bois-Thibault (Château de) 53 75 D1
Boisbergues 80 9 D4
Boisbreteau 16 178 A1
Boiscommun 45 80 A4
Boisdinghem 62 3 E3
Boisdon 77 59 D3
Boisemont 95 57 D1
Boisemont 27 32 B3
Boisgasson 28 78 A4
Boisgervilly 35 72 B3
Boisjean 62 8 B2
Le Boisle 80 8 C3
Boisleux-au-Mont 62 10 A3
Boisleux-St-Marc 62 10 A3
Boismé 79 131 D2
Boismont 54 39 E1
Boismont 80 8 B4
Boismorand 45 100 C2
Boisney 27 30 C4
Boisrault 80 16 C2
Boisredon 17 177 E1
Boisroger 50 26 C4
Boissay 76 32 A1
Boisse 24 196 B2
La Boisse 01 171 F1
Boisse-Penchot 12 199 D3
Boisseau 41 98 B2
Boisseaux 45 79 E3
Boissède 31 228 C4
Boissei-la-Lande 61 53 D3
Boisserolles 79 146 B3
Boisseron 34 234 C2
Boisset 43 186 A1
Boisset 34 232 B4
Boisset 15 199 E2
Boisset-et-Gaujac 30 218 A3
Boisset-lès-Montrond 42 170 B3
Boisset-les-Prévanches 27 55 F1
Boisset-St-Priest 42 170 B4

Boissets 78 56 B2
Boissettes 77 80 B1
Boisseuil 87 164 C2
Boisseuilh 24 180 B2
Boissey 14 29 F4
Boissey 01 156 A1
Boissey-le-Châtel 27 31 D3
Boissezon 81 231 F3
Boissia 39 141 F3
La Boissière 53 94 B2
La Boissière 34 234 A2
La Boissière 39 157 D1
La Boissière 27 55 F1
La Boissière 14 30 A4
La Boissière (Anc. Abbaye) 49 96 B4
La Boissière-d'Ans 24 180 A2
La Boissière-de-Montaigu 85 112 C4
La Boissière-des-Landes 85 129 D3
La Boissière-du-Doré 44 112 C2
La Boissière-École 78 56 B3
La Boissière-en-Gâtine 79 131 D4
La Boissière-sur-Èvre 49 112 C2
Boissières 30 235 D1
Boissières 46 197 F3
Boissise-la-Bertrand 77 80 B1
Boissise-le-Roi 77 80 B1
Boissy-l'Aillerie 95 33 D4
Boissy-aux-Cailles 77 80 B2
Boissy-le-Bois 60 33 D3
Boissy-le-Châtel 77 59 D2
Boissy-le-Cutté 91 80 A1
Boissy-en-Drouais 28 55 E3
Boissy-Fresnoy 60 34 C4
Boissy-Lamberville 27 30 C3
Boissy-Maugis 61 77 E1
Boissy-Mauvoisin 78 56 B1
Boissy-lès-Perche 28 55 D3
Boissy-le-Repos 51 59 F2
Boissy-la-Rivière 91 79 F2
Boissy-St-Léger 94 58 A3
Boissy-sans-Avoir 78 56 C2
Boissy-le-Sec 91 79 F1
Boissy-sous-St-Yon 91 57 E4
Boissy-sur-Damville 27 55 E2
Boistrudan 35 73 E4
Boisville-la-St-Père 28 79 D2
Boisyvon 50 51 D2
Boitron 77 59 D2
Boitron 61 53 F4
Bolandoz 25 125 E4
Bolazec 29 46 B4
Bolbec 76 14 B4
Bollène 84 219 E2
La Bollène-Vésubie 06 241 E2
Bolleville 76 14 C4
Bolleville 50 26 C3
Bollezeele 59 3 F2
Bollwiller 68 108 C1
Bologne 52 85 D3
Bolozon 01 156 C2
Bolquère 66 261 D3
Bolsenheim 67 89 E1
Bombon 77 58 C4
Bommes 33 194 B3
Bommiers 36 135 D2
Bommiers (Forêt de) 36 135 D2
Bompas 09 252 B4
Bompas 66 262 C2
Bomy 62 9 D1
Bon-Encontre 47 211 F2
Bona 58 120 C4
Bonac-Irazein 09 259 D3
Bonaguil (Château de) 47 197 D3
Bonas 32 228 A1
Bonboillon 70 124 C2
Boncé 28 78 C2
Bonchamp-lès-Laval 53 74 C4
Boncourt 27 55 E1
Boncourt 28 56 A2
Boncourt 54 39 E3
Boncourt 02 20 B4
Boncourt-le-Bois 21 123 E3
Boncourt-sur-Meuse 55 63 E2
Bondaroy 45 80 A3
Bondeval 25 107 F4
Bondigoux 31 230 A1
Les Bondons 48 217 E1
Bondoufle 91 57 E4
Bondues 59 5 D3
Bondy 93 57 F2
Bonette (Cime de la) 04 223 E1
Bongheat 63 168 C2
Le Bonhomme 68 88 C3
Bonhomme (Col du) 68 88 C3
Bonifacio 2a 269 D4
Bonifato (Cirque de) 2B 264 B4
Bonlier 60 33 E1
Bonlieu 39 141 F3
Bonlieu-sur-Roubion 26 204 A3
Bonloc 64 225 D4
Bonnac 09 252 A2
Bonnac 15 184 B2
Bonnac-la-Côte 87 164 C1
Bonnal 25 107 D4
Bonnard 89 102 A1
Bonnat 23 150 B2
Bonnaud 39 141 D3
Bonnay 71 139 F4
Bonnay 80 17 F2
Bonnay 25 125 E2
Bonne 74 158 B2
Bonne 38 189 F4
Bonnebosq 14 29 F3
Bonnecourt 52 105 E1
Bonnée 45 100 B2
Bonnefamille 38 172 A3
Bonnefoi 61 54 B3
Bonnefond 19 166 A4
Bonnefont 65 249 F1
Bonnefontaine 39 141 E2
Bonnefontaine (Ancienne Abbaye de) 08 20C 3
Bonnefoy (Anc. Chartreuse de) 07 202 C1
Bonnegarde 40 226 A3
Bonneil 02 59 E1
Bonnelles 78 57 D4
Bonnemain 35 49 F4
Bonnemaison 14 28 C4
Bonnemazon 65 249 F3
Bonnencontre 21 123 F3
Bonnes 16 178 C2
Bonnes 86 132 C3
Bonnesvalyn 02 35 E4
Bonnet 55 63 D4
Bonnétable 72 76 C3
Bonnétage 25 126 B2
Bonnetan 33 194 B1
Bonneuil 36 149 E1
Bonneuil 16 162 A3
Bonneuil-les-Eaux 60 17 E4
Bonneuil-en-France 95 57 F1
Bonneuil-en-Valois 60 34 C3
Bonneuil-Matours 86 132 C3
Bonneuil-sur-Marne 94 57 F3
Bonneval 73 174 C3
Bonneval 43 185 E2
Bonneval 28 78 B3
Bonneval-sur-Arc 73 175 F4
Bonnevaux 74 159 D1
Bonnevaux 30 218 A1
Bonnevaux 25 142 B2
Bonnevaux-le-Prieuré 25 125 E3
Bonneveau 41 97 E2
Bonnevent-Velloreille 70 125 D1
Bonneville 16 162 B1
Bonneville 80 9 E4
Bonneville 74 158 C3
La Bonneville 50 25 D3
Bonneville-Aptot 27 31 D3
Bonneville-et-St-Avit-de-Fumadières 24 195 E1
La Bonneville-sur-Iton 27 55 D1
Bonneville-sur-Touques 14 30 A2
Bonneville-la-Louvet 14 30 B3
Bonnières 60 33 D1
Bonnières 62 9 D3
Bonnières-sur-Seine 78 56 B1
Bonnieux 84 237 D1
Bonningues-lès-Ardres 62 3 E3
Bonningues-lès-Calais 62 2 C2
Bonnœil 14 52 C1
Bonnœuvre 44 94 A4
Bonnut 64 225 F3
Bonny-sur-Loire 45 101 D4
Bono 56 91 D3
Bonrepos 65 249 F2
Bonrepos-Riquet 31 230 B2
Bonrepos-sur-Aussonnelle 31 229 E3
Bons-en-Chablais 74 158 B2
Bons-Tassilly 14 51 C1
Bonsecours 76 31 F1
Bonsmoulins 61 54 B3
Bonson 42 170 B4
Bonson 06 241 D3
Bonvillard 73 174 B3
Bonvillaret 73 174 B3
Bonviller 54 65 D3
Bonvillers 60 17 F4
Bonvillet 88 86 C3
Bonvouloir (Tour de) 61 52 B4
Bony 02 19 D1
Bonzac 33 177 F4
Bonzée 55 39 D4
Boô-Silhen 65 257 D2
Boofzheim 67 89 E1
Boos 76 31 F2
Boos 40 208 C4
Bootzheim 67 89 E2
Boqueho 22 47 E4
Bor-et-Bar 12 214 B2
Boran-sur-Oise 60 33 F3
Borbes (Rocher de) 63 169 D2
Borce 64 256 B3
Borcq-sur-Airvault 79 131 E2
Bord-St-Georges 23 151 D2
Bordeaux 33 194 A1
Bordeaux-en-Gâtinais 45 80 B4
Bordeaux-St-Clair 76 14 A3
Bordères 64 248 C2
Bordères-et-Lamensans 40 226 C1
Bordères-Louron 65 258 A3
Bordères-sur-l'Échez 65 249 D1
Bordes 64 248 C1
Bordes 65 249 E2
Les Bordes 71 140 B1
Les Bordes 36 135 D1
Les Bordes 45 100 B2
Les Bordes 89 81 F4
Les Bordes-Aumont 10 83 D3
Bordes-de-Rivière 31 250 B3
Les Bordes-sur-Arize 09 251 F3
Les Bordes-sur-Lez 09 259 D3
Bordezac 30 218 A1
Bords 17 160 C1
Borée 07 202 C1
Le Boréon 06 241 D1
Boresse-et-Martron 17 178 A2
Borest 60 34 B3
Borey 70 107 D3
Borgo 2b 265 E3
Les Bories 24 180 A2
Bormes-les-Mimosas 83 245 D2
Le Born 31 230 A1
Le Born 48 201 F3
Bornambusc 76 14 B4
Bornay 39 141 E3
Borne 07 202 B3
Borne 43 185 E3
Borne (Gorges de la) 07 202 B3
Bornel 60 33 E3
Born-de-Champs 24 196 B2
Boron 90 108 A3
Borre 59 4 B3
Borrèze 24 181 D4
Bors 16 178 C1
Bors 16 178 A1
Bort-l'Étang 63 168 C2
Bort-les-Orgues 19 183 D1
Borville 54 87 D1
Bosas 07 187 D3
Le Bosc 12 215 D2
Le Bosc 34 233 E2
Le Bosc 09 251 F4
Bosc-Bénard-Commin 27 31 D2
Bosc-Bénard-Crescy 27 31 D2
Bosc-Bérenger 76 15 F4
Bosc-Bordel 76 16 A4
Bosc-Édeline 76 16 A4
Bosc-Guérard 76 31 F1
Bosc-le-Hard 76 15 F4
Bosc-Hyons 76 32 C1
Bosc-Mesnil 76 16 A4
Le Bosc-Renoult 61 54 A1
Bosc-Renoult-en-Ouche 27 54 C1
Bosc-Renoult-en-Roumois 27 31 D2
Le Bosc-Roger-en-Roumois 27 31 E3
Bosc-Roger-sur-Buchy 76 16 A4
Boscamnant 17 178 B2
Bosco di u Coscione 2A 269 D1
Boscodon (Forêt de) 05 206 C3
Bosdarros 64 248 B2
Bosgouet 27 31 D2
Bosguérard-de-Marcouville 27 31 D3
Bosjean 71 140 C2
Bosmie-l'Aiguille 87 164 C2
Bosmont-sur-Serre 02 20 A3
Bosmoreau-les-Mines 23 150 A4
Bosnormand 27 31 E3
Le Bosquel 80 17 E3
Bosquentin 27 32 B2
Bosrobert 27 31 D3
Bosroger 23 151 D4
Bossancourt 10 84 A2
Bossay-sur-Claise 37 133 E2
La Bosse 25 126 B3
La Bosse 41 98 B2
La Bosse 72 77 D3
La Bosse-de-Bretagne 35 93 E1
Bossée 37 116 A3
Bosselshausen 67 66 C2
Bossendorf 67 67 D2
Bosserville 54 64 C3
Bosset 24 178 C4
Bosseval-et-Briancourt 08 21 F3
Bossey 74 158 A3
Bossieu 38 188 A1
Bossugan 33 195 D1
Bossus-lès-Rumigny 08 20 C2
Bost 03 153 E3
Bostens 40 209 F4
Bostz 03 152 C1
Bosville 76 14 C3
Botans 90 107 F3
Botmeur 29 46 A4
Botsorhel 29 46 B3
Les Bottereaux 27 54 C2
Botz-en-Mauges 49 113 D2
Bou 45 99 E2
Bouafle 78 56 C1
Bouafles 27 32 A3
Bouan 09 260 B1
Bouaye 44 111 E3
Boubers-lès-Hesmond 62 8 C1
Boubers-sur-Canche 62 9 D3
Boubiers 60 33 D3
Bouc-Bel-Air 13 237 E4
Boucagnères 32 228 B3
Boucard 18 119 E2
Boucau 64 224 B3
Boucle du Hom 14 52 B1
Boucé 03 153 E2
Boucé 61 53 D3
Boucey 50 50 B4
Le Bouchage 38 172 C2
Le Bouchage 16 147 F4
Bouchain 59 11 D3
Bouchamps-lès-Craon 53 94 B2
Le Bouchaud 03 154 A2
Le Bouchaud 39 141 E1
Bouchavesnes-Bergen 80 18 B1
Bouchemaine 49 113 F1
Boucheporn 57 41 D3
Bouchet 26 219 E1
Le Bouchet 86 132 A1
Le Bouchet 74 174 B1
Bouchet (Lac du) 43 202 A1
Le Bouchet-St-Nicolas 43 202 A1
Bouchevilliers 27 32 C2
Bouchoir 80 18 A3
Bouchon 80 17 D1
Le Bouchon-sur-Saulx 55 62 C4
Les Bouchoux 39 157 E2
Bouchy-St-Genest 51 59 F4
Boucieu-le-Roi 07 187 D3
Bouclans 25 125 F2
Boucoiran-et-Nozières 30 218 B4
Bouconville 08 37 F3
Bouconville-sur-Madt 55 63 E2
Bouconville-Vauclair 02 36 A1
Bouconvillers 60 33 D3
Boucq 54 63 E2
Boule d'Amont 66 262 A3
Boudes 63 168 B4
Boudeville 76 15 D3
Boudou 82 212 B3
Boudrac 31 250 A2
Boudreville 21 104 B1
Boudy-de-Beauregard 47 196 B3
Boué 02 19 F1
Bouée 44 111 D2
Boueilh-Boueilho-Lasque 64 226 C3
Bouelles 76 16 B3
Bouër 72 77 D4
Bouère 53 95 E2
Bouessay 53 95 E1
Bouesse 36 134 C3
Bouëx 16 163 D3
La Bouëxière 35 73 E3
Bouffémont 95 57 E1
Boufféré 85 112 B4
Bouffignereux 02 36 B2
Boufflers 80 8 C3
Bouffry 41 98 A1
Bougainville 80 17 D2
Bougarber 64 226 B4
Bougé-Chambalud 38 187 E1
Bouges-le-Château 36 117 F4
Bougey 70 106 A2
Bougival 78 57 D2
Bouglainval 28 56 A4
Bougligny 77 80 B3
Bouglon 47 210 C1
Bougneau 17 161 E3
Bougnon 70 106 C3
Bougon 79 147 D1
Bougue 40 209 F4
Bouguenais 44 111 F3
Bougy 14 28 C4
Bougy-lez-Neuville 45 79 E4
Bouhans 71 140 C2
Bouhans-et-Feurg 70 105 E4
Bouhans-lès-Lure 70 107 D3
Bouhans-lès-Montbozon 70 106 C4
Bouhet 17 145 F3
Bouhey 21 123 D3
Bouhy 58 120 B1
Le Bouilh 33 177 E4
Bouilh-Devant 65 249 F1
Bouilh-Péreuilh 65 249 E1
Bouilhonnac 11 253 F2
Bouillac 12 199 D3
Bouillac 24 196 C2
Bouillac 82 229 E1
La Bouilladisse 13 243 E2
Bouillancourt-la-Bataille 80 17 F3
Bouillancourt-en-Séry 80 16 B1
Bouillancy 60 34 C4
Bouilland 21 123 D3
Bouillargues 30 235 E1
La Bouille 76 31 E2
Bouillé-Courdault 85 145 F1
Bouillé-Loretz 79 114 B4
Bouillé-Ménard 49 94 B2
Bouillé-St-Paul 79 114 A4
La Bouillie 22 48 C3
Bouillon 64 226 B3
Le Bouillon 61 53 E4
Bouillonville 54 63 F1
Bouillouses (Lac des) 66 261 D3
Bouilly 51 36 B3
Bouilly 10 83 D3
Bouilly 89 102 B1
Bouilly-en-Gâtinais 45 80 A4
Bouin 79 147 D3
Bouin 85 111 D4
Bouin-Plumoison 62 8 C2
Bouisse 11 253 F4
Bouix 21 103 F1
Boujailles 25 142 B1
Boujan-sur-Libron 34 233 E4
Boujeons 25 142 B2
Boulages 10 60 B4
Boulaincourt 88 86 C1
Boulancourt 77 80 B3
Boulange 57 39 F2
Boulaur 32 228 B3
Le Boulay 88 87 F3
Le Boulay 37 97 F4
Boulay-les-Barres 45 99 D1
Boulay-les-Ifs 53 75 F1
Le Boulay-Morin 27 31 F4

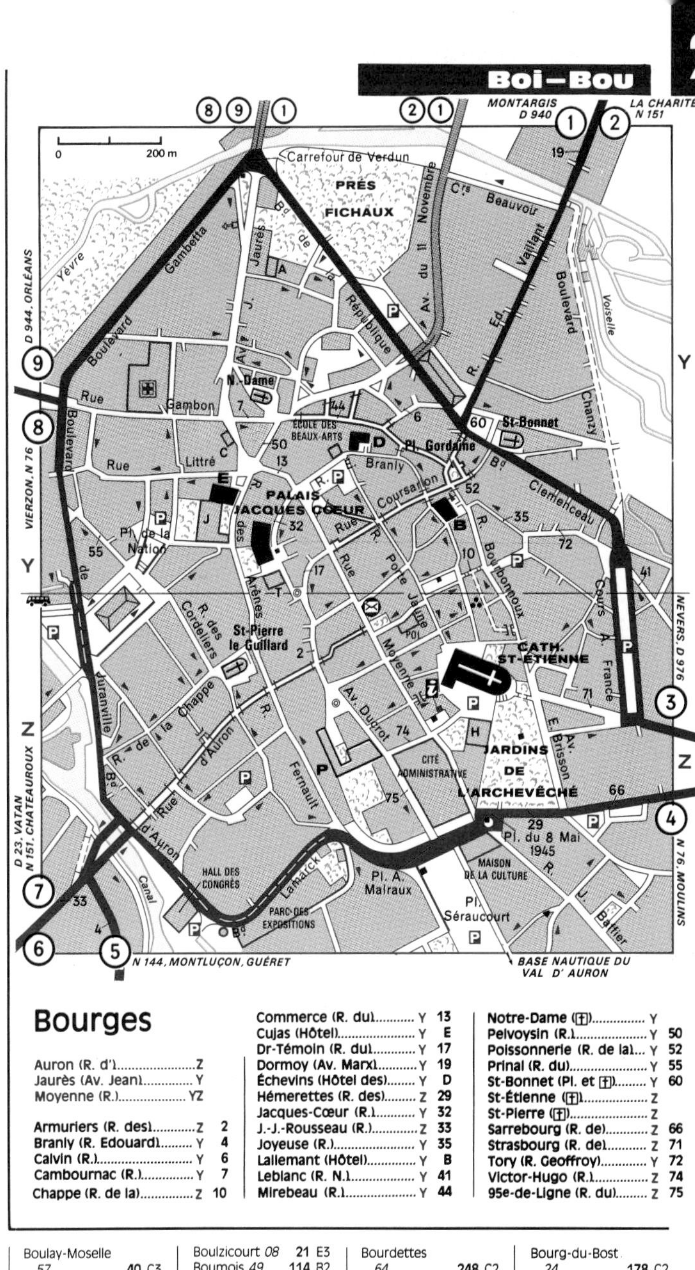

Bourges

Auron (R. d') Z
Jaurès (Av. Jean) Y
Moyenne (R.) YZ

Armuriers (R. des) Z 2
Branly (R. Edouard) Y 4
Calvin (R.) Y 6
Cambournac (R.) Y 7
Chappe (R. de la) Z 10
Commerce (R. du) Y 13
Cujas (Hôtel) Y E
Dr-Témoin (R. du) Y 17
Dormoy (Av. Marx) Y 19
Échevins (Hôtel des) Y D
Hémerettes (R. des) Z 29
Jacques-Cœur (R.) Y 32
J.-J.-Rousseau (R.) Z 33
Joyeuse (R.) Y 35
Lallemant (Hôtel) Y B
Leblanc (R. N.) Y 41
Mirebeau (R.) Y 44
Notre-Dame (✝) Y
Pelvoysin (R.) Y 50
Poissonnerie (R. de la) Y 52
Prinal (R. du) Y 55
St-Bonnet (Pl. et ✝) Y 60
St-Étienne (✝) Z
St-Pierre (✝) Z
Sarrebourg (R. de) Z 66
Strasbourg (R. de) Z 71
Tory (R. Geoffroy) Y 72
Victor-Hugo (R.) Z 74
95e-de-Ligne (R. du) Z 75

Boulay-Moselle 57 40 C3
La Boulaye 71 138 C2
Boulazac 24 179 F3
Boulbon 13 236 A1
Boulc 26 205 D2
Bouleternère 66 262 A2
Bouleurs 77 58 C2
Bouleuse 51 36 A3
Bouliac 33 194 B1
Boulieu-lès-Annonay 07 187 D2
Bouligneux 01 156 A4
Bouligny 55 39 E2
Boulin 65 249 E1
Boullarre 60 34 C4
Boullay-les-Deux-Églises 28 55 F4
Le Boullay-Mivoye 28 55 F4
Le Boullay-Thierry 28 56 A4
Boullay-les-Troux 91 57 D3
Boulleret 18 119 F1
Boulleville 27 30 B2
Bouloc 31 230 A1
Bouloc 82 212 C1
Boulogne 85 129 E2
Boulogne 44, 85 129 D1
Boulogne-Billancourt 92 57 E2
Boulogne (Château de) 07 203 D2
Boulogne-la-Grasse 60 18 A4
Boulogne-sur-Gesse 31 250 B1
Boulogne-sur-Helpe 59 12 B4
Boulogne-sur-Mer 62 2 B3
Bouloire 72 97 D1
Boulon 14 29 D4
Boulot 70 125 D1
Le Boulou 66 262 C3
La Boulouze 50 51 D3
Boult 70 125 E1
Boult-aux-Bois 08 37 F1
Boult-sur-Suippe 51 36 D2
Le Boulvé 46 197 D4
Boulzicourt 08 21 E3
Boumois 49 114 B2
Boumourt 64 226 B4
Bouniagues 24 196 A2
Le Boupère 85 130 A2
Bouquehault 62 3 D3
Bouquelon 27 30 C2
Bouquemaison 80 9 E3
Bouquemont 55 63 D1
Bouquet 30 218 B2
Bouquetot 27 31 D2
Bouqueval 95 57 F1
Bouranton 10 83 E2
Bouray-sur-Juine 91 80 A1
Bourbach-le-Bas 68 108 A2
Bourbach-le-Haut 68 108 A2
La Bourbansais 35 72 C1
Bourberain 21 105 D4
Bourbévelle 70 106 B1
Bourbon-l'Archambault 03 136 C4
Bourbon-Lancy 71 138 B3
Bourbonne-les-Bains 52 106 A1
La Bourboule 63 167 E3
Bourbourg 59 3 E2
Bourbriac 22 47 D3
Bourcefranc-le-Chapus 17 160 B1
Bourcia 39 156 C1
Bourcq 08 37 E2
Bourdainville 76 15 E4
Bourdalat 40 226 C1
Bourdeau 73 173 E2
Bourdeaux 26 204 B3
Bourdeilles 24 179 E1
Le Bourdeix 24 163 E3
Bourdelles 33 195 D3
Bourdenay 10 82 B2
Le Bourdet 79 146 A2
Bourdettes 64 248 C2
Bourdic 30 218 C4
La Bourdinière 28 78 B2
Bourdon 80 17 D1
Bourdonnay 57 65 E2
Bourdonné 78 56 B3
Bourdons-sur-Rognon 52 85 E3
Bourecq 62 9 E1
Bouresches 02 35 E4
Bouresse 86 148 A1
Bouret-sur-Canche 62 9 E3
Boureuilles 55 38 A3
Bourg 52 105 D2
Bourg 33 177 D3
Le Bourg 46 198 C2
Bourg-Achard 27 31 D2
Bourg-Archambault 86 148 C1
Bourg-Argental 42 187 D2
Bourg-Beaudouin 27 32 A2
Bourg-Blanc 29 45 D2
Bourg-Bruche 67 88 C1
Bourg-Charente 16 162 A2
Bourg-le-Comte 71 154 A2
Bourg-de-Bigorre 65 249 F3
Bourg-de-Péage 26 188 A3
Bourg-de-Sirod 39 142 A2
Bourg-de-Thizy 69 154 C4
Bourg-de-Visa 82 212 B2
Bourg-des-Comptes 35 93 D1
Bourg-des-Maisons 24 179 D1
Le Bourg-d'Hem 23 150 B2
Le Bourg-d'Iré 49 94 B3
Le Bourg-d'Oisans 38 189 F3
Bourg-d'Oueil 31 258 B3
Bourg-du-Bost 24 178 C2
Bourg-Dun 76 15 E2
Bourg-en-Bresse 01 156 B2
Bourg-et-Comin 02 35 F2
Bourg-l'Évêque 49 94 B2
Bourg-Fidèle 08 21 D2
Bourg-Lastic 63 167 D3
Bourg-Madame 66 261 D4
Bourg-la-Reine 92 57 E3
Bourg-le-Roi 72 76 B2
Bourg-St-Andéol 07 219 D1
Bourg-St-Bernard 31 230 B3
Bourg-St-Christophe 01 172 A1
Le Bourg-St-Léonard 61 53 E2
Bourg-St-Maurice 73 175 D2
Bourg-Ste-Marie 52 85 F3
Bourg-sous-Châtelet 90 108 A2
Bourg-lès-Valence 26 187 F4
Bourgaltroff 57 65 E1
Bourganeuf 23 165 F1
Bourgbarré 35 73 D4
Bourgeauville 14 29 F3
Bourges 18 119 D4
Le Bourget 93 57 F1
Le Bourget-du-Lac 73 173 E3
Bourget-en-Huile 73 174 A4
Bourget (Lac du) 73 173 E2
Bourgheim 67 89 E1
Bourghelles 59 10 C1
Bourgnac 24 179 D4
Bourgneuf 17 145 E3
Bourgneuf 73 174 A3

Bourgneuf-en-Mauges 49 113 D2
Bourgneuf-en-Retz 44 111 D4
Le Bourgneuf-la-Forêt 53 74 B3
Bourgogne 51 36 C2
Bourgoin-Jallieu 38 172 B3
Bourgon 53 74 B3
La Bourgonce 88 88 A2
La Bourgonnière 49 112 C1
Bourgougnague 47 196 A3
Bourgtheroulde-Infreville 27 31 E2
Bourguébus 14 29 D4
Bourgueil 37 115 D2
Bourguenolles 50 50 C2
Le Bourguet 83 239 E1
Bourguignon 25 126 C1
Bourguignon-lès-la-Charité 70 106 B4
Bourguignon-lès-Conflans 70 106 C2
Bourguignon-lès-Morey 70 105 F3
Bourguignon-sous-Coucy 02 35 D1
Bourguignon-sous-Montbavin 02 35 F1
Bourguignons 10 83 E3
Bourgvilain 71 155 E1
Bourideys 33 209 F1
Bouriège 11 253 D3
Bourigeole 11 253 D3
Bourisp 65 258 A3
Bourlens 47 197 D4
Bourlon 62 10 C4
Bourmont 52 85 F3
Bournainville-Faverolles 27 30 C4
Bournan 37 116 A4
Bournand 86 114 C4
Bournazel 12 199 E4
Bournazel 81 214 A3
Bourne (Gorges de la) 26,38 188 C3
Bourneau 85 130 A4
Bournel 47 196 B3
Bourneville 27 30 C2
Bournezeau 85 129 E3
Bourniquel 24 196 B1
Bournois 25 107 D4
Bournoncle-St-Pierre 43 184 C1
Bournoncles 15 184 B4
Bournonville 62 3 D3
Bournos 64 226 B4
Bourogne 90 108 A3
Bourran 47 211 D1
Bourré 41 116 C2
Bourréac 65 249 D2
Bourret 82 212 C4
Bourriot-Bergonce 40 210 A3
Bourron-Marlotte 77 80 C2
Bourrou 24 179 E3
Bourrouillan 32 227 E1
Bours 65 249 E1
Bours 62 9 E2
Boursault 51 36 A4
Boursay 41 77 F4
Bourscheid 57 66 B2
Bourseul 22 49 D4
Bourseville 80 8 A4
Boursières 70 106 B3
Boursies 59 10 B4
Boursin 62 3 D3
Boursonne 60 34 C3
Bourth 27 54 C3
Bourthes 62 3 D4
Bourville 76 15 D3
Boury-en-Vexin 60 32 C3
Bousbach 57 41 F3
Bousbecque 59 5 D3
Le Bouscat 33 194 A1
Le Bouschet-de-Pranles 07 203 E2
Bousies 59 11 E4
Bousignies 59 11 D2
Bousignies-sur-Roc 59 12 C3
Le Bousquet 11 261 E1
Le Bousquet-d'Orb 34 233 D2
Boussac 23 151 D2
Boussac 12 215 D2
Boussac 46 198 C3
La Boussac 35 50 B4
Boussac-Bourg 23 151 D2
Boussais 79 131 E2
Boussan 31 250 C2
Boussay 37 133 D2
Boussay 44 112 C4
Bousse 57 40 B2
Bousse 72 96 A2
Bousselange 21 124 A4
Boussenac 09 251 F4
Boussenois 21 105 D3
Boussens 31 251 D2
Bousseraucourt 70 106 B1
Boussès 47 210 C2
Bousseviller 57 42 C3
Boussey 21 122 C2
Boussicourt 80 18 A3
Boussières 25 125 D3
Boussières-en-Cambrésis 59 11 D4
Boussières-sur-Sambre 59 11 F3
Boussois 59 12 B3
Boussy 74 173 F1
Boussy-St-Antoine 91 58 A3
Boust 57 40 B1
Boustroff 57 41 D4
Bout-du-Pont-de-Larn 81 231 F4
Boutancourt 08 21 E3
Boutavent 60 16 C4
La Bouteille 02 20 B2
Bouteilles-St-Sébastien 24 178 C1
Boutenac 11 254 B2
Boutenac-Touvent 17 160 C4
Boutencourt 60 32 C2
Boutervilliers 91 79 E1
Bouteville 16 162 A3
Boutiers-St-Trojan 16 161 F2
Boutigny 77 58 C2
Boutigny-sur-Essonne 91 80 A1
Boutigny-sur-Opton 28 56 B3
Boutonne 17, 79 160 C1
Bouttencourt 80 16 B2
Boutteville 50 25 E4
Boutx 31 258 C3
Bouvaincourt-sur-Bresle 80 16 B1
Bouvancourt 51 36 A2
Bouvante 26 188 B4
Bouvelinghem 62 3 D3
Bouvellemont 08 21 E4
Bouverans 25 142 B1
Bouvesse-Quirieu 38 172 C2
Bouvières 26 204 B3
Bouvignies 59 10 C2
Bouville 76 15 D4
Bouville 28 78 B3
Bouville 91 80 A1
Bouvincourt-en-Vermandois 80 18 C2
Bouvines 59 10 C1
Bouvresse 60 16 C4
Bouvron 44 111 E1
Bouvron 54 63 F3
Boux-sous-Salmaise 21 122 C1
Bouxières-aux-Bois 88 87 D2
Bouxières-aux-Chênes 54 64 C2
Bouxières-aux-Dames 54 64 B2
Bouxières-sous-Froidmont 54 64 B1
Bouxurulles 88 87 D2
Bouxwiller 68 108 C4
Bouxwiller 67 66 C1
Bouy 51 37 D4
Bouy-Luxembourg 10 83 E2
Bouy-sur-Orvin 10 82 A1
Bouyon 06 223 F4
Le Bouyssou 46 198 C2
Bouzais 18 136 A3
Bouzancourt 52 84 C2
Bouzanville 54 86 C1
Bouze-lès-Beaune 21 123 D4
Bouzèdes (Belvédère des) 48 217 F1
Bouzel 63 168 C2
Bouzemont 88 87 D2
Bouzeron 71 139 F1
Bouzic 24 197 E2
Bouziès 46 198 A4
Bouzigues 34 234 A4
Bouzillé 49 112 C2
Bouzin 31 250 C2
Bouzincourt 80 18 A1
Bouzon-Gellenave 32 227 E2
Bouzonville 57 41 D2
Bouzonville-aux-Bois 45 79 F4
Bouzonville-en-Beauce 45 79 F3
Bouzy 51 36 C4
Bouzy-la-Forêt 45 100 A2
Bovée-sur-Barboure 55 63 D3
Bovel 35 92 C1
Bovelles 80 17 E2
Boves 80 17 F2
Boviolles 55 63 D3
Boyaval 62 9 E1
Boyelles 62 10 A3
Boyer 71 140 A3
Boyer 42 154 C3
Boyeux-St-Jérôme 01 156 C4
Boynes 45 80 A4
Boz 01 155 F1
Bozel 73 175 D4
Bozouls 12 200 A4
Brabant-en-Argonne 55 38 B4
Brabant-le-Roi 55 62 B2
Brabant-sur-Meuse 55 38 C3
Brach 33 176 C3
Brachay 52 84 C2
Braches 80 17 F3
Brachy 76 15 E2
Bracieux 41 98 C4
Bracon 39 141 F1
Bracquemont 76 15 F2
Bracquetuit 76 15 F4
Bradiancourt 76 16 A4
Braffais 50 51 D2
Bragassargues 30 218 A4
Bragayrac 31 229 E4
Brageac 15 182 C2
Bragelogne 10 103 E1
Bragny-sur-Saône 71 140 B1
Brahic 07 218 A1
Braillans 25 125 E2
Brailly-Cornehotte 80 8 C3
Brain 21 122 C1
Brain-sur-Allonnes 49 114 C2
Brain-sur-l'Authion 49 114 A1
Brain-sur-Longuenée 49 94 C4
Brain-sur-Vilaine 35 93 D2
Brainans 39 141 E1
Braine 02 35 F2
Brains 44 111 E3
Brains-sur-Gée 72 76 A4
Brains-sur-les-Marches 53 94 A1
Brainville 50 26 C4
Brainville 54 39 E3
Brainville-sur-Meuse 52 85 F3
Braisnes 60 34 B1
Braize 03 136 B3
Bralleville 54 86 C1
Bram 11 253 D2
Bramabiau (Abîme du) 30 217 D3
Bramans 73 191 D2
Brametot 76 15 D3
Bramevaque 65 250 A3
Bran 17 177 F1
Branceilles 19 181 D4
Branches 89 102 A2
Brancion 71 140 A4
Brancourt-en-Laonnois 02 35 E1
Brancourt-le-Grand 02 19 E1
Brandérion 56 90 C1
Brandeville 55 38 B2
Brandivy 56 91 D2
Brando 2b 265 E1
Brandon 71 155 D1
Brandonnet 12 214 B1
Brandonvillers 51 61 E4
Branféré (Parc Zoologique de) 56 92 A3
Branges 71 140 C3
Brangues 38 172 C2
Brannay 89 81 E3
Branne 25 126 A1
Branne 33 194 C1
Brannens 33 194 C3
Branoux-les-Taillades 30 218 A2
Brans 39 124 B2
Bransat 03 152 C2
Branscourt 51 36 A3
Bransles 77 80 C3
Brantes 84 220 B2
Brantigny 88 87 D2
Brantôme 24 179 E1
Branville 14 29 F3
Branville-Hague 50 24 C2
Braquis 55 39 D3
Bras 83 238 B3
Bras-d'Asse 04 222 A4
Bras-sur-Meuse 55 38 C3
Brasc 12 215 E4
Brasles 02 35 E4
Braslou 37 115 E4
Brasparts 29 69 E1
Brassac 09 252 A4
Brassac 82 212 B2
Brassac 81 232 A3
Brassac-les-Mines 63 184 C1
Brasseitte 55 63 D2
Brassempouy 40 226 A2
Brasseuse 60 34 B3
Brassy 80 17 D3
Brassy 58 121 F2
Bratte 54 64 B2
Braucourt 52 62 A4
Braud-et-St-Louis 33 177 D2
Braus (Col de) 06 241 E3
Brauvilliers 55 62 C4
Braux 21 122 B1
Braux 04 223 D3
Braux 10 83 F1
Braux-le-Châtel 52 84 C4
Braux-St-Remy 51 62 A1
Braux-Ste-Cohière 51 37 F4
Brax 47 211 E2
Brax 31 229 E3
Bray 71 139 F4
Bray 27 31 D4
Bray-la-Campagne 14 29 E4
Bray-Dunes 59 4 B1
Bray-en-Val 45 100 A2
Bray-et-Lû 95 32 C4
Bray-lès-Mareuil 80 16 C1
Bray-St-Christophe 02 18 C3
Bray-sur-Seine 77 81 E1
Bray-sur-Somme 80 18 B2
Braye 02 35 E2
Braye-en-Laonnois 02 35 F1
Braye-en-Thiérache 02 20 B3
Braye-sous-Faye 37 115 E4
Braye-sur-Maulne 37 96 B4
Brazey-en-Morvan 21 122 B3
Brazey-en-Plaine 21 124 A3
Bréal-sous-Montfort 35 72 C4
Bréal-sous-Vitré 35 74 B3
Bréançon 95 33 D4
Bréau 77 58 C4
Bréau-et-Salagosse 30 217 D4
Bréauté 76 14 B4
Bréban 51 61 D4
Brebières 62 10 B2
Brebotte 90 108 A3
Brécé 35 73 E3
Brecé 53 74 C1
Brécey 50 51 D3
Brech 56 91 D2
Brechainville 88 85 F2
Bréchamps 28 56 A3
Bréchaumont 68 108 B3
Brèche au Diable 14 52 C1
Brèches 37 96 C4
Breconchaux 25 125 F1
Brectouville 50 27 E4
Brécy 18 119 E3
Brécy 14 28 C3
Brécy 02 35 E4
Brécy-Brières 08 37 F2
La Brède 33 194 A2
Brée 53 75 D3
La Brée-les-Bains 17 144 C4
Bréel 61 52 B2
Brégnier-Cordon 01 173 D3
Brégy 60 34 C4
Bréhain 57 65 D1
Bréhain-la-Ville 54 39 E1
Bréhal 50 50 B1
Bréhan 56 71 E3
Bréhand 22 71 F1
Bréhémont 37 115 E2
Bréhéville 55 38 C2
Breidenbach 57 42 C3
Breil 49 115 D1
Le Breil-sur-Mérize 72 76 C4
Breil-sur-Roya 06 241 F2
Breilly 80 17 E2
La Breille-les-Pins 49 114 C2
Breistroff-la-Grande 57 40 B1
Breitenau 67 89 D2
Breitenbach 67 89 D1
Breitenbach-Haut-Rhin 68 88 C4
Brélès 29 44 C2
Brélidy 22 47 D2
Bréménil 54 65 F4
Brêmes 62 3 D2
Bremmelbach 67 43 E4
Brémoncourt 54 64 C4
Bremondans 25 126 A2
Brémontier-Merval 76 32 B1
Brémoy 14 51 F1
Brémur-et-Vaurois 21 104 A3
Bren 26 187 F3
Brenac 11 253 D4
Brenas 34 233 E2
Brenat 63 168 C4
Brénaz 01 157 E4
Brenelle 02 35 F2
Brengues 46 198 B3
Brennes 52 105 D2
Brennilis 29 46 A4
Brénod 01 157 D3
Brenon 83 239 E1
Brenouille 60 34 A2
Brenoux 48 201 E4
Brens 81 230 C1
Brens 01 173 D2
Brenthonne 74 158 B2
Breny 02 35 E3
La Bréole 04 206 B4
Brères 25 125 D4
Bréry 39 141 E2
Bresdon 17 162 A1
Les Bréseux 25 126 C2
Bresilley 70 124 C2
Bresle 80 18 A1
Bresle 76,80 16 A1
Bresles 60 33 E2
Bresnay 03 152 C1
Bresolettes 61 54 B3
La Bresse 88 88 B4
Bresse-sur-Grosne 71 139 F3
Bressey-sur-Tille 21 123 F2
Bressieux 38 188 B1
Bressolles 03 137 E4
Bressolles 01 172 A1
Bressols 82 213 D4
Bresson 38 189 E3
Bressoncourt 52 85 E1
Bressuire 79 130 C2
Brest 29 45 D3
Brestot 27 31 D2
Bretagne 90 108 A3
Bretagne 36 117 F4
Bretagne-d'Armagnac 32 210 C4
Bretagne-de-Marsan 40 226 B1
Bretagnolles 27 55 F1
Breteau 45 101 D3
Breteil 35 72 C3
Bretenière 21 123 F2
La Bretenière 25 125 F1
La Bretenière 39 124 C3
Bretenières 39 141 D1
Bretenoux 46 198 B1
Breteuil 27 55 D2
Breteuil 78 57 D3
Breteuil 60 17 E4
Brethel 61 54 B3
Brethenay 52 85 D3
Le Brethon 03 136 B4
Bretigney 25 107 E4
Bretigney-Notre-Dame 25 125 F2
Bretignolles 79 130 C1
Bretignolles-sur-Mer 85 128 B3
Brétignolles-le-Moulin 53 75 D1
Bretigny 21 123 F1
Brétigny 27 31 D3
Brétigny 60 18 C4
Brétigny-sur-Orge 91 57 E4
Bretoncelles 61 77 E1
La Bretonnière 85 129 E4
Bretonvillers 25 126 B2
Brette 26 204 C3
Brette-les-Pins 72 96 C1
Bretten 68 108 B2
Brettes 16 147 D4
Bretteville 50 25 D2
Bretteville-du-Grand-Caux 76 14 B4
Bretteville-l'Orgueilleuse 14 28 C3
Bretteville-St-Laurent 76 15 D3
Bretteville-sur-Ay 50 26 B2
Bretteville-sur-Dives 14 29 F4
Bretteville-sur-Laize 14 29 D4
Bretteville-sur-Odon 14 29 D3
Bretteville-le-Rabet 14 29 E4
Brettnach 57 41 D2
Bretx 31 229 E2
Breuches 70 106 C2
Breuchotte 70 107 D2
Breugnon 58 120 C1
Breuil 80 18 C3
Breuil 51 36 A2
Le Breuil 69 171 D1
Le Breuil 03 153 F3
Le Breuil 71 139 E2
Le Breuil 51 60 A1
Breuil-Barret 85 130 B3
Le Breuil-Bernard 79 130 C2
Breuil-Bois-Robert 78 56 B1
Breuil-Chaussée 79 130 C1
Le Breuil-en-Auge 14 30 A3
Le Breuil-en-Bessin 14 28 B3
Breuil-Magné 17 145 E4
Breuil-la-Réorte 17 145 F3
Breuil-le-Sec 60 33 F2
Le Breuil-sous-Argenton 79 114 A4
Le Breuil-sur-Couze 63 168 B4
Breuil-sur-Marne 52 62 B4
Breuil-le-Vert 60 33 F2
Breuilaufa 87 149 D4
Breuilh 24 179 F3
Breuillet 17 160 B2
Breuillet 91 57 D4
Breuilpont 27 56 A1
Breurey-lès-Faverney 70 106 C2
Breuschwickersheim 67 67 D3
Breuvannes 52 85 F4
Breuvery-sur-Coole 51 61 D2
Breuville 50 24 C2
Breux 55 22 C4
Breux-Jouy 91 57 D4
Breux-sur-Avre 27 55 D3
Brévainville 41 98 A1
Bréval 78 56 A1
Brévands 50 27 E2
Brevans 39 124 B3
Le Brévedent 14 30 B3
Le Brévent 74 159 E4
Brèves 58 121 D1
Les Bréviaires 78 56 C3
Bréviandes 10 83 D3
La Brévière 14 53 E1
Bréville 16 161 F2
Bréville 14 29 E3
Bréville-sur-Mer 50 50 B1
Brévillers 80 9 E3
Brévillers 62 8 C2
Brevilliers 70 107 F3
Brévilly 08 22 A3
Brévonnes 10 83 F2
Bréxent-Énocq 62 8 B1
Brey-et-Maison-du-Bois 25 142 B2
Brézé 49 114 C3
Brézellec (Pointe de) 29 8 A2
Bréziers 05 206 B4
Brézilhac 11 253 D2
Brézins 38 188 B1
Brézolles 28 55 E3
Brezons 15 183 E4
Le Brézouard 68 88 C2
Briançon 05 191 D4
Brianconnet 06 223 D4
Brianny 21 122 B1
Briant 71 154 B2
Briantes 36 135 D4
Briare 45 100 C3
Briarres-sur-Essonne 45 80 A3
Briastre 59 11 D4
Briatexte 81 230 C2
Briaucourt 70 106 C2
Briaucourt 52 85 D3
Bricon 52 84 C4
Briconville 28 78 B1
Bricot-la-Ville 51 59 F3
Bricquebec 50 24 C3
Bricquebosq 50 24 C2
Bricqueville-la-Blouette 50 26 C4
Bricqueville 14 28 A2
Bricqueville-sur-Mer 50 50 B1
Bricy 45 99 D1
Brides-les-Bains 73 174 C4
Bridoire 24 196 A2
La Bridoire 73 173 D3
Bridoré 37 116 C4
Brie 80 18 C2
Brie 09 252 A2
Brie 35 93 E1
Brie 79 131 F1
Brie 02 19 E4
Brie 16 162 C2
Brie-Comte-Robert 77 58 A3
Brié-et-Angonnes 38 189 E3
Brie-sous-Archiac 17 161 F4
Brie-sous-Barbezieux 16 178 B1
Brie-sous-Chalais 16 178 B1
Brie-sous-Matha 17 161 F2
Brie-sous-Mortagne 17 160 C4
Briec 29 69 D2
Briel-sur-Barse 10 83 E3
Brielles 35 74 A4
Brienne 71 140 B4
Brienne-le-Château 10 84 A2
Brienne-sur-Aisne 08 36 B1
Brienne-la-Vieille 10 84 A2
Briennon 42 154 B3
Brienon-sur-Armançon 89 102 B1
Brière (Parc Régional de) 44 92 B4
Brières-les-Scellés 91 79 F1
Brieuil-sur-Chizé 79 146 B3
Brieulles-sur-Bar 08 37 F1
Brieulles-sur-Meuse 55 38 B2
Brieux 61 53 D2
Briey 54 39 F3
Briffons 63 167 E3
Brignac 56 72 A3
Brignac 34 233 F3
Brignac-la-Plaine 19 180 C2
Brignais 69 171 E3
Brignancourt 95 33 D4
Brigné 49 114 A2
Brignemont 31 229 D1
Brignogan-Plage 29 45 E1
Brignoles 83 244 B1
Brignon 30 218 B4
Le Brignon 43 185 F4
La Brigue 06 241 F1
Brigueil-le-Chantre 86 149 D1
Brigueuil 16 164 A1
Briis-sous-Forges 91 57 D4
Brillac 16 148 B4
La Brillanne 04 221 E4
Brillecourt 10 83 E1
Brillevast 50 25 D2
Brillon 59 11 D2
Brillon-en-Barrois 55 62 B3
Brimeux 62 8 B2
Brimont 51 36 B2
Brin-sur-Seille 54 64 C2
Brinay 18 118 B3
Brinay 58 121 E4
Brinckheim 68 109 D3
Brindas 69 171 D2
Bringolo 22 47 E3
Brinon-sur-Beuvron 58 121 D2
Brinon-sur-Sauldre 18 100 A4
Briod 39 141 E3
Briollay 49 95 E4
Brion 38 188 B1
Brion 71 139 D1
Brion 89 102 A1
Brion 86 147 F1
Brion 01 157 D3
Brion 49 114 B1
Brion 36 134 C1
Brion 48 200 C2
Brion (Pont de) 38 205 E1
Brion-près-Thouet 79 114 B4
Brion-sur-Ource 21 104 A1
Brionne 27 31 D3
La Brionne 23 150 B3
Briord 01 172 C2
Briosne-lès-Sables 72 76 C3
Briot 60 16 C4
Briou 41 98 C2
Brioude 43 184 C2
Brioux-sur-Boutonne 79 146 C3
Briouze 61 52 B3
Briquemesnil-Floxicourt 80 17 D2
Briquenay 08 37 F2
Briscous 64 224 C3
Brison-St-Innocent 73 173 E2
Brissac 34 234 A1
Brissac-Quincé 49 113 F2
Brissarthe 49 95 E3
Brissay-Choigny 02 19 E3
Brissy-Hamégicourt 02 19 E3
Brive-la-Gaillarde 19 181 D3
Brives 36 135 D2
Brives-Charensac 43 185 F3
Brives-sur-Charente 17 161 E3
Brivezac 19 181 F4
Brix 50 24 C2
Brixey-aux-Chanoines 55 86 A1
Brizambourg 17 161 E1
Brizay 37 115 E3
Brizeaux 55 62 B1
Brizon 74 158 C3
Broc 49 96 B4
Le Broc 63 168 B4
Le Broc 06 241 D3
Brocas 40 209 E3
Brochon 21 123 E2
Brocourt 80 16 C2
Brocourt-en-Argonne 55 38 B4
Broglie 27 54 B1
Brognard 25 107 F4
Brognon 21 123 F1
Brognon 08 20 C2
Broin 21 123 F4
Broindon 21 123 E3
Broissia 39 156 C1
Brombos 60 16 C4
Bromeilles 45 80 B3
Brommat 12 200 A1
Bromont-Lamothe 63 167 F2
Bron 69 171 F2
Broncourt 52 105 F2
Bronvaux 57 40 A3
Broons 22 72 A2
Broons-sur-Vilaine 35 73 E3
La Broque 67 66 B4
Broquiers 60 16 C4
Broquiès 12 215 E4
Brossac 16 178 A1
Brossainc 07 187 D1
Brossay 49 114 B3
Brosse 36 149 E1
La Brosse-Montceaux 77 81 D2
Brosses 89 102 B4
Brosville 27 31 F4
Brotonne (Parc Régional de) 76 31 D1
Brotonne (Pont de) 76 31 D1
Brotte-lès-Luxeuil 70 107 D2
Brotte-lès-Ray 70 106 A3
Brottes 52 85 D4
Brou 28 78 A3
Brou-sur-Chantereine 77 58 A2
Brouage 17 160 B1
Brouains 50 51 E3
Broualan 35 50 B4
Brouay 14 28 C3
Brouchaud 24 180 A2
Brouchy 80 18 C3
Brouck 57 40 C3
Brouckerque 59 3 F2
Brouderdorff 57 66 A3
Broué 28 56 A3
Brouennes 55 38 B1
Le Brouilh 32 228 A2
Brouilla 66 262 C3
Brouillet 51 36 A3
Brouilly (Mont) 69 155 E3
Brouis (Col de) 06 241 E2
Brouqueyran 33 194 C4
Brousse 23 151 E4
Brousse 63 168 C3
Brousse 81 231 D2
La Brousse 17 161 F1
Brousse-le-Château 12 215 E4
Brousses-et-Villaret 11 253 E1
Brousseval 52 84 C1
Broussey-en-Blois 55 63 D3
Broussey-en-Woëvre 55 63 E2
Broussy-le-Grand 51 60 B3
Broussy-le-Petit 51 60 A2
Broût-Vernet 03 153 D3
Brouthières 52 85 E1
Brouvelieures 88 87 F2
Brouville 54 65 E4
Brouviller 57 66 B2
Brouy 91 80 A2
Brouzet-lès-Alès 30 218 B3
Brouzet-lès-Quissac 30 234 C1
Les Brouzils 85 129 E1
Broxeele 59 3 F3
Broye 70 124 B2
Broye 71 139 D1
Broye-les-Loups-et-Verfontaine 70 124 B1
Broyes 51 60 A3
Broyes 60 17 F4
Broze 81 214 A4
Brû 88 87 F1
Bruailles 71 140 C3
Bruay-en-Artois 62 9 F1
Bruay-sur-l'Escaut 59 11 E2
Bruc-sur-Aff 35 92 C2
Brucamps 80 9 D4
Bruch 47 211 D2
Bruche 67 66 C4
Brucheville 50 25 E4
Brucourt 14 29 E3
Brue-Auriac 83 238 B3
Bruebach 68 108 C2
Brueil-en-Vexin 78 56 C1
Bruère-Allichamps 18 135 F2
La Bruère-sur-Loir 72 96 C3
La Bruffière 85 112 C4
Brugairolles 11 253 D2
Le Brugeron 63 169 E2
Bruges 64 248 C2
Bruges 33 193 F1
Brugheas 03 153 D4
Brugnac 47 196 A4
Brugnens 32 228 C1
Brugny-Vaudancourt 51 60 B1
La Bruguière 30 218 C3
Bruguières 31 229 F2
Bruille-lez-Marchiennes 59 10 C2
Bruille-St-Amand 59 11 D1
Bruis 05 205 D4
Brûlain 79 146 B2
Les Brulais 35 92 C1
Brulange 57 65 D1
La Brûlatte 53 74 B4
Bruley 54 63 F3
Brullemail 61 53 F3
Brullioles 69 170 C2
Brûlon 72 95 F1
Brumath 67 67 D2
Brumetz 02 35 D4
Brunehamel 02 20 C3
Brunelles 28 77 E2
Les Brunels 11 231 D4
Brunembert 62 3 D3
Brunémont 59 10 C3
Brunet 04 221 E4
Bruneval 76 14 A4
Bruniquel 82 213 F3
Brunoy 91 57 F3
Brunstatt 68 108 C2
Brunville 76 15 F1
Brunvillers-la-Motte 60 17 F4
Brusque 12 232 C2
Le Brusquet 04 222 B2
Brussey 70 125 D2
Brussieu 69 171 D2
Brusson 51 61 F3
Brusvily 22 72 B1
Brutelles 80 8 A4
Bruville 54 39 F3
Brux 86 147 E2
La Bruyère 70 107 D2
Bruyères 88 87 F2
Bruyères-le-Châtel 91 57 D4
Bruyères-et-Montbérault 02 35 F1
Bruyères-sur-Fère 02 35 E3
Bruyères-sur-Oise 95 33 F4
Bruys 02 35 F3
Bruz 35 72 C4
Bry 59 11 E3
Bry-sur-Marne 94 58 A2
Bryas 62 9 E2
Bû 28 56 A2
Le Bû-sur-Rouvres 14 29 E4
Buais 50 51 E4
Buanes 40 226 B2
Bubertré 61 54 B4
Bubry 56 70 C4
Buc 78 57 D3
Buc 90 107 F3
Bucamps 60 33 F1
Bucéels 14 28 C3
Bucey-en-Othe 10 82 C3
Bucey-lès-Gy 70 125 D1
Bucey-lès-Traves 70 106 B3
Buchelay 78 56 B1
Buchères 10 83 D3
Buchey 52 84 C2
Buchy 57 64 C1
Buchy 76 16 A4
Bucilly 02 20 B2
Bucquoy 62 10 A4
Bucy-lès-Cerny 02 19 E4
Bucy-le-Long 02 35 E2
Bucy-lès-Pierrepont 02 20 B4
Bucy-le-Roy 45 79 E4
Bucy-St-Liphard 45 99 D1
Budelière 23 151 E3
Buding 57 40 C2
Budling 57 40 C2
Budos 33 194 B3
Bué 18 119 F2
Buèges (Gorges de la) 34 234 A1
Buèges (Source de la) 34 234 A1
Bueil 27 56 A1
Bueil-en-Touraine 37 97 D3

Buellas *01* 156 B2
Buet (Mont) *74* 159 E3
Buethwiller *68* 108 B3
Buffard *25* 125 D4
Buffières *71* 155 D1
Buffignécourt *70* 106 B2
Buffon *21* 103 E3
Bugarach *11* 253 E4
Bugard *65* 249 F1
Bugeat *19* 166 A3
Bugnein *64* 225 F4
Bugnicourt *59* 10 C3
Bugnières *52* 104 C1
Bugny *25* 126 A4
Le Bugue *24* 196 C1
Buhl *68* 108 B1
Buhl *67* 67 F1
Buhl-Lorraine *57* 66 A2
Buhy *95* 32 C3
Buicourt *60* 32 C1
Buigny-l'Abbé *80* 8 C4
Buigny-lès-Gamaches *80* 16 B1
Buigny-St-Maclou *80* 8 B4
Buire *02* 20 B2
Buire-au-Bois *62* 9 D3
Buire-Courcelles *80* 18 C2
Buire-le-Sec *62* 8 C2
Buire-sur-l'Ancre *80* 18 A1
Buironfosse *02* 20 A1
Le Buis *87* 149 D4
Buis-les-Baronnies *26* 220 B1
Buissard *05* 206 B2
La Buisse *38* 189 D1
La Buissière *38* 173 F4
Buisson *84* 219 F1
Le Buisson *48* 201 D3
Le Buisson *51* 61 F3
Le Buisson-Cussac *24* 196 C1
Buissoncourt *54* 64 C3
Buissy *62* 10 B3
Bujaleuf *87* 165 E2
Bulainville *55* 62 C1
Bulan *65* 249 F3
Bulat-Pestivien *22* 47 D4
Bulcy *58* 120 A3
Buléon *56* 71 E4
Bulgnéville *88* 86 B3
Bulhon *63* 168 C1
Bullainville *28* 78 C3
Bulle *25* 142 B1
Bullecourt *62* 10 B4
Bulles *60* 33 F1
Bulligny *54* 63 F4
Bullion *78* 57 D4
Bullou *28* 78 B3
Bully *14* 29 D4
Bully *76* 16 A3
Bully *69* 171 D1
Bully *42* 170 A1
Bully-les-Mines *62* 10 A2
Bulson *08* 21 F4
Bult *88* 87 F2
Bun *65* 257 D2
Buncey *21* 104 A2
Buneville *62* 9 E3
Buno-Bonnevaux *91* 80 A2
Bunus *64* 247 D1
Bunzac *16* 163 D2
Buoux *84* 237 D1
Burbach *67* 66 A1
La Burbanche *01* 172 C1
Burbure *62* 9 E1
Burcin *38* 172 C4
Burcy *14* 51 F2
Burcy *77* 80 B3
Burdignes *42* 187 D2
Burdignin *74* 158 C2
Buré *61* 76 C1
Bure *55* 63 D4
Bure-les-Templiers *21* 104 B3
Burelles *02* 20 A3
Bures *61* 54 A4
Bures *54* 65 D3
Bures-en-Bray *76* 16 A3
Bures-les-Monts *14* 51 E1
Bures-sur-Dives *14* 29 E3
Bures-sur-Yvette *91* 57 D3
Le Buret *53* 95 E1
Burey *27* 55 D1
Burey-la-Côte *55* 63 E4
Burey-en-Vaux *55* 63 E4
Burg *65* 249 F2
Burgalays *31* 250 B4
Burgaronne *64* 225 E4
Le Burgaud *31* 229 E1
Burgille *25* 124 C2
Burgnac *87* 164 B2
Burgy *71* 140 A4
Burie *17* 161 E2
Buriville *54* 65 E4
Burlats *81* 231 E3
Burlioncourt *57* 65 D1
Burnand *71* 139 F3
Burnevillers *25* 127 D1
Burnhaupt-le-Bas *68* 108 B2
Burnhaupt-le-Haut *68* 108 B2
Buron (Château) *63* 168 B3
Buros *64* 226 C4
Burosse-Mendousse *64* 226 C3
Burret *09* 251 F4
Bursard *61* 53 E4
Burthecourt-aux-Chênes *54* 64 C4
Burtoncourt *57* 40 C3
Bury *60* 33 F2
Burzet *07* 202 C2
Burzy *71* 139 F3
Bus *62* 18 C1
Bus-lès-Artois *80* 9 F4
Bus-la-Mésière *80* 18 A4
Bus-St-Rémy *27* 32 B4
Buschwiller *68* 109 D3
Busigny *59* 19 E1
Busloup *41* 98 A2
Busnes *62* 4 B4
Busque *81* 231 D1
Bussac *24* 179 E2
Bussac *17* 161 D2
Bussac-Forêt *17* 177 F2
Bussang *88* 107 F1
Bussang (Col de) *68,88* 108 A1
Le Busseau *79* 130 C3
Busseaut *21* 104 A3
Busséol *63* 168 B3
Busserolles *24* 163 E3
Busserotte-et-Montenaille *21* 104 C3
Busset *03* 153 E4
Bussiares *02* 35 D4
La Bussière *45* 100 C3
La Bussière *86* 133 D3
Bussière-Badil *24* 163 E3
Bussière-Boffy *87* 148 C4
Bussière-Dunoise *23* 150 A2
Bussière-Galant *87* 164 B3
Bussière-Nouvelle *23* 151 E4
Bussière-Poitevine *87* 148 C2
Bussière-St-Georges *23* 150 C1
La Bussière-sur-Ouche *21* 123 D3
Bussières *63* 151 F4
Bussières *77* 59 D2
Bussières *89* 122 A1
Bussières *42* 170 B1
Bussières *70* 125 D1
Bussières *71* 155 E2
Bussières *21* 104 C3
Bussières-lès-Belmont *52* 105 F2
Bussières-et-Pruns *63* 153 D4
Busson *52* 85 E2
Bussu *80* 18 C2
Bussunarits-Sarrasquette *64* 247 D2
Bussurel *70* 107 F4
Bussus-Bussuel *80* 8 C4
Bussy *18* 136 A1
Bussy *60* 18 C4
Bussy-Albieux *42* 170 A2
Bussy-le-Château *51* 37 E4
Bussy-la-Côte *55* 62 B2
Bussy-lès-Daours *80* 17 F2
Bussy-en-Othe *89* 82 A4
Bussy-le-Grand *21* 103 F4
Bussy-Lettrée *51* 61 D2
Bussy-la-Pesle *21* 123 D2
Bussy-la-Pesle *58* 120 C2
Bussy-lès-Poix *80* 17 D2
Bussy-Rabutin *21* 103 F4
Bussy-le-Repos *89* 81 E4
Bussy-le-Repos *51* 61 F2
Bussy-St-Georges *77* 58 B2
Bussy-St-Martin *77* 58 B2
Bust *67* 66 B2
Bustanico *2b* 267 E1
Bustince-Iriberry *64* 246 C2
Buswiller *67* 67 D2
Busy *25* 125 D3
Butgnéville *55* 39 E4
Buthiers *77* 80 B2
Buthiers *70* 125 E1
Butot *76* 15 E4
Butot-Vénesville *76* 14 C2
Butry-sur-Oise *95* 33 E4
Butteaux *89* 102 C1
Butten *67* 42 B4
Buverchy *80* 18 C3
Buvilly *39* 141 E1
La Buxerette *36* 134 C4
Buxerolles *21* 104 B2
Buxerolles *86* 132 B3
Buxerulles *55* 63 E1
Buxeuil *10* 83 F4
Buxeuil *36* 117 F3
Buxeuil *86* 132 C1
Buxières-lès-Clefmont *52* 85 F4
Buxières-d'Aillac *36* 134 C3
Buxières-les-Mines *03* 152 B1
Buxières-sous-les-Côtes *55* 63 E1
Buxières-sous-Montaigut *63* 152 B3
Buxières-sur-Arce *10* 83 F3
Buxières-lès-Villiers *52* 84 C4
Buxy *71* 139 F3
Buysscheure *59* 3 F3
Buzan *09* 259 D3
Buzançais *36* 134 A1
Buzancy *02* 35 E2
Buzancy *08* 38 A1
Buzeins *12* 216 A1
Buzet-sur-Baïse *47* 211 D2
Buzet-sur-Tarn *31* 230 B1
Buziet *64* 248 B2
Buzignargues *34* 234 C1
Buzon *65* 227 E4
Buzy *64* 248 B2
Buzy-Darmont *55* 39 E3
By *25* 125 D4
Byans *70* 107 F3
Byans-sur-Doubs *25* 125 D3

C

Cabanac *65* 249 E1
Cabanac-Cazaux *31* 258 C2
Cabanac-et-Villagrains *33* 194 B3
Cabanac-Séguenville *31* 229 D1
La Cabanasse *66* 261 E3
Cabanès *12* 214 C2
Cabanès *81* 231 D2
Le Cabanial *31* 230 C3
Cabannes *13* 236 B1
Les Cabannes *81* 214 A3
Les Cabannes *09* 260 B1
Cabara *33* 195 D1
Cabariot *17* 160 C1
Cabas-Loumassès *32* 250 B1
Cabasse *83* 238 C4
Cabestany *66* 262 C2
Cabidos *64* 226 B3
Cabourg *14* 29 E2
Cabrerets *46* 198 A4
Cabrerolles *34* 233 D3
Cabrespine *11* 253 F1
Cabrières *34* 233 E3
Cabrières *30* 218 C4
Cabrières-d'Aigues *84* 237 E1
Cabrières-d'Avignon *84* 220 A4
Cabriès *13* 243 D1
Cabris *06* 240 A2
Cachan *94* 57 E3
Cachen *40* 209 F3
Cachy *80* 17 F2
Cadalen *81* 231 D1
Cadarache (Barrage de) *04,84* 237 F2
Cadarcet *09* 252 A3
Cadarsac *33* 194 C1
Cadaujac *33* 194 B2
Cadéac *65* 249 F4
Cadeilhan *32* 228 C1
Cadeilhan-Trachère *65* 258 A3
Cadeillan *32* 228 C4
Cademène *25* 125 E3
Caden *56* 92 B3
Cadenet *84* 237 D1
Caderousse *84* 219 E3
La Cadière-d'Azur *83* 243 F3
La Cadière-et-Cambo *30* 217 F4
Cadillac *33* 194 C3
Cadillac-en-Fronsadais *33* 177 F4
Cadillon *64* 227 D3
Cadix *81* 215 D4
Cadolive *13* 243 E2
Cadouin *24* 196 C1
Cadours *31* 229 D2
Cadrieu *46* 198 B4
Caen *14* 29 D3
Caëstre *59* 4 B3
Caffiers *62* 3 D2
Cagnac-les-Mines *81* 214 B4
Cagnano *2b* 264 C2
Cagnes-sur-Mer *06* 240 B2
Cagnicourt *62* 10 B3
Cagnoncles *59* 11 D4
Cagnotte *40* 225 E2
Cagny *14* 29 E3
Cagny *80* 17 F2
Calès (Grottes de) *13* 236 C2
Cahagnes *14* 28 B4
Cahagnolles *14* 28 B3
Cahaignes *27* 32 B3
Cahan *61* 52 B2
Caharet *65* 249 F2
Cahon *80* 8 B4
Cahors *46* 197 F4
Cahus *46* 182 A4
Cahuzac *47* 196 A2
Cahuzac *81* 231 D4
Cahuzac *11* 252 C2
Cahuzac-sur-Adour *32* 227 D2
Cahuzac-sur-Vère *81* 214 A4
Caignac *31* 252 B1
Le Cailar *30* 235 D2
Cailhau *11* 253 D2
Cailhavel *11* 253 D2
Cailla *11* 261 E1
Caillac *46* 197 E4
Caillavet *32* 228 A2
Caille *06* 239 F1
La Caillère *85* 130 A3
Cailleville *76* 15 D2
Caillouël-Crépigny *02* 18 C4
Caillouet-Orgeville *27* 55 F1
Cailloux-sur-Fontaines *69* 171 E1
Cailly *76* 15 F4
Cailly-sur-Eure *27* 31 F4
La Caine *14* 28 C4
Cairanne *84* 219 F2
Le Caire *04* 206 A4
Cairon *14* 29 D3
Caisnes *60* 34 C1
Caissargues *30* 235 E1
Caix *80* 18 A3
Caixas *66* 262 B3
Caixon *65* 227 E4
Cajarc *46* 198 B4
Calacuccia *2b* 266 C1
Calais *62* 3 D2
Calamane *46* 197 F4
Calan *56* 90 B1
Les Calanche *2A* 266 A2
Calanhel *22* 46 C4
Les Calanques *13* 243 E3
Calavanté *65* 249 E2
Calcatoggio *2a* 266 B3
Calce *66* 262 B1
Calenzana *2b* 264 B4
Calès *24* 196 C1
Calès *46* 198 A1
Calignac *47* 211 D3
Caligny *61* 52 A2
Callac *56* 91 F1
Callac *22* 46 C4
Callas *83* 239 E2
Callelongue *13* 243 D3
Callen *40* 209 F1
Callengeville *76* 16 B3
Calleville-les-Deux-Églises *76* 15 E3
Calleville *27* 31 D3
Callian *83* 239 F2
Callian *32* 227 F2
Calmeilles *66* 262 B3
Calmels-et-le-Viala *12* 215 F4
La Calmette *30* 218 B4
Calmont *31* 252 B1
Calmont *12* 215 D2
Calmoutier *70* 106 C3
Caloire *42* 186 B1
Calonges *47* 211 D1
Calonne-Ricouart *62* 9 E1
Calonne-sur-la-Lys *62* 4 B4
Calorguen *22* 72 C1
La Calotterie *62* 8 B1
Caluire-et-Cuire *69* 171 E2
Calvi *2b* 264 B3
Calviac *46* 198 C1
Calviac-en-Périgord *24* 197 E1
Calvignac *46* 198 B4
Calvinet *15* 199 E2
Calvisson *30* 235 D1
Calzan *09* 252 B3
Camalès *65* 227 E4
Camarade *09* 259 F2
Camarat (Cap) *83* 245 E2
Camarès *12* 232 C1
Camaret-sur-Aigues *84* 219 E2
Camaret-sur-Mer *29* 44 C4
Camargue *30, 13* 236 A3
Camargue (Parc Régional de) *13* 236 A4
Camarsac *33* 194 C1
Cambayrac *46* 197 E4
La Cambe *14* 28 A2
Cambernard *31* 229 E4
Cambernon *50* 27 D4
Cambes *46* 198 C3
Cambes *33* 194 B2
Cambes *47* 195 F3
Cambes-en-Plaine *14* 29 D3
Cambia *2b* 267 E1
Cambiac *31* 230 C4
Cambieure *11* 253 D2
Camblain-l'Abbé *62* 9 F2
Camblain-Châtelain *62* 9 E1
Camblanes-et-Meynac *33* 194 B2
Cambligneul *62* 9 F2
Cambo-les-Bains *64* 224 C4
Cambon *81* 214 C4
Cambon-et-Salvergues *34* 232 C3
Cambon-lès-Lavaur *81* 230 C3
Camboulazet *12* 215 D2
Camboulit *46* 198 C3
Cambounès *81* 231 F3
Cambounet-sur-le-Sor *81* 231 D3
Le Cambout *22* 71 E3
Cambrai *59* 10 C4
Cambremer *14* 29 F3
Cambrin *62* 10 A1
Cambron *80* 8 B4
Cambronne-lès-Clermont *60* 33 F2
Cambronne-lès-Ribécourt *60* 34 C1
Camburat *46* 198 C3
Came *64* 225 D3
Camélas *66* 262 B2
Camelin *02* 35 D1
Camembert *61* 53 E2
Cametours *50* 27 D4
Camiac-et-St-Denis *33* 194 C1
Camiers *62* 8 B1
Camiran *33* 195 D3
Camjac *12* 215 D2
Camlez *22* 47 D1
Les Cammazes *81* 231 D4
Camoël *56* 92 A4
Camon *09* 252 C3
Camon *80* 17 F2
Camors *56* 91 D1
Camou-Cihigue *64* 247 E2
Camou-Mixe-Suhast *64* 225 E4
Camous *65* 249 F4
Campagna-de-Sault *11* 261 D1
Campagnac *81* 214 A3
Campagnac *12* 200 C4
Campagnac-lès-Quercy *24* 197 D2
Campagnan *34* 233 F3
Campagne *34* 234 C1
Campagne *24* 197 D1
Campagne *60* 18 C4
Campagne *40* 209 E4
Campagne-lès-Boulonnais *62* 3 D4
Campagne-d'Armagnac *32* 227 E1
Campagne-lès-Guînes *62* 3 D3
Campagne-lès-Hesdin *62* 8 C2
Campagne-sur-Arize *09* 251 F2
Campagne-sur-Aude *11* 253 D4
Campagne-lès-Wardrecques *62* 3 F3
Campagnolles *14* 51 E1
Campan *65* 257 F2
Campana *2b* 265 E4
Campandré-Valcongrain *14* 52 B1
Camparan *65* 258 A3
Campbon *44* 111 D1
Campeaux *14* 51 E1
Campeaux *60* 16 C4
Campel *35* 92 C1
Campénéac *56* 72 A4
Campes *81* 214 B3
Campestre-et-Luc *30* 217 D4
Campet-et-Lamolère *40* 209 E4
Camphin-en-Carembault *59* 10 B1
Camphin-en-Pévèle *59* 5 E4
Campi *2b* 267 E1
Campigneulles-les-Grandes *62* 8 B2
Campigneulles-les-Petites *62* 8 B2
Campigny *27* 30 C2
Campigny *14* 28 B3
Campile *2b* 265 E3
Campistrous *65* 258 A1
Campitello *2b* 265 E3
Camplong *34* 233 D2
Camplong-d'Aude *11* 254 A2
Campneuseville *76* 16 B2
Campo *2a* 266 C4
Campoloro (Port de) *2B* 267 F1
Campôme *66* 261 F2
Campomoro *2A* 268 B3
Campouriez *12* 199 F2
Campoussy *66* 262 A2
Campremy *60* 17 E4
Camprond *50* 27 D4
Camps-en-Amiénois *80* 17 D2
Camps-St-Mathurin-Léobazel *19* 182 A4
Camps-la-Source *83* 244 B1
Camps-sur-l'Agly *11* 253 F4
Camps-sur-l'Isle *33* 178 B4
Campsas *82* 213 D4
Campsegret *24* 179 E4
Campuac *12* 199 F3
Campugnan *33* 177 D2
Campuzan *65* 250 A1
Camurac *11* 260 C1
Canaille (Cap) *13* 243 E3
Canale-di-Verde *2b* 267 F1
Canals *82* 229 F1
Canaples *80* 17 E1
Canappeville *27* 31 F4
Canapville *61* 53 F1
Canapville *14* 30 A2
Canaules-et-Argentières *30* 218 A4
Canavaggia *2b* 265 D3
Canaveilles *66* 261 E3
Cancale *35* 49 F3
Canche *62* 8 C2
Canchy *80* 8 C4
Canchy *14* 28 A2
Cancon *47* 196 B3
Candas *80* 9 E4
Candé *49* 94 B4
Candé-sur-Beuvron *41* 117 D1
Candes-St-Martin *37* 114 C3
Candillargues *34* 234 C3
Candor *60* 18 B4
Candresse *40* 225 E2
Canehan *76* 16 A1
Canéjean *33* 194 A2
Canens *31* 251 F2
Canenx-et-Réaut *40* 209 F3
Canet *66* 263 D2
Canet *11* 254 B2
Canet *34* 233 F3
Canet-de-Salars *12* 215 F2
Canettemont *62* 9 E3
Cangey *37* 116 C1
Caniac-du-Causse *46* 198 A3
Canigou (Pic du) *66* 261 F3
Canihuel *22* 70 C1
Canilhac *48* 200 C4
Canisy *50* 27 E4
Canlers *62* 9 D1
Canly *60* 34 B2
Cannectancourt *60* 34 C1
Cannelle *2B* 264 B1
Cannelle *2a* 266 B3
Cannes *06* 240 B3
Cannes-Écluse *77* 81 D2
Cannes-et-Clairan *30* 218 A4
Cannessières *80* 16 C2
Cannet *32* 227 D3
Le Cannet *06* 240 B2
Le Cannet-des-Maures *83* 239 D4
Canny-sur-Matz *60* 18 B4
Canny-sur-Thérain *60* 16 C4
Canohès *66* 262 C2
Canon *14* 29 E4
La Canonica *2B* 265 F3
La Canourgue *48* 201 D4
Canouville *76* 14 C3
Cantaing-sur-Escaut *59* 10 C4
Cantal (Monts du) *15* 189 E3
Cantaous *65* 250 A3
Cantaron *06* 241 D4
Canté *09* 252 A2
Canteleu *76* 31 E1
Canteleux *62* 9 E3
Canteloup *50* 25 D2
Canteloup *14* 29 E4
Cantenac *33* 177 D3
Cantenay-Épinard *49* 95 D4
Cantiers *27* 32 B3
Cantigny *80* 17 F4
Cantillac *24* 179 E1
Cantin *59* 10 C3
Cantoin *12* 200 B1
Cantois *33* 194 C2
Canville-les-Deux-Églises *76* 15 D3
Canville-la-Rocque *50* 26 C2
Cany-Barville *76* 14 C3
Caorches-St-Nicolas *27* 30 C4
Caouënnec *22* 47 D2
Caours *80* 8 C4
Cap Blanc-Nez *62* 2 C2
Cap Corse *2B* 264 C1
Cap-d'Ail *06* 241 E4
Cap-Ferret *33* 192 C2
Cap Gris-Nez *62* 2 B2
Cap Roux (Pic du) *83* 240 A3
Capbis *64* 248 C2
Capbreton *40* 224 C2
Capdenac *46* 198 C3
Capdenac-Gare *12* 199 D3
Capdrot *24* 196 C2
La Capelle-lès-Boulogne *62* 2 C3
Capelle-les-Grands *27* 30 C4
Capelle-lès-Hesdin *62* 8 C2
Capelle *59* 11 E3
La Capelle *02* 20 A1
La Capelle *48* 216 C1
La Capelle-Balaguier *12* 198 C4
La Capelle-Bleys *12* 214 C2
La Capelle-Bonance *12* 200 C4
La Capelle-et-Masmolène *30* 219 D3
Capelle-Fermont *62* 9 F2
Capendu *11* 254 A2
Capens *31* 251 E1
Capestang *34* 254 C1
Capian *33* 194 C2
Capinghem *59* 5 D4
Caplong *33* 195 E2
Capoulet-et-Junac *09* 260 B1
Cappel *57* 41 E4
Cappelle-la-Grande *59* 4 A1
Cappelle-Brouck *59* 3 F2
Cappelle-en-Pévèle *59* 10 C1
Cappy *80* 18 B2
Captieux *33* 210 A1
Capvern *65* 249 F3
Capvern-les-Bains *65* 249 F2
Caragoudes *31* 230 B4
Caraman *31* 230 C3
Caramany *66* 262 A2
Carantec *29* 46 A2
Carantilly *50* 27 D4
Carayac *46* 198 C3
Carbay *49* 94 A2
Carbes *81* 231 E3
Carbini *2a* 269 D2
Carbon-Blanc *33* 194 B1
Carbonne *31* 251 E1
Carbonnière (Tour) *30* 235 D3
Carbuccia *2a* 266 C3
Carcagny *14* 28 C3
Carcanières *09* 261 E2
Carcans *33* 176 B3
Carcarès-Ste-Croix *40* 225 F1
Carcassonne *11* 253 E2
Carcen-Ponson *40* 209 D4
Carcès *83* 238 C3
Carcheto-Brustico *2b* 267 E1
Cardaillac *46* 198 C2
Cardan *33* 194 C2
Cardeilhac *31* 250 B2
Cardesse *64* 248 A1
Cardet *30* 218 A3
Cardo-Torgia *2a* 268 C1
Cardonnette *80* 17 F2
Le Cardonnois *80* 17 F4
Cardonville *14* 27 F2
Cardroc *35* 72 C2
Carelles *53* 74 C1
Carency *62* 10 A2
Carennac *46* 198 B1
Carentan *50* 27 D2
Carentoir *56* 92 B2
Carges (Mont des) *71* 155 D1
Cargèse *2a* 266 A3
Cargiaca *2a* 269 D2
Carhaix-Plouguer *29* 70 A2
Carignan *08* 22 B4
Carignan-de-Bordeaux *33* 194 B1
Carisey *89* 102 C1
Carla-Bayle *09* 251 F2
Carla-de-Roquefort *09* 252 B4
Le Carlaret *09* 252 B2
Carlat *15* 199 F1
Carlencas-et-Levas *34* 233 E2
Carlepont *60* 34 C1
Carling *57* 41 D3
Carlipa *11* 253 D1
Carlit (Pic) *66* 261 D3
Carluc (Prieuré de) *04* 221 D4
Carlucet *46* 198 A2
Carlus *81* 231 D1
Carlux *24* 197 E1
Carly *62* 2 C4
Carmaux *81* 214 C3
Carnac *56* 90 C3
Carnac-Rouffiac *46* 212 C1
Carnas *30* 234 C1
La Carneille *61* 52 B2
Carnelle (Forêt de) *95* 33 F4
Carnet *50* 50 C4
Carnetin *77* 58 B2
Carneville *50* 25 D1
Carnières *59* 11 D4
Carnin *59* 10 B1
Carniol *04* 221 D3
Carnoët *22* 70 A1
Carnoët (Forêt de) *56* 90 A1
Carnon-Plage *34* 234 C3
Carnoules *83* 244 C1
Carnoux-en-Provence *13* 243 E3
Carnoy *80* 18 B1
Caro *56* 92 B1
Caro *64* 246 C2
Carolles *50* 50 B2
Caromb *84* 220 A3
Le Caroux *34* 232 C3
Carpentras *84* 220 A3
Carpineto *2b* 267 E1
Carpiquet *14* 29 D3
Carquebut *50* 25 E4
Carquefou *44* 112 A2
Carqueiranne *83* 244 B3
Carrépuis *80* 18 B3
Carrère *64* 226 C3
Carresse *64* 225 E3
Carrières-sous-Poissy *78* 57 D1
Carrières-sur-Seine *78* 57 E2
Carro *13* 242 B2
Carros *06* 240 C1
Carrouges *61* 52 C4
Carry-le-Rouet *13* 242 C2
Cars *33* 177 D3
Les Cars *87* 164 B3
Carsac-Aillac *24* 197 E1
Carsac-de-Gurson *24* 178 B4
Carsan *30* 219 D2
Carsix *27* 31 D4
Carspach *68* 108 B3
Cartelègue *33* 177 D2
Carteret *50* 24 B4
Carticasi *2b* 267 E1
Cartignies *59* 11 F4
Cartigny *80* 18 C2
Cartigny-l'Épinay *14* 28 A3
Carves *24* 197 D2
Carville-la-Folletière *76* 15 D4
Carville *14* 51 E1
Carville-Pot-de-Fer *76* 15 D3
Carvin *62* 10 B1
Casabianca *2b* 265 E4
Casaglione *2a* 266 B3
Casalabriva *20* 268 C2
Casalta *2b* 265 E4
Casamaccioli *2b* 266 C1
Casanova *2b* 267 D1
Cascastel-des-Corbières *11* 254 B4
Casefabre *66* 262 B2
Caseneuve *84* 220 C4
Cases-de-Pène *66* 262 B1
Casevecchie *2b* 267 E2
Cassaber *64* 225 E3
Cassagnabère-Tournas *31* 250 C2
Cassagnas *48* 217 E2
Cassagne *31* 251 D2
La Cassagne *24* 180 C4
Cassagnes *66* 262 A2
Cassagnes *46* 197 D3
Cassagnes-Bégonhès *12* 215 E2
Cassagnoles *30* 218 B3
Cassagnoles *34* 232 A4
Cassaigne *32* 211 D4
La Cassaigne *11* 253 D2
Cassaignes *11* 253 E4
Cassaniouze *15* 199 E2
Cassano *2b* 264 C3
Casse Déserte *05* 207 E1
Cassel *59* 4 B3
Cassen *40* 225 F1
Casseneuil *47* 196 B4
Les Cassés *11* 230 C4
Casseuil *33* 195 D3
Cassignas *47* 212 A1
Cassis *13* 243 E3
Casson *44* 112 A1
Cassuéjouls *12* 200 B2
Cast *29* 69 D2
Casta *2B* 265 D2
Castagnac *31* 251 F2
Castagnède *31* 259 D2
Castagnède *64* 225 E3
Castagniers *06* 241 D4
Castaignos-Souslens *40* 226 A3
Castandet *40* 226 C1
Castanet *82* 214 A2
Castanet *48* 202 A4
Castanet *12* 214 C2
Castanet *81* 214 B4
Castanet-le-Haut *34* 232 C2
Castanet-Tolosan *31* 230 A3
Castans *11* 231 F4
Casteide-Cami *64* 226 B4
Casteide-Candau *64* 226 A3
Casteide-Doat *64* 227 E4
Casteil *66* 261 F3
Castel-Sarrazin *40* 225 F2
Castelbajac *65* 249 F2
Castelbiague *31* 259 D2
Castelbouc (Château) *48* 217 D1
Castelculier *47* 211 F2
Castelferrus *82* 212 C4
Castelfranc *46* 197 E4
Castelgaillard *31* 250 C1
Castelginest *31* 230 A2
Casteljaloux *47* 210 C1
Casteljau *07* 202 C4
Castella *47* 211 F1
Castellane *04* 222 C4
Castellar *06* 241 F3
Le Castellard *04* 222 A2
Castellare-di-Casinca *2b* 265 F4
Castellare-di-Mercurio *2b* 267 D1
Castellet *84* 237 E1
Le Castellet *83* 243 F3
Le Castellet *04* 221 F4
Castellet-St-Cassien *04* 223 E4
Castellet-les-Sausses *04* 223 D3
Castelli (Pointe du) *44* 110 A1
Castello d'Arraggio *2A* 269 E2
Castello de Cucuruzzu *2A* 269 D2
Castello-di-Rostino *2b* 265 E4
Castelmary *12* 214 C2
Castelmaurou *31* 230 A2
Castelmayran *82* 212 B3
Castelmoron-sur-Lot *47* 196 A4
Castelmoron-d'Albret *33* 195 D2
Castelnau-Barbarens *32* 228 C3
Castelnau-Chalosse *40* 225 F2
Castelnau (Château de) *46* 198 B1
Castelnau-d'Anglès *32* 227 F3
Castelnau-d'Arbieu *32* 228 C1
Castelnau-d'Aude *11* 254 A2

Castelnau-d'Auzan 32 210 C4
Castelnau-de-Brassac 81 232 A2
Castelnau-de-Guers 34 233 F4
Castelnau-de-Lévis 81 214 B4
Castelnau-de-Mandailles 12 200 B3
Castelnau-de-Médoc 33 176 C3
Castelnau-de-Montmiral 81 214 A4
Castelnau-d'Estrétefonds 31 229 F1
Castelnau-Durban 09 259 F2
Castelnau-le-Lez 34 234 B2
Castelnau-Magnoac 65 250 A1
Castelnau-Montratier 46 213 D2
Castelnau-Pégayrols 12 216 A3
Castelnau-Picampeau 31 251 D1
Castelnau-Rivière-Basse 65 227 D3
Castelnau-sur-l'Auvignon 32 211 E4
Castelnau-sur-Gupie 47 195 E3
Castelnau-Tursan 40 226 B2
Castelnau-Valence 30 218 B3
Castelnaud-la-Chapelle 24 197 D1
Castelnaud-de-Gratecambe 47 196 B4
Castelnaudary 11 252 C1
Castelnavet 32 227 E2
Castelner 40 226 B3
Castelnou 66 262 B2
Castelreng 11 253 D3
Castels 24 197 D1
Castelsagrat 82 212 B2
Castelsarrasin 82 212 C3
Castelvieilh 65 249 E1
Castelviel 33 195 D2
Castennec (Site de) 56 70 C4
Le Castéra 31 229 E2
Castéra-Bouzet 82 212 B4
Castéra-Lanusse 65 249 F2
Castéra-Lectourois 32 211 E4
Castéra-Lou 65 249 E1
Castéra-Loubix 64 227 D4
Castéra-Verduzan 32 228 A1
Castéra-Vignoles 31 250 C1
Castéras 09 251 F2
Casterets 65 250 B1
Castéron 32 212 A4
Castet 64 256 C2
Castet-Arrouy 32 211 F4
Castetbon 64 225 F4
Castétis 64 226 A3
Castetnau-Camblong 64 247 F1
Castetner 64 225 F4
Castetpugon 64 226 C3
Castets 40 208 B4
Castets-en-Dorthe 33 195 D3
Castex 09 251 E2
Castex 32 227 F4
Castex-d'Armagnac 32 227 D1
Casties-Labrande 31 251 D1
Castifao 2b 265 D3
Castiglione 2b 265 D4
Castillon 64 226 B3
Castillon 64 227 D3
Castillon 14 28 B3
Castillon 06 241 E3
Castillon 65 257 F1
Castillon (Barrage de) 04 222 C4
Castillon-la-Bataille 33 195 D1
Castillon (Col de) 06 241 E3
Castillon-en-Auge 14 53 E1
Castillon-en-Couserans 09 259 E3
Castillon-Massas 32 228 B2
Castillon-Savès 32 229 D3
Castillonnès 47 196 A3
Castillon-de-Castets 33 195 D3
Castillon-de-Larboust 31 258 B4
Castillon-de-St-Martory 31 250 C2
Castillon-Debats 32 227 F2
Castillon-du-Gard 30 219 D4
Castilly 14 27 E2
Castin 32 228 B2
Castineta 2b 265 E4
Castirla 2b 265 D4
Castre (Mont) 50 26 C2
Castres 02 19 D3
Castres 81 231 E3
Castres-Gironde 33 194 B2
Castries 34 234 C2
Le Cateau-Cambrésis 59 11 E4
Le Catelet 02 19 D1
Le Catelier 76 15 F3
Catenay 76 32 A1
Catenoy 60 34 A2
Cateri 2b 264 C3
Cathervielle 31 258 B3
Catheux 60 17 E4
Catigny 60 18 B4
Catillon-Fumechon 60 33 F1
Catillon-sur-Sambre 59 11 E4
Catllar 66 261 F2
Catonvielle 32 229 D2
Cattenières 59 11 D4
Cattenom 57 40 B1
Catteville 50 24 C4
Catus 46 197 E3
Catz 50 27 E2
Caubert (Monts de) 80 8 B4
Caubeyres 47 210 C2
Caubiac 31 229 D2
Caubios-Loos 64 226 B4
Caubon-St-Sauveur 47 195 E3
Caubous 31 258 B3
Caubous 65 250 A2
Caucalières 81 231 E3
La Cauchie 62 9 F3
Cauchy-à-la-Tour 62 9 E1
Caucourt 62 9 F2
Caudan 56 90 B1
Caudebec-lès-Elbeuf 76 31 E3
Caudebec-en-Caux 76 31 D1
Caudebronde 11 231 E4
Caudecoste 47 212 A3
Caudeval 11 252 C3
Caudiès-de-Conflent 66 261 E3
Caudiès-de-Fenouillèdes 66 261 F1
Caudrot 33 195 D3
Caudry 59 11 D4
Cauffry 60 33 F2
Caugé 27 55 D1
Caujac 31 251 F1
Caulaincourt 02 18 C2
Le Caule-Ste-Beuve 76 16 B3
Caulières 80 16 C3
Caullery 59 11 D4
Caulnes 22 72 A3
La Caume 13 236 B1
Caume (Mont) 83 244 A2
Caumont 33 195 D2
Caumont 02 19 D4
Caumont 32 227 D2
Caumont 27 31 E2
Caumont 09 259 E2
Caumont 82 212 B3
Caumont 62 8 C3
Caumont-l'Éventé 14 28 B4
Caumont-sur-Durance 84 219 F4
Caumont-sur-Garonne 47 195 E4
Caumont-sur-Orne 14 52 B1
Cauna 40 226 A1
Caunay 79 147 E3
Cauneille 40 225 E3
Caunes-Minervois 11 253 F1
La Caunette 34 254 B1
Caunette-sur-Lauquet 11 253 F3
Caunettes-en-Val 11 253 F3
Caupenne 40 226 A2
Caupenne-d'Armagnac 32 227 D1
La Caure 51 60 A4
Caurel 51 36 C2
Caurel 22 70 C2
Cauria (Mégalithes de) 2A 268 C3
Cauro 2a 266 C4
Cauroir 59 10 C4
Cauroy 08 37 D2
Cauroy-lès-Hermonville 51 36 B2
Le Causé 82 229 D1
Cause-de-Clérans 24 196 B1
Caussade 82 213 E2
Caussade-Rivière 65 227 E3
Causse-Bégon 30 216 C3
Causse de Gramat 46 198 B2
Causse-de-la-Selle 34 234 A1
Causse Méjean (Corniches du) 48 216 C2
Causse Noir (Corniche du) 12 216 C2
Caussens 32 211 D4
Causses-et-Veyran 34 233 D1
Caussiniojouls 34 233 D3
Caussols 06 240 A1
Caussou 09 260 C1
Cauterets 65 257 D3
Cauverville-en-Roumois 27 31 D2
Cauvicourt 14 29 E4
Cauvignac 33 195 D4
Cauvigny 60 33 E3
Cauville 76 14 A4
Cauville 14 52 B1
Caux 34 233 E3
Caux-et-Sauzens 11 253 E2
Cauzac 47 212 A2
Cavagnac 46 181 E4
Cavaillon 84 236 B1
Cavalaire-sur-Mer 83 245 E2
La Cavalerie 12 216 B4
Cavan 22 47 D2
Cavanac 11 253 E2
Cavarc 47 196 B2
Caveirac 30 235 D1
Caves 11 254 C4
Cavignac 33 177 E3
Cavigny 50 27 E3
Cavillargues 30 219 D3
Cavillon 80 17 D2
Cavron-St-Martin 62 8 C2
Caychax 09 260 C1
Cayeux-en-Santerre 80 18 A3
Cayeux-sur-Mer 80 8 A4
Le Cayla 81 214 A4
Le Caylar 34 233 E1
Caylus 82 213 F2
Cayolle (Col de la) 06 223 D1
Cayrac 82 213 E3
Cayres 43 185 E4
Cayriech 82 213 E2
Le Cayrol 12 200 A3
Cayrols 15 199 D1
Cazac 31 251 D1
Cazalis 33 209 F1
Cazalis 40 226 A2
Cazalrenoux 11 252 C2
Cazals 46 197 E3
Cazals 82 213 F3
Cazals-des-Baylès 09 252 C3
Cazaril-Laspènes 31 258 B4
Cazaril-Tambourès 31 250 A2
Cazarilh 65 250 B4
Cazats 33 194 C4
Cazaubon 32 210 B4
Cazaugitat 33 195 D2
Cazaunous 31 258 C2
Cazaux 09 252 A3
Cazaux-d'Anglès 32 277 F2
Cazaux-Debat 65 249 F4
Cazaux-Fréchet 65 258 A3
Cazaux-Layrisse 31 250 B4
Cazaux-Savès 32 229 D3
Cazaux-Villecomtal 32 227 E4
Cazavet 09 259 D2
Caze (Château de la) 48 216 C1
Cazeaux-de-Larboust 31 258 B4
Cazedarnes 34 232 C4
Cazenave-Serres-et-Allens 09 260 B1
Cazeneuve 32 210 C4
Cazeneuve-Montaut 31 250 C2
Cazères 31 251 D2
Cazères-sur-l'Adour 40 226 C1
Cazes-Mondenard 82 212 C2
Cazevieille 34 234 B1
Cazideroque 47 212 B1
Cazilhac 11 253 E2
Cazilhac 34 217 E4
Cazillac 46 181 E4
Cazoulès 24 197 F1
Cazouls-lès-Béziers 34 233 D4
Cazouls-d'Hérault 34 233 F3
Ceaucé 61 75 D1
Ceaulmont 36 134 B4
Céaux 50 50 C3
Céaux-d'Allègre 43 185 E2
Ceaux-en-Couhé 86 147 E2
Ceaux-en-Loudun 86 115 D4
Cébazan 34 232 C4
Cébazat 63 168 B2
Cecu (Monte) 2B 267 D1
Ceffonds 52 84 B1
Ceignes 01 156 C3
Ceilhes-et-Rocozels 34 233 D1
Ceillac 05 207 E2
Ceilloux 63 169 D3
Ceintrey 54 64 B4
La Celle-les-Bordes 78 56 C4
Celles-lès-Condé 02 59 F1
Célé 46 198 B4
La Celette 18 136 A3
Cellé 41 97 E2
La Celle 18 136 A2
La Celle 63 167 D1
La Celle 83 244 B1
La Celle 03 152 A2
La Celle-Condé 18 135 E2
La Celle-Dunoise 23 150 A2
La Celle-en-Morvan 71 122 A4
La Celle-Guenand 37 133 D1
Celle-Lévescault 86 147 E1
La Celle-St-Avant 37 115 F4
La Celle-St-Cloud 78 57 D2
La Celle-St-Cyr 89 101 F1
La Celle-sous-Chantemerle 51 60 A4
La Celle-sous-Gouzon 23 151 D3
La Celle-sous-Montmirail 02 59 E2
La Celle-sur-Loire 58 120 A1
La Celle-sur-Morin 77 58 C2
La Celle-sur-Nièvre 58 120 B3
La Celle-sur-Seine 77 80 C2
Cellefrouin 16 163 D1
Celles 24 179 D2
Celles 15 184 A3
Celles 09 252 B4
Celles 34 233 E2
Celles 17 161 E3
Celles-en-Bassigny 52 105 E1
Celles-sur-Aisne 02 35 E2
Celles-sur-Belle 79 146 C2
Celles-sur-Durolle 63 169 D1
Celles-sur-Ource 10 83 F4
Celles-sur-Plaine 88 88 B1
La Cellette 63 152 A3
La Cellette 23 150 C1
Cellettes 16 162 C1
Cellettes 41 98 B4
Le Cellier 44 112 B2
Cellier-du-Luc 07 202 B2
Celliers 73 174 B4
Cellieu 42 171 D4
Cellule 63 168 B1
Celon 36 134 B4
Celoux 15 184 B3
Celsoy 52 105 E2
Cély 77 80 B1
Cemboing 70 106 A2
Cempuis 60 17 D4
Cénac 33 194 B1
Cénac-et-St-Julien 24 197 E2
Cenans 70 125 E1
Cendras 30 218 A2
Le Cendre 63 168 B2
Cendrecourt 70 106 B2
Cendrey 25 125 F1
Cendrieux 24 179 F4
Cénevières 46 198 B4
Cenne-Monestiés 11 253 D1
Cenon 33 194 B1
Cenon-sur-Vienne 86 132 C2
Censeau 39 142 B2
Censerey 21 122 B3
Censy 89 103 D3
Les Cent-Acres 76 15 F3
Centrès 12 215 D2
Centuri 2b 264 B1
Centuri-Port 2B 264 B1
Cenves 69 155 E2
Cépet 31 230 A2
Cépie 11 253 E3
Cepoy 45 80 C4
Céran 32 228 B1
Cérans-Foulletourte 72 96 B2
Cerbère 66 263 D4
Cerbois 18 118 B4
Cercamp (Château de) 62 9 E3
Cercié 69 155 E3
Cercier 74 158 A4
Cercles 24 179 D1
Cercottes 45 99 E1
Cercoux 17 177 F3
Le Cercueil 61 53 D4
Cercy-la-Tour 58 138 A2
Cerdon 45 100 A3
Cerdon 01 156 C3
Cère 40 209 E3
Cère 15,46 183 D4
Cère (Pas de) 15 183 E4
Céré-la-Ronde 37 116 C2
Cerelles 37 97 E4
Cérences 50 50 C1
Céreste 04 237 F1
Céret 66 262 B3
Cerfontaine 59 12 B3
Le Cergne 42 154 C3
Cergy 95 57 D1
Cergy-Pontoise 95 57 D1
Cérilly 21 103 F2
Cérilly 89 82 B3
Cérilly 03 136 B3
Cerisé 61 76 B1
Cerisi (Mont de) 61 52 A2
Cerisières 52 85 D2
Cerisiers 89 82 A4
Cerisy 80 18 A2
Cerisy-Belle-Étoile 61 52 A2
Cerisy-Buleux 80 16 C1
Cerisy-la-Forêt 50 28 A3
Cerisy-la-Salle 50 27 D4
Cerizay 79 130 B2
Cérizols 09 251 D2
Cerizy 02 19 D3
La Cerlangue 76 30 B1
La Cerleau 08 21 D3
Cernans 39 142 A1
Cernay 86 132 A2
Cernay 28 78 A2
Cernay 68 108 B2
Cernay 14 53 F1
Cernay-l'Église 25 126 C2
Cernay-en-Dormois 51 37 F3
Cernay-lès-Reims 51 36 C3
Cernay-la-Ville 78 57 C3
Cerneux 77 59 E3
Cernex 74 158 A3
Cerniébaud 39 142 B2
Cernion 08 21 D3
Cernon 51 61 D2
Cernon 39 157 D1
Cernoy 60 34 A2
Cernoy-en-Berry 45 100 C4
Cernusson 49 113 F3
Cerny 91 80 A1
Cerny-lès-Bucy 02 19 E4
Cerny-en-Laonnois 02 35 F1
Céron 71 154 A2
Cérons 33 194 C3
Cerqueux 14 53 F1
Les Cerqueux-de-Maulévrier 49 113 E4
Les Cerqueux-sous-Passavant 49 113 F3
Cerre-lès-Noroy 70 107 D3
Cers 34 255 E1
Cersay 79 114 A4
Cerseuil 02 35 F2
Cersot 71 139 F3
Certilleux 88 86 A2
Certines 01 156 B3
Cervens 74 158 C2
Cervières 05 191 D4
Cervières 42 169 E1
Cerville 54 64 C3
Cervione 2b 267 F1
Cervon 58 121 E3
Cerzat 43 185 D3
Cesancey 39 141 D3
Césarches 73 174 B2
Césarville-Dossainville 45 80 A3
Cescau 64 226 B4
Cescau 09 259 E3
Cesny-aux-Vignes-Ouézy 14 29 E4
Cesny-Bois-Halbout 14 52 B1
Cessac 33 194 C2
Cessales 31 230 C4
Cesse 55 38 B1
Cesseins 01 155 F3
Cessenon 34 233 D4
Cessens 73 173 E1
Cesseras 34 254 B1
Cesset 03 152 C2
Cesseville 27 31 E3
Cessey 25 125 D3
Cessey-sur-Tille 21 124 A2
Cessières 02 19 E4
Cessieu 38 172 C3
Cesson 77 58 A4
Cesson-Sévigné 35 73 E3
Cessoy-en-Montois 77 81 E1
Cessy 01 158 A1
Cessy-les-Bois 58 120 B2
Cestas 33 193 E2
Cestayrols 81 214 B4
Ceton 61 77 E3
Cette-Eygun 64 256 B2
Cévennes (Corniche des) 30,48 217 E2
Cévennes (Parc National des) 30,48 217 E1
Cevins 73 174 C3
Ceyras 34 233 F2
Ceyrat 63 168 A2
Ceyreste 13 243 F3
Ceyroux 23 150 A4
Ceyssac 43 185 E4
Ceyssat 63 167 F2
Ceyzériat 01 156 C3
Ceyzérieu 01 173 D1
Cézac 33 177 E3
Cézac 46 213 D1
Cezais 85 130 A3
Cézallier 15, 63 183 F2
Cézan 32 228 A1
Cezay 42 169 F2
Cèze 30 219 D2
Cézens 15 183 F4
Cézia 39 157 D1
Cézy 89 101 F1
Châalis (Abbaye de) 60 34 B4
Chabanais 16 163 E1
La Chabanne 03 153 F4
Chabestan 05 205 F4
Chabeuil 26 188 A4
Chablis 89 102 C2
Châbons 38 172 C4
La Chabotterie 85 129 D1
Chabottes 05 206 B2
Chabournay 86 132 A2
Chabrac 16 163 F1
Chabreloche 63 169 E1
Chabrières (Clue de) 04 222 B3
Chabrignac 19 180 C2
Chabrillan 26 204 A2
Chabris 36 117 F3
Chacé 49 114 B3
Chacenay 10 84 A4
Chacrise 02 35 E2
Chadeleuf 63 168 B3
Chadenac 17 161 E3
Chadenet 48 201 F4
Chadrac 43 185 F3
Chadron 43 185 F4
Chadurie 16 162 C4
Le Chaffal 26 204 B1
Le Chaffaut-St-Jurson 04 222 A3
Chaffois 25 142 C1
Chagey 70 107 F3
Chagnon 42 171 D4
Chagny 08 21 E4
Chagny 71 140 A1
Chahaignes 72 97 D3
Chahains 61 53 D4
Chaignay 21 123 F1
Chaignes 27 56 A1
Chail 79 147 D2
Chaillac 36 149 E1
Chaillac-sur-Vienne 87 164 A1
Chailland 53 74 C3
Chaillé-sous-les-Ormeaux 85 129 E3
Chailles 41 98 B4
Chaillevette 17 160 B2
Chaillevois 02 35 F1
Chaillexon (Lac de) 25 126 C3
Chailley 89 82 B4
Chaillol (Vieux) 05 206 B2
Chaillon 55 63 E1
Chailloué 61 53 E3
Chailly-en-Bière 77 80 B1
Chailly-en-Brie 77 59 D3
Chailly-en-Gâtinais 45 100 B1
Chailly-lès-Ennery 57 40 B3
Chailly-sur-Armançon 21 122 C2
Chaillé-les-Marais 85 145 E1
Chainaz-les-Frasses 74 173 F2
Chaînée-des-Coupis 39 141 D1
Chaingy 45 99 D2
Chaintré 71 155 E1
Chaintreaux 77 80 C3
Chaintrix-Bierges 51 60 C2
La Chaise 10 84 B2
La Chaise-Baudouin 50 51 D2
La Chaise-Dieu 43 185 E2
Chaise-Dieu-du-Theil 27 54 C3
Chaix 85 145 F1
La Chaize-Giraud 85 128 B3
La Chaize-le-Vicomte 85 129 E3
Chalabre 11 253 D4
Chalagnac 24 179 E3
Chalain-le-Comtal 42 170 B3
Chalain (Lac de) 39 141 F3
Chalaines 55 63 E4
Chalain-d'Uzore 42 170 A3
Chalais 36 133 F4
Chalais 16 178 B2
Chalais 86 131 F1
Chalame (Crêt de) 01 157 E2
Chalamont 01 156 B4
Chalampé 68 109 D2
Chalancey 52 105 D3
Chalancon 26 204 C3
Chalandray 86 131 F3
Chalandrey 50 51 D3
Chalandry 02 19 F3
Chalandry-Elaire 08 21 E3
Le Chalange 61 53 F4
Le Chalard 87 164 B4
Chalard (Saut du) 24 163 F4
Chalautre-la-Grande 77 59 E4
Chalautre-la-Petite 77 81 F1
Chalaux 58 121 F2
Challes-les-Eaux 73 173 F3
Chaleins 01 155 F4
Chaleix 24 164 A4
Chalencon 07 203 E1
Chalencon (Château de) 43 185 F2
Les Chalesmes 39 142 A2
Châlette-sur-Loing 45 100 C1
Chalette-sur-Voire 10 83 F1
Chaley 01 157 D4
Chalèze 25 125 E2
Chalezeule 25 125 E2
Chaliers 15 184 B4
Chalifert 77 58 B2
Chaligny 54 64 B3
Chalinargues 15 184 A3
Chalindrey 52 105 E2
Chalivoy-Milon 18 136 B2
Challain-la-Potherie 49 94 B3
Challans 85 128 B1
Challement 58 121 D2
Challerange 08 37 F2
Challes 01 156 C3
Challes 72 96 C1
Challet 28 55 F4
Challex 01 157 F2
Challignac 16 178 A1
Challonges 74 157 E4
Challuy 58 137 D1
Chalmaison 77 81 E1
Chalmazel 42 169 E2
Chalmessin 52 104 C3
Chalmont (Butte de) 02 35 E3
Chalmoux 71 138 B3
Chalo-St-Mars 91 79 E1
Le Chalon 26 188 A3
Chalon-sur-Saône 71 140 A2
Chalonnes-sous-le-Lude 49 96 B4
Chalonnes-sur-Loire 49 113 E2
Châlons 38 171 F4
Châlons-du-Maine 53 75 D3
Châlons-sur-Marne 51 61 D1
Châlons-sur-Vesle 51 36 B3
Châlonvillars 70 107 F3
Chalou-Moulineux 91 79 E2
Chaltrait 51 60 B1
Chalus 63 168 B4
Châlus 87 164 B3
Chalusset (Château de) 87 164 C2
Chalvignac 15 182 C2
Chalvraines 52 85 F3
Chamadelle 33 178 A3
Chamagne 88 87 D1
Chamagnieu 38 172 A2
Chamalières 63 168 A2
Chamalières-sur-Loire 43 186 A2
Chamaloc 26 204 C1
Chamant 60 34 B3
Chamarande 91 79 F1
Chamarandes 52 85 D4
Chamaret 26 204 A4
La Chamba 42 169 E2
Chambain 21 104 B2
Chambeire 21 124 A2
Chambellay 49 95 D3
Chambéon 42 170 B3
Chambérat 03 151 E1
Chamberaud 23 150 C4
Chamberet 19 165 E3
Chambéria 39 141 E4
Chambéry 73 173 E3
Chambeugle 89 101 E2
Chambezon 43 184 B1
Chambilly 71 154 A2
Chamblac 27 54 B1
Chamblanc 21 123 F4
Chamblay 39 124 C4
Chambles 42 170 B4
Chamblet 03 152 A2
Chambley-Bussières 54 39 E4
Chambly 60 33 E3
Chambœuf 21 123 E2
Chambœuf 42 170 C3
Chambois 61 53 E2
Chambolle-Musigny 21 123 E3
Chambon 37 133 D2
Chambon 18 135 F2
Chambon 17 145 F3
Chambon 30 218 A1
Le Chambon 07 203 D1
Chambon (Barrage du) 38 190 A3
Chambon-le-Château 48 201 F1
Le Chambon-Feugerolles 42 186 B1
Chambon-la-Forêt 45 80 A4
Chambon (Lac) 63 167 F4
Chambon (Lac de) 36 149 F1
Chambon-Ste-Croix 23 150 A2
Chambon-sur-Cisse 41 98 A4
Chambon-sur-Dolore 63 169 D4
Chambon-sur-Lac 63 167 F4
Le Chambon-sur-Lignon 43 186 B3
Chambon-sur-Voueize 23 151 E3
Chambonas 07 202 C4
Chambonchard 23 151 E3
La Chambonie 42 169 E2
Chamborand 23 149 F3
Chambord 27 54 B2
Chambord 41 98 C4
Chamboret 87 149 D4
Chamborigaud 30 218 A1
Chambornay-lès-Bellevaux 70 125 E1
Chambornay-lès-Pin 70 125 D2
Chambors 60 32 C3
Chambost-Allières 69 155 D4
Chambost-Longessaigne 69 170 C2
La Chambotte 73 173 E2
Chamboulive 19 181 E1
Chambourcy 78 57 D2
Chambourg-sur-Indre 37 116 B3
Chambray 27 32 A4
Chambray-lès-Tours 37 116 A2
La Chambre 73 190 B1
Chambrecy 51 36 A3
Les Chambres 50 50 C2
Chambretaud 85 130 A1
Chambrey 57 65 D2
Chambroncourt 52 85 E2
Chambroutet 79 130 C1
Chambry 02 19 F4
Chambry 77 58 C1
Chaméane 63 168 C4
Chamelet 69 155 D4
Chamery 51 36 B3
Chamesey 25 126 B2
Chamesol 25 126 C1
Chamesson 21 103 F2
Chameyrat 19 181 E2
Chamigny 77 59 D1
Chamilly 71 139 F1
Chammes 53 75 E4
Chamole 39 141 E1
Chamonix 74 159 E4
Chamouillac 17 177 E1
Chamouille 02 35 F1
Chamouilley 52 62 B4
Chamousset 73 174 A3
Chamoux 89 121 D1
Chamoux-sur-Gelon 73 174 A3
Chamoy 10 82 C4
Champ-de-Bataille 27 31 E3
Le Champ-de-la-Pierre 61 52 C4
Champ-d'Oiseau 21 103 E4
Champ-Dolent 27 55 D1
Champ-du-Boult 14 51 E2
Champ du Feu 67 88 C1
Champ-le-Duc 88 87 F3
Champ-Haut 61 53 F3
Champ-Laurent 73 174 B3
Le Champ-près-Froges 38 189 F1
Le Champ-St-Père 85 129 E4
Champ-sur-Barse 10 83 F3
Champ-sur-Drac 38 189 E3
Le Champ-sur-Layon 49 113 F2
Champagnac 17 161 E4
Champagnac 15 182 C1
Champagnac-de-Belair 24 179 E1
Champagnac-la-Noaille 19 182 A2
Champagnac-la-Prune 19 182 A3
Champagnac-la-Rivière 87 164 A2
Champagnac-le-Vieux 43 185 D1
Champagnat 71 141 D4
Champagnat 23 151 D4
Champagnat-le-Jeune 63 168 C4
Champagne 28 56 A3
Champagne 17 160 C1
Champagne 07 187 E2
Champagné 72 76 C4
Champagne-au-Mont-d'Or 69 171 E2
Champagne-en-Valromey 01 173 D1
Champagne-et-Fontaine 24 179 D1
Champagné-les-Marais 85 145 D1
Champagne-Mouton 16 147 F4
Champagné-St-Hilaire 86 147 F2
Champagné-le-Sec 86 147 E3
Champagne-sur-Loue 39 125 D4
Champagne-sur-Oise 95 33 E4
Champagne-sur-Seine 77 80 C2
Champagne-sur-Vingeanne 21 124 B1
Champagne-Vigny 16 162 B4
Champagneux 73 173 D3
Champagney 25 125 D2
Champagney 70 107 E2
Champagney 39 124 B2
Champagnier 38 189 E3
Champagnole 39 141 F2
Champagnolles 17 161 D4
Champagny 21 123 D1
Champagny-en-Vanoise 73 175 D4
Champagny-sous-Uxelles 71 139 F3
Champallement 58 121 D3
Champanges 74 158 C1
Champaubert 51 60 A2
Champcella 05 207 D2
Champcenest 77 59 E3

Champcerie 61 52 C2
Champcervon 50 50 C2
Champcevinel 24 179 F2
Champcevrais 89 101 D3
Champcey 50 50 C3
Champclause 43 186 B4
Champcourt 52 84 C2
Champcueil 91 80 B1
Champdeniers 79 131 D4
Champdeuil 77 58 B4
Champdieu 42 170 A3
Champdivers 39 124 B4
Champdolent 17 160 C1
Champdor 01 157 D4
Champdôtre 21 124 A3
Champdray 88 88 A3
Champeau 21 122 A2
Champeaux 50 50 B2
Champeaux 79 131 D4
Champeaux 77 58 B4
Champeaux 35 73 F3
Les Champeaux 61 53 E2
Champeaux-et-la-Chapelle-Pommier 24 163 E4
Champeaux-sur-Sarthe 61 54 A4
Champeix 63 168 B3
Champenard 27 32 A4
La Champenoise 36 134 C1
Champenoux 54 64 C2
Champéon 53 75 D2
Champétières 63 169 E4
Champey 70 107 E3
Champey-sur-Moselle 54 64 B1
Champfleur 72 76 B2
Champfleury 51 36 B3
Champfleury 10 60 B4
Champforgeuil 71 140 A2
Champfrémont 53 75 F1
Champfromier 01 157 E2
Champgenéteux 53 75 E2
Champguyon 51 59 F3
Champhol 28 78 C1
Champien 80 18 B3
Champier 38 172 B4
Champigné 49 95 D3
Champignelles 89 101 E2
Champigneul-Champagne 51 60 C1
Champigneul-sur-Vence 08 21 E3
Champigneulle 08 38 A2
Champigneulles 54 64 B3
Champigneulles-en-Bassigny 52 86 A3
Champignol-lez-Mondeville 10 84 B3
Champignolles 27 54 C1
Champignolles 21 122 C4
Champigny 89 81 E4
Champigny 51 36 B2
Champigny-en-Beauce 41 98 B3
Champigny-la-Futelaye 27 55 F2
Champigny-lès-Langres 52 105 D1
Champigny-le-Sec 86 131 F3
Champigny-sous-Varennes 52 105 F1
Champigny-sur-Aube 10 60 C4
Champigny-sur-Marne 94 58 A2
Champigny-sur-Veude 37 115 D4
Champillet 36 135 E4
Champillon 51 36 B4
Champis 07 187 E4
Champlan 91 57 E3
Champlat-et-Boujacourt 51 36 A4
Champlay 89 102 A1
Champlecy 71 139 D4
Champlemy 58 120 C2
Champlin 08 20 C2
Champlin 58 120 C3
Champlitte 70 105 E3
Champlitte-la-Ville 70 105 E3
Champlive 25 125 F2
Champlon 55 39 D4
Champlost 89 82 B4
Champmillon 16 162 B3
Champmotteux 91 80 A2
Champnétery 87 165 E2
Champneuville 55 38 C3
Champniers 86 147 F2
Champniers 16 162 C2
Champniers-et-Reilhac 24 163 F3
Champoléon 05 206 B2
Champoly 42 169 E1
Champosoult 61 53 E2
Champougny 55 63 E4
Champoulet 45 101 D3
Champoux 25 125 E1
Champrenault 21 123 D1
Champrepus 50 50 C2
Champrond 72 77 E4
Champrond-en-Câtine 28 77 F2
Champrond-en-Perchet 28 77 E2
Champrougier 39 141 D1
Champs 61 54 B4
Champs 02 35 D1
Champs 63 152 C4
Champs (Col des) 04,06 223 D2
Les Champs-de-Losque 50 27 D3
Les Champs-Géraux 22 72 C1
Champs-Romain 24 163 F4
Champs-sur-Marne 77 58 A2
Champs-sur-Tarentaine-Marchal 15 183 D1
Champs-sur-Yonne 89 102 B3
Champsac 87 164 A2
Champsanglard 23 150 B2
Champsecret 61 52 B4
Champseru 28 78 C1
Champtercier 04 222 A2
Champteussé-sur-Baconne 49 95 D3
Champtocé-sur-Loire 49 113 D1
Champtoceaux 49 112 B2
Champtonnay 70 124 C1
Champvallon 89 101 F1
Champvans 70 124 B1
Champvans 39 124 B3
Champvans-les-Moulins 25 125 D2
Champvert 58 137 F2
Champvoisy 51 35 F4
Champvoux 58 120 B3
Chamrousse 38 189 E3
Chamvres 89 101 F1
Chanac 48 201 D4
Chanac-les-Mines 19 181 F2
Chanaleilles 43 201 E1
Chanas 38 187 E1
Chanat-la-Mouteyre 63 168 A2
Chanay 01 157 E4
Chanaz 73 173 E1
Chançay 37 116 B1
Chancé 35 73 E4
Chanceaux 21 104 B4
Chanceaux-près-Loches 37 116 B3
Chanceaux-sur-Choisille 37 116 A1
Chancelade 24 179 E2
Chancenay 52 62 B3
Chancey 70 124 C2
Chancia 39 157 D1
Chandai 61 54 C3
Chandelais (Forêt de) 49 96 A4
Chandolas 07 202 C4
Chandon 42 154 C3
Chaneins 01 155 F3
Chânes 71 155 E2
Change 71 139 F1
Changé 72 96 C1
Changé 53 74 C4
Le Change 24 180 A2
Changey 52 105 E1
Changis-sur-Marne 77 58 C1
Changy 42 154 A3
Changy 51 61 F2
Changy 71 154 C1
Chaniat 43 185 D2
Chaniers 17 161 E2
Channay 21 103 E2
Channay-sur-Lathan 37 115 D1
Channes 10 103 E1
Chanonat 63 168 B3
Chanos-Curson 26 187 F3
Chanousse 05 221 D1
Chanoy 52 105 D1
Chanoz-Châtenay 01 156 A3
Chanteau 45 99 E1
Chantecoq 45 81 D4
Chantecorps 79 131 E4
Chanteheux 54 65 D3
Chanteix 19 181 E2
Chantelle 03 152 C2
Chanteloup 27 55 D2
Chanteloup 79 130 C2
Chanteloup 77 58 B2
Chanteloup 35 73 D4
Chanteloup 50 50 C1
Chanteloup-les-Bois 49 113 E3
Chanteloup (Pagode de) 37 116 B1
Chanteloup-les-Vignes 78 57 D1
Chantelouve 38 189 F4
Chantemerle-les-Blés 26 187 F3
Chantemerle-lès-Grignan 26 203 F4
Chantemerle 51 60 A4
Chantemerle-sur-la-Soie 17 146 A4
Chantenay-St-Imbert 58 137 D3
Chantenay-Villedieu 72 96 A1
Chantepie 35 73 D3
Chantérac 24 179 D3
Chanterelle 15 183 D2
Chanterelle 15 183 E1
Chantes 70 106 B3
Chantesse 38 188 C2
Chanteuges 43 185 D3
Chantillac 16 177 F1
Chantilly 60 34 A3
Chantôme 36 149 F1
Chantonnay 85 129 F3
Chantraine 88 87 E3
Chantraines 52 85 E3
Chantrans 25 125 E4
Chantrigné 53 75 D1
Chanu 61 52 A3
Chanville 57 40 C4
Chanzeaux 49 113 E2
Chaon 41 99 F4
Chaouilley 54 86 C1
Chaource 10 83 D4
Chaourse 02 20 B3
Chapaize 71 139 F4
Chapareillan 38 173 F4
Chapdes-Beaufort 63 167 F1
Chapdeuil 24 179 D1
Chapeau 03 137 F4
Chapeauroux 48 202 A1
Chapelaine 51 61 E4
La Chapelaude 03 151 E1
La Chapelle 56 92 A1
La Chapelle 03 153 E3
La Chapelle 16 162 B1
La Chapelle 08 22 A3
La Chapelle 73 174 B4
La Chapelle-Achard 85 128 C3
La Chapelle-Agnon 63 169 D3
La Chapelle-Anthenaise 53 74 C3
La Chapelle-au-Mans 71 138 C3
La Chapelle-au-Moine 61 52 A3
La Chapelle-au-Riboul 53 75 E2
La Chapelle-Aubareil 24 180 B4
La Chapelle-aux-Bois 88 87 D4
La Chapelle-aux-Brocs 19 181 E3
La Chapelle-aux-Chasses 03 137 F3
La Chapelle-aux-Choux 72 96 B3
La Chapelle-aux-Filzméens 35 73 D1
La Chapelle-aux-Lys 85 130 B3
La Chapelle-aux-Naux 37 115 E2
La Chapelle-aux-Saints 19 181 E4
La Chapelle-Baloue 23 149 F2
La Chapelle-Basse-Mer 44 112 B2
La Chapelle-Bâton 17 146 B4
La Chapelle-Bâton 79 131 D4
La Chapelle-Bâton 86 147 F3
La Chapelle-Bayvel 27 30 B3
La Chapelle-Bertin 43 185 D2
La Chapelle-Bertrand 79 131 E3
La Chapelle-Biche 61 52 A3
La Chapelle-Blanche 73 173 F4
La Chapelle-Blanche 22 72 B2
La Chapelle-Blanche-St-Martin 37 116 B4
La Chapelle-Bouëxic 35 92 C1
La Chapelle-Cécelin 50 51 D2
La Chapelle-Chaussée 35 72 C2
La Chapelle-Craonnaise 53 94 C1
La Chapelle-d'Abondance 74 159 D1
La Chapelle-d'Alagnon 15 183 F3
La Chapelle-d'Aligné 72 95 F2
La Chapelle-d'Andaine 61 52 B4
La Chapelle-d'Angillon 18 119 D2
La Chapelle-d'Armentières 59 5 D4
La Chapelle-d'Aunainville 28 79 D1
La Chapelle-d'Aurec 43 186 B1
La Chapelle-de-Bragny 71 140 A3
La Chapelle-de-Guinchay 71 155 E2
La Chapelle-de-Mardore 69 154 C4
La Chapelle-de-Surieu 38 187 E1
La Chapelle-de-la-Tour 38 172 C3
Chapelle-des-Bois 25 142 B3
La Chapelle-des-Fougeretz 35 73 D3
La Chapelle-des-Marais 44 92 B4
La Chapelle-des-Pots 17 161 E2
La Chapelle-devant-Bruyères 88 88 A3
Chapelle-d'Huin 25 142 B1
La Chapelle-du-Bard 38 174 A4
La Chapelle-du-Bois 72 77 D3
La Chapelle-du-Bois-des-Faulx 27 31 F4
La Chapelle-du-Bourgay 76 15 F2
La Chapelle-du-Châtelard 01 156 A3
La Chapelle-du-Fest 50 28 A4
La Chapelle-du-Genêt 49 113 D3
La Chapelle-du-Lou 35 72 C2
La Chapelle-du-Mont-de-France 71 155 D1
La Chapelle-du-Mont-du-Chat 73 173 E2
La Chapelle-du-Noyer 28 78 B4
La Chapelle-en-Juger 50 27 E3
La Chapelle en-Lafaye 42 170 A4
La Chapelle-en-Serval 60 34 A4
La Chapelle-en-Valgaudémar 05 206 B1
La Chapelle-en-Vercors 26 188 C4
La Chapelle-en-Vexin 95 32 C3
La Chapelle-Enchérie 41 98 B2
La Chapelle-Engerbold 14 52 A1
La Chapelle-Erbrée 35 74 B3
La Chapelle-Faucher 24 179 F1
La Chapelle-Felcourt 51 37 F4
La Chapelle-Forainvilliers 28 56 A3
La Chapelle-Fortin 28 54 C4
La Chapelle-Gaceline 56 92 C2
La Chapelle-Gaudin 79 131 D1
La Chapelle-Gaugain 72 97 E2
La Chapelle-Gauthier 27 54 B1
La Chapelle-Gauthier 77 58 C4
La Chapelle-Geneste 43 185 E1
La Chapelle-Glain 44 94 A3
La Chapelle-Gonaguet 24 179 E2
La Chapelle-Grésignac 24 179 D1
Chapelle-Guillaume 28 77 E4
La Chapelle-Hareng 27 30 B4
La Chapelle-Haute-Grue 14 53 E1
La Chapelle-Hermier 85 128 C2
La Chapelle-Heulin 44 112 B3
La Chapelle-Hugon 18 136 C1
La Chapelle-Hullin 49 94 B2
La Chapelle-Huon 72 97 E2
La Chapelle-Iger 77 58 C3
La Chapelle-Janson 35 74 A2
La Chapelle-Largeau 79 130 B1
La Chapelle-Lasson 51 60 B4
La Chapelle-Launay 44 111 D1
La Chapelle-Laurent 15 184 B3
La Chapelle-Marcousse 63 184 B1
La Chapelle-Montabourlet 24 179 D1
La Chapelle-Montbrandeix 87 164 A3
La Chapelle-Monthodon 02 59 F1
La Chapelle-Montligeon 61 77 D1
La Chapelle-Montlinard 18 120 A3
La Chapelle-Montmartin 41 117 F2
La Chapelle-Montmoreau 24 163 E4
La Chapelle-Montreuil 86 131 F4
Chapelle-Morthemer 86 132 C4
La Chapelle-Moulière 86 132 C3
La Chapelle-Naude 71 140 C3
La Chapelle-Neuve 56 91 D1
La Chapelle-Neuve 22 46 C3
La Chapelle-Onzerain 45 78 C4
La Chapelle-Orthemale 36 134 A2
La Chapelle-Palluau 85 128 C2
La Chapelle-Péchaud 24 197 D2
La Chapelle-Pouilloux 79 147 D3
La Chapelle-près-Sées 61 53 E4
La Chapelle-Rablais 77 81 D1
La Chapelle-Rainsouin 53 75 D4
La Chapelle-Rambaud 74 158 B3
La Chapelle-Réanville 27 32 A4
La Chapelle-Rousselin 49 113 E2
Chapelle-Royale 28 77 F3
La Chapelle-St-André 58 120 C1
La Chapelle-St-Aubert 35 73 F2
La Chapelle-St-Aubin 72 76 B4
La Chapelle-St-Étienne 79 130 C3
La Chapelle-St-Florent 49 112 C2
La Chapelle-St-Fray 72 76 A4
La Chapelle-St-Géraud 19 182 A4
La Chapelle-St-Jean 24 180 B2
La Chapelle-St-Laud 49 95 F3
La Chapelle-St-Laurent 79 130 C2
La Chapelle-St-Laurian 36 117 F4
La Chapelle-St-Luc 10 83 D2
La Chapelle-St-Martial 23 150 B4
La Chapelle-St-Martin 73 173 D3
La Chapelle-St-Martin-en-Plaine 41 98 B3
La Chapelle-St-Maurice 74 174 A1
La Chapelle-St-Melaine 35 92 C2
La Chapelle-St-Mesmin 45 99 D2
La Chapelle-St-Ouen 76 32 B1
La Chapelle-St-Quillain 70 106 A4
La Chapelle-St-Rémy 72 76 C4
La Chapelle-St-Sauveur 71 140 C2
La Chapelle-St-Sauveur 44 113 D1
La Chapelle-St-Sépulcre 45 101 D1
La Chapelle-St-Sulpice 77 59 D4
La Chapelle-St-Ursin 18 118 C4
La Chapelle-Souëf 61 77 D2
La Chapelle-sous-Brancion 71 140 A4
La Chapelle-sous-Dun 71 154 C2
La Chapelle-sous-Orbais 51 60 A2
La Chapelle-sous-Uchon 71 139 D2
Chapelle-Spinasse 19 182 B1
La Chapelle-sur-Aveyron 45 101 D2
La Chapelle-sur-Chézy 02 59 E1
La Chapelle-sur-Coise 69 171 D3
La Chapelle-sur-Dun 76 15 D2
La Chapelle-sur-Erdre 44 112 A2
La Chapelle-sur-Furieuse 39 125 D4
La Chapelle-sur-Loire 37 115 D2
La Chapelle-sur-Oreuse 89 81 F2
La Chapelle-sur-Oudon 49 94 C3
La Chapelle-sur-Usson 63 168 C4
La Chapelle-Taillefert 23 150 B3
La Chapelle-Thècle 71 140 B4
La Chapelle-Thémer 85 130 A4
La Chapelle-Thireuil 79 130 C4
La Chapelle-Thouarault 35 72 C3
La Chapelle-Urée 50 51 D3
Chapelle-Vallon 10 83 D1
La Chapelle-Vaupelteigne 89 102 B2
La Chapelle-Vendômoise 41 98 A3
La Chapelle-Véronge 77 59 E3
La Chapelle-Vicomtesse 41 97 F1
La Chapelle-Viel 61 54 B3
La Chapelle-Villars 42 171 E4
Chapelle-Viviers 86 132 C4
Chapelle-Voland 39 141 D2
La Chapelle-Yvon 14 30 B4
Les Chapelles 53 75 E1
Les Chapelles 73 175 D3
Les Chapelles-Bourbon 77 58 B3
La Chapelle-lès-Luxeuil 70 107 D2
Chapelon 45 80 B4
La Chapelotte 18 119 E2
La Chapelle-la-Reine 77 80 B2
Chapéry 74 173 F1
Chapet 78 56 C1
Chapieux (Vallée des) 73 175 D2
Chapois 39 142 A1
Chaponnay 69 171 F3
Chaponost 69 171 E2
Chappes 10 83 E3
Chappes 63 168 B1
Chappes 08 20 C4
Chappes 03 152 B1
Chaptelat 87 164 C1
Chaptuzat 63 152 C4
Charancieu 38 173 D4
Charancin 01 157 D4
Charantonnay 38 172 A3
Charavines 38 172 C4
Charbogne 08 37 E1
Charbonnat 71 138 C2
Charbonnier-les-Mines 63 184 C1
Charbonnières 71 155 E1
Charbonnières 28 77 F3
Charbonnières-les-Bains 69 171 E2
Charbonnières-les-Sapins 25 125 F3
Charbonnières-les-Varennes 63 168 A1
Charbonnières-les-Vieilles 63 152 B4
Charbuy 89 102 A2
La Charce 26 205 D4
Charcé-St-Ellier-sur-Aubance 49 114 A2
Charcenne 70 124 C1
Charchigné 53 75 E1
Charchilla 39 141 E4
Charcier 39 141 F3
Chard 23 167 D1
Charles de Gaulle (Aéroport) 77,93,95 58 A1
Chardeny 08 37 E2
Chardes 17 177 E1
Chardogne 55 62 B2
Chardonnay 71 140 A4
Chareil-Cintrat 03 152 C2
Charencey 21 123 D1
Charency 39 142 A2
Charency-Vezin 54 39 D1
Charens 26 205 D3
Charensat 63 151 F4
Charentay 69 155 E4
Charente 16, 17 162 B1
Charentenay 70 106 A3
Charentenay 89 102 A3
Charentilly 37 115 F1
Charenton-le-Pont 94 57 F2
Charentonnay 18 119 F3
Charenton-du-Cher 18 136 B3
Charette 38 172 B1
Charette 71 140 C1
Charey 54 39 E4
Charézier 39 141 E3
Chargé 37 116 C1
Chargey-lès-Gray 70 105 F4
Chargey-lès-Port 70 106 B2
Chariez 70 106 B3
Charigny 21 122 B1
La Charité-sur-Loire 58 120 A3
Charix 01 157 D2
Charlas 31 250 B2
Charleval 13 237 D2
Charleville 51 60 A2
Charleville-Mézières 08 21 E3
Charleville-sous-Bois 57 40 C3
Charlieu 42 154 B3
Charly 18 136 B1
Charly 69 171 E3
Charly 02 59 E1
Charly-Oradour 57 40 B3
Charmant 16 162 C4
Charmant-Som 38 189 E1
Charmauvillers 25 126 C2
Charmé 16 147 E4
La Charme 39 141 E1
Le Charme 45 101 D2
La Charmée 71 140 A2
Charmeil 03 153 D3
Le Charmel 02 35 F4
Charmensac 15 184 B2
Charmentray 77 58 B1
Charmes 02 19 E4
Charmes 21 124 A1
Charmes 52 105 D1
Charmes 88 87 D1
Charmes 03 152 C4
Charmes-la-Côte 54 63 F3
Charmes-en-l'Angle 52 84 C2
Charmes-la-Grande 52 84 C2
Charmes-St-Valbert 70 105 F2
Charmes-sur-l'Herbasse 26 187 F3
Charmes-sur-Rhône 07 203 F1
Charmoille 25 126 B2
Charmoille 70 106 B3
Charmoilles 52 105 E1
Charmois 54 64 C4
Charmois 90 108 A3
Charmois-devant-Bruyères 88 87 E3
Charmois-l'Orgueilleux 88 87 D3
Charmont 51 62 A2
Charmont 95 32 C4
Charmont-en-Beauce 45 79 F3
Charmont-sous-Barbuise 10 83 D1
Les Charmontois 51 62 B1
Charmoy 52 105 F2
Charmoy 10 82 B2
Charmoy 71 139 D2
Charmoy 89 102 A1
Charnas 07 187 E1
Charnat 63 168 C1
Charnay 25 125 D3
Charnay 69 171 D1
Charnay-lès-Chalon 71 140 B1
Charnay-lès-Mâcon 71 155 E2
Charné 53 74 B2
Charnècles 38 189 D1
Charnizay 37 133 E1
Charnod 39 156 C1
Charnois 08 13 F4
Charnoz 01 172 B1
Charny 77 58 B1
Charny 89 101 E2
Charny 21 122 B2
Charny-le-Bachot 10 60 B4
Charny-sur-Meuse 55 38 C3
Charolles 71 154 C1
Charols 26 204 A3
Charonville 28 78 B2
Chârost 18 135 E1
Charousse 74 159 D4
Charpentry 55 38 A3
Charpey 26 188 A4
Charpont 28 56 A3
Charquemont 25 126 C2
Charrais 86 132 A3
Charraix 43 185 D4
Charras 16 163 D4
Charray 28 98 B1
Charre 64 247 E1
Charrecey 71 139 F2
Charrey 21 103 F1
Charrey-sur-Saône 21 123 F3
Charrin 58 137 F2
Charritte-de-Bas 64 247 E1
Charron 23 151 F4
Charron 17 145 D2
Charroux 86 147 F3
Charroux 03 152 C3
Chars 95 33 D4
Charsonville 45 98 C1
Chartainvilliers 28 56 A4
Chartèves 02 35 F4
La Chartre-sur-le-Loir 72 97 D3
Chartrené 49 96 A4
Chartres 28 78 C1
Chartres-de-Bretagne 35 73 D4
Chartrettes 77 80 C1
Chartreuse du Liget 37 116 C3
Chartreuse (Massif de la) 38 189 E1
Chartrier-Ferrière 19 181 D3
Chartronges 77 59 D3
Chartuzac 17 177 E1
Charvieu-Chavagneux 38 172 A2
Charvonnex 74 158 A4
Chas 63 168 C2
Chaserey 10 103 D1
Chasnais 85 129 E4
Chasnans 25 125 F3
Chasnay 58 120 B3
Chasné-sur-Illet 35 73 E2
Chaspinhac 43 185 F3
Chaspuzac 43 185 E3
Chassagne 63 168 B4
La Chassagne 39 141 D1
Chassagne-Montrachet 21 139 F1
Chassagne-St-Denis 25 125 E3
Chassagnes 07 202 C4
Chassagnes 43 185 D2
Chassagny 69 171 E3
Chassaignes 24 178 C2
Chassal 39 157 E1
Chassant 28 77 F2
Chassé 72 76 B1
Chasse-sur-Rhône 38 171 E3
Chasseguey 50 51 D3
Chasselas 71 155 E2
Chasselay 69 171 E1
Chasselay 38 188 B2
Chassemy 02 35 F2
Chassenard 03 154 A1
Chasseneuil 36 134 B3
Chasseneuil-du-Poitou 86 132 B3
Chasseneuil-sur-Bonnieure 16 163 D2
Chassenon 16 163 F1
Chasseradès 48 202 A3
Chassey 21 122 C1
Chassey-Beaupré 55 85 E1
Chassey-le-Camp 71 139 F1
Chassey-lès-Montbozon 70 107 D4
Chassey-lès-Scey 70 106 B3
Chassezac (Belvédère du) 48 202 B4
Chassiecq 16 163 D1
Chassiers 07 203 D3
Chassieu 69 171 F2
Chassignelles 89 103 E2
Chassignieu 38 172 C4
Chassignolles 43 185 D1
Chassignolles 36 135 D4
Chassigny 52 105 E3
Chassigny-sous-Dun 71 154 C2
Chassillé 72 75 F4
Chassors 16 162 A2
Chassy 89 101 F2
Chassy 71 138 C4
Chassy 18 119 F4
Le Chastang 19 181 E3
Chastang (Barrage du) 19 182 A3
Chastanier 48 202 A2
Chasteaux 19 181 D3
Chastel 43 184 C3
Chastel-Arnaud 26 204 C2
Chastel-Nouvel 48 201 E3
Chastel-sur-Murat 15 183 F3
Chastellux-sur-Cure 89 121 E1
Chasteloy 03 136 B4
Chastenay 89 101 F3
Chastreix 63 167 E4
La Châtaigneraie 85 130 B3
Chatain 86 147 F4
Châtaincourt 28 55 E3
Châtas 88 88 B1
Château 71 155 D1
Château-l'Abbaye 59 11 D1
Château-Arnoux 04 221 F3
Château Bas 13 237 D2
Château-Bernard 38 189 D4
Château-Bréhain 57 65 D1
Château-Chalon 39 141 E2
Château-Chervix 87 164 C3
Château-Chinon 58 121 F4

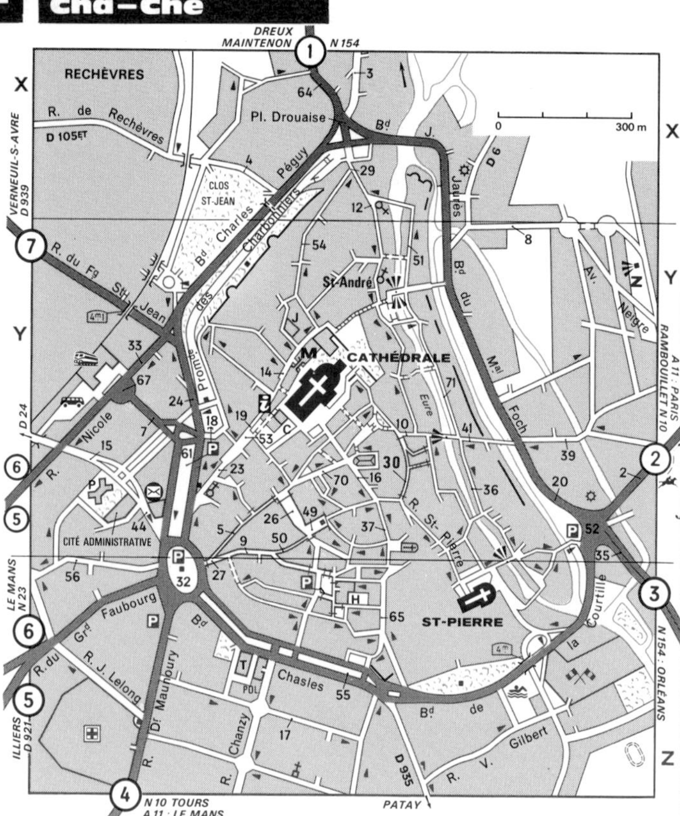
DREUX
MAINTENON
N 154
RECHÈVRES
R. de Rechèvres
Pl. Drouaise
300 m
VERNEUIL-S-AVRE
D 939
CLOS ST-JEAN
St-André
CATHÉDRALE
A 11 PARIS
RAMBOUILLET N 10
CITÉ ADMINISTRATIVE
LE MANS
N 23
ST-PIERRE
ILLIERS
D 921
N 154 ORLÉANS
N 10 TOURS
A 11 : LE MANS
PATAY
D 935

Chartres

Ballay (R. Noël) Y 5
Bois-Merrain (R. du) Y 9
Changes (R. des) Y 16
Delacroix (R.) Z 27
Guillaume (R. Porte) Y 41
Marceau (Pl.) Y 49
Marceau (R.) Y 50
Soleil-d'Or (R. du) Y 70

Ablis (R. d') Y 2
Aligre (Av. d') X 3
Alsace-Lorraine (R. d') X 4
Aviateurs militaires (Monument des) Y Z
Beauce (Av. Jehan de) Y 7
Bethouart (Av.) Y 8
Bourg (R. du) Y 10
Brêche (R. de la) X 12
Cardinal-Pie (R. du) Y 14
Casanova (R. Danièle) Y 15
Châteaudun (R. de) Z 17
Châtelet (Pl.) Y 18
Cheval-Blanc (R. du) Y 19
Clemenceau (R.) Y 20
Collin-d'Harleville (R.) Y 23
Couronne (R. de la) Y 24
Cygne (R. du) Y 26
Drouaise (R. Porte) X 29
Écuyers (R. des) Y 30
Épars (Pl. des) Z 32
Félibien (R.) Y 33
Ferrière (R. de) Y 35
Foulerie (R. de la) Y 36
Grenets (R. des) Y 37
Guillaume (R. du Fg) Y 39
Kœnig (R. du Gén.) Y 44
Massacre (R. du) Y 51
Morard (Pl.) Y 52
Moulin (Pl. Jean) Y 53
Muret (R.) Y 54
Pasteur (Pl.) Z 55
Péri (R. Gabriel) Z 56
Résistance (Bd de la) Y 61
St-Maurice (R.) X 64
St-Michel (R.) Z 65
Sémard (Pl. Pierre) Y 67
Tannerie (R. de la) Y 71

Le Château-d'Almenêches 61 53 E3
Château-des-Prés 39 142 A4
Château-d'If (Ile du) 13 243 D3
Le Château-d'Oléron 17 160 A1
Château-d'Olonne 85 128 C4
Château-du-Loir 72 96 C3
Château-l'Évêque 24 179 E2
Château-Gaillard 01 156 B4
Château-Garnier 86 147 F2
Château-Gombert 13 243 D2
Château-Gontier 53 95 D2
Château-Guibert 85 129 E3
Château Guillaume 36 149 D1
Château-l'Hermitage 72 96 B2
Château-Lambert 70 107 F1
Château-Landon 77 80 C3
Château-Larcher 86 147 F1
Château-Porcien 08 36 C1
Château-Queyras 05 207 E1
Château-Renault 37 97 E4
Château-Rouge 57 41 D2
Château-Salins 57 65 D2
Château-sur-Allier 03 136 C2
Château-sur-Cher 63 151 F3
Château-sur-Epte 27 32 B3
Château-Thierry 02 35 E4
Château-la-Vallière 37 96 C4
Château-Verdun 09 260 B1
Château-Ville-Vieille 05 207 E1
Château-Voué 57 65 D2
Châteaubernard 16 161 F3
Châteaubleau 77 59 D4
Châteaubourg 35 73 E3
Châteaubourg 07 187 E4
Châteaubriant 44 93 F2
Châteaudouble (Gorges de) 83 239 E2
Châteaudouble 26 204 B1
Châteaudouble 83 239 D2
Châteaudun 28 78 B4
Châteaufort 04 221 F1
Châteaufort 78 57 D3
Châteaugay 63 168 A1
Châteaugiron 35 73 E4
Châteaulin 29 69 D1
Châteaumeillant 18 135 E4
Châteauneuf 73 174 A3
Châteauneuf 71 154 C2
Châteauneuf 21 123 D3
Châteauneuf 42 171 D4
Châteauneuf 85 128 B1
Châteauneuf-les-Bains 63 152 B4
Châteauneuf-de-Bordette 26 220 A1
Châteauneuf-de-Chabre 05 221 E1
Châteauneuf-de-Contes 06 241 D3
Châteauneuf-de-Gadagne 84 219 F4
Châteauneuf-de-Galaure 26 187 F2
Châteauneuf-de-Randon 48 201 F3
Châteauneuf-de-Vernoux 07 187 D4
Châteauneuf-d'Entraunes 06 223 E2
Châteauneuf-d'Ille-et-Vilaine 35 49 F3
Châteauneuf-d'Oze 05 205 F3
Châteauneuf-du-Faou 29 69 E2
Châteauneuf-du-Pape 84 219 E3
Châteauneuf-du-Rhône 26 203 F4
Châteauneuf-en-Thymerais 28 55 E4
Châteauneuf-la-Forêt 87 165 E2
Châteauneuf-Grasse 06 240 A2
Châteauneuf-les-Martigues 13 242 C2
Châteauneuf-Miravail 04 221 D2
Châteauneuf-lès-Moustiers 04 239 D1
Châteauneuf-le-Rouge 13 237 F3
Châteauneuf-sur-Charente 16 162 B3
Châteauneuf-sur-Cher 18 135 F2
Châteauneuf-sur-Isère 26 187 F4
Châteauneuf-sur-Loire 45 100 A2
Châteauneuf-sur-Sarthe 49 95 E3
Châteauneuf-Val-de-Bargis 58 120 B2
Châteauneuf-Val-St-Donat 04 221 F3
Châteauponsac 87 149 E3
Châteauredon 04 222 B3
Châteaurenard 45 101 D1
Châteaurenard 13 219 E4
Châteaurenaud 71 140 C3
Châteauroux 05 206 C2
Châteauroux 36 134 C2
Châteauthébaud 44 112 A3
Châteauvert 83 238 B3
Châteauvieux 05 206 A3
Châteauvieux 83 239 E1
Châteauvieux 41 117 D3
Châteauvieux-les-Fossés 25 125 F4
Châteauvilain 38 172 B4
Châteauvillain 52 34 C4
Châtel 74 159 E2
Le Châtel 73 190 B1
Châtel-Censoir 89 102 B4
Chatel-Chéhéry 08 38 A2
Châtel-de-Joux 39 141 F4
Châtel-de-Neuvre 03 153 D1
Châtel-Gérard 89 103 D3
Châtel-Montagne 03 153 F3
Châtel-Moron 71 139 F2
Châtel-St-Germain 57 40 A3
Châtel-sur-Moselle 88 87 D2
Châtelaillon-Plage 17 145 D3
Châtelain 53 95 D2
La Châtelaine 39 141 F1
Châtelais 49 94 B2
Châtelard 23 167 D1
Le Châtelard 73 174 A2
Châtelaudren 22 47 F3
Chatelay 39 124 C4
Châtelblanc 25 142 B3
Châteldon 63 153 E4
Le Châtelet 18 135 F3
Le Châtelet-en-Brie 77 80 C1
Le Châtelet-sur-Retourne 08 37 D2
Le Châtelet-sur-Sormonne 08 21 D2
Les Châtelets 28 55 D4
Le Chateley 39 141 E1
Châtelguyon 63 168 B1
Le Châtelier 37 133 D1
Le Châtelier 35 73 F1
Le Châtelier 51 62 A1
Châtellenot 21 122 C3
Châtellerault 86 132 B2
Le Châtellier 61 52 B3
Les Châtelliers-Châteaumur 85 130 B1
Les Châtelliers-Notre-Dame 28 78 A2
Châtelneuf 42 170 A3
Châtelneuf 39 142 A3
Châtelperron 03 153 F1
Châtelraould-St-Louvent 51 61 E3
Châtelus 42 170 C3
Châtelus 38 188 C3
Châtelus 03 153 F3
Châtelus-Malvaleix 23 150 C2
Châtelus-le-Marcheix 23 149 F4
Châtenay 01 156 B4
Châtenay 71 154 C2
Châtenay 28 79 E2
Châtenay 38 188 B1
Châtenay-en-France 95 33 F4
Chatenay-Mâcheron 52 105 E2
Châtenay-Malabry 92 57 E3
Châtenay-sur-Seine 77 81 E1
Chatenay-Vaudin 52 105 E2
Chatenet 17 177 F2
Le Châtenet-en-Dognon 87 165 D1
Châteney 70 106 C3
Châtenois 88 86 B2
Châtenois 70 106 C3
Châtenois 67 89 D2
Châtenois 39 124 B3
Châtenois-les-Forges 90 107 F3
Châtenoy 45 100 A1
Châtenoy 77 80 B3
Châtenoy-en-Bresse 71 140 A2
Châtenoy-le-Royal 71 140 A2
Châtignac 16 178 B1
Chatignonville 91 79 E1
Châtillon 86 147 E2
Châtillon 39 141 E3
Châtillon 92 57 E2
Châtillon 69 171 D1
Châtillon 03 152 C1
Châtillon-la-Borde 77 58 B4
Châtillon-Coligny 45 101 D2
Châtillon (Crêt de) 74 173 F1
Châtillon-le-Duc 25 125 E2
Châtillon-en-Bazois 58 121 E4
Châtillon-en-Michaille 01 157 E3
Châtillon-en-Vendelais 35 74 A3
Châtillon-en-Diois 26 205 D2
Châtillon-en-Dunois 28 78 A4
Châtillon-Guyotte 25 125 E2
Châtillon-la-Palud 01 156 B4
Châtillon-le-Roi 45 79 F3
Châtillon-St-Jean 26 188 B3
Châtillon-lès-Sons 02 19 F3
Châtillon-sous-les-Côtes 55 39 D3
Châtillon-sur-Bar 08 37 F1
Châtillon-sur-Broué 51 61 F4
Châtillon-sur-Chalaronne 01 155 F3
Châtillon-sur-Cher 41 117 E2
Châtillon-sur-Cluses 74 159 D3
Châtillon-sur-Colmont 53 74 C2
Châtillon-sur-Indre 36 133 F1
Châtillon-sur-Lison 25 125 D3
Châtillon-sur-Loire 45 100 C4
Châtillon-sur-Marne 51 36 A4
Châtillon-sur-Morin 51 59 F3
Châtillon-sur-Oise 02 19 E3
Châtillon-sur-Saône 88 106 A1
Châtillon-sur-Seiche 35 73 D4
Châtillon-sur-Seine 21 103 F2
Châtillon-sur-Thouet 79 131 E3
Châtin 58 121 E4
Chatoillenot 52 105 D3
Châtonnay 38 172 B4
Chatonnay 39 157 D1
Chatonrupt 52 85 D1
Chatou 78 57 D2
La Châtre 36 135 D4
La Châtre-Langlin 36 149 E1
Châtres 24 180 C3
Châtres 77 58 B3
Châtres 10 82 C1
Châtres-la-Forêt 53 75 E3
Châtres-sur-Cher 41 118 A2
Châtrices 51 38 A4
Chattancourt 55 38 B3
Chatte 38 188 B2
Chatuzange-le-Goubet 26 188 A4
Chaucenne 25 125 D2
Chauchailles 48 200 C2
Chauché 85 129 E1
Le Chauchet 23 151 D3
Chauchigny 10 82 C1
Chauconin-Neufmontiers 77 58 B1
Chaudanne (Barrage de) 04 222 C4
Chaudardes 02 36 A2
Chaudebonne 26 204 C4
Chaudefonds-sur-Layon 49 113 E2
Chaudefontaine 51 37 F4
Chaudefontaine 25 125 E1
Chaudefour (Vallée de) 63 167 F4
Chaudenay 52 105 E2
Chaudenay 71 140 A1
Chaudenay-le-Château 21 122 C3
Chaudenay-la-Ville 21 122 C3
Chaudeney-sur-Moselle 54 64 A3
Chaudes-Aigues 15 200 C1
Chaudeyrac 48 202 A3
Chaudeyrolles 43 186 B4
La Chaudière 26 204 C3
Chaudière (Col de la) 26 204 C3
Chaudon 28 56 A3
Chaudon-Norante 04 222 B3
Chaudrey 10 83 E1
Chaudron-en-Mauges 49 113 D2
Chaudun 02 35 D2
Chauffailles 71 154 C3
Chauffayer 05 206 A2
Chauffecourt 88 86 C2
Chauffour-lès-Bailly 10 83 E3
Chauffour-lès-Étréchy 91 79 F1
Chauffour-sur-Vell 19 181 E4
Chauffours 28 78 B2
Chauffourt 52 105 E1
Chauffry 77 59 D2
Chaufour-lès-Bonnières 78 56 A1
Chaufour-Notre-Dame 72 76 A4
Chaugey 21 104 C2
Chaulgnes 58 120 B3
Chaulhac 48 201 D1
Chaulieu 50 51 E3
La Chaulme 63 169 F4
Chaulnes 80 18 C3
Chaum 31 250 B4
Chaumard 58 121 F3
La Chaume 21 104 B2
Chaume-lès-Baigneux 21 104 A3
Chaume-et-Courchamp 21 105 D4
Chaumeil 19 166 A4
Chaumercenne 70 124 C2
Chaumeré 35 73 E4
Chaumergy 39 141 D1
Chaumes-en-Brie 77 58 C3
Chaumesnil 10 84 A2
Chaumont 61 53 F2
Chaumont 18 136 B2
Chaumont 52 85 D4
Chaumont 74 157 F3
Chaumont 89 81 E2
Chaumont 71 139 E4
Chaumont-le-Bois 21 103 A1
Chaumont-le-Bourg 63 169 E4
Chaumont-d'Anjou 49 95 F4
Chaumont-devant-Damvillers 55 38 C2
Chaumont-en-Vexin 60 33 D3
Chaumont-Porcien 08 20C 4
Chaumont-sur-Aire 55 62 C1
Chaumont-sur-Loire 41 116 C1
Chaumont-sur-Tharonne 41 99 E4
Chaumont-la-Ville 52 86 A3
Chaumontel 95 33 F4
Chaumot 58 121 D2
Chaumot 89 81 E4
Chaumousey 88 87 D3
Chaumoux-Marcilly 18 119 F3
Chaumussay 37 133 D2
La Chaumusse 39 142 A3
Chaumuzy 51 36 B3
Chaunac 17 177 F1
Chaunay 86 147 E2
Chauny 02 19 D4
Chauray 79 146 B1
Chauriat 63 168 C2
Chausey (Iles) 50 A2
La Chaussade 23 151 D4
La Chaussaire 49 112 C3
Chaussan 69 171 D3
La Chaussée 76 15 F2
La Chaussée 86 131 F1
La Chaussée-d'Ivry 28 56 A2
La Chaussée-St-Victor 41 98 B4
La Chaussée-sur-Marne 51 61 E2
La Chaussée-Tirancourt 80 17 E2
Chaussenac 15 182 C3
Chaussenans 39 141 F2
Chausseterre 42 169 E1
Chaussin 39 124 B4
Chaussoy-Epagny 80 17 E3
Chaussy 95 32 C4
Chaussy 45 79 E3
Le Chautay 18 136 C1
Chauvac 26 220 C1
Chauvé 44 111 D3
Chauve (Mont) 06 241 D4
Chauvency-le-Château 55 38 B1
Chauvency-St-Hubert 55 22 B4
Chauvigné 35 73 E1
Chauvigny 86 132 C4
Chauvigny-du-Perche 41 98 A1
Chauvincourt-Provemont 27 32 C3
Chauvirey-le-Châtel 70 106 A2
Chauvirey-le-Vieil 70 106 A2
Chauvoncourt 55 63 D1
Chauvry 95 57 E1
Chaux 21 123 E3
Chaux 90 107 F2
La Chaux 71 140 C2
La Chaux 61 52 C4
La Chaux 25 126 A4
Chaux-Champagny 39 141 F1
Chaux-lès-Clerval 25 126 B1
Chaux-des-Crotenay 39 142 A3
Chaux-des-Prés 39 141 F4
La Chaux-du-Dombief 39 142 A3
La Chaux-en-Bresse 39 141 D2
Chaux (Forêt de) 39 124 C4
Chaux-la-Lotière 70 125 D1
Chaux-Neuve 25 142 B3
Chaux-lès-Passavant 25 125 F2
Chaux-lès-Port 70 106 B3
Chauzon 07 203 D4
Chavade (Col de la) 07 202 B2
Chavagnac 24 180 C3
Chavagnac 15 183 F3
Chavagne 35 72 C4
Chavagnes 49 114 A2
Chavagnes-en-Paillers 85 129 E1
Chavagnes-les-Redoux 85 130 A2
Chavaignes 49 96 A4
Chavanac 19 166 B3
Chavanat 23 166 A1
Chavanatte 90 108 B3
Chavanay 42 187 E1
Chavanges 10 84 A1
Chavaniac-Lafayette 43 185 D3
Chavannaz 74 157 F3
Chavanne 70 107 E4
La Chavanne 73 173 F4
Chavannes 26 187 F3
Chavannes 18 135 F2
Les Chavannes-en-Maurienne 73 174 B4
Chavannes-les-Grands 90 108 B3
Chavannes-sur-l'Étang 68 108 B3
Chavannes-sur-Reyssouze 01 156 A1
Chavannes-sur-Suran 01 156 C2
Chavanod 74 173 F1
Chavanoz 38 172 A2
Chavaroux 63 168 B1
La Chavatte 80 18 B3
Chaveignes 37 115 D4
Chavelot 88 87 E2
Chavenat 16 162 C4
Chavenay 78 57 D2
Chavençon 60 33 D3
Chavenon 03 152 B1
Chavéria 39 141 E4
Chaveroche 19 166 C3
Chaveyriat 01 156 A2
Chavignon 02 35 F1
Chavigny 54 64 B3
Chavigny 02 35 E2
Chavigny-Bailleul 27 55 E2
Chaville 92 57 E2
Chavin 36 134 B4
Chavonne 02 35 F2
Chavornay 01 173 D1
Chavot-Courcourt 51 60 B1
Chavoy 50 50 C3
Chavroches 03 153 E1
Chay 25 125 D4
La Chay 17 160 C3
Chazay-d'Azergues 69 171 E1
La Chaze-de-Peyre 48 201 D2
Chazé-Henry 49 94 B2
Chazé-sur-Argos 49 94 C3
Chazeaux 07 203 D3
Chazelet 36 134 A4
Chazelet (Oratoire du) 05 190 B3
Chazelles 39 156 B1
Chazelles 43 185 D4
Chazelles 16 163 D3
Chazelles 15 184 C3
Chazelles-sur-Albe 54 65 E3
Chazelles-sur-Lavieu 42 170 A4
Chazelles-sur-Lyon 42 170 C3
Chazelot 25 107 D4
Chazemais 03 151 E1
Chazeron 63 168 A1
Chazeuil 21 105 D4
Chazeuil 58 120 C2
Chazey-Bons 01 173 D1
Chazey-sur-Ain 01 172 B1
Chazilly 21 122 C3
Chazot 25 126 B1
Chazoy 25 125 D2
Chécy 45 99 E2
Chédigny 37 116 B3
Chef-Boutonne 79 147 D3
Chef-du-Pont 50 25 D4
Chef-Haut 88 86 C2
Cheffes 49 95 E3
Cheffois 85 130 B3
Cheffreville-Tonnencourt 14 53 E1
Le Chefresne 50 51 D1
Chéhéry 08 21 F4
Cheignieu-la-Balme 01 173 D1
Cheillé 37 115 E2
Cheilly-lès-Maranges 71 139 F1
Chein-Dessus 31 259 D2
Cheissoux 87 165 E2
Le Cheix 63 168 B1
Cheix-en-Retz 44 111 E3
Chélan 32 250 B1
Chelers 62 9 F2
Chélieu 38 172 C4
Chelle-Debat 65 249 F1
Chelle-Spou 65 249 E2
Chelles 60 34 C2
Chelles 77 58 A2
Chelun 35 94 A1
Chemaudin 25 125 D2
Chemault 45 80 A4
Chemazé 53 94 C2
Chemellier 49 114 A2
Chemenot 39 141 E1
Chéméré 44 113 D3
Chéméré-le-Roi 53 95 E1
Chémery 57 41 D4
Chémery 41 117 E2
Chémery-les-Deux 57 40 C2
Chémery-sur-Bar 08 21 F4
Chemilla 39 157 D1
Chemillé 49 113 E3
Chemillé-sur-Dême 37 97 E3
Chemillé-sur-Indrois 37 116 C3
Chemilli 61 76 C2
Chemilly 70 106 B3
Chemilly 03 137 E4
Chemilly-sur-Serein 89 102 C2
Chemilly-sur-Yonne 89 102 B2
Chemin 39 124 A4
Le Chemin 51 62 B1
Le Chemin des Dames 02 35 F1
Cheminas 07 187 E3
Cheminon 51 62 A3
Cheminot 57 64 B1
Chemin-d'Aisey 21 104 A3
Chemiré-en-Charnie 72 75 F4
Chemiré-le-Gaudin 72 96 A1
Chemiré-sur-Sarthe 49 95 E2
Chemy 59 10 B1
Chenac-St-Seurin-d'Uzet 17 160 C4
Chenailler-Mascheix 19 181 F3
La Chenalotte 25 126 C3
Chénas 69 155 E2
Chenaud 24 178 B2
Chenavari (Pic de) 07 203 E3
Chenay 79 147 D2
Chenay 51 36 B2
Chenay 72 76 B1
Chenay-le-Châtel 71 154 A2
Le Chêne 10 60 C4
Chêne-Arnoult 89 101 E1
Chêne-Bernard 39 141 D1
Chêne-Chenu 28 55 F4
Chêne-en-Semine 74 157 E3
Chêne-Sec 39 141 D1
Chenebier 70 107 E3
Chenecey-Buillon 25 125 D3
Cheneché 86 132 A2
Chênedollé 14 51 F2
Chênedouit 61 52 C3
Chênehutte-les-Tuffeaux 49 114 B2
Chénelette 69 155 D3
Chénérailles 23 151 D3
Chenereilles 42 170 B4
Chenereilles 43 186 B3
Chenevelles 86 132 C3
Chenevières 54 65 E4
Chenevrey-et-Morogne 70 124 C2
Chênex 74 157 F3
Cheney 89 102 C1
Chenicourt 54 64 C2
Chenières 54 39 E1
Cheniers 51 61 D2
Chéniers 23 150 B2
Chenillé-Changé 49 95 D3

Cheniménil *88* 87 F3
Chennebrun *27* 54 C3
Chennegy *10* 82 C3
Chennevières *55* 63 D3
Chennevières-lès-Louvres *95* 58 A1
Chennevières-sur-Marne *94* 58 A2
Chenois *57* 65 D1
Chenoise *77* 59 D4
Chenommet *16* 162 C1
Chenon *16* 147 E4
Chenonceaux *37* 116 C2
Chenou *77* 80 C3
Chenôve *21* 123 E2
Chenôves *71* 139 F3
Chens-sur-Léman *74* 158 B1
Chenu *72* 96 C3
Cheny *89* 102 A1
Chepniers *17* 177 F2
Chepoix *60* 17 F4
La Cheppe *51* 37 E4
Cheppes-la-Prairie *51* 61 E2
Cheppy *55* 38 B3
Cheptainville *91* 57 E4
Chépy *80* 16 B1
Chepy *51* 61 E2
Cher *18,37,41* 135 F2
Chérac *17* 161 E2
Chérancé *53* 94 B2
Chérancé *72* 76 B2
Chéraute *64* 247 E1
Cherbonnières *17* 146 B4
Cherbourg *50* 24 C2
Chérence *95* 32 C4
Chérencé-le-Héron *50* 51 D2
Chérencé-le-Roussel *50* 51 E3
Chéreng *59* 5 E4
Chèreperrine *61* 76 C2
Les Chères *69* 171 E1
Chérêt *02* 36 A1
Chériennes *62* 8 C3
Cherier *42* 154 A4
Chérigné *79* 146 C3
Les Chéris *50* 51 D3
Chérisay *72* 76 B2
Chérisey *57* 40 B4
Cherisy *28* 56 A3
Chérisy *62* 10 B3
Chérizet *71* 139 E4
Chermignac *17* 161 D2
Chermisey *88* 85 F1
Chermizy-Ailles *02* 36 A1
Chéronnac *87* 163 F2
Chéronvilliers *27* 54 C2
Chéroy *89* 81 D3
Cherré *72* 77 D3
Cherré *49* 95 D3
Cherreau *72* 77 D3
Cherrueix *35* 50 A3
Cherval *24* 179 D1
Cherveix-Cubas *24* 180 B2
Cherves *16* 161 F2
Cherves *86* 131 F2
Cherves-Châtelars *16* 163 E2
Chervettes *17* 145 F4
Cherveux *79* 146 B1
Chervey *10* 83 F4
Cherville *51* 60 C1
Chéry *18* 118 B3
Chéry-Chartreuve *02* 35 F3
Chéry (Mont) *74* 159 D2
Chéry-lès-Pouilly *02* 19 F4
Chéry-lès-Rozoy *02* 20 B3
Chesley *10* 103 D1
Le Chesnay *78* 57 D2
Le Chesne *08* 37 F1
Le Chesne *27* 55 D2
Chesnois-Auboncourt *08* 21 E4
Chesny *57* 40 B4
Chessenaz *74* 157 F3
Chessy *69* 171 D1
Chessy *77* 58 B2
Chessy-les-Prés *10* 82 C4
Chéu *89* 102 B1
Cheuge *21* 124 A1
Cheust *65* 257 E2
Cheux *14* 28 C3
Chevagnes *03* 137 F3
Chevagny-les-Chevrières *71* 155 E2
Chevagny-sur-Guye *71* 139 E4
Chevaigné *35* 73 D3
Chevaigné-du-Maine *53* 75 E1
Le Chevain *72* 76 B1
Cheval-Blanc *84* 236 C1
Chevaline *74* 174 A2
La Chevallerais *44* 93 E4
Chevanceaux *17* 177 F1

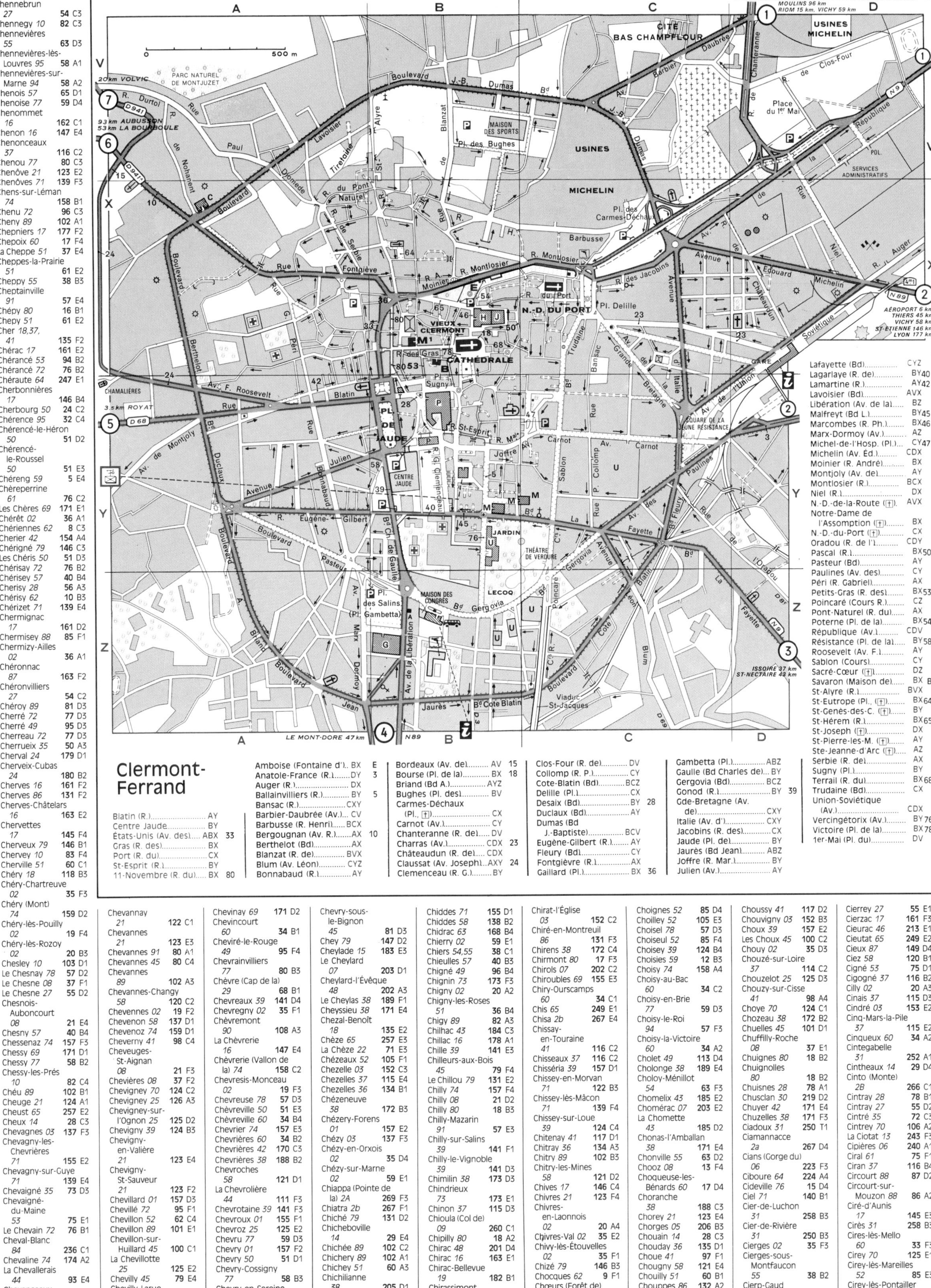

Clermont-Ferrand

Blatin (R.) .... AY
Centre Jaude .... BY
États-Unis (Av. des) .... ABX 33
Gras (R. des) .... BX
Port (R. du) CX
St-Esprit (R.) .... BY
11-Novembre (R. du) .... BX 80

Amboise (Fontaine d') .... BX E
Anatole-France (R.) .... DY 3
Auger (R.) .... DX
Ballainvilliers (R.) .... BY 5
Bansac (R.) .... CXY
Barbier-Daubrée (Av.) CV
Barbusse (R. Henri) .... BCX
Bergougnan (Av. R.) .... AX 10
Berthelot (Bd) .... AX
Blanzat (R. de) .... BVX
Blum (Av. Léon) .... CYZ
Bonnabaud (R.) .... AY
Bordeaux (Av. de) .... AV 15
Bourse (Pl. de la) .... BX 18
Briand (Bd A.) .... AYZ
Bughes (Pl. des) .... BV
Carmes-Déchaux (Pl., (†)) CX
Carnot (Av.) .... CY
Chanteranne (R. de) .... DV
Charras (Av.) .... CDX 23
Châteaudun (R. de) .... CDX
Claussat (Av. Joseph) .... AXY 24
Clemenceau (R. G.) .... BY
Clos-Four (R. de) .... DV
Collomp (R. P.) .... CY
Cote-Blatin (Bd) .... BCZ
Delille (Pl.) CX
Desaix (Bd) .... BY 28
Duclaux (Bd) .... AY
Dumas (Bd J.-Baptiste) .... BCV
Eugène-Gilbert (R.) .... AY
Fleury (Bd) .... CY
Fontgièvre (R.) .... AX
Gaillard (Pl.) .... BX 36
Gambetta (Pl.) .... ABZ
Gaulle (Bd Charles de) .... BY
Gergovia (Bd) .... BCZ
Gonod (R.) .... BY 39
Gde-Bretagne (Av. de) .... CXY
Italie (Av. d') .... CXY
Jacobins (R. des) CX
Jaude (Pl. de) .... BY
Jaurès (Bd Jean) .... ABZ
Joffre (R. Mar.) .... BY
Julien (Av.) .... AY
Lafayette (Bd) .... CYZ
Lagarlaye (R. de) .... BY 40
Lamartine (R.) .... AY 42
Lavoisier (Bd) .... AVX
Libération (Av. de la) .... BZ
Malfreyt (Bd L.) .... BY 45
Marcombes (R. Ph.) .... BX 46
Marx-Dormoy (Av.) .... AZ
Michel-de-l'Hosp. (Pl.) .... CY 47
Michelin (Av. Ed.) .... CDX
Moinier (R. André) .... BX
Montjoly (Av. de) .... AY
Montlosier (R.) .... BCX
Niel (R.) .... DX
N.-D.-de-la-Route (†) .... AVX
Notre-Dame de l'Assomption (†) .... BX
N.-D.-du-Port (†) CX
Oradou (R. de l') .... CDY
Pascal (R.) .... BX 50
Pasteur (Bd) .... AY
Paulines (Av. des) .... CY
Péri (R. Gabriel) .... AX
Petits-Gras (R. des) .... BX 53
Poincaré (Cours R.) .... CZ
Pont-Naturel (R. du) .... AX
Poterne (Pl. de la) .... BX 54
République (Av.) .... CDV
Résistance (Pl. de la) .... BY 58
Roosevelt (Av. F.) .... AY
Sablon (Cours) .... CY
Sacré-Cœur (†) .... DZ
Savaron (Maison de) .... BX B
St-Alyre (R.) .... BVX
St-Eutrope (Pl., (†)) .... BX 64
St-Genès-des-C. (†) .... BY
St-Hérem (R.) .... BX 65
St-Joseph (†) .... DX
St-Pierre-les-M. (†) .... AY
Ste-Jeanne-d'Arc (†) .... AZ
Serbie (R. de) .... AX
Sugny (Pl.) .... BY
Terrail (R. du) .... BX 68
Trudaine (Bd) CX
Union-Soviétique (Av.) .... CDX
Vercingétorix (Av.) .... BY 76
Victoire (Pl. de la) .... BX 78
1er-Mai (Pl. du) .... DV

Chevannay *21* 122 C1
Chevannes *21* 123 E3
Chevannes *91* 80 A1
Chevannes *45* 80 C4
Chevannes *89* 102 A3
Chevannes-Changy *58* 120 C2
Chevennes *02* 19 F2
Chevenon *58* 137 D1
Chevenoz *74* 159 D1
Cheverny *41* 98 C4
Cheveuges-St-Aignan *08* 21 F3
Chevières *08* 37 F2
Chevigney *70* 124 C2
Chevigney *25* 126 A3
Chevigney-sur-l'Ognon *25* 125 D2
Chevigny *39* 124 B3
Chevigny-en-Valière *21* 123 E4
Chevigny-St-Sauveur *21* 123 F2
Chevillard *01* 157 D3
Chevillé *72* 95 F1
Chevillon *52* 62 C4
Chevillon *89* 101 E1
Chevillon-sur-Huillard *45* 100 C1
La Chevillotte *25* 125 E2
Chevilly *45* 79 E4
Chevilly-Larue *94* 57 E3
Chevinay *69* 171 D2
Chevincourt *60* 34 B1
Cheviré-le-Rouge *49* 95 F4
Chevrainvilliers *77* 80 B3
Chèvre (Cap de la) *29* 68 B1
Chevreaux *39* 141 D4
Chevregny *02* 35 F1
Chèvremont *90* 108 A3
La Chèvrerie *16* 147 E4
Chèvrerie (Vallon de la) *74* 158 C2
Chevresis-Monceau *02* 19 F3
Chevreuse *78* 57 D3
Chèvreville *50* 51 E3
Chèvreville *60* 34 B4
Chevrier *74* 157 E3
Chevrières *60* 34 B2
Chevrières *42* 170 C3
Chevrières *38* 188 B2
Chevroches *58* 121 D1
La Chevrolière *44* 111 F3
Chevrotaine *39* 141 F3
Chevroux *01* 155 F1
Chevroz *25* 125 E2
Chevru *77* 59 D3
Chevry *01* 157 F2
Chevry *50* 51 D1
Chevry-Cossigny *77* 58 B3
Chevry-en-Sereine *77* 81 D3
Chevry-sous-le-Bignon *45* 81 D3
Chey *79* 147 D2
Cheylade *15* 183 E3
Le Cheylard *07* 203 D1
Cheylard-l'Évêque *48* 202 A3
Le Cheylas *38* 189 F1
Cheyssieu *38* 171 E4
Chezal-Benoît *18* 135 E2
Chèze *65* 257 E3
La Chèze *22* 71 E3
Chézeaux *52* 105 F1
Chezelle *03* 152 C3
Chezelles *37* 115 E4
Chezelles *36* 134 B1
Chézeneuve *38* 172 B3
Chézery-Forens *01* 157 E2
Chézy *03* 137 F3
Chézy-en-Orxois *02* 35 D4
Chézy-sur-Marne *02* 59 E1
Chiappa (Pointe de la) *2A* 269 F3
Chiatra *2b* 267 F1
Chiché *79* 131 D2
Chicheboville *14* 29 E4
Chichée *89* 102 C2
Chichery *89* 102 A3
Chichey *51* 60 A3
Chichilianne *38* 205 D1
Chicourt *57* 65 D1
Chiddes *71* 155 D1
Chiddes *58* 138 B2
Chidrac *63* 168 B4
Chierry *02* 59 E1
Chiers *54,55* 38 C1
Chieulles *57* 40 B3
Chigné *49* 96 B4
Chignin *73* 173 F3
Chigny *02* 20 A2
Chigny-les-Roses *51* 36 B4
Chigy *89* 82 A3
Chilhac *43* 184 C3
Chillac *16* 178 A1
Chille *39* 141 E3
Chilleurs-aux-Bois *45* 79 F4
Le Chillou *79* 131 E2
Chilly *74* 157 F4
Chilly *08* 21 D2
Chilly *80* 18 B3
Chilly-Mazarin *91* 57 E3
Chilly-sur-Salins *39* 141 F1
Chilly-le-Vignoble *39* 141 D3
Chimilin *38* 173 D3
Chindrieux *73* 173 E1
Chinon *37* 115 D3
Chioula (Col de) *09* 260 C1
Chipilly *80* 18 A2
Chirac *48* 201 D4
Chirac *16* 163 E1
Chirac-Bellevue *19* 182 B1
Chirassimont *42* 170 B1
Chirat-l'Église *03* 152 C2
Chiré-en-Montreuil *86* 131 F3
Chirens *38* 172 C4
Chirmont *80* 17 F3
Chirols *07* 202 C2
Chiroubles *69* 155 E3
Chiry-Ourscamps *60* 34 C1
Chis *65* 249 E1
Chisa *2b* 267 E4
Chissay-en-Touraine *41* 116 C2
Chisseaux *37* 116 C2
Chisséria *39* 157 D1
Chissey-en-Morvan *71* 122 B3
Chissey-lès-Mâcon *71* 139 F4
Chissey-sur-Loue *39* 124 C4
Chitenay *41* 117 D1
Chitray *36* 134 A3
Chitry *89* 102 B3
Chitry-les-Mines *58* 121 D2
Chives *17* 146 C4
Chivres *21* 123 F4
Chivres-en-Laonnois *02* 20 A4
Chivres-Val *02* 35 E2
Chivy-lès-Étouvelles *02* 35 F1
Chizé *79* 146 B3
Chocques *62* 9 F1
Chœurs (Forêt de) *36,18* 135 D2
Choignes *52* 85 D4
Choilley *52* 105 E3
Choisel *78* 57 D3
Choiseul *52* 85 F4
Choisey *39* 124 B4
Choisies *59* 12 B3
Choisy *74* 158 A4
Choisy-au-Bac *60* 34 C2
Choisy-en-Brie *77* 59 D3
Choisy-le-Roi *94* 57 F3
Choisy-la-Victoire *60* 34 A2
Cholet *49* 113 D4
Cholonge *38* 189 E4
Choloy-Ménillot *54* 63 F3
Chomelix *43* 185 E2
Chomérac *07* 203 E2
La Chomette *43* 185 D2
Chonas-l'Amballan *38* 171 E4
Chonville *55* 63 D2
Chooz *08* 13 F4
Choqueuse-les-Bénards *60* 17 D4
Choranche *38* 188 C3
Chorey *21* 123 E4
Chorges *05* 206 B3
Chouain *14* 28 C3
Chouday *36* 135 D1
Choue *41* 97 F1
Chougny *58* 121 E4
Chouilly *51* 60 B1
Chouppes *86* 132 A2
Chourgnac *24* 180 B2
Choussy *41* 117 D2
Chouvigny *03* 152 B3
Choux *39* 157 E2
Les Choux *45* 100 C2
Chouy *02* 35 D3
Chouzé-sur-Loire *37* 114 C2
Chouzelot *25* 125 D3
Chouzy-sur-Cisse *41* 98 A4
Choye *70* 124 C1
Chozeau *38* 172 B2
Chuelles *45* 101 D1
Chuffilly-Roche *08* 37 E1
Chuignes *80* 18 B2
Chuignolles *80* 18 B2
Chuisnes *28* 78 A1
Chusclan *30* 219 D2
Chuyer *42* 171 E4
Chuzelles *38* 171 F3
Ciadoux *31* 250 T1
Ciamannacce *2a* 267 D4
Cians (Gorge du) *06* 223 F3
Ciboure *64* 224 A4
Cideville *76* 15 D4
Ciel *71* 140 B1
Cier-de-Luchon *31* 258 B3
Cier-de-Rivière *31* 250 B3
Cierges *02* 35 F3
Cierges-sous-Montfaucon *55* 38 B2
Cierp-Gaud *31* 250 B4
Cierrey *27* 55 E1
Cierzac *17* 161 F3
Cieurac *46* 213 E1
Cieutat *65* 249 E2
Cieux *87* 149 D4
Ciez *58* 120 B1
Cigné *53* 75 D1
Cigogné *37* 116 B2
Cilly *02* 20 A3
Cinais *37* 115 D3
Cindré *03* 153 E2
Cinq-Mars-la-Pile *37* 115 E2
Cinqueux *60* 34 A2
Cintegabelle *31* 252 A1
Cintheaux *14* 29 D4
Cinto (Monte) *2B* 266 C1
Cintray *28* 78 B1
Cintray *27* 55 D2
Cintré *35* 72 C3
Cintrey *70* 106 A2
La Ciotat *13* 243 F3
Cipières *06* 240 A1
Ciral *61* 75 F1
Ciran *37* 116 B4
Circourt *88* 87 D2
Circourt-sur-Mouzon *88* 86 A2
Ciré-d'Aunis *17* 145 E3
Cirès *31* 258 B3
Cires-lès-Mello *60* 33 F3
Cirey *70* 125 E1
Cirey-lès-Mareilles *52* 85 E3
Cirey-lès-Pontailler *21* 124 A2

Cirey-sur-Blaise 52 84 C2
Cirey-sur-Vezouze 54 65 F3
Cirfontaines-en-Azois 52 84 C4
Cirfontaines-en-Ornois 52 85 E1
Cirière 79 130 C2
Ciron 36 133 F3
Ciry-le-Noble 71 139 D3
Ciry-Salsogne 02 35 E2
Cisai-St-Aubin 61 53 F2
Cisery 89 103 D4
Cissac-Médoc 33 176 C2
Cissé 86 132 A3
Cisternes-la-Forêt 63 167 E2
Cistrières 43 185 D2
Citeaux (Abbaye de) 21 123 F3
Citerne 80 16 C1
Citers 70 107 D2
Citey 70 124 C1
Citou 11 253 F1
Citry 77 59 D1
Civaux 86 148 B1
Civens 42 170 B2
Civières 27 32 B3
Civrac-de-Blaye 33 177 E3
Civrac-de-Dordogne 33 195 D1
Civrac-en-Médoc 33 176 C1
Civray 86 147 E3
Civray 18 135 E1
Civray-de-Touraine 37 116 C2
Civray-sur-Esves 37 116 A4
Civrieux 01 171 E1
Civrieux-d'Azergues 69 171 E1
Civry 28 78 C4
Civry-en-Montagne 21 122 C2
Civry-la-Forêt 78 56 B2
Cizancourt 80 18 B2
Cizay-la-Madeleine 49 114 B3
Cize 01 156 C2
Cize 39 142 A2
Cizely 58 137 F1
Cizos 65 250 A1
Clacy-et-Thierret 02 35 F1
Cladech 24 197 D1
Clain 16,86 147 F2
Claira 66 262 C1
Clairac 47 211 D1
Clairavaux 23 166 B2
Clairefontaine-en-Yvelines 78 56 C4
Clairefougère 61 52 A2
Clairegoutte 70 107 E3
Clairfayts 59 12 C4
Clairfontaine 02 20 B1
Clairmarais 62 3 F3
Clairoix 60 34 B2
Clairvaux 10 84 B3
Clairvaux-d'Aveyron 12 199 E4
Clairvaux-les-Lacs 39 141 E3
Clairy-Saulchoix 80 17 E2
Clais 76 16 A3
Claix 38 189 D3
Claix 16 162 B4
Clam 17 161 E4
Clamanges 51 60 C2
Clamart 92 57 E2
Clamecy 58 121 D1
Clamecy 02 35 E2
Clamensane 04 221 F1
Clamerey 21 122 B1
Clamouse (Grotte de) 34 233 F2
Clans 06 241 D2
Clans 70 106 B3
Clansayes 26 219 E1
Le Claon 55 38 A3
Clape (Montagne de la) 11 255 D2
Le Clapier 12 233 D1
Clapiers 34 234 B2
Clara 66 262 A3
Clarac 31 250 B3
Clarac 65 249 F2
Claracq 64 226 C3
Clarafond 74 157 F3
Clarbec 14 30 A3
Clarens 65 250 A3
Clarensac 30 235 D1
Claret 04 206 A4
Claret 34 234 B1
Clarques 62 3 F4
Clary 59 11 D4
Classun 40 226 B2
Clastres 02 19 D3
Clasville 76 14 C3
Le Clat 11 261 E1
Claudon 88 86 C4
Le Claux 15 183 E3
Clavans-en-Haut-Oisans 38 190 A3
Clavé 79 131 E4
Claveisolles 69 155 D3
Clavette 17 145 E3
Claveyson 26 187 F2
Clavières 15 184 C4
Claviers 83 239 E2
Claville 27 31 E4
Claville-Motteville 76 15 F4
Clavy-Warby 08 21 D3
La Claye 85 129 E4
Claye-Souilly 77 58 B1
Clayes 35 72 C3
Les Clayes-sous-Bois 78 57 D2
La Clayette 71 154 C2
Clayeures 54 64 C4
Clazay 79 130 C2
Clécy 14 52 B1
Cléden-Cap-Sizun 29 68 A2
Cléden-Poher 29 69 F1
Cléder 29 45 F1
Clèdes 40 226 C2
Cleebourg 67 43 E4
Clefcy 88 88 B3
Clefmont 52 85 F4
Clefs 49 96 A3
Les Clefs 74 174 B1
Cléguer 56 90 B1
Cléguérec 56 70 C3
Clelles 38 205 E1
Clémencey 21 123 E2
Clémensat 63 168 B4
Clémery 54 64 B1
Clémont 18 100 A4
Clénay 21 123 F1
Clenleu 62 8 C1
Cléon 76 31 E2
Cléon-d'Andran 26 204 A3
Cleppé 42 170 B2
Clérac 17 177 F2
Cléré-du-Bois 36 133 E1
Cléré-les-Pins 37 115 E1
Cléré-sur-Layon 49 114 A3
Clérey 10 83 E3
Clérey-la-Côte 88 86 A1
Clérey-sur-Brenon 54 64 B4
Clergoux 19 182 A2
Clérieux 26 187 F3
Les Clérimois 89 82 A3
Le Clerjus 88 87 D4
Clerlande 63 168 B1
Clermain 71 155 D1
Clermont 40 225 E2
Clermont 60 33 F2
Clermont 74 157 E4
Clermont 09 259 F2
Clermont (Abbaye de) 53 74 B4
Clermont-Créans 72 96 A3
Clermont-de-Beauregard 24 179 E4
Clermont-Dessous 47 211 E2
Clermont-d'Excideuil 24 180 B1
Clermont-en-Argonne 55 38 A4
Clermont-en-Auge 14 29 F3
Clermont-les-Fermes 02 20 A4
Clermont-Ferrand 63 168 B2
Clermont-le-Fort 31 230 A4
Clermont-l'Hérault 34 233 E2
Clermont-Pouyguillès 32 228 A4
Clermont-Savès 32 229 D3
Clermont-Soubiran 47 212 A3
Clermont-sur-Lauquet 11 253 F3
Cléron 25 125 E3
Clerques 62 3 D3
Clerval 25 126 A1
Cléry 73 174 B2
Cléry 21 124 B2
Cléry-en-Vexin 95 32 C4
Cléry-Grand 55 38 B2
Cléry-Petit 55 38 B2
Cléry-St-André 45 99 D2
Cléry-sur-Somme 80 18 B1
Clesles 51 60 B4
Clessé 79 131 D3
Clessé 71 155 F1
Clessy 71 138 C4
Cléty 62 3 E4
Cleurie 88 87 F4
Cleuville 76 14 C3
Cléville 14 29 E3
Cléville 76 14 C4
Clévilliers 28 55 F4
Cleyrac 33 195 D2
Cleyzieu 01 172 C1
Clézentaine 88 87 E1
Clichy 92 57 E2
Clichy-sous-Bois 93 58 A2
Climbach 67 43 E4
Clinchamp 52 85 F3
Clinchamps-sur-Orne 14 29 D4
Clion 36 133 F1
Clion 17 161 E4
Le Clion-sur-Mer 44 111 D3
Cliousclat 26 203 F2
Cliponville 76 14 C3
Cliron 08 21 E2
La Clisse 17 160 C2
Clisson 44 112 B3
Clitourps 50 25 D2
Clohars-Carnoët 29 90 A1
Clohars-Fouesnant 29 69 D4
Le Cloître-Pleyben 29 69 E1
Le Cloître-St-Thégonnec 29 46 B3
Clomot 21 122 C3
Clonas-sur-Varèze 38 187 E1
Clos de Vougeot 21 123 E3
Clos-Fontaine 77 58 C4
La Clotte 17 178 A3
Clouange 57 40 A2
Cloué 86 147 E1
Les Clouzeaux 85 129 D3
Cloyes-sur-le-Loir 28 98 A1
Cloyes-sur-Marne 51 61 F3
Cl,res 76 15 E4
Clucy 39 125 D4
Clugnat 23 150 C2
Cluis 36 134 C4
Clumanc 04 222 B2
Cluny 71 155 E1
La Clusaz 74 158 C4
La Cluse 05 205 F2
La Cluse-et-Mijoux 25 142 C1
Cluses 74 159 D3
Clussais-la-Pommeraie 79 147 D3
Clux 71 140 C1
Coadout 22 47 D3
Coaraze 06 241 D3
Coarraze 64 248 C2
Coat-Méal 29 45 D2
Coatascorn 22 47 D2
Coatréven 22 47 D1
Cobonne 26 204 B2
Cobrieux 59 10 C1
Cocalière (Grotte de la) 30 218 B1
La Cochère 61 53 E3
Cocherel 77 59 D1
Cocherel 27 32 A4
Cocheren 57 41 E3
Coclois 10 83 E1
Cocquerel 80 17 D1
Cocumont 47 195 D4
Cocurès 48 217 E1
Codalet 66 261 F2
Codognan 30 235 D2
Codolet 30 219 E3
Coësmes 35 93 F1
Coëtlogon 22 71 F3
Coëtmieux 22 48 B4
Cœuvres-et-Valsery 02 35 D2
Coëx 85 128 C2
Coggia 2a 266 B3
Coglès 35 73 F1
Cogna 39 141 F3
Cognac 16 161 F2
Cognac-la-Forêt 87 164 B1
Cognat-Lyonne 03 153 D3
Cogners 72 97 E2
Cognet 38 189 E4
Cognières 70 106 C4
Cognin 73 173 E3
Cognin-les-Gorges 38 188 C2
Cognocoli-Monticchi 2a 268 C1
Cogny 69 155 E4
Cogny 18 136 B2
Cogolin 83 245 D2
Cohade 43 184 C1
Cohennoz 73 174 C2
Cohiniac 22 47 F4
Cohons 52 105 D2
Coiffy-le-Bas 52 105 F1
Coiffy-le-Haut 52 105 F1
Coigneux 80 9 F4
Coignières 78 56 C3
Coigny 50 27 D2
Coimères 33 194 C4
Coin-lès-Cuvry 57 40 B4
Coin-sur-Seille 57 40 B4
Coinces 45 99 D1
Coinches 88 88 B2
Coincourt 54 65 D3
Coincy 57 40 B4
Coincy 02 35 E4
Coings 36 134 C1
Coingt 02 20 B3
Coirac 33 194 C2
Coiron (Plateau du) 07 203 E3
Coise 69 170 C3
Coise-St-Jean-Pied-Gauthier 73 174 A3
Coiserette 39 157 E1
Coisevaux 70 107 E3
Coisia 39 157 D2
Coisy 80 17 E1
Coivert 17 146 B3
Coivrel 60 34 A1
Coizard-Joches 51 60 B2
Colamine-sous-Vodable 63 168 B4
Colayrac-St-Cirq 47 211 E2
Colembert 62 3 D3
Coligny 01 156 C1
Coligny 51 60 B2
Colincamps 80 9 F4
Collan 89 102 C2
La Collancelle 58 121 D3
Collandres 15 183 E2
Collandres-Quincarnon 27 54 C1
Collanges 63 184 B1
Collat 43 185 D2
La Colle-sur-Loup 06 240 B1
Collégien 77 58 B2
Collemiers 89 81 E3
Colleret 59 12 C3
Le Collet-de-Dèze 48 217 F2
Colletot 27 30 C2
Colleville 76 14 B3
Colleville-Montgomery 14 29 D3
Colleville-sur-Mer 14 28 B2
Collias 30 218 C4
Colligis-Crandelain 02 35 F1
Colligny 57 40 C4
Colline-Beaumont 62 8 B2
Collinée 22 71 F2
Collioure 66 263 D3
Collobrières 83 244 C2
Collonge-en-Charollais 71 139 E3
Collonge-la-Madeleine 71 139 E1
Collonges 01 157 E3
Collonges-au-Mont-d'Or 69 171 E1
Collonges-lès-Bévy 21 123 D3
Collonges-lès-Premières 21 124 A2
Collonges-la-Rouge 19 181 E3
Collonges-sous-Salève 74 158 A3
Collongues 65 249 E1
Collongues 06 223 E4
Collorec 29 69 E1
Collorgues 30 218 B3
Colmar 68 89 D3
Colmars 04 222 C2
Colmen 57 40 C2
Colméry 58 120 B2
Colmesnil-Manneville 76 15 E2
Colmey 54 39 D1
Colmier-le-Bas 52 104 C2
Colmier-le-Haut 52 104 C2
Colognac 30 217 F3
Cologne 32 229 D2
Colomars 06 240 C1
Colombe 38 188 C1
La Colombe 41 98 B2
La Colombe 50 51 D1
Colombé-la-Fosse 10 84 B2
Colombé-le-Sec 10 84 B3
Colombe-lès-Vesoul 70 106 C3
Colombelles 14 29 D3
Colombes 92 57 E2
Colombey-les-Belles 54 64 A4
Colombey-lès-Choiseul 52 86 A4
Colombey-les-Deux-Églises 52 84 C3
Colombier 03 152 A2
Colombier 42 187 D1
Colombier 21 123 D3
Colombier 70 106 C3
Colombier 24 196 A2
Colombier-le-Cardinal 07 187 E2
Colombier-Châtelot 25 126 B1
Colombier-en-Brionnais 71 154 C1
Colombier-Fontaine 25 107 E4
Colombier-le-Jeune 07 187 E4
Colombier-Saugnieu 69 172 A2
Colombier-le-Vieux 07 187 E4
Colombière (Col de la) 74 158 C4
Colombières 14 28 A2
Colombières-sur-Orb 34 232 C3
Colombiers 61 76 A1
Colombiers 17 161 E3
Colombiers 18 136 A3
Colombiers 34 255 D1
Colombiers 86 132 B2
Colombiers-du-Plessis 53 74 C1
Colombiers-sur-Seulles 14 28 C2
Colombiès 12 215 D1
Colombotte 70 106 C3
Colomby 50 25 D3
Colomby de Gex (Mont) 01 157 F1
Colomby-sur-Thaon 14 29 D3
Colomiers 31 229 F3
Colomieu 01 173 D2
Colonard-Corubert 61 77 D1
Colondannes 23 150 A2
Colonfay 02 19 F2
Colonne 39 141 E1
Colonne de la Grande Armée 62 2 C3
Colonzelle 26 204 A4
Colorado de Rustrel 84 220 C4
Colpo 56 91 E1
Colroy-la-Grande 88 88 C2
Colroy-la-Roche 67 88 C1
Colle St-Michel (Col de la) 04 222 C3
Coltainville 28 78 C1
Coltines 15 184 A3
Coly 24 180 C3
Combaillaux 34 234 B2
Combas 30 234 C1
La Combe-de-Lancey 38 189 E2
Combe Genin 73 190 B2
Combe Laval 26 188 C4
Combeaufontaine 70 106 B3
Combefa 81 214 B3
Comberanche-et-Épeluche 24 178 C2
Comberjon 70 106 C3
Comberouger 82 229 E1
Combertault 21 123 E4
Combes 34 233 D3
Les Combes 25 126 B3
Combiers 16 163 D4
Comblanchien 21 123 E3
Combles 80 18 B1
Combles-en-Barrois 55 62 B3
Comblessac 35 92 C1
Combleux 45 99 E2
Comblot 61 77 D1
Combloux 74 159 D4
Combon 27 31 E4
Combourg 35 73 D1
Combourtillé 35 74 A2
Combovin 26 204 B1
Combrailles 63 167 D2
Combrand 79 130 B1
Combray 14 52 B1
Combre 42 154 C4
Combrée 49 94 B3
Combres 28 77 F2
Combres-sous-les-Côtes 55 39 D4
Combressol 19 166 B4
Combret 12 232 B1
Combreux 45 100 A1
Combrimont 88 88 C2
Combrit 29 68 C4
Combronde 63 152 C4
Combs-la-Ville 77 58 A3
La Comelle 71 138 C1
Comiac 46 182 A4
Comigne 11 254 A2
Comines 59 5 D3
Commana 29 46 A4
Commarin 21 122 C2
Commeaux 61 53 D2
Commelles (Étangs de) 60 34 A4
Commelle 38 172 B4
Commelle-Vernay 42 154 B4
Commenailles 39 141 D2
Commenchon 02 18 C4
Commensacq 40 209 D2
Commentry 03 152 A2
Commeny 95 33 D4
Commequiers 85 128 B2
Commer 53 75 D3
Commercy 55 63 D2
Commerveil 72 76 C2
Commes 14 28 B2
Commissey 89 103 D2
Communailles-en-Montagne 39 142 B2
Communay 69 171 E3
Compaing (Pas de) 15 183 E4
Compains 63 183 F1
Compainville 76 16 B4
Compans 77 58 B1
Le Compas 23 151 E4
Compertrix 51 61 D1
Compeyre 12 216 B2
Compiègne 60 34 B2
Compigny 89 81 E2
Compolibat 12 214 C1
La Compôte 73 174 A2
Comprégnac 12 216 A3
Compreignac 87 149 E4
Comps 30 235 F1
Comps 33 177 D3
Comps 26 204 B3
Comps-la-Grand-Ville 12 215 E2
Comps-sur-Artuby 83 239 E1
La Comté 62 9 E2
Comus 11 260 C1
Conan 41 98 B3
Conand 01 172 C1
Conat 66 261 F2
Conca 2a 269 E2
Concarneau 29 69 D4
Concevreux 02 36 A2
Concèze 19 180 C1
Conches 77 58 B2
Conches-en-Ouche 27 55 D1
Conchez-de-Béarn 64 227 D3
Conchil-le-Temple 62 8 B2
Conchy-les-Pots 60 18 B4
Conchy-sur-Canche 62 9 D3
Les Conclusses 30 218 C2
Concorès 46 197 F3
Concoret 56 72 B3
Concots 46 213 F1
Concoules 30 217 F1
Concourson-sur-Layon 49 114 A3
Concremiers 36 133 E4
Concressault 18 119 E1
Concriers 41 98 C2
Condac 16 147 E4
Condal 71 140 C4
Condamine 39 141 D3
Condamine 01 157 D3
La Condamine-Châtelard 04 207 E3
Condat 46 181 E4
Condat 15 183 E1
Condat-en-Combraille 63 167 D1
Condat-lès-Montboissier 63 169 D4
Condat-sur-Ganaveix 19 165 E4
Condat-sur-Trincou 24 179 E1
Condat-sur-Vézère 24 180 C3
Condat-sur-Vienne 87 164 C2
Condé 36 135 D1
Condé-lès-Autry 08 37 F3
Condé-en-Barrois 55 62 C2
Condé-en-Brie 02 59 F1
Condé-Folie 80 17 D1
Condé-lès-Herpy 08 36 C1
Condé-Northen 57 40 C3
Condé-Ste-Libiaire 77 58 B2
Condé-sur-Aisne 02 35 E2
Condé-sur-l'Escaut 59 11 E2
Condé-sur-Huisne 61 77 E2
Condé-sur-Ifs 14 29 E4
Condé-sur-Iton 27 55 D2
Condé-sur-Marne 51 36 C4
Condé-sur-Noireau 14 52 B2
Condé-sur-Risle 27 30 C2
Condé-sur-Sarthe 61 76 A1
Condé-sur-Seulles 14 28 C3
Condé-sur-Suippe 02 36 B2
Condé-sur-Vesgre 78 56 B3
Condé-sur-Vire 50 27 E4
Condeau 61 77 E2
Condécourt 95 56 C1
Condeissiat 01 156 A3
Condéon 16 178 A1
Condes 39 157 D1
Condes 52 85 D3
Condette 62 2 C4
Condezaygues 47 196 C4
Condillac 26 203 F3
Condom 32 211 D4
Condom-d'Aubrac 12 200 B3
Condorcet 26 204 B4
Condren 02 19 D4
Condrieu 69 171 E4
Conflandey 70 106 B2
Conflans-en-Jarnisy 54 39 E3
Conflans-Ste-Honorine 78 57 D1
Conflans-sur-Anille 72 97 E1
Conflans-sur-Lanterne 70 106 C2
Conflans-sur-Loing 45 101 D1
Conflans-sur-Seine 51 60 A4
Confolens 16 148 B4
Confolens (Cascade de) 38 189 F4
Confolent-Port-Dieu 19 167 D4
Confort 01 157 E3
Confracourt 70 106 A3
Confrancon 01 156 A2
Congé-sur-Orne 72 76 B3
Congénies 30 235 D1
Congerville-Thionville 91 79 E2
Congis-sur-Thérouanne 77 58 C1
Congrier 53 94 A2
Congy 51 60 A2
Conie-Molitard 28 78 B4
Conilhac-Corbières 11 254 A2
Conilhac-de-la-Montagne 11 253 E4
Conjux 73 173 E2
Conlie 72 76 A3
Conliège 39 141 E3
Connac 12 215 E4
Connangles 43 185 D2
Connantray-Vaurefroy 51 60 C3
Connantre 51 60 B3
Connaux 30 219 D3
Conne-de-Labarde 24 196 A2
Connelles 27 32 A3
Connerré 72 76 C4
Connezac 24 163 D4
Connigis 02 59 F1
Conquereuil 44 93 D3
Conques 12 199 E3
Conques-sur-Orbiel 11 253 E1
Le Conquet 29 44 B3
Conqueyrac 30 217 F4
Cons-la-Grandville 54 39 D1
Cons-Ste-Colombe 74 174 B2
Consac 17 161 D4
Conségudes 06 223 F4
Consenvoye 55 38 B2
Consigny 52 85 E3
Consolation (Cirque de) 25 126 B3
Consolation-Maisonnettes 25 126 B3
Contalmaison 80 18 B1
Contamine-Sarzin 74 157 F4
Contamine-sur-Arve 74 158 B3
Les Contamines-Montjoie 74 175 D1
Contault 51 61 F1
Contay 80 17 F1
Conte 39 142 A2
Contes 06 241 E3
Contes 62 8 C2
Contescourt 02 19 D3
Contest 53 75 D2
Conteville-lès-Boulogne 62 2 C3
Conteville 14 29 E4
Conteville 76 16 B3
Conteville 62 9 E2
Conteville 80 9 D4
Conteville 27 30 B2
Conteville 60 17 D4
Conthil 57 65 E1
Contigné 49 95 E3
Contigny 03 153 D2
Contilly 72 76 C1
Continvoir 37 115 D1
Contoire 80 18 A3
Contrazy 09 259 E2
Contré 17 146 C4
Contre 80 17 D3
Contréglise 70 106 B2
Contremoulins 76 14 B3
Contres 18 136 A2
Contres 41 117 E1
Contreuve 08 37 E2
Contrevoz 01 173 D1
Contrexéville 88 86 B3
Contrières 50 50 C1
Contrisson 55 62 B2
Conty 80 17 E3
Contz-les-Bains 57 40 B1
Conzieu 01 173 D2
Coole 51 61 D3
Coolus 51 61 D1
La Copechagnière 85 129 E1
Copeyre (Belvédère de) 46 198 A1
Copponex 74 158 A3
Coquainvilliers 14 30 A3
Coquelles 62 2 C2
La Coquille 24 164 A4
Corancez 28 78 C2
Corancy 58 121 F4
Coray 29 69 E2
Corbara 2b 264 C3
Corbarieu 82 213 D4
Corbas 69 171 F3
Corbehem 62 10 B2
Corbeil 51 61 E4
Corbeil-Cerf 60 33 E3
Corbeil-Essonnes 91 58 A4
Corbeilles 45 80 B4
Corbel 73 173 E1
Corbelin 38 172 C3
Corbenay 70 106 C1
Corbeny 02 36 A1
Corbère 66 262 B2
Corbère-Abères 64 227 D4
Corbère-les-Cabanes 66 262 B2
Corberon 21 123 E4
Corbès 30 217 F3
Corbie 80 17 F2
La Corbière 70 107 D2
Corbières 11 252 C3
Corbières 04 237 F1
Corbigny 58 121 E2
Corbon 14 29 F4
Corbon 61 77 D1
Corbonod 01 157 E4
Corbreuse 91 79 E1
Corcelles-les-Arts 21 140 A1
Corcelles-lès-Cîteaux 21 123 F3
Corcelle-Mieslot 25 125 E1
Corcelles 01 157 D4
Corcelles 70 107 E4
Corcelles-en-Beaujolais 69 155 E3
Corcelles-Ferrières 25 125 D2
Corcelles-les-Monts 21 123 E2
Corcieux 88 88 B3
Corcondray 25 125 D2
Corconne 30 234 B1
Corcoué-sur-Logne 44 111 F4
Corcy 02 35 D3
Cordéac 38 205 F1
Cordebugle 14 30 B4
Cordelle 42 170 A1
Cordemais 44 111 E2
Cordes 81 214 A3
Cordès 63 167 F3
Cordes-Tolosannes 82 212 C4
Cordesse 71 122 B4
Cordey 14 52 C2
Cordieux 01 172 A1
Cordiron 25 125 D2
Cordon 74 159 D4
Cordonnet 70 125 D1
Cordouan (Phare de) 33 160 A3
Coren 15 184 B3
Corenc 38 189 E2
Corent 63 168 B3
Corfélix 51 60 A2
Corgengoux 21 123 E4
Corgirnon 52 105 E2
Corgnac-sur-l'Isle 24 180 A1
Corgoloin 21 123 E4
Corignac 17 177 E2
Corlay 22 70 C1
Corlée 52 105 D2
Corlier 01 156 C4
Cormainville 28 78 C4
Cormaranche-en-Bugey 01 157 D4
Cormatin 71 139 F4
Corme-Écluse 17 160 C3
Corme-Royal 17 160 C2
Cormeilles 60 17 E4
Cormeilles 27 30 B3
Cormeilles-en-Parisis 95 57 E1
Cormeilles-en-Vexin 95 33 D4
Cormelles-le-Royal 14 29 D3
Le Cormenier 79 146 B3
Cormenon 41 97 F1
Cormeray 50 50 C4
Cormeray 41 117 D1
Cormery 37 116 B2
Cormes 72 77 D3
Cormet de Roselend 73 175 D2
Cormicy 51 36 A2
Le Cormier 27 55 F1
Cormolain 14 28 B3
Cormont 62 8 B1
Cormontreuil 51 36 B3
Cormoranche-sur-Saône 01 155 F2
Cormost 10 83 D3
Cormot-le-Grand 21 139 F1
Cormoyeux 51 36 B4
Cormoz 01 140 C4
Corn 46 198 C3
Cornac 46 198 C1
Cornant 89 81 E4
Cornas 07 187 E4
Cornay 08 38 A2
Corné 49 114 A1
Cornebarrieu 31 229 F2
Corneilhan 34 233 D4
Corneilla-de-Conflent 66 261 F3
Corneilla-del-Vercol 66 262 C2
Corneillan 32 227 D2
Corneilla-la-Rivière 66 262 B2
Corneuil 27 55 E2
Corneville-la-Fouquetière 27 31 D4
Corneville-sur-Risle 27 30 C2
Corniche Angevine 49 113 E2
Corniche Bretonne 22 46 C1
Corniche de l'Armorique 22 46 B2
Corniche du Pail 53 75 F1
Corniche Sublime 83 239 D1
Cornier 74 158 B3
Cornièville 55 63 E2
Cornil 19 181 E2
Cornillé-les-Caves 49 95 F4
Cornillac 26 204 C4
Cornille 24 179 F2
Cornillé 35 73 F4
Cornillon 42 186 B1
Cornillon 30 218 C2
Cornillon-Confoux 13 236 C3
Cornillon-en-Trièves 38 205 E1
Cornillon-sur-l'Oule 26 204 C4
Cornimont 88 88 B4
Cornod 39 157 D2
Cornot 70 106 A3
La Cornuaille 49 94 B4
Cornus 12 216 B4
Cornusse 18 136 B1
Corny 27 32 B3
Corny-Machéroménil 08 21 D4
Corny-sur-Moselle 57 40 A4
Coron 49 113 E3
Corong (Gorges du) 22 70 B1
Corpe 85 129 F4
Corpeau 21 139 F1
Corpoyer-la-Chapelle 21 104 A4
Corps 38 205 F1
Corps-Nuds 35 73 D4
Corquilleroy 45 80 C4
Corquoy 18 135 F1
Corrano 2a 267 D4
Corravillers 70 107 E1
Corre 70 06 B1
Correncon-en-Vercors 38 188 C3
Correns 83 238 B3
Corrèze 19 181 E3
Corrèze 19 181 F1
Corribert 51 60 A1
Corrobert 51 59 F2
Corrombles 21 103 E4
Corronsac 31 230 A4
Corroy 51 60 B3

Corsaint 21 103 E4
Corsavy 66 262 A3
Corscia 2b 266 C1
Corse (Parc Régional) 2A,2B 264 B4
Corse (Cap) 2B 264 C1
Corsept 44 111 D2
Corseul 22 49 D4
Cortambert 71 139 F4
Corte 2b 267 D1
Cortevaix 71 139 F4
Cortone (Col de) 2A 268 B2
Cortrat 45 100 C2
Les Corvées-les-Yys 28 78 A2
Corveissiat 01 156 C2
Corvol-d'Embernard 58 120 C2
Corvol-l'Orgueilleux 58 120 C1
Corzé 49 95 E4
Cos 09 252 A4
Coscione (Plateau de) 2A 269 D1
Cosges 39 141 D2
Coslédaà-Lube-Boast 64 226 C4
Cosmes 53 94 C1
Cosnac 19 181 E3
Cosne-d'Allier 03 152 A1
Cosne-sur-Loire 58 120 A1
Cosnes-et-Romain 54 23 D4
Cosqueville 50 25 D1
Cossaye 58 137 F2
Cossé-d'Anjou 49 113 E3
Cossé-en-Champagne 53 95 F1
Cossé-le-Vivien 53 94 C1
Cossesseville 14 52 B1
Cosson 41,45 99 D3
Cosswiller 67 66 C3
Costa 2b 264 C3
Costaros 43 202 A1
Les Costes 05 206 A2
Les Costes-Gozon 12 215 F3
La Côte 70 107 E3
La Côte 2000 38 189 D3
La Côte-d'Aime 73 175 D3
La Côte-d'Arbroz 74 159 D2
Côte de Jade 44 110 C3
La Côte-en-Couzan 42 169 E2
La Côte-St-André 38 188 B1
Côte Sauvage 56 90 C3
Côte Vermeille 66 263 D3
Le Coteau 42 154 B4
Côtebrune 25 125 F2
Les Côtes-d'Arey 38 171 E4
Les Côtes-de-Corps 38 205 F1
Coti-Chiavari 2a 268 B2
Cotignac 83 238 C3
Cottance 42 170 B2
Cottenchy 80 17 F3
Cottévrard 76 15 F4
Cottier 25 124 C2
Cottun 14 28 B2
Cou (Col de) 74 158 C2
La Couarde 79 146 C2
La Couarde-sur-Mer 17 144 C2
Couargues 18 120 A2
Coubert 77 58 B3
Coubeyrac 33 195 D2
Coubisou 12 200 A3
Coubjours 24 180 C2
Coublanc 71 154 C3
Coublanc 52 105 E3
Coublevie 38 189 D1
Coublucq 64 226 C3
Coubon 43 185 F4
Coubre (Forêt de la) 17 160 A2
Coubre (Phare de la) 17 160 A2
Coubron 93 58 A2
Couches 71 139 E1
Couchey 21 123 E2
La Coucourde 26 203 F3
Coucouron 07 202 B1
Coucy 08 37 D1
Coucy-le-Château-Auffrique 02 35 E1
Coucy-lès-Eppes 02 20 A4
Coucy-la-Ville 02 35 E1
Couddes 41 117 D2
Coudehard 61 53 E2
Coudekerque 59 4 A1
Coudekerque-Branche 59 4 A1
Coudes 63 168 B3
Coudeville 50 50 B1
Coudons 11 253 D4
Coudoux 13 237 D3
Coudray 53 95 D2
Coudray 45 80 A3
Coudray 27 32 B2
Le Coudray 28 78 C1
Coudray-au-Perche 28 77 E3
Le Coudray-Macouard 49 114 B3
Le Coudray-Montceaux 91 58 A4
Coudray-Rabut 14 30 A2
Le Coudray-St-Germer 60 32 C2
Coudray-Salbart (Château) 79 146 B1
Le Coudray-sur-Thelle 60 33 E3
La Coudre 79 130 C1
Coudreceau 28 77 F2
Coudrecieux 72 97 D1
Coudres 27 55 E2
Coudroy 45 100 B2
Coudun 60 34 B1
Coudures 40 226 B2
Coueilles 31 250 C1
Couëron 44 111 E2
Couesmes 37 96 C4
Couesmes-en-Froulay 53 74 C1
Couesnon 35 73 E2
Couesque (Barrage de) 12 199 F2
Couffé 44 112 B1
Couffi 41 117 E2
Couffoulens 11 253 E2
Couffy-sur-Sarsonne 19 166 C3
Couflens 09 259 E4
Coufouleux 81 230 B1
Cougnat (Grottes de) 46 197 F2
Couhé 86 147 E2
Couilly-Pont-aux-Dames 77 58 C2
Couin 62 9 F4
Couiza 11 253 E4
Couladère 31 251 D2
Coulaines 72 76 B4
Coulandon 03 137 E4
Coulangeron 89 102 A3
Coulanges 41 98 A4
Coulanges 03 138 B4
Coulanges-lès-Nevers 58 120 B4
Coulanges-sur-Yonne 89 102 A4
Coulanges-la-Vineuse 89 102 B3
Coulans-sur-Cée 72 76 A4
Coulans-sur-Lizon 25 125 E4
Coulaures 24 180 A2
Couledoux 31 258 C3
Couleuvre 03 136 C3
Coulevon 70 106 C3
Coulgens 16 162 C2
Coulimer 61 76 C1
Coullemelle 80 17 F4
Coullemont 62 9 E3
Coullons 45 100 B4
Coulmer 61 53 F3
Coulmier-le-Sec 21 103 F2
Coulmiers 45 99 D1
Coulobres 34 233 E4
Coulogne 62 3 D2
Couloisy 60 34 C2
Coulombiers 72 76 B2
Coulombiers 86 132 A4
Coulombs 28 56 A3
Coulombs 14 28 C3
Coulombs-en-Valois 77 35 D4
Coulomby 62 3 D4
Coulommes 77 58 C2
Coulommes-et-Marqueny 08 37 E1
Coulommes-la-Montagne 51 36 B3
Coulommiers 77 59 D2
Coulommiers-la-Tour 41 98 A2
Coulon 79 146 A1
Coulonces 14 51 E2
Coulonces 61 53 D2
La Coulonche 61 52 B3
Coulongé 72 96 B3
Coulonge-sur-Charente 17 161 D1
Coulonges 17 161 E3
Coulonges 16 162 B1
Coulonges 86 149 D1
Coulonges-Cohan 02 35 F3
Coulonges-les-Sablons 61 77 E1
Coulonges-sur-l'Autize 79 130 C4
Coulonges-sur-Sarthe 61 52 A4
Coulonges-Thouarsais 79 131 D1
Coulonvillers 80 8 C4
Couloumé-Mondebat 32 227 E2
Coulounieix-Chamiers 24 179 E3
Coulours 89 82 B3
Couloutre 58 120 B1
Coulouvray-Boisbenâtre 50 51 D2
Coulvain 14 28 B4
Coulx 47 196 A4
Coume 57 41 D3
Counozouls 11 261 E2
Coupelle-Neuve 62 9 D1
Coupelle-Vieille 62 9 D1
Coupesarte 14 30 A4
Coupetz 51 61 D2
Coupéville 51 61 E1
Coupiac 12 215 E4
Coupray 52 104 B1
Coupru 02 59 E1
Couptrain 53 75 E1
Coupvray 77 58 B2
Couquèques 33 176 C1
Cour-Cheverny 41 98 C4
Cour-et-Buis 38 171 F4
Cour-l'Évêque 52 104 C1
La Cour-Marigny 45 100 C2
Cour-St-Maurice 25 126 C2
Cour-sur-Loire 41 98 B3
Courances 91 80 B1
Courant 17 146 A4
Courban 21 104 A1
La Courbe 61 52 C3
Courbehaye 28 78 C3
Courbépine 27 30 C4
Courbes 02 19 E3
Courbesseaux 54 64 C3
Courbette 39 141 E3
Courbeveille 53 74 B4
Courbevoie 92 57 E2
Courbiac 47 212 B1
Courbillac 16 162 A2
Courboin 02 59 E1
Courbons 04 222 A2
Courbouzon 39 141 D3
Courbouzon 41 98 C3
Courboyer 61 77 D2
Courcais 03 151 E1
Courçay 37 116 B2
Courcebœufs 72 76 B3
Courcelles-le-Comte 62 10 A4
Courcelette 80 18 B1
Courcelles-la-Forêt 72 96 A2
Courcelles-lès-Gisors 60 32 C3
Courcelles-lès-Lens 62 10 B2
Courcelles 54 86 C1
Courcelles 25 125 D3
Courcelles 58 120 C1
Courcelles 45 80 A4
Courcelles 17 146 A4
Courcelles 90 108 B4
Courcelles-au-Bois 80 9 F4
Courcelles-Chaussy 57 40 C3
Courcelles-de-Touraine 37 115 D1
Courcelles-en-Barrois 55 63 D2
Courcelles-en-Bassée 77 81 D2
Courcelles-en-Montagne 52 105 D2
Courcelles-Epayelles 60 18 A4
Courcelles-Frémoy 21 122 A1
Courcelles-Sapicourt 51 36 A3
Courcelles-sous-Châtenois 88 86 B2
Courcelles-sous-Moyencourt 80 17 D3
Courcelles-sous-Thoix 80 17 D3
Courcelles-sur-Aire 55 62 C1
Courcelles-sur-Blaise 52 84 C1
Courcelles-sur-Nied 57 40 B4
Courcelles-sur-Seine 27 32 A3
Courcelles-sur-Vesle 02 35 F2
Courcelles-sur-Viosne 95 33 D4
Courcelles-sur-Voire 10 84 A1
Courcelles-Val-d'Esnoms 52 105 D3
Courcelles-lès-Montbard 21 103 E4
Courcelles-lès-Montbéliard 25 107 F4
Courcelles-lès-Semur 21 122 B1
Courcemain 51 60 B4
Courcemont 72 76 C3
Courcerac 17 161 F1
Courcerault 61 77 D1
Courceroy 10 81 F1
Courchamp 77 59 E4
Courchamps 02 35 D4
Courchamps 49 114 B3
Courchapon 25 124 C2
Courchaton 70 107 E4
Courchelettes 59 10 B2
Courchevel 1850 73 174 C4
Courcité 53 75 F2
Courcival 72 76 C3
Courcôme 16 147 E4
Courcon 17 145 F2
Courcoué 37 115 E4
Courcouronnes 91 57 F4
Courcoury 17 161 D2
Courcuire 70 125 D2
Courcy 50 27 D4
Courcy 51 36 B2
Courcy 14 53 D1
Courcy-aux-Loges 45 79 F4
Courdemanche 72 97 D2
Courdemanche 27 55 E2
Courdemanges 51 61 E3
Courdimanche 95 56 C1
Courdimanche-sur-Essonne 91 80 A2
Couret 31 258 C2
Courgains 72 76 B2
Courgeac 16 178 B1
Courgenard 72 77 E3
Courgenay 89 82 A2
Courgent 78 56 B2
Courgeon 61 77 D1
Courgeoût 61 77 D1
Courgis 89 102 B2
Courgivaux 51 59 F3
Courgoul 63 168 A4
Courgoul (Gorges de) 63 168 A4
Courjeonnet 51 60 A2
Courlac 16 178 B2
Courlandon 51 36 A2
Courlans 39 141 D3
Courlaoux 39 141 D3
Courlay 79 130 C2
Courléon 49 115 D1
Courlon 21 104 C3
Courlon-sur-Yonne 89 81 E2
Courmangoux 01 156 C1
Courmas 51 36 B3
Courmelles 02 35 E2
Courmemin 41 117 F1
Courménil 61 53 E2
Courmes 06 240 B1
Courmont 70 107 E3
Courmont 02 35 F4
Cournanel 11 253 E3
La Courneuve 93 57 E2
Courniou 34 232 B4
Cournols 63 168 A3
Cournon 56 92 C2
Cournon-d'Auvergne 63 168 B2
Cournonsec 34 234 A3
Cournonterral 34 234 A3
La Couronne 16 162 B3
Courouvre 55 62 C1
Courpalay 77 58 C3
Courpiac 33 194 C2
Courpière 63 169 D2
Courpignac 17 177 E1
Courquetaine 77 58 B3
Courrensan 32 227 F1
Courrières 62 10 B2
Courris 81 215 D4
Courry 30 218 B1
Cours 47 211 E1
Cours 79 130 C4
Cours 46 198 A4
Cours 58 120 A1
Le Cours 56 92 A2
Cours-les-Bains 33 210 B1
Cours-les-Barres 18 120 A4
Cours-de-Monségur 33 195 E2
Cours-de-Pile 24 196 A1
Cours-la-Ville 69 154 C3
Coursac 24 179 E3
Coursan 11 254 C2
Coursan-en-Othe 10 82 C4
Coursegoules 06 240 A1
Courset 62 3 D4
Courseulles-sur-Mer 14 29 D2
Courson 14 51 D2
Courson-les-Carrières 89 102 A4
Courson-Monteloup 91 57 D4
Court d'Aron 85 129 E4
Courtacon 77 59 E3
Courtagnon 51 36 B4
Courtalain 28 78 A4
Courtanvaux 72 97 E2
Courtaoult 10 82 C4
Courtauly 11 253 D3
Courtavon 68 108 B4
Courtefontaine 39 125 D3
Courtefontaine 25 126 C1
Courteilles 27 55 D3
Courteix 19 166 C3
Courtelevant 90 108 B4
Courtemanche 80 18 A4
Courtemaux 45 81 D4
Courtémont 51 37 F4
Courtemont-Varennes 02 35 F4
Courtempierre 45 80 B4
Courtenay 45 81 D4
Courtenay 38 172 B2
Courtenot 10 83 E3
Courteranges 10 83 E2
Courteron 10 83 F4
Courtes 01 140 B4
Courtesoult-et-Gatey 70 105 F3
Courtetain-et-Salans 25 126 A2
La Courtète 11 253 D2
Courteuil 60 34 A3
Courthézon 84 219 F3
Courthiézy 51 35 F4
Courties 32 227 E3
Courtieux 60 35 D2
Courtillers 72 95 F2
Courtils 50 50 C3
La Courtine 23 166 C3
Courtisols 51 61 E1
Courtivron 21 104 C4
Courtoin 89 81 E4
Courtois-sur-Yonne 89 81 E3
Courtomer 61 53 F4
Courtomer 77 58 C4
Courtonne-les-Deux-Églises 14 30 B4
Courtonne-la-Meurdrac 14 30 B4
Courtrizy-et-Fussigny 02 36 A1
Courtry 77 58 A2
Courvaudon 14 28 C4
Courvières 25 142 B1
Courville 51 35 F3
Courville-sur-Eure 28 78 B1
Courzieu 69 171 D2
Cousance 39 141 D4
Cousances-au-Bois 55 63 D2
Cousances-les-Forges 55 62 B4
Cousin 21,89 122 A2
Cousolre 59 12 C3
Coussa 09 252 B3
Coussac-Bonneval 87 164 C4
Coussan 65 249 E2
Coussay 86 132 A2
Coussay-les-Bois 86 133 D2
Coussegrey 10 103 D1
Coussergues 12 200 B4
Coussey 88 86 A1
Coust 18 136 A3
Coustaussa 11 253 E4
Coustouge 11 254 B3
Coustouges 66 262 B4
Coutainville 50 26 C4
Coutances 50 26 C4
Coutansouze 03 152 B3
Coutarnoux 89 102 C4
Coutençon 77 81 D1
Coutens 09 252 B3
Couterne 61 52 B4
Couternon 21 123 F2
Couteuges 43 185 D2
Coutevroult 77 58 B2
Couthenans 70 107 F3
Couthures-sur-Garonne 47 195 E4
Coutiches 59 10 C2
Coutières 79 131 E4
Coutouvre 42 154 C3
Coutras 33 178 A3
Couture 16 162 C1
La Couture 62 10 A1
La Couture 85 129 E4
La Couture-Boussey 27 55 F2
Couture-d'Argenson 79 147 D4
Couture-sur-Loir 41 97 E2
Couturelle 62 9 F3
Coutures 49 114 A1
Coutures 82 212 B4
Coutures 24 179 D1
Coutures 57 65 D2
Coutures 33 195 D3
Couvains 61 54 B2
Couvains 50 27 E3
La Couvertoirade 12 216 C4
Couvertpuis 55 62 C4
Couvignon 10 84 B3
Couville 50 24 C2
Couvonges 55 62 B2
Couvrelles 02 35 E2
Couvron-et-Aumencourt 02 19 E4
Couvrot 51 61 E3
Coux 07 203 E2
Coux 17 177 E1
Coux-et-Bigaroque 24 197 D1
Couy 18 119 F3
La Couyère 35 93 E1
Couzan (Château de) 42 169 F2
Couze 87 149 D3
Couze d'Ardes 63 184 B1
Couze-et-St-Front 24 196 B1
Couzeix 87 164 C1
Couziers 37 114 C3
Couzon 03 137 D3
Couzon-au-Mont-d'Or 69 171 E1
Couzou 46 198 A2
Cox 31 229 D2
Coye-la-Forêt 60 34 A4
Coyecques 62 3 E4
Coyolles 02 34 C3
Coyrière 39 157 E1
Coyron 39 141 E4
Coyviller 54 64 C4
Cozes 17 160 C3
Cozzano 2a 267 D4
Crach 56 91 D3
Crachier 38 172 B3
Crain 89 102 A4
Craincourt 57 64 C1
Craintilleux 42 170 B3
Crainvilliers 88 86 B3
Cramaille 02 35 E3
Cramans 39 124 C4
Cramant 51 60 B1
Cramchaban 17 145 F2
Craménil 61 52 B3
Cramoisy 60 33 F3
Cramont 80 9 D4
Crampagna 09 252 A3
Cran-Gevrier 74 158 A4
Crancey 10 82 B1
Crançot 39 141 E3
Crandelles 15 182 C4
Crannes-en-Champagne 72 96 A1
Cranou (Forêt du) 29 45 F4
Crans 01 156 B4
Crans 39 142 A2
Cransac 12 199 E4
Cranves-Sales 74 158 B2
Craon 53 94 C2
Craon 86 131 F2
Craonne 02 36 A1
Craonnelle 02 36 A2
Crapaud (Puy) 85 130 B2
Crapeaumesnil 60 18 B4
Craponne 69 171 E2
Craponne-sur-Arzon 43 185 E1
Crapouillots (Monument des) 02 35 E1
Cras 46 198 A3
Cras 38 188 C2
Cras-sur-Reyssouze 01 156 B2
Crastatt 67 66 C3
Crastes 32 228 C2
Crasville 50 25 D2
Crasville 27 31 F3
Crasville-la-Mallet 76 15 D3
Crasville-la-Rocquefort 76 15 D3
La Crau 83 244 B3
Crau (Plaine de la) 13 236 B3
Cravanche 90 107 F3
Cravans 17 161 D3
Cravant 45 98 C2
Cravant 89 102 B3
Cravant-les-Côteaux 37 115 E3
Cravencères 32 227 E1
Cravent 78 56 A1
Crayssac 46 197 E4
Craywick 59 3 F2
Crazannes 17 161 D1
Cré 72 95 F3
Créances 50 26 C3
Créancey 52 84 C4
Créancey 21 122 C2
Crécey-sur-Tille 21 104 C4
La Crèche 79 146 C1
Crêches-sur-Saône 71 155 E2
Créchets 65 250 A3
Créchy 03 153 D2
Crécy-au-Mont 02 35 E1
Crécy-la-Chapelle 77 58 C2
Crécy-Couvé 28 55 E3
Crécy-en-Ponthieu 80 8 C3
Crécy-sur-Serre 02 19 F3
Crédin 56 71 E3
Crédogne 63 169 D1
Crégols 46 198 B4
Crégy-lès-Meaux 77 58 C1
Créhange 57 41 D4
Créhen 22 49 D3
Creil 60 34 A3
Creissan 34 254 C1
Creissels 12 216 B3
Crémarest 62 3 D4
Cremeaux 42 169 F1
Crémery 80 18 B3
Crémieu 38 172 B2
Crempigny-Bonneguête 74 157 E4
Cremps 46 213 E1
Crenans 39 141 F4
Crenay 52 85 D4
Creney-près-Troyes 10 83 D2
Crennes-sur-Fraubée 53 75 F2
Creno (Lac de) 2A 266 C2
Créon 33 194 C2
Créon-d'Armagnac 40 210 B3
Créot 71 139 F1
Crépand 21 103 E4
Crépey 54 64 A4
Crépion 55 38 C2
Crépol 26 188 A2
Crépon 14 28 C2
Crépy 02 19 E4
Crépy 62 9 D1
Crépy-en-Valois 60 34 C3
Créquy 62 8 C1
Le Crès 34 234 B2
Cresancey 70 124 C1
Crésantignes 10 83 D3
Les Cresnays 50 51 D3
Crespian 30 234 C1
Crespières 78 56 C2
Crespin 81 214 C3
Crespin 59 11 E2
Crespin 12 214 C3
Crespinet 81 214 C4
Crespy-le-Neuf 10 84 A2
Cressac-St-Genis 16 162 B4
Cressanges 03 152 C1
Cressat 23 150 C3
Cressé 17 162 A1
La Cresse 12 216 B2
Cressensac 46 181 D4
Cresserons 14 29 D2
Cresseveuille 14 29 F3
Cressia 39 141 D4
Cressin-Rochefort 01 173 D2
La Cressonnière 14 53 F1
Cressonsacq 60 34 A1
Cressy 76 15 F3
Cressy-Omencourt 80 18 B3
Cressy-sur-Somme 71 138 B3
Crest 26 204 B2
Le Crest 63 168 B3
Crest-Voland 73 174 C1
Creste 63 168 A4
Crestet 84 220 A2
Le Crestet 07 187 D4
Crestot 27 31 E3
Crêt du Maure (Forêt du) 74 173 F1
Créteil 94 57 F3
Crêtes (Route des) 15 183 D4
Créton 27 55 E2
Cretteville 50 26 C2
Creuë 55 63 E1
Creully 14 28 C2
Creuse 80 17 E2
Creuse 23,36,37,86 134 B4
La Creuse 70 107 D3
Le Creusot 71 139 E2
Creutzwald 57 41 D3
Le Creux 03 136 B4
Creuzier-le-Neuf 03 153 E3
Creuzier-le-Vieux 03 153 E3
Crevans-et-la-Chapelle-lès-Granges 70 107 E4
Crevant 36 135 D4
Crevant-Laveine 63 168 C1
Crévéchamps 54 64 C4
Crèvecœur-sur-l'Escaut 59 10 C4
Crèvecour-en-Auge 14 29 F4
Crèvecour-en-Brie 77 58 C3
Crèvecœur-le-Grand 60 17 D4
Crèvecœur-le-Petit 60 17 F4
Creveney 70 106 C3
Crévic 54 64 C3
Crévin 35 93 E1
Crévoux 05 207 D3
Creys-et-Pusignieu 38 172 C2
Creyssac 24 179 E2
Creysse 46 198 A1
Creysse 24 196 A1
Creysseilles 07 203 E2
Creyssensac-et-Pissot 24 179 E3
Crézançay-sur-Cher 18 135 F2
Crézancy 02 59 F1
Crézancy-en-Sancerre 18 119 E2
Crézières 79 146 C3
Crézilles 54 63 F4
Cricquebœuf 14 30 A2
Cricqueville-en-Auge 14 29 E3
Cricqueville-en-Bessin 14 27 F2
Criel-sur-Mer 76 15 F1
Crillon 60 33 D1
Crillon-le-Brave 84 220 A2
Crimolois 21 123 F2
Crion 54 65 D3
La Crique 76 15 F3
Criquebeuf-la-Campagne 27 31 E3
Criquebeuf-en-Caux 76 14 B3
Criquebeuf-sur-Seine 27 31 F2
Criquetot-l'Esneval 76 14 A4
Criquetot-le-Mauconduit 76 14 C3
Criquetot-sur-Longueville 76 15 E3
Criquetot-sur-Ouville 76 15 D3
Criquiers 76 16 B4
Crisenoy 77 58 B4
Crisolles 60 18 C4
Crissay-sur-Manse 37 115 E3
Crissé 72 76 A3
Crissey 39 124 B4
Crissey 71 140 A2
Cristinacce 2a 266 B2
Cristot 14 28 C3
Criteuil-la-Magdeleine 16 162 A4
Critot 76 15 F4
Croce 2b 265 E4
Crochte 59 4 A2
Crocicchia 2b 265 E4
Crocq 23 166 C1
Le Crocq 60 17 E4
Crocy 14 53 D2
Crœttwiller 67 43 F4
Croignon 33 194 C1
Croisances 43 201 F1
Croisette 62 9 D2
Le Croisic 44 110 B2
La Croisille 27 55 D1
La Croisille-sur-Briance 87 165 E3
Croisilles 61 53 F3
Croisilles 62 10 B3
Croisilles 14 52 B1
Croisilles 28 56 A3
Croismare 54 65 D3
Croissanville 14 29 E4
Croissy-Beaubourg 77 58 B2
Croissy-sur-Celle 60 17 E3
Croissy-sur-Seine 78 57 D2
Le Croisty 56 70 B3
Croisy 18 136 B1
Croisy-sur-Andelle 76 32 A1
Croisy-sur-Eure 27 55 F1
Croix 90 108 A4
Croix 59 5 E4
La Croix-aux-Bois 08 37 F2
La Croix-aux-Mines 88 88 B2
La Croix-Avranchin 50 50 C4
La Croix-Blanche 47 211 F1
Croix-Caluyau 59 11 E4
Croix-Chapeau 17 145 E3
Croix (Col de la) 2A 266 A1
La Croix-Comtesse 17 146 B3
Croix-de-Fer (Col de la) 73 190 A2
La Croix-de-la-Rochette 73 174 A4
La Croix-du-Perche 28 77 F2
La Croix-en-Brie 77 59 D4
La Croix-en-Champagne 51 37 E4
Croix-en-Ternois 62 9 E2
La Croix-en-Touraine 37 116 B2
Croix-Fonsommes 02 19 E2
Croix-Fry (Col de la) 74 174 B1
Croix Haute (Col de la) 26,38 205 E2
La Croix-Helléan 56 71 E4
Croix-Mare 76 15 D4
Croix-Moligneaux 80 18 C3
Croix (Plateau de la) 74 175 D1
La Croix-St-Leufroy 27 32 A4
Croix Scaille 08 21 F1
La Croix-sur-Gartempe 87 148 C3
La Croix-sur-Ourcq 02 35 E3
La Croix-sur-Roudoule 06 223 E3
La Croix-Valmer 83 245 E2
Croixanvec 56 71 D3
Croixdalle 76 16 A3
La Croixille 53 74 B3
Croixrault 80 17 D3
Croizet-sur-Gand 42 170 B1
Crolles 38 189 E1
Crollon 50 50 C4
Cromac 87 149 E2
Cromary 70 125 E1
Cronat 71 138 A3
Cronce 43 184 C3
La Cropte 53 95 E1
Cropus 76 15 F3
Cros 63 167 D4
Cros 30 217 F4
Le Cros 34 233 E1
Cros-de-Géorand 07 202 C2
Cros-de-Montvert 15 182 B3
Cros-de-Ronesque 15 199 F1
Crosey-le-Grand 25 126 B1
Crosey-le-Petit 25 126 A1
Crosmières 72 95 F2
Crosne 91 57 F3
Crossac 44 110 C1
Crosses 18 119 E4
Crosville-sur-Douve 50 25 D4
Crosville-sur-Scie 76 15 E2
Crosville-la-Vieille 27 31 E3
Crotelles 37 97 E4
Crotenay 39 141 F2
Croth 27 55 F2
Le Crotoy 80 8 A3
Crots 05 206 C3
Crottes-en-Pithiverais 45 79 E4
Crottet 01 155 F2
Le Crouais 35 72 B2
Crouay 14 28 B2
La Croupte 14 53 F1
Crouseilles 64 227 D3
Croutelle 86 132 A4
Les Croûtes 10 102 C1
Croutoy 60 34 C2
Crouttes 61 53 E1
Crouttes-sur-Marne 02 59 D1
Crouy 02 35 E2
Crouy-en-Thelle 60 33 F3
Crouy-sur-Cosson 41 98 C3
Crouy-sur-Ourcq 77 35 D4

Le Crouzet 25 142 B2
Crouzet-Migette 25 125 E4
La Crouzille 63 152 A3
Crouzilles 37 115 E3
Crozant 23 150 A1
Croze 23 166 B2
Crozes-Hermitage 26 187 E3
Crozet 01 157 F2
Le Crozet 42 154 A3
Les Crozets 39 141 F4
Crozon 29 45 D4
Crozon-sur-Vauvre 36 150 B1
Cruas 07 203 F2
Crucey-Villages 28 55 D3
Crucheray 41 98 A3
Cruéjouls 12 200 B4
Cruet 73 173 F3
Crugey 21 123 D3
Crugny 51 36 A3
Cruguel 56 91 F1
Cruis 04 221 E3
Crulai 61 54 C3
Crupies 26 204 B3
Crupilly 02 19 F2
Cruscades 11 254 B2
Cruseilles 74 158 A3
Crusnes 54 39 E1
Crussol (Château de) 07 187 E4
Cruviers-Lascours 30 218 B3
Crux-la-Ville 58 121 D3
Cruzille 71 140 A4
Cruzilles-lès-Mépillat 01 155 F2
Cruzy 34 254 C1
Cruzy-le-Châtel 89 103 E2
Cry 89 103 E3
Cubelles 43 185 E4
Cubières 48 202 A4
Cubières-sur-Cinoble 11 253 F4
Cubiérettes 48 202 A4
Cubjac 24 180 A2
Cublac 19 180 C3
Cublize 69 154 C4
Cubnezais 33 177 E3
Cubrial 25 107 D4
Cubry 25 107 D4
Cubry-lès-Faverney 70 106 C2
Cubry-lès-Soing 70 106 B3
Cubzac-les-Ponts 33 177 E4
Cucharmoy 77 59 D4
Cuchery 51 36 A4
Cucq 62 8 B1
Cucugnan 11 262 A1
Cucuron 84 237 E1
Cudos 33 210 A1
Cudot 89 101 E1
Cuébris 06 223 F4
Cuélas 32 250 A1
Cuers 83 244 B2
Cuffies 02 35 E2
Cuffy 18 137 D1
Cugand 85 112 B4
Cuges-les-Pins 13 243 F2
Cugnaux 31 229 F3
Cugney 70 124 C1
Cugny 02 18 C3
Cuguen 35 73 D1
Cuguron 31 250 A3
Cuhon 86 131 F2
Cuignières 60 34 A1
Cuigy-en-Bray 60 32 C2
Cuillé 53 94 B1
Cuinchy 62 10 A1
Cuincy 59 10 B2
Le Cuing 31 250 B2
Cuinzier 42 154 C3
Cuirieux 02 20 A3
Cuiry-lès-Chaudardes 02 36 A2
Cuiry-Housse 02 35 F3
Cuiry-lès-Iviers 02 20 B3
Cuis 51 60 B1
Cuise-la-Motte 60 34 C2
Cuiseaux 71 141 D4
Cuiserey 21 124 A1
Cuisery 71 140 B4
Cuisia 39 141 D4
Cuisiat 01 156 C2
Cuisles 51 36 A4
Cuissai 61 76 A1
Cuissy-et-Geny 02 36 A2
Cuisy 55 38 B3
Cuisy 77 58 B1
Cuisy-en-Almont 02 35 D2
La Cula 42 171 D3
Culan 18 135 F4
Culêtre 21 122 C3
Culey-le-Patry 14 52 B1
Culhat 63 168 C1
Culin 38 172 B4
Cully 14 28 C3
Culmont 52 105 E2
Culoz 01 173 E1
Culles-les-Roches 71 139 F3
Cult 70 124 C2
Cultures 48 201 D4
Cumières 51 36 B4
Cumières-le-Mort-Homme 55 38 B3
Cumiès 11 252 C1
Cumont 82 229 D1
Cunac 81 214 C4
Cunault 49 114 B2
Cuncy-lès-Varzy 58 120 C2
Cunèges 24 195 F2
Cunel 55 38 B2
Cunelières 90 108 A3
Cunfin 10 84 B4
Cunlhat 63 169 D3
Cuon 49 114 B1
Cuperly 51 37 D4
Cuq 47 211 F3
Cuq 81 231 D2
Cuq-Toulza 81 230 C3
Cuqueron 64 248 A1
Curac 16 178 B2
Curan 12 215 F2
Curbans 04 206 A4
Curbigny 71 154 C2
Curçay-sur-Dive 86 114 C4
Curchy 80 18 B3
Curciat-Dongalon 01 140 C4
Curcy-sur-Orne 14 52 B1
Curdin 71 138 C3
Cure 89 102 B3
Curel 04 221 D2
Curel 52 85 D1
Curemonte 19 181 E4
Cures 72 76 A4
Curey 50 50 B4
Curgies 59 11 E2
Curgy 71 122 B4
Curienne 73 173 F3
Curières 12 200 B3
Curis-au-Mont-d'Or 69 171 E1
Curley 21 123 E3
Curlu 80 18 B1
Curmont 52 84 C2
Curnier 26 204 C4
Cursan 33 194 C1
Curtafond 01 156 A2
Curtil-St-Seine 21 123 E1
Curtil-sous-Buffières 71 155 D1
Curtil-sous-Burnand 71 139 F3
Curtil-Vergy 21 123 E3
Curvalle 81 215 D4
Curzay-sur-Vonne 86 131 F4
Curzon 85 129 E4
Cusance 25 126 A1
Cuse-et-Adrisans 25 107 D4
Cusey 52 105 E3
Cussac 87 164 A2
Cussac 15 184 A4
Cussac-Fort-Médoc 33 177 D3
Cussac-sur-Loire 43 185 F4
Cussangy 10 83 D4
Cussay 37 116 A4
Cusset 03 153 E3
Cussey-les-Forges 21 104 C3
Cussey-sur-Lison 25 125 D4
Cussey-sur-l'Ognon 25 125 D2
Cussy 14 28 B2
Cussy-le-Châtel 21 122 C3
Cussy-la-Colonne 21 123 D4
Cussy-en-Morvan 71 122 A4
Cussy-les-Forges 89 121 F1
Custines 54 64 B2
Cusy 89 103 D2
Cusy 74 173 F2
Cutry 54 39 E1
Cutry 02 35 D2
Cuts 60 35 D1
Cutting 57 65 E1
Cuttoli-Corticchiato 2a 266 C4
Cuttura 39 157 E1
Cuvat 74 158 A4
Cuve 70 106 C1
Cuvergnon 60 34 C3
Cuverville 14 29 E3
Cuverville 76 14 B4
Cuverville 27 32 A3
Cuverville-sur-Yères 76 16 A1
Cuves 52 85 E4
Cuves 50 51 D3
Cuves (Saut des) 88 88 B3
Cuvier 39 142 B1
Cuvillers 59 10 C3
Cuvilly 60 34 B1
Cuvry 57 40 B4
Cuxac-Cabardès 11 253 E1
Cuxac-d'Aude 11 254 C2
Cuy 89 81 E3
Cuy 60 18 B4
Cuy-St-Fiacre 76 32 C1
Cuzac 46 199 D3
Cuzance 46 181 D4
Cuzieu 42 170 B3
Cuzieu 01 173 D1
Cuzion 36 139 B4
Cuzorn 47 196 C3
Cuzy 71 138 C2
Cys-la-Commune 02 35 F2
Cysoing 59 10 C1

D

Dabo 57 66 B3
Dachstein 67 67 D3
Dadonville 45 80 A3
Daglan 24 197 E2
Dagneux 01 172 A1
Dagny 77 59 D3
Dagny-Lambercy 02 20 B3
Dagonville 55 63 D2
La Daguenière 49 114 A1
Dahlenheim 67 66 C3
Daignac 33 194 C1
Daigny 08 22 A3
Daillancourt 52 84 C2
Daillecourt 52 85 F4
Dainville 62 10 A3
Dainville-Bertheléville 55 83 F1
Daix 21 123 E2
Dalem 57 41 D3
Dalhain 57 65 D1
Dalhunden 67 67 F2
Dallet 63 168 B2
Dallon 02 19 D2
Dalou 09 252 B3
Dalstein 57 40 C2
Daluis 06 223 E3
Daluis (Gorges de) 06 223 E3
Damas-aux-Bois 88 87 E1
Damas-et-Bettegney 88 87 D3
Damazan 47 211 D1
Dambach 67 43 D4
Dambach-la-Ville 67 89 D1
Dambelin 25 126 B1
Dambenois 25 108 A4
Dambenoît-lès-Colombe 70 107 D2
Damblain 88 86 A4
Damblainville 14 53 D1
Dambron 28 79 E4
Dame-Marie 61 77 D2
Dame-Marie 27 55 D2
Dame-Marie-les-Bois 37 98 A4
Damelevières 54 64 C4
Daméraucourt 60 17 D3
Damerey 71 140 B2
Damery 51 36 B4
Damery 80 18 B3
Les Dames de Meuse 08 21 E2
Damgan 56 91 F4
Damiatte 81 231 D2
Damigni 61 76 A1
Damloup 55 39 D3
Dammard 02 35 D4
Dammarie 28 78 C2
Dammarie-en-Puisaye 45 101 D4
Dammarie-les-Lys 77 80 B1
Dammarie-sur-Loing 45 101 D2
Dammarie-sur-Saulx 55 62 C4
Dammartin 39 124 B2
Dammartin-en-Goële 77 34 A4
Dammartin-en-Serve 78 56 B2
Dammartin-sur-Meuse 52 85 F4
Dammartin-sur-Tigeaux 77 58 C2
Dammartin-les-Templiers 25 125 F2
Damousies 59 12 B3
Damouzy 08 21 E3
Damparis 39 124 B3
Dampierre 14 27 F4
Dampierre 52 105 E1
Dampierre 10 61 D4
Dampierre 39 124 C3
Dampierre-au-Temple 51 37 D4
Dampierre-les-Bois 25 108 A4
Dampierre-le-Château 51 61 F1
Dampierre-lès-Conflans 70 106 C2
Dampierre-en-Bray 76 32 B1
Dampierre-en-Bresse 71 140 C2
Dampierre-en-Burly 45 100 B3
Dampierre-en-Crot 18 119 E1
Dampierre-en-Graçay 18 118 B3
Dampierre-en-Montagne 21 122 C1
Dampierre-en-Yvelines 78 56 C3
Dampierre-et-Flée 21 105 E4
Dampierre-St-Nicolas 76 15 F2
Dampierre-sous-Bouhy 58 120 B1
Dampierre-sous-Brou 28 78 A3
Dampierre-sur-Avre 28 55 E3
Dampierre-sur-Blévy 28 55 E4
Dampierre-sur-Boutonne 17 146 B3
Dampierre-sur-le-Doubs 25 107 F4
Dampierre-sur-Linotte 70 106 C4
Dampierre-sur-Loire 49 114 C2
Dampierre-sur-Moivre 51 61 E2
Dampierre-sur-Salon 70 105 F4
Dampjoux 25 126 C1
Dampleux 02 35 D3
Dampmart 77 58 B2
Dampniat 19 181 E3
Damprichard 25 126 C2
Les Damps 27 31 F2
Dampsmesnil 27 32 B3
Dampvalley-lès-Colombe 70 106 C3
Dampvalley-St-Pancras 70 106 C1
Dampvitoux 54 39 E4
Damrémont 52 105 F1
Damville 27 55 E2
Damvillers 55 38 C2
Damvix 85 145 F2
Dancé 42 170 A1
Dancé 61 77 E2
Dancevoir 52 104 B1
Dancourt 76 16 B2
Dancourt-Popincourt 80 18 B4
Dancy 28 78 C3
Danestal 14 29 F3
Dangé-St-Romain 86 132 C1
Dangeau 28 78 B3
Dangers 28 78 B1
Dangeul 72 76 B3
Dangolsheim 67 66 C3
Dangu 27 32 C3
Dangy 50 27 D4
Danizy 02 19 E4
Danjoutin 90 107 F3
Danne-et-Quatre-Vents 57 66 B2
Dannelbourg 57 66 B2
Dannemarie 78 56 B3
Dannemarie 68 108 B3
Dannemarie 25 126 C1
Dannemarie-sur-Crète 25 125 D2
Dannemoine 89 102 C1
Dannemois 91 80 B1
Dannes 62 2 C4
Dannevoux 55 38 B2
Danvou-la-Ferrière 14 52 A1
Danzé 41 97 F2
Daon 53 95 D2
Daoulas 29 45 E3
Daoulas (Gorges du) 22 70 C2
Daours 80 17 F2
Darazac 19 182 B3
Darbonnay 39 141 E2
Darbres 07 203 E3
Darcey 21 104 A4
Dardenac 33 194 C2
Dardenay 52 105 E3
Dardez 27 31 F4
Dardilly 69 171 E2
Dareizé 69 171 D1
Dargies 60 17 D3
Dargilan (Grotte de) 48 216 C2
Dargnies 80 16 B1
Dargoire 42 171 E3
Darmannes 52 85 D3
Darmont 55 39 E3
Darnac 87 148 C3
Darnétal 76 31 F1
Darnets 19 182 B1
Darney 88 86 C4
Darney-aux-Chênes 88 86 B2
Darnieulles 88 87 D3
Darois 21 123 E1
Darvault 77 80 C3
Darvoy 45 99 F2
Dasle 25 108 A4
Daubensand 67 89 F1
Daubeuf-la-Campagne 27 31 E3
Daubeuf-près-Vatteville 27 32 A3
Daubeuf-Serville 76 14 B3
Daubèze 33 195 D2
Daudet (Moulin de) 13 236 A2
Dauendorf 67 67 D1
Daumazan-sur-Arize 09 251 F2
Daumeray 49 95 E3
Dauphin 04 221 E4
Dausse 47 212 B1
Daux 31 229 F2
Dauzat-sur-Vodable 63 168 B4
Davayat 63 168 B1
Davayé 71 155 E2
Davejean 11 254 A4
Davenescourt 80 18 A3
Davézieux 07 187 D2
Davignac 19 166 B4
Davrey 10 82 C4
Davron 78 56 C2
Dax 40 225 E2
Deauville 14 29 F2
Deaux 30 218 B3
Débats-Rivière-d'Orpra 42 169 F2
Decazeville 12 199 D3
Dechy 59 10 C2
Décines-Charpieu 69 171 F2
Decize 58 137 E2
Dédeling 57 65 D1
Dégagnac 46 197 E2
Degré 72 76 A4
Dehault 72 77 D3
Dehéries 59 19 D1
Dehlingen 67 42 A4
Deinvillers 88 87 E1
Delain 70 105 F4
Delettes 62 3 E4
Delincourt 60 32 C3
Delle 90 108 A4
Delme 57 64 C1
Delouze 55 63 D4
Le Déluge 60 33 E3
Delut 55 38 C1
Deluz 25 125 F2
Demandolx 04 222 C4
Demange-aux-Eaux 55 63 D4
Demangevelle 70 106 B1
Demi-Quartier 74 174 C1
La Demie 70 106 C3
Demigny 71 140 A1
Demoiselles (Grotte des) 34 217 E4
Démouville 14 29 E3
Dému 32 227 F1
Démuin 80 18 A3
Denain 59 11 D2
Dénat 81 231 E1
Denazé 53 94 C1
Denée 49 113 F1
Dénestanville 76 15 F3
Deneuille-lès-Chantelle 03 152 C2
Deneuille-les-Mines 03 152 A1
Deneuvre 54 87 F1
Denèvre 70 105 F4
Dénezé-sous-Doué 49 114 B2
Dénezé-sous-le-Lude 49 96 B4
Denezières 39 141 F3
Denguin 64 226 B4
Denicé 69 155 E4
Denier 62 9 E3
Denipaire 88 88 B1
Dennebrœucq 62 9 D1
Denneville 50 26 B2
Dennevy 71 139 F1
Denney 90 108 A3
Denonville 28 79 D2
Denting 57 41 D3
Déols 36 134 C2
Der-Chantecoq (Lac du) 51,52 62 A4
Derbamont 88 87 D2
Dercé 86 132 A1
Derchigny 76 15 F2
Dercy 02 19 F3
Dernacueillette 11 254 A4
Dernancourt 80 18 A1
Derval 44 93 E3
Désaignes 07 187 D4
Désandans 25 107 E4
Descartes 37 133 D1
Le Deschaux 39 141 D1
Le Désert 14 51 F1
Désertines 53 74 C1
Désertines 03 151 F2
Les Déserts 73 173 F3
Déservillers 25 125 E4
Desges 43 184 C4
Desingy 74 157 E4
Desmonts 45 80 B3
Desnes 39 141 D2
Desseling 57 65 F2
Dessenheim 68 89 E4
Dessia 39 156 C1
Dessoubre 25 126 B2
Destord 88 87 F2
La Destrousse 13 243 E2
Destry 57 65 D1
Desvres 62 3 D4
Détain-et-Bruant 21 123 D3
Détrier 73 174 A4
Le Détroit 14 52 C2
Les Détroits 48 216 C1
Dettey 71 138 C2
Dettwiller 67 66 C2
Deuil-la-Barre 95 57 E1
Deuillet 02 19 D4
Deûlémont 59 5 D3
Les Deux-Alpes 38 190 A3
Deux-Amants (Côte des) 27 32 A2
Deux-Chaises 03 152 C1
Deux-Évailles 53 75 D3
Les Deux-Fays 39 141 D1
Deux-Jumeaux 14 28 A2
Deux-Verges 15 200 C2
Les Deux-Villes 08 22 B3
Deuxnouds-aux-Bois 55 63 E1
Deuxnouds-devant-Beauzée 55 62 C1
Deuxville 54 65 D3
Devay 58 137 F2
Devecey 25 125 E2
Devesset 07 186 C3
Devèze 65 250 A1
Devèze (Grotte de la) 34 232 B4
Deviat 16 178 B1
Dévillac 47 196 C3
Deville 08 21 E2
Déville-lès-Rouen 76 31 E1
La Devinière 37 115 D3
Devise 80 18 C2
Devrouze 71 140 C2
Deycimont 88 87 F3
Deyme 31 230 A4
Deyvillers 88 87 E3
Le Dézert 50 27 E3
Dezize-lès-Maranges 71 139 F1
D'Huison-Longueville 91 80 A1
Dhuisy 77 59 D1
Dhuizel 02 35 F2
Dhuizon 41 99 D4
Diable (Pont du) 73 174 A2
Diable (Roches du) 29 70 A4
Diancey 21 122 B3
Diane-Capelle 57 65 F2
Diant 77 81 D3
Diarville 54 86 C1
Diconne 71 140 B2
Dicy 89 101 E1
Didenheim 68 108 C2
Die 26 204 C2
Diebling 57 41 F3
Diebolsheim 67 89 E2
Diedendorf 67 66 A1
Dieffenbach-au-Val 67 89 D2
Dieffenbach-lès-Wœrth 67 67 E1
Dieffenthal 67 89 D2
Diefmatten 68 108 B2
Dième 69 155 D4
Diemeringen 67 66 B1
Diémoz 38 172 A3
Diénay 21 104 C4
Dienné 86 148 A1
Dienne 15 183 E3
Diennes-Aubigny 58 137 F1
Dienville 10 84 A2
Dieppe 76 15 E2
Dieppe-sous-Douaumont 55 39 D3
Dierre 37 116 B2
Dierrey-St-Julien 10 82 C2
Dierrey-St-Pierre 10 82 C2
Diesen 57 41 D3
Dietwiller 68 108 C2
Dieudonné 60 33 E3
Dieue 55 38 C4
Dieulefit 26 204 B3
Dieulivol 33 195 E2
Dieulouard 54 64 B2
Dieupentale 82 229 E1
Dieuze 57 65 E2
Diéval 62 9 E2
Diffembach-lès-Hellimer 57 41 E4
Diges 89 102 A3
Digna 39 141 D4
Dignac 16 162 C4
Digne 04 222 B2
La Digne-d'Amont 11 253 D3
La Digne-d'Aval 11 253 E3
Dignonville 88 87 E2
Digny 28 55 E4
Digoin 71 138 B4
Digoine 71 139 D4
Digosville 50 25 D2
Digulleville 50 24 B1
Dijon 21 123 F2
Dilo 89 82 A4
Dimancheville 45 80 B3
Dimbsthal 67 66 B3
Dimechaux 59 12 B3
Dimont 59 12 B3
Dinan 22 49 E4
Dinan (Pointe de) 29 68 B1
Dinard 35 49 E3
Dinéault 29 69 D1
Dingé 35 73 D1
Dingsheim 67 67 D3
Dingy-en-Vuache 74 157 F3
Dingy-St-Clair 74 158 B4
Dinozé 88 87 E3
Dinsac 87 149 D2
Dinsheim 67 66 C4
Dinteville 52 84 B4
Dio-et-Valquières 34 233 D2
Dionay 38 188 B2
Dions 30 218 B4
Diors 36 134 C2
Diosaz (Gorges de la) 74 159 E4
Diou 36 118 B4
Diou 03 138 A4
Dirac 16 162 C3
Dirinon 29 45 E3
Dirol 58 121 D2
Dissais 85 129 E4
Dissangis 89 102 C4
Dissay 86 132 B3
Dissay-sous-Courcillon 72 97 D3
Dissé-sous-Ballon 72 76 B3
Dissé-sous-le-Lude 72 96 B3
Distré 49 114 B2
Distroff 57 40 B2
Diusse 64 227 D3
Divajeu 26 204 A2
Dives 14,61 29 F4
Dives 60 18 B4
Dives-sur-Mer 14 29 E3
Divion 62 9 F2
Divonne-les-Bains 01 158 A1
Dixmont 89 82 A4
Dizimieu 38 172 B2
Dizy 51 36 B4
Dizy-le-Gros 02 20 B4
Doazit 40 226 A2
Doazon 64 226 B4
Docelles 88 87 F3
Dœuil-sur-le-Mignon 17 146 A3
Dognen 64 247 F1
Dogneville 88 87 E2
Dohem 62 3 E4
Dohis 02 20 B3
Doignies 59 10 B4
Doingt 80 18 C2
Doissat 24 197 D2
Doissin 38 172 C4
Doix 85 145 F1
Doizieux 42 187 D1
Dol-de-Bretagne 35 50 A4
Dolaincourt 88 86 B2
Dolancourt 10 84 A2
Dolcourt 54 64 A4
Dole 39 124 B3
Dolignon 02 20 B3
Doller 68 107 F2
Dolleren 68 108 A2
Dollon 72 77 D4
Dollot 89 81 E3
Dolmayrac 47 211 E1
Dolo 22 52 A1
Dolomieu 38 172 C3
Dolus-d'Oléron 17 144 C4
Dolus-le-Sec 37 116 B3
Dolving 57 66 A2
Dom (Forêt du) 83 245 D2
Dom-le-Mesnil 08 21 F3
Domagné 35 73 F4
Domaize 63 169 D3
Domalain 35 74 A4
Domancy 74 159 D4
Domarin 38 172 B3
Domart-en-Ponthieu 80 17 E1
Domart-sur-la-Luce 80 17 F2
Domats 89 81 E4
Domazan 30 219 D4
Dombasle-devant-Darney 88 86 C3
Dombasle-en-Argonne 55 38 B3
Dombasle-en-Xaintois 88 86 C2
Dombasle-sur-Meurthe 54 64 C3
Domblain 52 84 C1
Domblans 39 141 E2
Dombras 55 38 C2
Dombrot-le-Sec 88 86 B3
Dombrot-sur-Vair 88 86 B2
Dôme (Puy de) 63 167 F2
Domecy-sur-Cure 89 121 E1
Domecy-sur-le-Vault 89 121 E1
Domèliers 60 17 E4
Domène 38 189 E2
Domérat 03 151 E1
Dômes (Monts) 63 167 F2
Domesmont 80 9 D4
Domessargues 30 218 B4
Domessin 73 173 D3
Domèvre-en-Haye 54 64 A2
Domèvre-sous-Montfort 88 86 C2
Domèvre-sur-Avière 88 87 D3
Domèvre-sur-Durbion 88 87 E2
Domèvre-sur-Vezouze 54 65 E4
Domeyrat 43 185 D2
Domeyrot 23 150 C2
Domezain-Berraute 64 247 E1
Domfaing 88 88 A2
Domfessel 67 66 A1
Domfront 60 18 A4
Domfront 61 52 A4
Domfront-en-Champagne 72 76 A4
Domgermain 54 63 F3
La Dominelais 35 93 E2
Dominois 80 8 C3
Domjean 50 51 E1
Domjevin 54 65 E4
Domjulien 88 86 C2
Doméger-Longvillers 80 9 D4
Domloup 35 73 E4
Dommarie-Eulmont 54 86 C1
Dommarien 52 105 E3
Dommartemont 54 64 B3
Dommartin 69 171 E1
Dommartin 80 17 F3
Dommartin 58 121 E4
Dommartin 25 142 C1
Dommartin 01 156 A2
Dommartin (Anc. abbaye de) 62 8 C3
Dommartin-aux-Bois 88 87 D3
Dommartin-la-Chaussée 54 39 E4
Dommartin-le-Coq 10 83 E1
Dommartin-lès-Cuiseaux 71 140 C4
Dommartin-le-Franc 52 84 C1
Dommartin-Lettrée 51 61 D3
Dommartin-la-Montagne 55 39 D4
Dommartin-lès-Remiremont 88 87 F4
Dommartin-le-St-Père 52 84 C1
Dommartin-sous-Amance 54 64 C2
Dommartin-sous-Hans 51 37 F4
Dommartin-sur-Vraine 88 86 B2
Dommartin-lès-Toul 54 64 A3
Dommartin-lès-Vallois 88 86 C3
Dommartin-Varimont 51 61 F1
Dommartin-Dampierre 51 37 F4
Dommary-Baroncourt 55 39 D2
Domme 24 197 E2
Dommery 08 21 D3
Dommiers 02 35 D2
Domnon-lès-Dieuze 57 65 E1
Domont 95 57 E1
Dompaire 88 87 D2
Dompcevrin 55 63 D1
Dompierre 60 18 A4
Dompierre 61 52 B3
Dompierre 88 87 E2
Dompierre-aux-Bois 55 63 D1
Dompierre-Becquincourt 80 18 B2
Dompierre-du-Chemin 35 74 A2
Dompierre-les-Églises 87 149 E2
Dompierre-en-Morvan 21 122 A1
Dompierre-les-Ormes 71 155 D1
Dompierre-sous-Sanvignes 71 139 D3
Dompierre-sur-Authie 80 8 C3
Dompierre-sur-Besbre 03 138 A4
Dompierre-sur-Chalaronne 01 155 F3
Dompierre-sur-Charente 17 161 E2
Dompierre-sur-Helpe 59 12 B4
Dompierre-sur-Héry 58 121 D2
Dompierre-sur-Mer 17 145 D2
Dompierre-sur-Mont 39 141 E3
Dompierre-sur-Nièvre 58 120 B3
Dompierre-sur-Veyle 01 156 B3
Dompierre-sur-Yon 85 129 E2
Dompierre-les-Tilleuls 25 142 B1
Dompnac 07 202 B3
Domprel 25 126 A2
Dompremy 51 61 F2
Domprix 54 39 E2
Domps 87 165 E3
Domptail 88 87 E1
Domptail-en-l'Air 54 64 C4
Domptin 02 59 E1
Domqueur 80 9 D4
Domremy-aux-Bois 55 63 D3
Domremy-la-Canne 55 39 D2
Domremy-en-Ornois 52 85 E2
Domrémy-la-Pucelle 88 86 A1
Domsure 01 156 B1
Domvallier 88 86 C2
Domvast 80 8 C3
Don 59 10 B1
Donazac 11 253 D3
Donchery 08 21 F3
Doncières 88 87 F1
Doncourt-aux-Templiers 55 39 E4
Doncourt-lès-Conflans 54 39 F3
Doncourt-lès-Longuyon 54 39 D1
Doncourt-sur-Meuse 52 85 F3
Dondas 47 212 A2
Donges 44 111 D1
Donjeux 52 85 D2
Donjeux 57 64 C1
Le Donjon 03 153 F2
Donnay 14 52 B1
Donnazac 81 214 A4
Donnelay 57 65 E2
Donnemain-St-Mamès 28 78 B4
Donnemarie 52 85 E4
Donnemarie-Dontilly 77 81 E1
Donnement 10 83 F1
Donnenheim 67 67 D2
Donnery 45 99 F1
Donneville 31 230 A4
Donnezac 33 177 E2
Donon 67 66 B4
Donon (Col du) 88 66 B4
Dontreix 23 151 F4
Dontrien 51 37 D3
Donville-les-Bains 50 50 B2
Donzac 82 212 A3
Donzac 33 194 C2
Donzacq 40 225 F2
Le Donzeil 23 150 C4
Donzenac 19 181 D2
Donzère 26 203 F4
Donzère Mondragon (Ouvrages de) 84 219 E1
Donzy 58 120 B2
Donzy-le-National 71 155 D1
Donzy-le-Pertuis 71 155 E1
Doranges 63 185 D1
Dorans 90 107 F3
Dorat 63 168 C1
Le Dorat 87 149 D2
Dorceau 61 77 E1
Dordives 45 80 C4
Dordogne 19, 24,33,46 196 A1
Dore 63 169 E3
Dore-l'Église 63 185 E1
La Dorée 53 74 B1
Dorengt 02 19 F1
Dorlisheim 67 66 C4
Dormans 51 35 F4
Dormelles 77 81 D2
La Dornac 24 180 C4
Dornas 07 203 D1
Dornecy 58 121 D1
Dornes 58 137 E3
Dornot 57 40 A4
Dorres 66 261 D3
Dortan 01 157 D1
Dosches 10 83 E2
Dosnon 10 61 D4
Dossenheim-Kochersberg 67 67 D3

Dossenheim-sur-Zinsel *67* 66 C2
Douadic *36* 133 E3
Douai *59* 10 B2
Douains *27* 55 F1
Douarnenez *29* 68 C2
Douaumont *55* 38 C3
Douaumont (Fort de) *55* 38 C3
Double (Forêt de la) *24* 178 C3
Doubs *25,39* 126 A1
Doubs *25* 142 C1
Doubs (Saut du) *25* 126 C3
Doucelles *72* 76 B3
Douchapt *24* 179 D2
Douchy *45* 101 E1
Douchy *02* 18 C3
Douchy-lès-Ayette *62* 10 A4
Douchy-les-Mines *59* 11 D3
Doucier *39* 141 F3
Doucy *73* 174 C3
Doucy-en-Bauges *73* 174 A2
Doudeauville *62* 3 D4
Doudeauville *76* 16 B4
Doudeauville-en-Vexin *27* 32 B2
Doudelainville *80* 16 C1
Doudeville *76* 15 D3
Doudrac *47* 196 B3
Doue *77* 59 D2
Doué-la-Fontaine *49* 114 B3
Douelle *46* 197 E4
Le Douhet *17* 161 D1
Douillet *72* 76 A2
Douilly *80* 18 C3
Doulaincourt *52* 85 D2
Doulaize *25* 125 D4
Doulcon *55* 38 B2
Doulevant-le-Château *52* 84 C2
Doulevant-le-Petit *52* 84 C1
Doulezon *33* 195 D1
Le Doulieu *59* 4 C4
Doullens *80* 9 E4
Doumely-Bégny *08* 20 C4
Doumy *64* 226 C4
Dounoux *88* 87 E3
Dourbie *30, 48* 216 C3
Dourbie (Gorges de la) *30,48* 216 C3
Dourbies *30* 217 D3
Dourdain *35* 73 F3
Dourdan *91* 79 E1
Dourdan (Forêt de) *78,91* 79 E1
Dourges *62* 10 B2
Dourgne *81* 231 D4
Douriez *62* 8 C3
Dourlers *59* 12 B4
Le Dourn *81* 215 D3
Dournazac *87* 164 A3
Dournon *39* 142 A1
Dours *65* 249 E1
Doussard *74* 174 A2
Doussay *86* 132 A2
Douvaine *74* 158 B1
Douve *50* 27 D2
Douville *24* 179 E4
Douville-en-Auge *14* 29 F3
Douville-sur-Andelle *27* 32 A2
Douvrend *76* 15 F2
Douvres *01* 156 C4
Douvres-la-Délivrande *14* 29 D2
Douvrin *62* 10 A1
Doux *79* 131 F2
Doux *08* 37 D1
Doux (Gorges du) *07* 187 E3
Douy *28* 78 A4
Douy-la-Ramée *77* 34 C4
Douzains *47* 196 A3
Douzat *16* 162 B2
La Douze *24* 180 A3
Douzens *11* 254 A2
Douzillac *24* 179 D3
Douzy *08* 22 A3
Doville *50* 26 C2
Doye *39* 142 A2
Doyet *03* 152 A2
Dozulé *14* 29 F3
Drac *5,38* 189 D4
Drac Blanc *05* 206 B1
Drac (Corniche du) *38* 189 D4
Dracé *69* 155 E3
Draché *37* 115 F4
Drachenbronn *67* 43 E4
Dracy *89* 101 F3
Dracy-lès-Couches *71* 139 E1
Dracy-le-Fort *71* 139 F2
Dracy-St-Loup *71* 122 B4
Dragey *50* 50 B3
Draguignan *83* 239 E3
Draillant *74* 158 C1
Drain *49* 112 C2
Draix *04* 222 B2
Draize *08* 20 C4
Drambon *21* 124 A2
Dramelay *39* 157 D1
Drancy *93* 57 F2
Drap *06* 241 E4
Dravegny *02* 35 F3
Draveil *91* 57 F3
Drée *21* 123 D2
Drée *71* 154 C2
Drefféac *44* 92 C4
Drémil-Lafage *31* 230 B3
Le Drennec *29* 45 E2
Dreslincourt *60* 34 C1
Dreuil-lès-Amiens *80* 17 E2
Dreuil-lès-Molliens *80* 17 D2
Dreuilhe *09* 252 C4
Dreux *28* 55 F3
Drevant *18* 136 A3
Dricourt *08* 37 E2
Driencourt *80* 18 C2
Drignac *15* 182 C3
Drincham *59* 3 F2
Drocourt *78* 32 C4
Drocourt *62* 10 B2
Droisy *74* 157 E4
Droisy *27* 55 E2
Droiturier *03* 153 F2
Droizy *02* 35 E3
Drom *01* 156 C2
Drôme *26* 204 A2
Dromesnil *80* 16 C2
Dronne *24,33* 163 F4
Drosay *76* 15 D3
Drosnay *51* 61 E4
Droué *41* 77 F4
Droue-sur-Drouette *28* 56 B4
Drouges *35* 94 A1
Drouilly *51* 61 E3
Droupt-St-Basle *10* 82 C1
Droupt-Ste-Marie *10* 82 C1
Drouville *54* 64 C3
Drouvin-le-Marais *62* 9 F1
Droux *87* 149 D3
Droyes *52* 84 B1
Drubec *14* 30 A3
Drucat *80* 8 C4
Drucourt *27* 30 C4
Drudas *31* 229 E2
Druelle *12* 215 D1
Drugeac *15* 182 C2
Druillat *01* 156 B3
Drulhe *12* 199 D4
Drulingen *67* 66 B1
Drumettaz-Clarafond *73* 173 E2
Drusenheim *67* 67 E2
Druy-Parigny *58* 137 E2
Druye *37* 115 E2
Druyes-les-Belles-Fontaines *89* 102 A4
Dry *45* 99 D2
Duault *22* 70 B1
Ducey *50* 50 C3
Duclair *76* 31 E1
Ducy-Ste-Marguerite *14* 28 C3
Duerne *69* 171 D2
Duesme *21* 104 A3
Duffort *32* 250 A1
Dugny *93* 57 E1
Dugny-sur-Meuse *55* 38 C4
Duhort-Bachen *40* 226 C2
Duilhac-sous-Peyrepertuse *11* 262 A1
Duingt *74* 174 A1
Duisans *62* 10 A3
Dullin *73* 173 D3
Dumes *40* 226 B2
Dun *09* 252 B3
Dun (Montagne de) *71* 154 C2
Dun-le-Palestel *23* 150 A2
Dun-les-Places *58* 121 F2
Dun-le-Poëlier *36* 117 F3
Dun-sur-Auron *18* 136 A1
Dun-sur-Grandry *58* 121 E4
Dun-sur-Meuse *55* 38 B2
Duneau *72* 77 D4
Dunes *82* 212 A3
Dunet *36* 149 E1
Dung *25* 107 F4
Dunière-sur-Eyrieux *07* 203 E1
Dunières *43* 186 C2
Dunkerque *59* 3 F1
Duntzenheim *67* 66 C2
Duppigheim *67* 67 D4
Duran *32* 228 B2
Durance *4,5,13,84* 221 F3
Durance *47* 210 C2
Duranus *06* 241 D3
Duranville *27* 30 C4
Duras *47* 195 E2
Duravel *46* 197 D4
Durban *32* 228 B3
Durban-Corbières *11* 254 B3
Durban-sur-Arize *09* 259 F2

Dijon

Darcy (Pl.) CY
Foch (Av. Mar.) CY 24
Liberté (R. de la) CY

Albert-1er (Av.) CY
Arquebuse (R. de l') CY
Audra (R.) CY
Auxonne (R. d') EZ
Baudin (R. J.-B.) EYZ
Berbisey (R.) CYZ
Berlier (R.) EY
Bossuet (R. et Pl.) CDY
Bourg (R. du) DY
Briand (Av. A.) EX 4
Brosses (Bd de) CY 5
Buffon (R.) DY
Cabet (R. P.) EY
Carnot (Bd) EY
Cellerier (R. J.) CX
Chabot-Charny (R.) DYZ
Champagne (Bd de) EX 7
Charrue (R.) DY 10
Chouette (R. de la) DY 14
Citeaux (R. du Petit) CZ
Clemenceau (Bd G.) EX
Condorcet (R.) CY
Courtépée (R.) DX
Daubenton (R.) CZ
Davout (R.) EY
Devosge (R.) CDY
Diderot (R.) EY
Dr-Chaussier (R.) CY 16
Dubois (Pl. A.) CY 20
Dumont (R. Ch.) DZ
École-de-Droit (R.) DY 21
Egalité (R. de l') CX
Estienne (Pl. Gén.) DX
Févret (R.) DZ
Fontaine-lès-Dijon (R.) CX
Forges (R. des) DY
Fremiet (R. A.) DX
Gagnereaux (R.) DX
Garibaldi (Av.) DX
Gaulle (Crs Gén.-de) DZ
Godrans (R. des) DY 30
Grangier (Pl.) DY 31
Gray (R. de) EY
Hôpital (R. de l') CZ
Jaurès (Av. J.) CZ
J.-J.-Rousseau (R.) DY
Jeannin (R.) DEY
Jouvence (R. de) DX
Libération (Pl. de la) DY 35
Longvic (R. de) DEZ
Magenta (R.) EZ 36
Manutention (R. de la) CZ
Marceau (R.) DX
Mariotte (R.) CY
Marne (Bd de la) EX
Metz (R. de) EY
Michelet (R.) CY 40
Mirande (R. de) EY
Monge (R.) CY
Montchapet (R. de) CX
Mulhouse (R. de) EXY
Musette (R.) DY
Parmentier (R.) EX
Pasteur (R.) DYZ
Perrières (R. des) CY
Piron (R.) DY
Potet (R. du Petit) DY 44
Préfecture (R. de la) DY
Raines (R. du Fg) CYZ
Rameau (R.) DY 47
République (Pl. de la) DX
Rollin (Quai N.) CZ
Roses (R. des) CX
Roussin (R. Amiral) DY
St-Bénigne (Pl.) CY 50
St-Bernard (Pl.) DY 51
Ste-Anne (R.) DYZ
Sambin (R.) DX
Sévigné (Bd) CY
Suquet (Pl.) CZ
Tanneries (R. Pt-des) CZ
Thiers (Bd) EY
Tivoli (R. de) CDZ
Transvaal (R. du) CDZ
Trémouille (Bd de la) DX
Turgot (R.) DZ
Vaillant (R.) DY 57
Vannerie (R.) DY
Vauban (R.) DY
Verdun (Bd de) EX 60
Verrerie (R.) DY
Victor-Hugo (Av.) CXY
Voltaire (Bd) EYZ
Wilson (Pl.) DZ
1er-Mai (Pl. du) CZ 61
1re-Armée-Fse (Av.) CY 62
26e-Dragons (R. du) EX 65
30-Octobre (Pl. du) EY

Durbans *46* 198 B2
Durcet *61* 52 B3
Durdat-Larequille *03* 151 F2
Dureil *72* 96 A2
Durenque *12* 215 E3
Durfort *81* 231 D4
Durfort *09* 251 F2
Durfort-et-St-Martin-de-Sossenac *30* 218 A4
Durfort-Lacapelette *82* 212 C2
Durlinsdorf *68* 108 C4
Durmenach *68* 108 C4
Durmignat *63* 152 B3
Durnes *25* 125 F3
Durningen *67* 67 D3
Durrenbach *67* 67 D1
Durrenentzen *68* 89 E3
Durstel *67* 66 B1
Durtal *49* 95 F3
Durtol *63* 168 A2
Dury *02* 18 C3
Dury *62* 10 B3
Dury *80* 17 E2
Dussac *24* 180 B1
Duttlenheim *67* 67 D4
Duvy *60* 34 B3
Duzey *55* 39 D2
Dyé *89* 102 C1
Dyo *71* 154 C1

E

Eance *35* 94 A2
Eaubonne *95* 57 E1
Eaucourt-sur-Somme *80* 16 C1
Eaunes *31* 229 F4
Eaux-Bonnes *64* 256 C2
Eaux-Puiseaux *10* 82 C4
Eauze *32* 227 E1
Eawy (Forêt d') *76* 15 F3
Ébaty *21* 140 A1
Ebblinghem *59* 4 A3
Ébéon *17* 161 E1
Eberbach-Seltz *67* 43 F4
Eberbach-Wœrth *67* 67 D1
Ebersheim *67* 89 E2
Ebersmunster *67* 89 E1
Ébersviller *57* 40 C2
Éblange *57* 40 C3
Ébouleau *02* 20 A3
Ébréon *16* 162 B1
Ébreuil *03* 152 C3
L'Écaille *08* 36 D2
Écaillon *59* 10 C2
Écajeul *14* 29 F4
Écalgrain (Baie d') *50* 24 B1
Écalles-Alix *76* 15 D4
Écaquelon *27* 31 D3
Écardenville-la-Campagne *27* 31 D4
Écardenville-sur-Eure *27* 32 A4
Écausseville *50* 25 D3
Écauville *27* 31 E4
Eccica-Suarella *2a* 266 C4
Eccles *59* 12 C3
Échalas *69* 171 E3
Échallat *16* 162 B2
Échallon *01* 157 E2
Échalot *21* 104 B3
Échalou *61* 52 B3
Échandelys *63* 169 D4
Échannay *21* 123 D2
Écharcon *91* 57 F4
Échassières *03* 152 B3
Échauffour *61* 53 F3
Échavanne *70* 107 F3
Échay *25* 125 D4
Échebrune *17* 161 E3
Les Echelles de la Mort *25* 126 C2
L'Échelle *08* 21 D3
L'Échelle-St-Aurin *80* 18 A3
Les Échelles *73* 173 E4
Échemines *10* 82 C2
Échemiré *49* 95 F4
Échenans *25* 107 E4
Échenans *70* 107 F3
Échenay *52* 85 E1
Échenevex *01* 157 F1
Échenon *21* 124 A3
Échenoz-la-Méline *70* 106 B3
Échenoz-le-Sec *70* 106 C4
Échevanne *70* 124 C1
Échevannes *25* 125 F3
Échevannes *21* 105 D4
Échevis *26* 188 C3
Échevronne *21* 123 E3
Échigey *21* 123 F3
Échillais *17* 160 C1
Échilleuses *45* 80 B3
Echinghen *62* 2 C4
Échiré *79* 146 B1
Échirolles *38* 189 E3
Échouboulains *77* 81 D1
Échourgnac *24* 178 C3
Eckartswiller *67* 66 B2
Eckbolsheim *67* 67 D3
Eckmühl (Phare d') *29* 68 B4
Eckwersheim *67* 67 D2
Éclaibes *59* 12 B3
Éclaires *51* 62 B1
Éclance *10* 84 B2
Éclans *39* 124 C3
Éclaron *52* 62 A4
Éclassan *07* 187 E3
Écleux *39* 124 C4
Éclimeux *62* 9 D2
Eclose *38* 172 B4
Écluse (Défilé de l') *01* 157 E3
Éclusier-Vaux *80* 18 B2
Écluzelles *28* 55 F3
Écly *08* 36 C1
Écoche *42* 154 C3
Écoivres *62* 9 E3
École *73* 174 A2
École *25* 125 D2
Écollemont *51* 61 F4
Écoman *41* 98 B2
Écommoy *72* 96 C2
Écoquenéauville *50* 27 D1
Écorcei *61* 54 B3
Les Écorces *25* 126 C2
Écorches *61* 53 E2
Écordal *08* 37 E1
Écorpain *72* 97 E1
Écos *27* 32 B4
Écot *25* 126 C1
Écot-la-Combe *52* 85 E3
Écotay-l'Olme *42* 170 A3
Écots *14* 53 D1
Écouché *61* 53 D3
Écouen *95* 57 E1
Écouflant *49* 95 D4
Écouges (Route des) *38* 188 C3
Écouis *27* 32 B2
Écourt-St-Quentin *62* 10 C3
Écoust-St-Mein *62* 10 B4
Écouves (Forêt d') *61* 53 D4
Écouviez *55* 22 C4
Écoyeux *17* 161 E1
Ecquedecques *62* 9 E1
Ecques *62* 3 F4
Ecquetot *27* 31 E3
Ecquevilly *78* 56 C1
Écrainville *76* 14 B4
Écrammeville *14* 28 A2
Les Écrennes *77* 81 D1
Écretteville-lès-Baons *76* 14 C4
Écretteville-sur-Mer *76* 14 B3
Écriennes *51* 61 F3
Écrille *39* 141 E4
Écrins (Parc National des) *05,38* 206 C1
Écromagny *70* 107 E2
Écrosnes *28* 56 B4
Écrouves *54* 63 F3
Ectot-l'Auber *76* 15 E4
Ectot-lès-Baons *76* 15 D4
Écublé *28* 55 F4
Écueil *51* 36 B3
Écueillé *36* 117 D4
Écuélin *59* 12 B3
Écuelle *70* 105 E4
Écuelles *77* 80 C2
Écuelles *71* 140 B1
Écuillé *49* 95 D3
Écuires *62* 8 B2
Écuisses *71* 139 E2
Éculleville *50* 24 B1
Écully *69* 171 E2

Écuras 16 163 E3
Écurat 17 161 D2
Écurcey 25 126 C1
Écurey-en-Verdunois 55 38 C2
Écurie 62 10 A2
Écury-le-Repos 51 60 C2
Écury-sur-Coole 51 61 D2
Écutigny 21 123 D4
Écuvilly 60 18 C4
Edern 29 69 D2
Édon 16 163 D4
Les Éduts 17 146 C4
Eecke 59 4 B3
Effiat 63 153 D4
Effincourt 52 85 E1
Effry 02 20 B2
Égat 66 261 D3
Égleny 89 101 F2
Égletons 19 182 A1
Égligny 77 81 E1
Eglingen 68 108 B3
Église-Neuve-de-Vergt 24 179 E3
Église-Neuve-d'Issac 24 179 D4
Égliseneuve-d'Entraigues 63 183 E1
Égliseneuve-des-Liards 63 168 C4
Égliseneuve-près-Billom 63 168 C2
Les Églises d'Argenteuil 17 146 B4
Églisolles 63 169 F4
Les Églisottes-et-Chalaures 33 178 B3
Égly 91 57 E4
Égreville 77 81 D3
Égriselles-le-Bocage 89 81 E4
Égry 45 80 A4
Éguelshardt 57 42 C4
Eguenigue 90 108 A3
L'Éguille 17 160 B2
Éguilles 13 237 D3
Éguilly 21 122 C2
Éguilly-sous-Bois 10 84 A3
Éguisheim 68 89 D3
Éguzon 36 149 F1
Éhuns 70 106 C2
Eichhoffen 67 89 D1
Eincheville 57 41 D4
Einvaux 54 64 C4
Einville-au-Jard 54 65 D3
Eix 55 39 D3
Élan 08 21 E3
Élancourt 78 56 C3
Elbach 68 108 B3
Elbeuf 76 31 E3
Elbeuf-en-Bray 76 32 C1
Elbeuf-sur-Andelle 76 32 A1
Élencourt 60 16 C3
Élesmes 59 12 B3
Életot 76 14 B3
Éleu-Dit-Leauwette 62 10 A2
Élincourt 59 19 D1
Élincourt-Ste-Marguerite 60 34 B1
Élise-Daucourt 51 37 F4
Ellecourt 76 16 C3
Elliant 29 69 E3
Ellon 14 28 C3
Elne 66 263 D3
Élnes 62 3 E4
Éloie 90 107 F2
Éloise 74 157 E3
Elorn 29 45 F2
Éloyes 88 87 F3
Elsenheim 67 89 E3
Elvange 57 41 D4
Elven 56 91 F2
Elzange 57 40 B2
Émagny 25 125 D2
Émalleville 27 31 F4
Émancé 78 56 B4
Émanville 27 31 E4
Émanville 76 15 E4
Emberménil 54 65 E3
Embiez (Ile des) 83 243 F4
Embourie 16 147 D4
Embres-et-Castelmaure 11 254 B4
Embreville 80 16 B1
Embrun 05 206 C3
Embry 62 8 C1
Émerainville 77 58 A2
Émerchicourt 59 10 C3
Émeringes 69 155 E2
Éméville 60 34 C3
Émiéville 14 29 E3
Emlingen 68 108 C3
Emmerin 59 10 B1
Émondeville 50 25 D3
Empeaux 31 229 E3
Empurany 07 187 D4
Empuré 16 147 D4
Empury 58 121 E2
En Calcat 81 231 E4
Encausse 32 229 D2
Encausse-les-Thermes 31 258 C2
Enchanet (Barrage d') 15 182 B3
Enchastrayes 04 207 E4
Enchenberg 57 42 B4
Encourtiech 09 259 E2
Endoufielle 32 229 D3
Énencourt-Léage 60 32 C2
Énencourt-le-Sec 60 33 D3
Enfer (Gouffre d') 42 186 C1
Enfonvelle 52 106 A1
Engayrac 47 212 A2
Engente 10 84 B2
Engenthal 67 66 B3
Engenville 45 79 F3
Enghien-les-Bains 95 57 E1
Engins 38 189 D2
Englancourt 02 20 A2
Englebelmer 80 18 A1
Englefontaine 59 11 E3
Englesqueville-en-Auge 14 30 A2
Englesqueville-la-Percée 14 27 F2
Englos 59 5 D4
Engomer 09 259 E3
Engraviès 09 252 B3
Enguialès 12 199 F3
Enguinegatte 62 3 F4
Engwiller 67 67 D1
Ennemain 80 18 C2
Ennery 95 33 E4
Ennery 57 40 B3
Ennetières-en-Weppes 59 5 D4
Ennevelin 59 10 C1
Ennezat 63 168 B1
Ennordres 18 119 D1
Enquin-les-Mines 62 9 E1
Enquin-sur-Baillons 62 8 C1
Ens 65 258 A4
Ensérune (Oppidum d') 34 255 D1
Ensigné 79 146 C3
Ensisheim 68 108 C1
Ensuès-la-Redonne 13 242 C2
Entrages 04 222 B2
Entraigues 38 189 F4
Entraigues 63 168 B1
Entraigues-sur-Sorgues 84 219 F3
Entrains-sur-Nohain 58 120 B1
Entrammes 53 74 C4
Entrange 57 40 A1
Entraunes 06 223 D2
Entraygues-sur-Truyère 12 199 F3
Entre-deux-Eaux 88 88 B2
Entre-deux-Guiers 38 173 E4
Entre-deux-Monts 39 142 A3
Entrecasteaux 83 238 C3
Entrechaux 84 220 A2
Entremont 74 158 C4
Entremont-le-Vieux 73 173 E4
Entrepierres 04 221 F2
Entrevaux 04 223 E3
Entrevennes 04 221 F4
Entrevernes 74 174 A1
Entzheim 67 67 D4
Enval 63 168 A1
Enveitg 66 261 D4
Envermeu 76 15 F2
Envronville 76 14 C4
Éourres 05 221 D2
Éoux 31 250 C1
Épagne 10 83 F2
Épagne-Epagnette 80 16 C1
Épagny 74 158 A4
Épagny 21 123 E1
Épagny 02 35 D1
Épaignes 27 30 C3
Épaney 14 53 D1
Épannes 79 146 A2
Éparcy 02 20 B2
Les Éparges 55 39 D4
Épargnes 17 160 C3
Les Éparres 38 172 B4
Épaumesnil 80 16 C2
Épaux-Bézu 02 35 E4
Épeautrolles 28 78 B2
Épécamps 80 9 D4
Épégard 27 31 E3
Épehy 80 18 C1
Épeigné-les-Bois 37 116 C2
Épeigné-sur-Dême 37 97 D3
Épénancourt 80 18 B3
Épenède 16 148 A4
Épenouse 25 126 A2
Épenoy 25 126 A3
Épenx 15 62 A1
Épercieux-St-Paul 42 170 B2
Éperlecques 62 3 E3
Épernay 51 36 B4
Épernay-sous-Gevrey 21 123 E3
Épernon 28 56 B4
Éperrais 61 77 D1
Épersy 73 173 E2
Épertully 71 139 E1
Épervans 71 140 A2
Les Epesses 85 130 A1
Épeugney 25 125 E3
Epfig 67 89 D1
Épiais 41 98 B2
Épiais-lès-Louvres 95 58 A1
Épiais-Rhus 95 33 E4
Épieds 49 114 C3
Épieds 02 35 E4
Épieds 27 55 F1
Épieds-en-Beauce 45 98 C1
Épierre 73 174 B4
Épiez-sur-Chiers 54 39 D1
Épiez-sur-Meuse 55 63 E4
Épinac 71 122 C4
Épinal 88 87 E3
Épinant 52 85 F4
Épinay 27 54 B1
Épinay-Champlâtreux 95 33 F4
L'Épinay-le-Comte 61 74 C1
Épinay-sous-Sénart 91 58 A3
Épinay-sur-Duclair 76 31 D1
Épinay-sur-Odon 14 28 C4
Épinay-sur-Orge 91 57 E3
Épinay-sur-Seine 93 57 E1
L'Épine 05 205 E4
L'Épine 51 61 E1
L'Épine-aux-Bois 02 59 E2
Épine (Col de l') 73 173 E3
Épineau-les-Voves 89 102 A1
Épineu-le-Chevreuil 72 75 F4
Épineuil 89 102 C2
Épineuil-le-Fleuriel 18 136 A4
Épineuse 60 34 A2
Épineux-le-Seguin 53 95 E1
Épiniac 35 50 A4
Épinonville 55 38 B2
Épinouze 26 187 F1
Épinoy 62 10 C3
Épiry 58 121 E3
Épisy 77 80 C2
Épizon 52 85 E2
Éplessier 80 17 D3
Éply 54 64 B1
Époisses 21 103 E4
Épône 78 56 C1
Épothémont 10 84 B1
Épouville 76 14 A4
Époye 51 36 C3
Eppe-Sauvage 59 12 C4
Eppes 02 36 A1
Eppeville 80 18 C3
Epping 57 42 B3
Épretot 76 30 B1
Épreville 76 14 B3
Épreville-en-Lieuvin 27 30 C3
Épreville-en-Roumois 27 31 D2
Épreville-près-le-Neubourg 27 31 E4
Épron 14 29 D3
Eps 62 9 E2
Epte 27,60,95 32 C3
Épuisay 41 97 F1
Épy 39 156 C1
Équancourt 80 18 C1
Équemauville 14 30 A2
Équennes-Éramecourt 80 17 D3
Équeurdreville-Hainneville 50 24 C2
Équevilley 70 106 C2
Équevillon 39 142 A2
Équihen-Plage 62 2 B4
Équilly 50 50 C2
Équirre 62 9 D1
Éragny 95 57 D1
Éragny-sur-Epte 60 32 C2
Éraines 14 53 D1
Éraville 16 162 A3
Erbajolo 2b 267 E1
Erbéviller-sur-Amezule 54 64 C3
Erbray 44 93 F3
Erbrée 35 74 A3
Ercé 09 259 F3
Ercé-en-Lamée 35 93 E2
Ercé-près-Liffré 35 73 E2
Erceville 45 79 E3
Erches 80 18 A3
Ercheu 80 18 C3
Erchin 59 10 C3
Erching 57 42 B3
Erckartswiller 67 66 B1
Ercourt 80 16 C1
Ercuis 60 33 F3
Erdeven 56 90 C3
Erdre 44 112 A1
Éréac 22 72 A2
Ergersheim 67 66 C3
Ergnies 80 8 C4
Ergny 62 8 C1
Ergué-Gabéric 29 69 D3
Érin 62 9 D2
Éringes 21 103 F4
Eringhem 59 3 F2
Érize-la-Brûlée 55 62 C2
Érize-la-Grande 55 62 C1
Érize-la-Petite 55 62 C1
Érize-St-Dizier 55 62 C2
Erlon 02 19 F3
Erloy 02 20 A2
Ermenonville-la-Grande 28 78 B2
Ermenonville 60 34 B4
Ermenonville-la-Petite 28 78 B2
Ermenouville 76 15 D3
Ermitage (Château de l') 59 11 E1
Ermont 95 57 E1
Ernecourt 55 63 D3
Ernée 53 74 B2
Ernemont-Boutavent 60 16 C4
Ernemont-sur-Buchy 76 32 A1
Ernemont-la-Villette 76 32 C1
Ernes 14 53 D1
Ernestviller 57 41 F4
Ernolsheim-Bruche 67 67 D3
Ernolsheim-lès-Saverne 67 66 C2
Erny-St-Julien 62 3 F4
Érôme 26 187 E3
Érondelle 80 16 C1
Érone 2b 265 E4
Éroudeville 50 25 D3
Erp 09 259 E3
Erquery 60 33 F2
Erquinghem-Lys 59 4 C4
Erquinghem-le-Sec 59 5 D4
Erquinvillers 60 34 A1
Erquy 22 48 C3
Err 66 261 D4
Erre 59 11 D2
Errevet 70 107 F3
Errouville 54 39 E1
Ersa 2b 264 B1
Erstein 67 89 E1
Erstroff 57 41 E4
Ervauville 45 81 D4
Ervillers 62 10 A4
Ervy-le-Châtel 10 82 C4
Esbareich 65 250 A4
Esbarres 21 124 A3
Esbly 77 58 B2
Esboz-Brest 70 107 D2
Escala 65 250 A3
Escalans 40 210 B4
L'Escale 04 221 F3
Escales 11 254 B2
Escalette (Pas de) 34 233 E1
Escalles 62 2 C2
Escalquens 31 230 B3
Escames 60 32 C1
Escamps 89 102 A3
Escamps 46 213 F1
Escandolières 12 199 E4
Escanecrabe 31 250 B1
Escardes 51 59 F3
L'Escarène 06 241 E3
Escarmain 59 11 E3
Escaro 66 261 F3
Escassefort 47 195 F3
Escatalens 82 212 C4
Escaudain 59 11 D2
Escaudes 33 210 A1
Escaudœuvres 59 10 C4
Escaufourt 02 19 E1
Escaunets 65 249 D1
Escaut 2,59 10 C3
Escautpont 59 11 E2
Escazeaux 82 229 D1
Eschau 67 67 D4
Eschbach 67 67 D1
Eschbach-au-Val 68 88 C4
Eschbourg 67 66 B2
Eschentzwiller 68 108 C2
Escherange 57 39 F1
Esches 60 33 E3
Eschwiller 67 66 A1
Esclagne 09 252 C4
Esclainvillers 80 17 F3
Esclanèdes 48 201 E4
Esclassan-Labastide 32 224 B4
Esclauzels 46 198 A4
Esclavelles 76 16 A3
Esclavolles-Lurey 51 60 A4
Escles 88 87 D3
Escles-St-Pierre 60 16 C3
Esclottes 47 195 E2
Escobecques 59 5 D4
Escœuilles 62 3 D3
Escoire 24 179 F2
Escolives-Ste-Camille 89 102 B3
Escombres-et-le-Chesnois 08 22 A3
Escondeaux 65 249 E1
Esconnets 65 257 F2
Escorailles 15 182 C3
Escornebœuf 32 229 D2
Escorpain 28 55 E3
Escos 64 225 E4
Escosse 09 252 A2
Escot 64 248 A3
Escots 65 257 F2
Escou 64 248 A2
Escoubès 64 226 C4
Escoubès-Pouts 65 249 D2
Escoulis 31 251 D3
Escouloubre 11 261 E2
Escource 40 208 B2
Escoussans 33 194 C2
Escoussens 81 231 E3
Escout 64 248 A2
Escoutoux 63 169 D2
Escoville 14 29 E3
Escragnolles 06 230 F1
Escrennes 45 79 F4
Escrignelles 45 100 C3
Escroux 81 232 A2
Escueillens 11 252 C3
Escurès 64 227 D4
Escures-sur-Favières 14 29 E4
Escurolles 03 153 D3
Esery 74 158 B3
Eslettes 76 31 E1
Esley 88 86 C3
Eslourenties-Daban 64 249 D1
Esmans 77 81 D2
Esmery-Hallon 80 18 C3
Esmoulières 70 107 E1
Esmoulins 70 124 B1
Esnandes 17 145 D2
Esnans 25 125 F1
Esnes 59 11 D4
Esnes-en-Argonne 55 38 B3
Esnoms-au-Val 52 105 D3
Esnon 89 102 B1
Esnouveaux 52 85 E3
Espagnac 19 182 A2
Espagnac-Ste-Eulalie 46 198 B3
Espagne (Pont d') 65 257 D3
Espagnols (Pointe des) 29 45 D3
Espalais 82 212 B3
Espalem 43 184 B2
Espalion 12 200 A4
Espaly-St-Marcel 43 185 F4
Espanès 31 230 B4
Espaon 32 228 C4
Esparron 83 238 A3
Esparron 31 250 C1
Esparron 05 205 F4
Esparron-la-Bâtie 04 222 A1
Esparron-de-Verdon 04 238 B1
Esparros 65 249 F3
Esparsac 82 212 B4
Espartignac 19 181 E1
Espas 32 227 E1
Espaubourg 60 32 C2
Espèche 65 249 F3
Espéchède 64 248 C1
Espédaillac 46 198 B3
Espelette 64 224 B4
Espeluche 26 203 F3
Espenel 26 204 C2
Espérausses 81 232 A2
Espéraza 11 253 E4
Esperce 31 251 F1
Espère 46 197 F4
L'Espérou 30 217 D3
Espès-Undurein 64 247 E1
Espeyrac 12 199 F3
Espeyroux 46 198 C2
Espezel 11 261 D1
Espieilh 65 257 F2
Espiens 47 211 D2
Espiet 33 194 C1
Espinas 82 214 A2
Espinasse 63 152 A4
Espinasse 15 200 B1
Espinasse-Vozelle 03 153 D3
Espinasses 05 206 B3
Espinchal 63 183 F1
Espinoux (Monts de l') 34 232 C3
Espins 14 52 B1
Espira-de-l'Agly 66 262 C1
Espira-de-Conflent 66 262 A2
Espirat 63 168 C2
Espiute 64 225 E4
Esplantas 43 201 E1
Esplas 09 252 A2
Esplas-de-Sérou 09 251 F4
Espoey 64 248 C1
Espondeilhan 34 233 E4
Esprels 70 107 D4
Esquay-Notre-Dame 14 29 D4
Esquay-sur-Seulles 14 28 C2
Esquéhéries 02 19 F1
Esquelbecq 59 4 A2
Esquennoy 60 17 E4
Esquerchin 59 10 B2
Esquerdes 62 3 E4
Esquibien 29 68 B2
Esquièze-Sère 65 257 E3
Esquiule 64 247 F2
Les Essards 37 115 D2
Les Essards 16 178 B2
Les Essards 17 161 D2
Les Essards-Taignevaux 39 141 D1
Essarois 21 104 B2
Essars 62 9 F1
Les Essarts 27 55 D2
Les Essarts 41 97 C3
Les Essarts 85 129 E2
Les Essarts-le-Roi 78 56 C3
Les Essarts-lès-Sézanne 51 60 A3
Les Essarts-le-Vicomte 51 59 F3
Essavilly 39 142 B2
Essay 61 53 E4
Esse 16 148 B4
Essé 35 93 F1
Essegney 88 87 D1
Les Esseintes 33 195 D3
Essert 89 102 C3
Essert 90 107 F3
Essert-Romand 74 159 D2
Essertaux 80 17 E3
Essertenne 71 139 E2
Essertenne-et-Cecey 70 124 B1
Essertines-en-Châtelneuf 42 169 F3
Essertines-en-Donzy 42 170 C2
Esserts-Blay 73 174 B3
Esserts-Salève 74 158 B3
Esserval-Combe 39 142 B2
Esserval-Tartre 39 142 B2
Essey 21 122 C3
Essey-la-Côte 54 87 E1
Essey-les-Eaux 52 85 E4
Essey-et-Maizerais 54 63 F1
Essey-lès-Nancy 54 64 C3
Essey-les-Ponts 52 84 C4
Essia 39 141 E3
Essigny-le-Grand 02 19 D3
Essigny-le-Petit 02 19 D2
Essises 02 59 E1
Essômes-sur-Marne 02 59 E1
Esson 14 52 B1
Essonne 45 80 A3
Essoyes 10 84 A4
Essuiles 60 33 E1
Estables 48 201 E3
Les Estables 43 202 C1
Establet 26 205 D3
Estadens 31 258 C2
Estagel 66 262 B1
Estaing 12 200 A3
Estaing 65 257 D2
Estaires 59 4 C4
Estal 46 198 C1
Estampes 32 227 F4
Estampures 65 227 F4
Estancarbon 31 258 C1
Estandeuil 63 168 C3
Estang 32 227 D1
L'Estaque 13 243 D2
Estaque (Chaîne de l') 13 242 C2
Estarvielle 65 258 A3
Estats (Pic d') 09 260 A2
Estavar 66 261 D3
Esteil 63 168 C4
Esténos 31 250 B4
Estensan 65 258 A3
Esterel (Massif de l') 83 249 F3
Esterençuby 64 246 C2
Esternay 51 59 F3
Esterre 65 257 E3
Estevelles 62 10 B1
Esteville 76 15 F4
Estézargues 30 219 D4
Estialescq 64 248 A2
Estibeaux 40 225 F2
Estigarde 40 210 B3
Estillac 47 211 E2
Estipouy 32 228 A3
Estirac 65 227 E3
Estissac 10 82 C2
Estivals 19 181 D4
Estivareilles 42 186 A1
Estivareilles 03 151 F1
Estivaux 19 181 D2
Estoher 66 262 A3
Estos 64 248 A2
Estoublon 04 222 A4
Estouches 91 79 F2
Estourmel 59 11 D4
Estouteville-Écalles 76 16 A4
Estouy 45 80 A3
Estrablin 38 171 F4
Estramiac 32 228 C1
Estrebay 08 20 C2
Estréboeuf 80 8 A4
L'Estréchure 30 217 F3
Estrée 62 8 B1
Estrée-Blanche 62 9 E1
Estrée-Cauchy 62 9 F2
Estrée-Wamin 62 9 E3
Estréelles 62 8 B1
Estrées 59 10 C3
Estrées 02 19 D1
Estrées-la-Campagne 14 52 C1
Estrées-lès-Crécy 80 8 C3
Estrées-Deniécourt 80 18 B2
Estrées-en-Chaussée 80 18 C1
Estrées-Mons 80 18 C2
Estrées-St-Denis 60 34 A2
Estrées-sur-Noye 80 17 E3
Estrennes 88 86 C2
Estreux 59 11 E2
Estry 14 51 F1
Esves-le-Moutier 37 116 B4
Esvres 37 116 A2
Eswars 59 10 C3
Étable 73 174 A4
Étables 07 187 E3
Étables-sur-Mer 22 48 A2
Étagnac 16 163 F1
Étaimpuis 76 15 F4
Étain 55 39 D3
Étaing 62 10 B3
Étainhus 76 14 B4
Étais 21 103 F3
Étais-la-Sauvin 89 120 C1
Étalans 25 125 F3
Étalante 21 104 B3
Étalle 08 21 D2
Étalleville 76 15 D3
Étalon 80 18 B3
Étalondes 76 16 A1
Étampes 91 79 F1
Étampes-sur-Marne 02 59 E1
L'Étang-Bertrand 50 24 C3
Étang-sur-Arroux 71 138 C2
L'Étang-la-Ville 78 57 D2
Les Étangs 57 40 C3
Étaples 62 8 B1
Étaule 89 102 C4
Étaules 17 160 B2
Étaules 21 123 E1
Étauliers 33 177 E2
Étaux 74 158 B3
Étaves-et-Bocquiaux 02 19 E2
Étavigny 60 34 C4
Etcharry 64 247 E1
Etchebar 64 247 E2
Éteignières 08 21 D2
Eteimbes 68 108 A2
Étel 56 90 C2
Ételfay 80 18 A4
Étercy 74 173 F1
Éternoz 25 125 E4
Éterpigny 62 10 B3
Éterpigny 80 18 C2
Éterville 14 29 D3
Étevaux 21 124 A2
Eth 59 11 E2
Étienville 50 25 D4
Étigny 89 81 F3
Les Étilleux 28 77 E3
Étinehem 80 18 A2
Étiolles 91 57 F4
Étival 39 141 F4
Étival-Clairefontaine 88 88 A1
Étival-lès-le-Mans 72 96 B1
Étivey 89 103 D3
Étobon 70 107 D3
Étoges 51 60 B2
Étoile (Chaîne de l') 13 243 D2
Étoile (Chapelle de l') 73 173 E2
L'Étoile 80 17 D1
L'Étoile 39 141 E2
Étoile-St-Cyrice 05 221 D1
Étoile-sur-Rhône 26 204 A1
Éton 55 39 D2
Étormay 21 104 A4
Étouars 24 163 E3
Étourvy 10 103 D1
Étoutteville 76 15 D3
Étouvans 25 107 E4
Étouvelles 02 35 F1
Étouvy 14 51 E1
Étouy 60 33 F2
Étrabonne 25 124 C2
Étrappe 25 107 E4
L'Étrat 42 170 C4
Étray 25 126 A3
Étraye-Wavrille 55 38 C2
Étréaupont 02 20 A2
Étrechet 36 134 C2
Étréchy 18 119 E3
Étréchy 51 60 B2
Étréchy 91 79 F1
Étréham 14 28 B2
Étreillers 02 18 C2
Étréjust 80 16 C2
Étrelles 35 74 A4
Étrelles-et-la-Montbleuse 70 106 A4
Étrelles-sur-Aube 10 60 B4
Étrembières 74 158 B2
Étrépagny 27 32 B3
Étrepigney 39 124 C3
Étrépigny 08 21 E3
Étrépilly 77 58 C1
Étrépilly 02 35 E4
Étrepy 51 62 A3
Étretat 76 14 A3
Étreux 02 19 F1
Étreval 54 86 C1
Étréville 27 31 D2
Étrez 01 156 B1
Étriac 16 162 B4
Étriché 49 95 E3
Étricourt-Manancourt 80 18 C1
Étrigny 71 140 A3
Étrochey 21 103 F1
Étrœungt 59 20 A1
Étroitefontaine 70 107 D3
Étroits (Défilé des) 05 205 F2
Les Étroits (Défilé) 74 158 C4
Étroussat 03 152 C3
Étrun 59 10 C3
Étrun 62 10 A3
Etsaut 64 256 B3
Ettendorf 67 67 D2
Etting 57 42 A4
Étueffont 90 108 A2
Étufs (Cascade d') 21 104 C2
Étupes 25 108 A4
Éturqueraye 27 31 D2
Étusson 79 113 F4
Étuz 70 125 D1
Etzling 57 41 F3
Eu 76 16 A1
Eu (Haute Forêt d') 76 16 B2
Euffigneix 52 84 C3
Eugénie-les-Bains 40 226 C2
Euilly-et-Lombut 08 22 A4
Eulmont 54 64 B2
Eup 31 250 B4
Eure 27,28 55 F2
Eurre 26 204 A2
Eurville 52 62 B4
Eus 66 262 A2
Euvezin 54 63 F1
Euville 55 63 E3
Euvy 51 60 C3
Euzet 30 218 B3
Évaillé 72 97 D1
Évans 39 124 C3
Évaux-les-Bains 23 151 E3
Évaux-et-Ménil 88 87 D2
Ève 60 34 B4
Éveaux (Gorge des) 74 158 C3
Évecquemont 78 56 C1
Évenos 83 244 A2
Évergnicourt 02 36 B2
Everly 77 81 E1
Évette 90 107 F3
Éveux 69 171 D1
Évian-les-Bains 74 143 D4
Évigny 08 21 E3
Évillers 25 125 F4
Évin-Malmaison 62 10 B2
Évires 74 158 B3
Évisa 2a 266 B2
Évosges 01 156 C4
Évran 22 72 C1
Évrange 57 40 B1
Évrecy 14 28 C4
Èvres 55 62 B1
Évreux 27 55 E1
Évricourt 60 18 B4
Évriguet 56 71 F3
Évron 53 75 E3
Évry 91 57 F4
Évry 89 81 E3
Évry-lès-Châteaux 77 58 A3
Excenevex 74 158 B1
Excideuil 24 180 B1
Exermont 08 38 A2
Exideuil 16 163 E1
Exincourt 25 107 F4
Exireuil 79 146 C1
Exmes 61 53 E3
Exoudun 79 147 D1
Expiremont 17 177 F1
Eybens 38 189 E2
Eybouleuf 87 165 D2
Eyburie 19 165 E4
Eycheil 09 259 E2
Eydoche 38 172 B4
Eygalayes 26 221 D2
Eygalières 13 236 B1
Eygaliers 26 220 B2
Eygliers 05 207 D2
Eygluy-Escoulin 26 204 B1
Eygues 5,26 220 A1
Eyguians 05 221 E1
Eyguières 13 236 C2
Eygurande 19 167 D3
Eygurande-Gardedeuil 24 178 B3
Eyjeaux 87 165 D2
Eyliac 24 180 A3
Eymet 24 195 F2
Eymeux 26 188 B3
Eymouthiers 16 163 E3
Eymoutiers 87 165 E2
Eyne 66 261 D4
Eynesse 33 195 E1
Eyragues 13 236 B1
Eyrans 33 177 D2
Eyre 33,40 193 D3
Eyrein 19 182 A1
Eyrenville 24 196 B2
Eyres-Moncube 40 226 B2
Eyrieux (Vallée de l') 07 203 E1
Eyroles 26 204 C4
Eysines 33 194 A1
Eysson 25 126 A2
Eysus 64 248 A2
Eyvirat 24 179 F1
Eywiller 67 66 A1
Eyzahut 26 204 A3
Eyzerac 24 180 A1
Les Eyzies-de-Tayac 24 180 A4
Eyzin-Pinet 38 171 F4
Ézanville 95 57 E1
Èze 06 241 E4
Ézy-sur-Eure 27 55 F2

F

Fa 11 253 D4
Fabas 09 251 D3
Fabas 31 250 C1
Fabas 82 229 F1
Fabras 07 203 D3
Fabrègues 34 234 B3
Fabrezan 11 254 A2
Faches-Thumesnil 59 10 B1
Fâchin 58 121 F4
Fades (Viaduc des) 63 152 A4
Fage (Gouffre de la) 19 181 D3
La Fage-Montivernoux 48 200 C2
La Fage-St-Julien 48 201 D2
Le Faget 31 230 C3
Faget-Abbatial 32 228 B3
Fagnières 51 61 D1
Fagnon 08 21 E3
Fahy-lès-Autrey 70 105 E4
Failly 57 40 B3
Faimbe 25 107 E4
Fain-lès-Montbard 21 103 F3
Fain-lès-Moutiers 21 103 E4
Fains 27 55 F1
Fains-la-Folie 28 78 C3
Fains-les-Sources 55 62 B2
Fajac-en-Val 11 253 F3
Fajac-la-Relenque 11 252 B1
Fajoles 46 197 F2
La Fajolle 11 261 D1
Fajolles 82 212 B4
Falaise 08 37 F2
Falaise 14 52 C1
La Falaise 78 56 C1
Falck 57 41 D3
Faleyras 33 194 C2

Falga 31 230 C4
Le Falgoux 15 183 E3
Falgoux (Cirque du) 15 183 E3
Falgoux (Vallée du) 15 183 D3
Falgueyrat 24 196 A2
Falicon 06 241 D4
Falkenstein (Château de) 57 42 C4
Falkwiller 68 108 B2
Fallencourt 76 16 B2
Fallerans 25 125 F3
Falleron 85 128 C1
Falletans 39 124 B3
Fallon 70 107 D4
La Faloise 80 17 F3
Fals 47 211 F3
Falvy 80 18 C2
Famars 59 11 E3
Famechon 80 17 D3
Famechon 62 9 E4
Fameck 57 40 B2
Familly 14 54 A1
Fampoux 62 10 A3
Fanget (Col du) 04 222 B1
Fango 2B 266 B1
Fanjeaux 11 253 D2
Fanlac 24 180 B3
Le Faou 29 45 E4
Le Faouët 22 47 E2
Le Faouët 56 70 A3
Faramans 01 172 A1
Faramans 38 188 B1
Farbus 62 10 A2
Farceaux 27 32 B3
La Fare-en-Champsaur 05 206 A2
La Fare-les-Oliviers 13 237 D3
Farébersviller 57 41 E3
Fareins 01 155 E4
Faremoutiers 77 58 C2
Farges 01 157 F3
Les Farges 24 180 B3
Farges-Allichamps 18 135 F2
Farges-lès-Chalon 71 140 A2
Farges-en-Septaine 18 119 E4
Farges-lès-Mâcon 71 140 A4
Fargniers 02 19 D4
Fargues 40 226 B2
Fargues 46 197 E4
Fargues 33 194 C3
Fargues-St-Hilaire 33 194 B1
Fargues-sur-Ourbise 47 210 C2
Farincourt 52 105 F3
Farinole 2b 265 E2
La Farlède 83 244 B2
Farnay 42 171 D4
Faron (Mont) 83 244 A3
Faronville 45 79 E3
Farschviller 57 41 E3
Fassault 08 21 D4
Fatines 72 76 C4
Fatouville-Grestain 27 30 B2
Le Fau 15 183 D3
Fau-de-Peyre 48 201 D2
Fauch 81 231 E1
Faucigny 74 158 B3
Faucille (Col de la) 01 157 F1
Faucogney-et-la-Mer 70 107 E1
Faucompierre 88 87 F3
Faucon 84 220 B1
Fauconcourt 88 87 E1
Faucon-de-Barcelonnette 04 207 D4
Faucon-du-Caire 04 206 A4
Faucoucourt 02 35 E1
Faudoas 82 229 D1
Le Fauga 31 229 F4
Faugères 07 202 C4
Faugères 34 233 D3
Fauguernon 14 30 B3
Fauguerolles 47 195 F4
Fauillet 47 195 F4
Le Faulq 14 30 B3
Faulquemont 57 41 D4
Faulx 54 64 B2
Faumont 59 10 C2
Fauquembergues 62 3 E4
La Faurie 05 205 E3
Faurilles 24 196 B2
Fauroux 82 212 B2
Faussergues 81 215 D3
La Faute-sur-Mer 85 144 C1
Fauverney 21 123 F2
Fauville 27 55 E1
Fauville-en-Caux 76 14 C4
Faux 08 31 D1
Faux 24 196 B2
Faux-Fresnay 51 60 B4
Faux-Mazuras 23 165 F1
Faux-la-Montagne 23 166 A2
Faux-Vésigneul 51 61 D2
Faux-Villecerf 10 82 B2
Favalello 2b 267 E1
Favars 19 181 E2
Faveraye-Mâchelles 49 113 F2
Faverdines 18 136 A3
Faverelles 45 101 D4
Faverges 74 174 B2
Faverges-de-la-Tour 38 172 C3
Faverney 70 106 B2
Faverois 90 108 B4
Faverolles-la-Campagne 27 55 D1
Faverolles 52 105 D1
Faverolles 02 35 D3
Faverolles 28 56 B3
Faverolles 61 52 C3
Faverolles 80 18 A4
Faverolles 36 117 D3
Faverolles 15 184 B4
Faverolles-et-Coëmy 51 36 A3
Faverolles-sur-Cher 41 116 C2
Faverolles-lès-Lucey 21 104 B2
La Favière 39 142 A2
Favières 80 8 B3
Favières 77 58 B3
Favières 54 86 B1
Favières 28 78 A1
Favresse 51 61 F3
Favreuil 62 10 A4
Favrieux 78 56 B1
Le Favril 28 78 A1
Le Favril 27 30 C3
Le Favril 59 11 F4
Fay 72 76 A4
Fay 61 54 A3
Fay 80 18 B2
Le Fay 71 141 D3
Fay-aux-Loges 45 99 F1
Fay-le-Clos 26 187 E2
Fay-de-Bretagne 44 111 E1
Fay-en-Montagne 39 141 E2
Fay-les-Étangs 60 33 D3
Fay-lès-Marcilly 10 82 B2
Fay-lès-Nemours 77 80 C3
Le Fay-St-Quentin 60 33 E1
Fay-sur-Lignon 43 186 B4
Faycelles 46 198 C3
Faye 41 98 A2
La Faye 16 147 E4
Faye-l'Abbesse 79 131 D2
Faye-d'Anjou 49 113 F2
Faye (Pas de la) 06 240 A1
Faye-sur-Ardin 79 146 B1
Faye-la-Vineuse 37 132 B1
Le Fayel 60 34 B2
Fayence 83 239 F2
Fayet 02 19 D2
Fayet 12 232 C1
Le Fayet 74 159 D4
Fayet-le-Château 63 168 C3
Fayet-Ronaye 63 185 D1
Fayl-Billot 52 105 F2
Faymont 70 107 E3
Faymoreau 85 130 B4
Fays 88 87 F3
Fays 52 84 C1
Fays-la-Chapelle 10 83 D4
Fayssac 81 214 B4
Féas 64 247 F2
Febvin-Palfart 62 9 E1
Fécamp 76 14 B3
Féchain 59 10 C4
Fêche-l'Église 90 108 A4
Fécocourt 54 86 B1
Fédry 70 106 A3
Fegersheim 67 67 D4
Fégréac 44 92 C3
Feigères 74 158 A3
Feigneux 60 34 C3
Feignies 59 12 B3
Feillens 01 155 F2
Feings 61 54 B4
Feings 41 117 D1
Feins 35 73 D2
Feins-en-Gâtinais 45 101 D3
Feissons-sur-Isère 73 174 C3
Feissons-sur-Salins 73 174 C4
Fel 61 53 E2
Felce 2b 267 E1
Feldbach 68 108 C4
Feldkirch 68 108 C1
Feliceto 2B 264 C3
Félines 07 187 E1
Félines 43 185 E2
Félines-Minervois 34 254 A1
Félines-sur-Rimandoule 26 204 B3
Félines-Termenès 11 254 A3
Felleries 59 12 B4
Fellering 68 108 A1
Felletin 23 166 B1
Felluns 66 262 A1
Felon 90 108 A2
Felzins 46 199 D3
Fenain 59 11 D2
Fénay 21 123 F2
Fendeille 11 252 C1
Fénélon 24 197 F1
Fénery 79 131 D3
Fénétrange 57 66 A1
Feneu 49 95 D4
Féneyrols 82 214 A3
Féniers 23 166 B2
Féniers (Abbaye de) 15 183 E2
Fenioux 79 130 C4
Fenioux 17 161 D1
Fenneviller 54 65 F4
Fénols 81 231 D1
Le Fenouiller 85 128 B2
Fenouillet 66 261 F1
Fenouillet 31 229 F2
Fenouillet-du-Razès 11 253 D2
Fépin 08 21 E1
Fer à Cheval (Cirque de) 74 159 E3
Fer à Cheval (Cirque du) 39 141 F1
Ferayola 2B 264 A4
Fercé 44 93 F2
Fercé-sur-Sarthe 72 96 A1
Ferdrupt 88 107 E1
La Fère 02 19 E4
Fère-Champenoise 51 60 B3
Fère (Château de) 02 35 F3
Fère-en-Tardenois 02 35 F3
Férebrianges 51 60 A2
La Férée 08 20 C3
Férel 56 92 A4
Ferfay 62 9 E1
Féricy 77 80 C1
Férin 59 10 C3
Fermanville 50 25 D1
La Fermeté 58 137 E1
Fermont (Fort de) 54 39 D1
Ferney-Voltaire 01 158 A2
Fernoël 63 166 C2
Férolles 45 99 F2
Férolles-Attilly 77 58 A3
Féron 59 20 B1
Ferques 62 2 C3
Ferrals-les-Corbières 11 254 B2
Ferrals-les-Montagnes 34 232 A4
Ferran 11 253 D2
Ferrassières 26 220 C2
Ferrat (Cap) 06 240 C2
Le Ferré 35 50 C4
Ferrensac 47 196 B3
Ferrère 65 250 A4
Les Ferres 06 223 F4
Ferrette 68 108 C4
Ferreux 10 82 B1
La Ferrière 22 71 E3
La Ferrière 85 129 E2
La Ferrière 37 97 E3
La Ferrière 38 190 A1
La Ferrière-Airoux 86 147 F2
La Ferrière-au-Doyen 14 28 B4
La Ferrière-au-Doyen 61 54 B3
La Ferrière-aux-Étangs 61 52 B3
La Ferrière-Béchet 61 53 E4
La Ferrière-Bochard 61 76 A1
La Ferrière-de-Flée 49 94 C2
La Ferrière-en-Parthenay 79 131 E3
Ferrière-et-Lafolie 52 85 D1
Ferrière-la-Grande 59 12 B3
La Ferrière-Harang 14 51 E1
Ferrière-Larçon 37 116 B4
Ferrière-la-Petite 59 12 B3
Ferrière-sur-Beaulieu 37 116 C3
La Ferrière-sur-Risle 27 54 C1
Ferrières 45 80 A4
Ferrières 65 256 C2
Ferrières 50 51 E4
Ferrières 74 158 A4
Ferrières 54 64 C4
Ferrières 80 17 E2
Ferrières 17 145 F2
Ferrières 81 231 F2
Ferrières 60 17 F4
Ferrières 77 58 B2
Ferrières-les-Bois 25 125 D2
Ferrières-en-Bray 76 32 C1
Ferrières-Haut-Clocher 27 55 D1
Ferrières-le-Lac 25 126 C2
Ferrières-Poussarou 34 232 C4
Ferrières-lès-Ray 70 106 A3
Ferrières-St-Hilaire 27 54 B1
Ferrières-St-Mary 15 184 A3
Ferrières-lès-Scey 70 106 B3
Ferrières-sur-Ariège 09 252 A4
Ferrières-sur-Sichon 03 153 F4
Ferrières-la-Verrerie 61 53 F3
Ferrières-les-Verreries 34 234 B1
Ferrussac 43 184 C3
Fertans 25 125 E4
La Ferté 39 141 E1
La Ferté-Alais 91 80 A1
La Ferté-Beauharnais 41 99 E4
La Ferté-Bernard 72 77 D3
La Ferté-Chevresis 02 19 F3
La Ferté-Frênel 61 54 B2
La Ferté-Gaucher 77 59 E3
La Ferté-Hauterive 03 153 D1
La Ferté-Imbault 41 118 B2
La Ferté-Loupière 89 101 F2
La Ferté-Macé 61 52 C4
La Ferté-Milon 02 35 D3
La Ferté-St-Aubin 45 99 E3
La Ferté-St-Cyr 41 99 D3
La Ferté-St-Samson 76 16 B4
La Ferté-sous-Jouarre 77 59 D1
La Ferté-sur-Chiers 08 22 B4
La Ferté-Vidame 28 55 D4
La Ferté-Villeneuil 28 98 B1
Fertrève 58 137 F1
Fervaches 50 51 E1
Fervaques 14 30 B4
Fescamps 80 18 A4
Fesches-le-Châtel 25 108 A4
Fesmy-le-Sart 02 19 F1
Fesques 76 16 B3
Fessanvilliers-Mattanvilliers 28 55 D3
Fessenheim 68 109 D1
Fessenheim-le-Bas 67 66 C3
Fessevillers 25 126 C2
Les Fessey 70 107 D2
Fessy 74 158 C2
Festalemps 24 178 C2
Festes-et-St-André 11 253 D4
Festieux 02 36 A1
Festigny 89 102 A4
Festigny 51 36 A4
Festre (Col du) 05 205 F2
Festubert 62 10 A1
Le Fête 21 122 C3
Féternes 74 158 C1
Fétigny 39 141 E4
Feucherolles 78 57 D2
Feuchy 62 10 A3
Feugarolles 47 211 D2
Feugères 50 27 D3
Feuges 10 83 D2
Feuguerolles 27 31 E4
Feuguerolles-Bully 14 29 D4
Feuguerolles-sur-Seulles 14 28 B4
Feuilla 11 254 C4
Feuillade 16 163 D3
La Feuillade 24 181 D3
La Feuillée 29 46 A4
Feuillères 80 18 B2
La Feuillie 50 26 C4
La Feuillie 76 32 B1
Feule 25 126 C1
Feuquières 60 16 C4
Feuquières-en-Vimeu 80 16 B1
Feurs 42 170 B2
Feusines 36 135 E4
Feux 18 119 F3
Fèves 57 40 B3
Féy 57 40 B4
Fey-en-Haye 54 64 A1
Feyt 19 167 D3
Feytiat 87 164 C2
Feyzin 69 171 E3
Fiac 81 230 C2
Ficaja 2b 265 E4
Ficajola (Anse de) 2A 266 A2
Ficheux 62 10 A3
Fichous-Riumayou 64 226 B3
Le Fidelaire 27 54 C1
Le Fied 39 141 E2
Le Fief-Sauvin 49 112 D2
Fieffes-Montrelet 80 17 E1
Fiefs 62 9 E1
Fiennes 62 3 D3
Fienvillers 80 9 D4
Fier 74 158 A4
Fier (Gorges du) 74 173 F1
Fier (Val du) 01,74 157 E4
Fierville-Bray 14 29 E4
Fierville-les-Mines 50 24 C3
Fierville-les-Parcs 14 30 B3
Le Fieu 33 178 B3
Fieulaine 02 19 E2
Fieux 47 211 D3
Figanières 83 239 E2
Figari 2a 269 D4
Figarol 31 259 D2
Figeac 46 198 C3
Fignévelle 88 86 B4
Fignières 80 18 A3
Filain 70 106 C4
Filain 02 35 F1
Filières 76 14 B4
Filitosa (Station Préhistorique de) 2A 268 C2
Fillé 72 96 B1
Fillières 54 39 E1
Fillièvres 62 9 D3
Fillingès 74 158 B2
Fillols 66 261 F3
Filstroff 57 41 D2
Fiménil 88 87 F3
Finestret 66 262 A2
Finhan 82 212 C4
Finiels (Col de) 48 202 A4
Fins 80 18 C1
Les Fins 25 126 B3
Fiquefleur-Équainville 27 30 B2
Firbeix 24 164 B3
Firfol 14 30 B4
Firmi 12 199 E3
Firminy 42 186 B1
Fislis 68 108 C4
Fismes 51 36 A3
Fitignieu 01 157 D4
Fitilieu 38 172 C3
Fitou 11 254 C4
Fitz-James 60 33 F2
Fix-St-Geneys 43 185 E3
Fixem 57 40 B1
Fixin 21 123 E2
Flabas 55 38 C2
Flacey 28 78 B3
Flacey 21 123 F1
Flacey-en-Bresse 71 141 D3
La Flachère 38 173 E4
Flachères 38 172 B4
Flacourt 78 56 B1
Flacy 89 82 B3
Flagey 52 105 D2
Flagey 25 125 E4
Flagey-lès-Auxonne 21 124 B3
Flagey-Echézeaux 21 123 E3
Flagey-Rigney 25 125 F1
Flagnac 12 199 D3
Flagy 70 106 C3
Flagy 77 81 D2
Flagy 71 139 F4
Flaignes-Havys 08 21 D2
Flainval 54 64 C3
Flamanville 50 24 B2
Flamanville 76 15 D4
Flamarens 32 212 A3
La Flamengrie 59 11 F3
La Flamengrie 02 20 A1
Flamets-Frétils 76 16 B3
Flammerans 21 124 B2
Flammerécourt 52 85 D2
Flancourt-Catelon 27 31 D2
Flangebouche 25 126 A3
Flaran (Ancienne Abbaye de) 32 211 D4
Flassan 84 220 B3
Flassans-sur-Issole 83 244 C1
Flassigny 55 38 C1
Flastroff 57 40 C2
Flat 63 168 C3
Flaucourt 80 18 B2
Flaugeac 24 196 A2
Flaugnac 46 213 D2
Flaujac-Gare 46 198 B2
Flaujac-Poujols 46 213 E1
Flaujagues 33 195 D1
Flaumont-Waudrechies 59 12 B4
Flaux 30 219 D3
Flavacourt 60 32 C2
Flaviac 07 203 F2
Flavignac 87 164 B2
Flavignerot 21 123 E2
Flavigny 51 60 C1
Flavigny 18 136 B1
Flavigny-le-Grand-et-Beaurain 02 19 F2
Flavigny-sur-Moselle 54 64 B4
Flavigny-sur-Ozerain 21 103 F4
Flavin 12 215 E2
Flavy-le-Martel 02 19 D3
Flavy-le-Meldeux 60 18 C3
Flaxieu 01 173 D1
Flaxlanden 68 108 C2
Flayat 23 166 C2
Flayosc 83 239 D3
Fléac 16 162 B3
Fléac-sur-Seugne 17 161 E4
La Flèche 72 96 A3
Fléchères 01 155 E4
Fléchin 62 9 E1
Fléchy 60 17 E4
Fleckenstein (Château de) 67 43 D4
Flée 21 122 B1
Flée 72 97 D3
La Flégère 74 159 E4
Fleigneux 08 21 F3
Fleisheim 57 66 B2
Fleix 86 133 D4
Le Fleix 24 195 F1
Fléré-la-Rivière 36 116 C4
Flers 61 52 B3
Flers 62 9 D3
Flers 80 18 B1
Flers-en-Escrebieux 59 10 B2
Flers-sur-Noye 80 17 E3
Flesquières 59 10 C4
Flesselles 80 17 E1
Flétrange 57 41 D4
Flêtre 59 4 B3
Fléty 58 138 B2
Fleurac 16 162 B2
Fleurac 24 180 B4
Fleurance 32 228 B1
Fleurat 23 150 A2
Fleurbaix 62 4 C4
Fleuré 61 53 D3
Fleuré 86 132 C4
Fleurey 25 126 C2
Fleurey-lès-Faverney 70 106 B2
Fleurey-lès-Lavoncourt 70 106 A3
Fleurey-lès-St-Loup 70 106 C1
Fleurey-sur-Ouche 21 123 D2
Fleurie 69 155 E3
Fleuriel 03 152 C2
Fleurieu-sur-Saône 69 171 E1
Fleurieux-sur-l'Arbresle 69 171 D1
Fleurigné 35 74 A2
Fleurigny 89 81 F3
Fleurines 60 34 A3
Fleurville 71 155 F1
Fleury 11 255 D2
Fleury 02 35 D3
Fleury 50 50 C2
Fleury 57 40 B4
Fleury 80 17 D3
Fleury 60 33 D3
Fleury 62 9 D2
Fleury-les-Aubrais 45 99 E1
Fleury-devant-Douaumont 55 38 C3
Fleury-en-Bière 77 80 B1
Fleury-la-Forêt 27 32 B2
Fleury-Mérogis 91 57 E4
Fleury-la-Montagne 71 154 B3
Fleury-la-Rivière 51 36 B4
Fleury-sur-Aire 55 62 B1
Fleury-sur-Andelle 27 32 A2
Fleury-sur-Loire 58 137 E2
Fleury-sur-Orne 14 29 D3
Fleury-la-Vallée 89 102 A2
Fléville 08 38 A2
Fléville-devant-Nancy 54 64 B3
Fléville-Lixières 54 39 E3
Flévy 57 40 B3
Flexanville 78 56 B3
Flexbourg 67 66 C3
Fley 71 139 F3
Fleys 89 102 C2
Flez-Cuzy 58 121 D2
Fligny 08 20 C2
Flin 54 65 E4
Flines-lez-Raches 59 10 C2
Flines-lès-Mortagne 59 11 D1
Flins-Neuve-Église 78 56 B2
Flins-sur-Seine 78 56 C1
Flipou 27 32 A3
Flirey 54 63 F2
Flixecourt 80 17 D1
Flize 08 21 E3
La Flocellière 85 130 A1
Flocourt 57 64 C1
Flocques 76 16 A1
Flogny-la-Chapelle 89 102 C1
Floing 08 21 F3
Floirac 33 194 B1
Floirac 46 198 A1
Floirac 17 160 C4
Florac 48 217 E1
Florange 57 40 B2
Florémont 88 87 D1
Florensac 34 255 E1
Florent-en-Argonne 51 38 A4
Florentia 39 156 C1
Florentin 81 231 D1
Florentin-la-Capelle 12 200 A3
Floressas 46 197 D4
Florimont 90 108 B4
Florimont-Gaumier 24 197 E2
Floringhem 62 9 E1
Flornoy 52 62 B4
La Flotte 17 144 C2
Flottemanville 50 25 D3
Flottemanville-Hague 50 24 C2
Floudès 33 195 D3
Floure 11 253 F2
Flourens 31 230 B3
Floursies 59 12 B4
Floyon 59 20 A1
Flumen (Gorges du) 39 157 E1
Flumet 73 174 C1
Fluquières 02 19 D3
Fluy 80 17 D2
Foameix-Ornel 55 39 D3
Foce 20 269 D3
Focicchia 2b 267 E1
Foëcy 18 118 C3
Le Foëil 22 47 F4
Foisches 08 13 F4
Foissac 12 198 C4
Foissac 30 218 C3
Foissiat 01 156 B1
Foissy 21 122 C3
Foissy-sur-Vanne 89 82 A3
Foissy-lès-Vézelay 89 121 E1
Foix 09 252 A4
Folcarde 31 230 C4
Folembray 02 35 D1
Folgensbourg 68 109 D3
Le Folgoët 29 45 E2
La Folie 14 28 A3
Folies 80 18 A3
Folkling 57 41 E3
Follainville-Dennemont 78 56 B1
Folles 87 149 F3
La Folletière 76 15 D4
La Folletière-Abenon 14 54 A1
Folleville 80 17 F4
Folleville 27 30 C3
Folligny 50 50 C2
Folschviller 57 41 D4
Fomerey 88 87 D2
Fomperron 79 131 E4
Fonbeauzard 31 230 A2
Foncegrive 21 104 C3
Fonches-Fonchette 80 18 B3
Foncine-le-Bas 39 142 B3
Foncine-le-Haut 39 142 B3
Foncquevillers 62 9 F4
Fondettes 37 115 F1
Fondremand 70 106 B4
Fongalop 24 197 D2
Fongrave 47 211 E1
Fongueusemare 76 14 B3
Fonroque 24 195 F2
Fons 07 203 D3
Fons 46 198 C3
Fons 30 218 B4
Fons-sur-Lussan 30 218 C2
Fonsommes 02 19 E2
Fonsorbes 31 229 E3
Font-Romeu 66 261 D3
La Font-Sainte 15 183 E2
Fontain 25 125 E3
Fontaine 10 84 A3
Fontaine 90 108 A3
Fontaine 38 189 D2
Fontaine-l'Abbé 27 31 D4
Fontaine-au-Bois 59 11 E4
Fontaine-au-Pire 59 11 D4
Fontaine-les-Bassets 61 53 D2
Fontaine-Bellenger 27 32 A3
Fontaine-Bonneleau 60 17 D4
Fontaine-lès-Boulans 62 9 E1
Fontaine-le-Bourg 76 15 F4
Fontaine-lès-Cappy 80 18 B2
Fontaine-Chaalis 60 34 B3
Fontaine-Chalendray 17 146 C4
Fontaine-lès-Clercs 02 19 D3
Fontaine-lès-Clerval 25 126 A1
Fontaine-le-Comte 86 132 A4
Fontaine-les-Coteaux 41 97 E2
Fontaine-Couverte 53 94 A1
Fontaine-lès-Croisilles 62 10 B3
Fontaine-Daniel 53 74 C2
Fontaine-de-Vaucluse 84 220 A4
Fontaine-Denis-Nuisy 51 60 A4
Fontaine-lès-Dijon 21 123 E2
Fontaine-le-Dun 76 15 D2
Fontaine-en-Bray 76 16 A4
Fontaine-en-Dormois 51 37 F3
Fontaine-l'Étalon 62 9 D3
Fontaine-Étoupefour 14 29 D3
Fontaine-Fourches 77 81 F2
Fontaine-Française 21 105 E4
Fontaine-la-Gaillarde 89 81 F3
Fontaine-les-Grès 10 82 C1
Fontaine-Guérard (Abbaye de) 27 32 A2
Fontaine-Guérin 49 95 F4
Fontaine-la-Guyon 28 78 B1
Fontaine Henry 14 29 D3
Fontaine-Henry 14 29 D3
Fontaine-lès-Hermans 62 9 E1
Fontaine-Heudebourg 27 31 F4
Fontaine-Lavaganne 60 17 D4
Fontaine-la-Louvet 27 30 B3
Fontaine-lès-Luxeuil 70 106 C1
Fontaine-Luyères 10 83 E1
Fontaine-Mâcon 10 82 A1
Fontaine-la-Mallet 76 30 A1
Fontaine-Milon 49 95 E4
Fontaine-Notre-Dame 02 19 E2
Fontaine-Notre-Dame 59 10 C4
Fontaine-le-Pin 14 52 C1
Fontaine-le-Port 77 80 C1
Fontaine-le-Puits 73 174 C4
Fontaine-Raoul 41 98 A1
Fontaine-les-Ribouts 28 55 E4
Fontaine-la-Rivière 91 79 F2
Fontaine-St-Lucien 60 33 E1
La Fontaine-St-Martin 72 96 B2
Fontaine-le-Sec 80 16 C2
Fontaine-Simon 28 77 F1
Fontaine-la-Soret 27 31 D4
Fontaine-sous-Jouy 27 32 A4
Fontaine-sous-Montaiguillon 77 59 F4
Fontaine-sous-Montdidier 80 17 F4
Fontaine-sous-Préaux 76 31 F1
Fontaine-sur-Ay 51 36 B4
Fontaine-sur-Maye 80 8 C3
Fontaine-sur-Somme 80 17 D1
Fontaine-Uterte 02 19 D2
Fontaine-lès-Vervins 02 20 A2
Fontainebleau 77 80 B1
Fontainebrux 39 141 D3
Fontaines 89 101 F3
Fontaines 71 139 F2
Fontaines 85 145 F1
Fontaines-d'Ozillac 17 177 F1
Fontaines-en-Sologne 41 98 C4
Fontaines-en-Duesmois 21 103 F3
Fontaines-St-Clair 55 38 B2
Fontaines-St-Martin 69 171 E1
Fontaines-les-Sèches 21 103 E2
Fontaines-sur-Marne 52 62 B4
Fontaines-sur-Saône 69 171 E1
Fontains 77 81 D1
Fontan 06 241 F2
Fontanes 46 213 E1
Fontanès 42 170 C4
Fontanès 34 234 B1
Fontanes 48 202 A2
Fontanès 30 234 C1
Fontanès-de-Sault 11 261 D1
Fontanes-du-Causse 46 198 A3
Fontanges 15 183 D3
Fontangy 21 122 B2
Fontanières 23 151 E3
Fontanil-Cornillon 38 189 D2
Fontannes 43 184 C2
Fontans 48 201 D2
Fontarèches 30 218 C3
Fontcaude (Abbaye de) 34 233 D4
Fontclaireau 16 162 C1
Fontcouverte 11 254 A2
Fontcouverte 73 190 B2
Fontcouverte 17 161 D2
La Fontelaye 76 15 E3
Fontenai-les-Louvets 61 53 D4
Fontenai-sur-Orne 61 53 D3
Fontenailles 89 102 A3
Fontenailles 77 58 C4
Fontenay 76 14 A4
Fontenay 88 87 E2
Fontenay 27 32 B3
Fontenay 36 117 F4
Fontenay 50 51 E3
Fontenay 71 139 D4
Fontenay (Ancienne Abbaye de) 21 103 F3
Fontenay-aux-Roses 92 57 E3
Fontenay-lès-Briis 91 57 D4
Fontenay-le-Comte 85 130 B4
Fontenay-de-Bossery 10 82 A1
Fontenay-en-Parisis 95 34 A4
Fontenay-le-Fleury 78 57 D2
Fontenay-le-Marmion 14 29 D4
Fontenay-Mauvoisin 78 56 B1
Fontenay-le-Pesnel 14 28 C3
Fontenay-près-Chablis 89 102 C2
Fontenay-près-Vézelay 89 121 E1
Fontenay-St-Père 78 56 B1
Fontenay-sous-Bois 94 57 F2
Fontenay-sous-Fouronnes 89 102 B4
Fontenay-sur-Conie 28 79 D3
Fontenay-sur-Eure 28 78 B2
Fontenay-sur-Loing 45 80 C4
Fontenay-sur-Mer 50 25 E3
Fontenay-sur-Vègre 72 95 F1
Fontenay-Torcy 60 16 C4
Fontenay-Trésigny 77 58 C3

Fontenay-le-Vicomte 91 57 F4
Fontenelle 21 105 E4
Fontenelle 02 20 A1
Fontenelle 90 108 A3
La Fontenelle 41 77 F4
La Fontenelle 35 73 E1
Fontenelle-en-Brie 02 59 F2
Fontenelle-Montby 25 107 D4
Les Fontenelles 25 126 C2
Fontenermont 14 51 D2
Fontenet 17 161 E1
Fontenille 79 146 C3
Fontenille 16 162 C1
Fontenilles 31 229 E3
Les Fontenis 70 125 E1
Fontenois-lès-Montbozon 70 106 C4
Fontenois-la-Ville 70 106 C1
Fontenotte 25 125 F1
Fontenouilles 89 101 E2
Fontenoy 89 101 F3
Fontenoy 02 35 D2
Fontenoy-le-Château 88 87 D4
Fontenoy-la-Joûte 54 87 F1
Fontenoy-sur-Moselle 54 64 A3
Fontenu 39 141 F3
Fonteny 57 65 D1
Fonteny 39 142 A1
Fonters-du-Razès 11 252 C2
Fontès 34 233 E3
Fontet 33 195 D3
Fontette 10 84 A4
Fontevraud-l'Abbaye 49 114 C3
Fontfroide (Abbaye de) 11 254 C2
Fontgombault 36 133 E3
Fontguenand 36 117 E3
Fontienne 04 221 E3
Fontiers-Cabardès 11 253 E1
Fontiès-d'Aude 11 253 F2
Fontirou (Grottes de) 47 211 F1
Fontjoncouse 11 254 B3
Fontoy 57 39 F2
Fontpédrouse 66 261 E3
Fontrabiouse 66 261 D2
Fontrailles 65 249 F1
Fontvannes 10 82 C2
Fontvieille 13 236 A2
Forbach 57 41 E3
Força Réal 66 262 B2
Forcalqueiret 83 244 B1
Forcalquier 04 221 E4
Forcé 53 74 C4
La Force 11 253 D2
La Force 24 195 F1
Forcelles-St-Gorgon 54 86 C1
Forcelles-sous-Gugney 54 86 C1
Forceville 80 18 A1
Forceville-en-Vimeu 80 16 C1
Forcey 52 85 E3
Forciolo 2a 269 D1
La Forclaz 74 159 D1
Forclaz (Col de la) 74 174 B1
Forest-l'Abbaye 80 8 C3
Forest-en-Cambrésis 59 11 E4
La Forest-Landerneau 29 45 E3
Forest-Montiers 80 8 B3
Forest-St-Julien 05 206 B2
Forest-sur-Marque 59 5 E4
Foreste 02 18 C3
La Forestière 51 59 F3
Forestière (Aven de la) 07 218 C1
La Forêt-Auvray 61 52 C2
La Forêt-de-Tessé 16 147 D3
Forêt d'Orient (Lac de) 10 83 E2
Forêt d'Orient (Parc Régional de la) 10 84 A2
La Forêt-du-Parc 27 55 E1
La Forêt-du-Temple 23 150 B1
Forêt-la-Folie 27 32 B3
La Forêt-Fouesnant 29 69 D3
La Forêt-le-Roi 91 79 E1
La Forêt-Ste-Croix 91 79 F2
La Forêt-sur-Sèvre 79 130 B2
Forez (Monts du) 63,42 169 E3
Forfry 77 34 B4
La Forge 88 88 A3
Forges 77 81 D1
Forges 61 76 B1
Forges 17 145 E3
Forges 19 181 F3
Forges 49 114 B3
Les Forges 88 87 D3
Les Forges 79 131 F4
Les Forges 56 71 E4
Les Forges 23 151 D3
Forges-les-Bains 91 57 D4
Forges-les-Eaux 76 16 B4
Forges-la-Forêt 35 94 A1
Forges-sur-Meuse 55 38 B3
Forgues 31 229 D4
La Forie 63 169 E3
Forléans 21 122 A1
Formentin 14 30 A3
Formerie 60 16 C4
Formigny 14 28 B2
Formiguères 66 261 D2
Fornex 09 251 E2
Fors 79 146 B2
Forstfeld 67 67 F1
Forstheim 67 67 D1
Fort-du-Plasne 39 142 A3
Fort-Louis 67 67 F1
Fort-Mahon-Plage 80 8 A2
Fort-Mardyck 59 3 F1
Fort-Moville 27 30 B2
Fortan 41 97 F2
Fortel-en-Artois 62 9 D3
La Forteresse 38 188 C1
Fortschwihr 68 89 D3
Fos 31 258 C3
Fos 34 233 E3
Fos (Port de) 13 236 B4
Fos-sur-Mer 13 242 B1
Le Fossat 09 251 F4
Fossé 41 98 B3
Fossé 08 38 A1
Fosse 66 261 F1
Le Fossé 76 16 B4
La Fosse-Corduan 10 82 B1
La Fosse-de-Tigné 49 114 A3
Fossemagne 24 180 A3
Fossemanant 80 17 E3
Fosses 95 34 A4
Les Fosses 79 146 B3
Fossès-et-Baleyssac 33 195 E3
Fosseuse 60 33 E3
Fosseux 62 9 F3
Fossieux 57 64 C2
Fossoy 02 35 E4
Fou (Gorges de la) 66 262 A4
Foucarmont 76 16 B2
Foucart 76 14 C4
Foucarville 50 25 E3
Foucaucourt-en-Santerre 80 18 B2
Foucaucourt-Hors-Nesle 80 16 C2
Foucaucourt-sur-Thabas 55 62 B1
Fouchécourt 70 106 B2
Fouchécourt 88 86 B4
Foucherans 25 125 E3
Foucherans 39 124 B3
Fouchères 89 81 E3
Fouchères 10 83 E3
Fouchères-aux-Bois 55 62 C3
Foucherolles 45 81 D4
Fouchy 67 88 C2
Foucrainville 27 55 F2
Fouday 67 88 C1
Fouencamps 80 17 F2
Fouesnant 29 69 D4
Foufflin-Ricametz 62 9 E2
Foug 54 63 F3
Fougaron 31 259 D2
Fougax-et-Barrineuf 09 252 C4
Fougeré 85 129 E3
Fougères 35 74 A2
Fougères (Forêt de) 35 74 A1
Fougères-sur-Bièvre 41 117 D1
Les Fougerêts 56 92 B2
Fougerolles 36 135 D4
Fougerolles 70 107 D1
Fougerolles-du-Plessis 53 74 B1
Fougueyrolles 24 195 E1
La Fouillade 12 214 B2
Fouilleuse 60 34 A2
Fouillouse 05 206 A4
La Fouillouse 42 170 C4
Le Fouilloux 17 178 A2
Fouilloy 60 16 C3
Fouilloy 80 17 F2
Fouju 77 58 B4
Foulain 52 85 D4
Foulangues 60 33 F3
Foulayronnes 47 211 F2
Foulbec 27 30 B2
Foulcrey 57 65 F3
Fouleix 24 179 E4
Foulenay 39 141 D1
Fouligny 57 40 C4
Foulletorte 53 75 E3
Foulognes 14 28 B3
Foulzy 08 20 C2
Fouquebrune 16 163 C4
Fouquenies 60 33 D1
Fouquereuil 62 9 F1
Fouquerolles 60 33 E1
Fouquescourt 80 18 B3
Fouqueure 16 162 B1
Fouqueville 27 31 E3
Fouquières-lès-Béthune 62 F9144
Fouquières-lès-Lens 62 10 B2
Four 38 172 B3
Fouras 17 145 D4
Fourbanne 25 125 F2
Fourcatier-et-Maison-Neuve 25 142 C2
Fourcès 32 210 C4
Fourchambault 58 120 B4
Fourchaud 03 153 D1
Fourches 14 53 D2
Fourcigny 80 16 C3
Fourdrain 02 19 E4
Fourdrinoy 80 17 D2
Fourg 25 125 D3
Fourges 27 32 B4
Les Fourgs 25 142 C1
Fourilles 03 152 C2
Fourmagnac 46 198 C3
Fourmetot 27 30 C2
Fourmies 59 20 B1
Fournaudin 89 82 B3
Fourneaux 42 170 B1
Fourneaux 73 191 D2
Fourneaux 50 51 E1
Fourneaux-le-Val 14 52 C2
Fournels 48 200 C1
Fournès 30 219 D4
Fournes-Cabardès 11 253 F1
Fournes-en-Weppes 59 4 C4
Le Fournet 14 30 A3
Fournet-Blancheroche 25 126 C3
Fourneville 14 30 B2
Fournival 60 33 F1
Fournols 63 169 D4
Fournoulès 15 199 E2
Fouronnes 89 102 B4
Fourques 66 262 B3
Fourques 30 235 F2
Fourques-sur-Garonne 47 195 E4
Fourqueux 78 57 D2
Fourquevaux 31 230 B3
Fours 33 177 D2
Fours 58 138 A2
Fours-en-Vexin 27 32 B3
Fourtou 11 253 F4
Foussais-Payré 85 130 B4
Foussemagne 90 108 A3
Le Fousseret 31 251 D1
Foussignac 16 162 A2
Fouvent-le-Bas 70 105 F3
Fouvent-le-Haut 70 105 F3
Fouzilhon 34 233 E4
Foville 57 64 C1
Fox-Amphoux 83 238 C2
La Foye-Monjault 79 146 A3
Fozières 34 233 E2
Fozzano 2a 269 D2
Fragnes 71 140 A2
Frahier-et-Chatebier 70 107 F3
Fraignot-et-Vesvrotte 21 104 B3
Fraillicourt 08 20 C4
Fraimbois 54 65 D4
Frain 88 86 B4
Frais 90 108 A3
Fraisans 39 124 C3
Fraisnes-en-Saintois 54 86 C1
Fraisse 24 178 C4
Fraisse-Cabardès 11 253 E1
Fraissé-des-Corbières 11 254 B4
Fraisse-sur-Agout 34 232 B3
Fraisses 42 186 B1
Fraissines 81 215 D4
Fraissinet-de-Fourques 48 217 D2
Fraissinet-de-Lozère 48 217 E1
Fraize 88 88 B3
Fralignes 10 83 E3
La Framboisière-la-Saucelle 28 55 D4
Frambouhans 25 126 C2
Framecourt 62 9 E2
Framerville-Rainecourt 80 18 A2
Framicourt 80 16 B1
Framont 70 105 F4
Frampas 52 62 A4
Francalmont 70 106 C2
Francaltroff 57 65 E1
Francarville 31 230 B3
Francastel 60 17 D4
Françay 41 98 A4
Francazal 31 259 D2
France (Roc de) 66 262 B4
Francescas 47 211 E3
Franchesse 03 136 C3
Francheval 08 22 A3
Franchevelle 70 107 D2
Francheville 54 64 A3
Francheville 27 54 C2
Francheville 39 141 D2
Francheville 61 53 D3
Francheville 21 123 E1
Francheville 69 171 E2
Francheville 51 61 E2
La Francheville 08 21 E3
Francières 60 34 B1
Francières 80 17 D1
Francillon 36 134 B1
Francillon-sur-Roubion 26 204 B3
Francilly-Selency 02 19 D2
Francin 73 173 F4
Franclens 74 157 E3
François 79 146 B1
Francon 31 251 D1
Franconville 54 65 D4
Franconville 95 57 E1
Francoulès 46 197 F3
Francourt 70 106 A3
Francourville 28 79 D2
Francs 33 178 B4
Francueil 37 116 C2
Franey 25 125 D2
Frangy 74 157 F4
Frangy-en-Bresse 71 141 D2
Franken 68 108 C3
Frankenbourg 67 89 D2
Franleu 80 8 B4
Franois 25 125 D2
Franquevielle 31 250 A2
Franqueville 02 20 A2
Franqueville 27 31 D3
Franqueville 80 9 D4
Franqueville-St-Pierre 76 31 F2
Frans 01 155 E4
Fransart 80 18 B3
Fransèches 23 150 C4
Fransu 80 9 D4
Fransures 80 17 E3
Franvillers 80 17 F1
Franxault 21 124 A4
Frapelle 88 88 B2
Fraquelfing 57 65 F3
Fraroz 39 142 B2
Frasnay-Reugny 58 121 D4
Frasne 25 142 B1
Frasne 39 124 B3
Frasne-le-Château 70 106 B4
La Frasnée 39 141 F3
Le Frasnois 39 141 F3
Frasnoy 59 11 E3
La Frasse 74 159 D3
Frasseto 2a 267 D4
Frauenberg 57 42 A3
Frausseilles 81 214 A3
Fravaux 10 84 B3
Le Fraysse 81 215 D4
Frayssinet 46 197 F3
Frayssinet-le-Gélat 46 197 E3
Frayssinhes 46 198 C1
Frazé 28 77 F3
Fréauville 76 16 A2
Frebécourt 88 86 A1
Frébuans 39 141 D3
Le Frêche 40 210 A4
Fréchède 65 227 F4
Fréchencourt 80 17 F1
Fréchendets 65 257 F2
Le Fréchet 31 250 C2
Fréchet-Aure 65 249 F4
Fréchou 47 211 D3
Fréchou-Fréchet 65 249 E2
Frécourt 52 105 E1
Frédéric-Fontaine 70 107 E3
La Frédière 17 161 D1
Frédille 36 117 E4
Frégimont 47 211 E2
Frégouville 32 229 D3
Fréhel (Cap) 22 49 D2
Freigné 49 94 A4
La Freissinouse 05 206 A3
Freistroff 57 40 C3
Freix-Anglards 15 182 C4
Fréjairolles 81 231 E1
Fréjeville 81 231 D3
Fréjus 83 239 F3
Fréjus (Tunnel du) 73 191 D2
Fréland 68 88 C3
Frelinghien 59 5 D3
Frémainville 95 32 C4
Frémécourt 95 33 D4
Fréménil 54 65 E4
Frémeréville-sous-les-Côtes 55 63 E2
Frémery 57 65 D1
Frémestroff 57 41 E4
Frémicourt 62 10 B4
Fremifontaine 88 87 F2
Frémontiers 80 17 D3
Frémonville 54 65 F3
La Frénaye 76 30 C1
Frencq 62 8 B1
Frêne (Col du) 73 174 A3
Frenelle-la-Grande 88 86 C2
Frenelle-la-Petite 88 86 C2
Frênes 61 52 A2
Freneuse 78 32 B4
Freneuse 76 31 F2
Freneuse-sur-Risle 27 31 D3
Freney 73 191 D2
Le Freney-d'Oisans 38 190 A3
Fréniches 60 18 C4
Frénois 21 104 B4
Frénois 88 86 C3
La Frénouse 53 94 C1
Frénouville 14 29 E4
Frépillon 95 57 E1
Fresles 76 16 A3
La Fresnaie-Fayel 61 53 E2
La Fresnais 35 49 F3
Fresnay 10 84 B2
Fresnay-le-Comte 28 78 C2
Fresnay-en-Retz 44 111 D4
Fresnay-l'Évêque 28 79 D3
Fresnay-le-Gilmert 28 78 B1
Fresnay-le-Long 76 15 E4
Fresnay-le-Samson 61 53 E2
Fresnay-sur-Sarthe 72 76 A2
La Fresnaye-au-Sauvage 61 52 C3
La Fresnaye-sur-Chédouet 72 76 B1
Le Fresne 51 61 E2
Le Fresne 27 55 D1
Fresne-l'Archevêque 27 32 A3
Le Fresne-Camilly 14 28 C3
Fresne-Cauverville 27 30 C3
Fresne-Léguillon 60 33 D3
Fresné-la-Mère 14 53 D2
Fresne-le-Plan 76 32 A2
Le Fresne-Poret 50 51 F3
Fresne-St-Mamès 70 106 A4
Le Fresne-sur-Loire 44 113 D1
Fresneaux-Montchevreuil 60 33 D3
Fresnes 21 103 F4
Fresnes 02 35 E1
Fresnes 94 57 E3
Fresnes 41 117 D1
Fresnes 89 103 D2
Fresnes-au-Mont 55 63 D1
Fresnes-en-Saulnois 57 65 D2
Fresnes-en-Tardenois 02 35 F4
Fresnes-en-Woëvre 55 39 D4
Fresnes-Mazancourt 80 18 B2
Fresnes-lès-Montauban 62 10 B3
Fresnes-lès-Reims 51 36 C2
Fresnes-sur-Apance 52 106 A1
Fresnes-sur-Escaut 59 11 E2
Fresnes-sur-Marne 77 58 B1
Fresnes-Tilloloy 80 16 C1
Fresneville 80 16 C2
Fresney 27 55 F1
Fresney-le-Puceux 14 29 D4
Fresney-le-Vieux 14 52 B1
Fresnicourt-le-Dolmen 62 9 F2
Fresnières 60 18 B4
Fresnois-la-Montagne 54 39 D1
Fresnoy 62 9 D2
Fresnoy-Andainville 80 16 C2
Fresnoy-au-Val 80 17 D2
Fresnoy-le-Château 10 83 E3
Fresnoy-en-Bassigny 52 86 A4
Fresnoy-en-Chaussée 80 18 A3
Fresnoy-en-Gohelle 62 10 B2
Fresnoy-en-Thelle 60 33 E3
Fresnoy-Folny 76 16 A2
Fresnoy-le-Grand 02 19 E1
Fresnoy-le-Luat 60 34 B3
Fresnoy-la-Rivière 60 34 C3
Fresnoy-lès-Roye 80 18 B3
Frespech 47 212 A1
Fresquienne 76 15 E4
Fressac 30 217 F4
Fressain 59 10 C3
Fressancourt 02 19 E4
Fresse 70 107 E2
Fresse-sur-Moselle 88 107 F1
Fresselines 23 150 A1
Fressenneville 80 16 B1
Fressies 59 10 C3
Fressin 62 8 C2
Fressines 79 146 C2
Fressinières 05 206 C1
Le Frestoy-Vaux 60 18 A4
Fresville 50 25 D3
Fréterive 73 174 A3
Fréteval 41 98 A2
Fréthun 62 3 D2
Fretigney-et-Velloreille 70 106 B4
Frétigny 28 77 F2
Fretin 59 10 C1
Frétoy 77 59 D3
Frétoy-le-Château 60 18 C4
La Frette 38 188 C1
La Frette 71 140 B3
La Frette-sur-Seine 95 57 D1
Frettecuisse 80 16 C2
Frettemeule 80 16 B1
Frettemolle 80 16 C3
Fretterans 71 140 C1
Frettes 52 105 F3
Le Fréty 08 20 C3
Freulleville 76 15 F2
Frévent 62 9 E3
Fréville 88 85 F2
Fréville 76 15 D4
Fréville-du-Gâtinais 45 100 B1
Frévillers 62 9 F2
Frévin-Capelle 62 9 F2
Freybouse 57 41 E4
Freycenet-la-Cuche 43 202 B1
Freycenet-la-Tour 43 186 A4
Freychenet 09 252 B4
Freyming-Merlebach 57 41 E3
Freyssenet 07 203 E2
Friaize 28 78 A1
Friardel 14 54 A1
Friaucourt 80 8 A4
Friauville 54 39 E3
Fribourg 57 65 F2
Fricamps 80 17 D2
Frichemesnil 76 15 F4
Fricourt 80 18 A1
Fridefont 15 200 C1
Friedolsheim 67 66 C2
Frières-Faillouël 02 19 D3
Friesen 68 108 B3
Friesenheim 67 89 E2
Frignicourt 51 61 E3
Frise 80 18 B2
Friville-Escarbotin 80 8 A4
Frizon 88 87 D2
Froberville 76 14 B3
Frocourt 60 33 E2
Frœningen 68 108 C2
Frœschwiller 67 43 D4
Froges 38 189 F1
Frohen-le-Grand 80 9 D3
Frohen-le-Petit 80 9 D4
Frohmuhl 67 66 B1
Froideconche 70 107 D2
Froidefontaine 39 142 B2
Froidefontaine 90 108 A3
Froidestrées 02 20 A2
Froideterre 70 107 E2
Froidevaux 25 126 C2
Froideville 39 141 D2
Froidfond 85 128 C1
Froidmont-Cohartille 02 19 F3
Froidos 55 38 B4
Froissy 60 17 E4
Frôlois 21 104 A4
Frolois 54 64 B4
Fromelennes 08 13 F4
Fromelles 59 4 C4
Fromental 87 149 E3
Fromentières 51 60 A2
Fromentières 53 95 D2
Fromeréville-les-Vallons 55 38 B3
Fromezey 55 39 D3
Fromont 77 80 B3
Fromy 08 22 B4
Froncles 52 85 D2
Fronsac 33 177 F4
Fronsac 31 250 B4
Frontenac 46 198 C3
Frontenac 33 195 D2
Frontenard 71 140 B1
Frontenas 69 171 D1
Frontenaud 71 140 C4
Frontenay 39 141 E2
Frontenay-Rohan-Rohan 79 146 A2
Frontenay-sur-Dive 86 131 F2
Frontenex 73 174 B3
Frontignan 34 234 A4
Frontignan-Savès 31 229 D4
Frontignan-de-Commingres 31 250 B4
Fronton 31 229 F1
Frontonas 38 172 A3
Fronville 52 85 D1
Frossay 44 111 D2
Frotey-lès-Lure 70 107 E3
Frotey-lès-Vesoul 70 106 C3
Frouard 54 64 B2
Frouville 95 33 E4
Frouzins 31 229 F3
Froville 54 87 D1
Froyelles 80 8 C3
Frozes 86 131 F3
Frucourt 80 16 C1
Frugères-les-Mines 43 184 C1
Fruges 62 9 D1
Frugières-le-Pin 43 185 D2
Fruncé 28 78 A2
Fry 76 32 B1
Fuans 25 126 B3
Fublaines 77 58 C1
Le Fugeret 04 223 D3
Le Fuilet 49 112 C2
Fuilla 66 261 F3
Fuissé 71 155 E2
Fuligny 10 84 B2
Fulleren 68 108 B3
Fultot 76 15 D3
Fulvy 89 103 D3
Fumay 08 21 E1
Fumel 47 197 D4
Fumichon 14 30 B3
Furchhausen 67 66 C2
Furdenheim 67 66 C3
Furiani 2b 265 E2
Furmeyer 05 205 F3
Fussey 21 123 D3
Fussy 18 119 D3
Fustérouau 32 227 E2
Fustignac 31 251 D1
Futeau 55 38 A4
Fuveau 13 237 F4
Fyé 72 76 A2

G

Gaas 40 225 E2
Gabarnac 33 194 C3
Gabarret 40 210 B4
Gabaston 64 226 C4
Gabat 64 225 E4
Gabian 34 233 E3
Gabillou 24 180 B2
Gabre 09 251 F3
Gabriac 12 200 A4
Gabriac 48 217 E2
Gabrias 48 201 D3
Gacé 61 53 F2
La Gacilly 56 92 B2
Gâcogne 58 121 E3
Gadancourt 95 32 C4
Gadencourt 27 55 F1
Gaël 35 72 B3
Gageac-et-Rouillac 24 195 F2
Gagnac-sur-Cère 46 181 F4
Gagnac-sur-Garonne 31 229 F2
Gagnières 30 218 A1
Gagny 93 58 A2
Gahard 35 73 E2
Gailhan 30 234 C1
Gaillac 81 214 A4
Gaillac-d'Aveyron 12 216 A1
Gaillac-Toulza 31 252 A2
Gaillagos 65 257 D2
Gaillan-en-Médoc 33 176 C1
Gaillard 74 158 B2
Gaillardbois-Cressenville 27 32 A2
La Gaillarde 76 15 D2
Gaillefontaine 76 16 B4
Gaillères 40 209 F4
Gaillon 27 32 A4
Gaillon-sur-Montcient 78 56 C1
Gainneville 76 30 B1
Gaja-et-Villedieu 11 253 D3
Gaja-la-Selve 11 252 C2
Gajac 33 195 D4
Gajan 30 218 B4
Gajan 09 259 E2
Gajoubert 87 148 B3
Galametz 62 9 D2
Galamus (Gorges de) 66 262 A1
Galan 65 249 F2
Galapian 47 211 D1
Galargues 34 234 C2
Galéria 2b 264 A4
Galey 09 259 D3
Galez 65 250 A2
Galfingue 68 108 B2
Galgan 12 199 D4
Galgon 33 177 F4
Galiax 32 227 E3
Galibier (Col du) 05 190 C3
Galié 31 250 B3
Galinagues 11 261 D1
Gallardon 28 79 D1
Gallargues-le-Montueux 30 235 D2
Le Gallet 60 17 D4
Galluis 78 56 C3
Galoperie (Étang de la) 59 20 B1
Le Galz 68 88 C3
Gamaches 80 16 B1
Gamaches-en-Vexin 27 32 B3
Gamarde-les-Bains 40 225 F1
Gamarthe 64 247 D1
Gambais 78 56 B3
Gambaiseuil 78 56 B3
Gambsheim 67 67 E2
Gan 64 248 B1
Ganac 09 252 A4
Ganagobie 04 221 E3
Gancourt-St-Étienne 76 32 C1
Gandelain 61 76 A1
Gandelu 02 35 D4
Gandrange 57 40 B2
Ganges 34 217 E4
Gannat 03 152 C3
Gannay-sur-Loire 03 138 A3
Gannes 60 17 F4
Gans 33 195 D4
Ganties 31 258 C2
Ganzeville 76 14 B3
Gap 05 206 A3
Gapennes 80 8 C4
Gâprée 61 53 F4
Garabit (Viaduc de) 15 184 B4
Garac 31 229 E2
Garancières 78 56 B2
Garancières-en-Beauce 28 79 E1
Garancières-en-Drouais 28 55 E3
Garanou 09 260 C1
Garat 16 162 C3
Garcelles-Secqueville 14 29 D4
Garches 92 57 D2
Garchizy 58 120 B4
Garchy 58 120 B2
Gard 30,48 218 C4
Gard (Abbaye du) 80 17 D1
Gardanne 13 237 E4
La Garde 38 190 A3
La Garde 83 244 B3
La Garde 04 222 C4
La Garde-Adhémar 26 203 F4
La Garde-Freinet 83 245 D1
La Garde-Guérin 48 202 B4
Gardefort 18 119 F2
Gardegan-et-Tourtirac 33 195 D1
Gardères 65 249 D1
Les Gardes 49 113 E3
Gardes-le-Pontaroux 16 162 C4
Gardie 11 253 E3
Gardon (Gorges du) 30 218 C4
Gardonne 24 195 F1
Gardouch 31 230 B4
Garein 40 209 E3
Garencières 27 55 E1
La Garenne-Colombes 92 57 E2
Garennes-sur-Eure 27 56 A2
Garentreville 77 80 B3
Garéoult 83 244 B1
Gargan (Mont) 87 165 E3
Garganvillar 82 212 B4
Gargas 31 230 A2
Gargas 84 220 C4
Gargas (Mont) 38 205 F1
Gargenville 78 56 C1
Garges-lès-Gonesse 95 57 F1
Gargilesse-Dampierre 36 134 B4
Garidech 31 230 A2
Gariès 82 229 D1
Garigny 18 119 F4
Garin 31 258 B4
Garindein 64 247 E2
Garlan 29 46 B2
Garlède-Mondebat 64 226 C3
Garlin 64 226 C3
Le Garn 30 218 C1
La Garnache 85 128 B1
Garnat-sur-Engièvre 03 138 A3
Garnay 28 55 F3
Garnerans 01 155 F2
Garnetot 14 53 D1
Garonne 31, 33,47,65,82 194 B2
Garons 30 235 E1
Garos 64 226 B3
Garravet 32 229 D4
Garrebourg 57 66 B2
Garrevaques 81 231 D4
Garrey 40 225 E2
Le Garric 81 214 C4
Garrigues 81 230 B2
Garrigues 34 234 C1
Garrigues-Ste-Eulalie 30 218 C4
Garrosse 40 208 C3
Gars 06 223 E4
Gartempe 23 150 A3
Gartempe 23, 86,87 149 E3
Gas 28 56 B4
Gascogne (Golfe de) 224 B2
Gasny 27 32 B4
Gasques 82 212 B2
Gassin 83 245 E2
Le Gast 14 51 D2
Gastes 40 208 B1
Gastines 53 94 B1
Gastins 77 58 C4
Gasville 28 78 C1
Gâtelles 28 55 E4
Gatey 39 141 D1

Gathemo 50 51 E2
Gats (Gorges des) 26 205 D2
Gatteville-le-Phare 50 25 E1
Gattières 06 240 B1
Gatuzières 48 217 D2
Gaube (Lac de) 65 257 D3
Gaubertin 45 80 A4
La Gaubretière 85 112 C4
Gauchin-Légal 62 9 F2
Gauchin-Verloingt 62 9 E2
Gauchy 02 19 D2
Gauciel 27 55 E1
La Gaudaine 28 77 F2
La Gaude 06 240 B1
Gaudechart 60 17 D4
Gaudent 65 250 A3
Gaudiempré 62 9 F4
Gaudiès 09 252 B2
Gaudonville 32 228 C1
Gaudreville-la-Rivière 27 55 D1
Gaugeac 24 196 C2
Gaujac 32 228 C4
Gaujac 47 195 E4
Gaujac 30 219 D3
Gaujacq 40 226 A2
Gaujan 32 228 C4
Le Gault-Perche 41 77 F4
Le Gault-St-Denis 28 78 C3
Le Gault-Soigny 51 59 F2
Gauré 31 230 B3
Gauriac 33 177 D3
Gauriaguet 33 177 E3
Gaussan 65 250 A2
Gausson 22 71 E2
Gauville-la-Campagne 27 31 F4
Gauville 80 16 C3
Gauville 61 54 B2
Gavarnie 65 257 E4
Gavarnie (Cirque de) 65 257 E4
Gavarret-sur-Aulouste 32 228 B1
Gavaudun 47 196 C3
Gave d'Aspe 64 248 A2
Gave d'Oloron 64 225 E3
Gave d'Ossau 64 248 A2
Gavignano 2b 265 E4
Gavisse 57 40 B1
Gavray 50 50 C1
Le Gâvre 44 93 D4
Gâvre (Forêt du) 44 93 D4
Gavrelle 62 10 B3
Gâvres 56 90 B2
Gavrinis (Î) 56 91 D3
Gavrus 14 28 C4
Gayan 65 249 E1
Gaye 51 60 A3
Gayon 64 227 D3
Gazaupouy 32 211 E4
Gazave 65 250 A3
Gazax-et-Baccarisse 32 227 F3
Gazeran 78 56 B4
Gazon du Faing 68,88 88 C3
Gazost 65 257 E2
Géanges 71 140 A1
Geaune 40 226 C2
Geay 17 160 C1
Geay 79 131 D1
Gèdre 65 257 E4
Gée 49 114 B1
Gée-Rivière 32 227 D2
Geffosses 50 26 C3
Géfosse-Fontenay 14 25 F4
Géhard (Cascade du) 88 87 E4
Gehée 36 117 E4
Geishouse 68 108 B1
Geispitzen 68 108 C2
Geispolsheim 67 67 D4
Geiswasser 68 89 E4
Geiswiller 67 66 C2
Gélacourt 54 65 E4
Gélannes 10 82 B1
Gélaucourt 54 86 C1
Gellainville 28 78 C2
Gellenoncourt 54 64 C3
Gelles 63 167 E2
Gellin 25 142 B2
Gelos 64 248 B2
Geloux 40 209 E3
Gelucourt 57 65 E2
Gelvécourt-et-Adompt 88 87 D3
Gémages 61 77 D2
Gemaingoutte 88 88 C2
Gembrie 65 250 B3
Gemeaux 21 104 C4
Géménos 13 243 F2
Gémigny 45 99 D1
Gémil 31 230 B2
Gemmelaincourt 88 86 B2
Gémonval 25 107 E4
Gémonville 54 86 B1
Gémozac 17 161 D3
Genac 16 162 B2
Genainville 95 32 C4
Genas 69 171 F2
Génat 09 260 B1
Genay 21 103 E4
Genay 69 171 E1
Gençay 86 147 F1
Gendreville 88 86 A2
Gendrey 39 124 C3
Gené 49 94 C3
Génébrières 82 213 E4
Genech 59 10 C1
Génelard 71 139 D4
Générac 33 177 E2
Générac 30 235 E2
Générargues 30 218 A3
Générest 65 250 A3
Generville 11 252 C2
Geneslay 61 52 B4
Le Genest-St-Isle 53 74 C3
Genestelle 07 203 D2
Geneston 44 112 A4
La Genête 71 140 B4
La Genétouze 85 129 D2
La Genétouze 17 178 B2
Genêts 50 50 B3
Les Genettes 61 54 B3
Geneuille 25 125 D2
La Genevraie 61 53 F3
La Genevraye 77 80 C2
Genevreuille 70 107 D3
Genevrey 70 107 D2
Genevrières 52 105 F3
La Genevroye 52 85 D2
Geney 25 107 E4
La Geneytouse 87 165 D2
Génicourt 95 33 E4
Génicourt-sous-Condé 55 62 B2
Génicourt-sur-Meuse 55 38 C4
Genillé 37 116 C3
Genin (Lac) 01 157 D2
Génis 24 180 B2
Génissac 33 194 C1
Génissiat (Barrage de) 74 157 E3
Génissieux 26 188 A3
Genlis 21 124 A2
Gennes 25 125 E2
Gennes 49 114 B2
Gennes-Ivergny 62 9 D3
Gennes-sur-Glaize 53 95 D2
Gennes-sur-Seiche 35 74 A4
Genneteil 49 96 B4
Gennetines 03 137 E3
Genneton 79 114 A4
Genneville 14 30 B2
Gennevilliers 92 57 E1
Genod 39 156 C1
Génolhac 30 217 F1
Génos 65 258 A4
Génos 31 250 B3
Genouillac 23 150 C2
Genouillac 16 163 E1
Genouillé 86 147 F3
Genouillé 17 145 F4
Genouilleux 01 155 F3
Genouilly 18 118 B3
Genouilly 71 139 E3
Genrupt 52 105 F1
Gensac 82 212 B4
Gensac 33 195 E1
Gensac 65 227 E4
Gensac-de-Boulogne 31 250 B1
Gensac-la-Pallue 16 161 F3
Gensac-sur-Garonne 31 251 E2
Genté 16 161 F3
Gentelles 80 17 F2
Gentilly 94 57 E2
Gentioux 23 166 A2
Genvry 60 18 C4
Georfans 70 107 E4
Géovreisset 01 157 D2
Géovreissiat 01 157 D2
Ger 65 257 E2
Ger 50 51 F3
Ger 64 249 D1
Geraise 39 125 D4
Gérardmer 88 88 A3
Géraudot 10 83 E2
Gérauvilliers 55 63 D4
Gerbaix 73 173 D3
Gerbamont 88 88 A4
Gerbécourt 57 65 D2
Gerbécourt-et-Haplemont 54 64 B4
Gerbépal 88 88 B3
Gerberoy 60 32 C1
Gerbéviller 54 65 D4
Gerbier de Jonc 07 202 C1
Gercourt-et-Drillancourt 55 38 B2
Gercy 02 20 A3
Gerde 65 257 F2
Gerderest 64 227 D4
Gère-Bélesten 64 256 B2
Gergny 02 20 A2
Gergovie (Plateau de) 63 168 B2
Gergueil 21 123 D2
Gergy 71 140 A1
Gerland 21 123 E3
Germ 65 258 A4
Germagnat 01 156 C2
Germagny 71 139 F3
Germaine 02 18 C3
Germaine 51 36 B4
Germaines 52 104 C2
Germainville 28 56 A3
Germainvilliers 52 86 A3
Germay 52 85 E1
Germéfontaine 25 126 A2
Germenay 58 121 D2
Germignac 17 161 E3
Germigney 39 124 C4
Germigney 70 124 B1
Germignonville 28 79 D3
Germigny 89 102 C1
Germigny 51 36 A3
Germigny-des-Prés 45 100 A2
Germigny-l'Évêque 77 58 C1
Germigny-l'Exempt 18 136 C1
Germigny-sous-Coulombs 77 35 D4
Germigny-sur-Loire 58 120 A4
Germinon 51 60 C2
Germiny 54 64 B4
Germisay 52 85 E1
Germolles-sur-Grosne 71 155 D2
Germond-Rouvre 79 131 D4
Germondans 25 125 F1
Germont 08 37 F1
Germonville 54 87 D1
Germs-sur-l'Oussouet 65 257 E2
Gernelle 08 21 F3
Gernicourt 02 36 B1
Géronce 64 247 F1
Gerponville 76 14 C3
Gerrots 14 29 F3
Gers 32,47,65 211 F3
Gerstheim 67 89 E1
Gertwiller 67 89 D1
Geruge 39 141 E3
Gervans 26 187 E3
Gerville-la-Forêt 50 26 C2
Gerville 76 14 B3
Géry 55 62 C2
Gerzat 63 168 B2
Gesnes 53 75 D3
Gesnes-en-Argonne 55 38 A2
Gesnes-le-Gandelin 72 76 A2
Gespunsart 08 21 F2
Gestas 64 225 E4
Gesté 49 112 C3
Gestel 56 90 B1
Gestiès 09 260 B1
Gesvres 53 75 F2
Gesvres-le-Chapitre 77 58 C1
Gétigné 44 112 B3
Les Gets 74 159 D2
Geu 65 257 E2
Geudertheim 67 67 E2
Géus-d'Arzacq 64 226 B3
Geüs-d'Oloron 64 247 F1
Gévezé 35 73 D2
Gevigney-et-Mercey 70 106 A2
Gevingey 39 141 D3
Gevresin 25 125 E4
Gevrey-Chambertin 21 123 E2
Gevrolles 21 104 B1
Gevry 39 124 B4
Gex 01 157 F1
Geyssans 26 188 A3
Gez 65 249 D3
Gez-ez-Angles 65 257 E1
Gézaincourt 80 9 E4
Gezier-et-Fontenelay 70 125 D1
Gézoncourt 54 64 A2
Ghisonaccia 2b 267 F3
Ghisoni 2b 267 D3
Ghissignies 59 11 E3
Ghyvelde 59 4 B1
Giat 63 167 D2
Gibeaumeix 54 63 E4
Gibel 31 252 B1
Gibercourt 02 19 D3
Giberville 14 29 D3
Gibles 71 154 C2
Gibourne 17 161 F1
Gibret 40 225 F2
Le Gicq 17 162 A1
Gidy 45 99 E1
Giel-Courteilles 61 52 C3
Gien 45 100 C3
Gien-sur-Cure 58 122 A3
Giens 83 244 B3
Giens (Presqu'île de) 83 244 C3
Gières 38 189 E2
La Giettaz 73 174 C1
Giéville 50 28 A4
Gièvres 41 117 F2
Giey-sur-Aujon 52 104 C1
Giez 74 174 B2
Gif-sur-Yvette 91 57 D3
Giffaumont-Champaubert 51 61 F4
Gigean 34 234 A3
Gignac 84 221 D4
Gignac 34 233 F2
Gignac 46 181 D4
Gignac-la-Nerthe 13 242 C2
Gignat 63 168 B4
Gignéville 88 86 B3
Gigney 88 87 D2
Gigny 89 103 E2
Gigny 39 141 D4
Gigny-Bussy 51 61 E4
Gigny-sur-Saône 71 140 B3
Gigondas 84 219 F2
Gigors 04 206 B4
Gigors-et-Lozeron 26 204 B1
Gigouzac 46 197 F3
Gijounet 81 232 A2
Gildwiller 68 108 B2
Gilette 06 241 D3
Gilhac-et-Bruzac 07 203 F1
Gilhoc-sur-Ormèze 07 187 D4
Gillancourt 52 84 C3
Gillaumé 52 85 E1
Gilles 28 56 A2
Gilley 52 105 F3
Gilley 25 126 A4
Gillois 39 142 A2
Gillonnay 38 188 B1
Gilly-lès-Cîteaux 21 123 E3
Gilly-sur-Isère 73 174 B2
Gilly-sur-Loire 71 138 B4
Gilocourt 60 34 C3
Gimat 82 229 D1
Gimbrède 32 212 F3
Gimbrett 67 67 D2
Gimeaux 63 168 B1
Gimécourt 55 63 D2
Gimel-les-Cascades 19 181 F2
Gimeux 16 161 E3
La Gimond 42 170 C3
Gimont 32 229 D3
Gimouille 58 137 D1
Ginai 61 53 E3
Ginals 82 214 A2
Ginasservis 83 238 A2
Ginchy 80 18 B1
Gincla 11 261 F1
Gincrey 55 39 D3
Gindou 46 197 E3
Ginestas 11 254 B1
Ginestet 24 196 A1
Gingsheim 67 67 D2
Ginoles 11 253 D4
Ginouillac 46 198 A2
Gintrac 46 198 B1
Giocatojo 2b 265 E4
Gionges 51 60 B1
Giou-de-Mamou 15 184 D4
Gioux 23 166 B2
Gipcy 03 137 D4
Girac 46 198 B1
Girancourt 88 87 D3
Giraumont 54 39 F3
Giraumont 60 34 B1
Girauvoisin 55 63 E2
Gircourt-lès-Viéville 88 87 D2
Girecourt-sur-Durbion 88 87 E2
Girefontaine 70 106 C1
Giremoutiers 77 58 C2
Girgols 15 183 D4
Giriviller 54 87 E1
Girmont 88 87 E2
Girmont-Val-d'Ajol 88 87 E4
Girolata 2A 266 A1
Girolles 45 80 C4
Girolles 89 102 C4
Giromagny 90 107 F2
Giron 01 157 E2
Gironcourt-sur-Vraine 88 86 B2
Gironde 17, 33 160 C4
Gironde-sur-Dropt 33 195 D3
Girondelle 08 21 D2
Gironville 77 80 B3
Gironville-et-Neuville 28 55 F4
Gironville-sous-les-Côtes 55 63 E2
Gironville-sur-Essonne 91 80 A2
Le Girouard 85 128 C3
Giroussens 81 230 C2
Giroux 36 118 A4
Giry 58 120 C3
Gisay-la-Coudre 27 54 B1
Giscaro 32 229 D3
Giscos 33 210 A1
Gisors 27 32 C3
Gissac 12 232 C1
Gissey-sous-Flavigny 21 104 A4
Gissey-sur-Ouche 21 123 D2
Gissey-le-Vieil 21 122 C2
Gisy-les-Nobles 89 81 E3
Giuncaggio 2b 267 E2
Giuncheto 2a 268 C3
Givardon 18 136 C2
Givarlais 03 151 F1
Givenchy-lès-la-Bassée 62 10 A1
Givenchy-en-Gohelle 62 10 A2
Givenchy-le-Noble 62 9 E3
Giverny 27 32 B4
Giverville 27 30 C3
Givet 08 13 F4
Givonne 08 22 A3
Givors 69 171 E3
Givraines 45 80 A3
Givrand 85 128 B2
Givrauval 55 62 C3
Le Givre 85 129 D4
Givrezac 17 161 D3
Givron 08 20 C4
Givry 89 102 C4
Givry 08 37 E1
Givry 71 139 F2
Givry-en-Argonne 51 62 A1
Givry-lès-Loisy 51 60 B2
Givrycourt 57 65 F1
Gizaucourt 51 37 F4
Gizay 86 147 F1
Gizeux 37 115 D1
Gizia 39 141 D2
Gizy 02 20 A4
La Glacerie 50 25 D2
Glacière (Grotte de la) 25 126 A2
Glageon 59 20 B1
Glaignes 60 34 B3
Glainans 25 126 B1
Glaine-Montaigut 63 168 C2
Glaire 08 21 F3
Le Glaizil 05 206 A1
Glamondans 25 125 F2
Gland 89 103 E2
Gland 02 35 E4
Glandage 26 205 E2
Glandieu (Cascade de) 01 173 D2
Glandon 87 164 C4
Glandon (Col du) 73 190 A2
Glanes 46 198 C1
Glanges 87 165 D3
Glannes 51 61 E3
Glanon 21 123 F4
Glanville 14 29 F2
Glatens 82 212 B4
Glatigny 60 33 D1
Glatigny 57 40 C3
Glatigny 50 26 C2
Glavenas 43 186 A3
Glay 25 126 C1
Gleizé 69 155 E4
Glénac 56 92 B2
Glénat 15 199 D1
Glénay 79 131 E1
Glénic 23 150 B2
Glennes 02 36 A2
Glénouze 86 114 C4
Glère 25 127 D1
Glicourt 76 15 F2
Glisolles 27 55 D1
Glisy 80 17 F2
Glomel 22 70 B2
Glonville 54 65 E4
Gloriannes 66 262 A3
Glos 14 30 B4
Glos-la-Ferrière 61 54 B2
Glos-sur-Risle 27 31 D3
Glozel 03 153 E4
Gluiras 07 203 E1
Glun 07 187 E4
Glux-en-Glenne 58 138 C1
Goas 82 229 D1
La Godefroy 50 50 C3
Godenvillers 60 18 A4
Goderville 76 14 B4
Godewaersvelde 59 4 B3
Godisson 61 53 F4
La Godivelle 63 183 F1
Godoncourt 88 86 B4
Gœrlingen 67 66 A2
Gœrsdorf 67 43 D4
Goès 64 248 A2
Goetzenbruck 57 64 C4
Gœulzin 59 10 B3
Gogney 54 65 F3
Gognies-Chaussée 59 12 B2
La Gohannière 50 51 D3
Gohier 49 114 A1
Gohory 28 78 A3
Goin 57 64 B1
Goincourt 60 33 D2
Golancourt 60 18 C3
Golbey 88 87 E3
Gold Beach 14 28 C2
Goldbach 68 108 B1
Golfech 82 212 A3
Golinhac 12 199 F3
Golleville 50 25 D3
Golo 2b 265 F3
Gombergean 41 98 A3
Goméange 57 40 C2
Gomené 22 71 F3
Gomer 64 248 C1
Gometz-le-Châtel 91 57 D3
Gometz-la-Ville 91 57 D3
Gomiécourt 62 10 A4
Gommecourt 78 32 B4
Gommecourt 62 9 F4
Gommegnies 59 11 E3
Gommenec'h 22 47 E2
Gommersdorf 68 108 B3
Gommerville 28 79 E2
Gommerville 76 14 B4
Gomméville 21 103 F1
Gomont 08 36 C1
Gonaincourt 52 85 F3
Goncelin 38 189 F1
Goncourt 52 85 F2
Le Gond-Pontouvre 16 162 C3
Gondecourt 59 10 B1
Gondenans-Montby 25 126 A1
Gondenans-les-Moulins 25 107 D4
Gondeville 16 162 A3
Gondrecourt-Aix 54 39 E3
Gondrecourt-le-Château 55 63 D4
Gondreville 54 64 A3
Gondreville 45 80 C4
Gondreville 60 34 C3
Gondrexange 57 65 F3
Gondrexon 54 65 E3
Gondrin 32 210 C4
Les Gonds 17 161 D2
Gonesse 95 57 F1
Gonez 65 249 E2
Gonfaron 83 244 C1
Gonfreville 50 27 D3
Gonfreville-Caillot 76 14 B4
Gonfreville-l'Orcher 76 30 B1
La Gonfrière 61 54 B2
Gonnehem 62 9 F1
Gonnelieu 59 19 D1
Gonnetot 76 15 E3
Gonneville 50 25 D2
Gonneville-en-Auge 14 29 E3
Gonneville-sur-Honfleur 14 30 B2
Gonneville-sur-Mer 14 29 F2
Gonneville-sur-Scie 76 15 E3
Gonneville-la-Mallet 76 14 A4
Gonsans 25 125 F2
Gontaud-de-Nogaret 47 195 F4
La Gonterie-Boulouneix 24 179 E1
Gonvillars 70 107 E4
Gonzeville 76 15 D3
Goos 40 225 F1
Gorbio 06 241 E3
Gorcy 54 23 D4
Gordes 84 220 B4
Gorenflos 80 8 C4
Gorges 50 27 D2
Gorges 44 112 B3
Gorges 80 9 D4
La Gorgue 59 4 C4
Gorhey 88 87 D3
Gornac 33 194 C2
Gorniès 34 234 A1
Gorre 87 164 A2
Gorrevod 01 155 F1
Gorron 53 74 C1
Gorses 46 198 C2
Gorze 57 39 F4
Gosnay 62 9 F1
Gosné 35 73 E2
Gosselming 57 65 F2
Gotein-Libarrenx 64 247 E2
Gottenhouse 67 66 C2
Gottesheim 67 66 C2
Gouaix 77 81 F1
Goualade 33 210 A1
Gouarec 22 70 C2
Gouaux 65 249 F4
Gouaux-de-Larboust 31 258 B4
Gouaux-de-Luchon 31 258 B3
Gouberville 50 25 E1
Gouchaupre 76 16 A2
Goudargues 30 218 C2
Goudelancourt-lès-Berrieux 02 36 A1
Goudelancourt-lès-Pierrepont 02 20 A4
Goudelin 22 47 E3
Goudet 43 202 B1
Goudex 31 229 D4
Goudon 65 249 F1
Goudourville 82 212 B3
Gouesnach 29 69 D3
La Gouesnière 35 49 F3
Gouesnou 29 45 D3
Gouex 86 148 B1
Gouézec 29 69 D2
Gougenheim 67 67 D2
Gouhelans 25 107 D4
Gouhenans 70 107 D3
Gouillons 28 79 D2
Gouise 03 153 D1
Goujounac 46 197 E3
La Goulafrière 27 54 A1
Goulet 61 53 D3
Goulien 29 68 B2
Goulier 09 260 A1
Goulles 19 182 B4
Les Goulles 21 104 B1
Gouloux 58 122 A3
Goult 84 220 B4
Goulven 29 45 E1
Goumois 25 126 D2
Goupillières 76 15 E4
Goupillières 27 31 D4
Goupillières 14 28 C4
Goupillières 78 56 C2
Gourraincourt 55 39 D2
Le Gouray 22 71 F1
Gourbera 40 225 E1
Gourbesville 50 25 D3
Gourbit 09 260 B1
Gourchelles 60 16 C3
Gourdan-Polignan 31 250 A3
Gourdièges 15 183 F4
Gourdon 07 203 D2
Gourdon 71 139 E3
Gourdon 06 240 A1
Gourdon 46 197 F2
Gourdon-Murat 19 166 A4
Gourette 64 256 C2
Gourfaleur 50 27 E4
Gourfouran (Gouffre de) 05 207 D1
Gourgançon 51 60 C3
Gourgé 79 131 E2
Gourgeon 70 106 A3
Gourgue 65 249 F2
Gourhel 56 72 A4
Gourin 56 69 F2
Gourlizon 29 68 C3
Gournay 79 147 D3
Gournay 36 134 C4
Gournay-en-Bray 76 32 C1
Gournay-le-Guérin 27 54 C3
Gournay-sur-Aronde 60 34 B1
Gournay-sur-Marne 93 58 A2
Gours 33 178 B4
Les Gours 16 147 D4
Gourvieille 11 252 B1
Gourville 16 162 B1
Gourvillette 17 162 A1
Goury 50 24 B1
Gourzon 52 62 B4
Goussaincourt 55 86 A1
Goussainville 95 57 F1
Goussainville 28 56 A3
Goussancourt 02 35 F3
Gousse 40 225 F1
Goussonville 78 56 B2
Goustranville 14 29 E3
Gout-Rossignol 24 179 D1
Goutelas 42 170 A2
La Goutelle 63 167 E1
Goutevernisse 31 251 E2
Goutrens 12 199 E4
Gouts 40 225 F1
Gouts 82 212 B1
Gouttières 63 152 A4
Gouttières 27 54 C1
Goutz 32 228 C1
Gouvernes 77 58 B2
Gouves 62 9 F3
Gouvets 50 51 D1
Gouvieux 60 33 F3
Gouville 27 55 D2
Gouville-sur-Mer 50 26 C4
Gouvix 14 29 D4
Goux 39 124 B4
Goux 32 227 D3
Goux-lès-Dambelin 25 126 B1
Goux-sous-Landet 25 125 D3
Goux-les-Usiers 25 125 F4
Gouy 76 31 F2
Gouy 02 19 D1
Gouy-en-Artois 62 9 F3
Gouy-en-Ternois 62 9 E3
Gouy-les-Groseillers 60 17 E3
Gouy-l'Hôpital 80 17 D2
Gouy-St-André 62 8 C2
Gouy-Servins 62 9 F2
Gouy-sous-Bellonne 62 10 B3
Gouzangrez 95 33 D4
Gouze 64 226 A4
Gouzeaucourt 59 18 C1
Gouzens 31 251 E[illegible]
Gouzon 23 151 D3
Gouzougnat 23 151 D3
Goven 35 72 C4
Goviller 54 64 B4
Goxwiller 67 66 C4
Goyencourt 80 18 B3
Goyrans 31 230 A4
Gozzi (Rocher) 2A 266 B3
Grabels 34 234 B2
Graçay 18 118 A3
Grâce-Uzel 22 71 E2
Grâces 22 47 D3
Gradignan 33 194 A1
Graffigny-Chemin 52 86 A3
Gragnague 31 230 B2
Graignes 50 27 D3
Grailhen 65 258 A3
Graimbouville 76 14 B4
Graincourt-lès-Havrincourt 62 10 C4
Grainville 27 32 A2
Grainville-Langannerie 14 52 C1
Grainville-sur-Odon 14 28 C3
Grainville-sur-Ry 76 32 A1
Grainville-Ymauville 76 14 B4
Grainville-la-Teinturière 76 14 C3
Le Grais 61 52 C3
Graissac 12 200 A2
Graissessac 34 233 D2
Graix 42 187 D1
Gramat 46 198 B2
Gramazie 11 253 D2
Grambois 84 237 F1
Grammond 42 170 C3
Grammont 70 107 E4
Gramond 12 215 D2
Gramont 82 212 A4
Granace 2a 268 C2
Grancey-le-Château-Neuvelle 21 104 C3
Grancey-sur-Ource 21 84 A4
Grand 88 85 F1
Le Grand-Abergement 01 157 D4
Grand Arc 34 234 A1
Grand-Auverné 44 93 F3
Grand-Ballon 68 108 B1
Grand Bois (Col du) 42 186 C1
Le Grand-Bornand 74 158 C4
Le Grand-Bourg 23 150 A3
Grand-Brassac 24 179 D2
Grand-Camp 27 30 C4
Grand-Camp 76 14 C4
Grand-Castang 24 196 B1
Le Grand-Celland 50 51 D3
Grand-Champ 56 91 E2
Grand-Charmont 25 107 F4
Grand Colombier 01 173 D1
La Grand-Combe 30 218 A2
Grand-Corent 01 156 C2
Grand-Couronne 76 31 E2
La Grand-Croix 42 171 D4
Grand-Failly 54 39 D1
Grand-Fayt 59 11 F4
Grand Fenestrez 01 173 D1
Grand-Fort-Philippe 59 3 E1
Grand-Fougeray 35 93 D2
Grand-Laviers 80 8 B4
Le Grand-Lemps 38 188 C1
Grand-Lieu (Lac de) 44 111 F3
Le Grand-Lucé 72 97 D2
Le Grand-Madieu 16 163 D1
Grand Morin 51,77 58 C2
Le Grand-Pressigny 37 133 D1
Le Grand-Quevilly 76 31 E2
Grand-Rhône 13 236 A3
Grand Roc (Grotte du) 24 180 A4
Grand-Rozoy 02 35 E3
Grand-Rullecourt 62 9 E3
Le Grand-Serre 26 188 A2
Grand Soldat 57 66 B3
Grand Taureau 25 142 C1
Grand Testavoyre 43 186 B3
Grand-Vabre 12 199 E3
Grand Ventron 88 108 A1
Grand-Verly 02 19 E2
Le Grand-Village-Plage 17 160 A1
Grandcamp-Maisy 14 25 F1
Grandchain 27 30 C4
Grandchamp 52 105 E3
Grandchamp 89 101 E2
Grandchamp 08 21 D4
Grandchamp 78 56 B3
Grandchamp 72 76 B2
Grandchamp-le-Château 14 30 A4
Grandchamps-des-Fontaines 44 111 F1
Grand'Combe-Châteleu 25 126 B4
Grand'Combe-des-Bois 25 126 C3
Grandcourt 76 16 A2
Grandcourt 80 10 A4
Grande Belle-Vue 67 89 D1
Grande Casse (Pointe de la) 73 175 E4
Grande Charnie (Forêt de) 53,72 75 F4
La Grande-Fosse 88 88 B1
La Grande-Motte 34 234 C3
La Grande-Paroisse 77 81 D2
La Grande-Résie 70 124 B2
Grande-Rivière 39 142 A4
La Grande Rochette 73 175 D4
Grande-Sassière (Aiguille de la) 73 175 E3
Grande-Synthe 59 3 F1
La Grande-Verrière 71 138 C1
Grandecourt 70 106 A3
Les Grandes-Armoises 08 38 A1
Les Grandes-Chapelles 10 83 D1
Les Grandes-Loges 51 37 D4
Les Grandes-Ventes 76 15 F3
Grandeyrolles 63 168 A3
Grandfontaine 67 66 B4
Grandfontaine 25 125 D3
Grandfontaine-Fournets 25 126 B3
Grandfontaine-sur-Creuse 25 126 A2
Grandfresnoy 60 34 B2
Grandham 08 37 F2
Grandjean 17 161 D1

Grenoble

Blanchard (R.) CX
Bonne (R. de) CX 10
Foch (Bd Mar.) BY
Grande-Rue CX
Grenette (Pl.) CX
Lafayette (R.) CX
Poulat (R. F.) CX 48
V.-Hugo (Pl.) CX

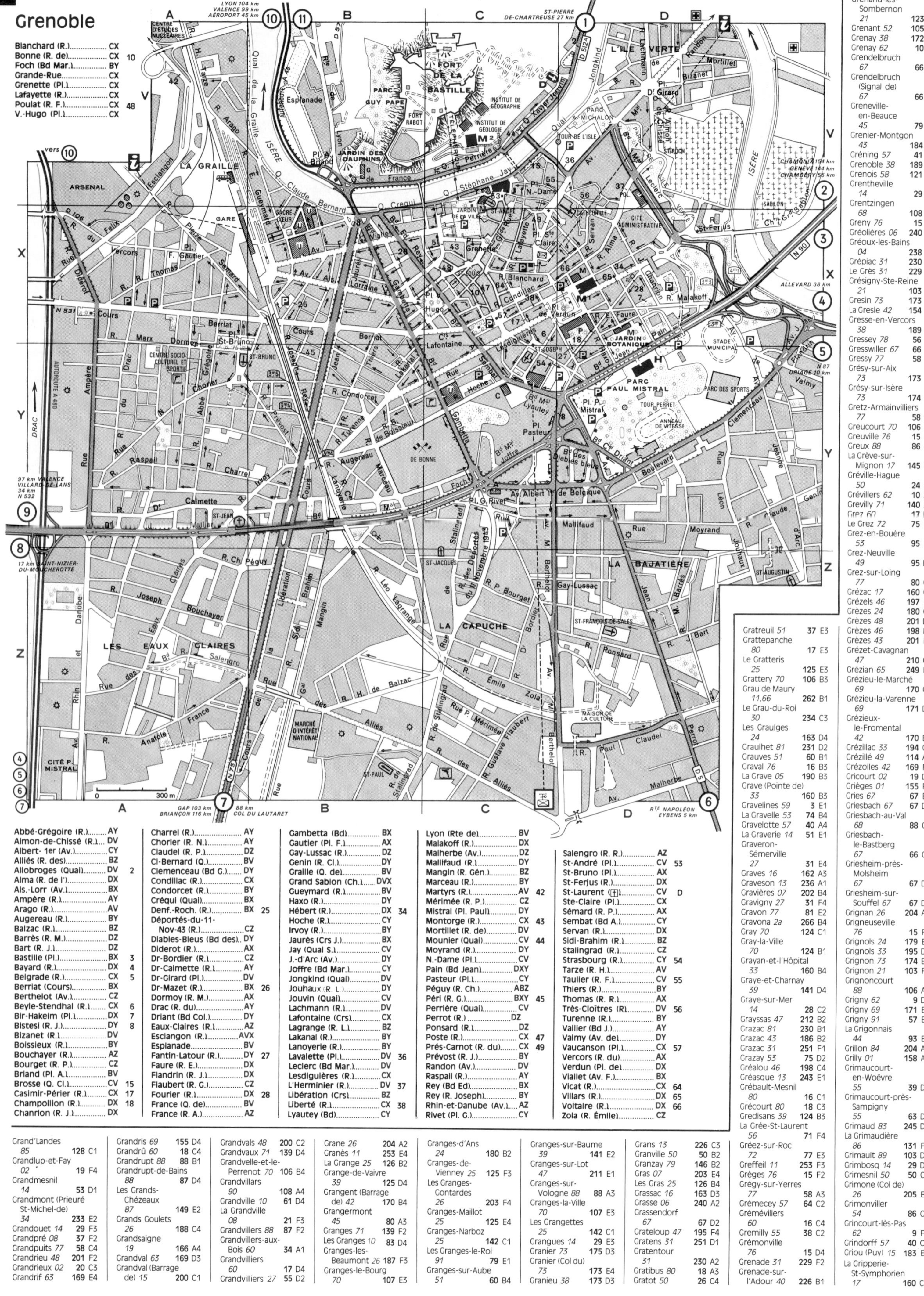

LYON 104 km
VALENCE 99 km
AÉROPORT 45 km
ST-PIERRE DE-CHARTREUSE 27 km
CENTRE D'ÉTUDES NUCLÉAIRES
FORT DE LA BASTILLE
PARC GUY PAPE
INSTITUT DE GÉOGRAPHIE
INSTITUT DE GÉOLOGIE
JARDIN DES DAUPHINS
L'ÎLE VERTE
LA GRAILLE
ARSENAL
GARE
ISÈRE
CITÉ ADMINISTRATIVE
CATHÉDRALE
JARDIN DE LA VILLE
JARDIN BOTANIQUE
STADE MUNICIPAL
PARC PAUL MISTRAL
TOUR PERRET
ANNEAU DE VITESSE
PARC DES SPORTS
CENTRE SOCIO-CULTUREL ET SPORTIF
DE BONNE
LA BAJATIÈRE
LA CAPUCHE
LES EAUX CLAIRES
MAISON DE LA CULTURE
MARCHÉ D'INTÉRÊT NATIONAL
CITÉ P. MISTRAL
ALLEVARD 38 km
CHAMONIX 154 km
GENÈVE 144 km
CHAMBÉRY 55 km
URIAGE 10 km
97 km VALENCE
VILLARD-DE-LANS 34 km
N 532
17 km SAINT-NIZIER-DU-MOUCHEROTTE
GAP 103 km
BRIANÇON 116 km
88 km COL DU LAUTARET
RTE NAPOLÉON
EYBENS 5 km
AUTOROUTE A 480
DRAC
0 300 m

Abbé-Grégoire (R.) AY
Aimon-de-Chissé (R.) DV
Albert-1er (Av.) CY
Alliés (R. des) BZ
Allobroges (Quai) DV 2
Alma (R. de l') DX
Als.-Lorr (Av.) BX
Ampère (R.) AY
Arago (R.) AV
Augereau (R.) BY
Balzac (R.) BZ
Barrès (R. M.) DZ
Bart (R. J.) DZ
Bastille (Pl.) BX 3
Bayard (R.) DX 4
Belgrade (R.) CX 5
Berriat (Cours) BX
Berthelot (Av.) CZ
Beyle-Stendhal (R.) CX 6
Bir-Hakeim (Pl.) DX 7
Bistesi (R. J.) DY 8
Bizanet (R.) DV
Boissieux (R.) BY
Bouchayer (R.) AZ
Bourget (R. P.) CZ
Briand (Pl. A.) BV
Brosse (Q. Cl.) CV 15
Casimir-Périer (R.) CX 17
Champollion (R.) DX 18
Chanrion (R. J.) DX
Charrel (R.) AY
Chorier (R. N.) AY
Claudel (R. P.) DZ
Cl-Bernard (Q.) BV
Clemenceau (Bd G.) DY
Condillac (R.) CX
Condorcet (R.) BY
Créqui (Quai) BX
Denf.-Roch. (R.) BX 25
Déportés-du-11-Nov-43 (R.) CZ
Diables-Bleus (Bd des) DY
Diderot (R.) AX
Dr-Bordier (R.) CZ
Dr-Calmette (R.) AY
Dr-Girard (Pl.) DV
Dr-Mazet (R.) BX 26
Dormoy (R. M.) AX
Drac (R. du) AY
Driant (Bd Col.) DY
Eaux-Claires (R.) AZ
Esclangon (R.) AVX
Esplanade BV
Fantin-Latour (R.) DY 27
Faure (R. E.) DX
Flandrin (R. J.) DX
Flaubert (R. G.) CZ
Fourier (R.) DX 28
France (Q. de) BV
France (R. A.) AZ
Gambetta (Bd) BX
Gautier (Pl. F.) AX
Gay-Lussac (R.) DZ
Genin (R. Cl.) DY
Graille (Q. de) BV
Grand Sablon (Ch.) DVX
Gueymard (R.) BV
Haxo (R.) DY
Hébert (R.) DX 34
Hoche (R.) CY
Irvoy (R.) BY
Jaurès (Crs J.) BX
Jay (Quai S.) CV
J.-d'Arc (Av.) DY
Joffre (Bd Mar.) CY
Jongkind (Quai) DV
Jouhaux (R. L.) DY
Jouvin (Quai) CV
Lachmann (R.) DV
Lafontaine (Crs) CX
Lagrange (R. L.) BZ
Lakanal (R.) BY
Lanoyerie (R.) BY
Lavalette (Pl.) DV 36
Leclerc (Bd Mar.) DV
Lesdiguières (R.) CX
L'Herminier (R.) DV 37
Libération (Crs) BZ
Liberté (R.) CX 38
Lyautey (Bd) CY
Lyon (Rte de) BV
Malakoff (R.) DX
Malherbe (Av.) DZ
Mallifaud (R.) DY
Mangin (R. Gén.) BZ
Marceau (R.) BY
Martyrs (R.) AV 42
Mérimée (R. P.) CZ
Mistral (Pl. Paul) DY
Montorge (R.) CX 43
Mortillet (R. de) DV
Mounier (Quai) CV 44
Moyrand (R.) DY
N.-Dame (Pl.) CV
Pain (Bd Jean) DXY
Pasteur (Pl.) CY
Péguy (R. Ch.) ABZ
Péri (R. G.) BXY 45
Perrière (Quai) CV
Perrot (R.) DZ
Ponsard (R.) DZ
Poste (R.) CX 47
Prés-Carnot (R. du) CX 49
Prévost (R. J.) BY
Randon (Av.) DV
Raspail (R.) AY
Rey (Bd Ed) BX
Rey (R. Joseph) BY
Rhin-et-Danube (Av.) AZ
Rivet (Pl. G.) CY
Salengro (R. R.) AZ
St-André (Pl.) CV 53
St-Bruno (Pl.) AX
St-Ferjus (R.) DX
St-Laurent () CV D
Ste-Claire (Pl.) CX
Sémard (R. P.) AX
Sembat (Bd A.) CY
Servan (R.) DX
Sidi-Brahim (R.) BZ
Stalingrad (R.) CZ
Strasbourg (R.) CY 54
Tarze (R. H.) AV
Taulier (R. F.) CV 55
Thiers (R.) BY
Thomas (R. R.) AX
Très-Cloîtres (R.) DV 56
Turenne (R.) BY
Vallier (Bd J.) AY
Valmy (Av. de) DY
Vaucanson (Pl.) CX 57
Vercors (R. du) AX
Verdun (Pl. de) DX
Viallet (Av. F.) BX
Vicat (R.) CX 64
Villars (R.) DX 65
Voltaire (R.) DX 66
Zola (R. Émile) CZ

Grand'Landes *85* 128 C1
Grandlup-et-Fay *02* 19 F4
Grandmesnil *14* 53 D1
Grandmont (Prieuré St-Michel-de) *34* 233 E2
Grandouet *14* 29 F3
Grandpré *08* 37 F2
Grandpuits *77* 58 C4
Grandrieu *48* 201 F2
Grandrieux *02* 20 C3
Grandrif *63* 169 E4
Grandris *69* 155 D4
Grandrû *60* 18 C4
Grandrupt *88* 88 B1
Grandrupt-de-Bains *88* 87 D4
Les Grands-Chézeaux *87* 149 E2
Grands Goulets *26* 188 C4
Grandsaigne *19* 166 A4
Grandval *63* 169 D3
Grandval (Barrage de) *15* 200 C1
Grandvals *48* 200 C2
Grandvaux *71* 139 D4
Grandvelle-et-le-Perrenot *70* 106 B4
Grandvillars *90* 108 A4
Grandville *10* 61 D4
La Grandville *08* 21 F3
Grandvillers *88* 87 F2
Grandvillers-aux-Bois *60* 34 A1
Grandvilliers *60* 17 D4
Grandvilliers *27* 55 D2
Grane *26* 204 A2
Granès *11* 253 E4
La Grange *25* 126 B2
Grange-de-Vaivre *39* 125 D4
Grangent (Barrage de) *42* 170 B4
Grangermont *45* 80 A3
Granges *71* 139 F2
Les Granges *10* 83 D4
Granges-les-Beaumont *26* 187 F3
Granges-le-Bourg *70* 107 E3
Granges-d'Ans *24* 180 B2
Granges-de-Vienney *25* 125 F3
Les Granges-Contardes *26* 203 F4
Granges-Maillot *25* 125 E4
Granges-Narboz *25* 142 C1
Les Granges-le-Roi *91* 79 E1
Granges-sur-Aube *51* 60 B4
Granges-sur-Baume *39* 141 E2
Granges-sur-Lot *47* 211 E1
Granges-sur-Vologne *88* 88 A3
Granges-la-Ville *70* 107 E3
Les Grangettes *25* 142 C1
Grangues *14* 29 D3
Granier *73* 175 D3
Granier (Col du) *73* 173 E4
Granieu *38* 173 D3
Grans *13* 226 C3
Granville *50* 50 B2
Granzay *79* 146 B2
Gras *07* 203 E4
Les Gras *25* 126 B4
Grassac *16* 163 D3
Grasse *06* 240 A2
Grassendorf *67* 67 D3
Grateloup *47* 195 F4
Gratens *31* 251 D1
Gratentour *31* 230 A2
Gratibus *80* 18 A3
Gratot *50* 26 C4
Gratreuil *51* 37 E3
Grattepanche *80* 17 E3
Le Gratteris *25* 125 E3
Grattery *70* 106 B3
Grau de Maury *11,66* 262 B1
Le Grau-du-Roi *30* 234 C3
Les Graulges *24* 163 D4
Graulhet *81* 231 D2
Grauves *51* 60 B1
Graval *76* 16 B3
La Grave *05* 190 B3
Grave (Pointe de) *33* 160 B3
Gravelines *59* 3 E1
La Gravelle *53* 74 B4
Gravelotte *57* 40 A4
La Graverie *14* 51 E1
Graveron-Sémerville *27* 31 E4
Graves *16* 162 A3
Graveson *13* 236 A1
Gravières *07* 202 B4
Gravigny *27* 31 F4
Gravon *77* 81 E2
Gravona *2a* 266 B4
Gray *70* 124 C1
Gray-la-Ville *70* 124 B1
Grayan-et-l'Hôpital *33* 160 B4
Graye-et-Charnay *39* 141 D4
Graye-sur-Mer *14* 28 C2
Grayssas *47* 212 B2
Grazac *81* 230 B1
Grazac *43* 186 B2
Grazac *31* 251 F4
Grazay *53* 75 D2
Gréalou *46* 198 C4
Gréasque *13* 243 E1
Grébault-Mesnil *80* 16 C1
Grécourt *80* 18 C3
Gredisans *39* 124 B3
La Grée-St-Laurent *56* 71 F4
Gréez-sur-Roc *72* 77 E3
Greffeil *11* 253 F3
Grèges *76* 15 F2
Grégy-sur-Yerres *77* 58 A3
Grémecey *57* 64 C2
Grémévillers *60* 16 C4
Gremilly *55* 38 C2
Grémonville *76* 15 D4
Grenade *31* 229 F2
Grenade-sur-l'Adour *40* 226 B1
Grenand-lès-Sombernon *21* 123 D2
Grenant *52* 105 E3
Grenay *38* 172 A3
Grenay *62* 10 A2
Grendelbruch *67* 66 B4
Grendelbruch (Signal de) *67* 66 B4
Greneville-en-Beauce *45* 79 F3
Grenier-Montgon *43* 184 B2
Gréning *57* 41 E4
Grenoble *38* 189 E2
Grenois *58* 121 D2
Grentheville *14* 29 D3
Grentzingen *68* 108 C3
Greny *76* 15 F2
Gréolières *06* 240 A1
Gréoux-les-Bains *04* 238 A1
Grépiac *31* 230 A4
Le Grès *31* 229 E2
Grésigny-Ste-Reine *21* 103 F4
Gresin *73* 173 D3
La Gresle *42* 154 C3
Gresse-en-Vercors *38* 189 D4
Gressey *78* 56 B2
Gresswiller *67* 66 C4
Gressy *77* 58 B1
Grésy-sur-Aix *73* 173 E2
Grésy-sur-Isère *73* 174 B3
Gretz-Armainvilliers *77* 58 B3
Greucourt *70* 106 A4
Greuville *76* 15 E2
Greux *88* 86 A1
La Grève-sur-Mignon *17* 145 F2
Gréville-Hague *50* 24 B1
Grévillers *62* 10 A4
Grevilly *71* 140 A4
Grez *60* 17 D4
Le Grez *72* 75 F3
Grez-en-Bouère *53* 95 E2
Grez-Neuville *49* 95 D3
Grez-sur-Loing *77* 80 C2
Grézac *17* 160 C3
Grézels *46* 197 E4
Grèzes *24* 180 C3
Grèzes *48* 201 D4
Grèzes *46* 198 B3
Grèzes *43* 201 E1
Grézet-Cavagnan *47* 210 C1
Grézian *65* 249 F4
Grézieu-le-Marché *69* 170 C3
Grézieu-la-Varenne *69* 171 D2
Grézieux-le-Fromental *42* 170 B3
Grézillac *33* 194 C1
Grézillé *49* 114 A2
Grézolles *42* 169 F1
Gricourt *02* 19 D2
Griège s *01* 155 F2
Gries *67* 67 E2
Griesbach *67* 67 D1
Griesbach-au-Val *68* 88 C4
Griesbach-le-Bastberg *67* 66 C2
Griesheim-près-Molsheim *67* 67 D4
Griesheim-sur-Souffel *67* 67 D3
Grignan *26* 204 A4
Grigneuseville *76* 15 F4
Grignols *24* 179 E3
Grignols *33* 195 D4
Grignon *73* 174 B2
Grignon *21* 103 F4
Grignoncourt *88* 106 A1
Grigny *62* 9 D2
Grigny *69* 171 E3
Grigny *91* 57 E3
La Grigonnais *44* 93 E4
Grillon *84* 204 A4
Grilly *01* 158 A1
Grimaucourt-en-Woëvre *55* 39 D3
Grimaucourt-près-Sampigny *55* 63 D2
Grimaud *83* 245 D1
La Grimaudière *86* 131 F2
Grimault *89* 103 D3
Grimbosq *14* 29 D4
Grimesnil *50* 50 C1
Grimone (Col de) *26* 205 E2
Grimonviller *54* 86 C1
Grincourt-lès-Pas *62* 9 F4
Grindorff *57* 40 C1
Griou (Puy) *15* 183 E3
La Gripperie-St-Symphorien *17* 160 C2

Gripport 54 87 D1
Gript 79 146 B2
Griscourt 54 64 B2
Griselles 21 103 E2
Griselles 45 80 C4
Grisolles 82 229 F1
Grisolles 02 35 E4
Grisy 14 53 D1
Grisy-les-Plâtres 95 33 D4
Grisy-Suisnes 77 58 B3
Grisy-sur-Seine 77 81 F1
Grives 24 197 D2
Grivesnes 80 17 F3
Grivillers 80 18 A4
Grivy-Loisy 08 37 E2
Groffliers 62 8 A2
La Groise 59 11 E4
Groises 18 119 F3
Groissiat 01 157 D2
Groisy 74 158 A3
Groix 56 90 B3
Groix (Île de) 56 90 B3
Groléjac 24 197 E1
Gron 18 119 E3
Gron 89 81 E3
Gronard 02 20 A3
Le Gros Cerveau 83 244 A3
Gros-Chastang 19 182 A2
Gros-Réderching 57 42 B4
Le Gros-Theil 27 31 D3
Grosbliederstroff 57 41 F3
Grosbois 25 125 F1
Grosbois-en-Montagne 21 122 C2
Grosbois-lès-Tichey 21 124 A4
Grosbreuil 85 128 C3
Les Groseillers 79 131 D4
Groslay 95 57 E1
Groslée 01 172 C2
Grosley-sur-Risle 27 31 D4
Grosmagny 90 108 A2
Grosne 71 139 A3
Grosne 90 108 A3
Grospierres 07 203 D4
Grosrouvre 78 56 C3
Grosrouvres 54 63 F2
Grossa 2a 268 C3
Grosseto-Prugna 2a 268 C1
Grossœuvre 27 55 E1
Grossouvre 18 136 C2
Grostenquin 57 41 D4
Grosville 50 24 C3
Grouches-Luchuel 80 9 E4
Grougis 02 19 E2
Grouin (Pointe du) 35 49 F2
La Groutte 18 136 A3
Grozon 39 141 E1
Gruchet-St-Siméon 76 15 E2
Gruchet-le-Valasse 76 14 C4
Grues 85 144 C1
Gruey-lès-Surance 88 87 D4
Gruffy 74 173 F2
Grugé-l'Hôpital 49 94 B2
Grugies 02 19 D3
Grugny 76 15 E4
Gruissan 11 255 D3
Grumesnil 76 16 B4
Grun 24 179 E3
Grundviller 57 41 F4
Gruny 80 18 B3
Grury 71 138 B3
Gruson 59 5 E4
Grusse 39 141 D3
Grussenheim 68 89 D3
Grust 65 257 E3
Gruyères 08 21 E3
Le Gua 17 160 C2
Le Gua 38 189 D3
Guagno 2a 266 C2
Guagno-les-Bains 2A 266 C2
Guainville 28 56 A2
Guarbecque 62 4 B4
Guargualé 2a 268 C1
Guchan 65 258 A3
Guchen 65 249 F4
Gudas 09 252 B3
Gudmont 52 85 D2
Le Gué-d'Alleré 17 145 F2
Le Gué-de-la-Chaîne 61 77 D2
Le Gué-de-Longroi 28 79 D1
Le Gué-de-Velluire 85 145 E1
Gué-d'Hossus 08 21 D1
Le Gué-Péan 41 117 D2
Guebenhouse 57 41 F4
Gueberschwihr 68 89 D4
Guébestroff 57 65 E2
Guéblange-lès-Dieuze 57 65 E2
Guébling 57 65 E1
Guebwiller 68 108 B1
Guécélard 72 96 B2
Le Guédéniau 49 96 A4
Guégon 56 71 F4
Guéhébert 50 50 C1
Guéhenno 56 91 F1
Gueltas 56 71 D3
Guémappe 62 10 B3
Guémar 68 89 D2
Guémené-Penfao 44 93 D3
Guémené-sur-Scorff 56 70 B3
Guémicourt 80 16 C3
Guemps 62 3 D2
Guénange 57 40 B2
Guengat 29 68 C2
Guénin 56 71 D4
Guenroc 22 72 B2
Guenrouet 44 92 C4
Guenviller 57 41 E3
Guêprei 61 53 D2
Guer 56 92 C1
Guérande 44 110 B1
Guérard 77 58 C2
Guerbigny 80 18 A3
La Guerche 37 133 D1
La Guerche-de-Bretagne 35 94 A1
La Guerche-sur-l'Aubois 18 136 C1
Guercheville 77 80 B3
Guerchy 89 102 A2
Guéreins 01 155 E3
Guéret 23 150 B3
Guerfand 71 140 B2
Guérigny 58 120 B4
Guérin 47 195 E4
La Guérinière 85 110 C4
Guerlédan (Lac de) 22 70 C2
Guerlesquin 29 46 C3
Guermange 57 65 E2
Guermantes 77 58 B2
Guern 56 70 C3
Guernanville 27 54 C2
Guernes 78 56 B1
Le Guerno 56 92 A3
Guerny 27 32 C3
Guéron 14 28 B3
La Guéroulde 27 55 D2
Guerpont 55 62 C3
Guerquesalles 61 53 E2
Les Guerreaux 71 138 B4
Guerstling 57 41 D2
Guerting 57 41 D3
Guerville 78 56 B1
Guerville 76 16 B1
Gueschart 80 8 C3
Guesnain 59 10 C2
Guesnes 86 132 A1
Guessling-Hémering 57 41 D4
Guéthary 64 224 B4
Guétin (Pont-Canal du) 18 137 D1
Gueudecourt 80 18 B1
Gueugnon 71 138 C3
Gueures 76 15 E2
Gueutteville-les-Grès 76 15 D2
Gueutteville 76 15 E4
Gueux 51 36 B3
Guevenatten 68 108 B2
Guewenheim 68 108 B2
Gueytes-et-Labastide 11 253 D3
Gueyze 47 210 C3
Gugnécourt 88 87 F2
Gugney 54 86 C1
Gugney-aux-Aulx 88 87 D2
Guibermesnil 80 16 C2
Guibeville 91 57 E4
Guichainville 27 55 E1
Guiche 64 225 D3
La Guiche 71 139 E4
Guichen 35 72 C4
Guiclan 29 46 A3
Guidel 56 90 A1
Guidon du Bouquet 30 218 B3
La Guierche 72 76 B4
Guiers Mort (Gorges du) 38 189 E1
Guiers, Vif (Gorges du) 38,73 173 E4
Guignecourt 60 33 E1
Guignemicourt 80 17 E2
Guignen 35 93 D1
Guignes 77 58 B4
Guigneville 45 79 F3
Guigneville-sur-Essonne 91 80 A1
Guignicourt 02 36 B1
Guignicourt-sur-Vence 08 21 E3
Guignonville 45 79 F3
Guigny 62 8 C3
Guilberville 50 51 E1
Le Guildo 22 49 D3
Guiler-sur-Goyen 29 68 C3
Guilers 29 45 D3
Guilherand 07 187 E4
Guillac 56 92 A1
Guillac 33 194 C1
Guillaucourt 80 18 A2
Guillaumes 06 223 E2
Guillemont 80 18 B1
La Guillermie 03 153 F4
Guillerval 91 79 F2
Guillestre 05 207 D2
Guilleville 28 79 D3
Guilliers 56 72 A4
Guilligomarc'h 29 70 A4
Guillon 89 103 D4
Guillon-les-Bains 25 126 A2
Guillonville 28 79 D4
Guillos 33 194 B3
Guilly 36 117 F4
Guilly 45 100 A2
Guilmécourt 76 16 A1
Guilvinec 29 68 C4
Guimaëc 29 46 B2
Guimiliau 29 45 F2
Guimps 16 161 F4
Guinarthe-Parenties 64 225 E4
Guincourt 08 21 E4
Guindrecourt-aux-Ormes 52 84 C1
Guindrecourt-sur-Blaise 52 84 C2
Guinecourt 62 9 D2
Guînes 62 3 D2
Guingamp 22 47 E3
Guinglange 57 40 C4
Guinkirchen 57 40 C3
Guinzeling 57 65 E1
Guipavas 29 45 D3
Guipel 35 73 D2
Guipronvel 29 44 C2
Guipry 35 93 D2
Guipy 58 121 D3
Guirlange 57 40 C3
Guiry-en-Vexin 95 32 C4
Guiscard 60 18 C4
Guiscriff 56 69 F3
Guise 02 19 F2
Guiseniers 27 32 B3
Le Guislain 50 51 D1
Guissény 29 45 D1
Guisy 62 8 C2
Guitalens 81 231 D3
Guitera-les-Bains 2a 267 D4
Guitinières 17 161 E4
Guitrancourt 78 56 C1
Guîtres 33 178 A3
Guitry 27 32 B3
Guitté 22 72 B2
Guivry 02 18 C4
Guizancourt 80 17 D3
Guizengeard 16 178 A2
Guizerix 65 250 A1
Gujan-Mestras 33 193 D2
Gumbrechtshoffen 67 67 D1
Gumery 10 82 A1
Gumiane 26 204 C3
Gumières 42 169 F4
Gumond 19 182 A2
Gundershoffen 67 67 D1
Gundolsheim 68 108 C1
Gungwiller 67 66 A1
Gunsbach 68 88 C3
Gunstett 67 67 D1
Guntzviller 57 66 B2
Guny 02 35 D1
Guran 31 258 B3
Gurat 16 178 C1
Gurcy-le-Châtel 77 81 E1
Gurgy 89 102 A2
Gurgy-le-Château 21 104 B2
Gurgy-la-Ville 21 104 B2
Gurmancon 64 248 A2
Gurs 64 247 F1
Gurunhuel 22 47 D3
Gury 60 18 B4
Gussainville 55 39 D3
Gussignies 59 11 F2
Guyancourt 78 57 D3
Guyans-Durnes 25 125 F3
Guyans-Vennes 25 126 B3
Guyencourt 02 36 A2
Guyencourt-Saulcourt 80 18 C1
Guyencourt-sur-Noye 80 17 F3
La Guyonnière 85 112 B4
Guyonvelle 52 105 F2
Guzargues 34 234 B2
Gy 70 125 D1
Gy-en-Sologne 41 117 E2
Gy-l'Évêque 89 102 A3
Gy-les-Nonains 45 101 D1
Gye 54 63 F3
Gyé-sur-Seine 10 83 F4

H

L'Haÿ-les-Roses 94 57 E3
Habarcq 62 9 F3
Habas 40 225 E3
Habère-Lullin 74 158 C2
Habère-Poche 74 158 C2
Hablainville 54 65 E4
Habloville 61 52 C2
Haboudange 57 65 D1
Habsheim 68 108 C2
Hachan 65 250 A1
Hackenberg (Fort de) 57 40 C2
Hâcourt 52 85 F3
Hacqueville 27 32 B3
Hadancourt-le-Haut-Clocher 60 33 D3
Hadigny-les-Verrières 88 87 E2
Hadol 88 87 E3
Hadonville-lès-Lachaussée 55 39 E4
Haegen 67 66 B2
Hagécourt 88 86 C2
Hagedet 65 227 D3
Hagen 57 40 B1
Hagenbach 68 108 B3
Hagenthal-le-Bas 68 109 D4
Hagenthal-le-Haut 68 109 D4
Haget 32 227 E4
Hagetaubin 64 226 A3
Hagetmau 40 226 B2
Hagéville 54 39 E4
Hagnéville-et-Roncourt 88 86 B2
Hagnicourt 08 21 D4
Hagondange 57 40 B3
Hague (Cap de la) 50 24 B1
Haguenau 67 67 D1
La Haie-Fouassière 44 112 B3
La Haie-Traversaine 53 75 D2
Les Haies 69 171 E4
Haigneville 54 64 C4
Haillainville 88 87 E1
Le Haillan 33 194 A1
Hailles 80 17 F3
Haillicourt 62 9 F1
Haimps 17 161 F1
Haims 86 133 D4
Hainvillers 60 18 A4
Haironville 55 62 B3
Haisnes 62 10 A1
Halatte (Forêt d') 60 34 A3
Haleine 61 52 B4
Halinghen 62 2 C4
Hallencourt 80 16 C1
Hallennes-lez-Haubourdin 59 5 D4
Hallering 57 41 D3
Les Halles 69 170 C2
Halles-sous-les-Côtes 55 38 B1
Hallignicourt 52 62 A3
Hallines 62 3 E3
Halling-lès-Boulay 57 40 C3
Hallivillers 80 17 E3
La Hallotière 76 32 B1
Halloville 54 65 F4
Halloy 62 9 E4
Halloy 60 17 D4
Halloy-lès-Pernois 80 17 E1
Hallu 80 18 B3
Halluin 59 5 E3
Halsou 64 224 C4
Halstroff 57 40 C1
Ham 80 18 C3
Le Ham 50 25 D3
Le Ham 53 75 E2
Ham-en-Artois 62 9 E1
Ham-les-Moines 08 21 D3
Ham (Roches de) 50 28 A4
Ham-sous-Varsberg 57 41 D3
Ham-sur-Meuse 08 13 F4
Hamars 14 52 B1
Hambach 57 41 F4
Hambers 53 75 E2
Hamblain-les-Prés 62 10 B3
Hambye 50 51 D1
Hamel 59 10 C3
Le Hamel 60 17 D4
Le Hamel 80 18 A2
Hamelet 80 18 A2
Hamelin 50 51 D4
Hamelincourt 62 10 A4
Hames-Boucres 62 3 D2
Hammeville 54 64 B4
Hamonville 54 63 F2
Hampigny 10 84 A1
Hampont 57 65 D2
Han-lès-Juvigny 55 38 C1
Han-sur-Meuse 55 63 D2
Han-sur-Nied 57 40 C4
Hanau (Étang de) 57 42 C4
Hanc 79 147 D3
Hanches 28 56 B4
Hancourt 80 18 C2
Handschuheim 67 67 D3
Hangard 80 17 F2
Hangenbieten 67 67 D3
Hangest-en-Santerre 80 18 A3
Hangest-sur-Somme 80 17 D1
Hangviller 57 66 B2
Hannaches 60 32 C1
Hannapes 02 19 F1
Hannappes 08 20 C2
Hannescamps 62 9 F4
Hannocourt 57 65 D1
Hannogne-St-Martin 08 21 F3
Hannogne-St-Rémy 08 20 B4
Hannonville-sous-les-Côtes 55 39 D4
Hannonville-Suzémont 54 39 E4
Han-Devant-Pierrepont 55 39 D2
Le Hanouard 76 14 C3
Hans 51 37 F4
Hantay 59 10 B1
Hanvec 29 45 E4
Hanviller 57 42 C3
Hanvoile 60 33 D1
Haplincourt 62 10 B4
Happencourt 02 19 D3
Happonvilliers 28 78 A2
Haramont 02 34 C3
Haraucourt 54 64 C3
Haraucourt 08 21 F4
Haraucourt-sur-Seille 57 65 D2
Haraumont 55 38 B2
Haravesnes 62 9 D3
Haravilliers 95 33 D3
Harbonnières 80 18 A2
Harbouey 54 65 F4
Harcanville 76 15 D3
Harchéchamp 88 86 A1
Harcigny 02 20 B3
Harcourt 27 31 D3
Harcy 08 21 D2
Hardancourt 88 87 E1
Hardanges 53 75 E2
Hardecourt-aux-Bois 80 18 B1
Hardelot-Plage 62 2 B4
Hardencourt-Cocherel 27 55 F1
Hardifort 59 4 B3
Hardinghen 62 3 D3
Hardinvast 50 24 C2
Hardivillers 60 17 E4
Hardivillers-en-Vexin 60 33 D3
La Hardoye 08 20 C3
Hardricourt 78 56 C1
La Harengère 27 31 E3
Haréville 88 86 C3
Harfleur 76 30 A1
Hargarten-aux-Mines 57 41 D3
Hargeville 78 56 B2
Hargeville-sur-Chée 55 62 B2
Hargicourt 80 17 F3
Hargicourt 02 19 D1
Hargnies 59 11 F3
Hargnies 08 21 E1
Harly 02 19 D3
Harméville 52 85 E1
Harmonville 88 86 B1
La Harmoye 22 71 D1
Harnes 62 10 B2
Harol 88 87 D3
Haroué 54 86 C1
Harponville 80 17 F1
Harprich 57 65 D1
Harquency 27 32 B3
Harreberg 57 66 B3
Harréville-les-Chanteurs 52 86 A2
Harricourt 52 84 C2
Harricourt 08 38 A1
Harsault 88 87 D4
Harskirchen 67 66 A1
Hartennes-et-Taux 02 35 E3
Hartmannswiller 68 108 B1
Hartzviller 57 66 A3
Harville 55 39 E4
Hary 02 20 B3
Haselbourg 57 66 B3
Hasnon 59 11 D2
Hasparren 64 224 C4
Haspelschiedt 57 42 C3
Haspres 59 11 D3
Hastingues 40 225 D3
Hatrize 54 39 F3
Hatten 67 67 E1
Hattencourt 80 18 B3
Hattenville 76 14 C4
Hattigny 57 65 F3
Hattmatt 67 66 C2
Hattonchâtel 55 63 E1
Hattonville 55 63 E1
Hattstatt 68 89 D4
Hauban 65 249 E3
Haubourdin 59 5 D4
Hauconcourt 57 40 B3
Haucourt 62 10 B3
Haucourt 60 33 D1
Haucourt 76 16 B4
Le Haucourt 02 19 D2
Haucourt-en-Cambrésis 59 11 D4
Haucourt-Moulaine 54 39 E1
Haucourt-la-Rigole 55 39 E2
Haudainville 55 38 C4
Haudiomont 55 39 D4
Haudivillers 60 33 E1
Haudonville 54 65 D4
Haudrecy 08 21 E3
Haudricourt 76 16 B3
Haulchin 59 11 D3
Haulies 32 228 B3
Haulmé 08 21 E2
Haumont-lès-Lachaussée 55 39 E4
Hauriet 40 226 A2
Hausgauen 68 108 C3
Haussez 76 16 B4
Haussignémont 51 61 F3
Haussimont 51 60 C3
Haussonville 54 64 C4
Haussy 59 11 D3
Haut-Asco 2B 264 C4
Haut-Barr (Château du) 67 66 B2
Haut-Clocher 57 66 A2
Le Haut-Corlay 22 70 C1
Haut-de-Bosdarros 64 248 B2
Haut-du-Them 70 107 E1
Haut-Konigsbourg (Château du) 67 89 D2
Haut Languedoc (Parc Régional du) 34,81 232 B2
Haut-Lieu 59 12 B4
Haut-Loquin 62 3 D3
Haut-Mauco 40 226 B1
Hautaget 65 250 A3
Hautbos 60 16 C4
Haute-Avesnes 62 9 F2
La Haute-Beaume 05 205 E3
La Haute-Chapelle 61 52 A4
Haute Corniche (Belvédères de la) 07 218 C1
Haute-Epine 60 17 D4
Haute-Goulaine 44 112 B2
Haute-Isle 95 32 B4
Haute-Kontz 57 40 B1
La Haute-Maison 77 58 C2
Haute-Rivoire 69 170 C2
Haute-Vigneulles 57 41 D4
Hautecloque 62 9 E2
Hautecombe (Abbaye de) 73 173 E2
Hautecôte 62 9 D3
Hautecour 39 141 F3
Hautecour 73 174 C3
Hautecourt-lès-Broville 55 39 D3
Hautecourt-Romanèche 01 156 C3
Hautefage 19 182 A3
Hautefage-la-Tour 47 212 A1
Hautefaye 24 163 D4
Hautefeuille 77 58 C3
Hautefond 71 154 B1
Hautefontaine 60 35 D2
Hautefort 24 180 B2
Hauteluce 73 174 C2
Hautepierre-le-Châtelet 25 125 F4
Hauterive 61 76 B1
Hauterive 03 153 E4
Hauterive 89 102 B1
Hauterive-la-Fresse 25 126 A4
Hauterives 26 188 A2
Hauteroche 21 104 A4
Hautes-Duyes 04 222 A2
Les Hautes-Rivières 08 21 F2
Hautesvignes 47 195 F4
Hautevelle 70 106 C1
Hautevesnes 02 35 D4
Hauteville-lès-Dijon 21 123 E2
Hauteville-la-Guichard 50 27 D3
Hauteville 51 61 F3
Hauteville 02 19 E2
Hauteville 08 20 C4
Hauteville 73 174 A3
Hauteville 62 9 F3
La Hauteville 78 56 B3
Hauteville-Lompnes 01 157 D4
Hauteville-sur-Fier 74 173 E1
Hauteville-sur-Mer 50 50 B1
Haution 02 20 A2
Hautmont 59 12 B3
Hautmougey 88 87 D4
Hautot-l'Auvray 76 15 D3
Hautot-St-Sulpice 76 15 D3
Hautot-sur-Mer 76 15 E2
Hautot-sur-Seine 76 31 E2
Hautot-le-Vatois 76 14 C4
Hautteville-Bocage 50 25 D3
Hautvillers 51 36 B4
Hautvillers-Ouville 80 8 B4
Hauville 27 31 D2
Hauviné 08 37 D2
Haux 64 247 E2
Haux 33 194 B2
Havange 57 39 F2
Havelu 28 56 A2
Haveluy 59 11 D2
Havernas 80 17 E1
Haverskerque 59 4 B4
Le Havre 76 30 A1
Le Havre-Antifer 76 14 A4
Havrincourt 62 10 C4
Hayange 57 40 A2
Haybes 08 21 E1
La Haye 76 32 B1
La Haye 88 87 D4
La Haye-Aubrée 27 31 D2
La Haye-Bellefond 50 51 D1
La Haye-le-Comte 27 31 F3
La Haye-de-Calleville 27 31 D3
La Haye-de-Routot 27 31 D2
La Haye-d'Ectot 50 24 C3
La Haye-du-Puits 50 26 C2
La Haye-du-Theil 27 31 E3
La Haye-Malherbe 27 31 E3
La Haye-Pesnel 50 50 C2
La Haye-St-Sylvestre 27 54 B2
Hayes 57 40 C3
Les Hayes 41 97 E3
Haynecourt 59 10 C3
Les Hays 39 141 D1
Hazebrouck 59 4 B3
Hazembourg 57 65 F1
Le Heaulme 95 33 D4
Héauville 50 24 B2
Hébécourt 80 17 E3
Hébécourt 27 32 C2
Hébécrevon 50 27 E3
Héberville 76 15 D3
Hébuterne 62 9 F4
Hèches 65 249 F3
Hecken 68 108 B2
Hecmanville 27 30 C3
Hécourt 27 55 F1
Hécourt 60 32 C1
Hecq 59 11 E4
Hectomare 27 31 E3
Hédauville 80 18 A1
Hédé 35 73 D2
Hédouville 95 33 E4
Hegeney 67 67 D1
Hégenheim 68 109 D3
Heidolsheim 67 89 E2
Heidwiller 68 108 C3
Heiligenberg 67 66 C4
Heiligenstein 67 89 D1
Heillecourt 54 64 B3
Heilles 60 33 E2
Heilly 80 17 F2
Heiltz-l'Évêque 51 61 F2
Heiltz-le-Hutier 51 61 F3
Heiltz-le-Maurupt 51 62 A2
Heimersdorf 68 108 C3
Heimsbrunn 68 108 B2
Heining-lès-Bouzonville 57 41 D2
Heippes 55 62 C1
Heiteren 68 89 E4
Heiwiller 68 108 C3
Hélesmes 59 11 D2
Hélette 64 246 C1
Helfaut 62 3 F4
Helfrantzkirch 68 108 C3
Helléan 56 71 F4
Hellemmes-Lille 59 5 D4
Hellenvilliers 27 55 E2
Hellering-lès-Fénétrange 57 66 A2
Helleville 50 24 B2
Hellimer 57 41 E4
Héloup 61 76 A1
Helpe Majeure 59 12 A4
Helstroff 57 40 C3
Hem 59 5 E4
Hem-Hardinval 80 9 E4
Hem-Lenglet 59 10 C3
Hem-Monacu 80 18 B2
Hémevez 50 25 D3
Hémévillers 60 34 B1
Hémilly 57 40 C4
Héming 57 65 F3
Hémonstoir 22 71 D3
Hénaménil 54 65 D3
Hénanbihen 22 48 C3
Hénansal 22 48 C3
Hendaye 64 244 A4
Hendecourt-lès-Cagnicourt 62 10 B3
Hendecourt-lès-Ransart 62 10 A3
Hénencourt 80 18 A1
Henflingen 68 108 C3
Hengoat 22 47 E2
Hengwiller 67 66 B3
Hénin-Beaumont 62 10 B2
Hénin-sur-Cojeul 62 10 A3
Héninel 62 10 B3
Hennebont 56 90 C1
Hennecourt 88 87 D3
Hennemont 55 39 D3
Henneveux 62 3 D3
Hennezel 88 86 C4
Hennezis 27 32 B3
Hénon 22 71 E1
Hénonville 60 33 D3
Hénouville 76 31 E1
Henrichemont 18 119 D2
Henridorff 57 66 B2
Henriville 57 41 E3
Hénu 62 9 F4
Henvic 29 46 A2
Hérange 57 66 B2
Hérault 30,34 234 A2
Herbault 41 98 A4
Herbécourt 80 18 B2
Herbelles 62 3 F4
Herbeuval 08 22 B4
Herbeuville 55 39 D4
Herbeville 78 56 C2
Herbéviller 54 65 E4
Herbeys 38 189 E3
Les Herbiers 85 129 F1
Herbignac 44 92 A4
Herbinghen 62 3 D3
Herbisse 10 60 C4
Herbitzheim 67 42 A4
Herblay 95 57 D1
Herbsheim 67 89 E1
Hercé 53 74 C1
Herchies 60 33 D1
La Hérelle 60 17 F4
Hérenguerville 50 50 C1
Hérépian 34 233 D3
Hères 65 227 E3
Hergnies 59 11 E1
Hergugney 88 87 D1
Héric 44 111 F1
Héric (Gorges d') 34 232 C3
Héricourt 62 9 E2
Héricourt 70 107 F3
Héricourt-en-Caux 76 15 D3
Héricourt-sur-Thérain 60 16 C4
Héricy 77 80 C1
La Hérie 02 20 B2
Le Hérie-la-Viéville 02 19 F2
Hériménil 54 65 D4
Hérimoncourt 25 108 A4
Hérin 59 11 D2
Hérissart 80 17 F1
Hérisson 03 136 B4
Hérisson (Cascades du) 39 141 F3
Herleville 80 18 B2
La Herlière 62 9 F3
Herlies 59 10 A1
Herlin-le-Sec 62 9 E2
Herlincourt 62 9 E2
Herly 62 8 C1
Herly 80 18 B3
Herm 40 225 D1
L'Herm 09 252 B4
Hermanville-sur-Mer 14 29 D2
Les Hermaux 48 200 C4
Hermaville 62 9 F3
Hermé 77 81 F1
Hermelange 57 66 A3
Hermelinghen 62 3 D3
Herment 63 167 D2
Hermeray 78 56 B4
Hermerswiller 67 43 E4
Hermes 60 33 E2
Hermeville 76 14 A4
Herméville-en-Woëvre 55 39 D3
Hermies 62 10 B4
Hermillon 73 190 B1
Hermin 62 9 F2
Les Hermites 37 97 E3
Hermival-les-Vaux 14 30 B3
Hermonville 51 36 B2
Hernicourt 62 9 E2
Herny 57 40 C4
Le Héron 76 32 A1
Héronchelles 76 32 A1
Hérouville 95 33 E4
Hérouville-St-Clair 14 29 D3
Hérouvillette 14 29 E3
Herpelmont 88 87 F3
Herpont 51 61 F1
Herpy-l'Arlésienne 08 36 C1
Herqueville 27 32 A3
Herqueville 50 24 B1
Herran 31 259 D2
Herré 40 210 B3
Herrère 64 248 A2
Herrin 59 10 B1
Herrlisheim 67 67 E2
Herrlisheim-près-Colmar 68 89 D4
Herry 18 120 A3
Herserange 54 23 E4
Hersin-Coupigny 62 9 F2
Hertzing 57 65 F3
Hervelinghen 62 2 C2
Hervilly 80 18 B2
Héry 58 121 D2
Héry 89 102 B2
Héry-sur-Alby 74 173 F1
Herzeele 59 4 B2
Hesbécourt 80 18 B2
Hescamps 80 16 C3
Hesdigneul-lès-Béthune 62 9 F1
Hesdigneul-lès-Boulogne 62 2 C4
Hesdin 62 8 C2
Hesdin-l'Abbé 62 2 C4
Hésingue 68 109 D3
Hesmond 62 8 C2
Hesse 57 66 A3
Hessenheim 67 89 E2
Hestroff 57 40 C2
Hestrud 59 12 C3
Hestrus 62 9 E2
Hétomesnil 60 17 D4
Hettange-Grande 57 40 B1
Hettenschlag 68 89 E4
Heubécourt-Haricourt 27 32 B4
Heuchin 62 9 E1
Heucourt-Croquoison 80 16 D2
Heudebouville 27 32 A3
Heudicourt 80 18 C1
Heudicourt 27 32 C2
Heudicourt-sous-les-Côtes 55 63 E1
Heudreville-en-Lieuvin 27 30 C3
Heudreville-sur-Eure 27 31 F4
Heugas 40 225 E2
Heugleville-sur-Scie 76 15 E3
Heugnes 36 117 E4

Heugon 61 54 A2
Heugueville-sur-Sienne 50 26 C4
Heuilley-Cotton 52 105 E2
Heuilley-le-Grand 52 105 E2
Heuilley-sur-Saône 21 124 B2
Heuland 14 29 F3
Heume-l'Église 63 167 E2
La Heunière 27 32 A4
Heuqueville 27 32 A3
Heuqueville 76 14 A4
Heuringhem 62 3 F4
Heurteauville 76 31 D1
Heurtevent 14 53 E1
Heussé 50 51 E4
Heutrégiville 51 36 C2
Heuzecourt 80 9 D4
Heyrieux 38 172 A3
Hézecques 62 9 D1
Le Hézo 56 91 E3
Hibarette 65 249 D2
Hières-sur-Amby 38 172 B2
Hierges 08 13 F4
Hiermont 80 9 D3
Hiers-Brouage 17 160 B1
Hiersac 16 162 B3
Hiesse 16 148 A4
Hiesville 50 25 E4
Hiéville 14 53 D1
Higuères-Souye 64 226 C4
Hiis 65 249 E2
Hilbesheim 57 66 A2
Hillion 22 48 B3
Hilsenheim 67 89 E2
Hilsprich 57 41 E4
Hinacourt 02 19 D3
Hinckange 57 40 C3
Hindisheim 67 67 D4
Hindlingen 68 108 B3
Hinges 62 9 F1
Le Hinglé 22 72 B1
Hinsbourg 67 66 B1
Hinsingen 67 65 F1
Hinx 40 225 E2
Hippoltskirch 68 108 C4
Hipsheim 67 67 D4
Hirel 35 49 F3
Hirschland 67 66 A2
Hirsingue 68 108 C3
Hirson 02 20 B2
Hirtzbach 68 108 B3
Hirtzfelden 68 108 C1
His 31 259 D2
Hitte 65 249 E2
Hoc (Pointe du) 14 27 F1
Hochfelden 67 67 D2
Hochstatt 68 108 C2
Hochstett 67 67 D2
Hocquigny 50 50 C2
Hocquincourt 80 16 C1
Hocquinghen 62 3 D3
Hodenc-en-Bray 60 33 D1
Hodenc-l'Evêque 60 33 E2
Hodeng-au-Bosc 76 16 B2
Hodeng-Hodenger 76 32 B1
Hodent 95 32 C4
Hœdic (Ile de) 56
Hœnheim 67 67 E3
Hœrdt 67 67 E2
Hoéville 54 65 D3
Hoffen 67 43 E4
Les Hogues 27 32 A2
La Hoguette 14 53 D2
Hohatzenheim 67 67 D2
Hohengœft 67 66 C3
Hohfrankenheim 67 67 D2
Hohneck 88 88 B4
Hohrod 68 88 C3
Le Hohwald 67 89 D1
Hohwiller 67 43 E4
Holacourt 57 65 D1
Holçarté (Crevasses d') 64 247 E3
Holling 57 40 C2
Holnon 02 19 D2
Holque 59 3 E2
Holtzheim 67 67 D3
Holtzwihr 68 89 D3
Holving 57 41 F4
LE Hom 14 52 B1
Hombleux 80 18 C3
Homblières 02 19 E2
Hombourg 68 109 D2
Hombourg-Budange 57 40 C2
Hombourg-Haut 57 41 E3
L'Hôme-Chamondot 61 54 C4
Homécourt 54 39 F3
Hommarting 57 66 B2
Hommert 57 66 B3
Hommes 37 115 D1
Le Hommet-d'Arthenay 50 27 E3
Homps 11 254 A1
Homps 32 228 C1
Hon-Hergies 59 11 F2
Hondainville 60 33 F2
Hondeghem 59 4 B3
Hondevilliers 77 59 E2
Hondouville 27 31 F4
Hondschoote 59 4 B2
Honfleur 14 30 B1
Honguemare-Guenouville 27 31 D2
Honnechy 59 19 E1
Honnecourt-sur-Escaut 59 19 D1
L'Honor-de-Cos 82 213 D3
Honskirch 57 65 F1
Hontanx 40 226 C1
L'Hôpital 57 41 E3
Hôpital-Camfrout 29 45 E4
L'Hôpital-d'Orion 64 225 F4
L'Hôpital-du-Grosbois 25 125 F3
L'Hôpital-le-Grand 42 170 B3
L'Hôpital-le-Mercier 71 154 A1
L'Hôpital-St-Blaise 64 247 F1
L'Hôpital-St-Lieffroy 25 126 A1
L'Hôpital-sous-Rochefort 42 169 F2
Hôpitaux (Cluse des) 01 172 C1
Les Hôpitaux-Neufs 25 142 C2
Les Hôpitaux-Vieux 25 142 C2
Horbourg 68 89 D3
Hordain 59 11 D3
La Horgne 08 21 E4
Horgues 65 249 E2
L'Horme 42 171 D4
Hornaing 59 11 D2
Hornoy-le-Bourg 80 16 C2
Le Horps 53 75 E1
Horsarrieu 40 226 A2
Hortes 52 105 E2
Horville-en-Ornois 55 85 E1
L'Hosmes 27 55 D2
L'Hospitalet 04 221 D3
L'Hospitalet-du-Larzac 12 216 C4
L'Hospitalet-près-l'Andorre 09 260 C3
Hossegor 40 224 C2
Hosta 64 247 D2
Hoste 57 41 E4
Hostens 33 193 F4
Hostias 01 172 C1
Hostun 26 188 B3
L'Hôtellerie 14 30 B4
L'Hôtellerie-de-Flée 49 94 C2
Hotonnes 01 157 E4
Hotot-en-Auge 14 29 F3
Hottot-les-Bagues 14 28 C3
Hottviller 57 42 B4
La Houblonnière 14 30 A4
Les Houches 74 159 E4
Houchin 62 9 F1
Houdain 62 9 F2
Houdain-lez-Bavay 59 11 F3
Houdan 78 56 B3
Houdancourt 60 34 B2
Houdelaincourt 55 63 D4
Houdelaucourt-sur-Othain 55 39 D2
Houdelmont 54 64 B4
Houdemont 54 64 B3
Houdetot 76 15 D2
Houdilcourt 08 36 C2
Houdreville 54 64 B4
Houécourt 88 86 B2
Houeillès 47 210 B2
Houesville 50 27 D2
Houetteville 27 31 F4
Houéville 88 86 B1
Houeydets 65 249 F2
Le Houga 32 227 D1
Houilles 78 57 D2
Houlbec-Cocherel 27 32 A4
Houlbec-près-le-Gros-Theil 27 31 D3
Houldizy 08 21 E2
Houlette 16 162 A2
Houlgate 14 29 E2
Houlle 62 3 E3
Le Houlme 76 31 E1
L'Houmeau 17 145 D2
Hounoux 11 252 C2
Houplin-Ancoisne 59 10 B1
Houplines 59 5 D4
Houppeville 76 31 F1
Houquetot 76 14 B4
Hourc 65 249 E1
Hourges 51 36 A3
Hours 64 248 C2
Hourtin 33 176 B2
Hourtous (Roc des) 48 216 C2
Houry 02 20 A3
Houssay 53 94 C1
Houssay 41 97 F3
La Houssaye 27 54 C1
La Houssaye-Béranger 76 15 E4
La Houssaye-en-Brie 77 58 C3
Le Housseau 53 75 D1
Houssen 68 89 D3
Housseras 88 88 A2
Housset 02 19 F3
Housséville 54 86 C1
La Houssière 88 88 A3
La Houssoye 60 33 D2
Houtaud 25 142 C1
Houtkerque 59 4 B2
Houtteville 50 27 D2
Houville-la-Branche 28 78 C1
Houville-en-Vexin 27 32 A3
Houvin-Houvigneul 62 9 E3
Houx 28 56 B4
Hoymille 59 4 A2
Huanne-Montmartin 25 125 F1
Hubersent 62 8 B1
Hubert-Folie 14 29 D4
Huberville 50 25 D3
Huby-St-Leu 62 8 C2
Huchenneville 80 16 C1
Huchet (Courant d') 40 208 A4
Huclier 62 9 E2
Hucqueliers 62 8 C1
Hudimesnil 50 50 B2
Hudiviller 54 64 C3
Huelgoat 29 46 B4
Huest 27 55 E1
Huêtre 45 99 D1
Huez 38 190 A3
Hugier 70 124 C2
Hugleville-en-Caux 76 15 E4
Huillé 49 95 F3
Huilliécourt 52 85 F3
Huilly-sur-Seille 71 140 B3
Huiron 51 61 E3
Huismes 37 115 D3
Huisne 61,72 77 D4
Huisnes-sur-Mer 50 50 C3
Huisseau-en-Beauce 41 97 F3
Huisseau-sur-Cosson 41 98 C4
Huisseau-sur-Mauves 45 99 D2
Huiles (Vallée des) 73 174 A4
Hulluch 62 10 A1
Hultehouse 57 66 B2
Humbauville 51 61 D3
Humbécourt 52 62 A4
Humbercamps 62 9 F4
Humbercourt 80 9 E3
Humbert 62 8 C1
Humberville 52 85 E2
Humbligny 18 119 E2
Humerœuille 62 9 D2
Humes 52 105 D1
Humières 62 9 D2
Hunaudaie (Château de) 22 49 D4
Hunawihr 68 89 D3
Hundling 57 41 F3
Hundsbach 68 108 C3
Huningue 68 109 D3
Hunspach 67 43 E4
Hunting 57 40 C1
Huos 31 250 B3
Huparlac 12 200 A2
Huppain 14 28 B2
Huppy 80 16 C1
Hurbache 88 88 B1
Hure 33 195 D3
Hurecourt 70 106 B1
Hures-la-Parade 48 216 C2
Huriel 03 151 E1
Hurigny 71 155 E1
Hurlevents (Site des) 03 153 E3
Hurtières 38 189 F1
Hurtigheim 67 67 D3
Husseren-les-Châteaux 68 89 D4
Husseren-Wesserling 68 108 A1
Hussigny-Godbrange 54 39 E1
Husson 50 51 E4
Huttendorf 67 67 D2
Huttenheim 67 89 E1
Hyds 03 152 A2
Hyémondans 25 126 B1
Hyencourt-le-Grand 80 18 B2
Hyenville 50 26 C4
Hyères 83 244 B3
Hyères (Iles d') 83 245 D3
Hyet 70 106 B4
Hyèvre-Magny 25 126 A1
Hyèvre-Paroisse 25 126 A1
Hymont 88 86 C2

I

Ibarrolle 64 247 D2
Ibigny 57 65 F3
Ibos 65 249 D2
Ichtratzheim 67 67 D4
Ichy 77 80 B3
Idaux-Mendy 64 247 E2
Idrac-Respaillès 32 228 A3
Idron 64 248 C1
Ids-St-Roch 18 135 E3
If (Château d') 13 243 D3
Iffendic 35 72 B3
Les Iffs 35 72 C2
Ifs 14 29 D4
Les Ifs 76 16 A2
Igé 71 155 E1
Igé 61 77 D2
Ignaucourt 80 18 A2
Ignaux 09 260 C2
Igney 88 87 E2
Igney 54 65 E3
Ignol 18 136 C1
Igny 91 57 E3
Igny 70 106 A4
Igny (Abbaye.d') 51 36 A3
Igny-Comblizy 51 60 A1
Igon 64 248 C2
Igornay 71 122 B4
Igoville 27 31 F2
Iguerande 71 154 B3
Iholdy 64 247 D1
Ile-aux-Moines 56 91 E3
L'Ile-Bouchard 37 115 E3
Ile-d'Aix 17 145 D4
Ile-d'Arz 56 91 E3
Ile-de-Batz 29 46 A1
Ile-de-Bréhat 22 47 F1
L'Ile-d'Elle 85 145 E1
Ile-d'Houat 56 91 D4
L'Ile-d'Olonne 85 128 B3
L'Ile-d'Yeu 85 128 A2
L'Ile-Rousse 2b 264 C2
L'Ile-St-Denis 93 57 E2
Ile-Savary 36 33 F1
Ilhan 65 249 F4
Ilharre 64 225 E4
Les Ilhes 11 253 E1
Ilhet 65 249 F4
Ilheu 65 258 B2
Ill 67,68 108 C1
Illange 57 40 B2
Illartein 09 259 D3
Illat 09 252 B4
Illats 33 194 B3
Ille 35 73 D1
Ille-sur-Têt 66 262 B2
Illeville-sur-Montfort 27 31 D2
Illfurth 68 108 C2
Illhaeusern 68 89 D2
Illiat 01 155 F2
Illier-et-Laramade 09 260 B1
Illiers-Combray 28 78 A2
Illiers-l'Évêque 27 55 E2
Illies 59 10 A1
Illifaut 22 72 A3
Illkirch-Graffenstaden 67 67 D4
Illois 76 16 B3
Illoud 52 85 F3
Illy 08 21 F3
Illzach 68 108 C2
Ilonse 06 223 F3
Imbleville 76 15 E3
Imbsheim 67 66 C2
Imécourt 08 38 A1
Imling 57 66 A2
Imphy 58 137 E1
Inaumont 08 20 C4
Incarville 27 31 F3
Incheville 76 16 A1
Inchy 59 11 D4
Inchy-en-Artois 62 10 B4
Incourt 62 9 D2
Incudine (Monte) 2A 269 E1
Indevillers 25 127 D1
Indre 44 111 F2
Indre 36,37 116 B3
Indrois 37 116 C3
Ineuil 18 135 F2
Les Infournas 05 206 A2
Ingenheim 67 66 C2
Ingersheim 68 89 D3
Inghem 62 3 F4
Inglange 57 40 B2
Ingolsheim 67 43 E4
Ingouville 76 15 D2
Ingrandes 36 133 E4
Ingrandes 49 113 D1
Ingrandes 86 132 C1
Ingrandes-de-Touraine 37 115 D2
Ingrannes 45 100 A1
Ingré 45 99 D1
Inguiniel 56 70 B4
Ingwiller 67 66 C1
Injoux-Génissiat 01 157 E3
Innenheim 67 67 D4
Innimond 01 172 C2
Inor 55 22 B4
Insming 57 65 F1
Insviller 57 65 F1
Intraville 76 15 F2
Intres 07 186 C4
Intréville 28 79 E2
Intville-la-Guétard 45 79 F3
Inval-Boiron 80 16 C2
Inxent 62 8 B1
Inzecca (Défilé de l') 2B 267 E3
Inzinzac-Lochrist 56 90 C1
Ippécourt 55 38 B4
Ippling 57 41 F3
Irai 61 54 C3
Irais 79 131 E1
Irancy 89 102 B3
Iraty (Forêt d') 64 247 D3
Iré-le-Sec 55 38 C1
Irigny 69 171 E3
Irissarry 64 246 C1
Irles 80 10 A4
Irmstett 67 66 C3
Irodouër 35 72 C2
Iron 02 19 F1
Irouléguy 64 246 C2
Irreville 27 31 F4
Is-en-Bassigny 52 85 F4
Is-sur-Tille 21 104 C4
Isbergues 62 4 A4
Isches 88 86 B4
Isdes 45 100 A3
Isenay 58 138 A1
Iseran (Col de l') 73 175 F4
Isère 26,38, 73 174 B3
Isigny-le-Buat 50 51 D3
Isigny-sur-Mer 14 27 E2
Island 89 121 E1
Isle 87 164 C2
Isle 24,33 164 B4
L'Isle-Adam 95 33 E4
L'Isle-Arné 32 228 C3
Isle-Aubigny 10 61 D4
Isle-Aumont 10 83 D3
L'Isle-Bouzon 32 211 F4
L'Isle-d'Abeau 38 172 B3
L'Isle-de-Noé 32 228 A3
L'Isle-d'Espagnac 16 162 C3
L'Isle-en-Dodon 31 228 C4
Isle-et-Bardais 03 136 B3
L'Isle-Jourdain 32 229 E3
L'Isle-Jourdain 86 148 B2
Isle-St-Georges 33 194 B2
L'Isle-sur-le-Doubs 25 107 E4
Isle-sur-Marne 51 61 F3
L'Isle-sur-Serein 89 103 D4
L'Isle-sur-la-Sorgue 84 220 A4
Les Isles-Bardel 14 52 C2
Isles-sur-Suippe 51 36 C2
Les Islettes 55 38 A4
Isles-les-Meldeuses 77 58 C1
Isneauville 76 31 F1
Isola 2000 06 223 F2
Isola 06 223 F2
Isolaccio-di-Fiumorbo 2b 267 E3
Isômes 52 105 D3
Ispagnac 48 217 D1
Ispoure 64 246 C2
Isques 62 2 C4
Issac 24 179 D4
Les Issambres 83 239 F4
Issamoulenc 07 203 D2
Issancourt-et-Rumel 08 21 F3
Issanlas 07 202 B2
Issans 25 107 F4
Les Issards 09 252 B3
Issarlès 07 202 B1
Isse 51 36 C4
Issé 44 93 F3
Issel 11 252 C1
Issendolus 46 198 B2
Issenhausen 67 66 C2
Issenheim 68 108 C1
Issepts 46 198 C3
Isserpent 03 153 E3
Isserteaux 63 168 C3
Issigeac 24 196 B2
Issirac 30 218 C2
Issoire 63 168 B4
Issolud (Puy d') 46 181 E4
Issoncourt 55 62 C1
Issor 64 248 A2
Issou 78 56 C1
Issoudun 36 135 D1
Issoudun-Létrieix 23 150 C4
Issus 31 230 A4
Issy-l'Évêque 71 138 C3
Issy-les-Moulineaux 92 57 E2
Istres 13 236 C4
Les Istres-et-Bury 51 60 C1
Isturits 64 225 D4
Isturits et d'Oxocelhaya (Grottes d') 64 225 D4
Isles-lès-Villenoy 77 58 B2
Itancourt 02 19 E3
Iteuil 86 132 A4
Ithorots-Olhaïby 64 247 E1
Iton 27 31 F4
Ittenheim 67 67 D3
Itterswiller 67 89 D1
Itteville 91 80 A1
Itxassou 64 224 C4
Itzac 81 214 A3
Ivergny 62 9 E3
Iverny 77 58 B1
Iviers 02 20 B3
Iville 27 31 E3
Ivors 60 34 C3
Ivory 39 141 F1
Ivoy-le-Pré 18 119 D2
Ivrey 39 125 D4
Ivry-la-Bataille 27 56 A2
Ivry-en-Montagne 21 122 C4
Ivry-sur-Seine 94 57 E2
Ivry-le-Temple 60 33 D3
Iwuy 59 11 D3
Izaourt 65 250 B3
Izaut-de-l'Hôtel 31 258 C2
Izaux 65 249 F3
Izé 53 75 E3
Izeaux 38 188 C1
Izel-lès-Equerchin 62 10 B2
Izel-les-Hameaux 62 9 F3
Izenave 01 157 D4
Izernore 01 157 D2
Izeron 38 188 C3
Izeste 64 256 B1
Izeure 21 123 F3
Izier 21 123 F2
Izieu 01 173 D3
Izoard (Col d') 05 207 E1
Izon 33 177 E4
Izon-la-Bruisse 26 221 D1
Izotges 32 227 D2
Izy 45 79 E4

J

Jablines 77 58 B2
Jabreilles-les-Bordes 87 149 F4
Jabrun 15 200 B2
Jacob-Bellecombette 73 173 E3
Jacou 34 234 B2
Jacque 65 249 E1
Jade (Côte de) 44 110 C3
Jagny-sous-Bois 95 33 F4
Jaignes 77 58 C1
Jaillans 26 188 B3
La Jaille-Yvon 49 95 D3
Jaillon 54 64 A2
Jailly 58 121 D4
Jailly-les-Moulins 21 122 C1
Jainvillotte 88 86 A2
Jalesches 23 150 C2
Jaleyrac 15 182 C2
Jaligny-sur-Besbre 03 153 E1
Jallais 49 113 D3
Jallanges 21 123 F4
Jallans 28 78 B4
Jallaucourt 57 64 C2
Jallerange 25 124 C2
Jalognes 18 119 F3
Jalogny 71 155 E1
Jâlons 51 60 C1
Jambles 71 139 F2
Jambville 78 32 C4
Jaméricourt 60 33 D2
Jametz 55 38 C1
Janailhac 87 164 C3
Janaillat 23 150 A4
Jancigny 21 124 B1
Jandun 08 21 D3
Janneyrias 38 172 A2
Jans 44 93 E3
Janville 60 34 C2
Janville 28 79 E3
Janville 14 29 E3
Janville-sur-Juine 91 79 F1
Janvilliers 51 60 A2
Janvry 91 57 D4
Janvry 51 36 B3
Janzé 35 93 F1
Jarcieu 38 187 F1
Jarcy (Moulin de) 94 58 A3
La Jard 17 161 D3
Jard-sur-Mer 85 144 B1
Jardin 38 171 F4
Le Jardin 19 182 B2
Jardres 86 132 C4
Jargeau 45 99 F2
Jarjayes 05 206 A3
Jarménil 88 87 E3
Jarnac 16 162 A3
Jarnac-Champagne 17 161 E3
Jarnages 23 150 C3
La Jarne 17 145 D3
Jarnioux 69 155 E4
Jarnosse 42 154 C3
Jarny 54 39 E3
Jarret 65 257 E2
Jarrie 38 189 E3
La Jarrie 17 145 E3
La Jarrie-Audouin 17 146 A4
Jarrier 73 190 B1
Jars 18 119 E1
Jarsy 73 174 A2
Jarville-la-Malgrange 54 64 C3
Jarzé 49 95 F4
Jas 42 170 C2
Jasney 70 106 C1
Jassans-Riottier 01 155 E4
Jasseines 10 83 E1
Jasseron 01 156 B2
Jasses 64 247 F1
Jastres 07 203 D3
Jatxou 64 224 C4
Jau (Col de) 66 261 E2
Jau-Dignac-et-Loirac 33 160 B4
La Jaubernie 07 203 E2
Jaucourt 10 84 B3
La Jaudonnière 85 130 A3
Jaudrais 28 55 E4
Jaujac 07 202 C3
Jauldes 16 162 C2
Jaulges 89 102 C1
Jaulgonne 02 35 F4
Jaulnay 37 132 B1
Jaulnes 77 81 F1
Jaulny 54 64 A1
Jaulzy 60 34 C2
Jaunac 07 186 C4
Jaunay-Clan 86 132 B3
Jaures 24 179 E3
Jausiers 04 207 E4
Jaux 60 34 B2
Jauzé 72 76 C3
Javaugues 43 185 D2
Javené 35 74 A2
Javerdat 87 164 B1
Javerlhac-et-la-Chapelle-St-Robert 24 163 E3
Javernant 10 83 D3
La Javie 04 222 B2
Javols 48 201 D2
Javrezac 16 161 E2
Javron-les-Chapelles 53 75 E1
Jax 43 185 D3
Jaxu 64 247 D2
Jayac 24 180 C4
Jayat 01 156 A1
Jazeneuil 86 131 F4
Jazennes 17 161 D3
Jeancourt 02 19 D2
Jeandelaincourt 54 64 C2
Jeandelize 54 39 E3
Jeanménil 88 87 F2
Jeansagnière 42 169 E2
Jeantes 02 20 B3
Jebsheim 68 89 E3
Jegun 32 228 A2
La Jemaye 24 178 C3
Jenlain 59 11 E3
Jenzat 03 152 C3
Jésonville 88 86 C3
Jessains 10 84 A2
Jetterswiller 67 66 C3
Jettingen 68 108 C3
Jeu-les-Bois 36 134 C3
Jeu-Maloches 36 117 E4
Jeufosse 78 56 A1
Jeugny 10 83 D4
Jeumont 59 12 C3
Jeurre 39 157 D1
Jeurre (Parc de) 91 79 F1
Jeux-lès-Bard 21 103 E4
Jeuxey 88 87 E3
Jevoncourt 54 86 C1
Jezainville 54 64 B2
Jézeau 65 249 F4
Joannas 07 202 C3
Job 63 169 E3
Jobourg 50 24 B1
Jobourg (Nez de) 50 24 B1
Joch 66 262 A2
Jœuf 54 39 F3
Joffre (Route) 68 108 A2
Joganville 50 25 D3
Joigny 89 102 A1
Joigny-sur-Meuse 08 21 E2
Joinville 52 85 D1
Joinville-le-Pont 94 57 F2
Joiselle 51 59 F3
Jolimetz 59 11 E3
Jolivet 54 65 D3
Jonage 69 172 A2
Joncels 34 233 D2
La Jonchère 85 129 E4
La Jonchère-St-Maurice 87 149 F4
Jonchères 26 205 D3
Joncherey 90 108 A4
Jonchery 52 85 D3
Jonchery-sur-Suippe 51 37 E3
Jonchery-sur-Vesle 51 36 A3
Joncourt 02 19 D2
Joncreuil 10 61 E4
Joncy 71 139 E3
Jongieux 73 173 E2
Jonquerets-de-Livet 27 54 B1
Jonquerettes 84 219 F4
Jonquery 51 36 A4
Jonquières 60 34 B2
Jonquières 11 254 B3
Jonquières 81 231 E2
Jonquières 34 233 F2
Jonquières 84 219 E3
Jonquières-St-Vincent 30 235 F1
Jons 69 172 A2
Jonte (Gorges de la) 12,48 216 C2
Jonval 08 21 E4
Jonvelle 70 106 A1
Jonville-en-Woëvre 55 39 E4
Jonzac 17 161 E4
Jonzier-Épagny 74 157 F3
Jonzieux 42 186 C1
Joppécourt 54 39 E2
Jorquenay 52 105 D1
Jort 14 53 D1
Jorxey 88 87 D2
Josat 43 185 D2
Joserand 63 152 C4
Josnes 41 98 C2
Josse 40 225 D2
Josselin 56 71 F4
Jossigny 77 58 B2
Jou-sous-Monjou 15 183 E4
Jouac 87 149 E2
Jouaignes 02 35 F3
Jouancy 89 103 D3
Jouarre 77 59 D2
Jouars-Pontchartrain 78 56 C3
Jouaville 54 39 F3
Joucas 84 220 B4
Joucou 11 261 E1
Joudes 71 141 D4
Joudreville 54 39 E2
Joué-l'Abbé 72 76 B4
Joué-du-Bois 61 52 C4
Joué-du-Plain 61 53 D3
Joué-en-Charnie 72 75 F4
Joué-sur-Erdre 44 93 F4
Joué-lès-Tours 37 115 F2
Jouet-sur-l'Aubois 18 120 A4
Jouey 21 122 C3
Jougne 25 142 C2
Jouhe 39 124 B3
Jouhet 86 133 D4
Jouillat 23 150 B2
Jouques 13 237 F2
Jouqueviel 81 214 B2
Jourgnac 87 164 C2
Journans 01 156 C3
Journet 86 148 C1
Journiac 24 180 A4
Journy 62 3 D3
Jours-lès-Baigneux 21 104 A3
Jours-en-Vaux 21 122 C4
Joursac 15 184 B3
Joussé 86 148 A2
Jouvençon 71 140 B4
Joux 69 170 C1
Joux (Château de) 25 142 C1
Joux (Forêt de la) 39 142 A1
Joux-la-Ville 89 102 C4
Jouy 89 81 D3
Jouy 28 78 C1
Jouy-aux-Arches 57 40 A4
Jouy-le-Châtel 77 59 D3
Jouy-en-Argonne 55 38 B4
Jouy-en-Josas 78 57 E3
Jouy-en-Pithiverais 45 79 F4
Jouy-Mauvoisin 78 56 B1
Jouy-le-Moutier 95 57 D1
Jouy-le-Potier 45 99 D3
Jouy-lès-Reims 51 36 B3
Jouy-sous-les-Côtes 55 63 E2
Jouy-sous-Thelle 60 33 D2
Jouy-sur-Eure 27 32 A4
Jouy-sur-Morin 77 59 E2
Joyeuse 07 202 C4
Joyeux 01 156 A4
Joze 63 168 C1
Jû-Belloc 32 227 E3
Juan-les-Pins 06 240 B2
Juaye-Mondaye 14 28 C3
Jubainville 88 86 A1
La Jubaudière 49 113 D3
Jubécourt 55 38 B4
Jublains 53 75 D2
Le Juch 29 68 C2
Jugazan 33 194 C2
Jugeals-Nazareth 19 181 D3
Jugon-les-Lacs 22 72 A1
Jugy 71 140 A3
Juicq 17 161 D1
Juif 71 140 C3
Juignac 16 178 C1
Juigné-Béné 49 95 D4
Juigné-des-Moutiers 44 94 A3
Juigné-sur-Loire 49 113 F1
Juigné-sur-Sarthe 72 95 F2
Juignettes 27 54 B2
Juillac 19 180 C2
Juillac 33 195 D1
Juillac 32 227 E3
Juillac-le-Coq 16 161 F3
Juillaguet 16 162 C4
Juillan 65 249 D2
Juillé 79 146 C3
Juillé 72 76 B3
Juillé 16 162 C1
Juillenay 21 122 B2
Juilles 32 228 C3
Juilley 50 50 C4
Juilly 21 122 B1
Juilly 77 58 B1
Juine 91 80 A1
Jujols 66 261 F3
Jujurieux 01 156 C3
Julianges 48 184 C4
Juliénas 69 155 E2
Julienne 16 162 A2
Jullianges 43 185 E2
Jullié 69 155 E2
Jullouville 50 50 B2
Jully 89 103 E2
Jully-lès-Buxy 71 139 F3
Jully-sur-Sarce 10 83 E4
Julos 65 249 D2
Julvécourt 55 38 B4
Jumeauville 78 56 B2
Jumeaux 63 184 C1
Les Jumeaux 79 131 E2
Jumel 80 17 F3
Jumelles 27 55 E2
Jumelles 49 114 B1
La Jumellière 49 113 E2
Jumencourt 02 35 E1
Jumièges 76 31 E1
Jumigny 02 36 A2
Jumilhac-le-Grand 24 164 B4
Junas 30 235 D2
Junay 89 102 C2
Juncalas 65 257 E2
Jungholtz 68 108 B1
Junhac 15 199 E2
Les Junies 46 197 E3
Juniville 08 37 D2
Juno Beach 14 29 D2
Jupilles 72 96 C2
Jurançon 64 248 B1
Juranville 45 80 B4
Juré 42 169 F1
Jurignac 16 162 B4
Jurques 14 28 B4
Jurvielle 31 258 B3
Jury 57 40 B4
Juscorps 79 146 B2
Jusix 47 195 E3
Jussac 15 183 D4
Jussarupt 88 88 A3
Jussas 17 177 F2
Jussat 63 153 D4
Jussecourt-Minecourt 51 61 F2

Jussey 70 106 A2
Jussy 02 19 D3
Jussy 89 102 B3
Jussy 57 40 A4
Jussy-Champagne 18 136 B1
Jussy-le-Chaudrier 18 120 A3
Justian 32 227 F1
Justine-Herbigny 08 20 C4
Justiniac 09 252 A2
Jutigny 77 81 E1
Juvaincourt 88 86 C2
Juvancourt 10 84 B4
Juvanzé 10 84 A2
Juvardeil 49 95 E3
Juvelize 57 65 E2
Juvignac 34 234 B3
Juvigné 53 74 B3
Juvignies 60 33 E1
Juvigny 02 35 E1
Juvigny 74 158 B2
Juvigny 51 61 D1
Juvigny-en-Perthois 55 62 C4
Juvigny-sous-Andaine 61 52 B4
Juvigny-sur-Loison 55 38 C1
Juvigny-sur-Orne 61 53 D3
Juvigny-sur-Seulles 14 28 C3
Juvigny-le-Tertre 50 51 E3
Juville 57 64 C1
Juvinas 07 202 C2
Juvincourt-et-Damary 02 36 A2
Juvisy-sur-Orge 91 57 E3
Juvrecourt 54 65 D2
Juxue 64 247 D1
Juzanvigny 10 84 A1
Juzennecourt 52 84 C3
Juzes 31 230 C4
Juzet-de-Luchon 31 258 B4
Juzet-d'Izaut 31 258 C2
Juziers 78 56 C1

K

Kakouetta (Gorges de) 64 247 E3
Kalhausen 57 42 A4
Kaltenhouse 67 67 E2
Kanfen 57 40 A1
Kappelen 68 109 D3
Kappelkinger 57 65 F1
Katzenthal 68 88 C3
Kauffenheim 67 67 F1
Kaysersberg 68 88 C3
Kédange-sur-Canner 57 40 C2
Keffenach 67 43 E4
Kembs 68 109 D2
Kemplich 57 40 C2
Kerazan-en-Loctudy 29 68 C4
Kerbach 57 41 F3
Kerbors 22 47 E1
Kerdévot 29 69 D3
Kerfons (Chapelle de) 22 46 C2
Kerfot 22 47 E2
Kerfourn 56 71 D3
Kergloff 29 69 F1
Kergrist 56 71 D3
Kergrist-Moëlou 22 70 B1
Kerien 22 47 D4
Kerjean 29 45 F2
Kerlaz 29 68 C2
Kerling-lès-Sierck 57 40 C1
Kerlouan 29 45 E1
Kermaria 22 47 F2
Kermaria-Sulard 22 47 D1
Kermoroc'h 22 47 D2
Kernascléden 56 70 B4
Kernével 29 69 E3
Kernilis 29 45 D2
Kernouës 29 45 E2
Kerpert 22 70 C1
Kerprich-aux-Bois 57 65 F2
Kersaint-Plabennec 29 45 D2
Kertzfeld 67 89 E1
Kervignac 56 90 C2
Keskastel 67 41 F4
Kesseldorf 67 67 F1
Kienheim 67 67 D2
Kientzheim 68 89 D3
Kiffis 68 108 C4
Killem 59 4 B2
Kilstett 67 67 E2
Kindwiller 67 67 D1
Kingersheim 68 108 C2
Kintzheim 67 89 D2
Kirchberg 68 108 A2
Kirchheim 67 66 C3
Kirrberg 67 66 A2
Kirrwiller 67 66 C2
Kirsch-lès-Sierck 57 40 C1
Kirschnaumen 57 40 C1
Kirviller 57 65 F1
Klang 57 40 C2
Kleinfrankenheim 67 67 D3
Kleingoft 67 66 C2
Klingenthal 67 66 C4
Knœringue 68 108 C3
Knœrsheim 67 66 C3
Knutange 57 39 F2
Kœnigsmacker 57 40 B1
Kœstlach 68 108 C4
Kœtzingue 68 108 C3
Kœur-la-Grande 55 63 D2
Kœur-la-Petite 55 63 D2
Kogenheim 67 89 E1
Kolbsheim 67 67 D3
Krautergersheim 67 67 D4
Krautwiller 67 67 D2
Le Kremlin-Bicêtre 94 57 E2
Kriegsheim 67 67 D2
Kruth 68 108 A1
Kuhlendorf 67 67 E1
Kunheim 68 89 E3
Kuntzig 57 40 B2
Kurtzenhouse 67 67 E2
Kuttolsheim 67 66 C3
Kutzenhausen 67 43 E4

L

L'Hermitage 35 73 D3
L'Huisserie 53 74 C4
L'Écluse 66 262 C3
L'Écouvotte 25 125 F1
L'Église-aux-Bois 19 165 F3
L'Épine 85 110 B4
L'Étang-Vergy 21 123 E3
L'Habit 27 55 F2
L'Herbergement 85 129 D1
L'Hermenault 85 130 A4
L'Hermitage-Lorge 22 71 E1
L'Hermitière 61 77 D2
Laà-Mondrans 64 225 F4
Laas 32 227 F4
Laas 45 79 F4
Laàs 64 225 F4
Labalme 01 156 C3
Labarde 33 177 D4
Labaroche 68 88 C3
Labarrère 32 210 C4
Labarthe 32 228 B4
Labarthe 82 213 D2
Labarthe-Bleys 81 214 A3
Labarthe-Inard 31 258 C1
Labarthe-Rivière 31 250 B3
Labarthe-sur-Lèze 31 229 F4
Labarthète 32 227 D2
Labassère 65 257 E2
Labastide 65 249 F3
Labastide-Beauvoir 31 230 B4
Labastide-Castel-Amouroux 47 210 C1
Labastide-Cézéracq 64 226 B4
Labastide-Chalosse 40 226 A2
Labastide-Clairence 64 225 D4
Labastide-Clermont 31 251 D1
Labastide-d'Anjou 11 252 C1
Labastide-d'Armagnac 40 210 A4
Labastide-de-Juvinas 07 202 C2
Labastide-de-Lévis 81 214 B4
Labastide-de-Penne 82 213 E2
Labastide-de-Virac 07 218 C1
Labastide-Dénat 81 231 E1
Labastide-du-Haut-Mont 46 199 D1
Labastide-du-Temple 82 212 C3
Labastide-du-Vert 46 197 E4
Labastide-en-Val 11 253 F3
Labastide-Esparbairenque 11 231 F4
Labastide-Gabausse 81 214 B3
Labastide-Marnhac 46 213 D1
Labastide-Monréjeau 64 226 B4
Labastide-Murat 46 198 A3
Labastide-Paumès 31 251 D1
Labastide-Rouairoux 81 232 A4
Labastide-St-Georges 81 230 C2
Labastide-St-Pierre 82 213 D4
Labastide-St-Sernin 31 230 A2
Labastide-Savès 32 229 D3
Labastide-Villefranche 64 225 E3
Labastidette 31 229 E4
Labathude 46 198 C2
Labatie-d'Andaure 07 187 D4
Labatmale 64 248 C2
Labatut 40 225 E3
Labatut 64 227 D4
Labatut 09 252 A2
Labatut-Rivière 65 227 E3
Labbeville 95 33 E4
Labeaume 07 203 D4
Labécède-Lauragais 11 231 D4
Labège 31 230 A3
Labégude 07 203 D3
Labéjan 32 228 A3
Labenne 40 224 C2
Labergement-lès-Auxonne 21 124 B3
Labergement-du-Navois 25 125 E4
Labergement-Foigney 21 124 A2
Labergement-Ste-Marie 25 142 C2
Labergement-lès-Seurre 21 123 F4
Laberlière 60 18 B4
Labescau 33 195 D4
Labesserette 15 199 F2
Labessette 63 167 D4
Labessière-Candeil 81 231 D1
Labets-Biscay 64 225 E4
Labeuville 55 39 E4
Labeuvrière 62 9 F1
Labeyrie 64 226 A3
Lablachère 07 202 C4
Laboissière-en-Santerre 80 18 A4
Laboissière-en-Thelle 60 33 E3
Laboissière-St-Martin 80 16 C2
Laborde 65 249 F3
Laborel 26 221 D1
Labosse 60 33 D2
Labouheyre 40 208 C2
Labouiche (Rivière Souterrain de) 09 252 A3
Laboulbène 81 231 E2
Laboule 07 202 C3
Labouquerie 24 196 C2
Labouret (Col du) 04 222 B1
Labourgade 82 212 C4
Labourse 62 10 A1
Laboutarie 81 231 D1
Labrède 33 194 A2
Labretonie 47 195 F4
Labrihe 32 229 D2
Labrit 40 209 E3
Labroquère 31 250 A3
Labrosse 45 80 A3
Labrousse 15 199 F1
Labroye 62 8 C3
Labruguière 81 231 E3
Labruyère 21 123 F4
Labruyère 60 34 A2
Labruyère-Dorsa 31 230 A4
Labry 54 39 E3
Labuissière 62 9 F1
Laburgade 46 213 E1
Lac-des-Rouges-Truites 39 142 A3
Le Lac-d'Issarlès 07 202 B1
Lacabarède 81 232 A4
Lacadée 64 226 A3
Lacajunte 40 226 B3
Lacalm 12 200 B2
Lacam-d'Ourcet 46 198 C1
Lacamp (Plateau de) 11 253 F3
Lacanau 33 176 B4
Lacanau (Étang de) 33 176 B4
Lacanau-Océan 33 176 A3
Lacanche 21 122 C4
Lacapelle-Barrès 15 183 E4
Lacapelle-Biron 47 196 C3
Lacapelle-Cabanac 46 197 D4
Lacapelle-del-Fraisse 15 199 E2
Lacapelle-Livron 82 213 F2
Lacapelle-Marival 46 198 C2
Lacapelle-Pinet 81 214 C3
Lacapelle-Ségalar 81 214 B3
Lacapelle-Viescamp 15 199 D1
Lacarre 64 247 D2
Lacarry-Arhan-Charritte-de-Haut 64 247 E2
Lacassagne 65 249 E1
Lacaugne 31 251 E1
Lacaune 81 232 B2
Lacaune (Monts de) 81 232 A2
Lacaussade 47 196 C4
Lacave 46 198 A1
Lacave 09 259 D2
Lacave (Grottes de) 46 198 A1
Lacaze 81 232 A2
Lacelle 19 165 F3
Lacenas 69 155 E4
Lacépède 47 211 E1
Lachaise 16 161 F4
Lachalade 55 38 A3
Lachambre 57 41 E4
Lachamp 48 201 D3
Lachamp-Raphaël 07 202 C1
Lachapelle 54 88 A1
Lachapelle 82 212 A4
Lachapelle 47 195 F3
Lachapelle 80 17 D3
Lachapelle-aux-Pots 60 33 D1
Lachapelle-Auzac 46 181 D4
Lachapelle-en-Blaisy 52 84 C3
Lachapelle-Graillouse 07 202 B1
Lachapelle-St-Pierre 60 33 E3
Lachapelle-sous-Aubenas 07 203 D3
Lachapelle-sous-Chanéac 07 186 C4
Lachapelle-sous-Chaux 90 107 F2
Lachapelle-sous-Gerberoy 60 33 D1
Lachapelle-sous-Rougemont 90 108 A2
Lachassagne 69 171 E1
Lachau 26 221 D2
Lachaussée 55 39 E4
Lachaussée-du-Bois-d'Écu 60 17 E4
Lachaux 63 153 E4
Lachelle 60 34 B1
Lachens (Montagne de) 83 239 E1
Lachy 51 60 A3
Lacollonge 90 108 A3
Lacombe 11 231 E4
Lacommande 64 248 A1
Lacoste 34 233 F2
Lacoste 84 237 D1
Lacougotte-Cadoul 81 230 C2
Lacour 82 212 B1
Lacour-d'Arcenay 21 122 A2
Lacourt 09 259 E3
Lacourt-St-Pierre 82 213 D4
Lacq 64 226 A4
Lacquy 40 210 A4
Lacrabe 40 226 A2
Lacres 62 2 C4
Lacroisille 81 230 C3
Lacroix-Barrez 12 199 F2
Lacroix-Falgarde 31 230 A4
Lacroix-St-Ouen 60 34 B2
Lacroix-sur-Meuse 55 63 D1
Lacropte 24 179 F4
Lacrost 71 140 B4
Lacrouzette 81 231 E2
Lacs 36 135 D4
Ladapeyre 23 150 C2
Ladaux 33 194 C2
Ladern-sur-Lauquet 11 253 E3
Ladevèze-Rivière 32 227 E3
Ladevèze-Ville 32 227 E3
Ladignac-le-Long 87 164 B3
Ladignac-sur-Rondelles 19 181 F2
Ladinhac 15 199 F2
Ladirat 46 198 C2
Ladiville 16 162 B4
Ladon 45 100 B1
Lados 33 194 C4
Ladoye (Cirque de) 39 141 E2
Ladoye-sur-Seille 39 141 E2
Laduz 89 102 A2
Lafage 11 252 C2
Lafage-sur-Sombre 19 182 B2
Lafare 84 220 A2
Lafarre 43 202 B1
Lafarre 07 187 D3
Lafat 23 150 A2
Lafauche 52 85 F2
Laféline 03 152 C2
Laferté-sur-Amance 52 105 F2
Laferté-sur-Aube 52 84 B4
Lafeuillade-en-Vézie 15 199 F2
Laffaux 02 35 E1
Laffite-Toupière 31 250 C2
Laffrey 38 189 E3
Laffrey (Lac de) 38 189 E3
Lafigère 07 202 B4
Lafitole 65 227 E4
Lafitte 82 212 C4
Lafitte-sur-Lot 47 211 E1
Lafitte-Vigordane 31 251 E1
Lafox 47 211 F2
Lafrançaise 82 212 C3
Lafraye 60 33 E1
Lafresnoye 80 16 C3
Lafrimbolle 57 66 A3
Lagamas 34 233 F2
Lagarde 09 252 C3
Lagarde 31 252 B1
Lagarde 65 249 D1
Lagarde 57 65 E3
Lagarde 32 211 E4
Lagarde d'Apt 84 220 C3
Lagarde-Enval 19 181 F2
Lagarde-Hachan 32 228 A4
Lagarde-Paréol 84 219 E2
Lagarde-sur-le-Né 16 162 A4
Lagardelle 46 197 D4
Lagardelle-sur-Lèze 31 229 F4
Lagardère 32 227 F1
Lagardiolle 81 231 D3
Lagarrigue 81 231 E3
Lagarrigue 47 211 D1
Lageon 79 131 E2
Lagery 51 36 A3
Lagesse 10 83 D4
Lagleygeolle 19 181 E3
Laglorieuse 40 209 F4
Lagnes 84 220 A4
Lagney 54 63 F3
Lagnicourt-Marcel 62 10 B4
Lagnieu 01 172 B1
Lagny 60 18 B4
Lagny-le-Sec 60 34 B4
Lagny-sur-Marne 77 58 B2
Lagor 64 226 A4
Lagorce 33 178 A3
Lagorce 07 203 D4
Lagord 17 145 D2
Lagos 64 248 C2
Lagrâce-Dieu 31 251 F1
Lagrand 05 221 E1
Lagrange 40 210 B4
Lagrange 90 108 A2
Lagrange 65 249 F2
Lagrasse 11 254 A3
Lagraulas 32 227 F1
Lagraulet-du-Gers 32 210 C4
Lagraulet-St-Nicolas 31 229 E1
Lagraulière 19 181 E1
Lagrave 81 214 B4
Lagruère 47 195 E4
Laguenne 19 181 F2
Laguépie 82 214 B3
Laguian-Mazous 32 227 F4
Laguinge-Restoue 64 247 E2
Laguiole 12 200 B2
Lagupie 47 195 E3
Lahage 31 229 D4
Laharmand 52 85 D3
Lahas 32 228 C3
Lahaye-St-Romain 80 17 D3
Lahaymeix 55 63 D1
Lahayville 55 63 E1
Laheycourt 55 62 B2
Lahitère 31 251 E2
Lahitte 65 249 F3
Lahitte 32 228 B2
Lahitte-Toupière 65 227 D4
Lahonce 64 224 C3
Lahontan 64 225 E3
Lahosse 40 225 F2
Lahourcade 64 226 A4
Lahoussoye 80 17 F2
Laifour 08 21 E2
Laifour (Roches de) 08 21 E2
La Laigne 17 145 F2
Laigné 53 94 C2
Laigné-en-Belin 72 96 C2
Laignelet 35 74 A1
Laignes 21 103 E2
Laigneville 60 33 F3
Laigny 02 20 A2
Laigue (Forêt de) 60 34 C1
Laillé 35 73 D4
Lailly 89 82 A3
Lailly-en-Val 45 99 D2
Laimont 55 62 B2
Lain 89 101 F4
Laines-aux-Bois 10 83 D3
Lains 39 156 C1
Lainsecq 89 101 F4
Lainville 78 32 C4
Laire 25 107 F4
Laires 62 9 D1
Lairière 11 253 F3
Lairoux 85 129 E4
Laissac 12 215 F1
Laissaud 73 173 F4
Laissey 25 125 F2
Laître-sous-Amance 54 64 C2
Laives 71 140 A3
Laix 54 39 E1
Laiz 01 155 F2
Laizé 71 155 E1
Laize-la-Ville 14 29 D4
Laizy 71 139 D1
Lajo 48 201 E1
Lajoux 39 157 F1
Lalacelle 61 75 F1
Lalande 89 101 F3
Lalande-en-Son 60 32 C2
Lalandelle 60 33 D2
Lalandusse 47 196 A3
Lalanne 65 250 B1
Lalanne 32 228 C1
Lalanne-Arqué 32 250 B1
Lalanne-Trie 65 249 F1
Lalaye 67 88 C1
Lalbarède 81 231 D2
Lalbenque 46 213 E1
Laleu 61 54 A4
Laleu 80 17 D2
Lalevade-d'Ardèche 07 203 D3
Lalheue 71 140 A3
Lalinde 24 196 B1
Lalizolle 03 152 B3
Lallaing 59 10 C2
Lalleu 35 93 E1
Lalley 38 205 E2
Lalleyriat 01 157 D3
Lalobbe 08 21 D3
Lalœuf 54 86 C1
Lalongue 64 226 C4
Lalonquette 64 226 C3
Laloubère 65 249 E2
Lalouret-Laffiteau 31 250 B2
Lalouvesc 07 187 D3
Laluque 40 208 C4
Lama 2b 265 D3
Lamadeleine-Val-des-Anges 90 108 A2
Lamagdelaine 46 197 F4
Lamagistère 82 212 A3
Lamaguère 32 228 B3
Lamaids 03 151 E2
Lamalou-les-Bains 34 233 D3
Lamancine 52 85 D3
Lamanère 66 262 A4
Lamanon 13 236 C2
Lamarche 88 86 B4
Lamarche-en-Woëvre 55 63 E1
Lamarche-sur-Saône 21 124 B2
Lamargelle 21 104 B4
Lamargelle-aux-Bois 52 104 C3
Lamaronde 80 16 C3
Lamarque 33 177 D3
Lamarque-Pontacq 65 249 D2
Lamarque-Rustaing 65 249 F1
Lamasquère 31 229 E4
Lamastre 07 187 D4
Lamath 54 65 D4
Lamativie 46 182 B4
Lamayou 64 227 D4
Lamazère 32 228 A3
Lamazière-Basse 19 182 B1
Lamazière-Haute 19 166 C3
Lambach 57 42 B4
Lambader 29 45 F2
Lamballe 22 48 C4
Lambersart 59 5 D4
Lamberville 50 28 A4
Lamberville 76 15 E3
Lambesc 13 237 D2
Lamblore 28 55 D4
Lambres 62 4 A4
Lambres-lez-Douai 59 10 B2
Lambrey 70 106 B2
Lambruisse 04 222 C3
Laméac 65 249 E1
Lamécourt 60 34 A1
Lamelouze 30 217 F2
Lamenay-sur-Loire 58 137 F2
Lamérac 16 161 F4
Lametz 08 37 E1
Lamillarié 81 231 E1
Lammerville 76 15 E3
Lamnay 72 77 D4
Lamongerie 19 165 E4
Lamontélarié 81 232 A3
Lamontgie 63 168 C4
Lamontjoie 47 211 E3
Lamonzie-Montastruc 24 196 B1
Lamonzie-St-Martin 24 195 F1
Lamorlaye 60 33 F1
Lamorville 55 63 D1
Lamothe 40 226 A1
Lamothe 43 184 C2
Lamothe-Capdeville 82 213 D3
Lamothe-Cassel 46 197 F3
Lamothe-Cumont 82 229 D1
Lamothe-en-Blaisy 52 84 C3
Lamothe-Fénelon 46 197 F1
Lamothe-Goas 32 228 B1
Lamothe-Landerron 33 195 E3
Lamothe-Montravel 24 195 D1
Lamotte-Beuvron 41 99 F4
Lamotte-Brebière 80 17 F2
Lamotte-Buleux 80 8 C4
Lamotte-du-Rhône 84 219 D2
Lamotte-Warfusée 80 18 A2
Lamouilly 55 22 B4
Lamoura 39 157 F1
Lampaul-Guimiliau 29 45 F2
Lampaul-Plouarzel 29 44 C2
Lampaul-Ploudalmézeau 29 44 C2
Lampertheim 67 67 D3
Lampertsloch 67 43 D4
Lamure-sur-Azergues 69 155 D3
Lanans 25 126 A2
Lanarce 07 202 B2
Lanarvily 29 45 D2
Lanas 07 203 D3
Lancé 41 98 A3
Lancebranlette 73 175 E2
Lanchères 80 8 A4
Lanches-St-Hilaire 80 9 D4
Lanchy 02 18 C3
Lancié 69 155 E3
Lancieux 22 49 D3
Lancôme 41 98 A3
Lancon 65 249 F4
Lancon 08 37 F3
Lancon-Provence 13 236 C3
Lancone (Défilé de) 2B 265 E3
Lancrans 01 157 E3
Landal (Château de) 35 50 A4
Landange 57 65 F3
Landas 59 11 D1
Landaul 56 91 D2
Landaville 88 86 A2
Landavran 35 73 F3
La Lande-Chasles 49 114 C1
La Lande-d'Airou 50 50 C2
La Lande-de-Fronsac 33 177 E4
La Lande-de-Goult 61 53 D4
La Lande-de-Libourne 33 177 F4
La Lande-de-Lougé 61 52 C3
La Lande-Patry 61 52 A2
La Lande-St-Léger 27 30 B2
La Lande-St-Siméon 61 52 B2
La Lande-sur-Drôme 14 28 B4
La Lande-sur-Eure 61 54 C4
Landéan 35 74 A1
Landebaëron 22 47 D2
Landébia 22 48 C3
La Landec 22 49 D4
Landécourt 54 65 D4
Landéda 29 45 D2
Landéhen 22 48 B4
Landeleau 29 69 F1
Landelles 28 78 A1
Landelles-et-Coupigny 14 51 E2
Landemont 49 112 C2
Landepéreuse 27 54 B1
Landerneau 29 45 E3
Landeronde 85 129 D3
Landerrouat 33 195 E2
Landerrouet-sur-Ségur 33 195 D2
Landersheim 67 66 C2
Landes 17 146 A4
Landes de Gascogne (Parc Régional des) 33 193 E2
Landes-le-Gaulois 41 98 A3
Les Landes-Genusson 85 112 C4
Landes-sur-Ajon 14 28 C4
Landes-Vieilles-et-Neuves 76 16 B3
Landévant 56 90 C2
Landévennec 29 45 E4
Landevieille 85 128 B3
Landéville 52 85 E2
Landeyrat 15 183 F2
Landifay-et-Bertaignemont 02 19 F3
Landigou 61 52 B3
Le Landin 27 31 D2
Landiras 33 194 B3
Landisacq 61 52 A3
Landivisiau 29 45 F2
Landivy 53 74 B1
Landogne 63 167 E1
Landonvillers 57 40 C3
Landorthe 31 250 C2
Landos 43 202 A1
Landouzy-la-Cour 02 20 B2
Landouzy-la-Ville 02 20 B2
Landrais 17 145 E3
Le Landreau 44 112 B2
Landrecies 59 11 E4
Landrecourt-Lempire 55 38 C4
Landremont 54 64 B2
Landres 54 39 E2
Landres-et-St-Georges 08 38 A2
Landresse 25 126 A2
Landrethun-lès-Ardres 62 3 D3
Landrethun-le-Nord 62 2 C2
Landrévarzec 29 69 D2
Landreville 10 83 F4
Landrichamps 08 13 F4
Landricourt 51 62 A4
Landricourt 02 35 E1
Landroff 57 65 D1
Landry 73 175 D3
Landsberg (Château de) 67 89 D1
Landser 68 108 C2
Landudal 29 69 D2
Landudec 29 68 C3
Landujan 35 72 C2
Landunvez 29 44 C2
Lanespède 65 249 F2
Lanester 56 90 B1
Lanet 11 253 F4
Laneuvelle 52 105 F1
Laneuvelotte 54 64 C3
Laneuveville-aux-Bois 54 65 E3
Laneuveville-derrière-Foug 54 63 F3
Laneuveville-devant-Bayon 54 87 D1
Laneuveville-devant-Nancy 54 64 C3
Laneuveville-en-Saulnois 57 65 D1
Laneuveville-lès-Lorquin 57 66 A3
Laneuville à Bayard 52 62 B4
Laneuville-à-Rémy 52 84 C1
Laneuville-au-Bois 52 85 E1
Laneuville-au-Pont 52 62 A4
Laneuville-au-Rupt 55 63 E3
Laneuville-sur-Meuse 55 38 B1
Laneuvilleroy 60 34 A1
Lanfains 22 71 D1
Lanfroicourt 54 64 C2
Langan 35 72 C2
Langast 22 71 E2
Langatte 57 65 F2
Langé 36 117 E4
Langeac 43 185 D3
Langeais 37 115 E2
Langensoultzbach 67 43 D4
Langeron 58 137 D2
Langesse 45 100 C2
Langey 28 78 A4
Langlade 30 235 D1
Langley 88 87 D1
Langoat 22 46 D1
Langoëlan 56 70 B3
Langogne 48 202 A2
Langoiran 33 194 B2
Langolen 29 69 E2
Langon 35 93 D2
Langon 41 118 A2
Langon 33 194 C3
Le Langon 85 145 E1
Langonnet 56 70 A3
Langouet 35 73 D2
Langouette (Gorges de la) 39 142 A3
Langourla 22 71 F2
Langres 52 105 D2
Langrolay-sur-Rance 22 49 E3
Langrune-sur-Mer 14 29 D2
Languédias 22 72 B1
Languenan 22 49 E4
Langueux 22 48 B3
Languevoisin-Quiquery 80 18 B3
Languidic 56 90 C1
Languimberg 57 65 F2
Languivoa (Chapelle de) 29 68 C3
Langy 03 153 E2
Lanhélin 35 49 F4
Lanhères 55 39 E3
Lanhouarneau 29 45 E2
Lanildut 29 44 C2
Laning 57 41 E4
Laniscat 22 70 C2
Laniscourt 02 35 F1
Lanleff 22 47 E2
Lanloup 22 47 F2
Lanmérin 22 47 D2
Lanmeur 29 46 B2
Lanmodez 22 47 E1
Lanne 65 249 D2
Lanne 64 247 F2
Lanne-Soubiran 32 227 D2
Lannéanou 29 46 B3
Lannebert 22 47 E2
Lannecaube 64 226 C3
Lannédern 29 69 E1
Lannemaignan 32 210 A4
Lannemezan 65 258 A1
Lannepax 32 227 F1
Lanneplaà 64 225 F3
Lanneray 28 78 A4
Lannes 52 105 D1
Lannes 47 211 D3
Lanneuffret 29 45 E2
Lannilis 29 45 D2
Lannion 22 46 C1
Lannoy 59 5 E4
Lannoy-Cuillère 60 16 C3
Lannux 32 226 C2
Lano 2b 265 D4
Lanobre 15 183 D1
Lanouaille 24 180 B1
Lanouée 56 71 F4
Lanoux 09 251 F3
Lanquais 24 196 B1
Lanques-sur-Rognon 52 85 E4
Lanquetot 76 14 C4
Lanrelas 22 72 A2
Lanrigan 35 73 D1
Lanrivain 22 70 C1
Lanrivoaré 29 44 C2
Lanrodec 22 47 E3
Lans 71 140 A2
Lans-en-Vercors 38 189 D3
Lansac 65 249 E2
Lansac 33 177 E3
Lansac 66 262 A1
Lansargues 34 234 C2
Lanslebourg-Mont-Cenis 73 191 E1
Lanslevillard 73 191 E1
Lanta 31 230 B3
Lantabat 64 247 D1
Lantages 10 83 E4
Lantan 18 136 B1
Lantéfontaine 54 39 E3
Lantenay 21 123 E2
Lantenay 01 157 D3
Lantenne-Vertière 25 124 C2
Lantenot 70 107 D2
La Lanterne-et-les-Armonts 70 107 E2
Lanteuil 19 181 E3
Lanthenans 25 126 B1
Lanthes 21 124 A4
Lantheuil 14 28 C3
Lantic 22 47 F3
Lantignié 69 154 E3
Lantillac 56 71 E4
Lantilly 21 103 E4
Lanton 33 193 D2
Lantosque 06 241 D2
Lantriac 43 186 A4
Lanty 58 138 B2
Lanty-sur-Aube 52 84 B4
Lanuéjols 48 201 F4
Lanuéjols 30 216 C3
Lanuéjouls 12 199 D4
Lanvallay 22 49 E4
Lanvaudan 56 70 B4
Lanvaux (Landes de) 56 91 F2

Lille

Béthune (R. de) FYZ
Esquermoise (R.) EFY
Faidherbe (R.) FY 74
Gambetta (R. Léon) EZ
Gaulle (Pl. Gén.-de) (Grand Place) FY 84
Grande Chaussée (R. de la) FY 88
Monnaie (R. de la) FY 142
Nationale (R.) EYZ
Neuve (R.) FY 148

Amiens (R. d') FZ 6
Anatole-France (R.) FY 7
Angleterre (R. d') EY
Aris (R. des) FY
Barre (R. de la) EY
Basse (R.) EFY
Bettignies (R. L. de) FY 20
Bourse (R. de la) FY 28
Brûle-Maison (R.) EFZ
Buisses (R. des) FY 33
Carnot (Bd) FY
Casernes (R. des) FY 40
Chats-Bossus (R. des) FY 41
Colbrant (R.) EZ
Collégiale (R. de la) EY 43
Comédie (R. de la) FY 47
Comtesse (Hospice) FY B
Comtesse (R.) FY 49
Courtrai (R. de) FY
Cuvier (Av.) EY
Danel (R. L.) EY
Delory (R. G.) FZ
Esplanade (Façade de l') EY
Flandre (R. de) EZ
Foch (Av.) EY
Fosses (R. des) FY 81
Gosselet (R.) FZ
Guérin (R. Camille) FZ 90
Halloterie (R. de la) EY 95
Hôpital-Militaire (R.) EY 98
Inkermann (R.) EZ
Jacquart (Pl.) FZ 103
Jacquemars-Giélée (R.) EYZ
Jardins (R. des) FY 104
Jean-Bart (R.) FZ
Jeanne-d'Arc (Pl.) FZ 107
Jean-sans-Peur (R.) EZ
Lebas (Bd J.-B.) EZ 119
Leblanc (R. Nicolas) EZ 121
Liberté (Bd de la) EYZ
Lombart (R. du) FY 129
Louis XIV (Bd) FZ
Maillotte (R.) FZ 132
Manneliers (R. des) FY 134
Marronniers (Av. des) EY
Masséna (R.) EZ
Mendès France (Pl.) EY 137
Molinel (R. du) FYZ
Paris (R. de) FYZ
Philippe-le-Bon (Pl.) EZ 153
Postes (R. des) EZ
Président-Kennedy (Av. du) FZ
Pyramides (R. des) EZ 157
Réduit (R. du) FZ 158
République (Pl. de la) EFZ 159
Richebé (Pl.) EFZ 160
Rihour (Pl.) FY 161
Roisin (R. Jean) EFY 162
Roubaix (R. de) FY
Royale (R.) EY
St-Génois (R.) FY 168
St-Jacques (R.) FY
St-Maurice (†) FY K
St-Sauveur (R.) FZ 170
St-Venant (Av. Ch.) FYZ 172
Ste-Catherine (R.) EY 173
Sans Pavé (R.) FY 174
Sec-Arembault (R. du) FY 175
Solférino (R.) EZ
Tanneurs (R. des) FYZ 176
Tenremonde (R.) EY
Théâtre (Pl. du) (Petite Place) FY 177
Thiers (R.) EY
Tournai (R. de) FY 180
Trois-Mollettes (R. des) EY 182
Urbanistes (R. des) FY
Valmy (R. de) FZ
Vauban (Bd) EY 188

Lanvellec 22 46 C2
Lanvénégen 56 70 A4
Lanvéoc 29 45 D4
Lanvézéac 22 47 D2
Lanvollon 22 47 E2
Lanzac 46 197 F1
Laon 02 19 F4
Laons 28 55 E3
Laouzas (Lac de) 81 232 B2
Lapalisse 03 153 E2
Lapalme 11 254 C4
Lapalud 84 219 D1
Lapan 18 135 F1
Lapanouse 12 216 A1
Lapanouse-de-Cernon 12 216 B4
Laparade 47 211 E1
Laparrouquial 81 214 B3
Lapège 09 260 B1
Lapenche 82 213 E2
Lapenne 09 252 B2
Lapenty 50 51 E4
Laperche 47 196 A3
Laperrière-sur-Saône 21 124 A3
Lapeyre 65 249 F1
Lapeyrère 31 251 F2
Lapeyrouse 63 152 B3
Lapeyrouse 01 156 A4
Lapeyrouse-Fossat 31 230 A2
Lapeyrouse-Mornay 26 187 F1
Lapeyrugue 15 199 F2
Lapleau 19 182 B2
Laplume 47 211 E3
Lapoutroie 68 88 C3
Lapouyade 33 177 F3
Lappion 02 20 B4
Laprade 16 178 C2
Laprade 11 231 E4
Laprugne 03 153 F4
Laps 63 168 B3
Lapte 43 186 B2
Lapugnoy 62 9 F1
Laquenexy 57 40 B4
Laqueuille 63 167 E3
Laragne-Montéglin 05 221 E1
Larajasse 69 171 D3
Laramière 46 214 A1
Laran 65 250 A2
Larbey 40 226 A2
Larbont 09 251 F3
Larbroye 60 18 C4
Larcan 31 250 B3
Larcat 09 260 B1
Larçay 37 116 A2
Larceveau-Arros-Cibits 64 247 D1
Larchamp 61 52 A3
Larchamp 53 74 B2
Larchant 77 80 B2
Larche 19 181 D3
Larche 04 207 E3
Le Larderet 39 142 A2
Lardier-et-Valença 05 206 A4
Lardiers 04 221 E3
Le Lardin-St-Lazare 24 180 C3
Lardy 91 57 E4
Laredorte 11 254 A2
Larée 32 210 B4
Laréole 31 229 D2
Largeasse 79 130 C3
Largentière 07 202 C3
Largillay-Marsonnay 39 141 E4
Largitzen 68 108 B3
Largny-sur-Automne 02 34 C3
Largoët (Forteresse de) 56 91 F2
Larians-et-Munans 70 125 F1
Larina (Plateau de) 38 172 B2
Larivière 90 108 A3
Larivière-sur-Apance 52 86 A4
Larmor-Baden 56 91 D3
Larmor-Plage 56 90 B2
Larnage 26 187 E3
Larnagol 46 198 B4
Larnas 07 203 E4
Larnat 09 260 B1
Larnaud 39 141 D2
Larnod 25 125 D3
Laroche-près-Feyt 19 167 D3
Laroche-St-Cydroine 89 102 A1
Larochemillay 58 138 C1
Larodde 63 167 D4
Laroin 64 248 B1
Larone (Col de) 2A 269 E1
Laronxe 54 65 D4
Laroque 34 217 E4
Laroque 33 194 C2
Laroque-de-Fa 11 254 A4
Laroque-des-Albères 66 262 C3
Laroque-des-Arcs 46 197 F4
Laroque-d'Olmes 09 252 C4
Laroque-Timbaut 47 212 A1
Laroquebrou 15 182 B4
Laroquevieille 15 183 D4
Larouillies 59 20 A1
Larra 31 229 E2
Larrau 64 247 E3
Larrau (Port de) 64 247 E3
Larrazet 82 212 B4
Larré 61 76 B1
Larré 56 91 F2
Larressingle 32 211 D4
Larressore 64 224 B4
Larret 70 105 F3
Larreule 65 227 E4
Larreule 64 226 B3
Larrey 21 103 F1
Larribar-Sorhapuru 64 247 D1
Larringes 74 158 C1
Larrivière 40 226 B1
Larrivoire 39 157 E1
Larroque 81 213 F4
Larroque 31 250 B2
Larroque 65 250 A1
Larroque-Engalin 32 211 E4
Larroque-St-Sernin 32 228 A1
Larroque-sur-l'Osse 32 211 D4
Larroque-Toirac 46 198 C4
Lartigue 32 228 C3
Lartigue 33 210 B2
Laruns 64 256 B2
Laruscade 33 177 F3
Larzac 24 197 D2
Larzac (Causse du) 12,34 233 E1
Larzicourt 51 61 F3
Lasalle 30 217 F3
Lasbordes 11 253 D1
Lascabanes 46 213 D1
Lascaux 19 180 C1
Lascaux (Grotte de) 24 180 B3
Lascazères 65 227 D3
Lascelle 15 183 D4
Lasclaveries 64 226 C4
Lasfaillades 81 232 A3
Lasgraisses 81 231 D1
Laslades 65 249 E2
Lassales 65 250 A2
Lassay-les-Châteaux 53 75 D1
Lassay-sur-Croisne 41 117 E2
Lasse 64 246 C2
Lasse 49 96 A4
Lasserade 32 227 E2
Lasséran 32 228 B3
Lasserre 31 229 E2
Lasserre 64 227 D3
Lasserre 09 259 E2
Lasserre 47 211 D3
Lasserre-de-Prouille 11 253 D2
Lasseube 64 248 B2
Lasseube-Propre 32 228 B3
Lasseubetat 64 248 B2
Lassicourt 10 83 F1
Lassigny 60 18 B4
Lassois (Mont) 21 103 F1
Lasson 14 29 D3
Lasson 89 82 C4
Lassouts 12 200 B4
Lassur 09 260 C1
Lassy 35 72 C4
Lassy 14 52 A1
Lassy 95 33 F4
Lastic 15 184 B3
Lastic 63 167 D2
Lastioulles (Barrage de) 15 183 E1
Lastours 11 253 F1
Lataule 60 34 B1
Le Latet 39 142 A2
La Latette 39 142 B2
Lathuile 74 174 A1
Lathus-St-Rémy 86 148 C2
Latillé 86 131 F3
Latilly 02 35 E4
Latoue 31 250 C2
Latouille-Lentillac 46 198 C1
Latour 31 251 E2
Latour-Bas-Elne 66 263 D3
Latour-de-Carol 66 260 C3
Latour-de-France 66 262 B1
Latour-en-Woëvre 55 39 E4
Latrape 31 251 E2
Latrecey 52 104 B1
Latresne 33 194 B1
Latrille 40 226 C2
Latronche 19 182 C2
Latronquière 46 199 D2
Lattainville 60 32 C3
Latte (Fort la) 22 49 D2
Lattes 34 234 B3
Lattre-St-Quentin 62 9 F3
Lau-Balagnas 65 257 D2
Laubach 67 67 D1
Laubert 48 201 F3
Les Laubies 48 201 E2
Laubressel 10 83 E2
Laubrières 53 94 B1
Lauch (Lac de la) 68 108 A1
Laucourt 80 18 B4
Laudrefang 57 41 D4
Laudun 30 219 D3
Laugnac 47 211 E1
Laujuzan 32 227 D1
Laulne 50 26 C2
Les Laumes 21 103 F4
Laumesfeld 57 40 C2
Launac 31 229 E2
Launaguet 31 230 A3
Launay 27 30 C3
Launay 27 31 D4
Launay-Villiers 53 74 B3
Launois-sur-Vence 08 21 D4
Launoy 02 35 E3
Launstroff 57 40 C1
La Laupie 26 203 F3
Laurabuc-et-Mireval 11 252 C2
Laurac 11 252 C2
Laurac-en-Vivarais 07 202 C4
Lauraët 32 211 D4
Lauraguel 11 253 D3
Laure-Minervois 11 253 F1
Laurède 40 225 F1
Laurenan 22 71 F2
Laurens 34 233 D3
Lauresses 46 199 D2
Lauret 34 234 B1
Lauret 40 226 C3
Laurie 15 184 B2
Laurière 87 149 F4
Lauris 84 237 D1
Lauroux 34 233 E2
Laussac 12 200 A1
Laussonne 43 186 A4
Laussou 47 196 C3
Lautaret (Col du) 05 190 C3
Lautenbach 68 108 B1
Lautenbachzell 68 108 B1
Lauter 67 43 F4
Lauterbourg 67 43 F4
Lauthiers 86 133 D3
Lautignac 31 229 D4
Lautrec 81 231 D2
Lauw 68 108 A2
Lauwin-Planque 59 10 B2
Laux-Montaux 26 221 D1
Lauzach 56 91 F3
Lauzerte 82 212 C2
Lauzerville 31 230 B3
Lauzès 46 198 A3
Le Lauzet-Ubaye 04 206 C4
Lauzun 47 196 A3
Lava (Col de) 2A 266 A2
Lavacquerie 60 17 D3
Laval 53 74 C4
Laval 38 189 F2
Laval-Atger 48 201 F1
Laval-d'Aix 26 205 D2
Laval-d'Aurelle 07 202 B3
Laval-de-Cère 46 182 A4
Laval-du-Tarn 48 216 C1
Laval-en-Brie 77 81 D1
Laval-en-Laonnois 02 35 F1
Laval-Morency 08 21 D2
Laval-Pradel 30 218 A2
Laval-le-Prieuré 25 126 B2
Laval-Roquecezière 12 232 A1
Laval-St-Roman 30 219 D1
Laval-sur-Doulon 43 185 D1
Laval-sur-Luzège 19 182 B2
Laval-sur-Tourbe 51 37 E4
Laval-sur-Vologne 88 87 F3
Lavalade 24 196 C2
Lavaldens 38 189 E4
Lavalette 34 233 E2
Lavalette 31 230 B2
Lavalette 11 253 E2
Lavalette (Barrage de) 43 186 B3
Lavallée 55 62 C2
Le Lavancher 74 159 E4
Lavancia-Epercy 39 157 D1
Le Lavandou 83 245 D3
Lavangeot 39 124 C3
Lavannes 51 36 C2
Lavans-lès-Dole 39 124 C3
Lavans-Quingey 25 125 D3
Lavans-lès-St-Claude 39 157 E1
Lavans-sur-Valouse 39 157 D1
Lavans-Vuillafans 25 125 F3
Lavaqueresse 02 19 F2
Lavardac 47 211 D2
Lavardens 32 228 A1
Lavardin 41 97 F3
Lavardin 72 76 A4
Lavaré 72 77 D4
Lavars 38 205 E1
Lavasina 2B 265 E1
Lavastrie 15 184 A4
Lavatoggio 2b 264 B3
Lavau 89 101 D4
Lavau 10 83 D2
Lavau-sur-Loire 44 111 D2
Lavaudieu 43 184 C2
Lavaufranche 23 151 D2
Lavault-de-Frétoy 58 121 F4
Lavault-St-Anne 03 151 F2
Lavaur 24 197 D3
Lavaur 81 230 C2
Lavaurette 82 213 F2
Lavausseau 86 131 F4
Lavaveix-les-Mines 23 150 C4
Lavazan 33 210 B1
Laveissenet 15 183 F3
Laveissière 15 184 E3
Lavelanet 09 252 C4
Lavelanet-de-Comminges 31 251 E1
Laveline-devant-Bruyères 88 88 A3
Laveline-du-Houx 88 87 F3
Lavenay 72 97 E2
Laventie 62 4 C4
Laveraët 32 227 F3
Lavercantière 46 197 E3
Laverdines 18 119 F4
Lavergne 46 198 B2
Lavergne 47 195 F3
Lavernat 72 96 C3
Lavernay 25 125 D2
Lavernhe 12 216 A1
Lavernose-Lacasse 31 229 E4
Lavernoy 52 105 F1
Laverrière 60 17 D3
Laversine 02 35 D2
Laversines 60 33 E2
Lavérune 34 234 B3
Laveyron 26 187 E2
Laveyrune 07 202 A3
Laveyssière 24 179 D4
Lavezzi (Iles) 2A 269 E4
Lavieu 42 170 A4
Laviéville 80 18 A1
Lavigerie 15 183 E3
Lavignac 87 164 B2
Lavignéville 55 63 E1
Lavigney 70 106 A3
Lavigny 39 141 E2
Lavillatte 07 202 B2
Laville-aux-Bois 52 85 E4
Lavilledieu 07 203 D3
Lavilleneuve 52 85 F4
Lavilleneuve-au-Roi 52 84 C3
Lavilleneuve-aux-Fresnes 52 84 C3
Lavilletertre 60 33 D3
Lavincourt 55 62 C3
Laviolle 07 203 D2
Laviron 25 126 B2
Lavit 82 212 B4
Lavoine 03 153 F4
Lavoncourt 70 106 A3
Lavours 01 173 D1
Lavoûte-Chilhac 43 184 C3
Lavoûte-Polignac 43 185 F3
Lavoûte-sur-Loire 43 185 F3
Lavoux 86 132 C3
Lavoye 55 38 B4
Lawarde-Mauger-l'Hortoy 80 17 E3
Laxou 54 64 B3
Lay 85 144 C1
Lay 42 154 C4
Lay-Lamidou 64 247 F1
Lay-St-Christophe 54 64 B2
Lay-St-Remy 54 63 E3
Laye 05 206 A2
Laymont 32 229 D4
Layrac 47 211 F3
Layrac-sur-Tarn 31 230 B1
Layrisse 65 257 E1
Lays-sur-le-Doubs 71 140 C1
Laz 29 69 E2
Lazenay 18 118 B4
Lazer 05 221 E1
Léalvillers 80 17 F1
Léaupartie 14 29 F3
Léaz 01 157 E3
Lebetain 90 108 A4
Lebeuville 54 87 D1
Lebiez 62 8 C2
Leboulin 32 228 B2
Lebreil 46 212 C1
Lebucquière 62 10 B4
Lécaude 14 29 F4
Lecci 2a 269 E2
Lecelles 59 11 D1
Lecey 52 105 E2
Lechâtelet 21 123 F4
Léchelle 62 18 C1
Léchelle 77 59 E4
La Léchère 73 174 C3
Les Lèches 24 179 D4
Lécluse 59 10 B3
Lécourt 52 85 F4
Lécousse 35 74 A1
Lecques 30 234 C1
Les Lecques 83 243 F3
Lect 39 157 D1
Lectoure 32 211 F4
Lecumberry 64 247 D2
Lécussan 31 250 A2
Lédas-et-Penthiès 81 215 D3
Lédat 47 196 B4
Lédenon 30 218 C4
Lédergues 12 215 D3
Lederzeele 59 3 F3
Ledeuix 64 248 A2
Lédignan 30 218 B4
Ledinghem 62 3 D4
Ledringhem 59 4 A2
Lée 64 248 C1
Leers 59 5 E4
Lées-Athas 64 248 A3
Lefaux 62 8 B1
Leffard 14 52 C1
Leffincourt 08 37 E2
Leffonds 52 105 D1
Leffrinckoucke 59 4 A1
Leforest 62 10 B2
Lège 31 250 B4
Legé 44 129 D1
Lège-Cap-Ferret 33 192 C1
Légéville-et-Bonfays 88 86 C3
Léglantiers 60 34 A1
Légna 39 157 D1
Légny 69 171 D1
Léguevin 31 229 E3
Léguillac-de-l'Auche 24 179 E2
Léguillac-de-Cercles 24 179 D1
Léhélec 56 92 B3
Léhon 22 49 E4
Leigné-les-Bois 86 133 D2
Leigné-sur-Usseau 86 132 B1
Leignes-sur-Fontaine 86 133 D4
Leigneux 42 169 F2
Leimbach 68 108 B2
Leintrey 54 65 E3
Leiterswiller 67 67 E1
Lélex 01 157 F2
Lelin-Lapujolle 32 227 D2
Lelling 57 41 D4
Lemainville 54 64 C4
Leman (Lac) 74 143 D4
Lembach 67 43 D4
Lemberg 57 42 C4
Lembeye 64 227 D4
Lembras 24 196 A1
Lème 64 226 C3
Lemé 02 20 A2
Leménil-Mitry 54 87 D1
Lémeré 37 115 E4
Lemmecourt 88 86 A2
Lemmes 55 38 C4
Lemoncourt 57 64 C1
Lempaut 81 231 D3
Lempdes 43 184 B1
Lempdes 63 168 B2
Lempire 02 19 D1
Lempire-aux-Bois 55 38 C4
Lemps 07 187 E3
Lemps 26 220 C1
Lempty 63 168 C2
Lempzours 24 179 F1
Lemud 57 40 C4
Lemuy 39 142 A1
Lénault 14 52 A1
Lenax 03 153 F2
Lencloître 86 132 B2
Lencouacq 40 209 F3
Lendresse 64 226 A4
Lengelsheim 57 42 C3
Lengronne 50 50 C1
Lenharrée 51 60 C3
Léning 57 65 E1
Lénizeul 52 85 F4
Lennon 29 69 E1
Lenoncourt 54 64 C3
Lens 62 10 A2
Lens-Lestang 26 188 A2
Lent 39 142 A2
Lent 01 156 B3
Lente (Forêt de) 26 188 C4
Lentigny 42 154 A4
Lentillac-Lauzès 46 198 A3
Lentillac-St-Blaise 46 199 D3
Lentillères 07 203 D3
Lentilles 10 84 A1
Lentilly 69 171 D2
Lentiol 38 188 A1
Lento 2b 265 D3
Léobard 46 197 E2
Léogeats 33 194 B3
Léognan 33 194 A2
Léojac 82 213 D3
Léon 40 208 A4
Léoncel 26 188 B4
Léotoing 43 184 B1
Léouville 45 79 F3
Léoville 17 177 F1
Lépanges-sur-Vologne 88 87 F3
Lépaud 23 151 E2
Lépin-le-Lac 73 173 D3
Lépinas 23 150 B4
Lépine 62 8 B2
Lépron-les-Vallées 08 21 D3
Lepuix 90 107 F2
Lepuix-Neuf 90 108 B3
Léran 09 252 C3
Lercoul 09 260 B1
Léré 18 119 F1
Léren 64 225 E3
Lérigneux 42 169 F3
Lérins (Iles de) 06 240 B3
Lerm-et-Musset 33 210 B1
Lerné 37 114 C3
Lérouville 55 63 D2
Lerrain 88 86 C3
Léry 27 31 F3
Léry 21 104 B4
Lerzy 02 20 A2
Lesbœufs 80 18 B1
Lesbois 53 74 C1
Lescar 64 248 B1
Leschaux 74 174 A2
Leschelles 02 19 F1
Lescheraines 73 173 F2
Leschères 39 141 F4
Leschères-sur-le-Blaiseron 52 85 D2
Lescherolles 77 59 E3
Lescheroux 01 156 B1
Lesches 77 58 B2
Lesches-en-Diois 26 205 D3
Lescouët-Gouarec 22 70 B2
Lescousse 09 252 A2
Lescout 81 231 D3
Lescun 64 256 A2
Lescuns 31 251 D2
Lescure 09 259 F2
Lescure-d'Albigeois 81 214 C4
Lescure-Jaoul 12 214 B2
Lescurry 65 249 E1
Lesdain 59 10 C4
Lesdins 02 19 D2
Lesges 02 35 F2
Lesgor 40 208 C4
Lésigny 86 133 D2
Lésigny 77 58 A3
Le Leslay 22 47 E4
Lesme 71 138 A3
Lesménils 54 64 D1
Lesmont 10 83 F1
Lesneven 29 45 E2
Lesparre-Médoc 33 176 B1
Lesparrou 09 252 C4
Lesperon 40 208 B4
Lespéron 07 202 B2
Lespesses 62 9 E1
Lespielle 64 227 D4
Lespignan 34 255 D1
Lespinasse 31 229 F2
Lespinassière 11 232 A4
Lespinoy 62 8 C2
Lespiteau 31 258 C2
Lespouey 65 249 E2
Lespourcy 64 227 D4
Lespugue 31 250 B2
Lesquerde 66 262 A1
Lesquielles-St-Germain 02 19 F2
Lesquin 59 5 D4
Lessac 16 148 B4
Lessard-en-Bresse 71 140 B2
Lessard-et-le-Chêne 14 30 A4
Lessard-le-National 71 140 A1
Lessay 50 26 C3
Lesse 57 65 D1
Lesseux 88 88 C2
Lessières (Pointe des) 73 175 F4
Lesson 85 146 A1
Lessy 57 40 A3
Lestanville 76 15 E3
Lestards 19 165 F4
Lestelle-Bétharram 64 248 C2
Lestelle-de-St-Martory 31 250 C2
Lesterps 16 148 B4
Lestiac-sur-Garonne 33 194 B2
Lestiou 41 98 C3
Lestournelles (Grottes de) 47 211 F1
Lestrade-et-Thouels 12 215 E3
Lestre 50 25 E3
Lestrem 62 4 B4
Létanne 08 22 A4
Lételon 03 136 A3
Léthuin 28 79 D2
Letia 2a 266 B2
Létra 69 155 D4
Létricourt 54 64 C1
Letteguives 27 32 A2
Lettret 05 206 A4
Leubringhen 62 2 C2
Leuc 11 253 E2
Leucamp 15 199 F2
Leucate 11 254 C4
Leucate (Cap) 11 254 C4
Leuchey 52 105 D3
Leudeville 91 57 E4
Leudon-en-Brie 77 59 E3
Leuglay 21 104 B2
Leugny 89 101 F3
Leugny 86 132 C1
Leuhan 29 69 E2
Leuilly-sous-Coucy 02 35 E1

Leulinghem 62 3 E3
Leulinghen-Bernes 62 2 C3
Leurville 52 85 E2
Leury 02 35 E2
Leutenheim 67 67 F1
Leuville-sur-Orge 91 57 E4
Leuvrigny 51 36 A4
Le Leuy 40 226 A1
Leuze 02 20 C2
Levainville 28 79 D1
Leval 90 108 A2
Leval 59 11 F4
Levallois-Perret 92 57 E2
Levant (Ile du) 83 245 D3
Levaré 53 74 B1
Levécourt 52 85 F3
Levens 06 241 D3
Levergies 02 19 D2
Levernois 21 123 E4
Lèves 28 78 C1
Les Lèves-et-Thoumeyragues 33 195 E1
Levesville-la-Chenard 28 79 D2
Levet 18 135 F1
Levie 2a 269 D2
Levier 25 125 E4
Lévignac 31 229 E2
Lévignac-de-Guyenne 47 195 E3
Lévignacq 40 208 B3
Lévignen 60 34 C3
Lévigny 10 84 B2
Levis 89 101 F3
Lévis-St-Nom 78 56 C3
Levoncourt 68 108 B4
Levoncourt 55 63 D2
Levroux 36 134 B1
Lewarde 59 10 C2
Lexy 54 39 E1
Ley 57 65 E2
Leychert 09 252 B4
Leydé (Pointe de) 29 68 C2
Leyme 46 198 C2
Leymen 68 109 D4
Leyment 01 172 B1
Leynes 71 155 E2
Leynhac 15 199 E2
Leyr 54 64 C2
Leyrat 23 151 D2
Leyrieu 38 172 B2
Leyritz-Moncassin 47 210 C1
Leyssard 01 156 C3
Leyvaux 15 184 A2
Leyviller 57 41 E4
Lez 31 250 B4
Lez-Fontaine 59 12 B4
Lézan 30 218 A3
Lézardrieux 22 47 E1
Lézat 39 142 A4
Lézat-sur-Lèze 09 251 F1
Lezay 79 147 D2
Lezennes 59 5 E4
Lezéville 52 85 E1
Lezey 57 65 D2
Lézignac-Durand 16 163 E2
Lézignan 65 249 D2
Lézignan-la-Cèbe 34 233 F4
Lézignan-Corbières 11 254 B2
Lézigné 49 95 F3
Lézigneux 42 170 A3
Lézinnes 89 103 D2
Lezoux 63 168 C2
Lhéraule 60 33 D1
Lherm 46 197 E3
Lherm 31 229 E4
Lhéry 51 36 A3
Lhez 65 249 E2
Lhommaizé 86 148 A1
Lhomme 72 97 D3
Lhôpital 01 157 E4
Lhor 57 65 F1
Lhospitalet 46 213 D1
Lhoumois 79 131 E3
Lhuis 01 172 C2
Lhuître 10 61 D4
Lhuys 02 35 F3
Liac 65 227 E4
Liancourt 60 34 A2
Liancourt-Fosse 80 18 B3
Liancourt-St-Pierre 60 33 D3
Liart 08 20 C3
Lias 32 229 E3
Lias-d'Armagnac 32 227 D1
Liausson 34 233 E2
Libaros 65 249 F1
Libercourt 62 10 B1
Libermont 60 18 C3
Libourne 33 177 F4
Licey-sur-Vingeanne 21 105 E4
Lichans-Sunhar 64 247 E2
Lichères 16 162 C1
Lichères-près-Aigremont 89 102 C3
Lichères-sur-Yonne 89 121 D1
Lichos 64 247 E1
Lichtenberg 67 66 C1
Licourt 80 18 B2
Licq-Athérey 64 247 E3
Licques 62 3 D3
Licy-Clignon 02 35 D4
Lidrezing 57 65 E1
Liebenswiller 68 109 D4
Liebsdorf 68 108 C4
Liebvillers 25 126 C1
Liederschiedt 57 42 C3
Lieffrans 70 106 B4
Le Liège 37 116 C3
Liéhon 57 40 B4
Liencourt 62 9 E3
Lieoux 31 250 C2
Lièpvre 68 88 C2
Liéramont 80 18 C1
Liercourt 80 17 D1
Lières 62 9 E1
Liergues 69 155 E4
Liernais 21 122 B3
Liernolles 03 153 F1
Lierval 02 35 F1
Lierville 60 33 D3
Lies 65 257 F2
Liesle 25 125 D4
Liesse 02 20 A4
Liessies 59 12 B4
Liesville-sur-Douve 50 27 D2
Liettres 62 3 F4
Lieu-St-Amand 59 11 D3
Lieuche 06 223 F3
Lieucourt 70 124 C1
Lieudieu 38 172 B4
Lieurac 09 252 B4
Lieuran-lès-Béziers 34 233 E4
Lieuran-Cabrières 34 233 E3
Lieurey 27 30 C3
Lieuron 35 92 C1
Lieury 14 53 D1
Lieusaint 50 25 D3
Lieusaint 77 58 A4
Lieutadès 15 200 B1
Lieuvillers 60 34 A1
Liévans 70 107 D3
Liévin 62 10 A2
Lièvremont 25 126 A4
Liez 02 19 D3
Liez 85 145 F1
Liézey 88 88 A3
Liffol-le-Grand 88 85 F2
Liffol-le-Petit 52 85 F2
Liffré 35 73 E3
Ligardes 32 211 E3
Ligescourt 80 8 C3
Liget (Chartreuse du) 37 116 C3
Liginiac 19 182 C1
Liglet 86 133 E4
Lignac 36 149 D1
Lignairolles 11 252 C3
Lignan-sur-Orb 34 233 D4
Lignan-de-Bazas 33 194 C4
Lignan-de-Bordeaux 33 194 B1
Lignareix 19 166 C3
Ligné 44 112 B1
Ligné 16 162 B1
Lignères 61 53 F3
Lignereuil 62 9 F3
Lignerolles 21 104 B1
Lignerolles 27 55 E2
Lignerolles 03 151 E2
Lignerolles 61 54 B4
Lignerolles 36 135 E4
Lignéville 88 86 B3
Ligneyrac 19 181 E4
Lignières 18 135 E2
Lignières 41 98 A2
Lignières 10 102 C1
Lignières 80 18 A4
Lignières-la-Carelle 72 76 B1
Lignières-Châtelain 80 16 C3
Lignières-de-Touraine 37 115 E2
Lignières-La-Doucelle 53 52 C4
Lignières-en-Vimeu 80 16 C2
Lignières-Sonneville 16 162 A3
Lignières-sur-Aire 55 63 D2
Lignol 56 70 B3
Lignol-le-Château 10 84 B3
Lignon 51 61 E4
Lignorelles 89 102 B2
Lignou 61 52 C3
Ligny-lès-Aire 62 9 E1
Ligny-le-Châtel 89 102 B2
Ligny-en-Barrois 55 62 C3
Ligny-en-Brionnais 71 154 B2
Ligny-Haucourt 59 11 D4
Ligny-le-Ribault 45 99 D3
Ligny-St-Flochel 62 9 E2
Ligny-sur-Canche 62 9 D3
Ligny-Thilloy 62 10 A4
Ligré 37 115 D3
Ligron 72 96 A2
Ligsdorf 68 108 C4
Ligueil 37 116 B4
Ligueux 24 179 F2
Ligueux 33 195 F2
Ligugé 86 132 A4
Lihons 80 18 B2
Lihus 60 17 D4
Les Lilas 93 57 F2
Lilhac 31 250 C1
Lilignod 01 157 D4
Lille 59 5 D4
Lillebonne 76 30 C1
Lillemer 35 49 F3
Lillers 62 9 F1
Lilly 27 32 B2
Limalonges 79 147 E3
Limans 04 221 D3
Limanton 58 138 A1
Limas 69 155 E4
Limay 78 56 B1
Limbrassac 09 252 C3
Limé 02 35 F2
Limeil-Brévannes 94 57 F3
Limendous 64 248 C1
Limeray 37 116 C1
Limersheim 67 67 D4
Limerzel 56 92 A3
Limésy 76 15 E4
Limetz-Villez 78 32 B4
Limeuil 24 196 C1
Limeux 18 118 B4
Limeux 80 16 C1
Limey-Remenauville 54 64 A1
Limeyrat 24 180 A3
Limoges 87 164 C2
Limoges-Fourches 77 58 B4
Limogne-en-Quercy 46 213 F1
Limoise 03 137 D3
Limon 58 137 E1
Limonest 69 171 E1
Limons 63 153 D4
Limont-Fontaine 59 12 B3
Limony 07 187 E1
Limours 91 57 D4
Limousis 11 253 F1
Limoux 11 253 E3
La Limouzinière 44 114 F4
La Limouzinière 85 129 E3
Limpiville 76 14 B3
Linac 46 199 D3
Linard 23 150 B2
Linards 87 165 D3
Linars 16 162 B3
Linas 91 57 E4
Linay 08 22 B4
Linazay 86 147 E3
Lincel 04 221 D4
Lincheux-Hallivillers 80 17 D2
Lindebeuf 76 15 D3
Le Lindois 16 163 E2
Lindre-Basse 57 65 E2
Lindre-Haute 57 65 E2
Lindry 89 102 A2
Linexert 70 107 D2
Lingé 36 133 E2
Lingeard 50 51 E3
Lingèvres 14 28 B3
Linghem 62 4 A4
Lingolsheim 67 67 D3
Lingreville 50 50 B1
Linguizzetta 2b 267 F1
Linières-Bouton 49 114 C1
Liniers 86 132 C3
Liniez 36 117 F4
Linsdorf 68 108 C4
Linselles 59 5 D3
Linthal 68 188 C4
Linthelles 51 60 B3
Linthes 51 60 B3
Lintot 76 14 C4
Lintot-les-Bois 76 15 E3
Linxe 40 208 A4
Liny-devant-Dun 55 38 B2
Linzeux 62 9 D2
Liocourt 57 64 C1
Liomer 80 16 C2
Lion-en-Beauce 45 79 E4
Lion-en-Sullias 45 100 B3
Lion-sur-Mer 14 29 D2
Le Lion-d'Angers 49 95 D3
Lion-devant-Dun 55 38 B1
Liorac-sur-Louyre 24 196 B1
Le Lioran 15 183 E3
Liouc 30 218 A4
Liourdres 19 198 B1
Liouville 55 63 E2
Lioux 84 220 B4
Lioux-les-Monges 23 167 D1
Liposthey 40 208 C1
Lipsheim 67 67 D4
Lirac 30 219 D3
Liré 49 112 C1
Lirey 10 83 D3
Lironcourt 88 106 A1
Lironville 54 64 A2
Liry 08 37 E2
Lisbourg 62 9 D1
Lisieux 14 30 B3
Lisle 24 179 E2
Lisle 41 98 A2
Lisle-en-Barrois 55 62 B1
Lisle-en-Rigault 55 62 B3
Lisle-sur-Tarn 81 230 C1
Lislet 02 20 B3
Lison 14 27 E3
Lison (Source du) 25 125 E4
Lisores 14 53 E1
Lisors 27 32 B2
Lissac 09 252 A1
Lissac 43 185 E3
Lissac-et-Mouret 46 198 C3
Lissac-sur-Couze 19 181 D3
Lissay-Lochy 18 135 F1
Lisse 47 211 D3
Lisse-en-Champagne 51 61 E2
Lisses 91 57 F4
Lisseuil 63 152 B4
Lissey 55 38 C2
Lissieu 69 171 E1
Lissy 77 58 B4
Listrac-de-Durèze 33 195 D2
Listrac-Médoc 33 176 C3
Lit-et-Mixe 40 208 A3
Lithaire 50 26 C2
Litteau 14 28 A3
Littenheim 67 66 C2
Litz 60 33 F2
Livaie 61 76 A1
Livarot 14 53 E1
Liverdun 54 64 B2
Liverdy-en-Brie 77 58 B3
Livernon 46 198 B3
Livers-Cazelles 81 214 B3
Livet 53 75 E3
Livet-en-Saosnois 72 76 B2
Livet-et-Gavet 38 189 F3
Livet-sur-Authou 27 30 C3
Livilliers 95 33 E4
Livinhac-le-Haut 12 199 D3
La Livinière 34 254 A1
Livradois-Forez (Parc Régional du) 63,42 169 E3
Livradois (Monts du) 63 169 D4
Livré 53 94 B1
Livré-sur-Changeon 35 73 F3
Livron 64 249 D2
Livron-sur-Drôme 26 203 F2
Livry 14 28 B4
Livry 58 137 D2
Livry-Gargan 93 58 A2
Livry-Louvercy 51 37 D4
Livry-sur-Seine 77 80 C1
Lixhausen 67 66 C2
Lixheim 57 66 B2
Lixing-lès-Rouhling 57 41 F3
Lixing-lès-St-Avold 57 41 E4
Lixy 89 81 E3
Lizac 82 212 C3
Lizant 86 147 F3
Lizeray 36 135 D1
Lizières 23 149 F3
Lizine 25 125 E4
Lizines 77 81 E1
Lizio 56 91 F1
Lizos 65 249 E1
Lizy 02 35 E1
Lizy-sur-Ourcq 77 58 C1
La Llagonne 66 261 E3
Llauro 66 262 B3
Llo 66 261 D4
Llupia 66 262 B2
Lobsann 67 43 E4
Loc-Brévalaire 29 45 D2
Loc Dieu (Ancienne Abbaye) 12 214 A1
Loc-Eguiner 29 45 F3
Loc-Eguiner-St-Thégonnec 29 46 A3
Loc-Envel 22 46 C3
Locarn 22 70 B1
Loché 71 155 E2
Loché-sur-Indrois 37 117 D4
Loches 37 116 B3
Loches-sur-Ource 10 84 A4
Le Locheur 14 28 C4
Lochieu 01 157 E4
Lochwiller 67 66 C2
Locmalo 56 70 C3
Locmaria 56 90 C4
Locmaria-Berrien 29 46 B4
Locmaria-Grand-Champ 56 91 E2
Locmaria-Plouzané 29 44 C3
Locmariaquer 56 91 D3
Locmélar 29 45 F3
Locminé 56 91 E1
Locmiquélic 56 90 B2
Locoal-Mendon 56 90 C2
Locon 62 9 F1
Loconville 60 33 D3
Locqueltas 56 91 E2
Locquénolé 29 46 A2
Locquignol 59 11 E3
Locquirec 29 46 B2
Locronan 29 68 C2
Loctudy 29 68 C4
Locunolé 29 70 A4
Loddes 03 153 F2
Lodes 31 250 B2
Lodève 34 233 E2
Lods 25 125 F4
Lœuilley 70 124 B1
Lœuilly 80 17 E3
Loffre 59 10 C2
La Loge 62 8 C2
La Loge-aux-Chèvres 10 83 F2
Loge-Fougereuse 85 130 B3
La Loge-Pomblin 10 83 D4
Logelheim 68 89 D4
Les Loges 52 105 E2
Les Loges 14 28 B4
Les Loges 76 14 B3
Les Loges-en-Josas 78 57 D3
Les Loges-Marchis 50 51 D4
Les Loges-Margueron 10 83 D4
Les Loges-Saulces 14 52 C2
Les Loges-sur-Brécey 50 51 D2
Lognes 77 58 A2
Logny-lès-Aubenton 02 20 C2
Logny-Bogny 08 21 D3
Logny-lès-Chaumont 08 20 C4
Logonna-Daoulas 29 45 E4
Logrian-Florian 30 218 A4
Logron 28 78 A3
Loguivy-Plougras 22 66 C3
Lohéac 35 93 D1
Lohitzun-Oyhercq 64 247 E1
Lohr 67 66 B1
Lohuec 22 46 C3
Loigné-sur-Mayenne 53 94 C1
Loigny-la-Bataille 28 79 D4
Loing 45,77,89 101 E3
Loiré 49 94 B3
Loire 3,7,18,34,37,41,42,43,45,49,58,71 115 E2
Loire-les-Marais 17 145 E4
Loiré-sur-Nie 17 146 B4
Loire-sur-Rhône 69 171 E3
Loiron 53 74 B4
Loisail 61 77 D1
Loisey-Culey 55 62 C2
Loisia 39 141 D4
Loisieux 73 173 D2
Loisin 74 158 B2
Loison 55 39 D2
Loison-sous-Lens 62 10 B2
Loison-sur-Créquoise 62 8 C2
Loisy 71 140 B3
Loisy 54 64 B2
Loisy-en-Brie 51 60 B2
Loisy-sur-Marne 51 61 E3
Loivre 51 36 B2
Loix 17 144 C2
Loizé 79 147 D3
Lolif 50 50 C3
Lolme 24 196 C2
Lombard 39 141 D2
Lombard 25 125 D3
Lombers 81 231 E1
Lombez 32 229 D4
Lombia 64 249 D1
Lombrès 65 250 A3
Lombreuil 45 100 C1
Lombrives (Grotte de) 09 260 B1
Lombron 72 76 C4
Lomme 59 5 D4
Lommerange 57 39 F2
Lommoye 78 56 A1
Lomné 65 249 F3
Lomont 70 107 E3
Lomont (Montagnes du) 25 126 B1

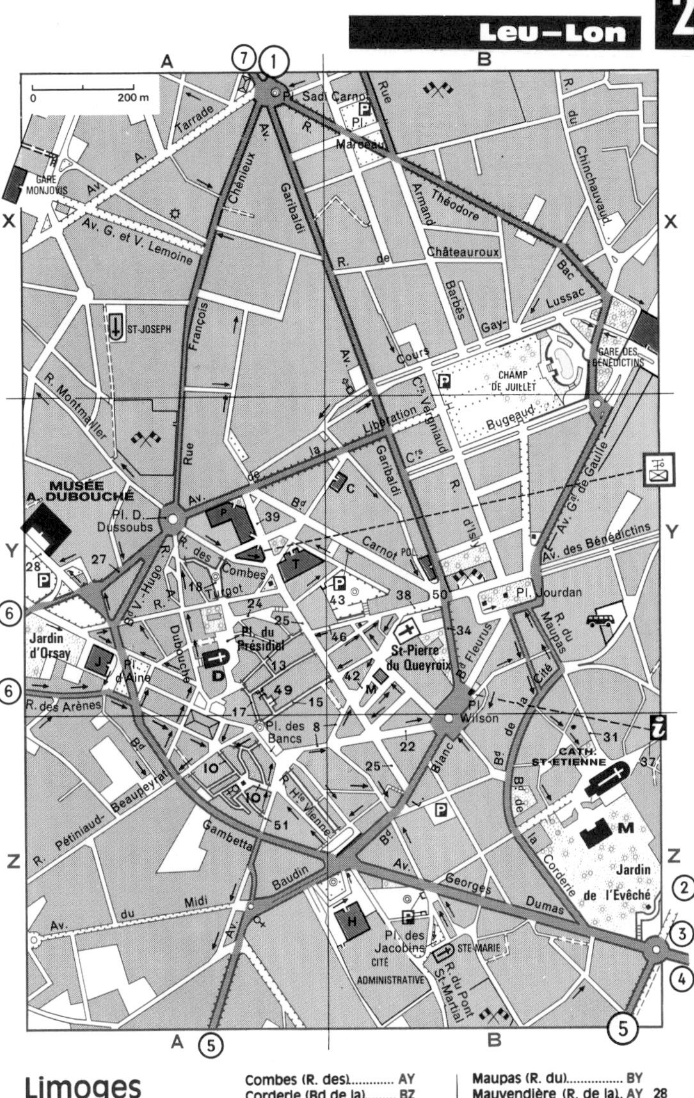

A
B
X
Y
Z
0
200 m
Pl. Sadi Carnot
Rue Marceau
Tarrade
Av. Chénieux
Garibaldi
Armand
Théodore
Chinchauvaud
GARE MONJOVIS
Av. G. et V. Lemoine
Châteauroux
Barbès
Bac
Lussac
Gay-
ST-JOSEPH
François
Cours
GARE DES BÉNÉDICTINS
CHAMP DE JUILLET
R. Montmailler
Libération
Bugeaud
Av. Gal de Gaulle
MUSÉE A. DUBOUCHÉ
Pl. D. Dussoubs
Carnot
Av. des Bénédictins
Jardin d'Orsay
Bd V.-Hugo
Dubouché
Pl. du Présidial
Turgot
St-Pierre du Queyroix
Pl. Jourdan
Maupas
R. des Arènes
Pl. des Bancs
Wilson
CATH. ST-ÉTIENNE
R. Pétiniaud-Beaupeyrat
Gambetta
Baudin
Midi
Av. Georges Dumas
Corderie
Jardin de l'Évêché
Pl. des Jacobins
STE-MARIE
CITÉ ADMINISTRATIVE
R. du Pont St-Martial

Limoges

Clocher (R. du) AY 13
Consulat (R. du) AY 15
Jaurès (R. Jean) ABYZ 25
République (Pl. de la) BY 43

Aine (Pl. d') AY
Arènes (R. des) AY
Bac (R. Théodore) BX
Bancs (Pl. des) AZ
Barbès (R. Armand) BX
Baudin (Av.) AZ
Bénédictins (Av. des) BY
Berthet (R. Elie) ABZ 8
Boucherie (R. de la) AZ 10
Bugeaud (Cours) BY
Carnot (Bd) ABY
Carnot (Pl. Sadi) AX
Châteauroux (R. de) BX
Chénieux (R. François) AX
Chinchauvaud (R. du) BX
Cité (Bd de la) BYZ
Combes (R. des) AY
Corderie (Bd de la) BZ
Dubouché (R. A.) AY
Dumas (Av. Georges) BZ
Dussoubs (Pl. D) AY
Ferrerie (R.) AY 17
Fleurus (Bd) BY
Fontaines-des-Barres (Pl) AY 18
Gambetta (Bd) AZ
Garibaldi (Av.) AX
Gaulle (Av. Gén.-de) BY
Gay-Lussac (Cours) BX
Guesde (R. Jules) BZ 22
Hte-de-la-Comedie (R.) AY 24
Haute-Vienne (R.) AZ
Isly (R. d') BY
Jacobins (Pl. des) BZ
Jourdan (Pl.) BY
Lemoine (Av. G. et V.) AX
Libération (Av. de la) ABY
Louis-Blanc (Bd) BZ
Louvrier-de-Lajolais (R.) AY 27
Marceau (Pl.) BX
Maupas (R. du) BY
Mauvendière (R. de la) AY 28
Midi (Av. du) AZ
Montmailler (R.) AY
Neuve-St-Étienne (R.) BZ 31
Perin (R. Georges) BY 34
Petiniaud-Beaupeyrat (R.) AZ
Pont-St-Martial (R. du) BZ
Porte-Panet (R.) BZ 37
Porte-Tourny (R.) BY 38
Préfecture (R. de la) AY 39
Présidial (Pl.) AY
Rafilhoux (R.) BY 42
St-Martial (R.) BY 46
St-Michel-des-Lions (✝) AY D
Tarrade (Av. A.) AX
Temple (Cours du) AY 49
Tourny (Carrefour) BY
Turgot (R.) AY 50
Vergniaud (Cours) BXY
Victor-Hugo (Bd) AY
Vigne-de-Fer (R.) AZ 51
Wilson (Pl.) BYZ

Lomont-sur-Crête 25 126 A1
Lompnas 01 172 C1
Lompnieu 01 157 D4
Lompret 59 5 D4
Lonçon 64 226 B3
La Londe 76 31 E2
La Londe-les-Maures 83 244 C3
Londigny 16 147 E3
Londinières 76 16 A2
Long 80 17 D1
Longages 31 251 E1
Longaulnay 35 72 C2
Longavesnes 80 18 C1
Longchamp 88 87 E2
Longchamp 21 124 A2
Longchamp 52 85 F3
Longchamp-sous-Châtenois 88 86 B2
Longchamp-sur-Aujon 10 84 B3
Longchamps 27 32 B2
Longchamps-sur-Aire 55 62 C1
Longchaumois 39 142 A4
Longcochon 39 142 B2
Longeau 52 105 D2
Longeault 21 124 A2
Longeaux 55 62 C3
Longechaux 25 126 A3
Longechenal 38 172 B4
Longecourt-lès-Culêtre 21 122 C3
Longecourt-en-Plaine 21 123 F3
Longefoy 73 175 D3
Longemaison 25 126 A3
Longepierre 71 140 C1
Le Longeron 49 112 C4
Longes 69 171 E4
Longessaigne 69 170 C2
Longevelle 70 107 D3
Longevelle-sur-Doubs 25 107 E4
Longevelle-lès-Russey 25 126 B2
Longèves 17 145 E2
Longèves 85 130 A4
La Longeville 25 126 A4
Longeville 25 125 F4
Longeville-en-Barrois 55 62 C3
Longeville-sur-la-Laines 52 84 B1
Longeville-sur-Mer 85 129 D4
Longeville-sur-Mogne 10 83 D3
Longevilles-Mont-d'Or 25 142 C2
Longeville-lès-Metz 57 40 B3
Longeville-lès-St-Avold 57 41 D3
Longfossé 62 3 D4
La Longine 70 107 E1
Longjumeau 91 57 E3
Longlaville 54 23 E4
Longmesnil 76 16 B4
Longnes 78 56 B2
Longnes 72 76 A4
Longny-au-Perche 61 54 C4
Longperrier 77 34 A4
Longpont 02 35 D3
Longpont-sur-Orge 91 57 E4
Longpré-les-Corps-Saints 80 17 D1
Longpré-le-Sec 10 84 A3
Longraye 14 28 B3
Longré 16 147 D4
Longroy 76 16 B1
Longsols 10 83 E1
Longué-Jumelles 49 114 B1
Longueau 80 17 F2
Longuefuye 53 95 D2
Longueil 76 15 E2
Longueil-Annel 60 34 B1
Longueil-Ste-Marie 60 34 B2
Longuenesse 62 3 E3
Longuenoë 61 53 D4
Longuerue 76 32 A1
Longues-sur-Mer 14 28 C2
Longuesse 95 33 D4
Longueval 80 18 B1
Longueval-Barbonval 02 35 F2
La Longueville 59 11 B3
Longueville 14 28 A2
Longueville 62 3 D3
Longueville 77 81 E1
Longueville 47 195 E4
Longueville 50 50 B2
Longueville-sur-Aube 10 60 B4
Longueville-sur-Scie 76 15 E3
Longuevillette 80 9 E4
Longuyon 54 39 D1
Longvic 21 123 F2
Longvillers 14 28 C4
Longvillers 80 9 D4
Longvillers 62 8 B1
Longvilliers 78 57 D4
Longwé 08 37 F2
Longwy 54 23 D4
Longwy-sur-le-Doubs 39 141 D1
Lonlay-l'Abbaye 61 51 F3
Lonlay-le-Tesson 61 52 C3
Lonnes 16 162 C1
Lonny 08 21 D2
Lonrai 61 76 A1
Lons 64 248 B1
Lons-le-Saunier 39 141 E3

Lortet 65 249 F3
Los Masos 66 262 A3
Loscouët-sur-Meu 22 72 A3
Losne 21 124 A3
Losse 40 210 B3
Lostanges 19 181 E3
Lostroff 57 65 E1
Lot 48 200 B4
Lot 12,46,47 198 A4
Lothey 29 69 D1
Lottinghen 62 3 D4
Le Lou-du-Lac 35 72 C2
Louailles 72 95 F2
Louan 77 59 F4
Louannec 22 47 D1
Louans 37 116 A3
Louargat 22 47 D3
Louâtre 02 35 D3
Loubajac 65 249 D2
Loubaresse 07 202 B3
Loubaresse 15 184 B4
Loubaut 09 251 E2
Loube (Montagne de la) 83 244 B1
Loubédat 32 227 E2
Loubejac 24 197 D3
Loubens 09 252 A3
Loubens 33 195 D3
Loubens-Lauragais 31 230 C3
Loubers 81 214 A3
Loubersan 32 228 A3
Loubès-Bernac 47 195 F2
Loubeyrat 63 168 A1
Loubieng 64 225 F4
La Loubière 12 215 E1
Loubière (Grottes) 13 243 D2
Loubières 09 252 A3
Loubigné 79 146 C3
Loubillé 79 147 D4
Loublande 79 113 D4
Loubressac 46 198 B1
Loucé 61 53 D3
Loucelles 14 28 C3
Louch (Cascade de) 06 223 F2
Louchats 33 193 F3
Louches 62 3 E3
Louchy-Montfand 03 153 D2
Loucrup 65 249 E2
Loudéac 22 71 E3
Loudenvielle 65 258 A4
Loudervielle 65 258 A4
Loudes 43 185 E3
Loudet 31 250 B2
Loudrefing 57 65 F2
Loudun 86 114 C4
Loue 25,39 124 C4
Loué 72 75 F4
Louer 40 225 F1
Louerre 49 114 A2
Louesme 21 104 B1
Louesme 89 101 E2
Louestault 37 97 D3
Loueuse 60 16 C4
Louey 65 249 D2
Lougé-sur-Maire 61 52 C3
Lougratte 47 196 B3
Lougres 25 107 E4
Louhans 71 140 C3
Louhossoa 64 246 C1
Louignac 19 180 C2
Louin 79 131 E2
Louisfert 44 93 F3
Louit 65 249 E1
Loulans-Verchamp 70 125 F1
Loulay 17 146 A4
Loulle 39 142 A2
Loup (Gorges du) 06 240 A1
La Loupe 28 77 F1
Loupeigne 02 35 F3
Loupershouse 57 41 E4
Loupes 33 194 B1
Loupfougères 53 75 E2
Loupia 11 253 D3
Loupiac 15 182 C3
Loupiac 46 197 F1
Loupiac 12 198 C3
Loupiac 33 194 C3
Loupiac 81 230 C1
Loupiac-de-la-Réole 33 195 D3
Loupian 34 234 A4
Louplande 72 96 B1
Loupmont 55 63 E2
Louppy-le-Château 55 62 B2
Louppy-sur-Chée 55 62 B2
Louppy-sur-Loison 55 38 C1
La Louptière-Thénard 10 81 A2
Lourches 59 11 D3
Lourde 31 250 B3
Lourdes 65 249 D2
Lourdios-Ichère 64 247 F3
Lourdoueix-St-Michel 36 150 A1
Lourdoueix-St-Pierre 23 150 B1
Lourenties 64 248 C1
Loures-Barousse 65 250 B3
Louresse-Rochemenier 49 114 A2
Lourmais 35 73 D1
Lourmarin 84 237 D1
Lournand 71 155 E1
Lourouer-St-Laurent 36 135 D3
Le Louroux 37 116 A3
Le Louroux-Béconnais 49 94 C4
Louroux-Bourbonnais 03 136 B4
Louroux-de-Beaune 03 152 B2
Louroux-de-Bouble 03 152 B2
Louroux-Hodement 03 152 A1
Lourquen 40 225 F2
Lourties-Monbrun 32 228 B4
Loury 45 99 F1
Louslitges 32 227 E3
Loussous-Débat 32 227 E2
Loutehel 35 92 C1
Loutremange 57 40 C3
Loutzviller 57 42 B3
Louvagny 14 53 D1
Louvaines 49 94 C3
Louvatange 39 124 C3
Louveciennes 78 57 D2
Louvemont 52 62 A4
Louvencourt 80 9 F4
Louvenne 39 156 C1
Louvergny 08 21 E4
Louverné 53 74 C3
Le Louverot 39 141 E2
Louversey 27 55 D1
Louvetot 76 14 C4
Louvie-Juzon 64 248 C2
Louvie-Soubiron 64 256 C2
La Louvière-Lauragais 11 252 B1
Louvières 14 28 A2
Louvières 52 85 E4
Louvières-en-Auge 61 53 D2
Louviers 27 31 F3
Louvigné 53 75 D4
Louvigné-de-Bais 35 73 F4
Louvigné-du-Désert 35 74 B1
Louvignies-Quesnoy 59 11 E3
Louvigny 64 226 B3
Louvigny 72 76 B2
Louvigny 14 29 D3
Louvigny 57 64 B1
Louvil 59 10 C1
Louville-la-Chenard 28 79 D2
Louvilliers-en-Drouais 28 55 E3
Louvilliers-lès-Perche 28 55 E4
Louvois 51 36 C4
Louvrechy 80 17 F3
Louvres 95 58 A1
Louvroil 59 12 B3
Louye 27 55 F2
Louzac-St-André 16 161 E2
Louze 52 84 B1
Louzes 72 76 C1
Louzignac 17 162 A1
Louzouer 45 81 D4
Louzy 79 114 B4
Lovagny 74 158 A4
Loxéville 55 63 D3
Loyat 56 71 F4
La Loye 39 124 C4
Loye-sur-Arnon 18 135 F3
La Loyère 71 140 A2
Loyes 01 156 B4
Loyettes 01 172 B2
Lozanne 69 171 D1
Lozari 2B 264 C2
Lozay 17 146 A4
Loze 82 213 F2
Lozère (Mont) 48 202 A4
Lozinghem 62 9 E1
Lozon 50 27 D3
Lozzi 2b 266 C1
Luant 36 134 B3
Le Luart 72 77 D4
Lubbon 40 210 B3
Lubécourt 57 65 D2
Lubéron (Montagne du) 84 237 D1
Lubéron (Parc Régional du) 04,84 237 E1
Lubersac 19 180 A1
Lubey 54 39 E3
Lubilhac 43 184 B2
Lubine 88 88 C2
Lublé 37 96 C4
Lubret-St-Luc 65 249 F1
Luby-Betmont 65 249 F1
Le Luc 83 239 D4
Luc 12 215 E1
Luc 65 249 E2
Luc 48 202 A3
Luc-Armau 64 227 D4
Luc-en-Diois 26 205 D3
Luc-sur-Aude 11 253 E4
Luc-sur-Mer 14 29 D2
Luc-sur-Orbieu 11 254 B2
Lucarré 64 227 D4
Luçay-le-Libre 36 118 A4
Luçay-le-Mâle 36 117 E3
Lucbardez-et-Bargues 40 209 F4
Lucciana 2b 265 E3
Lucé 28 78 B1
Lucé 61 52 A4
Lucé-sous-Ballon 72 76 B3
Luceau 72 96 C3
Lucelle 68 108 C4
Lucenay 69 171 E1
Lucenay-lès-Aix 58 137 F3
Lucenay-le-Duc 21 103 F4
Lucenay-l'Évêque 71 122 B4
Lucéram 06 241 E3
Lucerne (Abbaye de la) 50 50 C2
La Lucerne-d'Outremer 50 50 C2
Lucey 73 173 E2
Lucey 54 63 F3
Lucey 21 104 B2
Lucgarier 64 248 C1
Luchapt 86 148 B3
Luchat 17 160 C2
Luché-Pringé 72 96 B3
Luché-sur-Brioux 79 146 C3
Luché-Thouarsais 79 131 D1
Lucheux 80 9 E4
Luchy 60 33 E1
Lucinges 74 158 B2
Lucmau 33 210 A1
Lucon 85 129 E4
Lucq-de-Béarn 64 248 A1
Lucquy 08 37 D1
Les Lucs-sur-Boulogne 85 129 D1
Lucy 76 16 A3
Lucy 57 65 D1
Lucy 51 60 A1
Lucy-le-Bocage 02 35 E4
Lucy-le-Bois 89 102 C4
Lucy-sur-Cure 89 102 B3
Lucy-sur-Yonne 89 102 B4
Le Lude 72 96 B3
Ludes 51 36 B4
Ludesse 63 168 B3
Ludiès 09 252 B3
Ludon-Médoc 33 177 D4
Ludres 54 64 B3
Lüe 40 208 C2
Lué-en-Baugeois 49 95 F4
Luemschwiller 68 108 C3
Luère (Col de la) 69 171 D2
Lugagnac 46 213 F1
Lugagnan 65 257 E2
Lugaignac 33 194 C1
Lugan 81 230 B2
Lugan 12 199 E4
Lugarde 15 183 E2
Lugasson 33 194 C2
Luglon 40 209 D3
Lugny 02 20 A3
Lugny 71 140 A4
Lugny-Bourbonnais 18 136 B1
Lugny-Champagne 18 119 F3
Lugny-lès-Charolles 71 154 B1
Lugo-di-Nazza 2b 267 E3
Lugon-et-l'Ile-du-Carnay 33 177 F4
Lugos 33 193 D4
Lugrin 74 159 D1
Le Luguet 63 184 A1
Lugy 62 9 D1
Le Luhier 25 126 B3
Luigné 49 114 A2
Luigny 28 77 F3
Luisandre (Mt) 01 156 C4
Luisans 25 126 B3
Luisant 28 78 C1
Luisetaines 77 18 E1
Luitré 35 74 A2
Lullin 74 158 C2
Lully 74 158 C2
Lumbin 38 189 E1
Lumbres 62 3 E3
Lumeau 28 79 D4
Lumes 08 21 E3
Luméville-en-Ornois 55 85 E1
Lumigny 77 58 C3
Lumio 2b 264 B3
Lunac 12 214 B2
Lunan 46 199 D3
Lunas 34 233 D2
Lunas 24 179 D4
Lunax 31 250 B1
Lunay 41 97 F2
Luneau 03 154 A1
Lunegarde 46 198 B2
Lunel 34 235 D2
Lunel-Viel 34 234 C2
Luneray 76 15 E2
Lunery 18 135 E1
Lunéville 54 65 D4
Le Luot 50 50 C2
Lupcourt 54 64 C3
Lupé 42 187 D1
Lupersat 23 151 D4
Lupiac 32 227 F2
Luplanté 28 78 B2
Luppé-Violles 32 227 D2
Luppy 57 64 C1
Lupsault 16 147 D4
Lupstein 67 66 C2
Luquet 65 249 D1
Lurais 36 133 E3
Luray 28 55 F3
Lurbe-St-Christau 64 248 A2
Lurcy 01 155 E3
Lurcy-le-Bourg 58 120 C3
Lurcy-Lévis 03 136 C3
Lure 70 107 D3
Luré 42 169 F1
Lure (Montagne de) 04 221 E2
Lureuil 36 133 E2
Luri 2b 264 B2
Luriecq 42 170 A4
Lurs 04 221 E3
Lury-sur-Arnon 18 118 B3
Lus-la-Croix-Haute 26 205 E2
Lusanger 44 93 E3
Lusans 25 125 F1
Luscan 31 250 B3
Lusignac 24 178 C1
Lusignan 86 147 E1
Lusignan-Petit 47 211 E2
Lusigny 03 137 F4
Lusigny-sur-Barse 10 83 E3
Lusigny-sur-Ouche 21 123 D4
Lussac 17 161 E4
Lussac 16 163 D1
Lussac 33 178 A4
Lussac-les-Châteaux 86 148 B1
Lussac-les-Églises 87 149 D2
Lussagnet 40 226 C1
Lussagnet-Lusson 64 226 C4
Lussan 30 218 C2
Lussan 32 228 C3
Lussan-Adeilhac 31 251 D1
Lussant 17 145 F4
Lussas 07 203 D3
Lussas-et-Nontronneau 24 163 E4
Lussat 23 151 D3
Lussat 63 168 B2
Lussault-sur-Loire 37 116 B1
Lusse 88 88 C2
Lusseray 79 146 C3
Lustar 65 249 F1
Luthenay-Uxeloup 58 137 E2
Luthézieu 01 173 D1
Lutilhous 65 249 F2
Luttange 57 40 B2
Luttenbach 68 88 C4
Lutter 68 108 C4
Lutterbach 68 108 C2
Lutz-en-Dunois 28 78 B4
Lutzelbourg 57 66 B2
Lutzelhouse 67 66 B4
Luvigny 88 66 A4
Lux 31 230 C4
Lux 71 140 A2
Lux 21 105 D4
Luxé 16 162 C1
Luxe-Sumberraute 64 225 E4
Luxémont-et-Villotte 51 61 E3
Luxeuil-les-Bains 70 107 D2
Luxey 40 209 E1
Luxiol 25 125 F1
Luyères 10 83 E2
Luynes 37 115 F1
Luz-St-Sauveur 65 257 E3
Luzancy 77 59 D1
Luzarches 95 33 F4
Luzay 79 131 E1
Luze 70 107 F3
Luzé 37 115 E4
Luzech 46 197 E4
Luzenac 09 260 C1
Luzeret 36 134 A4
La Luzerne 50 27 E3
Luzillat 63 168 C1
Luzillé 37 116 C2
Luzinay 38 171 F3
Luzoir 02 20 B2
Luzy 58 138 B2
Luzy-St-Martin 55 38 B1
Luzy-sur-Marne 52 85 D4
Ly-Fontaine 02 19 D3
Lyas 07 203 E2
Lyaud 74 158 C1
Lye 36 117 E3
Lynde 59 4 A3
Lyoffans 70 107 E3
Lyon 69 171 E2
Lyons-la-Forêt 27 32 B2
Lyons (Forêt de) 76,27 32 B2
Lys 58 121 D2
Lys 64 248 B2
Lys-lez-Lannoy 59 5 E4
Lys-St-Georges 36 134 C3
Lys (Vallée du) 31 258 B4

M

Maast-et-Violaine 02 35 E3
Maâtz 52 105 E3
Mably 42 154 B3
Macau 33 177 D4
Macaye 64 224 C4
Macé 61 53 E3
Macey 10 82 C2
Macey 50 50 C4
Machault 77 80 C1
Machault 08 37 E2
Maché 85 128 C2
Machecoul 44 111 E4
Mâchecourt 02 20 A4
Machemont 60 34 C1
Macheren 57 41 E3
Machézal 42 170 C1
Machiel 80 8 B3
Machilly 74 158 B2
La Machine 58 137 F1
Machy 80 8 B3
Machy 10 83 D3
Macinaggio 2B 264 C1
Mackenheim 67 89 E2
Mackwiller 67 66 A1
Maclas 42 187 D1
Macogny 02 35 D3
Mâcon 71 155 F2
Maconcourt 52 85 D1
Maconcourt 88 86 B1
Maconge 21 122 C3
Macornay 39 141 E3
Mâcot-la-Plagne 73 175 D3
Macqueville 17 162 A2
Macquigny 02 19 E2
Madaillan 47 211 E1
Madecourt 88 86 C2
Madegney 88 87 D2
La Madelaine-sous-Montreuil 62 8 B2
La Madeleine 59 5 D4
La Madeleine-Bouvet 61 77 E1
Madeleine (Col de la) 73 174 B4
La Madeleine-de-Nonancourt 27 55 E3
La Madeleine-sur-Loing 77 80 C3
La Madeleine-Villefrouin 41 98 B2
Madeloc (Tour) 66 263 D3
Madic 15 183 D1
Madière 09 252 A3
Madine (Lac de) 55 63 E1
Madirac 33 194 B2
Madiran 65 227 D2
Madon 54,88 64 B4
Madone d'Utelle 06 241 D3
Madonne-et-Lamerey 88 87 D2
Madranges 19 165 F4
Madré 53 75 E1
Madriat 63 184 B1
Maël-Carhaix 22 70 A1
Maël-Pestivien 22 47 D4
Maennolsheim 67 66 C2
Maffliers 95 33 F4
Maffrécourt 51 37 F4
Magalas 34 233 E4
La Magdeleine 16 147 D4
La Magdeleine-sur-Tarn 31 230 A1
Le Mage 61 77 E1
Magenta 51 36 B4
Les Mages 30 218 B2
Magescq 40 225 D1
Magland 74 159 D3
Magnac-Bourg 87 165 D3
Magnac-Laval 87 149 D2
Magnac-Lavalette-Villars 16 162 C4
Magnac-sur-Touvre 16 162 C3
Magnan 32 227 D1
Magnant 10 83 F3
Magnanville 78 56 B1

Lyon

République (R.) CX
Terme (R.) CV
Victor-Hugo (R.) CY

Ainay (Remp. d') CZ
Albon (Pl.) CX 4
Algérie (R. d') CV 5
Anc.-Préfect (R.) CX 8
Annonciade (R.) BV
Barre (R. de la) CY
Bât-d'Argent (R.) CV 12
Bellecour (Pl.) CY
Bœuf (R. du) BX 14
Bondy (Quai de) BX
Brest (R. de) CX
Burdeau (R.) CV
Carnot (Pl.) BZ
Carnot (R.) DX
Célestins (Pl. des) CY 25
Célestins (Q. des) CX
Chambonnet (R.) CY 26
Change (Pl. du) BX 28
Charité (R. de la) CY
Ch.-Neuf (Montée) BX
Chenevard (R. P.) CX 31
Chevreul (R.) DZ
Childebert (R.) CX 32
Cl.-Bernard (Quai) CZ
Colomès (R.) CV
Comte (R. A.) CY
Condé (R. de) CZ
Constantine (R.) CV 40
Cordeliers (Pl.) DX 41
Courmont (Quai J.) DX
Fourvière (Mtée de) BX
Franklin (R.) CZ
Fulchiron (Quai) BY
Gailleton (Quai) CY
Gasparin (R.) CY
Giraud (Crs Gén.) BV
Grenette (R.) CX 54
Grolée (R.) DX 58
Guignol (Théâtre de) BX N
Jacobins (Pl. des) CX 61
Jardin-Plantes (R.) CV 62
Joffre (Quai Mar.) BZ
Juiverie (R.) BX 65
Lassagne (Quai A.) DV
Martinière (R.) BV 70
Max (Av. Adolphe) BY 71
Moulin (Quai J.) DV
Neyret (R.) BV
Octavio-Mey (R.) BV 76
Pêcherie (Quai) CX
Plat (R. du) BY
Platière (R. de la) CV 81
Poncet (Pl. A.) CY
Pradel (Pl. Louis) CV 83
Prés.-Herriot (R.) CX
Puits-Gaillot (R.) CV 85
République (Pl.) CX 89
Romain-Rolland (Quai) BX
Romarin (R.) CV
Royale (R.) DV 91
St-Antoine (Quai) CX
St-Barthélemy (Mtée) BX
St-Jean (R.) BX 92
St-Paul (Pl.) BV 93
St-Vincent (Quai) BV
Ste-Hélène (R.) CY
Sala (Rue) CY
Scize (Quai Pierre) BV
Serlin (R. J.) DV 104
Terreaux (Pl. des) CV
Tilsitt (Quai) BY
Tolozan (Pl.) DV
Vaubécour (R.) BY
Verdun (Cours de) BZ
Vernay (R. Fr.) BX 114
Zola (R. Emile) CY 115

Le Lonzac 19 165 E4
Lonzac 17 161 E3
Looberghe 59 3 F2
Loon-Plage 59 3 E1
Loos 59 5 D4
Loos-en-Gohelle 62 10 A2
Looze 89 102 A1
Lopérec 29 45 F4
Loperhet 29 45 E3
Lopigna 2a 266 B3
Loqueffret 29 46 A4
Lor 02 36 B1
Loray 25 126 A3
Lorcières 15 184 C4
Lorcy 45 80 B4
Lordat 09 260 C1
Loré 61 75 D1
Lorentzen 67 66 B1
Loreto-di-Casinca 2b 265 E3
Loreto-di-Tallano 2a 269 D2
Lorette 42 171 D4
Le Loreur 50 50 C2
Loreux 41 118 A1
Le Lorey 50 27 D4
Lorey 54 64 C4
Lorges 41 98 C2
Lorgies 62 10 A1
Lorgues 83 239 D3
Lorient 56 90 B2
Loriges 03 153 D2
Lorignac 17 161 D4
Lorigné 79 147 D3
Loriol-du-Comtat 84 219 F3
Loriol-sur-Drôme 26 203 F2
Lorlanges 43 184 B1
Lorleau 27 32 B2
Lormaison 60 33 E3
Lormaye 28 56 A4
Lormes 58 121 E2
Lormont 33 194 B1
Lornay 74 157 F4
Loromontzey 54 87 D1
Le Loroux 35 74 B1
Le Loroux-Bottereau 44 112 B2
Lorp-Sentaraille 09 259 E2
Lorquin 57 66 A3
Lorraine (Parc Régional de) 54,55 63 F1
Lorrez-le-Bocage-Préaux 77 81 D3
Lorris 45 100 B2
Lorry-Mardigny 57 64 B1
Lorry-lès-Metz 57 40 B3

Magnas 32 211 F4
Magnat-l'Étrange 23 166 C2
Magné 79 146 A2
Magné 86 147 F1
Magnet 03 153 E2
Magneux 51 36 A3
Magneux 52 62 B4
Magneux-Haute-Rive 42 170 B3
Magneville 50 24 C3
Magnicourt 10 83 E1
Magnicourt-en-Comte 62 9 F2
Magnicourt-sur-Canche 62 9 E3
Magnien 21 122 C4
Magnières 54 87 E1
Magnieu 01 173 D2
Les Magnils-Reigniers 85 129 E4
Magnivray 70 107 D2
Magnoncourt 70 106 C1
Le Magnoray 70 106 B4
Le Magny 88 106 C1
Le Magny 36 135 D4
Les Magny 70 107 D4
Magny 68 108 B3
Magny 28 78 B2
Magny 89 121 F1
Magny-lès-Aubigny 21 123 F3
Magny-la-Campagne 14 29 E4
Magny-Châtelard 25 125 F2
Magny-Cours 58 137 D1
Magny-Danigon 70 107 E3
Magny-le-Désert 61 52 C4
Magny-en-Bessin 14 28 C2
Magny-en-Vexin 95 32 C4
Magny-la-Fosse 02 19 D2
Magny-Fouchard 10 84 A3
Magny-le-Freule 14 29 E4
Magny-les-Hameaux 78 57 D3
Magny-le-Hongre 77 58 B2
Magny-Jobert 70 107 E3
Magny-lès-Jussey 70 106 B1
Magny-Lambert 21 103 F3
Magny-Lormes 58 121 E2
Magny-Montarlot 21 124 A2
Magny-St-Médard 21 124 A1
Magny-sur-Tille 21 123 F2
Magny-Vernois 70 107 D3
Magny-la-Ville 21 122 B1
Magny-lès-Villers 21 123 E3
Magoar 22 47 D4
Magrie 11 253 D3
Magrin 81 230 C3
Magstatt-le-Bas 68 108 C3
Magstatt-le-Haut 68 108 C3
Maguelone 34 234 B4
Mahalon 29 68 B2
Mahéru 61 54 A3
Maîche 25 126 C2
Maidières 54 64 B1
Maignaut-Tauzia 32 211 D4
Maigné 72 96 A1
Maignelay-Montigny 60 34 A1
Mailhac 11 254 B1
Mailhac-sur-Benaize 87 149 E2
Mailhat 63 168 C4
Mailhoc 81 214 B4
Mailholas 31 251 E2
Maillane 13 236 A1
Maillas 40 210 A2
Maillat 01 157 D3
Maillé 86 131 F3
Maillé 85 145 F1
Maillé 37 115 F4
Maillebois 28 55 E4
La Mailleraye-sur-Seine 76 31 D1
Maillères 40 209 F3
Mailleroncourt-Charette 70 106 C2
Mailleroncourt-St-Pancras 70 106 B1
Maillet 36 134 B4
Maillet 03 136 B4
Mailley-et-Chazelot 70 106 B4
Maillezais 85 145 F1
Maillot 89 81 F3
Mailly 71 154 B2
Mailly-le-Camp 10 60 C3
Mailly-Champagne 51 36 C4
Mailly-le-Château 89 102 B4
Mailly-Maillet 80 9 F4
Mailly-Raineval 80 17 F3
Mailly-sur-Seille 54 64 C1
Mailly-la-Ville 89 102 B4
Les Maillys 21 124 A3
Maimbeville 60 34 A2
Mainbresson 08 20 C3
Mainbressy 08 20 C3
Maincourt-sur-Yvette 78 56 C3
'Maincy 77 58 B4
Maine 49 113 F1
Maine-de-Boixe 16 162 C1
Maine-Giraud 16 162 B4
Mainfonds 16 162 B4
Maing 59 11 D3
Mainneville 27 32 C2
Mainsat 23 151 E4
Maintenay 62 8 B2
Maintenon 28 56 A4
Mainterne 28 55 E3
Mainvillers 57 41 D4
Mainvilliers 45 80 A2
Mainvilliers 28 78 B1
Mainxe 16 162 A3
Mainzac 16 163 D4
Mairé 86 133 D2
Mairé-Levescault 79 147 E3
Mairieux 59 12 B3
Mairy 08 22 A4
Mairy-Mainville 54 39 E2
Mairy-sur-Marne 51 61 D2
Maisdon-sur-Sèvre 44 112 B3
Maisey-le-Duc 21 104 A2
Maisières-Notre-Dame 25 125 E3
Maisnières 80 16 B1
Le Maisnil 59 4 C4
Maisnil 62 9 E2
Maisnil-lès-Ruitz 62 9 F2
Maisod 39 141 E4
Maison-Feyne 23 150 A2
Maison-Maugis 61 77 E1
Maison-Ponthieu 80 8 C3
Maison-Roland 80 8 C4
Maison-Rouge 77 59 D4
Maisoncelles-la-Jourdan 14 51 F2
Maisoncelle 62 9 D2
Maisoncelle-et-Villers 08 21 F4
Maisoncelle-St-Pierre 60 33 E1
Maisoncelle-Tuilerie 60 17 E4
Maisoncelles 72 97 D1
Maisoncelles 52 85 F3
Maisoncelles-du-Maine 53 95 D1
Maisoncelles-en-Brie 77 58 C2
Maisoncelles-en-Gâtinais 77 80 B3
Maisoncelles-Pelvey 14 28 B4
Maisoncelles-sur-Ajon 14 28 C4
Maisonnais 18 135 E3
Maisonnais-sur-Tardoire 87 163 E2
Maisonnay 79 147 D3
Maisonneuve 86 131 F2
Maisonnisses 23 150 B4
Maison-des-Champs 10 84 A3
La Maison-Dieu 58 121 D1
Maisons 14 28 B2
Maisons 11 254 A4
Maisons 28 79 D2
Maisons-Alfort 94 57 F2
Maisons-lès-Chaource 10 103 D1
Maisons-du-Bois 25 126 A4
Maisons-en-Champagne 51 61 E3
Maisons-Laffitte 78 57 D1
Maisons-lès-Soulaines 10 84 B2
Maisonsgoutte 67 88 C1
Maisontiers 79 131 D2
Maisse 91 80 A2
Maissemy 02 19 D2
Maixe 54 65 D4
Maizeray 55 39 E4
Maizeroy 57 40 C4
Maizery 57 40 C4
Maizet 14 29 D4
Maizey 55 63 D1
Maizicourt 80 9 D3
Maizières 70 106 B4
Maizières 14 53 D1
Maizières 54 64 B4
Maizières 62 9 E2
Maizières 52 81 C1
Maizières-lès-Brienne 10 84 A1
Maizières-la-Grande-Paroisse 10 82 B1
Maizières-lès-Metz 57 40 B3
Maizières-sur-Amance 52 105 F2
Maizières-les-Vic 57 86 E2
Maizilly 42 154 C3
Maizy 02 36 A2
Majastres 04 222 B4
Malabat 32 227 F4
La Malachère 70 125 E1
Malafretaz 01 156 B2
Mâlain 21 123 D2
Malaincourt 88 86 A3
Malaincourt-sur-Meuse 52 85 F3
Malakoff 92 57 E2
Malancourt 55 38 B3
Malandry 08 22 B4
Malange 39 124 C3
Malans 25 125 E4
Malans 70 124 C2
Malansac 56 92 A2
Malarce-sur-la-Thines 07 202 B4
Malataverne 26 203 F4
Malaucène 84 220 A2
Malaucourt-sur-Seille 57 64 C2
Malaumont 55 63 D2
Malaunay 76 31 E1
Malause 82 212 B3
Malaussanne 64 226 B3
Malaussène 06 223 F3
Malauzat 63 168 A1
Malavillers 54 39 E2
Malay 71 139 F4
Malay-le-Grand 89 81 F3
Malay-le-Petit 89 81 F3
Malbo 15 183 E4
Malbosc 07 218 A1
Malbouhans 70 107 E2
Malbouzon 48 200 C2
Malbrans 25 125 E3
Malbuisson 25 142 C2
Mâle 61 77 E2
Malegoude 09 252 C3
Malemort-du-Comtat 84 220 B3
Malemort-sur-Corrèze 19 181 D3
La Malène 48 216 C1
Malepeyre (Sabot de) 48 216 C1
Malesherbes 45 80 A2
Malestroit 56 92 A1
Malétable 61 54 C4
Maleville 12 214 B1
Malfourat (Moulin de) 24 196 A2
Malgré Tout (Mont) 08 21 E1
Malguénac 56 70 C3
La Malhoure 22 71 F1
Malicornay 36 134 B4
Malicorne 03 152 A2
Malicorne 89 101 E2
Malicorne-sur-Sarthe 72 96 A2
Maligny 21 122 C4
Maligny 89 102 B2
Malijai 04 221 F3
Malincourt 59 19 D1
Malintrat 63 168 B2
Malissard 26 204 A1
Malaville 16 162 A3
Mallefougasse 04 221 E3
Malleloy 54 64 B2
Mallemoisson 04 222 A3
Mallemort 13 236 C2
Malléon 09 252 B3
Malleret 23 166 C2
Malleret-Boussac 23 150 C2
Mallerey 39 141 D3
Malleval 42 187 E1
Malleval 38 188 C3
Malleville-les-Grès 76 14 C2
Malleville-sur-le-Bec 27 31 D3
Mallièvre 85 130 A1
Malling 57 40 B1
Malloué 14 51 E1
La Malmaison 02 36 B1
Malmerspach 68 108 A1
Malmy 51 37 F3
Malo-les-Bains 59 4 A1
Malons-et-Elze 30 202 B4
Malouy 27 30 C4
Malpart 80 17 F3
Malpas 25 142 C1
Malras 11 253 D3
Malrevers 43 185 F3
Malroy 57 40 B3
Maltat 71 138 B3
Maltot 14 29 D4
Malval 23 150 B2
Malvalette 43 186 B1
Malves-en-Minervois 11 253 F2
Malvezie 31 250 B3
Malvières 43 185 E1
Malviès 11 253 D3
Malville 44 111 E1
Malvillers 70 106 A2
Malzéville 54 64 B3
Le Malzieu-Forain 48 201 E1
Le Malzieu-Ville 48 201 D1
Malzy 02 19 F2
Mambouhans 25 126 B1
Mamers 72 76 C2
Mametz 62 3 F4
Mametz 80 18 B1
Mamey 54 64 A2
Mamirolle 25 125 E3
Manas 26 204 A3
Manas-Bastanous 32 228 A4
Manaurie 24 180 B4
Mance 54 39 F2
La Mancelière 28 55 D4
La Mancellière 50 51 D3
La Mancellière-sur-Vire 50 27 E4
Mancenans 25 107 E4
Mancenans-Lizerne 25 126 C2
Mancey 71 140 A3
Manchecourt 45 80 A3
Manciet 32 227 E1
Mancieulles 54 39 E2
Mancioux 31 250 C2
Mancy 51 60 B1
Mandacou 24 196 A2
Mandagout 30 217 E4
Mandailles-St-Julien 15 183 E3
Mandelieu-la-Napoule 06 240 A2
Manderen 57 40 C1
Mandeure 25 107 F4
Mandeville 27 31 E3
Mandeville-en-Bessin 14 28 A2
Mandray 88 88 B2
Mandres 27 54 C3
Mandres-aux-Quatre-Tours 54 63 F2
Mandres-la-Côte 52 85 E4
Mandres-en-Barrois 55 85 E1
Mandres-les-Roses 94 58 A3
Mandres-sur-Vair 88 86 B3
Mandrevillars 70 107 F3
Manduel 30 235 E1
Mane 04 221 E4
Mane 31 259 D2
Manéglise 76 14 A4
Manéhouville 76 15 E2
Manent-Montané 32 250 B1
Manerbe 14 30 A3
Mangiennes 55 39 D2
Manglieu 63 168 C3
Mangonville 54 87 D1
Manhac 12 215 D2
Manheulles 55 39 D4
Manhoué 57 64 C2
Manicamp 02 19 D4
Manigod 74 174 B1
Manigod (Vallée de) 74 174 B1
Manin 62 9 F3
Maninghem 62 8 C1
Maninghen-Henne 62 2 C3
Maniquerville 76 14 B3
Manlay 21 122 B3
Manneville-la-Goupil 76 14 B4
Manneville-ès-Plains 76 15 D2
Manneville-sur-Risle 27 30 C2
Mannevillette 76 14 A4
Manneville-la-Pipard 14 30 B3
Manneville-la-Raoult 27 30 B2
Mano 40 193 E4
Le Manoir 14 28 C2
Le Manoir 27 31 F2
Manois 52 85 D2
Manom 57 40 B2
Manoncourt-en-Vermois 54 64 C3
Manoncourt-en-Woëvre 54 63 F2
Manonville 54 64 A2
Manonviller 54 65 E3
Manosque 04 238 A1
Manot 16 163 E1
Manou 28 77 F1
Manre 08 37 E3
Le Mans 72 96 B1
Mansac 19 181 D3
Mansan 65 249 E1
Mansat-la-Courrière 23 150 B4
Manse 37 115 E3
Manse (Col de) 05 206 B3
Mansempuy 32 228 C2
Mansencôme 32 211 D4
Manses 09 252 B3
Mansigné 72 96 B2
Mansle 16 162 C1
Manso 2b 266 B1
Mansonville 82 212 A3
Manspach 68 108 B3
Mant 40 226 B3
Mantaille (Château) 26 187 F2
Mantallot 22 47 D2
Mantenay-Montlin 01 156 A1
Mantes-la-Jolie 78 56 B1
Mantes-la-Ville 78 56 B1
Mantet 66 261 F3
Manteyer 05 206 A3
Manthelan 37 116 A3
Manthelon 27 55 D2
Manthes 26 187 F2
Mantilly 61 51 F4
Mantoche 70 124 B1
Mantry 39 141 E2
Manvieux 14 28 C2
Many 57 41 D4
Manzac-sur-Vern 24 179 E3
Manzat 63 152 B4
Manziat 01 155 F1
Marac 52 105 D1
Marainville-sur-Madon 88 86 C1
Marainviller 54 65 D3
Le Marais 91 57 D4
Le Marais-la-Chapelle 14 53 D2
Marais Poitevin, Val de Sèvre et Vendée (Parc Régional) 17,85,86 145 E1
Marais Vernier 27 30 C1
Marais-Vernier 27 30 C2
Marambat 32 227 F1
Marandeuil 21 124 A2
Marange-Silvange 57 40 A3
Marange-Zondrange 57 41 D3
Marans 17 145 E2
Marans 49 94 C3
Maransin 33 177 F3
Marant 62 8 B3
Maranville 52 84 C3
Maranwez 08 20 C3
Marast 70 107 D4
Marat 63 169 E3
Les Marats 55 62 C2
Marault 52 85 D3
Maraussan 34 255 D1
Maravat 32 228 C2
Maray 41 118 A3
Maraye-en-Othe 10 82 C3
Marbache 54 64 B2
Marbaix 59 11 F4
Marbeuf 27 31 E4
Marbéville 52 84 C2
Marbotte 55 63 D2
Marboué 28 78 B4
Marboz 01 156 B1
Marby 08 21 D2
Marc-la-Tour 19 181 F2
Marcais 18 135 F3
Marçay 37 115 D3
Marçay 86 147 E1
Marcé 49 95 E4
Marcé-sur-Esves 37 115 F4
Marcei 61 53 D3
Marcelcave 80 18 A2
Marcellaz 74 158 B3
Marcellaz-Albanais 74 173 F1
Marcellois 21 122 C2
Marcellus 47 195 E4
Marcenais 33 177 F3
Marcenat 15 183 F2
Marcenat 03 153 D2
Marcenay 21 103 F2
Marcenod 42 170 C3
Marcey-les-Grèves 50 50 C3
Marchainville 61 54 C4
Marchais 02 20 A4
Marchais-Beton 89 101 E2
Marchais-en-Brie 02 59 E2
Marchal 15 183 D1
Marchamp 01 172 C2
Marchampt 69 155 D3
Marchastel 48 200 C3
Marchastel 15 183 E2
Marchaux 25 125 E2
La Marche 58 120 A3

Le Mans

Blondeau (R. Claude) BX 9
Bolton (R. de) BX 13
Gambetta (R.) AX
Marchande (R.) BX 50
Minimes (R. des) AX
Nationale (R.) BY
Perle (R. de la) BX 58
St-Jacques (R.) BX 73
Barbier (R.) AX 5
Barillerie (R. de la) AX 6
Courthardy (R.) BX 28
Couture (†) BX B
Dr-Gallouëdec (R.) AV 32
Eichthal (R. d') AY 37
Éperon (Pl. de l') AX 38
Filles-Dieu (R. des) BX 41
Galère (R. de la) AX 42
Grande-Rue AVX 46
Levasseur (Bd René) BX 48
Marché (Pl. du) AX 51
Mission (R. de la) BY 53
Mûriers (R. des) AV 55
Préfecture (Av. de la) BX 63
Reine-Bérengère (R. de la) BV 64
Rhin-et-Danube (Av.) AV 65
Roosevelt (Pl. Franklin) AX 68
Ste-Jeanne-d'Arc (†) BY E
Triger (R. Robert) BV 77
Wilbur-Wright (R.) AV 80
Yssoir (Pont) AV 82
33e Mobiles (R. du) BX 83

Marché-Allouarde 80 18 B3
Marchélepot 80 18 B2
Marchemaisons 61 53 F4
Marchémoret 77 34 B4
Marchenoir 41 98 B2
Marcheprime 33 193 E2
Les Marches 73 173 F4
Marches 26 188 A4
Marcheseuil 21 122 B3
Marchésieux 50 27 D3
Marcheville 80 8 C3
Marchéville 28 78 B2
Marchéville-en-Woëvre 55 39 D4
Marchezais 28 56 A3
Marchiennes 59 10 C2
Marciac 32 227 E3
Marcieu 38 189 D4
Marcieux 73 173 E3
Marcigny 71 154 B2
Marcigny-sous-Thil 21 122 B1
Marcilhac-sur-Célé 46 198 B3
Marcillac 33 177 E2
Marcillac-la-Croisille 19 182 B2
Marcillac-la-Croze 19 181 E4
Marcillac-Lanville 16 162 B1
Marcillac-St-Quentin 24 180 B4
Marcillac-Vallon 12 199 F4
Marcillat 63 152 C4
Marcillat-en-Combraille 03 151 F3
Marcillé-Raoul 35 73 E1
Marcillé-Robert 35 73 F4
Marcilloles 38 188 B1
Marcilly 77 58 C1
Marcilly 50 50 C3
Marcilly-lès-Buxy 71 139 F3
Marcilly-la-Campagne 27 55 E2
Marcilly-le-Châtel 42 170 A3
Marcilly-d'Azergues 69 171 E1
Marcilly-en-Bassigny 52 105 E1
Marcilly-en-Beauce 41 97 F2
Marcilly-en-Gault 41 118 A1
Marcilly-en-Villette 45 99 E2
Marcilly-la-Gueurce 71 154 C1
Marcilly-le-Hayer 10 82 B2
Marcilly-Ogny 21 122 B2
Marcilly-sur-Eure 27 55 F2
Marcilly-sur-Maulne 37 96 C4
Marcilly-sur-Seine 51 60 A4
Marcilly-sur-Tille 21 104 C4
Marcilly-sur-Vienne 37 115 E4
Marcilly-lès-Vitteaux 21 122 C1
Marcillé-la-Ville 53 75 D2
Marck 62 3 D2
Marckolsheim 67 89 E3
Marclopt 42 170 B3
Marcoing 59 10 C4
Marcolès 15 199 E2
Marcollin 38 188 A1
Marcols-les-Eaux 07 203 D1
Marçon 72 97 D3
Marconne 62 9 D2
Marconnelle 62 8 C2
Marcorignan 11 254 C2
Marcoule 30 219 E2
Marcoussis 91 57 E4
Marcoux 04 222 B2
Marcoux 42 170 A2
Marcq 08 38 A2
Marcq 78 56 C2
Marcq-en-Barœul 59 5 D4
Marcq-en-Ostrevant 59 10 C3
Marcy 02 19 E2
Marcy 58 120 C2
Marcy 69 171 D1
Marcy-l'Étoile 69 171 E2
Marcy-sous-Marle 02 19 F3
Mardeuil 51 36 B4
Mardié 45 99 F2
Mardilly 61 53 F2
Mardor 52 105 D1
Mardore 69 154 C3
Mardyck 59 3 F1
Mareau-aux-Bois 45 79 F4
Mareau-aux-Prés 45 99 D2
Marèges (Barrage de) 19 182 C1
Mareil-en-Champagne 72 96 A1
Mareil-en-France 95 33 F4
Mareil-le-Guyon 78 56 C2
Mareil-Marly 78 57 D2
Mareil-sur-Loir 72 96 A3
Mareil-sur-Mauldre 78 56 C2
Mareilles 52 85 E3
Marenla 62 8 C2
Marennes 69 171 F3
Marennes 17 160 B1
Mareschè 72 76 B3
Maresches 59 11 E3
Maresquel-Ecquemicourt 62 8 C2
Marest 62 9 E2
Marest-Dampcourt 02 19 D4
Marest-sur-Matz 60 34 B1
Marestaing 32 229 D3
Marestmontiers 80 17 F3
Maresville 62 8 B1
Les Marêts 77 59 E3
Maretz 59 19 E1

Mareugheol 63 168 B4
Mareuil 24 163 D4
Mareuil 16 162 A2
Mareuil-Caubert 80 16 C1
Mareuil-en-Brie 51 60 A1
Mareuil-en-Dôle 02 35 F3
Mareuil-lès-Meaux 77 58 C2
Mareuil-la-Motte 60 34 B1
Mareuil-le-Port 51 36 A4
Mareuil-sur-Arnon 18 135 E1
Mareuil-sur-Ay 51 36 B4
Mareuil-sur-Cher 41 117 D2
Mareuil-sur-Lay 85 129 E4
Mareuil-sur-Ourcq 60 35 D4
Marey 88 86 B3
Marey-lès-Fussey 21 123 E3
Marey-sur-Tille 21 104 C4
Marfaux 51 36 B3
Marfontaine 02 19 F3
Margain (Bec du) 38 189 E1
Margaux 33 177 D3
Margencel 74 158 C1
Margency 95 57 E1
Margeride (Montagne de la) 15,43,48 184 C4
Margerides 19 182 C1
Margerie-Chantagret 42 170 A4
Margerie-Hancourt 51 61 E4
Margès 26 188 A3
Margilley 70 105 F3
Margival 02 35 E2
Le Margnès 81 232 A2
Margny 08 22 B4
Margny 51 60 A1
Margny-aux-Cerises 60 18 B4
Margny-lès-Compiègne 60 34 B2
Margny-sur-Matz 60 34 B1
Margon 28 77 E2
Margon 34 233 E4
Margouët-Meymes 32 227 E2
Margueray 50 51 D1
Marguerittes 30 235 E1
Margueron 33 195 E2
Marguestau 32 210 B4
Margut 08 22 B4
Mariac 07 203 D1
Mariaud 04 222 C1
Maricourt 80 18 B1
Marie 06 223 F3
Marieulles 57 40 B4
Marieux 80 9 E4
Marigna-sur-Valouse 39 156 C1
Marignac 31 250 B4
Marignac 17 161 E4
Marignac 82 229 D1
Marignac-en-Diois 26 204 C1
Marignac-Lasclares 31 251 D1
Marignac-Laspeyres 31 251 D2
Marignana 2a 266 B2
Marignane 13 242 C1
Marigné 49 95 D3
Marigné-Laillé 72 96 C2
Marigné-Peuton 53 94 C1
Marignier 74 158 C3
Marignieu 01 173 D1
Marigny 51 60 B3
Marigny 39 141 F3
Marigny 50 27 D4
Marigny 71 139 E3
Marigny 03 137 D4
Marigny 79 146 B2
Marigny-Brizay 86 132 B2
Marigny-le-Cahouët 21 122 B1
Marigny-le-Châtel 10 82 B2
Marigny-Chemereau 86 147 E1
Marigny-l'Église 58 121 F2
Marigny-en-Orxois 02 35 D4
Marigny-Marmande 37 115 E4
Marigny-lès-Reullée 21 123 E4
Marigny-St-Marcel 74 173 F1
Marigny-sur-Yonne 58 121 D2
Marigny-les-Usages 45 99 E1
Marillac-le-Franc 16 163 D2
Le Marillais 49 112 C1
Marillet 85 130 B3
Marimbault 33 194 C4
Marimont-lès-Bénestroff 57 65 E1
Marin 74 158 C1
Marines 95 33 D4
Maringes 42 170 C3
Maringues 63 168 C1
Mariol 03 153 E4
Marions 33 210 B1
Marissel 60 33 E2
Marizy 71 139 E4
Marizy-St-Mard 02 35 D3
Marizy-Ste-Geneviève 02 35 D3
Le Markstein 68 108 A1
Marle 02 20 A3
Marlemont 08 21 D3
Marlenheim 67 66 C3
Marlens 74 174 B2
Marlers 80 16 C3
Marles-en-Brie 77 58 C3
Marles-sur-Canche 62 8 C2
Marlhes 42 186 C2
Marliac 31 252 A2
Marliens 21 123 F3
Marlieux 01 156 A3
Marlioz 74 157 F3
Marly 57 40 B4
Marly 59 11 E2
Marly-Gomont 02 20 A2
Marly-le-Roi 78 57 D2
Marly-sous-Issy 71 138 B3
Marly-sur-Arroux 71 138 C3
Marly-la-Ville 95 34 A4
Marmagne 21 103 E3
Marmagne 71 139 D2
Marmagne 18 118 C4
Marmande 47 195 E4
Marmanhac 15 183 D4
Marmano (Forêt de) 2B 267 D3
Marmeaux 89 103 D4
Marmesse 52 84 C4
Marles-les-Mines 62 9 F1
Marminiac 46 197 E3
Marmont-Pachas 47 211 E3
Marmouillé 61 53 E3
Marmoutier 67 66 C3
Marnac 24 197 D1
Marnand 69 154 C4
Marnans 38 188 B2
Marnaves 81 214 A3
Marnay 86 147 F1
Marnay 70 124 C2
Marnay 71 140 A3
Marnay-sur-Marne 52 85 D4
Marnay-sur-Seine 10 82 A1
Marnaz 74 158 C3
La Marne 44 111 E4
Marne 2,51,52,77 62 B4
Marne-la-Vallée 58 A2
Marnefer 61 54 B2
Marnes 79 131 F1
Marnes-la-Coquette 92 57 D2
Marnézia 39 141 E3
Marnhagues-et-Latour 12 233 D1
Marnoz 39 141 F1
Marœuil 62 10 A3
Maroilles 59 11 F4
Marolles-lès-Bailly 10 85 E3
Marolles-les-Braults 72 76 C3
Marolles-les-Buis 28 77 F2
La Marolle-en-Sologne 41 99 D4
Marolles 14 30 B4
Marolles 60 35 D3
Marolles 41 98 B3
Marolles 51 61 E3
Marolles-en-Beauce 91 79 F2
Marolles-en-Brie 77 59 D3
Marolles-en-Brie 94 58 A3
Marolles-en-Hurepoix 91 57 E4
Marolles-sous-Lignières 10 102 C1
Marolles-sur-Seine 77 81 D2
Marollette 72 76 C2
Marols 42 170 A4
Marolles-lès-St-Calais 72 97 E1
Maromme 76 31 E1
Mâron 36 134 C2
Maron 54 64 B3
Maroncourt 88 86 C2
Maronne 15,19 182 B3
Maronne (Gorges de la) 15 182 C3
Maroué 22 48 C4
Marpain 39 124 B2
Marpaps 40 226 A3
Marpent 59 12 C3
Marpiré 35 73 F3
Marquaix 80 18 C2
Marquay 24 180 B4
Marquay 62 9 E2
Marquefave 31 251 E1
Marquéglise 60 34 B1
Marquein 11 252 B1
Marquenterre (Domaine du) 80 8 A3
Marquerie 65 249 E1
Marques 76 16 B3
Marquette-en-Ostrevant 59 10 C3
Marquette-lez-Lille 59 5 D4
Marquèze 40 209 D2
Marquigny 08 21 E4
Marquillies 59 10 A1
Marquion 62 10 B3
Marquise 62 2 C3
Marquivillers 80 18 A4
Marquixanes 66 262 A2
Marray 37 97 E3
La Marre 39 141 E2
Marre 55 38 C3
Les Mars 23 151 E4
Mars 07 186 C4
Mars 42 154 C3
Mars 30 217 D4
Mars-sous-Bourcq 08 37 E2
Mars-sur-Allier 58 137 D2
Mars-la-Tour 54 39 F4
Marsa 11 261 E1
Marsac 16 162 B2
Marsac 65 249 E1
Marsac 23 149 F3
Marsac 82 212 A4
Marsac-en-Livradois 63 169 E4
Marsac-sur-Don 44 93 E3
Marsac-sur-l'Isle 24 179 E2
Marsainvilliers 45 80 A3
Marsais 17 146 A3
Marsais-Ste-Radégonde 85 130 A4
Marsal 81 214 C4
Marsal 57 65 D2
Marsalès 24 196 C2
Marsan 32 228 C2
Marsaneix 24 179 F3
Marsangis 51 60 B4
Marsangy 89 81 E4
Marsannay-le-Bois 21 123 F1
Marsannay-la-Côte 21 123 E2
Marsanne 26 204 A3
Marsas 65 257 F2
Marsas 33 177 E3
Marsat 63 168 B1
Marsaz 26 187 F3
Marseille-lès-Aubigny 18 120 A4
Marseillan 32 227 F3
Marseillan 34 255 F1
Marseillan 65 249 E1
Marseille 13 243 D2
Marseille-en-Beauvaisis 60 17 D4
Marseillette 11 254 A2
Marsillargues 34 235 D2
Marsilly 17 145 D2
Marsilly 57 40 B4
Marsolan 32 211 E4
Marson 51 61 E2
Marson-sur-Barboure 55 63 D3
Marsonnas 01 156 A1
Marsoulas 31 259 D1
Marssac-sur-Tarn 81 214 B4
Martagny 27 32 C2
Martailly-lès-Brancion 71 140 A4
Martainneville 80 16 B1
Martainville 14 52 C1
Martainville 27 30 B2
Martainville-Épreville 76 32 A1
Martaizé 86 131 F1
Martel 46 181 D4
Marthemont 54 64 B4
Marthille 57 65 D1
Marthod 73 174 B2
Marthon 16 163 D3
Martiel 12 214 A1
Martigna 39 157 D1
Martignargues 30 218 B3
Martignas-sur-Jalle 33 193 E1
Martignat 01 157 D2
Martigné-Briand 49 114 A2
Martigné-Ferchaud 35 93 F2
Martigny 76 15 F2
Martigny 02 20 B2
Martigny 50 51 D3
Martigny-les-Bains 88 86 B3
Martigny-le-Comte 71 139 D4
Martigny-Courpierre 02 36 A1
Martigny-les-Gerbonvaux 88 86 B1
Martigny-sur-l'Ante 14 52 C1
Martigues 13 242 C2
Martillac 33 194 B2
Martin (Cap) 06 241 E4
Martin-Église 76 15 F2
Les Martinanches 63 169 D3
Martincourt 60 33 D1
Martincourt 54 64 A2
Martincourt-sur-Meuse 55 38 B1
Le Martinet 30 218 A2
Martinet 85 128 C2
Martinpuich 62 18 B1
Martinvast 50 24 C2
Martinvelle 88 86 C4
Martisserre 31 228 C4
Martizay 36 133 E2
Martot 27 31 F3
Martragny 14 28 C3
La Martre 83 239 E1
Martres 33 194 C2
Les Martres-d'Artière 63 168 B2
Martres-de-Rivière 31 250 B3
Les Martres-de-Veyre 63 168 B3
Martres-sur-Morge 63 168 B1
Martres-Tolosane 31 251 D2
Martrin 12 215 E4
Martrois 21 122 C2
La Martyre 29 45 E3
Les Martys 11 231 E4
Maruéjols-lès-Gardon 30 218 B4
Marval 87 163 F3
Marvaux-Vieux 08 37 E2
Marvejols 48 201 D3
Marvelise 25 107 E4
Marville-les-Bois 28 55 F4
Marville 55 38 C1
Marville-Moutiers-Brûlé 28 55 F3
Mary 71 139 E3
Mary (Puy) 15 183 E3
Mary-sur-Marne 77 58 C1
Marzal (Aven de) 07 218 C1
Marzan 56 92 A3
Marzens 81 230 C2
Marzy 58 137 D1
Le Mas 06 223 E4
Mas-Blanc-des-Alpilles 13 236 A1
Mas-Cabardès 11 253 E1
Le Mas-d'Agenais 47 195 E4
Le Mas-d'Artige 23 166 B2
Mas-d'Auvignon 32 211 E4
Le Mas-d'Azil 09 251 F3
Mas-de-Londres 34 234 B1
Le Mas-de-Tence 43 186 C3
Mas-des-Cours 11 253 F2
Mas-d'Orcières 48 201 F4
Mas-Grenier 82 212 C4
Mas-St-Chély 48 217 D1
Mas-Stes-Puelles 11 252 C1
Le Mas-Soubeyran 30 217 F3
Masbaraud-Mérignat 23 150 A4
Mascaraàs-Haron 64 226 C3
Mascaras 65 249 E2
Mascaras 32 227 F3
Mascarville 31 230 B3
Masclat 46 197 F1
Masevaux 68 108 A2
Maslacq 64 226 A4
Masléon 87 165 E2
Maslives 41 98 C3
Le Masnau-Massuguiès 81 232 A1
Masnières 59 10 C4
Masny 59 10 C2
Masparraute 64 225 D4
Maspie-Lalonquère-Juillacq 64 227 D4
Masquières 47 197 D4
Massabrac 31 251 F2
Massac 17 162 A1
Massac 11 254 A4
Massac-Séran 81 230 C2
Massaguel 81 231 E4
Massais 79 114 A4
Massals 81 232 A1
Massanes 30 218 B3
Massangis 89 103 D3
Massat 09 259 F3
Massay 18 118 B3
Le Massegros 48 216 B1
Masseilles 33 195 D4
Massels 47 212 A1
Masserac 44 93 D3
Masseret 19 165 D4
Masseube 32 228 B4
Massiac 15 184 B2
Massieu 38 173 D4
Massieux 01 171 E1
Massiges 51 37 F3
Massignac 16 163 E2
Massignieu-de-Rives 01 173 D2
Massillargues-Attuech 30 218 A3
Massilly 71 139 F4
Massingy 21 104 A1
Massingy 74 173 E1
Massingy-lès-Semur 21 103 F4
Massingy-lès-Vitteaux 21 122 C1
Massognes 86 131 F4
Massoins 06 223 F3
Massongy 74 158 B1
Massoulès 47 212 A1
Massugas 33 195 E2
Massy 91 57 E3
Massy 71 139 F4
Massy 76 16 A3
Mastaing 59 11 D3
Matafelon-Granges 01 157 D2
Les Matelles 34 234 B2
Matemale 66 261 E3
Matha 17 161 F1
Mathaux 10 83 F2
Mathay 25 126 C1
Mathenay 39 141 E1
Les Mathes 17 160 B2
Mathieu 14 29 D3
Mathons 52 84 C1
Mathonville 76 16 A4
Matignicourt-Goncourt 51 61 F3
Matignon 22 49 D3
Matigny 80 18 C3
Matougues 51 60 C1
Matour 71 155 D2
Matra 2b 267 E1
Matringhem 62 9 D1
Mattaincourt 88 86 C2
Mattexey 54 87 E1
Matton-et-Clémency 08 22 B3
Mattstall 67 43 D4
Matzenheim 67 89 E1
Maubec 82 229 D1
Maubec 38 172 B3
Maubec 84 236 C1
Maubert-Fontaine 08 21 D2
Maubeuge 59 12 B3
Maubourguet 65 227 E4
Mauchamps 91 79 F1
Maucomble 76 16 A3
Maucor 64 226 C4
Maucourt 60 18 C4
Maucourt 80 18 B3
Maucourt-sur-Orne 55 39 D3
Maudétour-en-Vexin 95 32 C4
Mauguio 34 234 C3
Maulain 52 85 F4
Maulais 79 131 E1
Maulan 55 62 C3
Maulay 86 115 D4
Maulde 23,87 165 E2
Maulde 59 11 D2
Maule 78 56 C2
Mauléon 79 130 B1
Mauléon-Barousse 65 250 A4
Mauléon-Licharre 64 247 E1
Mauléon-d'Armagnac 32 210 A4
Maulers 60 33 E1
Maulette 78 56 B2
Maulévrier 49 113 E4
Maulévrier-Ste-Gertrude 76 14 C4
Maulichères 32 227 D2
Maumusson 44 94 B4
Maumusson 82 212 B4
Maumusson-Laguian 32 227 D3
Mauny 76 31 E2
Maupas 10 83 D3
Maupas 32 227 D1
Maupas 18 119 E3
Maupas (Défilé de) 38 190 A2
Mauperthuis 77 58 C3
Maupertuis 50 51 D1
Maupertus-sur-Mer 50 25 D2
Mauprévoir 86 148 A3
Mauquenchy 76 16 A4
Mauran 31 251 D2
Maure 64 227 D4
Maure (Col de) 04 222 B1
Maure-de-Bretagne 35 92 C1
Maurecourt 78 57 D1
Mauregard 77 58 A1
Mauregny-en-Haye 02 36 A1
Maureilhan 34 255 D1
Maureillas-las-Illas 66 262 B3
Mauremont 31 230 B4
Maurens 31 230 C4
Maurens 32 229 D3
Maurens 24 179 D4
Maurens-Scopont 81 230 C3
Maurepas 78 56 C3
Maurepas 80 18 B1
Maures (Corniche des) 83 245 D3
Maures (Massif des) 83 239 E4
Mauressac 31 251 F1
Mauressargues 30 218 B4
Maureville 31 230 B3
Mauriac 15 182 C2
Mauriac 33 195 D2
Mauriat 63 184 B1
Mauries 40 226 C2
Maurin 04 207 E2
Maurines 15 200 C1
Maurois 59 11 D4
Mauron 56 72 A3
Mauroux 46 197 D4
Mauroux 32 212 A4
Maurrin 40 226 C1
Maurs 15 199 D2
Maurupt-le-Montois 51 62 A3
Maury 66 262 A1
Mausoléo 2b 264 C3
Maussac 19 166 B4
Maussane-les-Alpilles 13 236 B2
Maussans 70 125 F1
Mautes 23 166 C1
Mauvages 55 63 D4
Mauvaisin 31 252 A1
Mauves 07 187 E3
Mauves-sur-Huisne 61 77 D1
Mauves-sur-Loire 44 112 B2
Mauvezin 65 249 F2
Mauvezin 31 229 D4
Mauvezin 32 228 C2
Mauvezin-sur-Gupie 47 195 E3
Mauvezin-d'Armagnac 40 210 B4
Mauvezin-de-Prat 09 259 D2
Mauvezin-de-Ste-Croix 09 259 F2
Mauvières 36 133 E4
Mauvilly 21 104 A3
Maux 58 121 E4
Mauzac 31 251 E1
Mauzac-et-Grand-Castang 24 196 C1
Mauzé-sur-le-Mignon 79 146 A2
Mauzé-Thouarsais 79 114 A4
Mauzens-et-Miremont 24 180 A4
Mauzun 63 168 C3
Maves 41 98 B3
Mavilly-Mandelot 21 123 D4
La Maxe 57 40 B3
Maxent 35 72 B4
Maxéville 54 64 B3
Maxey-sur-Meuse 88 86 A1
Maxey-sur-Vaise 55 63 E4
Maxilly-sur-Léman 74 159 D1
Maxilly-sur-Saône 21 124 B2
Maxou 46 197 F4
Maxstadt 57 41 E4
May-en-Multien 77 34 C4
Le May-sur-Èvre 49 113 D3
May-sur-Orne 14 29 D4
Mayac 24 180 A2
Mayenne 49,53 74 C3
Mayenne 53 75 D2
Mayet 72 96 C2
Le Mayet-de-Montagne 03 153 F4
Le Mayet-d'École 03 153 D3
Maylis 40 226 A2
Maynal 39 141 D4
Les Mayons 83 245 D1
Mayot 02 19 E3
Mayrac 46 198 A1
Mayran 12 215 D1
La Mayrand 63 184 A1
Mayrègne 31 258 B3
Mayres 63 185 E1
Mayres 07 202 C2
Mayres-Savel 38 205 E1
Mayreville 11 252 C2
Mayrinhac-Lentour 46 198 B1
Mayronnes 11 253 F3
Maysel 60 33 F3
Mazagran 08 37 E2
Mazamet 81 231 F4
Mazan 84 220 A3
Mazan-l'Abbaye 07 202 B2
Mazan (Forêt de) 07 202 B2
Mazangé 41 97 F2
Mazaugues 83 244 A1
Mazaye 63 167 F2
Mazé 49 114 B1
Le Mazeau 85 146 A1
Mazeirat 23 150 B3
Mazeley 88 87 D2
Mazeray 17 161 D1
Mazères 32 227 E3
Mazères 09 252 B2
Mazères 33 194 C4
Mazères-de-Neste 65 250 A3
Mazères-Lezons 64 248 B1
Mazères-sur-Salat 31 251 D2
Mazerier 03 152 C3
Mazerny 08 21 E4
Mazerolles 17 161 D3
Mazerolles 40 209 F4
Mazerolles 65 249 F1
Mazerolles 16 163 E2
Mazerolles 64 226 B4
Mazerolles 86 148 B1
Mazerolles-du-Razès 11 253 D2
Mazerolles-le-Salin 25 125 D2
Mazerulles 54 64 C2
Mazet-St-Voy 43 186 B3
Mazeuil 86 131 F2
Mazeyrat-Aurouze 43 185 D2
Mazeyrat-Crispinhac 43 185 D3
Mazeyres (Puy de) 63 168 A3
Mazeyrolles 24 197 D2
La Mazière-aux-Bons-Hommes 23 167 D1
Mazières 16 163 E2
Mazières-de-Touraine 37 115 E1
Mazières-en-Gâtine 79 131 D4
Mazières-en-Mauges 49 113 E4
Mazières-Naresse 47 196 B3
Mazières-sur-Béronne 79 146 C2
Mazille 71 155 D1
Mazingarbe 62 10 A1
Mazinghem 62 4 A4
Mazinghien 59 19 F1
Mazion 33 177 D2
Mazirat 03 151 E3
Mazirot 88 86 C2
Le Mazis 80 16 C2
Mazoires 63 184 A1
Mazouau 65 249 F3
Mazuby 11 261 D1
Les Mazures 08 21 E2
Mazzola 2b 267 E1
Méailles 04 223 D3
Méallet 15 182 C2
Méasnes 23 150 A1
Meaucé 28 77 F1
Méaudre 38 189 D3
La Meauffe 50 27 E3
La Méaugon 22 47 F3
Meaulne 03 136 B4
Méaulte 80 18 A1
Méautis 50 27 D2
Meaux 77 58 C1
Meaux-la-Montagne 69 155 D4
Meauzac 82 212 C3
Mecé 35 73 F2
Mechmont 46 197 F3
Mécleuves 57 40 B4
Mécrin 55 36 D2
Mécringes 51 59 F2
Médan 78 57 D1
Médavy 61 53 E3
Medeyrolles 63 185 E1
Médière 25 107 E4
Médillac 16 178 B2
Médis 17 160 B3
Médonville 88 86 A3
Médous (Grotte de) 65 257 F2
Médréac 35 72 B2
Le Mée 28 98 C1
Mée 53 94 C2
Le Mée-sur-Seine 77 80 B1
Les Mées 04 221 F3
Les Mées 72 76 B2
Mées 40 225 D2
Mées (Rochers des) 04 221 F3
Mégange 57 40 C3
Megève 74 174 C1
Mégevette 74 158 C2
Mégrit 22 72 B1
Méharicourt 80 18 B3
Méharin 64 225 D4
Méhers 41 117 E2
Méhoncourt 54 64 C4
Méhoudin 61 75 E1
Mehun-sur-Yèvre 18 118 C3
La Meignanne 49 95 D4
Meigné 49 114 B2
Meigné-le-Vicomte 49 96 B4
Meigneux 80 16 C3
Meigneux 77 81 E1
La Meije 05,38 190 B3
Meilars 29 68 B2
Meilhac 87 164 B2
Meilhan 32 228 B4
Meilhan 40 209 D4
Meilhan-sur-Garonne 47 195 E3
Meilhards 19 165 E4
Meilhaud 63 168 B4
Meillac 35 43 D1
Meillant 18 136 A2
Le Meillard 80 9 D4
Meillard 03 152 C1
La Meilleraie-Tillay 85 130 B2
Meilleray 77 59 E2
La Meilleraye-de-Bretagne 44 93 F4
Meillerie 74 159 D1
Meillers 03 137 D4
Meillier-Fontaine 08 21 E2
Meillon 64 248 C1
Meillonnas 01 156 C2
Meilly-sur-Rouvres 21 122 C3
Meisenthal 57 42 B4
Meistratzheim 67 67 D4
Le Meix 21 104 C4
Le Meix-St-Epoing 51 60 A3
Le Meix-Tiercelin 51 61 D4
Méjannes-lès-Alès 30 218 B3
Méjannes-le-Clap 30 218 C2
Méjean (Causse) 48 217 D2
Mela 2a 269 D2
Mélagues 12 232 C2
Mélamare 76 30 C1
Melan 04 222 A2
Mélas 07 203 E3
Melay 52 106 A1
Melay 71 154 A3
Melay 49 113 E3
Le Mêle-sur-Sarthe 61 53 F4
Mélecey 70 107 D4
Melesse 35 73 D2
Melgven 29 69 E4
Mélicocq 60 34 B1
Mélicourt 27 54 B1
Méligny-le-Grand 55 63 D3
Méligny-le-Petit 55 63 D3
Melin 70 106 A2
Melincourt 70 106 B1
Mélisey 89 103 D1
Mélisey 70 107 E2
Meljac 12 215 D3
Mellac 29 69 F4
Melle 79 146 C2
Mellé 35 51 D4
Mellecey 71 139 F2
Melleran 79 147 D3
Melleray 72 77 E4
Melleray (Abbaye de) 44 93 F4
Melleray-la-Vallée 53 75 D1
Melleroy 45 101 D2
Melles 31 258 C3
Melleville 76 16 A1
Mellionnec 22 70 B2
Mello 60 33 F3
Meloisey 21 123 D4
Melrand 56 70 C4
Melsheim 67 66 C2
Melun 77 58 A4
Melun-Sénart 77 58 A4
Melve 04 221 F1
Melz-sur-Seine 77 81 F1
Membrey 70 106 A3
La Membrolle-sur-Choisille 37 115 F1
La Membrolle-sur-Longuenée 49 95 D4
Membrolles 41 98 C1
Méménil 88 87 F2
Mémise (Pic de) 74 159 D1
Memmelshoffen 67 43 E4
Le Mémont 25 126 C3
Menades 89 121 E1
Ménarmont 88 87 F1
Menars 41 98 B3
Menat 63 152 B3
Menaucourt 55 63 D3
Mencas 62 9 D1
Menchhoffen 67 66 C1
Mende 48 201 E4
Mendionde 64 224 C4
Menditte 64 247 E2
Mendive 64 247 D2
Ménéac 56 71 F3
Menée (Col de) 26,38 205 E2
Ménerbes 84 237 D1
Ménerval 76 32 C1
Ménerville 78 56 B1
Menesble 21 104 B2
Ménesliés 80 16 B1
Ménesplet 24 178 B4
Ménesqueville 27 32 A2
Ménessaire 21 122 A3
Menestreau 58 120 B1
Ménestreau-en-Villette 45 99 E3
Menet 15 183 D2
Menetou-Couture 18 120 A4
Menetou-Râtel 18 119 F2
Menetou-Salon 18 119 D3
Menetou-sur-Nahon 36 117 F3
Ménétréol-sous-Sancerre 18 119 F2
Ménétréol-sur-Sauldre 18 118 C1
Ménétréols-sous-Vatan 36 118 A4
Ménetreuil 71 140 B3
Ménétreux-le-Pitois 21 103 F4
Ménétrol 63 168 B1
Ménétru-le-Vignoble 39 141 E2
Ménétrux-en-Joux 39 141 F3
Ménévillers 60 34 A1
Menez Bré 22 47 D3
Ménez-Hom 29 68 C1
Menglon 26 205 D2
La Ménière 61 54 A4
Ménigoute 79 131 E4
Le Ménil 88 107 F1
Ménil 53 95 D2
Ménil-Annelles 08 37 D1
Ménil-aux-Bois 55 63 D2
Le Ménil-Bérard 61 54 B3
Le Ménil-Broût 61 76 B1
Le Ménil-Ciboult 61 51 F2
Le Ménil-de-Briouze 61 52 B3
Ménil-de-Senones 88 88 B1
Ménil-en-Xaintois 88 86 B2
Ménil-Erreux 61 76 B1
Ménil-Froger 61 53 E3
Ménil-Glaise 61 52 C3
Ménil-Gondouin 61 52 C3
Le Ménil-Guyon 61 53 F4
Ménil-Hermei 61 52 C2
Ménil-la-Horgne 55 63 D3
Ménil-Hubert-en-Exmes 61 53 E2
Ménil-Hubert-sur-Orne 61 52 B2
Ménil-Jean 61 52 C3
Ménil-Lépinois 08 37 D2
Le Ménil-Scelleur 61 53 D4
Ménil-sur-Belvitte 88 87 F1
Ménil-sur-Saulx 55 62 C4
Ménil-la-Tour 54 63 F2
Le Ménil-Vicomte 61 53 F3
Ménil-Vin 61 52 C2
Ménilles 27 55 F1
La Ménitré 49 114 B1
Mennecy 91 57 F4
Mennessis 02 19 D3
Mennetou-sur-Cher 41 118 A2
Menneval 27 30 C4
Menneville 02 36 B2

Menneville 62 3 D4
Mennevret 02 19 E1
Mennouveaux 52 85 E4
Ménoire 19 181 F3
Menomblet 85 130 B2
Menoncourt 90 108 A3
Ménonval 76 16 A3
Menotey 39 124 B3
Menou 58 120 B2
Menouville 95 33 E4
Le Menoux 36 134 B4
Menoux 70 106 B2
Mens 38 205 E1
Mensignac 24 179 E2
Menskirch 57 40 C2
Mentheville 76 14 B3
Menthon-St-Bernard 74 174 A1
Menthonnex-en-Bornes 74 158 A3
Menthonnex-sous-Clermont 74 157 F4
Mentières 15 184 B3
Menton 06 241 F4
Mentque-Nortbécourt 62 3 E3
Menucourt 95 57 D1
Les Menus 61 55 D4
Menville 31 229 E2
Méobecq 36 134 A3
Méolans-Revel 04 206 C4
Méon 49 96 B4
Méounes-lès-Montrieux 83 244 B2
Mépieu 38 172 C2
Mer 41 98 C3
Mer de Glacé 74 159 E4
La Mer de Sable 60 34 B4
Méracq 64 226 C3
Méral 53 94 B1
Méras 09 251 E2
Mercantour (Parc National du) 04, 06 223 E1
Mercatel 62 10 A3
Mercenac 09 259 E2
Merceuil 21 140 A1
Mercey 27 32 A4
Mercey-le-Grand 25 124 C2
Mercey-sur-Saône 70 105 F4
Mercin-et-Vaux 02 35 E2
Merck-St-Liévin 62 3 E4
Merckeghem 59 3 F2
Mercœur 19 182 A4
Mercœur 43 184 C2
Mercuer 07 203 D3
Mercuès 46 197 F4
Mercurey 71 139 F2
Mercurol 26 187 F3
Mercury 73 174 B2
Mercus-Garrabet 09 252 B4
Mercy 03 153 E1
Mercy 89 82 B4
Mercy-le-Bas 54 39 E2
Mercy-le-Haut 54 39 E2
Merdrignac 22 72 A2
Méré 89 102 C1
Méré 78 56 C3
Méreau 18 118 B3
Méréaucourt 80 16 C3
Méréglise 28 78 A2
Mérélessart 80 16 C1
Mérens 32 228 B2
Mérens-les-Vals 09 260 C2
Mérenvielle 31 229 E3
Méreuil 05 205 E4
Méréville 54 64 B4
Méréville 91 79 F2
Merey 27 55 F1
Mérey-sous-Montrond 25 125 E3
Mérey-Vieilley 25 125 E2
Merfy 51 36 B3
Mergey 10 83 D2
Meria 2b 264 C1
Mérial 11 261 D1
Méribel-les-Allues 73 174 C4
Méricourt 62 10 A2
Méricourt 78 56 B1
Méricourt-l'Abbé 80 18 A2
Méricourt-en-Vimeu 80 17 D2
Méricourt-sur-Somme 80 18 A2
Mériel 95 33 E4
Mérieu 38 172 C2
Mérifons 34 233 E2
Mérignac 17 177 F1
Mérignac 16 162 A2
Mérignac 33 194 A1
Mérignas 33 195 D2
Mérignat 01 156 C3
Mérignies 59 10 C1
Mérigny 36 133 E3
Mérigon 09 259 E2
Mérilheu 65 249 E3
Mérillac 22 72 A2
Mérinchal 23 167 D1
Mérindol 84 237 D1
Mérindol-les-Oliviers 26 220 B1
Mérinville 45 81 D4
Le Mériot 10 82 A1
Méritein 64 225 F4
Merkwiller-Pechelbronn 67 43 E4
Merlande (Ancien prieuré de) 24 179 E2
Merlas 38 173 D4
La Merlatière 85 129 E2
Merlaut 51 61 F3
Merle 42 186 A1
Merléac 22 71 D2
Le Merlerault 61 53 F3
Merles 82 212 B3
Merles-sur-Loison 55 38 C2
Merlet (Parc du Balcon de) 74 159 E4
Merlevenez 56 90 C2
Merlieux-et-Fouquerolles 02 35 E1
Merlimont 62 8 A2
Merlines 19 167 D3
Mernel 35 92 C1
Mérobert 91 79 E2
Mérona 39 141 E4
Mérouville 28 79 E2
Meroux 90 108 A3
Merpins 16 161 E3
Merrey 52 85 F4
Merrey-sur-Arce 10 83 F4
Merri 61 53 D2
Merris 59 4 B3
Merry-Sec 89 102 A3
Merry-sur-Yonne 89 102 B4
Merry-la-Vallée 89 101 F2
Mers-les-Bains 80 16 A1
Mers-sur-Indre 36 135 D3
Merschweiller 57 40 C1
Mersuay 70 106 C2
Merten 57 41 D2
Merle (Tours de) 19 182 B3
Mertrud 52 84 C1
Mertzen 68 108 B3
Mertzwiller 67 67 D1
Méru 60 33 E3
Merval 02 36 A2
Mervans 71 140 C2
Merveilles (Vallée des) 06 241 E1
Mervent 85 130 B4
Mervent-Vouvent (Forêt de) 85 130 B4
Merviel 09 252 B3
Mervilla 31 230 A3
Merville 31 229 F2
Merville 59 4 B4
Merville-Franceville-Plage 14 29 E3
Merviller 54 65 E4
Mervilliers 28 79 D3
Merxheim 68 108 C1
Méry 73 173 E3
Méry-la-Bataille 60 34 A1
Méry-Corbon 14 29 E4
Méry-ès-Bois 18 119 D2
Méry-Prémecy 51 36 A3
Méry-sur-Cher 18 118 B3
Méry-sur-Marne 77 59 D1
Méry-sur-Oise 95 33 E4
Méry-sur-Seine 10 82 C1
Le Merzer 22 47 E3
Mésandans 25 126 A1
Mésanger 44 112 C1
Mésangueville 76 32 B1
Mesbrecourt-Richecourt 02 19 E3
Meschers-sur-Gironde 17 160 B3
Mescoules 24 196 A2
Le Mesge 80 17 D2
Mesgrigny 10 82 C1
Mésigny 74 157 F4
Meslan 56 70 A4
Mesland 41 98 A4
Meslay 14 52 B1
Meslay 41 98 A2
Meslay-du-Maine 53 95 D1
Meslay-le-Grenet 28 78 B2
Meslay-le-Vidame 28 78 C2
Meslières 25 126 C1
Meslin 22 48 B4
Mesmay 25 125 D4
Mesmont 21 123 D2
Mesmont 08 21 D4
Mesnac 16 161 E2
Mesnard-la-Barotière 85 129 F1
Mesnay 39 141 F1
Les Mesneux 51 36 B3
Mesnières-en-Bray 76 16 A3
Le Mesnil 50 24 C4
Le Mesnil-Adelée 50 51 D3
Le Mesnil-Amand 50 50 C1
Le Mesnil-Amelot 77 58 A1
Le Mesnil-Amey 50 27 D4
Le Mesnil-Angot 50 27 E3
Le Mesnil-au-Grain 14 28 C4
Le Mesnil-au-Val 50 25 D2
Le Mesnil-Aubert 50 50 C1
Le Mesnil-Aubry 95 33 F4
Le Mesnil-Auzouf 14 51 F1
Le Mesnil-Bacley 14 53 E1
Le Mesnil-Benoist 14 51 E2
Le Mesnil-Bœufs 50 51 D3
Le Mesnil-Bonant 50 50 C1
Mesnil-Bruntel 80 18 C2
Le Mesnil-Caussois 14 51 E2
Mesnil-Clinchamps 14 51 E2
Mesnil-la-Comtesse 10 83 E1
Le Mesnil-Conteville 60 17 D4
Mesnil-Domqueur 80 9 D4
Le Mesnil-Drey 50 50 C2
Le Mesnil-Durand 14 30 A4
Le Mesnil-Durdent 76 15 D2
Mesnil-en-Arrouaise 80 18 C1
Le Mesnil-en-Thelle 60 33 F3
Le Mesnil-en-Vallée 49 113 D1
Le Mesnil-Esnard 76 31 F2
Le Mesnil-Eudes 14 30 A4
Le Mesnil-Eury 50 27 D3
Mesnil-Follemprise 76 15 F3
Le Mesnil-Fuguet 27 31 F4
Le Mesnil-Garnier 50 50 C2
Le Mesnil-Germain 14 30 A4
Le Mesnil-Gilbert 50 51 E3
Le Mesnil-Guillaume 14 30 B4
Le Mesnil-Hardray 27 55 D1
Le Mesnil-Herman 50 27 E4
Le Mesnil-Hue 50 50 C1
Le Mesnil-Jourdain 27 31 F3
Mesnil-Lettre 10 83 E1
Le Mesnil-Lieubray 76 32 B1
Mesnil-Martinsart 80 18 A1
Le Mesnil-Mauger 14 29 F4
Mesnil-Mauger 76 16 B4
Le Mesnil-Opac 50 27 E4
Le Mesnil-Ozenne 50 51 D3
Mesnil-Panneville 76 15 E4
Le Mesnil-Patry 14 28 C3
Le Mesnil-Rainfray 50 51 E3
Mesnil-Raoul 76 32 A2
Le Mesnil-Raoult 50 27 E4
Le Mesnil-Réaume 76 16 A1
Le Mesnil-Robert 14 51 E2
Le Mesnil-Rogues 50 50 C2
Le Mesnil-le-Roi 78 57 D1
Mesnil-Rousset 27 54 B2
Le Mesnil-Rouxelin 50 27 E3
Le Mesnil-St-Denis 78 57 D3
Le Mesnil-St-Firmin 60 17 F4
Mesnil-St-Georges 80 18 A4
Mesnil-St-Laurent 02 19 E2
Mesnil-St-Loup 10 82 B2
Mesnil-St-Nicaise 80 18 B3
Mesnil-St-Père 10 83 E3
Mesnil-Sellières 10 83 E2
Le Mesnil-Simon 28 56 A2
Le Mesnil-Simon 14 30 A4
Mesnil-sous-les-Côtes 55 39 D4
Le Mesnil-sous-Jumièges 76 31 E2
Mesnil-sous-Vienne 27 32 C2
Le Mesnil-sur-Blangy 14 30 B3
Le Mesnil-sur-Bulles 60 33 F1
Mesnil-sur-l'Estrée 27 55 E3
Le Mesnil-sur-Oger 51 60 C1
Le Mesnil-Thébault 50 51 D3
Le Mesnil-Théribus 60 33 D2
Le Mesnil-Thomas 28 55 E4
Le Mesnil-Tôve 50 51 E3
Le Mesnil-Véneron 50 27 E3
Mesnil-Verclives 27 32 B2
Le Mesnil-Vigot 50 27 D3
Le Mesnil-Villeman 50 50 C2
Le Mesnil-Villement 14 52 B2
Le Mesnilbus 50 27 D3
Le Mesnillard 50 51 D3
Les Mesnils-sur-Madon 54 87 D1
Mesnois 39 141 E3
Les Mesnuls 78 56 C3
Mespaul 29 45 F2
Mesplède 64 226 A3
Mesples 03 151 D1
Mespuits 91 80 A2
Mesquer 44 110 B1
Messac 17 177 F1
Messac 35 93 D2
Messais 86 131 F1
Messanges 21 123 E3
Messanges 40 224 C1
Messas 45 99 D2
Messé 79 147 E2
Messei 61 52 B3
Messein 54 64 B3
Messeix 63 167 D3
Messemé 86 115 D4
Messery 74 158 B1
Messeux 16 147 F4
Messey-sur-Grosne 71 140 A3
Messia-sur-Sorne 39 141 D3
Messigny-et-Vantoux 21 123 E1
Messilhac 15 200 A1
Messimy 69 171 D2
Messimy-sur-Saône 01 155 E4
Messincourt 08 22 A3
Messon 10 82 C3
Messy 77 58 B1
Mesterrieux 33 195 D3
Mestes 19 166 C4
Mesves-sur-Loire 58 120 A3
Mesvres 71 139 D2
Métabief 25 142 C2
Les Métairies 16 162 A2
Métairies-St-Quirin 57 66 A3
Méteren 59 4 A3
Méthamis 84 220 B3
Métigny 80 16 C2
Metting 57 66 B2
Mettray 37 115 F1
Metz 57 40 B4
Metz-le-Comte 58 121 D1
Metz-en-Couture 62 18 C1
Metz-Robert 10 83 D4
Metz-Tessy 74 158 A4
Metzeral 68 88 C4
Metzeresche 57 40 B2
Metzervisse 57 40 B2
Metzing 57 41 F3
Meucon 56 91 E2
Meudon 92 57 E2
Meuilley 21 123 E3
Meulan 78 56 C1
Meulers 76 15 F2
Meulles 14 53 F1
Meulson 21 104 A3
Meunet-Planches 36 135 D2
Meunet-sur-Vatan 36 118 A4
Meung-sur-Loire 45 99 D2
Meurcé 72 76 B3
Meurchin 62 10 B1
Meurcourt 70 106 C2
La Meurdraquière 50 50 C2
Meures 52 85 D3
Meurival 02 36 A2
Meursac 17 160 C3
Meursanges 21 123 E4
Meursault 21 123 D4
Meurthe 54 65 E4
Meurville 10 84 A3
Meuse 8,52, 55,88 63 E3
Meusnes 41 117 E2
Meussia 39 141 F4
Meuvaines 14 28 C2
Meuvy 52 85 F4
Le Meux 60 34 B2
Meux 17 161 E4
Meuzac 87 165 D4
Mévoisins 28 56 B4
Mévouillon 26 220 C2
Meximieux 01 172 B1
Mexy 54 39 E1
Mey 57 40 B3
Meyenheim 68 108 C1
Meylan 38 189 E2
Meylan 47 210 C3
Meymac 19 166 B4
Meynes 30 219 D4
Meyrals 24 197 D1
Meyrand (Col de) 07 202 B3
Meyrannes 30 218 B2
Meyrargues 13 237 E2
Meyras 07 202 C2
Meyreuil 13 237 E3
Meyriat 01 156 C3
Meyrié 38 172 B3
Meyrieu-les-Étangs 38 172 B4
Meyrieux-Trouet 73 173 E3
Meyrignac-l'Église 19 181 F1
Meyronne 46 198 A1
Meyronnes 04 207 E3
Meyrueis 48 217 D2
Meys 69 170 C3
Meyssac 19 181 E3
Meysse 07 203 F3
Meyssiès 38 172 A4
Meythet 74 158 A4
La Meyze 87 164 C3
Meyzieu 69 171 F2
Mézangers 53 75 E3
Mèze 34 234 A4
Mézel 04 222 A3
Mezel 63 168 B2
Mézenc (Mont) 07,43 202 C1
Mézens 81 230 B1
Mézeray 72 96 A2
Mézères 43 186 A3
Mézériat 01 156 A2
Mézerolles 80 9 D4
Mézerville 11 252 B2
Mézidon 14 29 E4
La Mézière 35 73 D2
Mézières-au-Perche 28 78 B3
Mézières-en-Brenne 36 133 F2
Mézières-en-Gâtinais 45 80 B4
Mézières-en-Santerre 80 18 A3
Mézières-en-Vexin 27 32 B3
Mézières-en-Drouais 28 56 A3
Mézières-lez-Cléry 45 99 D2
Mézières-sous-Lavardin 72 76 A3
Mézières-sur-Couesnon 35 73 E2
Mézières-sur-Issoire 87 148 C3
Mézières-sur-Oise 02 19 E3
Mézières-sur-Ponthouin 72 76 C3
Mézières-sur-Seine 78 56 C1
Mézilhac 07 203 D1
Mézilles 89 101 E3
Mézin 47 211 D3
Méziré 90 108 A4
Mézoargues 13 235 F1
Mézos 40 208 B3
Mézy-Moulins 02 35 F4
Mézy-sur-Seine 78 56 C1
Mhère 58 121 E3
Mialet 24 164 A4
Mialet 30 217 F3
Mialos 64 226 B3
Miannay 80 8 B4
Michaugues 58 121 D2
Michelbach 68 108 B2
Michelbach-le-Bas 68 109 D3
Michelbach-le-Haut 68 109 D3
Michery 89 81 E2
Midi (Aiguille du) 74 159 E4
Midi de Bigorre (Pic du) 65 249 E4
Midouze 40 209 D4

Metz

Ambroise-Thomas (R.) CV 2
Clercs (R. des) CV
En Fournirue DV
Fabert (R.) CV 21
Jardins (R. des) DV
Palais (R. du) CV 63
Petit-Paris (R. du) CV 64
St-Louis (Pl.) DVX
Schuman (Av. R.) CX
Serpenoise (R.) CV
Tête d'Or (R. de la) DV 91

Armes (Pl. d') DV 3
Augustins (R. des) DX 5
Belle-Isle (R.) CV 7
Cathédrale CV
Chambière (R.) DV 10
Chambre (Pl. de) CV 12
Chanoine-Collin (R.) DV 13
Charlemagne (R.) CX 15
Coëtlosquet (R. du) CX 18
Coislin (Pl.) DX 19
Faisan (R. du) CV 22
Fontaine (R. de la) DX 24
Gaulle (Pl. du Gén. de) DX 28
George (Pl. du Roi) CX 30
Gde-Armée (R. de la) DV 33
Hache (R. de la) DV 39
Hegly (Allée V.) CX 40
La Fayette (R.) CX 46
Lasalle (R.) DX 49
Lattre-de-T. (Av. de) CX 51
Leclerc-de-H. (Av.) CX 52
Mondon (Pl. R.) CX 57
Morts (Pont des) CV 58
Nancy (Av. de) CX 60
Paix (R. de la) CV 61
Pierre-Hardie (R. de la) CV 66
Poncelet (R.) CV 67
Prés. Kennedy (Av.) CX 73
République (Pl. de la) CX 75
St-Eucaire (R.) DV 76
St-Martin (✝) DX B
St-Maximin (✝) DX L
St-Simplice (Pl.) DV 79
St-Thiébault (Pl.) DX 81
Ste-Marie (R.) CV 82
Salis (R. de) CX 84
Sérot (Bd Robert) CV 85
Serpenoise (Porte) CX 87
Taison (R.) DV 88
Tanneurs (R. des) DV 90
Trinitaires (R. des) DV 93
Verlaine (R.) CX 97

Midrevaux 88 85 F1
Mièges 39 142 A2
Miélan 32 227 F4
Miellin 70 107 E2
Miermaigne 28 77 F3
Miers 46 198 B1
Miéry 39 141 E2
Mietesheim 67 67 D1
Mieussy 74 158 C3
Mieuxcé 61 76 A1
Mifaget 64 256 C1
Migé 89 102 A3
Migennes 89 102 A1
Miglos 09 260 B1
Mignafans 70 107 E4
Mignaloux-Beauvoir 86 132 B4
Mignavillers 70 107 E3
Migné 36 134 A3
Migné-Auxances 86 132 A3
Mignères 45 80 B4
Mignerette 45 80 B4
Mignéville 54 65 E4
Mignières 28 78 B2
Mignovillard 39 142 B2
Migny 36 118 B4
Migré 17 146 A3
Migron 17 161 E2
Mijanès 09 261 D2
Mijoux 01 157 F1
La Milesse 72 76 B4
Milhac 46 197 E2
Milhac-d'Auberoche 24 180 A3
Milhac-de-Nontron 24 163 F4
Milhaguet 87 163 F3
Milhars 81 214 A3
Milhas 31 258 C2
Milhaud 30 235 E1
Milhavet 81 214 B3
Milizac 29 44 C2
Millac 86 148 B3
Millam 59 3 F2
Millançay 41 117 F1
Millas 66 262 B2
Millau 12 216 B3
Millay 58 138 C2
Millebosc 76 16 A1
Millemont 78 56 B2
Millencourt 80 18 A1
Millencourt-en-Ponthieu 80 8 C4
Millery 21 103 E4
Millery 69 171 E3
Millery 54 64 B2
Millevaches 19 166 B3
Millevaches (Plateau de) 19,23 166 B2
Millières 52 85 E3
Millières 50 26 C3
Millonfosse 59 11 D2
Milly 50 51 E4
Milly-la-Forêt 91 80 B2
Milly-Lamartine 71 155 E1
Milly-sur-Bradon 55 38 B2
Milly-sur-Thérain 60 33 D1
Milon-la-Chapelle 78 57 D3
Mimbaste 40 225 E2
Mimet 13 243 E1
Mimeure 21 122 C3
Mimizan 40 208 B2
Minaucourt-le-Mesnil-lès-Hurlus 51 37 E3
Minerve 34 254 B1
Mingot 65 227 E4
Mingoval 62 9 F2
Miniac-Morvan 35 49 F4
Miniac-sous-Bécherel 35 72 C2
Minier (Col du) 30 217 D3
Le Minihic-sur-Rance 35 49 E3
Minihy-Tréguier 22 47 D1
Minorville 54 63 F2
Minot 21 104 B3
Minversheim 67 67 D2
Minzac 24 178 B4
Minzier 74 157 F3
Miolans 73 174 A3
Miolles 81 232 A1
Mionnay 01 171 F1
Mions 69 171 F3
Mios 33 193 D3
Miossens-Lanusse 64 226 C4
Mirabeau 84 237 F2
Mirabeau 04 222 A3
Mirabel 82 213 D3
Mirabel 07 203 D3
Mirabel-aux-Baronnies 26 220 A1
Mirabel-et-Blacons 26 204 B2
Miradoux 32 211 F4
Miramas 13 236 B3
Mirambeau 31 228 C4
Mirambeau 17 177 E1
Miramont-d'Astarac 32 228 A3
Miramont-de-Comminges 31 258 C2
Miramont-de-Guyenne 47 195 F3
Miramont-de-Quercy 82 212 C2
Miramont-Latour 32 228 C1
Miramont-Sensacq 40 226 C3
Mirande 32 228 A3
Mirandol-Bourgnounac 81 214 C3
Mirannes 32 228 A3
Miraumont 80 10 A4
Miraval-Cabardès 11 231 F4
Mirbel 52 85 D2
Miré 49 95 E2
Mirebeau 86 132 A2
Mirebeau 21 124 A1
Mirebel 39 141 E2
Mirecourt 88 86 C2
Mirefleurs 63 168 B3
Miremont 31 251 F1
Miremont 63 167 E1
Mirepeisset 11 254 B1
Mirepeix 64 248 C2
Mirepoix 09 252 C3
Mirepoix 32 228 B2
Mirepoix-sur-Tarn 31 230 B1
Mireval 34 234 B3
Mireval-Lauragais 11 252 C2
Miribel 01 171 F1
Miribel 26 188 A2
Miribel-les-Échelles 38 173 D4
Miribel-Lanchâtre 38 189 D4
Mirmande 26 203 F2
Le Miroir 71 141 D4
Miromesnil 76 15 E2
Mirvaux 80 17 F1
Mirville 76 14 B4
Miscon 26 205 D3
Miserey 27 55 E1
Miserey-Salines 25 125 D2
Misérieux 01 155 F4
Misery 80 18 B2
Mison 04 221 E1
Missé 79 131 E1
Missècle 81 231 D2
Missègre 11 253 F3
Missery 21 122 B2
Missillac 44 92 B4
Missiriac 56 92 A1
Misson 40 225 E3
Missy 14 28 C4
Missy-aux-Bois 02 35 D2
Missy-lès-Pierrepont 02 20 A4
Missy-sur-Aisne 02 35 E2
Misy-sur-Yonne 77 81 E2
Mitry-Mory 77 58 A1
Mitschdorf 67 43 D4
Mittainville 78 56 B3
Mittainvilliers 28 78 B1
Mittelbergheim 67 89 D1
Mittelbronn 57 66 B2
Mittelhausbergen 67 67 D3
Mittelhausen 67 67 D2
Mittelschaeffolsheim 67 67 D2
Mittelwihr 68 89 D3
Mittersheim 57 65 F1
Mittlach 68 88 B4
Mittois 14 53 D1
Mitzach 68 108 A1
Mizérieux 42 170 B2
Mizoën 38 190 A3
Moÿ-de-l'Aisne 02 19 D3
Mobecq 50 26 C2
Moca-Croce 2a 268 C1
Modane 73 191 D2

Monaco Monte-Carlo

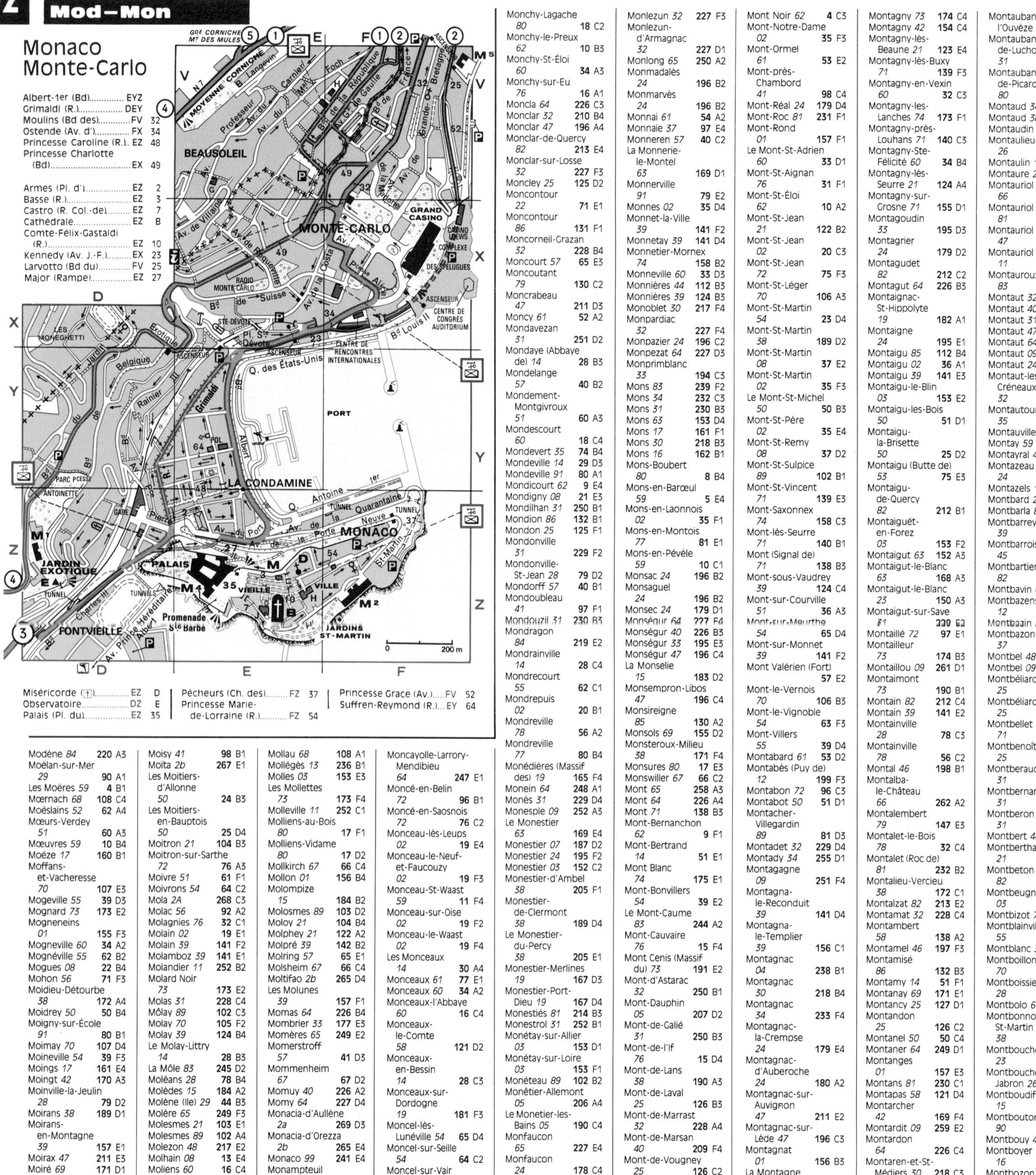

Albert-1er (Bd) ... EYZ
Grimaldi (R.) ... DEY
Moulins (Bd des) ... FV 32
Ostende (Av. d') ... FX 34
Princesse Caroline (R.) ... EZ 48
Princesse Charlotte (Bd) ... EX 49

Armes (Pl. d') ... EZ 2
Basse (R.) ... EZ 3
Castro (R. Col.-de) ... EZ 7
Cathédrale ... EZ B
Comte-Félix-Gastaldi (R.) ... EZ 10
Kennedy (Av. J.-F.) ... EX 23
Larvotto (Bd du) ... FV 25
Major (Rampe) ... EZ 27
Miséricorde (†) ... EZ D
Observatoire ... DZ E
Palais (Pl. du) ... EZ 35
Pêcheurs (Ch. des) ... FZ 37
Princesse Marie-de-Lorraine (R.) ... FZ 54
Princesse Grace (Av.) ... FV 52
Suffren-Reymond (R.) ... EY 64

Modène 84 220 A3
Moëlan-sur-Mer 29 90 A1
Les Moëres 59 4 B1
Mœrnach 68 108 C4
Moëslains 52 62 A4
Mœurs-Verdey 51 60 A3
Mœuvres 59 10 B4
Moëze 17 160 B1
Moffans-et-Vacheresse 70 107 E3
Mogeville 55 39 D3
Mognard 73 173 E2
Mogneneins 01 155 F3
Mogneville 60 34 A2
Mognéville 55 62 B2
Mogues 08 22 B4
Mohon 56 71 F3
Moidieu-Détourbe 38 172 A4
Moidrey 50 50 B4
Moigny-sur-École 91 80 B1
Moimay 70 107 D4
Moineville 54 39 F3
Moings 17 161 E4
Moingt 42 170 A3
Moinville-la-Jeulin 28 79 D2
Moirans 38 189 D1
Moirans-en-Montagne 39 157 E1
Moirax 47 211 E3
Moiré 69 171 D1
Moiremont 51 38 A4
Moirey 55 38 C2
Moiron 39 141 E3
Moiry 08 22 B4
Moisdon-la-Rivière 44 93 F3
Moisenay 77 58 B4
Moislains 80 18 C1
Moissac 82 212 B3
Moissac-Bellevue 83 238 C2
Moissac-Vallée-Française 48 217 F2
Moissannes 87 165 E1
Moissat 63 168 C2
Moissat-Bas 63 168 C2
Moisselles 95 33 F4
Moissey 39 124 B3
Moissieu-sur-Dolon 38 187 F1
Moisson 78 32 C4
Moissy-Cramayel 77 58 A4
Moissy-Moulinot 58 121 E2
Moisville 27 55 E2
Moisy 41 98 B1
Moïta 2b 267 E1
Les Moitiers-d'Allonne 50 24 B3
Les Moitiers-en-Bauptois 50 25 D4
Moitron 21 104 B3
Moitron-sur-Sarthe 72 76 A3
Moivre 51 61 F1
Moivrons 54 64 C2
Mola 2A 268 C3
Molac 56 92 A2
Molagnies 76 32 C1
Molain 02 19 E1
Molain 39 141 F2
Molamboz 39 141 E1
Molandier 11 252 B2
Molard Noir 73 173 E2
Molas 31 228 C4
Môlay 89 102 C3
Molay 70 105 F2
Molay 39 124 B4
Le Molay-Littry 14 28 B3
La Môle 83 245 D2
Moléans 28 78 B4
Molèdes 15 184 A2
Molène (Ile) 29 44 B3
Molère 65 249 F3
Molesmes 21 103 E1
Molesmes 89 102 A4
Molezon 48 217 E2
Molhain 08 13 E4
Moliens 60 16 C4
Les Molières 91 57 D3
Molières 24 196 C1
Molières 82 213 D2
Molières 46 198 C2
Molières-Cavaillac 30 217 D4
Molières-Glandaz 26 205 D2
Molières-sur-Cèze 30 218 B2
Moliets-et-Maa 40 208 A4
Molinchart 02 19 E4
Molines-en-Queyras 05 207 E1
Molinet 03 154 A1
Molineuf 41 98 B4
Molinges 39 157 E1
Molinghem 62 4 A4
Molinons 89 82 A3
Molinot 21 122 C4
Molins-sur-Aube 10 83 E1
Molitg-les-Bains 66 261 F2
Mollans 70 107 D3
Mollans-sur-Ouvèze 26 220 B2
Mollau 68 108 A1
Mollégès 13 236 B1
Molles 03 153 E3
Les Mollettes 73 173 F4
Molleville 11 252 C1
Molliens-au-Bois 80 17 F1
Molliens-Vidame 80 17 D2
Mollkirch 67 66 C4
Mollon 01 156 B4
Molompize 15 184 B2
Molosmes 89 103 D2
Moloy 21 104 B4
Molphey 21 122 A2
Molpré 39 142 B2
Molring 57 65 E1
Molsheim 67 66 C4
Moltifao 2b 265 D4
Les Molunes 39 157 F1
Momas 64 226 B4
Mombrier 33 177 E3
Momères 65 249 E2
Momerstroff 57 41 D3
Mommenheim 67 67 D2
Momuy 40 226 A2
Momy 64 227 D4
Monacia-d'Aullène 2a 269 D3
Monacia-d'Orezza 2b 265 E4
Monaco 99 241 E4
Monampteuil 02 35 F1
Monassut-Audiracq 64 226 C4
Le Monastère 12 215 E1
Le Monastier 48 201 D4
Le Monastier-sur-Gazeille 43 186 A4
Monay 39 141 E1
Monbadon 33 178 A4
Monbahus 47 196 A3
Monbalen 47 211 F1
Monbardon 32 228 C4
Monbazillac 24 196 A2
Monbéqui 82 212 C4
Monbert 32 228 A2
Monblanc 32 229 D4
Monbos 24 195 F2
Monbrun 32 229 D2
Moncale 2b 264 B3
Moncassin 32 228 A4
Moncaup 31 258 C2
Moncaup 64 227 D3
Moncaut 47 211 E3
Moncayolle-Larrory-Mendibieu 64 247 E1
Moncé-en-Belin 72 96 B1
Moncé-en-Saosnois 72 76 C2
Monceau-lès-Leups 02 19 E4
Monceau-le-Neuf-et-Faucouzy 02 19 F3
Monceau-St-Waast 59 11 F4
Monceau-sur-Oise 02 19 F2
Monceau-le-Waast 02 19 F4
Les Monceaux 14 30 A4
Monceaux 61 77 E1
Monceaux 60 34 A2
Monceaux-l'Abbaye 60 16 C4
Monceaux-le-Comte 58 121 D2
Monceaux-en-Bessin 14 28 C3
Monceaux-sur-Dordogne 19 181 F3
Moncel-lès-Lunéville 54 65 D4
Moncel-sur-Seille 54 64 C2
Moncel-sur-Vair 88 86 A1
La Moncelle 08 22 A3
Moncetz-l'Abbaye 51 61 F3
Moncetz-Longevas 51 61 D2
Moncey 25 125 E1
Monchaux-Soreng 76 16 B2
Monchaux-sur-Écaillon 59 11 D3
Moncheaux 59 10 C2
Moncheaux-lès-Frévent 62 9 E3
Monchecourt 59 10 C3
Monchel-sur-Canche 62 9 D3
Moncheux 57 64 C1
Monchiet 62 9 F3
Monchy-au-Bois 62 9 F4
Monchy-Breton 62 9 F2
Monchy-Cayeux 62 9 E2
Monchy-Humières 60 34 B1
Monchy-Lagache 80 18 C2
Monchy-le-Preux 62 10 B3
Monchy-St-Éloi 60 34 A3
Monchy-sur-Eu 76 16 A1
Moncla 64 226 C3
Monclar 32 210 B4
Monclar 47 196 A4
Monclar-de-Quercy 82 213 E4
Monclar-sur-Losse 32 227 F3
Moncley 25 125 D2
Moncontour 22 71 E1
Moncontour 86 131 F1
Moncorneil-Grazan 32 228 B4
Moncourt 57 65 E3
Moncoutant 79 130 C2
Moncrabeau 47 211 D3
Moncy 61 52 A2
Mondavezan 31 251 D2
Mondaye (Abbaye de) 14 28 B3
Mondelange 57 40 B2
Mondement-Montgivroux 51 60 A3
Mondescourt 60 18 C4
Mondevert 35 74 B4
Mondeville 14 29 D3
Mondeville 91 80 A1
Mondicourt 62 9 E4
Mondigny 08 21 E3
Mondilhan 31 250 B1
Mondion 86 132 B1
Mondon 25 125 F1
Mondonville 31 229 F2
Mondonville-St-Jean 28 79 D2
Mondorff 57 40 B1
Mondoubleau 41 97 F1
Mondouzil 31 230 B3
Mondragon 84 219 E2
Mondrainville 14 28 C4
Mondrecourt 55 62 C1
Mondrepuis 02 20 B1
Mondreville 78 56 A2
Mondreville 77 80 B4
Monédières (Massif des) 19 165 F4
Monein 64 248 A1
Monès 31 229 D4
Monesple 09 252 A3
Le Monestier 63 169 E4
Monestier 07 187 E3
Monestier 24 195 F2
Monestier 03 152 C2
Monestier-d'Ambel 38 205 F1
Monestier-de-Clermont 38 189 D4
Le Monestier-du-Percy 38 205 E1
Monestier-Merlines 19 167 D3
Monestier-Port-Dieu 19 167 D4
Monestiés 81 214 B3
Monestrol 31 252 B1
Monétay-sur-Allier 03 153 D1
Monétay-sur-Loire 03 153 F1
Monéteau 89 102 B2
Monêtier-Allemont 05 206 A4
Le Monetier-les-Bains 05 190 C4
Monfaucon 65 227 E4
Monfaucon 24 178 C4
Monferran-Plavès 32 228 B3
Monferran-Savès 32 229 D3
Monflanquin 47 196 C3
Monfort 32 228 C1
Monfréville 14 27 E2
Mongaillard 47 211 D2
Mongausy 32 228 C3
Mongauzy 33 195 D3
Monget 40 226 B3
La Mongie 65 257 F3
Monguilhem 32 227 D1
Monheurt 47 211 D1
Monhoudou 72 76 C2
Monieux 84 220 C3
Monistrol-d'Allier 43 185 D4
Monistrol-sur-Loire 43 186 B2
Monlaur-Bernet 32 250 A1
Monléon-Magnoac 65 250 A2
Monlet 43 185 E2
Monlezun 32 227 F3
Monlezun-d'Armagnac 32 227 D1
Monlong 65 250 A2
Monmadalès 24 196 B2
Monmarvès 24 196 B2
Monnai 61 54 A2
Monnaie 37 97 E4
Monneren 57 40 C2
La Monnerie-le-Montel 63 169 D1
Monnerville 91 79 E2
Monnes 02 35 D4
Monnet-la-Ville 39 141 F2
Monnetay 39 141 D4
Monnetier-Mornex 74 158 B2
Monneville 60 33 D3
Monnières 44 112 B3
Monnières 39 124 B3
Monoblet 30 217 F4
Monpardiac 32 227 F4
Monpazier 24 196 C2
Monpezat 64 227 D3
Monprimblanc 33 194 C3
Mons 83 239 F2
Mons 34 232 C3
Mons 31 230 B3
Mons 63 153 D4
Mons 17 161 F1
Mons 30 218 B3
Mons 16 162 B1
Mons-Boubert 80 8 B4
Mons-en-Barœul 59 5 E4
Mons-en-Laonnois 02 35 F1
Mons-en-Montois 77 81 E1
Mons-en-Pévèle 59 10 C1
Monsac 24 196 B2
Monsaguel 24 196 B2
Monsec 24 179 D1
Monségur 64 227 F4
Monségur 40 226 B3
Monségur 33 195 E3
Monségur 47 196 C4
La Monselie 15 183 D2
Monsempron-Libos 47 196 C4
Monsireigne 85 130 A2
Monsols 69 155 D2
Monsteroux-Milieu 38 171 F4
Monsures 80 17 E3
Monswiller 67 66 C2
Mont 65 258 A3
Mont 64 226 A4
Mont 71 138 B3
Mont-Bernanchon 62 9 F1
Mont-Bertrand 14 51 E1
Mont Blanc 74 175 E1
Mont-Bonvillers 54 39 E2
Le Mont-Caume 83 244 A2
Mont-Cauvaire 76 15 F4
Mont Cenis (Massif du) 73 191 E2
Mont-d'Astarac 32 250 B1
Mont-Dauphin 05 207 D2
Mont-de-Galié 31 250 B3
Mont-de-l'If 76 15 D4
Mont-de-Lans 38 190 A3
Mont-de-Laval 25 126 B3
Mont-de-Marrast 32 228 A4
Mont-de-Marsan 40 209 F4
Mont-de-Vougney 25 126 C2
Mont des Cats 62 4 B3
Mont-devant-Sassey 55 38 B1
Le Mont-Dieu 08 21 F4
Mont-Disse 64 227 D3
Mont-Dol 35 50 A4
Mont d'Or 69 171 E1
Le Mont-Dore 63 167 F3
Mont-d'Origny 02 19 E2
Mont-et-Marré 58 121 D4
Mont-l'Étroit 54 63 F4
Mont-l'Évêque 60 34 A3
Mont-lès-Lamarche 88 86 B4
Mont-Laurent 08 37 D1
Mont-Louis 66 261 E3
Mont-lès-Neufchâteau 88 86 A2
Mont Noir 62 4 C3
Mont-Notre-Dame 02 35 F3
Mont-Ormel 61 53 E2
Mont-près-Chambord 41 98 C4
Mont-Réal 24 179 D4
Mont-Roc 81 231 F1
Mont-Rond 01 157 F1
Le Mont-St-Adrien 60 33 D1
Mont-St-Aignan 76 31 F1
Mont-St-Éloi 62 10 A2
Mont-St-Jean 21 122 B2
Mont-St-Jean 02 20 C3
Mont-St-Jean 72 75 F3
Mont-St-Léger 70 106 A3
Mont-St-Martin 54 23 D4
Mont-St-Martin 38 189 D2
Mont-St-Martin 08 37 E2
Mont-St-Martin 02 35 F3
Le Mont-St-Michel 50 50 B3
Mont-St-Père 02 35 E4
Mont-St-Remy 08 37 D2
Mont-St-Sulpice 89 102 B1
Mont-St-Vincent 71 139 E3
Mont-Saxonnex 74 158 C3
Mont-lès-Seurre 71 140 B1
Mont (Signal de) 71 138 B3
Mont-sous-Vaudrey 39 124 C4
Mont-sur-Courville 51 36 A3
Mont-sur-Meurthe 54 65 D4
Mont-sur-Monnet 39 141 F2
Mont Valérien (Fort) 57 E2
Mont-le-Vernois 70 106 B3
Mont-le-Vignoble 54 63 F3
Mont-Villers 55 39 D4
Montabard 61 53 D2
Montabès (Puy de) 12 199 F3
Montabon 72 96 C3
Montabot 50 51 D1
Montacher-Villegardin 89 81 D3
Montadet 32 229 D4
Montady 34 255 D1
Montagagne 09 251 F4
Montagna-le-Reconduit 39 141 D4
Montagna-le-Templier 39 156 C1
Montagnac 04 238 B1
Montagnac 30 218 B4
Montagnac 34 233 F4
Montagnac-la-Crempse 24 179 E4
Montagnac-d'Auberoche 24 180 A2
Montagnac-sur-Auvignon 47 211 E2
Montagnac-sur-Lède 47 196 C3
Montagnat 01 156 B3
La Montagne 70 107 E1
La Montagne 44 111 F3
Montagne 33 178 A4
Montagne 38 188 B3
Montagne de Reims (Parc Régional de la) 51 36 B4
Montagne-Fayel 80 17 D2
Montagne Noir 11,81 231 F4
Montagnes Noires 29,56 70 A2
La Montagnette 13 236 A1
Montagney 70 124 C2
Montagney 25 106 C4
Montagnieu 01 172 C2
Montagnieu 38 172 C3
Montagnol 12 232 C1
Montagnole 73 173 E3
Montagny 69 171 E3
Montagny 73 174 C4
Montagny 42 154 C4
Montagny-lès-Beaune 21 123 E4
Montagny-lès-Buxy 71 139 F3
Montagny-en-Vexin 60 32 C3
Montagny-les-Lanches 74 173 F1
Montagny-près-Louhans 71 140 C3
Montagny-Ste-Félicité 60 34 B4
Montagny-lès-Seurre 21 124 A4
Montagny-sur-Grosne 71 155 D1
Montagoudin 33 195 D3
Montagrier 24 179 D2
Montagudet 82 212 C2
Montagut 64 226 B3
Montaignac-St-Hippolyte 19 182 A1
Montaigne 24 195 E1
Montaigu 85 112 B4
Montaigu 02 36 A1
Montaigu 39 141 E3
Montaigu-le-Blin 03 153 E2
Montaigu-les-Bois 50 51 D1
Montaigu-la-Brisette 50 25 D2
Montaigu (Butte de) 53 75 E3
Montaigu-de-Quercy 82 212 B1
Montaiguët-en-Forez 03 153 F2
Montaigut 63 152 A3
Montaigut-le-Blanc 63 168 A3
Montaigut-le-Blanc 23 150 A3
Montaigut-sur-Save 31 230 B2
Montaillé 72 97 E1
Montailleur 73 174 B3
Montaillou 09 261 D1
Montaimont 73 190 B1
Montain 82 212 C4
Montain 39 141 E2
Montainville 28 78 C3
Montainville 78 56 C2
Montal 46 198 B1
Montalba-le-Château 66 262 A2
Montalembert 79 147 E3
Montalet-le-Bois 78 32 C4
Montalet (Roc de) 81 232 B2
Montalieu-Vercieu 38 172 C1
Montalzat 82 213 E2
Montamat 32 228 C4
Montambert 58 138 A2
Montamel 46 197 F3
Montamisé 86 132 B3
Montamy 14 51 F1
Montanay 69 171 E1
Montancy 25 127 D1
Montandon 25 126 C2
Montanel 50 50 C4
Montaner 64 249 D1
Montanges 01 157 E3
Montans 81 230 C1
Montapas 58 121 D4
Montarcher 42 169 F4
Montardit 09 259 E2
Montardon 64 226 C4
Montaren-et-St-Médiers 30 218 C3
Montargis 45 100 C1
Montarlot 77 81 D2
Montarlot-lès-Champlitte 70 105 E3
Montarlot-lès-Rioz 70 125 E1
Montarnaud 34 234 A2
Montaron 58 138 A1
Montastruc 65 249 F2
Montastruc 82 213 D3
Montastruc 47 196 A4
Montastruc-la-Conseillère 31 230 B2
Montastruc-de-Salies 31 259 D2
Montastruc-Savès 31 251 D1
Le Montat 46 213 D1
Montataire 60 33 F3
Montauban 35 72 B2
Montauban 82 213 D3
Montauban-sur-l'Ouvèze 26 220 C1
Montauban-de-Luchon 31 258 B4
Montauban-de-Picardie 80 18 B1
Montaud 34 234 C2
Montaud 38 189 D2
Montaudin 53 74 B1
Montaulieu 26 220 B1
Montaulin 10 83 E3
Montaure 27 31 F3
Montauriol 66 262 B3
Montauriol 81 214 C3
Montauriol 47 196 B3
Montauriol 11 252 C1
Montauroux 83 239 F2
Montaut 32 228 A4
Montaut 40 226 A1
Montaut 31 251 E1
Montaut 47 196 B3
Montaut 64 248 C2
Montaut 09 252 B2
Montaut 24 196 B2
Montaut-les-Créneaux 32 228 B2
Montautour 35 74 A3
Montauville 54 64 A1
Montay 59 11 E4
Montayral 47 197 D4
Montazeau 24 195 E1
Montazels 11 253 E4
Montbard 21 103 E4
Montbarla 82 212 C2
Montbarrey 39 124 C4
Montbarrois 45 80 A4
Montbartier 82 213 D4
Montbavin 02 35 F1
Montbazens 12 199 D4
Montbazin 34 234 A3
Montbazon 37 116 A2
Montbel 48 201 F3
Montbel 09 252 C4
Montbéliard 25 107 F4
Montbéliardot 25 126 B3
Montbellet 71 140 A4
Montbenoît 25 126 A4
Montberaud 31 251 E2
Montbernard 31 250 C1
Montberon 31 230 A2
Montbert 44 112 A3
Montberthault 21 122 A1
Montbeton 82 213 D4
Montbeugny 03 137 F4
Montbizot 72 76 B3
Montblainville 55 38 A3
Montblanc 34 233 E4
Montboillon 70 125 D1
Montboissier 28 78 B3
Montbolo 66 262 B3
Montbonnot-St-Martin 38 189 E2
Montboucher 23 165 E1
Montboucher-sur-Jabron 26 203 F3
Montboudif 15 183 E1
Montbouton 90 108 A4
Montbouy 45 101 D2
Montboyer 16 178 B1
Montbozon 70 106 C4
Montbrand 05 205 E3
Montbras 55 63 E4
Montbray 50 51 D2
Montbré 51 36 B3
Montbrehain 02 19 D1
Montbrison 26 204 B4
Montbrison 42 170 A3
Montbron 16 163 E3
Montbronn 57 42 B4
Montbrun 87 164 A3
Montbrun 46 198 C4
Montbrun 48 217 D1
Montbrun-les-Bains 26 220 C2
Montbrun-Bocage 31 251 E2
Montbrun-Lauragais 31 230 A4
Montbrun-des-Corbières 11 254 A2
Montcabrier 81 230 B3

Montcabrier *46* 197 D3
Montcaret *24* 195 D1
Montcarra *38* 172 B3
Montcavrel *62* 8 B1
Montceau *38* 172 C3
Montceau-et-Écharnant *21* 123 D4
Montceau-les-Mines *71* 139 D3
Montceaux *01* 155 F3
Montceaux-l'Étoile *71* 154 B1
Montceaux-les-Mines *77* 58 C1
Montceaux-lès-Provins *77* 59 E3
Montceaux-Ragny *71* 140 A3
Montceaux-lès-Vaudes *10* 83 D3
Montcel *73* 173 E2
Montcel *63* 152 C4
Montcenis *71* 139 D2
Montcet *01* 156 A2
Montcey *70* 106 C3
Montchaboud *38* 189 E3
Montchal *42* 170 C2
Montchal (Puy de) *63* 167 F4
Montchâlons *02* 36 A1
Montchamp *14* 51 F1
Montchamp *15* 184 B3
Montchanin *71* 139 E2
Montcharvot *52* 105 F1
Montchaton *50* 26 C4
Montchaude *16* 162 A4
Montchauvet *14* 51 F1
Montchauvet *78* 56 B2
Montchenu *26* 188 A2
Montcheutin *08* 37 F2
Montchevrel *61* 54 A4
Montchevrier *36* 134 C4
Montclar *11* 253 E2
Montclar *12* 215 E4
Montclar *04* 206 C4
Montclar-de-Comminges *31* 251 D2
Montclar-Lauragais *31* 252 B1
Montclar-sur-Gervanne *26* 204 B2
Montclard *43* 185 D2
Montcléra *46* 197 E3
Montclus *30* 218 C2
Montclus *05* 205 E4
Montcombroux-les-Mines *03* 153 F1
Montcony *71* 140 C3
Montcorbon *45* 101 E1
Montcornet *02* 20 B3
Montcornet *08* 21 E2
Montcourt *70* 106 B1
Montcourt-Fromonville *77* 80 C2
Montcoy *71* 140 B2
Montcresson *45* 100 C2
Montcuit *50* 27 D3
Montculot *21* 123 E2
Montcuq *46* 212 C1
Montcusel *39* 157 D1
Montcy-Notre-Dame *08* 21 E3
Montdardier *30* 217 D4
Montdauphin *77* 59 E2
Montdidier *80* 18 A4
Montdidier *57* 65 E1
Montdoré *70* 106 B1
Montdoumerc *46* 213 E2
Montdragon *81* 231 D2
Montdurausse *81* 213 E4
Monte *2b* 265 E4
Monte-Carlo *99* 241 E4
Monteaux *41* 116 C1
Montebourg *50* 25 D3
Montech *82* 212 C4
Montécheroux *25* 126 C1
Montegrosso *2b* 264 B3
Montégut *65* 250 A3
Montégut *32* 228 B2
Montégut *40* 210 A4
Montégut-Arros *32* 227 F4
Montégut-Bourjac *31* 251 D1
Montégut-en-Couserans *09* 259 E2
Montégut-Lauragais *31* 230 C4
Montégut-Plantaurel *09* 252 A3
Montégut-Savès *32* 229 D4
Monteignet-sur-l'Andelot *03* 153 D3
Le Monteil *15* 183 D2
Le Monteil *43* 185 F3
Le Monteil-au-Vicomte *23* 166 A1
Monteille *14* 29 F4
Monteils *82* 213 E2
Monteils *30* 218 B3
Monteils *12* 214 B2
Montel-de-Gelat *63* 167 D1
Montéléger *26* 204 A1
Montélier *26* 188 A4
Montélimar *26* 203 F3
Le Montellier *01* 156 A4
Montels *81* 214 A4
Montels *34* 254 C1
Montels *09* 252 A3
Montembœuf *16* 163 E2
Montenach *57* 40 C1
Montenay *53* 74 C2
Montendre *17* 177 E2
Montendry *73* 174 B3
Montenescourt *62* 9 F3
Monteneuf *56* 92 B1
Montenils *77* 59 F2
Montenois *25* 107 E4
Montenoison *58* 120 C3
Montenoison (Butte de) *58* 120 C3
Montenoy *54* 64 B2
Le Montenvers *74* 159 E4
Montépilloy *60* 34 B3
Monteplain *39* 124 C3
Montépreux *51* 60 C3
Monterblanc *56* 91 F2
Montereau *45* 100 B2
Montereau-Faut-Yonne *77* 81 D2
Montereau-sur-le-Jard *77* 58 B4
Monterfil *35* 72 C3
Montérolier *76* 16 A4
Monterrein *56* 92 A1
Montertelot *56* 92 A1
Montescot *66* 262 C2
Montescourt-Lizerolles *02* 19 D3
Montespan *31* 259 D2
Montesquieu *82* 212 C2
Montesquieu *47* 211 E2
Montesquieu *66* 262 C3
Montesquieu *34* 233 E3
Montesquieu-Avantès *09* 259 E2
Montesquieu-Guittaut *31* 250 C1
Montesquieu-Lauragais *31* 230 B4
Montesquieu-Volvestre *31* 251 E2
Montesquiou *32* 227 F3
Montessaux *70* 107 E2
Montesson *52* 105 F2
Montesson *78* 57 D2
Montesson *53* 75 E2
Montestruc-sur-Gers *32* 228 B1
Montestrucq *64* 225 F4
Le Montet *03* 152 C1
Montet-et-Bouxal *46* 198 C2
Monteton *47* 195 E3
Montets (Col des) *74* 159 E3
Monteux *84* 220 A3
Montévrain *77* 58 B2
Monteynard *38* 189 D4
Montézic *12* 200 A2
Montfa *81* 231 E2
Montfa *09* 259 F2
Montfalcon *38* 188 B2
Montfarville *50* 25 E2
Montfaucon *30* 219 E3
Montfaucon *46* 198 A2
Montfaucon *25* 125 E2
Montfaucon *02* 59 E1
Montfaucon *49* 112 C3
Montfaucon *55* 38 B3
Montfaucon (Butte de) *55* 38 B2
Montfaucon-en-Velay *43* 186 C2
Montfavet *84* 219 F4
Montfermeil *93* 58 A2
Montfermier *82* 213 D2
Montfermy *63* 167 F1
Montferney *25* 107 D4
Montferrand *11* 252 C1
Montferrand *63* 168 B2
Montferrand-le-Château *25* 125 D3
Montferrand-du-Périgord *24* 196 C2
Montferrand-la-Fare *26* 220 C1
Montferrat *38* 173 D4
Montferrat *83* 239 E2
Montferrer *66* 262 A4
Montferrier *09* 252 B4
Montferrier-sur-Lez *34* 234 B2
Montfey *10* 82 C4
Montfiquet *14* 27 F3
Montfleur *39* 156 C1
Montflours *53* 74 C3
Montflovin *25* 126 A4
Montfort *49* 114 B3
Montfort *64* 225 F4
Montfort *35* 72 C3
Montfort *25* 125 D4
Montfort *04* 221 F3
Montfort-l'Amaury *78* 56 C3
Montfort-en-Chalosse *40* 225 F2
Montfort-le-Rotrou *72* 76 C4
Montfort-sur-Argens *83* 238 C3
Montfort-sur-Boulzane *11* 261 F2
Montfort-sur-Risle *27* 31 D2
Montfranc *12* 232 A1
Montfrin *30* 235 F1
Montfroc *26* 221 D2
Montfuron *04* 237 F1
Montgaillard *65* 249 E2
Montgaillard *81* 213 E4
Montgaillard *09* 252 B4
Montgaillard *11* 254 A4
Montgaillard *82* 212 B4
Montgaillard *40* 226 B2
Montgaillard-de-Salies *31* 259 D2
Montgaillard-Lauragais *31* 230 B4
Montgaillard-sur-Save *31* 250 B2
Montgardin *05* 206 B3
Montgardon *50* 26 C2
Montgaroult *61* 53 D3
Montgauch *09* 259 E2
Montgaudry *61* 76 C1
Montgazin *31* 251 E1
Montgé-en-Goële *77* 58 B1
Montgeard *31* 252 B1
Montgellafrey *73* 174 B4
Montgenèvre *05* 191 D4
Montgenost *51* 59 F4
Montgeoffroy *49* 114 B1
Montgérain *60* 34 A1
Montgermont *35* 73 D3
Montgeron *91* 57 F3
Montgeroult *95* 33 D4
Montgesoye *25* 125 F3
Montgesty *46* 197 E3
Montgey *81* 231 D3
Montgibaud *19* 165 D4
Montgilbert *73* 174 B3
Montgirod *73* 174 C3
Montgiscard *31* 230 A4
Montgivray *36* 135 D3
Montgobert *02* 35 D2
Montgon *08* 37 F1
Montgothier *50* 51 D3
Montgradail *11* 253 D3
Montgras *31* 229 D4
Montgreleix *15* 183 F1
Montgru-St-Hilaire *02* 35 E3
Montguers *26* 220 C1
Montgueux *10* 82 C2
Montguillon *49* 94 C2
Montguyon *17* 178 A2
Les Monthairons *55* 38 C4
Montharville *28* 78 B3
Monthault *35* 51 D4
Monthaut *11* 253 D3
Monthelie *21* 123 D4
Monthelon *71* 139 D1
Monthelon *51* 60 B1
Monthenault *02* 35 F1
Montheries *52* 84 C3
Montherlant *60* 33 D3
Monthermé *08* 21 E2
Monthiers *02* 35 E4
Monthieux *01* 156 A4
Monthion *73* 174 B3
Monthodon *37* 97 E3
Monthoiron *86* 132 C2
Monthois *08* 37 E2
Montholier *39* 141 E1
Monthou-sur-Bièvre *41* 117 D1
Monthou-sur-Cher *41* 117 D2
Monthuchon *50* 26 C4
Monthurel *02* 59 F1
Monthureux-le-Sec *88* 86 C3
Monthureux-sur-Saône *88* 86 B4
Monthyon *77* 58 B1
Montier-en-l'Isle *10* 84 B2
Montier-en-Der *52* 84 B1
Montiéramey *10* 83 E3
Montierchaume *36* 134 C2
Montiers *60* 34 A1
Montiers-sur-Saulx *55* 62 C4
Monties *32* 228 B4
Montignac *33* 194 C2
Montignac *24* 180 B3
Montignac *65* 249 E2
Montignac-Charente *16* 162 C2
Montignac-le-Coq *16* 178 C1
Montignac-de-Lauzun *47* 196 A3
Montignac-Toupinerie *47* 195 F3
Montignargues *30* 218 B4
Montigné *16* 162 B2
Montigné *79* 146 C2
Montigné-le-Brillant *53* 74 C4
Montigné-lès-Rairies *49* 95 F3
Montigné-sur-Moine *49* 112 C3
Montigny *14* 28 C4
Montigny *79* 130 C2
Montigny *72* 76 B1
Montigny *45* 79 F4
Montigny *76* 31 E1
Montigny *18* 119 E3
Montigny *54* 65 E4
Montigny *50* 51 D3
Montigny-l'Allier *02* 35 D4
Montigny-lès-Arsures *39* 141 F1
Montigny-aux-Amognes *58* 120 C4
Montigny-le-Bretonneux *78* 57 D3
Montigny-le-Chartif *28* 78 A2
Montigny-lès-Cherlieu *70* 106 A2
Montigny-lès-Condé *02* 59 F1
Montigny-lès-Cormeilles *95* 57 D1
Montigny-devant-Sassey *55* 38 B2
Montigny-en-Arrouaise *02* 19 E2
Montigny-en-Cambrésis *59* 11 D4
Montigny-en-Gohelle *62* 10 B2
Montigny-en-Morvan *58* 121 E3
Montigny-en-Ostrevant *59* 10 C2
Montigny-le-Franc *02* 20 A3
Montigny-le-Gannelon *28* 98 B1
Montigny-le-Guesdier *77* 81 E2
Montigny-les-Jongleurs *80* 9 D4
Montigny-Lencoup *77* 81 D1
Montigny-Lengrain *02* 35 D2
Montigny-lès-Metz *57* 40 B4
Montigny-Montfort *21* 103 E4
Montigny-les-Monts *10* 82 C4
Montigny-la-Resle *89* 102 B2
Montigny-le-Roi *52* 85 F4
Montigny-St-Barthélemy *21* 122 B1
Montigny-sous-Marle *02* 20 A3
Montigny-sur-l'Ain *39* 141 F2
Montigny-sur-Armançon *21* 122 B1
Montigny-sur-Aube *21* 104 B1
Montigny-sur-Avre *28* 55 D3
Montigny-sur-Canne *58* 138 A1
Montigny-sur-Chiers *54* 39 D1
Montigny-sur-Crécy *02* 19 E3
Montigny-sur-l'Hallue *80* 17 F1
Montigny-sur-Loing *77* 80 C2
Montigny-sur-Meuse *08* 21 E1
Montigny-sur-Vence *08* 21 E4
Montigny-sur-Vesle *51* 36 A2
Montigny-sur-Vingeanne *21* 105 E4
Montigny-lès-Vaucouleurs *55* 63 E4
Montigny-lès-Vesoul *70* 106 B3
Montilliers *49* 113 F3
Montillot *89* 102 B4
Montilly *03* 137 E3
Les Montils *41* 117 D1
Montils *17* 161 E3
Montipouret *36* 135 D3
Montirat *11* 253 F2
Montirat *81* 214 B3
Montireau *28* 77 F2
Montiron *32* 228 C3
Montivernage *25* 126 A2
Montivilliers *76* 14 A4
Montjardin *11* 253 D4
Montjaux *12* 216 A3
Montjavoult *60* 32 C3
Montjay *71* 140 C2
Montjay *05* 221 D1
Montjean *53* 74 B4
Montjean *16* 147 E3
Montjean-sur-Loire *49* 113 D1
Montjézieu *48* 201 D4
Montjoi *11* 253 F3
Montjoi *82* 212 B2
Montjoie-le-Château *25* 126 C1
Montjoie-en-Couserans *09* 259 E2
Montjoie-St-Martin *50* 50 C4
Montjoire *31* 230 A2
Montjoux *26* 204 B4
Montjoyer *26* 203 F4
Montjustin *04* 237 F1
Montjustin-et-Velotte *70* 107 D3
Montlandon *28* 77 F2
Montlandon *52* 105 E2
Montlaur *11* 254 A2
Montlaur *12* 232 C1
Montlaur *31* 230 B4
Montlaur-en-Diois *26* 205 D3
Montlaux *04* 221 E3
Montlauzun *46* 212 C1
Montlay-en-Auxois *21* 122 B2
Montlebon *25* 126 B4
Montlevicq *36* 135 D4

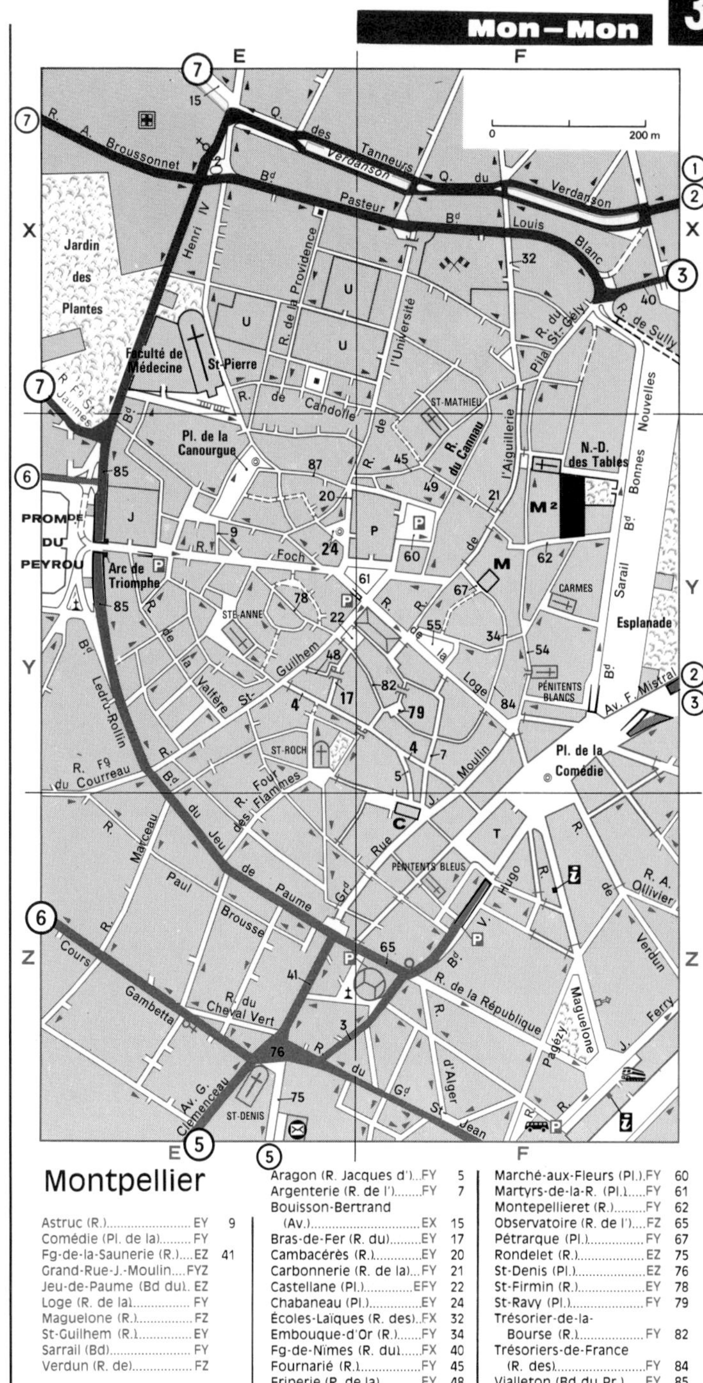

Montpellier

Astruc (R.)	EY 9	Aragon (R. Jacques d')	FY 5	Marché-aux-Fleurs (Pl.)	FY 60
Comédie (Pl. de la)	FY	Argenterie (R. de l')	FY 7	Martyrs-de-la-R. (Pl.)	FY 61
Fg-de-la-Saunerie (R.)	EZ 41	Bouisson-Bertrand (Av.)	EX 15	Montpellieret (R.)	FY 62
Grand-Rue-J.-Moulin	FYZ	Bras-de-Fer (R. du)	EY 17	Observatoire (R. de l')	FZ 65
Jeu-de-Paume (Bd du)	EZ	Cambacérès (R.)	EY 20	Pétrarque (Pl.)	FY 67
Loge (R. de la)	FY	Carbonnerie (R. de la)	FY 21	Rondelet (R.)	EZ 75
Maguelone (R.)	FZ	Castellane (Pl.)	EFY 22	St-Denis (Pl.)	EZ 76
St-Guilhem (R.)	EY	Chabaneau (Pl.)	EY 24	St-Firmin (R.)	EY 78
Sarrail (Bd)	FY	Écoles-Laïques (R. des)	FX 32	St-Ravy (Pl.)	FY 79
Verdun (R. de)	FZ	Embouque-d'Or (R.)	FY 34	Trésorier-de-la-Bourse (R.)	FY 82
Albert-1er (Pl.)	EX 2	Fg-de-Nîmes (R. du)	FX 40	Trésoriers-de-France (R. des)	FY 84
Anatole-France (R.)	EZ 3	Fournarié (R.)	FY 45	Vialleton (Bd du Pr.)	EY 85
Ancien-Courrier (R.)	EFY 4	Friperie (R. de la)	EY 48	Vieille-Intendance (R.)	EY 87
		Girone (R. de)	FY 49		
		Jacques-Cœur (R.)	FY 54		
		Jaurès (Pl. Jean)	FY 55		

Montlevon *02* 59 F1
Montlhéry *91* 57 E4
Montliard *45* 100 B1
Montlieu-la-Garde *17* 177 F2
Montlignon *95* 57 E1
Montliot-et-Courcelles *21* 104 A1
Montlivault *41* 98 C3
Montlognon *60* 34 B4
Montloué *02* 20 B3
Montlouet *28* 79 D1
Montlouis *18* 135 E2
Montlouis-sur-Loire *37* 116 A1
Montluçon *03* 151 F2
Montluel *01* 171 F1
Montmachoux *77* 81 D2
Montmacq *60* 34 C1
Montmagny *95* 57 E1
Montmahoux *25* 125 E4
Montmain *76* 31 F2
Montmain *21* 123 F4
Montmajour (Abbaye de) *13* 236 A2
Montmalin *39* 124 C4
Montmançon *21* 124 B2
Montmarault *03* 152 B2
Montmarlon *39* 142 A1
Montmarquet *80* 16 C3
Montmartin *60* 34 B1
Montmartin-en-Graignes *50* 27 E2
Montmartin-le-Haut *10* 84 A3
Montmartin-sur-Mer *50* 50 B1
Montmaur *11* 230 C4
Montmaur *05* 205 F3
Montmaur-en-Diois *26* 204 C2
Montmaurin *31* 250 B2
Montmédy *55* 38 C1
Montmeillant *08* 20 C3
Montmelard *71* 154 C2
Montmelas-St-Sorlin *69* 155 E4
Montmélian *73* 173 F4
Montmerle-sur-Saône *01* 155 E3
Montmerrei *61* 53 D4
Montmeyan *83* 238 B2
Montmeyran *26* 204 A1
Montmin *74* 174 B1
Montmirail *72* 77 E4
Montmirail *51* 59 F2
Montmiral *26* 188 B3
Montmirat *30* 218 A4
Montmirat (Col de) *48* 201 E4
Montmirey-le-Château *39* 124 B2
Montmirey-la-Ville *39* 124 B3
Montmoreau-St-Cybard *16* 178 C1
Montmorency *95* 57 E1
Montmorency-Beaufort *10* 84 A1
Montmorillon *86* 148 B1
Montmorin *63* 168 C3
Montmorin *05* 205 D4
Montmorot *39* 141 D3
Montmort *71* 138 C2
Montmort *51* 60 A1
Montmotier *88* 87 D4
Montmoyen *21* 104 B3
Montmuran *35* 72 C2
Montmurat *15* 199 D3
Montner *66* 262 B1
Montoillot *21* 123 D2
Montoir-de-Bretagne *44* 110 C1
Montoire-sur-le-Loir *41* 97 F3
Montois-la-Montagne *57* 40 A3
Montoison *26* 204 A1
Montoldre *03* 153 E2
Montolieu *11* 253 E1
Montolivet *77* 59 E2
Montoncel (Puy de) *63* 169 D1
Montonvillers *80* 17 E1
Montord *03* 152 C2
Montory *64* 247 E2
Montot *21* 124 A3
Montot *70* 105 F4
Montot-sur-Rognon *52* 85 E2
Montouliers *34* 254 C1
Montoulieu *34* 217 F4
Montoulieu *09* 252 A4
Montoulieu-St-Bernard *31* 250 C2
Montournais *85* 130 B2
Montours *35* 73 F1
Montourtier *53* 75 D3
Montoussé *65* 250 A3
Montoussin *31* 251 D1
Montoy-Flanville *57* 40 B3
Montpaon *12* 233 D1
Montpascal *73* 190 B1
Montpellier *34* 234 B3
Montpellier-de-Médillan *17* 161 D3

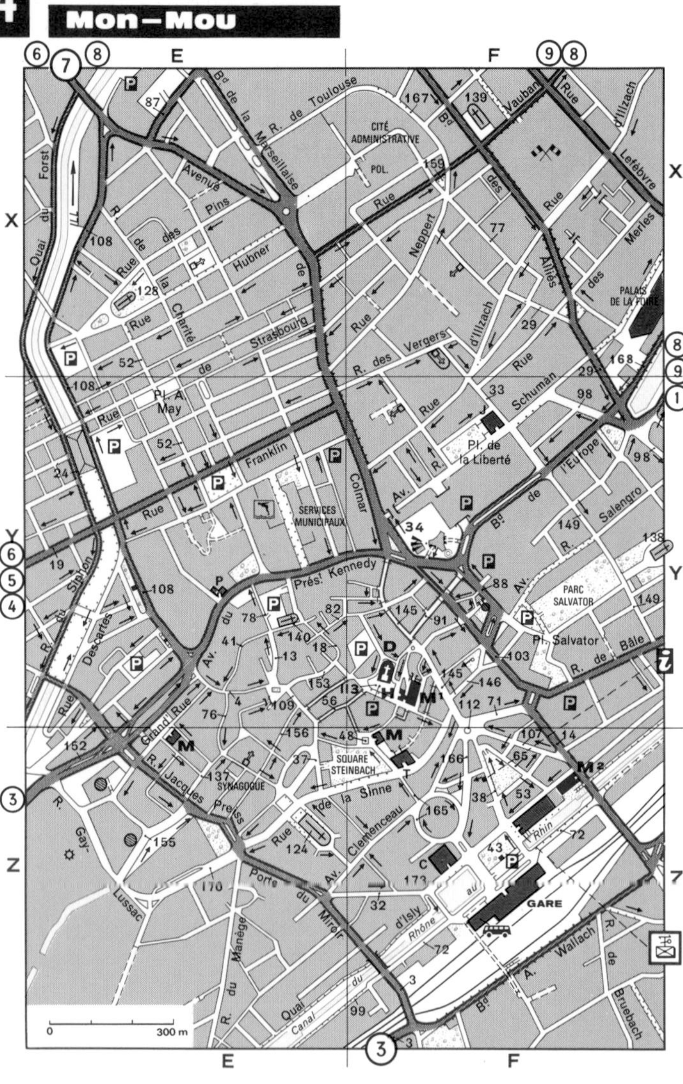

Mulhouse

Rue	Carreau	N°
Colmar (Av. de)	EXY	
Prés.-Kennedy (Av. du)	EFY	
Sauvage (R. du)	FY	145
Altkirch (Av. de Pt d')	FZ	3
Arsenal (R. de l')	EY	4
Bonbonnière (R.)	EY	13
Bonnes-Gens (R. des)	FZ	14
Bons-Enfants (R. des)	EY	18
Briand (Av. Aristide)	EY	19
Cloche (Quai de la)	EY	24
Dreyfus (R. du Capit)	FX	29
Ehrmann (R. Jules)	FZ	32
Ensisheim (R. d')	FY	33
Europe (Pl. de l')	FY	34
Fleurs (R. des)	EZ	37
Foch (Av. du Mar.)	FZ	38
Franciscains (R. des)	EY	41
Gaulle (Pl. Gén. de)	FZ	43
Guillaume-Tell (Pl.)	FZ	48
Heilmann (R. Josué)	EXY	52
Henner (R. J.-J.)	FZ	53
Henriette (R.)	EY	56
Joffre (Av. du Mar.)	FZ	65
Lattre-de-T. (Av. Mar. de)	FY	71
Leclerc (Av. du Gén.)	FZ	72
Loi (R. de la)	EY	76
Loisy (R. du Lt de)	FX	77
Lorraine (R. de)	EY	78
Maréchaux (R. des)	EY	82
Mertzau (R. de la)	EX	87
Metz (R. de)	FY	88
Moselle (R. de la)	FY	91
Norfeld (R. du)	FY	98
Oran (Quai d')	FZ	99
Pasteur (R. Louis)	FY	103
Poincaré (R.)	FZ	107
Prés.-Roosevelt (Bd du)	EXY	108
Raisin (R. du)	EY	109
République (Pl. de la)	FY	112
Réunion (Pl. de la)	FY	113
St-Étienne (Temple)	FY	D
St-Étienne (†)	EZ	124
St-Fridolin (†)	EX	128
Ste-Claire (R.)	EZ	137
Ste-Geneviève (†)	FY	138
Ste-Jeanne-d'Arc (†)	FX	139
Ste-Marie (†)	EY	140
Somme (R. de la)	FY	146
Stalingrad (R. de)	FY	149
Stoessel (Bd Charles)	EZ	152
Tanneurs (R. des)	EY	153
Tour-du-Diable (R.)	EZ	155
Trois-Rois (R. des)	EZ	156
Vauban (Pl.)	FX	159
Wicky (Av. Auguste)	FZ	165
Wilson (R.)	FZ	166
Wolf (R. de)	FX	167
Wyler (Allée William)	FX	168
Zillisheim (R. de)	EZ	170
17-Novembre (R. du)	FZ	173

Montpellier-le-Vieux (Chaos de) *12* 216 B3
Montpensier *63* 152 C4
Montperreux *25* 142 C1
Montpeyroux *12* 200 B3
Montpeyroux *34* 233 F2
Montpeyroux *63* 168 B3
Montpeyroux *24* 178 B4
Montpézat *32* 229 D4
Montpezat *47* 211 E1
Montpezat *04* 238 B1
Montpezat *30* 235 D1
Montpezat-de-Quercy *82* 213 E2
Montpezat-sous-Bauzon *07* 202 C2
Montpinchon *50* 27 D4
Montpinçon *14* 53 E1
Montpinier *81* 231 E2
Montpitol *31* 230 B2
Montplaisant *24* 197 D2
Montplonne *55* 62 C3
Montpollin *49* 96 A4
Montpon-Ménestérol *24* 178 C4
Montpont-en-Bresse *71* 140 C4
Montpothier *10* 59 F4
Montpouillan *47* 195 E4
Montpoupon *37* 116 C2
Montrabé *31* 230 A2
Montrabot *50* 27 F4
Montracol *01* 156 A2
Montravers *79* 130 B2
Montréal *89* 103 D4
Montréal *11* 253 D2
Montréal *07* 202 C3
Montréal *32* 210 C4
Montréal-la-Cluse *01* 157 D2
Montréal-les-Sources *26* 204 C4
Montrécourt *59* 11 D3
Montredon *46* 199 D3
Montredon-Labessonnié *81* 231 F2
Montredon-des-Corbières *11* 254 C2
Montregard *43* 186 C3
Montréjeau *31* 258 B1
Montrelais *44* 113 D1
Montrem *24* 179 E3
Montrésor *37* 116 C3
Montret *71* 140 B3
Montreuil *93* 57 F2
Montreuil *28* 55 F3
Montreuil *85* 145 F1
Montreuil *62* 8 B2
Montreuil-l'Argillé *27* 54 B1
Montreuil-au-Houlme *61* 52 C3
Montreuil-aux-Lions *02* 59 D1
Montreuil-Bellay *49* 114 B3
Montreuil-Bonnin *86* 131 F4
Montreuil-la-Cambe *61* 53 D2
Montreuil-le-Chétif *72* 76 A3
Montreuil-des-Landes *35* 74 A2
Montreuil-en-Auge *14* 29 F3
Montreuil-en-Caux *76* 15 F3
Montreuil-en-Touraine *37* 116 B1
Montreuil-le-Gast *35* 73 D2
Montreuil-le-Henri *72* 97 D2
Montreuil-Juigné *49* 95 D4
Montreuil-Poulay *53* 75 D1
Montreuil-sous-Pérouse *35* 74 A3
Montreuil-sur-Barse *10* 83 E3
Montreuil-sur-Blaise *52* 84 C1
Montreuil-sur-Brêche *60* 33 E1
Montreuil-sur-Epte *95* 32 C3
Montreuil-sur-Ille *35* 73 D2
Montreuil-sur-Loir *49* 95 E3
Montreuil-sur-Lozon *50* 27 D3
Montreuil-sur-Maine *49* 95 D3
Montreuil-sur-Thérain *60* 33 E2
Montreuil-sur-Thonnance *52* 85 D1
Montreuillon *58* 121 E3
Montreux *54* 65 F4
Montreux-Château *90* 108 A3
Montreux-Jeune *68* 108 B3
Montreux-Vieux *68* 108 B3
Montrevault *49* 112 C2
Montrevel *38* 172 C4
Montrevel *39* 156 C1
Montrevel-en-Bresse *01* 156 A1
Montrichard *41* 116 C2
Montricher-Albanne *73* 190 B2
Montricoux *82* 213 E3
Montrieux-en-Sologne *41* 99 D4
Montrigaud *26* 188 B2
Montriond *74* 159 D2
Montriond (Lac de) *74* 159 D2
Montrodat *48* 201 D3
Montrol-Sénard *87* 148 C4
Montrollet *16* 148 C4
Montromant *69* 171 D2
Montrond *39* 141 F2
Montrond *05* 205 E4
Montrond *73* 190 B2
Montrond-les-Bains *42* 170 B3
Montrond-le-Château *25* 125 E3
Montrosier *81* 214 A3
Montrottier *69* 170 C2
Montrottier *74* 173 F1
Montroty *76* 32 C2
Montrouge *92* 57 E2
Montrouveau *41* 97 E3
Montroy *17* 145 E3
Montrozier *12* 215 F1
Montry *77* 58 B2
Monts *60* 33 D3
Monts *37* 115 F2
Monts-en-Bessin *14* 28 C4
Monts-en-Ternois *62* 9 E3
Monts-sur-Guesnes *86* 132 A1
Montsalès *12* 198 C4
Montsalier *04* 221 D3
Montsalvy *15* 199 F2
Montsaon *52* 84 C4
Montsapey *73* 174 B3
Montsauche *58* 121 F3
Montsaugeon *52* 105 D3
Montsaunès *31* 251 D2
Montsec *55* 63 E1
Montsec (Butte de) *55* 63 E1
Montsecret *61* 52 A2
Montségur *09* 252 C4
Montségur-sur-Lauzon *26* 219 E1
Montselgues *07* 202 B4
Montséret *11* 254 B3
Montsérié *65* 250 A3
Montseron *09* 259 F2
Montseugny *70* 124 B1
Montseveroux *38* 171 F4
Montsoreau *49* 114 C3
Montsoué *40* 226 B2
Montsoult *95* 33 E4
Montsûrs *53* 75 D3
Montsurvent *50* 26 C4
Montsuzain *10* 83 D1
Montureux-lès-Baulay *70* 106 B2
Montureux-et-Prantigny *70* 105 F4
Montursin *25* 127 D1
Montusclat *43* 186 B4
Montussaint *25* 125 F1
Montussan *33* 194 B1
Montvalen *81* 230 B1
Montvalent *46* 198 A1
Montvalezan *73* 175 E3
Montvendre *26* 204 A1
Montverdun *42* 170 A2
Montvernier *73* 190 B1
Montvert *15* 182 B4
Montvicq *03* 152 A2
Montviette *14* 53 E1
Montville *76* 15 E4
Montviron *50* 50 C2
Montzéville *55* 38 B3
Monviel *47* 196 A3
Monze *11* 253 F2
Moon-sur-Elle *50* 27 E3
Moosch *68* 108 B1
Mooslargue *68* 108 C4
Moraches *58* 121 D2
Moragne *17* 145 F4
Morains *51* 60 B2
Morainville *28* 79 D2
Morainville-Jouveaux *27* 30 C3
Morainville-sur-Damville *27* 55 E2
Morainvilliers *78* 56 C1
Morancé *69* 171 D1
Morancez *28* 78 C2
Morancourt *52* 84 C1
Morand *37* 97 F4
Morangis *51* 60 B1
Morangis *91* 57 E3
Morangles *60* 33 F3
Morannes *49* 95 E2
Moranville *55* 39 D3
Moras *38* 172 B2
Moras-en-Valloire *26* 187 F2
Morbecque *59* 4 B4
Morbier *39* 142 A4
Morbihan (Golfe du) *56* 91 E3
Morcenx *40* 208 C3
Morchain *80* 18 B3
Morchamps *25* 125 F1
Morchies *62* 10 B4
Morclan (Pic de) *74* 159 E1
Morcourt *02* 19 D2
Morcourt *80* 18 A2
Mordelles *35* 72 C3
Moréac *56* 71 D4
Morée *41* 98 B1
Moreilles *85* 145 D1
Morello (Col de) *2B* 267 D2
Morelmaison *88* 86 B2
Morembert *10* 81 E1
Morestel *38* 172 C2
Moret-sur-Loing *77* 80 C2
Morêtel-de-Mailles *38* 189 F1
Morette *38* 188 C2
Moreuil *80* 17 F3
Morey *70* 106 A3
Morey *71* 139 F2
Morey-St-Denis *21* 123 E3
Morez *39* 142 A4
Morfontaine *54* 39 E1
Morganx *40* 226 B2
Morgat *29* 68 B1
Morgemoulin *55* 39 D3
Morgins (Pas de) *74* 159 E2
Morgny *27* 32 B2
Morgny-en-Thiérache *02* 20 B3
Morgny-la-Pommeraye *76* 32 A1
Morhange *57* 65 D1
Moriani-Plage *2B* 265 F4
Morienne *76* 16 C3
Morienval *60* 34 C3
Morières-lès-Avignon *84* 219 F4
Moriers *28* 78 B3
Morieux *22* 48 B3
Moriez *04* 222 C3
Morigny *50* 51 E2
Morigny-Champigny *91* 79 F1
Morillon *74* 159 D3
Moringhem *62* 3 E3
Morionvilliers *52* 85 E2
Morisel *80* 17 F3
Moriville *88* 87 E2
Moriviller *54* 65 D4
Morizécourt *88* 86 B4
Morizès *33* 195 D3
Morlaàs *64* 248 C1
Morlac *18* 135 F3
Morlaincourt *55* 63 D3
Morlaix *29* 46 A3
Morlancourt *80* 18 A2
Morlanne *64* 226 B3
Morlet *71* 139 E1
Morley *55* 62 C4
Morlhon-le-Haut *12* 214 B1
Morlincourt *60* 18 C4
Mormaison *85* 129 D1
Mormal (Forêt de) *59* 12 A3
Mormant *77* 58 C4
Mormant-sur-Vernisson *45* 100 C1
Mormès *32* 227 D1
Mormoiron *84* 220 B3
Mornac *16* 162 C3
Mornac-sur-Seudre *17* 160 B2
Mornand *42* 170 B3
Mornans *26* 204 B3
Mornant *69* 171 D3
Mornas *84* 219 E2
Mornay *71* 139 E4
Mornay *21* 105 E4
Mornay-Berry *18* 119 F4
Mornay-sur-Allier *18* 137 D2
Moroges *71* 139 F2
Morogues *18* 119 E3
Morosaglia *2b* 265 E4
Morre *25* 125 E2
Morsain *02* 35 D1
Morsains *51* 59 F2
Morsalines *50* 25 E2
Morsan *27* 30 C3
Morsang-sur-Orge *91* 57 E4
Morsang-sur-Seine *91* 58 A4
Morsbach *57* 41 E3
Morsbronn-les-Bains *67* 67 D1
Morschwiller *67* 67 D1
Morschwiller-le-Bas *68* 108 C2
Morsiglia *2b* 264 B1
Le Mort-Homme *55* 38 B3
Mortagne *88* 88 A2
Mortagne-au-Perche *61* 54 B4
Mortagne-du-Nord *59* 11 D1
Mortagne-sur-Gironde *17* 160 C4
Mortagne-sur-Sèvre *85* 113 D4
Mortain *50* 51 E3
Mortcerf *77* 58 C3
La Morte *38* 189 E3
Morteau *25* 126 B3
Morteaux-Coulibœuf *14* 53 D1
Mortefontaine *02* 35 D2
Mortefontaine *60* 34 A4
Mortefontaine-en-Thelle *60* 33 E3
Mortemart *87* 148 C4
Mortemer *76* 16 B3
Mortemer *60* 18 A4
Morterolles-sur-Semme *87* 149 E3
Mortery *77* 59 E4
Morthomiers *18* 118 C4
Mortiercrolles *53* 94 C2
Mortiers *17* 177 F1
Mortiers *02* 19 F3
Morton *86* 114 C3
Mortrée *61* 53 E4
Mortroux *23* 150 B1
Mortzwiller *68* 108 A2
Morval *62* 18 B1
Morval *39* 156 C1
Morvan (Parc Régional du) *58* 121 F2
Morvillars *90* 108 A3
Morville *50* 25 D3
Morville *88* 86 B2
Morville-en-Beauce *45* 79 F3
Morville-sur-Andelle *76* 32 A1
Morville-sur-Nied *57* 64 C1
Morville-sur-Seille *54* 64 B1
Morvillers *60* 16 C4
Morvillers-St-Saturnin *80* 16 C3
Morvilliers *28* 55 D4
Morvilliers *10* 84 A2
Morville-lès-Vic *57* 65 D2
Mory *62* 10 A4
Mory-Montcrux *60* 17 F4
Morzine *74* 159 D2
Moselle *54,57, 70,88* 87 B2
Mosles *14* 28 B2
Moslins *51* 60 B1
Mosnac *17* 161 E4
Mosnac *16* 162 B3
Mosnay *36* 134 B3
Mosnes *37* 116 C1
Mosset *66* 261 F2
Mosson *21* 104 A1
Mostuéjouls *12* 216 B2
Motey-Besuche *70* 124 C2
Motey-sur-Saône *70* 106 A4
La Mothe-Achard *85* 128 C3
La Mothe-St-Héray *79* 147 D1
Mothern *67* 43 F4
Motreff *29* 70 A2
La Motte *83* 239 E3
La Motte *22* 71 E2
La Motte *04* 221 F1
La Motte-Chalencon *26* 204 C4
La Motte-d'Aigues *84* 237 E1
La Motte-d'Aveillans *38* 189 E4
La Motte-de-Galaure *26* 187 F2
La Motte-en-Bauges *73* 174 A2
La Motte-en-Champsaur *05* 206 A2
La Motte-Fanjas *26* 188 B3
La Motte-Feuilly *36* 135 E4
La Motte-Fouquet *61* 52 C4
La Motte-St-Jean *71* 138 C4
La Motte-St-Martin *38* 189 E4
La Motte-Servolex *73* 173 E3
La Motte-Ternant *21* 122 B2
La Motte-Tilly *10* 82 A1
Mottereau *28* 78 A3
Motteville *76* 15 D4
Mottier *38* 172 B4
Motz *73* 157 E4
Mouacourt *54* 65 E3
Mouais *44* 93 E3
Mouans-Sartoux *06* 240 A2
Mouaville *54* 39 E3
Mouazé *35* 73 E2
Mouchamps *85* 129 F2
Mouchan *32* 211 D4
Mouchard *39* 125 D4
La Mouche *50* 50 C2
Le Moucherotte *38* 189 D2
Mouchès *32* 228 A3
Mouchin *59* 11 D1
Mouchy-le-Châtel *60* 33 E2
Moudeyres *43* 186 A4
Mouen *14* 28 C3
Mouettes *27* 55 F2
Mouffy *89* 102 A3
Mouflaines *27* 32 B3
Mouflers *80* 17 D1
Mouflières *80* 16 C2
Mougins *06* 240 A2
Mougon *79* 146 C2
Mouguerre *64* 224 C3
Mouhers *36* 134 C4
Mouhet *36* 149 E1
Mouhous *64* 226 C3
Mouillac *82* 213 F2
Mouillac *33* 177 E4
La Mouille *39* 142 A4
Mouilleron *52* 104 C3
Mouilleron-le-Captif *85* 129 D2
Mouilleron-en-Pareds *85* 130 A3
Mouilly *55* 39 D4
Moulainville *55* 39 D3
Moularès *81* 214 C3
Moulay *53* 75 D2
Moulayrès *81* 231 D2
Moulédous *65* 249 F2
Moulès-et-Baucels *34* 217 E4
Mouleydier *24* 196 B1
Moulézan *30* 218 B4
Moulhard *28* 77 F3
Moulicent *61* 54 C4
Moulidars *16* 162 B3
Mouliets-et-Villemartin *33* 195 D1
Mouliherne *49* 114 C1
Moulin-Mage *81* 232 B2
Moulin-Neuf *09* 252 C3
Moulin-Neuf *24* 178 B4
Moulin-sous-Touvent *60* 34 C1
Moulineaux *76* 31 E2
Moulines *14* 52 C1
Moulines *50* 51 E4
Moulinet *47* 196 A3
Moulinet *06* 241 F2
Le Moulinet-sur-Solin *45* 100 C2
Moulins *35* 73 E4
Moulins *79* 113 E4
Moulins *03* 137 E4
Moulins *02* 36 A2
Moulins-le-Carbonnel *72* 76 A2
Moulins-en-Tonnerrois *89* 103 D3
Moulins-Engilbert *58* 121 E4
Moulins-la-Marche *61* 54 B3
Moulins-lès-Metz *57* 40 B4
Moulins-St-Hubert *55* 22 A4
Moulins-sur-Céphons *36* 117 E4
Moulins-sur-Orne *61* 53 D3
Moulins-sur-Ouanne *89* 101 F3
Moulins-sur-Yèvre *18* 119 D4
Moulis *09* 259 E3
Moulis-en-Médoc *33* 176 C3
Moulismes *86* 148 C2
Moulle *62* 3 E3
Moulon *45* 100 B1
Moulon *33* 194 C1
Moulotte *55* 39 E4
Moult *14* 29 E4
Moumoulous *65* 249 E1
Moumour *64* 247 F2
Mounes-Prohencoux *12* 232 B1
Mounine (Saut de la) *12,46* 198 C4
Mourède *32* 227 F1
Mourens *33* 194 C2
Mourenx *64* 226 A4
Mouret *12* 199 F4
Moureuille *63* 152 B3
Mourèze *34* 233 E3
Mourèze (Cirque de) *34* 233 E3
Mouriès *13* 236 B2
Mouriez *62* 8 C2
Mourioux *23* 150 A4
Mourjou *15* 199 E2
Mourmelon-le-Grand *51* 37 D4
Mourmelon-le-Petit *51* 37 D4
Mournans-Charbonny *39* 142 A2
Mouron *08* 37 F2
Mouron-sur-Yonne *58* 121 E3
Mouroux *77* 58 C2
Mourre Nègre *84* 237 E1
Mours *95* 33 E4
Mours-St-Eusèbe *26* 188 A3
Mourvilles-Basses *31* 230 B4
Mourvilles-Hautes *31* 230 C4
Mouscardès *40* 225 E3
Moussac *30* 218 B4
Moussac *86* 148 B2
Moussages *15* 183 D2
Moussan *11* 254 C3
Moussé *35* 94 A1
Mousseaux-lès-Bray *77* 81 E2
Mousseaux-Neuville *27* 55 F2
Mousseaux-sur-Seine *78* 56 B1
Moussey *57* 65 E3
Moussey *10* 83 D3
Moussey *88* 88 B1
Les Moussières *39* 157 E1
Mousson *54* 64 B1
Mousson (Butte de) *54* 64 B1
Moussonvilliers *61* 54 C4
Moussoulens *11* 253 E1
Moussy *58* 102 C3
Moussy *51* 60 B1
Moussy *95* 33 D4
Moussy-le-Neuf *77* 34 A4
Moussy-Verneuil *02* 35 F2
Moussy-le-Vieux *77* 58 A1
Moustajon *31* 258 B4
Moustéru *22* 47 D3
Moustey *40* 209 D1
Moustier *47* 195 F3
Moustier-en-Fagne *59* 12 C4
Moustier-Ventadour *19* 182 B1
Moustiers-Ste-Marie *04* 222 B4
Le Moustoir *22* 70 A2
Moustoir-Ac *56* 91 E1
Moustoir-Remungol *56* 71 D4
La Moutade *63* 152 C4
Moutaine *39* 142 A1
Moutardon *16* 147 F4
Le Moutaret *38* 173 F4
Mouterhouse *57* 42 C4
Mouterre-Silly *86* 114 C4
Mouterre-sur-Blourde *86* 148 B3
Mouthe *25* 142 B2
Le Moutherot *25* 124 C2
Mouthier-en-Bresse *71* 141 D1
Mouthier-Haute-Pierre *25* 125 F4
Mouthiers-sur-Boëme *16* 162 C3
Mouthoumet *11* 254 A4
Moutier-d'Ahun *23* 150 C3
Moutier-Malcard *23* 150 B1
Moutier-Rozeille *23* 166 B1
Les Moutiers *44* 111 D3
Moutiers *54* 39 F3
Moutiers *28* 79 D2
Moûtiers *73* 174 C4
Moutiers *35* 94 A1
Moutiers *89* 101 E4
Moutiers-au-Perche *61* 77 E1
Les Moutiers-en-Auge *14* 53 D2
Les Moutiers-en-Cinglais *14* 29 D4
Les Moutiers-Hubert *14* 53 F1

Moutiers-les-Mauxfaits 85 129 D4
Moutiers-St-Jean 21 103 E4
Moutiers-sous-Argenton 79 131 D1
Moutiers-sous-Chantemerle 79 130 B3
Moutiers-sur-le-Lay 85 129 F3
Moutils 77 59 E3
Mouton 16 162 C1
Mouton-Rothschild 33 176 C2
Moutonne 39 141 E4
Moutonneau 16 162 C1
Moutoux 39 142 A2
Moutrot 54 64 A4
Mouvaux 59 5 D4
Moux 58 122 A3
Moux 11 254 A2
Mouxy 73 173 E2
Mouy 60 33 F2
Mouy-sur-Seine 77 81 E1
Mouzay 37 116 B4
Mouzay 55 38 B1
Mouzeil 44 112 B1
Mouzens 81 230 C3
Mouzens 24 197 D1
Mouzeuil-St-Martin 85 129 F4
Mouzieys-Panens 81 214 A3
Mouzieys-Teulet 81 231 E1
Mouzillon 44 112 B3
Mouzon 16 163 E2
Mouzon 08 22 A4
Moval 90 108 A3
Moyaux 14 30 B3
Moydans 05 205 D4
Moye 74 173 E1
Moyemont 88 87 E2
Moyen 54 65 D4
Moyencourt 80 18 C3
Moyencourt-lès-Poix 80 17 D3
Moyenmoutier 88 88 B1
Moyenneville 62 10 A4
Moyenneville 80 16 C1
Moyenneville 60 34 A1
Moyenvic 57 65 D2
Moyeuvre-Grande 57 40 A3
Moyeuvre-Petite 57 40 A2
Moyon 50 51 D1
Moyrazès 12 215 D1
Moyvillers 60 34 B2
Mozac 63 168 B1
Mozé-sur-Louet 49 113 F1
Muchedent 76 15 F3
Mudaison 34 234 C2
Muel 35 72 B3
Muespach 68 108 C3
Muespach-le-Haut 68 108 C3
Mugron 40 226 A1
Muhlbach-sur-Bruche 67 66 B4
Muhlbach-sur-Munster 68 88 C4
Muides-sur-Loire 41 98 C3
Muidorge 60 33 E1
Muids 27 32 A3
Muille-Villette 80 18 C3
Muirancourt 60 18 C4
Muizon 51 36 B3
Les Mujouls 06 223 E4
La Mulatière 69 171 E2
Mulcent 78 56 B2
Mulcey 57 65 E2
Mulhausen 67 66 C1
Mulhouse 68 108 C2
Mulsanne 72 96 B1
Mulsans 41 98 B3
Mun 65 249 F1
Munchhausen 67 43 F4
Munchhouse 68 108 C1
Muncq-Nieurlet 62 3 E2
Mundolsheim 67 67 D3
Muneville-le-Bingard 50 26 C3
Muneville-sur-Mer 50 50 B1
Le Mung 17 161 D1
Munster 68 88 C4
Munster 57 65 F1
Muntzenheim 68 89 E3
Munwiller 68 108 C1
Mur-de-Barrez 12 200 A1
Mur-de-Bretagne 22 71 D2
Mur-de-Sologne 41 117 E1
Muracciole 2b 267 D2
Murasson 12 232 B2
Murat 03 152 B1
Murat 15 183 F3
Murat-le-Quaire 63 167 E3
Murat-sur-Vèbre 81 232 C2
Murato 2b 265 E3
La Muraz 74 158 B3
Murbach 68 108 B1
La Mure 38 189 E4
La Mure-Argens 04 222 C3
Mureaumont 60 16 C4
Les Mureaux 78 56 C1
Mureils 26 187 F2
Murel (Cascades de) 19 181 F3
Mûres 74 173 F1
Muret 31 229 F4
Muret-le-Château 12 199 F4
Muret-et-Crouttes 02 35 E3
La Murette 38 189 D1
Murianette 38 189 E2
Murinais 38 188 C2
Murles 34 234 B2
Murlin 58 120 B3
Muro 2b 264 C3
Murol 63 167 F3
Murols 12 199 F2
Muron 17 145 F4
Murs 84 220 B4
Murs 36 133 F1
Mûrs-Erigné 49 113 F1
Murs-et-Gélignieux 01 173 D3
Murtin-et-Bogny 08 21 D2
Murvaux 55 38 B2
Murviel-lès-Béziers 34 233 D4
Murviel-lès-Montpellier 34 234 A3
Murville 54 39 E2
Murzo 2a 266 B2
Mus 30 235 D2
Muscourt 02 36 A2
Musculdy 64 247 E2
Musièges 74 157 F4
Musigny 21 122 C3
Musseau 52 104 C3
Mussey-sur-Marne 52 85 D2
Mussidan 24 179 D4
Mussig 67 89 E2
Mussy-la-Fosse 21 103 F4
Mussy-sous-Dun 71 154 C2
Mussy-sur-Seine 10 103 F1
Mutigney 39 124 B2
Mutigny 51 36 B4
Mutrécy 14 29 D4
Muttersholtz 67 89 E2
Mutzenhouse 67 67 D2
Mutzig 67 66 C4
Le Muy 83 239 E3
Muzeray 55 39 D2
Muzillac 56 92 A3
Muzy 27 55 F3
Myans 73 173 F3
Myennes 58 120 B1
Myon 25 125 D4

N

Nabas 64 247 E1
Nabinaud 16 178 C2
Nabirat 24 197 E2
Nabringhen 62 3 D3
Nachamps 17 146 A4
Nadaillac 24 180 C4
Nadaillac-de-Rouge 46 197 F1
Nades 03 152 B3
Nadillac 46 198 A3
Naftel 50 51 D3
Nagel-Séez-Mesnil 27 55 D2
Nages 81 232 B2
Nages-et-Solorgues 30 235 D1
Nahuja 66 261 D4
Nailhac 24 180 B2
Naillat 23 150 A2
Nailloux 31 252 B1
Nailly 89 81 E3
Naintré 86 132 B2
Nainville-les-Roches 91 80 B1
Naisey 25 125 F2
Naives 55 62 C2
Naives-en-Blois 55 63 D3
Naix-aux-Forges 55 63 D3
Naizin 56 71 D4
Najac 12 214 B2
Nalliers 85 129 F4
Nalliers 86 133 D3
Nalzen 09 252 B4
Nambsheim 68 89 E4
Nampcel 60 35 D1
Nampcelles-la-Cour 02 20 B3
Nampont-St-Martin 80 8 B2
Namps-au-Mont 80 17 D2
Namps-au-Mont 80 17 D3
Namps-au-Val 80 17 D3
Nampteuil-sous-Muret 02 35 E2
Nampty 80 17 E3
Nan-Sous-Thil 21 122 B2
Nanc-lès-St-Amour 39 156 C1
Nançay 18 118 C2
Nance 39 141 D2
Nances 73 173 E3
Nanclars 16 162 C1
Nançois-le-Grand 55 63 D3
Nançois-sur-Ornain 55 62 C3
Nancras 17 160 C2
Nancray 25 125 E2
Nancray-sur-Rimarde 45 80 A4
Nancuise 39 141 E4
Nancy 54 64 B3
Nancy-sur-Cluses 74 158 C3
Nandax 42 154 B3
Nandy 77 58 A4
Nangeville 45 80 A3
Nangis 77 58 C4
Nangy 74 158 B2
Nannay 58 120 B2
Les Nans 39 142 A2
Nans 25 107 D4
Nans-les-Pins 83 238 A4
Nans-sous-Ste-Anne 25 125 E4
Nant 12 216 C3
Nant-le-Grand 55 62 C3
Nant-le-Petit 55 62 C3
Nanteau-sur-Essonne 77 80 A2
Nanteau-sur-Lunain 77 80 C3
Nanterre 92 57 E2
Nantes 44 111 F2
Nantes-en-Ratier 38 189 E4
Nanteuil 79 146 C1
Nanteuil-Auriac-de-Bourzac 24 178 C1
Nanteuil-en-Vallée 16 147 F4
Nanteuil-la-Forêt 51 36 B4
Nanteuil-la-Fosse 02 35 E1
Nanteuil-le-Haudouin 60 34 B4
Nanteuil-lès-Meaux 77 58 C1
Nanteuil-Notre-Dame 02 35 E3
Nanteuil-sur-Aisne 08 36 C1
Nanteuil-sur-Marne 77 59 D1
Nantey 39 156 C1
Nantheuil 24 180 A1
Nanthiat 24 180 A1
Nantiat 87 149 D4
Nantillé 17 161 E1
Nantillois 55 38 B2
Nantilly 70 124 B1
Nantoin 38 172 B4
Nantois 55 62 C3
Nanton 71 140 A3
Nantouillet 77 58 B1
Nantoux 21 123 D4
Nantua 01 157 D3
Naours 80 17 E1
Napoléon (Route) 04,05,06,38 222 C4
La Napoule-Plage 06 240 A3
Narbéfontaine 57 41 D3
Narbief 25 126 C3
Narbonne 11 254 C2
Narcastet 64 248 B1
Narcy 58 120 A3
Narcy 52 62 B4
Nargis 45 80 C4
Narnhac 15 200 A1
Narp 64 225 E4
Narrosse 40 225 E2
Nasbinals 48 200 C3
Nassandres 27 31 D4
Nassiet 40 226 A3
Nassigny 03 136 A4
Nastringues 24 195 E1
Nattages 01 173 D2
Natzwiller 67 88 C1
Naucelle 12 215 D2
Naucelles 15 183 D4
Naujac-sur-Mer 33 176 B2
Naujan-et-Postiac 33 194 C1
Nauroy 02 19 D1
Naussac 12 199 D4
Naussac 48 202 A2
Naussannes 24 196 B2
Nauvay 72 76 C3
Nauviale 12 199 E4
Navacelles (Cirque de) 30 233 F1
Navacelles 30 218 B2
Navailles-Angos 64 226 C4
Navarin (Mon. de la Ferme) 51 37 E3
Navarrenx 64 247 F1
Naveil 41 97 F2
Navenne 70 106 C3
Naves 07 218 A1
Naves 19 181 E2
Naves 03 152 C3
Navès 81 231 E3
Naves 73 174 C3
Naves 59 11 D3
Nâves-Parmelan 74 158 B4
Navilly 71 140 B1
Nay 50 27 D3
Nay-Bourdettes 64 248 C2
Nayemont-les-Fosses 88 88 B2
Le Nayrac 12 200 A3
Nazelles-Négron 37 116 B1
Né (Mont) 65 250 A4
Néac 33 178 A4
Néant-sur-Yvel 56 72 A4
Neau 53 75 D3
Neaufles-Auvergny 27 54 C2
Neaufles-St-Martin 27 32 C3
Neauphle-le-Château 78 56 C2
Neauphe-sous-Essai 61 53 E4
Neauphe-sur-Dive 61 53 E2
Neauphlette 78 56 A2
Neauphle-le-Vieux 78 56 C2
Neaux 42 154 B4
Nébian 34 233 F3
Nébias 11 253 D4
Nébing 57 65 E1
Nébouzat 63 167 F2
Nécy 61 53 D2
Nedde 87 165 F2
Nédon 62 9 E1
Nédonchel 62 9 E1
Neewiller-près-Lauterbourg 67 43 F4
Neffes 05 206 A3
Neffiès 34 233 E3
Néfiach 66 262 B2
Nègrepelisse 82 213 E3
Négreville 50 24 C3
Négrondes 24 180 A1
Néhou 50 24 C3
Nehwiller 67 43 D4
Neige (Crêt de la) 01 157 F2
Nelling 57 65 E1
Nemours 77 80 C3
Nempont-St-Firmin 62 8 B2
Nénigan 31 250 B1
Nenon 39 124 C3
Néons-sur-Creuse 36 133 D2
Néoules 83 244 B1
Néouvielle (Massif de) 65 257 E3
Néoux 23 166 C1
Nepvant 55 22 B4
Nérac 47 211 D3
Nerbis 40 226 A1
Nercillac 16 161 F2
Néré 17 146 C4
Néret 36 135 E4
Nérigean 33 194 C1
Nérignac 86 148 B2
Néris-les-Bains 03 151 F2
Nernier 74 158 B1
Néron 28 56 A4
Néronde 42 170 B1
Néronde-sur-Dore 63 169 D2
Nérondes 18 136 B1
Nerpol-et-Serres 38 188 C2
Ners 30 218 B3
Nersac 16 162 B3
Nervieux 42 170 B2
Nerville-la-Forêt 95 33 F4
Néry 60 34 B3
Neschers 63 168 B3
Nescus 09 251 F3
Nesle 80 18 B3
Nesle-et-Massoult 21 103 F2
Nesle-Hodeng 76 16 B3
Nesle-l'Hôpital 80 16 C2
Nesle-Normandeuse 76 16 B2
Nesles 62 2 C4
Nesles 77 58 C3
Neslette 80 16 B2
Nesles-la-Montagne 02 59 E1
Nesmy 85 129 D3
Nesploy 45 100 A1
Nespouls 19 181 D4
Nesque (Gorges de la) 84 220 B3
Nesle-le-Repons 51 36 A4
Nesle-la-Reposte 51 59 F4
Nessa 2b 264 C3
Nestier 65 250 A3
Nesles-la-Vallée 95 33 E4
Nettancourt 55 62 A2
Neublans 39 140 C1
Neubois 67 89 D2
Le Neubourg 27 31 E4
Neuchâtel-Urtière 25 126 C1
Neuf-Berquin 59 4 C4
Neuf-Brisach 68 89 E4
Neuf-Église 63 152 B3
Neuf-Marché 76 32 C2
Neuf-Mesnil 59 12 B3
Neufbosc 76 16 A4
Le Neufbourg 50 51 E3
Neufchâteau 88 86 A2
Neufchâtel-en-Bray 76 16 A3
Neufchâtel-en-Saosnois 72 76 B2
Neufchâtel-Hardelot 62 2 C4
Neufchâtel-sur-Aisne 02 36 B2
Neufchef 57 40 A2
Neufchelles 60 34 C4
Neuffons 33 195 D2
Neuffontaines 58 121 E2
Neufgrange 57 42 A4
Neuflieux 02 19 D4
Neuflize 08 37 D2
Neufmaison 08 21 D3
Neufmaisons 54 65 F4
Neufmanil 08 21 F2
Neufmesnil 50 26 C2
Neufmoulin 80 8 C4
Neufmoulins 57 65 F3
Neufmoutiers-en-Brie 77 58 B3
Le Neufour 55 38 A4
Neufvillage 57 65 E1
Neufvy-sur-Aronde 60 34 A1
Neugartheim-Ittlenheim 67 66 C3
Neuhaeusel 67 67 F1
Neuil 37 115 E3
Neuilh 65 257 E2
Neuillac 17 161 E4
Neuillay-les-Bois 36 134 B2
Neuillé 49 114 C2
Neuillé-Pont-Pierre 37 97 D4
Neuillé-le-Lierre 37 97 E4
Neuilly 58 121 D3
Neuilly 27 55 F1
Neuilly 89 102 A1
Neuilly-le-Bisson 61 76 B1
Neuilly-le-Brignon 37 133 D1
Neuilly-le-Dien 80 8 C3
Neuilly-lès-Dijon 21 123 F2
Neuilly-en-Sancerre 18 119 E2
Neuilly-en-Thelle 60 33 F3
Neuilly-en-Vexin 95 33 D3
Neuilly-en-Donjon 03 154 A2
Neuilly-en-Dun 18 136 B2
Neuilly-l'Évêque 52 105 E1
Neuilly-la-Forêt 14 27 E2
Neuilly-l'Hôpital 80 8 C4
Neuilly-le-Malherbe 14 28 C4
Neuilly-Plaisance 93 57 F2
Neuilly-le-Réal 03 153 D1
Neuilly-St-Front 02 35 D3
Neuilly-sous-Clermont 60 33 F2
Neuilly-sur-Eure 61 55 D4
Neuilly-sur-Marne 93 58 A2
Neuilly-sur-Seine 92 57 E2
Neuilly-sur-Suize 52 85 D4
Neuilly-le-Vendin 53 75 E1
Neulette 62 9 D2
Neulise 42 170 B1
Neulles 17 161 E4
Neulliac 56 71 D3
Neung-sur-Beuvron 41 99 D4
Neunkirchen-lès-Bouzonville 57 41 D2
Neuntelstein 67 89 D1
Neure 03 136 C2
Neurey-lès-la-Demie 70 106 C4
Neurey-en-Vaux 70 106 C2
Neuve-Chapelle 62 10 A1
Neuve-Eglise 67 89 D1
La Neuve-Grange 27 32 B2
La Neuve-Lyre 27 54 C2

Nancy

Dominicains (R. des) BY 31
Gambetta (R.) BY 35
Grande-Rue BXY 37
Héré (R.) BY 40
Mazagran (R.) AY 53
Mengin (Pl. Henri) BY 55
Mouja (R. du Pont) BY 63
Poincaré (R. R.) AY 71
Point-Central BY 72
Ponts (R. des) BYZ 73
Raugraff (R.) BY 74
St-Dizier (R.) BY
St-Georges (R.) CY
St-Jean (R.) BY
Stanislas (R.) BY 100
Trois-Maisons (R. du Fg des) AX 103
Adam (R. Sigisbert) BX 2
Alliance (Pl. d') CY 4
Barrès (R. Maurice) CY 10
Bazin (R. H.) CY 13
Braconnot (R.) BX 19
Carmes (R. des) BY 20
Carrière (Pl. de la) BY 21
Cathédrale (†) CY S
Chanoine-Jacob (R.) AX 23
Cordeliers (†) BX E
Craffe (R. de la) AX 28
Gaulle (Pl. Gén.-de) BX 36
Haut-Bourgeois (R.) AX 39
Ile de Corse (R. l') CY 41
Keller (R. Charles) AX 46
Lamour (R. J.) AX 47
Loups (R. des) AX 51
Monnaie (R. de la) BY 61
Poincaré (R. H.) AY 70
St-Epvre (†) BYV
St-Léon (R. et †) AY 85
St-Nicolas (†) CZ 88
St-Sébastien (†) BYL
St-Vincent-de-Paul (†) CX 92
St-Vincent, St-Fiacre (†) AX 94
Source (R. de la) AY 99
Trouillet (R.) AXY 104
21e-R.-A. (Bd du) CY 111

Neuve-Maison 02 20 B1
Neuvecelle 74 159 D1
Neuvéglise 15 200 B1
Neuvelle-lès-Champlitte 70 105 F4
Neuvelle-lès-Cromary 70 125 E1
Neuvelle-lès-Grancey 21 104 C3
Neuvelle-lès-la-Charité 70 106 B4
La Neuvelle-lès-Lure 70 107 E2
La Neuvelle-lès-Scey 70 106 B3
Neuvelle-lès-Voisey 52 106 A1
Neuves-Maisons 54 64 B3
La Neuveville-devant-Lépanges 88 87 F3
La Neuveville-sous-Châtenois 88 86 B2
La Neuveville-sous-Montfort 88 86 C3
Neuvic 19 182 C1
Neuvic 24 179 D3
Neuvic-Entier 87 165 E2
Neuvicq 17 178 A2
Neuvicq-le-Château 17 162 A2
La Neuville-lès-Bray 80 18 A2
Neuville-les-Dames 01 156 A3
Neuville-lès-Decize 58 137 E2
Neuville-lès-Dieppe 76 15 F2
La Neuville-lès-Dorengt 02 19 F1
Neuvillalais 72 76 A3
La Neuville 59 10 B1
Neuville 63 168 C2
Neuville 19 181 F3
Neuville 37 97 F3
La Neuville-à-Maire 08 21 F4
Neuville-au-Bois 80 16 C1
Neuville-au-Cornet 62 9 E2
Neuville-au-Plain 50 25 D3
La Neuville-au-Pont 51 37 F4
La Neuville-aux-Bois 51 62 A1
Neuville-aux-Bois 45 79 E4
La Neuville-aux-Joûtes 08 20 C2
La Neuville-aux-Larris 51 36 B4
La Neuville-aux-Tourneurs 08 20 C2
Neuville-Bosc 60 33 D3
La Neuville-Bosmont 02 20 A3
Neuville-Bourjonval 62 18 C1
La Neuville-Chant-d'Oisel 76 31 F2
Neuville-Coppegueule 80 16 C2
La Neuville-d'Aumont 60 33 E2
Neuville-Day 08 37 E1
Neuville-de-Poitou 86 132 A3
La Neuville-du-Bosc 27 31 D3
Neuville-en-Avesnois 59 11 E3
Neuville-en-Beaumont 50 24 C4
La Neuville-en-Beine 02 19 D4
Neuville-en-Ferrain 59 5 E3
La Neuville-en-Hez 60 33 F2
La Neuville-en-Tourne-à-Fuy 08 37 D2
Neuville-en-Verdunois 55 62 C1
Neuville-Ferrières 76 16 A3
La Neuville-Garnier 60 33 D2
La Neuville-Housset 02 19 F3
Neuville-près-Sées 61 53 E3
Neuville-St-Amand 02 19 D2
La Neuville-St-Pierre 60 33 E1
Neuville-St-Rémy 59 10 C4
Neuville-St-Vaast 62 10 A2
La Neuville-Sire-Bernard 80 18 A3
Neuville-sous-Montreuil 62 8 B1
Neuville-sur-Ailette 02 36 A1
Neuville-sur-Ain 01 156 C3
Neuville-sur-Authou 27 30 C3
Neuville-sur-Escaut 59 11 D3
La Neuville-sur-Essonne 45 80 A3
Neuville-sur-Margival 02 35 E1
Neuville-sur-Oise 95 57 D1
Neuville-sur-Ornain 55 62 B2
La Neuville-sur-Oudeuil 60 17 D4
La Neuville-sur-Ressons 60 34 B1
Neuville-sur-Saône 69 171 E1
Neuville-sur-Sarthe 72 76 B4
Neuville-sur-Seine 10 83 F4
Neuville-sur-Touques 61 53 F2
Neuville-sur-Vannes 10 82 C3
La Neuville-Vault 60 33 D1
Neuville-Vitasse 62 10 A3
Neuviller-lès-Badonviller 54 65 F4
Neuviller-la-Roche 67 88 C1
Neuviller-sur-Moselle 54 64 C4
Neuvillers-sur-Fave 88 88 B2
Neuvillette 02 19 E2
Neuvillette 80 9 E3
Neuvillette-en-Charnie 72 75 F4
Neuvilley 39 141 E1
Neuville-lès-Lœuilly 80 17 E3
Neuvilly 59 11 D4
Neuvilly-en-Argonne 55 38 B3
Neuville-lès-This 08 21 E3
Neuville-lès-Vaucouleurs 55 63 E4
La Neuville-lès-Wasigny 08 20 C4
Neuvireuil 62 10 B2
Neuvizy 08 21 D4
Neuvy 41 98 C4
Neuvy 03 137 E4
Neuvy 51 59 F3
Neuvy-au-Houlme 61 52 C2
Neuvy-le-Barrois 18 136 C2
Neuvy-Bouin 79 130 C3
Neuvy-deux-Clochers 18 119 E2
Neuvy-en-Beauce 28 79 E3
Neuvy-en-Champagne 72 76 A4
Neuvy-en-Mauges 49 113 E2
Neuvy-en-Sullias 45 100 A2
Neuvy-en-Dunois 28 78 C3
Neuvy-Grandchamp 71 138 B4
Neuvy-Pailloux 36 135 D1
Neuvy-le-Roi 37 97 D4

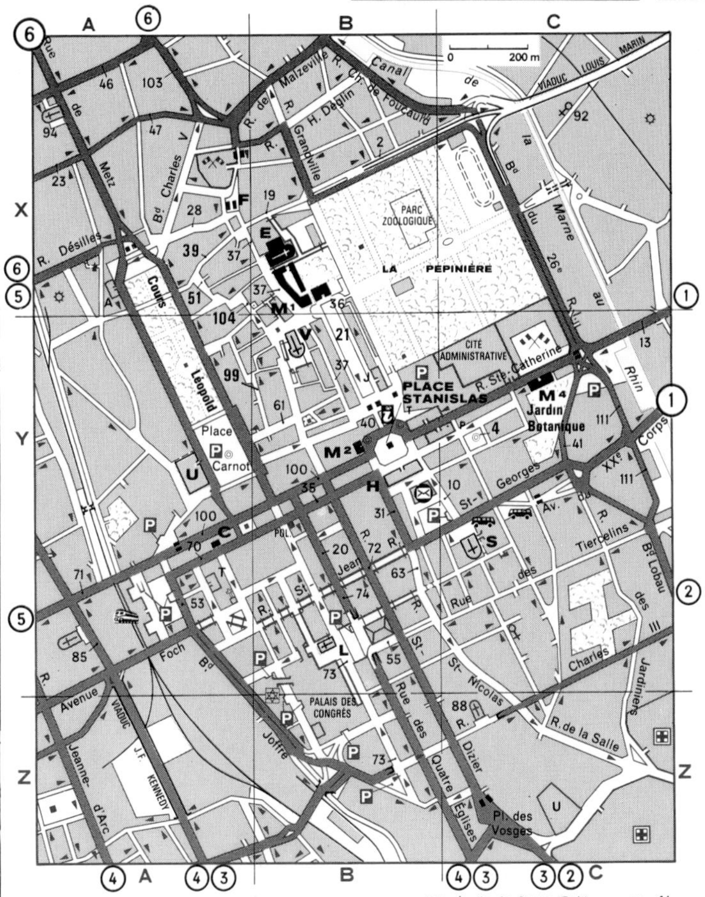

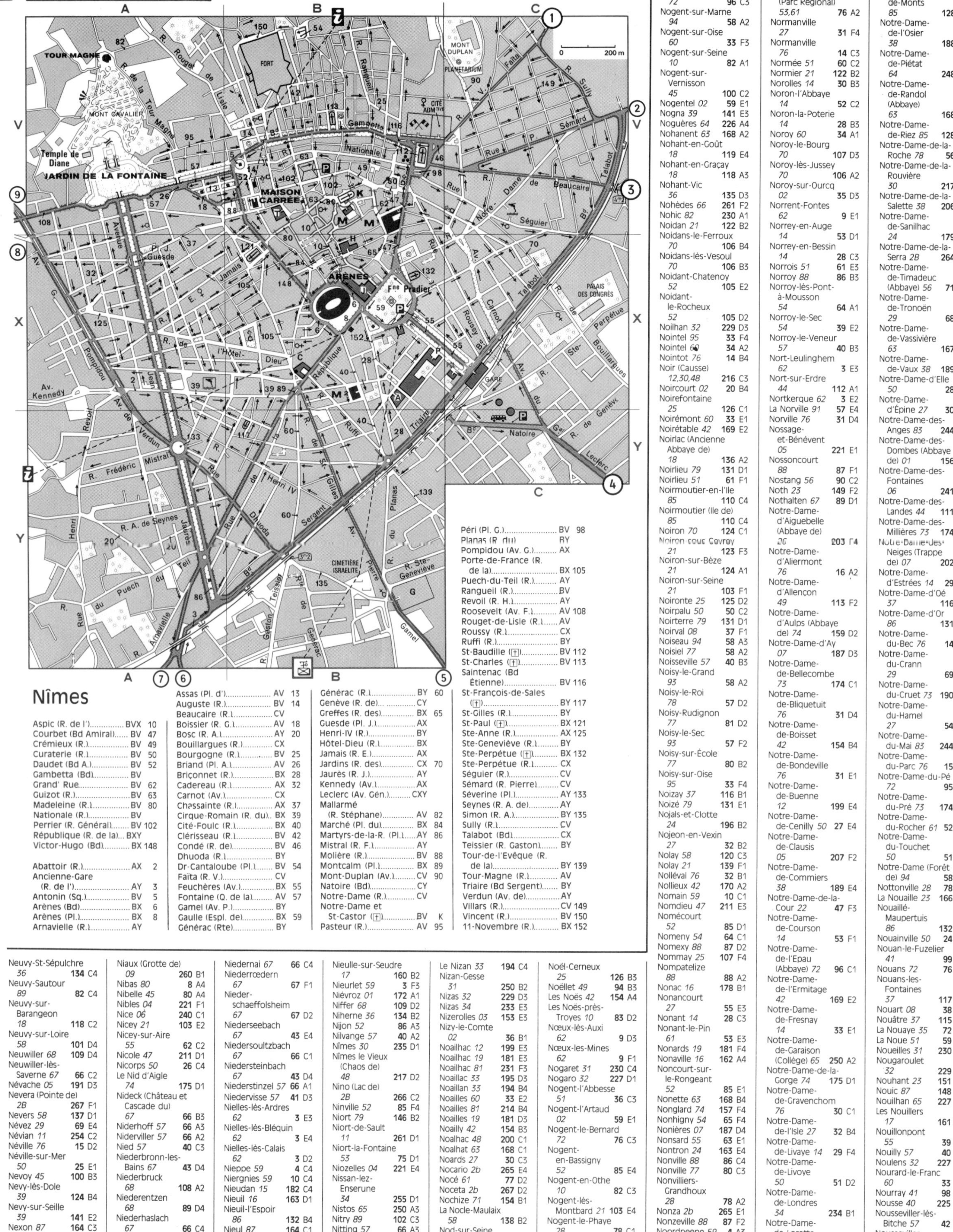

Nîmes

Aspic (R. de l') ..... BVX 10
Courbet (Bd Amiral) ..... BV 47
Crémieux (R.) ..... BV 49
Curaterie (R.) ..... BV 50
Daudet (Bd A.) ..... BV 52
Gambetta (Bd) ..... BV
Grand' Rue ..... BV 62
Guizot (R.) ..... BV 63
Madeleine (R.) ..... BV 80
Nationale (R.) ..... BV
Perrier (R. Général) ..... BV 102
République (R. de la) ..... BXY
Victor-Hugo (Bd) ..... BX 148

Abattoir (R.) ..... AX 2
Ancienne-Gare (R. de l') ..... AY 3
Antonin (Sq.) ..... BV 5
Arènes (Bd) ..... BX 6
Arènes (Pl.) ..... BX 8
Arnavielle (R.) ..... AY
Assas (Pl. d') ..... AV 13
Auguste (R.) ..... BV 14
Beaucaire (R.) CV
Boissier (R. G.) ..... AV 18
Bosc (R. A.) ..... AY 20
Bouillargues (R.) CX
Bourgogne (R.) ..... BV 25
Briand (Pl. A.) ..... AV 26
Briçonnet (R.) ..... BX 28
Cadereau (R.) ..... AX 32
Carnot (Av.) CX
Chassainte (R.) ..... AX 37
Cirque-Romain (R. du) ..... BX 39
Cité-Foulc (R.) ..... BX 40
Clérisseau (R.) ..... BV 42
Condé (R. de) ..... BV 46
Dhuoda (R.) ..... BY
Dr-Cantaloube (Pl.) ..... BV 54
Faïta (R. V.) CV
Feuchères (Av.) ..... BX 55
Fontaine (Q. de la) ..... AV 57
Gamel (Av. P.) ..... BY
Gaulle (Espl. de) ..... BX 59
Générac (Rte) ..... BY
Générac (R.) ..... BY 60
Genève (R. de) ..... CY
Greffes (R. des) ..... BX 65
Guesde (Pl. J.) ..... AX
Henri-IV (R.) ..... BY
Hôtel-Dieu (R.) ..... BX
Jamais (R. E.) ..... AX
Jardins (R. des) ..... CX 70
Jaurès (R. J.) ..... AY
Kennedy (Av.) ..... AX
Leclerc (Av. Gén.) ..... CXY
Mallarmé (R. Stéphane) ..... AV 82
Marché (Pl. du) ..... BX 84
Martyrs-de-la-R. (Pl.) ..... AY 86
Mistral (R. F.) ..... AY
Molière (R.) ..... BV 88
Montcalm (Pl.) ..... BX 89
Mont-Duplan (Av.) ..... CV 90
Natoire (Bd) ..... CY
Notre-Dame (R.) CV
Notre-Dame et St-Castor (✝) ..... BV K
Pasteur (R.) ..... AV 95
Péri (Pl. G.) ..... BV 98
Planas (R. du) ..... BY
Pompidou (Av. G.) ..... AX
Porte-de-France (R. de la) ..... BX 105
Puech-du-Teil (R.) ..... AY
Rangueil (R.) ..... BV
Revoil (R. H.) ..... AY
Roosevelt (Av. F.) ..... AV 108
Rouget-de-Lisle (R.) ..... AV
Roussy (R.) CX
Ruffi (R.) ..... BY
St-Baudille (✝) ..... BV 112
St-Charles (✝) ..... BV 113
Saintenac (Bd Étienne) ..... BV 116
St-François-de-Sales (✝) ..... BY 117
St-Gilles (R.) ..... BY
St-Paul (✝) ..... BX 121
Ste-Anne (R.) ..... AX 125
Ste-Geneviève (R.) ..... BY
Ste-Perpétue (✝) ..... BX 132
Ste-Perpétue (R.) CX
Séguier (R.) CV
Sémard (R. Pierre) CV
Séverine (Pl.) ..... AY 133
Seynes (R. A. de) ..... AY
Simon (R. A.) ..... BY 135
Sully (R.) CV
Talabot (Bd) CX
Teissier (R. Gaston) ..... BY
Tour-de-l'Evêque (R. de la) ..... BY 139
Tour-Magne (R.) ..... AV
Triaire (Bd Sergent) ..... BY
Verdun (Av. de) ..... AY
Villars (R.) ..... CV 149
Vincent (R.) ..... BV 150
11-Novembre (R.) ..... BX 152

Neuvy-St-Sépulchre *36* **134** C4
Neuvy-Sautour *89* **82** C4
Neuvy-sur-Barangeon *18* **118** C2
Neuvy-sur-Loire *58* **101** D4
Neuwiller *68* **109** D4
Neuwiller-lès-Saverne *67* **66** C2
Névache *05* **191** D3
Nevera (Pointe de) *2B* **267** F1
Nevers *58* **137** D1
Névez *29* **69** E4
Névian *11* **254** C2
Néville *76* **15** D2
Néville-sur-Mer *50* **25** E1
Nevoy *45* **100** B3
Nevy-lès-Dole *39* **124** B4
Nevy-sur-Seille *39* **141** E2
Nexon *87* **164** C3
Ney *39* **142** A2
Neydens *74* **158** A3
Les Neyrolles *01* **157** D3
Neyron *01* **171** F2
Nézel *78* **56** C1
Nézignan-l'Évêque *34* **233** F4
Niafles *53* **94** B2
Niaux *09* **260** B1
Niaux (Grotte de) *09* **260** B1
Nibas *80* **8** A4
Nibelle *45* **80** A4
Nibles *04* **221** F1
Nice *06* **240** C1
Nicey *21* **103** E2
Nicey-sur-Aire *55* **62** C2
Nicole *47* **211** D1
Nicorps *50* **26** C4
Le Nid d'Aigle *74* **175** D1
Nideck (Château et Cascade du) *67* **66** B3
Niderhoff *57* **66** A3
Niderviller *57* **66** A2
Nied *57* **40** C3
Niederbronn-les-Bains *67* **43** D4
Niederbruck *68* **108** A2
Niederentzen *68* **89** D4
Niederhaslach *67* **66** C4
Niederhausbergen *67* **67** D3
Niederhergheim *68* **89** D4
Niederlauterbach *67* **43** F4
Niedermodern *67* **67** D1
Niedermorschwihr *68* **88** C3
Niedernai *67* **66** C4
Niederrœdern *67* **67** F1
Nieder-schaeffolsheim *67* **67** D2
Niederseebach *67* **43** E4
Niedersoultzbach *67* **66** C1
Niedersteinbach *67* **43** D4
Niederstinzel *57* **66** A1
Niedervisse *57* **41** D3
Nielles-lès-Ardres *62* **3** E3
Nielles-lès-Bléquin *62* **3** E4
Nielles-lès-Calais *62* **3** D2
Nieppe *59* **4** C4
Niergnies *59* **10** C4
Nieudan *15* **182** C4
Nieuil *16* **163** D1
Nieuil-l'Espoir *86* **132** B4
Nieul *87* **164** C1
Nieul-le-Dolent *85* **129** D3
Nieul-lès-Saintes *17* **161** D2
Nieul-sur-l'Autise *85* **146** A1
Nieul-sur-Mer *17* **145** D2
Nieul-le-Virouil *17* **177** E1
Nieulle-sur-Seudre *17* **160** B2
Nieurlet *59* **3** F3
Niévroz *01* **172** A1
Niffer *68* **109** D2
Niherne *36* **134** B2
Nijon *52* **86** A3
Nilvange *57* **40** A2
Nîmes *30* **235** D1
Nîmes le Vieux (Chaos de) *48* **217** D2
Nino (Lac de) *2B* **266** C2
Ninville *52* **85** F4
Niort *79* **146** B2
Niort-de-Sault *11* **261** D1
Niort-la-Fontaine *53* **75** D1
Niozelles *04* **221** E4
Nissan-lez-Enserune *34* **255** D1
Nistos *65* **250** A3
Nitry *89* **102** C3
Nitting *57* **66** A3
Nive *64* **246** C1
Nivelle *59* **11** D1
Nivillac *56* **92** B4
Nivillers *60* **33** E1
Nivolas-Vermelle *38* **172** B3
Nivollet-Montgriffon *01* **156** C4
Nixéville *55* **38** B4
Le Nizan *33* **194** C4
Nizan-Gesse *31* **250** B2
Nizas *32* **229** D3
Nizas *34* **233** E3
Nizerolles *03* **153** E3
Nizy-le-Comte *02* **36** B1
Noailhac *12* **199** E3
Noailhac *19* **181** E3
Noailhac *81* **231** F3
Noaillac *33* **195** D3
Noaillan *33* **194** B4
Noailles *60* **33** E2
Noailles *81* **214** B4
Noailles *19* **181** D3
Noailly *42* **154** B3
Noalhac *48* **200** C1
Noalhat *63* **168** C1
Noards *27* **30** C3
Nocario *2b* **265** E4
Nocé *61* **77** D2
Noceta *2b* **267** D2
Nochize *71* **154** B1
La Nocle-Maulaix *58* **138** B2
Nod-sur-Seine *21* **104** A2
Nods *25* **125** F3
Noé *31* **251** E1
Noé *89* **81** F3
La Noë-Blanche *35* **93** D2
Noë-les-Mallets *10* **84** A4
La Noë-Poulain *27* **30** C3
Noël-Cerneux *25* **126** B3
Noëllet *49* **94** B3
Les Noës *42* **154** A4
Les Noës-près-Troyes *10* **83** D2
Nœux-lès-Auxi *62* **9** D3
Nœux-les-Mines *62* **9** F1
Nogaret *31* **230** C4
Nogaro *32* **227** D1
Nogent-l'Abbesse *51* **36** C3
Nogent-l'Artaud *02* **59** E1
Nogent-le-Bernard *72* **76** C3
Nogent-en-Bassigny *52* **85** E4
Nogent-en-Othe *10* **82** C3
Nogent-lès-Montbard *21* **103** E4
Nogent-le-Phaye *28* **78** C1
Nogent-le-Roi *28* **56** A4
Nogent-le-Rotrou *28* **77** E2
Nogent-le-Sec *27* **55** D2
Nogent-sur-Aube *10* **83** E1
Nogent-sur-Eure *28* **78** B2
Nogent-sur-Loir *72* **96** C3
Nogent-sur-Marne *94* **58** A2
Nogent-sur-Oise *60* **33** F3
Nogent-sur-Seine *10* **82** A1
Nogent-sur-Vernisson *45* **100** C2
Nogentel *02* **59** E1
Nogna *39* **141** E3
Noguères *64* **226** A4
Nohanent *63* **168** A2
Nohant-en-Goût *18* **119** E4
Nohant-en-Graçay *18* **118** A3
Nohant-Vic *36* **135** D3
Nohèdes *66* **261** F2
Nohic *82* **230** A1
Noidan *21* **122** B2
Noidans-le-Ferroux *70* **106** B4
Noidans-lès-Vesoul *70* **106** B3
Noidant-Chatenoy *52* **105** E2
Noidant-le-Rocheux *52* **105** D2
Noilhan *32* **229** D3
Nointel *95* **33** F4
Nointel *60* **34** A2
Nointot *76* **14** B4
Noir (Causse) *12,30,48* **216** C3
Noircourt *02* **20** B4
Noirefontaine *25* **126** C1
Noirémont *60* **33** E1
Noirétable *42* **169** E2
Noirlac (Ancienne Abbaye de) *18* **136** A2
Noirlieu *79* **131** D1
Noirlieu *51* **61** F1
Noirmoutier-en-l'Ile *85* **110** C4
Noirmoutier (Ile de) *85* **110** C4
Noiron *70* **124** C1
Noiron-sous-Gevrey *21* **123** F3
Noiron-sur-Bèze *21* **124** A1
Noiron-sur-Seine *21* **103** F1
Noironte *25* **125** D2
Noirpalu *50* **50** C2
Noirterre *79* **131** D1
Noirval *08* **37** F1
Noiseau *94* **58** A3
Noisiel *77* **58** A2
Noisseville *57* **40** B3
Noisy-le-Grand *93* **58** A2
Noisy-le-Roi *78* **57** D2
Noisy-Rudignon *77* **81** D2
Noisy-le-Sec *93* **57** F2
Noisy-sur-École *77* **80** B2
Noisy-sur-Oise *95* **33** F4
Noizay *37* **116** B1
Noizé *79* **131** E1
Nojals-et-Clotte *24* **196** B2
Nojeon-en-Vexin *27* **32** B2
Nolay *58* **120** C3
Nolay *21* **139** F1
Nolléval *76* **32** B1
Nollieux *42* **170** A2
Nomain *59* **10** C1
Nomdieu *47* **211** E3
Nomécourt *52* **85** D1
Nomeny *54* **64** C1
Nomexy *88* **87** D2
Nommay *25* **107** F4
Nompatelize *88* **88** A2
Nonac *16* **178** B1
Nonancourt *27* **55** E3
Nonant *14* **28** C3
Nonant-le-Pin *61* **53** E3
Nonards *19* **181** F4
Nonaville *16* **162** A4
Noncourt-sur-le-Rongeant *52* **85** E1
Nonette *63* **168** B4
Nonglard *74* **157** F4
Nonhigny *54* **65** F4
Nonières *07* **187** D4
Nonsard *55* **63** E1
Nontron *24* **163** E4
Nonville *88* **86** C4
Nonville *77* **80** C3
Nonvilliers-Grandhoux *28* **78** A2
Nonza *2b* **265** E1
Nonzeville *88* **87** F2
Noordpeene *59* **4** A3
Nordausques *62* **3** E3
Nordheim *67* **66** C3
Nordhouse *67* **67** D4
Nore (Pic de) *11* **232** A4
Noreuil *62* **10** B4
Norges-la-Ville *21* **123** F1
Normandel *61* **54** C4
Normandie-Maine (Parc Régional) *53,61* **76** A2
Normanville *27* **31** F4
Normanville *76* **14** C3
Normée *51* **60** C2
Normier *21* **122** B2
Norolles *14* **30** B3
Noron-l'Abbaye *14* **52** C2
Noron-la-Poterie *14* **28** B3
Noroy *60* **34** A1
Noroy-le-Bourg *70* **107** D3
Noroy-lès-Jussey *70* **106** A2
Noroy-sur-Ourcq *02* **35** D3
Norrent-Fontes *62* **9** E1
Norrey-en-Auge *14* **53** D1
Norrey-en-Bessin *14* **28** C3
Norrois *51* **61** E3
Norroy *88* **86** B3
Norroy-lès-Pont-à-Mousson *54* **64** A1
Norroy-le-Sec *54* **39** E2
Norroy-le-Veneur *57* **40** B3
Nort-Leulinghem *62* **3** E3
Nort-sur-Erdre *44* **112** A1
Nortkerque *62* **3** E2
La Norville *91* **57** E4
Norville *76* **31** D4
Nossage-et-Bénévent *05* **221** E1
Nossoncourt *88* **87** F1
Nostang *56* **90** C2
Noth *23* **149** F2
Nothalten *67* **89** D1
Notre-Dame-d'Aiguebelle (Abbaye de) *26* **203** F4
Notre-Dame-d'Aliermont *76* **16** A2
Notre-Dame-d'Allençon *49* **113** F2
Notre-Dame-d'Aulps (Abbaye de) *74* **159** D2
Notre-Dame-d'Ay *07* **187** D3
Notre-Dame-de-Bellecombe *73* **174** C1
Notre-Dame-de-Bliquetuit *76* **31** D4
Notre-Dame-de-Boisset *42* **154** B4
Notre-Dame-de-Bondeville *76* **31** E1
Notre-Dame-de-Buenne *12* **199** E4
Notre-Dame-de-Cenilly *50* **27** E4
Notre-Dame-de-Clausis *05* **207** F2
Notre-Dame-de-Commiers *38* **189** E4
Notre-Dame-de-la-Cour *22* **47** F3
Notre-Dame-de-Courson *14* **53** F1
Notre-Dame-de-l'Epau (Abbaye) *72* **96** C1
Notre-Dame-de-l'Ermitage *42* **169** E2
Notre-Dame-de-Fresnay *14* **33** E1
Notre-Dame-de-Garaison (Collège) *65* **250** A2
Notre-Dame-de-la-Gorge *74* **175** D1
Notre-Dame-de-Gravenchom *76* **30** C1
Notre-Dame-de-l'Isle *27* **32** B4
Notre-Dame-de-Livaye *14* **29** F4
Notre-Dame-de-Livoye *50* **51** D2
Notre-Dame-de-Londres *34* **234** B1
Notre-Dame-de-Lorette (Colline de) *62* **10** A2
Notre-Dame-de-Lumières *84* **220** A3
Notre-Dame-de-la-Mer *78* **56** A1
Notre-Dame-de-Mésage *38* **189** E3
Notre-Dame-de-Monts *85* **128** A1
Notre-Dame-de-l'Osier *38* **188** C2
Notre-Dame-de-Piétat *64* **248** B2
Notre-Dame-de-Randol (Abbaye) *63* **168** A3
Notre-Dame-de-Riez *85* **128** B2
Notre-Dame-de-la-Roche *78* **56** C3
Notre-Dame-de-la-Rouvière *30* **217** E3
Notre-Dame-de-la-Salette *38* **206** A1
Notre-Dame-de-Sanilhac *24* **179** E3
Notre-Dame-de-la-Serra *2B* **264** B3
Notre-Dame-de-Timadeuc (Abbaye) *56* **71** E3
Notre-Dame-de-Tronoën *29* **68** C4
Notre-Dame-de-Vassivière *63* **167** F4
Notre-Dame-de-Vaux *38* **189** E4
Notre-Dame-d'Elle *50* **28** A4
Notre-Dame-d'Épine *27* **30** C3
Notre-Dame-des-Anges *83* **244** C1
Notre-Dame-des-Dombes (Abbaye de) *01* **156** A4
Notre-Dame-des-Fontaines *06* **241** F1
Notre-Dame-des-Landes *44* **111** E1
Notre-Dame-des-Millières *73* **174** B3
Notre-Dame-des-Neiges (Trappe de) *07* **202** B3
Notre-Dame-d'Estrées *14* **29** F4
Notre-Dame-d'Oé *37* **116** A1
Notre-Dame-d'Or *86* **131** F2
Notre-Dame-du-Bec *76* **14** A4
Notre-Dame-du-Crann *29* **69** F2
Notre-Dame-du-Cruet *73* **190** B1
Notre-Dame-du-Hamel *27* **54** B2
Notre-Dame-du-Mai *83* **244** A3
Notre-Dame-du-Parc *76* **15** F3
Notre-Dame-du-Pé *72* **95** F3
Notre-Dame-du-Pré *73* **174** C3
Notre-Dame-du-Rocher *61* **52** B2
Notre-Dame-du-Touchet *50* **51** E4
Notre-Dame (Forêt de) *94* **58** A3
Nottonville *28* **78** C4
La Nouaille *23* **166** B1
Nouaillé-Maupertuis *86* **132** B4
Nouainville *50* **24** C2
Nouan-le-Fuzelier *41* **99** E4
Nouans *72* **76** B3
Nouans-les-Fontaines *37* **117** D3
Nouart *08* **38** A1
Nouâtre *37* **115** F4
La Nouaye *35* **72** C3
La Noue *51* **59** F3
Noueilles *31* **230** A4
Nougaroulet *32* **229** C2
Nouhant *23* **151** E2
Nouic *87* **148** C4
Nouilhan *65* **227** E4
Les Nouillers *17* **161** D1
Nouillonpont *55* **39** D2
Nouilly *57* **40** B3
Noulens *32* **227** E1
Nourard-le-Franc *60* **33** F1
Nourray *41* **98** A3
Nousse *40* **225** F2
Nousseviller-lès-Bitche *57* **42** B3
Nousseviller-St-Nabor *57* **41** F3
Nousty *64* **248** C1
Nouvelle-Église *62* **3** E2
Nouvion *80* **8** B3
Nouvion-le-Comte *02* **19** E3
Le Nouvion-en-Thiérache *02* **20** A1

Nouvion-et-Catillon 02 19 E3
Nouvion-sur-Meuse 08 21 F3
Nouvion-le-Vineux 02 35 F1
Nouvoitou 35 73 E4
Nouvron-Vingré 02 35 D2
Nouzerines 23 150 C1
Nouzerolles 23 150 A1
Nouziers 23 150 B1
Nouzilly 37 97 E4
Nouzonville 08 21 E2
Novacelles 63 185 D1
Novalaise 73 173 E3
Novale 2b 267 E1
Novéant-sur-Moselle 57 40 A4
Novel 74 159 D1
Novella 2b 265 D3
Noves 13 219 F4
Noviant-aux-Prés 54 63 F3
Novillard 90 108 A3
Novillars 25 125 E2
Novillers 60 33 E3
Novion-Porcien 08 21 D4
Novy-Chevrières 08 37 D1
Noyal 22 48 C4
Noyal-Muzillac 56 92 A3
Noyal-Pontivy 56 71 D3
Noyal-sous-Bazouges 35 73 D1
Noyal-sur-Brutz 44 93 F2
Noyal-sur-Seiche 35 73 D4
Noyal-sur-Vilaine 35 73 E3
Noyales 02 19 E2
Noyalo 56 91 E3
Noyant 49 96 B4
Noyant-d'Allier 03 137 D4
Noyant-de-Touraine 37 115 F3
Noyant-et-Aconin 02 35 E2
Noyant-la-Gravoyère 49 94 B3
Noyant-la-Plaine 49 114 A2
Noyarey 38 189 D2
Noyelles-lès-Humières 62 9 D2
Noyelle-Vion 62 9 F3
Noyelles-en-Chaussée 80 8 C3
Noyelles-Godault 62 10 B2
Noyelles-sous-Bellonne 62 10 B3
Noyelles-sous-Lens 62 10 A2
Noyelles-sur-Escaut 59 10 C4
Noyelles-sur-Mer 80 8 B4
Noyelles-sur-Sambre 59 11 F4
Noyelles-sur-Selle 59 11 D3
Noyellette 62 9 F3
Noyelles-lès-Seclin 59 10 B1
Noyelles-lès-Vermelles 62 10 A1
Noyen-sur-Sarthe 72 96 A2
Noyen-sur-Seine 77 81 F1
Le Noyer 18 119 E2
Le Noyer 05 206 A2
Le Noyer 73 173 F2
Noyer (Col du) 05 206 A2
Le Noyer-en-Ouche 27 54 C1
Noyers 55 62 B2
Noyers 27 32 C3
Noyers 89 103 D3
Noyers 45 100 B1
Noyers 52 85 F4
Noyers-Bocage 14 28 C4
Noyers-Pont-Maugis 08 21 F3
Noyers-St-Martin 60 33 E1
Noyers-sur-Cher 41 117 D2
Noyers-sur-Jabron 04 221 E2
Noyon 60 18 C4
Nozay 91 57 E4
Nozay 44 93 E4
Nozay 10 83 D1
Nozeroy 39 142 A2
Nozières 07 187 D4
Nozières 18 135 F3
Nuaillé 49 113 E3
Nuaillé-d'Aunis 17 145 E2
Nuaillé-sur-Boutonne 17 146 B4
Nuars 58 121 E1
Nubécourt 55 62 C1
Nucourt 95 33 D4
Nueil-sous-Faye 86 115 D4
Nueil-sur-Argent 79 130 C1
Nueil-sur-Layon 49 114 A3
Nuelles 69 171 D1
Nuillé-le-Jalais 72 76 C4
Nuillé-sur-Vicoin 53 94 C1
Nuisement-sur-Coole 51 61 D2
Nuits 89 103 E3
Nuits-St-Georges 21 123 E3
Nullemont 76 16 B3
Nully 52 84 B2
Nuncq 62 9 E3
Nuret-le-Ferron 36 134 A3
Nurieux-Volognat 01 157 D3
Nurlu 80 18 C1
Nuzéjouls 46 197 F3
Nyer 66 261 F3
Nyoiseau 49 94 C3
Nyons 26 220 A1

O

O (Château d') 61 53 E3
Obenheim 67 89 E1
Oberbronn 67 43 D4
Oberbruck 68 108 A2
Oberdorf 68 108 C3
Oberdorf-Spachbach 67 67 D1
Oberdorff 57 41 D2
Oberentzen 68 108 C1
Obergailbach 57 42 B3
Oberhaslach 67 66 C4
Oberhausbergen 67 67 D3
Oberhergheim 68 89 D4
Oberhoffen-sur-Moder 67 67 E2
Oberhoffen-lès-Wissembourg 67 43 E4
Oberlarg 68 108 C4
Oberlauterbach 67 43 F4
Obermodern 67 66 C1
Obermorschwihr 68 89 D4
Obermorschwiller 68 108 C3
Obernai 67 66 C4
Oberrœdern 67 67 E1
Obersaasheim 68 89 E4
Oberschaeffolsheim 67 67 D3
Oberseebach 67 43 E4
Obersoultzbach 67 66 C1
Obersteinbach 67 43 D4
Oberstinzel 57 66 A2
Obervisse 57 41 D3
Obies 59 11 F3
L'Obiou 38 205 F1
Objat 19 181 D2
Oblinghem 62 9 F1
Obrechies 59 12 B3
Obreck 57 65 D2
Observatoire de Haute Provence 04 221 E4
Obsonville 77 80 B3
Obterre 36 133 E1
Obtrée 21 103 F1
Ocana 2a 266 C4
Occagnes 61 53 D2
Occey 52 105 D3
Occhiatana 2b 264 C3
Occoches 80 9 E4
Ochancourt 80 8 A4
Oches 08 38 A1
Ochey-Thuilley 54 64 A4
Ochiaz 01 157 E3
Ochtezeele 59 4 A3
Ocquerre 77 58 C1
Ocqueville 76 14 C3
Octeville 50 24 C2
Octeville-l'Avenel 50 25 D2
Octeville-sur-Mer 76 14 A4
Octon 34 233 E2
Odars 31 230 B3
Odenas 69 155 E3
Oderen 68 108 A1
Odet 29 69 D3
Odival 52 85 E4
Odomez 59 11 E2
Odos 65 249 E2
Odratzheim 67 66 C3
Œillon (Crêt de l') 42 187 D1
Œlleville 88 86 C2
Oermingen 67 42 A4
Œting 57 41 E3
Oëtre (Roche d') 61 52 B4
Œuf-en-Ternois 62 9 D2
Œuilly 51 36 A4
Œuilly 02 36 A2
Oëy 55 63 D3
Œyregave 40 225 D3
Offekerque 62 3 D2
Offemont 90 107 F3
Offendorf 67 67 E2
Offenheim 67 67 D3
Offignies 80 16 C3
Offin 62 8 C2
Offlanges 39 124 B3
Offoy 60 17 D3
Offoy 80 18 C3
Offranville 76 15 E2
Offrethun 62 2 C3
Offroicourt 88 86 C2
Offwiller 67 66 C1
Ogenne-Camptort 64 247 F1
Oger 51 60 C1
Ogeu-les-Bains 64 248 A2
Ogéviller 54 65 E4
Ogliastro 2b 264 B2
Ognes 02 19 D4
Ognes 60 34 B4
Ognes 51 60 B3
Ognéville 54 86 C1
Ognolles 60 18 B3
Ognon 25,70 107 E2
Ognon 60 34 B3
Ogy 57 40 C4
Ohain 59 20 B1
Oherville 76 14 C3
Ohis 02 20 B2
Ohlungen 67 67 D2
Ohnenheim 67 89 E2
L'Oie 85 129 F2
Oigney 70 106 A2
Oignies 62 10 B2
Oigny 21 104 A4
Oigny 41 77 E4
Oigny-en-Valois 02 35 D3
Oingt 69 155 E4
Oinville-St-Liphard 28 79 E3
Oinville-sous-Auneau 28 79 D1
Oinville-sur-Montcient 78 56 C1
Oiron 79 131 E1
Oiry 51 60 A1
Oise 2,60,95 34 C1
Oiselay-et-Grachaux 70 125 D1
Oisemont 80 16 C2
Oisilly 21 124 A1
Oisly 41 117 D1
Oison 45 79 E4
Oisseau 53 75 D2
Oisseau-le-Petit 72 76 A2
Oissel 76 31 F2
Oissery 77 34 B4
Oissy 80 17 D2
Oisy 02 19 F1
Oisy 58 120 C1
Oisy 59 11 D2
Oisy-le-Verger 62 10 C3
Oizé 72 96 B2
Oizon 18 119 D1
Olan (Pic d') 05 206 B1
Olargues 34 232 C3
Olby 63 167 F2
Olcani 2b 265 E1
Olle (Combe d') 73 190 A2
Oléac-Debat 65 249 E1
Oléac-Dessus 65 249 E2
Olemps 12 215 E1
Olendon 14 53 D1
Oléron (Ile d') 17 160 A1
Oletta 2b 265 E2
Olette 66 261 E3
Olhain (Château d') 62 9 F2
Olivese 2a 269 D1
Olivet 45 99 E2
Olivet 53 74 B3
Olizy 08 37 F2
Olizy 51 36 A4
Olizy-sur-Chiers 55 22 B4
Ollainville 91 57 E4
Ollainville 88 86 B2
Ollans 25 125 F1
Ollé 28 78 B2
Olley 54 39 E3
Ollezy 02 19 D3
Les Ollières 74 158 B4
Ollières 83 238 A3
Ollières 55 39 D2
Les Ollières-sur-Eyrieux 07 203 E1
Olliergues 63 169 D3
Ollioules 83 244 A3
Olloix 63 168 A3
Les Olmes 69 171 D1
Olmet 63 169 D2
Olmet-et-Villecun 34 233 E2
Olmeta-di-Capocorso 2b 265 E1
Olmeta-di-Tuda 2b 265 E3
Olmeto 2a 268 C2
Olmi-Cappella 2b 264 C3
Olmiccia 2a 269 D2
Olmo 2b 265 E3
Olonne-sur-Mer 85 128 C3
Olonzac 34 254 B1
Oloron-Ste-Marie 64 248 A2
Ols-et-Rinhodes 12 198 C4
Oltingue 68 108 C4
Olwisheim 67 67 D2
Omaha Beach 14 28 B2
Omblèze 26 204 C1
Omblèze (Gorges d') 26 204 B1
Omécourt 60 16 C4
Omelmont 54 64 B4
Les Omergues 04 221 D2
Omerville 95 32 C4
Omessa 2b 267 D1
Omet 33 194 C2
Omex 65 257 D1
Omey 51 61 E2
Omicourt 08 21 F4
Omiécourt 80 18 B3
Omissy 02 19 D2
Omméel 61 53 E2
Ommeray 57 65 E3
Ommoy 61 53 D2
Omont 08 21 E4
Omonville 76 15 E3
Omonville-la-Petite 50 24 B1
Omonville-la-Rogue 50 24 B1
Omps 15 199 E1
Oms 66 262 B3
Onans 25 107 E4
Onard 40 225 F1
Onay 70 124 C1
Oncieu 01 156 C4
Oncourt 88 87 D2
Oncy-sur-École 91 80 B2
Ondefontaine 14 52 A1
Ondes 31 229 F1
Ondres 40 224 C3
Ondreville-sur-Essonne 45 80 A3
Onesse-et-Laharie 40 208 B3
Onet-le-Château 12 215 E1
Oneux 80 8 C4
Ongles 04 221 E3
Onglières 39 142 A2
Onjon 10 83 E2
Onlay 58 138 B1
Onnaing 59 11 E2
Onnion 74 158 C2
Onoz 39 141 E4
Ons-en-Bray 60 33 D2
Ontex 73 173 E2
Onville 54 39 F4
Onvillers 80 18 A4
Onzain 41 98 A4
Oô 31 258 B4
Oô (Lac d') 31 258 B4
Oost-Cappel 59 4 B2
Opio 06 240 A2
Opme 63 168 A3
Opoul-Périllos 66 254 B4
Oppède-le-Vieux 84 236 C1
Oppedette 04 221 D4
Oppenans 70 107 D3
Oppy 62 10 B2
Optevoz 38 172 B2
Or (Mont d') 69 171 E1
Or (Mont d') 25 142 C2
Oraàs 64 225 E4
Oradour 16 162 B1
Oradour 15 200 B1
Oradour-Fanais 16 148 B3
Oradour-St-Genest 87 148 C2
Oradour-sur-Glane 87 164 B1
Oradour-sur-Vayres 87 164 A2
Orain 21 105 E3
Orainville 02 36 B2
Oraison 04 221 F4
Orange 84 219 E2
Orb 34 233 D4
Orb (Gorges de l') 34 233 D2
Orbagna 39 141 D3
Orbais 51 60 A1
Orban 81 231 D1
Orbec 14 54 A1
Orbeil 63 168 C4
Orbessan 32 228 B3
Orbey 68 88 C3
Orbigny 37 117 D3
Orbigny-au-Mont 52 105 E1
Orbigny-au-Val 52 105 E1
Orbois 14 28 B4
L'Orbrie 85 130 B4
Orçay 41 118 B2
Orcemont 78 56 C4
Orcenais 18 135 F3
Orcet 63 168 B2
Orcevaux 52 105 D2
Orchaise 41 98 A4
Orchamps 39 124 C3
Orchamps-Vennes 25 126 B3
Orches 86 132 B1
Orchies 59 10 C1
Orcier 74 158 C1
Orcières 05 206 C2
Orcinas 26 204 B3
Orcines 63 168 A2
Orcival 63 167 F3
Orconte 51 61 F3
Ordan-Larroque 32 228 A2
Ordiarp 64 247 E2
Ordizan 65 249 E2
Ordonnac 33 176 C1
Ordonnaz 01 172 C1
Ore 31 250 B3
Orègue 64 225 D4
Oreilla 66 261 E3
Orelle 73 190 C2
Oresmaux 80 17 E3
Organ 65 250 A1
Orgeans-Blanchefontaine 25 126 C2
Orgedeuil 16 163 D3
Orgeix 09 260 C2
Orgelet 39 141 E4
Orgères 61 53 F3
Orgères 35 73 D4
Orgères-en-Beauce 28 78 C3
Orgères-la-Roche 53 52 C4
Orgerus 78 56 B2
Orges 52 84 C4
Orgeux 21 123 F1
Orgeval 02 36 A1
Orgeval 78 56 C2
Orgibet 09 259 D3
Orglandes 50 25 D3
Orgnac-l'Aven 07 218 C1
Orgnac (Aven d') 07 218 C1
Orgnac-sur-Vézère 19 181 D1
Orgon 13 236 C1
Orgueil 82 213 D4
Orgues 19 183 D1
Orhy (Pic d') 64 247 D3
Oricourt 70 107 D3
Orient (Parc Régional de la Forêt d') 10 83 F2
Orieux 65 249 F2
Orignac 65 249 E2
Origne 33 194 B4
Origné 53 94 C1
Orignolles 17 177 F2
Origny 21 104 A3
Origny-le-Butin 61 76 C2
Origny-en-Thiérache 02 20 B2
Origny-le-Roux 61 76 C2
Origny-Ste-Benoite 02 19 E2
Origny-le-Sec 10 82 B1
Orin 64 247 F1
Orincles 65 249 E1
Oriocourt 57 64 C2
Oriol-en-Royans 26 188 B4
Oriolles 16 178 A1
Orion 64 225 F4
Oris-en-Rattier 38 189 E4
Orist 40 225 D2
Orival 76 31 E2
Orival 80 16 C3
Orival 16 178 B2
Orival (Roches d') 76 31 E2
Orléans 45 99 E2
Orléat 63 168 C1
Orleix 65 249 E1
Orliac 24 197 D2
Orliac-de-Bar 19 181 F1
Orliaguet 24 197 F1
Orliénas 69 171 E3
Orlu 09 260 C2
Orlu 28 79 E2
Orly 94 57 E3
Orly-sur-Morin 77 59 D2
Ormancey 52 105 D1
Ormeaux 77 58 C3
Ormenans 70 106 C4
Ormersviller 57 42 B3
Les Ormes 86 132 C1
Les Ormes 89 101 F2
Ormes 71 140 B3
Ormes 45 99 D1
Ormes 51 36 B3
Ormes 10 60 B4
Ormes 27 31 E4
Les Ormes-sur-Voulzie 77 81 E1
Ormesson 77 80 C3
Ormesson-sur-Marne 94 58 A3
Ormoiche 70 106 C2
Ormoy 89 102 B1
Ormoy 70 106 B1
Ormoy 28 56 A4
Ormoy 91 57 F4
Ormoy-le-Davien 60 34 C3
Ormoy-la-Rivière 91 79 F2
Ormoy-lès-Sexfontaines 52 85 D3
Ormoy-sur-Aube 52 84 B4
Ormoy-Villers 60 34 B3
Ornacieux 38 188 B1
Ornain 51,55 62 A2
Ornaisons 11 254 B2
Ornans 25 125 E3
Orne 14,61 29 D4
Orne 54,55,57 39 E3
Ornel 55 39 D3
Ornes 55 38 C3
Ornex 01 158 A2
Ornézan 32 228 B3
Orniac 46 198 A3
Ornolac 09 260 B1
Ornon 38 189 F3
Orny 57 40 B4
Oro (Monte d') 2B 267 D2

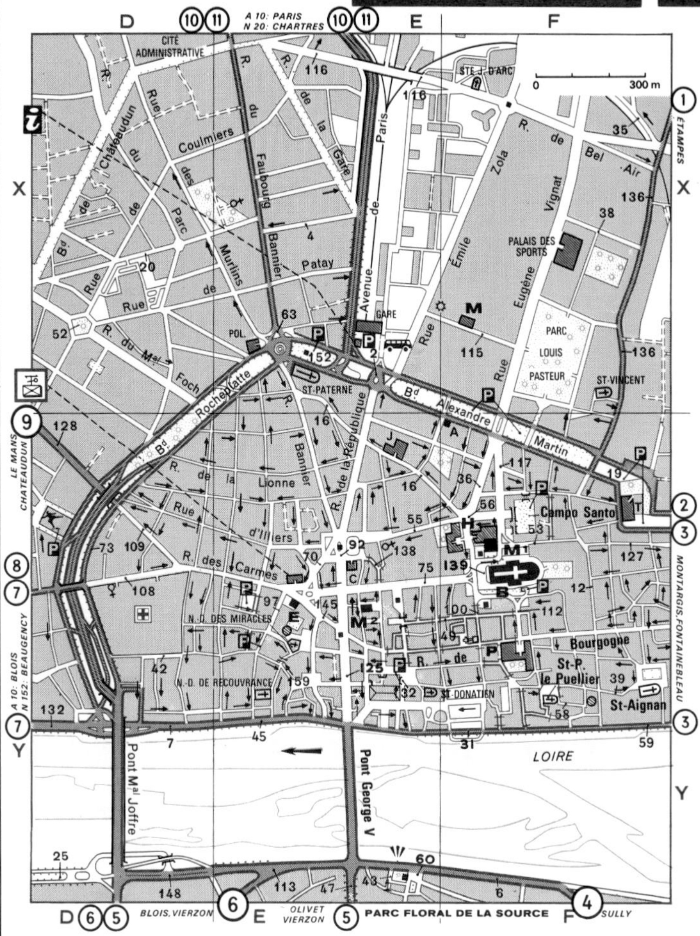

Orléans

Bannier (R.) EY
Jeanne-d'Arc (R.) EY 75
République (R. de la) EY
Royale (R.) EY 125
Tabour (R. du) EY 145

Albert-1er (Pl.) EX 2
Antigna (R.) EX 4
Augustins (Quai des) FY 6
Bannier (R. du Fg) EX
Barentin (Quai) DY 7
Bel-Air (R. de) FX
Bourdon-Blanc (R.) FY 12
Bourgogne (R. de) FY
Bretonnerie (R. de la) EY 16
Briand (Bd A.) FY 19
Caban (R.) DX 20
Carmes (R. des) DEY
Cathédrale FY B
Champs-de-Mars (Av. du) DY 25
Châteaudun (Bd de) DX
Châtelet (Quai du) FY 31
Châtelet (Square du) EY 32
Chaude-Tuile (R.) FX 35
Chollet (R. Théophile) FX 36
Claye (R. de la) FX 38
Coligny (R.) FY 39
Coulmiers (R. de) DX
Croix-de-Bois (R.) DY 42
Croix-de-la-Pucelle (R.) EY 43
Cypierre (Quai) EY 45
Dauphine (Av.) EY 47
Dolet (R. Étienne) EFY 49
Dunois (Pl.) DX 52
Dupanloup (R.) FY 53
Escures (R. d') EY 55
Étape (Pl. de l') FY 56
Foch (R. du Mar.) DX
Folie (R. de la) FY 58
Fort-Alleaume (Quai) FY 59
Fort-des-Tourelles (Q.) EY 60
Gambetta (Pl.) EX 63
Gare (R. de la) EX
George-V (Pont) EY
Hallebarde (R. de la) EY 70
Illiers (R. d') DEY
Jaurès (Bd Jean) DY 73
Jeanne-d'Arc (Maison de) EY E
Joffre (Pont Mar.) DY
Lionne (R. de la) EY
Martin (Bd A.) FXY
Martroi (Pl. du) EY 92
Murlins (R. des) DEX
N.-D.-de-Recouvrance (R.) EY 97
Parc (R. du) DX
Paris (Av. de) EX
Parisie (R.) FY 100
Patay (R. de) DEX
Pte-Madeleine (R.) DY 108
Porte-St-Jean (R.) DY 109
Pothier (R.) FY 112
Prague (Quai) EY 113
Proust (R. Marcel) FX 115
Québec (Bd de) EX 116
Rabier (R. F.) FY 117
Rocheplatte (Bd) DEX
St-Euverte (R.) FY 127
St-Jean (R. Fg) DY 128
St-Laurent (Quai) DY 132
St-Vincent (R. Fg) FX 136
Ste-Catherine (R.) EY 138
Ste-Croix (Pl.) FY 139
Trévise (Av. de) DY 148
Verdun (Bd de) EX 152
Vieux-Marché (Pl.) EY 159
Vignat (R. Eugène) FX
Zola (R. Emile) EFX

Oroër 60 33 E1
Oroix 65 249 D1
Oron 57 65 D1
Oroux 79 131 E3
Orphin 78 56 C4
Orpierre 05 221 D1
Orquevaux 52 85 E2
Les Orres 05 207 D3
Orret 21 104 A4
Orriule 64 225 F4
Orrouer 28 78 B2
Orrouy 60 34 B3
Orry-la-Ville 60 34 A4
Ors 59 11 E4
Orsan 30 219 D3
Orsanco 64 247 D1
Orsans 25 126 A2
Orsans 11 252 C2
Orsay 91 57 D3
Orschwiller 67 89 D2
Orschwir 68 108 B1
Orsennes 36 150 A1
Orsinval 59 11 E3
Orsonnette 63 168 C4
Orsonville 78 79 D1
Ortaffa 66 262 C3
Ortale 2b 267 E1
Ortenbourg 67 89 D2
Orthevielle 40 225 D3
Orthez 64 225 F3
Orthoux-Sérignac-Quilhan 30 218 A4
Ortillon 10 83 E1
Ortiporio 2b 265 E4
Orto 2a 266 C2
Ortoncourt 88 87 D1
Orus 09 260 A1
Orval 50 26 C4
Orval 18 136 A3
Orvault 44 111 F2
Orvaux 27 55 D1
Orve 25 126 B1
Orveau 91 80 A1
Orveau-Bellesauve 45 80 A3
Orville 21 105 D4
Orville 36 117 F3
Orville 62 9 E4
Orville 45 80 A3
Orville 61 53 F2
Orvillers-Sorel 60 18 A4
Orvilliers 78 56 B2
Orvilliers-St-Julien 10 82 C1
Orx 40 224 C2
Os-Marsillon 64 226 A4
Osani 2a 266 A1
Osches 55 38 B4
Osenbach 68 88 C4
Oslon 71 140 A2
Osly-Courtil 02 35 D2
Osmanville 14 27 E2
Osmery 18 136 B1
Osmets 65 249 F1
Osmoy 78 56 B2
Osmoy 18 119 D4
Osmoy-St-Valery 76 16 A3
Osne-le-Val 52 81 D1
Osnes 08 22 A3
Osny 95 33 D4
Ospédale (Forêt de) 2A 269 E2
L'Ospédale 2A 269 E2
Osquich (Col d') 64 247 D2
Ossages 40 225 F3
Ossas-Suhare 64 247 E2
Osse 25 125 F2
Ossé 35 73 E4
Osse-en-Aspe 64 256 A2
Osséja 66 261 D4
Osselle 25 125 D3
Ossen 65 257 D2
Ossenx 64 225 F4
Osserain-Rivareyte 64 225 E4
Ossès 64 246 C1
Ossey-les-Trois-Maisons 10 82 B1
Ossun 65 249 D2
Ossun-ez-Angles 65 257 E1
Ostabat-Asme 64 247 D1
Ostel 02 35 F2
Ostheim 68 89 D3
Osthoffen 67 67 D3
Osthouse 67 89 E1
Ostreville 62 9 E2
Ostricourt 59 10 B2
Ostwald 67 67 D3
Ota 2a 266 B2
Othe 54 38 C1
Othe (Forêt d') 89,10 82 B4
Othis 77 34 B4
Ottange 57 39 F1
Ottersthal 67 66 C2
Otterswiller 67 66 C2
Ottmarsheim 68 109 D2
Ottonville 57 40 C3
Ottrott 67 66 C4
Ottwiller 67 66 B1
Ouagne 58 121 D1
Ouainville 76 14 C3
Ouanne 89 102 A3
Ouarville 28 79 D2
Les Oubeaux 14 27 E2
Ouchamps 41 117 D1
Ouches 42 154 A4
Oucques 41 98 B2
Oudalle 76 30 B1
Oudan 58 120 C2
Oudeuil 60 33 D1
Oudezeele 59 4 B3
Oudincourt 52 85 D3
Oudon 44 112 B1
Oudrenne 57 40 C1
Oudry 71 138 C4
Oueilloux 65 249 E2
Ouerre 28 56 A3
Ouessant 29 44 A2
Ouézy 14 29 E4
Ouffières 14 28 C4
Ouge 70 105 F2
Ouges 21 123 F2
Ougney 39 124 C2
Ougney-Douvot 25 125 F2
Ougny 58 121 E4
Ouhans 25 125 F4
Ouides 43 201 F1
Ouillat (Col de l') 66 262 C3
Ouillon 64 248 C1
Ouilly-du-Houley 14 30 B3
Ouilly-le-Tesson 14 52 C1
Ouilly-le-Vicomte 14 30 A3
Ouistreham 14 29 E3
Oulches 36 134 A3
Oulches-la-Vallée-Foulon 02 36 A2
Oulchy-le-Château 02 35 E3
Oulchy-la-Ville 02 35 E3

Pau

Barthou (R. Louis) BZ 3	Bernadotte (R.) AY 9	Etigny (R. d') AY
Cordeliers (R. des) AY 25	Bizanos (R. de) BZ	Gambetta (R.) BY 38
Henri-IV (R.) AZ 44	Bordenave-d'Avère (R.) AZ 13	Gassion (R.) AZ 40
St-Louis (R.) AZ 77	Clemenceau (Pl. G.) ABZ 22	Gramont (Pl.) AY 42
Serviez (R.) AY	Espalungue (R. d') AZ 31	République (Pl. de la) BY 69

Oulins 28 56 A2
Oulles 38 189 F3
Oullins 69 171 E2
Oulmes 85 146 A1
Oulon 58 120 C3
Ounans 39 124 C4
Oupia 34 234 B1
Our 39 124 C3
Ource 10,21 104 B2
Ourcel-Maison 60 17 E4
Ourches 26 204 B1
Ourches-sur-Meuse 55 63 E3
Ourcq 02 35 D3
Ourde 65 250 A4
Ourdis-Cotdoussan 65 257 E2
Ourdon 65 257 E2
Ourouër 58 120 C4
Ouroux 69 155 D2
Ouroux-en-Morvan 58 121 F3
Ouroux-sous-le-Bois-Ste-Marie 71 154 C1
Ouroux-sur-Saône 71 140 B2
Ours (Pic de l') 83 240 A3
Oursbelille 65 249 D1
Ourscamps (Abbaye d') 60 34 C1
Ourtigas (Col de l') 34 232 C3
Ourton 62 9 E2
Ourville-en-Caux 76 14 C3
Ousse 64 248 C1
Ousse-Suzan 40 209 D4
Oussières 39 141 E1
Ousson-sur-Loire 45 100 C4
Oussoy-en-Gâtinais 45 100 C1
Oust 09 259 F3
Oust-Marest 80 16 A1
Ousté 65 257 E2
Outarville 45 79 E3
Outines 51 61 F4
Outreau 62 2 C4
Outrebois 80 9 D4
Outremécourt 52 86 A3
Outrepont 51 61 F3
Outriaz 01 157 D3
Ouvans 25 126 A2
Ouve-Wirquin 62 3 E4
Ouveillan 11 254 C1
Ouvèze 26,84 219 F2
Ouville-la-Bien-Tournée 14 29 F4
Ouville 50 27 D4
Ouville-l'Abbaye 76 15 D3
Ouville-la-Rivière 76 15 E2
Ouvrouer-les-Champs 45 99 F2
Ouzilly 86 132 B2
Ouzilly-Vignolles 86 131 F1
Ouzouer-des-Champs 45 100 C2
Ouzouer-le-Doyen 41 98 B1
Ouzouer-le-Marché 41 98 C1
Ouzouer-sous-Bellegarde 45 100 B1
Ouzouer-sur-Loire 45 100 B2
Ouzouer-sur-Trézée 45 101 D3
Ouzous 65 257 D2
Ovanches 70 106 B3
Ovillers-la-Boisselle 80 18 A1
Oxelaëre 59 4 B3
Oyé 71 154 B2
Oye-et-Pallet 25 142 C1
Oye-Plage 62 3 E2
Oyes 51 60 A2
Oyeu 38 172 C4
Oyonnax 01 157 D2
Oyré 86 132 C1
OyrelŒyreluy 40 225 E2
Oyrières 70 105 F4
Oysonville 28 79 E2
Oytier-St-Oblas 38 172 A3
Oz 38 190 A2
Ozan 01 155 F1
Oze 05 205 F3
Ozenay 71 140 A4
Ozenx 64 225 F4
Ozerailles 54 39 E3
Ozeville 50 25 D3
Ozières 52 85 F3
Ozillac 17 177 E1
Ozoir-le-Breuil 28 98 C1
Ozoir-la-Ferrière 77 58 B3
Ozolles 71 154 C1
Ozon 07 187 E3
Ozon 65 249 F2
Ozouer-le-Repos 77 58 C4
Ozouer-le-Voulgis 77 58 B3
Ozourt 40 225 F2

P

Paars 02 35 F2
Pabu 22 47 E3
La Pacaudière 42 154 A3
Paccionitoli 2A 269 D2
Pacé 61 76 A1
Pacé 35 73 D3
Pact 38 187 F1
Pacy-sur-Armançon 89 103 D2
Pacy-sur-Eure 27 55 F1
Padern 11 254 A4
Padiès 81 215 D3
Padirac 46 198 B1
Padirac (Gouffre de) 46 198 B1
Padoux 88 87 E2
Pageas 87 164 B3
Pagney 39 124 C2
Pagney-derrière-Barine 54 63 F3
Pagnoz 39 125 D4
Pagny-la-Blanche-Côte 55 63 E4
Pagny-le-Château 21 123 F4
Pagny-lès-Goin 57 64 B1
Pagny-sur-Meuse 55 63 E3
Pagny-sur-Moselle 54 64 A1
Pagny-la-Ville 21 123 F4
Pagolle 64 247 E1
Pailhac 65 249 F4
Pailharès 07 187 D3
Pailherols 15 183 E4
Pailhès 34 233 D4
Pailhès 09 251 F3
Paillart 60 17 E4
Paillas (Moulins de) 83 245 E2
Paillé 17 146 B4
Paillencourt 59 10 C3
Paillet 33 194 B2
Pailloles 47 196 B4
Pailly 89 81 F2
le Pailly 52 105 E2
Paimbœuf 44 111 D2
Paimpol 22 47 E1
Paimpont 35 72 B4
Painblanc 21 122 C3
Païolive (Bois de) 07 218 B1
Pair-et-Grandrupt 88 88 B2
Paissy 02 36 A2
Paisy-Cosdon 10 82 B3
Paizay-le-Chapt 79 146 C3
Paizay-Naudouin 16 147 D4
Paizay-le-Sec 86 133 D4
Paizay-le-Tort 79 146 C3
Pajay 38 188 A1
Pal (Zoo du) 03 138 A4
Paladru 38 172 C4
Paladru (Lac de) 38 172 C4
Palaggiu (Alignements de) 2A 268 C3
Palairac 11 254 A4
Le Palais 56 90 C4
Le Palais-sur-Vienne 87 164 C1
Palaiseau 91 57 E3
Palaiseul 52 105 E2
Palaja 11 253 E2
Palaminy 31 251 D2
Palante 70 107 E3
Palantine 25 125 D3
Palasca 2b 264 C3
Palau-de-Cerdagne 66 261 D4
Palau-del-Vidre 66 262 C3
Palavas-les-Flots 34 234 C3
Palazinges 19 181 E3
Paley 77 80 C3
Paleyrac 24 196 C1
Palhers 48 201 D4
Palinges 71 139 D4
Pâlis 10 82 B2
Palise 25 125 E1
Palisse 19 182 B1
Palladuc 63 169 D1
Pallanne 32 227 F3
Palleau 71 140 B1
Pallegney 88 87 E2
Le Pallet 44 112 B3
Palleville 81 231 D3
La Pallu 53 52 C4
Palluau 85 128 C2
Palluau-sur-Indre 36 134 A1
Palluaud 16 178 C1
Pallud 73 174 B2
Palluel 62 10 C3
Palmas 12 215 F1
Palneca 2a 267 D4
Palogneux 42 169 F2
Palombaggia (Plage de) 2A 269 E3
La Palud-sur-Verdon 04 239 D1
Paluel 76 14 C2
Pamfou 77 81 D1
Pamiers 09 252 B3
Pampelonne 81 214 C3
Pamplie 79 130 C4
Pamproux 79 146 D1
Panassac 32 228 B4
Panazol 87 164 C2
Pancé 35 93 E1
Pancey 52 85 E1
Pancheraccia 2b 267 E2
Pancy-Courtecon 02 35 F1
Pandrignes 19 181 F2
Pange 57 40 C4
Panges 21 123 D1
Panilleuse 27 32 B4
Panissage 38 172 C4
Panissières 42 170 C2
Panjas 32 227 D1
Pannecé 44 94 A4
Pannecières 45 79 F2
Pannes 45 100 C1
Pannes 54 63 F1
Pannesière-Chaumard (Barrage de) 58 121 F3
Pannessières 39 141 E2
Panon 72 76 B2
Panossas 38 172 B2
La Panouse 48 201 F2
Pantin 93 57 E2
Panzoult 37 115 E3
Papleux 02 20 A1
Paradou 13 236 A2
Paramé 35 49 E3
Parassy 18 119 E3
Parata 2b 265 E4
Parata (Pointe de la) 2A 266 A4
Paray-Douaville 78 79 D1
Paray-le-Frésil 03 137 F3
Paray-le-Monial 71 154 B1
Paray-sous-Briailles 03 153 D2
Paray-Vieille-Poste 91 57 E3
Paraza 11 254 B2
Parbayse 64 248 A1
Parc-d'Anxtot 76 14 B4
Parçay-Meslay 37 116 A1
Parçay-les-Pins 49 115 D1
Parçay-sur-Vienne 37 115 E4
Parcé 35 74 A2
Parcé-sur-Sarthe 72 95 F2
Parcey 39 124 B4
Parcieux 01 171 E1
Parcoul 24 178 B2
Le Parcq 62 9 D2
Parcy-et-Tigny 02 35 E3
Pardailhan 34 232 C4
Pardaillan 47 195 F2
Pardies 64 226 A4
Pardies-Piétat 64 248 C2
Pardines 63 168 B4
Paréac 65 249 D2
Pareid 55 39 E4
Pareloup (Lac de) 12 215 F2
Parempuyre 33 177 D4
Parennes 72 75 F3
Parent 63 168 B3
Parentignat 63 168 B4
Parentis-en-Born 40 208 B1
Parenty 62 8 B1
Parey-St-Césaire 54 64 B4
Parey-sous-Montfort 88 86 B2
Parfondeval 61 77 D1
Parfondeval 02 20 C3
Parfondru 02 36 A1
Parfondrupt 55 39 E3
Parfouru-l'Éclin 14 28 B3
Parfouru-sur-Odon 14 28 C4
Pargnan 02 36 A2
Pargny 80 18 C3
Pargny-les-Bois 02 19 F3
Pargny-la-Dhuys 02 59 F1
Pargny-Filain 02 35 F1
Pargny-lès-Reims 51 36 B3
Pargny-Resson 08 37 D1
Pargny-sous-Mureau 88 85 F2
Pargny-sur-Saulx 51 62 A2
Pargues 10 83 E4
Parignargues 30 235 D1
Parigné 35 74 A1
Parigné-l'Évêque 72 96 C1
Parigné-le-Pôlin 72 96 B2
Parigné-sur-Braye 53 75 D2
Parigny 42 154 B4
Parigny 50 51 D4
Parigny-la-Rose 58 120 C2
Parigny-les-Vaux 58 120 B4
PARIS 75 57 E2
Paris-l'Hôpital 71 139 F1
Parisot 82 214 A2
Parisot 81 230 C1
Parlan 15 199 D1
Parleboscq 40 210 B4
Parly 89 101 F3
Parmain 95 33 E4
Parmilieu 38 172 B1
Parnac 36 149 F1
Parnac 46 197 E4
Parnans 26 188 B3
Parnay 49 114 C3
Parnay 18 136 A2
Parné-sur-Roc 53 74 C4
Parnes 60 32 C3
Parnot 52 86 A4
Les Paroches 55 63 D1
Parois 55 38 B4
Paron 89 81 E3
Paroy 25 125 D4
Paroy 77 81 E1
Paroy-en-Othe 89 82 B4
Paroy-sur-Saulx 52 62 C4
Paroy-sur-Tholon 89 101 F1
Parpeçay 36 117 E3
Parpeville 02 19 E3
Parranquet 47 196 C3
Parroy 54 65 D3
Pars-lès-Chavanges 10 83 F1
Pars-lès-Romilly 10 82 B1
Parsac 23 150 C3
Parthenay 79 131 E3
Parthenay-de-Bretagne 35 72 C3
Partinello 2a 266 B1
Parux 54 65 F4
Parves 01 173 D2
Parville 27 55 E1
Parvillers-le-Quesnoy 80 18 B3
Parzac 16 163 D1
Le Pas 53 75 D1
Les Pas 50 50 B4
Pas-de-Jeu 79 131 F1
Pas-en-Artois 62 9 E4
Le Pas-St-l'Homer 61 77 E1
Pasilly 89 103 D3
Paslières 63 168 C1
Pasly 02 35 E2
Pasques 21 123 E2
Le Pasquier 39 141 F2
Passa 66 262 C3
Le Passage 38 172 C3
Le Passage 47 211 E2
Passais-la-Conception 61 51 F4
Passavant 25 126 A2
Passavant-en-Argonne 51 38 A4
Passavant-la-Rochère 70 106 B1
Passavant-sur-Layon 49 114 A3
Passel 60 34 C1
Passenans 39 141 E2
Passin 01 157 D4
Passins 38 172 C2
Passirac 16 178 A1
Passonfontaine 25 126 A3
Passy 74 159 D4
Passy 71 139 E4
Passy 89 81 F4
Passy-en-Valois 02 35 D3
Passy-Grigny 51 36 A4
Passy-sur-Marne 02 35 F4
Passy-sur-Seine 77 81 F1
Pastricciola 2a 266 C2
Patay 45 79 D4
Patornay 39 141 E3
Patrimonio 2b 265 E2
Pau 64 248 B1
Paucourt 45 84 C4
Paudy 36 118 A4
Pauilhac 32 228 B1
Pauillac 33 177 D2
Paule 22 70 A2
Paulhac 15 183 F4
Paulhac 31 230 B2
Paulhac 43 184 C2
Paulhac-en-Margeride 48 184 C4
Paulhaguet 43 185 D2
Paulhan 34 233 F3
Paulhe 12 216 B3
Paulhenc 15 200 B1
Paulhiac 47 196 C3
Pauliac (Puy de) 19 181 E3
Pauligne 11 253 D3
Paulin 24 180 C4
Paulinet 81 231 F1
Paulmy 37 133 D1
Paulnay 36 133 F2
Paulx 44 111 E4
Paunat 24 196 C1
Pause (Col de) 09 259 E4
Paussac-et-St-Vivien 24 179 E1
Pautaines-Augeville 52 85 E2
Pauvres 08 37 E2
Pavant 02 59 E1
Pavezin 42 171 D4
Pavie 32 228 B3
Le Pavillon-Ste-Julie 10 82 C2
Les Pavillons-sous-Bois 93 58 A2
Pavilly 76 15 E4
Pavin (Lac) 63 167 F4
Payns 10 82 C2
Payra-sur-l'Hers 11 252 C1
Payrac 46 197 F2
Payré 86 147 E2
Payrignac 46 197 E2
Payrin-Augmontel 81 231 F3
Payros-Cazautets 40 226 B2
Payroux 86 148 A2
Payssous 31 258 C2
Payzac 07 202 C4
Payzac 24 180 C1
Pazayac 24 181 C3
Paziols 11 262 B1
Pazy 58 121 D3
Le Péage-de-Roussillon 38 187 E1
Péas 51 60 A3
Peaugres 07 187 E2
Péaule 56 92 A3
Péault 85 129 E4
Pébées 32 229 D4
Pébrac 43 185 D4
Pech 09 260 B1
Pech-Luna 11 252 C2
Pech-Merle (Grotte du) 46 198 B3
Péchabou 31 230 A3
Pécharic-et-le-Py 11 252 C2
Péchaudier 81 231 D3
Pechbonnieu 31 230 A2
Pechbusque 31 230 A3
Le Pêchereau 36 134 B4
Pécorade 40 226 C2
Le Pecq 78 57 D2
Pecquencourt 59 10 C2
Pecqueuse 91 57 D4
Pécy 77 59 D4
Pédernec 22 47 D3
Pégairolles-de-Buèges 34 233 F1
Pégairolles-de-l'Escalette 34 233 E1
Pégomas 06 240 A2
Le Pègue 26 204 B4
Péguilhan 31 250 B1
Peigney 52 105 D1
Peillac 56 92 B2
Peille 06 241 E3
Peillon 06 241 E4
Peillonnex 74 158 B3
Peintre 39 124 B3
Les Peintures 33 178 A3
Peipin 04 221 F2
Peisey-Nancroix 73 175 D3
Pel-et-Der 10 83 F1
Pélissanne 13 236 C2
Pellafol 38 205 F1
Pelleautier 05 206 A3
Pellefigue 32 228 C4
Pellegrue 33 195 E2
Pelleport 31 229 E2
Pellerey 21 104 B4
Le Pellerin 44 111 E2
La Pellerine 53 74 B2
La Pellerine 49 115 D1
Pellevoisin 36 134 A1
Pellouailles-les-Vignes 49 95 E4
Pelonne 26 204 C4
Pelouse 48 201 F3
Pelousey 25 125 D2
Peltre 57 40 B4
Pélussin 42 187 D1
Pelves 62 10 B3
Pelvoux 05 190 C4
Pelvoux (Belvédère du) 05 207 D1
Penchard 77 58 B1
Pencran 29 45 E3
Pendé 80 8 A4
Pendus (Rocher des) 15 183 E4
Pénestin 56 91 E4
Penguily 22 71 F1
Penhir (Pointe de) 29 68 A1
Penin 62 9 F3
Penly 76 15 F1
Penmarch 29 68 B4
Pennautier 11 253 E2
La Penne 06 223 E4
Penne 81 213 F3
Penne-d'Agenais 47 212 A1
La Penne-sur-Huveaune 13 243 E3
La Penne-sur-l'Ouvèze 26 220 B1
Pennedepie 14 30 A2
Les Pennes-Mirabeau 13 243 D1
Pennes-le-Sec 26 204 C2
Pennesières 70 106 B4
Penol 38 188 B1
Pensol 87 163 F3
Penta-Acquatella 2b 265 E4
Penta-di-Casinca 2b 265 E4
Penvénan 22 47 D1
Péone 06 223 E2
Pépieux 11 254 A1
Pérassay 36 150 C1
Peray 72 76 C3
Perceneige 89 81 F2
Percey 89 102 C1
Percey-le-Grand 70 105 E3
Percey-le-Pautel 52 105 D2
Percey-sous-Montormentier 52 105 E3
Le Perchay 95 33 D4
La Perche 18 136 A3
Perche (Forêt du) 61 54 B4
Perchède 32 227 D1
Percy 50 51 D1
Percy 38 205 E1
Percy-en-Auge 14 29 E4
Perdreauville 78 56 B1
Perdrix (Crêt de la) 42 187 D1
Péré 65 249 F2
Péré 17 145 F3
Péréandre (Roche) 07 187 D2
Péreille 09 252 B4
Perelli 2b 267 E1
Pérenchies 59 5 D4
Péret 34 233 E3
Péret-Bel-Air 19 166 A4
Péreuil 16 162 B4
Péreyres 07 202 C2
Pergain-Taillac 32 211 E3
Peri 2a 266 C3
Le Périer 38 189 F4
Périers 50 26 C3
Périers-en-Auge 14 29 E3
Périers-sur-le-Dan 14 29 D3
Pérignac 16 162 B4
Pérignac 17 161 E3
Pérignat-lès-Sarliève 63 168 B2
Pérignat-sur-Allier 63 168 B2
Périgné 79 146 C3
Périgneux 42 170 B4
Périgny 17 145 D3
Périgny 14 52 A1
Périgny 41 98 A3
Périgny 94 58 A3
Périgny 03 153 E2
Périgny-la-Rose 10 59 F4
Périgueux 24 179 F2
Périssac 33 177 F4
Perles 02 35 F2
Perles-et-Castelet 09 260 C1
Pern 46 213 D1
Pernand-Vergelesses 21 123 E4
Pernant 02 35 D2
Pernay 37 115 E1
La Pernelle 50 25 E2
Pernes 62 9 E1
Pernes-lès-Boulogne 62 2 C3
Pernes-les-Fontaines 84 220 A3
Pernois 80 17 E1
Pero-Casevecchie 2b 265 F4
Pérols 34 234 C3
Pérols-sur-Vézère 19 166 A3
Péron 01 157 E2
Péronnas 01 156 B3
Péronne 71 155 E1
Péronne 80 18 C2
Péronne-en-Mélantois 59 10 C1
Péronville 28 78 C4
Pérouges 01 172 A1
La Pérouille 36 134 B3
Pérouse 90 108 A3
Péroy-les-Gombries 60 34 B3
Perpezac-le-Blanc 19 180 C2
Perpezac-le-Noir 19 181 D1
Perpezat 63 167 E3
Perpignan 66 262 C2
Les Perques 50 24 C3
Perquie 40 209 F4
Perrancey 52 105 D2
Le Perray-en-Yvelines 78 56 C3
Perrecy-les-Forges 71 139 D3
Le Perréon 69 155 E3
Perret 22 70 C2
Perreuil 71 139 E2
Perreuse 89 101 F4
Perreux 42 154 B4
Perreux 89 101 E2
Le Perreux-sur-Marne 94 58 A2
Perrex 01 156 A2
Le Perrier 85 128 A1
Perrier 63 168 B4
Perrier (Source minérale) 30 235 D2
La Perrière 61 76 C2
La Perrière 73 174 C4
Perrières 14 53 D1
Perriers-la-Campagne 27 31 D4
Perriers-en-Beauficel 50 51 E3
Perriers-sur-Andelle 27 32 A2
Perrignier 74 158 C1
Perrigny 89 102 A2
Perrigny 39 141 E3
Perrigny-lès-Dijon 21 123 E2
Perrigny-sur-Armançon 89 103 E3
Perrigny-sur-Loire 71 138 B4
Perrigny-sur-l'Ognon 21 124 B2
Perrogney-les-Fontaines 52 105 D2
Le Perron 50 28 A4
Perros-Guirec 22 46 C1
Perrou 61 53 B4
Perrouse 70 125 E1
Perroy 58 120 B1
Perruel 27 32 A2
Perrusse 52 85 F4
Perrusson 37 116 B4
Pers 79 147 D2
Pers 15 199 D1
Pers-en-Gâtinais 45 81 D4
Pers-Jussy 74 158 B3
Persac 86 148 B2
Persan 95 33 E4
Perseigne (Forêt de) 72 76 B1
Persquen 56 70 C3
Pertain 80 18 B3
Perthes 77 80 B1
Perthes 08 37 D1
Perthes 52 62 A3
Perthes-lès-Brienne 10 84 A1
Pertheville-Ners 14 53 D2
Le Perthus 66 262 C4
Le Pertre 35 74 B4
Le Pertuis 43 186 A3
Pertuis 84 237 E2
Pertusato (Capo) 2A 269 D4
Perty (Col de) 26 220 C1
La Péruse 16 163 E1
Pervenchères 61 76 C1
Perville 82 212 A2
Pescadoires 46 197 E4
Peschadoires 63 168 C2
Le Pescher 19 181 E3
Péseux 25 126 B1
Peseux 39 124 A4
Peslières 63 184 C1
Pesmes 70 124 B2
Pessac 33 194 A1
Pessac-sur-Dordogne 33 195 E1
Pessan 32 228 B3
Pessans 25 125 D3
Pessat-Villeneuve 63 168 B1
La Pesse 39 157 E2
Pessines 17 161 D2
Pessoulens 32 228 C1
Pesteils 15 183 D4
Petersbach 67 66 B1
Le Petit-Abergement 01 157 D4
Petit-Auverné 44 94 A3
Petit Ballon 68 88 C4
Petit-Bersac 24 178 C2
Le Petit-Bornand-les-Glières 74 158 B4
Le Petit-Celland 50 51 D3
Petit-Cœur 73 174 C3
Le Petit-Couronne 76 31 E2
Petit-Croix 90 108 A3
Le Petit Drumont 88 108 A1
Petit-Failly 54 39 D1
Petit-Fayt 59 11 F4
Petit-Fort-Philippe 59 3 E1
Le Petit-Fougeray 35 93 E1
Petit-Landau 68 109 D2
Petit-Mars 44 112 B1
Le Petit-Mercey 39 124 C3
Petit-Mesnil 10 84 A2
Petit Morin 51, 77 60 A2
Petit-Noir 39 140 C1
Petit-Palais-et-Cornemps 33 178 A4
Le Petit-Pressigny 37 133 D1
Le Petit-Quevilly 76 31 E1
Petit-Réderching 57 42 B4
Petit-Rhône 13,30 235 E2
Petit St-Bernard (Col du) 73 175 E2
Petit-Tenquin 57 41 E4
Petit-Verly 02 19 E1
La Petite-Boissière 79 130 B1
Petite-Chaux 25 142 B2
Petite-Forêt 59 11 D2
La Petite-Fosse 88 88 B2
La Petite-Marche 03 151 F3
La Petite-Pierre 67 66 B1
La Petite-Raon 88 88 B1
Petite-Rosselle 57 41 E3
La Petite-Verrière 71 122 A4
Petitefontaine 90 108 A2
Les Petites-Armoises 08 37 F1
Les Petites-Loges 51 36 C4
Petitmagny 90 108 A2
Petitmont 54 65 F4
Petits Goulets 26,38 188 C3
Petiville 76 30 C1
Petiville 14 29 E3
Petosse 85 130 A4
Petreto-Bicchisano 20 268 C2
Pettoncourt 57 64 C2
Pettonville 54 65 E4
Peujard 33 177 E3
Peumérit 29 68 C3
Peumerit-Quintin 22 70 B1
Peuplingues 62 2 C2
Peuton 53 94 C1
Peuvillers 55 38 C2
Peux-et-Couffouleux 12 232 C2
Pévange 57 65 D1
Pévy 51 36 A2
Pexiora 11 253 D1
Pexonne 54 65 F4
Pey 40 225 D2

Peymeinade 06 240 A2
Peynier 13 237 F4
Peypin 13 243 E2
Peypin-d'Aigues 84 237 E1
Peyrabout 23 150 B3
Le Peyrat 09 252 C4
Peyrat-le-Château 87 165 F2
Peyrat-de-Bellac 87 149 D3
Peyrat-la-Nonière 23 151 D3
La Peyratte 79 131 E3
Peyraube 65 249 F2
Peyraud 07 187 E2
Peyre 40 226 B3
Peyre-Haute 05 207 D2
Peyrebeille (Auberge de) 07 202 B2
Peyrecave 32 212 A4
Peyrefitte-du-Razès 11 253 D3
Peyrefitte-sur-l'Hers 11 252 C2
Peyregoux 81 231 E2
Peyrehorade 40 225 D3
Peyreleau 12 216 B2
Peyrelevade 19 166 B2
Peyrelongue-Abos 64 227 D4
Peyremale 30 218 A1
Peyrens 11 252 C1
Peyrepertuse (Château de) 11 253 F4
Peyresourde (Col de) 31,65 258 B4
Peyrestortes 66 262 C1
Peyret-St-André 65 250 A1
Peyriac-de-Mer 11 254 C3
Peyriac-Minervois 11 253 F1
Peyriat 01 157 D3
Peyrière 47 195 F3
Peyrieu 01 173 D2
Peyrignac 24 180 B3
Peyriguère 65 249 F1
Peyrilhac 87 164 B1
Peyrillac-et-Millac 24 197 F1
Peyrilles 46 197 F3
Peyrins 26 188 A3
Peyrissac 19 165 E4
Peyrissas 31 250 C1
Peyrol (Pas de) 15 183 E3
Peyrole 81 230 C1
Peyroles 30 217 F3
Peyrolles 11 253 E4
Peyrolles-en-Provence 13 237 F2
Peyroules 04 239 E1
Peyrouse 65 249 D2
Peyrouzet 31 250 C2
Peyruis 04 221 F3
Peyrun 65 249 E1
Peyrus 26 188 B4
Peyrusse 15 184 A2
Peyrusse-Grande 32 227 F2
Peyrusse-Massas 32 228 B2
Peyrusse-le-Roc 12 199 D4
Peyrusse-Vieille 32 227 F2
Peyssies 31 251 E1
Peyzac-le-Moustier 24 180 B4
Peyzieux-sur-Saône 01 155 F3
Pézanin (Arboretum) 71 155 D1
Pézarches 77 58 C3
Pezé-le-Robert 72 76 A3
Pézenas 34 233 F4
Pézènes-les-Mines 34 233 E3
Pezens 11 253 E2
Pézilla-de-Conflent 66 262 A2
Pézilla-la-Rivière 66 262 B2
Pezou 41 98 A2
Pezuls 24 196 C1
Pézy 28 78 C2
Pfaffenheim 68 89 D4
Pfaffenhoffen 67 67 D1
Pfalzweyer 67 66 B2
Pfastatt 68 108 C2
Pfetterhouse 68 108 B4
Pfettisheim 67 67 D3
Pfulgriesheim 67 67 D3
Phaffans 90 108 A3
Phalempin 59 10 B1
Phalsbourg 57 66 B2
Philippsbourg 57 42 C4
Philondenx 40 226 B3
Phlin 54 64 C1
Pia 66 262 C1
Piacé 72 76 B2
Le Pian-Médoc 33 177 D4
Le Pian-sur-Garonne 33 194 C3
Piana 2a 266 A2
Pianello 2b 267 E1
Piano 2b 265 E4
Pianottoli-Caldarello 2a 269 D4
Les Piards 39 141 F4
La Piarre 05 205 E4
Piazzali 2b 267 E1
Piazzole 2b 265 E4
Pibeste (Pic du) 65 257 D2
Piblange 57 40 C2
Pibrac 31 229 F3
Picarreau 39 141 E2
Picauville 50 25 D4
Pichanges 21 123 F1
Picherande 63 167 E4
Picquigny 80 17 D2
Pie-d'Orezza 2b 265 E4
Pied-de-Borne 48 202 B4
Pied-la-Viste 05 207 D2
Piedicorte-di-Gaggio 2b 267 E2
Piedicroce 2b 265 E4
Piedigriggio 2b 265 D4
Piedipartino 2b 265 E4
Piégon 26 220 A1
Piégros-la-Clastre 26 204 B2
Piégut 04 206 B4
Piégut-Pluviers 24 163 E3
Piemançon (Plage de) 13 242 A2
Piencourt 27 30 B3
Piennes 54 39 E2
Piennes-Onvillers 80 18 A4
Piépape 52 105 D3
Pierlas 06 223 F3
La Pierre 38 189 F1
Pierre-Bénite 69 171 E2
Pierre-Buffière 87 165 D3
Pierre-Châtel 38 189 E4
Pierre-de-Bresse 71 140 C1
Pierre d'Haudry 02 20 A1
La Pierre du Charbonnier 03 153 F3
Pierre-Gourde (Château de) 07 203 F1
Pierre-Levée 77 58 C2
Pierre-Lys (Défilé de) 11 261 E1
Pierre-Morains 51 60 C2
Pierre-Percée 54 65 F4
Pierre-Perthuis 89 121 E1
Pierre-qui-Vire (Abbaye de la) 89 122 A2
Pierre St-Martin (Col de la) 64 247 F3
Pierre sur Haute 63 169 E3
Pierre-la-Treiche 54 64 A3
Pierreclos 71 155 E2
Pierrecourt 76 16 B2
Pierrecourt 70 105 F3
Pierrefaites 52 105 F2
Pierrefeu 06 223 F4
Pierrefeu-du-Var 83 244 C2
Pierrefiche 48 201 F2
Pierrefiche 12 200 B4
Pierrefiques 76 14 A3
Pierrefitte 79 131 D1
Pierrefitte 88 87 D3
Pierrefitte 23 151 D3
Pierrefitte 19 181 E1
Pierrefitte-en-Auge 14 30 A3
Pierrefitte-en-Beauvaisis 60 33 D1
Pierrefitte-en-Cinglais 14 52 B1
Pierrefitte-ès-Bois 45 100 C4
Pierrefitte-Nestalas 65 257 E2
Pierrefitte-sur-Aire 55 62 C1
Pierrefitte-sur-Loire 03 138 B4
Pierrefitte-sur-Sauldre 41 99 F4
Pierrefitte-sur-Seine 93 57 E1
Pierrefonds 60 34 C2
Pierrefontaine-lès-Blamont 25 126 C1
Pierrefontaine-les-Varans 25 126 A2
Pierrefontaines 52 105 D2
Pierrefort 15 200 B1
Pierregot 80 17 F1
Pierrelatte 26 219 D1
Pierrelaye 95 57 D1
Pierrelongue 26 220 B2
Pierremande 02 19 D4
Pierremont 62 9 D2
Pierrepont 14 52 C2
Pierrepont 02 20 A4
Pierrepont 54 39 E1
Pierrepont-sur-l'Arentèle 88 87 F2
Pierrepont-sur-Avre 80 18 A3
Pierrerue 04 221 E4
Pierrerue 34 232 C4
Pierres 28 56 A4
Pierres 14 51 F2
Pierres (Pont des) 01 157 E3
Pierreval 76 32 A1
Pierrevert 04 238 A1
Pierreville 54 64 B4
Pierreville 50 24 B3
Pierrevillers 57 40 A3
Pierric 44 93 D3
Pierry 51 60 B1
Pietra-di-Verde 2b 267 F1
Pietracorbara 2b 264 C2
Pietralba 2b 265 D3
Pietraserena 2b 267 E2
Pietricaggio 2b 267 E1
Pietrosella 2a 268 B1
Pietroso 2b 267 E2
Piets-Plasence-Moustrou 64 226 B3
Pieusse 11 253 E3
Les Pieux 50 24 B3
Piève 2b 265 E3
Piffonds 89 81 E4
Pigerolles 23 166 B2
Pigna 2b 264 B3
Pignan 34 234 B3
Pignans 83 244 C1
Pignicourt 02 36 B2
Pigno (Serra di) 2B 265 E2
Pignols 63 168 C3
Pigny 18 119 D3
Pihem 62 3 E4
Pihen-lès-Guînes 62 2 C2
Pila-Canale 2a 268 C1
Pilat (Dune du) 33 190 C3
Pilat (Parc Régional du) 42 187 D1
Pillac 16 178 C1
Pillemoine 39 141 F3
Les Pilles 26 220 B1
Pillon 55 39 D2
Pimbo 40 226 C3
Pimelles 89 103 D2
Pimorin 39 141 D4
Pimprez 60 34 C1
Le Pin 14 30 B3
Le Pin 82 212 B3
Le Pin 38 172 C4
Le Pin 03 154 A1
Le Pin 17 177 F1
Le Pin 44 94 A3
Le Pin 39 141 E2
Le Pin 79 130 B1
Le Pin 30 219 D3
Le Pin 77 58 A2
Pin 70 125 D2
Le Pin-au-Haras 61 53 E3
Pin-Balma 31 230 A3
Le Pin-en-Mauges 49 113 D2
Le Pin-la-Garenne 61 77 D1
Pin (Haras du) 61 53 E3
Pin-Moriès 48 201 D4
Le Pin-Murelet 31 229 D4
Pinarello 2A 269 F2
Pinas 65 250 A2
Pinay 42 170 B1
Pincé 72 95 E2
Pinçon (Mont) 14 52 A1
Pindères 47 210 B1
Pindray 86 133 D4
Les Pineaux 85 129 E3
Pinel-Hauterive 47 196 B4
Pinet 34 233 F4
Pineta (Forêt de la) 2A 266 C4
Pineuilh 33 195 E1
Piney 10 83 E2
Pino 2b 264 B2
Pinols 43 184 C3
Pinon 02 35 E1
Les Pins 16 163 D2
Pins-Justaret 31 229 F4
Pinsac 46 197 F1
Pinsaguel 31 229 F3
Pinsot 38 190 A1
Pintac 65 249 D1
Pinterville 27 31 F3
Pintheville 55 39 D4
Les Pinthières 28 56 B3
Piobetta 2b 267 E1
Pioggiola 2b 264 C3
Piolenc 84 219 E2
Pionnat 23 150 C3
Pionsat 63 151 F3
Pioussay 79 147 D3
Pipriac 35 92 C2
Pique (Vallée de la) 31 258 B4
Piquecos 82 213 D3
Pirajoux 01 156 B1
Piré-sur-Seiche 35 73 E4
Pirey 25 125 D2
Piriac-sur-Mer 44 110 A1
Pirmil 72 96 A1
Pirou 50 26 C3
Pis 32 228 C1
Pisany 17 160 C2
Piscia di Gallo (Cascade de) 2A 269 E2
Piscop 95 57 E1
Piseux 27 55 D3
Pisieu 38 188 A1
Pisseleu 60 33 D1
Pisseloup 52 106 A2
La Pisseure 70 106 C1
Pissos 40 209 D1
Pissotte 85 130 B4
Pissy 80 17 E2
Pissy-Pôville 76 31 E1
Pisy 89 103 D4
Pitgam 59 3 F2
Pithiviers 45 80 A3
Pithiviers-le-Vieil 45 79 F3
Pithon 02 18 C3
Pîtres 27 31 F2
Pittefaux 62 2 C3
Pizay 01 172 A1
Pizieux 72 76 C2
Le Pizou 24 178 B4
Le Pla 09 261 D2
Plabennec 29 45 D2
Placé 53 74 C2
Les Places 27 30 B3
Placey 25 125 D2
Plachy-Buyon 80 17 E3
Placy 14 52 B1
Placy-Montaigu 50 27 F4
Le Plagnal 07 202 B2
La Plagne 73 175 D3
Plagne 31 251 D2
Plagne 01 157 E2
Plagnole 31 229 D4
Plaigne 11 252 C2
Plailly 60 34 A4
Plaimbois-du-Miroir 25 126 B2
Plaimbois-Vennes 25 126 B3
Plaimpied-Givaudins 18 119 D4
La Plaine 49 113 F4
Plaine 67 88 C1
Plaine-de-Walsch 57 66 A3
Plaine-Haute 22 47 F4
Plaine Joux 74 159 D4
La Plaine-sur-Mer 44 110 C3
Plainemont 70 106 C1
Plaines-St-Lange 10 103 F1
Plainfaing 88 88 B3
Plainoiseau 39 141 E2
Les Plains-et-Grands-Essarts 25 126 C2
Plaintel 22 48 A4
Plainval 60 33 F1
Plainville 27 30 C4
Plainville 60 17 F4
Plaisance 86 148 C2
Plaisance 12 215 E4
Plaisance 32 227 E3
Plaisance-du-Touch 31 229 F3
Plaisia 39 141 E4
Plaisians 26 220 B2
Plaisir 78 56 C2
Plaisir Fontaine (Grotte de) 25 125 E3
Plaissan 34 233 F3
Plaizac 16 162 A2
Plampinet 05 191 D3
Le Plan 31 251 D2
Plan 38 188 C1
Planaise 73 173 F4
Planay 73 175 D4
Planay 21 103 F3
La Planche 44 112 A4
Plancher-Bas 70 107 F2
Plancher-les-Mines 70 107 F2
Plancherine 73 174 B2
Planches 61 53 F3
Les Planches-en-Montagne 39 142 A3
Les Planches-près-Arbois 39 141 F1
Planchez 58 121 F3
Plancoët 22 49 D3
Plancy-l'Abbaye 10 60 B4
La Planée 25 142 C1
Planès 66 261 F3
Le Planey 74 175 D1
Planèzes 66 262 B1
Planfoy 42 186 C1
Planguenoual 22 48 B3
Planioles 46 198 C3
Le Planois 71 140 C2
Plan-d'Aups 83 243 F2
Plan-de-Baix 26 204 B1
Plan-de-Cuques 13 243 E2
Plan-de-la-Tour 83 245 E1
Plan-d'Orgon 13 236 C1
Planpraz 74 159 E4
Le Planquay 27 30 C4
Planquery 14 28 B3
Les Planques 81 214 C3
Planques 62 9 D2
Planrupt 52 84 B1
Les Plans 34 233 E2
Les Plans 30 218 B2
Le Plantay 01 156 A4
Les Plantiers 30 217 E3
Le Plantis 61 54 A4
Planty 10 82 B3
Planzolles 07 202 C4
Plappeville 57 40 A3
Plasne 39 141 E2
Plasnes 27 30 C4
Plassac 17 161 D4
Plassac 33 177 D3
Plassac-Rouffiac 16 162 B4
Plassay 17 161 D1
Plateau-d'Assy 74 159 D4
Plats 07 187 E4
Plaudren 56 91 E2
Plauzat 63 168 B3
Plavilla 11 252 C2
Plazac 24 180 B4
Pleaux 15 182 C3
Pléboulle 22 49 D3
Pléchâtel 35 93 D1
Plédéliac 22 48 C4
Plédran 22 48 B4
Pléguien 22 47 F2
Pléhédel 22 47 E2
Pléherel 22 48 C3
Pleine-Fougères 35 50 B4
Pleine-Selve 02 19 E3
Pleine-Selve 33 177 D1
Pleine-Sève 76 15 D2
Pleines-Œuvres 14 51 E1
Plélan-le-Grand 35 72 B4
Plélan-le-Petit 22 49 D4
Plélauff 22 70 B2
Plélo 22 47 F3
Plémet 22 71 F2
Plémy 22 71 E1
Plénée-Jugon 22 72 A1
Pléneuf-Val-André 22 48 C3
Plénise 39 142 A2
Plénisette 39 142 A2
Plerguer 35 49 F4
Plérin 22 48 A3
Plerneuf 22 47 F3
Plescop 56 91 E2
Plesder 35 72 C1
Plésidy 22 47 E4
Pleslin 22 49 D3
Plesnois 57 40 B3
Plesnoy 52 105 E1
Plessala 22 71 E2
Plessé 44 92 C4
Le Plessier-Huleu 02 35 E3
Le Plessier-Rozainvillers 80 17 F3
Le Plessier-sur-Bulles 60 33 F1
Le Plessier-sur-St-Just 60 33 F1
Le Plessis 03 137 D4
Le Plessis-aux-Bois 77 58 B1
Plessis-Barbuise 10 59 F4
Le Plessis-Belleville 60 34 B4
Le Plessis-Bouchard 95 57 E1
Le Plessis-Bourré 49 94 D3
Le Plessis-Brion 60 34 C1
Plessis-de-Roye 60 18 B4
Le Plessis-Dorin 41 77 E4
Le Plessis-l'Échelle 41 98 C2
Le Plessis-l'Évêque 77 58 B1
Le Plessis-Feu-Aussoux 77 58 C3
Le Plessis-Gassot 95 57 F1
Le Plessis-Grammoire 49 95 E4
Le Plessis-Grimoult 14 52 A1
Le Plessis-Grohan 27 55 E1
Le Plessis-Hébert 27 55 F1
Le Plessis-Lastelle 50 27 D2
Le Plessis-Luzarches 95 33 F4
Le Plessis-Macé 49 95 D4
Le Plessis-Pâté 91 57 E4
Le Plessis-Patte-d'Oie 60 18 C3
Le Plessis-Placy 77 34 C4
Le Plessis-Robinson 92 57 E3
Plessis-St-Benoist 91 79 E1
Plessis-St-Jean 89 81 F2
Le Plessis-Ste-Opportune 27 31 E4
Le Plessis-Trévise 94 58 A2
Plessix-Balisson 22 49 E3
Plestan 22 48 C4
Plestin-les-Grèves 22 46 C2
Pleubian 22 47 E1
Pleucadeuc 56 92 A2
Pleudaniel 22 47 E1
Pleudihen-sur-Rance 22 49 E4
Pleugriffet 56 71 E4
Pleugueneuc 35 72 C1
Pleumartin 86 133 D2
Pleumeleuc 35 72 C3
Pleumeur-Bodou 22 46 C1
Pleumeur-Gautier 22 47 E1
Pleure 39 141 D1
Pleurs 51 60 B3
Pleurtuit 35 49 E3
Pleuven 29 69 D3
Pleuvezain 88 86 B1
Pleuville 16 148 A3
Pléven 22 49 D4
Plévenon 22 49 D2
Plévin 22 70 A2
Pleyben 29 69 E1
Pleyber-Christ 29 46 A3
Pliboux 79 147 E3
Plichancourt 51 61 F3
Plieux 32 211 F4
Plivot 51 60 C1
Plobannalec 29 68 C4
Plobsheim 67 67 D4
Ploemel 56 90 C2
Plœmeur 56 90 B2
Ploërdut 56 70 B3
Plœren 56 91 E3
Ploërmel 56 72 A4
Plœuc-sur-Lié 22 71 E1
Ploëven 29 68 C2
Ploëzal 22 47 D2
Plogastel-St-Germain 29 68 C3
Plogoff 29 68 A2
Plogonnec 29 68 C2
Ploisy 02 35 E2
Plomb 50 50 C3
Plomb du Cantal 15 183 E3
Plombières-les-Bains 88 87 E4
Plombières-lès-Dijon 21 123 E2
Plomelin 29 68 C3
Plomeur 29 68 C4
Plomion 02 20 B3
Plomodiern 29 68 C1
Plonéis 29 68 C3
Plonéour-Lanvern 29 68 C3
Plonévez-du-Faou 29 69 E1
Plonévez-Porzay 29 68 C2
Plorec-sur-Arguenon 22 49 D4
Plottes 71 140 A4
Plou 18 118 B4
Plouagat 22 47 E3
Plouaret 22 46 C2
Plouarzel 29 44 C3
Plouasne 22 72 C2
Plouay 56 70 B4
Ploubalay 22 49 E3
Ploubazlanec 22 47 E1
Ploubezre 22 46 C2
Ploudalmézeau 29 44 C2
Ploudaniel 29 45 E2
Ploudiry 29 45 F3
Plouëc-du-Trieux 22 47 E2
Plouédern 29 45 E2
Plouégat-Guérand 29 46 B2
Plouégat-Moysan 29 46 C3
Plouénan 29 46 A2
Plouër-sur-Rance 22 49 E4
Plouescat 29 45 F1
Plouézec 22 47 E2
Plouézoch 29 46 A2
Ploufragan 22 47 F4
Plougar 29 45 F2
Plougasnou 29 46 B2
Plougastel-Daoulas 29 45 D3
Plougonvelin 29 44 C3
Plougonven 29 46 B3
Plougonver 22 47 D3
Plougoulm 29 45 F1
Plougoumelen 56 91 D3
Plougourvest 29 45 F2
Plougras 22 46 C3
Plougrescant 22 47 D1
Plouguenast 22 71 E2
Plouguerneau 29 45 D1
Plouguernével 22 70 B2
Plouguiel 22 47 D1
Plouguin 29 44 C2
Plouha 22 47 F2
Plouharnel 56 90 C3
Plouhinec 29 68 B3
Plouhinec 56 90 C2
Plouider 29 45 E1
Plouigneau 29 46 B3
Plouisy 22 47 D3
Ploulec'h 22 46 C2
Ploumagoar 22 47 E3
Ploumanach 22 46 C1
Ploumilliau 22 46 C2
Ploumoguer 29 44 C3
Plounéour-Ménez 29 46 A3
Plounéour-Trez 29 45 E1
Plounérin 22 46 C3
Plounéventer 29 45 E2
Plounévez-Lochrist 29 45 E1
Plounévez-Moëdec 22 46 C3
Plounévez-Quintin 22 70 C1
Plounévézel 29 69 F1
Plourac'h 22 46 C4
Plouray 56 70 B2
Plourhan 22 47 F3
Plourin 29 44 C2
Plourin-lès-Morlaix 29 46 B3
Plourivo 22 47 E2
Plouvain 62 10 B3
Plouvara 22 47 F3
Plouvien 29 45 D2
Plouvorn 29 45 F2
Plouyé 29 69 F1
Plouzané 29 44 C3
Plouzélambre 22 46 C2
Plouzévédé 29 45 F2
Plovan 29 68 B3
Ployart-et-Vaurseine 02 36 A1
Le Ployron 60 18 A4
Plozévet 29 68 B3
Pludual 22 47 F2
Pluduno 22 49 D3
Plufur 22 46 C2
Pluguffan 29 68 C3
Pluherlin 56 92 A2
Plumaudan 22 72 B1
Plumaugat 22 72 B2
Plumelec 56 91 F1
Pluméliau 56 71 D4
Plumelin 56 91 D1
Plumergat 56 91 D2
Plumetot 14 29 D3
Plumieux 22 71 F3
Plumont 39 124 C3
Pluneret 56 91 D2
Plurien 22 48 C3
Plusquellec 22 46 C4
Plussulien 22 70 C2
Pluvault 21 124 A3
Pluvet 21 124 A3
Pluvigner 56 91 D2
Pluzunet 22 47 D2
Pocancy 51 60 C1
Pocé-les-Bois 35 73 F3
Pocé-sur-Cisse 37 116 B1
Podensac 33 194 B2
Le Poët 05 221 E1
Le Poët-Célard 26 204 B3
Le Poët-en-Percip 26 220 C1
Le Poët-Laval 26 204 A3
Le Poët-Sigillat 26 220 B1
Pœuilly 80 18 C2
Poey-de-Lescar 64 226 B4
Poey-d'Oloron 64 248 A1
Poëzat 03 152 C4
Poggio-di-Nazza 2b 267 E3
Poggio-di-Venaco 2b 267 D1
Poggio-d'Oletta 2b 265 E2
Poggio-Marinaccio 2b 265 E4
Poggio-Mezzana 2b 265 F4
Poggiolo 2a 266 C2
Pogny 51 61 E2
Poids-de-Fiole 39 141 E3
Poigny 77 59 E4
Poigny-la-Forêt 78 56 B3
Le Poil 04 222 B4
Poil 58 138 C1
Poilcourt-Sydney 08 36 C2
Poilhes 34 254 C1
Poillé-sur-Vègre 72 95 F1
Poilley 50 50 C3
Poilley 35 74 A1
Poilly 51 36 A3
Poilly-lez-Gien 45 100 B3
Poilly-sur-Serein 89 102 C2
Poilly-sur-Tholon 89 102 A2
Poinçon-lès-Larrey 21 103 F1
Le Poinçonnet 36 134 C2
Poincy 77 58 C1
Poinsenot 52 104 C3
Poinson-lès-Fayl 52 105 F2
Poinson-lès-Grancey 52 104 C3
Poinson-lès-Nogent 52 85 E4
Point-Sublime 48 216 C1
Pointel 61 52 C3
Pointis-de-Rivière 31 250 B3
Pointis-Inard 31 258 C2
Pointre 39 124 B2
Pointvillers 25 125 D4
Poinville 28 79 E3
Le Poiré-sur-Velluire 85 145 E1
Le Poiré-sur-Vie 85 129 D2
Poiroux 85 129 D4
Poisat 38 189 E2
Poiseul 52 105 E1
Poiseul-la-Grange 21 104 B4
Poiseul-lès-Saulx 21 104 C4
Poiseul-la-Ville-et-Laperrière 21 104 A4
Poiseux 58 120 B3
Poisieux 18 118 B4
Le Poislay 41 77 F4
Poisoux 39 156 C1
Poisson 71 154 B1
Poissons 52 85 D1
Poissy 78 57 D1
Poisvilliers 28 78 C1
Poisy 74 158 A4
La Poitevinière 49 113 D2
Poitiers 86 132 B4
Poivres 10 61 D3
Poix 51 61 E1
Poix-de-Picardie 80 17 D3
Poix-du-Nord 59 11 E3
Poix-Terron 08 21 E4
Le Poizat 01 157 D3
Polaincourt-et-Clairefontaine 70 106 B1
Polastron 31 251 D1
Polastron 32 228 C3
Poleymieux-au-Mont-d'Or 69 171 E1
Poliénas 38 188 C2
Polignac 43 185 F3
Polignac 17 177 F2
Poligné 35 93 E1
Poligny 10 83 E3
Poligny 77 80 C3
Poligny 39 141 E1
Poligny 05 206 A2
Polincove 62 3 E3
Polisot 10 83 E4
Polisy 10 83 E4
Pollestres 66 262 C2
Polliat 01 156 A2
Pollieu 01 173 D1
Pollionnay 69 171 D2
Polminhac 15 183 D4
Polveroso 2b 265 E4
Pomacle 51 36 C2
La Pomarède 11 230 C4
Pomarède 46 197 E3
Pomarez 40 225 F2
Pomas 11 253 E3
Pomay 03 137 E4
Pomayrols 12 200 C4
Pomerol 33 177 F4
Pomérols 34 233 E4
Pomeys 69 170 C3
Pommard 21 123 D4
Pommera 62 9 E4
La Pommeraie-sur-Sèvre 85 130 B2
La Pommeraye 14 52 B1
La Pommeraye 49 113 D1
Pommeret 22 48 B4
Pommereuil 59 11 E4
Pommereux 76 16 B4
Pommeréval 76 16 A3
Pommerieux 53 94 C2
Pommérieux 57 40 B4
Pommerit-Jaudy 22 47 D2
Pommerit-le-Vicomte 22 47 E2
Pommerol 26 205 D4
Pommeuse 77 58 C2
Pommevic 82 212 B3
Pommier 62 9 F4
Pommier-de-Beaurepaire 38 188 A1
Pommiers 30 217 E4
Pommiers 42 170 A2
Pommiers 02 35 E2
Pommiers 36 134 B4
Pommiers 69 155 E4
Pommiers-Moulons 17 177 F1
Pommiers-la-Placette 38 189 D1
Pomoy 70 107 D3
Pompadour 19 181 D1
Pompaire 79 131 D3
Pompéjac 33 194 C4
Pompelle (Fort de la) 51 36 C3
Pompertuzat 31 230 A4
Pompey 54 64 B2
Pompiac 32 229 D3
Le Pompidou 48 217 E2
Pompierre 88 86 A2
Pompierre-sur-Doubs 25 126 B1
Pompiey 47 211 D2
Pompignac 33 194 B1
Pompignan 30 217 F4
Pompignan 82 229 F1
Pompogne 47 210 C2
Pomponne 77 58 B2
Pomport 24 195 F2
Pomps 64 226 B3
Pomy 11 253 D3
Poncé-sur-le-Loir 72 97 D2
Poncey-lès-Athée 21 124 B2
Poncey-sur-l'Ignon 21 104 B4
Le Ponchel 62 9 D3
Ponches-Estruval 80 8 C3
Ponchon 60 33 E2
Poncin 01 156 C3
Poncins 42 170 B2
Pondaurat 33 195 D3
Le Pondy 18 136 B2
Ponet-et-St-Auban 26 204 C1
Ponlat-Taillebourg 31 250 B2
Pons 17 161 E3
Ponsampère 32 228 A4
Ponsan-Soubiran 32 250 A1
Ponsas 26 187 E3
Ponsonnas 38 189 E4
Ponson-Debat-Pouts 64 249 D1
Ponson-Dessus 64 249 D1
Pont 21 124 A3
Pont-à-Marcq 59 10 C1
Pont-à-Mousson 54 64 B1
Pont-à-Vendin 62 10 B1
Pont-l'Abbé 29 68 C4
Pont-l'Abbé-d'Arnoult 17 160 C1
Pont-Arcy 02 35 F2
Pont-Audemer 27 30 C2
Pont-Authou 27 31 D3
Pont-Aven 29 69 F4
Pont-Bellanger 14 51 E1
Pont-lès-Bonfays 88 86 C3
Pont-lès-Brie 80
Pont Calleck (Forêt de) 56 70 B4
Le Pont-Chrétien-Chabenet 36 134 B3
Pont-Croix 29 68 B2
Pont-d'Ain 01 156 C3
Pont-d'Arc 07 218 C1
Pont-de-l'Arche 27 31 F3
Pont-de-Barret 26 204 B3
Le Pont-de-Beauvoisin 73 173 D3
Pont-de-Briques (Château de) 62 2 C4
Pont-de-Buis-lès-Quimerch 29 69 D1
Pont-de-Chéruy 38 172 A2
Le Pont-de-Claix 38 189 E3
Pont-de-Gennes 72 76 C4
Pont-de-l'Isère 26 187 F4

Pont-de-Labeaume 07 202 C2
Pont-de-Larn 81 231 F3
Pont-de-Metz 80 17 E2
Pont de Mirabeau 84 237 F2
Le Pont-de-Montvert 48 217 E1
Le Pont-de-Planches 70 106 B4
Pont-de-Poitte 39 141 E3
Pont-de-Roide 25 126 C1
Pont-de-Ruan 37 115 F2
Pont-de-Salars 12 215 E2
Pont-de-Salars (Lac de) 12 215 F2
Pont-de-Vaux 01 155 F1
Pont-de-Veyle 01 155 F2
Pont d'Hérault 30 217 E4
Pont-d'Héry 39 142 A1
Pont-d'Ouilly 14 52 B2
Pont-du-Bois 70 86 C4
Pont-du-Casse 47 211 F2
Pont-du-Château 63 168 B2
Pont du Diable (Gorges du) 74 159 D1
Pont-du-Gard 30 219 D4
Pont-du-Navoy 39 141 F2
Pont-en-Royans 38 188 C3
Pont-Érambourg 14 52 B2
Pont-et-Massène 21 122 B1
Pont-l'Évêque 14 30 A2
Pont-l'Évêque 60 18 C4
Pont-Évêque 38 171 F4
Pont-Farcy 14 51 E1
Pont-Hébert 50 27 E3
Pont-Melvez 22 47 D4
Pont-les-Moulins 25 126 A1
Pont-Noyelles 80 17 F2
Pont-Remy 80 17 D1
Pont-St-Esprit 30 219 D2
Pont-St-Mard 02 35 D1
Pont-St-Martin 44 111 F3
Pont St-Nicolas 30 218 C4
Pont-St-Pierre 27 32 A2
Pont-St-Vincent 54 64 B3
Pont-Ste-Marie 10 83 D2
Pont-Ste-Maxence 60 34 A3
Pont-Salomon 43 186 B1
Pont-Scorff 56 90 B1
Pont-sur-Madon 88 86 C1
Pont-sur-Meuse 55 63 D2
Pont-sur-l'Ognon 70 107 D4
Pont-sur-Sambre 59 11 F3
Pont-sur-Seine 10 82 B1
Pont-sur-Vanne 89 82 A3
Pont-sur-Yonne 89 81 E2
Pont-Trambouze 69 154 C3
Pont-la-Ville 52 84 C4
Pontacq 64 249 D2
Pontailler-sur-Saône 21 124 B2
Pontaix 26 204 C2
Pontamafrey 73 190 B1
Pontarion 23 150 B4
Pontarlier 25 142 C1
Pontarmé 60 34 A4
Pontaubault 50 50 C3
Pontaubert 89 121 E1
Pontault-Combault 77 58 A3
Pontaumur 63 167 E2
Pontavert 02 36 A2
Pontcarré 77 58 B2
Pontcey 70 106 B3
Pontchardon 61 53 F1
Pontcharra 38 173 F4
Pontcharra-sur-Turdine 69 170 C1
Pontcharraud 23 166 C1
Pontchartrain 78 56 C2
Pontchâteau 44 92 C4
Pontcirq 46 197 E3
Ponte Nuovo 2B 265 D4
Pontécoulant 14 52 B2
Ponteilla 66 262 C2
Ponteils-et-Brésis 30 202 B4
Pontenx-les-Forges 40 208 B1
Le Pontet 84 219 E4
Le Pontet 73 174 A4
Les Pontets 25 142 B2
Pontevès 83 238 B3
Ponteyraud 24 178 C2
Pontfaverger-Moronvilliers 51 37 D3
Pontgibaud 63 167 F2
Pontgouin 28 78 A1
Ponthévrard 78 56 C4
Ponthion 51 61 F3
Ponthoile 80 8 B3
Le Ponthou 29 46 B3
Ponthoux 39 157 E1
Pontiacq-Viellepinte 64 249 D1
Pontigné 49 96 A4
Pontigny 89 102 B1
Pontis 04 206 C3
Pontivy 56 71 D3
Pontlevoy 41 116 C1
Pontmain 53 74 B1
Pontoise 95 33 E4
Pontoise-lès-Noyon 60 34 C1
Pontonx-sur-l'Adour 40 225 E1
Pontorson 50 50 B4
Pontours 24 196 B1
Pontoux 71 140 B1
Pontoy 57 40 B4
Pontpierre 57 41 D4
Pontpoint 60 34 A2
Pontrieux 22 47 E2
Pontru 02 19 D2
Pontruet 02 19 D2
Ponts 50 50 C3
Les Ponts-de-Cé 49 113 F1
Ponts-et-Marais 76 16 A1
Pontvallain 72 96 B2
Popian 34 233 F3
Popolasca 2b 265 D4
Porcaro 56 92 B1
Porcelette 57 41 D3
Porchères 33 178 B4
Porcheresse 16 162 B4
La Porcherie 87 165 D3
Porcheux 60 33 D2
Porcheville 78 56 C1
Porcieu-Amblagnieu 38 172 B1
Pordic 22 48 A3
Le Porge 33 192 C1
Pornic 44 111 D3
Pornichet 44 110 B2
Porquéricourt 60 18 C4
Porquerolles (Ile de) 83 244 C3
Porri 2b 265 E4
Porspoder 29 44 C2
Le Port 09 251 F4
Port 01 157 D3
Port-Brillet 53 74 B3
Port-Camargue 30 234 C3
Port-Coton (Aiguilles de) 56 90 B4
Port-Cros, Ile de (Parc Nat.) 83 245 D3
Port-de-Bouc 13 242 B2
Port-de-Lanne 40 225 D3
Port-de-Piles 86 115 F4
Port-d'Envaux 17 161 D1
Port-des-Barques 17 145 D4
Port-Donnant 56 90 B4
Port-en-Bessin-Huppain 14 28 B2
Port-le-Grand 80 8 B4
Port Grimaud 83 245 E1
Port-Launay 29 69 D1
Port-Lesney 39 125 D4
Port-Louis 56 90 B2
Port-Manech 56 69 E4
Le Port-Marly 78 57 D2
Port-Mort 27 32 A3
Port-la-Nouvelle 11 254 C3
Port-Royal-des-Champs (Abbaye de) 78 57 D3
Port-St-Louis-du-Rhône 13 242 A2
Port-St-Père 44 111 E3
Port-Ste-Foy-et-Ponchapt 24 195 E1
Port-Ste-Marie 47 211 D2
Port-sur-Saône 70 106 B3
Port-sur-Seille 54 64 B1
Port-Vendres 66 263 D3
Port-Villez 78 32 B4
La Porta 2b 265 E4
Porta 66 260 C3
Portbail 50 26 B2
Porte (Col de) 38 189 E1
Porte-Joie 27 31 F3
Porté-Puymorens 66 260 C3
Le Portel 62 2 B4
Portel-des-Corbières 11 254 C3
Portes 30 218 A2
Portes 27 55 D1
Portes (Calvaire de) 01 172 C1
Portes d'Enfer 86 148 C2
Les Portes-en-Ré 17 144 C2
Portes-en-Valdaine 26 204 A3
Portes-lès-Valence 26 204 A1
Portet 64 227 D3
Portet-d'Aspet 31 259 D3
Portet-de-Luchon 31 258 B3
Portet-sur-Garonne 31 230 A3
Portets 33 194 B2
Porticcio 2A 268 B1
Portieux 88 87 D2
Portiragnes 34 255 E1
Porto 2A 266 B2
Porto (Golfe de) 2A 266 A2
Porto-Pollo 2A 268 B2
Porto-Vecchio 2a 269 E3
Ports 37 115 F4
Posanges 21 122 C1
Poses 27 31 F3
Possesse 51 61 F2
La Possonnière 49 113 E1
Possonnière 41 97 E3
La Postolle 89 82 A2
Postroff 57 66 A1
Potangis 51 60 A4
Potelières 30 218 B2
Potelle 59 11 E3
La Poterie 22 48 C4
La Poterie-au-Perche 61 54 C4
La Poterie-Cap-d'Antifer 76 14 A3
La Poterie-Mathieu 27 30 C3
Pothières 21 103 F1
Potigny 14 52 C1
Potte 80 18 B3
Pouan-les-Vallées 10 60 C4
Pouançay 86 114 C4
Pouancé 49 94 A2
Pouant 86 115 D4
Poubeau 31 258 B3
Poucharramet 31 229 E4
Pouchergues 65 258 A3
Poudenas 47 210 C3
Poudenx 40 226 B3
Poudis 81 231 D3
Poudry (Gouffre de) 25 125 F3
Poule-les-Écharmeaux 69 155 D3
Poueyferré 65 249 D2
La Pouëze 49 94 C4
Pouffonds 79 146 C2
La Pouge 23 150 B4
Le Pouget 34 233 F3
Pougnadoresse 30 219 D3
Pougné 16 147 F4
Pougne-Hérisson 79 131 D3
Pougny 01 157 F3
Pougny 58 120 A2
Pougues-les-Eaux 58 120 B4
Pougy 10 83 E1
Pouillé-les-Côteaux 44 112 C1
Pouillac 17 177 F2
Pouillat 01 156 C1
Pouillé 41 117 D2
Pouillé 85 130 A4
Pouillé 86 132 C4
Pouillenay 21 103 F4
Pouilley-Français 25 125 D2
Pouilley-les-Vignes 25 125 D2
Pouillon 40 225 E2
Pouillon 51 36 B2
Pouilloux 71 139 D3
Pouilly 60 33 D3
Pouilly 57 40 B4
Pouilly-en-Auxois 21 122 C2
Pouilly-en-Bassigny 52 105 F1
Pouilly-lès-Feurs 42 170 B2
Pouilly-le-Monial 69 155 E4
Pouilly-les-Nonains 42 154 A4
Pouilly-sous-Charlieu 42 154 B3
Pouilly-sur-Loire 58 120 A2
Pouilly-sur-Meuse 55 22 A4
Pouilly-sur-Saône 21 123 F4
Pouilly-sur-Serre 02 19 F3
Pouilly-sur-Vingeanne 21 105 E4
Le Poujol-sur-Orb 34 233 D3
Poujols 34 233 E2
Poulaines 36 117 F3
Poulains (Pointe des) 56 90 B3
Poulainville 80 17 E2
Poulan-Pouzols 81 231 D1
Poulangy 52 85 E4
Poulay 53 75 D2
Pouldergat 29 68 C2
Pouldouran 22 47 E1
Pouldreuzic 29 68 C3
Le Pouldu 56 90 A1
Pouliacq 64 226 C3
Les Poulières 88 88 A3
Pouligney 25 125 E1
Pouligny-Notre-Dame 36 135 D4
Pouligny-St-Martin 36 135 D4
Pouligny-St-Pierre 36 133 E3
Le Pouliguen 44 110 B2
Poullan-sur-Mer 29 68 B2
Poullaouen 29 46 B4
Poullignac 16 178 B1
Poulx 30 218 C4
Poumarous 65 249 E2
Poupas 82 212 A4
Poupry 28 79 D4
Pouques-Lormes 58 121 E2
Pourcharesses 48 202 A4
Pourchères 07 203 E2
Pourcieux 83 238 A3
Pourcy 51 36 B4
Pourlans 71 140 C1
Pournoy-la-Chétive 57 40 B4
Pournoy-la-Grasse 57 40 B4
Pourrain 89 102 A3
Pourri (Mont) 73 175 E3
Pourrières 83 238 A3
Poursac 16 147 E4
Poursay-Garnaud 17 146 B4
Poursiugues-Boucoue 64 226 C3
Pourtalet (Col du) 64 256 B4
Pouru-aux-Bois 08 22 A3
Pouru-St-Remy 08 22 A3
Poussan 34 234 A4
Poussanges 23 166 B2
Poussay 88 86 C2
Pousseaux 58 102 A4
Poussignac 47 210 C1
Poussy-la-Campagne 14 29 E4
Pousthomy 12 232 A1
Le Pout 33 194 B1
Pouvrai 61 77 D2
Pouxeux 88 87 E3
Pouy 65 250 A1
Pouy-de-Touges 31 251 D1
Pouy-Loubrin 32 228 B4
Pouy-Roquelaure 32 211 E3
Pouy-sur-Vannes 10 82 B2
Pouyastruc 65 249 E1
Pouydesseaux 40 209 F4
Pouydraguin 32 227 E2
Pouylebon 32 227 F3
Pouzac 65 249 E3
Pouzauges 85 130 B2
Pouzay 37 115 E4
Pouze 31 230 A4
Pouzilhac 30 219 D3
Le Pouzin 07 203 F2
Pouzioux 86 132 C4
Pouzol 63 152 B3
Pouzolles 34 233 E4
Pouzols 34 233 F3
Pouzols-Minervois 11 254 B1
Pouzy-Mésangy 03 136 C3
Poyanne 40 225 E1
Poyans 70 124 B1
Poyartin 40 225 F2
Poyols 26 205 D3
Pozières 80 18 A1
Pra-Loup 04 207 D4
Le Pradal 34 233 D3
Les Pradeaux 63 168 C4
Pradel (Col du) 09,11 261 D1
Pradelle 26 204 C3
Pradelles 43 202 A2
Pradelles 59 4 B3
Pradelles-Cabardès 11 231 F4
Pradelles-en-Val 11 253 F2
Pradère-les-Bourguets 31 229 E2
Les Prades 15 183 F2
Prades 09 260 C1
Prades 66 261 F2
Prades 43 185 D4
Prades 81 231 D3
Prades 07 203 D3
Prades-d'Aubrac 12 200 B3
Prades-le-Lez 34 234 B2
Prades-Salars 12 215 F2
Prades-sur-Vernazobre 34 232 C4
Le Pradet 83 244 B3
Pradettes 09 252 C3
Pradières 09 252 B4
Pradiers 15 183 F2
Pradinas 12 214 C2
Pradines 46 197 F4
Pradines 19 166 A4
Pradines 42 154 B4
Pradons 07 203 D4
Prads 04 222 C1
Prahecq 79 146 B2
Prailles 79 146 C2
Pralognan-la-Vanoise 73 175 D4
Prâlon 21 123 D2
Pralong 42 170 A3
Prangey 52 105 D2
Pranles 07 203 E2
Pranzac 16 163 D3
Le Prarion 74 159 D4
Praslay 52 104 C3
Praslin 10 83 E4
Prasville 28 79 D3
Prat 22 47 D2
Prat-et-Bonrepaux 09 259 D2
Prato-di-Giovellina 2b 265 D4
Prats-de-Carlux 24 197 E1
Prats-de-Mollo-la-Preste 66 262 A4
Prats-de-Sournia 66 262 A1
Prats-du-Périgord 24 197 D2
Pratviel 81 230 C3
Pratz 52 84 C3
Pratz 39 156 E1
Prauthoy 52 105 D3
Pray 41 98 A3
Praye 54 86 C1
Prayols 09 252 A4
Prayssac 46 197 E4
Prayssas 47 211 E1
Le Praz-de-Lys 74 158 C3
Praz-sur-Arly 74 174 C1
Le Pré-d'Auge 14 30 A3
Pré de Madame Carle 05 190 C4
Pré-en-Pail 53 75 F1
Pré-St-Évroult 28 78 C3
Le Pré-St-Gervais 93 57 E2
Pré-St-Martin 28 78 C3
Les Préaux 27 30 C2
Préaux 77 81 D3
Préaux 53 95 E1
Préaux 76 31 F1
Préaux 07 187 D3
Préaux 36 117 D4
Préaux-Bocage 14 28 C4
Préaux-du-Perche 61 77 D2
Préaux-St-Sébastien 14 53 F1
Prébois 38 205 E1
Précey 50 50 C3
Préchac 65 257 D2
Préchac 33 194 B4
Préchac 32 228 B1
Préchac-sur-Adour 32 227 E3
Préchacq-les-Bains 40 225 E1
Préchacq-Josbaig 64 247 F1
Préchacq-Navarrenx 64 247 F1
Précieux 42 170 B3
Précigné 72 95 F2
Précilhon 64 248 A2
Précorbin 50 28 A4
Précy 18 120 A4
Précy-Notre-Dame 10 83 F1
Précy-St-Martin 10 83 F1
Précy-le-Sec 89 102 C4
Précy-sous-Thil 21 122 B1
Précy-sur-Marne 77 58 B1
Précy-sur-Oise 60 33 F3
Précy-sur-Vrin 89 101 F1
Prédefin 62 9 D1
Préfailles 44 110 C3
Préfontaines 45 80 C4
Prégentil 38 189 F3
Prégilbert 89 102 B3
Préguillac 17 161 D3
Préhy 89 102 B3
Preignac 33 194 C3
Preignan 32 228 B2
Preigney 70 106 A2
Preixan 11 253 E2
Prémanon 39 142 A4
Premeaux-Prissey 21 123 E3
Prémery 58 120 C3
Prémesques 59 5 D4
Prémeyzel 01 173 D2
Prémian 34 232 B3
Premières 21 124 A2
Prémierfait 10 83 D1
Prémilhat 03 151 E2
Prémillieu 01 172 C1
Prémol (Forêt de) 38 189 E3
Prémont 02 19 E1
Prémontré 02 35 E1
Prendeignes 46 198 C2
Préneron 32 227 F2
La Prénessaye 22 71 E2
Prenois 21 123 E1
Prénouvellon 41 98 C1
Prénovel 39 141 F4
Prény 54 64 A1
Préporché 58 138 B1
Prépotin 61 54 B4
Les Prés 26 205 D3
Présailles 43 202 B1
Préseau 59 11 E3
Présentevillers 25 107 F4
Préserville 31 230 B3
Présilly 74 158 A3
Présilly 39 141 E4
Presle 73 174 A4
Presles 95 33 E4
Presles 38 188 C3
Presles 14 51 F2
Presles-en-Brie 77 58 B3
Presles-et-Boves 02 35 F2
Presles-et-Thierny 02 35 F1
Presly 18 119 D2
Presnoy 45 100 B1
Presque (Grotte de) 46 198 B1
Pressac 86 148 A3
Pressagny-l'Orgueilleux 27 32 B4
Pressiat 01 156 C2
Pressignac 16 163 F2
Pressignac-Vicq 24 196 B1
Pressigny 52 105 F2
Pressigny 79 131 E2
Pressigny-les-Pins 45 100 C2
Pressins 38 173 D4
Pressy 62 9 E1
Pressy-sous-Dondin 71 139 E4
La Prétière 25 107 E4
Pretin 39 141 F1
Prétot-Ste-Suzanne 50 26 C2
Prétot-Vicquemare 76 15 D3
Prêtre (La Roche du) 25 126 B3
Prêtreville 14 30 B4
Préty 71 140 B4
Pretz 55 62 B1
Preuilly 18 118 C4
Preuilly-sur-Claise 37 133 E2
Preuilly-la-Ville 36 133 E3
Preures 62 8 C1
Preuschdorf 67 43 D4
Preuseville 76 16 B2
Preutin-Higny 54 39 E2
Preux-au-Bois 59 11 E4
Preux-au-Sart 59 11 F3
Préval 72 77 D3
Prévelles 72 76 C3
Prévenchères 48 202 B4
Préveranges 18 151 D1
Prévessin-Moëns 01 158 A2
La Prévière 49 94 A3
Prévillers 60 17 D4
Prévinquières 12 214 C1
Prévocourt 57 64 C1
Prey 88 87 F3
Prey 27 55 E1
Preyssac-d'Excideuil 24 180 B1
Prez 08 20 C2
Prez-sous-Lafauche 52 85 F2
Prez-sur-Marne 52 62 B4
Priaires 79 146 A3
Priay 01 156 B4
Priez 02 35 D4
Prignac 17 161 E1
Prignac-en-Médoc 33 176 C1
Prignac-et-Marcamps 33 177 E3
Prigonrieux 24 196 A1
Primarette 38 187 F1
Primat 08 37 F2
Primel-Trégastel 29 46 B2
Primelin 29 68 A2
Primelles 18 135 E1
Prinçay 86 132 A1
Princé 35 74 A3
Pringy 74 158 A4
Pringy 51 61 E2
Pringy 77 80 B1
Prin-Deyrançon 79 146 A2
Prinquiau 44 111 D1
Prinsuéjols 48 200 C3
Printzheim 67 66 C2
Prisces 02 20 A3
Prisches 59 11 F4
Prissac 36 134 A4
Prissé 71 155 E2
Prissé-la-Charrière 79 146 B3
Privas 07 203 E2
Privezac 12 214 C1
Prix-lès-Mézières 08 21 E3
Priziac 56 70 B3
Prizy 71 154 C1
La Proiselière-et-Langle 70 107 D2
Proissans 24 180 C4
Proisy 02 19 F2
Proix 02 19 F2
Projan 32 226 C3
Promilhanes 46 214 A1
Prompsat 63 168 A1
Prondines 63 167 E2
Pronleroy 60 34 A1
Pronville 62 10 B4
Propiac 26 220 B1
Propières 69 155 D3
Propriano 2a 268 C2
Prosnes 51 37 D3
Prouais 28 56 A3
Prouilly 51 36 B2
Proumeyssac (Gouffre de) 24 196 C1
Proupiary 31 250 C2
Proussy 14 52 B2
Prouvais 02 36 B2
Prouville 80 9 D4
Prouvy 59 11 D2
Prouzel 80 17 E2
Provemont 27 32 B3
Provence (Croix de) 13 237 F3
Provenchère 70 106 C2
Provenchère 25 126 B2
Provenchères-lès-Darney 88 86 B3
Provenchères-sur-Fave 88 88 C2
Provenchères-sur-Marne 52 85 D2
Provenchères-sur-Meuse 52 85 F4
Provency 89 102 C4
Proverville 10 84 B3
Proveysieux 38 189 D2
Proville 59 10 C4
Provin 59 10 B1
Provins 77 59 E4
Proviseux-et-Plesnoy 02 36 B1
Proyart 80 18 B2
Prudemanche 28 55 E3
Prudhomat 46 198 B1
Prugnanes 66 262 A1
Prugny 10 82 C3
Pruillé-le-Chétif 72 96 B1
Pruillé 49 95 D4
Pruillé-l'Éguillé 72 97 D2
Pruines 12 199 F4
Prunay 51 36 C3
Prunay-Belleville 10 82 B2
Prunay-Cassereau 41 97 F3
Prunay-en-Yvelines 78 79 D1
Prunay-le-Gillon 28 78 C2
Prunay-sur-Essonne 91 80 A2
Prunay-le-Temple 78 56 B2
Prunelli-di-Casacconi 2b 265 F3
Prunelli-di-Fiumorbo 2b 267 E3
Prunelli (Gorges du) 2A 264 C4
Prunet 07 202 C3
Prunet 31 230 B3
Prunet 15 199 F1
Prunet-et-Belpuig 66 262 B3
Prunières 05 206 C3
Prunières 38 189 E4
Prunières 48 201 D1
Pruniers 36 135 D2
Pruniers-en-Sologne 41 117 F2
Pruno 2b 265 E4
Prunoy 89 101 E1
Prusly-sur-Ource 21 104 A2
Prusy 10 103 D1
Pruzilly 71 155 E2
Puberg 67 66 B1
Publier 74 158 C1
Publy 39 141 E3
Puceul 44 93 E4
Le Puch 09 261 E2
Puch-d'Agenais 47 211 D1
Puchay 27 32 B2
Puchevillers 80 17 F1
Le Puech 34 233 E2
Puéchabon 34 234 A2
Puéchoursi 81 230 C3
Puechredon 30 218 A4
Puellemontier 52 84 B1
Puessans 25 125 F1
Puget 84 237 D1
Puget-Rostang 06 223 E3
Puget-sur-Argens 83 239 F3
Puget-Théniers 06 222 E3
Puget-Ville 83 244 C2
Pugey 25 125 E3
Pugieu 01 173 D1
Puginier 11 252 C1
Pugnac 33 177 E3
Pugny 79 130 C2
Pugny-Chatenod 73 173 E2
Puichéric 11 254 A2
Le Puid 88 88 B1
Puilacher 34 233 F3
Puilaurens 11 261 F1
Puilboreau 17 145 D2
Puilly-et-Charbeaux 08 22 B4
Puimichel 04 221 F3
Puimisson 34 233 D4
Puimoisson 04 222 A4
La Puisaye 28 55 D4
Puiseaux 45 80 B3
Puiselet-le-Marais 91 79 F2
Puisenval 76 16 A2
Le Puiset 28 79 E3
Le Puiset-Doré 49 112 C2
Puiseux 28 55 F4
Puiseux 08 21 D4
Puiseux-en-Bray 60 32 C2
Puiseux-en-France 95 34 A4
Puiseux-en-Retz 02 35 D3
Puiseux-le-Hauberger 60 33 E3
Puisieulx 51 36 C3
Puisieux 62 10 A4
Puisieux 77 34 C4
Puisieux-et-Clanlieu 02 19 F2
Puissalicon 34 233 E4
Puisseguin 33 178 A4
Puisserguier 34 254 C1
Puits 21 103 F3
Le Puits-des-Mèzes 52 85 E3
Puits-et-Nuisement 10 83 F3
Puits (Étang du) 45 100 A4
Puits-la-Vallée 60 17 E4
Puivert 11 253 D4
Pujaudran 32 299 E3
Pujaut 30 219 E3
Pujo 65 249 E1
Pujo-le-Plan 40 226 C1
Les Pujols 09 252 B3
Pujols 47 211 F1
Pujols 33 195 D1
Pujols-sur-Ciron 33 194 B3
Le Puley 71 139 E3
Puligny-Montrachet 21 139 F1
Pullay 27 55 D3
Pulligny 54 64 B4
Pulney 54 86 C1
Pulnoy 54 64 C3
Pulvérières 63 167 F1
Pulversheim 68 108 C1
Punchy 80 18 B3
Punerot 88 86 B1
Puntous 65 250 A1
Puntous de Laguian 32 227 F4
Pupillin 39 141 E1
Pure 08 22 B3
Purgerot 70 106 B2
Pusey 70 106 C3
Pusignan 69 172 A2
Pussay 91 79 E2
Pussigny 37 115 F4
Pussy 73 174 C3
Pusy-et-Épenoux 70 106 C3
Putanges-Pont-Écrepin 61 52 C2
Puteaux 92 57 E2
Putot-en-Auge 14 29 F3
Putot-en-Bessin 14 28 C3
Puttelange-aux-Lacs 57 41 F4
Puttelange-lès-Thionville 57 40 B1
Puttigny 57 65 D2
Puxe 54 39 E3
Puxieux 54 39 E4
Le Puy 33 195 E2
Le Puy 43 185 F4
Le Puy 25 125 F1
Puy-d'Arnac 19 181 E4
Puy de Dôme 63 167 F2
Puy-de-Serre 85 130 B4
Puy-du-Lac 17 145 F4
Puy-l'Évêque 46 197 D4
Puy-Ferrand 18 135 E3
Puy-Guillaume 63 169 D1
Puy Hardy 79 130 C4
Puy-Malsignat 23 151 D4
Le Puy-Notre-Dame 49 114 B3
Puy-St-André 05 191 D4
Le Puy-St-Bonnet 79 113 D4
Puy-St-Eusèbe 05 206 C3
Puy-St-Gulmier 63 167 D2
Puy-St-Martin 26 204 A3
Puy-St-Pierre 05 191 D4
Puy-St-Vincent 05 206 C1
Le Puy-Ste-Réparade 13 237 E2
Puy-Sanières 05 206 C3
Puybarban 33 195 D3
Puybegon 81 230 C1
Puybrun 46 198 B1
Puycalvel 81 231 D2
Puycasquier 32 228 C2
Puycelci 81 213 F4
Puycornet 82 213 D2
Puydaniel 31 251 F1
Puydarrieux 65 250 A1
La Puye 86 133 D3
Puygaillard-de-Lomagne 82 212 B4
Puygaillard-de-Quercy 82 213 F3
Puygiron 26 203 F3
Puygouzon 81 214 C4
Puygros 73 173 F3
Puyguilhem 24 195 F2
Puyguilhem 24 179 F1
Puyjourdes 46 214 A1
Puylagarde 82 214 A1
Puylaroque 82 213 E2
Puylaurens 81 231 D3
Puylausic 32 229 D4
Puyloubier 13 237 F3
Puymangou 24 178 B2
Puymartin 24 197 E1
Puymaurin 31 250 C1
Puyméras 84 220 A1
Puymiclan 47 195 F4
Puymirol 47 212 A2
Puymorens (Col de) 66 260 C3
Puymoyen 16 162 C3
Puynormand 33 178 B4
Puyol-Cazalet 40 226 B3
Puyoô 64 225 E3
Puypéroux 16 162 B4
Puyravault 17 145 F3
Puyravault 85 145 D1
Puyréaux 16 162 C1
Puyrenier 24 163 D4
Puyrolland 17 146 A4
Puységur 32 228 B1
Puysségur 31 229 D2

Paris

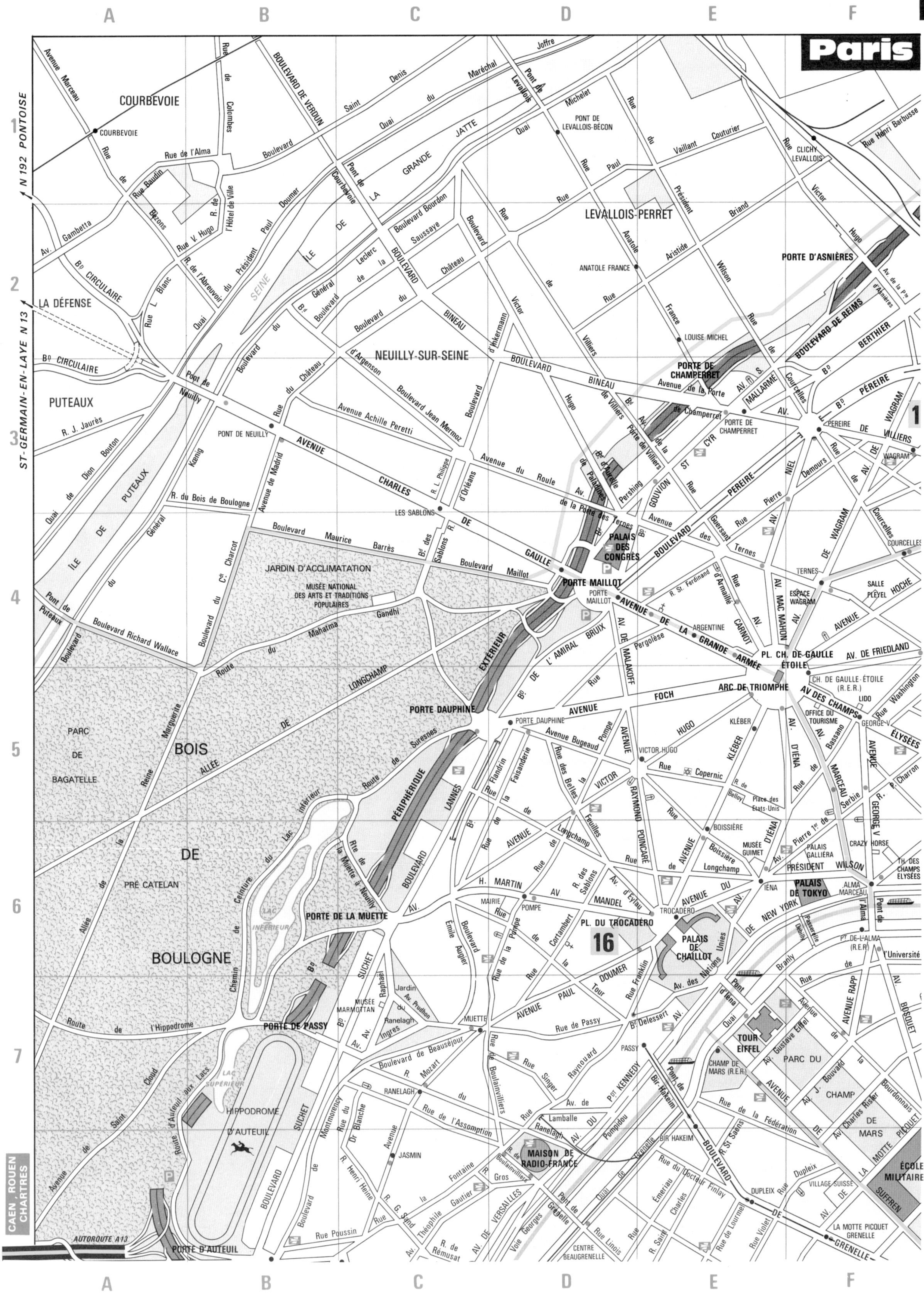

A B C D E F

1 2 3 4 5 6 7 8

N 192 PONTOISE

ST-GERMAIN-EN-LAYE N 13

LA DÉFENSE

COURBEVOIE

PUTEAUX

NEUILLY-SUR-SEINE

LEVALLOIS-PERRET

BOIS DE BOULOGNE

PARC DE BAGATELLE

PRÉ CATELAN

JARDIN D'ACCLIMATATION

MUSÉE NATIONAL DES ARTS ET TRADITIONS POPULAIRES

LAC INFÉRIEUR

LAC SUPÉRIEUR

HIPPODROME D'AUTEUIL

ILE DE PUTEAUX

ILE DE LA GRANDE JATTE

SEINE

PORTE D'ASNIÈRES

PORTE DE CHAMPERRET

PORTE MAILLOT

PALAIS DES CONGRÈS

PORTE DAUPHINE

PORTE DE LA MUETTE

PORTE DE PASSY

PORTE D'AUTEUIL

PL. CH. DE GAULLE ÉTOILE

ARC DE TRIOMPHE

PL. DU TROCADÉRO

PALAIS DE CHAILLOT

PALAIS DE TOKYO

TOUR EIFFEL

PARC DU CHAMP DE MARS

ÉCOLE MILITAIRE

MAISON DE RADIO-FRANCE

MUSÉE MARMOTTAN

MUSÉE GUIMET

PALAIS GALLIÉRA

CRAZY HORSE

OFFICE DU TOURISME

ESPACE WAGRAM

SALLE PLEYEL

CENTRE BEAUGRENELLE

VILLAGE SUISSE

16

COURBEVOIE · PONT DE LEVALLOIS-BÉCON · CLICHY LEVALLOIS · ANATOLE FRANCE · LOUISE MICHEL · PONT DE NEUILLY · LES SABLONS · PORTE MAILLOT · PORTE DE CHAMPERRET · PEREIRE · WAGRAM · COURCELLES · TERNES · ARGENTINE · CH. DE GAULLE-ÉTOILE (R.E.R.) · GEORGE V · VICTOR HUGO · PORTE DAUPHINE · BOISSIÈRE · IÉNA · ALMA MARCEAU · TROCADÉRO · MAIRIE POMPE · MUETTE · PASSY · CHAMP DE MARS (R.E.R.) · PT. DE L'ALMA (R.E.R.) · BIR HAKEIM · DUPLEIX · RANELAGH · JASMIN · LA MOTTE PICQUET GRENELLE

AVENUE CHARLES DE GAULLE · AVENUE DE LA GRANDE ARMÉE · AVENUE FOCH · AV. DES CHAMPS ÉLYSÉES · AV. DE FRIEDLAND · AVENUE KLÉBER · AVENUE DE WAGRAM · AV. MAC MAHON · AV. CARNOT · AVENUE HOCHE · AV. MARCEAU · AV. D'IÉNA · AVENUE GEORGE V · AV. PRÉSIDENT WILSON · AV. DE NEW YORK · AVENUE PAUL DOUMER · AV. RAYMOND POINCARÉ · AV. VICTOR HUGO · AV. BUGEAUD · AV. DE MALAKOFF · AV. DE L'AMIRAL BRUIX · BOULEVARD LANNES · BOULEVARD SUCHET · BOULEVARD PÉRIPHÉRIQUE · BOULEVARD EXTÉRIEUR · BOULEVARD PEREIRE · BOULEVARD BERTHIER · BOULEVARD DE REIMS · BOULEVARD BINEAU · BOULEVARD DE VERDUN · BOULEVARD MAURICE BARRÈS · BOULEVARD RICHARD WALLACE · BOULEVARD DU C^{DT} CHARCOT · BOULEVARD MAILLOT · BOULEVARD JEAN MERMOZ · BOULEVARD DE GRENELLE · AV. DE VERSAILLES · AV. DE SUFFREN · AVENUE RAPP · AVENUE BOSQUET · AV. DE LA MOTTE PICQUET · AVENUE DE VILLIERS · AVENUE DU ROULE · AVENUE ACHILLE PERETTI · AVENUE DE MADRID · ROUTE DE LONGCHAMP · ALLÉE DE LA REINE MARGUERITE · ROUTE DE SURESNES · ROUTE DE L'HIPPODROME · ALLÉE DE SAINT CLOUD · ROUTE DU MAHATMA GANDHI · AUTOROUTE A13 · QUAI DE DION BOUTON · QUAI DU PRÉSIDENT PAUL DOUMER · QUAI DE COURBEVOIE · QUAI MICHELET · RUE DE PASSY · RUE DE LA POMPE · RUE DE LONGCHAMP · RUE DE L'ASSOMPTION · RUE DE BOULAINVILLIERS · RUE MOZART · RUE DE LA FÉDÉRATION

A B C D E F

A
B
C
D
E
F
1
2
3
4
5
6
7
8
LES ANDELYS
ENGHIEN-LES-BAINS
N 14
SAINT-D
CLICHY
BOULEVARD JEAN JAURÈS
BOULEVARD VICTOR HUGO
Rue Martre
PORTE DE ST OUEN
AV. G. PÉRI
MARCHÉ AUX PUCES
PORTE DE CLIGNANCOURT
INTÉRIEUR
Bd PÉRIPHÉRIQUE
Rue Henri Barbusse
CLICHY LEVALLOIS
PORTE DE CLICHY
BESSIÈRES
PORTE DE ST OUEN
BICHAT
BOULEVARD
NEY
PORTE DE CLIGNANCOURT
Championnet
Rue Championnet
BOULEVARD BERTHIER
Rue de la Jonquière
GUY MÔQUET
AVENUE DE SAINT OUEN
Rue Guy Môquet
PORTE D'ASNIÈRES
Rue Ordener
SIMPLON
18
MAIRIE
JULES JOFFRIN
Rue Marcadet
BROCHANT
Rue Cardinet
Rue Legendre
BRETONNEAU
Joseph Maistre
Rue Lamarck
LAMARCK CAULAINCOURT
Rue Caulaincourt
Rue Custine
MARCADET POISSONNIERS
BOULEVARD DE REIMS
BOULEVARD PÉREIRE
PONT-CARDINET
Square des Batignolles
CIMETIÈRE DE MONTMARTRE
BASILIQUE DU SACRÉ CŒUR
PLACE DU TERTRE
Rue Lepic
Rue Norvins
CHÂTEAU ROUGE
LA FOURCHE
AVENUE DE CLICHY
Rue Caulaincourt
17
AV. DE WAGRAM
Bd MALESHERBES
PEREIRE
WAGRAM
SALLE CORTOT
MAIRIE DES BATIGNOLLES
BAL DU MOULIN ROUGE
R. des Abbesses
ABBESSES
R. Le Tac
R. d'Orsel
R. de la Goutte d'Or
BARBES ROCHECHOUART
PL. DE CLICHY
BLANCHE
COMÉDIE DE PARIS
PIGALLE
ELYSÉES MONTMARTRE
ANVERS
LARIBOISIÈRE
BOULEVARD DE ROCHECHOUART
Rue de Villiers
MUSÉE HENNER
MALESHERBES
ROME
BOULEVARD DES BATIGNOLLES
TH. HÉBERTOT
Rue de Tocqueville
Rue de Prony
MONCEAU
BOULEVARD DE COURCELLES
VILLIERS
Rue de Constantinople
Rue de Rome
Rue de Léningrad
Rue de Liège
R. Moncey
Rue Blanche
Rue Fontaine
TH. FONTAINE
Rue Victor Massé
Rue Condorcet
R. A. Paré
GARE DU NORD
COURCELLES
MUSÉE CERNUSHI
PARC MONCEAU
MUSÉE NISSIM DE CAMONDO
TH. TRISTAN BERNARD
Rue de Madrid
EUROPE
LIÈGE
TH. DE PARIS
R. la Bruyère
TH. LA BRUYÈRE
ST GEORGES
Rue N.D. de Lorette
GARE DU NORD (R.E.R.)
Rue de Maubeuge
Rue La Fayette
TERNES
SALLE PLEYEL
AV. HOCHE
Rue de Lisbonne
MAIRIE
TH. MODERNE
Rue de Londres
STE TRINITÉ
TRINITÉ
9
POISSONNIÈRE
ESPACE WAGRAM
AV. MAC MAHON
AV. NIEL
Av. de Messine
MUSÉE JACQUEMART ANDRÉ
GARE ST. LAZARE
Rue Saint Lazare
Rue de Châteaudun
MUSÉE DU CRISTAL
ST LAZARE
Bd HAUSSMANN
ST AUGUSTIN
Rue de la Pépinière
N.D. DE LORETTE
LE PELETIER
CADET
R. Bleue
FOLIES BERGÈRES
Rue de Paradis
MUSÉE PUBLICITÉ
PL. CH. DE GAULLE ÉTOILE
AV. DE FRIEDLAND
Rue du Fg St Honoré
MIROMESNIL
TH. MOGADOR
Rue de Provence
GRANDS MAGASINS
HAVRE CAUMARTIN
CHAUSSÉE D'ANTIN
HÔTEL DROUOT
MAIRIE
MUSÉE GRÉVIN
TH. LE PALACE
Rue Richer
Rue des Petites Écuries
CHÂTEAU D'EAU
ARC DE TRIOMPHE
CH. DE GAULLE-ÉTOILE (R.E.R.)
Rue Washington
LIDO
ST PHILIPPE DU ROULE
R. La Boétie
SALLE GAVEAU
Rue de Surène
Bd HAUSSMANN
OPÉRA
AUBER (R.E.R.)
Bd DES ITALIENS
RICHELIEU DROUOT
TH. DES NOUVEAUTÉS
TH. DU GYMNASE
OFFICE DU TOURISME
GEORGE V
8
AV. MATIGNON
TH. DE LA MADELEINE
STE MARIE MADELEINE
OLYMPIA
Bd DES CAPUCINES
TH. DES VARIÉTÉS
RUE MONTMARTRE
SALLE FAVART
QUATRE SEPTEMBRE
BONNE NOUVELLE
BOBINO ELDORADO
AV. D'IÉNA
AV. MARCEAU
AV. GEORGE V
R. P. Charron
FRANKLIN D. ROOSEVELT
ROND-POINT DES CHAMPS-ÉLYSÉES
TH. MARIGNY
AV. DE MARIGNY
PALAIS DE L'ÉLYSÉE
MADELEINE
Bd de la Madeleine
R. du Quatre Septembre
BOURSE DES VALEURS
2
Bd ST DENIS
STRASBOURG
AV. MONTAIGNE
AV. D. ROOSEVELT
CHAMPS ÉLYSÉES
CHAMPS ÉLYSÉES CLÉMENCEAU
TH. DU ROND-POINT
ESPACE P. CARDIN
CONCORDE
RUE ROYALE
PLACE VENDÔME
BOURSE
BIBLIOTHÈQUE NATIONALE
SENTIER
Réaumur
RÉAUMUR SÉBASTOPOL
Bd SÉBASTOPOL
PALAIS GALLIÉRA
CRAZY HORSE
TH. DES CHAMPS ÉLYSÉES
Gd PALAIS
Pt PALAIS
PL. DE LA CONCORDE
OBÉLISQUE
PYRAMIDES
AVENUE DE L'OPÉRA
MAIRIE
PLACE DES VICTOIRES
PRÉSIDENT WILSON
IÉNA
PALAIS DE TOKYO
ALMA MARCEAU
Cours Albert 1er
Cours la Reine
JEU DE PAUME
RUE DE RIVOLI
ST ROCH
TUILERIES
1
TH. DU PALAIS ROYAL
PALAIS ROYAL
ST EUSTACHE
ÉTIENNE MARCEL
AV. DE NEW YORK
Pont de l'Alma
Quai d'Orsay
ORANGERIE
JARDIN DES TUILERIES
Quai des Tuileries
COMÉDIE FRANÇAISE
BOURSE DU COMMERCE
LES HALLES
FORUM
CHÂTELET LES HALLES (R.E.R.)
RAMBUTEAU
PT-DE-L'ALMA (R.E.R.)
AÉROGARE INVALIDES (R.E.R.)
ASSEMBLÉE NATIONALE
CHAMBRE DES DÉPUTÉS
CARROUSEL
PALAIS ROYAL
PALAIS DU LOUVRE
LOUVRE
RIVOLI
CENTRE G. POMPIDOU
TOUR EIFFEL
Rue de l'Université
ESPLANADE DES INVALIDES
GARE D'ORSAY (R.E.R.)
MUSÉE D'ORSAY
Quai Anatole France
Pont Royal
Q. Voltaire
Quai du Louvre
Quai Malaquais
Pont des Arts
PONT NEUF
Pont Neuf
Rue de Rivoli
TH. MUSICAL CHÂTELET
TOUR ST JACQUES
AVENUE RAPP
Saint Dominique
Rue St Dominique
SOLFÉRINO
Rue de l'Université
Rue Jacob
INSTITUT DE FRANCE
HÔTEL DES MONNAIES
PL. DU CHÂTELET
CONCIERGERIE
PALAIS DE JUSTICE
CITÉ
HÔTEL DE VILLE
Av. Gustave Eiffel
PARC DU CHAMP DE MARS
Grenelle
LA TOUR MAUBOURG
7
HÔTEL DES INVALIDES
VARENNE
RUE DU BAC
Bd SAINT GERMAIN
ST GERMAIN DES PRÉS
Rue Bonaparte
Mazarine
R. Dauphine
R. des Gds Augustins
Bd St Michel
PRÉFECTURE DE POLICE
HÔTEL DIEU
AVENUE BOSQUET
ÉCOLE MILITAIRE
MUSÉE RODIN
Av. de Tourville
HÔTEL MATIGNON
Rue de Varenne
Rue de Grenelle
ST GERMAIN DES PRÉS
MABILLON
ALCAZAR
ODÉON
R. Danton
ST MICHEL
Quai des Grands Augustins
NOTRE-DAME
ÎLE
ÉCOLE MILITAIRE
AV. DE LOWENDAL
AV. DE SÉGUR
BOULEVARD DES INVALIDES
Rue de Babylone
Rue de Sèvres
SÈVRES BABYLONE
ST SULPICE
ST SULPICE
Rue de Tournon
MUSÉE DE CLUNY
MAUBERT MUTUALITÉ
Bd SAINT GERMAIN
Rue Dupleix
VILLAGE SUISSE
AV. DE SUFFREN
AVENUE DE BRETEUIL
ST FRANÇOIS XAVIER
LAENNEC
MAIRIE
6
TH. NATL DE L'ODÉON
SORBONNE
COLLÈGE DE FRANCE
PALAIS DE LA MUTUALITÉ
PARADIS LATIN
Bd DE GRENELLE
LA MOTTE PICQUET GRENELLE
U.N.E.S.C.O.
Av. de Saxe
Rue Eblé
R. Oudinot
VANEAU
RENNES
RUE DE VAUGIRARD
PALAIS DU LUXEMBOURG
Rue des Écoles
A
B
C
D
E
F

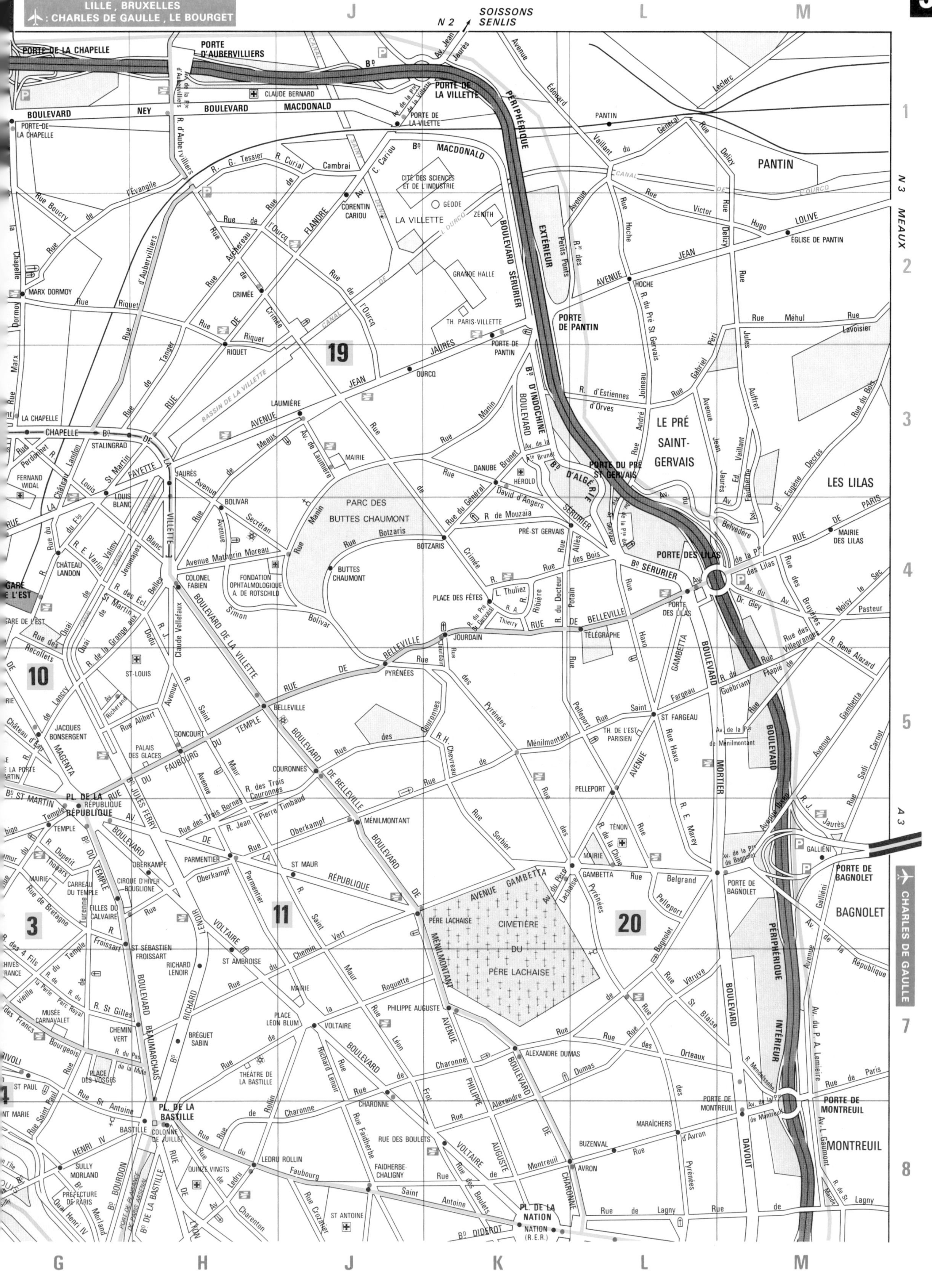
LILLE, BRUXELLES
: CHARLES DE GAULLE, LE BOURGET
N 2
SOISSONS
SENLIS
J
L
M
PORTE DE LA CHAPELLE
PORTE D'AUBERVILLIERS
CLAUDE BERNARD
PORTE DE LA VILLETTE
BOULEVARD
NEY
BOULEVARD
MACDONALD
PORTE DE LA CHAPELLE
PÉRIPHÉRIQUE
PANTIN
PANTIN
CITÉ DES SCIENCES ET DE L'INDUSTRIE
GÉODE
ZÉNITH
LA VILLETTE
CORENTIN CARIOU
CANAL DE L'OURCQ
N 3
MEAUX
ÉGLISE DE PANTIN
LOLIVE
GRANDE HALLE
BOULEVARD SÉRURIER
EXTÉRIEUR
HOCHE
CRIMÉE
MARX DORMOY
TH. PARIS-VILLETTE
PORTE DE PANTIN
RIQUET
19
OURCQ
JEAN JAURÈS
BASSIN DE LA VILLETTE
LAUMIÈRE
LA CHAPELLE
STALINGRAD
BD D'INDOCHINE
LE PRÉ SAINT-GERVAIS
MAIRIE
PORTE DU PRÉ ST GERVAIS
LES LILAS
JAURÈS
FERNAND WIDAL
LOUIS BLANC
DANUBE
HÉROLD
BOLIVAR
PARC DES BUTTES CHAUMONT
BOTZARIS
PRÉ-ST GERVAIS
PORTE DES LILAS
MAIRIE DES LILAS
CHÂTEAU LANDON
GARE DE L'EST
BUTTES CHAUMONT
COLONEL FABIEN
FONDATION OPHTALMOLOGIQUE A. DE ROTSCHILD
PLACE DES FÊTES
BD SÉRURIER
PORTE DES LILAS
BOULEVARD DE LA VILLETTE
JOURDAIN
TÉLÉGRAPHE
10
ST-LOUIS
PYRÉNÉES
BELLEVILLE
JACQUES BONSERGENT
GONCOURT
PALAIS DES GLACES
ST FARGEAU
TH. DE L'EST PARISIEN
COURONNES
PELLEPORT
PL. DE LA RÉPUBLIQUE
RÉPUBLIQUE
MÉNILMONTANT
TÉNON
A 3
GALLIÉNI
PORTE DE BAGNOLET
TEMPLE
PARMENTIER
OBERKAMPF
ST MAUR
MAIRIE
GAMBETTA
PORTE DE BAGNOLET
CHARLES DE GAULLE
CIRQUE D'HIVER BOUGLIONE
BAGNOLET
3
FILLES DU CALVAIRE
11
PÈRE LACHAISE
CIMETIÈRE DU PÈRE LACHAISE
20
ST SÉBASTIEN FROISSART
RICHARD LENOIR
ST AMBROISE
MUSÉE CARNAVALET
CHEMIN VERT
PLACE LÉON BLUM
VOLTAIRE
PHILIPPE AUGUSTE
BRÉGUET SABIN
ALEXANDRE DUMAS
PLACE DES VOSGES
THÉATRE DE LA BASTILLE
ST PAUL
PL. DE LA BASTILLE
CHARONNE
PORTE DE MONTREUIL
PORTE DE MONTREUIL
MONTREUIL
BASTILLE
COLONNE DE JUILLET
LEDRU ROLLIN
RUE DES BOULETS
MARAÎCHERS
BUZENVAL
AVRON
SULLY MORLAND
QUINZE VINGTS
FAIDHERBE-CHALIGNY
PRÉFECTURE DE PARIS
ST ANTOINE
PL. DE LA NATION
NATION (R.E.R.)
BD DIDEROT
G
H
J
K
L
M
1
2
3
4
5
7
8

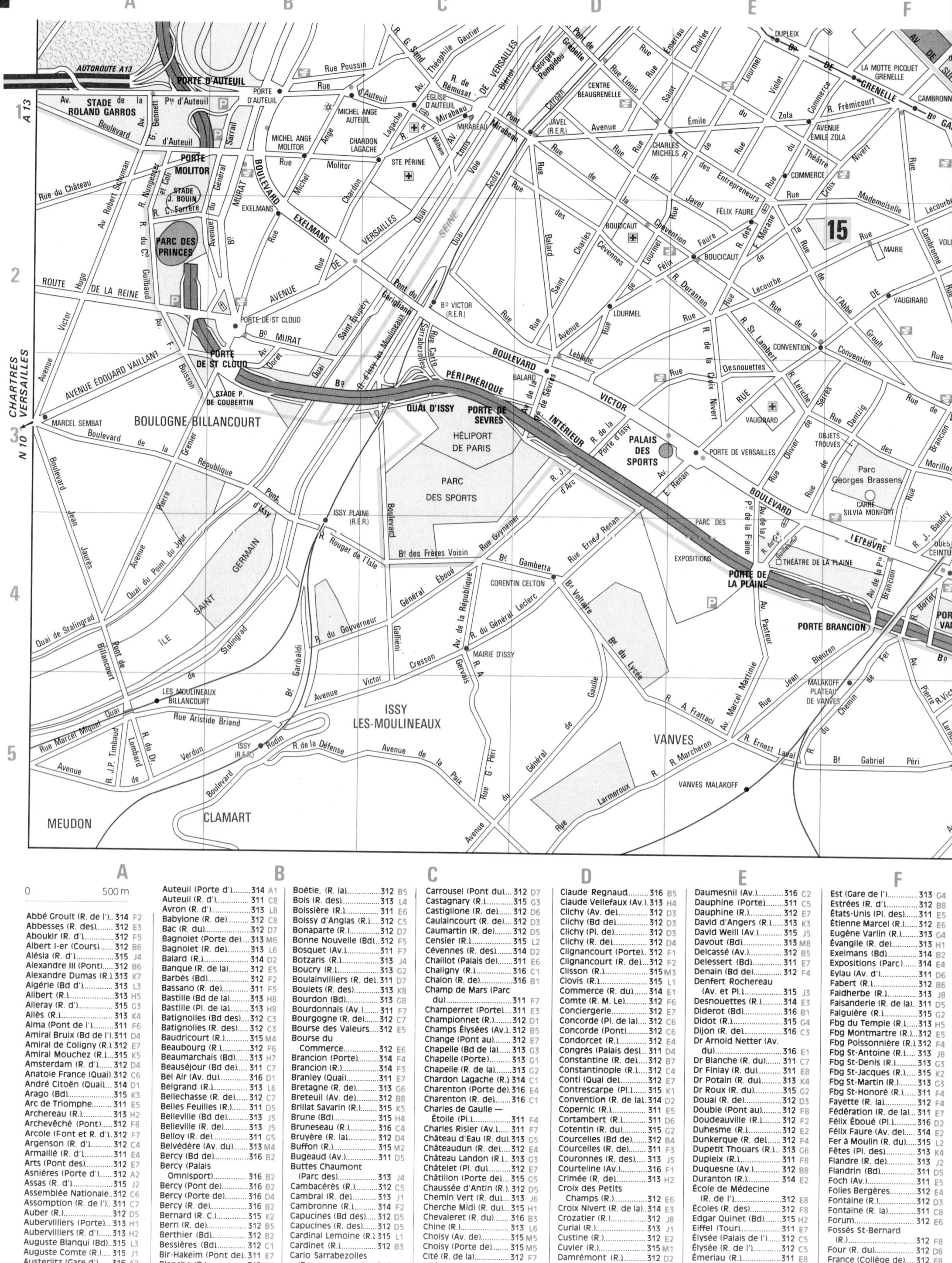
AUTOROUTE A13
PORTE D'AUTEUIL
STADE ROLAND GARROS
PORTE MOLITOR
STADE J. BOUIN
PARC DES PRINCES
PORTE DE ST CLOUD
STADE P. DE COUBERTIN
BOULOGNE-BILLANCOURT
MARCEL SEMBAT
CHARTRES VERSAILLES
N 10
A 13
MICHEL ANGE AUTEUIL
MICHEL ANGE MOLITOR
CHARDON LAGACHE
ÉGLISE D'AUTEUIL
STE PÉRINE
EXELMANS
MIRABEAU
JAVEL (R.E.R.)
CENTRE BEAUGRENELLE
CHARLES MICHELS
DUPLEIX
LA MOTTE PICQUET GRENELLE
CAMBRONNE
AVENUE ÉMILE ZOLA
COMMERCE
FÉLIX FAURE
BOUCICAUT
15
MAIRIE
VAUGIRARD
Bd VICTOR (R.E.R.)
LOURMEL
CONVENTION
BALARD
QUAI D'ISSY
PORTE DE SEVRES
HÉLIPORT DE PARIS
PARC DES SPORTS
PALAIS DES SPORTS
PORTE DE VERSAILLES
OBJETS TROUVÉS
Parc Georges Brassens
CARRÉ SILVIA MONFORT
PARC DES EXPOSITIONS
THÉATRE DE LA PLAINE
PORTE DE LA PLAINE
PORTE BRANCION
ISSY PLAINE (R.E.R.)
CORENTIN CELTON
MAIRIE D'ISSY
LES MOULINEAUX BILLANCOURT
ISSY (R.E.R.)
ISSY LES-MOULINEAUX
VANVES
MALAKOFF PLATEAU DE VANVES
VANVES MALAKOFF
MEUDON
CLAMART
BOULEVARD PÉRIPHÉRIQUE INTÉRIEUR
SEINE
ILE SAINT GERMAIN
0 500 m

Abbé Groult (R. de l')..314 F2
Abbesses (R. des).......312 E3
Aboukir (R. d')............312 F5
Albert I-er (Cours)......312 B6
Alésia (R. d')...............315 J4
Alexandre III (Pont).....312 B6
Alexandre Dumas (R.) 313 K7
Algérie (Bd d')............313 L3
Alibert (R.)...................313 H5
Alleray (R. d')...............315 G3
Allès (R.).......................313 K4
Alma (Pont de l')..........311 F6
Amiral Bruix (Bd de l').311 D4
Amiral de Coligny (R.).312 E7
Amiral Mouchez (R.)...315 K5
Amsterdam (R. d')......312 D4
Anatole France (Quai).312 C6
André Citoën (Quai)...314 D1
Arago (Bd)....................315 K3
Arc de Triomphe.........311 E5
Archereau (R.).............313 H2
Archevêché (Pont).....312 F8
Arcole (Font et R. d')..312 F7
Argenson (R. d')..........312 C4
Armaillé (R. d').............311 E4
Arts (Pont des)............312 E7
Asnières (Porte d')......312 A2
Assas (R. d')..................315 J2
Assemblée Nationale..312 C6
Assomption (R. de l')..311 C7
Auber (R.).....................312 D5
Aubervilliers (Porte)...313 H1
Aubervilliers (R. d')......313 H2
Auguste Blanqui (Bd)..315 L3
Auguste Comte (R.)....315 J1
Austerlitz (Gare d')......316 A2
Austerlitz (Pont d').....316 A1
Auteuil (Bd d')............314 A1
Auteuil (Porte d')........314 A1
Auteuil (R. d')..............311 C8
Avron (R. d')................313 L8
Babylone (R. de)..........312 C8
Bac (R. du)...................312 D7
Bagnolet (Porte de)....313 M6
Bagnolet (R. de)..........313 L6
Balard (R.)....................314 D2
Banque (R. de la).........312 E5
Barbès (Bd)..................312 F2
Bassano (R. de)...........311 F5
Bastille (Bd de la).........313 H8
Bastille (Pl. de la)........313 H8
Batignolles (Bd des)....312 C3
Batignolles (R. des).....312 C3
Baudricourt (R.)...........315 M4
Beaubourg (R.)............312 F6
Beaumarchais (Bd)......313 H7
Beauséjour (Bd de).....311 C7
Bel Air (Av. du)............316 D1
Belgrand (R.)...............313 L6
Bellechasse (R. de)......312 C7
Belles Feuilles (R.).......311 D5
Belleville (Bd de)..........313 J5
Belleville (R. de)...........313 J5
Belloy (R. de)................311 G5
Belvédère (Av. du).......313 M4
Bercy (Bd de)................316 B2
Bercy (Palais Omnisport)...............316 B2
Bercy (Pont de)............316 B2
Bercy (Porte de)..........316 D4
Bercy (R. de).................316 B2
Bernard (R. C.).............315 K2
Berri (R. de)..................312 B5
Berthier (Bd)................312 B2
Bessières (Bd)..............312 C1
Bir-Hakeim (Pont de)..311 E7
Blanche (R.).................312 D3
Bleue (R.).....................312 E4
Bobillot (R.)..................315 L4
Boétie, (R. la)...............312 B5
Bois (R. des).................313 L4
Boissière (R.)...............311 E6
Boissy d'Anglas (R.)....312 C5
Bonaparte (R.)..............312 D7
Bonne Nouvelle (Bd)...312 F5
Bosquet (Av.)...............311 F7
Botzaris (R.).................313 J4
Boucry (R.)...................313 G2
Boulainvilliers (R. de).311 D7
Boulets (R. des)............313 K8
Bourdon (Bd)...............313 G8
Bourdonnais (Av.).......311 F7
Bourgogne (R. de).......312 C7
Bourse des Valeurs....312 E5
Bourse du Commerce................312 E6
Brancion (Porte)..........314 F4
Brancion (R.)................314 F3
Branley (Quai)..............311 E7
Bretagne (R. de)..........313 G6
Breteuil (Av. de)...........312 B8
Brillat Savarin (R.)........315 K5
Brune (Bd)....................315 H4
Bruneseau (R.).............316 C4
Bruyère (R. la)..............312 D4
Buffon (R.)....................315 M2
Bugeaud (Av.)...............311 D5
Buttes Chaumont (Parc des)..................313 J4
Cambacérès (R.)...........312 C5
Cambrai (R. de)............313 J1
Cambronne (R.)...........314 F2
Capucines (Bd des).....312 D5
Capucines (R. des).......312 D5
Cardinal Lemoine (R.) 315 L1
Cardinet (R.)................312 B3
Carlo Sarrabezolles (R.)..............................314 C2
Cariou (Rue C.)............313 J1
Carnot (Av.)..................311 E4
Carrousel (Pont du)...312 D7
Castagnary (R.)............315 G3
Castiglione (R. de)......312 D6
Caulaincourt (R. de)....312 D3
Caumartin (R. de)........312 D5
Censier (R.)..................315 L2
Cévennes (R. des).......314 D2
Chaillot (Palais de).......311 E6
Chaligny (R.).................316 C1
Chalon (R. de)...............316 B1
Champ de Mars (Parc du)...............................311 F7
Champerret (Porte)....311 E3
Championnet (R.)........312 D1
Champs Élysées (Av.).312 B5
Change (Pont au)........312 E7
Chapelle (Bd de la)......313 G3
Chapelle (Porte)..........313 G1
Chapelle (R. de la)........313 G2
Chardon Lagache (R.) 314 C1
Charenton (Porte de).316 E4
Charenton (R. de).......316 C1
Charles de Gaulle — Étoile (Pl.).................311 F4
Charles Risler (Av.).....311 F7
Château d'Eau (R. du).313 G5
Châteaudun (R. de)....312 E4
Château Landon (R.)...313 G3
Châtelet (Pl. du)...........312 E7
Châtillon (Porte de)...315 G5
Chaussée d'Antin (R.).312 D5
Chemin Vert (R. du)...313 J6
Cherche Midi (R. du)...315 H1
Chevaleret (R. du).......316 B3
Chine (R.).....................313 L6
Choisy (Av. de).............315 M5
Choisy (Porte de)........315 M5
Cité (R. de la)...............312 F7
Cité Universitaire (Bd de la)...........................315 K5
Claude Decaen (R.)......316 E3
Claude Regnaud.........316 B5
Claude Vellefaux (Av.).313 H4
Clichy (Av. de).............312 D3
Clichy (Bd de)..............312 D3
Clichy (Pl. de)..............312 D3
Clichy (R. de)...............312 D4
Clignancourt (Porte)..312 F1
Clignancourt (R. de)...312 F2
Clisson (R.)..................315 M3
Clovis (R.).....................315 L1
Commerce (R. du)......314 E1
Comte (R. M. Le)..........312 F6
Conciergerie...............312 E7
Concorde (Pl. de la)....312 C6
Concorde (Pont)..........312 C6
Condorcet (R.).............312 E4
Congrès (Palais des)...311 D4
Constantine (R. de)....312 B7
Constantinople (R.)....312 C4
Conti (Quai de)............312 E7
Contrescarpe (Pl.)......315 K1
Convention (R. de la).314 D2
Copernic (R.)...............311 E5
Cortambert (R.)..........311 D6
Cotentin (R. du)...........315 G2
Courcelles (Bd de).......312 B4
Courcelles (R. de)........311 F3
Couronnes (R. des).....313 J5
Courteline (Av.)............316 F1
Crimée (R. de).............313 H2
Croix des Petits Champs (R.)...............312 E6
Croix Nivert (R. de la)..314 E3
Crozatier (R.)...............312 J8
Curial (R.).....................313 J1
Custine (R.)..................312 E2
Cuvier (R.)....................315 M1
Damrémont (R.).........312 D2
Danielle Casanova (R.) 312 D5
Danton (R.)..................312 E8
Dantzig (R. de).............314 F3
Daumesnil (Av.)...........316 C2
Dauphine (Porte)........311 C5
Dauphine (R.)..............312 E7
David d'Angers (R.).....313 K3
David Weill (Av.)..........315 J5
Davout (Bd)..................313 M8
Delcassé (Av.)..............312 B5
Delessert (Bd)..............311 E7
Denain (Bd de).............312 F4
Denfert Rochereau (Av. et Pl.)...............315 J3
Desnouettes (R.).........314 E3
Diderot (Bd).................316 B1
Didot (R.)......................315 G4
Dijon (R. de).................316 C3
Dr Arnold Netter (Av. du)................................316 E1
Dr Blanche (R. du).......311 C7
Dr Finlay (R. du)...........311 E8
Dr Potain (R. du).........313 K4
Dr Roux (R. du)............315 G2
Douai (R. de)................312 D3
Double (Pont au).........312 F8
Doudeauville (R.)........312 F2
Duhesme (R.)...............312 E2
Dunkerque (R. de)......312 F4
Dupetit Thouars (R.)...313 G6
Dupleix (R.)..................311 F8
Duquesne (Av.)............312 B8
Duranton (R.)..............314 E2
École de Médecine (R. de l')......................312 E8
Écoles (R. des).............312 F8
Edgar Quinet (Bd)........315 H2
Eiffel (Tour).................311 E7
Élysée (Palais de l')......312 C5
Élysée (R. de l')............312 C5
Émeriau (R.).................311 E8
Émile Augier (Bd)........311 C6
Émile Zola (Av.)............314 E1
Entrepreneurs (R.).....314 E1
Est (Gare de l').............313 G4
Estrées (R. d')...............312 B8
États-Unis (Pl. des)......311 E5
Étienne Marcel (R.)......312 E6
Eugène Varlin (R.)........313 G4
Évangile (R. de)............313 H1
Exelmans (Bd)..............314 B2
Expositions (Parc)......314 E4
Eylau (Av. d')................311 D6
Fabert (R.)....................312 B6
Faidherbe (R.)..............313 J8
Faisanderie (R. de la)..311 D5
Falguière (R.)...............315 G2
Fbg du Temple (R.).....313 H5
Fbg Montmartre (R.)...312 E5
Fbg Poissonnière (R.) 312 F4
Fbg St-Antoine (R.).....313 J8
Fbg St-Denis (R.).........313 G3
Fbg St-Jacques (R.).....315 K2
Fbg St-Martin (R.)........313 G3
Fbg St-Honoré (R.)......311 F4
Fayette (R. la)...............312 F4
Fédération (R. de la)...311 E7
Félix Éboué (Pl.)..........316 D2
Félix Faure (Av. de).....314 E2
Fer à Moulin (R. du).....315 L2
Fêtes (Pl. des)...............313 K4
Flandre (R. de)..............313 J2
Flandrin (Bd)................311 D5
Foch (Av.).....................311 E5
Folies Bergères...........312 E4
Fontaine (R.)................312 D3
Fontaine (R. la)............311 C8
Forum..........................312 E6
Fossés St-Bernard (R.)...............................312 F8
Four (R. du)..................312 D8
France (Collège de).....312 E8
François I-er (R.)..........312 B6
Francs Bourgeois (R.).313 G7
Franklin (R.).................311 D7

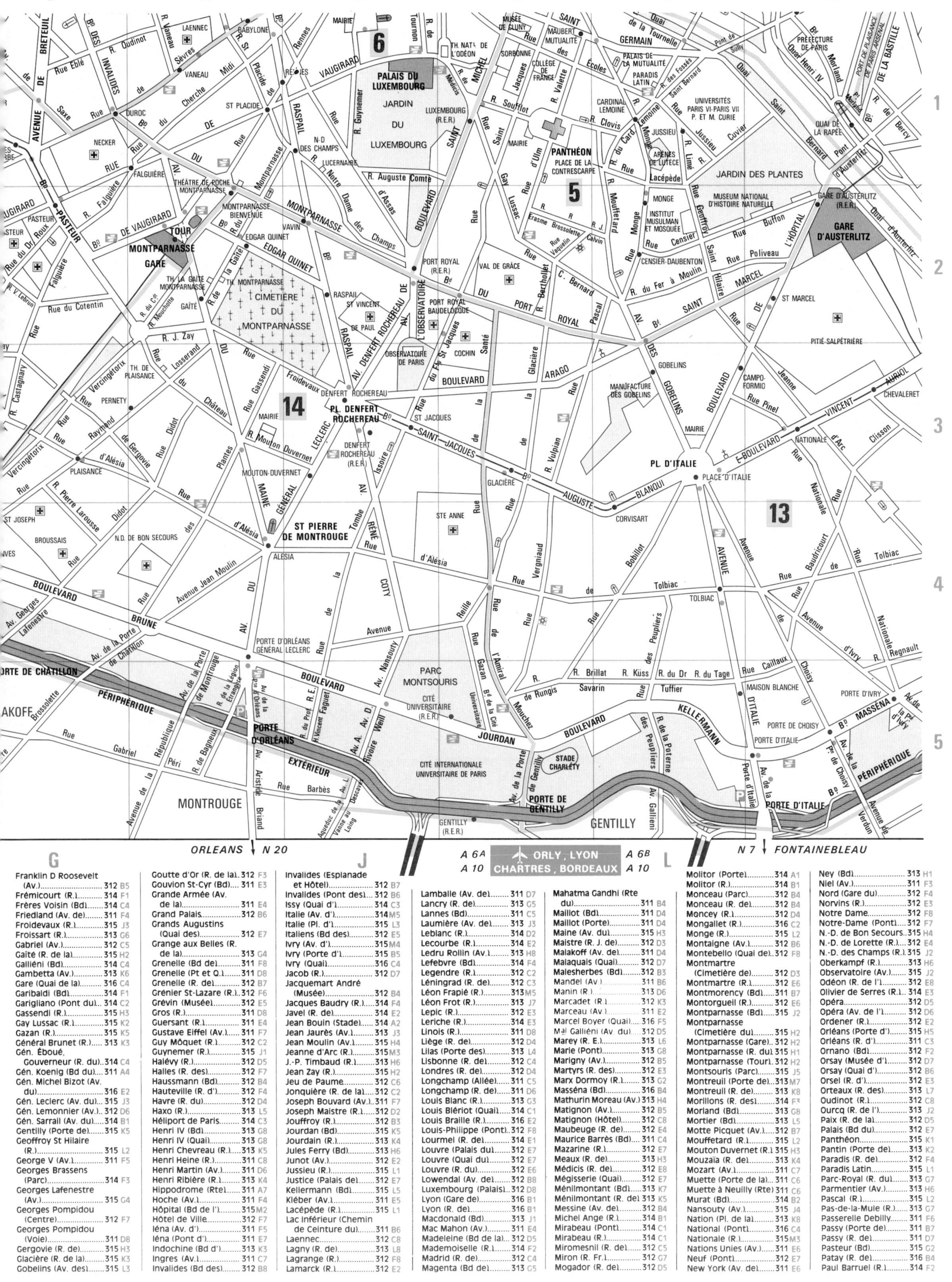
G
H
J
K
L
M
1
2
3
4
5
6
5
14
13
PALAIS DU LUXEMBOURG
JARDIN DU LUXEMBOURG
PANTHÉON
JARDIN DES PLANTES
MUSEUM NATIONAL D'HISTOIRE NATURELLE
GARE D'AUSTERLITZ
TOUR MONTPARNASSE
GARE
CIMETIÈRE DU MONTPARNASSE
VAL DE GRÂCE
OBSERVATOIRE DE PARIS
PL. DENFERT ROCHEREAU
PL. D'ITALIE
MANUFACTURE DES GOBELINS
PITIÉ-SALPÉTRIÈRE
ST PIERRE DE MONTROUGE
STE ANNE
PARC MONTSOURIS
CITÉ INTERNATIONALE UNIVERSITAIRE DE PARIS
STADE CHARLÉTY
PORTE D'ORLÉANS
PORTE DE GENTILLY
PORTE D'ITALIE
PORTE DE CHÂTILLON
MONTROUGE
GENTILLY
MALAKOFF
BOULEVARD BRUNE
BOULEVARD JOURDAN
BOULEVARD KELLERMANN
BD MASSÉNA
PÉRIPHÉRIQUE EXTÉRIEUR
ORLEANS N 20
A 6A A 10
ORLY, LYON
CHARTRES, BORDEAUX
A 6B A 10
N 7 FONTAINEBLEAU

Franklin D Roosevelt (Av.) 312 B5
Frémicourt (R.) 314 F1
Frères Voisin (Bd) 314 C4
Friedland (Av. de) 311 F4
Froidevaux (R.) 315 J3
Froissart (R.) 313 G6
Gabriel (Av.) 312 C5
Gaîté (R. de la) 315 H2
Galliéni (Bd) 314 C4
Gambetta (Av.) 313 K6
Gare (Quai de la) 316 C4
Garibaldi (Bd) 314 F1
Garigliano (Pont du) 314 C2
Gassendi (R.) 315 H3
Gay Lussac (R.) 315 K2
Gazan (R.) 315 K5
Général Brunet (R.) 313 K3
Gén. Éboué, Gouverneur (R. du) 314 C4
Gén. Koenig (Bd du) 311 A4
Gén. Michel Bizot (Av. du) 316 E2
Gén. Leclerc (Av. du) 315 J3
Gén. Lemonnier (Av.) 312 D6
Gén. Sarrail (Av. du) 314 B1
Gentilly (Porte de) 315 K5
Geoffroy St Hilaire (R.) 315 L2
George V (Av.) 311 F5
Georges Brassens (Parc) 314 F3
Georges Lafenestre (Av.) 315 G4
Georges Pompidou (Centre) 312 F7
Georges Pompidou (Voie) 311 D8
Gergovie (R. de) 315 H3
Glacière (R. de la) 315 K3
Gobelins (Av. des) 315 L3
Goutte d'Or (R. de la) 312 F3
Gouvion St-Cyr (Bd) 311 E3
Grande Armée (Av. de la) 311 E4
Grand Palais 312 B6
Grands Augustins (Quai des) 312 E7
Grange aux Belles (R. de la) 313 G4
Grenelle (Bd de) 311 F8
Grenelle (Pt et Q.) 311 D8
Grenelle (R. de) 312 B7
Grénier St-Lazare (R.) 312 F6
Grévin (Musée) 312 E5
Gros (R.) 311 D8
Guersant (R.) 311 E4
Gustave Eiffel (Av.) 311 F7
Guy Môquet (R.) 312 C2
Guynemer (R.) 315 J1
Halévy (R.) 312 D5
Halles (R. des) 312 F7
Haussmann (Bd) 312 B4
Hauteville (R. d') 312 F4
Havre (R. du) 312 D4
Haxo (R.) 313 L5
Héliport de Paris 314 C3
Henri IV (Bd) 313 G8
Henri IV (Quai) 313 G8
Henri Chevreau (R.) 313 K5
Henri Heine (R.) 311 C8
Henri Martin (Av.) 311 D6
Henri Ribière (R.) 313 K4
Hippodrome (Rte) 311 A7
Hoche (Av.) 311 F4
Hôpital (Bd de l') 315 M2
Hôtel de Ville 312 F7
Iéna (Av. d') 311 F5
Iéna (Pont d') 311 E7
Indochine (Bd d') 313 K3
Ingres (Av.) 311 C7
Invalides (Bd des) 312 B8
Invalides (Esplanade et Hôtel) 312 B7
Invalides (Pont des) 312 B6
Issy (Quai d') 314 C3
Italie (Av. d') 314 M5
Italie (Pl. d') 315 L3
Italiens (Bd des) 312 E5
Ivry (Av. d') 315 M4
Ivry (Porte d') 315 B5
Ivry (Quai) 316 C4
Jacob (R.) 312 D7
Jacquemart André (Musée) 312 B4
Jacques Baudry (R.) 314 F4
Javel (R. de) 314 E2
Jean Bouin (Stade) 314 A2
Jean Jaurès (Av.) 313 J3
Jean Moulin (Av.) 315 H4
Jeanne d'Arc (R.) 315 M3
J.-P. Timbaud (R.) 313 H6
Jean Zay (R.) 315 H2
Jeu de Paume 312 C6
Jonquière (R. de la) 312 C2
Joseph Bouvard (Av.) 311 F7
Joseph Maistre (R.) 312 D2
Jouffroy (R.) 312 B3
Jourdan (Bd) 315 K5
Jourdain (R.) 313 K4
Jules Ferry (Bd) 313 H6
Junot (Av.) 312 E2
Jussieu (R.) 315 L1
Justice (Palais de) 312 E7
Kellermann (Bd) 315 L5
Kléber (Av.) 311 E5
Lacépède (R.) 315 L1
Lac Inférieur (Chemin de Ceinture du) 311 B6
Laennec 312 C8
Lagny (R. de) 313 L8
Lagrange (R.) 312 F8
Lamarck (R.) 312 E2
Lamballe (Av. de) 311 D7
Lancry (R. de) 313 G5
Lannes (Bd) 311 C5
Laumière (Av. de) 313 J3
Leblanc (R.) 314 D2
Lecourbe (R.) 314 E2
Ledru Rollin (Av.) 313 H8
Lefebvre (Bd) 314 F4
Legendre (R.) 312 C2
Léningrad (R. de) 312 C3
Léon Frapié (R.) 313 M5
Léon Frot (R.) 313 J7
Lepic (R.) 312 E3
Leriche (R.) 314 E3
Linois (R.) 311 D8
Liège (R. de) 312 D4
Lilas (Porte des) 313 L4
Lisbonne (R. de) 312 C4
Londres (R. de) 312 D4
Longchamp (Allée) 311 C5
Longchamp (R. de) 311 D6
Louis Blanc (R.) 313 G3
Louis Blériot (Quai) 314 C1
Louis Braille (R.) 316 E2
Louis-Philippe (Pont) 312 F8
Lourmel (R. de) 314 E1
Louvre (Palais du) 312 E7
Louvre (Quai du) 312 E7
Louvre (R. du) 312 E6
Lowendal (Av. de) 312 B8
Luxembourg (Palais) 312 D8
Lyon (Gare de) 316 B1
Lyon (R. de) 316 B1
Macdonald (Bd) 313 J1
Mac Mahon (Av.) 311 E4
Madeleine (Bd de la) 312 D5
Mademoiselle (R.) 314 F2
Madrid (R. de) 312 C4
Magenta (Bd de) 313 G5
Mahatma Gandhi (Rte du) 311 B4
Maillot (Bd) 311 D4
Maillot (Porte) 311 D4
Maine (Av. du) 315 H3
Maistre (R. J. de) 312 D3
Malakoff (Av. de) 311 D4
Malaquais (Quai) 312 D7
Malesherbes (Bd) 312 B3
Mandel (Av.) 311 B6
Manin (R.) 313 D6
Marcadet (R.) 312 K3
Marceau (Av.) 311 E2
Marcel Boyer (Quai) 316 F5
Mal Galliéni (Av. du) 312 D5
Marey (R. E.) 313 L6
Marie (Pont) 313 G8
Marigny (Av.) 312 B5
Martyrs (R. des) 312 E3
Marx Dormoy (R.) 313 G2
Masséna (Bd) 316 B4
Mathurin Moreau (Av.) 313 H4
Matignon (Av.) 312 B5
Matignon (Hôtel) 312 C8
Maubeuge (R. de) 312 E4
Maurice Barrès (Bd) 311 C4
Mazarine (R.) 312 E7
Meaux (R. de) 313 H3
Médicis (R. de) 312 E8
Mégisserie (Quai) 312 E7
Ménilmontant (Bd) 313 K7
Ménilmontant (R. de) 313 K5
Messine (Av. de) 312 B4
Michel Ange (R.) 314 B1
Mirabeau (Pont) 314 C1
Mirabeau (R.) 314 C1
Miromesnil (R. de) 312 C5
Miron (R. Fr.) 312 G7
Mogador (R. de) 312 D5
Molitor (Porte) 314 A1
Molitor (R.) 314 B1
Monceau (Parc) 312 B4
Monceau (R. de) 312 B4
Moncey (R.) 312 D4
Mongallet (R.) 316 C2
Monge (R.) 315 L2
Montaigne (Av.) 312 B6
Montebello (Quai de) 312 F8
Montmartre (Cimetière de) 312 D3
Montmartre (R.) 312 E6
Montmorency (Bd) 311 B7
Montorgueil (R.) 312 E6
Montparnasse (Bd) 315 J2
Montparnasse (Cimetière du) 315 H2
Montparnasse (Gare) 312 H2
Montparnasse (R. du) 315 H1
Montparnasse (Tour) 312 H2
Montsouris (Parc) 315 J5
Montreuil (Porte de) 313 M7
Montreuil (R. de) 313 K8
Morillons (R. des) 314 F3
Morland (Bd) 313 G8
Mortier (Bd) 313 L5
Motte Picquet (Av.) 312 B7
Mouffetard (R.) 315 L2
Mouton Duvernet (R.) 315 H3
Mouzaïa (R. de) 313 K4
Mozart (Av.) 311 C7
Muette (Porte de la) 311 C6
Muette à Neuilly (Rte) 311 C6
Murat (Bd) 314 B2
Nansouty (Av.) 315 J4
Nation (Pl. de la) 313 K8
National (Pont) 316 C4
Nationale (R.) 315 M3
Nations Unies (Av.) 311 E6
Neuf (Pont) 312 E7
New York (Av. de) 311 E6
Ney (Bd) 313 H1
Niel (Av.) 311 F3
Nord (Gare du) 312 F4
Norvins (R.) 312 E3
Notre Dame 312 F8
Notre-Dame (Pont) 312 F7
N.-D. de Bon Secours 315 H4
N.-D. de Lorette (R.) 312 E4
N.-D. des Champs (R.) 315 J2
Oberkampf (R.) 313 H6
Observatoire (Av.) 315 J2
Odéon (R. de l') 312 E8
Olivier de Serres (R.) 314 E3
Opéra 312 D5
Opéra (Av. de l') 312 D6
Ordener (R.) 312 E2
Orléans (Porte d') 315 H5
Orléans (R. d') 311 C3
Ornano (Bd) 312 F2
Orsay (Musée d') 312 D7
Orsay (Quai d') 312 B6
Orsel (R. d') 312 E3
Orteaux (R. des) 313 L7
Oudinot (R.) 312 C8
Ourcq (R. de l') 313 J2
Paix (R. de la) 312 D5
Palais (Bd du) 312 E7
Panthéon 315 K1
Pantin (Porte de) 313 K2
Paradis (R. de) 312 F4
Paradis Latin 315 L1
Parc-Royal (R. du) 313 G7
Parmentier (Av.) 313 H6
Pascal (R.) 315 L2
Pas-de-la-Mule (R.) 313 G7
Passerelle Debilly 311 F6
Passy (Porte de) 311 B7
Passy (R. de) 311 D7
Pasteur (Bd) 315 G2
Patay (R. de) 316 B4
Paul Barruel (R.) 314 F2

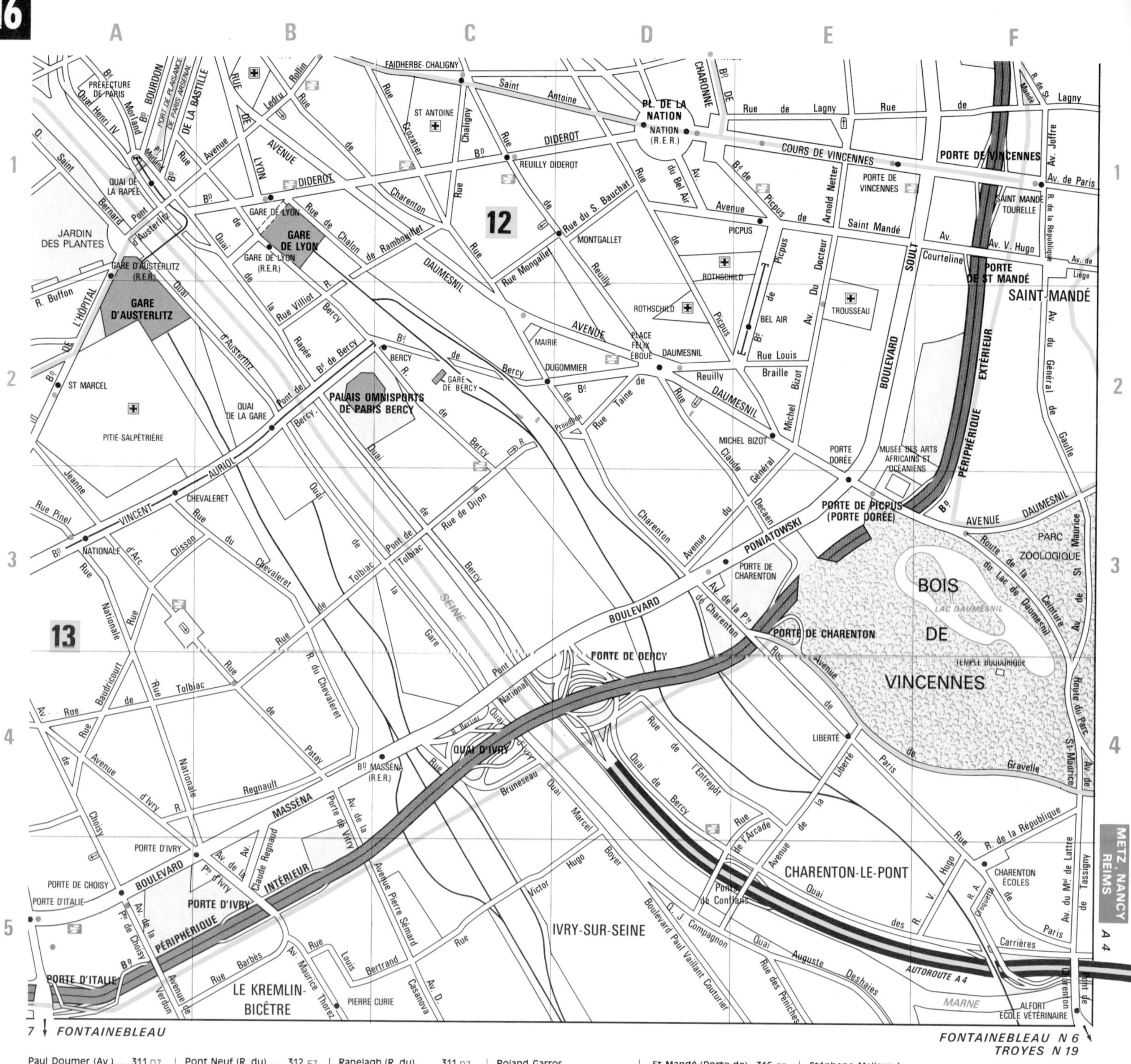
A
B
C
D
E
F
1
2
3
4
5
12
13
PL. DE LA NATION
NATION (R.E.R.)
COURS DE VINCENNES
PORTE DE VINCENNES
PORTE DE VINCENNES
SAINT MANDÉ TOURELLE
PORTE DE ST MANDÉ
SAINT-MANDÉ
FAIDHERBE-CHALIGNY
ST ANTOINE
REUILLY DIDEROT
DIDEROT
JARDIN DES PLANTES
GARE D'AUSTERLITZ (R.E.R.)
GARE D'AUSTERLITZ
GARE DE LYON
GARE DE LYON (R.E.R)
QUAI DE LA RAPÉE
MONTGALLET
PICPUS
ROTHSCHILD
TROUSSEAU
BEL AIR
DAUMESNIL
PLACE FELIX EBOUÉ
MAIRIE
DUGOMMIER
MICHEL BIZOT
PORTE DORÉE
MUSÉE DES ARTS AFRICAINS ET OCÉANIENS
PORTE DE PICPUS (PORTE DORÉE)
BOULEVARD PÉRIPHÉRIQUE EXTÉRIEUR
PARC ZOOLOGIQUE
BOIS DE VINCENNES
LAC DAUMESNIL
TEMPLE BOUDDHIQUE
ST MARCEL
PITIÉ-SALPÊTRIÈRE
QUAI DE LA GARE
BERCY
GARE DE BERCY
PALAIS OMNISPORTS DE PARIS BERCY
CHEVALERET
NATIONALE
BOULEVARD PONIATOWSKI
PORTE DE CHARENTON
PORTE DE BERCY
QUAI D'IVRY
Bd MASSÉNA (R.E.R)
SEINE
LIBERTÉ
CHARENTON-LE-PONT
CHARENTON ÉCOLES
PORTE D'IVRY
PORTE DE CHOISY
PORTE D'ITALIE
PÉRIPHÉRIQUE INTÉRIEUR
IVRY-SUR-SEINE
LE KREMLIN-BICÊTRE
PIERRE CURIE
AUTOROUTE A4
MARNE
ALFORT ÉCOLE VÉTÉRINAIRE
METZ, NANCY REIMS
A 4
7 FONTAINEBLEAU
FONTAINEBLEAU N 6
TROYES N 19

Paul Doumer (Av.) 311 D7
Pelleport (R.) 313 L5
Pépinière (R. de la) 312 C4
Percier (Av.) 312 B4
Perdonnet (R.) 313 G3
Pereire (Bd) 311 E3
Père Lachaise (Cimetière du) 313 K7
Pergolèse (R.) 311 E4
Perle (R. de la) 313 G7
Pershing (Bd) 311 D3
Petites Écuries (R.) 312 F5
Petit Palais 312 B6
Petits Champs (R.) 312 E6
Petits Ponts (Rte des) 313 K2
Peupliers (R. des) 315 L4
Philippe Auguste (Av.) 313 K7
Picpus (Bd de) 316 E1
Picpus (R. de) 316 D2
Picpus (Porte de) 316 E3
Pierre Charron (R.) 311 F5
Pierre de Coubertin (Stade) 314 B3
Pierre Demours (R.) 311 E3
Pierre Larousse (Av.) 315 G4
Pierre I-er de Serbie (Av.) 311 F6
Petit Pont 312 F8
Pigalle (R.) 312 E3
Pinel (R.) 315 M3
Plaine (Porte de la) 314 E4
Plantes (Jardin des) 315 M1
Plantes (R. des) 315 H3
Poissonnière (R.) 312 F5
Poissonniers (R. des) 312 F2
Police (Préf. de) 312 E7
Poliveau (R.) 316 A2
Pompe (R. de la) 311 D5
Poniatowski (Bd) 316 E3
Ponthieu (R. de) 312 B5
Pont Neuf (R. du) 312 E7
Portalis (R.) 312 C4
Porte Brunet (Av.) 313 K3
Porte de Ménilmontant (Av. de la) 313 M5
Porte de Montmartre (Av.) 312 D1
Porte de Montrouge (Av. de la) 315 H5
Porte des Ternes (Av.) 311 D3
Porte de Villiers (Av.) 311 E3
Porte de Vitry (Av.) 316 B5
Porte d'Issy (R. de la) 314 D3
Port Royal (Bd du) 315 K2
Postes (Hôtel des) 312 E6
Poteau (R. du) 312 E2
Poterne des Peupliers (R. de la) 315 L5
Pouchet (R.) 312 C1
Poussin (R.) 311 B8
Président Kennedy (Av. du) 311 D7
Président Wilson (Av. du) 311 F6
Pré St-Gervais (Porte) 313 L3
Pré St Gervais (R. du) 313 K4
Princes (Parc des) 314 A2
Prony (R. de) 312 B3
Provence (R. de) 312 D4
Prudhon (Av.) 311 C7
Publicité (Musée) 312 F4
Pyramides (R. des) 312 D6
Pyrénées (R. des) 313 K5
Quatre Fils (R. des) 313 G6
Quatre Septembre (R. du) 312 D5
Radio-France (Maison de) 311 D8
Rambouillet (R. de) 316 C1
Rambuteau (R.) 312 F6
Ranelagh (Jardin du) 311 C7
Ranelagh (R. du) 311 D7
Rapée (Quai de la) 316 B2
Raphaël (Av.) 311 C7
Rapp (Av.) 311 F7
Raspail (Bd) 315 J2
Raymond Losserand (R.) 315 G3
Raymond Poincaré (Av.) 311 D5
Raynouard (R.) 311 D7
Réaumur (R.) 312 F6
Recollets (R. des) 313 G4
Regnault (R.) 316 B4
Reille (Av.) 315 K4
Reine (Cours la) 312 C6
Reine Marguerite (Allée de la) 311 A5
Reims (Bd de) 311 F2
Rémusat (R. de) 311 C8
Renard (R. du) 312 F7
René Coty (Av.) 315 J4
Rennes (R. de) 315 J1
République (Av.) 313 J6
République (Bd de la) 314 A3
République (Pl. de la) 313 G6
Reuilly (Bd de) 316 D2
Reuilly (R. de) 316 D2
Ribière (R.) 313 K4
Richard Lenoir (Bd) 313 H7
Richard Lenoir (R.) 313 J7
Richard Wallace (Bd) 311 A4
Richelieu (R. de) 312 E5
Richer (R.) 312 E5
Richerand (R.) 313 G5
Riquet (R.) 313 G2
Rivoli (R. de) 312 D6
Rochechouart (Bd de) 312 E3
Rochechouart (R. de) 312 E4
Rocher (R. du) 312 C4
Rodin (Musée) 312 C7
Roland Garros (Stade) 314 A1
Rome (R. de) 312 C3
Roquette (R. de la) 313 J7
Royale (R.) 312 C5
Royal (Palais) 312 E6
Royal (Pont) 312 D7
Rungis (R. de) 315 K5
Sablons (R. des) 311 D6
Sacré Cœur (Basilique du) 312 E3
St-Amand (R.) 315 G3
St-Antoine (R.) 313 G8
St-Augustin 312 C4
St-Bernard (Quai) 316 A1
St-Blaise (R.) 313 L7
St-Charles (R.) 314 E1
St-Cloud (Av. de) 311 A7
St-Cloud (Porte de) 314 B3
St-Denis (Bd) 312 F5
St-Denis (Canal) 313 J2
St-Denis (R.) 312 F5
St-Dominique (R.) 312 B7
St-Eleuthère 312 E3
St-Eustache 312 E6
St-Exupéry (Quai) 314 B2
St-Fargeau (R.) 313 L5
St-Ferdinand (R.) 311 E4
St-Florentin (R.) 312 C6
St-Germain (Bd) 312 D7
St-Germain des Prés 312 D7
St-Gilles (R.) 313 G7
St-Honoré (R.) 312 D6
St-Jacques (Bd) 315 K3
St-Jacques (R.) 315 K1
St-Lambert (R.) 314 E2
St-Lazare (Gare) 312 C4
St-Lazare (R.) 312 C4
St-Louis (Pont) 312 F8
St-Louis-en-l'île (R.) 312 F8
St-Mandé (Av. de) 316 E1
St-Mandé (Porte de) 316 F2
St-Marcel (Bd) 315 M2
St-Martin (Bd) 313 G5
St-Martin (R.) 312 F6
St-Maur (R.) 313 H5
St-Michel (Bd) 315 K1
St-Michel (Pont) 312 E7
St-Michel (Quai) 312 E8
St-Ouen (Av. de) 312 D2
St-Ouen (Porte) 312 D1
St-Paul (R.) 313 G7
St-Pierre de Montrouge 315 J4
St-Placide (R.) 312 C8
St-Roch 312 D6
St-Saëns (R.) 311 E8
Sts-Pères (R. des) 312 D7
St-Sulpice 312 D8
St-Vincent de Paul 315 J2
Ste-Marie Madeleine 312 C5
Ste-Trinité 312 D4
Sand (R. G.) 311 C8
Santé (R. de la) 315 K3
Saxe (Av. de) 315 G1
Scribe (R.) 312 D5
Sébastopol (Bd de) 312 F6
Secrétan (Av.) 313 H4
Ségur (Av. de) 312 B8
Seine (R. de) 312 D8
Sergent Bauchat (R.) 316 D1
Sérurier (Bd) 313 K2
Sèvres (Porte de) 314 C3
Sèvres (R. de) 312 D8
Simon Bolivar (Av.) 313 H4
Singer (R.) 311 D7
Solférino (Pont) 312 C6
Sorbier (R.) 313 K6
Sorbonne 312 E8
Soufflot (R.) 315 K1
Soult (Bd) 316 E2
Sports (Palais des) 314 D3
Stéphane Mallarmé (Av.) 311 E3
Strasbourg (Bd de) 312 F5
Suchet (Bd) 311 B7
Suffren (Av. de) 311 F8
Sully (Pont de) 313 G8
Surène (R. de) 312 C5
Suresnes (Rte de) 311 C5
Tac (R. le) 312 E3
Tage (R. du) 315 L5
Taine (R.) 316 D2
Tanger (R. de) 313 H3
Tardieu (R.) 312 E3
Temple (Bd du) 313 G6
Temple (R. du) 313 G6
Temple (R. vieille du) 313 G7
Ternes (Av. des) 311 E4
Tertre (Pl. du) 312 E3
Tessier (R. G.) 313 H1
Théâtre (R. du) 314 E1
Théophile Gautier (Av) 311 C8
Thierry (R. A.) 313 K4
Thuliez (R. L.) 313 K4
Tocqueville (R. de) 312 B3
Tolbiac (Pont de) 316 C3
Tolbiac (R. de) 315 M4
Tombe Issoire (R.) 315 J4
Tour (R. de la) 311 D7
Tour Eiffel 311 E7
Tourisme (Office du) 311 F5
Tour Maubourg (Bd) 312 B7
Tournelle (Pont de la) 312 F8
Tournelle (Quai de la) 312 F8
Tournon (R. de) 312 E8
Tourville (Av. de) 312 B7
Trocadéro (Pl. du) 311 D6
Trois Bornes (R. des) 313 H6
Tronchet (R.) 312 C5
Tuileries (Jardin des) 312 D6
Tuileries (Quai des) 312 D6
Turbigo (R. de) 313 G6
Turenne (R. de) 313 G6
Ulm (R. d') 315 K1
UNESCO 312 B8
Université (R. de l') 312 B6
Valette (R.) 315 K1
Valmy (Quai de) 313 G4
Vaneau (R.) 312 C8
Vanves (Porte de) 314 F4
Varenne (R. de) 312 C7
Vaugirard (Bd de) 315 H2
Vaugirard (R. de) 315 G2
Vauvenargues (R.) 312 D2
Vendôme (Pl.) 312 D5
Vergniaud (R.) 315 K4
Vercingétorix (R.) 315 G3
Versailles (Av. de) 314 C2
Victor (Bd) 314 D3
Victor Hugo (Av.) 311 D5
Victoria (Av.) 312 F7
Victor Massé (R.) 312 E4
Vienne (R. de) 312 C4
Villette (Bd de la) 313 H4
Villette (Porte de la) 313 K1
Villiers (Av. de) 311 F3
Villiot (R.) 316 B2
Vincennes (Cours de) 313 L8
Vincennes (Porte de) 316 F1
Vincent Auriol (Bd) 315 M3
Violet (R.) 314 E1
Vitruve (R.) 313 L7
Volontaires (R. des) 315 G2
Voltaire (Bd) 313 K8
Vosges (Pl. des) 313 G7
Vouillé (R. de) 314 F3
Vulpian (R.) 315 K3
Wagram (Av. de) 311 F3
Washington (R.) 311 F5
Winston Churchill (Av.) 312 B6

Puysserampion 47 195 F3
Puyvalador 66 261 E2
Puyvert 84 237 D1
Puzeaux 80 18 B3
Puzieux 57 64 C1
Puzieux 88 86 C2
Py 66 261 F3
La Pyle 27 31 E3
Pyle (Pont de la) 39 141 E4
Pyrénées (Parc National des) 65 257 E4
Pys 80 10 A4

Q

Quaëdypre 59 4 A2
Quaix-en-Chartreuse 38 189 D2
Quantilly 18 119 D3
Quarante 34 254 C1
Quarouble 59 11 E2
Quarré-les-Tombes 89 121 F2
La Quarte 70 105 F2
Le Quartier 63 152 A3
Quasquara 2a 266 C4
Quatre-Champs 08 37 F1
Les Quatre-Routes 46 181 E4
Quatre Vios (Col des) 07 203 D2
Quatremare 27 31 F3
Quatzenheim 67 67 D3
Quéant 62 10 B4
Queaux 86 148 B2
Québriac 35 73 D1
Quédillac 35 72 B2
Queige 73 174 C2
Quelaines-St-Gault 53 94 C1
Quelmes 62 3 E3
Quelneuc 56 92 C2
Quéménéven 29 69 D2
Quemigny-Poisot 21 123 E3
Quemigny-sur-Seine 21 104 A3
Quemper-Guézennec 22 47 E2
Quemperven 22 47 D2
Quend 80 8 B3
Quénécan (Forêt de) 22,56 70 C2
Quenne 89 102 B2
Quenoche 70 106 C4
Quenza 2a 269 D1
Quercamps 62 3 E3
Quercitello 2b 265 E4
Quérénaing 59 11 D3
Quéribus (Château de) 11 262 B1
Quérigut 09 261 D2
Quernes 62 4 A4
Querqueville 50 24 C1
Querré 49 95 D3
Querrien 29 70 A4
Querrieu 80 17 F2
Quers 70 107 D2
Quesmy 60 18 C4
Le Quesne 80 16 C2
Le Quesnel 80 18 A3
Le Quesnel-Aubry 60 33 F1
Le Quesnoy 59 11 E3
Le Quesnoy-en-Artois 62 9 D2
Quesnoy-le-Montant 80 8 B4
Quesnoy-sur-Airaines 80 17 D2
Quesnoy-sur-Deûle 59 5 D3
Quesques 62 3 D4
Quessigny 27 55 E1
Quessoy 22 48 B4
Quessy 02 19 D4
Questembert 56 92 A2
Questrecques 62 2 C4
Quet-en-Beaumont 38 205 F1
Quetigny 21 123 F2
Quettehou 50 25 E2
Quettetot 50 24 C3
Quetteville 14 30 B2
Quettreville-sur-Sienne 50 50 C1
Queudes 51 60 A3
La Queue-en-Brie 94 58 A2
La Queue-les-Yvelines 78 56 C2
Queuille 63 152 B4
Queuille (Méandre de) 63 152 A4
Quevauvillers 80 17 D2
Quéven 56 90 B1
Quévert 22 49 E4
Quevillon 76 31 E2
Quevilloncourt 54 86 C1
Quévreville-la-Poterie 76 31 F2
Queyrac 33 176 B1
Queyras (Parc Régional du) 05 207 E2
Queyrières 43 186 A3
Queyssac 24 196 A1
Queyssac-les-Vignes 19 181 E4
Quézac 48 217 D1
Quézac 15 199 D2
Quiberon 56 90 C4
Quiberville 76 15 E2
Quibou 50 27 D4
Quié 09 260 B1
Quiers 77 58 C4
Quiers-sur-Bézonde 45 100 B1
Quiéry-la-Motte 62 10 B2
Quierzy 02 18 C4
Quiestède 62 3 F4
Quiévelon 59 12 B3
Quiévrechain 59 11 E2
Quièvrecourt 76 16 A3
Quiévy 59 11 D4
Quilen 62 8 C1
Quillinen 29 69 D2
Quillan 11 253 E4
Quillane (Col de la) 66 261 E3
Quillebeuf-sur-Seine 27 30 C1
Le Quillio 22 71 D2
Quilly 44 92 C4
Quilly 08 37 E2
Quilly 56 92 A1
Quimper 29 69 D3
Quimperlé 29 69 F4
Quincampoix 76 31 F1
Quincampoix-Fleuzy 60 16 C3
Quinçay 86 132 A3
Quincerot 21 103 E4
Quincerot 89 103 D1
Quincey 21 123 E3
Quincey 10 82 B1
Quincey 70 106 C3
Quincié-en-Beaujolais 69 155 D3
Quincieu 38 188 C2
Quincieux 69 171 E1
Quincy 18 118 C3
Quincy-Basse 02 35 E1
Quincy-Landzécourt 55 38 B1
Quincy-sous-le-Mont 02 35 F3
Quincy-sous-Sénart 91 58 A3
Quincy-le-Vicomte 21 103 E4
Quincy-Voisins 77 58 C2
Quinéville 50 25 E3
Quingey 25 125 D3
Quinquempoix 60 33 E1
Quins 12 215 D2
Quinsac 33 194 B2
Quinsac 24 179 F1
Quinson 04 238 B2
Quinssaines 03 151 E2
Quint 31 230 B3
Quintal 74 173 F1
La Quinte 72 76 A4
Quintenas 07 187 D2
Quintenic 22 48 C3
Quintigny 39 141 D2
Quintillan 11 254 B4
Quintin 22 47 F4
Le Quiou 22 72 C1
Quirbajou 11 261 E1
Quiry-le-Sec 80 17 F4
Quissac 30 218 A4
Quissac 46 198 B3
Quistinic 56 70 C4
Quittebeuf 27 31 E4
Quitteur 70 105 F4
Quivières 80 18 C2
Quœux-Haut-Maînil 62 9 D3

R

Rabastens 81 230 B1
Rabastens-de-Bigorre 65 227 E4
Rabat-les-Trois-Seigneurs 09 252 A4
La Rabatelière 85 129 E1
Rablay-sur-Layon 49 113 F2
Rabodanges 61 52 C2
Rabou 05 206 A3
Rabouillet 66 261 F2
Racamadou (Belvédère de) 24 196 C1
Racécourt 88 87 D2
Rachecourt-sur-Marne 52 62 B4
Rachecourt-Suzémont 52 84 C1
Raches 59 10 C2
Racines 10 82 C4
La Racineuse 71 140 B2
Racquinghem 62 4 A4
Racrange 57 65 E1
Raddon-et-Chapendu 70 107 D1

Reims

Arbalète (R. de l') BY 3
Cadran St-Pierre (R.) ABY 13
Carnot (R.) BY 19
Drouet d'Erlon (Pl.) AY 38
Étape (R. de l') AY 40
Jean-Jaurès (Av.) BCX
Laon (Av. de) AX
Talleyrand (R. de) AXY

Anatole-France (Cours) BY 2
Barbatre (R. du) BCYZ
Bocquaine (Chaussée) ABZ
Boulingrin (Pl. du) BX 6
Briand (R. Aristide) BX 8
Buirette (R.) AY 12
Capucins (R. des) BYZ
Carmes (R. des) BZ 16
Carnégie (Pl.) BY 17
Carteret (Bd) CX
Cérès (R.) BXY
Cernay (R. de) CX
Champ de Mars (R. du) BX
Chanzy (R.) BY
Chézel (R. Clovis) BZ
Clemenceau (Av. G.) CY
Clovis (R.) ABY
Colbert (R.) BXY 26
Courcelles (R. de) AX
Courlancy (R. de) AZ
Crayères (R. des) CZ
Dauphinot (Bd) CX
Desteuque (R. E.) BY 31
Diancourt (Bd) CZ
Dieu-Lumière (Bd) BZ
Dieu-Lumière (R.) CZ 32
Dr-Henrot (Bd) BZ
Dr-Jacquin (R.) BXY 33
Doumer (Bd Paul) AY
Droits-de-l'Homme (Pl.) CZ 37
Doubois (R. Th.) AY 39
Fabien (R. Col.) AY
Foch (Bd) AX
Forum (Pl.) BY 47
Gambetta (R.) BYZ
Gaulle (Av. de) AYZ
Gerbert (R.) BCY 50
Giraud (Av. Gén.) CZ
Gobelins (R. des) CX
Gosset (R.) BX
Gouraud (Rd-Pt Gén.) CZ 51
Grand-Cerf (R. du) CZ 52
Jamin (Bd) CX
Jamot (Pl. Paul) BY 56
Jard (R. du) BZ
Jésuites (College des) BZ W
J.-J.-Rousseau (R.) BX 58
Joffre (Bd) AX
Jules-César (Bd) BX
Lambert (Bd Victor) CZ 59
Langlet (Crs J.-B.) BY 60
Laurent (R. Gust.) CY
Leclerc (Bd Gén.) AY
Lenoir (R. C.) BCX
Lesage (R.) ABX
Libergier (R.) ABY
Lundy (Bd) BX
Magdeleine (R.) AY 63
Marchandeau (Av. P.) AZ
Mars (Porte) BX Q
Mars (R. de) BX
Martyrs de la Résistance (Pl.) BY 66
Mont d'Arène (R.) AX
Montlaurent (R.) CY 67
Moulins (R. des) BZ
Myron-Herrick (Pl.) BY 68
Paix (Bd de la) BCY
Payen (R.) AY
Pasteur (Bd) CY
Pommery (Bd) CYZ
Prés.-Roosevelt (R.) AX 70
Prés. Wilson (Bd) AZ
République (Pl.) BX 71
Roederer (Bd L.) AXY
Royale (Pl.) BY
St-Marceaux (Bd) CY
St-Nicaise (Pl.) CZ 78
Salle (Hôtel de la) BY E
Sarrail (R. Gén.) ABX 82
Sillery (R. de) CY
Simon (R.) BZ
Tau (Palais du) BY S
Temple (R. du) BX 86
Thiers (R.) AX
Université (R. de l') BY 88
Vasnier (Bd H.) CZ
Venise (R. de) BYZ
Vesles (R. de) AY
Voltaire (R.) BY
Yser (Av. de l') CY

Radenac 56 71 E4
Radepont 27 32 A2
Radinghem 62 9 D1
Radinghem-en-Weppes 59 4 C4
Radioastronomie (Station de) 18 118 C2
Radon 61 76 B1
Radonvilliers 10 83 F2
Radule (Cascade de) 2B 266 C1
Raedersdorf 68 108 C4
Raedersheim 68 108 C1
Raffetot 76 14 C4
Rageade 15 184 C3
Rahart 41 98 A2
Rahay 72 97 E1
Rahling 57 42 B4
Rahon 25 126 B1
Rahon 39 124 B4
Rai 61 54 B3
Raids 50 27 D3
Raillencourt-Ste-Olle 59 10 C4
Railleu 66 261 E3
Raillicourt 08 21 E4
Raillimont 02 20 C3
Raimbeaucourt 59 10 C2
Rainans 39 124 B3
Raincheval 80 17 F1
Raincourt 70 106 A1
Le Raincy 93 58 A2
Rainfreville 76 15 E3
Rainneville 80 17 F1
Rainsars 59 12 B4
Rainville 88 86 B2
Rainvillers 60 33 D2
Les Rairies 49 95 F3
Raismes 59 11 D2
Raissac 09 252 C4
Raissac-d'Aude 11 254 B2
Raissac-sur-Lampy 11 253 D1
Raix 16 147 E4
Raizeux 78 56 B4
Ramasse 01 156 C2
Ramatuelle 83 245 E2
Rambaud 05 206 B3
Rambervillers 88 87 E2
Rambluzin-et-Benoite-Vaux 55 62 C1
Rambouillet 78 56 C4
Rambucourt 55 63 E2
Ramburelles 80 16 C1
Rambures 80 16 B2
Ramecourt 88 86 C2
Ramecourt 62 9 E2
Ramerupt 10 61 D4
Ramicourt 02 19 D1
Ramillies 59 10 C3
Rammersmatt 68 108 B2
Ramonchamp 88 107 E1
Ramonville-St-Agne 31 230 A3
Ramoulu 45 80 A3
Ramous 64 225 F3
Ramousies 59 12 B4
Ramouzens 32 227 F1
Rampan 50 27 E3
Rampieux 24 196 C2
Rampillon 77 58 C4
Rampont 55 38 B4
Rampoux 46 197 E3
Ramstein 67 89 D2
Rance 22,35 49 E3
Rancé 01 155 F4
Rancenay 25 125 D3
Rancennes 08 13 F4
Rances 10 84 A1
Ranchal 69 154 C3
Ranchot 39 124 C3
Ranchy 14 28 B3
Rancogne 16 163 D3
Rancon 87 149 D3
Rançonnières 52 105 F1
Rancoudray 50 51 E3
Rancourt 88 86 C3
Rancourt 80 18 B1
Rancourt-sur-Ornain 55 62 A2
Rancy 71 140 B3
Randan 63 153 D4
Randens 73 174 B3
Randevillers 25 126 B2
Randonnai 61 54 C3
Rânes 61 52 C3
Rang 25 126 B1
Rang-du-Fliers 62 8 A2
Rangecourt 52 85 F4
Rangen 67 66 C3
Rannée 35 94 A1
Ranrupt 67 88 C1
Rans 39 124 C3
Ransart 62 9 F3
Ranspach 68 108 A1
Ranspach-le-Bas 68 109 D3
Ranspach-le-Haut 68 108 C3
Rantechaux 25 126 A3
Rantigny 60 33 F2
Ranton 86 114 C4
Rantzwiller 68 108 C3
Ranville 14 29 E3
Ranville-Breuillaud 16 162 A1
Ranzevelle 70 106 B1
Ranzières 55 39 D4
Raon-aux-Bois 88 87 E4
Raon-l'Étape 88 88 A1
Raon-lès-Leau 54 66 A4
Raon-sur-Plaine 88 66 A4
Rapaggio 2b 265 E4
Rapale 2b 265 E3
Rapey 88 87 D2
Rapilly 14 52 C2
Rapsécourt 51 61 F1
Raray 60 34 B3
Rarécourt 55 38 B4
Rasiguères 66 262 A1
Raslay 86 114 C3
Rasteau 84 219 F2
Ratenelle 71 140 B4
Ratières 26 187 F2
Ratilly 89 101 E4
Ratte 71 140 C3
Ratzwiller 67 42 B4
Raucoules 43 186 B2
Raucourt 54 64 B1
Raucourt-au-Bois 59 11 E3
Raucourt-et-Flaba 08 21 F4
Raulecourt 55 63 E2
Raulhac 15 200 A1
Rauret 43 202 A1
Rauville-la-Bigot 50 24 C3
Rauville-la-Place 50 26 C1
Rauwiller 67 66 A2
Rauzan 33 195 D2
Raveau 58 120 B3
Ravel 63 168 C2
Ravenel 60 34 A1
Ravennefontaines 52 85 F4
Ravenoville 50 25 E3
Raves 88 88 B2
Raviège (Lac de la) 34,81 232 A3
Ravières 89 103 E3
Ravigny 53 76 A1
Raville 57 40 C4
Raville-sur-Sânon 54 65 D3
Ravilloles 39 157 E1
La Ravoire 73 173 E3
Ray-Pic (Cascade du) 07 202 C1
Ray-sur-Saône 70 106 A3
Raye-sur-Authie 62 8 C3
Rayet 47 196 C3

Rennes

Du-Guesclin (R.) AY 16
Estrées (R. d') AY 19
Jaurès (R. Jean) BY 28
Joffre (R. Mar) BZ 30
La-Fayette (R.) AY 32
Le-Bastard (R.) AY 35
Liberté (Bd de la) ABZ
Monnaie (R. de la) AY 43
Motte-Fablet (R.) AY 46
Nationale (R.) ABY 47
Nemours (R. de) AZ 49
Orléans (R. d') AY 52
Palais (Pl. du) BY 53
Vasselot (R.) AZ 85
Borderie (R. de la) BXY 2
Bretagne (Pl. de) AY 4
Briand (Av. A.) BY 5
Cavell (R. Edith) BY 7
Châteaubriand (Quai) BY 10
Duguay-Trouin (Quai) AY 16
Dujardin (Quai) BY 18
Foch (Pl. Mar.) BY 21
Gambetta (R.) BY 24
Hôtel-Dieu (R. de l') AX 25
Ille-et-Rance (Quai) AY 27
Lamartine (Quai) ABY 33
Lices (Pl. des) AY 37
Mairie (Pl. de la) AY 40
Martenot (R.) BY 42
Motte (Cont. de la) BY 44
Pompidou (Bd G.) AZ 55
Poullain-Duparc (R.) AZ 58
Prévalaye (Q. de la) AY 59
Richemont (Q. de) BY 63
Robien (R. de) BX 64
St-Cast (Quai) AY 66
St-Georges (R.) BY 67
St-Thomas (R.) BZ 76
Ste-Anne (Pl.) AY 78
Solférino (Bd) BZ 82
Vincennes (R. de) BX 86
41e-d'Infanterie (R.) AX 90

Raymond 18 136 B1
Raynans 25 107 F4
Rayol-Canadel-sur-Mer 83 245 D2
Rayssac 81 231 F1
Raz (Pointe du) 29 68 A2
Razac-de-Saussignac 24 195 F1
Razac-d'Eymet 24 196 A2
Razac-sur-l'Isle 24 179 E3
Raze 70 106 B3
Razecueillé 31 258 C2
Razengues 32 229 D2
Razès 87 149 E4
Razimet 47 210 C1
Razines 37 132 B1
Ré (Ile de) 17 144 C3
Réal 66 261 E2
Réalcamp 76 16 B2
Réallon 05 206 C3
Réalmont 81 231 E1
Réalville 82 213 E3
Réans 32 227 E1
Réau 77 58 A4
Réaumont 38 189 D1
Réaumur 85 130 B2
Réaup 47 210 C3
Réauville 26 203 F4
Réaux 17 161 E4
Rebais 77 59 D2
Rebecques 62 3 F4
Rébénacq 64 248 B2
Rebergues 62 3 D3
Rebets 76 32 A1
Rebeuville 88 86 A2
Rebigue 31 230 A4
Rebourguil 12 232 B1
Rebourseaux 89 102 B1
Reboursin 36 118 A4
Rebréchien 45 99 E1
Rebreuve-Ranchicourt 62 9 F2
Rebreuve-sur-Canche 62 9 E3
Rebreuviette 62 9 E3
Recanoz 39 141 D2
Recey-sur-Ource 21 104 B2
Réchésy 90 108 B4
Réchicourt 55 39 D2
Réchicourt-le-Château 57 65 F3
Réchicourt-la-Petite 54 65 D3
Récicourt 55 38 B3
Réclainville 28 79 D2
Reclesne 71 122 B4
Reclinghem 62 9 D1
Réclonville 54 65 E4
Recloses 77 80 B2
Recologne 70 106 A3
Recologne 25 125 D2
Recologne-lès-Rioz 70 106 B4
Recoubeau-Jansac 26 204 C2
Recoules-d'Aubrac 48 200 C2
Recoules-de-Fumas 48 201 D3
Recoules-Prévinquières 12 216 A1
Récourt 52 105 E1
Récourt 62 10 B3
Récourt-le-Creux 55 63 D1
Recouvrance 90 108 A3
Le Recoux 48 216 B1
Recques-sur-Course 62 8 B1
Recques-sur-Hem 62 3 E3
Recquignies 59 12 B3
Le Reculey 14 51 F1
Reculfoz 25 142 B2
Recurt 65 250 A2
Recy 51 61 D1
Rédange 57 39 E1
Rédené 29 90 B1
Redessan 30 235 F1
Réding 57 66 A2
Redon 35 92 B3
Redortiers 04 221 D3
Réez-Fosse-Martin 60 34 C4
Reffannes 79 131 E4
Reffroy 55 63 D3
Reffuveille 50 51 D3
Réfranche 25 125 E4
Régades 31 258 C2
Régalon (Gorges du) 84 236 C1
Régat 09 252 C4
Regnauville 62 8 C3
Regnévelle 88 86 B4
Regnéville-sur-Mer 50 26 C4
Regnéville-sur-Meuse 55 38 C3
Regney 88 87 D2
Régnié-Durette 69 155 E3
Regnière-Écluse 80 8 B3
Regniowez 08 21 D2
Régny 42 154 C4
Regny 02 19 E2
La Regrippière 44 112 C3
Réguiny 56 71 E4
Réguisheim 68 108 C1
Régusse 83 238 C2
Rehaincourt 88 87 E1
Rehainviller 54 65 D4
Rehaupal 88 88 A3
Reherrey 54 65 E4
Réhon 54 39 E1
Reichsfeld 67 89 D1
Reichshoffen 67 67 D1
Reichstett 67 67 E3
Reignac 33 177 E2
Reignac 16 178 A1
Reignac-sur-Indre 37 116 B3
Reignat 63 168 C2
Reigneville-Bocage 50 25 D3
Reignier 74 158 B3
Reigny 18 135 F4
Reilhac 15 183 D4
Reilhac 46 198 B3
Reilhac 43 185 D3
Reilhaguet 46 198 A2
Reilhanette 26 220 C2
Reillanne 04 221 D4
Reillon 54 65 E3
Reilly 60 32 C3
Reimerswiller 67 67 E1
Reims 51 36 B3
Reims-la-Brûlée 51 61 F3
La Reine Blanche 60 34 A4
Reinhardsmunster 67 66 B3
Reiningue 68 108 B2
Reipertswiller 67 66 C1
Reithouse 39 141 E3
Reitwiller 67 67 D3
Réjaumont 65 250 A2
Réjaumont 32 228 B1
Rejet-de-Beaulieu 59 19 F1
Relanges 88 86 C3
Relans 39 141 D2
Le Relecq-Kerhuon 29 45 D3
Relevant 01 156 A3
Rely 62 9 E1
Remaisnil 80 9 D3
Rémalard 61 77 E1
Remaucourt 08 20 C4
Remaucourt 02 19 D2
La Remaudière 44 112 B2
Remaugies 80 18 A4
Remauville 77 80 C3
Rembercourt 55 62 C1
Rembercourt-sur-Mad 54 63 F1
Remécourt 60 34 A2
Rémelfang 57 40 C2
Rémelfing 57 42 A3
Rémeling 57 40 C1
Remennecourt 55 62 A2
Remenoville 54 87 E1
Rémérangles 60 33 F1
Réméréville 54 64 C3
Rémering-lès-Hargarten 57 41 D2
Rémering-lès-Puttelange 57 41 E4
Remicourt 88 86 C2
Remicourt 51 62 A1
Remiencourt 80 17 F3
Remies 02 19 E3
Remigny 71 139 F1
Remigny 02 19 D3
Rémilly 58 138 B2
Rémilly 57 40 C4
Remilly-Aillicourt 08 22 A4
Remilly-en-Montagne 21 123 D2
Remilly-les-Pothées 08 21 D3
Remilly-sur-Lozon 50 27 D3
Remilly-sur-Tille 21 123 F2
Remilly-Wirquin 62 3 E4
Réminiac 56 92 B1
Remiremont 88 87 E4
Remoiville 55 38 C1
Remollon 05 206 B3
Remomeix 88 88 B2
Remoncourt 54 65 E3
Remoncourt 88 86 C3
Rémondans-Vaivre 25 126 C1
Rémonville 08 38 A2
Remoray 25 142 B2
Remouillé 44 112 B4
Remoulins 30 219 D4
Removille 88 86 B2
Rempnat 87 166 A3
La Remuée 76 30 B1
Remungol 56 71 D4
Rémuzat 26 204 C4
Rémy 62 10 B3
Remy 60 34 B2
Renac 35 92 C2
Renage 38 188 C1
Renaison 42 154 A4
Renansart 02 19 E3
Renaucourt 70 106 A3
La Renaudie 63 169 E2
La Renaudière 49 112 C3
Renauvoid 88 87 D3
Renay 41 98 A2
Renazé 53 94 B2
Rencurel 38 188 C3
René 72 76 B2
Renédale 25 125 F4
Renescure 59 4 A3
Renève 21 124 B1
Réning 57 65 E1
Rennemoulin 78 57 D2
Rennepont 52 84 C3
Rennes 35 73 D3
Rennes-les-Bains 11 253 E4
Rennes-le-Château 11 253 E4
Rennes-en-Grenouilles 53 75 D1
Rennes-sur-Loue 25 125 D4
Renneval 02 20 B3
Renneville 31 230 B4
Renneville 27 32 A2
Renneville 08 20B 4
Renno 2a 266 B2
Réno Valdieu (Forêt de) 61 77 D1
Renoso (Monte) 2B 267 D3
Le Renouard 61 53 E1
Rentières 63 184 B1
Renty 62 9 D1
Renung 40 226 C2
Renwez 08 21 E2
La Réole 33 195 D3
La Réorthe 85 129 F3
Réotier 05 207 D2
Repaix 54 65 F3
La Répara 26 204 B2
Réparsac 16 161 F2
Le Repas 61 52 B2
Repel 88 86 B2
Repentigny 14 29 F3
Replonges 01 155 F2
Le Reposoir 74 158 C4
Les Repôts 39 141 D3
Reppe 90 108 B3
Requeil 72 96 B2
Réquista 12 215 E3
Rès (Dent de) 07 203 E4
Résenlieu 61 53 F1
La Résie-St-Martin 70 124 C2
Résigny 02 20 C3
Resson 55 62 C2
Ressons 60 33 E3
Ressons-le-Long 02 35 D2
Ressons-sur-Matz 60 34 B1
Les Ressuintes 28 55 D4
Restigné 37 115 D2
Restinclières 34 234 C2
Restonica (Gorges de la) 2B 267 D1
Le Rétail 79 130 C4
Rétaud 17 161 D2
Reterre 23 151 E3
Rethel 08 37 D1
Retheuil 02 34 C2
Rethondes 60 34 C2
Rethonvillers 80 18 B3
Réthoville 50 25 E1
Retiers 35 93 F1
Retjons 40 210 A3
Retonfey 57 40 C3
Rétonval 76 16 B3
Retournac 43 186 A2
Retschwiller 67 43 E4
Rettel 57 40 B1
Rety 62 2 C3
Retz (Forêt de) 02 35 D3
Retzwiller 68 108 B3
Reugney 25 125 E4
Reugny 37 116 B1
Reugny 03 151 F1
Reuil 51 36 A4
Reuil-en-Brie 77 59 D1
Reuil-sur-Brêche 60 33 E1
Reuilly 27 31 F4
Reuilly 36 118 B4
Reuilly-Sauvigny 02 35 F4
Reulle-Vergy 21 123 E3
Reumont 59 11 D4
La Réunion 47 210 C1
Reutenbourg 67 66 C3
Reuves 51 60 A2
Reuville 76 15 D3
Reux 14 30 A3
Revard (Mont) 73 173 F2
Réveillon 61 77 D1
Réveillon 51 59 E3
Revel 31 231 D4
Revel 38 189 E2
Revel-Tourdan 38 188 A1
Revelles 80 17 D2
Revens 30 216 C3
Reventin-Vaugris 38 171 E4
Revercourt 28 55 E3
Revest-des-Brousses 04 221 D4
Revest-du-Bion 04 221 D3
Le Revest-les-Eaux 83 244 A2
Revest-les-Roches 06 241 D3
Revest-St-Martin 04 221 E3
La Revêtizon 79 146 B2
Reviers 14 29 D2
Revigny 39 141 E3
Revigny (Creux de) 39 141 E3
Revigny-sur-Ornain 55 62 B2
Réville 50 25 E2
Réville-aux-Bois 55 38 C2
Révillon 02 36 A2
Revin 08 21 E1
Revollat (Croix de) 38 189 F2
Revonnas 01 156 B3
Rexingen 67 66 B1
Rexpoëde 59 4 B2
Reyersviller 57 42 B4
Reygade 19 181 F4
Reynel 52 85 E2
Reynès 66 262 B3
Reynier 04 222 A1
Reyniès 82 213 D4
Reyrevignes 46 198 C3
Reyrieux 01 171 E1
Reyssouze 01 155 F1
Reyvroz 74 158 C1
Rezay 18 135 E3
Rezé 44 112 A3
Rézentières 15 184 B3
Rezonville 57 39 F4
Rezza 2a 266 C3
Rhèges 10 60 B4
Le Rheu 35 73 D3
Rhin 67,68 67 F2
Rhinau 67 89 F1
Rhodes 57 65 F2
Rhodon 41 98 B3
Rhône 1,7, 13,26,38, 69,73,74,84 203 F1
Rhue 15,19 183 D1
Rhuis 60 34 B2
La Rhune 64 246 A1
Ri 61 53 D2
Ria-Sirach 66 261 F2
Riaillé 44 94 A4
Le Rialet 81 231 F3
Rians 18 119 E3
Rians 83 238 A2
Riantec 56 90 B2
Le Riau 03 137 E3
Riaucourt 52 85 D3
Riaville 55 39 D4
Ribagnac 24 196 A2
Ribarrouy 64 226 C3
Ribaute 11 254 A3
Ribaute-les-Tavernes 30 218 A3
Le Ribay 53 75 E1
Ribeaucourt 80 9 D4
Ribeaucourt 55 62 C4
Ribeauville 02 19 F1
Ribeauvillé 68 89 D2
Ribécourt-Dreslincourt 60 34 C1
Ribécourt-la-Tour 59 10 C4
Ribemont 02 19 E3
Ribemont-sur-Ancre 80 18 A1
Ribennes 48 201 E3
Ribérac 24 179 D2
Ribes 07 202 C4
Ribeyret 05 205 D4
Ribiers 05 221 E2
Ribouisse 11 252 C2
Riboux 83 243 F2
La Ricamarie 42 186 C1
Ricarville 76 14 C4
Ricarville-du-Val 76 15 F3
Ricaud 11 252 C1
Ricaud 65 249 F2
Les Riceys 10 103 E1
La Richardais 35 49 E2
Richardménil 54 64 B4
Richarville 91 79 E1
La Riche 37 115 F1
Riche 57 65 D1
Richebourg 78 56 B2
Richebourg 62 10 A1
Richebourg 52 85 D4
Richecourt 55 63 E2
Richelieu 37 115 D4
Richeling 57 41 F4
Richemont 24 179 E1
Richemont 57 40 B2
Richemont 16 161 F2
Richemont 76 16 B3
Richemont (Col de) 01 157 E4
Richerenches 84 219 F1
Richeval 57 65 F3
Richeville 27 32 B3
Richtolsheim 67 89 E2
Richwiller 68 108 C2
Ricourt 32 227 E3
Ricquebourg 60 34 B1
Riec-sur-Belon 29 69 F4
Riedheim 67 66 C2
Riedisheim 68 108 C2
Riedseltz 67 43 E4
Riedwihr 68 89 D3
Riel-les-Eaux 21 104 A1
Riencourt 80 17 D2
Riencourt-lès-Bapaume 62 10 B4
Riencourt-lès-Cagnicourt 62 10 B3
Riervescemont 90 107 F2
Riespach 68 108 C3
Rieucazé 31 258 C2
Rieucros 09 252 B3
Rieulay 59 10 C2
Rieumajou 31 230 C4
Rieumes 31 229 E4
Rieupeyroux 12 214 C1
Rieussec 34 232 B4
Rieutort-de-Randon 48 201 E3
Rieux 31 251 E2
Rieux 56 92 B3
Rieux 60 34 A3
Rieux 76 16 B2
Rieux 51 59 F2
Rieux-de-Pelleport 09 252 A3
Rieux-en-Cambrésis 59 11 D3
Rieux-en-Val 11 254 A3
Rieux-Minervois 11 254 A1
Riez 04 238 C1
Rigarda 66 262 A2
Rigaud 06 223 E3
Rignac 12 214 C1
Rignac 46 198 B1
Rignat 01 156 C3
Rignaucourt 55 62 C1
Rigné 79 131 D1
Rigney 25 125 E1
Rignieux-le-Franc 01 156 B4
Rignosot 25 125 E1
Rignovelle 70 107 D2
Rigny 70 105 F4
Rigny-le-Ferron 10 82 B3
Rigny-la-Nonneuse 10 82 B2
Rigny-St-Martin 55 63 E3
Rigny-la-Salle 55 63 E3
Rigny-sur-Arroux 71 138 C4
Rigny-Ussé 37 115 D2
Riguepeu 32 227 F2
Rilhac-Lastours 87 164 B3
Rilhac Rancon 87 164 C1
Rilhac-Treignac 19 165 E4
Rilhac-Xaintrie 19 182 B3
Rillans 25 125 F1
Rillé 37 115 D1
Rillieux-la-Pape 69 171 F1
Rilly-la-Montagne 51 36 B3
Rilly-Ste-Syre 10 82 C1
Rilly-sur-Aisne 08 37 E1
Rilly-sur-Loire 41 116 C1
Rilly-sur-Vienne 37 115 E4
Rimaucourt 52 85 E2
Rimbach-près-Guebwiller 68 108 B1
Rimbach-près-Masevaux 68 108 A1
Rimbachzell 68 108 B1
Rimbez-et-Baudiets 40 210 C3
Rimboval 62 8 C1
Rimeize 48 201 D2
Rimling 57 42 B3
Rimogne 08 21 D2
Rimon-et-Savel 26 204 C2
Rimondeix 23 150 C2
Rimons 33 195 D2
Rimont 09 259 F2
Rimoux 35 73 E1
Rimplas 06 223 F2
Rimsdorf 67 66 A1
Ringeldorf 67 67 D1
Ringendorf 67 67 D2
Rinxent 62 2 C3
Riocaud 33 195 E2
Riolan (Clue du) 06 223 E4
Riolas 31 250 C1
Le Riols 81 214 A3
Riols 34 232 B3
Riom 63 168 B1
Riom-ès-Montagnes 15 183 E2
Rioms 26 220 C1
Rion-des-Landes 40 208 C4
Rions 33 194 B2
Riorges 42 154 B4
Riotord 43 186 C2
Rioux 17 161 D3
Rioux-Martin 16 178 B2
Rioz 70 125 E1
Ripaille 74 158 C1
Riqueval (Souterrain de) 02 19 D2
Riquewihr 68 89 D3
Ris 65 249 F4
Ris 63 153 E4
Ris-Orangis 91 57 F4
Riscle 32 227 D2
Risle 27,61 31 D3
Risoul 05 207 D2
Ristolas 05 207 F1
Rittershoffen 67 67 E1
Ritzing 57 40 C1
Riupeyrous 64 226 C4
Rivarennes 36 134 A3
Rivarennes 37 115 E2
Rivas 42 170 B3
Rivau 37 115 D3
Rive-de-Gier 42 171 D4
Rivecourt 60 34 B2
Rivedoux-Plage 17 144 C3
Rivehaute 64 225 F4
Rivel 11 252 C4
Riventosa 2b 267 D2
Rivèrenert 09 259 F3
Riverie 69 171 D3
Rivery 80 17 E2
Les Rives 34 233 E1
Rives 38 188 C1
Rives 47 196 B3
Rivesaltes 66 262 C1
La Rivière 33 177 F4
La Rivière 38 188 C2
Rivière 62 10 A3
Rivière 37 115 D3
La Rivière-de-Corps 10 83 D2
La Rivière-Drugeon 25 142 B1
La Rivière-Enverse 74 159 D3
Rivière-les-Fosses 52 105 D3
Rivière-Saas-et-Gourby 40 225 D2
La Rivière-St-Sauveur 14 30 B2
Rivière-sur-Tarn 12 216 B2
La Rivière Thibouville 27 31 D4
Rivières 16 163 D2
Rivières 30 218 B2
Rivières 81 214 B4
Rivières-le-Bois 52 105 E2
Les Rivières-Henruel 51 61 E3
Riville 76 14 C3
Rivolet 69 155 D4
Rix 58 121 D1
Rix 39 142 B2
Rixheim 68 108 C2
La Rixouse 39 142 A4
Rizaucourt 52 84 C2
Roaillan 33 194 C4
Roaix 84 219 F2
Roanne 42 154 B4
Roannes-St-Mary 15 199 E1
Robécourt 88 86 A3
Robecq 62 4 B4
Robehomme 14 29 E3
Robersart 59 11 E4
Robert-le-Diable (Château de) 76 31 E2
Robert-Espagne 55 62 B3
Robert-Magny 52 84 C1
Robertot 76 15 D3
Roberval 60 34 B3
Robiac 30 218 A2
Robien 22 47 F4
Robin (Mont) 50 51 D1
La Robine-sur-Galabre 04 222 A2
Robion 84 236 C1
Le Roc 46 197 F1
Roc (Puy du) 03 153 F3
Le Roc-St-André 56 92 A1
Rocamadour 46 198 A2
Rocbaron 83 244 B1
Roccapina 2A 68 C4
Rocé 41 98 A2
Roche 42 169 F3
Roche 38 172 A3
Roche 41 98 C2
La Roche-l'Abeille 87 164 C3
La Roche-lès-Aigueperse 63 152 C4
La Roche-aux-Fées 35 93 F1
Roche aux Sept Villages 08 21 E2
Roche-Baron (Château de) 43 186 A1
La Roche-Bernard 56 92 B4
La Roche-Blanche 44 112 C1
La Roche-Blanche 63 168 B3
La Roche-Canillac 19 182 A2
La Roche-Chalais 24 178 B3
Roche-Charles-la-Mayrand 63 168 A4
La Roche-Clermault 37 115 D3
Roche-lès-Clerval 25 126 A1
La Roche-Courbon 17 160 C1

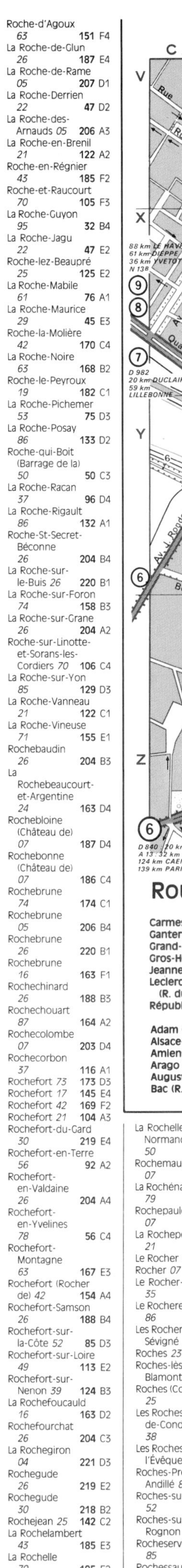

Roche-d'Agoux 63 151 F4
La Roche-de-Glun 26 187 E4
La Roche-de-Rame 05 207 D1
La Roche-Derrien 22 47 D2
La Roche-des-Arnauds 05 206 A3
La Roche-en-Brenil 21 122 A2
Roche-en-Régnier 43 185 F2
Roche-et-Raucourt 70 105 F3
La Roche-Guyon 95 32 B4
La Roche-Jagu 22 47 E2
Roche-lez-Beaupré 25 125 E2
La Roche-Mabile 61 76 A1
La Roche-Maurice 29 45 E3
Roche-la-Molière 42 170 C4
La Roche-Noire 63 168 B2
Roche-le-Peyroux 19 182 C1
La Roche-Pichemer 53 75 D3
La Roche-Posay 86 133 D2
Roche-qui-Boit (Barrage de la) 50 50 C3
La Roche-Racan 37 96 D4
La Roche-Rigault 86 132 A1
Roche-St-Secret-Béconne 26 204 B4
La Roche-sur-le-Buis 26 220 B1
La Roche-sur-Foron 74 158 B3
La Roche-sur-Grane 26 204 A2
Roche-sur-Linotte-et-Sorans-les-Cordiers 70 106 C4
La Roche-sur-Yon 85 129 D3
La Roche-Vanneau 21 122 C1
La Roche-Vineuse 71 155 E1
Rochebaudin 26 204 B3
La Rochebeaucourt-et-Argentine 24 163 D4
Rochebloine (Château de) 07 187 D4
Rochebonne (Château de) 07 186 C4
Rochebrune 74 174 C1
Rochebrune 05 206 B4
Rochebrune 26 220 B1
Rochebrune 16 163 F1
Rochechinard 26 188 B3
Rochechouart 87 164 A2
Rochecolombe 07 203 D4
Rochecorbon 37 116 A1
Rochefort 73 173 D3
Rochefort 17 145 E4
Rochefort 42 169 F2
Rochefort 21 104 A3
Rochefort-du-Gard 30 219 E4
Rochefort-en-Terre 56 92 A2
Rochefort-en-Valdaine 26 204 A4
Rochefort-en-Yvelines 78 56 C4
Rochefort-Montagne 63 167 E3
Rochefort (Rocher de) 42 154 A4
Rochefort-Samson 26 188 B4
Rochefort-sur-la-Côte 52 85 D3
Rochefort-sur-Loire 49 113 E2
Rochefort-sur-Nenon 39 124 B3
La Rochefoucauld 16 163 D2
Rochefourchat 26 204 C3
La Rochegiron 04 221 D3
Rochegude 26 219 E2
Rochegude 30 218 B2
Rochejean 25 142 C2
La Rochelambert 43 185 E3
La Rochelle 70 105 F2
La Rochelle 17 145 D3

Rouen

Carmes (R. des)............... EX 19
Ganterie (R.)..................... EX
Grand-Pont (R.)............ DEY
Gros-Horloge (R. du)... DEY 39
Jeanne-D'Arc (R.)............DX
Leclerc-de-Hauteclocque (R. du Gén)................... EY
République (R. de la)... EFY

Adam (R. Édouard).........GY
Alsace-Lorraine (R. d')... FY 3
Amiens (R. d')..................GY
Arago (R. François)........ DZ
Augustins (R. des).........FY 4
Bac (R. du).........................EY
Bammeville (R. de).........DZ 5
Beauvoisine (Rampe).... GV
Beauvoisine (R.)..............FX
Belges (Bd des)...............DX
Béthencourt (Q. J.-de).. CY 6
Boïeldieu (Pont).............DY
Bonsecours (Rte. de)....GZ 7
Bons-Enfants (R. des)...DX 8
Boudin (R. Eugène).....EXY 9
Bouilhet (R. Louis)........ HV
Boulet (Quai Gaston)..... CX
Boulingrin (Pl. du).........GX
Bouquet (R.)....................EV
Bourg-l'Abbé (R.)............FX 10
Bourse (Quai de la)........ DY 12
Bretagne (Av. de).........CDZ
Briand (Av. Aristide).......GZ
Buffon (R. de)..................CX 14
Canada (Pl. du)...............GY 17
Capucins (R. des)............GZ
Carnot (Pl.).......................DZ
Carrel (R. Armand)..........FY
Cartier (Av. Jacques)......DZ
Cathédrale (Pl. de la)..... EY 22
Cauchoise (Pl. et R.).......DX
Cavelier-de-la-Salle (Q.).............................CDY
Cecile (R. Amiral)........... CZ
Champ-des-Oiseaux (R.)...................................EV
Champlain (Av.)............ DEZ
Charrettes (R. des).........DY
Chasselièvre (R.).............CV
Chastellain (Av. J.)...........FZ
Clemenceau (Cours)......DZ
Corneille (Quai Pierre)..EY
Corneille (Pont).............EZ
Crosne (R. de).................DX
Damiette (R.)...................FY 28
Darnétal (Rte. de)..........HY
Desseaux (R.)...................EZ
Dr-Blanche (R.)...............GY 29
Eau-de-Robec (R.).........FHY 31
Ecureuil (R. de l')............EX 32
Elbeuf (Quai d')...............EZ
Elbeuf (R. d')....................DZ 34
Ernemont (R. d')..............GV
Faulx (R. des)...................FY
Flaubert (Av. G.)...............CX
Fontenelle (R. de)...........DX
Gaillardbois (Pl. du).......EY 35
Gambetta (Bd)................HY
Gaulle (Pl. Gén.-de).........FX 36
Girardin (R. Stanislas).... CV
Giraud (R. Gén.)..............DY 38
Guillaume-le-Conquérant (Pont)....CY
Havre (Quai du)............CDY 40
Henri-IV (Pl.)...................DY 41
Hôpital (R. de l')............EFX 42
Jeanne-d'Arc (Pont)...... DY
Joffre (Pl.)........................DZ
Jouvenet (R.)...................GV
Juifs (R. aux)...................EY 45
Lafayette (R.)...................DZ
Lattre-de-T. (Pl. Mar.).....CY 46
Lecat (R. de)................... CX 47
Lemery (R. de)................ DX 48
Le-Nostre (R. de)............ CX
Lessard (R. de)................ DZ
Lyons-la-Forêt (R. de)....HY
Madeleine (Pl. de la)..... CX 51
Marne (Bd de la).............DX
Martainville (R.)............ FGY
Martainville (R. du Fg)..GY 52
Mathilde (Pont)...............GZ
Métayer (Av. Georges)......................HV
Mont-Gargan (R. du)......HZ
Moulin (Quai Jean).......DEZ
Neufchâtel (Rte. de)......FV
Orbe (R.)...........................GX
Orléans (Bd d').................CZ
Ours (R. aux)................. DEY 53
Paris (Quai de)...............EFZ
Pasteur (Av.)....................CX
Porte-des-Champs (Av.)..............GX
Pucelle-d'Orléans (Pl.)...DX 54
Renard (R. du).................CV
Ricard (R. Louis)............FVX
Rivière (R. Henri).............GZ
Rondeaux (Av. Jean)......CY
St-Godard (†)................EX S
St-Gervais (R.).................DV
St-Hilaire (Pl.).................HY
St-Hilaire (Rampe).........HX
St-Hilaire (R.)..................HY
St-Lô (R.)..........................EX
St-Marc (Pl.).....................FY 56
St-Maur (R.).....................DV
St-Patrice (†)................. DX F
St-Patrice (R.)..................DX
St-Romain (R.).................EY 57
St-Sever (R.).....................DZ
St-Vivien (†)................... GY
St-Vivien (Pl.)...................GY 58
St-Vivien (R.)....................GY
Ste-Jeanne d'Arc (†).....DX K
Ste-Marie (R.)...................FX 60
Schuman (R. Robert).....GY 61
Socrate (R.)......................EX 63
Thiers (R.).......................DFX
Verdun (Bd de)................HX
Verte (R.)..........................EV
Vieux-Marché (Pl. du)...DX 65
Vieux-Palais (R. du)......DXY 66
Yser (Bd de l')..................FV

La Rochelle-Normande 50 50 C2
Rochemaure 07 203 E3
La Rochénard 79 146 A2
Rochepaule 07 186 C3
La Rochepot 21 139 F1
Le Rocher 53 75 E3
Rocher 07 203 D3
Le Rocher-Portail 35 73 F1
Le Rochereau 86 132 A3
Les Rochers-Sévigné 35 74 A4
Roches 23 150 C2
Roches-lès-Blamont 25 126 C1
Roches (Col des) 25 126 C3
Les Roches-de-Condrieu 38 171 E4
Les Roches-l'Évêque 41 97 F2
Roches-Prémarie-Andillé 86 132 B4
Roches-sur-Marne 52 62 B4
Roches-sur-Rognon 52 85 D2
Rocheservière 85 112 A4
Rochessauve 07 203 E2
Rochesson 88 88 A4
Rochetaillée 52 104 C2
Rochetaillée 42 186 C1
Rochetaillée-sur-Saône 69 171 E1
Rochetoirin 38 172 C3
Rochetrejoux 85 130 A2
La Rochette 23 150 C4
La Rochette 77 80 C1
La Rochette 07 186 B4
La Rochette 16 162 C2
La Rochette 05 206 B3
La Rochette 04 223 E4
La Rochette 73 174 A4
La Rochette-du-Buis 26 220 C1
Rocheville 50 24 C3
Rochonvillers 57 39 F1
Rochy-Condé 60 33 E2
Rocles 07 202 C3
Rocles 48 202 A2
Rocles 03 152 B1
Roclincourt 62 10 A2
Rocourt 88 86 A3
Rocourt-St-Martin 02 35 E4
Rocquancourt 14 29 D4
La Rocque 14 52 A2
Rocquefort 76 15 D4
Rocquemont 60 34 B3
Rocquemont 76 15 F4
Rocquencourt 78 57 D2
Rocquencourt 60 17 F4
Rocques 14 30 B3
Rocquigny 02 20 B1
Rocquigny 62 18 B1
Rocquigny 08 20 C3
Rocroi 08 21 D2
Rodalbe 57 65 E1
Rodelinghem 62 3 D3
Rodelle 12 200 A4
Rodemack 57 40 B1
Roderen 68 108 B2
Rodern 68 89 D2
Rodès 66 262 A2
Rodez 12 215 E1
Rodilhan 30 235 E1
Rodome 11 261 D1
La Roë 53 94 B1
Roëllecourt 62 9 E2
Rœschwoog 67 67 F1
Rœulx 59 11 D3
Rœux 62 10 B3
Roëzé-sur-Sarthe 72 96 B1
Roffey 89 102 C1
Roffiac 15 184 A3
Rogalle 09 259 E3
Rogécourt 02 19 E4
Rogerville 76 30 B1
Rogéville 54 64 A2
Roggenhouse 68 109 D1
Rogliano 2b 264 C1
Rogna 39 157 E1
Rognac 13 237 D3
Rognaix 73 174 C3
Rognes 13 237 D2
Rognon 25 125 F1
Rognonas 13 219 E4
Rogny 02 20 A3
Rogny-les-Sept-Ecluses 89 101 D3
Rogues 30 217 D4
Rogy 80 17 E3
Rohaire 28 54 C3
Rohan 56 71 E3
Rohr 67 66 C2
Rohrbach-lès-Bitche 57 42 B4
Rohrwiller 67 67 E2
Roiffé 86 114 C3
Roiffieux 07 187 D2
Roiglise 80 18 B3
Le Roignais 73 175 D2
Roilly 21 122 B1
Roinville 91 79 E1
Roinville 28 79 D1
Roinvilliers 91 79 F2
Roisel 80 18 B2
Les Roises 55 85 F1
Roisey 42 187 D1
Roissard 38 205 E1
Roissy 77 58 B2
Roissy-en-France 95 57 F1
Roiville 61 53 E2
Roizy 08 36 C2
Rolampont 52 105 D1
Rolbing 57 42 C3
Rollainville 88 86 A2
Rollancourt 62 9 D2
Rolleboise 78 56 B1
Rolleville 76 14 A4
Rollot 80 18 A4
Rom 79 147 E2
Romagnat 63 168 B2
La Romagne 08 20 C3
La Romagne 49 113 D4
Romagne 33 194 C2
Romagné 35 73 F2
Romagne 86 147 E2
Romagne-sous-les-Côtes 55 38 C2
Romagne-sous-Montfaucon 55 38 A2
Romagnieu 38 173 D3
Romagny 50 51 E3
Romagny 68 108 B3
Romagny-sous-Rougemont 90 108 A2
Romain 54 64 C4
Romain 25 125 F1
Romain 51 36 A2
Romain 39 124 C2
Romain-aux-Bois 88 86 A4
Romain-sur-Meuse 52 85 F3
Romainville 93 57 F2
Roman 27 55 D2
Romanche 5,38 190 B3
Romanèche 01 156 C2
Romanèche-Thorins 71 155 E3
Romange 39 124 C3
Romans 79 146 C1
Romans 01 156 A3
Romans-sur-Isère 26 188 A3
Romanswiller 67 66 C3
Romazières 17 146 C4
Romazy 35 73 E1
Rombach-le-Franc 68 88 C2
Rombas 57 40 A3
Rombies-et-Marchipont 59 11 E2
Rombly 62 4 A4
Romegoux 17 160 C1
Romelfing 57 66 A2
Romenay 71 140 B4
Romeny-sur-Marne 02 59 E1
Romeries 59 11 E3
Romery 02 19 F2
Romery 51 36 B4
Romescamps 60 16 C3
Romestaing 47 195 D4
Romette 05 206 A3
Romeyer 26 205 D1
La Romieu 32 211 E4
Romigny 51 36 A3
Romiguières 34 233 E1
Romillé 35 72 C2
Romilly 41 97 F1
Romilly-la-Puthenaye 27 54 C1
Romilly-sur-Aigre 28 98 B1
Romilly-sur-Andelle 27 31 F2
Romilly-sur-Seine 10 82 B1
Romont 88 87 E1
Romorantin-Lanthenay 41 117 F2
Rompon 07 203 F2
Rônai 61 53 D2
Roncenay 10 83 D3
Le Roncenay-Authenay 27 55 D2
Roncey 50 50 C1
Ronchamp 70 107 E2
Ronchaux 25 125 D4
Ronchères 89 101 E3
Ronchères 02 35 F4
Roncherolles 76 31 F1
Roncherolles-en-Bray 76 16 A4
Ronchin 59 5 D4
Ronchois 76 16 B3
Roncourt 57 40 A3
Roncq 59 5 D3
La Ronde 17 145 F2
La Ronde 79 130 B2
La Ronde-Haye 50 26 C3
Rondefontaine 25 142 B2
Ronel 81 231 E1
Ronfeugerai 61 52 B2
Rongères 03 153 E2
Ronnet 03 152 A3
Ronno 69 154 C4
Ronquerolles 95 33 E4
Ronsenac 16 162 C4
Ronssoy 80 18 B2
Rontalon 69 171 D3
Ronthon 50 50 C3
Rontignon 64 248 B1
Ronvaux 55 39 D3
Roôcourt-la-Côte 52 85 D3
Roost-Warendin 59 10 C2
Roppe 90 108 A3
Roppenheim 67 67 F1
Roppentzwiller 68 108 C3
Roppeviller 57 42 C3
La Roque-Alric 84 220 A2
La Roque-Baignard 14 30 A3
La Roque-d'Anthéron 13 237 D2
La Roque-Esclapon 83 239 E1
La Roque-Gageac 24 197 E1
La Roque-Ste-Marguerite 12 216 B3
La Roque-sur-Cèze 30 219 D2
La Roque-sur-Pernes 84 220 A4

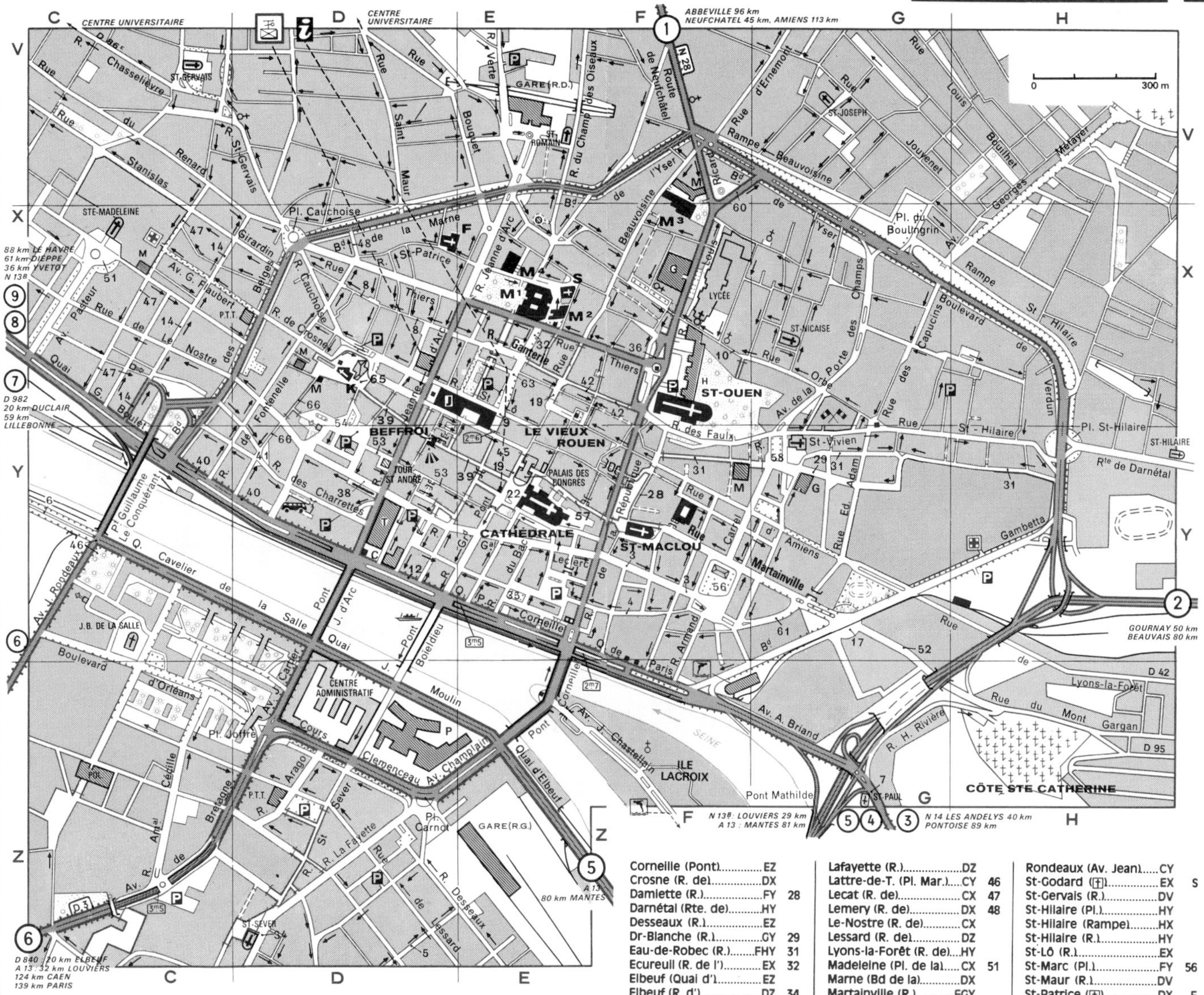

Roquebillière 06 241 D2
Roquebrun 34 233 D3
Roquebrune 32 227 F2
Roquebrune 33 195 D3
Roquebrune-Cap-Martin 06 241 E4
Roquebrune (Montagne de) 83 239 E3
Roquebrune-sur-Argens 83 239 F3
La Roquebrussanne 83 244 A1
Roquecor 82 212 B1
Roquecourbe 81 231 F2
Roquecourbe-Minervois 11 254 A2
Roquedur 30 217 E4
Roquefavour (Aqueduc de) 13 243 D1
Roquefère 11 253 F1
Roquefeuil 11 261 D1
Roquefixade 09 252 B4
Roquefort 47 211 E2
Roquefort 32 228 B2
Roquefort 40 210 A3
Roquefort-la-Bédoule 13 243 E3
Roquefort-les-Cascades 09 252 B4
Roquefort-de-Sault 11 261 E2
Roquefort-des-Corbières 11 254 C4
Roquefort-les-Pins 06 240 B2
Roquefort-sur-Garonne 31 251 D2
Roquefort-sur-Soulzon 12 216 A4
Roquelaure 32 228 B2
Roquelaure-St-Aubin 32 229 D2
Roquemaure 81 230 B1
Roquemaure 30 219 E3
Roquepine 32 211 E4
Roqueredonde 34 233 D1
Roques 31 229 F3
Roques 32 227 F1
Roqueserière 31 230 B2
Roquessels 34 233 D3
Roquesteron 06 223 F4
Roquestéron-Grasse 06 223 F4
Roquetaillade 11 253 E3
Roquetaillade 33 194 C4
Roquetoire 62 4 A4
La Roquette 27 32 A3
La Roquette-sur-Siagne 06 240 A2
La Roquette-sur-Var 06 241 D3
Roquettes 31 251 F2
Roquevaire 13 243 E2
Roquevidal 81 230 C3
Roquiague 64 247 E2
La Roquille 33 195 F2
Rorbach-lès-Dieuze 57 65 E2
Rorschwihr 68 89 D2
Rorthais 79 130 B1
Rosanbo 22 46 C2
Rosans 05 205 D4
Rosay 39 141 D4
Rosay 78 56 B2
Rosay 76 15 F3
Rosay-sur-Lieure 27 32 B2
Rosazia 2a 266 C3
Rosbruck 57 41 E3
Roscanvel 29 45 D3
Roscoff 29 46 A2
Rosel 14 29 D3
Roselier (Pointe du) 22 48 B3
Rosenau 68 109 D3
Rosenwiller 67 66 C4
Roset-Fluans 25 125 D3
Rosey 71 139 F2
Rosey 70 106 B4
Rosheim 67 66 C4
La Rosière 70 107 E1
Rosières 07 202 C4
Rosières 21 105 E4
Rosières 43 186 A3
Rosières 60 34 B3
Rosières 81 214 C3
Rosières-aux-Salines 54 64 C4
Rosières-devant-Bar 55 62 C2
Rosières-en-Blois 55 63 E4
Rosières-en-Haye 54 64 A2
Rosières-en-Santerre 80 18 A3
Rosières-près-Troyes 10 83 D3
Rosières-sur-Barbèche 25 126 B2
Rosières-sur-Mance 70 106 A2
Les Rosiers 49 114 B2
Rosiers-de-Juillac 19 180 C2
Rosiers-d'Égletons 19 182 A1
Rosis 34 232 C3
Rosnay 36 133 F3
Rosnay 51 36 B3
Rosnay 85 129 E4
Rosnay-l'Hôpital 10 83 F1
Rosnes 55 62 C2
Rosnoën 29 45 E4
Rosny-sous-Bois 93 58 A2
Rosny-sur-Seine 78 56 B1
Rosoy 89 81 F3
Rosoy 60 34 A2
Rosoy-en-Multien 60 34 C4
Rosoy-sur-Amance 52 105 E2
Rosoy-le-Vieil 45 81 D4
Rospez 22 47 D2
Rospigliani 2b 267 E2
Rosporden 29 69 E3
Rossay 86 115 D4
Rosselange 57 40 A2
Rossfeld 67 89 E1
Rossillon 01 172 C1
Rosso (Capo) 2A 266 A2
Rosteig 67 66 B1
Rostrenen 22 70 B2
Rosult 59 11 D2
Rosureux 25 126 B2
Rotalier 39 141 D3
Rotangy 60 17 D4
Rothau 67 66 B4
Rothbach 67 66 C1
Rotherens 73 174 A4
La Rothière 10 84 A2
Rothois 60 17 D4
Rothonay 39 141 D4
Rotondo (Monte) 2B 267 D2
Les Rotours 61 52 C2
Rots 14 29 D3
Rott 67 43 E4
Rottelsheim 67 67 D2
Rottier 26 205 D4
Rou-Marson 49 114 B2
Rouairoux 81 232 A4
Rouans 44 111 E2
La Rouaudière 53 94 A2
Roubaix 59 5 E4
Roubia 11 254 B2
Roubion 06 223 F2
Roucamps 14 52 A1
Roucourt 59 10 C2
Roucy 02 36 A2
Roudouallec 56 69 F2
Rouécourt 52 85 D2
Rouède 31 259 D2
Rouellé 61 51 F4
Rouelles 52 104 C2
Rouelles 76 30 A1
Rouen 76 31 F2
Rouessé-Fontaine 72 76 B2
Rouessé-Vassé 72 75 F3
Rouet 34 234 B1
Rouez 72 75 F3
Rouffach 68 89 D4
Rouffange 39 124 C2
Rouffiac 81 231 D1
Rouffiac 17 161 E2
Rouffiac 16 178 B2
Rouffiac 15 182 B4
Rouffiac-d'Aude 11 253 E2
Rouffiac-des-Corbières 11 254 A4
Rouffiac-Tolosan 31 230 A2
Rouffignac 17 177 E1
Rouffignac 24 180 A3
Rouffignac-de-Sigoulès 24 196 A2
Rouffigny 50 51 D2
Rouffilhac 46 197 F2
Rouffy 51 60 C1
La Rouge 61 77 E2
Rougé 44 93 F2
Rouge-Perriers 27 31 D4
Rougeau (Forêt de) 91,77 58 A4
Rougefay 62 9 D3
Rougegoutte 90 107 F2
Rougemont 21 103 E3
Rougemont 25 107 D4
Rougemont-le-Château 90 108 A2
Rougemontiers 27 31 D2
Rougemontot 25 125 F1
Rougeou 41 117 E2
Rougeries 02 20 A3
Les Rouges-Eaux 88 88 A2
Le Rouget 15 199 D1
Rougeux 52 105 F2
Rougiers 83 244 A1
Rougnac 16 163 D4
Rougnat 23 151 E4
Rougon 04 239 D1
Rouhe 25 125 D3
Rouhling 57 41 F3
Rouillac 22 72 A2
Rouillac 16 162 B2
Rouillé 86 147 D1
Rouillon 72 76 B4
Rouilly 77 59 E4
Rouilly-Sacey 10 83 E2
Rouilly-St-Loup 10 83 D3
Roujan 34 233 E3
Roulans 25 125 F2
Le Roulier 88 87 F3
Roullée 72 76 C1
Roullens 11 253 E2
Roullet 16 162 B3
Roullours 14 51 F2
Roumagne 47 195 F3
Roumare 76 31 E1
Roumazières-Loubert 16 163 E1
Roumégoux 81 231 E1
Roumégoux 15 199 D1
Roumengoux 09 252 C3
Roumens 31 230 C4
Roumoules 04 238 C1
Rountzenheim 67 67 E1
Roupeldange 57 40 C3
Rouperroux 61 53 D4
Rouperroux-le-Coquet 72 76 C3
Roupy 02 19 D3
La Rouquette 12 214 B1
Roure 06 223 F2
Le Rouret 06 240 B1
Rousies 59 12 B3
Roussac 87 149 D4
Roussas 26 203 F4
Roussay 49 112 C3
Roussayrolles 81 214 A3
Rousseloy 60 33 F3
Roussennac 12 199 E4
Roussent 62 8 B2
Les Rousses 39 142 B4
Rousses 48 217 E2
Le Rousset 71 139 E4
Rousset 05 206 B3
Rousset 13 237 F3
Rousset (Col de) 26 205 D1
Rousset-les-Vignes 26 204 B4
La Roussière 27 54 B1
Roussieux 26 220 C1
Roussillon 84 220 B4
Roussillon 38 187 E1
Roussillon-en-Morvan 71 122 A4
Roussillon (Plaine du) 66 262 C3
Roussines 16 163 E2
Roussines 36 149 E1
Rousson 30 218 B2
Rousson 89 81 E4
Roussy-le-Village 57 40 B1
Route des Crêtes 68,88 88 B3
Route Joffre 68 108 A2
Route Napoléon 04,05,06,38 222 C4
Routelle 25 125 D3
Routes 76 15 D3
Routier 11 253 D3
Routot 27 31 D2
Rouvenac 11 253 D4
Rouves 54 64 B1
La Rouvière 30 218 B4
Rouvignies 59 11 D3
Rouville 76 14 C4
Rouville 45 80 A2
Rouville 60 34 C3
Rouvillers 60 34 A1
Rouvray 21 122 A1
Rouvray 89 102 B1
Rouvray 27 32 A4
Rouvray-Catillon 76 16 A4
Rouvray-St-Denis 28 79 E2
Rouvray-St-Florentin 28 78 C3
Rouvray-Ste-Croix 45 79 D4
Rouvrel 80 17 F3
Rouvres 60 34 C4
Rouvres 14 53 D1
Rouvres 28 56 A2
Rouvres 77 34 B4
Rouvres-Arbot 52 104 C2
Rouvres-les-Bois 36 117 F4
Rouvres-la-Chétive 88 86 A2
Rouvres-en-Plaine 21 123 F2
Rouvres-en-Woëvre 55 39 E3
Rouvres-en-Xaintois 88 86 C2
Rouvres-St-Jean 45 79 F2
Rouvres-sous-Meilly 21 122 C3
Rouvres-les-Vignes 10 84 B3
Rouvrois-sur-Meuse 55 63 D1
Rouvrois-sur-Othain 55 39 D2
Rouvroy 62 10 B2
Rouvroy 02 19 D2
Rouvroy-en-Santerre 80 18 A3
Rouvroy-les-Merles 60 17 F4
Rouvroy-Ripont 51 37 F3
Rouvroy-sur-Audry 08 21 D3
Rouvroy-sur-Marne 52 85 D2
Rouvroy-sur-Serre 02 20 C3
Le Roux 07 202 C2
Rouxeville 50 28 A4
La Rouxière 44 112 C1
Rouxmenil-Bouteilles 76 15 E2
Rouy 58 121 D4
Rouy-le-Grand 80 18 C3
Rouy-le-Petit 80 18 C3
Rouze 09 261 D2
Rouzède 16 163 E2
Rouziers 15 199 D2
Rouziers-de-Touraine 37 97 D4
Le Rove 13 243 D2
Rove (Souterrain du) 13 243 D2
Roville-aux-Chênes 88 87 E1
Roville-devant-Bayon 54 87 D1
Rovon 38 188 C2
Roy-Boissy 60 16 C4
Roya 06 241 F2
Royan 17 160 B3
Royas 38 172 A4
Royat 63 168 A2
Royaucourt 60 17 F4
Royaucourt-et-Chailvet 02 35 F1
Royaumeix 54 63 F2
Royaumont (Abbaye de) 95 33 F4
Roybon 38 188 B2
Roye 70 107 E3
Roye 80 18 B3
Roye-sur-Matz 60 18 B4
Royer 71 140 A4
Royère-de-Vassivière 23 166 A2
Royères 87 165 D1
Roynac 26 204 A3
Royon 62 8 C1
Royville 76 15 E3
Roz-Landrieux 35 50 A4
Roz-sur-Couesnon 35 50 B4
Rozay-en-Brie 77 58 C3
Le Rozel 50 24 B3
Rozelieures 54 87 E1
Rozemont (Château de) 58 137 E2
Rozérieulles 57 40 A4
Rozerotte 88 86 C2
Rozès 32 228 A1
Rozet-St-Albin 02 35 E3
Le Rozier 48 216 B2
Rozier-Côtes-d'Aurec 42 186 A1
Rozier-en-Donzy 42 170 B2
Rozières 52 84 B1
Rozières-en-Beauce 45 99 D1
Rozières-sur-Crise 02 35 E2
Rozières-sur-Mouzon 88 86 A3
Roziers-St-Georges 87 165 D2
Rozoy-Bellevalle 02 59 E1
Rozoy-sur-Serre 02 20 B3
Ruages 58 121 E2
Ruan 45 79 E4
Ruan-sur-Egvonne 41 98 A1
Ruaudin 72 96 C1
Ruaux 88 87 E4
Rubécourt-et-Lamécourt 08 22 A3
Rubelles 77 58 B4
Rubempré 80 17 F1
Rubercy 14 28 B2
Rubescourt 80 18 A4
Rubigny 08 20 C3
Rubrouck 59 3 F3
Ruca 22 49 D3
Ruch 33 195 D2
Rucqueville 14 28 C3
Rudeau-Ladosse 24 163 D4
Rudelle 46 198 B2
Rue 80 8 B3
La Rue-St-Pierre 76 15 F4
La Rue-St-Pierre 60 33 F2
Ruederbach 68 108 C3
Rueil-la-Gadelière 28 55 D3
Rueil-Malmaison 92 57 D2
Ruelisheim 68 108 C1
Ruelle 16 162 C3
Les Rues-des-Vignes 59 10 C4
Ruesnes 59 11 E3
Rueyres 46 198 B2
Ruffaud (Étang de) 19 181 F2
Ruffec 16 147 E4
Ruffec 36 133 F3
Ruffey-lès-Beaune 21 123 E4
Ruffey-le-Château 25 125 D2
Ruffey-lès-Echirey 21 123 F1
Ruffey-sur-Seille 39 141 D2
Ruffiac 56 92 B1
Ruffiac 47 210 B1
Ruffieu 01 157 D4
Ruffieux 73 173 E1
Ruffigné 44 93 F2
Rugles 27 54 C2
Rugney 88 87 D2
Rugny 89 103 D1
Ruhans 70 106 C1
Ruillé-le-Gravelais 53 74 B4
Ruillé-en-Champagne 72 75 F4
Ruillé-Froid-Fonds 53 95 D1
Ruillé-sur-Loir 72 97 D2
Ruisseauville 62 9 D1
Ruitz 62 9 F2
Rullac-St-Cirq 12 215 D3
Rully 71 139 F1
Rully 14 52 A2
Rully 60 34 B3
Rumaisnil 80 17 E3
Rumaucourt 62 10 C3
Rumegies 59 11 D1
Rumengol 29 45 E4
Rumersheim 67 67 D2
Rumersheim-le-Haut 68 109 D1
Rumesnil 14 29 F3
Rumigny 08 20 C2
Rumigny 80 17 E3
Rumilly 74 173 E1
Rumilly 62 8 C1
Rumilly-en-Cambrésis 59 10 C4
Rumilly-lès-Vaudes 10 83 E3
Ruminghem 62 3 E2
Rumont 55 62 C2
Rumont 77 80 B3
Runan 22 47 D2
Rungis 94 57 E3
Ruoms 07 203 D4
Rupéreux 77 59 E4
Ruppes 88 86 A1
Rupt 52 85 D1
Rupt-aux-Nonains 55 62 B3
Rupt-devant-St-Mihiel 55 63 D2
Rupt-en-Woëvre 55 39 D4
Rupt-sur-Moselle 88 107 E1
Rupt-sur-Othain 55 38 C1
Rupt-sur-Saône 70 106 B3
Rurange-lès-Thionville 57 40 B2
Rurey 25 125 E3
Rusio 2b 267 E1
Russ 67 66 B4
Russange 57 39 F1
Le Russey 25 126 C3
Russy 14 28 B2
Russy-Bémont 60 34 C3
Rustenhart 68 89 D4
Rustiques 11 253 F2
Rustrel 84 220 C4
Rustroff 57 40 C1
Rutali 2b 265 E3
Ruvigny 10 83 D2
Ruy 38 172 B3
Ruyaulcourt 62 10 B4
Ruynes-en-Margeride 15 184 B4
Ry 76 32 A1
Rye 39 141 D1
Ryes 14 28 C2

S

Saâcy-sur-Marne 77 59 D1
Saales 67 88 C1
Saâne-St-Just 76 15 E3
Saasenheim 67 89 E2
Sabadel-Latronquière 46 198 C2
Sabadel-Lauzès 46 198 A3
Sabaillan 32 228 C4
Sabalos 65 249 E1
Sabarat 09 251 F3
Sabarros 65 250 A2
Sabazan 32 227 E2
Sablé-sur-Sarthe 72 95 E2
Les Sables-d'Olonne 85 128 C4
Sablet 84 220 A2
Sablières 07 202 B3
Sablonceaux 17 160 C2
Sablonnières 77 59 E2
Sablons 33 178 A3
Sablons 38 187 E1
Sabonnères 31 229 D4
La Sabotterie 08 31 E4
Sabran 30 219 D2
Sabres 40 209 D2
Saccourvielle 31 258 B3
Sacé 53 74 C3
Sacey 50 50 C4
Saché 37 115 F2
Sachin 62 9 E1
Sachy 08 22 A3
Sacierges-St-Martin 36 134 A4
Saclas 91 79 F2
Saclay 91 57 D3
Saconin-et-Breuil 02 35 D2
Sacoué 65 250 A3
Le Sacq 27 55 D2
Sacquenay 21 105 D4
Sacquenville 27 31 E4
Sacy 89 102 C3
Sacy 51 36 B3
Sacy-le-Grand 60 34 A2
Sacy-le-Petit 60 34 A2
Sadeillan 32 228 A4
Sadillac 24 196 A2
Sadirac 33 194 B2
Sadournin 65 249 F1
Sadroc 19 181 D2
Saessolsheim 67 66 C2
Saffais 54 64 C4
Saffloz 39 141 F3
Saffré 44 93 E4
Saffres 21 122 C2
Sagelat 24 197 D2
Sagnat 23 150 A2
Sagnes-et-Goudoulet 07 202 C2
Sagone 2A 266 B3
Sagone (Golfe de) 2A 266 A3
Sagonne 18 136 B2
Sagy 71 140 C3
Sagy 95 56 C1
Sahorre 66 261 F3
Sahune 26 204 C4
Sahurs 76 31 E2
Sai 61 53 D3
Saignes 46 198 B2
Saignes 15 183 D1
Saigneville 80 8 B4
Saignon 84 220 C4
Saiguède 31 229 E3
Sail-les-Bains 42 154 A2
Sail-sous-Couzan 42 169 F2
Sailhan 65 258 A3
Saillac 46 213 F1
Saillac 19 181 E4
Saillagouse 66 261 D4
Saillans 33 177 F4
Saillans 26 204 B2
Le Saillant 19 181 D2
Saillant 63 169 F4
Saillat-sur-Vienne 87 163 F1
Saillenard 71 141 D3
Sailly 08 22 B4
Sailly 71 139 E4
Sailly 52 85 E1
Sailly 78 56 C1
Sailly-Achâtel 57 64 C1
Sailly-au-Bois 62 9 F4
Sailly-en-Ostrevent 62 10 B3
Sailly-Flibeaucourt 80 8 B4
Sailly-Labourse 62 10 A1
Sailly-Laurette 80 18 A2
Sailly-lez-Cambrai 59 10 C3
Sailly-lez-Lannoy 59 5 E4
Sailly-Saillisel 80 18 B1
Sailly-le-Sec 80 18 A2
Sailly-sur-la-Lys 62 4 C4
Sain-Bel 69 171 D2
Saincaize-Meauce 58 137 D1
Sainghin-en-Mélantois 59 10 C1
Sainghin-en-Weppes 59 10 B1
Sainneville 76 14 A4
Sainpuits 89 101 F4
Sains 35 50 B4
Sains-du-Nord 59 12 B4
Sains-en-Amiénois 80 17 E2
Sains-en-Gohelle 62 10 A2
Sains-lès-Fressin 62 8 C2
Sains-lès-Marquion 62 10 B4
Sains-Morainvillers 60 17 F4
Sains-lès-Pernes 62 9 E1
Sains-Richaumont 02 19 F2
Le Saint 56 70 A3
St-Aaron 22 48 C3
St-Abit 64 248 C2
St-Abraham 56 92 A1
St-Acheul 80 9 D4
St-Adjutory 16 163 D2
St-Adrien 22 47 E3
St-Adrien (Roches de) 76 31 F2
St-Affrique 12 216 A4
St-Affrique-les-Montagnes 81 231 E3
St-Agathon 22 47 E3
St-Agil 41 77 E4
St-Agnan 89 81 E2
St-Agnan 02 59 F1
St-Agnan 71 138 B4
St-Agnan 58 122 A2
St-Agnan 81 230 B2
St-Agnan-en-Vercors 26 188 C4
St-Agnan-le-Malherbe 14 28 C4
St-Agnan-sur-Erre 61 77 D2
St-Agnan-sur-Sarthe 61 54 A4
St-Agnan-de-Cernières 27 54 B1
St-Agnant 17 160 B1
St-Agnant-de-Versillat 23 149 F2
St-Agnant-près-Crocq 23 166 C2
St-Agnant-sous-les-Côtes 55 63 E2
St-Agnet 40 226 C2
St-Agnin-sur-Bion 38 172 B3
St-Agoulin 63 152 C4
St-Agrève 07 186 C4
St-Aignan 82 212 B3
St-Aignan 41 117 D2
St-Aignan 33 177 F4
St-Aignan 56 70 C2
St-Aignan 72 76 C3
St-Aignan-Grandlieu 44 111 F3
St-Aignan-le-Jaillard 45 100 B3
St-Aignan-sur-Roë 53 94 A2
St-Aignan-sur-Ry 76 32 A1
St-Aignan-de-Couptrain 53 75 E1
St-Aignan-de-Cramesnil 14 29 D4
St-Aignan-des-Gués 45 100 A2
St-Aignan-des-Noyers 18 136 B2
St-Aigne 24 196 B1
St-Aigny 36 133 E3
St-Aigulin 17 178 B3
St-Ail 54 39 F3
St-Albain 71 155 F1
St-Alban 01 156 C3
St-Alban 31 229 F2
St-Alban 22 48 C3
St-Alban-les-Eaux 42 154 A4
St-Alban-en-Montagne 07 202 A2
St-Alban-Leysse 73 173 E3
St-Alban-sous-Sampzon 07 202 C4
St-Alban-sur-Limagnole 48 201 E2
St-Alban-d'Ay 07 187 D2
St-Alban-de-Montbel 73 173 D3
St-Alban-de-Roche 38 172 B3
St-Alban-des-Hurtières 73 174 B4
St-Alban-des-Villards 73 190 B1
St-Alban-du-Rhône 38 187 E1
St-Albin-de-Vaulserre 38 173 D4
St-Alexandre 30 219 D2
St-Algis 02 20 A2
St-Allouestre 56 70 E4
St-Alpinien 23 151 D4
St-Alyre-d'Arlanc 63 185 D1
St-Alyre-ès-Montagne 63 184 A1
St-Amadou 09 252 B3
St-Amancet 81 231 D4
St-Amand 50 28 A4
St-Amand 23 151 D4
St-Amand 62 9 F4
St-Amand-de-Belvès 24 197 D2
St-Amand-de-Coly 24 180 C3
St-Amand-de-Vergt 24 179 E4
St-Amand-des-Hautes-Terres 27 31 E3
St-Amand-les-Eaux 59 11 D2
St-Amand-en-Puisaye 58 101 E4
St-Amand-Jartoudeix 23 165 E1
St-Amand-Longpré 41 97 F3
St-Amand-Magnazeix 87 149 E3
St-Amand-Montrond 18 136 A3
St-Amand-le-Petit 87 165 E2
St-Amand-sur-Fion 51 61 E2
St-Amand-sur-Ornain 55 63 D3
St-Amand-sur-Sèvre 79 130 B1
St-Amandin 15 183 E1
St-Amans 09 252 A2
St-Amans 48 201 E2
St-Amans 11 252 C2
St-Amans-de-Pellagal 82 212 C2
St-Amans-des-Cots 12 200 A2
St-Amans-du-Pech 82 212 B1
St-Amans-Soult 81 231 F4
St-Amans-Valtoret 81 232 A4
St-Amant 16 178 C1
St-Amant-de-Boixe 16 162 C2
St-Amant-de-Bonnieure 16 163 D1
St-Amant-de-Graves 16 162 A3
St-Amant-de-Nouère 16 162 B2
St-Amant-Roche-Savine 63 169 D3
St-Amant-Tallende 63 168 B3
St-Amarin 68 108 A1
St-Ambreuil 71 140 A3
St-Ambroise (Puy) 03 153 F1
St-Ambroix 30 218 B2
St-Ambroix 18 135 E1
St-Amé 88 87 F4
St-Amour 39 156 B1
St-Amour-Bellevue 71 155 E2
St-Anastaise 63 168 A4
St-Andelain 58 120 A2
St-Andéol 26 204 C1
St-Andéol 38 189 D4
St-Andéol-le-Château 69 171 E3
St-Andéol-de-Berg 07 203 E3
St-Andéol-de-Clerguemort 48 217 F1
St-Andéol-de-Fourchades 07 203 D1
St-Andéol-de-Vals 07 203 D2
St-Andeux 21 122 A1
St-Andiol 13 236 B1
St-Andoche 70 105 F3
St-André 81 215 D4
St-André 31 250 C1
St-André 06 241 D4
St-André 16 161 E2
St-André 66 263 D3
St-André 59 5 D4
St-André 32 228 C3
St-André 73 191 D2
St-André-les-Alpes 04 222 C3
St-André-le-Bouchoux 01 156 A3
St-André-Capcèze 48 202 B4
St-André-le-Coq 63 153 D4
St-André-la-Côte 69 171 D3
St-André-d'Allas 24 197 D1
St-André-d'Apchon 42 154 A4
St-André-de-Bagé 01 155 F2
St-André-de-Boëge 74 158 C2
St-André-de-Bohon 50 27 D3
St-André-de-Briouze 61 52 C3
St-André-de-Buèges 34 234 A1
St-André-de-Chalencon 43 185 F2
St-André-de-Corcy 01 171 F1
St-André-de-Cruzières 07 218 B1
St-André-de-Cubzac 33 177 E4
St-André-de-Double 24 178 C3
St-André-de-l'Épine 50 28 A3
St-André-de-l'Eure 27 55 E2
St-André-de-Lancize 48 217 F2
St-André-de-Lidon 17 161 D3
St-André-de-Majencoules 30 217 E3
St-André-de-la-Marche 49 113 D3
St-André-de-Messei 61 52 B3
St-André-de-Mitroys 07 203 E4
St-André-de-Najac 12 214 B2
St-André-de-Roquelongue 11 254 B3
St-André-de-Roquepertuis 30 218 C2
St-André-de-Rosans 05 205 D4
St-André-de-Sangonis 34 233 F2
St-André-de-Seignanx 40 224 C3
St-André-de-Valborgne 30 217 E2
St-André-de-Vézines 12 216 C2
St-André-d'Embrun 05 207 D3
St-André-des-Eaux 22 72 C1
St-André-des-Eaux 44 110 B1
St-André-le-Désert 71 139 E4
St-André-d'Hébertot 14 30 B2
St-André-d'Huiriat 01 155 F2
St-André-d'Olérargues 30 218 C2
St-André-du-Bois 33 194 C3
St-André-en-Barrois 55 38 B4
St-André-en-Bresse 71 140 B3
St-André-en-Morvan 58 121 E1
St-André-en-Royans 38 188 C3
St-André-en-Terre-Plaine 89 121 F1
St-André-en-Vivarais 07 186 C3
St-André-et-Appelles 33 195 E1
St-André-Farivillers 60 17 E4
St-André-le-Gaz 38 172 C3
St-André-Goule-d'Oie 85 129 E1
St-André-Lachamp 07 202 C4
St-André-le-Puy 42 170 B3

St-André (Signal de) 69 171 D3
St-André-sur-Cailly 76 31 F1
St-André-sur-Orne 14 29 D4
St-André-sur-Sèvre 79 130 B2
St-André-sur-Vieux-Jonc 01 156 B3
St-André-Treize-Voies 85 129 D1
St-André-les-Vergers 10 83 D2
St-Androny 33 177 D2
St-Ange-et-Torçay 28 55 E4
St-Ange-le-Viel 77 81 D3
St-Angeau 16 162 C1
St-Angel 03 151 F2
St-Angel 19 166 B4
St-Angel 63 152 B4
St-Anthème 63 169 F4
St-Anthot 21 122 C2
St-Antoine 25 142 C2
St-Antoine 15 199 E2
St-Antoine 33 177 E4
St-Antoine 32 212 A3
St-Antoine 38 188 B2
St-Antoine-Cumond 24 178 C2
St-Antoine-d'Auberoche 24 180 A3
St-Antoine-de-Breuilh 24 195 E1
St-Antoine-de-Ficalba 47 211 F1
St-Antoine-du-Queyret 33 195 D2
St-Antoine-du-Rocher 37 97 D4
St-Antoine-la-Forêt 76 30 C1
St-Antoine-sur-l'Isle 33 178 B3
St-Antonin 06 223 F4
St-Antonin 32 228 C2
St-Antonin-Noble-Val 82 213 F2
St-Antonin-sur-Bayon 13 237 F3
St-Antonin-de-Lacalm 81 231 E1
St-Antonin-de-Sommaire 27 54 B2
St-Antonin-du-Var 83 239 D3
St-Aoustrille 36 135 D1
St-Août 36 135 D3
St-Apollinaire 05 206 C3
St-Apollinaire 21 123 F2
St-Apollinaire-de-Rias 07 187 D4
St-Appolinaire 69 155 D4
St-Appolinard 38 188 B2
St-Appolinard 42 187 D1
St-Aquilin 24 179 D2
St-Aquilin-de-Corbion 61 54 B4
St-Aquilin-de-Pacy 27 55 F1
St-Araille 31 251 D1
St-Arailles 32 228 A2
St-Arcons-d'Allier 43 185 D3
St-Arcons-de-Barges 43 202 B1
St-Arey 38 205 E1
St-Armel 35 73 E4
St-Armel 56 91 E3
St-Armou 64 226 C4
St-Arnac 66 262 A1
St-Arnoult 60 16 C4
St-Arnoult 41 97 F3
St-Arnoult 14 30 A2
St-Arnoult 76 31 D1
St-Arnoult-des-Bois 28 78 B1
St-Arnoult-en-Yvelines 78 56 C4
St-Arroman 65 250 A3
St-Arroman 32 228 B4
St-Arroumex 82 212 B4
St-Astier 47 195 F2
St-Astier 24 179 D3
St-Auban 06 233 D4
St-Auban (Clue de) 06 223 D4
St-Auban-sur-l'Ouvèze 26 220 C1
St-Auban-d'Oze 05 205 F3
St-Aubert 59 11 D3
St-Aubert (Gorges de) 61 52 C2
St-Aubert-sur-Orne 61 52 C2
St-Aubin 40 226 A2
St-Aubin 91 57 D3
St-Aubin 02 35 D1
St-Aubin 59 12 B4
St-Aubin 39 124 A4
St-Aubin 36 135 D2
St-Aubin 10 82 A1
St-Aubin 47 196 C4
St-Aubin 21 139 F1
St-Aubin 62 8 B2
St-Aubin-le-Cauf 76 15 F2
St-Aubin-Celloville 76 31 F2
St-Aubin-Château-Neuf 89 101 F2
St-Aubin-le-Cloud 79 131 D3
St-Aubin-le-Dépeint 37 96 C3
St-Aubin-lès-Elbeuf 76 31 E2
St-Aubin-en-Bray 60 33 D2
St-Aubin-en-Charollais 71 139 D4
St-Aubin-Épinay 76 31 F2
St-Aubin-les-Forges 58 120 B3
St-Aubin-Fosse-Louvain 53 74 C1
St-Aubin-le-Guichard 27 54 C1
St-Aubin-Lébizay 14 29 F3
St-Aubin-le-Monial 03 136 C4
St-Aubin-Montenoy 80 17 D2
St-Aubin-la-Plaine 85 129 F4
St-Aubin-Rivière 80 16 C2
St-Aubin-Routot 76 30 B1
St-Aubin-sous-Erquery 60 34 A2
St-Aubin-sur-Aire 55 63 D3
St-Aubin-sur-Algot 14 30 A4
St-Aubin-sur-Gaillon 27 32 A4
St-Aubin-sur-Loire 71 138 A4
St-Aubin-sur-Mer 76 15 D2
St-Aubin-sur-Mer 14 29 D2
St-Aubin-sur-Quillebeuf 27 30 C1
St-Aubin-sur-Scie 76 15 E2
St-Aubin-sur-Yonne 89 101 F1
St-Aubin-le-Vertueux 27 30 C4
St-Aubin-d'Appenai 61 53 F4
St-Aubin-d'Arquenay 14 29 D3
St-Aubin-d'Aubigné 35 73 E2
St-Aubin-de-Baubigné 79 130 B1
St-Aubin-de-Blaye 33 177 D2
St-Aubin-de-Bonneval 61 54 A1
St-Aubin-de-Branne 33 194 C1
St-Aubin-de-Cadelech 24 196 A2
St-Aubin-de-Courteraie 61 54 A4
St-Aubin-de-Crétot 76 14 C4
St-Aubin-de-Lanquais 24 196 B1
St-Aubin-de-Locquenay 72 76 A2
St-Aubin-de-Luigné 49 113 E2
St-Aubin-de-Médoc 33 177 D4
St-Aubin-de-Nabirat 24 197 E2
St-Aubin-de-Scellon 27 30 C3
St-Aubin-de-Terregatte 50 50 C4
St-Aubin-d'Écrosville 27 31 E4
St-Aubin-des-Bois 14 51 D2
St-Aubin-des-Bois 28 78 B1
St-Aubin-des-Châteaux 44 93 F2
St-Aubin-des-Chaumes 58 121 E1
St-Aubin-des-Coudrais 72 77 D3
St-Aubin-des-Grois 61 77 D2
St-Aubin-des-Hayes 27 54 C1
St-Aubin-des-Landes 35 73 F3
St-Aubin-des-Ormeaux 85 112 C4
St-Aubin-des-Préaux 50 50 B2
St-Aubin-du-Cormier 35 73 F2
St-Aubin-du-Désert 53 75 F2
St-Aubin-du-Pavail 35 73 E4
St-Aubin-du-Perron 50 27 D3
St-Aubin-du-Plain 79 130 C1
St-Aubin-du-Thenney 27 54 B1
St-Augustin 19 181 F1
St-Augustin 03 136 C2
St-Augustin 77 58 C3
St-Augustin 17 160 B2
St-Augustin-des-Bois 49 113 E1
St-Aulaire 19 180 C2
St-Aulais-la-Chapelle 16 162 B4
St-Aulaye 24 178 C2
St-Aunès 34 234 C2
St-Aunix-Lengros 32 227 E3
St-Aupre 38 189 D1
St-Austremoine 43 184 C3
St-Auvent 87 164 A2
St-Avaugourd-des-Landes 85 129 D4
St-Avé 56 91 E2
St-Aventin 31 258 B4
St-Avertin 37 116 A2
St-Avit 41 77 E4
St-Avit 26 187 F2
St-Avit 47 195 E3
St-Avit 81 231 D3
St-Avit 16 178 B2
St-Avit 40 209 F4
St-Avit 63 167 D1
St-Avit-de-Soulège 33 195 E1
St-Avit-de-Tardes 23 166 C1
St-Avit-de-Vialard 24 180 A4
St-Avit-Frandat 32 211 F4
St-Avit-les-Guespières 28 78 B3
St-Avit-le-Pauvre 23 150 C4
St-Avit-Rivière 24 196 C2
St-Avit-St-Nazaire 33 195 F1
St-Avit-Sénieur 24 196 C2
St-Avold 57 41 D3
St-Avre 73 190 B1
St-Ay 45 99 D2
St-Aybert 59 11 E2
St-Aygulf 83 239 F4
St-Babel 63 168 C3
St Baldoph 73 173 E3
St-Bandry 02 35 D2
St-Baraing 39 124 B4
St-Barbant 87 148 B3
St-Bard 23 166 C1
St-Bardoux 26 187 F3
St-Barnabé 22 71 E3
St-Barthélemy 70 107 E2
St-Barthélemy 38 188 A1
St-Barthélemy 56 70 C4
St-Barthélemy 50 51 E3
St-Barthélemy 40 224 C3
St-Barthélemy 77 59 E2
St-Barthélemy-d'Agenais 47 195 F3
St-Barthélemy-d'Anjou 49 113 F1
St-Barthélemy-de-Bellegarde 24 178 C3
St-Barthélemy-de-Bussière 24 163 F3
St-Barthélemy-de-Séchilienne 38 189 E3
St-Barthélemy-de-Vals 26 187 E3
St-Barthélemy-Lestra 42 170 C2
St-Barthélemy-le-Meil 07 203 D1
St-Barthélemy-le-Pin 07 187 D4
St-Barthélemy-le-Plain 07 187 E3
St-Basile 07 187 D4
St-Baslemont 88 86 C3
St-Baudel 18 135 E2
St-Baudelle 53 75 D2
St-Baudille-de-la-Tour 38 172 B2
St-Baudille-et-Pipet 38 205 E1
St-Bauld 37 116 A3
St-Baussant 54 63 F1
St-Bauzeil 09 252 A3
St-Bauzély 30 218 B4
St-Bauzile 07 203 F2
St-Bauzile 48 201 E4
St-Bauzille-de-Montmel 34 234 C2
St-Bauzille-de-Putois 34 234 B1
St-Bauzille-de-la-Sylve 34 233 F3
St-Bazile 87 163 F2
St-Bazile-de-Meyssac 19 181 E4
St-Bazile-de-la-Roche 19 182 A3
St-Béat 31 258 C3
St-Beaulize 12 216 B4
St-Beauzeil 82 212 B1
St-Beauzély 12 216 A2
St-Beauzile 81 214 A3
St-Beauzire 43 184 B2
St-Beauzire 63 168 B1
St-Bénézet 30 218 B4
St-Bénigne 01 156 A1
St-Benin 59 11 E4
St-Benin-d'Azy 58 120 C4
St-Benin-des-Bois 58 120 C3
St-Benoist-sur-Mer 85 144 C1
St-Benoist-sur-Vanne 10 82 B3
St-Benoît 01 172 C2
St-Benoît 04 223 D3
St-Benoît 11 253 D3
St-Benoît 86 132 B4
St-Benoît-la-Chipotte 88 87 F1
St-Benoît-de-Carmaux 81 214 B3
St-Benoît-des-Ombres 27 30 C3
St-Benoît-des-Ondes 35 49 F3
St-Benoît-d'Hébertot 14 30 B2
St-Benoît-du-Sault 36 149 E1
St-Benoît-en-Woëvre 55 63 E1
St-Benoit-en-Diois 26 204 C2
St-Benoît-la-Forêt 37 115 D3
St-Benoît-sur-Loire 45 100 A2
St-Benoît-sur-Seine 10 83 D2
St-Bérain 43 185 D4
St-Berain-sous-Sanvignes 71 139 D3
St-Bérain-sur-Dheune 71 134 F2
St-Bernard 21 123 E3
St-Bernard 68 108 B2
St-Bernard 38 189 E1
St-Bernard 57 40 C2
St-Bernard 01 155 E4
St-Béron 73 173 D4
St-Berthevin 53 74 C4
St-Berthevin-la-Tannière 53 74 B1
St-Bertrand-de-Comminges 31 250 A3
St-Biez-en-Belin 72 96 B2
St-Bihy 22 71 D1
St-Blaise 06 241 D3
St-Blaise 74 158 A3
St-Blaise-du-Buis 38 188 C1
St-Blaise-la-Roche 67 88 C1
St-Blaise (Rouilles de) 13 236 B4
St-Blancard 32 250 B1
St-Blimont 80 8 A4
St-Blin 52 85 E2
St-Boès 64 225 F3
St-Bohaire 41 98 B3
St-Boil 71 139 F3
St-Boingt 54 87 E1
St-Bois 01 173 D2
St-Bomer 28 77 E3
St-Bômer-les-Forges 61 52 A3
St-Bon 51 59 F3
St-Bon-Tarentaise 73 175 D4
St-Bonnet 05 206 A2
St-Bonnet 16 162 A4
St-Bonnet-lès-Allier 63 168 B2
St-Bonnet-Avalouze 19 181 F2
St-Bonnet-le-Bourg 63 185 D1
St-Bonnet-Briance 87 165 D3
St-Bonnet-le-Chastel 63 169 D4
St-Bonnet-le-Château 42 186 A1
St-Bonnet-le-Courreau 42 169 F3
St-Bonnet-de-Bellac 87 148 C3
St-Bonnet-de-Chavagne 38 188 B3
St-Bonnet-de-Chirac 48 201 D4
St-Bonnet-de-Condat 15 183 E2
St-Bonnet-de-Cray 71 154 B2
St-Bonnet-de-Four 03 152 B2
St-Bonnet-de-Joux 71 139 E4
St-Bonnet-de-Montauroux 48 201 F1
St-Bonnet-de-Mure 69 171 F2
St-Bonnet-de-Rochefort 03 152 C3
St-Bonnet-de-Salendrinque 30 217 F3
St-Bonnet-de-Salers 15 183 D3
St-Bonnet-de-Valclérieux 26 188 B2
St-Bonnet-de-Vieille-Vigne 71 139 D4
St-Bonnet-des-Bruyères 69 155 D2
St-Bonnet-des-Quarts 42 154 A3
St-Bonnet-du-Gard 30 219 D4
St-Bonnet-Elvert 19 182 A3
St-Bonnet-en-Bresse 71 140 C1
St-Bonnet-l'Enfantier 19 181 D2
St-Bonnet-le-Froid 43 186 C3
St-Bonnet-les-Oules 42 170 C4
St-Bonnet-près-Bort 19 167 D4
St-Bonnet-près-Orcival 63 167 F3
St-Bonnet-près-Riom 63 168 B1
St-Bonnet-la-Rivière 19 180 C2
St-Bonnet (Signal de) 69 155 D4
St-Bonnet-sur-Gironde 17 177 D1
St-Bonnet-les-Tours-de-Merle 19 182 B3
St-Bonnet-Tronçais 03 136 B3
St-Bonnet-le-Troncy 69 155 D3
St-Bonnot 58 120 C3
St-Bouize 18 119 F2
St-Brancher 89 121 F1
St-Branchs 37 116 A3
St-Brandan 22 47 F4
St-Brès 30 218 B2
St-Brès 34 234 C2
St-Brès 32 228 C1
St-Bresson 70 107 D1
St-Bresson 30 217 E4
St-Bressou 46 198 C2
St-Brevin-les-Pins 44 110 C2
St-Briac-sur-Mer 35 49 D3
St-Brice 61 52 A4
St-Brice 16 161 F2
St-Brice 77 59 E4
St-Brice 50 50 C3
St-Brice 53 95 E2
St-Brice 33 195 D2
St-Brice-Courcelles 51 36 B3
St-Brice-de-Landelles 50 51 D4
St-Brice-en-Coglès 35 73 F1
St-Brice-sous-Forêt 95 57 E1
St-Brice-sous-Rânes 61 52 C3
St-Brice-sur-Vienne 87 164 A1
St-Brieuc 22 48 A3
St-Brieuc-de-Mauron 56 72 A3
St-Brieuc-des-Iffs 35 72 C2
St-Bris-des-Bois 17 161 E2
St-Bris-le-Vineux 89 102 B3
St-Brisson 58 122 A2
St-Brisson-sur-Loire 45 100 C3
St-Broing 70 124 C1
St-Broing-les-Moines 21 104 B3
St-Broingt-le-Bois 52 105 E2
St-Broingt-les-Fosses 52 105 D3
St-Broladre 35 50 B4
St-Bueil 38 173 D4
St-Cado 56 90 C2
St-Calais 72 97 E1
St-Calais-du-Désert 53 75 F1
St-Calez-en-Saosnois 72 76 C2
St-Cannat 13 237 D2
St-Caprais 18 135 F1
St-Caprais 03 136 B4
St-Caprais 46 197 E3
St-Caprais 32 228 C3
St-Caprais-de-Blaye 33 177 E2
St-Caprais-de-Bordeaux 33 194 B2
St-Caprais-de-Lerm 47 212 A2
St-Capraise-de-Lalinde 24 196 B1
St-Capraise-d'Eymet 24 196 A2
St-Caradec 22 71 D2
St-Caradec-Trégomel 56 70 B3
St-Carné 22 72 B1
St-Carreuc 22 48 A4
St-Cassien 38 189 D1
St-Cassien 24 196 C2
St-Cassin 73 173 E3
St-Cast-le-Guildo 22 49 D3
St-Castin 64 226 C4
St-Célerin 72 76 C3
St-Céneré 53 75 D3
St-Céneri-le-Gérei 61 76 A2
St-Céols 18 119 E3
St-Céré 46 198 C1
St-Cergues 74 158 B2
St-Cernin 15 182 C3
St-Cernin 46 198 A3
St-Cernin-de-l'Herm 24 197 D3
St-Cernin-de-Labarde 24 196 A2
St-Cernin-de-Larche 19 181 D3
St-Cernin-de-Reillac 24 180 A4
St-Césaire 17 161 E2
St-Césaire-de-Gauzignan 30 218 B3
St-Cézaire (Grottes de) 06 239 F2
St-Cézaire-sur-Siagne 06 239 F2
St-Cézert 31 229 E1
St-Chabrais 23 151 D3
St-Chaffrey 05 191 D4
St-Chamant 15 183 D3
St-Chamant 19 181 F3
St-Chamarand 46 197 F2
St-Chamas 13 236 C3
St-Chamassy 24 196 C1
St-Chamond 42 171 D4
St-Champ 01 173 D2
St-Chaptes 30 218 B4
St-Charles-la-Forêt 53 95 D1
St-Charles-de-Percy 14 51 F1
St-Chartier 36 135 D3
St-Chartres 86 131 F2
St-Chef 38 172 B3
St-Chels 46 198 B4
St-Chély-d'Apcher 48 201 D2
St-Chély-d'Aubrac 12 200 B3
St-Chéron 51 61 E4
St-Chéron 91 57 D4
St-Chéron-des-Champs 28 56 A4
St-Chinian 34 232 C4
St-Christ-Briost 80 18 C2
St-Christaud 31 251 E2
St-Christaud 32 227 F3
St-Christo-en-Jarez 42 170 C4
St-Christol 84 220 C3
St-Christol 07 203 D1
St-Christol 34 234 C2
St-Christol-lès-Alès 30 218 A3
St-Christol-de-Rodières 30 218 C2
St-Christoly-de-Blaye 33 177 E3
St-Christoly-Médoc 33 176 C1
St-Christophe 81 214 B3
St-Christophe 28 78 B4
St-Christophe 16 148 B4
St-Christophe 03 153 E3
St-Christophe 23 150 B3
St-Christophe 86 132 B1
St-Christophe 17 145 E3
St-Christophe 69 155 D2
St-Christophe-à-Berry 02 35 D2
St-Christophe-le-Chaudry 18 135 F4
St-Christophe-la-Couperie 49 112 C2
St-Christophe-d'Allier 43 201 F1
St-Christophe-de-Chaulieu 61 51 F3
St-Christophe-de-Double 33 178 B3
St-Christophe-de-Valains 35 73 E2
St-Christophe-des-Bardes 33 195 D1
St-Christophe-des-Bois 35 74 A2
St-Christophe-Dodinicourt 10 83 F1
St-Christophe-du-Bois 49 113 D4
St-Christophe-du-Foc 50 24 C2
St-Christophe-du-Jambet 72 76 A3
St-Christophe-du-Ligneron 85 128 C1
St-Christophe-du-Luat 53 75 D3
St-Christophe-en-Bazelle 36 117 F3
St-Christophe-en-Boucherie 36 135 E3
St-Christophe-en-Bresse 71 140 B2
St-Christophe-en-Brionnais 71 154 B2
St-Christophe-en-Champagne 72 96 A1
St-Christophe-en-Oisans 38 190 B4
St-Christophe-et-le-Laris 26 188 A2
St-Christophe-les-Gorges 15 182 C3
St-Christophe-la-Grotte 73 173 E4
St-Christophe-le-Jajolet 61 53 D3
St-Christophe-sur-Avre 27 54 C3
St-Christophe-sur-Condé 27 30 C3
St-Christophe-sur-Dolaison 43 185 E4
St-Christophe-sur-Guiers 38 173 E4
St-Christophe-sur-le-Nais 37 96 C3
St-Christophe-sur-Roc 79 146 B1
St-Christophe-Vallon 12 199 E4
St-Cibard 33 178 B4
St-Cierge-la-Serre 07 203 F1
St-Cierge-sous-le-Cheylard 07 186 C4
St-Ciergues 52 105 D1
St-Ciers-Champagne 17 161 E4
St-Ciers-d'Abzac 33 177 F3
St-Ciers-de-Canesse 33 177 D3
St-Ciers-du-Taillon 17 161 D4
St-Ciers-sur-Bonnieure 16 162 C1
St-Ciers-sur-Gironde 33 177 D2
St-Cirgue 81 215 D4
St-Cirgues 46 199 D2
St-Cirgues 43 184 C3
St-Cirgues-de-Jordanne 15 183 D4
St-Cirgues-de-Malbert 15 182 C3
St-Cirgues-de-Prades 07 202 C3
St-Cirgues-en-Montagne 07 202 C2
St-Cirgues-la-Loutre 19 182 B3
St-Cirgues-sur-Couze 63 168 B4
St-Cirice 82 212 A3
St-Cirq 82 213 E3
St-Cirq 24 197 D1
St-Cirq-Lapopie 46 198 A4
St-Cirq-Madelon 46 197 E2
St-Cirq-Souillaguet 46 197 F2
St-Civran 36 134 A4
St-Clair 46 197 F2
St-Clair 86 131 F1
St-Clair 82 212 B2
St-Clair 07 187 D2
St-Clair-d'Arcey 27 30 C4
St-Clair-de-Halouze 61 52 A3
St-Clair-de-la-Tour 38 172 C3
St-Clair-du-Rhône 38 171 E4
St-Clair (Mont) 34 234 A4
St-Clair-sur-l'Elle 50 27 E3
St-Clair-sur-Epte 95 32 C3
St-Clair-sur-Galaure 38 188 B2
St-Clair-sur-les-Monts 76 15 D4
St-Clar 32 212 A4
St-Clar-de-Rivière 31 229 E4
St-Claud 16 163 D1
St-Claude 39 157 E1
St-Claude-de-Diray 41 98 B4
St-Clément 89 81 F3
St-Clément 54 65 D4
St-Clément 07 186 B4
St-Clément 02 20 B3
St-Clément 15 183 E4
St-Clément 03 153 F4
St-Clément 34 234 B2
St-Clément 30 234 C1
St-Clément 19 181 E1
St-Clément 05 207 D2
St-Clément-à-Arnes 08 37 D2
St-Clément-de-la-Place 49 94 C4
St-Clément-de-Régnat 63 153 D4
St-Clément-de-Valorgue 63 169 F4
St-Clément-de-Vers 69 154 C2
St-Clément-des-Baleines 17 144 B2
St-Clément-des-Levées 49 114 B2
St-Clément-les-Places 69 170 C2
St-Clément-Rancoudray 50 51 E3
St-Clément-sur-Guye 71 139 E3
St-Clément-sur-Valsonne 69 170 C1
St-Clémentin 79 130 C1
St-Clet 22 47 E2
St-Cloud 92 57 D2
St-Cloud-en-Dunois 28 78 B4
St-Colomb-de-Lauzun 47 196 A3
St-Colomban 44 111 F4
St-Colomban-des-Villards 73 190 B1
St-Côme 33 194 C4
St-Côme-de-Fresné 14 28 C2
St-Côme-d'Olt 12 200 B4
St-Côme-du-Mont 50 27 D2
St-Côme-et-Maruéjols 30 235 D1
St-Congard 56 92 B2
St-Connan 22 47 E4
St-Connec 22 71 D2
St-Constant 15 199 D2
St-Contest 14 29 D3
St-Corneille 72 76 C4
St-Cornier-des-Landes 61 51 F3
St-Cosme 68 108 B3
St-Cosme-en-Vairais 72 76 C2
St-Couat-d'Aude 11 254 A2
St-Couat-du-Razès 11 253 D3
St-Coulitz 29 69 D1
St-Coulomb 35 49 F2
St-Coutant 16 147 F4
St-Coutant 79 147 D2
St-Coutant-le-Grand 17 145 F4
St-Créac 32 212 A4
St-Créac 65 257 E2
St-Crépin 05 207 D2
St-Crépin 17 145 F4
St-Crépin-aux-Bois 60 34 C1
St-Crépin-et-Carlucet 24 180 C4
St-Crépin-Ibouvillers 60 33 E3
St-Crépin-d'Auberoche 24 180 A3
St-Crépin-de-Richemont 24 179 E1
St-Crespin 76 15 E3
St-Crespin 14 29 F4
St-Crespin-sur-Moine 49 112 C3
St-Cricq 32 229 D2
St-Cricq-Chalosse 40 226 A2
St-Cricq-du-Gave 40 225 E3
St-Cricq-Villeneuve 40 209 F4
St-Cybardeaux 16 162 B2
St-Cybranet 24 197 E2
St-Cyprien 42 170 B4
St-Cyprien 66 263 D2
St-Cyprien 46 213 D1
St-Cyprien 19 180 C2
St-Cyprien 24 197 D1
St-Cyprien-sur-Dourdou 12 199 E3
St-Cyr 50 25 D3
St-Cyr 87 164 A2
St-Cyr 71 140 A3
St-Cyr 86 132 B3
St-Cyr 07 187 E2
St-Cyr-au-Mont-d'Or 69 171 E2
St-Cyr-les-Champagnes 24 180 C1
St-Cyr-le-Chatoux 69 155 D4
St-Cyr-les-Colons 89 102 B3
St-Cyr-de-Favières 42 154 B4
St-Cyr-de-Salerne 27 31 D3
St-Cyr-de-Valorges 42 170 C1
St-Cyr-des-Gâts 85 130 A3
St-Cyr-du-Bailleul 50 51 F4
St-Cyr-du-Doret 17 145 F2
St-Cyr-du-Gault 41 98 A3
St-Cyr-du-Ronceray 14 30 B4
St-Cyr-l'École 78 57 D2
St-Cyr-en-Arthies 95 32 C4
St-Cyr-en-Bourg 49 114 C3
St-Cyr-en-Pail 53 75 F1
St-Cyr-en-Talmondais 85 129 E4
St-Cyr-en-Val 45 99 E2
St-Cyr-le-Gravelais 53 74 B4
St-Cyr-la-Lande 79 114 B4
St-Cyr-Montmalin 39 124 C4
St-Cyr-la-Rivière 91 79 F2
St-Cyr-la-Roche 19 180 C2
St-Cyr-la-Rosière 61 77 D2
St-Cyr-sous-Dourdan 91 57 D4
St-Cyr-sur-Loire 37 115 F1
St-Cyr-sur-Menthon 01 156 A2
St-Cyr-sur-Mer 83 243 F3
St-Cyr-sur-Morin 77 59 D2
St-Cyr-sur-le-Rhône 69 171 E4
St-Cyr-les-Vignes 42 170 C3
St-Cyran-du-Jambot 36 116 C4
St-Dalmas-le-Selvage 06 223 E1
St-Daunès 46 212 C1
St-Denis 30 218 B2
St-Denis 93 57 E1
St-Denis 11 253 E1

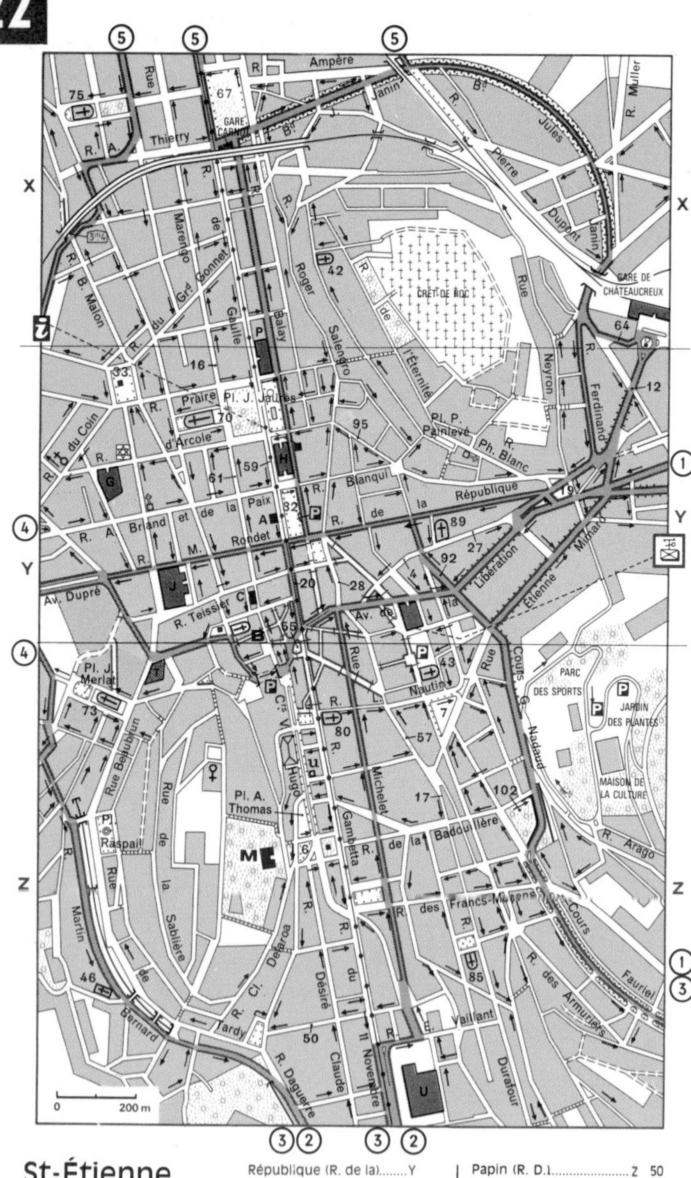

Ampère
Thierry
Marengo
Gaulle
Balay
Roger
Salengro
Pierre
Dupont
Jules
Janin
Ferdinand
Neyron
GARE DE CHÂTEAUCREUX
CRÊT DE ROC
Pl. J. Jaurès
Pl. P. Painlevé
Ph. Blanc
République
Libération
Blanqui
Rondet
Av. Dupré
Teisseire
Pl. J. Moulin
Nautin
PARC DES SPORTS
JARDIN DES PLANTES
MAISON DE LA CULTURE
Michelet
Gambetta
Badouillère
Arago
Pl. A. Thomas
Raspail
Rue Balaibun
Sablière
des Francs-Maçons
Cours Fauriel
Martin
Bernard
Tardy
Désiré
Claude
Daguerre
Vaillant
des Armuriers
Durafour
200 m

St-Étienne

Bérard (R. P.) ..... Y 4
Foy (R. Gén.) ..... Y 20
Gambetta (R.) ..... Z
Gaulle (R. Ch. de) X
Gervais (R. E.) ..... Y 27
Grand Moulin (R. du) ..... Y 28
Hôtel-de-Ville (Pl. de l') ..... Y 32
Libération (Av. de la) ..... Y
Michelet (R.) ..... Z
Peuple (Pl. du) ..... Y 55
Président Wilson (R.) ..... Y 59
République (R. de la) ..... Y
Résistance (R. de la) ..... Y 61
Bouchard (Crs J.) ..... Z 6
Chavanelle (Pl.) ..... Z 7
Denfert-Rochereau (Av.) ..... Y 12
Dormoy (R. M.) ..... Y 16
Fougerolle (R.) ..... Z 17
Fourneyrond (Pl.) ..... Y 19
Jacquard (Pl.) ..... Y 33
La Nativité (†) ..... X 42
Notre-Dame (†) ..... X 43
N.-D. de Lourdes (†) ..... Z 46
Papin (R. D.) ..... Z 50
Pointe-Cadet (R.) ..... Z 57
Rivière (R. du Sergent) ..... X 64
Sadi-Carnot (Pl.) ..... X 67
St-Charles (†) ..... Y 70
St-Ennemond (†) ..... Z 73
St-Étienne (†) ..... Y B
St-Jean Baptiste (†) ..... X 75
St-Louis (†) ..... Z 80
St-Roch (†) ..... Z 85
Ste-Marie (†) ..... Y 89
Sauzéa (R. H.) ..... Y 92
Servet (R. M.) ..... Y 95
Villebœuf (Pl.) ..... Z 102

St-Denis *89* 81 F3
St-Denis *79* 131 D4
St-Denis-lès-Bourg *01* 156 B2
St-Denis-Catus *46* 197 F3
St-Denis-la-Chevasse *85* 129 E1
St-Denis-Combarnazat *63* 168 C1
St-Denis-d'Aclon *76* 15 E2
St-Denis-d'Anjou *53* 95 E2
St-Denis-d'Augerons *27* 54 B1
St-Denis-d'Authou *28* 77 F2
St-Denis-de-Cabanne *42* 154 C3
St-Denis-de-Gastines *53* 74 C2
St-Denis-de-l'Hôtel *45* 99 F1
St-Denis-de-Jouhet *36* 135 D4
St-Denis-de-Mailloc *14* 30 B4
St-Denis-de-Méré *14* 52 B2
St-Denis-de-Palin *18* 136 A1
St-Denis-de-Pile *33* 177 F4
St-Denis-de-Vaux *71* 139 F2
St-Denis-de-Villenette *61* 52 B4
St-Denis-des-Coudrais *72* 77 D3
St-Denis-des-Monts *27* 31 D3
St-Denis-des-Murs *87* 165 D2
St-Denis-des-Puits *28* 78 A2
St-Denis-d'Oléron *17* 144 C4
St-Denis-d'Orques *72* 75 F4
St-Denis-du-Béhélan *27* 55 D2
St-Denis-du-Payré *85* 145 D1
St-Denis-du-Pin *17* 146 A4
St-Denis-en-Bugey *01* 156 C4
St-Denis-en-Margeride *48* 201 E2
St-Denis-en-Val *45* 99 E2
St-Denis-le-Ferment *27* 32 C2
St-Denis-le-Gast *50* 50 C1
St-Denis-Maisoncelles *14* 51 F1
St-Denis-lès-Martel *46* 181 E4
St-Denis-les-Ponts *28* 78 B4
St-Denis-lès-Rebais *77* 59 D2
St-Denis-sur-Coise *42* 170 C3
St-Denis-sur-Huisne *61* 77 D1
St-Denis-sur-Loire *41* 98 B3
St-Denis-sur-Ouanne *89* 101 E2
St-Denis-sur-Sarthon *61* 76 A1
St-Denis-sur-Scie *76* 15 E3
St-Denis-le-Thiboult *76* 32 A1
St-Denis-le-Vêtu *50* 50 C1
St-Deniscourt *60* 16 C4
St-Denœux *62* 8 C1
St-Denoual *22* 48 C3
St-Derrien *29* 45 E2
St-Désert *71* 139 F2
St-Désir *14* 30 A4
St-Désirat *07* 187 E2
St-Désiré *03* 135 F4
St-Dézéry *30* 218 B4
St-Dézery *19* 166 C4
St-Didier *39* 141 D3
St-Didier *21* 122 A2
St-Didier *58* 121 D2
St-Didier *35* 73 F3
St-Didier *84* 220 A3
St-Didier-au-Mont-d'Or *69* 171 E2
St-Didier-d'Allier *43* 185 E4
St-Didier-d'Aussiat *01* 156 A2
St-Didier-de-Bizonnes *38* 172 B4
St-Didier-de-Formans *01* 155 F4
St-Didier-de-la-Tour *38* 172 C3
St-Didier-des-Bois *27* 31 E3
St-Didier-en-Bresse *71* 140 B2
St-Didier-en-Brionnais *71* 154 B2
St-Didier-en-Velay *43* 186 B2
St-Didier-en-Donjon *03* 154 A1
St-Didier-la-Forêt *03* 153 D3
St-Didier-sous-Aubenas *07* 203 D3
St-Didier-sous-Écouves *61* 53 D4
St-Didier-sous-Riverie *69* 171 D3
St-Didier-sur-Arroux *71* 138 C2
St-Didier-sur-Beaujeu *69* 155 D3
St-Didier-sur-Chalaronne *01* 155 F3
St-Didier-sur-Doulon *43* 185 D2
St-Didier-sur-Rochefort *42* 169 E2
St-Dié *88* 88 B2
St-Dier-d'Auvergne *63* 169 D3
St-Diéry *63* 168 A4
St-Dionizy *30* 235 D1
St-Disdier *05* 205 F2
St-Divy *29* 45 E3
St-Dizant-du-Bois *17* 177 D1
St-Dizant-du-Gua *17* 161 D4
St-Dizier *52* 62 B3
St-Dizier-les-Domaines *23* 150 C2
St-Dizier-en-Diois *26* 205 D3
St-Dizier-l'Évêque *90* 108 A4
St-Dizier-Leyrenne *23* 150 A4
St-Dizier-la-Tour *23* 150 C3
St-Dolay *56* 92 B3
St-Domet *23* 151 D4
St-Domineuc *35* 72 C1
St-Donan *22* 47 F4
St-Donat *63* 167 E4
St-Donat-sur-l'Herbasse *26* 187 F3
St-Dos *64* 225 E3
St-Doulchard *18* 119 D4
St-Drézéry *34* 234 C2
St-Dyé-sur-Loire *41* 98 C3
St-Eble *43* 185 D3
St-Ebremond-de-Bonfossé *50* 27 E4
St-Edmond *71* 154 B3
St-Égrève *38* 189 D2
St-Élier *27* 55 D1
St-Éliph *28* 77 F1
St-Élix *32* 228 C4
St-Élix-le-Château *31* 251 E1
St-Élix-Séglan *31* 250 C2
St-Élix-Theux *32* 228 A4
St-Ellier-les-Bois *61* 53 D4
St-Ellier-du-Maine *53* 74 B1
St-Éloi *23* 150 B4
St-Éloi *01* 156 B4
St-Éloi *58* 137 D1
St-Éloi-de-Fourques *27* 31 D3
St-Élophe *88* 86 A1
St-Eloy *29* 45 F3
St-Éloy-d'Allier *03* 135 F4
St-Éloy-de-Gy *18* 119 D3
St-Éloy-la-Glacière *63* 169 D3
St-Éloy-les-Mines *63* 152 B3
St-Éloy-les-Tuileries *19* 180 C1
St-Éman *28* 78 A2
St-Émiland *71* 139 E1
St-Émilion *33* 195 D1
St-Ennemond *03* 137 E3
St-Épain *37* 115 F3
St-Epvre *57* 64 C1
St-Erblon *35* 73 D4
St-Erblon *53* 94 A2
St-Erme-Outre-et-Ramecourt *02* 36 A1
St-Escobille *91* 79 E1
St-Esteben *64* 225 D4
St-Estèphe *16* 162 B3
St-Estèphe *33* 177 D2
St-Estèphe *24* 163 E3
St-Estève *66* 262 C2
St-Estève-Janson *13* 237 D2
St-Étienne *42* 170 C4
St-Étienne *04* 221 E3
St-Étienne-à-Arnes *08* 37 E2
St-Étienne-l'Allier *27* 30 C3
St-Étienne-au-Mont *62* 2 C4
St-Étienne-au-Temple *51* 61 D1
St-Étienne-aux-Clos *19* 167 D3
St-Étienne-Cantalès *15* 182 C4
St-Étienne-la-Cigogne *79* 146 A3
St-Étienne-d'Albagnan *34* 232 C3
St-Étienne-de-Baigorry *64* 246 C2
St-Étienne-de-Boulogne *07* 203 D2
St-Étienne-de-Brillouet *85* 129 F4
St-Étienne-de-Carlat *15* 199 F1
St-Étienne-de-Chigny *37* 115 E1
St-Étienne-de-Chomeil *15* 183 D1
St-Étienne-de-Crossey *38* 189 D1
St-Étienne-de-Cuines *73* 190 B1
St-Étienne-de-Fontbellon *07* 203 D3
St-Étienne-de-Fougères *47* 196 A4
St-Étienne-de-Fursac *23* 149 F3
St-Étienne-de-Gourgas *34* 233 E2
St-Étienne-de-Lisse *33* 195 D1
St-Étienne-de-Lugdarès *07* 202 B3
St-Étienne-de-Maurs *15* 199 D2
St-Étienne-de-Mer-Morte *44* 128 C1
St-Étienne-de-Montluc *44* 111 E2
St-Étienne-de-l'Olm *30* 218 B3
St-Étienne-de-Puycorbier *24* 178 C3
St-Étienne-de-St-Geoirs *38* 188 C1
St-Étienne-de-Serre *07* 203 E1
St-Étienne-de-Tinée *06* 223 E1
St-Étienne-de-Tulmont *82* 213 E3
St-Étienne-de-Valoux *07* 187 E2
St-Étienne-de-Vicq *03* 153 E3
St-Étienne-de-Villeréal *47* 196 C3
St-Étienne-des-Champs *63* 167 D2
St-Étienne-des-Guérets *41* 98 A4
St-Étienne-des-Oullières *69* 155 E3
St-Étienne-des-Sorts *30* 219 D2
St-Étienne-d'Orthe *40* 225 D2
St-Étienne-du-Bois *85* 129 D1
St-Étienne-du-Bois *01* 156 B2
St-Étienne-du-Grès *13* 236 A1
St-Étienne-du-Gué-de-l'Isle *22* 71 E3
St-Étienne-du-Rouvray *76* 31 F2
St-Étienne-du-Valdonnez *48* 201 F4
St-Étienne-du-Vauvray *27* 31 F3
St-Étienne-du-Vigan *43* 202 A2
St-Étienne-en-Bresse *71* 140 B2
St-Étienne-en-Coglès *35* 73 F1
St-Étienne-en-Dévoluy *05* 206 A2
St-Étienne-Estréchoux *34* 233 D2
St-Étienne-la-Geneste *19* 182 C1
St-Étienne-Lardeyrol *43* 186 A3
St-Étienne-le-Laus *05* 206 B3
St-Étienne-le-Molard *42* 170 B2
St-Étienne-lès-Remiremont *88* 87 F4
St-Étienne-Roilaye *60* 34 C2
St-Étienne-sous-Bailleul *27* 32 A4
St-Étienne-sous-Barbuise *10* 83 D1
St-Étienne-sur-Blesle *43* 184 B2
St-Étienne-sur-Chalaronne *01* 155 F3
St-Étienne-sur-Reyssouze *01* 156 A1
St-Étienne-sur-Suippe *51* 36 C2
St-Étienne-sur-Usson *63* 168 C4
St-Étienne-la-Thillaye *14* 30 A2
St-Étienne-Vallée-Française *48* 217 F2
St-Étienne-la-Varenne *69* 155 E3
St-Eugène *02* 59 F1
St-Eugène *17* 161 F4
St-Eugène *71* 138 C2
St-Eulien *51* 62 A3
St-Euphraise-et-Clairizet *51* 36 B3
St-Euphrône *21* 122 B1
St-Eusèbe *74* 157 F4
St-Eusèbe *71* 139 E3
St-Eusèbe-en-Champsaur *05* 206 A2
St-Eustache *74* 174 A1
St-Eustache-la-Forêt *76* 30 C1
St-Eutrope *16* 178 B1
St-Eutrope-de-Born *47* 196 B3
St-Évarzec *29* 69 D3
St-Evroult-de-Montfort *61* 53 F2
St-Evroult-Notre-Dame-du-Bois *61* 54 B2
St-Exupéry *33* 195 D3
St-Exupéry-les-Roches *19* 166 C4
St-Eynard (Fort du) *38* 189 E2
St-Fargeau *89* 101 E3
St-Fargeau-Ponthierry *77* 58 A4
St-Fargeol *03* 151 F3
St-Faust *64* 248 B1
St-Félicien *07* 187 D3
St-Féliu-d'Amont *66* 262 B2
St-Féliu-d'Avall *66* 262 B2
St-Félix *46* 199 D3
St-Félix *17* 146 A3
St-Félix *74* 173 E1
St-Félix *60* 33 F2
St-Félix *16* 178 B1
St-Félix *03* 153 E2
St-Félix-de-Bourdeilles *24* 179 E1
St-Félix-de-Foncaude *33* 195 D2
St-Félix-de-l'Héras *34* 233 E1
St-Félix-de-Lodez *34* 233 F2
St-Félix-de-Lunel *12* 199 F3
St-Félix-de-Pallières *30* 217 F3
St-Félix-de-Reillac-et-Mortemart *24* 180 A4
St-Félix-de-Rieutord *09* 252 B3
St-Félix-de-Sorgues *12* 232 C1
St-Félix-de-Tournegat *09* 252 B2
St-Félix-de-Villadeix *24* 179 E4
St-Félix-Lauragais *31* 230 C4
St-Fergeux *08* 20 C4
St-Ferjeux *70* 107 E4
St-Ferme *33* 195 E2
St-Ferréol *74* 174 B2
St-Ferréol *31* 250 B1
St-Ferréol (Bassin de) *31* 231 D4
St-Ferréol-d'Auroure *43* 186 B1
St-Ferréol-des-Côtes *63* 169 E4
St-Ferréol-Trente-Pas *26* 204 B4
St-Ferriol *11* 253 E4
St-Fiacre *22* 47 E4
St-Fiacre *56* 70 A3
St-Fiacre *77* 58 C1
St-Fiacre-sur-Maine *44* 112 B3
St-Fiel *23* 150 B3
St-Firmin *05* 206 A1
St-Firmin *71* 139 E2
St-Firmin *54* 86 C1
St-Firmin *58* 120 C4
St-Firmin-sur-Loire *45* 100 C4
St-Firmin-des-Bois *45* 101 D1
St-Firmin-des-Prés *41* 98 A2
St-Flavy *10* 82 B2
St-Florent *2b* 265 E2
St-Florent *45* 100 B3
St-Florent-des-Bois *85* 129 E3
St-Florent (Golfe de) *2B* 265 E2
St-Florent-sur-Auzonnet *30* 218 A2
St-Florent-sur-Cher *18* 135 E1
St-Florent-le-Vieil *49* 113 D1
St-Florentin *36* 117 F4
St-Florentin *89* 102 B1
St-Floret *63* 168 B4
St-Floris *62* 4 B4
St-Flour *63* 169 D3
St-Flour *15* 184 A4
St-Flour-de-Mercoire *48* 202 A2
St-Flovier *37* 133 E1
St-Floxel *50* 25 D3
St-Folquin *62* 3 E2
St-Fons *69* 171 E2
St-Forgeot *71* 122 B4
St-Forget *78* 57 D3
St-Forgeux *69* 171 D1
St-Forgeux-Lespinasse *42* 154 A3
St-Fort *53* 95 D2
St-Fort-sur-Gironde *17* 160 C4
St-Fort-sur-le-Né *16* 161 F3
St-Fortunat-sur-Eyrieux *07* 203 E1
St-Fraigne *16* 147 D4
St-Fraimbault *61* 74 C1
St-Fraimbault-de-Prières *53* 75 D2
St-Frajou *31* 250 C1
St-Franc *73* 173 D4
St-Franchy *58* 120 C3
St-François-de-Sales *73* 173 F2
St-François-Lacroix *57* 40 C2
St-François-Longchamp *73* 174 B4
St-Frégant *29* 45 E2
St-Fréjoux *19* 166 C4
St-Frézal-d'Albuges *48* 202 A3
St-Frézal-de-Ventalon *48* 217 F1
St-Frichoux *11* 254 A2
St-Frion *23* 166 C1
St-Fromond *50* 27 E3
St-Front *16* 162 C1
St-Front *43* 186 B4
St-Front-d'Alemps *24* 179 F1
St-Front-de-Pradoux *24* 179 D3
St-Front-la-Rivière *24* 163 F4
St-Front-sur-Lémance *47* 197 D3
St-Front-sur-Nizonne *24* 163 E4
St-Froult *17* 160 B1
St-Fulgent *85* 129 F1
St-Fulgent-des-Ormes *61* 76 C2
St-Fuscien *80* 17 E2
St-Gabriel *13* 236 A1
St-Gabriel-Brécy *14* 28 C2
St-Gal *48* 201 E2
St-Gal-sur-Sioule *63* 152 B3
St-Galmier *42* 170 C3
St-Gand *70* 106 A4
St-Ganton *35* 93 D2
St-Gatien-des-Bois *14* 30 A2
St-Gaudens *31* 250 B2
St-Gaudent *86* 147 E3
St-Gaudéric *11* 252 C2
St-Gault *53* 94 C1
St-Gaultier *36* 134 A3
St-Gauzens *81* 230 C2
St-Gayrand *47* 211 D1
St-Gein *40* 226 C1
St-Gelais *79* 146 B1
St-Gelven *22* 70 C2
St-Gély-du-Fesc *34* 234 B2
St-Génard *79* 146 C3
St-Gence *87* 164 B1
St-Généroux *79* 131 E1
St-Genès-Champanelle *63* 168 A2
St-Genès-Champespe *63* 183 E1
St-Genès-de-Blaye *33* 177 D2
St-Genès-de-Castillon *33* 195 D1
St-Genès-de-Fronsac *33* 177 F3
St-Genès-de-Lombaud *33* 194 B2
St-Genès-du-Retz *63* 152 C4
St-Genès-la-Tourette *63* 169 D4
St-Genest *88* 87 E1
St-Genest *03* 151 F2
St-Genest-d'Ambière *86* 132 B2
St-Genest-de-Beauzon *07* 202 C4
St-Genest-de-Contest *81* 231 D2
St-Genest-Lachamp *07* 203 D1
St-Genest-Lerpt *42* 170 C4
St-Genest-Malifaux *42* 186 C1
St-Genest-sur-Roselle *87* 165 D3
St-Geneys-près-St-Paulien *43* 185 E3
St-Gengoulph *02* 35 D4
St-Gengoux-de-Scissé *71* 140 A4
St-Gengoux-le-National *71* 139 F3
St-Geniès *24* 180 C4
St-Geniès-le-Bas *34* 233 D4
St-Geniès-Bellevue *31* 230 A2
St-Geniès-de-Comolas *30* 219 E3
St-Geniès-de-Malgoirès *30* 218 B4
St-Geniès-de-Varensal *34* 232 C2
St-Geniès-des-Mourgues *34* 234 C2
St-Geniez *04* 221 F1
St-Geniez-d'Olt *12* 200 C4
St-Geniez-ô-Merle *19* 182 B3
St-Genis *05* 205 E4
St-Genis-l'Argentière *69* 171 D2
St-Genis-de-Saintonge *17* 161 D4
St-Génis-des-Fontaines *66* 262 C3
St-Genis-d'Hiersac *16* 162 B2
St-Genis-du-Bois *33* 194 C2
St-Genis-Laval *69* 171 E2
St-Genis-les-Ollières *69* 171 E2
St-Genis-Pouilly *01* 157 F2
St-Genis-sur-Menthon *01* 156 A2
St-Genis-Terrenoire *42* 171 D4
St-Genix-sur-Guiers *73* 173 D3
St-Genou *36* 134 A1
St-Genouph *37* 115 F1
St-Geoire-en-Valdaine *38* 173 D4
St-Geoirs *38* 188 C1
St-Georges *32* 229 D2
St-Georges *62* 9 D2
St-Georges *15* 184 B4
St-Georges *82* 213 F2
St-Georges *57* 65 F3
St-Georges *47* 196 C4
St-Georges *16* 147 E4
St-Georges-Armont *25* 126 B1
St-Georges-lès-Baillargeaux *86* 132 B3
St-Georges-les-Bains *07* 203 F1
St-Georges-Blancaneix *24* 179 D4
St-Georges-Buttavent *53* 74 C2
St-Georges-d'Annebecq *61* 52 C3
St-Georges-d'Aunay *14* 28 B4
St-Georges-d'Aurac *43* 185 D3
St-Georges-de-Baroille *42* 170 B1
St-Georges-de-Bohon *50* 27 D3
St-Georges-de-Chesné *35* 73 F2
St-Georges-de-Commiers *38* 189 E3
St-Georges-de-la-Couée *72* 97 D2
St-Georges-de-Cubillac *17* 161 E4
St-Georges-de-Didonne *17* 160 B3
St-Georges-de-Gréhaigne *35* 50 B4
St-Georges-de-Lévéjac *48* 216 C1
St-Georges-de-Livoye *50* 51 D3
St-Georges-de-Longuepierre *17* 146 B4

St-Georges-de-Luzençon 12 **216** A3
St-Georges-de-Mons 63 **167** F1
St-Georges-de-Montaigu 85 **129** E1
St-Georges-de-Montclard 24 **179** E4
St-Georges-de-Noisné 79 **131** D4
St-Georges-de-Pointindoux 85 **128** C3
St-Georges-de-Poisieux 18 **136** A3
St-Georges-de-Reintembault 35 **50** C4
St-Georges-de-Reneins 69 **155** E3
St-Georges-de-Rex 79 **146** A2
St-Georges-de-la-Rivière 50 **24** B4
St-Georges-de-Rouelley 50 **51** F4
St-Georges-d'Elle 50 **28** A3
St-Georges-des-Agoûts 17 **177** D1
St-Georges-des-Coteaux 17 **161** D2
St-Georges-des-Groseillers 61 **52** B2
St-Georges-des-Hurtières 73 **174** B4
St-Georges-des-Sept-Voies 49 **114** A2
St-Georges-d'Espéranche 38 **172** A3
St-Georges-d'Oléron 17 **144** C4
St-Georges-d'Orques 34 **234** B3
St-Georges-du-Bois 72 **96** B1
St-Georges-du-Bois 17 **145** F3
St-Georges-du-Bois 49 **95** F4
St-Georges-du-Mesnil 27 **30** C3
St-Georges-du-Puy-de-la-Garde 49 **113** E3
St-Georges-du-Rosay 72 **77** D3
St-Georges-du-Vièvre 27 **30** C3
St-Georges-en-Auge 14 **53** E1
St-Georges-en-Couzan 42 **169** F2
St-Georges-le-Fléchard 53 **75** D4
St-Georges-le-Gaultier 72 **75** F2
St-Georges (Gorges de) 11 **261** E1
St-Georges-Haute-Ville 42 **170** B4
St-Georges-Lagricol 43 **185** F2
St-Georges-les-Landes 87 **149** E2
St-Georges-Montcocq 50 **27** E3
St-Georges-Motel 27 **55** F3
St-Georges-Nigremont 23 **166** C2
St-Georges-la-Pouge 23 **150** B4
St-Georges-sur-l'Aa 59 **3** E2
St-Georges-sur-Allier 63 **168** B2
St-Georges-sur-Arnon 36 **118** B4
St-Georges-sur-Baulche 89 **102** A2
St-Georges-sur-Cher 41 **116** C2
St-Georges-sur-Erve 53 **75** E3
St-Georges-sur-Eure 28 **78** B1
St-Georges-sur-Fontaine 76 **31** F1
St-Georges-sur-Layon 49 **114** A3
St-Georges-sur-Loire 49 **113** E1
St-Georges-sur-Moulon 18 **119** D3
St-Georges-sur-la-Prée 18 **118** B3
St-Georges-sur-Renon 01 **156** A3
St-Geours-d'Auribat 40 **225** F1
St-Geours-de-Maremne 40 **225** D2
St-Gérand 56 **71** D3
St-Gérand-de-Vaux 03 **153** D1
St-Gérand-le-Puy 03 **153** E2
St-Géraud 47 **195** E3
St-Géraud-de-Corps 24 **178** C4
St-Géréon 44 **112** C1
St-Germain 07 **203** D3
St-Germain 70 **107** D2
St-Germain 86 **133** D4
St-Germain 54 **87** D1
St-Germain 10 **83** D3
St-Germain-l'Aiguiller 85 **130** B3
St-Germain-lès-Arlay 39 **141** E2
St-Germain-lès-Arpajon 91 **57** E4
St-Germain-au-Mont-d'Or 69 **171** E1
St-Germain-Beaupré 23 **149** F2
St-Germain-les-Belles 87 **165** D3
St-Germain-la-Blanche-Herbe 14 **29** D3
St-Germain-lès-Buxy 71 **140** A3
St-Germain-la-Campagne 27 **30** B4
St-Germain-la-Chambotte 73 **173** E2
St-Germain-Chassenay 58 **137** E2
St-Germain-le-Châtelet 90 **108** A2
St-Germain-lès-Corbeil 91 **58** A4
St-Germain-en-Brionnais 71 **154** C2
St-Germain-en-Coglès 35 **73** F1
St-Germain-en-Laye 78 **57** D2
St-Germain-en-Montagne 39 **142** A2
St-Germain-et-Mons 24 **196** A1
St-Germain-le-Fouilloux 53 **74** C3
St-Germain-le-Gaillard 28 **78** B1
St-Germain-le-Gaillard 50 **24** C3
St-Germain-la-Câtine 28 **78** B1
St-Germain-le-Guillaume 53 **74** C3
St-Germain-l'Herm 63 **169** D4
St-Germain-Langot 14 **52** C1
St-Germain-Laprade 43 **185** F3
St-Germain-Laval 42 **169** F2
St-Germain-Laval 77 **81** D2
St-Germain-Lavolps 19 **166** B3
St-Germain-Laxis 77 **58** B4
St-Germain-Lembron 63 **168** B4
St-Germain-Lespinasse 42 **154** A3
St-Germain-la-Montagne 42 **154** C2
St-Germain-les-Paroisses 01 **173** D2
St-Germain-la-Poterie 60 **33** D1
St-Germain-près-Herment 63 **167** D2
St-Germain-le-Rocheux 21 **104** A2
St-Germain-lès-Senailly 21 **103** E4
St-Germain-Source-Seine 21 **104** A4
St-Germain-sous-Cailly 76 **15** F4
St-Germain-sous-Doue 77 **59** D2
St-Germain-sur-l'Arbresle 69 **171** D1
St-Germain-sur-Avre 27 **55** E3
St-Germain-sur-Ay 50 **26** C3
St-Germain-sur-Bresle 80 **16** C2
St-Germain-sur-Eaulne 76 **16** A3
St-Germain-sur-École 77 **80** B1
St-Germain-sur-Ille 35 **73** D2
St-Germain-sur-Meuse 55 **63** E3
St-Germain-sur-Moine 49 **112** C3
St-Germain-sur-Morin 77 **58** B2
St-Germain-sur-Renon 01 **156** A3
St-Germain-sur-Rhône 74 **157** E3
St-Germain-sur-Sarthe 72 **76** A2
St-Germain-sur-Sèves 50 **27** D3
St-Germain-sur-Vienne 37 **114** C3
St-Germain-le-Vasson 14 **52** C1
St-Germain-les-Vergnes 19 **181** E2
St-Germain-le-Vieux 61 **53** F4
St-Germain-Village 27 **30** C2
St-Germain-la-Ville 51 **61** D2
St-Germainmont 08 **36** C1
St-Germain-d'Anxure 53 **74** C3
St-Germain-d'Arcé 72 **96** C3
St-Germain-d'Aunay 61 **54** A1
St-Germain-de-Belvès 24 **197** D1
St-Germain-de-Calberte 48 **217** F2
St-Germain-de-Clairefeuille 61 **53** E3
St-Germain-de-Confolens 16 **148** B4
St-Germain-de-la-Coudre 61 **77** D2
St-Germain-de-Coulamer 53 **75** F2
St-Germain-de-Fresney 27 **55** E1
St-Germain-de-la-Grange 78 **56** C2
St-Germain-de-Crave 33 **194** C3
St-Germain-de-Joux 01 **157** E2
St-Germain-de-Livet 14 **30** A4
St-Germain-de-Longue-Chaume 79 **131** D3
St-Germain-de-Lusignan 17 **161** E4
St-Germain-de-Marencennes 17 **145** F3
St-Germain-de-Martigny 61 **54** A4
St-Germain-de-Modéon 21 **122** A1
St-Germain-de-Montbron 16 **163** D3
St-Germain-de-Montgommery 14 **53** E1
St-Germain-de-Pasquier 27 **31** E3
St-Germain-de-Prinçay 85 **129** F2
St-Germain-de-la-Rivière 33 **177** F4
St-Germain-de-Salles 03 **152** C3
St-Germain-de-Tallevende 14 **51** E2
St-Germain-de-Tournebut 50 **25** D2
St-Germain-de-Varreville 50 **25** E3
St-Germain-de-Vibrac 17 **161** F4
St-Germain-d'Ectot 14 **28** B4
St-Germain-d'Elle 50 **28** A4
St-Germain-des-Angles 27 **31** F4
St-Germain-des-Bois 58 **121** D2
St-Germain-des-Bois 18 **136** A1
St-Germain-des-Champs 89 **121** F1
St-Germain-des-Essourts 76 **32** A1
St-Germain-des-Fossés 03 **153** D3
St-Germain-des-Grois 61 **77** E2
St-Germain-des-Prés 49 **113** E1
St-Germain-des-Prés 45 **101** D1
St-Germain-des-Prés 24 **180** B1
St-Germain-des-Prés 81 **231** D3
St-Germain-des-Vaux 50 **24** B1
St-Germain-d'Esteuil 33 **176** C1
St-Germain-d'Étables 76 **15** F2
St-Germain-du-Bel-Air 46 **197** F3
St-Germain-du-Bois 71 **140** C2
St-Germain-du-Corbéis 61 **76** A1
St-Germain-du-Crioult 14 **52** A2
St-Germain-du-Pert 14 **27** E2
St-Germain-du-Pinel 35 **74** A4
St-Germain-du-Plain 71 **140** B3
St-Germain-du-Puch 33 **194** C1
St-Germain-du-Puy 18 **119** D4
St-Germain-du-Salembre 24 **179** D3
St-Germain-du-Seudre 17 **161** D4
St-Germain-du-Teil 48 **201** D4
St-Germé 32 **227** D2
St-Germer-de-Fly 60 **32** C2
St-Germier 79 **147** D1
St-Germier 32 **229** D2
St-Germier 81 **231** E2
St-Germier 31 **230** B4
St-Géron 43 **184** C1
St-Gérons 15 **182** B4
St-Gervais 30 **219** D2
St-Gervais 33 **177** E4
St-Gervais 38 **188** C2
St-Gervais 16 **147** F4
St-Gervais 85 **128** A1
St-Gervais 95 **32** C3
St-Gervais-les-Bains 74 **159** D4
St-Gervais-d'Auvergne 63 **152** A4
St-Gervais-de-Vic 72 **97** E2
St-Gervais-des-Sablons 61 **53** E2
St-Gervais-du-Perron 61 **53** E4
St-Gervais-en-Belin 72 **96** B2
St-Gervais-en-Vallière 71 **140** B1
St-Gervais-la-Forêt 41 **98** B4
St-Gervais-sous-Meymont 63 **169** D3
St-Gervais-sur-Couches 71 **139** E1
St-Gervais-sur-Mare 34 **232** C2
St-Gervais-sur-Roubion 26 **204** A3
St-Gervais-les-Trois-Clochers 86 **132** B1
St-Gervasy 30 **218** C4
St-Gervazy 63 **184** B1
St-Géry 46 **198** A4
St-Géry 24 **178** C4
St-Geyrac 24 **180** A3
St-Gibrien 51 **61** D1
St-Gilbert (Ancienne Abbaye de) 03 **153** D2
St-Gilles-les-Bois 22 **47** E2
St-Gildas 22 **47** E4
St-Gildas-de-Rhuys 56 **91** D4
St-Gildas-des-Bois 44 **92** C4
St-Gildas (Pointe de) 44 **110** C3
St-Gilles-les-Forêts 87 **165** E3
St-Gilles 30 **235** E2
St-Gilles 50 **27** E4
St-Gilles 35 **72** C3
St-Gilles 36 **149** F1
St-Gilles 51 **36** A3
St-Gilles 71 **139** F1
St-Gilles-Croix-de-Vie 85 **128** B2
St-Gilles-de-Crétot 76 **14** C4
St-Gilles-de-la-Neuville 76 **14** B4
St-Gilles-des-Marais 61 **52** A4
St-Gilles-du-Mené 22 **71** F2
St-Gilles-Pligeaux 22 **70** C1
St-Gilles-Vieux-Marché 22 **71** D2
St-Gineis-en-Coiron 07 **203** E3
St-Gingolph 74 **159** D1
St-Girod 73 **173** E2
St-Girons 09 **259** E2
St-Girons 64 **225** F3
St-Girons-d'Aiguevives 33 **177** E3
St-Gladie-Arrive-Munein 64 **225** E4
St-Glen-Penguily 22 **71** F1
St-Goazec 29 **69** F2
St-Gobain 02 **19** E4
St-Gobert 02 **20** A3
St-Goin 64 **247** F1
St-Gond (Marais de) 51 **60** B2
St-Gondon 45 **100** B3
St-Gondran 35 **72** C2
St-Gonéry 22 **47** D1
St-Gonlay 35 **72** B3
St-Gonnery 56 **71** D3
St-Gor 40 **210** A3
St-Gorgon 56 **92** B3
St-Gorgon 88 **87** F2
St-Gorgon-Main 25 **126** A4
St-Gouéno 22 **71** F2
St-Gourgon 41 **97** F3
St-Gourson 16 **147** F4
St-Goussaud 23 **149** F4
St-Gouvry 56 **71** E3
St-Gratien 95 **57** E1
St-Gratien 80 **17** F1
St-Gratien-Savigny 58 **138** A1
St-Gravé 56 **92** B2
St-Grégoire 81 **214** C4
St-Grégoire 35 **73** D3
St-Grégoire-d'Ardennes 17 **161** E4
St-Grégoire-du-Vièvre 27 **30** C3
St-Griède 32 **227** D2
St-Groux 16 **162** C1
St-Guen 22 **71** D2
St-Guilhem-le-Désert 34 **233** F2
St-Guillaume 38 **189** D4
St-Guinoux 35 **49** F3
St-Guiraud 34 **233** F2
St-Guyomard 56 **91** F2
St-Haon 43 **202** A1
St-Haon-le-Châtel 42 **154** A4
St-Haon-le-Vieux 42 **154** A3
St-Héand 42 **170** C4
St-Hélen 22 **49** E4
St-Hélier 21 **123** D1
St-Hellier 76 **15** F3
St-Herblain 44 **111** F2
St-Herblon 44 **112** C1
St-Herbot 29 **46** A4
St-Hérent 63 **168** B4
St-Hernin 29 **69** F1
St-Hervé 22 **71** D2
St-Hilaire 38 **189** E1
St-Hilaire 25 **125** F1
St-Hilaire 43 **184** C1
St-Hilaire 16 **162** A4
St-Hilaire 46 **199** D2
St-Hilaire 63 **151** F3
St-Hilaire 31 **229** E4
St-Hilaire 11 **253** E3
St-Hilaire 91 **79** F1
St-Hilaire 03 **137** D4
St-Hilaire-les-Andrésis 45 **81** D4
St-Hilaire-au-Temple 51 **37** D4
St-Hilaire-Bonneval 87 **165** D2
St-Hilaire-le-Château 23 **150** B4
St-Hilaire-le-Châtel 61 **54** B4
St-Hilaire-Cottes 62 **9** E1
St-Hilaire-les-Courbes 19 **165** F3
St-Hilaire-la-Croix 63 **152** B4
St-Hilaire-Cusson-la-Valmitte 42 **186** A1
St-Hilaire-de-Beauvoir 34 **234** C2
St-Hilaire-de-Brens 38 **172** B2
St-Hilaire-de-Brethmas 30 **218** B3
St-Hilaire-de-Briouze 61 **52** C3
St-Hilaire-de-Chaléons 44 **111** D3
St-Hilaire-de-Clisson 44 **112** B3
St-Hilaire-de-la-Côte 38 **188** B1
St-Hilaire-de-Court 18 **118** B3
St-Hilaire-de-Gondilly 18 **119** F4
St-Hilaire-de-Lavit 48 **217** F2
St-Hilaire-de-Loulay 85 **112** B4
St-Hilaire-de-Lusignan 47 **211** E2
St-Hilaire-de-la-Noaille 33 **195** D3
St-Hilaire-de-Riez 85 **128** B2
St-Hilaire-de-Villefranche 17 **161** D1
St-Hilaire-de-Voust 85 **130** B3
St-Hilaire-des-Landes 35 **73** F2
St-Hilaire-des-Loges 85 **130** B4
St-Hilaire-d'Estissac 24 **179** D4
St-Hilaire-d'Ozilhan 30 **219** D4
St-Hilaire-du-Bois 17 **177** E1
St-Hilaire-du-Bois 33 **195** D2
St-Hilaire-du-Bois 49 **113** F3
St-Hilaire-du-Bois 85 **130** A3
St-Hilaire-du-Harcouët 50 **51** D3
St-Hilaire-du-Maine 53 **74** B3
St-Hilaire-du-Rosier 38 **188** B3
St-Hilaire-en-Lignières 18 **135** E3
St-Hilaire-en-Morvan 58 **121** F4
St-Hilaire-en-Woëvre 55 **39** E4
St-Hilaire-Foissac 19 **182** B1
St-Hilaire-Fontaine 58 **138** A2
St-Hilaire-la-Forêt 85 **144** B1
St-Hilaire-la-Gérard 61 **53** E4
St-Hilaire-le-Grand 51 **37** D3
St-Hilaire-la-Gravelle 41 **98** B1
St-Hilaire-lez-Cambrai 59 **11** D4
St-Hilaire-le-Lierru 72 **77** D4
St-Hilaire-Luc 19 **182** B1
St-Hilaire-les-Monges 63 **167** E2
St-Hilaire-la-Palud 79 **145** F2
St-Hilaire-le-Petit 51 **37** D3
St-Hilaire-Petitville 50 **27** D2
St-Hilaire-Peyroux 19 **181** E2
St-Hilaire-les-Places 87 **164** C3
St-Hilaire-la-Plaine 23 **150** C3
St-Hilaire-St-Florent 49 **114** B2
St-Hilaire-St-Mesmin 45 **99** E2
St-Hilaire-sous-Charlieu 42 **154** B3
St-Hilaire-sous-Romilly 10 **82** B1
St-Hilaire-sur-Benaize 36 **133** E4
St-Hilaire-sur-Erre 61 **77** E2
St-Hilaire-sur-Helpe 59 **12** B4
St-Hilaire-sur-Puiseaux 45 **100** C2
St-Hilaire-sur-Risle 61 **54** B3
St-Hilaire-sur-Yerre 28 **78** A4
St-Hilaire-Taurieux 19 **181** F3
St-Hilaire-la-Treille 87 **149** E2
St-Hilaire-le-Vouhis 85 **129** F3
St-Hilarion 78 **56** B4
St-Hilliers 77 **59** E4
St-Hippolyte 17 **160** C1
St-Hippolyte 68 **89** D2
St-Hippolyte 37 **116** C4
St-Hippolyte 66 **262** C1
St-Hippolyte 12 **199** F2
St-Hippolyte 15 **183** E2
St-Hippolyte 25 **126** C1
St-Hippolyte 33 **195** D1
St-Hippolyte 63 **168** A1
St-Hippolyte-de-Caton 30 **218** B3
St-Hippolyte-de-Montaigu 30 **219** D3
St-Hippolyte-du-Fort 30 **217** F4
St-Hippolyte-le-Graveron 84 **220** A2
St-Honoré 38 **189** E4
St-Honoré 76 **15** F3
St-Honoré-les-Bains 58 **138** B1
St-Hostien 43 **186** A3
St-Hubert 57 **40** C3
St-Huruge 71 **139** F4
St-Hymer 14 **30** A3
St-Hymetière 39 **157** D1
St-Igeaux 22 **70** C2
St-Igest 12 **199** D4
St-Ignan 31 **250** B2
St-Ignat 63 **168** B1
St-Igny-de-Roche 71 **154** C3
St-Igny-de-Vers 69 **155** D2
St-Illide 15 **182** C3
St-Illiers-le-Bois 78 **56** A1
St-Illiers-la-Ville 78 **56** A1
St-Ilpize 43 **184** C2
St-Imoges 51 **36** B4
St-Inglevert 62 **2** C2
St-Isle 53 **74** B4
St-Ismier 38 **189** E2
St-Izaire 12 **215** E4
St-Jacques 04 **222** B3
St-Jacques-d'Aliermont 76 **15** F2
St-Jacques-d'Ambur 63 **167** E1
St-Jacques-d'Atticieux 07 **187** D1
St-Jacques-de-la-Lande 35 **73** D4
St-Jacques-de-Néhou 50 **24** C3
St-Jacques-de-Thouars 79 **114** B4
St-Jacques-des-Arrêts 69 **155** D2
St-Jacques-des-Blats 15 **183** E4
St-Jacques-des-Guérets 41 **97** E2
St-Jacques-en-Valgodemard 05 **206** A1
St-Jacques-sur-Darnétal 76 **31** F1
St-Jacut-de-la-Mer 22 **49** D3
St-Jacut-du-Mené 22 **71** F2
St-Jacut-les-Pins 56 **92** B2
St-Jal 19 **181** E1
St-James 50 **50** C4
St-Jammes 64 **226** C4
St-Jans-Cappel 59 **4** C3
St-Jean 31 **230** A2
St-Jean-aux-Amognes 58 **120** C4
St-Jean-aux-Bois 08 **20** C3
St-Jean-aux-Bois 60 **34** C2
St-Jean-le-Blanc 45 **99** E2
St-Jean-le-Blanc 14 **52** A1
St-Jean-Bonnefonds 42 **170** C4
St-Jean-Brévelay 56 **91** E1
St-Jean-la-Bussière 69 **154** C4
St-Jean-lès-Buzy 55 **39** E3
St-Jean-Cap-Ferrat 06 **241** E4
St-Jean-le-Centenier 07 **203** E3
St-Jean-Chambre 07 **203** E1
St-Jean-le-Comtal 32 **228** B3
St-Jean-les-Deux-Jumeaux 77 **58** C1
St-Jean-en-Royans 26 **188** B4
St-Jean-en-Val 63 **168** C4
St-Jean-et-St-Paul 12 **216** B4
St-Jean-la-Fouillouse 48 **201** F2
St-Jean-Froidmentel 41 **98** B1
St-Jean-Kerdaniel 22 **47** E3
St-Jean-Kourtzerode 57 **66** B2
St-Jean-Lachalm 43 **185** E4
St-Jean-Lagineste 46 **198** B1
St-Jean-Lasseille 66 **262** C3
St-Jean-Lespinasse 46 **198** B1
St-Jean-Lherm 31 **230** B2
St-Jean-Ligoure 87 **164** C3
St-Jean-lès-Longuyon 54 **38** C1
St-Jean-Mirabel 46 **199** D3
St-Jean Mont 88 **86** B3
St-Jean-Pied-de-Port 64 **246** C2
St-Jean-Pierre-Fixte 28 **77** E2
St-Jean-Pla-de-Corts 66 **262** B3
St-Jean-la-Poterie 56 **92** B3
St-Jean-Poudge 64 **226** C3
St-Jean-Poutge 32 **228** A2
St-Jean-le-Priche 71 **155** F1
St-Jean-le-Puy 42 **154** A4
St-Jean-Rohrbach 57 **41** E4
St-Jean-Roure 07 **186** C4
St-Jean-St-Germain 37 **116** C4
St-Jean-St-Gervais 63 **184** C1
St-Jean-St-Nicolas 05 **206** B2
St-Jean-Saverne 67 **66** C2
St-Jean-Soleymieux 42 **170** A4
St-Jean-sur-Couesnon 35 **73** F2
St-Jean-sur-Erve 53 **75** E4
St-Jean-sur-Mayenne 53 **74** C3
St-Jean-sur-Moivre 51 **61** E1
St-Jean-sur-Reyssouze 01 **156** A1
St-Jean-sur-Tourbe 51 **37** E4
St-Jean-sur-Veyle 01 **155** F2
St-Jean-sur-Vilaine 35 **73** F3
St-Jean-le-Thomas 50 **50** B3
St-Jean-Trolimon 29 **68** C4
St-Jean-la-Vêtre 42 **169** E2
St-Jean-le-Vieux 64 **246** C2
St-Jean-le-Vieux 01 **156** C4
St-Jean-le-Vieux 38 **189** E2
St-Jeannet 06 **240** B1
St-Jeannet 04 **222** A4
St-Jean-d'Aigues-Vives 09 **252** C4
St-Jean-d'Alcapiès 12 **216** A4
St-Jean-d'Angély 17 **146** A4
St-Jean-d'Angle 17 **160** C1
St-Jean-d'Ardières 69 **155** E3
St-Jean-d'Arves 73 **190** B2
St-Jean-d'Arvey 73 **173** F3
St-Jean-d'Assé 72 **76** A3
St-Jean-d'Ataux 24 **179** D3
St-Jean-d'Aubrigoux 43 **185** E1
St-Jean-d'Aulps 74 **159** D2
St-Jean-d'Avelanne 38 **173** D4
St-Jean-de-Barrou 11 **254** B4
St-Jean-de-Bassel 57 **65** F2
St-Jean-de-Beauregard 91 **57** D3
St-Jean-de-Belleville 73 **174** C4
St-Jean-de-Beugné 85 **129** F4
St-Jean-de-Blaignac 33 **194** C1
St-Jean-de-la-Blaquière 34 **233** F2
St-Jean-de-Bœuf 21 **123** D3
St-Jean-de-Boiseau 44 **111** E3
St-Jean-de-Bonneval 10 **83** D3
St-Jean-de-Bournay 38 **172** A4
St-Jean-de-Braye 45 **99** E2
St-Jean-de-Buèges 34 **234** A1
St-Jean-de-Ceyrargues 30 **218** B3
St-Jean-de-Chevelu 73 **173** E2
St-Jean-de-Côle 24 **179** F1
St-Jean-de-Cornies 34 **234** C2
St-Jean-de-Couz 73 **173** E4
St-Jean-de-Crieulon 30 **218** A4
St-Jean-de-la-Croix 49 **113** F1
St-Jean-de-Cuculles 34 **234** B2
St-Jean-de-Daye 50 **27** E3
St-Jean-de-Duras 47 **195** F2
St-Jean-de-Folleville 76 **30** C1
St-Jean-de-la-Forêt 61 **77** D2
St-Jean-de-Fos 34 **233** F2
St-Jean-de-Gonville 01 **157** F2
St-Jean-de-la-Haize 50 **50** C3
St-Jean-de-Laur 46 **198** B4
St-Jean-de-la-Léqueraye 27 **30** C3
St-Jean-de-Lier 40 **225** F1
St-Jean-de-Linières 49 **113** E1
St-Jean-de-Liversay 17 **145** E2
St-Jean-de-Livet 14 **30** B4
St-Jean-de-Losne 21 **124** A3
St-Jean-de-Luz 64 **224** A4
St-Jean-de-Marcel 81 **214** C3
St-Jean-de-Marsacq 40 **225** D2
St-Jean-de-Maruéjols 30 **218** B2
St-Jean-de-Maurienne 73 **190** B1
St-Jean-de-Minervois 34 **232** B4
St-Jean-de-Moirans 38 **189** D1
St-Jean-de-Monts 85 **128** A2
St-Jean-de-Moriani 2b **265** F4
St-Jean-de-la-Motte 72 **96** B3
St-Jean-de-Muzols 07 **187** E3
St-Jean-de-Nay 43 **185** E3
St-Jean-de-la-Neuville 76 **14** B4
St-Jean-de-Niost 01 **172** B1
St-Jean-de-Paracol 11 **253** D4
St-Jean-de-la-Porte 73 **174** A3
St-Jean-de-Pourcharesse 07 **202** C4
St-Jean-de-Rebervilliers 28 **55** E4
St-Jean-de-Rives 81 **230** C2
St-Jean-de-la-Rivière 50 **24** C4
St-Jean-de-la-Ruelle 45 **99** E1
St-Jean-de-Sauves 86 **131** F2
St-Jean-de-Savigny 50 **27** F3
St-Jean-de-Serres 30 **218** A4
St-Jean-de-Sixt 74 **158** C4
St-Jean-de-Soudain 38 **172** C3
St-Jean-de-Tholome 74 **158** C3
St-Jean-de-Thouars 79 **131** E1
St-Jean-de-Thurac 47 **211** F2
St-Jean-de-Thurigneux 01 **155** F4
St-Jean-de-Touslas 69 **171** E3
St-Jean-de-Trézy 71 **139** E2
St-Jean-de-Valériscle 30 **218** B2
St-Jean-de-Vals 81 **231** E2
St-Jean-de-Vaulx 38 **189** E3
St-Jean-de-Vaux 71 **139** F2
St-Jean-de-Védas 34 **234** B3
St-Jean-de-Verges 09 **252** A3
St-Jean-Delnous 12 **215** D3

St-Jean-des-Baisants 50 28 A4
St-Jean-des-Bois 61 51 F3
St-Jean-des-Champs 50 50 C2
St-Jean-des-Échelles 72 77 D3
St-Jean-des-Essartiers 14 28 B4
St-Jean-des-Mauvrets 49 113 F1
St-Jean-des-Ollières 63 168 C3
St-Jean-des-Vignes 69 171 D1
St-Jean-d'Estissac 24 179 D4
St-Jean-d'Étreux 39 156 C1
St-Jean-devant-Possesse 51 61 F2
St-Jean-d'Eyraud 24 179 D4
St-Jean-d'Hérans 38 205 E1
St-Jean-d'Heurs 63 168 C2
St-Jean-d'Illac 33 193 E1
St-Jean-d'Ormont 88 88 B2
St-Jean-du-Bois 72 96 A2
St-Jean-du-Bouzet 82 212 B4
St-Jean-du-Bruel 12 216 C4
St-Jean-du-Cardonnay 76 31 E1
St-Jean-du-Castillonnais 09 259 D3
St-Jean-du-Corail 50 51 E4
St-Jean-du-Corail-des-Bois 50 51 D2
St-Jean-du-Doigt 29 46 B2
St-Jean-du-Falga 09 252 A3
St-Jean-du-Gard 30 217 F3
St-Jean-du-Marché 88 87 F3
St-Jean-du-Pin 30 218 A3
St-Jean-du-Puy 13 243 F1
St-Jean-du-Thenney 27 54 B1
St-Jeanvrin 18 135 E4
St-Jeoire 74 158 C3
St-Jeoire-Prieuré 73 173 F3
St-Jeure-d'Andaure 07 186 C3
St-Jeure-d'Ay 07 187 E3
St-Jeures 43 186 B3
St-Joachim 44 110 C1
St-Jodard 42 170 B1
St-Joire 55 63 D4
St-Jores 50 27 D2
St-Jorioz 74 174 A1
St-Jory 31 229 F2
St-Jory-de-Chalais 24 164 A4
St-Jory-las-Bloux 24 180 A1
St-Joseph 42 171 D3
St-Joseph 50 25 D2
St-Joseph-de-Rivière 38 189 D1
St-Joseph-des-Bancs 07 203 D2
St-Josse 62 8 B1
St-Jouan-de-l'Isle 22 72 B2
St-Jouan-des-Guérets 35 49 E3
St-Jouin 14 29 F3
St-Jouin-Bruneval 76 14 A4
St-Jouin-de-Blavou 61 76 C1
St-Jouin-de-Marnes 79 131 E1
St-Jouin-de-Milly 79 130 C2
St-Jouvent 87 164 C1
St-Juan 25 126 A2
St-Judoce 22 72 C1
St-Juéry 81 214 C4
St-Juéry 48 200 C1
St-Juéry 12 215 E4
St-Juire-Champgillon 85 130 A3
St-Julia 31 230 C4
St-Julia-de-Bec 11 253 E4
St-Julien 83 238 A2
St-Julien 13 242 C2
St-Julien 38 172 B2
St-Julien 34 232 C3
St-Julien 21 123 F1
St-Julien 22 47 F4
St-Julien 39 156 C1
St-Julien 31 251 E2
St-Julien 69 155 E4
St-Julien 88 86 B4
St-Julien 70 106 A3
St-Julien-l'Ars 86 132 B4
St-Julien-aux-Bois 19 182 B3
St-Julien-Beychevelle 33 177 D2
St-Julien-Boutières 07 186 C4
St-Julien-Chapteuil 43 186 A4
St-Julien-le-Châtel 23 151 D3
St-Julien-en-Beauchêne 05 205 E3
St-Julien-en-Born 40 208 A3
St-Julien-en-Champsaur 05 206 A2
St-Julien-en-Genevois 74 158 A3
St-Julien-en-Quint 26 204 C1
St-Julien-en-St-Alban 07 203 E2
St-Julien-en-Vercors 26 188 C3
St-Julien-le-Faucon 14 30 A4
St-Julien-Gaulène 81 215 D4
St-Julien-la-Geneste 63 152 A4
St-Julien-la-Genête 23 151 E3
St-Julien-lès-Gorze 54 39 E4
St-Julien-Labrousse 07 187 D4
St-Julien-Maumont 19 181 E4
St-Julien-lès-Metz 57 40 B3
St-Julien-Molhesabate 43 186 C2
St-Julien-Molin-Molette 42 187 D1
St-Julien-Mont-Denis 73 190 C1
St-Julien-lès-Montbéliard 25 107 F4
St-Julien-le-Pèlerin 19 182 B4
St-Julien-le-Petit 87 165 E2
St-Julien-près-Bort 19 182 C1
St-Julien-Puy-Lavèze 63 167 E3
St-Julien-les-Rosiers 30 218 A2
St-Julien-le-Roux 07 203 E1
St-Julien-lès-Russey 25 126 C2
St-Julien-sous-les-Côtes 55 63 E2
St-Julien-sur-Bibost 69 171 D2
St-Julien-sur-Calonne 14 30 B3
St-Julien-sur-Cher 41 117 F2
St-Julien-sur-Dheune 71 139 E2
St-Julien-sur-Reyssouze 01 156 A1
St-Julien-sur-Sarthe 61 76 C1
St-Julien-sur-Veyle 01 156 A2
St-Julien-le-Vendômois 19 164 C4
St-Julien-la-Vêtre 42 169 E2
St-Julien-les-Villas 10 83 D2
St-Julien-Vocance 07 187 D2
St-Julien-d'Ance 43 185 F2
St-Julien-d'Armagnac 40 210 B4
St-Julien-d'Arpaon 48 217 E1
St-Julien-d'Asse 04 222 A4
St-Julien-de-Bourdeilles 24 179 E1
St-Julien-de-Briola 11 252 C2
St-Julien-de-Cassagnas 30 218 B2
St-Julien-de-Chédon 41 116 C2
St-Julien-de-Civry 71 154 C1
St-Julien-de-Concelles 44 112 B2
St-Julien-de-Coppel 63 168 C3
St-Julien-de-Crempse 24 179 D4
St-Julien-de-l'Escap 17 161 E1
St-Julien-de-Gras-Capou 09 252 C3
St-Julien-de-l'Herms 38 172 A4
St-Julien-de-Jonzy 71 154 B2
St-Julien-de-Lampon 24 197 F1
St-Julien-de-la-Liègue 27 32 A4
St-Julien-de-Mailloc 14 30 B4
St-Julien-de-la-Nef 30 217 E4
St-Julien-de-Peyrolas 30 219 D1
St-Julien-de-Raz 38 189 D1
St-Julien-de-Toursac 15 199 D2
St-Julien-de-Vouvantes 44 94 A3
St-Julien-des-Chazes 43 185 D4
St-Julien-des-Landes 85 128 C3
St-Julien-des-Points 48 217 F2
St-Julien-d'Eymet 24 196 A2
St-Julien-d'Oddes 42 170 A1
St-Julien-du-Gua 07 203 D2
St-Julien-du-Pinet 43 186 A3
St-Julien-du-Puy 81 231 D2
St-Julien-du-Sault 89 81 F4
St-Julien-du-Serre 07 203 D2
St-Julien-du-Terroux 53 75 E1
St-Julien-du-Tournel 48 201 F4
St-Julien-du-Verdon 04 222 C4
St-Junien 87 164 A1
St-Junien-la-Bregère 23 165 F1
St-Junien-les-Combes 87 149 D3
St-Jure 57 64 B1
St-Jurs 04 222 B4
St-Just 27 32 B4
St-Just 24 179 D1
St-Just 18 119 D4
St-Just 34 234 C2
St-Just 01 156 B2
St-Just 07 219 D1
St-Just 35 92 C2
St-Just 63 169 E4
St-Just 15 201 D1
St-Just-Chaleyssin 38 171 F3
St-Just-d'Avray 69 155 D4
St-Just-de-Bélengard 11 253 D3
St-Just-de-Claix 38 188 B3
St-Just-en-Bas 42 169 F2
St-Just-en-Brie 77 59 D4
St-Just-en-Chaussée 60 33 F1
St-Just-en-Chevalet 42 169 E1
St-Just-et-le-Bézu 11 253 E4
St-Just-et-Vacquières 30 218 B3
St-Just-Ibarre 64 247 D2
St-Just-Luzac 17 160 B1
St-Just-Malmont 43 186 C1
St-Just-le-Martel 87 165 D1
St-Just-la-Pendue 42 170 B1
St-Just-près-Brioude 43 184 C2
St-Just-Sauvage 51 60 A4
St-Just-sur-Dive 49 114 B3
St-Just-sur-Loire 42 170 B4
St-Just-sur-Viaur 12 215 D3
St-Justin 32 227 E3
St-Justin 40 210 A4
St-Juvat 22 72 B1
St-Juvin 08 38 A2
St-Lactencin 36 134 B1
St-Lager 69 155 E3
St-Lager-Bressac 07 203 F2
St-Lamain 39 141 E2
St-Lambert 78 57 D3
St-Lambert 14 52 B1
St-Lambert-des-Levées 49 114 B2
St-Lambert-du-Lattay 49 113 E2
St-Lambert-et-Mont-de-Jeux 08 37 E1
St-Lambert-la-Potherie 49 95 D4
St-Lambert-sur-Dive 61 53 E2
St-Langis lès-Mortagne 61 77 D1
St-Lanne 65 227 D3
St-Laon 86 114 C4
St-Lary 32 228 B2
St-Lary 09 259 D3
St-Lary-Boujean 31 250 B2
St-Lary-Soulan 65 258 A4
St-Lattier 38 188 B3
St-Launeuc 22 72 A2
St-Laure 63 168 C1
St-Laurent 58 120 A2
St-Laurent 08 21 E3
St-Laurent 18 118 C3
St-Laurent 56 92 B2
St-Laurent 31 250 C1
St-Laurent 23 150 C3
St-Laurent 22 47 D2
St-Laurent 74 158 B3
St-Laurent 47 211 D2
St-Laurent-les-Bains 07 202 B3
St-Laurent-Blangy 62 10 A3
St-Laurent-Bretagne 64 227 D4
St-Laurent-Chabreuges 43 184 C2
St-Laurent-la-Conche 42 170 B3
St-Laurent-d'Agny 69 171 E3
St-Laurent-d'Aigouze 30 235 D2
St-Laurent-d'Andenay 71 139 E2
St-Laurent-d'Arce 33 177 E3
St-Laurent-de-la-Barrière 17 145 F4
St-Laurent-de-Belzagot 16 178 B1
St-Laurent-de-Brèvedent 76 30 B1
St-Laurent-de-la-Cabrerisse 11 254 B3
St-Laurent-de-Carnols 30 219 D2
St-Laurent-de-Cerdans 66 262 A4
St-Laurent-de-Céris 16 163 E1
St-Laurent-de-Chamousset 69 170 C2
St-Laurent-de-Cognac 16 161 E2
St-Laurent-de-Condel 14 29 D4
St-Laurent-de-Cuves 50 51 D2
St-Laurent-de-Gosse 40 225 D3
St-Laurent-de-Jourdes 86 148 A1
St-Laurent-de-Lévézou 12 216 A2
St-Laurent-de-Lin 37 96 B4
St-Laurent-de-Mure 69 172 A2
St-Laurent-de-Muret 48 201 D3
St-Laurent-de-Neste 65 250 A3
St-Laurent-de-la-Plaine 49 113 E2
St-Laurent-de-la-Prée 17 145 E4
St-Laurent-de-la-Salanque 66 263 D1
St-Laurent-de-la-Salle 85 130 A3
St-Laurent-de-Terregatte 50 51 D4
St-Laurent-de-Trèves 48 217 E2
St-Laurent-de-Vaux 69 171 D2
St-Laurent-de-Veyrès 48 200 C2
St-Laurent-des-Arbres 30 219 E3
St-Laurent-des-Autels 49 112 C2
St-Laurent-des-Bâtons 24 179 F4
St-Laurent-des-Bois 41 98 C2
St-Laurent-des-Bois 27 55 F2
St-Laurent-des-Combes 16 178 B1
St-Laurent-des-Combes 33 195 D1
St-Laurent-des-Hommes 24 178 C3
St-Laurent-des-Mortiers 53 95 D2
St-Laurent-des-Vignes 24 196 A1
St-Laurent-d'Oingt 69 171 D1
St-Laurent-d'Olt 12 200 C4
St-Laurent-d'Onay 26 188 A2
St-Laurent-du-Bois 33 195 D3
St-Laurent-du-Cros 05 206 A2
St-Laurent-du-Mont 14 29 F4
St-Laurent-du-Mottay 49 113 D1
St-Laurent-du-Pape 07 203 F1
St-Laurent-du-Plan 33 195 D3
St-Laurent-du-Pont 38 189 D1
St-Laurent-du-Tencement 27 54 B2
St-Laurent-du-Var 06 240 B1
St-Laurent-du-Verdon 04 238 B1
St-Laurent-les-Églises 87 165 D1
St-Laurent-en-Beaumont 38 189 E4
St-Laurent-en-Brionnais 71 154 C2
St-Laurent-en-Caux 76 15 D3
St-Laurent-en-Gâtines 37 97 E4
St-Laurent-en-Grandvaux 39 142 A3
St-Laurent-en-Royans 26 188 C3
St-Laurent-et-Benon 33 176 C3
St-Laurent-la-Gâtine 28 56 A3
St-Laurent-Lolmie 46 212 C1
St-Laurent-le-Minier 30 217 E4
St-Laurent-Nouan 41 98 C3
St-Laurent-la-Roche 39 141 D3
St-Laurent-Rochefort 42 169 F2
St-Laurent-sous-Coiron 07 203 D3
St-Laurent-sur-Gorre 87 164 B2
St-Laurent-sur-Manoire 24 179 F3
St-Laurent-sur-Mer 14 28 B2
St-Laurent-sur-Othain 55 39 D2
St-Laurent-sur-Saône 01 155 F2
St-Laurent-sur-Sèvre 85 130 A1
St-Laurent-les-Tours 46 198 C1
St-Laurent-la-Vallée 24 197 D2
St-Laurent-la-Vernède 30 218 C3
St-Laurs 79 130 C4
St-Léger 73 174 B4
St-Léger 17 161 D3
St-Léger 47 211 D1
St-Léger 53 75 E4
St-Léger 06 223 E3
St-Léger 77 59 D2
St-Léger 50 50 C2
St-Léger 16 162 B4
St-Léger 62 10 A4
St-Léger-lès-Authie 80 9 F4
St-Léger-aux-Bois 60 34 C1
St-Léger-aux-Bois 76 16 B2
St-Léger-Bridereix 23 149 F2
St-Léger-de-Balson 33 194 B4
St-Léger-de-Fougeret 58 121 F4
St-Léger-de-la-Martinière 79 147 D2
St-Léger-de-Montbrillais 86 114 C4
St-Léger-de-Montbrun 79 114 B4
St-Léger-de-Peyre 48 201 D3
St-Léger-de-Rôtes 27 31 D4
St-Léger-des-Aubées 28 79 D2
St-Léger-des-Bois 49 113 E1
St-Léger-des-Prés 35 73 D1
St-Léger-des-Vignes 58 137 F2
St-Léger-lès-Domart 80 17 D1
St-Léger-du-Bois 71 122 C4
St-Léger-du-Bourg-Denis 76 31 F2
St-Léger-du-Gennetey 27 31 D3
St-Léger-du-Malzieu 48 201 D1
St-Léger-du-Ventoux 84 220 B2
St-Léger-Dubosq 14 29 F3
St-Léger-en-Bray 60 33 D2
St-Léger-en-Yvelines 78 56 C3
St-Léger-le-Guérétois 23 150 B3
St-Léger lès-Paray 71 138 C4
St-Léger-Magnazeix 87 149 E2
St-Léger-les-Mélèzes 05 206 B2
St-Léger-la-Montagne 87 149 F4
St-Léger-le-Petit 18 120 A3
St-Léger-près-Troyes 10 83 D3
St-Léger-sous-Beuvray 71 138 C2
St-Léger-sous-Brienne 10 83 F1
St-Léger-sous-la-Bussière 71 155 D2
St-Léger-sous-Cholet 49 113 D3
St-Léger-sous-Margerie 10 61 E4
St-Léger-sur-Bresle 80 16 C2
St-Léger-sur-Dheune 71 139 F2
St-Léger-sur-Roanne 42 154 B4
St-Léger-sur-Sarthe 61 76 C1
St-Léger-sur-Vouzance 03 154 A1
St-Léger-Triey 21 124 A2
St-Léger-Vauban 89 121 F1
St-Léger-les-Vignes 44 111 E3
St-Léomer 86 148 C1
St-Léon 31 230 B4
St-Léon 03 153 F1
St-Léon 47 211 D1
St-Léon 33 194 C2
St-Léon-sur-l'Isle 24 179 D3
St-Léon-sur-Vézère 24 180 B4
St-Léonard 62 2 C4
St-Léonard 32 228 C1
St-Léonard 88 88 B2
St-Léonard 51 36 C3
St-Léonard 76 14 B3
St-Léonard-de-Noblat 87 165 D1
St-Léonard-des-Bois 72 76 A2
St-Léonard-des-Parcs 61 53 F3
St-Léonard-en-Beauce 41 98 B2
St-Léon-d'Issigeac 24 196 B2
St-Léons 12 216 A2
St-Léopardin-d'Augy 03 137 D3
St-Léry 56 72 A3
St-Leu-d'Esserent 60 33 F3
St-Leu-la-Forêt 95 57 E1
St-Lézer 65 227 E4
St-Lézin 49 113 E2
St-Lié 51 36 B3
St-Lieux-Lafenasse 81 231 E2
St-Lieux-lès-Lavaur 81 230 B2
St-Lin 79 131 D4
St-Lions 04 222 B3
St-Lizier 09 259 E2
St-Lizier-du-Planté 32 229 D4
St-Lô 50 27 E3
St-Lô-d'Ourville 50 26 B2
St-Lon-les-Mines 40 225 D2
St-Longis 72 76 C2
St-Lormel 22 49 D3
St-Lothain 39 141 E2
St-Loube 32 229 D4
St-Loubert 33 194 C3
St-Loubès 33 177 E4
St-Loubouer 40 226 B2
St-Louet-sur-Seulles 14 28 C4
St-Louet-sur-Vire 50 51 E1
St-Louis 68 109 D3
St-Louis 57 66 B2
St-Louis-lès-Bitche 57 42 B4
St-Louis-de-Montferrand 33 177 E4
St-Louis-en-l'Isle 24 179 D3
St-Louis-et-Parahou 11 261 F1
St-Loup 58 120 A1
St-Loup 50 50 C3
St-Loup 17 146 A4
St-Loup 82 212 A3
St-Loup 39 124 A4
St-Loup 23 151 D3
St-Loup 41 118 A2
St-Loup 03 153 D2
St-Loup 51 60 A3
St-Loup 28 78 B2
St-Loup 69 171 D1
St-Loup-Cammas 31 230 A2
St-Loup-Champagne 08 36 C1
St-Loup-de-Buffigny 10 82 B1
St-Loup-de-Fribois 14 29 F4
St-Loup-de-Gonois 45 81 D4
St-Loup-de-Naud 77 59 D4
St-Loup-de-la-Salle 71 140 A1
St-Loup-de-Varennes 71 140 A2
St-Loup-des-Chaumes 18 135 F2
St-Loup-des-Vignes 45 80 A4
St-Loup-d'Ordon 89 101 E1
St-Loup-du-Dorat 53 95 E1
St-Loup-du-Gast 53 75 D1
St-Loup-en-Comminges 31 250 B2
St-Loup-Hors 14 28 B3
St-Loup-Lamairé 79 131 E2
St-Loup-Nantouard 70 124 C1
St-Loup (Pic) 34 234 B1
St-Loup-sur-Aujon 52 104 C1
St-Loup-sur-Semouse 70 106 C1
St-Loup-Terrier 08 21 E4
St-Loyer-des-Champs 61 53 D3
St-Lubin-en-Vergonnois 41 98 B4
St-Lubin-de-Cravant 28 55 E3
St-Lubin-de-la-Haye 28 56 B2
St-Lubin-des-Joncherets 28 55 E3
St-Luc 27 55 E1
St-Lucien 28 56 B4
St-Lucien 76 32 B1
St-Lumier-en-Champagne 51 61 E2
St-Lumier-la-Populeuse 51 62 A3
St-Lumine-de-Clisson 44 112 B3
St-Lumine-de-Coutais 44 111 E3
St-Lunaire 35 49 E3
St-Luperce 28 78 B1
St-Lupicin 39 157 E1
St-Lupien 10 82 B2
St-Lyé 10 83 D2
St-Lyé-la-Forêt 45 79 E4
St-Lyphard 44 110 C1
St-Lys 31 229 E3
St-Macaire 33 194 C3
St-Macaire-du-Bois 49 114 B3
St-Macaire-en-Mauges 49 113 D3
St-Maclou 27 30 B2
St-Maclou-la-Brière 76 14 B4
St-Maclou-de-Folleville 76 15 E3
St-Macoux 86 147 E3
St-Maden 22 72 B2
St-Magne 33 193 E3
St-Magne-de-Castillon 33 195 D1
St-Maigner 63 151 F3
St-Maigrin 17 161 F4
St-Maime 04 221 E4
St-Maixant 33 194 C3
St-Maixant 23 151 D4
St-Maixent 72 77 D4
St-Maixent-l'École 79 146 C1
St-Maixent-sur-Vie 85 128 B2
St-Maixme-Hauterive 28 55 E4
St-Malo 35 49 E2
St-Malo-de-Beignon 56 72 B4
St-Malo-de-Guersac 44 110 C1
St-Malo-de-la-Lande 50 26 C4
St-Malo-de-Phily 35 93 D1
St-Malo-des-Trois-Fontaines 56 71 F4
St-Malô-du-Bois 85 130 A1
St-Malo-en-Donziois 58 120 C2
St-Malon-sur-Mel 35 72 B3
St-Mamert 69 155 D2
St-Mamert-du-Gard 30 218 B4
St-Mamet 31 258 B4
St-Mamet-la-Salvetat 15 199 E1
St-Mammès 77 80 C2
St-Mandé 94 57 F2
St Mandé-sur-Brédoire 17 146 B4
St-Mandrier-sur-Mer 83 244 B3
St-Manvieu-Bocage 14 51 E2
St-Manvieu-Norrey 14 28 C3
St-Marc 15 200 D1
St-Marc-à-Frongier 23 166 B1
St-Marc-à-Loubaud 23 166 A2
St-Marc-le-Blanc 35 73 F1
St-Marc-du-Cor 41 97 F1
St-Marc-Jaumegarde 13 237 E3
St-Marc-la-Lande 79 131 D4
St-Marc-sur-Couesnon 35 73 F2
St-Marc-sur-Seine 21 104 A3
St-Marcan 35 50 B4
St-Marceau 08 21 E3
St-Marceau 72 76 B3
St-Marcel 56 92 A2
St-Marcel 73 174 C3
St-Marcel 54 39 F4
St-Marcel 01 156 A4
St-Marcel 27 32 A4
St-Marcel 08 21 E3
St-Marcel 36 134 B4
St-Marcel 70 106 A2
St-Marcel 71 140 A2
St-Marcel-lès-Annonay 07 187 D2
St-Marcel-Bel-Accueil 38 172 B3
St-Marcel-Campes 81 214 B3
St-Marcel-d'Ardèche 07 219 D1
St-Marcel-de-Careiret 30 219 D2
St-Marcel-de-Félines 42 170 B1
St-Marcel-du-Périgord 24 196 B1
St-Marcel-d'Urfé 42 169 F1
St-Marcel-l'Éclairé 69 170 C1
St-Marcel-en-Marcillat 03 151 F3
St-Marcel-en-Murat 03 152 B2
St-Marcel-Paulel 31 230 B2
St-Marcel-lès-Sauzet 26 203 F3
St-Marcel-sur-Aude 11 254 C2
St-Marcel-lès-Valence 26 187 F4
St-Marcelin-de-Cray 71 139 E4
St-Marcellin 38 188 C2
St-Marcellin-en-Forez 42 170 B4
St-Marcellin-lès-Vaison 84 220 A2
St-Marcet 31 258 C1
St-Marcory 24 196 C2
St-Marcouf 50 25 E3
St-Marcouf 14 28 A3
St Mard 80 18 B3
St-Mard 17 145 F3
St-Mard 54 64 C4
St-Mard 77 58 B1
St-Mard 02 35 F2
St-Mard-de-Réno 61 77 D1
St-Mard-de-Vaux 71 139 F2
St-Mard-lès-Rouffy 51 60 C1
St-Mard-sur-Auve 51 37 F4
St-Mard-sur-le-Mont 51 62 A1
St-Mards 76 15 E3
St-Mards-de-Blacarville 27 30 C2
St-Mards-de-Fresne 27 30 C4
St-Mards-en-Othe 10 82 C3
St-Marien 23 151 D1
St-Mariens 33 177 E3
St-Mars-la-Brière 72 76 C4
St-Mars-de-Coutais 44 111 E3
St-Mars-de-Locquenay 72 97 D1
St-Mars-d'Égrenne 61 51 F4
St-Mars-d'Outillé 72 96 C2
St-Mars-du-Désert 44 112 B1
St-Mars-du-Désert 53 75 F2
St-Mars-en-Brie 77 59 E3
St-Mars-la-Jaille 44 94 A4
St-Mars-la-Réorthe 85 130 A1
St-Mars-sous-Ballon 72 76 B3
St-Mars-sur-Colmont 53 74 C1
St-Mars-sur-la-Futaie 53 74 B1
St-Marsal 66 262 B3
St-Marsault 79 130 B2
St-Martial 33 194 C3
St-Martial 17 146 B4
St-Martial 30 217 E3
St-Martial 16 178 B1
St-Martial 07 202 C1
St-Martial 15 200 C1
St-Martial-d'Albarède 24 180 B2
St-Martial-d'Artenset 24 178 C4
St-Martial-de-Gimel 19 181 F2
St-Martial-de-Mirambeau 17 177 D1
St-Martial-de-Nabirat 24 197 E2
St-Martial-de-Valette 24 163 E4
St-Martial-de-Vitaterne 17 161 E4
St-Martial-Entraygues 19 182 A3
St-Martial-le-Mont 23 150 C4
St-Martial-sur-Isop 87 148 C3
St-Martial-sur-Né 17 161 E3
St-Martial-le-Vieux 23 166 C3
St-Martial-Viveyrol 24 178 C1
St-Martin 32 228 A3
St-Martin 66 262 A1
St-Martin 83 238 B3
St-Martin 65 249 E2
St-Martin 54 65 E4
St-Martin 56 92 B2
St-Martin 67 88 C1
St-Martin (Abbaye de) 66 261 F3
St-Martin-l'Aiguillon 61 52 C4
St-Martin-l'Ars 86 148 A2
St-Martin-l'Astier 24 179 D3
St-Martin-au-Bosc 76 16 B2
St-Martin-au-Laërt 62 3 F3
St-Martin-aux-Arbres 76 15 D4
St-Martin-aux-Bois 60 34 A1
St-Martin-aux-Buneaux 76 14 C2
St-Martin-aux-Champs 51 61 E2
St-Martin-aux-Chartrains 14 30 A2
St-Martin-le-Beau 37 116 B2
St-Martin-Belle-Roche 71 155 F1
St-Martin-Bellevue 74 158 A4
St-Martin-le-Bouillant 50 51 D2
St-Martin-Boulogne 62 2 C3
St-Martin-la-Campagne 27 31 E4

St-Martin-Cantalès 15 182 C3
St-Martin-Château 23 165 F1
St-Martin-le-Châtel 01 156 A2
St-Martin-Choquel 62 3 D4
St-Martin-le-Colonel 26 188 B4
St-Martin d'Écublei 61 54 C2
St-Martin-les-Eaux 04 221 E4
St-Martin-en-Bière 77 80 B1
St-Martin-en-Bresse 71 140 B2
St-Martin-en-Campagne 76 15 F1
St-Martin-en-Gâtinois 71 140 B1
St-Martin-en-Haut 69 171 D3
St-Martin-en-Vercors 26 188 C3
St-Martin-le-Gaillard 76 16 A1
St-Martin-la-Garenne 78 56 B1
St-Martin-Gimois 32 228 C3
St-Martin-le-Gréard 50 24 C2
St-Martin-le-Hébert 50 24 C3
St-Martin-l'Heureux 51 37 D3
St-Martin-l'Hortier 76 16 A3
St-Martin-l'Inférieur 07 203 E3
St-Martin-Labouval 46 198 B4
St-Martin-Lacaussade 33 177 D3
St-Martin-Laguépie 81 214 A3
St-Martin-Lalande 11 253 D1
St-Martin-lès-Langres 52 105 D1
St-Martin-Lars-en-Ste-Hermine 85 130 A3
St-Martin-Lestra 42 170 C2
St-Martin-Longueau 60 34 A2
St-Martin-Lys 11 261 E1
St-Martin-le-Mault 87 149 D1
St-Martin-la-Méanne 19 182 A3
St-Martin-lès-Melle 79 146 C2
St-Martin-le-Nœud 60 33 E2
St-Martin-Osmonville 76 15 F4
St-Martin-la-Patrouille 71 139 E3
St-Martin-Petit 47 195 E3
St-Martin-le-Pin 24 163 E4
St-Martin-la-Plaine 42 171 D3
St-Martin-le-Redon 46 197 D4
St-Martin-Rivière 02 19 E1
St-Martin-St-Firmin 27 30 C3
St-Martin-Ste-Catherine 23 149 F4
St-Martin-la-Sauveté 42 169 F2
St-Martin-Sepert 19 181 D1
St-Martin-lès-Seyne 04 206 B4
St-Martin-sous-Montaigu 71 139 F2
St-Martin-sous-Vigouroux 15 200 B1
St-Martin-le-Supérieur 07 203 E3
St-Martin-sur-Armançon 89 103 D2
St-Martin-sur-la-Chambre 73 190 B1
St-Martin-sur-Cojeul 62 10 A3
St-Martin-sur-Écaillon 59 11 E3
St-Martin-sur-Nohain 58 120 A2
St-Martin-sur-Ocre 45 100 C3
St-Martin-sur-Ocre 89 101 F2
St-Martin-sur-Oreuse 89 81 F2
St-Martin-sur-Ouanne 89 101 E2
St-Martin-sur-le-Pré 51 61 D1
St-Martin-sur-la-Renne 52 84 C3
St-Martin-Terressus 87 165 D1
St-Martin-Valmeroux 15 183 D3
St-Martin-Vésubie 06 241 D2
St-Martin-le-Vieil 11 253 D1
St-Martin-le-Vieux 87 164 B2
St-Martin-le-Vinoux 38 189 E2
St-Martinien 03 151 E2
St-Martin-d'Abbat 45 100 A2
St-Martin-d'Ablois 51 60 B1
St-Martin-d'Août 26 187 F2
St-Martin-d'Arberoue 64 225 D4
St-Martin-d'Arc 73 190 C2
St-Martin-d'Arcé 49 96 A4
St-Martin-d'Ardèche 07 219 D1
St-Martin-d'Armagnac 32 227 D2
St-Martin-d'Arrossa 64 246 C1
St-Martin-d'Ary 17 177 F2
St-Martin-d'Aubigny 50 27 D3
St-Martin-d'Audouville 50 25 D2
St-Martin-d'Auxigny 18 119 D3
St-Martin-d'Auxy 71 139 E2
St-Martin-de-l'Arçon 34 232 C3
St-Martin-de-Bavel 01 173 D1
St-Martin-de-Beauville 47 212 A2
St-Martin-de-Belleville 73 174 C4
St-Martin-de-Bernegoue 79 146 B2
St-Martin-de-Bienfaite-la-Cressonnière 14 30 B4
St-Martin-de-Blagny 14 28 A3
St-Martin-de-Bonfossé 50 27 E4
St-Martin-de-Boscherville 76 31 E1
St-Martin-de-Bossenay 10 82 B1
St-Martin-de-Boubaux 48 217 F2
St-Martin-de-la-Brasque 84 237 E1
St-Martin-de-Brem 85 128 B3
St-Martin-de-Bréthencourt 78 79 E1
St-Martin-de-Brômes 04 238 B1
St-Martin-de-Caralp 09 252 A3
St-Martin-de-Castillon 84 221 D4
St-Martin-de-Cenilly 50 51 D1
St-Martin-de-Clelles 38 205 E1
St-Martin-de-la-Cluze 38 189 D4
St-Martin-de-Commune 71 139 E1
St-Martin-de-Connée 53 75 F3
St-Martin-de-la-Coudre 17 146 A3
St-Martin-de-Coux 17 178 A3
St-Martin-de-Crau 13 236 A2
St-Martin-de-Curton 47 210 B1
St-Martin-de-Fontenay 14 29 D4
St-Martin-de-Fraigneau 85 130 B4
St-Martin-de-Fressengeas 24 180 A1
St-Martin-de-Fugères 43 202 B1
St-Martin-de-Goyne 32 211 E4
St-Martin-de-Gurçon 24 178 B4
St-Martin-de-Hinx 40 225 D2
St-Martin-de-Juillers 17 146 B4
St-Martin-de-Jussac 87 164 A1
St-Martin-de-Laives 71 140 A3
St-Martin-de-Lamps 36 134 B1
St-Martin-de-Landelles 50 51 D4
St-Martin-de-Lansuscle 48 217 E2
St-Martin-de-Laye 33 177 F3
St-Martin-de-Lenne 12 200 B4
St-Martin-de-Lerm 33 195 D2
St-Martin-de-la-Lieue 14 30 B4
St-Martin-de-Lixy 71 154 C3
St-Martin-de-Londres 34 234 A1
St-Martin-de-Mâcon 79 114 B4
St-Martin-de-Mailloc 14 30 B4
St-Martin-de-la-Mer 21 122 A3
St-Martin-de-Mieux 14 52 C2
St-Martin-de-Nigelles 28 56 B4
St-Martin-de-la-Place 49 114 B2
St-Martin-de-la-Porte 73 190 C2
St-Martin-de-Queyrières 05 207 D1
St-Martin-de-Ré 17 144 C2
St-Martin-de-Ribérac 24 179 D2
St-Martin-de-St-Maixent 79 146 C1
St-Martin-de-Salencey 71 139 E4
St-Martin-de-Sallen 14 52 B1
St-Martin-de-Sanzay 79 114 B4
St-Martin-de-Seignanx 40 224 C3
St-Martin-de-Sescas 33 194 C3
St-Martin-de-Tallevende 14 51 E2
St-Martin-de-Valamas 07 186 C4
St-Martin-de-Valgalgues 30 218 A2
St-Martin-de-Varreville 50 25 E3
St-Martin-de-Vaulserre 38 173 D4
St-Martin-de-Vers 46 198 A3
St-Martin-de-Villeréal 47 196 C3
St-Martin-de-Villereglan 11 253 E3
St-Martin-d'Entraigues 79 146 C3
St-Martin-d'Entraunes 06 223 D2
St-Martin-des-Besaces 14 28 B4
St-Martin-des-Bois 41 97 E3
St-Martin-des-Champs 50 50 C3
St-Martin-des-Champs 18 120 A3
St-Martin-des-Champs 78 56 B2
St-Martin-des-Champs 29 46 A2
St-Martin-des-Champs 77 59 E3
St-Martin-des-Champs 89 101 E3
St-Martin-des-Combes 24 179 E4
St-Martin-des-Entrées 14 28 C2
St-Martin-des-Fontaines 85 130 A4
St-Martin-des-Lais 03 138 A3
St-Martin-des-Landes 61 52 C4
St-Martin-des-Monts 72 77 D3
St-Martin-des-Noyers 85 129 F2
St-Martin-des-Olmes 63 169 E4
St-Martin-des-Pézerits 61 54 B4
St-Martin-des-Plains 63 168 C4
St-Martin-des-Prés 22 71 D1
St-Martin-des-Puits 11 254 A3
St-Martin-des-Tilleuls 85 112 C4
St-Martin-d'Estréaux 42 153 F3
St-Martin-d'Hardinghem 62 3 E4
St-Martin-d'Hères 38 189 E2
St-Martin-d'Heuille 58 120 B4
St-Martin-d'Ollières 63 185 D1
St-Martin-Don 14 51 E1
St-Martin-d'Oney 40 209 E4
St-Martin-d'Ordon 89 101 E1
St-Martin-d'Oydes 09 252 A2
St-Martin-du-Bec 76 14 A4
St-Martin-du-Bois 49 94 C3
St-Martin-du-Bois 33 177 F4
St-Martin-du-Boschet 77 59 E3
St-Martin-du-Clocher 16 147 E4
St-Martin-du-Fouilloux 79 131 E3
St-Martin-du-Fouilloux 49 113 E1
St-Martin-du-Frêne 01 157 D3
St-Martin-du-Lac 71 154 B2
St-Martin-du-Limet 53 94 B2
St-Martin-du-Manoir 76 30 B1
St-Martin-du-Mesnil-Oury 14 30 A4
St-Martin-du-Mont 21 123 D1
St-Martin-du-Mont 71 140 C3
St-Martin-du-Mont 01 156 C3
St-Martin-du-Puy 58 121 E2
St-Martin-du-Puy 33 195 D2
St-Martin-du-Tartre 71 139 F3
St-Martin-du-Tertre 95 33 F4
St-Martin-du-Tertre 89 81 E3
St-Martin-du-Tilleul 27 30 C4
St-Martin-du-Var 06 241 D3
St-Martin-du-Vieux-Bellême 61 76 C2
St-Martin-du-Vivier 76 31 F1
St-Martin-d'Uriage 38 189 E2
St-Martory 31 250 C2
St-Mary 16 163 D1
St-Mary-le-Plain 15 184 B2
St-Masmes 51 36 C2
St-Mathieu 87 163 F2
St-Mathieu-de-Tréviers 34 234 B2
St-Mathieu (Pointe de) 29 44 B3
St-Mathurin 85 128 C3
St-Mathurin-Léobazel 19 182 A4
St-Mathurin-sur-Loire 49 114 A1
St-Matré 46 212 C1
St-Maudan 22 71 E3
St-Maudez 22 49 D4
St-Maugan 35 72 B3
St-Maulvis 80 16 C2
St-Maur 18 135 F4
St-Maur 36 134 B2
St-Maur 60 17 D4
St-Maur 32 227 F4
St-Maur 39 141 E3
St-Maur (Abbaye de) 49 114 A1
St-Maur-des-Bois 50 51 D2
St-Maur-des-Fossés 94 57 F2
St-Maur-sur-le-Loir 28 78 B3
St-Maurice 67 89 D1
St-Maurice 94 57 F2
St-Maurice 58 121 D4
St-Maurice 63 168 B3
St-Maurice 52 105 E2
St-Maurice-aux-Forges 54 65 F4
St-Maurice-St-Germain 28 78 A1
St-Maurice-sous-les-Côtes 55 39 D4
St-Maurice-la-Souterraine 23 149 F3
St-Maurice-sur-Adour 40 226 B1
St-Maurice-sur-Aveyron 45 101 D2
St-Maurice-sur-Dargoire 69 171 D3
St-Maurice-sur-Eygues 26 219 F1
St-Maurice-sur-Fessard 45 100 C1
St-Maurice-sur-Huisne 61 77 D1
St-Maurice-sur-Loire 42 154 B4
St-Maurice-sur-Mortagne 88 87 E1
St-Maurice-aux-Riches-Hommes 89 82 A2
St-Maurice-les-Brousses 87 164 C3
St-Maurice-lès-Charencey 61 54 C3
St-Maurice-lès-Châteauneuf 71 154 C2
St-Maurice-la-Clouère 86 147 F1
St-Maurice-lès-Couches 71 139 F1
St-Maurice-Crillat 39 141 F3
St-Maurice-d'Ardèche 07 203 D3
St-Maurice-de-Beynost 01 171 F1
St-Maurice-de-Cazevieille 30 218 B3
St-Maurice-de-Gourdans 01 172 A1
St-Maurice-de-Lestapel 47 196 A3
St-Maurice-de-Lignon 43 186 B2
St-Maurice-de-Rémens 01 156 B4
St-Maurice-de-Rotherens 73 173 D3
St-Maurice-de-Satonnay 71 155 E1
St-Maurice-de-Tavernole 17 161 E4
St-Maurice-de-Ventalon 48 217 F1
St-Maurice-des-Champs 71 139 F3
St-Maurice-des-Lions 16 148 B4
St-Maurice-des-Noues 85 130 B3
St-Maurice-d'Ételan 76 30 C1
St-Maurice-d'Ibie 07 203 E4
St-Maurice-du-Désert 61 52 B4
St-Maurice-Echelotte 25 107 E4
St-Maurice-en-Chalencon 07 203 E1
St-Maurice-en-Cotentin 50 24 C3
St-Maurice-en-Gourgois 42 186 B1
St-Maurice-en-Quercy 46 198 C2
St-Maurice-en-Rivière 71 140 B1
St-Maurice-en-Trièves 38 205 E1
St-Maurice-en-Valgodemard 05 206 A1
St-Maurice-l'Exil 38 187 E1
St-Maurice-la-Fougereuse 79 113 F4
St-Maurice-le-Girard 85 130 B3
St-Maurice-Montcouronne 91 57 D4
St-Maurice-Navacelles 34 233 F1
St-Maurice-près-Crocq 23 166 C1
St-Maurice-près-Pionsat 63 151 F4
St-Maurice-sur-Moselle 88 107 F1
St-Maurice-sur-Vingeanne 21 105 E4
St-Maurice-Thizouaille 89 101 F2
St-Maurice-le-Vieil 89 101 F2
St-Maurin 47 212 B2
St-Max 54 64 B3
St-Maxent 80 16 C1
St-Maximin 38 173 F4
St-Maximin 60 33 F3
St-Maximin 30 218 C4
St-Maximin-la-Ste-Baume 83 238 A4
St-Maxire 79 146 B1
St-May 26 204 C4
St-Mayeul 03 136 B4
St-Mayeux 22 71 D2
St-Mayme-de-Péreyrol 24 179 E4
St-Méard 87 165 D3
St-Méard-de-Drône 24 179 D2
St-Méard-de-Gurçon 24 195 E1
St-Médard 16 162 A1
St-Médard 32 228 A3
St-Médard 31 250 C2
St-Médard 16 162 A4
St-Médard 79 146 C2
St-Médard 57 65 E2
St-Médard 64 226 A3
St-Médard 17 177 F1
St-Médard 36 117 D4
St-Médard 46 197 E3
St-Médard-d'Aunis 17 145 E3
St-Médard-de-Guizières 33 178 B4
St-Médard-de-Mussidan 24 178 C3
St-Médard-de-Presque 46 198 B1
St-Médard-d'Excideuil 24 180 B1
St-Médard-d'Eyrans 33 194 B2
St-Médard-en-Forez 42 170 C3
St-Médard-en-Jalles 33 177 D4
St-Médard-Nicourby 46 198 C2
St-Médard-la-Rochette 23 150 C4
St-Médard-sur-Ille 35 73 D2
St-Méen 29 45 E2
St-Méen-le-Grand 35 72 B2
St-Melaine 35 73 F3
St-Melaine-sur-Aubance 49 113 F1
St-Mélany 07 202 C3
St-Méloir 22 49 D4
St-Méloir-des-Ondes 35 49 F3
St-Même-les-Carrières 16 162 A3
St-Même-le-Tenu 44 111 E4
St-Memmie 51 61 D1
St-Menge 88 86 B2
St-Menges 08 21 F3
St-Menoux 03 137 D4
St-Merd-la-Breuille 23 167 D2
St-Merd-de-Lapleau 19 182 B2
St-Merd-les-Oussines 19 166 B3
St-Méry 77 58 B4
St-Meslin-du-Bosc 27 31 E3
St-Mesmes 77 58 B1
St-Mesmin 21 123 D2
St-Mesmin 24 180 C1
St-Mesmin 85 130 B2
St-Mesmin 10 82 C1
St-Mexant 19 181 E2
St-Mézard 32 211 E3
St-M'Hervé 35 74 A3
St-M'Hervon 35 72 B2
St-Micaud 71 139 E3
St-Michel 2B 265 D4
St-Michel 34 233 E1
St-Michel 82 212 B3
St-Michel 16 162 B3
St-Michel 32 228 B3
St-Michel 09 252 A2
St-Michel 64 246 C2
St-Michel 31 251 D2
St-Michel 02 20 C2
St-Michel 52 105 D3
St-Michel 45 80 A4
St-Michel-Chef-Chef 44 110 C2
St-Michel-le-Cloucq 85 130 B4
St-Michel-d'Aurance 07 203 D1
St-Michel-de-Bannières 46 181 E4
St-Michel-de-Boulogne 07 203 D2
St-Michel-de-Castelnau 33 210 B1
St-Michel-de-Chabrillanoux 07 203 E1
St-Michel-de-Chaillol 05 206 B2
St-Michel-de-Chavaignes 72 77 D4
St-Michel-de-Cuxa (Abbaye) 66 261 F3
St-Michel-de-Dèze 48 217 F2
St-Michel-de-Double 24 178 C3
St-Michel-de-Feins 53 95 D2
St-Michel-de-Frigolet (Abbaye) 13 236 A1
St-Michel-de-Fronsac 33 177 F4
St-Michel-de-Grandmont (Prieuré) 34 233 E2
St-Michel-de-Lanès 11 252 B1
St-Michel-de-Lapujade 33 195 E3
St-Michel-de-Lescure 81 214 C4
St-Michel-de-Livet 14 53 E1
St-Michel-de-Llotes 66 262 B2
St-Michel-de-Maurienne 73 190 C2
St-Michel-de-Montaigne 24 195 D1
St-Michel-de-Montjoie 50 51 E2
St-Michel-de-Mourcairol 34 233 D3
St-Michel-de-la-Pierre 50 27 D3
St-Michel-de-Plélan 22 49 D4
St-Michel-de-Rieufret 33 194 B3
St-Michel-de-Rivière 24 178 B3
St-Michel-de-la-Roë 53 94 B1
St-Michel-de-St-Geoirs 38 188 C1
St-Michel-de-Vax 81 214 A3
St-Michel-de-Veisse 23 166 B1
St-Michel-de-Villadeix 24 179 E4
St-Michel-de-Volangis 18 119 D3
St-Michel-des-Andaines 61 52 B4
St-Michel-des-Loups 50 50 B2
St-Michel-d'Euzet 30 219 D2
St-Michel-d'Halescourt 76 16 B4
St-Michel-l'Écluse-et-Léparon 24 178 B3
St-Michel-en-Beaumont 38 205 F1
St-Michel-en-Brenne 36 133 F2
St-Michel-en-Grève 22 46 C2
St-Michel-en-l'Herm 85 145 D1
St-Michel-Escalus 40 208 A4
St-Michel-et-Chanveaux 49 94 B3
St-Michel-Labadié 81 215 D4
St-Michel-Loubéjou 46 198 B1
St-Michel (Mont) 73 173 F3
St-Michel-Mont-Mercure 85 130 A2
St-Michel (Montagne) 29 46 A4
St-Michel-l'Observatoire 04 221 D4
St-Michel-les-Portes 38 205 D1
St-Michel-sous-Bois 62 8 C1
St-Michel-sur-Loire 37 115 D2
St-Michel-sur-Meurthe 88 88 B2
St-Michel-sur-Orge 91 57 E4
St-Michel-sur-Rhône 42 171 E4
St-Michel-sur-Savasse 26 188 A3
St-Michel-sur-Ternoise 62 9 E2
St-Michel-Tubœuf 61 54 C3
St-Mihiel 55 63 D1
St-Mitre-les-Remparts 13 242 B1
St-Molf 44 110 B1
St-Momelin 59 3 F3
St-Mont 32 227 D2
St-Montant 07 203 E4
St-Moré 89 102 C4
St-Moreil 23 165 E1
St-Morel 08 37 E2
St-Morillon 33 194 B2
St-Mury-Monteymond 38 189 F2
St-Myon 63 152 C4
St-Nabor 67 66 C4
St-Nabord 88 87 E4
St-Nabord-sur-Aube 10 61 D1
St-Naixent 24 196 A1
St-Nauphary 82 213 D4
St-Nazaire 44 110 C2
St-Nazaire 30 219 D2
St-Nazaire 66 263 D2
St-Nazaire-d'Aude 11 254 B2
St-Nazaire-de-Ladarez 34 233 D3
St-Nazaire-de-Pézan 34 234 C2
St-Nazaire-de-Valentane 82 212 B2
St-Nazaire-des-Gardies 30 218 A4
St-Nazaire-le-Désert 26 204 C3
St-Nazaire-en-Royans 26 188 B3
St-Nazaire-les-Eymes 38 189 E2
St-Nazaire (Site de) 19 182 C1
St-Nazaire-sur-Charente 17 145 D4
St-Nectaire 63 168 A3
St-Nic 29 68 C1
St-Nicodème 22 70 B1
St-Nicolas 62 10 A3
St-Nicolas 56 70 A3
St-Nicolas-aux-Bois 02 19 E4
St-Nicolas-la-Chapelle 10 82 A1
St-Nicolas-la-Chapelle 73 174 C1
St-Nicolas-lès-Cîteaux 21 123 E3
St-Nicolas-Courbefy 87 164 B3
St-Nicolas-d'Aliermont 76 15 F2
St-Nicolas-d'Attez 27 55 D2
St-Nicolas-de-la-Balerme 47 212 A3
St-Nicolas-de-Bliquetuit 76 31 D1
St-Nicolas-de-Bourgueil 37 114 C2
St-Nicolas-de-Brem 85 128 B3
St-Nicolas-de-la-Grave 82 212 B3
St-Nicolas-de-la-Haie 76 14 C4
St-Nicolas-de-Macherin 38 189 D1
St-Nicolas-de-Pierrepont 50 26 C2
St-Nicolas-de-Port 54 64 C3
St-Nicolas-de-Redon 44 92 C3
St-Nicolas-de-Sommaire 61 54 B2
St-Nicolas-de-la-Taille 76 30 C1
St-Nicolas-des-Biefs 03 153 F4
St-Nicolas-des-Bois 50 51 D2
St-Nicolas-des-Bois 61 76 A1
St-Nicolas-des-Laitiers 61 54 A2
St-Nicolas-des-Motets 37 97 F4
St-Nicolas-du-Bosc 27 31 E3
St-Nicolas-du-Pélem 22 70 C1
St-Nicolas-du-Tertre 56 92 B2
St-Nizier-le-Bouchoux 01 140 C4
St-Nizier-d'Azergues 69 155 D3
St-Nizier-de-Fornas 42 186 A1
St-Nizier-le-Désert 01 156 B3
St-Nizier-du-Moucherotte 38 189 D2
St-Nizier-sous-Charlieu 42 154 B3
St-Nizier-sur-Arroux 71 138 C2
St-Nolff 56 91 F2
St-Nom-la-Bretèche 78 57 D2
St-Offenge-Dessous 73 173 F2
St-Offenge-Dessus 73 173 F2
St-Omer 62 3 F3
St-Omer 14 52 B1
St-Omer-Capelle 62 3 E2
St-Omer-en-Chaussée 60 33 D1
St-Ondras 38 172 C4
St-Onen-la-Chapelle 35 72 B3
St-Oradoux-de-Chirouze 23 166 C2
St-Oradoux-près-Crocq 23 166 C1
St-Orens 32 229 D2
St-Orens-de-Gameville 31 230 A3
St-Orens-Pouy-Petit 32 211 E4
St-Ost 32 228 A4
St-Ouen 41 98 A2
St-Ouen 93 57 E2
St-Ouen 17 162 A1
St-Ouen 80 17 D1
St-Ouen-l'Aumône 95 57 D1
St-Ouen-le-Brisoult 61 52 C4
St-Ouen-en-Belin 72 96 B2
St-Ouen-en-Brie 77 58 C4
St-Ouen-en-Champagne 72 95 F1
St-Ouen-le-Houx 14 53 E1
St-Ouen-Marchefroy 28 56 A2
St-Ouen-le-Mauger 76 15 E3
St-Ouen-lès-Parey 88 86 B3
St-Ouen-le-Pin 14 30 A4
St-Ouen-la-Rouërie 35 73 E1
St-Ouen-sous-Bailly 76 16 A2
St-Ouen-sur-Gartempe 87 149 D3
St-Ouen-sur-Iton 61 54 C3
St-Ouen-sur-Loire 58 137 E1
St-Ouen-sur-Maire 61 52 C3
St-Ouen-sur-Morin 77 59 D2
St-Ouen-les-Vignes 37 116 B1
St-Ouen-d'Attez 27 55 D2
St-Ouen-d'Aunis 17 145 E2
St-Ouen-de-la-Cour 61 77 D1
St-Ouen-de-Mimbré 72 76 A2
St-Ouen-de-Pontcheuil 27 31 E3
St-Ouen-de-Sécherouvre 61 54 B4
St-Ouen-de-Thouberville 27 31 E2
St-Ouen-des-Alleux 35 73 F2
St-Ouen-des-Besaces 14 28 B4
St-Ouen-des-Champs 27 30 C2
St-Ouen-des-Toits 53 74 B3
St-Ouen-des-Vallons 53 75 D3
St-Ouen-Domprot 51 61 D4
St-Ouen-du-Breuil 76 15 E4

St-Ouen-du-Mesnil-Oger 14 29 E3
St-Ouen-du-Tilleul 27 31 E3
St-Oulph 10 82 C1
St-Ours 73 173 F2
St-Ours 63 167 F1
St-Outrille 18 118 A3
St-Ovin 50 50 C3
St-Oyen 73 174 C3
St-Pabu 29 44 C2
St-Paër 76 31 E1
St-Pair 14 29 E3
St-Pair-du-Mont 14 29 F4
St-Pair-sur-Mer 50 50 B2
St-Pal-de-Chalencon 43 185 F1
St-Pal-de-Mons 43 186 B2
St-Pal-de-Senouire 43 185 E2
St-Palais 64 247 D1
St-Palais 18 119 D3
St-Palais 03 151 D1
St-Palais 33 177 D1
St-Palais-de-Négrignac 17 177 F2
St-Palais-de-Phiolin 17 161 D4
St-Palais-du-Né 16 161 F4
St-Palais-sur-Mer 17 160 B3
St-Pancrace 24 179 E1
St-Pancrace 73 190 B1
St-Pancrasse 38 189 E1
St-Pancré 54 23 D4
St-Pandelon 40 225 E2
St-Pantaléon 84 220 B4
St-Pantaléon 46 213 D1
St-Pantaléon 71 139 D1
St-Pantaléon-les-Vignes 26 204 B4
St-Pantaléon-de-Lapleau 19 182 B1
St-Pantaléon-de-Larche 19 181 D3
St-Pantaly-d'Ans 24 180 A2
St-Pantaly-d'Excideuil 24 180 B2
St-Papoul 11 253 D1
St-Pardon-de-Conques 33 194 C3
St-Pardoult 17 146 B4
St-Pardoux 63 152 B4
St-Pardoux 87 149 E4
St-Pardoux 79 131 D4
St-Pardoux 63 167 E4
St-Pardoux-les-Cards 23 150 C4
St-Pardoux-Corbier 19 181 D1
St-Pardoux-la-Croisille 19 182 A2
St-Pardoux-d'Arnet 23 166 C1
St-Pardoux-de-Drône 24 179 D2
St-Pardoux-du-Breuil 47 195 E4
St-Pardoux-et-Vielvic 24 196 C2
St-Pardoux-Isaac 47 195 F3
St-Pardoux-Morterolles 23 165 F1
St-Pardoux-le-Neuf 23 166 C1
St-Pardoux-le-Neuf 19 166 C3
St-Pardoux-l'Ortigier 19 181 E2
St-Pardoux-la-Rivière 24 163 F4
St-Pardoux-le-Vieux 19 166 C3
St-Pargoire 34 233 F3
St-Parize-le-Châtel 58 137 D2
St-Parize-en-Viry 58 137 E2
St-Parres-aux-Tertres 10 83 D2
St-Parres-lès-Vaudes 10 83 E3
St-Parthem 12 199 E3
St-Pastour 47 196 B4
St-Pastous 65 257 E2
St-Paterne 72 76 B1
St-Paterne-Racan 37 97 D4
St-Pathus 77 34 B4
St-Patrice 37 115 D2
St-Patrice-de-Claids 50 26 C3
St-Patrice-du-Désert 61 52 C4
St-Paul 73 173 E2
St-Paul 61 52 A3
St-Paul 19 182 A2
St-Paul 06 240 B1
St-Paul 33 177 D3
St-Paul 88 86 B2
St-Paul 60 33 D1
St-Paul 65 250 A3
St-Paul 04 207 E3
St-Paul 87 165 D2
St-Paul-aux-Bois 02 35 D1
St-Paul-Cap-de-Joux 81 231 D2
St-Paul-la-Coste 30 218 A2
St-Paul-lès-Dax 40 225 E2
St-Paul-de-Baïse 32 228 A1
St-Paul-de-Fenouillet 66 262 A1
St-Paul-de-Fourques 27 31 D3
St-Paul-de-Jarrat 09 252 B4
St-Paul-de-Loubressac 46 213 E1
St-Paul-de-Salers 15 183 D3
St-Paul-de-Serre 24 179 E3
St-Paul-de-Tartas 43 202 A1
St-Paul-de-Varax 01 156 B3
St-Paul-de-Varces 38 189 D3
St-Paul-de-Vern 46 198 C1
St-Paul-de-Vézelin 42 170 A1
St-Paul-des-Landes 15 182 C4
St-Paul-d'Espis 82 212 B3
St-Paul-d'Izeaux 38 188 C1
St-Paul-d'Oueil 31 258 B3
St-Paul-du-Bois 49 113 F4
St-Paul-du-Vernay 14 28 B3
St-Paul-lès-Durance 13 237 F2
St-Paul-d'Uzore 42 170 A3
St-Paul-en-Born 40 208 B2
St-Paul-en-Chablais 74 159 D1
St-Paul-en-Cornillon 42 186 B1
St-Paul-en-Forêt 83 239 F3
St-Paul-en-Gâtine 79 130 C3
St-Paul-en-Jarez 42 171 D4
St-Paul-en-Pareds 85 130 A2
St-Paul-et-Valmalle 34 234 A3
St-Paul-les-Fonts 30 219 D3
St-Paul-le-Froid 48 201 F2
St-Paul-le-Gaultier 72 75 F2
St-Paul-le-Jeune 07 218 B1
St-Paul-Lizonne 24 178 C1
St-Paul-lès-Monestier 38 189 D4
St-Paul-Mont-Penit 85 128 C2
St-Paul-la-Roche 24 164 B4
St-Paul-lès-Romans 26 188 B3
St-Paul-sur-Isère 73 174 B3
St-Paul-sur-Save 31 229 E2
St-Paul-Trois-Châteaux 26 219 E1
St-Paulet 11 230 C4
St-Paulet-de-Caisson 30 219 D2
St-Paulien 43 185 E3
St-Pavace 72 76 B4
St-Pé-d'Ardet 31 250 B3
St-Pé-de-Bigorre 65 248 C2
St-Pé-de-Léren 64 225 E3
St-Pé-Delbosc 31 250 B1
St-Pé-St-Simon 47 210 C3
St-Pée-sur-Nivelle 64 224 B4
St-Pellerin 28 78 A4
St-Pellerin 50 27 E2
St-Péran 35 72 B4
St-Péravy-la-Colombe 45 99 D1
St-Péravy-Épreux 45 79 E3
St-Péray 07 187 E4
St-Perdon 40 209 E4
St-Perdoux 24 196 A2
St-Perdoux 46 198 C3
St-Père 58 120 A1
St-Père 89 121 E1
St-Père 35 49 F3
St-Père-en-Retz 44 111 D2
St-Père-sur-Loire 45 100 A2
St-Péreuse 58 121 E4
St-Pern 35 72 C2
St-Perreux 56 92 B3
St-Péver 22 47 E3
St-Pey-d'Armens 33 195 D1
St-Pey-de-Castets 33 195 D1
St-Phal 10 83 D4
St-Philbert-de-Bouaine 85 112 A4
St-Philbert-de-Grand-Lieu 44 111 F4
St-Philbert-des-Champs 14 30 B3
St-Philbert-du-Peuple 49 114 C1
St-Philbert-du-Pont-Charrault 85 130 A3
St-Philbert-en-Mauges 49 113 D3
St-Philbert-sur-Boissey 27 31 D3
St-Philbert-sur-Orne 61 52 C2
St-Philbert-sur-Risle 27 30 C2
St-Philibert 21 123 E3
St-Philibert 56 91 D3
St-Philippe-d'Aiguille 33 178 A4
St-Philippe-du-Seignal 33 195 F1
St-Piat 28 56 B4
St-Pierre 04 223 E4
St-Pierre 31 230 B3
St-Pierre 51 60 C1
St-Pierre 15 182 C1
St-Pierre 67 89 D1
St-Pierre 39 142 A3
St-Pierre-à-Arnes 08 37 D2
St-Pierre-à-Champ 79 114 A4
St-Pierre-à-Gouy 80 17 D2
St-Pierre-Aigle 02 35 D2
St-Pierre (Arcs de) 48 216 C2
St-Pierre-Avez 05 221 E1
St-Pierre-Azif 14 29 F2
St-Pierre-Bellevue 23 165 F1
St-Pierre-Bénouville 76 15 E3
St-Pierre-lès-Bitry 60 35 D2
St-Pierre-Bois 67 89 D1
St-Pierre-les-Bois 18 135 F3
St-Pierre-le-Bost 23 151 D1
St-Pierre-la-Bourlhonne 63 169 E3
St-Pierre-Brouck 59 3 E2
St-Pierre-la-Bruyère 61 77 E2
St-Pierre-Canivet 14 52 C1
St-Pierre-lès-Champs 60 32 C2
St-Pierre-le-Chastel 63 167 F2
St-Pierre-Chérignat 23 150 A4
St-Pierre-Colamine 63 168 A4
St-Pierre-la-Cour 53 74 B3
St-Pierre-d'Albigny 73 174 A3
St-Pierre-d'Allevard 38 189 F1
St-Pierre-d'Alvey 73 173 D3
St-Pierre-d'Amilly 17 146 A3
St-Pierre-d'Argençon 05 205 E3
St-Pierre-d'Arthéglise 50 24 C3
St-Pierre-d'Aubézies 32 227 F2
St-Pierre-d'Aurillac 33 194 C3
St-Pierre-d'Autils 27 32 B4
St-Pierre-de-Bailleul 27 32 A4
St-Pierre-de-Bat 33 194 C2
St-Pierre-de-Belleville 73 174 B4
St-Pierre-de-Bœuf 42 187 E1
St-Pierre-de-Bressieux 38 188 B1
St-Pierre-de-Buzet 47 211 D2
St-Pierre-de-Caubel 47 196 A4
St-Pierre-de-Cernières 27 54 B1
St-Pierre-de-Chandieu 69 171 F3
St-Pierre-de-Chartreuse 38 189 E1
St-Pierre-de-Chérennes 38 188 C3
St-Pierre-de-Chevillé 72 97 D3
St-Pierre-de-Chignac 24 180 A3
St-Pierre-de-Clairac 47 211 F2
St-Pierre-de-Côle 24 179 F1
St-Pierre-de-Colombier 07 202 C2
St-Pierre-de-Cormeilles 27 30 B3
St-Pierre-de-Coutances 50 26 C4
St-Pierre-de-Curtille 73 173 E2
St-Pierre-de-la-Fage 34 233 F1
St-Pierre-de-Frugie 24 104 D3
St-Pierre-de-Fursac 23 149 F3
St-Pierre-de-Genebroz 73 173 E4
St-Pierre-de-l'Ile 17 146 B4
St-Pierre-de-Jards 36 118 B4
St-Pierre-de-Juillers 17 146 B4
St-Pierre-de-Lages 31 230 B3
St-Pierre-de-Lamps 36 134 B1
St-Pierre-de-Maillé 86 133 D3
St-Pierre-de-Mailloc 14 30 B4
St-Pierre-de-Manneville 76 31 E2
St-Pierre-de-Méaroz 38 205 F1
St-Pierre-de-Mésage 38 189 E3
St-Pierre-de-Mons 33 194 C3
St-Pierre-de-Nogaret 48 200 C4
St-Pierre-de-Plesguen 35 79 F4
St-Pierre-de-Rivière 09 252 A4
St-Pierre-de-Salerne 27 31 D3
St-Pierre-de-Semilly 50 27 F4
St-Pierre-de-Soucy 73 174 A4
St-Pierre-de-Trivisy 81 231 F2
St-Pierre-de-Varengeville 76 31 E1
St-Pierre-de-Varennes 71 139 E2
St-Pierre-de-Vassols 84 220 A3
St-Pierre-le-Déchausselat 07 202 C4
St-Pierre-dels-Forcats 66 261 E3
St-Pierre-d'Entremont 61 52 A2
St-Pierre-d'Entremont 38 173 E4
St-Pierre-des-Bois 72 96 A1
St-Pierre-des-Champs 11 254 A3
St-Pierre-des-Corps 37 116 A1
St-Pierre-des-Échaubrognes 79 113 E4
St-Pierre-des-Fleurs 27 31 E3
St-Pierre-des-Ifs 14 30 A4
St-Pierre-des-Ifs 27 30 C3
St-Pierre-des-Jonquières 76 16 A2
St-Pierre-des-Landes 53 74 B2
St-Pierre-des-Loges 61 54 A3
St-Pierre-des-Nids 53 76 A1
St-Pierre-des-Ormes 72 76 C2
St-Pierre-des-Tripiers 48 216 C2
St-Pierre-d'Exideuil 86 147 E3
St-Pierre-d'Eyraud 24 195 F1
St-Pierre-d'Irube 64 224 C3
St-Pierre-d'Oléron 17 144 C4
St-Pierre-du-Bosguérard 27 31 E3
St-Pierre-du-Bû 14 52 C2
St-Pierre-du-Champ 43 185 F2
St-Pierre-du-Chemin 85 130 B3
St-Pierre-du-Fresne 14 28 B4
St-Pierre-du-Jonquet 14 29 E3
St-Pierre-du-Lorouër 72 97 D2
St-Pierre-du-Mesnil 27 54 B1
St-Pierre-du-Mont 14 27 F2
St-Pierre-du-Mont 40 209 E4
St-Pierre-du-Mont 58 120 C2
St-Pierre-du-Palais 17 178 A3
St-Pierre-du-Perray 91 58 A4
St-Pierre-du-Regard 61 52 B2
St-Pierre-du-Val 27 30 B2
St-Pierre-du-Vauvray 27 31 F3
St-Pierre-Église 50 25 D2
St-Pierre-lès-Elbeuf 76 31 E3
St-Pierre-en-Faucigny 74 158 C3
St-Pierre-en-Port 76 14 B2
St-Pierre-en-Val 76 16 A1
St-Pierre-en-Vaux 21 122 C4
St-Pierre-les-Étieux 18 136 A2
St-Pierre-Eynac 43 186 A4
St-Pierre-lès-Franqueville 02 20 A2
St-Pierre-la-Garenne 27 32 A4
St-Pierre-Lafeuille 46 197 F4
St-Pierre-Langers 50 50 B2
St-Pierre-Laval 03 153 F3
St-Pierre-Lavis 76 14 C4
St-Pierre-Montlimart 49 113 D2
St-Pierre-le-Moûtier 58 137 D2
St-Pierre-lès-Nemours 77 80 C3
St-Pierre-la-Noaille 42 154 B3
St-Pierre-la-Palud 69 171 D2
St-Pierre-Quiberon 56 90 C3
St-Pierre-la-Rivière 61 53 E2
St-Pierre-Roche 63 167 F2
St-Pierre-la-Roche 07 203 E2
St-Pierre-sur-Dives 14 53 D1
St-Pierre-sur-Doux 07 186 C3
St-Pierre-sur-Dropt 47 195 E3
St-Pierre-sur-Erve 53 75 E4
St-Pierre-sur-l'Hâte 68 88 C2
St-Pierre-sur-Orthe 53 75 F3
St-Pierre-sur-Vence 08 21 E3
St-Pierre-Tarentaine 14 51 F1
St-Pierre-Toirac 46 198 C3
St-Pierre-la-Vieille 14 52 B1
St-Pierre-le-Vieux 85 145 F1
St-Pierre-le-Vieux 71 155 D2
St-Pierre-le-Vieux 76 15 D2
St-Pierre-le-Vieux 48 201 D1
St-Pierre-le-Viger 76 15 D2
St-Pierremont 88 87 E1
St-Pierremont 02 20 A3
St-Pierremont 08 38 A1
St-Pierreville 07 203 E1
St-Pierrevillers 55 39 D2
St-Pilon 83 243 F2
St-Plaisir 03 136 C3
St-Plancard 31 250 B2
St-Planchers 50 50 B2
St-Plantaire 36 150 A1
St-Point 71 155 D2
St-Point-Lac 25 142 C2
St-Pois 50 51 D2
St-Poix 53 94 B1
St-Pol-de-Léon 29 46 A2
St-Pol-sur-Mer 59 3 F1
St-Pol-sur-Ternoise 62 9 E2
St-Polgues 42 170 A1
St-Polycarpe 11 253 E3
St-Pompain 79 146 A1
St-Pompont 24 197 D2
St-Poncy 15 184 B3
St-Pons 04 206 C4
St-Pons 07 203 E3
St-Pons-la-Calm 30 219 D3
St-Pons-de-Mauchiens 34 233 F3
St-Pons-de-Thomières 34 232 B4
St-Pons (Parc-de) 13 243 F2
St-Pont 03 153 D3
St-Porchaire 17 160 C1
St-Porquier 82 212 C4
St-Pôtan 22 49 D3
St-Pouange 10 83 D3
St-Pourçain-sur-Besbre 03 153 E1
St-Pourçain-sur-Sioule 03 153 D2
St-Prancher 88 86 B2
St-Préjet-Armandon 43 185 D2
St-Préjet-d'Allier 43 201 F1
St-Prest 28 78 C1
St-Preuil 16 162 A3
St-Priest 69 171 F2
St-Priest 07 203 E2
St-Priest 23 151 D3
St-Priest-le-Betoux 87 149 E3
St-Priest-Bramefant 63 153 D4
St-Priest-d'Andelot 03 152 C4
St-Priest-de-Gimel 19 181 F2
St-Priest-des-Champs 63 152 A4
St-Priest-en-Jarez 42 170 C4
St-Priest-en-Murat 03 152 B2
St-Priest-la-Feuille 23 149 F3
St-Priest-les-Fougères 24 164 B4
St-Priest-Ligoure 87 164 C3
St-Priest-la-Marche 18 151 D1
St-Priest-Palus 23 165 E1
St-Priest-la-Plaine 23 150 A3
St-Priest-la-Prugne 42 153 F4
St-Priest-la-Roche 42 170 B1
St-Priest-sous-Aixe 87 164 B2
St-Priest-Taurion 87 165 D1
St-Priest-la-Vêtre 42 169 E2
St-Prim 38 171 E4
St-Privat 24 178 C2
St-Privat 07 203 D3
St-Privat 34 233 E2
St-Privat 19 182 B3
St-Privat-d'Allier 43 185 D4
St-Privat-de-Champclos 30 218 C1
St-Privat-de-Vallongue 48 217 F2
St-Privat-des-Vieux 30 218 B2
St-Privat-du-Dragon 43 184 C2
St-Privat-du-Fau 48 201 D1
St-Privat-la-Montagne 57 40 A3
St-Privé 89 101 D3
St-Privé 71 139 E3
St-Prix 95 57 E1
St-Prix 07 187 D4
St-Prix 71 138 C1
St-Prix 03 153 F2
St-Prix-lès-Arnay 21 122 C3
St-Projet 82 213 F1
St-Projet 46 197 F2
St-Projet-de-Salers 15 183 D3
St-Projet-St-Constant 16 163 D2
St-Prouant 85 130 A2
St-Pryvé-St-Mesmin 45 99 E2
St-Puy 32 228 A1
St-Python 59 11 D3
St-Quantin-de-Rançanne 17 161 D4
St-Quay-Perros 22 46 C1
St-Quay-Portrieux 22 48 A2
St-Quentin 02 19 D2
St-Quentin-les-Anges 53 94 C2
St-Quentin-au-Bosc 76 16 A2
St-Quentin-lès-Beaurepaire 49 96 A3
St-Quentin-la-Chabanne 23 166 B1
St-Quentin-les-Chardonnets 61 51 F2
St-Quentin-en-Mauges 49 113 D2
St-Quentin-en-Tourmont 80 8 A3
St-Quentin-en-Yvelines 78 56 C3
St-Quentin-Fallavier 38 172 A3
St-Quentin-les-Marais 51 61 E2
St-Quentin-la-Motte-Croix-au-Bailly 80 8 A4
St-Quentin-le-Petit 08 20 B4
St-Quentin-la-Poterie 30 218 C3
St-Quentin-sur-Charente 16 163 E1
St-Quentin-sur-Coole 51 61 D2
St-Quentin-sur-le-Homme 50 50 C3
St-Quentin-sur-Indrois 37 116 B3
St-Quentin-sur-Isère 38 189 D1
St-Quentin-sur-Nohain 58 120 A2
St-Quentin-sur-Sauxillanges 63 168 C4
St-Quentin-la-Tour 09 252 C3
St-Quentin-lès-Troo 41 97 E2
St-Quentin-le-Verger 51 60 A4
St-Quentin-de-Baron 33 194 C1
St-Quentin-de-Blavou 61 76 C1
St-Quentin-de-Caplong 33 195 E2
St-Quentin-de-Chalais 16 178 B2
St-Quentin-des-Isles 27 30 C4
St-Quentin-des-Prés 60 32 C1
St-Quentin-du-Dropt 47 196 B2
St-Quintin-sur-Sioule 63 152 C3
St-Quirc 09 252 A1
St-Quirin 57 66 A3
St-Rabier 24 180 B3
St-Racho 71 154 C2
St-Rainier 2b 264 B3
St-Rambert-d'Albon 26 187 E2
St-Rambert-en-Bugey 01 156 C4
St-Rambert-sur-Loire 4 170 B4
St-Raphaël 83 239 F3
St-Raphaël 24 180 B2
St-Régis-du-Coin 42 186 C2
St-Règle 37 116 C1
St-Remèze 07 218 C1
St-Remimont 88 86 B2
St-Remimont 54 64 C4
St-Rémy 24 178 C4
St-Rémy 79 146 A1
St-Rémy 71 140 A2
St-Remy 88 88 A1
St-Rémy 14 52 B1
St-Remy 70 106 B2
St-Rémy 12 214 B1
St-Rémy 01 156 B2
St-Rémy 21 103 E3
St-Rémy 19 166 C3
St-Rémy-au-Bois 62 8 C2
St-Rémy-aux-Bois 54 87 D1
St-Rémy-Blanzy 02 35 E3
St-Rémy-Boscrocourt 76 16 A1
St-Remy-la-Calonne 55 39 D4
St-Remy-Chaussée 59 12 B4
St-Rémy-lès-Chevreuse 78 57 D3
St-Rémy-de-Blot 63 152 B4
St-Rémy-de-Chargnat 63 168 C4
St-Rémy-de-Chaudes-Aigues 15 200 C2
St-Rémy-de-Maurienne 73 174 B4
St-Rémy-de-Provence 13 236 B1
St-Rémy-de-Salers 15 183 D3
St-Rémy-de-Sillé 72 75 F3
St-Rémy-des-Landes 50 26 C2
St-Rémy-des-Monts 72 76 C2
St-Remy-du-Nord 59 12 B3
St-Rémy-du-Plain 35 73 E1
St-Rémy-du-Val 72 76 B2
St-Remy-en-Bouzemont-St-Genest-et-Isson 51 61 F4
St-Remy-en-l'Eau 60 33 F1
St-Rémy-en-Mauges 49 112 C2
St-Rémy-en-Montmorillon 86 148 C2
St-Rémy-en-Rollat 03 153 D3
St-Rémy-l'Honoré 78 56 C3
St-Remy-le-Petit 08 36 C2
St-Remy-sous-Barbuise 10 83 D1
St-Remy-sous-Broyes 51 60 A3
St-Rémy-sur-Avre 28 55 E3
St-Remy-sur-Bussy 51 37 E4
St-Rémy-sur-Creuse 86 132 C1
St-Rémy-sur-Durolle 63 169 D1
St-Rémy-la-Vanne 77 59 D2
St-Rémy-la-Varenne 49 114 A1
St-Renan 29 44 C3
St-Restitut 26 219 E1
St-Révérend 85 128 B2
St-Révérien 58 121 D3
St-Rieul 22 48 C4
St-Rigomer-des-Bois 72 76 B2
St-Rimay 41 97 F2
St-Riquier 80 8 C4
St-Riquier-en-Rivière 76 16 B2
St-Riquier-lès-Plains 76 14 C2
St-Rirand 42 154 A4
St-Rivoal 29 45 F4
St-Robert 19 180 C2
St-Robert 47 212 A2
St-Robert (la Chapelle) 24 163 D3
St-Roch 37 115 F1
St-Roch-sur-Égrenne 61 51 F4
St-Rogatien 17 145 D3
St-Roger 08 21 E4
St-Romain 16 178 B2
St-Romain 86 147 F2
St-Romain 63 169 F4
St-Romain 21 123 D4
St-Romain 39 157 E1
St-Romain-les-Atheux 42 186 C1
St-Romain-au-Mont-d'Or 69 171 E1
St-Romain-en-Gal 69 171 E4
St-Romain-en-Gier 69 171 E3
St-Romain-en-Jarez 42 171 D3
St-Romain-en-Viennois 84 220 A2
St-Romain-et-St-Clément 24 180 A1
St-Romain-Lachalm 43 186 C2
St-Romain (Mont) 71 140 A4
St-Romain-la-Motte 42 154 A3
St-Romain-le-Noble 47 212 A2
St-Romain-le-Preux 89 101 F1
St-Romain-le-Puy 42 170 B4
St-Romain (Puy de) 63 168 B3
St-Romain-sous-Gourdon 71 139 E3
St-Romain-sous-Versigny 71 138 C3
St-Romain-sur-Cher 41 117 D2
St-Romain-sur-Gironde 17 160 C4
St-Romain-la-Virvée 33 177 E4
St-Romain-d'Ay 07 187 D2
St-Romain-de-Benet 17 160 C2
St-Romain-de-Colbosc 76 30 B1
St-Romain-de-Jalionas 38 172 B2
St-Romain-de-Lerps 07 187 E4
St-Romain-de-Monpazier 24 196 C2
St-Romain-de-Popey 69 171 D1
St-Romain-de-Surieu 38 187 E1
St-Romain-des-Iles 71 155 E3
St-Romain-d'Urfé 42 169 E1
St-Roman 26 205 D2
St-Roman (Abbaye de) 34 235 F1
St-Roman-de-Codières 30 217 E4
St-Roman-de-Malegarde 84 219 F1
St-Romans 38 188 C3
St-Romans-des-Champs 79 146 B2
St-Romans-lès-Melle 79 146 C2
St-Rome 31 230 B4
St-Rome-de-Cernon 12 216 A4
St-Rome-de-Dolan 48 216 B2
St-Rome-de-Tarn 12 216 A3
St-Romphaire 50 27 E4
St-Rustice 31 229 F1
St-Saëns 76 15 F4
St-Saire 76 16 A3
St-Salvadou 12 214 B2
St-Salvadour 19 181 F1
St-Salvi-de-Carcavès 81 232 A1
St-Salvy 47 21 E1
St-Salvy-de-la-Balme 81 231 F3
St-Samson 53 75 F1
St-Samson 14 29 E3
St-Samson 56 71 E3
St-Samson-la-Poterie 60 16 C4
St-Samson-sur-Rance 22 49 E4
St-Samson-de-Bonfossé 50 27 E4
St-Samson-de-la-Roque 27 30 C1
St-Sandoux 63 168 B3
St-Santin 12 199 D3
St-Santin-Cantalès 15 182 C4
St-Santin-de-Maurs 15 199 D3
St-Sardos 47 211 E1
St-Sardos 82 212 C4
St-Satur 18 119 F2
St-Saturnin 15 183 E2
St-Saturnin 63 168 B3
St-Saturnin 51 60 B4

St-Saturnin 72 76 B4
St-Saturnin 48 201 D4
St-Saturnin 18 135 E4
St-Saturnin 16 162 B3
St-Saturnin 34 233 F2
St-Saturnin-lès-Avignon 84 219 F4
St-Saturnin-sur-Loire 49 114 A1
St-Saturnin-d'Apt 84 220 C4
St-Saturnin-de-Lenne 12 200 C4
St-Saturnin-du-Bois 17 146 A3
St-Saturnin-du-Limet 53 94 B2
St-Saud-Lacoussière 24 164 A4
St-Sauflieu 80 17 E3
St-Saulge 58 121 D4
St-Saulve 59 11 E2
St-Saury 15 199 D1
St-Sauvant 17 161 E2
St-Sauvant 86 147 D1
St-Sauves-d'Auvergne 63 167 E3
St-Sauveur 29 45 F3
St-Sauveur 31 229 F2
St-Sauveur 79 131 D2
St-Sauveur 60 34 B2
St-Sauveur 24 196 B1
St-Sauveur 86 132 C2
St-Sauveur 05 207 D3
St-Sauveur 70 107 D2
St-Sauveur 38 188 C3
St-Sauveur 21 124 B1
St-Sauveur 80 17 E2
St-Sauveur 33 176 C2
St-Sauveur 54 66 A4
St-Sauveur-lès-Bray 77 81 E1
St-Sauveur-d'Aunis 17 145 E2
St-Sauveur-de-Carrouges 61 53 D4
St-Sauveur-de-Cruzières 07 218 B1
St-Sauveur-de-Flée 49 94 C2
St-Sauveur-de-Ginestoux 48 201 F2
St-Sauveur-de-Landemont 49 112 C2
St-Sauveur-de-Meilhan 47 195 D4
St-Sauveur-de-Montagut 07 203 E1
St-Sauveur-de-Peyre 48 201 D3
St-Sauveur-de-Pierrepont 50 26 C2
St-Sauveur-de-Puynormand 33 178 B4
St-Sauveur-d'Émalleville 76 14 B4
St-Sauveur-des-Landes 35 73 F2
St-Sauveur-des-Pourcils 30 217 D3
St-Sauveur-en-Puisaye 89 101 F3
St-Sauveur-en-Rue 42 186 C2
St-Sauveur-en-Diois 26 204 B2
St-Sauveur-Gouvernet 26 220 C1
St-Sauveur-Lalande 24 178 C4
St-Sauveur-Lendelin 50 27 D3
St-Sauveur-Marville 28 55 E4
St-Sauveur-la-Pommeraye 50 50 C2
St-Sauveur-la-Sagne 63 185 D1
St-Sauveur-sur-École 77 80 B1
St-Sauveur-sur-Tinée 06 223 F2
St-Sauveur-la-Vallée 46 198 A3
St-Sauveur-le-Vicomte 50 24 C3
St-Sauvier 03 151 D1
St-Sauvy 32 228 C2
St-Savin 38 172 B3
St-Savin 33 177 E3
St-Savin 86 133 D4
St-Savin 65 257 D2
St-Savinien 17 161 D1
St-Saviol 86 147 E3
St-Savournin 13 243 E2
St-Sébastien 23 149 F1
St-Sébastien 38 205 E1
St-Sébastien-sur-Loire 44 112 A2
St-Sébastien-d'Aigrefeuille 30 218 A3
St-Sébastien-de-Morsent 27 55 E1
St-Sébastien-de-Raids 50 27 D3
St-Secondin 86 148 A2
St-Ségal 29 69 D1
St-Séglin 35 92 C1
St-Seine 58 138 B2
St-Seine-l'Abbaye 21 123 D1
St-Seine-en-Bâche 21 124 B3
St-Seine-sur-Vingeanne 21 105 E4
St-Selve 33 194 B2
St-Senier-de-Beuvron 50 50 C4
St-Senier-sous-Avranches 50 50 C3
St-Senoch 37 116 B4
St-Senoux 35 93 D1
St-Sériès 34 234 C2
St-Sernin 07 203 D3
St-Sernin 11 252 B2
St-Sernin 47 195 F2
St-Sernin-lès-Lavaur 81 231 D3
St-Sernin-sur-Rance 12 232 A1
St-Sernin-du-Bois 71 139 E2
St-Sernin-du-Plain 71 139 F1
St-Sérotin 89 81 E3
St-Servais 22 46 C4
St-Servais 29 45 F2
St-Servant 56 71 F4
St-Setiers 19 166 B3
St-Seurin-sur-l'Isle 33 178 B4
St-Seurin-de-Bourg 33 177 D3
St-Seurin-de-Cadourne 33 176 C1
St-Seurin-de-Cursac 33 177 D2
St-Seurin-de-Palenne 17 161 E3
St-Seurin-de-Prats 24 195 E1
St-Sève 33 195 D3
St-Sever 40 226 B1
St-Sever-Calvados 14 51 E2
St-Sever-de-Rustan 65 249 E1
St-Sever-de-Saintonge 17 161 E2
St-Sever-du-Moustier 12 232 B2
St-Sever (Forêt de) 14 51 E2
St-Séverin 16 178 C2
St-Séverin-sur-Boutonne 17 146 B3
St-Séverin-d'Estissac 24 179 D3
St-Siffret 30 218 C3
St-Sigismond 74 159 D3
St-Sigismond 49 113 D1
St-Sigismond 45 99 D1
St-Sigismond 85 145 F1
St-Sigismond-de-Clermont 17 161 E4
St-Silvain-Bas-le-Roc 23 151 D2
St-Silvain-Bellegarde 23 151 D4
St-Silvain-Montaigut 23 150 A3
St-Silvain-sous-Toulx 23 151 D2
St-Siméon 77 59 D2
St-Siméon 61 74 C1
St-Siméon 27 30 C3
St-Siméon-de-Bressieux 38 188 B1
St-Simeux 16 162 B3
St-Simon 15 183 D4
St-Simon 46 198 B2
St-Simon 16 162 B3
St-Simon 02 19 D3
St-Simon-de-Bordes 17 177 E1
St-Simon-de-Pellouaille 17 161 D3
St-Sixt 74 158 B3
St-Sixte 47 212 A3
St-Sixte 42 170 A2
St-Solen 22 49 E4
St-Solve 19 181 D2
St-Sorlin 69 171 D3
St-Sorlin-en-Bugey 01 172 B1
St-Sorlin-en-Valloire 26 187 F2
St-Sorlin-d'Arves 73 190 B2
St-Sorlin-de-Conac 17 177 D1
St-Sorlin-de-Morestel 38 172 C3
St-Sorlin-de-Vienne 38 171 F4
St-Sornin 03 152 B1
St-Sornin 85 129 E4
St-Sornin 16 163 D2
St-Sornin 17 160 B2
St-Sornin-Lavolps 19 181 D1
St-Sornin-Leulac 87 149 E3
St-Sornin-la-Marche 87 148 C3
St-Soulan 32 228 C3
St-Souplet 59 19 E1
St-Souplet-sur-Py 51 37 D3
St-Soupplets 77 58 B1
St-Sozy 46 198 A1
St-Stail 88 88 B1
St-Suliac 35 49 E3
St-Sulpice 41 98 B4
St-Sulpice 81 230 B2
St-Sulpice 58 120 C4
St-Sulpice 01 156 A2
St-Sulpice 63 167 E3
St-Sulpice 46 198 B3
St-Sulpice 73 173 E3
St-Sulpice 60 33 E2
St-Sulpice 70 107 D3
St-Sulpice 49 114 A1
St-Sulpice 53 95 D1
St-Sulpice 07 219 D1
St-Sulpice-les-Bois 19 166 B3
St-Sulpice-les-Champs 23 150 C4
St-Sulpice-d'Arnoult 17 160 C1
St-Sulpice-de-Cognac 16 161 E2
St-Sulpice-de-Faleyrens 33 194 C1
St-Sulpice-de-Favières 91 57 E4
St-Sulpice-de-Graimbouville 27 30 B2
St-Sulpice-de-Guilleragues 33 195 E3
St-Sulpice-de-Mareuil 24 163 E4
St-Sulpice-de-Pommiers 33 195 D2
St-Sulpice-de-Roumagnac 24 179 D2
St-Sulpice-de-Royan 17 160 B2
St-Sulpice-de-Ruffec 16 163 D1
St-Sulpice-des-Landes 44 94 A4
St-Sulpice-des-Landes 35 93 E2
St-Sulpice-des-Rivoires 38 173 D4
St-Sulpice-d'Excideuil 24 180 A1
St-Sulpice-le-Dunois 23 150 A2
St-Sulpice-en-Pareds 85 130 A3
St-Sulpice-et-Cameyrac 33 177 E4
St-Sulpice-les-Feuilles 87 149 E2
St-Sulpice-la-Forêt 35 73 E3
St-Sulpice-le-Guérétois 23 150 B3
St-Sulpice-Laurière 87 149 F4
St-Sulpice-sur-Lèze 31 251 F1
St-Sulpice-sur-Risle 61 54 B2
St-Sulpice-le-Verdon 85 129 D1
St-Supplet 54 39 E2
St-Sylvain 14 29 E4
St-Sylvain 19 181 F3
St-Sylvain 76 15 D2
St-Sylvain-d'Anjou 49 95 E4
St-Sylvestre 74 173 F1
St-Sylvestre 87 149 E4
St-Sylvestre 07 187 E4
St-Sylvestre-Cappel 59 4 B3
St-Sylvestre-de-Cormeilles 27 30 B3
St-Sylvestre-Pragoulin 63 153 D4
St-Sylvestre-sur-Lot 47 212 A1
St-Symphorien 35 72 C2
St-Symphorien 33 194 B4
St-Symphorien 18 135 F2
St-Symphorien 72 75 F4
St-Symphorien 04 221 F2
St-Symphorien 79 146 B2
St-Symphorien 48 201 F1
St-Symphorien 27 30 C2
St-Symphorien-les-Buttes 50 27 F4
St-Symphorien-le-Château 28 79 D1
St-Symphorien-sous-Chomérac 07 203 F2
St-Symphorien-sur-Coise 69 170 C3
St-Symphorien-sur-Couze 87 149 E4
St-Symphorien-sur-Saône 21 124 A3
St-Symphorien-le-Valois 50 26 C2
St-Symphorien-d'Ancelles 71 155 E2
St-Symphorien-de-Lay 42 170 B1
St-Symphorien-de-Mahun 07 187 D3
St-Symphorien-de-Marmagne 71 139 D2
St-Symphorien-de-Thénières 12 200 A2
St-Symphorien-des-Bois 71 154 C2
St-Symphorien-des-Bruyères 61 54 B2
St-Symphorien-des-Monts 50 51 E4
St-Symphorien-d'Ozon 69 171 F3
St-Thégonnec 29 46 A3
St-Thélo 22 71 D2
St-Théodorit 30 218 A4
St-Théoffrey 38 189 E4
St-Thibaud-de-Couz 73 173 E4
St-Thibault 60 16 C3
St-Thibault 21 122 C2
St-Thibault 10 83 D3
St-Thibault-des-Vignes 77 58 B2
St-Thibaut 02 35 F3
St-Thibéry 34 233 F4
St-Thiébaud 39 125 D4
St-Thiébault 52 85 F3
St-Thierry 51 36 B2
St-Thois 29 69 E2
St-Thomas 31 229 E3
St-Thomas 02 36 A1
St-Thomas-de-Conac 17 177 D1
St-Thomas-de-Courceriers 53 75 F2
St-Thomas de Pastoreccia 2B 265 E4
St-Thomas-en-Argonne 51 37 F3
St-Thomas-en-Royans 26 188 B3
St-Thomas-la-Garde 42 170 B3
St-Thomé 07 203 E4
St-Thonan 29 45 E2
St-Thual 35 72 C2
St-Thurial 35 72 C4
St-Thuriau 56 70 D4
St-Thurien 27 30 C2
St-Thurien 29 69 F3
St-Thurin 42 169 E2
St-Tricat 62 3 D2
St-Trimoël 22 71 F1
St-Trinit 84 220 C3
St-Trivier-de-Courtes 01 140 B4
St-Trivier-sur-Moignans 01 155 F3
St-Trojan 33 177 D3
St-Trojan-les-Bains 17 160 A1
St-Tropez 83 245 E1
St-Tugdual 56 70 B3
St-Tugen 29 68 A2
St-Ulphace 72 77 E3
St-Ulrich 68 108 B3
St-Uniac 35 72 B3
St-Urbain 52 85 D1
St-Urbain 85 128 B1
St-Urbain 29 45 E3
St-Urcisse 47 212 A2
St-Urcisse 81 213 E4
St-Urcize 15 200 C2
St-Ursin 50 50 C2
St-Usage 10 84 A4
St-Usage 21 124 A3
St-Usuge 71 140 C3
St-Utin 51 61 E4
St-Uze 26 187 E2
St-Vaast-de-Longmont 60 34 B3
St-Vaast-d'Équiqueville 76 15 F2
St-Vaast-Dieppedalle 76 15 D3
St-Vaast-du-Val 76 15 E3
St-Vaast-en-Auge 14 29 F2
St-Vaast-en-Cambrésis 59 11 D4
St-Vaast-en-Chaussée 80 17 E1
St-Vaast-la-Hougue 50 25 E2
St-Vaast-lès-Mello 60 33 F3
St-Vaast-sur-Seulles 14 28 C3
St-Vaize 17 161 D2
St-Valbert 70 107 D1
St-Valentin 36 134 C1
St-Valérien 89 81 E3
St-Valérien 85 130 A4
St-Valery 60 16 C3
St-Valery-en-Caux 76 15 D2
St-Valery-sur-Somme 80 8 B4
St-Vallerin 71 139 F3
St-Vallier 16 178 B2
St-Vallier 26 187 E2
St-Vallier 71 139 E3
St-Vallier 88 87 D2
St-Vallier-de-Thiey 06 239 F1
St-Vallier-sur-Marne 52 105 E2
St-Varent 79 131 E1
St-Vaury 23 150 A3
St-Venant 62 4 B4
St-Vénérand 43 201 F1
St-Vérain 58 120 A1
St-Véran 05 207 E2
St-Vérand 71 155 E2
St-Vérand 38 188 B2
St-Vérand 69 171 D1
St-Vert 43 185 D1
St-Viance 19 181 D2
St-Viâtre 41 99 E4
St-Viaud 44 111 D2
St-Victeur 72 76 A2
St-Victor 15 182 C4
St-Victor 03 151 F1
St-Victor 07 187 D3
St-Victor 24 179 D2
St-Victor-l'Abbaye 76 15 F3
St-Victor-la-Coste 30 219 D3
St-Victor-de-Buthon 28 77 F1
St-Victor-de-Cessieu 38 172 B3
St-Victor-de-Chrétienville 27 30 C4
St-Victor-de-Malcap 30 218 B2
St-Victor-de-Morestel 38 172 C2
St-Victor-de-Réno 61 T E1
St-Victor-d'Épine 27 30 C3
St-Victor-des-Oules 30 218 C3
St-Victor-en-Marche 23 150 B3
St-Victor-et-Melvieu 12 215 F3
St-Victor-Malescours 43 186 B2
St-Victor-Montvianeix 63 169 D1
St-Victor-la-Rivière 63 167 F4
St-Victor-Rouzaud 09 252 A3
St-Victor-sur-Arlanc 43 185 E1
St-Victor-sur-Avre 27 54 C3
St-Victor-sur-Loire 42 170 B4
St-Victor-sur-Ouche 21 123 D2
St-Victor-sur-Rhins 42 154 C4
St-Victoret 13 237 D4
St-Victour 19 166 C4
St-Victurnien 87 164 B1
St-Vidal 43 185 E3
St-Vigor 27 31 F4
St-Vigor-des-Mézerets 14 52 A1
St-Vigor-des-Monts 50 51 D1
St-Vigor-d'Ymonville 76 30 B1
St-Vigor-le-Grand 14 28 C2
St-Vincent 82 213 E2
St-Vincent 31 230 C4
St-Vincent 64 248 C2
St-Vincent 63 168 B4
St-Vincent 15 183 D2
St-Vincent 43 185 F3
St-Vincent-Bragny 71 138 C4
St-Vincent-la-Châtre 79 147 D2
St-Vincent-la-Commanderie 26 188 B4
St-Vincent-Cramesnil 76 30 B1
St-Vincent-de-Barbeyrargues 34 234 B2
St-Vincent-de-Barrès 07 203 F2
St-Vincent-de-Boisset 42 154 B4
St-Vincent-de-Connezac 24 179 D3
St-Vincent-de-Cosse 24 197 D1
St-Vincent-de-Durfort 07 203 E1
St-Vincent-de-Lamontjoie 47 211 E3
St-Vincent-de-Mercuze 38 189 F1
St-Vincent-de-Paul 33 177 E4
St-Vincent-de-Paul 40 225 E1
St-Vincent-de-Pertignas 33 195 D1
St-Vincent-de-Reins 69 155 D3
St-Vincent-de-Tyrosse 40 224 C2
St-Vincent-des-Bois 27 32 A4
St-Vincent-des-Landes 44 93 F3
St-Vincent-des-Prés 72 76 C2
St-Vincent-des-Prés 71 139 E4
St-Vincent-d'Olargues 34 232 C3
St-Vincent-du-Boulay 27 30 C4
St-Vincent-du-Lorouër 72 97 D2
St-Vincent-du-Pendit 46 198 C1
St-Vincent-en-Bresse 71 140 B3
St-Vincent-les-Forts 04 206 C4
St-Vincent (Gorge de) 15 183 D3
St-Vincent-Jalmoutiers 24 178 C2
St-Vincent-Lespinasse 82 212 B3
St-Vincent-le-Paluel 24 197 E1
St-Vincent-Puymaufrais 85 129 F3
St-Vincent-Rive-d'Olt 46 197 E4
St-Vincent-Sterlanges 85 129 F2
St-Vincent-sur-Graon 85 129 D4
St-Vincent-sur-l'Isle 24 180 A2
St-Vincent-sur-Jabron 04 221 E2
St-Vincent-sur-Jard 85 144 B1
St-Vincent-sur-Oust 56 92 B2
St-Vinnemer 89 103 D2
St-Vit 25 125 D3
St-Vital 73 174 B3
St-Vite 47 196 C4
St-Vitte 18 136 A4
St-Vitte-sur-Briance 87 165 D3
St-Vivien 24 195 E1
St-Vivien 17 145 D3
St-Vivien-de-Blaye 33 177 E3
St-Vivien-de-Médoc 33 160 B4
St-Vivien-de-Monségur 33 195 E3
St-Voir 03 153 E1
St-Vougay 29 45 F2
St-Vrain 91 57 E4
St-Vrain 51 62 A3
St-Vran 22 71 F2
St-Vulbas 01 172 B1
St-Waast 59 11 F3
St-Wandrille-Rançon 76 31 E1
St-Witz 95 34 A4
St-Xandre 17 145 D2
St-Yaguen 40 209 D4
St-Yan 71 154 B1
St-Ybard 19 181 D1
St-Ybars 09 251 F2
St-Yon 91 57 D4
St-Yorre 03 153 E4
St-Yrieix-les-Bois 23 150 B3
St-Yrieix-le-Déjalat 19 166 A4
St-Yrieix-la-Montagne 23 166 A1
St-Yrieix-la-Perche 87 164 C4
St-Yrieix-sous-Aixe 87 164 B1
St-Yrieix-sur-Charente 16 162 B2
St-Ythaire 71 139 F4
St-Yvi 29 69 E3
St-Yvoine 63 168 B3
St-Yzan-de-Soudiac 33 177 E3
St-Yzans-de-Médoc 33 176 C1
St-Zacharie 83 243 F2
Ste-Adresse 76 30 A1
Ste-Agathe 63 169 D2
Ste-Agathe-la-Bouteresse 42 170 A2
Ste-Agathe-d'Aliermont 76 16 A2
Ste-Agathe-en-Donzy 42 170 C1
Ste-Agnès 39 141 D3
Ste-Agnès 38 189 F2
Ste-Agnès 06 241 E3
Ste-Alauzie 46 213 D1
Ste-Alvère 24 179 F4
Ste-Anastasie 30 218 C4
Ste-Anastasie 15 184 A3
Ste-Anastasie-sur-Issole 83 244 B1
Ste-Anne 25 125 E4
Ste-Anne 32 229 D2
Ste-Anne 41 98 A2
Ste-Anne (Col) 13 243 E2
Ste-Anne-d'Auray 56 91 D2
Ste-Anne-la-Palud 29 68 C2
Ste-Anne-St-Priest 87 165 E2
Ste-Anne-sur-Brivet 44 92 C4
Ste-Anne-sur-Gervonde 38 172 B4
Ste-Anne-sur-Vilaine 35 93 D2
Ste-Aulde 77 59 D1
Ste-Aurence-Cazaux 32 228 A4
Ste-Austreberthe 62 9 D2
Ste-Austreberthe 76 15 E4
Ste-Barbe 88 87 F1
Ste-Barbe 57 40 B3
Ste-Barbe 56 70 A3
Ste-Barbe-sur-Gaillon 27 32 A3
Ste-Baume (Gorge de la) 07 203 E4
Ste Baume (Massif de la) 13,83 238 A4
Ste-Bazeille 47 195 E3
Ste-Beuve-en-Rivière 76 16 B3
Ste-Blandine 79 146 C2
Ste-Blandine 38 172 C3
Ste-Brigitte 56 70 C2
Ste-Camelle 11 252 C1
Ste-Catherine 2B 264 C2
Ste-Catherine 63 169 D4
Ste-Catherine 69 171 D3
Ste-Catherine 62 10 A3
Ste-Catherine-de-Fierbois 37 115 F3
Ste-Cécile 71 155 E1
Ste-Cécile 85 129 F2
Ste-Cécile 36 117 F3
Ste-Cécile 50 51 D2
Ste-Cécile-d'Andorge 30 218 A2
Ste-Cécile-du-Cayrou 81 213 F4
Ste-Cécile-les-Vignes 84 219 E2
Ste-Céronne-lès-Mortagne 61 54 B4
Ste-Cérotte 72 97 E1
Ste-Christie 32 228 B2
Ste-Christie-d'Armagnac 32 227 E1
Ste-Christine 85 146 A1
Ste-Christine 49 113 D2
Ste-Christine 63 152 B4
Ste-Christine 2B 267 F1
Ste-Colombe 58 120 B2
Ste-Colombe 50 25 D3
Ste-Colombe 69 171 E4
Ste-Colombe 66 262 B2
Ste-Colombe 77 59 D4
Ste-Colombe 46 198 C2
Ste-Colombe 05 221 D1
Ste-Colombe 25 142 C1
Ste-Colombe 40 226 B2
Ste-Colombe 35 93 F1
Ste-Colombe 16 162 C1
Ste-Colombe 89 103 D4
Ste-Colombe 17 177 F2
Ste-Colombe 33 195 D1
Ste-Colombe 21 122 C1
Ste-Colombe 76 15 D3
Ste-Colombe-la-Campagne 27 32 A4
Ste-Colombe-la-Commanderie 27 31 E4
Ste-Colombe-de-Duras 47 195 E2
Ste-Colombe-de-Peyre 48 201 D2
Ste-Colombe-de-Villeneuve 47 211 F1
Ste-Colombe-en-Bruilhois 47 211 E2
Ste-Colombe-sur-Gand 42 170 C1
Ste-Colombe-sur-Guette 11 261 F1
Ste-Colombe-sur-l'Hers 11 252 C4
Ste-Colombe-sur-Loing 89 101 F4
Ste-Colombe-sur-Seine 21 103 F2
Ste-Colome 64 248 B2
Ste-Consorce 69 171 D2
Ste-Croix 71 140 C3
Ste-Croix 26 204 C2
Ste-Croix 01 172 A1
Ste-Croix 81 214 B4
Ste-Croix 46 212 C1
Ste-Croix 02 36 A1
Ste-Croix 24 196 C2
Ste-Croix 12 198 C4
Ste-Croix-à-Lauze 04 221 D4
Ste-Croix-aux-Mines 68 88 C2
Ste-Croix-de-Caderle 30 217 F3
Ste-Croix-de-Mareuil 24 163 D4
Ste-Croix-de-Quintillargues 34 234 B1
Ste-Croix-de-Verdon 04 238 C1
Ste-Croix-du-Mont 33 194 C3
Ste-Croix-en-Jarez 42 171 D4
Ste-Croix-en-Plaine 68 89 D4
Ste-Croix-Grand-Tonne 14 28 C3
Ste-Croix-Hague 50 24 C2
Ste-Croix (Lac de) 04,83 238 C1
Ste-Croix-sur-Aizier 27 30 C2
Ste-Croix-sur-Buchy 76 32 A1
Ste-Croix-sur-Mer 14 28 C2
Ste-Croix-sur-Orne 61 52 C2
Ste-Croix-Vallée-Française 48 217 E2
Ste-Croix-Volvestre 09 251 E2
Ste-Dode 32 228 A4
Ste-Eanne 79 146 C1
Ste-Engrâce 64 247 E3
Ste-Enimie 48 217 D1
Ste-Eugénie-de-Villeneuve 43 185 D3
Ste-Eulalie 33 177 E4
Ste-Eulalie 11 253 E2
Ste-Eulalie 48 201 E2
Ste-Eulalie 07 202 C1
Ste-Eulalie-d'Ans 24 180 B2
Ste-Eulalie-de-Cernon 12 216 B4
Ste-Eulalie-d'Eymet 24 195 F2
Ste-Eulalie-d'Olt 12 200 B4
Ste-Eulalie-en-Born 40 208 B1
Ste-Eulalie-en-Royans 26 188 C3
Ste-Euphémie 01 155 E4
Ste-Euphémie-sur-Ouvèze 26 220 C1
Ste-Eusoye 60 17 E4
Ste-Fauste 36 135 D2
Ste-Féréole 19 181 D2
Ste-Feyre 23 150 B3
Ste-Feyre-la-Montagne 23 166 C1
Ste-Flaive-des-Loups 85 129 D3
Ste-Florence 33 195 D1
Ste-Florence 85 129 F2
Ste-Florine 43 184 C1
Ste-Foi 09 252 C2
Ste-Fortunade 19 181 F2
Ste-Foy 40 209 F4
Ste-Foy 71 154 B2
Ste-Foy 76 15 F3
Ste-Foy 85 128 C3
Ste-Foy-l'Argentière 69 170 C2
Ste-Foy-d'Aigrefeuille 31 230 B3
Ste-Foy-de-Belvès 24 197 D2
Ste-Foy-de-Longas 24 179 F4
Ste-Foy-de-Montgommery 14 53 E1
Ste-Foy-de-Peyrolières 31 229 E4
Ste-Foy-la-Grande 33 195 E1
Ste-Foy-la-Longue 33 194 C3
Ste-Foy-lès-Lyon 69 171 E2
Ste-Foy-St-Sulpice 42 170 B2
Ste-Foy-Tarentaise 73 175 E3
Ste-Gauburge-Ste-Colombe 61 54 A3
Ste-Gemme 81 214 C3
Ste-Gemme 51 35 F4
Ste-Gemme 32 228 C1
Ste-Gemme 33 195 D3
Ste-Gemme 79 131 D1
Ste-Gemme 36 134 A2
Ste-Gemme 17 160 C2
Ste-Gemme-en-Sancerrois 18 119 F1
Ste-Gemme-Martaillac 47 210 C1
Ste-Gemme-Moronval 28 56 A3
Ste-Gemme-la-Plaine 85 129 F4
Ste-Gemmes 41 98 B2
Ste-Gemmes-d'Andigné 49 94 C3
Ste-Gemmes-le-Robert 53 75 E3
Ste-Gemmes-sur-Loire 49 113 F1
Ste-Geneviève 60 33 E3
Ste-Geneviève 50 25 E2
Ste-Geneviève 54 64 B2
Ste-Geneviève 02 20 B3
Ste-Geneviève 76 16 A4
Ste-Geneviève-des-Bois 91 57 E4
Ste-Geneviève-des-Bois 45 101 D2
Ste-Geneviève-lès-Gasny 27 32 B4
Ste-Geneviève-sur-Argence 12 200 A2

Ste-Germaine 10 84 B3
Ste-Hélène 33 176 C4
Ste-Hélène 71 139 F2
Ste-Hélène 48 201 F4
Ste-Hélène 88 87 F2
Ste-Hélène 56 90 C2
Ste-Hélène-Bondeville 76 14 B3
Ste-Hélène-du-Lac 73 173 F4
Ste-Hélène-sur-Isère 73 174 B3
Ste-Hermine 85 129 F3
Ste-Honorine-la-Chardonne 61 52 B2
Ste-Honorine-de-Ducy 14 28 B3
Ste-Honorine-des-Pertes 14 28 B2
Ste-Honorine-du-Fay 14 28 C4
Ste-Honorine-la-Guillaume 61 52 C2
Ste-Innocence 24 195 F2
Ste-Jalle 26 220 B1
Ste-Jamme-sur-Sarthe 72 76 B3
Ste-Julie 01 172 B1
Ste-Juliette 82 212 C2
Ste-Juliette-sur-Viaur 12 215 D2
Ste-Léocadie 66 261 D4
Ste-Lheurine 17 161 E4
Ste-Livière 51 62 A4
Ste-Livrade 31 229 E2
Ste-Livrade-sur-Lot 47 196 B4
Ste-Lizaigne 36 118 B4
Ste-Luce 38 205 F1
Ste-Luce-sur-Loire 44 112 A2
Ste-Lucie 2B 65 E2
Ste-Lucie-de-Tallano 2a 269 D2
Ste-Lunaise 18 135 F1
Ste-Magnance 89 122 A1
Ste-Marguerite 88 88 B2
Ste-Marguerite 43 185 D2
Ste-Marguerite-de-l'Autel 27 54 C2
Ste-Marguerite-de-Carrouges 61 52 C4
Ste-Marguerite-de-Viette 14 53 E1
Ste-Marguerite-d'Elle 14 27 F3
Ste-Marguerite-des-Loges 14 53 E1
Ste-Marguerite-en-Ouche 27 54 B1
Ste-Marguerite-Lafigère 07 202 B4
Ste-Marguerite-sur-Duclair 76 31 D1
Ste-Marguerite-sur-Fauville 76 14 C3
Ste-Marguerite-sur-Mer 76 15 E2
Ste-Marie 25 107 E4
Ste-Marie 35 92 C2
Ste-Marie 32 228 C2
Ste-Marie 08 37 E2
Ste-Marie 65 258 B2
Ste-Marie 58 120 C3
Ste-Marie 05 205 D4
Ste-Marie 66 263 D2
Ste-Marie 44 110 C3
Ste-Marie 15 200 B1
Ste-Marie-à-Py 51 37 E3
Ste-Marie-au-Bosc 76 14 A3
Ste-Marie-aux-Anglais 14 29 F4
Ste-Marie-aux-Chênes 57 39 F3
Ste-Marie-aux-Mines 68 88 C2
Ste-Marie-la-Blanche 21 123 E4
Ste-Marie-Cappel 59 4 B3
Ste-Marie (Col de) 68,88 88 C2
Ste-Marie-d'Alloix 38 189 F1
Ste-Marie-d'Alvey 73 173 D3
Ste-Marie-de-Chignac 24 179 F3
Ste-Marie-de-Cuines 73 190 B1
Ste-Marie-de-Gosse 40 225 D3
Ste-Marie-de-Ré 17 144 C3
Ste-Marie-de-Vatimesnil 27 32 B3
Ste-Marie-de-Vaux 87 164 B1
Ste-Marie-des-Champs 76 15 D4
Ste-Marie-des-Chazes 43 185 D3
Ste-Marie-du-Bois 50 51 E4
Ste-Marie-du-Bois 53 75 E1
Ste-Marie-du-Lac-Nuisement 51 61 F4
Ste-Marie-du-Menez-Hom 29 68 C1
Ste-Marie-du-Mont 38 173 E4
Ste-Marie-du-Mont 50 25 E4
Ste-Marie-en-Chanois 70 107 D1
Ste-Marie-en-Chaux 70 106 C2
Ste-Marie-Kerque 62 3 E2
Ste-Marie-Lapanouze 19 182 C1
Ste-Marie-Laumont 14 51 E1
Ste-Marie-Outre-l'Eau 14 51 E1
Ste-Marie-la-Robert 61 52 C4
Ste-Marie-sur-Ouche 21 123 D2
Ste-Marthe 47 195 E4
Ste-Marthe 27 55 D1
Ste-Maure 10 83 D2
Ste-Maure-de-Peyriac 47 210 C3
Ste-Maure-de-Touraine 37 115 F4
Ste-Maxime 83 245 E1
Ste-Même 17 161 E1
Ste-Menehould 51 38 A4
Ste-Mère 32 211 F4
Ste-Mère-Église 50 25 D3
Ste-Mesme 78 79 E1
Ste-Mondane 24 197 E1
Ste-Montaine 18 118 C1
Ste-Mulders (Chapelle) 62 3 F3
Ste-Nathalène 24 197 E1
Ste-Néomaye 79 146 C1
Ste-Odile (Mont) 67 66 C4
Ste-Olive 01 155 F4
Ste-Opportune 61 52 B3
Ste-Opportune-du-Bosc 27 31 D3
Ste-Opportune-la-Mare 27 30 C2
Ste-Orse 24 180 B2
Ste-Osmane 72 97 D2
Ste-Ouenne 79 146 B1
Ste-Pallaye 89 102 B3
Ste-Paule 69 155 D4
Ste-Pazanne 44 111 E3
Ste-Pexine 85 129 F3
Ste-Pience 50 50 C2
Ste-Pôle 54 65 F4
Ste-Preuve 02 20 A4
Ste-Radegonde 71 138 C3
Ste-Radegonde 79 114 A4
Ste-Radegonde 24 196 B2
Ste-Radegonde 32 228 B1
Ste-Radégonde 86 132 C3
Ste-Radegonde 33 195 D1
Ste-Radegonde 12 215 E1
Ste-Radegonde 17 160 C1
Ste-Radégonde-des-Noyers 85 145 E1
Ste-Ramée 17 161 D4
Ste-Reine 73 174 A3
Ste-Reine 70 106 A4
Ste-Reine-de-Bretagne 44 92 B4
Ste-Restitute 2B 264 B3
Ste-Roseline 83 239 E3
Ste-Ruffine 57 40 B4
Ste-Sabine 24 196 B2
Ste-Sabine 21 123 D3
Ste-Sabine-sur-Longève 72 76 A3
Ste-Savine 10 83 D2
Ste-Scolasse-sur-Sarthe 61 54 A4
Ste-Segrée 80 16 C3
Ste-Sève 29 46 A3
Ste-Sévère 16 161 F2
Ste-Sévère-sur-Indre 36 150 C1
Ste-Sigolène 43 186 B2
Ste-Solange 18 119 E3
Ste-Soline 79 147 D2
Ste-Souline 16 178 B1
Ste-Soulle 17 145 E2
Ste-Suzanne 53 75 E4
Ste-Suzanne 64 225 F3
Ste-Suzanne 25 107 F4
Ste-Suzanne 09 251 F2
Ste-Suzanne-sur-Vire 50 27 E4
Ste-Terre 33 195 D1
Ste-Thérence 03 151 F2
Ste-Thorette 18 118 C4
Ste-Tréphine 22 70 C2
Ste-Trie 24 180 C2
Ste-Tulle 04 237 F1
Ste-Valière 11 254 B1
Ste-Vaubourg 08 37 E1
Ste-Verge 79 114 B4
Ste-Vertu 89 102 C3
Ste-Victoire (Montagne) 13 237 F3
Stes-Maries-de-la-Mer 13 235 E4
Sts-Geosmes 52 105 D2
Sts-Peyres (Barrage des) 81 232 A3
Sainteny 50 27 D3
Saintes 17 161 D2
Saintines 60 34 B3
Saintry-sur-Seine 91 58 A4
Saints 77 58 C3
Saints 89 101 F4
Sainville 28 79 E2
Saire 50 25 D2
Saires 86 132 A1
Saires-la-Verrerie 61 52 B3
Saisies (Col des) 73 174 C2
Saissac 11 253 D1
Saisseval 80 17 D2
Saisy 71 139 E1
Saivres 79 146 C1
Le Saix 05 205 F4
Saix 81 231 E3
Saix 86 114 C3
Saizenay 39 125 D4
Saizerais 54 64 B2
Saizy 58 121 E2
Sajas 31 229 D4
Salagnac 24 180 B2
Salagnon 38 172 B3
Salagou (Barrage du) 34 233 E2
Salaise-sur-Sanne 38 187 E1
Salans 39 125 D3
Salasc 34 233 E3
Salaunes 33 176 C4
Salavas 07 218 C1
Salavre 01 156 C1
Salazac 30 219 D2
Salbert 90 107 F3
Salbris 41 118 B1
Les Salces 48 200 C3
Salles (Croix des) 74 174 C1
Saléchan 65 250 B4
Saleich 31 259 D2
Saleignes 17 146 C4
Saleilles 66 262 C2
Les Salelles 48 201 D4
Les Salelles 07 202 C4
Salency 60 18 C4
Salenthal 67 66 C3
Saléon 05 221 E1
Salérans 05 221 D2
Salerm 31 250 C1
Salernes 83 238 C3
Salers 15 183 D3
Sales 74 173 E1
Salesches 59 11 E3
La Salette-Fallavaux 38 206 A1
Salettes 26 204 A3
Salettes 43 202 B1
Saleux 80 17 E2
Salève (Mont) 74 158 A3
Salice 2a 266 C3
Saliceto 2b 265 E4
Saliès 81 231 E1
Salies-de-Béarn 64 225 E3
Salies-du-Salat 31 251 D3
Salignac 33 177 E4
Salignac 04 221 F2
Salignac-de-Mirambeau 17 177 E1
Salignac-Eyvignes 24 180 C4
Salignac-sur-Charente 17 161 E3
Saligney 39 124 C2
Saligny 89 81 F3
Saligny 85 129 D2
Saligny-sur-Roudon 03 153 F1
Saligny-le-Vif 18 119 F4
Saligos 65 257 E3
Salindres 30 218 B2
Salinelles 30 234 C1
Salin-de-Giraud 13 236 A4
Salins 15 182 C2
Salins 77 81 D1
Salins-les-Bains 39 125 D4
Salins-les-Thermes 73 174 C4
Salives 21 104 B3
Sallagriffon 06 223 E4
Sallanches 74 159 D4
Sallaumines 62 10 B2
La Salle 05 191 D4
La Salle 88 88 A2
La Salle 71 155 F1
La Salle-de-Vihiers 49 113 E3
La Salle-en-Beaumont 38 205 F1
La Salle-et-Chapelle-Aubry 49 113 D2
La Salle-Prunet 48 217 E1
Sallebœuf 33 194 B1
Sallèdes 63 168 C3
Sallèles-Cabardès 11 253 F1
Sallèles-d'Aude 11 254 C2
Sallen 14 28 B4
Sallenelles 14 29 E3
Sallenôves 74 157 F4
Sallertaine 85 128 B1
Les Salles 42 169 E1
Les Salles 33 178 B4
Salles 47 196 C3
Salles 79 147 D1
Salles 65 257 D2
Salles 33 193 D3
Salles 81 214 B3
Salles-Adour 65 249 E2
Salles-Arbuissonnas-en-Beaujolais 69 155 E4
Salles-Courbatiès 12 199 D4
Salles-Curan 12 215 F2
Salles-d'Angles 16 161 F3
Salles-d'Armagnac 32 227 D1
Salles-d'Aude 11 255 D2
Salles-de-Barbezieux 16 162 A4
Salles-de-Belvès 24 197 D2
Salles-de-Villefagnan 16 147 E4
Les Salles-du-Gardon 30 218 A2
Salles-et-Pratviel 31 258 B3
Salles-Lavalette 16 178 C1
Les Salles-Lavauguyon 87 163 F2
Salles-Mongiscard 64 225 F3
Salles-sous-Bois 26 204 A4
Salles-sur-Garonne 31 251 E1
Salles-sur-l'Hers 11 252 B1
Salles-sur-Mer 17 145 D3
Les Salles-sur-Verdon 83 238 C1
Sallespisse 64 226 A3
Salmagne 55 62 C3
Salmaise 21 123 D1
Salmbach 67 43 F4
Salmiech 12 215 E2
Salomé 59 10 A1
Salon 24 179 F4
Salon 10 60 B4
Salon-la-Tour 19 165 D4
Salonnes 57 65 D2
Salon-de-Provence 13 236 C2
Salornay-sur-Guye 71 139 F4
Salouël 80 17 E2
Salperwick 62 3 F3
Salsein 09 259 D3
Salses 66 262 C1
Salsigne 11 253 E1
Salles-la-Source 12 199 F4
Salt-en-Donzy 42 170 C2
Salvagnac 81 213 F4
Salvagnac-Cajarc 12 198 B4
Salvagnac-St-Loup 12 198 C4
La Salvetat-Belmontet 82 213 E4
La Salvetat-Lauragais 31 230 C3
La Salvetat-Peyralès 12 214 C2
La Salvetat-St-Gilles 31 229 F3
La Salvetat-sur-Agout 34 232 B3
Salvezines 11 261 F1
Salvi (Col de) 2B 264 B3
Salviac 46 197 E2
Salvizinet 42 170 B2
Salza 11 253 F3
Salzuit 43 185 D2
Samadet 40 226 B2
Saman 31 250 B2
Samaran 32 228 B4
Samatan 32 229 D4
Samazan 47 195 E4
Sambin 41 117 D1
Sambourg 89 103 D2
Sambre 2,59 11 F4
Saméon 59 11 D1
Samer 62 2 C4
Samerey 21 124 B3
Sames 64 225 D3
Sammarçolles 86 115 D4
Sammeron 77 58 C1
Samoëns 74 159 D3
Samognat 01 157 D2
Samogneux 55 38 C3
Samois-sur-Seine 77 80 C1
Samonac 33 177 D3
Samoreau 77 80 C1
Samouillan 31 251 D1
Samoussy 02 19 F4
Sampans 39 124 B3
Sampigny 55 63 D2
Sampigny-lès-Maranges 71 139 F1
Sampolo 2a 267 D4
Sampzon 07 203 D4
Samson 25 125 D4
Samsons-Lion 64 227 D4
Samuran 65 250 B3
San Cervone (Col de) 2B 267 E1
San-Gavino-d'Ampugnani 2b 265 E4
San-Gavino-di-Carbini 2a 269 D2
San-Gavino-di-Fiumorbo 2b 267 E3
San-Gavino-di-Tenda 2b 265 D3
San-Giuliano 2b 267 F1
San-Lorenzo 2b 265 E4
San-Martino-di-Lota 2b 265 E2
San-Michele de Murato 2B 265 E3
San-Nicolao 2b 265 F4
San Petrone (Monte) 2B 265 E4
San Pietro di Verde (Forêt de) 2A,2B 267 D3
San Stefano (Col de) 2B 265 E3
Sana 31 251 D2
Sanary-sur-Mer 83 244 A3
Sancé 71 155 F1
Sancergues 18 120 A3
Sancerre 18 119 F2
Sancey-le-Grand 25 126 B2
Sancey-le-Long 25 126 B2
Sancheville 28 78 C3
Sanchey 88 87 D3
Sancoins 18 136 C2
Sancourt 59 10 C3
Sancourt 27 32 C2
Sancourt 80 18 C3
Sancy 77 58 C2
Sancy 54 39 F2
Sancy-les-Cheminots 02 35 E2
Sancy-lès-Provins 77 59 E3
Sancy (Puy de) 63 167 E4
Sand 67 89 E1
Sandarville 28 78 B2
Sandaucourt 88 86 B2
Sandillon 45 99 F2
Sandouville 76 30 B1
Sandrans 01 156 A3
Sangatte 62 2 C2
Sanghen 62 3 D3
Sanguinaires (Iles) 2A 266 A4
Sanguinet 40 192 C4
Sanilhac 07 202 C3
Sanilhac-Sagriès 30 218 C4
Sannat 23 151 E3
Sannerville 14 29 E3
Sannes 84 237 E1
Sannois 95 57 E1
San-Damiano 2b 265 E4
Sanous 65 227 E4
Sanry-sur-Nied 57 40 C4
Sanry-lès-Vigy 57 40 B3
Sans-Vallois 88 86 C3
Sansa 66 261 E2
Sansac-de-Marmiesse 15 199 E1
Sansac-Veinazès 15 199 E2
Sansais 79 146 A2
Sansan 32 228 B3
Sanssac-l'Église 43 185 E3
Sanssat 03 153 E2
Sant' Angelo (Monte) 2B 264 C3
Santa-Lucia-di-Mercurio 2b 267 D1
Santa-Lucia-di-Moriani 2b 265 F4
Santa-Manza (Golfe de) 2A 269 E4
Santa-Maria 2B 264 C1
Santa-Maria-di-Lota 2b 265 E2
Santa-Maria-Figaniella 2a 268 C2
Santa-Maria-Poggio 2b 267 F1
Santa-Maria-Sicché 2a 268 C1
Santa-Reparata-di-Balagna 2b 264 C3
Santa-Reparata-di-Moriani 2b 265 F4
Sant'Andréa-di-Bozio 2b 267 E1
Sant'Andréa-di-Cotone 2b 267 F1
Sant'Andréa-d'Orcino 2a 266 B3
Santans 39 124 C4
Sant'Antonino 2b 264 C3
Santeau 45 79 F4
Santec 29 45 F1
Santenay 41 98 A4
Santenay 21 139 F1
Santeny 94 58 A3
Santes 59 5 D4
Santeuil 95 33 D4
Santeuil 28 79 D2
Santigny 89 103 D4
Santilly 71 139 F3
Santilly 28 79 D3
Santo-Pietro-di-Tenda 2b 265 E3
Santo-Pietro-di-Venaco 2b 267 D2
Santoche 25 126 A1
Santosse 21 123 D4
Santranges 18 119 F1
Sanvensa 12 214 B1
Sanvignes-les-Mines 71 139 D3
Sanxay 86 131 F4
Sanzay 79 131 D1
Sanzey 54 63 F2
Saon 14 28 B2
Saône 1,21,69,70,71,88 124 B2
Saône 25 125 E2
Saonnet 14 28 B2
Saorge 06 241 F2
Saosnes 72 76 B2
Saou 26 204 B2
Le Sap 61 54 A2
Le Sap-André 61 54 A2
Sapignicourt 51 62 A3
Sapignies 62 10 A4
Sapin Président 39 142 A1
Sapogne-et-Feuchères 08 21 F3
Sapogne-sur-Marche 08 22 B4
Sapois 39 142 A2
Sapois 88 88 A4
Saponay 02 35 E3
Saponcourt 70 106 B1
Le Sappey 74 158 A3
Le Sappey-en-Chartreuse 38 189 E2
Saramon 32 228 C3
Saran 45 99 E1
Saraz 25 125 E4
Sarbazan 40 210 A3
Sarcé 72 96 B3
Sarceaux 61 53 D3
Sarcelles 95 57 E1
Sarcenas 38 189 E1
Sarcey 69 171 D1
Sarcey 52 85 E4
Sarcicourt 52 85 D3
Sarcos 32 228 B4
Sarcus 60 16 C3
Sarcy 51 36 A3
Sardan 30 234 C1
Sardent 23 150 B4
Sardieu 38 188 B1
Sardon 63 152 C4
Sardy-lès-Epiry 58 121 E3
Sare 64 224 B4
Sargé-lès-le-Mans 72 76 B4
Sargé-sur-Braye 41 97 E1
Sari-di-Porto-Vecchio 2A 269 F1
Sari-d'Orcino 2a 266 B3
Sariac-Magnoac 65 250 A1
Sarlabous 65 257 F2
Sarlande 24 164 B4
Sarlat-la-Canéda 24 197 E1
Sarliac-sur-l'Isle 24 180 A2
Sarniguet 65 249 E1
Sarnois 60 17 D4
Saron-sur-Aube 51 60 A4
Sarp 65 250 B3
Sarpourenx 64 225 F4
Sarragachies 32 227 D2
Sarrageois 25 142 B2
Sarraguzan 32 249 F1
Sarralbe 57 41 F4
Sarraltroff 57 66 A2
Sarran 19 182 A1
Sarrance 64 248 A3
Sarrancolin 65 249 F3
Sarrans (Barrage de) 12 200 A1
Sarrant 32 229 D1
Sarras 07 187 E2
Sarrazac 24 180 B1
Sarrazac 46 181 E4
Sarraziet 40 226 B2
Sarre 57,67 42 A4
Sarre-Union 67 66 A1
Sarrebourg 57 66 A2
Sarrecave 31 250 B2
Sarreguemines 57 42 A3
Sarreinsming 57 42 A3
Sarremezan 31 250 B2
Sarrewerden 67 66 A1
Sarrey 52 85 E4
Sarriac-Bigorre 65 227 E4
Sarrians 84 219 F3
Sarrigné 49 95 E4
Sarrogna 39 141 E4
Sarrola-Carcopino 2a 266 C3
Sarron 40 226 C3
Sarrouilles 65 249 E2
Sarroux 19 183 C1
Sarry 51 61 D2
Sarry 71 154 B2
Sarry 89 103 D3
Le Sars 62 18 B1
Sars-le Bois 62 9 E3
Sars-et-Rosières 59 11 D2
Sars-Poteries 59 12 B4
Sartène 2a 268 C3
Sartes 88 86 A2
Sarthe 49,72 76 B4
Sartilly 50 50 C2
Sarton 62 9 E4
Sartre (Cascade du) 15 183 E2
Sartrouville 78 57 D1
Sarzay 36 135 D3
Sarzeau 56 91 E3
Sasnières 41 97 F3
Sassangy 71 139 F3
Sassay 41 117 E1
Sassegnies 59 11 F4
Sassenage 38 189 D2
Sassenay 71 140 A2
Sassetot-le-Malgardé 76 15 E3
Sassetot-le-Mauconduit 76 14 C3
Sasseville 76 15 D3
Sassey 27 31 F4
Sassey-sur-Meuse 55 38 B1
Sassierges-St-Germain 36 135 D2
Sassis 65 257 E3
Sassy 14 53 D1
Sathonay-Camp 69 171 E1
Sathonay-Village 69 171 F1
Satillieu 07 187 D3
Satolas-et-Bonce 38 172 A2
Saturargues 34 234 C2
Saubens 31 229 F4
Saubion 40 224 C2
Saubole 64 249 D1
Saubrigues 40 224 C2
Saubusse 40 225 D2
Saucats 33 194 A2
Saucède 64 247 F1
La Saucelle 28 55 D4
Sauchay 76 15 F2
Sauchy-Cauchy 62 10 C3
Sauchy-Lestrée 62 10 C3
Sauclières 12 216 C4
Saucourt-sur-Rognon 52 85 D2
Saudemont 62 10 B3
Saudoy 51 60 A3
Saudron 52 85 E1
Saudrupt 55 62 B3
Saugeot 39 141 F3
Saugnac-et-Cambran 40 225 E2
Saugnacq-et-Muret 40 193 E4
Saugon 33 177 E2
Saugues 43 185 D4
Sauguis-St-Étienne 64 247 E2
Saugy 18 135 E1
Saujac 12 198 C4
Saujon 17 160 C2
La Saulce 05 206 A4
Saulce-sur-Rhône 26 203 F2
Saulces-Champenoises 08 37 E1
Saulces-Monclin 08 21 D4
Saulcet 03 153 D2
Saulchery 02 59 E1
Le Saulchoy 60 17 D4
Saulchoy 62 8 C2
Saulchoy-sous-Poix 80 17 D3
Le Saulcy 88 88 B1
Saulcy 10 84 B2
Saulcy-sur-Meurthe 88 88 B2
Sauldre 18,41 118 A2
Saules 71 139 F3
Saules 25 125 F3
Saulgé 86 148 C1
Saulgé-l'Hôpital 49 114 A2
Saulges 53 95 E1
Saulgond 16 163 F1
Sauliac-sur-Célé 46 198 B4
Saulieu 21 122 B2
Saulire (Sommet de) 73 175 D4
Saulles 52 105 E3
Saulmory-et-Villefranche 55 38 B1
Saulnay 36 133 F2
Saulnes 54 23 E4
Saulnières 28 55 E3
Saulnières 35 93 E1
Saulnot 70 107 E3
Saulny 57 40 B3
Saulon-la-Chapelle 21 123 F3
Saulon-la-Rue 21 123 F3
La Saulsotte 10 59 F4
Sault 84 220 C3
Sault-Brénaz 01 172 C1
Sault-de-Navailles 64 226 A3
Sault (Plateau de) 11 261 D1
Sault-lès-Rethel 08 37 D1
Sault-St-Remy 08 36 C1
Saultain 59 11 E2
Saulty 62 9 F3
Saulx 70 106 C3
Saulx-lès-Champlon 55 39 D4
Saulx-les-Chartreux 91 57 E3
Saulx-le-Duc 21 104 C4
Saulx-en-Barrois 55 63 D3
Saulx-Marchais 78 56 C2
Saulxerotte 54 86 B1
Saulxures 52 105 F1
Saulxures 67 88 C1
Saulxures-lès-Bulgnéville 88 86 B3
Saulxures-lès-Nancy 54 64 C3
Saulxures-sur-Moselotte 88 88 A4
Saulxures-lès-Vannes 54 63 F4
Saulzais-le-Potier 18 136 A4
Saulzet 03 152 C3
Saulzet-le-Froid 63 167 F3
Saulzoir 59 11 D3
Saumane 30 217 E3
Saumane 04 221 D3
Saumane-de-Vaucluse 84 220 A4
Sauméjan 47 210 B2
Saumeray 28 78 B3
Saumont 47 211 E3
Saumont-la-Poterie 76 16 B4
Saumos 33 176 B4
Saumur 49 114 B2
Saunay 37 97 F4
La Saunière 23 150 B3
Saunières 71 140 B1
Sauqueuse-St-Lucien 60 33 D1
Sauqueville 76 15 E2
Saurais 79 131 E3
Saurat 09 252 A4
Sauret-Besserve 63 152 A4
Saurier 63 168 A4
Sausheim 68 108 C2
Saussan 34 234 B3
Saussay 28 55 F2
Saussay 76 15 E4
Saussay-la-Campagne 27 32 B2
La Saussaye 27 31 E3
Saussemesnil 50 25 D2
Saussenac 81 214 C4
Saussens 31 230 B3
Sausses 04 223 D3
Sausset-les-Pins 13 242 C2
Sausseuzemare-en-Caux 76 14 B4
Saussey 50 26 C4
Saussey 21 122 C4
Saussignac 24 195 F1
Saussines 34 234 C1
Saussy 21 123 E1
Sautadet (Cascade du) 30 219 D2
Sautel 09 252 C4
Sauternes 33 194 B3
Sautet (Barrage du) 38 205 F1
Sauteyrargues 34 234 B1
Sauto 66 261 E3
Sautron 44 111 E2
Sauvage-Magny 52 84 B1
La Sauvagère 61 52 B4
Les Sauvages 69 170 C1
Sauvagnac 16 163 E2
Sauvagnac (Signal de) 87 149 F4
Sauvagnas 47 212 A2
Sauvagnat 63 167 D2
Sauvagnat-Ste-Marthe 63 168 B3
Sauvagney 25 125 D2
Sauvagnon 64 226 B4
Sauvagny 03 152 A1
Sauvain 42 169 F3
Sauvat 15 183 D2
La Sauve 33 194 C2
Sauve 30 217 F4
Sauvelade 64 226 A4
Sauverny 01 158 A1
Sauvessanges 63 185 E1
La Sauvetat 32 228 B1
La Sauvetat 63 168 B3
La Sauvetat-de-Savères 47 212 A2
La Sauvetat-du-Dropt 47 195 F3
La Sauvetat-sur-Lède 47 196 B4
La Sauveté 42 169 F2
Sauveterre 32 228 C4
Sauveterre 30 219 E3
Sauveterre 81 232 A4
Sauveterre 65 227 E4
Sauveterre 82 213 D2
Sauveterre 48 217 D1
Sauveterre (Causse de) 48 216 C1
Sauveterre-de-Béarn 64 225 E4
Sauveterre-de-Comminges 31 250 B3
Sauveterre-de-Guyenne 33 195 D2
Sauveterre-de-Rouergue 12 214 C2
Sauveterre-la-Lémance 47 197 D3
Sauveterre-St-Denis 47 211 F2
Sauviac 32 228 A4
Sauviac 33 194 C4
Sauvian 34 255 D1
Sauviat 63 169 D2
Sauviat-sur-Vige 87 165 E1
Sauvignac 16 178 A2
Sauvigney-lès-Gray 70 124 C1
Sauvigney-lès-Pesmes 70 124 B2
Sauvigny 55 63 E4
Sauvigny-le-Beuréal 89 122 A1
Sauvigny-les-Bois 58 137 E1
Sauvigny-le-Bois 89 102 C4
Sauville 08 21 F4
Sauville 88 86 A3
Sauvillers-Mongival 80 17 F3
Sauvimont 32 229 D4
Sauvoy 55 63 E3
Saux 46 212 C1
Saux 82 213 E2
Saux-et-Pomarède 31 250 B2
Sauxillanges 63 168 C4
Le Sauze 04 207 D4
Le Sauze 05 206 C3
Sauze 06 223 E2
Sauzé-Vaussais 79 147 E3
Sauzelles 36 133 E3
Sauzet 46 197 E4
Sauzet 30 218 B4
Sauzet 26 203 F3
La Sauzière-St-Jean 81 213 F4
Sauzon 56 90 B3
Savarthès 31 250 C2

Savas 07 187 D2
Savas-Mépin 38 172 A4
Savasse 26 203 F3
Save 31,32,65 228 C4
Savenay 44 111 D1
Savenès 82 229 E1
Savennes 23 150 B3
Savennes 63 167 D3
Savennières 49 113 E1
Saverdun 09 252 A2
Savères 31 251 D1
Saverne 67 66 C2
Saveuse 80 17 E2
Savianges 71 139 F3
Savières 10 82 C2
Savigna 39 141 E4
Savignac 12 214 A1
Savignac 33 195 D3
Savignac-de-Duras 47 195 E2
Savignac-de-l'Isle 33 177 F4
Savignac-de-Miremont 24 180 A4
Savignac-de-Nontron 24 163 F4
Savignac-les-Églises 24 180 A2
Savignac-Lédrier 24 180 C1
Savignac-Mona 32 229 D4
Savignac-les-Ormeaux 09 260 C2
Savignac-sur-Leyze 47 196 C4
Savignargues 30 218 A4
Savigné 86 147 F3
Savigné-l'Évêque 72 76 B4
Savigné-sous-le-Lude 72 96 A3
Savigné-sur-Lathan 37 115 E1
Savigneux 01 155 F4
Savigneux 42 170 B3
Savignies 60 33 D1
Savigny 50 27 D4
Savigny 52 105 F3
Savigny 88 87 D2
Savigny 74 157 F3
Savigny 69 171 D2
Savigny-lès-Beaune 21 123 D4
Savigny-en-Revermont 71 141 D3
Savigny-en-Sancerre 18 119 F1
Savigny-en-Septaine 18 119 D4
Savigny-en-Terre-Plaine 89 103 D4
Savigny-en-Véron 37 114 C3
Savigny-Lévescault 86 132 B4
Savigny-Poil-Fol 58 138 B2
Savigny-le-Sec 21 123 E1
Savigny-sous-Faye 86 132 A1
Savigny-sous-Mâlain 21 123 D2
Savigny-sur-Aisne 08 37 E2
Savigny-sur-Ardres 51 36 A3
Savigny-sur-Braye 41 97 E2
Savigny-sur-Clairis 89 81 E4
Savigny-sur-Grosne 71 139 F3
Savigny-sur-Orge 91 57 E3
Savigny-sur-Seille 71 140 B3
Savigny-le-Temple 77 58 A4
Savigny-le-Vieux 50 51 E4
Savilly 21 122 B3
Savine (Col de la) 39 142 A3
Savines-le-Lac 05 206 C3
Savins 77 81 E1
Savoillan 84 220 C2
Savoisy 21 103 F3
Savolles 21 124 A1
Savonnières 37 115 F2
Savonnières-devant-Bar 55 62 C2
Savonnières-en-Perthois 55 62 C4
Savonnières-en-Woëvre 55 63 E1
Savouges 21 123 F3
Savournon 05 205 E4
Savoyeux 70 106 A4
Savy 02 19 D2
Savy-Berlette 62 9 F2
Saxel 74 158 B2
Saxi-Bourdon 58 120 C4
Saxon-Sion 54 86 C1
Sayat 63 168 A2
Saze 30 219 E4
Sazeray 36 150 C1
Sazeret 03 152 B2
Sazilly 37 115 E3
Sazos 65 257 E3
Scala di Santa Regina 2B 266 C1
Scaër 29 69 F3
Scandala (Reserve naturelle de) 2A 266 A1
Scarpe 59,62 10 C2
Scata 2b 265 E4
Sceau-St-Angel 24 163 E4
Sceautres 07 203 E3
Sceaux 89 103 D4
Sceaux 92 57 E3
Sceaux-d'Anjou 49 95 D3
Sceaux-du-Gâtinais 45 80 B4
Sceaux-sur-Huisne 72 77 D4
Scey-en-Varais 25 125 E3
Scey-sur-Saône-et-St-Albin 70 106 B3
Schaeffersheim 67 67 D4
Schaffhause-près-Seltz 67 67 F1
Schaffhouse-sur-Zorn 67 67 D2
Schalbach 57 66 B2
Schalkendorf 67 67 D1
Scharrachbergheim 67 66 C3
Scheibenhardt 67 43 F4
Scherlenheim 67 66 C2
Scherwiller 67 89 D2
Schillersdorf 67 66 C1
Schiltigheim 67 67 D3
Schirmeck 67 66 B4
Schirrhein 67 67 E1
Schirrhoffen 67 67 E1
Schleithal 67 43 F4
Schlierbach 68 108 C2
Schmittviller 57 42 B4
Schneckenbusch 57 66 A2
Schnersheim 67 67 D3
Schœnau 67 89 E2
Schœnbourg 67 66 B2
Schœneck 57 41 E3
Schœnenbourg 67 43 E4
Schopperten 67 66 A1
Schorbach 57 42 B3
Schwabwiller 67 67 E1
Schweighouse-sur-Moder 67 67 D2
Schweighouse-Thann 68 108 B2
Schwenheim 67 66 C2
Schwerdorff 57 41 D2
Schweyen 57 42 B3
Schwindratzheim 67 67 D2
Schwoben 68 108 C3
Schwobsheim 67 89 E2
La Scia 38 189 E1
Sciecq 79 146 B1
Scientrier 74 158 B3
Scieurac-et-Flourès 32 227 F3
Sciez 74 158 B1
Scillé 79 140 C3
Scionzier 74 158 C3
Schlucht (Col de la) 88 88 B3
Scolca 2b 265 E3
Scorbé-Clairvaux 86 132 B2
Scorff 56 70 B4
Scrignac 29 46 B4
Scrupt 51 62 A3
Scy-Chazelles 57 40 B3
Scye 70 106 B3
Sdragonato (Grotte du) 2A 269 D4
Séailles 32 227 E2
La Séauve-sur-Semène 43 186 B2
Sébazac-Concourès 12 215 E1
Sébécourt 27 54 C1
Sébeville 50 25 E4
Seboncourt 02 19 E1
Sebourg 59 11 E2
Sébouville 45 79 F3
Sébrazac 12 200 A4
Séby 64 226 B3
Secenans 70 107 E4
Séchault 08 37 F3
Sécheras 07 187 E3
Sécheval 08 21 E2
Séchilienne 38 189 E3
Séchin 25 125 F1
Seclin 59 10 B1
Secondigné-sur-Belle 79 146 C3
Secondigny 79 130 C3
Secourt 57 64 C1
Secqueville-en-Bessin 14 28 C3
Sedan 08 21 F3
Sédeilhac 31 250 A2
Séderon 26 221 D2
Sedze-Maubecq 64 249 D1
Sedzère 64 248 C1
Sée 50 50 C3
Sées 61 53 E4
Séez 73 175 D2
Ségalas 47 196 A3
Ségalas 65 227 E4
La Ségalassière 15 199 D1
Séglien 56 70 C3
Ségny 01 158 A2
Segonzac 16 162 A3
Segonzac 24 179 D2
Segonzac 19 180 C2
Ségos 32 226 C2
Ségoufielle 32 229 E3
Segré 49 94 C3
Ségreville 31 230 C4
Ségrie 72 76 A3
Ségrie-Fontaine 61 52 B2
Segrois 21 123 E3
Ségry 36 135 E1
La Séguinière 49 113 D4
Le Ségur 81 214 B3
Ségur 12 215 F2
Ségur-le-Château 19 180 C1
Ségur-les-Villas 15 183 E2
Ségura 09 252 B3
Séguret 84 220 A2
Ségus 65 257 D2
Seich 65 250 A3
Seichamps 54 64 C3
Seichebrières 45 100 A1
Seicheprey 54 63 E2
Seiches-sur-le-Loir 49 95 E4
Seignalens 11 252 C3
Seigné 17 146 C4
Seignelay 89 102 B1
Seigneulles 55 62 C2
Seignosse 40 224 C2
Seigny 21 103 F4
Seigy 41 117 D2
Seilh 31 229 F2
Seilhac 19 181 E1
Seilhan 31 250 A3
Seillac 41 98 A4
Seillans 83 239 E2
Seille 39,71 140 C3
Seille 54,57 65 D2
Seillonnaz 01 172 C1
Seillons-Source-d'Argens 83 238 A3
Seine 10,21,27,75,76,77,78,91 31 F2
Seine-Port 77 58 A4
Seingbouse 57 41 E3
Seissan 32 228 B4
Seix 09 259 E3
Le Sel-de-Bretagne 35 93 E1
Selaincourt 54 64 A4
Selens 02 35 D1
Sélestat 67 89 D2
La Selle-la-Forge 61 52 B3
Séligné 79 146 C3
Séligney 39 141 E1
Selincourt 80 16 C2
La Selle-Craonnaise 53 94 B2
La Selle-en-Coglès 35 73 F1
La Selle-en-Hermoy 45 101 D1
La Selle-en-Luitré 35 74 A2
La Selle-Guerchaise 35 94 A1
La Selle-sur-le-Bied 45 81 D4
Selles 62 3 D4
Selles 27 30 C2
Selles 70 106 B1
Selles 51 37 D2
Selles-St-Denis 41 118 A2
Selles-sur-Cher 41 117 E2
Selles-sur-Nahon 36 117 E4
Sellières 39 141 D2
Selommes 41 98 A3
Seloncourt 25 108 A4
Selongey 21 105 D4
Selonnet 04 206 B4
Seltz 67 67 F1
Sélune 50 51 D4
La Selve 02 20 B4
La Selve 12 215 E3
Selvigny 59 11 D4
Sem 09 260 A1
Sémalens 81 231 D3
Semallé 61 76 B1
Semarey 21 122 C2
Sembadel 43 185 E2
Sembas 47 211 F1
Semblançay 37 97 D4
Semblecay 36 117 F3
Sembouès 32 227 E4
Séméac 65 249 E2
Séméacq-Blachon 64 227 D3
Semécourt 57 40 B3
Sémelay 58 138 B2
Semens 33 194 C3
Sementron 89 101 F3
Sémeries 59 12 B4
Semerville 41 98 B1
Semezanges 21 123 D3
Sémézies-Cachan 32 228 C3
Semide 08 37 E2
Semillac 17 177 D1
Semilly 52 85 F2
Semmadon 70 106 A2
Semoine 10 60 C3
Semond 21 104 A3
Semondans 25 107 E4
Semons 38 172 B4
Semousies 59 12 B4
Semoussac 17 177 D1
Semoutiers 52 85 D4
Semoy 08 21 F2
Semoy 45 99 E1
Sempesserre 32 211 F3
Sempigny 60 34 C1
Sempy 62 8 C1
Semur-en-Auxois 21 122 B1
Semur-en-Brionnais 71 154 B2
Semur-en-Vallon 72 77 D4
Semussac 17 160 C3
Semuy 08 37 E1
Le Sen 40 209 E2
Sénac 65 227 E4
Senaide 88 106 A1
Senaillac-Latronquière 46 199 D1
Sénaillac-Lauzès 46 198 A3
Senailly 21 103 E4
Senan 89 101 F1
Sénanque (Anc. Abbaye de) 84 220 B4
Senantes 28 56 B3
Senantes 60 32 C1
Senard 55 62 B1
Sénarens 31 251 D1
Senargent 70 107 E3
Senarpont 80 16 B2
Sénart (Forêt de) 91 57 F3
Sénas 13 236 C2
Senaud 39 156 C1
Senaux 81 232 A2
Sencenac-Puy-de-Fourches 24 179 E2
Senconac 09 260 C1
Sendets 33 195 D4
Sendets 64 248 C1
Séné 56 91 E3
Sène (Mont de) 21 139 F1
Sénéchas 30 218 A1
Sénèque (Tour de) 2B 264 B2
Sénergues 12 199 F3
Senesse-de-Senabugue 09 252 C3
Sénestis 47 195 E4
Séneujols 43 185 F4
Senez 04 222 B4
Sénezergues 15 199 E2
Sengouagnet 31 258 C2
Séniergues 46 198 A2
Senillé 86 132 C2
Seninghem 62 3 E4
Senlecques 62 3 D4
Senlis 60 34 A3
Senlis 62 9 D1
Senlis-le-Sec 80 18 A1
Senlisse 78 57 D3
Senneçay 18 135 F1
Sennecé-lès-Mâcon 71 155 F1
Sennecey-lès-Dijon 21 123 F2
Sennecey-le-Grand 71 140 A3
Sennely 45 99 F3
Sennevières 37 116 C4
Senneville-sur-Fécamp 76 14 B3
Sennevoy-le-Bas 89 103 E2
Sennevoy-le-Haut 89 103 E2
Senon 55 39 D2
Senonches 28 55 D4
Senoncourt 70 106 B2
Senoncourt-les-Maujouy 55 38 C4
Senones 88 88 B1
Senonges 88 86 C3
Senonnes 53 94 A2
Senonville 55 63 D1
Senots 60 33 D3
Senouillac 81 214 B4
Sénoville 50 24 B3
Senozan 71 155 F1
Sens 89 81 F3
Sens-Beaujeu 18 119 E2
Sens-de-Bretagne 35 73 E2
Sens-sur-Seille 71 140 C2
Sentein 09 259 D3
Sentelie 80 17 D3
Sentenac-de-Sérou 09 251 F4
Sentenac-d'Oust 09 259 E3
Sentheim 68 108 B2
Sentilly 61 53 D3
La Sentinelle 59 11 D2
Sentous 65 249 F1
Senuc 08 37 F2
Senven-Léhart 22 47 E4
Sépeaux 89 101 F1
Sepmeries 59 11 E3
Sepmes 37 116 A4
Seppois-le-Bas 68 108 B4
Seppois-le-Haut 68 108 B4
Sept-Fontaines (Anc. abbaye de) 08 21 E3
Sept-Forges 61 75 D1
Sept-Frères 14 51 E2
Les Sept Iles 22 46 C1
Sept-Meules 76 16 A2
Sept-Saulx 51 36 C4
Sept-Sorts 77 59 D1
Sept-Vents 14 28 B4
Septème 38 171 F3
Septèmes-les-Vallons 13 243 D2
Septeuil 78 56 B2
Septfonds 82 213 E2
Septfonds 89 101 E3
Septfontaines 25 125 F4
Septmoncel 39 157 E1
Septmonts 02 35 E2
Septsarges 55 38 B2
Septvaux 02 19 E4
Sepvigny 55 63 E4
Sepvret 79 147 D2
Sepx 31 250 C2
Sequedin 59 5 D4
Sequehart 02 19 D2
Le Sequestre 81 214 B4
Serain 02 19 D1
Seraincourt 95 56 C1
Seraincourt 08 20 C4
Sérandon 19 182 C1
Séranon 06 239 F1
Serans 61 52 C3
Serans 60 32 C3
Seranville 54 87 E1
Séranvillers-Forenville 59 11 D4
Seraucourt 55 62 C1
Seraucourt-le-Grand 02 19 D3
Seraumont 88 85 F1
Serazereux 28 56 A4
Serbannes 03 153 D3
Serbonnes 89 81 E2
Serches 02 35 E2
Sercœur 88 87 E2
Sercus 59 4 A4
Sercy 71 139 F3
Serdinya 66 261 F3
Sère 32 228 B4
Sère-en-Lavedan 65 257 D2
Sère-Lanso 65 257 E2
Sère-Rustaing 65 249 F1
Serécourt 88 86 B4
Séreilhac 87 164 B2
Serein 21,89 102 C2
Serémange-Erzange 57 40 A2
Sérempuy 32 228 C2
Sérénac 81 215 D4
Sérent 56 91 F1
Sérévillers 60 17 F4
Sereyrède (Col de la) 30 217 D3
Serez 27 55 F1
Sérézin-de-la-Tour 38 172 B3
Sérézin-du-Rhône 69 171 E3
Sergeac 24 180 B4
Sergenaux 39 141 D1
Sergenon 39 141 D1
Sergines 89 81 E2
Sergy 01 157 F2
Sergy 02 35 F3
Séricourt 62 9 E3
Sériers 15 184 A4
Sérifontaine 60 32 C2
Sérignac 46 197 D4
Sérignac 82 212 B4
Sérignac-Péboudou 47 196 A3
Sérignac-sur-Garonne 47 211 E2
Sérignan 34 255 E1
Sérignan-du-Comtat 84 219 E2
Sérigné 85 130 A4
Sérigny 61 77 D2
Sérigny 86 132 B1
Sérilhac 19 181 E3
Seringes-et-Nesles 02 35 F3
Séris 41 98 C3
Serley 71 140 C2
Sermages 58 121 E4
Sermaise 91 79 F1
Sermaise 49 95 F4
Sermaises 45 79 F2
Sermaize 60 18 C4
Sermaize-les-Bains 51 62 A2
Sermamagny 90 107 F2
Sermange 39 124 C3
Sermano 2b 267 E1
Sermentizon 63 169 D2
Sermentot 14 28 C4
Sermérieu 38 172 C2
Sermersheim 67 89 E1
Sermesse 71 140 B1
Sermiers 51 36 B3
Sermizelles 89 102 C4
Sermoise 02 35 E2
Sermoise-sur-Loire 58 137 D1
Sermoyer 01 140 B4
Sermur 23 151 E4
Sernhac 30 219 D4
Serocourt 88 86 B4
Séron 65 249 D1
Serpaize 38 171 F3
La Serpent 11 253 E4
Serques 62 3 E3
Serqueux 52 86 A4
Serqueux 76 16 B4
Serquigny 27 31 D4
Serra-di-Ferro 2a 268 B2
Serra-di-Fiumorbo 2b 267 E3
Serra-di-Scopamène 2a 269 D2
Serrabone (Prieuré de) 66 262 A3
Serralongue 66 262 A4
Serrant 49 113 E1
Serraval 74 174 B1
La Serre 12 215 E4
La Serre-Bussière-Vieille 23 151 D4
Serre Chevalier 05 190 C4
Serre-les-Moulières 39 124 C3
Serre-Ponçon (Barrage et Lac de) 05 206 C3
Serre-les-Sapins 25 125 D2
Serres 05 205 E4
Serres 11 253 E4
Serres 54 65 D3
Serres-Castet 64 226 C4
Serres-et-Montguyard 24 196 A2
Serres-Gaston 40 226 B2
Serres-Morlaàs 64 248 C1
Serres-Ste-Marie 64 226 B4
Serres-sur-Arget 09 252 A4
Serreslous-et-Arribans 40 226 A2
Serriera 2a 266 B1
Serrières 71 155 E2
Serrières 07 187 E1
Serrières-de-Briord 01 172 C2
Serrières-en-Chautagne 73 173 E1
Serrières-sur-Ain 01 156 C3
Serrigny 89 102 C2
Serrigny 21 123 E4
Serrigny-en-Bresse 71 140 B2
Serris 77 58 B2
Serrouville 54 39 E2
Serruelles 18 135 F1
Sers 65 257 E3
Sers 16 163 D3
Servais 02 19 D4
Serval 02 35 F2
Servance 70 107 E2
Servanches 24 178 C3
Servant 63 152 B3
Servas 01 156 B3
Servas 30 218 B2
Servaville-Salmonville 76 32 A1
Serverette 48 201 E2
Serves-sur-Rhône 26 187 E3
Servian 34 233 E4
Servière (Lac) 63 167 F3
Servières 48 201 E3
Servières-le-Château 19 182 A3
Serviers-et-Labaume 30 218 C3
Serviès 81 231 D2
Serviès-en-Val 11 253 F3
Servignat 01 156 A1
Servigney 70 106 C2
Servigney 25 106 C4
Servigny 50 26 C4
Servigny-lès-Raville 57 40 C4
Servigny-lès-Ste-Barbe 57 40 B3
Serville 28 56 A3
Servilly 03 153 E2
Servin 25 126 A2
Servins 62 9 F2
Servon 50 50 C3
Servon 77 58 A3
Servon-Melzicourt 51 37 F3
Servon-sur-Vilaine 35 73 E3
Servoz 74 159 E4
Sery 08 20 C4
Sery 89 102 B4
Séry-Magneval 60 34 B3
Séry-lès-Mézières 02 19 E3
Serzy-et-Prin 51 36 A3
Sessenheim 67 67 F1
Sète 34 234 A4
Setques 62 3 E3
Settons (Lac des) 58 122 A3
Seudre 17 160 C3
Seugy 95 33 F4
Seuil 08 37 D1
Seuillet 03 153 E3
Seuilly 37 115 D3
Seur 41 98 B4
Le Seure 17 161 E2
Seurre 21 123 F4
Seux 80 17 D2
Seuzey 55 63 D1
Sevelinges 42 154 C3
Sevenans 90 107 F3
Sévérac 44 92 C4
Sévérac-le-Château 12 216 B1
Sévérac-l'Église 12 215 F1
Séveraissette 05 206 A2
Seveux 70 106 A4
Sévignac 22 72 A1
Sévignacq-Meyracq 64 248 B2
Sévignacq-Thèze 64 226 C4
Sévigny 61 53 D2
Sévigny-la-Forêt 08 21 D2
Sévigny-Waleppe 08 20 B4
Sévis 76 15 F3
Sevrai 61 53 D3
Sevran 93 58 A1
Sèvre-Nantaise 44,79,85 112 C4
Sèvre-Niortaise 17,79 145 E2
Sèvres 92 57 E2
Sèvres-Anxaumont 86 132 B4
Sevrey 71 140 A2
Sévrier 74 174 A1
Sévry 18 119 F3
Sewen 68 108 A2
Sexcles 19 182 A4
Sexey-aux-Forges 54 64 B3
Sexey-les-Bois 54 64 B3
Sexfontaines 52 84 C3
Seychalles 63 168 C2
Seyches 47 195 F3
Seyne 04 222 B1
La Seyne-sur-Mer 83 244 A3
Seynes 30 218 B3
Seynod 74 173 F1
Seyre 31 252 B1
Seyresse 40 225 E2
Seyssel 74 157 E4
Seysses 31 229 F3
Seysses-Savès 32 229 D3
Seyssinet-Pariset 38 189 D2
Seyssins 38 189 D2
Seyssuel 38 171 E3
Seythenex 74 174 B2
Seytroux 74 159 D2
Sézanne 51 60 A3
Sianne 15,43 184 B2
Siarrouy 65 249 D1
Siaugues-St-Romain 43 185 D3
Sibiril 29 45 F1
Sibiville 62 9 E3
Siccieu-St-Julien-et-Carisieu 38 172 B2
Sichamps 58 120 C3
Sicié (Cap) 83 244 A3
Sickert 68 108 A2
Sideville 50 24 C2
Sidiailles 18 135 F4
Sidobre 81 231 F3
Siecq 17 162 A1
Siegen 67 43 F4
Les Sièges 89 82 A3
Sierck-les-Bains 57 40 C1
Sierentz 68 109 D3
Sierroz (Gorges du) 73 173 E2
Siersthal 57 42 B4
Sierville 76 15 E4
Siest 40 225 D2
Sieurac 81 231 D1
Sieuras 09 251 F2
Siévoz 38 189 E4
Siewiller 67 66 B2
Sigale 06 223 E4
Sigalens 33 195 D4
Sigean 11 254 C3
Sigloy 45 99 F2
Signac 31 250 B4
Signes 83 244 A2
Signéville 52 85 E2
Signy-l'Abbaye 08 21 D3
Signy-Montlibert 08 22 B4
Signy-le-Petit 08 20 C2
Signy-Signets 77 58 C1
Sigogne 16 162 A2
Sigolsheim 68 89 D3
Sigonce 04 221 E3
Sigottier 05 205 E4
Sigoulès 24 195 F2
Sigournais 85 130 A2
Sigoyer 04 221 F1
Sigoyer 05 206 A3
Siguer 09 260 B1
Sigy 77 81 E1
Sigy-le-Châtel 71 139 F4
Sigy-en-Bray 76 32 B1
Silfiac 56 70 C3
Sillé (Forêt de) 53,72 75 F3
Sillé-le-Guillaume 72 75 F3
Silhac 07 203 E1
Sillans 38 188 C1
Sillans-la-Cascade 83 238 C3
Sillars 86 148 B1
Sillas 33 210 B1
Sillegny 57 64 B1
Sillery 51 36 C3
Silley 25 125 E4
Silley-Bléfond 25 125 F2
Sillingy 74 157 F4
Silly-en-Gouffern 61 53 E3
Silly-en-Saulnois 57 40 B4
Silly-le-Long 60 34 B4
Silly-la-Poterie 02 35 D3
Silly-sur-Nied 57 40 C3
Silly-Tillard 60 33 E2
Silmont 55 62 C3
Sillé-le-Philippe 72 76 C4
Siltzheim 67 42 A4
Silvacane (Abbaye de) 13 237 D2
Silvareccio 2b 265 E4
Silvarouvres 52 84 B4
Simacourbe 64 227 D4
Simandre 71 140 B3
Simandre 01 156 C2
Simandres 69 171 E3
Simard 71 140 C2
Simencourt 62 9 F3
Simeyrols 24 197 E1
Simiane-Collongue 13 237 E4
Simiane-la-Rotonde 04 221 D3
Simorre 32 228 C4
Simplé 53 94 C1
Simserhof (Fort du) 57 42 B4
Sin-le-Noble 59 10 C2
Sinard 38 189 D4
Sinceny 02 19 D4
Sincey-lès-Rouvray 21 122 A1
Sindères 40 208 C3
Singles 63 167 D4
Singleyrac 24 196 A2
Singly 08 21 E4
Singrist 67 66 C3
Sinsat 09 260 B1
Sinzos 65 249 E2
Sion 54 86 C1
Sion 32 227 E2
Sion-les-Mines 44 93 E2
Sioniac 19 181 F4
Sionne 88 86 A1
Sionviller 54 65 D3
Siorac-en-Périgord 24 197 D1
Sioule (Gorges de la) 63 152 B3
Sioule 3,63 153 D2
Siouville-Hague 50 24 B2
Sirac 32 229 D2
Siracourt 62 9 D2
Siradan 65 250 B4
Siran 34 254 A1
Siran 15 182 B4
Sireix 65 257 D2
Sireuil 24 180 B4
Sireuil 16 162 B3
Sirod 39 142 A2
Siros 64 248 B1
Sisco 2b 264 C2
Sissonne 02 20 A4
Sissy 02 19 E3
Sistels 82 212 A3
Sisteron 04 221 E2
Sivergues 84 237 E1
Sivignon 71 155 D1
Sivry 54 64 B2
Sivry-Ante 51 62 A1
Sivry-Courtry 77 80 C1
Sivry-la-Perche 55 38 B3
Sivry-sur-Meuse 55 38 B2
Six-Fours-les-Plages 83 244 A3
Sixt-Fer-à-Cheval 74 159 E3
Sixt-sur-Aff 35 92 C2
Sizun 29 45 F3
Sizun (Réserve du Cap) 29 68 B2
Smarves 86 132 B4
Smermesnil 76 16 B2
Soccia 2a 266 C2
Sochaux 25 107 F4
Socourt 88 87 D1
Socx 59 4 A2
Sode 31 258 B4
Sœurdres 49 95 D2
Sognolles-en-Montois 77 81 E1
Sogny-aux-Moulins 51 61 D2
Sogny-en-l'Angle 51 62 A2
Soignolles 14 29 E4
Soignolles-en-Brie 77 58 B4
Soindres 78 56 B1
Soing 70 106 A3
Soings-en-Sologne 41 117 E1
Soirans-Fouffrans 21 124 A3
Soissons 02 35 E2
Soissons-sur-Nacey 21 124 B2
Soisy-Bouy 77 81 F1
Soisy-sous-Montmorency 95 57 E1
Soisy-sur-École 91 80 B1
Soisy-sur-Seine 91 57 F4
Soize 02 20 B3
Soizé 28 77 E3
Soizy-aux-Bois 51 60 A2
Solaise (Tête du) 76 175 E4
Solaize 69 171 E3
Solaro 2b 267 E4
Solbach 67 88 C1
Soleilhas 04 223 D4
Solemont 25 126 B1
Solente 60 18 B3
Solenzara 2A 269 F1
Le Soler 66 262 B2
Solérieux 26 219 E1
Solers 77 58 B4
Solesmes 72 95 F2
Solesmes 59 11 E4
Soleymieu 38 172 B2
Soleymieux 42 170 A4
Solférino 40 208 C2
Solgne 57 64 C1
Soliers 14 29 D4
Solignac 87 164 C2
Solignac-sous-Roche 43 186 A2
Solignac-sur-Loire 43 185 F4
Solignat 63 168 B4
Soligny-les-Étangs 10 82 A2
Soligny-la-Trappe 61 54 B4
Sollacaro 2a 268 C2
Sollières-Sardières 73 191 E1
Solliès-Pont 83 244 B2
Solliès-Toucas 83 244 B2
Solliès-Ville 83 244 B2
Sologny 71 155 E1
Solomiac 32 228 C1
Solre-le-Château 59 12 C4
Solrinnes 59 12 B3
Solterre 45 100 C2
Solutré-Pouilly 71 155 E2
Somain 59 11 D2
Sombacour 25 142 C1
Sombernon 21 123 D2
Sombrin 62 9 F3
Sombrun 65 227 D4
Somloire 49 113 F4
Sommaing 59 11 E3
Sommaisne 55 62 B1
Sommancourt 52 84 C1
Sommant 71 122 A4
Sommauthe 08 38 A1
Somme 02,80 17 D1
Somme-Bionne 51 37 F4
Somme-Suippe 51 37 E4
Somme-Tourbe 51 37 E4
Somme-Vesle 51 61 E1
Somme-Yèvre 51 61 F1
Sommecaise 89 101 E2
Sommedieue 55 39 D4
Sommeilles 55 62 B1
Sommelans 02 35 E4
Sommelonne 55 62 B3
Sommepy-Tahure 51 37 E3
Sommerance 08 38 A2
Sommerécourt 52 86 A3
Sommereux 60 17 D4

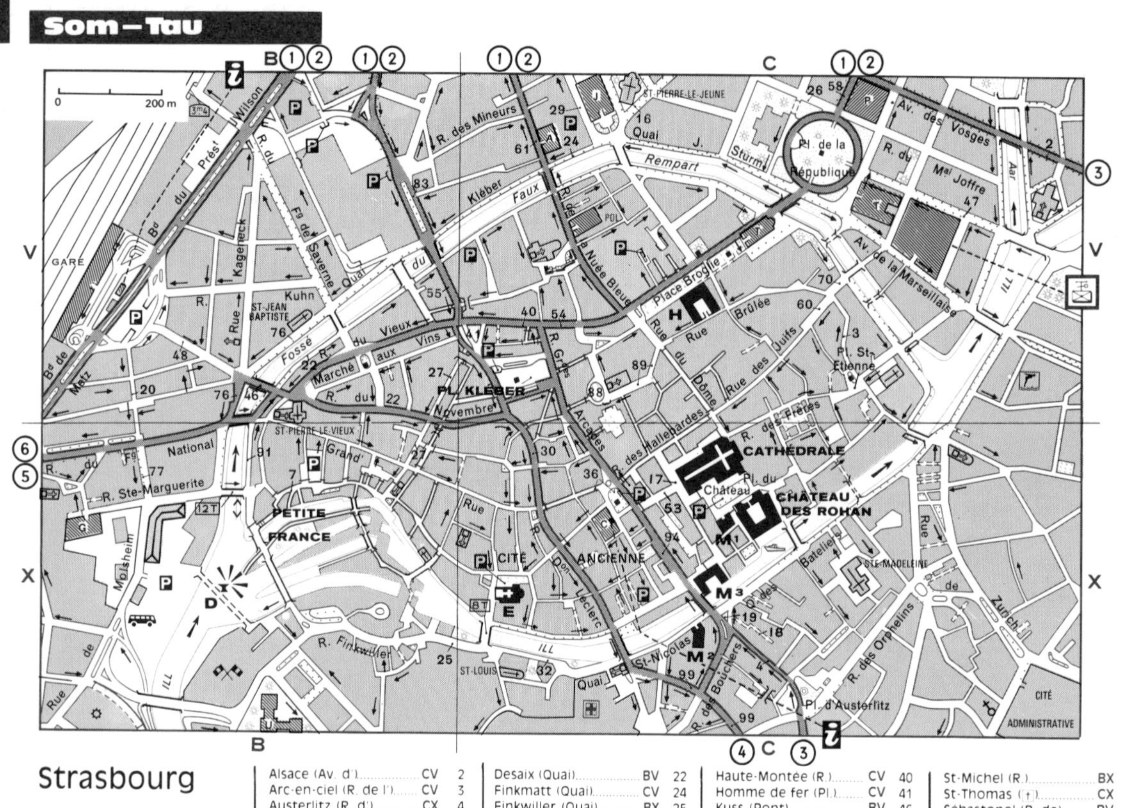

Strasbourg

Division Leclerc (R.)........CX
Gdes Arcades (R. des)....CV
Kléber (Pl.)........................CV
Maire Kuss (R. du).......... BV 48
Mésange (R. de la) .... CV 54
Nuée-Bleue (R. de la).....CV
Vieux-Marché-aux-Poissons (R. du)......... CX 94
22-Novembre (R. du)..... BV

Alsace (Av. d')................CV 2
Arc-en-ciel (R. de l')....... CV 3
Austerlitz (R. d')............ CX 4
Bains-aux-Plantes (R. du)............ BX 7
Castelnau (R. Général de)........................ CV 16
Cathédrale (Pl. de la) ...... CX 17
Corbeau (Cour du)......... CX 18
Corbeau (Pl. du)............ CX 19
Course (Petite Rue de la)........................ BV 20

Desaix (Quai)................... BV 22
Finkmatt (Quai).............. CV 24
Finkwiller (Quai)............. BX 25
Foch (R. du Mar.)........... CV 26
Fossé-des-Tanneurs (R. du).......................... BX 27
Fossé-des-Treize (R. du) .... CV 29
Francs-Bourgeois (R. des).............................. CX 30
Frey (Quai Ch.)............... CX 32
Gutenberg (Pl. et R.)...... CX 36

Haute-Montée (R.)......... CV 40
Homme de fer (Pl.)........ CV 41
Kuss (Pont)..................... BV 46
Liberté (Av. de la)........... CV 47
Mercière (R.).................. CX 53
Noyer (R. du).................. BV 55
Paix (Av. de la)............... CV 58
Parchemin (R. du)........... CV 60
Pierre (R. du Fg de)......... CV 61
Ponts couverts............... BX B
Recollets (R. des)........... CV 70
St-Jean (Quai)................ BV 76

St-Michel (R.).................. BX 77
St-Thomas (†)................. CX E
Sébastopol (R. de).......... BV 83
Temple Neuf (Pl.)........... CV 88
Temple Neuf (R.)............ CV 89
Turckheim (Quai)............ BX 91
Vauban (Barrage)............ BX D
1re Armée (R.)................ CX 99

Sommermont 52 85 D1
Sommeron 02 20 A1
Sommervieu 14 28 C2
Sommerviller 54 64 C3
Sommery 76 16 A4
Sommesnil 76 14 C3
Sommesous 51 60 C3
Sommet-Bucher 05 207 E1
La Sommette 25 126 A2
Sommette-Eaucourt 02 18 C3
Sommeval 10 82 C3
Sommeville 52 62 B4
Sommevoire 52 84 C1
Sommières 30 234 C1
Sommières-du-Clain 86 147 F2
Somport (Col du) 64 256 B4
Sompt 79 146 C3
Sompuis 51 61 D3
Somsois 51 61 E4
Son 08 20 C4
Sonac 46 198 B2
Sonchamp 78 56 C4
Soncourt 88 86 B1
Soncourt-sur-Marne 52 85 D2
Sondernach 68 88 C4
Sondersdorf 68 108 C4
La Sône 38 188 B3
Songeons 60 33 D1
Songeson 39 141 F3
Songieu 01 157 E4
Songy 51 61 E2
Sonnac 12 199 D3
Sonnac 17 161 F1
Sonnac-sur-l'Hers 11 252 C3
Sonnay 38 187 E1
Sonnaz 73 173 E3
Sonneville 16 162 A2
Sons-et-Ronchères 02 19 F3
Sonthonnax-la-Montagne 01 156 C2
Sonzay 37 97 D4
Soorts-Hossegor 40 224 C2
Soppe-le-Bas 68 108 B2
Soppe-le-Haut 68 108 B2
Sor 09 259 D3
Sorans-lès-Breurey 70 125 E1
Sorba (Col de) 2B 267 D2
Sorbais 02 20 A2
Sorbets 32 227 E2
Sorbets 40 226 C2
Sorbey 57 40 C4
Sorbey 55 39 D2
Sorbier 03 153 F1
Sorbiers 42 170 C4
Sorbiers 05 205 D4
Sorbo-Ocagnano 2b 265 F3
Sorbollano 2a 269 D2
Sorbon 08 37 D1
Sorbs 34 233 E1
Sorcy-Bauthémont 08 37 E1
Sorcy-St-Martin 55 63 E3
Sorde-l'Abbaye 40 225 E3
Sore 40 209 E1
Soréac 65 249 E1
Sorède 66 262 C3
Sorel 80 18 C1
Sorel-en-Vimeu 80 17 D1
Sorel-Moussel 28 55 F2
Sorèze 81 231 D4
Sorgeat 09 260 C2
Sorges 24 180 A2
Sorgues 84 219 E3
Sorigny 37 116 A2
Les Sorinières 44 112 A3
Sorio 2b 265 D3
Sormery 89 82 B4
Sormonne 08 21 D3
Sornac 19 166 B3
Sornay 70 124 C2
Sornay 71 140 C3
Sornéville 54 64 C2
Sorquainville 76 14 C3
Sorrus 62 8 B2
Sort-en-Chalosse 40 225 E2
Sortosville 50 25 D3
Sortosville-en-Beaumont 50 24 C3
Sos 47 210 C3
Sospel 06 241 E3
Sossais 86 132 B2
Sost 65 250 A4
Sotta 2a 269 E3
Sottevast 50 24 C2
Sotteville 50 24 C2
Sotteville-sous-le-Val 76 31 F2
Sotteville-sur-Mer 76 15 D2
Sotteville-lès-Rouen 76 31 F2
Soturac 46 197 D4
Sotzeling 57 65 D1
Souain-Perthes-lès-Hurlus 51 37 E3
Soual 81 231 D3
Souancé-au-Perche 28 77 E2
Souanyas 66 261 F3
Souastre 62 9 F4
Soubès 34 233 E2
Soubise 17 160 B1
Soublecause 65 227 E3
Soubran 17 177 E1
Soubrebost 23 150 B4
Soucé 53 75 D1
Soucelles 49 95 E4
La Souche 07 202 C3
Souche (Donjon de la) 03 152 A2
Souchez 62 10 A2
Soucht 57 42 B4
Soucia 39 141 F4
Soucieu-en-Jarrest 69 171 E2
Soucirac 46 197 F2
Souclin 01 172 C1
Soucy 02 35 D2
Soucy 89 81 F3
Soudaine-Lavinadière 19 165 E4
Soudan 44 93 F2
Soudan 79 146 C1
Soudat 24 163 E3
Souday 41 97 E4
Soudé 51 61 D3
Soudeilles 19 182 B1
Soudorgues 30 217 F3
Soudron 51 60 C2
Soueich 31 258 C2
Soueix 09 259 F3
Souel 81 214 B3
Soues 65 249 E2
Soues 80 17 D2
Souesmes 41 118 C1
Souffelweyersheim 67 67 D3
Soufflenheim 67 67 E1
Souffrignac 16 163 D3
Sougé 36 134 B1
Sougé 41 97 E2
Sougé-le-Ganelon 72 76 A2
Sougéal 35 50 B4
Sougères-en-Puisaye 89 101 F4
Sougères-sur-Sinotte 89 102 B2
Sougraigne 11 253 E4
Sougy 45 79 D4
Sougy-sur-Loire 58 137 E2
Les Souhesmes 55 38 B4
Souhey 21 122 B1
Le Souich 62 9 E3
Souilhanels 11 252 C1
Souilhe 11 252 C1
Souillac 46 197 F1
Souillé 72 76 B3
Souilly 55 38 C4
Soula 09 252 B4
Soulac-sur-Mer 33 160 A4
Soulages 15 184 C3
Soulages-Bonneval 12 200 B2
Soulaincourt 52 85 E1
Soulaines-Dhuys 10 84 B2
Soulaines-sur-Aubance 49 113 F1
Soulaire-et-Bourg 49 95 D4
Soulaires 28 78 C1
Soulan 09 259 F3
Soulanges 51 61 E2
Soulangis 18 119 D3
Soulangy 14 52 C1
Soulatgé 11 253 F4
Soulaucourt-sur-Mouzon 52 86 A3
Soulaures 24 196 C3
Soulce-Cernay 25 126 C1
Soulgé-sur-Ouette 53 75 D4
Le Soulié 34 232 B3
Soulières 51 60 B2
Soulièvres 79 131 E2
Soulignac 33 194 C2
Souligné-Flacé 72 96 A1
Souligné-sous-Ballon 72 76 B3
Soulignonne 17 161 C2
Souligny 10 83 D3
Soulitré 72 76 C4
Soullans 85 128 B2
Soulles 50 27 D4
Soulom 65 257 D2
Soulomès 46 198 A3
Soulosse-sous-St-Élophe 88 86 A1
Soultz-les-Bains 67 66 C3
Soultz-Haut-Rhin 68 108 B1
Soultz-sous-Forêts 67 43 E4
Soultzbach-les-Bains 68 88 C4
Soultzeren 68 88 C3
Soultzmatt 68 88 C4
Soulvache 44 93 F2
Soumaintrain 89 82 C4
Soumans 23 151 D2
Soumensac 47 195 F2
Souméras 17 177 E1
Soumont 34 233 E2
Soumont-St-Quentin 14 52 C1
Soumoulou 64 248 C1
Soupex 11 252 C1
Soupir 02 35 F2
Souplicourt 80 16 C3
Souppes-sur-Loing 77 80 C3
Souprosse 40 226 A1
Souraïde 64 224 B4
Sourans 25 126 B1
La Source 45 99 E2
Source Bleue 25 126 A1
Sourcieux-les-Mines 69 171 D2
Le Sourd 02 19 F2
Sourdeval 50 51 E3
Sourdeval-les-Bois 50 51 D1
Sourdon 80 17 F3
Sourdun 77 81 F1
Le Sourn 56 70 C3
Sournia 66 261 F2
Sourniac 15 182 C2
Sourribes 04 221 F2
Sours 28 78 C2
Soursac 19 182 B2
Sourzac 24 179 D3
Sous-Parsat 23 150 C4
Sousceyrac 46 198 C1
Sousmoulins 17 177 F1
Souspierre 26 204 A3
Soussac 33 195 D2
Soussans 33 177 D3
Soussey-sur-Brionne 21 122 C2
Soustelle 30 218 A2
Soustons 40 224 C1
Sousville 38 189 E4
Souternon 42 169 F1
La Souterraine 23 149 F2
Soutiers 79 131 D4
Souvans 39 124 B4
Souvignargues 30 235 D1
Souvigné 79 146 C1
Souvigné 37 96 C4
Souvigné 16 147 D4
Souvigné-sur-Même 72 77 D3
Souvigné-sur-Sarthe 72 95 E2
Souvigny 03 137 D4
Souvigny-de-Touraine 37 116 C1
Souvigny-en-Sologne 41 99 F3
Souyeaux 65 249 E2
Souzay-Champigny 49 114 C2
Souzy 69 170 C2
Souzy-la-Briche 91 79 F1
Soveria 2b 267 D1
Soyans 26 204 B3
Soyaux 16 162 C3
Soye 25 126 A1
Soye-en-Septaine 18 119 D4
Soyécourt 80 18 B2
Soyers 52 105 F1
Soyons 07 203 F1
Spada 55 63 D1
Sparsbach 67 66 C1
Spay 72 96 B1
Spechbach-le-Bas 68 108 B2
Spechbach-le-Haut 68 108 B2
Speloncato 2b 264 C3
Spelunca (Gorges de) 2A 266 B2
Spéracèdes 06 240 A2
Spesbourg (Château de) 67 89 D1
Spézet 29 69 F1
Spicheren 57 41 F3
Spin' A Cavallu 2A 268 C2
Spincourt 55 39 D2
Sponville 54 39 E4
Spoy 21 123 F1
Spoy 10 84 B3
Spycker 59 3 F2
Squiffiec 22 47 E2
Staffelfelden 68 108 C1
Stains 93 57 E1
Stainville 55 62 C3
Stangala (Site du) 29 69 D3
Staple 59 4 A3
Stattmatten 67 67 F2
Stazzona 2b 265 E4
Steenbecque 59 4 A4
Steene 59 4 A2
Steenvoorde 59 4 B3
Steenwerck 59 4 C4
Steige 67 88 C1
Steinbach 68 108 B1
Steinbourg 67 66 C2
Steinbrunn-le-Bas 68 108 C2
Steinbrunn-le-Haut 68 108 C3
Steinseltz 67 43 E4
Steinsoultz 68 108 C3
Stella-Plage 62 8 A1
Stello (Monte) 2B 265 E1
Stenay 55 38 B1
Sternenberg 68 108 B2
Stetten 68 108 C3
Stigny 89 103 E2
Still 67 66 C4
Stiring-Wendel 57 41 E3
Stonne 08 21 F4
Storckensohn 68 108 A1
Stosswihr 68 88 C4
Stotzheim 67 89 D1
Straiture (Défilé de) 88 88 B3
Strasbourg 67 67 E3
Strazeele 59 4 B3
Strenquels 46 181 E4
Strette (Défilé des) 2B 267 E3
Strueth 68 108 B3
Struth 67 66 B1
Le Struthof 67 66 B4
Stundwiller 67 43 E4
Sturzelbronn 57 42 C4
Stutzheim 67 67 D3
Suarce 90 108 B3
Suaucourt-et-Pisseloup 70 105 F3
Suaux 16 163 E1
Le Subdray 18 118 C4
Sublaines 37 116 B2
Subles 14 28 B3
Subligny 89 81 E3
Subligny 18 119 F1
Subligny 50 50 C2
Suc-au-May 19 165 F4
Suc-et-Sentenac 09 260 A1
Succieu 38 172 B4
Sucé-sur-Erdre 44 112 A1
Sucy-en-Brie 94 58 A3
Suèvres 41 98 C3
Sugères 63 168 C3
Sugny 08 37 E2
Suhescun 64 246 C1
Suilly-la-Tour 58 120 A2
Suin 71 155 D1
Suin (Butte de) 71 155 D1
Suippes 51 37 E4
Suisse 57 65 D1
Suizy-le-Franc 51 60 A1
Sulignat 01 155 F3
Sully 60 32 C1
Sully 14 28 B2
Sully 71 122 C4
Sully-la-Chapelle 45 99 F1
Sully-sur-Loire 45 100 A3
Sulniac 56 91 F2
Sumène 30 217 E4
Sundhoffen 68 89 D4
Sundhouse 67 89 E2
Superbagnères 31 258 B4
Supt 39 142 A1
Surat 63 168 B1
Surba 09 260 B1
Surbourg 67 67 E1
Surcamps 80 17 D1
Surdoux 87 165 E3
Suré 61 76 C2
Suresnes 92 57 E2
Surfonds 72 97 D1
Surfontaine 02 19 E3
Surgères 17 145 F3
Surgy 58 102 A4
Suriauville 88 86 B3
Surin 86 147 F3
Surin 79 130 C4
Suris 16 163 E1
Surjoux 01 157 E4
Surmont 25 126 B2
Surques 62 3 D3
Surrain 14 28 B2
Surtainville 50 24 B3
Surtauville 27 31 E3
Survie 61 53 E2
Surville 50 26 B2
Surville 27 31 F3
Surville 14 30 B2
Survilliers 95 34 A4
Sury 08 21 E3
Sury-aux-Bois 45 100 A1
Sury-le-Comtal 42 170 B4
Sury-en-Vaux 18 119 F2
Sury-ès-Bois 18 119 E1
Sury-près-Léré 18 119 F1
Surzur 56 91 F3
Sus 64 247 F1
Sus-St-Léger 62 9 E3
Suscinio (Château de) 56 91 E4
Susmiou 64 247 F1
Sussac 87 165 E3
Sussargues 34 234 C2
Sussat 03 152 C3
Sussey 21 122 B3
Susville 38 189 E4
Sutrieu 01 157 D4
Suzan 09 251 F3
Suzanne 08 37 E1
Suzanne 80 18 B2
Suzannecourt 52 85 D1
Suzay 27 32 B3
Suze 26 204 B2
Suze-la-Rousse 26 219 E1
La Suze-sur-Sarthe 72 96 B1
Suzette 84 220 A2
Suzoy 60 18 C4
Suzy 02 35 E1
Sword Beach 14 29 E2
Sy 08 37 F1
Syam 39 142 A2
Sylvains-les-Moulins 27 55 E2
Sylvanès 12 232 C1
Le Syndicat 88 87 F4

T

Tabaille-Usquain 64 225 E4
Tabanac 33 194 B2
La Table 73 174 A4
Le Tablier 85 129 E3
Tabre 09 252 C4
La Tâche 16 163 D1
Tache 42 154 A4
Tachoires 32 228 B4
Tacoignières 78 56 B2
Taconnay 58 121 D2
Taden 22 49 E4
Tadousse-Ussau 64 226 C3
Taglio-Isolaccio 2b 265 F4
La Tagnière 71 139 D2
Tagnon 08 36 C1
Tagolsheim 68 108 C3
Tagsdorf 68 108 C3
Tailhac 43 184 C4
Taillades 84 236 C1
Le Taillan-Médoc 33 193 F1
Taillancourt 55 63 E4
Taillant 17 161 D1
Taillebois 61 52 B2
Taillebourg 47 195 E4
Taillebourg 17 161 D1
Taillecavat 33 195 E3
Taillecourt 25 107 F4
La Taillée 85 145 E1
Taillefontaine 02 34 C2
Taillepied 50 24 C4
Taillet 66 262 B3
Taillette 08 21 D2
Tailleville 14 29 D2
Taillis 35 74 A3
Tailly 08 38 A1
Tailly 80 17 D2
Tailly 21 140 A1
Tain-l'Hermitage 26 187 E3
Taingy 89 102 A4
Taintrux 88 88 B2
Taisnières-en-Thiérache 59 11 F4
Taisnières-sur-Hon 59 11 F3
Taisnil 80 17 E3
Taissy 51 36 C3
Taïx 81 214 B4
Taizé 71 139 F4
Taizé 79 131 E1
Taizé-Aizie 16 147 E4
Taizy 08 36 C1
Tajan 65 250 A2
Talairan 11 254 A3
Talais 33 160 B4
Talange 57 40 B3
Talant 21 123 D2
Talasani 2b 265 F4
La Talaudière 42 170 C4
Talazac 65 249 D1
Talcy 41 98 C2
Talcy 89 103 D4
Talence 33 194 A1
Talencieux 07 187 E2
Talensac 35 72 C3
Talissieu 01 173 D1
Talizat 15 184 A3
Tallans 25 125 F1
Tallard 05 206 A4
Tallenay 25 125 E2
Tallende 63 168 B3
Taller 40 208 B4
Talloires 74 174 A1
Tallone 2b 267 E2
Le Tallud 79 131 D3
Tallud-Ste-Gemme 85 130 A3
Talmas 80 17 E1
Talmay 21 124 B1
Talmont 17 160 C3
Talmont-St-Hilaire 85 128 C4
Talmontiers 60 32 C2
Talon 58 121 D2
Talus-St-Prix 51 60 A2
Taluyers 69 171 E3
Tamerville 50 25 D3
Tamnay-en-Bazois 58 121 E4
Tamniès 24 180 B4
Le Tanargue 07 202 C3
Tanavelle 15 184 A4
Tanay 21 124 A1
Tancarville 76 30 C1
Tancoigné 49 114 A3
Tancon 71 154 C3
Tanconville 54 65 F3
Tancrou 77 58 C1
Tancua 39 142 A4
Tangry 62 9 E2
Taninges 74 159 D3
Tanis 50 50 C4
Tanlay 89 103 D2
Tannay 08 37 F1
Tannay 58 121 D2
Tanneron 83 240 A2
Tanneron (Massif du) 06,83 240 A2
Tannerre-en-Puisaye 89 101 E3
Tannières 02 35 F3
Tannois 55 62 C3
Tanques 61 53 D3
Tantes (Pic de) 65 257 E4
Tantonville 54 86 C1
Le Tanu 50 50 C2
Tanus 81 214 C3
Tanville 61 53 D4
Tanzac 17 161 D3
Taponas 69 155 E3
Taponnat-Fleurignac 16 163 D2
Tapoul (Gorges du) 48 217 D2
Tarabel 31 230 B3
Taradeau 83 239 D3
Tarare 69 170 C1
Tarascon 13 236 A1
Tarascon-sur-Ariège 09 260 B1
Tarasteix 65 249 D1
Taravo 2a 268 C2
Tarbes 65 249 D2
Tarcenay 25 125 E3
Tarco 2A 269 F2
Tardais 28 55 D4
Tardes 23 151 D3
Tardets-Sorholus 64 247 E2
La Tardière 85 130 B3
Tardinghen 62 2 C2
Tarentaise 42 186 C1
Tarerach 66 262 A2
Targassonne 66 261 D3
Targé 86 132 C2
Target 03 152 C2
Targon 33 194 C2
Tarn 12,31,81,82 215 F3
Tarn (Gorges du) 12,48 216 C1
Tarnac 19 166 A3
Tarnès 33 177 F4
Tarnos 40 224 C3
Taron-Sadirac-Viellenave 64 226 C3
Tarquimpol 57 64 E2
Tarrano 2b 267 E1
Tarsac 32 227 D2
Tarsacq 64 226 B4
Tarsul 21 104 C4
Tart-l'Abbaye 21 124 A3
Tart-le-Bas 21 124 A3
Tart-le-Haut 21 123 F3
Tartagine 2B 264 C3
Tartagine (Forêt de) 2B 264 C4
Tartaras 42 171 D3
Tartas 40 225 F1
Tartécourt 70 106 B2
Tartiers 02 35 D2
Tartigny 60 17 F4
Tartonne 04 222 B3
Le Tartre 71 141 D2
Le Tartre-Gaudran 78 56 B3
Tarzy 08 20 C2
Tasque 32 227 E2
Tassé 72 96 A1
Tassenières 39 141 D1
Tassillé 72 96 A1
Tassin-la-Demi-Lune 69 171 E2
Tasso 2a 267 D4
Tatinghem 62 3 E3
Le Tâtre 16 178 A1
Tau (Bassin de) 34 234 A4
Taugon 17 145 F2

Taulanne (Clue de) 04 222 C4
Taulé 29 46 A2
Taulignan 26 204 A4
Taulis 66 262 B3
Taupont 56 71 F4
Tauriac 33 177 E3
Tauriac 81 230 B1
Tauriac 46 198 B1
Tauriac-de-Camarès 12 233 D1
Tauriac-de-Naucelle 12 214 C3
Tauriers 07 202 C3
Taurignan-Castet 09 259 E2
Taurignan-Vieux 09 259 E2
Taurinya 66 261 F3
Taurion 23,87 150 B4
Taurize 11 253 F3
Taussac 12 199 F1
Taussac-la-Billière 34 233 D3
Tautavel 66 262 B1
Tauves 63 167 E4
Tauxières-Mutry 51 36 C4
Tauxigny 37 116 B3
Tavaco 2a 266 C3
Tavant 37 115 E3
Tavaux 39 124 B4
Tavaux-et-Pontséricourt 02 20 A3
Tavel 30 219 E3
Tavera 2a 266 C3
Tavernay 71 122 B4
Tavernes 83 238 B2
Taverny 95 57 E1
Tavers 45 98 C3
Tavey 70 107 F3
Tavignano 2B 267 E2
Tavignano (Gorges du) 2B 267 D1
Taxat-Senat 03 152 C3
Taxenne 39 124 C2
Tayac 33 178 B4
Taybosc 32 228 C1
Tayrac 12 214 C2
Tayrac 47 212 A2
Tazenat (Gour de) 63 152 B4
Tazilly 58 138 B2
Le Tech 66 262 A4
Tech 66 262 B3
Têche 38 188 C2
Técou 81 231 D1
Teghime (Col de) 2B 265 E2
Le Teich 33 193 D2
Teigny 58 121 D1
Le Teil 07 203 E3
Teilhède 63 168 A1
Teilhet 09 252 B3
Teilhet 63 152 A3
Teillay 35 93 E2
Teillay-le-Gaudin 45 79 E3
Teillay-St-Benoît 45 79 E4
Teillé 72 76 B3
Teillé 44 94 A4
Teillet 81 231 F1
Teillet-Argenty 03 151 E2
Le Teilleul 50 51 E4
Teillots 24 180 C2
Teissières-lès-Bouliès 15 199 F1
Teissières-de-Cornet 15 182 C4
Télégraphe (Col du) 73 190 C2
Telgruc-sur-Mer 29 68 C1
Tellancourt 54 39 D1
Tellecey 21 124 A2
Tellières-le-Plessis 61 53 F4
Teloché 72 96 C1
Le Temple 79 130 B1
Le Temple 41 97 F1
Le Temple 33 193 D1
Le Temple-de-Bretagne 44 111 E1
Temple-Laguyon 24 180 B2
Le Temple-sur-Lot 47 211 E1
Templemars 59 10 B1
Templeuve 59 10 C1
Templeux-la-Fosse 80 18 C1
Templeux-le-Guérard 80 18 B2
Tenay 01 172 C1
Tence 43 186 B3
Tencin 38 189 F1
Tende 06 241 F1
Tendon 88 87 F3
Tendron 18 136 C1
Tendu 36 134 B3
Teneur 62 9 D2
Tennie 72 76 A4
Tenteling 57 41 E3
Tercé 86 132 C4
Tercillat 23 150 C1
Tercis-les-Bains 40 225 D2
Terdeghem 59 4 B3
Tergnier 02 19 D4
Terjat 03 151 F3
Termes 48 200 C1
Termes 11 254 A3
Termes 08 37 F2
Termes-d'Armagnac 32 227 D2

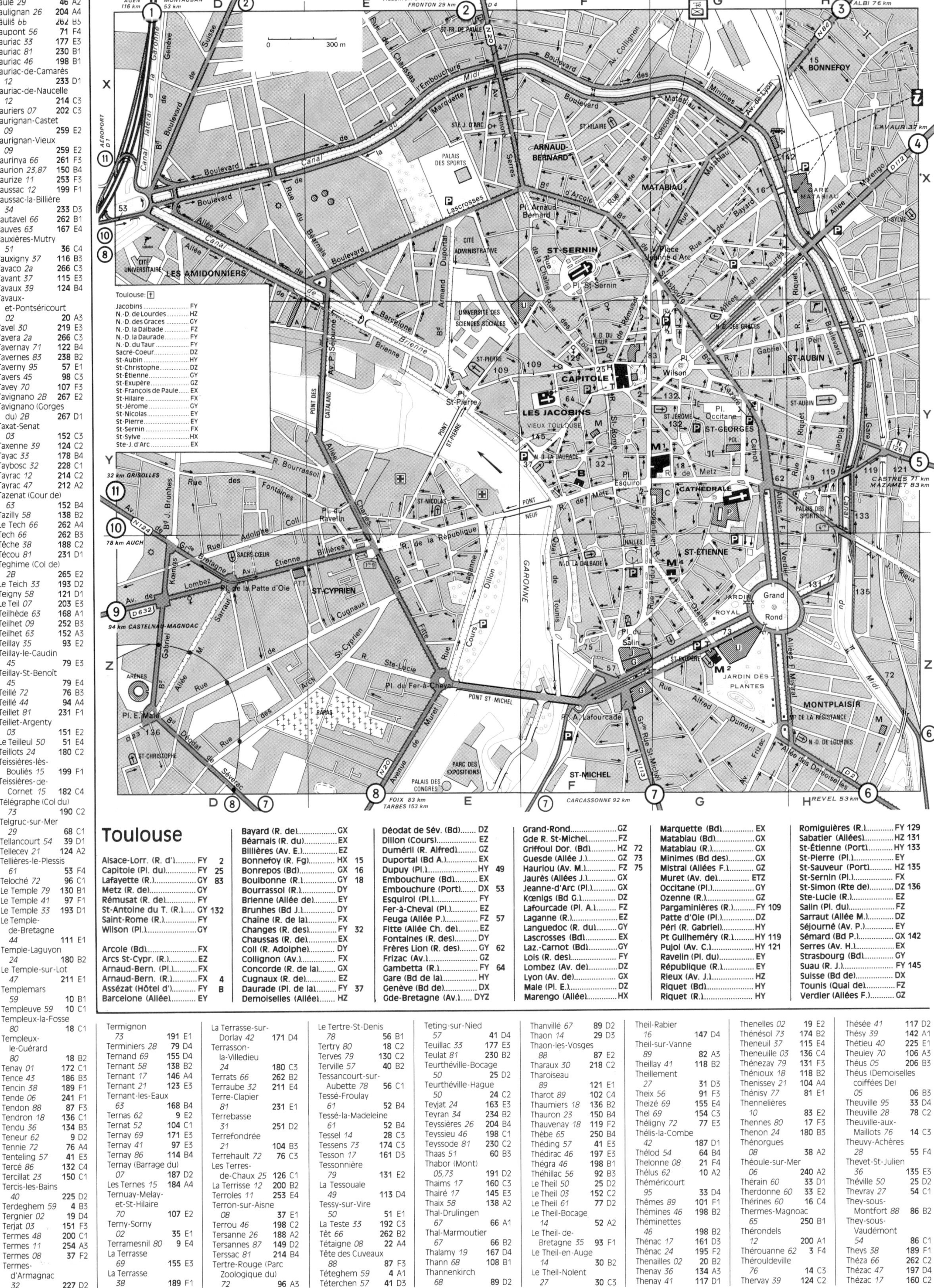
AGEN 116 km
MONTAUBAN 53 km
VILLEMUR-S-TARN 33 km
FRONTON 29 km
ALBI 76 km
LAVAUR 37 km
CASTRES 71 km
MAZAMET 83 km
32 km GRISOLLES
78 km AUCH
94 km CASTELNAU-MAGNOAC
FOIX 83 km
TARBES 153 km
CARCASSONNE 92 km
REVEL 53 km
300 m
BONNEFOY
MATABIAU
ARNAUD-BERNARD
PALAIS DES SPORTS
CITÉ ADMINISTRATIVE
ST-SERNIN
LES AMIDONNIERS
CITÉ UNIVERSITAIRE
UNIVERSITÉ DES SCIENCES SOCIALES
CAPITOLE
LES JACOBINS
VIEUX TOULOUSE
ST-GEORGES
CATHÉDRALE
ST-AUBIN
ST-ÉTIENNE
ST-CYPRIEN
GARONNE
JARDIN ROYAL
Grand Rond
JARDIN DES PLANTES
MONTPLAISIR
ST-MICHEL
PARC DES EXPOSITIONS
PALAIS DES CONGRÈS
ARÈNES
GARE MATABIAU
Toulouse:
Jacobins FY
N.-D. de Lourdes HZ
N.-D. des Graces GY
N.-D. la Dalbade FZ
N.-D. la Daurade FY
N.-D. du Taur FY
Sacré-Coeur DZ
St-Aubin HY
St-Christophe DZ
St-Étienne GY
St-Exupère GZ
St-François de Paule EX
St-Hilaire FX
St-Jérome GY
St-Nicolas EY
St-Pierre EY
St-Sernin FX
St-Sylve HX
Ste-J. d'Arc EX

Toulouse

Alsace-Lorr. (R. d') FY 2
Capitole (Pl. du) FY 25
Lafayette (R.) GY 83
Metz (R. de) GY
Rémusat (R. de) FY
St-Antoine du T. (R.) GY 132
Saint-Rome (R.) FY
Wilson (Pl.) GY

Arcole (Bd) FX
Arcs St-Cypr. (R.) EZ
Arnaud-Bern. (Pl.) FX
Arnaud-Bern. (R.) FX 4
Assézat (Hôtel d') FY B
Barcelone (Allée) EY
Bayard (R. de) GX
Béarnais (R. du) EX
Billières (Av. E.) EZ
Bonnefoy (R. Fg) HX 15
Bonrepos (Bd) GX 16
Boulbonne (R.) GY 18
Bourrassol (R.) DY
Brienne (Allée de) EY
Brunhes (Bd J.) DY
Chaîne (R. de la) FX
Changes (R. des) FY 32
Chaussas (R. de) EX
Coll (R. Adolphe) DY
Collignon (Av.) FX
Concorde (R. de la) GX
Cugnaux (R. de) EZ
Daurade (Pl. de la) FY 37
Demoiselles (Allée) HZ
Déodat de Sév. (Bd) DZ
Dillon (Cours) EZ
Duméril (R. Alfred) GZ
Duportal (Bd A.) EX
Dupuy (Pl.) HY 49
Embouchure (Bd) EX
Embouchure (Port) DX 53
Esquirol (Pl.) FY
Fer-à-Cheval (Pl.) EZ
Feuga (Allée P.) FZ 57
Fitte (Allée Ch. de) EZ
Fontaines (R. des) DY
Frères Lion (R. des) GY 62
Frizac (Av.) GZ
Gambetta (R.) FY 64
Gare (Bd de la) HY
Genève (Bd de) DX
Gde-Bretagne (Av.) DYZ
Grand-Rond GZ
Gde R. St-Michel FZ
Griffoul Dor. (Bd) HZ 72
Guesde (Allée J.) GZ 73
Hauriou (Av. M.) FZ 75
Jaurès (Allées J.) GX
Jeanne-d'Arc (Pl.) GX
Kœnigs (Bd G.) DZ
Lafourcade (Pl. A.) FZ
Laganne (R.) EZ
Languedoc (R. du) GY
Lascrosses (Bd) EX
Laz.-Carnot (Bd) GY
Lois (R. des) FY
Lombez (Av. de) DZ
Lyon (Av. de) GX
Male (Pl. E.) DZ
Marengo (Allée) HX
Marquette (Bd) EX
Matabiau (Bd) GX
Matabiau (R.) GX
Minimes (Bd des) GX
Mistral (Allées F.) GZ
Muret (Av. de) ETZ
Occitane (Pl.) GY
Ozenne (R.) GZ
Pargaminières (R.) FY 109
Patte d'Oie (Pl.) DZ
Péri (R. Gabriel) HY
Pt Guilhemery (R.) HY 119
Pujol (Av. C.) HY 121
Ravelin (Pl. du) EY
République (R.) EY
Rieux (Av. J.) HZ
Riquet (Bd) HY
Riquet (R.) HY
Romiguières (R.) FY 129
Sabatier (Allées) HZ 131
St-Étienne (Port) HY 133
St-Pierre (Pl.) EY
St-Sauveur (Port) HZ 135
St-Sernin (Pl.) FX
St-Simon (Rte de) DZ 136
Ste-Lucie (R.) EZ
Salin (Pl. du) FZ
Sarraut (Allée M.) DZ
Séjourné (Av. P.) EY
Sémard (Bd P.) GX 142
Serres (Av. H.) EX
Strasbourg (Bd) GY
Suau (R. J.) FY 145
Suisse (Bd de) DX
Tounis (Quai de) FZ
Verdier (Allées F.) GZ

Termignon 73 191 E1
Terminiers 28 79 D4
Ternand 69 155 D4
Ternant 58 138 B2
Ternant 17 146 A4
Ternant 21 123 E3
Ternant-les-Eaux 63 168 B4
Ternas 62 9 E2
Ternat 52 104 C1
Ternay 69 171 E3
Ternay 41 97 E3
Ternay 86 114 B4
Ternay (Barrage du) 07 187 D2
Les Ternes 15 184 A4
Ternuay-Melay-et-St-Hilaire 70 107 E2
Terny-Sorny 02 35 E1
Terramesnil 80 9 E4
La Terrasse 69 155 E3
La Terrasse 38 189 F1
La Terrasse-sur-Dorlay 42 171 D4
Terrasson-la-Villedieu 24 180 C3
Terrats 66 262 B2
Terraube 32 211 E4
Terre-Clapier 81 231 E1
Terrebasse 31 251 D2
Terrefondrée 21 104 B3
Terrehault 72 76 C3
Les Terres-de-Chaux 25 126 C1
La Terrisse 12 200 B2
Terroles 11 253 E4
Terron-sur-Aisne 08 37 E1
Terrou 46 198 C2
Tersanne 26 188 A2
Tersannes 87 149 D2
Terssac 81 214 B4
Tertre-Rouge (Parc Zoologique du) 72 96 A3
Le Tertre-St-Denis 78 56 B1
Tertry 80 18 C2
Terves 79 130 C2
Terville 57 40 B2
Tessancourt-sur-Aubette 78 56 C1
Tessé-Froulay 61 52 B4
Tessé-la-Madeleine 61 52 B4
Tessel 14 28 C3
Tessens 73 174 C3
Tesson 17 161 D3
Tessonnière 79 131 E2
La Tessoualle 49 113 D4
Tessy-sur-Vire 50 51 E1
La Teste 33 192 C3
Têt 66 262 B2
Tétaigne 08 22 A4
Tête des Cuveaux 88 87 F3
Téteghem 59 4 A1
Téterchen 57 41 D3
Teting-sur-Nied 57 41 D4
Teuillac 33 177 E3
Teulat 81 230 B2
Teurthéville-Bocage 50 25 D2
Teurthéville-Hague 50 24 C2
Teyjat 24 163 E3
Teyran 34 234 B2
Teyssières 26 204 B4
Teyssieu 46 198 C1
Teyssode 81 230 C2
Thaas 51 60 B3
Thabor (Mont) 05,73 191 D2
Thaims 17 160 C3
Thairé 17 145 E3
Thaix 58 138 A2
Thal-Drulingen 67 66 A1
Thal-Marmoutier 67 66 B2
Thalamy 19 167 D4
Thann 68 108 B1
Thannenkirch 68 89 D2
Thanvillé 67 89 D2
Thaon 14 29 D3
Thaon-les-Vosges 88 87 E2
Tharaux 30 218 C2
Tharoiseau 89 121 E1
Tharot 89 102 C4
Thaumiers 18 136 B2
Thauron 23 150 B4
Thauvenay 18 119 F2
Thèbe 65 250 B4
Théding 57 41 E3
Thédirac 46 197 E3
Thégra 46 198 B1
Théhillac 56 92 B3
Le Theil 50 25 D2
Le Theil 03 152 C2
Le Theil 61 77 D2
Le Theil-Bocage 14 52 A2
Le Theil-de-Bretagne 35 93 F1
Le Theil-en-Auge 14 30 B2
Le Theil-Nolent 27 30 C3
Theil-Rabier 16 147 D4
Theil-sur-Vanne 89 82 A3
Theillay 41 118 B2
Theillement 27 31 D3
Theix 56 91 F3
Theizé 69 155 E4
Thel 69 154 C3
Théligny 72 77 E3
Thélis-la-Combe 42 187 D1
Thélod 54 64 B4
Thelonne 08 21 F4
Thélus 62 10 A2
Théméricourt 95 33 D4
Thèmes 89 101 F1
Thémines 46 198 B2
Théminettes 46 198 B2
Thénac 17 161 D3
Thénac 24 195 F2
Thenailles 02 20 B2
Thenay 36 134 A3
Thenay 41 117 D1
Thenelles 02 19 E2
Thénésol 73 174 B2
Theneuil 37 115 E4
Theneuille 03 136 C4
Thénezay 79 131 F3
Thénioux 18 118 B2
Thenissey 21 104 A4
Thénisy 77 81 E1
Thennelières 10 83 E2
Thennes 80 17 F3
Thenon 24 180 B3
Thénorgues 08 38 A2
Théoule-sur-Mer 06 240 A2
Thérain 60 33 D1
Therdonne 60 33 E2
Thérines 60 16 C4
Thermes-Magnoac 65 250 B1
Thérondels 12 200 A1
Thérouanne 62 3 F4
Thérouldeville 76 14 C3
Thervay 39 124 C2
Thésée 41 117 D2
Thésy 39 142 A1
Thétieu 40 225 E1
Theuley 70 106 A3
Théus 05 206 B3
Théus (Demoiselles coiffées De) 05 06 B3
Theuville 95 33 D4
Theuville 28 78 C2
Theuville-aux-Maillots 76 14 C3
Theuvy-Achères 28 55 F4
Thevet-St-Julien 36 135 E3
Théville 50 25 D2
Thevray 27 54 C1
They-sous-Montfort 88 86 B2
They-sous-Vaudémont 54 86 C1
Theys 38 189 F1
Théza 66 262 C2
Thézac 47 197 D4
Thézac 17 160 C2

Tours

Bordeaux (R. de) ... DY 8
Commerce (R. du) ... CDX 28
Grammont (Av. de) ... DEZ
Halles (Pl. et R.) ... CY
Marceau (R.) ... CDY
Nationale (R.) ... DXY
Scellerie (R. de la) ... DY 91

Anatole-France (Pl.) ... DX 4
Béranger (Bd) ... BCDY
Beaune-Semblançay (Jardin) ... DX B
Blanqui (R. A.) ... EFX
Boisdenier (R. de) ... CDZ
Boyer (R. Léon) ... BY
Bretonneau (R.) ... CXY
Briçonnet (R.) ... CX 15
Buffon (R.) ... DY
Cathédrale (Pl.) ... EX 18
Chanoineau (R.) ... CY 20
Chanzy (R. du Gén.) ... BY
Charpentier (R. J.) ... BCY
Chevallier (R. A.) ... BCZ
Colbert (R.) ... DX
Constantine (R.) ... CX 29
Corneille (R.) ... DY 30
Courteline (R. G.) ... BY
Descartes (R.) ... CY 33
Desmoulins (R. C.) ... EFY
Dr-Fournier (R. du) ... FZ
Docks (R. des) ... EFY
Entraigues (R. d') ... BCYZ
Foire-le-Roi (Pl.) ... DX 38
Fouquet (R. Jehan) ... CYZ
Fuye (R. de la) ... FYZ
Galpin-Thiou (R.) ... DEZ
Gaulle (Av. Gén.-de) ... EFZ
George Sand (R.) ... DYZ
Gille (R. Charles) ... DY
Giraudeau (R.) ... BYZ
Grandière (R. de la) ... CY 41
Gd-Marché (Pl.) ... CY 42
Gd-Marché (R.) ... CY 44
Grégoire-de-Tours (Pl.) ... EX 47
Heurteloup (Bd) ... EFY
Jaurès (Pl. Jean) ... DY
Jolivet (R.) ... FZ
Lakanal (R.) ... CZ
Lattre-de-T. (Bd de) ... EZ
Lavoisier (R.) ... DEX 54
Leclerc (Pl. du Mar.) ... EY
Lobin (R.) ... FX
Mame (Hôtel) ... DY D
Meusnier (R. du Gén.) ... EXY 57
Michelet (R.) ... DYZ
Mirabeau (R.) ... FXY
Néricault-Destouches (R.) ... CDY 60
N.-D. de la Riche (†) ... BY
Orléans (Quai d') ... DEX
Paillhou (Pl. Gaston) ... CY
Palissy (R. Bernard) ... EY
Pascal (R. Blaise) ... EYZ
Petit-Pré (R. du) ... EY
Plantin (R.) ... FY 66
Plat-d'Etain (R. du) ... BZ
Plumereau (Pl.) ... CY 67
Pompidou (Av. G.) ... FXY 69
Pont-Neuf (Q. du) ... BCX 70
Preuilly (Bd) ... BY
Proudhon (Av.) ... BX 73
Rabelais (Pl.) ... BZ
Rempart (R. du) ... FY 74
Renault (R. du Gén.) ... BCZ
Résistance (Pl. de la) ... DY 75
Rouget-de-Lisle (R.) ... BY
Sacré-Cœur (†) ... FZ
St-Étienne (†) ... DY 80
St-Gatien (Cathédrale) ... EX
St-Julien (†) ... DX X
St-Martin (†) ... CY W
St-Paul (†) ... EZ 83
St-Pierre (†) ... FX
St-Saturnin (†) ... CX
Ste-Jeanne d'Arc (†) ... CZ
Salengro (R. Roger) ... CDZ
Sicard (Pl. François) ... EY 92
Simon (R. Jules) ... EY
Tanneurs (R. des) ... BX 94
Thiers (Bd et Pl.) ... CDZ
Thomas (R. A.) ... EX
Ursulines (R. des) ... EXY
Vaillant (R. E.) ... EFYZ
Victoire (R. de la) ... BXY
Victor-Hugo (R.) ... BCY
Voltaire (R.) ... DXY 96
Zola (R. Émile) ... DY

Thézan-lès-Béziers 34 233 D4
Thézan-des-Corbières 11 254 B3
Thèze 64 226 C3
Thèze 04 221 F1
Thézey-St-Martin 54 64 C1
Théziers 30 219 D4
Thézillieu 01 173 D1
Thézy-Glimont 80 17 F3
Thiais 94 57 E3
Thiancourt 90 108 A4
Thianges 58 137 F1
Thiant 59 11 D3
Thiat 87 148 C2
Thiaucourt-Regniéville 54 63 F1
Thiaville-sur-Meurthe 54 88 A1
Thiberville 27 30 C4
Thibie 51 60 C1
Thibivillers 60 33 D3
Thibouville 27 31 D4
Thicourt 57 41 D4
Thiébauménil 54 65 D4
Thiéblemont-Farémont 51 61 F3
Thiébouhans 25 126 C2
Thieffrain 10 83 F3
Thieffrans 70 106 C4
Thiéfosse 88 88 A4
Thiel-sur-Acolin 03 137 F4
Thiembronne 62 3 E4
Thiénans 70 106 C4
Thiennes 59 4 B4
Thiepval 80 18 A1
Thiergeville 76 14 B3
Les Thilliers-en-Vexin 27 32 B3
Thillois 51 36 B3
Thillombois 55 63 D1
Le Thillot 88 107 F1
Thiernu 02 20 A3
Thiers 63 169 D1
Thiers-sur-Thève 60 34 A4
Thierville 27 31 D3
Thierville-sur-Meuse 55 38 C3
Thiéry 06 223 F3
Thiescourt 60 18 B4
Thiétreville 76 14 C3
Le Thieulin 28 78 A2
Thieulloy-l'Abbaye 80 17 D2
Thieulloy-la-Ville 80 17 D3
Thieuloy-St-Antoine 60 17 D4
La Thieuloye 62 9 E2
Thieux 77 58 B1
Thieux 60 33 E1
Thiéville 14 29 F4
Thièvres 80 9 E4
Thièvres 62 9 E4
Thiézac 15 183 E4
Thignonville 45 79 F3
Le Thil 27 32 B2
Thil 01 171 F1
Thil 54 39 E1
Thil 51 36 B2
Thil 21 122 B1
Thil 10 84 B2
Thil 31 229 E2
Thil-Manneville 76 15 E2
Le Thil-Riberpré 76 16 B4
Thil-sur-Arroux 71 138 C2
Thilay 08 21 F2
Le Thillay 95 57 F1
Thilleux 52 84 B1
Thillot 55 39 D4
Thilouze 37 115 F3
Thimert 28 55 E4
Thimonville 57 64 C1
Thimory 45 100 C1
Thin-le-Moutier 08 21 D3
Thines 07 202 B4
Thiolières 63 169 E3
Thionne 03 153 E1
Thionville 57 40 B2
Thiouville 76 14 C3
Thiraucourt 88 86 C2
Thiré 85 129 F4
Thiron 28 77 F2
This 08 21 E3
Thise 25 125 E2
Thivars 28 78 B2
Thivencelle 59 11 E2
Thiverny 60 33 F3
Thiverval-Grignon 78 56 C2
Thivet 52 85 E4
Thiviers 24 180 A1
Thiville 28 78 B4
Thizay 37 114 C3
Thizay 36 135 D1
Thizy 69 154 C4
Thizy 89 103 D4
Thoard 04 222 A2
Thodure 38 188 B1
Thoigné 72 76 B2
Thoiras 30 217 F3
Thoiré-sous-Contensor 72 76 B2
Thoiré-sur-Dinan 72 97 D2
Thoires 21 104 A1
Thoirette 39 156 C2
Thoiria 39 141 F4
Thoiry 73 173 F3
Thoiry 01 157 F2
Thoiry 78 56 C2
Thoissey 01 155 E3
Thoissia 39 156 C1
Thoisy-la-Berchère 21 122 B2
Thoisy-le-Désert 21 122 C2
Thoix 80 17 D3
Thol-lès-Millières 52 85 F3
Thollet 86 149 D1
Thollon 74 159 D1
Le Tholonet 13 237 E3
Le Tholy 88 88 A3
Thomer-la-Sôgne 27 55 E2
Thomery 77 80 C2
Thomirey 21 122 C4
Thonac 24 180 B2
Thônes 74 174 B1
Thonnance-lès-Joinville 52 85 D1
Thonnance-les-Moulins 52 85 E1
Thonne-la-Long 55 22 C4
Thonne-les-Prés 55 22 B4
Thonne-le-Thil 55 22 B4
Thonnelle 55 22 B4
Thonon-les-Bains 74 158 C1
Les Thons 88 86 B4
Thonville 57 41 D4
Le Thor 84 220 A4
Thorailles 45 81 D4
Thoraise 25 125 D3
Thorame-Basse 04 222 C2
Thorame-Haute 04 222 C2
Thoras 43 201 F1
Thoré-la-Rochette 41 97 F2
Thorée-les-Pins 72 96 A3
Thorens-Glières 74 158 B4
Thorey 89 103 D1
Thorey-en-Plaine 21 123 F3
Thorey-Lyautey 54 86 C1
Thorey-sous-Charny 21 122 B2
Thorey-sur-Ouche 21 123 D3
Thorigné 79 146 C2
Thorigné-d'Anjou 49 95 D3
Thorigné-en-Charnie 53 75 E4
Thorigné-sur-Dué 72 77 D4
Thorigné-sur-Vilaine 35 73 E3
Thorigny 79 146 A3
Thorigny 85 129 E3
Thorigny-sur-Marne 77 58 B2
Thorigny-sur-Oreuse 89 82 A2
Le Thoronet 83 239 D3
Thorrenc 07 187 E2
Thors 17 161 F1
Thors 10 84 B2
Thory 80 17 F3
Thory 89 102 C4
Thoste 21 122 A1
Le Thot 24 180 B4
Le Thou 17 145 E3
Thou 45 101 D4
Thou 18 119 E1
Thouarcé 49 113 F2
Thouaré-sur-Loire 44 112 A2
Thouars 79 114 B4
Thouars-sur-Arize 09 251 E2
Thouars-sur-Garonne 47 211 D2
Thouarsais-Bouildroux 85 130 A3
Thouet 49,79 114 B3
Le Thoult-Trosnay 51 60 A2
Le Thour 08 36 B1
Le Thoureil 49 114 A1
Thourie 35 93 F1
Thouron 87 149 D4
Thourotte 60 34 B3
Thoury 41 98 C3
Thoury-Férottes 77 81 D2
Thoux 32 229 D2
Thubœuf 53 75 E1
Le Thuel 02 20 B4
Thuellin 38 172 C3
Thuès-entre-Valls 66 261 E3
Thueyts 07 202 C2
Thugny-Trugny 08 37 D1
La Thuile 73 173 F3
Les Thuiles 04 207 D4
Thuilley-aux-Groseilles 54 64 A4
Thuillières 88 86 C3
Thuir 66 262 B2
Le Thuit 27 32 A3
Le Thuit-Anger 27 31 E3
Thuit-Hébert 27 31 D2
Le Thuit-Signol 27 31 E3
Le Thuit-Simer 27 31 E3
Thulay 25 126 C1
Thumeréville 54 39 E3
Thumeries 59 10 B1
Thun-l'Évêque 59 10 C3
Thun-St-Amand 59 11 D1
Thun-St-Martin 59 11 D3
Thur 68,88 108 A1
Thurageau 86 132 A2
Thuré 86 132 B2
Thuret 63 153 D4
Thurey 71 140 B2
Thurey-le-Mont 25 125 E1
Thuriès (Château) 81 214 C3
Thurins 69 171 D2
Thury 89 101 F4
Thury 21 122 C4
Thury-en-Valois 60 34 C4
Thury-Harcourt 14 52 B1
Thury-sous-Clermont 60 33 F2
Thusy 74 157 F4
Thuy 65 249 F1
Thyez 74 158 C3
Thyl 73 190 C2
Tibiran-Jaunac 65 250 A3
Ticheville 61 53 F2
Tichey 21 124 A4
Tieffenbach 67 66 B1
Tiercé 49 95 E3
Tiercelet 54 39 E1
Le Tiercent 35 73 E2
Tierceville 14 28 C2
Tieste-Uragnoux 32 227 E3
La Tieule 48 216 B1
Tiffauges 85 112 C4
Tigeaux 77 58 C2
Tigery 91 58 A4
Tignac 09 260 C1
Tigné 49 114 A3
Tignécourt 88 86 B4
Tignes 73 175 E4
Le Tignet 06 240 A2
Tignieu-Jameyzieu 38 172 A2
Tigny-Noyelle 62 8 B2
Tigy 45 99 F2
Til-Châtel 21 105 D4
Tilh 40 225 F3
Tilhouse 65 249 F3
Tillac 32 227 F4
Tillay-le-Péneux 28 79 D3
Tillé 60 33 E1
Tillenay 21 124 A3
Le Tilleul 76 14 A3
Tilleul-Dame-Agnès 27 55 D1
Le Tilleul-Lambert 27 31 E4
Le Tilleul-Othon 27 31 D4
Tilleux 88 86 A2
Tillières 49 112 C3
Tillières-sur-Avre 27 55 D3
Tilloloy 80 18 B4
Tillou 79 146 C3
Tilloy-lès-Conty 80 17 E3
Tilloy-et-Bellay 51 61 E1
Tilloy-Floriville 80 16 B1
Tilloy-lès-Hermaville 62 9 F2
Tilloy-lez-Cambrai 59 10 C3
Tilloy-lez-Marchiennes 59 11 D2
Tilloy-lès-Mofflaines 62 10 A3
Tilly 36 149 D1
Tilly 78 56 B2
Tilly 27 32 B4
Tilly-la-Campagne 14 29 D4
Tilly-Capelle 62 9 D2
Tilly-sur-Meuse 55 63 D1
Tilly-sur-Seulles 14 28 C3
Tilques 62 3 E3
Tincey-et-Pontrebeau 70 106 A3
Tinchebray 61 52 A2
Tincourt-Boucly 80 18 C1
Tincques 62 9 F2
Tincry 57 64 C1
Tinée 6 223 F3
Tingry 62 2 C4
Tinqueux 51 36 B3
Tinténiac 35 73 D2
Tintry 71 139 E1
Tintury 58 121 D4
Tiranges 43 185 F2
Tirent-Pontéjac 32 228 C3
Tirepied 50 51 C3
Tissey 89 102 C2
Le Titre 80 8 B4
Tiuccia 2A 266 B3
Tivernon 45 79 E3
Tiviers 15 184 B3
Tivolaggio 2a 268 C3
Tizac-de-Curton 33 194 C1
Tizac-de-Lapouyade 33 177 F3
Tizzano 2A 268 C3
Tocane-St-Apre 24 179 D2
Tocqueville 27 30 C2
Tocqueville 50 25 E2
Tocqueville-en-Caux 76 15 D3
Tocqueville-sur-Eu 76 15 F1
Tocqueville-les-Murs 76 14 C3
Tœufles 80 16 B1
Toges 08 37 F1
Togny-aux-Boufs 51 61 D2
Tolla 2a 266 C4
Tollaincourt 88 86 A4
Tollent 62 8 C3
Tollevast 50 24 C2
La Tombe 77 81 E2
Tombeboeuf 47 196 A4
Tomblaine 54 64 C3
Tomino 2b 264 C1
Les Tonils 26 204 C3
Tonnac 81 214 A3
Tonnay-Boutonne 17 145 F4
Tonnay-Charente 17 145 E4
Tonneins 47 211 D1
Tonnerre 89 102 C2
Tonneville 50 24 C2
Tonnoy 54 64 C4
Tonquédec 22 47 D2
Torcé 35 73 F4
Torcé-en-Vallée 72 76 C3
Torcé-Viviers-en-Charnie 53 75 E4
Torcenay 52 105 E2
Torchamp 61 52 A4
Torchefelon 38 172 C4
Torcheville 57 65 E1
Torcieu 01 172 B1
Torcy 71 139 E2
Torcy 77 58 B2
Torcy 62 8 C1
Torcy-en-Valois 02 35 D4
Torcy-et-Pouligny 21 122 A1
Torcy-le-Grand 76 15 F3
Torcy-le-Grand 10 60 C4
Torcy-le-Petit 76 15 F3
Torcy-le-Petit 10 60 C4
Tordères 66 262 B3
Tordouet 14 30 B4
Torfou 49 112 C4
Torfou 91 57 E4
Torigni-sur-Vire 50 28 A4
Tornac 30 218 A3
Tornay 52 105 F3
Le Torp-Mesnil 76 15 D3
Torpes 71 141 D2
Torpes 25 125 D3
Le Torpt 27 30 B2
Le Torquesne 14 30 A3
Torre 2A 269 E2
Torreilles 66 263 D1
Torsac 16 162 C3
Torsiac 43 184 B1
Tortebesse 63 167 E2
Tortefontaine 62 8 C3
Tortequesne 62 10 B3
Torteron 18 120 A4
Torteval-Quesnay 14 28 B4
Tortezais 03 152 B1
Tortisambert 14 53 E1
Le Tortoir 02 19 E4
Torvilliers 10 83 D2
Torxé 17 146 A4
Tosny 27 32 A3
Tosse 40 224 C2
Tossiat 01 156 B3
Tostat 65 249 E1
Tostes 27 31 F3
Totainville 88 86 C2
Tôtes 14 53 D1
Tôtes 76 15 E3
Touchay 18 135 D3
La Touche 26 204 A3
La Touche-Trébry 22 71 F1
Les Touches 44 112 B1
Les Touches-de-Périgny 17 161 F1
Toucy 89 101 F3
Toudon 06 223 F4
Touët-de-l'Escarène 06 241 E3
Touët-sur-Var 06 223 F3
Touffailles 82 212 B2
Toufflers 59 5 E4
Touffou 86 132 C3
Touffreville-la-Cable 76 30 C1
Touffreville-la-Corbeline 76 15 D4
Touffreville 27 32 A2
Touffréville 14 29 E3
Touffreville-sur-Eu 76 16 A1
Touget 32 229 D2
Touille 31 259 D2
Touillon 21 103 F3
Touillon-et-Loutelet 25 142 C2
Toujouse 32 227 D1
Toul 54 64 A3
Toul Goulic (Gorges de) 22 70 B1
Toulaud 07 203 F1
Toulenne 33 194 C3
Touligny 08 21 E3
Toulis-et-Attencourt 02 19 F3
Toullaëron (Roc de) 29 69 F2
Toulon 83 244 B3
Toulon-la-Montagne 51 60 B2
Toulon-sur-Allier 03 137 E4
Toulon-sur-Arroux 71 138 C3
Toulonjac 12 214 B1
Toulouges 66 262 C2
Toulouse 31 230 A2
Toulouse-le-Château 39 141 E2
Toulouzette 40 226 A1
Toulx-Ste-Croix 23 151 D2
Touques 14, 61 53 F1
Touques 14 30 A2
Le Touquet-Paris-Plage 62 8 A1
Touquettes 61 54 A2
Touquin 77 58 C3
La Tour 74 158 C3
La Tour 06 241 D2
La Tour-Blanche 24 179 D1
La Tour-d'Aigues 84 237 E2
La Tour-d'Auvergne 63 167 E4
Tour-de-Faure 46 198 B4
La Tour-de-Salvagny 69 171 E2
La Tour-de-Scay 25 125 F1
La Tour-du-Crieu 09 252 B3

La Tour-du-Meix 39 141 E4
Le Tour-du-Parc 56 91 F3
La Tour-du-Pin 38 172 C3
Tour-en-Bessin 14 28 B2
La Tour-en-Jarez 42 170 C4
Tour-en-Sologne 41 98 C4
La Tour-St-Gelin 37 115 E4
La Tour-sur-Orb 34 233 D2
Les Tourailles 61 52 B3
Tourailles 41 98 A3
Tourailles-sous-Bois 55 85 E1
Tourbes 34 233 E4
Tourcelles-Chaumont 08 37 E2
Tourch 29 69 E3
Tourcoing 59 5 E3
Tourdun 32 227 E3
La Tourette 42 186 A1
La Tourette 19 166 C3
La Tourette-Cabardès 11 231 E4
Tourette-du-Château 06 223 F4
Tourgéville 14 29 F2
La Tourlandry 49 113 E3
Tourlaville 50 25 D2
Tourliac 47 196 C2
Tourly 60 33 D3
Tourmalet (Col du) 65 257 E3
Tourmignies 59 10 B1
Tourmont 39 141 E1
Tournai-sur-Dive 61 53 D2
Tournan 32 228 C4
Tournan-en-Brie 77 58 B3
Tournans 25 125 F1
Tournavaux 08 21 E2
Tournay 65 249 F2
Tournay-sur-Odon 14 28 C4
Le Tourne 33 194 B2
Tournebu 14 52 C1
Tournecoupe 32 228 C1
Tournedos-Bois-Hubert 27 31 E4
Tournedos-sur-Seine 27 31 F3
Tournedoz 25 126 B1
Tournefeuille 31 229 F3
Tournefort 06 223 F3
Tournehem-sur-la-Hem 62 3 E3
Tournemire 12 216 B4
Tournemire 15 183 D3
Tournes 08 21 E3
Le Tourneur 14 51 F1
Tourneville 27 31 F4
Tourniac 15 182 C2
Tournières 14 28 A3
Tourniol (Col de) 26 188 B4
Tournissan 11 254 A3
Tournoël (Château de) 63 168 A1
Tournoisis 45 98 C1
Tournon 07 187 E3
Tournon 73 174 B2
Tournon-St-Martin 36 133 E2
Tournon-St-Pierre 37 133 E2
Tournon-d'Agenais 47 197 D4
Tournous-Darré 65 249 F1
Tournous-Devant 65 250 A1
Tournus 71 140 B4
Tourny 27 32 B3
Tourouvre 61 54 B4
Tourouzelle 11 254 A2
Les Tourreilles 31 250 B3
Tourreilles 11 253 D3
Tourrenquets 32 228 C2
Tourrette (Château de la) 07 203 E1
Tourrette-Levens 06 241 D4
Tourrette-sur-Loup 06 240 B1
Les Tourrettes 26 203 F2
Tourrettes 83 239 F2
Tourriers 16 162 C2
Tours 37 115 F1
Tours-en-Savoie 73 174 C2
Tours-en-Vimeu 80 16 B1
Tours-sur-Marne 51 36 C4
Tours-sur-Meymont 63 169 D3
Tourtenay 79 114 B4
Tourteron 08 37 E1
Tourtoirac 24 180 B2
Tourtour 83 239 D2
Tourtouse 09 259 E2
Tourtrès 47 196 A4
Tourtrol 09 252 B3
Tourves 83 238 B4
Tourville-la-Campagne 27 31 E3
Tourville-la-Chapelle 76 15 F2
Tourville-les-Ifs 76 14 B3
Tourville-en-Auge 14 30 A2
Tourville-sur-Arques 76 15 E2
Tourville-sur-Odon 14 28 C3
Tourville-sur-Pont-Audemer 27 30 C2
Tourville-sur-Sienne 50 26 C4
Tourville-la-Rivière 76 31 F2
Toury 03 138 A4
Toury 28 79 E3
Toury-Lurcy 58 137 E2
Toury-sur-Jour 58 137 E3
Tourzel-Ronzières 63 168 B4
Toussaint 76 14 B3
Toussieu 69 171 F3
Toussieux 01 155 F4
Tousson 77 80 B2
Toussus-le-Noble 78 57 D3
Toutainville 27 30 C2
Toutenant 71 140 B1
Toutencourt 80 17 F1
Toutens 31 230 B4
Toutes Aures (Col de) 04 223 D4
Toutlemonde 49 113 E4
Toutry 21 103 D4
Touvérac 16 178 A1
Le Touvet 38 189 F1
Touville 27 31 D2
Touvois 44 128 C1
Touvre 16 162 C3
Touzac 46 197 D4
Touzac 16 162 A3
Tox 2b 267 F1
Toy-Viam 19 166 A3
Trabuc (Grotte de) 30 218 A3
Traconne (Forêt de la) 51 59 F3
Tracy-Bocage 14 28 B4
Tracy-le-Mont 60 34 C1
Tracy-sur-Loire 58 119 F2
Tracy-sur-Mer 14 28 C2
Tracy-le-Val 60 34 C1
Trades 69 155 D2
Traenheim 67 66 C3
Tragny 57 64 C1
Traînel 10 82 A1
Traînou 45 99 F1
Le Trait 76 31 E1
Traitiéfontaine 70 125 E1
Traize 73 173 D2
Tralaigues 63 167 D1
Tralonca 2b 265 D4
Tramain 22 72 A1
Tramayes 71 155 D2
Trambly 71 155 D2
Tramecourt 62 9 D2
Tramery 51 36 A3
Tramezaïgues 65 258 A4
Tramolé 38 172 B4
Tramont-Émy 54 86 B1
Tramont-Lassus 54 86 B1
Tramont-St-André 54 86 B1
Tramoyes 01 171 F1
Trampot 88 85 E2
Trancault 10 82 A2
La Tranche-sur-Mer 85 144 B1
La Tranclière 01 156 B3
Trancrainville 28 79 E3
Trangé 72 76 A4
Le Tranger 36 133 F1
Trannes 10 84 A2
Tranqueville-Graux 88 86 B1
Trans 53 75 E2
Trans 35 50 B4
Trans-en-Provence 83 239 E3
Trans-sur-Erdre 44 93 F4
Le Translay 80 16 B1
Le Transloy 62 18 B1
Tranzault 36 134 C3
Trappe (Abbaye de la) 61 54 B4
Trappes 78 57 D3
Trassanel 11 253 F1
Traubach-le-Bas 68 108 B3
Traubach-le-Haut 68 108 B3
Trausse 11 254 A1
Travaillan 84 219 F2
Travecy 02 19 E3
Traversères 32 228 B3
Traves 70 106 B3
Le Travet 81 231 F1
Trayes 79 130 C3
Tréal 56 92 B1
Tréauville 50 24 B2
Trébabu 29 44 C3
Tréban 81 215 D3
Treban 03 152 C1
Trébas 81 215 D4
Trébédan 22 72 B1
Trèbes 11 253 F2
Trébeurden 22 46 C1
Trébons 65 249 E3
Trébons-de-Luchon 31 258 B4
Trébons-sur-la-Grasse 31 230 B4
Tréboul (Pont de) 15 200 B1
Trébrivan 22 70 A1
Trébry 22 71 F1
Tréclun 21 124 A3
Trécon 51 60 B1
Trédaniel 22 71 F1
Trédarzec 22 47 E1
Trédias 22 72 B1
Trédion 56 91 F2
Trédrez 22 46 C2
Tréduder 22 46 C2
Trefcon 02 18 C2
Treffendel 35 72 C4
Treffiagat 29 68 C4
Treffieux 44 93 E3
Treffléan 56 91 F2
Treffort 01 156 C2
Treffort 38 189 D4
Treffrin 22 70 A1
Tréflaouénan 29 45 F1
Tréflévénez 29 45 E3
Tréflez 29 45 E1
Tréfols 51 59 F3
Tréfumel 22 72 B1
Trégarantec 29 45 E2
Trégarvan 29 45 E4
Trégastel 22 46 C1
Tréglamus 22 47 D3
Tréglonou 29 45 D2
Trégomar 22 48 C4
Trégomeur 22 47 E3
Trégon 22 49 D3
Trégonneau 22 47 E3
Trégourez 29 69 E2
Trégrom 22 47 D3
Tréguennec 29 68 C4
Trégueux 22 48 B4
Tréguidel 22 47 F3
Tréguier 22 47 D1
Trégunc 29 69 E4
Tréhet 41 97 D3
Tréhorenteuc 56 72 A4
Le Tréhou 29 45 F3
Treignac 19 165 F4
Treignat 03 151 D2
Treigny 89 101 E4
Treilles 11 254 C4
Treilles-en-Gâtinais 45 80 C4
Treillières 44 111 F1
Treix 52 85 D3
Les Treize-Arbres 74 158 B3
Treize-Septiers 85 112 C4
Treize-Vents 85 130 B1
Tréjouls 82 212 C2
Trélans 48 200 C4
Trélazé 49 114 A1
Trélechamp 74 159 F3
Trélévern 22 47 D1
Trelins 42 170 A2
Trélissac 24 179 F2
Trélivan 22 49 E4
Trelly 50 50 C1
Trélon 59 20 B1
Trélou-sur-Marne 02 35 F4
Trémaouézan 29 45 E2
Trémargat 22 70 B1
Trémauville 76 14 C4
Trémazan 29 44 C2
La Tremblade 17 160 A2
Le Tremblay 49 94 B3
Tremblay 35 73 E1
Tremblay-lès-Gonesse 93 58 A1
Le Tremblay-Omonville 27 31 E4
Le Tremblay-sur-Mauldre 78 56 C3
Tremblay-le-Vicomte 28 55 F4
Tremblecourt 54 64 A2
Le Tremblois 70 124 B1
Tremblois-lès-Carignan 08 22 B3
Tremblois-lès-Rocroi 08 21 D2
Trémeheuc 35 73 D1
Trémel 22 46 B2
Tréméloir 22 47 F3
Trémentines 49 113 E3
Tréméoc 29 68 C3
Tréméreuc 22 49 E3
Trémery 57 40 B3
Trémeur 22 72 A1
Tréméven 22 47 E2
Tréméven 29 70 A4
Trémilly 52 84 B2
Tréminis 38 205 E2
Trémoins 70 107 E3
Trémolat 24 196 C1
Trémons 47 196 C4
Trémont 61 53 E4
Trémont 49 114 A3
Trémont-sur-Saulx 55 62 B3
Trémonzey 88 87 D4
Trémorel 22 72 A2
Trémouille 15 183 E1
Trémouille-St-Loup 63 167 D4
Trémouilles 12 215 E2
Trémoulet 09 252 B2
Trémuson 22 47 F3
Trenal 39 141 D3
Trensacq 40 209 D2
Trentels 47 196 C4
Tréogan 22 70 A2
Tréogat 29 68 C3
Tréon 28 55 F3
Tréouergat 29 44 C2
Trépail 51 36 C4
Le Tréport 76 16 A1
Trépot 25 125 E3
Tréprel 14 52 C1
Trept 38 172 B2
Trésauvaux 55 39 D4
Tresbœuf 35 93 E1
Trescault 62 10 C4
Treschenu-Creyers 26 205 D2
Trescléoux 05 221 D1
Trésilley 70 125 E1
Treslon 51 36 A3
Tresnay 58 137 D3
Trespoux-Rassiels 46 197 F4
Tresques 30 219 D3
Tressaint 22 49 E4
Tressan 34 233 F3
Tressandans 25 107 D4
Tressange 57 39 F1
Tressé 35 49 F4
Tresserre 66 262 C3
Tresserve 73 173 E2
Tresses 33 194 B1
Tressignaux 22 47 F3
Tressin 59 5 E4
Tresson 72 97 D1
Treteau 03 153 E1
La Trétoire 77 59 D2
Trets 13 237 F4
Treux 80 18 A2
Treuzy-Levelay 77 80 C3
Trévé 22 71 E2
Trévenans 90 108 A3
Tréveneuc 22 47 F2
Tréveray 55 63 D4
Trévérec 22 47 E2
Trévérien 35 72 C1
Trèves 30 217 D3
Trèves 69 171 E4
Trèves-Cunault 49 114 B2
Trevezel (Gorges du) 30 217 D3
Trévezel (Roc) 29 46 A4
Trévien 81 214 B3
Trévières 14 28 B2
Trévignin 73 173 E2
Trévillach 66 262 A2
Tréville 11 231 D4
Trévillers 25 126 C2
Trévilly 89 103 D4
Trévol 03 137 E3
Trévou-Tréguignec 22 47 D1
Le Trévoux 29 69 F4
Trévoux 01 155 E4
Trévron 22 72 B1
Trézelles 03 153 E2
Trézény 22 47 D1
Trézien (Phare de) 29 44 B3
Tréziers 11 252 C3
Trézilidé 29 45 F2
Trézioux 63 169 D2
Triac-Lautrait 16 162 A3
Triacourt-en-Argonne 55 62 B1
Le Triadou 34 234 B2
Triaize 85 145 D1
Tribehou 50 27 D3
Trichey 89 103 D1
Triconville 55 63 D2
Tricot 60 34 A1
Trie-Château 60 32 C3
Trie-sur-Baïse 65 249 F1
Trie-la-Ville 60 32 C3
Triel-sur-Seine 78 57 D1
Triembach-au-Val 67 89 D1
Trieux 54 39 F2
Trieux 22 47 E2
Trigance 83 239 D1
Trigavou 22 49 E4
Trignac 44 110 C1
Trigny 51 36 B2
Triguères 45 101 D1
Trilbardou 77 58 B1
Trilla 66 262 A1
Trilport 77 58 C1
Trimbach 67 43 E4
Trimer 35 72 C2
La Trimouille 86 149 D1
Trimouns (Carrière de Talc de) 09 260 C1
Trinay 45 79 E4
La Trinitat 15 200 B2
La Trinité 73 174 A4
La Trinité 06 241 E4
La Trinité 50 51 D2
La Trinité 27 55 E1
La Trinité-de-Réville 27 54 B1
La Trinité-de-Thouberville 27 31 E2
La Trinité-des-Laitiers 61 53 F2
La Trinité-du-Mont 76 14 C4
Trinité (Ermitage de la) 2A 69 D4
La Trinité-Langonnet 56 70 A2
La Trinité-Porhoët 56 71 F3
La Trinité-sur-Mer 56 91 D3
La Trinité-Surzur 56 91 F3
Triors 26 188 A3
Le Trioulou 15 199 D3
Tripleville 41 98 C1
Triquerville 76 30 C1
Triqueville 27 30 C2
Trith-St-Léger 59 11 D3
Tritteling 57 41 D4
Trivy 71 155 D1
Trizac 15 183 D2
Trizay 17 160 C1
Trizay-lès-Bonneval 28 78 B3
Trizay-Coutretot-St-Serge 28 77 E2
Troarn 14 29 E3
Troche 19 181 D1
Trochères 21 124 A2
Trocy-en-Multien 77 34 C4
Troësnes 02 35 D3
Troguéry 22 47 D1
Trogues 37 115 E3
Les Trois Becs 26 204 B2
Les Trois-Épis 68 88 C3
Trois-Fonds 23 151 D2
Trois-Fontaines 51 62 B3
Trois-Monts 14 28 C4
Les Trois-Moutiers 86 114 C4
Trois-Palis 16 162 B3
Les Trois-Pierres 76 30 B1
Trois-Puits 51 36 B3
Trois-Vèvres 58 137 E1
Trois-Villes 64 247 E2
Troischamps 52 105 E1
Troisfontaines 52 62 B4
Troisfontaines 57 66 A3
Troisgots 50 27 E4
Troisgots-la-Chapelle-sur-Vire 50 27 E4
Troissereux 60 33 D1
Troissy 51 36 A4
Troisvaux 62 9 E2
Troisvilles 59 11 D4
Tromarey 70 124 C2
Tromborn 57 41 D2
Tronçais (Forêt de) 03 136 B3
Troncens 32 227 F4
La Tronche 38 189 E2
Le Tronchet 35 49 F4
Le Tronchet 72 76 A3
Tronchoy 89 102 C1
Tronchoy 80 16 C2
Tronchoy 52 105 D1
Tronchy 71 140 B2
Le Troncq 27 31 E3
Trondes 54 63 E3
Tronget 03 152 C1
Le Tronquay 14 28 B3
Le Tronquay 27 32 B2
Tronsanges 58 120 A4
Tronville 54 39 F4
Tronville-en-Barrois 55 62 C3
Troo 41 97 E2
Trosly-Breuil 60 34 C2
Trosly-Loire 02 35 D1
Trou de la Bombe 2A 269 E1
Trouans 10 60 C4
Troubat 65 250 B4
Trouhans 21 124 A3
Trouhaut 21 123 D1
Trouillas 66 262 C2
Trouley-Labarthe 65 249 F1
Troumouse (Cirque de) 65 257 E4
Troussencourt 60 17 E4
Troussey 55 63 E3
Troussures 60 33 D2
Trouvans 25 125 F1

Troyes

Champeaux (R.)	BZ	12
Clemenceau (R. G.)	BCY	15
Driant (R. Col.)	BZ	20
Jaurès (Pl. Jean)	BZ	31
République (R. de la)	BZ	51
Zola (R. Émile)	BCZ	
Belgique (Bd de)	BZ	3
Boucherat (R.)	CY	4
Charbonnet (R.)	BZ	13
Comtes de Champagne (Q. des)	CY	16
Dampierre (Quai)	BY	17
Foch (Pl. Mar.)	BZ	22
Huez (R. Claude)	BYZ	28
Jaillant-Desch. (R.)	BZ	29
Joffre (Av. Mar.)	BZ	33
Langevin (Pl. du Prof.)	BZ	35
Libération (Pl. de la)	CZ	39
Molé (R.)	BZ	44
Paillot de Montabert (R.)	BZ	46
Palais-de-Justice (R.)	BZ	47
St-Pantaléon (†)	BZ	E
St-Pierre (Pl.)	CY	52
St-Rémy (Pl.)	BY	53
St-Urbain (†)	BYZ	B
Ste-Madeleine (†)	BZ	D
Salengro (R. Roger)	BZ	54
Tour-Boileau (R. de la)	BZ	59
Trinité (R. de la)	BZ	60
Turenne (R. de)	BZ	61
Vanier (Av. Major. Gén.)	BY	
Voltaire (R.)	BZ	64

Trouville-la-Haule 27 30 C2
Trouville 76 14 C4
Trouville-sur-Mer 14 29 F2
Trouy 18 119 D4
Troye-d'Ariège 09 252 C3
Troyes 10 83 D2
Troyon 55 63 D1
La Truchère 71 140 B4
Truchtersheim 67 67 D3
Trucy 02 35 F1
Trucy-l'Orgueilleux 58 120 C1
Trucy-sur-Yonne 89 102 B3
Le Truel 12 215 F3
Trugny 21 123 F4
Truinas 26 204 B3
Trumilly 60 34 B3
Trun 61 53 D2
Trungy 14 28 B3
Truttemer-le-Grand 14 51 F2
Truttemer-le-Petit 14 51 F2
Truyes 37 116 B2
Tubersent 62 8 B1
Tuchan 11 254 A4
Tucquegnieux 54 39 E2
Tudeils 19 181 F4
Tudelle 32 227 F2
Tudy (Ile) 29 68 C4
Tuffé 72 76 C4
Tugéras-St-Maurice 17 177 E1
Tugny-et-Pont 02 18 C3
La Tuilière 42 169 E1
Tulette 26 219 F1
Tulle 19 181 E2
Tullins 38 188 C1
Tully 80 8 A4
Tupigny 02 19 F1
Tupin-et-Semons 69 171 E4
La Turballe 44 110 A1
La Turbie 06 241 E4
Turcey 21 123 D1
Turckheim 68 88 C3
Turenne 19 181 E3
Turgon 16 147 F4
Turgy 10 83 D4
Turini (Col de) 06 241 E2
Turini (Forêt de) 06 241 E2
Turny 89 82 B4
Turquant 49 114 C3
Turquestein-Blancrupt 57 66 A4
Turqueville 50 25 E3
Turretot 76 14 A4
Turriers 04 206 B4
Tursac 24 180 B4
Tusson 16 162 B1
Tuzaguet 65 250 A3
Le Tuzan 33 193 F4
Tuzie 16 147 E4

U

u) 17,85,86 145 E1
Ubaye 4 206 C4
Uberach 67 67 D1
Ubexy 88 87 D2
Ubraye 04 223 D4
Ucciani 2a 266 C3
Ucel 07 203 D3
Uchacq-et-Parentis 40 209 E4
Uchaud 30 235 D2
Uchaux 84 219 E2
Uchentein 09 259 D3
Uchizy 71 140 A4
Uchon 71 139 D2
Uchon (Signal d') 71 139 D2
Uckange 57 40 B2
Ueberstrass 68 108 B3
Uffheim 68 109 D3
Uffholtz 68 108 B1
Ugine 73 174 B2
Uglas 65 250 A2
Ugnouas 65 249 E1
Ugny 54 39 D1
Ugny-l'Équipée 80 18 C3
Ugny-le-Gay 02 19 D4
Ugny-sur-Meuse 55 63 E3
Uhart-Cize 64 246 C2
Uhart-Mixe 64 247 D1
Uhlwiller 67 67 D1
Uhrwiller 67 67 D1
Ulcot 79 114 A4
Les Ulis 91 57 D3
Ully-St-Georges 60 33 F3
Les Ulmes 49 114 B3
Umpeau 28 79 D1
Unac 09 260 C1
Uncey-le-Franc 21 122 C2
Unchair 51 36 A3
Ungersheim 68 108 C1
Unias 42 170 C3
Unienville 10 83 F2
Unieux 42 186 B1
L'Union 31 230 A2
Unverre 28 77 F3
Unzent 09 252 A2
Upaix 05 221 E1
Upie 26 204 A1
Ur 66 261 D4
Urau 31 259 D2
Urbalacone 2a 268 C1
Urbanya 66 261 F2
Urbeis 67 88 C1
Urbès 68 108 A1
Urbise 42 154 A2
Urçay 03 136 A3
Urcel 02 35 F1
Urcerey 90 107 F3
Urciers 36 135 E4
Urcuit 64 224 C3
Urcy 21 123 E2
Urdens 32 228 C1
Urdès 64 226 A4
Urdos 64 256 B3
Urepel 64 246 B2
Urfé (Château d') 42 169 F1
Urgons 40 226 B2
Urgosse 32 227 D2
Uriménil 88 87 E3
Urmatt 67 66 B4
Urost 64 249 D1
Urou-et-Crennes 61 53 D3
Urrugne 64 224 A4
Urs 09 260 C1
Urschenheim 68 89 E3
Urt 64 224 C3
Urtaca 2b 265 D3
Urtière 25 127 D2
Uruffe 54 63 E4
Urval 24 196 C1
Urville 10 84 B3
Urville 88 86 A3
Urville 50 25 D3
Urville 14 29 D4
Urville-Nacqueville 50 24 C1
Urvillers 02 19 D3
Ury 77 80 B2
Urzy 58 120 B4
Us 95 33 D4
Usclades-et-Rieutord 07 202 C2
Usclas-d'Hérault 34 233 F1
Usclas-du-Bosc 34 233 E2
Usinens 74 157 E4
Ussac 19 181 D2
Ussat 09 260 B1
Usse (Château d') 37 115 D2
Usseau 79 146 A3
Usseau 86 132 B1
Ussel 46 197 F3
Ussel 15 183 F3
Ussel 19 166 C4
Ussel-d'Allier 03 152 C3
Usson 63 168 C4
Usson-en-Forez 42 185 F1
Usson-du-Poitou 86 148 A2
Ussy 14 52 C1
Ussy-sur-Marne 77 58 C1
Ustaritz 64 224 B4
Ustou 09 259 F4
Utah Beach 50 27 E1
Utelle 06 241 D3
Uttenheim 67 89 E1
Uttenhoffen 67 67 D1
Uttwiller 67 66 C1
Uvernet-Fours 04 207 D4
Uxeau 71 138 C3
Uxegney 88 87 D3
Uxelles 39 141 F3
Uxem 59 4 B1
Uz 65 257 D2
Uza 40 208 B3
Uzan 64 226 B3
Uzay-le-Venon 18 136 A2
Uzech 46 197 F3
Uzein 64 226 B4
Uzel 22 71 D2
Uzelle 25 107 D4
Uzemain 88 87 D3
Uzer 07 203 D3
Uzer 65 257 F1
Uzerche 19 181 D1
Uzès 30 218 C3
Uzeste 33 194 C4
Uzos 64 248 C1

V

Vaas 72 96 C3
Vabre 81 231 F2
Vabre-Tizac 12 214 C2
Vabres 30 217 F3
Vabres 15 183 B4
Vabres-l'Abbaye 12 215 F4
Vaccarès (Étang de) 13 235 F3
Vacherauville 55 38 C3
Vachères 04 221 D4
Vachères-en-Quint 26 204 C1
Vacheresse 74 159 D1
La Vacheresse-et-la-Rouillie 88 86 B3
Vacheresses-les-Basses 28 56 A4
La Vacherie 27 31 F4
Vacognes-Neuilly 14 28 C4
Vacon 55 63 E3
La Vacquerie 14 28 B4
Vacquerie 80 9 D4
Vacquerie-le-Boucq 62 9 D3
La Vacquerie-et-St-Martin-de-Castries 34 233 F1
Vacqueriette-Erquières 62 9 D3
Vacqueville 54 65 E4
Vacqueyras 84 219 F2
Vacquières 34 234 B1
Vacquiers 31 230 A1
Vadans 70 124 C1
Vadans 39 141 E1
Vadelaincourt 55 38 B4
Vadenay 51 37 D4
Vadencourt 80 17 F1
Vadencourt 02 19 E2

Vadonville 55 63 D2
Vagnas 07 218 C1
Vagney 88 88 A4
Vahl-lès-Bénestroff 57 65 E1
Vahl-Ebersing 57 41 E4
Vahl-lès-Faulquemont 57 41 D4
Vaiges 53 75 E4
Vailhan 34 233 E3
Vailhauquès 34 234 A2
Vailhourles 12 214 A1
Vaillac 46 198 A2
Vaillant 52 105 D3
Vailly 74 158 C1
Vailly 10 83 D2
Vailly-sur-Aisne 02 35 F2
Vailly-sur-Sauldre 18 119 E1
Vains 50 50 C3
Vairé 85 128 C3
Vaire-Arcier 25 125 E2
Vaire-le-Petit 25 125 E2
Vaire-sous-Corbie 80 18 A2
Vaires-sur-Marne 77 58 A2
Vaison-la-Romaine 84 220 A2
Vaissac 82 213 E3
Vaite 70 105 F3
La Vaivre 70 107 D1
Vaivre-et-Montoille 70 106 B3
Le Val 83 238 B4
Val 15 183 D1
Le Val-André 22 48 B3
Le Val-d'Ajol 88 107 D1
Val-d'Auzon 10 83 E1
Le Val-David 27 55 E1
Val-de-Bride 57 65 E2
Val-de-Fier 74 157 F4
Le Val-de-Gouhenans 70 107 D3
Le Val-de-Guéblange 57 41 F4
Val-de-la-Haye 76 31 E2
Val-de-Mercy 89 102 B3
Val-de-Roulans 25 125 F1
Val-de-Saâne 76 15 E3
Val-de-Vesle 51 36 C3
Val-de-Vière 51 61 F2
Val-des-Prés 05 191 D4
Val-d'Isère 73 175 E4
Val-d'Izé 35 73 F3
Val-et-Châtillon 54 66 A4
Le Val Gallerand 27 54 C1
Val Joly (Lac du) 59 12 C4
Val-Maravel 26 205 D3
Le Val-St-Éloi 70 106 C2
Le Val-St-Germain 91 57 D4
Le Val-St-Père 50 50 C3
Val-Suzon 21 123 E1
Valady 12 199 E4
Valailles 27 30 C4
Valaire 41 117 D1
Valanjou 49 113 F3
Valaurie 26 203 F4
Valavoire 04 222 A1
Valay 70 124 C2
Valbeleix 63 168 A4
Valbelle 04 221 E2
Valberg 06 223 E2
Valbonnais 38 189 E4
Valbonne 06 240 B2
Valbonne (Ancienne Chartreuse de) 30 219 D2
Valcabrère 31 250 A3
Valcanville 50 25 D2
Valcebollère 66 261 D4
Valcivières 63 169 E3
Valcourt 52 62 A4
Valdahon 25 126 A3
Valdampierre 60 33 D3
Valdeblore 06 241 D2
Le Valdécie 50 24 C3
Valdelancourt 52 84 B4
Valderiès 81 214 C4
Valderoure 06 239 F1
Valdieu-Lutran 68 108 B3
Valdivienne 86 132 C4
Valdo-Niello (Forêt de) 2B 266 C1
Valdoie 90 107 F3
Valdrôme 26 205 D3
Valdurenque 81 231 E3
Valeille 42 170 C2
Valeilles 82 212 B1
Valeins 01 155 F3
Valempoulières 39 141 F2
Valençay 36 117 E3
Valence 16 163 D1
Valence 26 187 E4
Valence 82 212 B3
Valence-d'Albigeois 81 215 D4
Valence-en-Brie 77 58 D1
Valence-sur-Baïse 32 228 A1
Valenciennes 59 11 E2
Valencin 38 171 F3
Valencogne 38 172 C4
Valennes 72 97 E1
Valensole 04 221 F4
Valentigney 25 107 F4
Valentin 25 125 E2
Valentine 31 258 C2
Valenton 94 57 F3
Valergues 34 234 C2
Valernes 04 221 F1
Valescourt 60 33 F1
La Valette 38 189 E4
Valette 15 183 D2
Valette (Barrage de la) 19 182 A2
La Valette-du-Var 83 244 B3
Valeuil 24 179 E1
Valeyrac 33 176 C1
Valezan 73 175 D3
Valff 67 89 E1
Valfin-sur-Valouse 39 156 C1
Valflaunès 34 234 B1
Valfleury 42 171 D4
Valframbert 61 76 B1
Valfroicourt 88 86 C3
Valgaudemar 05 206 A1
Valgorge 07 202 C3
Valhey 54 65 D3
Valhuon 62 9 E2
Valiergues 19 166 C4
Valignat 03 152 C3
Valigny 03 136 B3
Valinco (Golfe de) 2A 268 B2
Valines 80 8 A4
Valjouffrey 38 206 A1
Valjouze 15 184 A3
La Valla 42 169 E2
La Valla-en-Gier 42 186 C1
Vallabrègues 30 235 F1
Vallabrix 30 218 C3
Vallan 89 102 A3
Vallangoujard 95 33 E4
Vallans 79 146 A2
Vallant-St-Georges 10 82 C1
Vallauris 06 240 B2
Valle-d'Alesani 2b 267 E1
Valle-di-Campoloro 2b 267 F1
Valle-di-Mezzana 2a 266 B3
Valle-di-Rostino 2b 265 E4
Valle-d'Orezza 2b 265 E4
Vallecalle 2b 265 E3
La Vallée 17 160 C1
La Vallée-au-Blé 02 20 A2
Vallée (Étang de la) 45 100 A1
La Vallée-Mulâtre 02 19 E1
Vallègue 31 230 C4
Valleiry 74 157 F3
Vallenay 18 135 F2
Vallentigny 10 84 A1
Vallerange 57 65 E1
Vallérargues 30 218 C3
Valleraugue 30 217 E3
Vallères 37 115 E2
Valleret 52 84 C1
Vallereuil 24 179 D3
Vallerois-le-Bois 70 106 C4
Vallerois-Lorioz 70 106 C4
Valleroy 54 39 F3
Valleroy 52 105 F3
Valleroy 25 125 E1
Valleroy-aux-Saules 88 86 C2
Valleroy-le-Sec 88 86 C3
Vallery 89 81 E3
Vallesvilles 31 230 B3
Vallet 17 177 F2
Vallet 44 112 B3
Valletot 27 30 C2
La Vallette 42 170 C2
Vallica 2b 264 C3
Vallières 74 173 E1
Vallières 10 103 D1
Vallières 23 166 B1
Vallières-les-Grandes 41 116 C1
Valliguières 30 219 D3
Valliquerville 76 14 C4
Valloire 73 190 C2
Valloires (Anc. abbaye de) 80 8 B2
Les Vallois 88 86 C3
Vallois 54 87 E1
Vallon-en-Sully 03 136 A4
Vallon-Pont-d'Arc 07 203 D4
Vallon-sur-Gée 72 96 A1
Vallorcine 74 159 E3
Vallouise 05 206 C1
Valmagne (Abbaye de) 34 33 F4
Valmanya 66 262 A3
Valmascle 34 233 E3
Valmeinier 73 190 C2
Valmestroff 57 40 B2
Valmigère 11 253 F4
Valmondois 95 33 E4
Valmont 57 41 D4
Valmont 76 14 C3
Valmunster 57 40 C3
Valmy 51 37 F4
Valognes 50 25 D3
Valojoulx 24 180 B4
Valonne 25 126 B1
Valoreille 25 126 C2
Valouse 26 204 B4
Valprionde 46 212 C1
Valprivas 43 186 A2
Valpuiseaux 91 80 A2
Valras-Plage 34 255 E2
Valréas 84 219 F1
Valros 34 233 E4
Valroufié 46 197 F4
Vals 09 252 B3
Vals-les-Bains 07 203 D2
Vals-le-Chastel 43 185 D2
Vals-près-le-Puy 43 185 F4
Valsaintes 04 221 D4
Valsemé 14 30 A3
Valserine 01, 74 157 E2
Valserres 05 206 B3
Valsonne 69 170 C1
Le Valtin 88 88 B3
Valuéjols 15 184 F4
Valvignères 07 203 E4
Valz-sous-Châteauneuf 63 184 C1
Valzergues 12 199 D4
Van (Pointe du) 29 68 A2
Vanault-le-Châtel 51 61 F2
Vanault-les-Dames 51 61 F2
Vançais 79 147 D2
Vancé 72 97 E2
La Vancelle 67 89 D2
Vanclans 25 126 A3
Vançon 04 222 A1
Vandeins 01 156 A2
Vandelainville 54 39 F4
Vandelans 70 125 E1
Vandeléville 54 86 B1
Vandélicourt 60 34 B1
Vandenesse 58 138 A1
Vandenesse-en-Auxois 21 122 C3
Vandeuil 51 36 A3
Vandières 51 36 A3
Vandières 54 64 A1
Vandœuvre-lès-Nancy 54 64 B3
Vandoncourt 25 108 A4
Vandré 17 145 F3
Vandrimare 27 32 A2
Vandy 08 37 F1
Vanlay 10 83 D4
Vannaire 21 104 A1
Vanne 70 106 A3
Le Vanneau 79 146 A2
Vannecourt 57 65 D1
Vannecrocq 27 30 C2
Vannes 56 91 E3
Vannes-le-Châtel 54 63 F4
Vannes-sur-Cosson 45 99 F3
Vannoz 39 142 A2
Vanoise (Parc National de la) 73 174 E4
Vanosc 07 187 D2
Les Vans 07 218 B1
Vantoux 57 40 B3
Vantoux 21 123 E1
Vantoux-et-Longevelle 70 125 D1
Vanves 92 57 E2
Vanvey 21 104 A2
Vanvillé 77 59 D4
Vanxains 24 178 C2
Vany 57 40 B3
Vanzac 17 177 F1
Vanzay 79 147 E2
Vanzy 74 157 E3
Vaour 81 213 F3
Var 6 223 E3
Varacieux 38 188 C2
Varades 44 112 C1
Varages 83 238 B2
Varaignes 24 163 E3
Varaire 46 213 F1
Varaize 17 161 E1
Varambon 01 156 B4
Varanges 21 123 F2
Varangéville 54 64 C3
Varaville 14 29 E3
Varces-Allières-et-Risset 38 189 D3
Vareilles 89 82 A3
Vareilles 71 154 C2
Vareilles 23 149 F2
Varen 82 214 A2
Varengeville-sur-Mer 76 15 E2
Varenguebec 50 26 C2
La Varenne 49 112 B2
Varenne-l'Arconce 71 154 B2
Varenne-St-Germain 71 154 B1
Varenne-sur-le-Doubs 71 140 C1
Varennes 80 17 F1
Varennes 89 102 C1
Varennes 24 196 B1
Varennes 31 230 B4
Varennes 86 132 A2
Varennes 82 213 E4
Varennes 37 116 B4
Varennes-Changy 45 100 C2
Varennes-en-Argonne 55 38 A3
Varennes-le-Grand 71 140 A2
Varennes-Jarcy 91 58 A3
Varennes-lès-Mâcon 71 155 F2
Varennes-lès-Narcy 58 120 A3
Varennes-St-Honorat 43 185 D3
Varennes-Sts-Sauveur 71 140 C4
Varennes-sous-Dun 71 154 C2
Varennes-sur-Allier 03 153 D2
Varennes-sur-Amance 52 105 F1
Varennes-sur-Fouzon 36 117 E3
Varennes-sur-Loire 49 114 C2
Varennes-sur-Morge 63 168 B1
Varennes-sur-Seine 77 81 D2
Varennes-sur-Tèche 03 153 E2
Varennes-sur-Usson 63 168 C4
Varennes-Vauzelles 58 120 B4
Varès 47 195 F4
Varesnes 60 18 C4
Varessia 39 141 E4
Varetz 19 181 D2
Varilhes 09 252 A3
Varinfroy 60 34 C4
Variscourt 02 36 B1
Varize 57 40 C3
Varize 28 78 C4
Varmonzey 88 87 D2
Varnéville 55 63 E2
Varneville-Bretteville 76 15 E4
Varney 55 62 B2
Varogne 70 106 C2
Varois-et-Chaignot 21 123 F2
Varouville 50 25 E1
Varrains 49 114 C2
Varreddes 77 58 C1
Vars 70 105 E4
Vars 05 207 D2
Vars 16 162 C2
Vars (Col de) 04,05 207 E3
Vars-sur-Roseix 19 180 C2
Varsberg 57 41 D3
Varvinay 55 63 E1
Varzay 17 161 D2
Varzy 58 120 C2
Vascœuil 27 32 A1
Vasles 79 131 E4
Vasouy 14 30 A2
Vasperviller 57 66 A3
Vassel 63 168 C2
Vasselay 18 119 D3
Vasselin 38 172 C3
Vassens 02 35 D1
Vasseny 02 35 E2
Vassieux-en-Vercors 26 188 C4
Vassimont-et-Chapelaine 51 60 C3
Vassincourt 55 62 B2
Vassivière (Lac de) 87 165 F2
Vassogne 02 36 A2
Vassonville 76 15 E3
Vassy 14 52 A2
Vassy 89 103 D4
Le Vast 50 25 D2
Vasteville 50 24 C2
Les Vastres 43 186 B4
Vatan 36 118 A4
Vathiménil 54 65 D4
Vatierville 76 16 B3
Vatilieu 38 188 C2
Vatimont 57 40 C4
Vatry 51 61 D2
Vattetot-sous-Beaumont 76 14 B4
Vattetot-sur-Mer 76 14 A3
Vatteville 27 32 A3
Vatteville-la-Rue 76 31 D1
Vaubadon 14 28 B3
Vauban 71 154 B2
Vaubecourt 55 62 B1
Vaubexy 88 87 D2
Vaucé 53 74 C1
Vaucelles (Ancienne Abbaye de) 59 10 C4
Vaucelles 14 28 B2
Vaucelles-et-Beffecourt 02 35 F1
Vauchamps 25 125 F2
Vauchamps 51 59 F2
Vauchassis 10 82 C3
Vauchelles-lès-Authie 80 9 E4
Vauchelles-lès-Domart 80 17 D1
Vauchelles 60 18 C4
Vauchelles-les-Quesnoy 80 8 C4
Vauchignon 21 122 C4
Vauchonvilliers 10 84 A2
Vauchoux 70 106 B3
Vauchrétien 49 113 F2
Vauciennes 51 36 B4
Vauciennes 60 34 C3
Vauclair (Abbaye de) 02 36 A1
Vauclaix 58 121 E3
Vauclerc 51 61 F3
Vaucluse 25 126 B2
Vaucluse (Plateau de) 84 220 C3
Vauclusotte 25 126 C2
Vaucogne 10 61 D4
Vauconcourt-Nervezain 70 106 A3
Vaucouleurs 55 63 E4
Vaucourt 54 65 E3
Vaucourtois 77 58 C2
Vaucresson 92 57 D2
Vaudancourt 60 32 C3
Vaudebarrier 71 154 C1
Vaudelnay 49 114 B3
Vaudeloges 14 53 D1
Vaudemanges 51 36 C4
Vaudémont 54 86 C1
Vaudémont (Signal de) 54 86 C1
Vaudes 10 83 D3
Vaudesincourt 51 37 D3
Vaudesson 02 35 E1
Vaudeurs 89 82 A4
Vaudevant 07 187 D3
Vaudeville-le-Haut 55 85 F1
Vaudeville 54 86 C1
Vaudéville 88 87 E2
Vaudherland 95 57 F1
Le Vaudioux 39 142 A2
Vaudoncourt 57 40 C3
Vaudoncourt 55 39 D2
Vaudoncourt 88 86 B3
Le Vaudoué 77 80 B2
Vaudoy-en-Brie 77 59 D3
Vaudreching 57 40 C2
Vaudrecourt 52 86 A3
Vaudrémont 52 84 C3
Le Vaudreuil 27 31 F3
Vaudreuille 31 231 D4
Vaudreville 50 25 D3
Vaudrey 39 124 C4
Vaudricourt 80 8 A4
Vaudricourt 62 9 F1
Vaudrimesnil 50 26 C3
Vaudringhem 62 3 E4
Vaudrivillers 25 126 A2
Vaudry 14 51 F2
Vaufrey 25 127 D1
Vaugines 84 237 E1
Vaugneray 69 171 D2
Vaugrigneuse 91 57 D4
Vauhallan 91 57 E3
Vaujany 38 190 A2
Vaujours 93 58 A1
Vaulandry 49 96 A4
Le Vaulmier 15 183 D2
Vaulnaveys-le-Bas 38 189 E3
Vaulnaveys-le-Haut 38 189 E3
Vaulry 87 149 D4
Vault-de-Lugny 89 121 E1
Vaulx 74 157 F4
Vaulx 62 9 D3
Vaulx-en-Velin 69 171 F2
Vaulx-Milieu 38 172 A3
Vaulx-Vraucourt 62 10 B4
Le Vaumain 60 33 D2
Vaumas 03 153 E1
Vaumeilh 04 221 F1
Vaumoise 60 34 C3
Vaumort 89 82 A3
Vaunac 24 180 A1
Vaunaveys-la-Rochette 26 204 B2
Vaunoise 61 76 C2
La Vaupalière 76 31 E1
Vaupillon 28 77 F1
Vaupoisson 10 83 E1
Vauquois 55 38 B3
Vauréal 95 57 D1
Vaureilles 12 199 D4
Vaurezis 02 35 E2
Le Vauroux 60 33 D2
Vausse (Prieuré de) 89 03 D3
Vausseroux 79 131 E4
Vautebis 79 131 E4
Vauthiermont 90 108 A2
Vautorte 53 74 C2
Vauvenargues 13 237 F3
Vauvert 30 235 D2
Vauville 14 29 F2
Vauville 50 24 B2
Vauvillers 70 106 B1
Vauvillers 80 18 A2
Vaux 31 230 C4
Vaux 03 151 F1
Vaux 89 102 B3
Vaux 86 147 E2
Vaux 57 40 A4
Vaux-Andigny 02 19 E1
Vaux (Belvédère de) 80 18 B1
Vaux-Champagne 08 37 E1
Vaux (Culée de) 39 141 E2
Les Vaux de Cernay 78 56 C3
Vaux-devant-Damloup 55 38 C3
Vaux-la-Douce 52 105 F1
Vaux-en-Amiénois 80 17 E1
Vaux-en-Beaujolais 69 155 D4
Vaux-en-Bugey 01 172 B1
Vaux-en-Pré 71 139 F3
Vaux-en-Vermandois 02 18 C2
Vaux-en-Dieulet 08 38 A1
Vaux-et-Chantegrue-Malpas 25 142 C1
Vaux-la-Grande 55 63 D3
Vaux-Lavalette 16 178 C1
Vaux-Marquenneville 80 16 C1
Vaux-le-Moncelot 70 106 B4
Vaux-Montreuil 08 21 D4
Vaux-lès-Mouron 08 37 F2
Vaux-lès-Mouzon 08 22 A4
Vaux-lès-Palameix 55 39 D4
Vaux-le-Pénil 77 80 C1
Vaux-la-Petite 55 63 D3
Vaux-les-Prés 25 125 D2
Vaux-Rouillac 16 162 A2
Vaux-lès-Rubigny 08 20 C3
Vaux-lès-St-Claude 39 157 D1
Vaux-Saules 21 123 D1
Vaux-sous-Aubigny 52 105 D3
Vaux-sur-Aure 14 28 B2
Vaux-sur-Blaise 52 84 C1
Vaux-sur-Eure 27 55 F1
Vaux-sur-Lunain 77 81 D3
Vaux-sur-Mer 17 160 B3
Vaux-sur-Poligny 39 141 E2
Vaux-sur-St-Urbain 52 85 D2
Vaux-sur-Seine 78 56 C1
Vaux-sur-Seulles 14 28 C3
Vaux-sur-Somme 80 18 A2
Vaux-sur-Vienne 86 132 C1
Vaux-le-Vicomte 77 58 B4
Vaux-Villaine 08 21 D3
Vauxaillon 02 35 E1
Vauxbons 52 104 C1
Vauxbuin 02 35 D2
Vauxcéré 02 35 F2
Vauxrenard 69 155 E2
Vauxtin 02 35 F2
Vavincourt 55 62 C2
Vavray-le-Grand 51 61 F2
Vavray-le-Petit 51 61 F2
Vaxainville 54 65 E4
Vaxoncourt 88 87 E2
Vaxy 57 65 D2
Vay 44 93 D4
Vaychis 09 260 C2
Vaylats 46 213 E1
Vayrac 46 181 E4
Vayres 33 194 C1
Vayres 87 163 F2
Vayres-sur-Essonne 91 80 A1
Vazeilles-Limandre 43 185 E3
Vazeilles-près-Saugues 43 201 E1
Vazerac 82 213 D2
Veauce 03 152 B3
Veauche 42 170 C3
Veauchette 42 170 B3
Veaugues 18 119 F2
Veaunes 26 187 F3
Veauville-lès-Baons 76 15 D4
Veauville-lès-Quelles 76 15 D3
Vèbre 09 260 C1
Vebret 15 183 D1
Vebron 48 217 D2
Veckersviller 57 66 B1
Veckring 57 40 C2
Vecoux 88 87 F4
Vecquemont 80 17 F2
Vecqueville 52 85 D1
Vedène 84 219 F4
Védrines-St-Loup 15 184 C3
Véel 55 62 B2
Végennes 19 181 E4
Vého 54 65 E3
Veigné 37 116 A2
Veigy-Foncenex 74 158 B2
Veilhes 81 230 C3
Veilleins 41 117 F1
Veilly 21 122 C3
Veix 19 165 F4
Velaine-en-Haye 54 64 B3
Velaine-sous-Amance 54 64 C3
Velaines 55 62 C3
Velanne 38 173 D4
Velars-sur-Ouche 21 123 E2
Velaux 13 237 D3
Velle-le-Châtel 70 106 B3
Velennes 60 33 E1
Velennes 80 17 D3
Velesmes 70 124 C1
Velesmes-Essarts 25 125 D3
Velet 70 124 B1
Vélieux 34 232 B4
Vélines 24 195 E1
Vélizy-Villacoublay 78 57 E3
Velle-sur-Moselle 54 64 C4
Vellèches 86 132 C1
Vellechevreux-et-Courbenans 70 107 E4
Velleclaire 70 125 D1
Vellefaux 70 106 C4
Vellefrey-et-Vellefrange 70 125 D1
Vellefrie 70 106 C3
Velleguindry-et-Levrecey 70 106 B4
Velleminfroy 70 106 C3
Vellemoz 70 106 A4
Velleron 84 220 A4
Vellerot-lès-Belvoir 25 126 B1
Vellerot-lès-Vercel 25 126 A2
Velles 52 105 F2
Velles 36 134 B3
Vellescot 90 108 A3
Vellevans 25 126 A2
Vellexon-Queutrey-et-Vaudey 70 106 A4
Velloreille-lès-Choye 70 124 C1
Velluire 85 145 E1
Velogny 21 122 C1
Velone-Orneto 2b 265 F4
Velorcey 70 106 C2
Velosnes 55 38 C1
Velotte-et-Tatignécourt 88 86 C2
Vélu 62 10 B4
Velving 57 41 D2
Vélye 51 60 C2
Velzic 15 183 D4
Vémars 95 34 A4
Venables 27 32 A3
Venaco 2b 267 D2
Venansault 85 129 D2
Venarey-les-Laumes 21 103 F4
Venarsal 19 181 E2
Venas 03 136 B4
Venasque 84 220 A3
Vence 06 240 B1
Vence (Col de) 06 240 B1
Vendargues 34 234 C2
Vendat 03 153 D3
Vendays-Montalivet 33 176 B1
Vendée 17, 85 145 E1
Vendegies-au-Bois 59 11 E4
Vendegies-sur-Écaillon 59 11 E3
Vendeix (Roche) 63 167 E4
Vendel 35 73 F2
La Vendelée 50 26 C4
Vendelles 02 19 D2
Vendémian 34 233 F3
Vendenesse-lès-Charolles 71 154 C1
Vendenesse-sur-Arroux 71 138 C3
Vendenheim 67 67 D3
Vendes 14 28 C3
Vendeuil 02 19 E3
Vendeuil-Caply 60 17 E4
Vendeuvre 14 53 D1
Vendeuvre 14 53 D1
Vendeuvre-du-Poitou 86 132 B2
Vendeuvre-sur-Barse 10 83 F3
Vendeville 59 10 C1
Vendhuile 02 19 D1
Vendières 02 59 E2
Vendin-lès-Béthune 62 9 F1
Vendin-le-Vieil 62 10 A1
Vendine 31 230 C3
Vendœuvres 36 134 A2
Vendoire 24 178 C1
Vendôme 41 98 A2
Vendranges 42 170 B1
Vendrennes 85 129 F2
Vendres 34 255 D1
Vendresse 08 21 F4
Vendresse-Beaulne 02 35 F2
Vendrest 77 35 D4
La Vendue-Mignot 10 83 D3
Vénéjan 30 219 D2
Venelles 13 237 E2
Vénérand 17 161 E2
Venère 70 124 C1
Vénérieu 38 172 B3
Vénérolles 02 19 F1
Venerque 31 230 A4
Vénès 81 231 E2
Venesmes 18 135 F2
Vénestanville 76 15 D3
Venette 60 34 B2
Veneux-les-Sablons 77 80 C2
Vénevelles 72 96 B3
Veney 54 65 E4
Vengeons 50 51 E2
Venise 25 125 E1
Venisey 70 106 B2
Vénissieux 69 171 E2
Venizel 02 35 E2
Venizy 89 82 B4
Vennans 25 125 F2
Vennecy 45 99 F1
Vennes 25 126 B3
Vennezey 54 87 E1
Venon 38 189 E2
Venon 27 31 E3
Venosc 38 190 A3
Venouse 89 102 B2
Venoy 89 102 B2
Vensac 33 176 B1
Vensat 63 152 C4
Ventabren 13 237 D3
Ventadour (Château de) 19 182 B1
Ventavon 05 205 F4
Ventelay 51 36 A2
Ventenac 09 252 B3
Ventenac-Cabardès 11 253 E1
Ventenac-en-Minervois 11 254 B2
Venterol 04 206 A4
Venterol 26 204 B4
Les Ventes 27 55 D1
Les Ventes-de-Bourse 61 76 B1
Ventes-St Rémy 76 16 A3
Venteuges 43 185 D4
Venteuil 51 36 A4
Venthon 73 174 B2
Ventiseri 2b 267 E4
Ventouse 16 163 D1
Ventoux (Mont) 84 220 B2
Ventron 88 107 F1
La Ventrouze 61 54 C4
Venzolasca 2b 265 E3
Ver 50 50 C1
Ver-lès-Chartres 28 78 C2
Ver-sur-Launette 60 34 B4
Ver-sur-Mer 14 28 C2
Vérac 33 177 F4
Véranne 42 187 D1
Vérargues 34 234 C2
Véraza 11 253 E4
Verberie 60 34 B2
Verbiesles 52 85 D4
Vercel-Villedieu-le-Camp 25 126 A2
Verchain-Maugré 59 11 D3
Verchaix 74 159 D3
Vercheny 26 204 C2
Les Verchers-sur-Layon 49 114 A3
Verchin 62 9 D1
Verchocq 62 8 C1
Vercia 39 141 D3
Verclause 26 205 D4
Vercoiran 26 220 B1
Vercours (Parc Régional du) 26,38 188 C4
Vercourt 80 8 B3
Verdaches 04 222 B1
Verdalle 81 231 E3
Verde (Col de) 2A,2B 267 D3
Verdelais 33 194 C3
Verdelot 77 59 E2
Verdenal 54 65 E3
Verderel-lès-Sauqueuse 60 33 E1
Verderonne 60 34 A2
Verdes 41 98 C1
Verdèse 2b 265 E4
Verdets 64 248 A1
Le Verdier 81 214 A4
La Verdière 83 238 B2
Verdigny 18 119 F2
Verdille 16 162 A1
Verdilly 02 35 E4
Verdon 24 196 B1
Verdon 4,83 222 C3
Verdon 51 59 F1
Verdon (Grand Canyon du) 04 239 D1
Le Verdon-sur-Mer 33 160 B3
Verdonnet 21 103 E3
Verdun 09 260 B1
Verdun 55 38 C3
Verdun-en-Lauragais 11 253 D1
Verdun-sur-le-Doubs 71 140 B1
Verdun-sur-Garonne 82 229 E1
Vereaux 18 136 C1
Verel-de-Montbel 73 173 D3
Verel-Pragondran 73 173 E3
Véretz 37 116 A2
Vereux 70 105 F4
Verfeil 31 230 B2
Verfeil 82 214 A2
Verfeuil 30 218 C2
Vergaville 57 65 F2
Vergéal 35 73 F4
La Vergenne 70 107 D3
Le Verger 49 95 E3
Le Verger 35 72 C3
Verger-sur-Dive 86 131 F2
Vergeroux 17 145 E4
Verges 39 141 E3
Vergetot 76 14 A4
Vergezac 43 185 E4
Vergèze 30 235 D2
Vergheas 63 151 F4
Vergies 80 16 C2
Vergigny 89 102 B1
Vergio (Col de) 2A,2B 266 B1
Vergisson 71 155 E2
La Vergne 17 146 A4
Vergné 17 146 A3
Vergoignan 32 227 D2
Vergoncey 50 50 C4
Vergongheon 43 184 C1
Vergonnes 49 94 B2
Vergons 04 222 C4
Vergranne 25 126 A1
Vergt 24 179 E4
Vergt-de-Biron 24 196 C3

Le Verguier 02 19 D2
Véria 39 141 D4
Vérignon 83 238 C2
Vérigny 28 78 B1
Vérin 42 171 E4
Vérines 17 145 E2
Vérissey 71 140 B3
Verjon 01 156 C1
Verjux 71 140 B1
Verlans 70 107 E3
Verlhac-Tescou 82 213 E4
Verlin 89 101 F1
Verlincthun 62 2 C4
Verlinghem 59 5 D4
Verlus 32 227 D3
Vermand 02 18 C2
Vermandovillers 80 18 B2
Vermelles 62 10 A1
Vermenton 89 102 B3
Vermondans 25 126 C1
Le Vermont 88 88 B1
Vern-sur-Seiche 35 73 D4
Vernais 18 136 B2
Vernaison 69 171 E3
Vernajoul 09 252 A4
Vernancourt 51 62 A2
Vernantes 49 114 C1
Vernantois 39 141 E3
La Vernarède 30 218 A1
Vernas 38 172 B2
Vernassal 43 185 E3
Vernaux 09 260 C1
Vernay 69 155 D3
La Vernaz 74 159 D1
Verne 25 125 F1
Verne (Chartreuse de la) 83 245 D2
Vernègues 13 236 C2
Verneiges 23 151 D2
Le Verneil 73 174 A4
Verneil-le-Chétif 72 96 C3
Verneix 03 151 F1
La Vernelle 36 117 E2
Le Vernet 09 252 A2
Le Vernet 04 222 B1
Le Vernet 03 153 E3
Le Vernet 43 185 E4
Vernet 31 229 F4
Vernet-les-Bains 66 261 F3
Le Vernet-Ste-Marguerite 63 167 F3
Vernet-la-Varenne 63 168 C4
Verneugheol 63 167 D2
Verneuil 58 137 F2
Verneuil 18 136 A2
Verneuil 16 163 E2
Verneuil 51 36 A4
Verneuil-le-Château 37 115 E4
Verneuil-en-Bourbonnais 03 152 C2
Verneuil-en-Halatte 60 34 A3
Verneuil-l'Étang 77 58 B4
Verneuil-Grand 55 22 C4
Verneuil-Moustiers 87 149 D2
Verneuil-Petit 55 22 C4
Verneuil-sous-Coucy 02 35 E1
Verneuil-sur-Avre 27 55 D3
Verneuil-sur-Igneraie 36 135 D3
Verneuil-sur-Indre 37 116 C4
Verneuil-sur-Seine 78 56 C1
Verneuil-sur-Serre 02 19 F4
Verneuil-sur-Vienne 87 164 B1
Verneusses 27 54 B2
Vernéville 57 39 F3
Vernie 72 76 A3
Vernierfontaine 25 125 F3
Vernines 63 167 F3
Verniolle 09 252 B3
Vernioz 38 171 F4
Vernix 50 51 D3
Vernoil 49 114 C1
Le Vernois 39 141 E2
Vernois-lès-Belvoir 25 126 B1
Vernois-le-Fol 25 127 D1
Vernois-sur-Mance 70 106 A2
Vernois-lès-Vesvres 21 104 C3
Vernols 15 183 F2
Vernon 86 148 A1
Vernon 07 202 C4
Vernon 27 32 B4
Vernonvilliers 10 84 B2
Vernosc-lès-Annonay 07 187 E2
Vernot 21 104 C4
Vern-d'Anjou 49 94 C3
La Vernotte 70 106 A4
Vernou-en-Sologne 41 117 F1
Vernou-sur-Brenne 37 116 B1
Vernou-sur-Seine 77 81 D2
Vernouillet 28 55 F3
Vernouillet 78 56 C1
Vernoux 01 140 B4
Vernoux-en-Gâtine 79 130 C3
Vernoux-en-Vivarais 07 203 E1
Vernoux-sur-Boutonne 79 146 C3
Le Vernoy 25 107 E4
Vernoy 89 81 E4
Vernusse 03 152 B2
Verny 57 40 B4
Vero 2a 266 C3
Véron 89 81 F4
Véronne 26 204 C2
Véronnes 21 105 D4
Verosvres 71 155 D1
Verpel 08 38 A2
La Verpillière 38 172 A3
Verpillières 80 18 B4
Verpillières-sur-Ource 10 84 A4
Verquières 13 236 B1
Verquigneul 62 9 F1
Verquin 62 9 F1
Verrens-Arvey 73 174 B2
La Verrerie 18 119 D1
Verreries-de-Moussans 34 232 A4
Verrey-sous-Drée 21 123 D1
Verrey-sous-Salmaise 21 123 D1
Verricourt 10 83 E1
La Verrie 85 113 D4
Verrie 49 114 B2
La Verrière 78 56 C3
Verrières 12 216 B2
Verrières 08 37 F1
Verrières 86 148 A1
Verrières 51 38 A4
Verrières 61 77 E2
Verrières 16 161 F3
Verrières 10 83 D3
Verrières 63 168 A4
Verrières-le-Buisson 91 57 E3
Verrières-de-Joux 25 142 C1
Verrières-du-Grosbois 25 125 F2
Verrières-en-Forez 42 170 A3
Verrines-sous-Celles 79 146 C2
Verrue 86 132 A1
Verruyes 79 131 D4
Vers 74 157 F3
Vers 46 198 A4
Vers 71 140 A3
Vers-en-Montagne 39 142 A2
Vers-Pont-du-Gard 30 219 D4
Vers-sous-Sellières 39 141 D2
Vers-sur-Méouge 26 220 C2
Vers-sur-Selles 80 17 E2
Versailles 78 57 D2
Versailleux 01 156 A4
Versainville 14 53 D1
La Versanne 42 187 D1
Versaugues 71 154 B1
Verseilles-le-Bas 52 105 D2
Verseilles-le-Haut 52 105 D2
Versigny 60 34 B4
Versigny 02 19 E4
Versols-et-Lapeyre 12 216 A4
Verson 14 29 D3
Versonnex 01 158 A2
Versonnex 74 157 F4
Le Versoud 38 189 E2
Le Vert 79 146 B3
Vert 78 56 B1
Vert 40 209 E3
Vert-en-Drouais 28 55 F3
Vert-le-Grand 91 57 E4
Vert-la-Gravelle 51 60 B2
Vert (Lac) 74 159 D4
Vert-le-Petit 91 57 E4
Vert-St-Denis 77 58 A4
Vertain 59 11 E3
Vertaizon 63 168 C2
Vertamboz 39 141 F3
Vertault 21 103 E1
Verteillac 24 179 D1
Verteuil-d'Agenais 47 195 F4
Verteuil-sur-Charente 16 147 E4
Verthemex 73 173 E3
Vertheuil 33 176 C2
Vertolaye 63 169 E3
Verton 62 8 B2
Vertou 44 112 A3
Vertrieu 38 172 B1
Vertus 51 60 B2
Vertuzey 55 63 E3
Vervant 17 146 B4
Vervant 16 162 C1
Vervezelle 88 87 F2
Vervins 02 20 A2
Véry 55 38 B3
Verzé 71 155 E1
Verzeille 11 253 E3
Verzenay 51 36 C3
Verzy 51 36 C4
Vesaignes-sous-Lafauche 52 85 E2
Vesaignes-sur-Marne 52 85 E4
Vesancy 01 158 A1
Vesc 26 204 B3
Vescemont 90 107 F2
Vescheim 57 66 B2
Vescles 39 157 D1
Vescours 01 140 B4
Vescovato 2b 265 E3
Vesdun 18 135 F4
Vésigneul-sur-Marne 51 61 D2
Vésines 01 155 F1
Le Vésinet 78 57 D2
Vesle 2,51 36 A2
Vesles-et-Caumont 02 20 A4
Veslud 02 36 A1
Vesly 50 26 C2
Vesly 27 32 B3
Vesoul 70 106 C3
La Vespière 14 54 A1
Vesseaux 07 203 D3
Vessey 50 50 C4
Vestric-et-Candiac 30 235 D2
Vésubie 06 241 D2
Vesvres 21 122 C1
Vesvres-sous-Chalancey 52 104 C3
Vétheuil 95 32 C4
Vétraz-Monthoux 74 158 B2
Vétrigne 90 107 F3
Veuil 36 117 E3
Veuilly-la-Poterie 02 35 D4
Veulettes-sur-Mer 76 14 C2
Le Veurdre 03 136 C2
Veurey-Voroize 38 189 D2
Veules-les-Roses 76 15 D2
La Veuve 51 61 D1
Veuves 41 116 C1
Veuvey-sur-Ouche 21 123 D3
Veuxhaulles-sur-Aube 21 104 B1
Vevy 39 141 E3
Vexaincourt 88 66 A4
Le Vey 14 52 B1
Veynes 05 205 F3
Veyrac 87 164 B1
Veyras 07 203 E2
Veyre-Monton 63 168 B3
Veyreau 12 216 C2
Veyrier-du-Lac 74 174 A1
Veyrier (Mont) 74 174 A1
Veyrières 15 182 C1
Veyrières 19 166 C4
Veyrignac 24 197 E1
Veyrine 07 187 D3
Veyrines-de-Domme 24 197 D2
Veyrines-de-Vergt 24 179 F4
Veyrins 38 172 C3
Les Veys 50 27 E2
Veyssilieu 38 172 B2
Veyziat 01 157 D2
Vez 60 34 C3
Vézac 24 197 E1
Vézac 15 199 F1
Vézannes 89 102 C2
Vézaponin 02 35 D1
La Vèze 25 125 E2
Vèze 15 184 A2
Vézelay 89 121 E1
Vézelise 54 64 B4
Vézelois 90 108 A3
Vezels-Roussy 15 199 F2
Vézénobres 30 218 B3
Vézère 19,24 196 C1
Vézeronce-Curtin 38 172 C3
Vezet 70 106 A4
Vézézoux 43 184 C1
Le Vézier 51 59 E2
Vézières 86 114 C4
Vézillon 27 32 A3
Vézilly 02 36 A3
Vezin-le-Coquet 35 73 D3
Vézinnes 89 102 C2
Vezins 49 113 E3
Vezins 50 51 D4
Vezins (Barrage de) 50 51 D4
Vézins-de-Lévézou 12 216 A2
Vezot 72 76 B2
Vezzani 2b 267 E2
Viabon 28 79 D3
Viala-du-Pas-de-Jaux 12 216 B4
Viala-du-Tarn 12 216 A3
Vialas 48 217 F1
Vialer 64 227 D3
Viam 19 165 F3
Viane 81 232 A2
Vianges 21 122 B3
Vianne 47 211 D2
Viâpres-le-Petit 10 60 C4
Viarmes 95 33 F4
Vias 34 255 E1
Viaur 12,81 215 D2
Viaur (Viaduc du) 12,81 215 D3
Viazac 46 199 D3
Le Vibal 12 215 F1
Vibersviller 57 65 F1
Vibeuf 76 15 E3
Vibrac 16 162 B3
Vibrac 17 177 F1
Vibraye 72 77 E4
Vic 36 135 D3
Vic-le-Comte 63 168 B3
Vic-de-Chassenay 21 122 B1
Vic-des-Prés 21 123 D3
Vic-en-Bigorre 65 227 E4
Vic-le-Fesq 30 234 C1
Vic-Fezensac 32 227 F1
Vic-la-Gardiole 34 234 B4
Vic (Roche de) 19 181 F3
Vic-sous-Thil 21 122 B2
Vic-sur-Aisne 02 35 D2
Vic-sur-Cère 15 183 D4
Vic-sur-Seille 57 65 D2
Vicdessos 09 260 A1
Le Vicel 50 25 E2
Vichel 63 184 B1
Vichel-Nanteuil 02 35 E3
Vichères 28 77 E3
Vicherey 88 86 B1
Vichy 03 153 D3
Vico 2a 266 B2
La Vicogne 80 17 E1
La Vicomté-sur-Rance 22 49 E4
Vicq 52 105 F1
Vicq 03 152 C3
Vicq 59 11 E2
Vicq 78 56 C2
Vicq-d'Auribat 40 225 F1
Vicq-Exemplet 36 135 E3
Vicq-sur-Breuilh 87 165 D3
Vicq-sur-Gartempe 86 133 D3
Vicq-sur-Nahon 36 117 E4
Vicques 14 53 D1
Victot-Pontfol 14 29 F3
Vidai 61 76 C1
Vidaillac 46 214 A1
Vidaillat 23 166 A1
Vidauban 83 239 D4
Videcosville 50 25 D2
Videix 87 163 F3
Videlles 91 80 A1
Vidou 65 249 F1
Vidouville 50 28 B4
Vidouze 65 227 D4
Viefvillers 60 17 E4
Vieil-Armand 68 108 B1
Le Vieil-Baugé 49 96 A4
Le Vieil-Dampierre 51 62 A1
Le Vieil-Évreux 27 55 E1
Vieil-Hesdin 62 9 D2
Vieil-Moutier 62 3 D4
Vieille-Brioude 43 184 C2
Vieille-Chapelle 62 4 B4
Vieille-Église 62 3 E2
Vieille-Église-en-Yvelines 78 56 C3
La Vieille-Loye 39 124 C4
La Vieille-Lyre 27 54 C2
Vieille-Toulouse 31 230 A3
Vieilles-Maisons-sur-Joudry 45 100 B2
Vieillespesse 15 184 B3
Vieillevie 15 199 E3
Vieillevigne 31 230 B4
Vieillevigne 44 112 B4
Vieilley 25 125 E2
Vieilmoulin 21 123 D2
Viel-Arcy 02 35 F2
Viel-St-Remy 08 21 D4
Viella 65 257 E3
Viella 32 227 D3
Vielle-Adour 65 249 E2
Vielle-Aure 65 258 A3
Vielle-Louron 65 258 A3
Vielle-St-Girons 40 208 A4
Vielle-Soubiran 40 210 A3
Vielle-Tursan 40 226 B2
Viellenave-d'Arthez 64 226 B4
Viellenave-de-Navarrenx 64 225 F4
Viellenave-sur-Bidouze 64 225 E4
Vielleségure 64 226 A4
Vielmanay 58 120 B2
Vielmur-sur-Agout 81 231 D3
Vielprat 43 202 B1
Viels-Maisons 02 59 E2
Vielverge 21 124 B2
Viennay 79 131 D3
Vienne 38 171 F3
Vienne 37,16,86 115 D3
Vienne-le-Château 51 37 F3
Vienne-en-Arthies 95 32 C4
Vienne-en-Bessin 14 28 C2
Vienne-en-Val 45 99 F2
Vienne-la-Ville 51 37 F3
Viens 84 221 D4
Vienville 88 88 A3
Vier-Bordes 65 249 D3
Viersat 23 151 E2
Vierville 28 79 E2
Vierville 50 25 E4
Vierville-sur-Mer 14 27 F2
Vierzon 18 118 B3
Vierzy 02 35 D3
Viesly 59 11 D4
Viessoix 14 51 F2
Viéthorey 25 126 A1
Vieu 01 173 D1
Vieu-d'Izenave 01 157 D3
Vieure 03 136 C4
Vieussan 34 232 C3
Vieuvicq 28 78 A3
Vieuvy 53 74 C1
Vieux 81 214 A4
Vieux 14 29 D4
Vieux-lès-Asfeld 08 36 C1
Vieux-Berquin 59 4 B4
Vieux-Boucau-les-Bains 40 224 C1
Le Vieux-Bourg 22 71 D1
Vieux-Bourg 14 30 B2
Le Vieux-Cérier 16 147 F4
Vieux-Chambord 03 153 E1
Vieux-Champagne 77 59 D4
Vieux-Charmont 25 107 F4
Vieux-Château 21 122 A1
Vieux-Condé 59 11 E2
Vieux-Ferrette 68 108 C4
Vieux-Fumé 14 29 E4
Vieux-Lixheim 57 66 A2
Vieux-Maisons 77 59 E3
Vieux-Manoir 76 15 F4
Le Vieux-Marché 22 46 C2
Vieux-Mareuil 24 179 D1
Vieux-Mesnil 59 12 B3
Vieux-Moulin 60 34 C2
Vieux-Moulin 88 88 B1
Vieux-Moulins 52 105 D2
Vieux-Pont 61 53 D3
Vieux-Pont 14 29 F4
Vieux-Port 27 30 C1
Vieux-Reng 59 12 B2
Vieux-Rouen-sur-Bresle 76 16 C2
La Vieux-Rue 76 32 A1
Vieux-Ruffec 16 147 F4
Vieux-Thann 68 108 B2
Vieux Vernègue 13 236 C2
Vieux-Viel 35 50 B4
Vieux-Villez 27 32 A3
Vieux-Vy-sur-Couesnon 35 73 E2
Vieuzos 65 250 A1
Viévigne 21 124 A1
Viéville 52 85 D3
Viéville-en-Haye 54 64 A1
Viéville-sous-les-Côtes 55 63 E1
Viévy 21 122 C4
Viévy-le-Rayé 41 98 B2
Viey 65 257 E3
Vif 38 189 D3
Viffort 02 59 E1
Le Vigan 46 197 F2
Le Vigan 30 217 E4
Le Vigean 15 182 C2
Le Vigeant 86 148 A2
Le Vigen 87 164 C2
Vigeois 19 181 D1
Viger 65 257 D2
Vigeville 23 150 C3
Viggianello 2a 268 C2
Viglain 45 100 A3
Vignacourt 80 17 E1
Vignage (Rochers du) 61 53 D4
Vignale 2b 265 E3
Vignats 14 53 D2
Le Vignau 40 226 C1
Vignaux 31 229 D2
Les Vigneaux 05 207 D1
Vignec 65 258 A3
Vignely 77 58 B1
Vignemale 65 257 D4
Vignemont 60 34 B1
Les Vignes 48 216 C2
Vignes 64 226 B3
Vignes 89 103 D4
Vignes-la-Côte 52 85 E2
Vigneul-sous-Montmédy 55 38 C1
Vigneulles-lès-Hattonchâtel 55 63 E1
Vigneulles 54 64 C4
Vigneux-de-Bretagne 44 111 E1
Vigneux-Hocquet 02 20 B3
Vigneux-sur-Seine 91 57 F3
Vignevieille 11 253 F3
Vignieu 38 172 C3
Vignoc 35 73 D2
Vignol 58 121 D2
Vignoles 21 123 E4
Vignolles 16 162 A4
Vignols 19 181 D2
Vignonet 33 194 C1
Vignory 52 85 D2
Vignot 55 63 E2
Vignoux-sous-les-Aix 18 119 D3
Vignoux-sur-Barangeon 18 118 C3
Vigny 95 33 D4
Vigny 57 64 C1
Vigoulant 36 150 C1
Vigoulet-Auzil 31 230 A3
Vigoux 36 134 A4
Vigueron 82 229 D1
Vigy 57 40 B3
Vihiers 49 113 F3
Vijon 36 150 C1
Vilaine 35,44,56 73 E3
Vilbert 77 58 C3
Vilcey-sur-Trey 54 64 A1
Vildé-Guingalan 22 49 D4
Ville-la-Grand 74 158 B2
Le Vilhain 03 136 B4
Vilhonneur 16 163 D2
Vilhosc 04 221 F2
Villabé 91 57 F4
Villabon 18 119 E4
Villac 24 180 C2
Villacerf 10 83 D2
Villacourt 54 87 D1
Villadin 10 82 B2
Villafans 70 107 D3
Village-Neuf 68 109 D3
Villaines-la-Carelle 72 76 C2
Villaines-en-Duesmois 21 103 F3
Villaines-la-Gonais 72 77 D3
Villaines-la-Juhel 53 75 E2
Villaines-les-Prévôtes 21 103 E4
Villaines-les-Rochers 37 115 E3
Villaines-sous-Bois 95 33 F4
Villaines-sous-Lucé 72 97 D2
Villaines-sous-Malicorne 72 96 A2
Villainville 76 14 A4
Villalet 27 55 D1
Villalier 11 253 F2
Villamblain 45 98 C1
Villamblard 24 179 E4
Villamée 35 74 A1
Villampuy 28 78 C4
Villandraut 33 194 B4
Villandry 37 115 E2
Villanière 11 253 E1
Villanova 2a 266 B4
Villapourçon 58 138 B1
Villar-d'Arêne 05 190 B3
Villar-en-Val 11 253 F3
Villar-Loubière 05 206 B1
Villar-St-Anselme 11 253 E3
Villar-St-Pancrace 05 191 D4
Villarceaux 95 32 C4
Le Villard 48 201 D4
Villard 74 158 C2
Villard 23 150 A2
Villard-Bonnot 38 189 E2
Villard-de-Lans 38 189 D3
Villard-d'Héry 73 174 A3
Villard-Léger 73 174 A3
Villard-Notre-Dame 38 189 F3
Villard-Reculas 38 189 F3
Villard-Reymond 38 189 F3
Villard-St-Christophe 38 189 E4
Villard-St-Sauveur 39 157 E1
Villard-Sallet 73 174 A4
Villard-sur-Bienne 39 142 A4
Villard-sur-Doron 73 174 C2
Villardebelle 11 253 F3
Villardonnel 11 253 E1
Villards-d'Héria 39 157 E1
Les Villards-sur-Thônes 74 158 B4
Villarembert 73 190 B2
Villargent 70 107 D4
Villargoix 21 122 B2
Villargondran 73 190 B1
Villariès 31 230 A2
Villarlurin 73 174 C4
Villarodin-Bourget 73 191 D2
Villaroger 73 175 E3
Villaroux 73 173 F4
Le Villars 71 140 B4
Villars 42 170 C4
Villars 84 220 C4
Villars 28 78 C3
Villars 24 179 F1
Villars-lès-Blamont 25 126 C1
Villars-les-Bois 17 161 E2
Villars-Colmars 04 222 C2
Villars-les-Dombes 01 156 A4
Villars-en-Azois 52 84 B4
Villars-en-Pons 17 161 D3
Villars-et-Villenotte 21 103 F4
Villars-Fontaine 21 123 E3
Villars (Grottes de) 24 179 F1
Villars-le-Pautel 70 106 B1
Villars-St-Georges 25 125 D3
Villars-St-Marcellin 52 106 A1
Villars-Santenoge 52 104 C3
Villars-le-Sec 90 108 A4
Villars-sous-Dampjoux 25 126 C1
Villars-sous-Écot 25 126 B1
Villars-sur-Var 06 223 F3
Villarzel-Cabardès 11 253 F1
Villarzel-du-Razès 11 253 D2
Villasavary 11 253 D2
Villate 31 229 F4
Villaudric 31 230 A1
Villautou 11 252 C2
Villavard 41 97 F3
Villaz 74 158 B4
La Ville 69 154 C3
Ville 60 34 C1
Villé 67 89 D1
Ville-au-Montois 54 39 E1
Ville-au-Val 54 64 B2
La Ville-aux-Bois 10 84 B1
La Ville-aux-Bois-lès-Dizy 02 20 B4
La Ville-aux-Bois-lès-Pontavert 02 36 B1
La Ville-aux-Clercs 41 98 A1
La Ville-aux-Dames 37 116 A1
La Ville-aux-Nonains 28 55 D4
Ville-d'Avray 92 57 D2
Ville-devant-Belrain 55 62 C2
Ville-devant-Chaumont 55 38 C2
Ville-di-Paraso 2b 264 C3
Ville-di-Pietrabugno 2b 265 E2
La Ville-Dieu-du-Temple 82 212 C3
Ville-Dommange 51 36 B3
La Ville-du-Bois 91 57 E3
Ville-du-Pont 25 126 A4
Ville-en-Blaisois 52 84 C1
Ville-en-Sallaz 74 158 C3
Ville-en-Selve 51 36 C4
Ville-en-Tardenois 51 36 A3
Ville-en-Vermois 54 64 C3
Ville-en-Woëvre 55 39 D3
La Ville-ès-Nonais 35 49 E3
Ville-Houdlémont 54 23 D4
Ville-Issey 55 63 E3
Ville-Langy 58 137 F1
Ville-St-Jacques 77 81 D2
Ville-Savoye 02 35 F3
Ville-sous-Anjou 38 187 E1
Ville-sous-la-Ferté 10 84 B3
La Ville-sous-Orbais 51 60 A1
Ville-sur-Ancre 80 18 A1
Ville-sur-Arce 10 83 F4
Ville-sur-Cousances 55 38 B4
Ville-sur-Illon 88 87 D3
Ville-sur-Jarnioux 69 155 E4
Ville-sur-Lumes 08 21 F3
Ville-sur-Retourne 08 37 D2
Ville-sur-Saulx 55 62 B3
Ville-sur-Terre 10 84 B2
Ville-sur-Tourbe 51 37 F3
Ville-sur-Yron 54 39 E4
Villeau 28 78 C3
Villebadin 61 53 E2
Villebarou 41 98 B4
Villebaudon 50 51 D1
Villebazy 11 253 E3
Villebéon 77 81 D3
Villebernier 49 114 C2
Villeberny 21 122 C1
Villebichot 21 123 F3
Villeblevin 89 81 E2
Villebois 01 172 C1
Villebois-Lavalette 16 162 C4
Villebois-les-Pins 26 221 D1
Villebon 28 78 A2
Villebon-sur-Yvette 91 57 E3
Villebougis 89 81 E3
Villebourg 37 97 D3
Villebout 41 98 A1
Villebramar 47 196 A3
Villebret 03 151 F2
Villebrumier 82 213 E4
Villecelin 18 135 E2
Villecerf 77 80 C2
Villecey-sur-Mad 54 39 F4
Villechantria 39 156 C1
Villechauve 41 97 F3
Villechenève 69 170 C2
Villechétif 10 83 D2
Villechétive 89 82 A4
Villechien 50 51 E4
Villecien 89 101 F1
Villécloye 55 38 C1
Villecomtal 12 199 F4
Villecomtal-sur-Arros 32 227 F4
Villecomte 21 104 C4
Villeconin 91 79 F1
Villecourt 80 18 C3
Villecresnes 94 58 A3
Villecroze 83 239 D2
Villedaigne 11 254 B2
La Villedieu 17 146 B3
La Villedieu 48 201 E2
La Villedieu 23 166 A2
Les Villedieu 25 142 C2
Villedieu 21 103 E1
Villedieu 15 184 B4
Villedieu 84 220 A1
Villedieu-lès-Bailleul 61 53 D2
Villedieu-la-Blouère 49 112 C3
Villedieu-le-Château 41 97 E3
La Villedieu-du-Clain 86 147 F1
La Villedieu-en-Fontenette 70 106 C2
Villedieu-les-Poêles 50 51 D2
Villedieu-sur-Indre 36 134 B2
Villedômain 37 117 D4
Villedômer 37 97 F4
Villedoux 17 145 E2
Villedubert 11 253 F2
Villefagnan 16 147 E4
Villefargeau 89 102 A2
Villefavard 87 149 D3
Villeferry 21 122 C1
Villefloure 11 253 E2
Villefollet 79 146 C3
Villefontaine 38 172 A3
Villefort 11 253 D4
Villefort 48 202 B4
Villefranche 06 241 E4
Villefranche 32 228 C4
Villefranche 89 101 E1
Villefranche-le-Château 26 220 C2
Villefranche-d'Albigeois 81 231 F1
Villefranche-d'Allier 03 152 B1
Villefranche-de-Conflent 66 261 F3
Villefranche-de-Lauragais 31 230 B4
Villefranche-de-Lonchat 24 178 B4
Villefranche-de-Panat 12 215 E3
Villefranche-de-Panat (Lac de) 12 215 F3
Villefranche-de-Rouergue 12 214 B1
Villefranche-du-Périgord 24 197 D3
Villefranche-du-Queyran 47 210 C1
Villefranche-sur-Cher 41 117 F2
Villefranche-sur-Saône 69 155 E4
Villefrancœur 41 98 B3
Villefrancon 70 124 C1
Villefranque 65 227 D3
Villefranque 64 224 C4
Villegagnon 77 59 D3
Villegailhenc 11 253 E1
Villegats 27 56 A1
Villegats 16 147 E4
Villegaudin 71 140 B2
Villegenon 18 119 E1
Villegly 11 253 F1
Villegongis 36 134 B1
Villegouge 33 177 F4
Villegouin 36 134 A1
Villegruis 77 59 F4
Villegusien 52 105 D3
Villeherviers 41 118 A2
Villejésus 16 162 B1
Villejoubert 16 162 C2
Villejuif 94 57 E3
Villejust 91 57 E3
Villelaure 84 237 E2
Villeloin-Coulangé 37 117 D3
Villelongue 65 257 E2
Villelongue-d'Aude 11 253 D3
Villelongue-de-la-Salanque 66 263 D2
Villelongue-dels-Monts 66 262 C3
Villeloup 10 82 C2
Villemade 82 213 E3
Villemagne 11 253 D1
Villemagne 34 233 D3
Villemain 79 147 D4
Villemandeur 45 100 C1
Villemanoche 89 81 E2
Villemardy 41 98 A3
Villemaréchal 77 80 C3
Villemareuil 77 58 C1
Villematier 31 230 A1

Villemaur-sur-Vanne *10* 82 B3
Villembits *65* 249 F1
Villembray *60* 33 D1
Villemer *77* 80 C2
Villemer *89* 102 A1
Villemereuil *10* 83 D3
Villemervry *52* 104 C3
Villemeux-sur-Eure *28* 56 A3
Villemoirieu *38* 172 B2
Villemoiron-en-Othe *10* 82 C3
Villemoisan *49* 113 D1
Villemoisson-sur-Orge *91* 57 E3
Villemolaque *66* 262 C3
Villemomble *93* 58 A2
Villemontais *42* 154 A4
Villemontoire *02* 35 E3
Villemorien *10* 83 E4
Villemorin *17* 146 C4
Villemoron *52* 104 C3
Villemort *86* 133 E4
Villemotier *01* 156 B1
Villemoustaussou *11* 253 E2
Villemoutiers *45* 100 B1
Villemoyenne *10* 83 E3
Villemur *65* 250 A1
Villemur-sur-Tarn *31* 230 A1
Villemurlin *45* 100 A3
Villemus *04* 221 D4
Villenauxe-la-Grande *10* 59 F4
Villenauxe-la-Petite *77* 81 F1
Villenave *40* 209 D4
Villenave-de-Rions *33* 194 B2
Villenave-d'Ornon *33* 194 B2
Villenave-près-Béarn *65* 227 D4
Villenave-près-Marsac *65* 249 E1
Villenavotte *89* 81 E3
La Villeneuve *71* 140 C1
La Villeneuve *23* 167 D1
Villeneuve *09* 259 D3
Villeneuve *33* 177 D3
Villeneuve *12* 198 C4
Villeneuve *04* 221 E4
Villeneuve *63* 168 B4
Villeneuve *01* 155 F4
Villeneuve-l'Archevêque *89* 82 A3
La Villeneuve-au-Châtelot *10* 59 F4
Villeneuve-au-Chemin *10* 82 C4
La Villeneuve-au-Chêne *10* 83 E3
Villeneuve-lès-Avignon *30* 219 E4
La Villeneuve-Bellenoye-et-la-Maize *70* 106 C2
Villeneuve-lès-Béziers *34* 255 D1
Villeneuve-les-Bordes *77* 81 D1
Villeneuve-lès-Bouloc *31* 230 A2
Villeneuve-les-Cerfs *63* 153 D4
La Villeneuve-lès-Charleville *51* 60 A2
Villeneuve-lès-Charnod *39* 156 C1
Villeneuve-la-Comptal *11* 252 C1
Villeneuve-le-Comte *77* 58 B2
Villeneuve-la-Comtesse *17* 146 B3
La Villeneuve-les-Convers *21* 104 A4
Villeneuve-les-Corbières *11* 254 B4
Villeneuve-d'Allier *43* 184 C2
Villeneuve-d'Amont *25* 142 A1
Villeneuve-d'Ascq *59* 5 E4
Villeneuve-d'Aval *39* 124 C4
Villeneuve-de-Berg *07* 203 E3
Villeneuve-de-Duras *47* 195 E2
Villeneuve-de-Marc *38* 172 A4
Villeneuve-de-Marsan *40* 209 F4
Villeneuve-de-Mézin *47* 211 D3
Villeneuve-de-la-Raho *66* 262 C2
Villeneuve-de-Rivière *31* 250 B2
Villeneuve-d'Entraunes *06* 223 E2
Villeneuve-des-Escaldes *66* 261 D3
Villeneuve-d'Olmes *09* 252 C4
Villeneuve-la-Dondagre *89* 81 E3
Villeneuve-du-Latou *09* 251 F2
Villeneuve-du-Paréage *09* 252 B2
La Villeneuve-en-Chevrie *78* 56 A1
Villeneuve-en-Montagne *71* 139 F3
Villeneuve-Frouville *41* 98 B2
Villeneuve-la-Garenne *92* 57 E1
Villeneuve-les-Genêts *89* 101 E3
Villeneuve-la-Guyard *89* 81 E2
Villeneuve-lès-Lavaur *81* 230 C3
Villeneuve-Lécussan *31* 250 A2
Villeneuve-la-Lionne *51* 59 E3
Villeneuve-Loubet *06* 240 B2
Villeneuve-lès-Maguelonne *34* 234 B3
Villeneuve-Minervois *11* 253 F1
Villeneuve-lès-Montréal *11* 253 D2
Villeneuve-Renneville-Chevigny *51* 60 C1
Villeneuve-la-Rivière *66* 262 C2
Villeneuve-le-Roi *94* 57 F3
Villeneuve-les-Sablons *60* 33 E3
Villeneuve-St-Denis *77* 58 B2
Villeneuve-St-Georges *94* 58 A3
Villeneuve-St-Germain *02* 35 E2
Villeneuve-St-Nicolas *28* 78 C2
Villeneuve-St-Salves *89* 102 B2
Villeneuve-St-Vistre-et-Villevotte *51* 60 A4
Villeneuve-sous-Charigny *21* 122 B1
Villeneuve-sous-Dammartin *77* 58 B1
Villeneuve-sous-Pymont *39* 141 D3
La Villeneuve-sous-Thury *60* 34 C4
Villeneuve-sur-Allier *03* 137 E3
Villeneuve-sur-Auvers *91* 79 F1
Villeneuve-sur-Bellot *77* 59 E2
Villeneuve-sur-Cher *18* 118 C4
Villeneuve-sur-Conie *45* 78 C4
Villeneuve-sur-Fère *02* 35 E3
Villeneuve-sur-Lot *47* 211 F1
Villeneuve-sur-Verberie *60* 34 B3
Villeneuve-sur-Vère *81* 214 B4
La Villeneuve-sur-Vingeanne *21* 105 E4
Villeneuve-sur-Yonne *89* 81 F4
Villeneuve-Tolosane *31* 229 F3
Villeneuvette *34* 233 F3
Villennes-sur-Seine *78* 57 D1
Villenouvelle *17* 146 B3
Villenouvelle *31* 230 B4
Villenoy *77* 58 B1
Villentrois *36* 117 E3
Villeny *41* 99 D4
Villepail *53* 75 F1
Villeparisis *77* 58 A1
Villeparois *70* 106 C3
Villeperdrix *26* 204 C4
Villeperdue *37* 115 F3
Villeperrot *89* 81 E3
Villepinte *11* 253 D1
Villepinte *93* 58 A1
Villeporcher *41* 97 F3
Villepot *44* 94 A2
Villepreux *78* 57 D2
Villequier *76* 31 D1
Villequier-Aumont *02* 19 D4
Villequiers *18* 119 F4
Viller *57* 41 D4
Villerable *41* 97 F3
Villerbon *41* 98 B3
Villeréal *47* 196 B3
Villereau *45* 79 E4
Villereau *59* 11 E3
Villerest *42* 154 B4
Villeret *02* 19 D2
Villeret *10* 84 A1
Villereversure *01* 156 C3
Villermain *41* 98 C2
Villeromain *41* 98 A3
Villeron *95* 34 A4
Villerouge-Termenès *11* 254 A3
Villeroy *80* 16 C2
Villeroy *77* 58 B1
Villeroy *89* 81 E3
Villeroy-sur-Méholle *55* 63 D3
Villers *88* 86 C2
Villers *42* 154 C3
Villers-Agron-Aiguizy *02* 36 A4
Villers-Allerand *51* 36 B3
Villers-au-Bois *62* 10 A2
Villers-au-Flos *62* 18 B1
Villers-au-Tertre *59* 10 C3
Villers-aux-Bois *51* 60 B1
Villers-aux-Érables *80* 17 F3
Villers-aux-Nœuds *51* 36 B3
Villers-aux-Vents *55* 62 B2
Villers-Bocage *80* 17 E1
Villers-Bocage *14* 28 C4
Villers-les-Bois *39* 141 E1
Villers-Bouton *70* 125 D1
Villers-Bretonneux *80* 18 A2
Villers-Brûlin *62* 9 F2
Villers-Buzon *25* 125 D2
Villers-lès-Cagnicourt *62* 10 B3
Villers-Campsart *80* 16 C2
Villers-Canivet *14* 52 C1
Villers-Carbonnel *80* 18 B2
Villers-Cernay *08* 22 A3
Villers-le-Château *51* 61 D1
Villers-Châtel *62* 9 F2
Villers-Chemin-et-Mont-lès-Étrelles *70* 125 D1
Villers-la-Chèvre *54* 39 D1
Villers-Chief *25* 126 A2
Villers-la-Combe *25* 126 A2
Villers-Cotterêts *02* 35 D3
Villers-devant-Dun *55* 38 B2
Villers-devant-Mouzon *08* 22 A4
Villers-devant-le-Thour *08* 36 B2
Villers-Écalles *76* 31 E1
Villers-en-Argonne *51* 62 A1
Villers-en-Arthies *95* 32 C4
Villers-en-Cauchies *59* 11 D3
Villers-en-Haye *54* 64 B2
Villers-en-Ouche *61* 54 A2
Villers-en-Prayères *02* 35 F2
Villers-en-Vexin *27* 32 B3
Villers-Farlay *39* 124 C4
Villers-Faucon *80* 18 B2
Villers-la-Faye *21* 123 E3
Villers-Franqueux *51* 36 B2
Villers-Grélot *25* 125 F1
Villers-lès-Guise *02* 19 F2
Villers-Guislain *59* 18 C1
Villers-Hélon *02* 35 D3
Villers-l'Hôpital *62* 9 D3
Villers-le-Lac *25* 126 B3
Villers-lès-Luxeuil *70* 106 C2
Villers-lès-Mangiennes *55* 39 D2
Villers-Marmery *51* 36 C4
Villers-lès-Moivrons *54* 64 C2
Villers-la-Montagne *54* 39 E1
Villers-lès-Nancy *54* 64 B3
Villers-les-Ormes *36* 134 B2
Villers-Outréaux *59* 19 D1
Villers-Pater *70* 106 C4
Villers-Patras *21* 103 F1
Villers-Plouich *59* 10 C4
Villers-Pol *59* 11 E3
Villers-les-Pots *21* 124 A3
Villers-Robert *39* 124 B4
Villers-le-Rond *54* 39 D1
Villers-Rotin *21* 124 B3
Villers-lès-Roye *80* 18 A3
Villers-St-Barthélemy *60* 33 D2
Villers-St-Christophe *02* 18 C3
Villers-St-Frambourg *60* 34 A3
Villers-St-Genest *60* 34 C4
Villers-St-Martin *25* 126 A1
Villers-St-Paul *60* 34 A3
Villers-St-Sépulcre *60* 33 E2
Villers-le-Sec *51* 62 A2
Villers-le-Sec *02* 19 E3
Villers-le-Sec *55* 62 C3
Villers-le-Sec *70* 106 C3
Villers-Semeuse *08* 21 E3
Villers-Sir-Simon *62* 9 F3
Villers-Sire-Nicole *59* 12 B2
Villers-sous-Ailly *80* 17 D1
Villers-sous-Chalamont *25* 142 A1
Villers-sous-Châtillon *51* 36 A4
Villers-sous-Foucarmont *76* 16 B2
Villers-sous-Montrond *25* 125 E3
Villers-sous-Pareid *55* 39 E3
Villers-sous-Prény *54* 64 A1
Villers-sous-St-Leu *60* 33 F3
Villers-Stoncourt *57* 40 C4
Villers-sur-Auchy *60* 32 C1
Villers-sur-Authie *80* 8 B3
Villers-sur-Bar *08* 21 F3
Villers-sur-Bonnières *60* 33 D1
Villers-sur-Coudun *60* 34 B1
Villers-sur-Fère *02* 35 F3
Villers-sur-Mer *14* 29 F2
Villers-sur-Meuse *55* 38 C4
Villers-sur-le-Mont *08* 21 E3
Villers-sur-Nied *57* 65 D1
Villers-sur-Port *70* 106 B2
Villers-sur-le-Roule *27* 32 A3
Villers-sur-Saulnot *70* 107 E4
Villers-sur-Trie *60* 32 C2
Villers-le-Tilleul *08* 21 E4
Villers-Tournelle *80* 17 F4
Villers-le-Tourneur *08* 21 D4
Villers-Vaudey *70* 106 A3
Villers-Vermont *60* 16 C4
Villers-Vicomte *60* 17 E4
Villers-la-Ville *70* 107 D4
Villerserine *39* 141 E1
Villersexel *70* 107 D4
Villerupt *54* 39 E1
Villerville *14* 30 A2
Villery *10* 83 D3
Villes *01* 157 E3
Villes-sur-Auzon *84* 220 B3
Villesalem *86* 133 E4
Villesavin *41* 98 C4
Villeselve *60* 18 C3
Villeseneux *51* 60 C2
Villesèque *46* 213 D1
Villesèque-des-Corbières *11* 254 B3
Villesèquelande *11* 253 E2
Villesiscle *11* 253 D2
Villespassans *34* 254 C1
Villespy *11* 253 D1
Villetaneuse *93* 57 E1
La Villetelle *23* 166 C1
Villetelle *34* 235 D2
Villethierry *89* 81 E3
Villeton *47* 211 D1
Villetoureix *24* 179 D2
Villetritouls *11* 253 F3
Villetrun *41* 98 A2
La Villette *14* 52 B1
Villette *01* 156 B4
Villette *54* 39 D1
Villette *73* 174 C3
Villette *78* 56 B2
Villette-lès-Arbois *39* 141 E1
Villette-d'Anthon *38* 172 A2
Villette-de-Vienne *38* 171 F3
Villette-lès-Dole *39* 124 B4
Villette-sur-Aube *10* 60 C4
Les Villettes *43* 186 B2
Villettes *27* 31 E4
Villeurbanne *69* 171 E2
Villevallier *89* 81 F4
Villevaudé *77* 58 B2
Villevenard *51* 60 A2
Villevêque *49* 95 E4
Villeveyrac *34* 234 A3
Villevieille *30* 234 C1
Villevieux *39* 141 D2
Villevocance *07* 187 D2
Villevoques *45* 80 B4
Villexanton *41* 98 B3
Villexavier *17* 177 E1
Le Villey *39* 141 D1
Villey-St-Étienne *54* 64 A3
Villey-le-Sec *54* 64 A3
Villey-sur-Tille *21* 104 C4
Villez-Champ-Dominel *27* 32 A4
Villez-sur-le-Neubourg *27* 31 D4
Villié-Morgon *69* 155 E3
Villiers *86* 132 A3
Villiers *36* 133 F1
Villiers-Adam *95* 33 E4
Villiers-lès-Aprey *52* 105 D2
Villiers-au-Bouin *37* 96 C4
Villiers-aux-Bois *52* 62 B4
Villiers-aux-Chênes *52* 84 C2
Villiers-aux-Corneilles *51* 60 A4
Villiers-le-Bâcle *91* 57 D3
Villiers-le-Bel *95* 57 E1
Villiers-le-Bois *10* 103 E1
Villiers-Charlemagne *53* 95 D1
Villiers-Couture *17* 146 C4
Villiers-le-Duc *21* 104 A2
Villiers-en-Bière *77* 80 B1
Villiers-en-Bois *79* 146 B3
Villiers-en-Lieu *52* 62 A3
Villiers-en-Morvan *21* 122 B3
Villiers-en-Plaine *79* 146 A1
Villiers-en-Désœuvre *27* 56 A1
Villiers-Fossard *50* 27 E3
Villiers-les-Hauts *89* 103 D3
Villiers-Herbisse *10* 60 C4
Villiers-Louis *89* 81 F3
Villiers-le-Mahieu *78* 56 B2
Villiers-le-Morhier *28* 56 B4
Villiers-le-Pré *50* 50 C4
Villiers-le-Roux *16* 147 E4
Villiers-St-Benoît *89* 101 E2
Villiers-St-Denis *02* 59 E1
Villiers-St-Fréderic *78* 56 C2
Villiers-St-Georges *77* 59 E4
Villiers-St-Orien *28* 78 C4
Villiers-le-Sec *58* 120 C2
Villiers-le-Sec *14* 28 C2
Villiers-le-Sec *52* 85 D4
Villiers-le-Sec *95* 33 F4
Villiers-sous-Grez *77* 80 C2
Villiers-sous-Mortagne *61* 54 B4
Villiers-sous-Praslin *10* 83 E4
Villiers-sur-Chizé *79* 146 B3
Villiers-sur-Loir *41* 97 F2
Villiers-sur-Marne *52* 85 D2
Villiers-sur-Marne *94* 58 A2
Villiers-sur-Morin *77* 58 C2
Villiers-sur-Orge *91* 57 E4
Villiers-sur-Seine *77* 81 F1
Villiers-sur-Suize *52* 105 D1
Villiers-sur-Tholon *89* 101 F2
Villiers-sur-Yonne *58* 121 D1
Villiers-Vineux *89* 102 C1
Villiersfaux *41* 97 F3
Villieu *01* 172 B1
Villing *57* 41 D2
Villognon *16* 162 C1
Villon *89* 103 E1
Villoncourt *88* 87 E2
Villons-les-Buissons *14* 29 D3
Villorceau *45* 98 C2
Villosanges *63* 167 E1
Villotran *60* 33 D2
La Villotte *89* 101 F2
Villotte *88* 86 B3
Villotte-devant-Louppy *55* 62 B2
Villotte-St-Seine *21* 123 D1
Villotte-sur-Aire *55* 62 C2
Villotte-sur-Ource *21* 104 A2
Villouxel *88* 85 F2
Villuis *77* 81 F2
Villy *08* 22 B4
Villy *89* 102 B2
Villy-le-Bas *76* 16 A2
Villy-Bocage *14* 28 C4
Villy-le-Bois *10* 83 D3
Villy-le-Bouveret *74* 158 A3
Villy-en-Auxois *21* 122 C1
Villy-en-Trodes *10* 83 F3
Villy-lez-Falaise *14* 53 D2
Villy-le-Maréchal *10* 83 D3
Villy-le-Moutier *21* 123 E4
Villy-le-Pelloux *74* 158 A4
Ville-le-Marclet *80* 17 D1
Vilory *70* 106 C2
Vilosnes *55* 38 B2
Vilsberg *57* 66 B2
Vimarcé *53* 75 F3
Vimenet *12* 216 A1
Viménil *88* 87 F2
Vimines *73* 173 E3
Vimont *14* 29 E4
Vimory *45* 100 C1
Vimoutiers *61* 53 E1
Vimpelles *77* 81 E1
Vimy *62* 10 A2
Vimy (Mémorial canadien de) *62* 10 A2
Vinaigre (Mont) *83* 240 A3
Vinantes *77* 58 B1
Vinassan *11* 254 C2
Vinax *17* 146 C4
Vinay *51* 60 B1
Vinay *38* 188 C2
Vinça *66* 262 A2
Vincelles *71* 140 C3
Vincelles *51* 35 F4
Vincelles *89* 102 B3
Vincelles *39* 141 D3
Vincelottes *89* 102 B3
Vincennes *94* 57 F2
Vincent *39* 141 D2
Vincey *88* 87 D2
Vincly *62* 9 D1
Vincy-Manœuvre *77* 34 C4
Vincy-Reuil-et-Magny *02* 20 B3
Vindecy *71* 154 A2
Vindefontaine *50* 26 C2
Vindelle *16* 162 C2
Vindey *51* 60 A3
Vindrac-Alayrac *81* 214 A3
Vinets *10* 61 D4
Vineuil *36* 134 B1
Vineuil *41* 98 B4
Vineuil-St-Firmin *60* 34 A3
La Vineuse *71* 139 F4
Vinezac *07* 203 D3
Vingrau *66* 262 B1
Vingt-Hanaps *61* 53 E4
Vinnemerville *76* 14 C2
Vinneuf *89* 81 E2
Vinon *18* 119 F2
Vinon-sur-Verdon *83* 238 A2
Vins-sur-Caramy *83* 238 C4
Vinsobres *26* 220 A1
Le Vintrou *81* 231 F3
Vinzelles *71* 155 E2
Vinzelles *63* 168 C1
Vinzier *74* 159 D1
Vinzieux *07* 187 D1
Viocourt *88* 86 B2
Viodos-Abense-de-Bas *64* 247 E1
Violaines *62* 10 A1
Violay *42* 170 C1
Violès *84* 219 F2
Violot *52* 105 E2
Viols-en-Laval *34* 234 A2
Viols-le-Fort *34* 234 A2
Vioménil *88* 86 C3
Vion *07* 187 E3
Vion *72* 95 F2
Vions *73* 173 E1
Vionville *57* 39 F4
Viozan *32* 220 A1
Viplaix *03* 151 E1
Vira *66* 261 F1
Vira *09* 252 B3
Virac *81* 214 B3
Virandeville *50* 24 C2
Virargues *15* 183 F3
Virazeil *47* 195 E4
Vire *14* 51 E2
Vire *14,50* 27 E4
Viré *71* 155 F1
Viré-en-Champagne *72* 95 F1
Vire-sur-Lot *46* 197 D4
Vireaux *89* 103 D2
Virecourt *54* 87 D1
Virelade *33* 194 B2
Viremont *39* 157 D1
Vireux-Molhain *08* 13 E4
Vireux-Wallerand *08* 13 F4
Virey *71* 140 A2
Virey *50* 51 D4
Virey *70* 124 C1
Virey-sous-Bar *10* 83 E3
Virginy *51* 37 F3
Viriat *01* 156 B2
Viricelles *42* 170 C3
Virieu *38* 172 C4
Virieu-le-Grand *01* 173 D1
Virieu-le-Petit *01* 173 D1
Virigneux *42* 170 C2
Virignin *01* 173 D2
Viriville *38* 188 B1
Virlet *63* 151 F3
Virming *57* 65 E1
Viroflay *78* 57 D3
Virollet *17* 161 D3
Vironchaux *80* 8 B3
Vironvay *27* 31 F3
Virsac *33* 177 E3
Virson *17* 145 E3
Virville *76* 14 B4
Viry *39* 157 E2
Viry *74* 158 A3
Viry *71* 139 D4
Viry-Châtillon *91* 57 F3
Viry-Noureuil *02* 19 D4
Vis *30,34* 234 A1
Vis-en-Artois *62* 10 B3
Vis (Gorges de la) *30,34* 233 F1
Visan *84* 219 F1
Viscomtat *63* 169 E2
Viscos *65* 257 D3
Le Viseney *39* 141 E1
Viserny *21* 103 E4
Visker *65* 249 E2
Vismes *80* 16 B1
Visoncourt *70* 106 C2
Vissac-Autreyrac *43* 185 D3
Vissec *30* 217 D4
Visseiche *35* 94 A1
Viterbe *81* 230 C2
Viterne *54* 64 B4
Vitot *27* 31 E3
Vitrac *63* 152 B4
Vitrac *15* 199 E1
Vitrac *24* 197 E1
Vitrac-en-Viadène *12* 200 B2
Vitrac-St-Vincent *16* 163 D2
Vitrac-sur-Montane *19* 182 A1
Vitrai-sous-Laigle *61* 54 C3
Vitray *03* 136 B3
Vitray-en-Beauce *28* 78 B3
Vitray-sous-Brézolles *28* 55 E3
Vitré *79* 146 C2
Vitré *35* 74 A3
Vitreux *39* 124 C2
Vitrey *54* 64 B4
Vitrey-sur-Mance *70* 106 A2
Vitrimont *54* 65 D3
Vitrolles *84* 237 F1
Vitrolles *13* 237 D4
Vitrolles *05* 205 F4
Vitry-aux-Loges *45* 100 A1
Vitry-lès-Cluny *71* 139 F4
Vitry-le-Croisé *10* 84 A3
Vitry-en-Artois *62* 10 B3
Vitry-en-Charollais *71* 154 B1
Vitry-en-Montagne *52* 104 C2
Vitry-en-Perthois *51* 61 E3
Vitry-le-François *51* 61 E3
Vitry-Laché *58* 121 D3
Vitry-lès-Nogent *52* 85 E4
Vitry-sur-Loire *71* 138 A3
Vitry-sur-Orne *57* 40 A2
Vitry-sur-Seine *94* 57 F3
Vitry-la-Ville *51* 61 D2
Vittarville *55* 38 C2
Vitteaux *21* 122 C1
Vittefleur *76* 14 C2
Vittel *88* 86 B3
Vittersbourg *57* 65 F1
Vittoncourt *57* 40 C4
Vittonville *54* 64 B1
Vitz-sur-Authie *80* 9 D3
Viuz-la-Chiésaz *74* 173 F1
Viuz-en-Sallaz *74* 158 C2
Vivaise *02* 19 E4
Vivans *42* 154 A3
Vivario *2b* 267 D2
Viven *64* 226 C4
Viverols *63* 185 F1
Vivès *66* 262 B3
Vivey *52* 104 C3
Le Vivier *66* 262 A1
Vivier-au-Court *08* 21 F3
Le Vivier-sur-Mer *35* 49 F3
Vivières *02* 35 D3
Viviers *07* 203 E4
Viviers *57* 64 C1
Viviers *89* 102 C2
Viviers-du-Lac *73* 173 E2
Viviers-le-Gras *88* 86 B3
Viviers-lès-Lavaur *81* 230 C3
Viviers-lès-Montagnes *81* 231 E3
Viviers-lès-Offroicourt *88* 86 C2
Viviers-sur-Artaut *10* 84 A4
Viviers-sur-Chiers *54* 39 D1
Viviès *09* 252 B3
Viviez *12* 199 D3
Viville *16* 162 A4
Vivoin *72* 76 B3
Vivonne *86* 147 E1
Vivy *49* 114 C2
Vix *85* 145 F1
Vix *21* 103 F1
Vizille *38* 189 E3
Vizos *65* 257 E3
Vizzavona *2B* 267 D3
Vizzavona (Forêt de) *2B* 267 D2
Vocance *07* 187 D2
Vodable *63* 168 B4
Vœgtlinshofen *68* 88 C4
Vœlfling-lès-Bouzonville *57* 41 D2
Vœllerdingen *67* 66 A1
Vœuil-et-Giget *16* 162 C3
Vogelgrun *68* 89 E4
Voglans *73* 173 E3
Vogüé *07* 203 D3
Voharies *02* 20 A3
Void *55* 63 E3
Le Voide *49* 113 F3
Voie Sacrée *55* 62 C1
Voigny *10* 84 B3
Voilemont *51* 37 F4
Voillans *25* 126 A1
Voillecomte *52* 84 C1
Voimhaut *57* 40 C4
Voinémont *54* 64 B4
Voingt *63* 167 D2
Voinsles *77* 58 C3
Voipreux *51* 60 C2
Voires *25* 125 F3
Voiron *38* 189 D1
Voirons *74* 158 B2
Voiscreville *27* 31 D3
Voise *28* 79 D2
Voisenon *77* 58 B4
Voisey *52* 106 A1
Voisines *52* 105 D2
Voisines *89* 81 F3
Voisins-le-Bretonneux *78* 57 D3
Voissant *38* 173 D4
Voissay *17* 146 A4
Voiteur *39* 141 E2
La Voivre *70* 107 E2
La Voivre *88* 88 B1
Les Voivres *88* 87 D4
Voivres-lès-le-Mans *72* 96 B1
Volcans d'Auvergne (Parc Régional des) *63* 168 A3
Volckerinckhove *59* 3 F3
Volesvres *71* 138 C4
Volgelsheim *68* 89 E4
Volgré *89* 101 F1
Volksberg *67* 66 B1
Vollore-Montagne *63* 169 D2
Vollore-Ville *63* 169 D2
Volmerange-lès-Boulay *57* 40 C3
Volmerange-les-Mines *57* 40 A1
Volmunster *57* 42 B3
Volnay *72* 97 D1
Volnay *21* 123 D4
Volon *70* 106 A3
Volonne *04* 221 F3
Volpajola *2b* 265 E3
Volstroff *57* 40 B2
Volvent *26* 204 C3
Volvic *63* 168 A1
Volx *04* 221 E4
Vomécourt *88* 87 E2
Vomécourt-sur-Madon *88* 86 C1
Voncourt *52* 105 F3
Voncq *08* 37 E1
Vonges *21* 124 B2
Vongnes *01* 173 D1
Vonnas *01* 156 A2
Voray-sur-l'Ognon *70* 125 E1
Voreppe *38* 189 D1
Vorey *43* 185 F2
Vorges *02* 35 F1
Vorges-les-Pins *25* 125 D3
Vorly *18* 136 A1
Vornay *18* 136 A1
Vors *12* 215 D2
Vosbles *39* 157 D1
Vosges du Nord (Parc Régional des) *57,67* 66 A1
Vosne-Romanée *21* 123 E3
Vosnon *10* 82 C4
Vou *37* 116 B4
Vouarces *51* 60 B4
Voudenay *21* 122 B4
Voué *10* 83 D1
Vouécourt *52* 85 D2
Vouël *02* 19 D4
Vougécourt *70* 106 B1
Vougeot *21* 123 E3
Vouglans (Lac de) *39* 141 E4
Vougrey *10* 83 E4
Vougy *74* 158 C3
Vougy *42* 154 B3
Vouharte *16* 162 B2
Vouhé *17* 145 F3
Vouhé *79* 131 D4
Vouhenans *70* 107 D3
Vouillé *86* 132 A3
Vouillé *79* 146 B2
Vouillers *51* 62 A3
Vouillon *36* 135 D2
Vouilly *14* 27 E2
Vouillé-les-Marais *85* 145 E1
Voujeaucourt *25* 107 F4
Voulaines-les-Templiers *21* 104 B2
Voulangis *77* 58 C2
Voulême *86* 147 E3
Voulgézac *16* 162 B4
Voulon *86* 147 E1
Voulpaix *02* A 2
La Voulte-sur-Rhône *07* 203 F1
Voultegon *79* 130 C1
Voulton *77* 59 E4
Voulx *77* 81 D3
Vouneuil-sous-Biard *86* 132 A4
Vouneuil-sur-Vienne *86* 132 C3
Vourey *38* 189 D1
Vourles *69* 171 E3
Voussac *03* 152 B2
Voutenay-sur-Cure *89* 102 C4
Voutezac *19* 181 D2

Vouthon 16 163 D3
Vouthon-Bas 55 85 F1
Vouthon-Haut 55 85 F1
Voutré 53 75 E3
Vouvant 85 130 B4
Vouvray 01 157 E3
Vouvray 37 116 A1
Vouvray-sur-Huisne 72 77 D4
Vouvray-sur-Loir 72 97 D3
Vouxey 88 86 B2
Vouzailles 86 131 F3
Vouzan 16 163 D3
Vouzeron 18 118 C2
Vouziers 08 37 F2
Vouzon 41 99 F3
Vouzy 51 60 C1
La Vove 61 77 D1
Voves 28 78 C3
Vovray-en-Bornes 74 158 A3
Voyenne 02 19 F3
Voyennes 80 18 C3
Voyer 57 66 A3
La Vraie-Croix 56 91 F2
Vraignes-en-Vermandois 80 18 C2
Vraignes-lès-Hornoy 80 16 C2
Vraincourt 52 85 D3
Vraiville 27 31 E3
Vrasville 50 25 D1
Vraux 51 61 D1
Vrécourt 88 86 A3
Vred 59 10 C2
Vregille 70 125 D2
Vregny 02 35 E2
Vrély 80 18 A3
Le Vrétot 50 24 C3
Vriange 39 124 B3
Vrigne-aux-Bois 08 21 F3
Vrigne-Meuse 08 21 F3
Vrigny 61 53 D3
Vrigny 45 79 F4
Vrigny 51 36 B3
Vritz 44 94 B4
Vrizy 08 37 E1
Vrocourt 60 33 D1
Vroil 51 62 A2
Vroncourt 54 86 C1
Vroncourt-la-Côte 52 85 F3
Vroville 88 86 C2
Vry 57 40 C3
Vue 44 111 E2
Vuillafans 25 125 F3
Vuillecin 25 142 C1
Vuillery 02 35 E2
Vulaines 10 82 B3
Vulaines-lès-Provins 77 59 D4
Vulaines-sur-Seine 77 80 C1
Vulbens 74 157 F3
Vulmont 57 64 C1
Vulvoz 39 157 E1
Vy-le-Ferroux 70 106 B3
Vy-lès-Filain 70 106 C4
Vy-lès-Lure 70 107 D3
Vy-lès-Rupt 70 106 A3
Vyans-le-Val 70 107 F4
Vyt-lès-Belvoir 25 126 B1

W

Waben 62 8 B2
Wacquemoulin 60 34 A1
Wacquinghen 62 2 C3
Wadelincourt 08 21 F3
Wadimont 08 20 C3
Wadonville-en-Woëvre 55 39 D4
Wagnon 08 21 D4
Wahagnies 59 10 B1
Wahlbach 68 108 C3
Wahlenheim 67 67 D2
Wail 62 9 D2
Wailly 62 10 A3
Wailly 80 17 E3
Wailly-Beaucamp 62 8 B2
Walbach 68 88 C3
Walbourg 67 67 E1
La Walck 67 67 D1
Waldersbach 67 88 C1
Waldhambach 67 66 B1
Waldhouse 57 42 C3
Waldighofen 68 108 C3
Waldolwisheim 67 66 C2
Waldweistroff 57 40 C2
Waldwisse 57 40 C1
Walheim 68 108 C3
Walincourt-Selvigny 59 19 D1
Wallers 59 11 D2
Wallers-Trélon 59 12 C4
Wallon-Cappel 59 4 B3
Walschbronn 57 42 C3
Walscheid 57 66 B3
Waltembourg 57 66 B2
Waltenheim 68 108 C3
Waltenheim-sur-Zorn 67 67 D2
Waly 55 62 B1
Wambaix 59 11 D4
Wambercourt 62 8 C2
Wambez 60 32 C1
Wambrechies 59 5 D4
Wamin 62 9 D2
Wanchy-Capval 76 16 A2
Wancourt 62 10 B3
Wandignies-Hamage 59 11 D2
Wanel 80 16 C1
Wangen 67 66 C3
Wangenbourg 67 66 B3
Wannehain 59 10 C1
Wanquetin 62 9 F3
La Wantzenau 67 67 E3
Warcq 55 39 D3
Warcq 08 21 E3
Wardrecques 62 3 F4
Wargemoulin-Hurlus 51 37 F3
Wargnies 80 17 E1
Wargnies-le-Grand 59 11 E3
Wargnies-le-Petit 59 11 E3
Warhem 59 4 B2
Warlaing 59 11 D2
Warlencourt-Eaucourt 62 10 A4
Warlincourt-lès-Pas 62 9 F4
Warloy-Baillon 80 17 F1
Warluis 60 33 E2
Warlus 80 17 D2
Warlus 62 10 A3
Warluzel 62 9 E3
Warmeriville 51 36 C2
Warnécourt 08 21 E3
Warneton 59 5 D3
Warsy 80 18 A3
Warvillers 80 18 A3
Wasigny 08 21 D4
Wasnes-au-Bac 59 10 C3
Wasquehal 59 5 E4
Wasselonne 67 66 C3
Wasserbourg 68 88 C4
Wassigny 02 19 F1
Wassy 52 84 C1
Le Wast 62 2 C3
Watigny 02 20 C2
Watronville 55 39 D3
Watten 59 3 E3
Wattignies 59 10 B1
Wattignies-la-Victoire 59 12 B3
Wattrelos 59 5 E4
Wattwiller 68 108 B1
Wavignies 60 33 E1
Waville 54 39 F4
Wavrans-sur-l'Aa 62 3 E4
Wavrans-sur-Ternoise 62 9 E2
Wavrechain-sous-Denain 59 11 D2
Wavrechain-sous-Faulx 59 10 C3
Wavrille 55 38 C2
Wavrin 59 10 B1
Waziers 59 10 C2
Weckolsheim 68 89 E4
Wegscheid 68 108 A2
Weinbourg 67 66 C1
Weislingen 67 66 B1
Weitbruch 67 67 E2
Weiterswiller 67 66 C1
Welles-Pérennes 60 17 F4
Wemaers-Cappel 59 4 A3
Wentzwiller 68 109 D3
Werentzhouse 68 108 C4
Wervicq-Sud 59 5 D3
West-Cappel 59 4 B2
Westbécourt 62 3 E3
Westhalten 68 89 D4
Westhoffen 67 66 C3
Westhouse 67 89 E1
Westhouse-Marmoutier 67 66 C3
Westrehem 62 E 1
Wettolsheim 68 89 D3
Weyer 67 66 A1
Weyersheim 67 67 E2
Wickerschwihr 68 89 D3
Wickersheim 67 66 C2
Wicquinghem 62 8 C1
Wicres 59 10 B1
Widehem 62 2 C4
Widensohlen 68 89 E3
Wiège-Faty 02 19 F2
Wiencourt-l'Équipée 80 18 A2
Wierre-au-Bois 62 2 C4
Wierre-Effroy 62 2 C3
Wiesviller 57 42 A4
Wignehies 59 20 B1
Wignicourt 08 21 D4
Wihr-au-Val 68 88 C3
Wihr-en-Plaine 68 89 D3
Wildenstein 68 88 B4
Wildersbach 67 88 C1
Willeman 62 9 D2
Willems 59 5 E4
Willencourt 62 9 D3
Willer 68 108 C3
Willer-sur-Thur 68 108 B1
Willeroncourt 55 62 C3
Willerval 62 10 A1
Willerwald 57 41 F4
Willgottheim 67 66 C3
Williers 08 22 B3
Willies 59 12 C4
Wilshausen 67 66 C2
Wilwisheim 67 66 C2
Wimereux 62 2 C3
Wimille 62 2 C3
Wimmenau 67 66 C1
Wimy 02 20 B2
Windstein 67 43 D4
Wingen 67 43 D4
Wingen-sur-Moder 67 66 C1
Wingersheim 67 67 D2
Wingles 62 10 A1
Winkel 68 108 C4
Winnezeele 59 4 B3
Wintersbourg 57 66 B2
Wintershouse 67 67 D2
Wintzenbach 67 43 F4
Wintzenheim 68 89 D3
Wintzenheim-Kochersberg 67 66 C3
Wirwignes 62 2 C4
Wiry-au-Mont 80 16 D1
Wisches 67 66 B4
Wisembach 88 88 C2
Wiseppe 55 38B 1
Wismes 62 3 E4
Wisques 62 3 E3
Wisques (Abbaye St-Paul de) 62 3 E3
Wissant 62 2 C2
Wissembourg 67 43 E4
Wissignicourt 02 35 E1
Wissous 91 57 E3
Witry-lès-Reims 51 36 C2
Wittelsheim 68 108 C2
Wittenheim 68 108 C1
Witternesse 62 4 A4
Witternheim 67 89 E1
Wittersdorf 68 108 C3
Wittersheim 67 67 D2
Wittes 62 4 A4
Wittisheim 67 89 E2
Wittring 57 42 A4
Wiwersheim 67 67 D3
Wizernes 62 3 E3
Woël 55 63 E4
Wœlfling-lès-Sarreguemines 57 42 A3
Wœllenheim 67 66 C3
Wœrth 67 43 D4
Woignarue 80 8 A4
Woimbey 55 63 D1
Woincourt 80 16 B1
Woinville 55 63 E1
Woippy 57 40 B3
Woirel 80 16 C2
Wolfersdorf 68 108 B3
Wolfgantzen 68 89 E4
Wolfisheim 67 67 D3
Wolfskirchen 67 66 A1
Wolschheim 67 66 C2
Wolschwiller 68 108 C4
Wolxheim 67 66 C3
Wormhout 59 4 B2
Woustviller 57 41 F4
Wuenheim 68 108 B1
Wuisse 57 65 E2
Wulverdinghe 59 3 F3
Wy-dit-Joli-Village 95 32 C4
Wylder 59 4 B2

X

Xaffévillers 88 87 F1
Xaintrailles 47 211 D2
Xaintray 79 130 C4
Xambes 16 162 C2
Xammes 54 63 F1
Xamontarupt 88 87 F3
Xanrey 57 65 D2
Xanton-Chassenon 85 130 B4
Xaronval 88 86 C1
Xermaménil 54 65 D4
Xertigny 88 87 E4
Xeuilley 54 64 B4
Xirocourt 54 86 C1
Xivray-et-Marvoisin 55 63 E2
Xivry-Circourt 54 39 E2
Xocourt 57 64 C1
Xonrupt-Longemer 88 88 B3
Xonville 54 39 E4
Xouaxange 57 66 A3
Xousse 54 65 E3
Xures 54 65 E3

Y

Y 80 18 C3
Yainville 76 31 D1
Yaucourt-Bussus 80 8 C4
Ychoux 40 208 C1
Ydes 15 183 D1
Yébleron 76 14 C4
Yèbles 77 58 B4
Yenne 73 173 D2
Yermenonville 28 56 B4
Yerres 91 58 A3
Yerville 76 15 D4
Yèvre 18 119 E4
Yèvre-le-Châtel 45 80 A3
Yèvre-la-Ville 45 80 A3
Yèvres 28 78 A3
Yèvres-le-Petit 10 83 F1
Yffiniac 22 48 B4
Ygos-St-Saturnin 40 209 D3
Ygrande 03 136 C4
Ymare 76 31 F2
Ymeray 28 79 D1
Ymonville 28 79 D3
Yolet 15 199 F1
Yoncq 08 22 A4
Yonne 58,77, 89 81 F3
Youx 63 152 A3
Yport 76 14 B3
Ypreville-Biville 76 14 C3
Yquebeuf 76 15 F4
Yquelon 50 50 B2
Yronde-et-Buron 63 168 B3
Yrouerre 89 102 C2
Yser 59 4 B2
Yssac-la-Tourette 63 168 B1
Yssandon 19 180 C2
Yssandon (Puy d') 19 180 C2
Yssingeaux 43 186 B3
Ysson (Puy d') 63 168 B4
Ytrac 15 199 E1
Ytres 62 18 C1
Yutz 57 40 B2
Yvecrique 76 15 D3
Yvernaumont 08 21 E3
Yversay 86 132 A3
Yves 17 145 D4
Les Yveteaux 61 52 C3
Yvetot 76 15 D4
Yvetot-Bocage 50 25 D3
Yvias 22 47 E2
Yviers 16 178 B2
Yvignac 22 72 B1
Yville-sur-Seine 76 31 E2
Yvoire 74 158 B1
Yvoy-le-Marron 41 99 E3
Yvrac 33 194 B1
Yvrac-et-Malleyrand 16 163 D2
Yvrandes 61 51 F3
Yvré-l'Évêque 72 76 B4
Yvré-le-Pôlin 72 96 B2
Yvrench 80 8 C4
Yvrencheux 80 8 C4
Yzengremer 80 16 B1
Yzernay 49 113 E4
Yzeron 69 171 D2
Yzeure 03 137 E4
Yzeures-sur-Creuse 37 133 D2
Yzeux 80 17 D1
Yzosse 40 225 E2

Z

Zaessingue 68 108 C3
Zalana 2b 267 E1
Zarbeling 57 65 E1
Zegerscappel 59 4 A2
Zehnacker 67 66 C3
Zeinheim 67 66 C3
Zellenberg 68 89 D3
Zellwiller 67 89 E1
Zermezeele 59 4 A3
Zérubia 2a 269 D2
Zetting 57 42 A4
Zévaco 2a 267 D4
Zicavo 2a 267 D4
Zigliara 2a 268 C1
Zilia 2b 264 C3
Zilling 57 66 B2
Zillisheim 68 108 C2
Zimmerbach 68 88 C3
Zimmersheim 68 108 C1
Zimming 57 41 D3
Zincourt 88 87 E2
Zinswiller 67 67 D1
Zittersheim 67 66 B1
Zœbersdorf 67 66 C2
Zollingen 67 66 A1
Zommange 57 65 E2
Zonza 2a 269 D2
Zorn 57 66 B3
Zoteux 62 3 D4
Zouafques 62 3 E3
Zoufftgen 57 40 B1
Zoza 2a 269 D2
Zuani 2b 267 E1
Zudausques 62 3 E3
Zutkerque 62 3 E2
Zutzendorf 67 66 C1
Zuydcoote 59 4 A1
Zuytpeene 59 4 A3

Distances in France

Distances between principal towns

Distances are shown in kilometres and are calculated from centres and along the best roads from a motoring point of view, not necessarily following the shortest routes. To obtain a round figure conversion from kilometres to miles multiply the kilometre figure by 5 and divide by 8; for a more precise conversion, multiply by 0.6214.

From a French town to a destination outside France

Calculate the distance from your starting point to the nearest red town located on your proposed itinerary. Add to this the distance from this town to your destination town, shown on the table opposite.

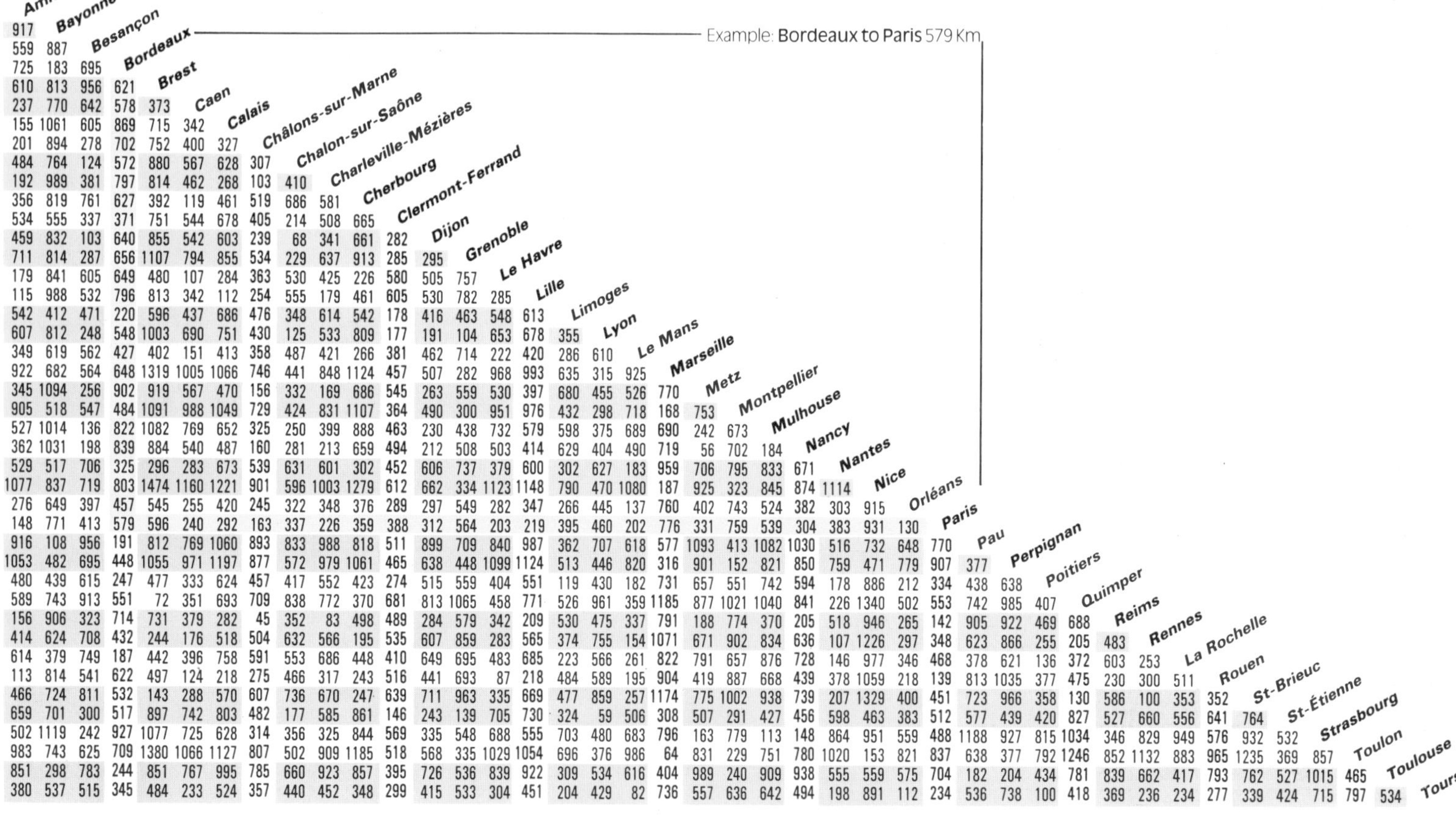

Example: Bordeaux to Paris 579 Km

	Amiens	Bayonne	Besançon	Bordeaux	Brest	Caen	Calais	Châlons-sur-Marne	Chalon-sur-Saône	Charleville-Mézières	Cherbourg	Clermont-Ferrand	Dijon	Grenoble	Le Havre	Lille	Limoges	Lyon	Le Mans	Marseille	Metz	Montpellier	Mulhouse	Nancy	Nantes	Nice	Orléans	Paris	Pau	Perpignan	Poitiers	Quimper	Reims	Rennes	La Rochelle	Rouen	St-Brieuc	St-Étienne	Strasbourg	Toulon	Toulouse
Bayonne	917																																								
Besançon	559	887																																							
Bordeaux	725	183	695																																						
Brest	610	813	956	621																																					
Caen	237	770	642	578	373																																				
Calais	155	1061	605	869	715	342																																			
Châlons-sur-Marne	201	894	278	702	752	400	327																																		
Chalon-sur-Saône	484	764	124	572	880	567	628	307																																	
Charleville-Mézières	192	989	381	797	814	462	268	103	410																																
Cherbourg	356	819	761	627	392	119	461	519	686	581																															
Clermont-Ferrand	534	555	337	371	751	544	678	405	214	508	665																														
Dijon	459	832	103	640	855	542	603	239	68	341	661	282																													
Grenoble	711	814	287	656	1107	794	855	534	229	637	913	285	295																												
Le Havre	179	841	605	649	480	107	284	363	530	425	226	580	505	757																											
Lille	115	988	532	796	813	342	112	254	555	179	461	605	530	782	285																										
Limoges	542	412	471	220	596	437	686	476	348	614	542	178	416	463	548	613																									
Lyon	607	812	248	548	1003	690	751	430	125	533	809	177	191	104	653	678	355																								
Le Mans	349	619	562	427	402	151	413	358	487	421	266	381	462	714	222	420	286	610																							
Marseille	922	682	564	648	1319	1005	1066	746	441	848	1124	457	507	282	968	993	635	315	925																						
Metz	345	1094	256	902	919	567	470	156	332	169	686	545	263	559	530	397	680	455	526	770																					
Montpellier	905	518	547	484	1091	988	1049	729	424	831	1107	364	490	300	951	976	432	298	718	168	753																				
Mulhouse	527	1014	136	822	1082	769	652	325	250	399	888	463	230	438	732	579	598	375	689	690	242	673																			
Nancy	362	1031	198	839	884	540	487	160	281	213	659	494	212	508	503	414	629	404	490	719	56	702	184																		
Nantes	529	517	706	325	296	283	673	539	631	601	302	452	606	737	379	600	302	627	183	959	706	795	833	671																	
Nice	1077	837	719	803	1474	1160	1221	901	596	1003	1279	612	662	334	1123	1148	790	470	1080	187	925	323	845	874	1114																
Orléans	276	649	397	457	545	255	420	245	322	348	376	289	297	549	282	347	266	445	137	760	402	743	524	382	303	915															
Paris	148	771	413	579	596	240	292	163	337	226	359	388	312	564	203	219	395	460	202	776	331	759	539	304	383	931	130														
Pau	916	108	956	191	812	769	1060	893	833	988	818	511	899	709	840	987	362	707	618	577	1093	413	1082	1030	516	732	648	770													
Perpignan	1053	482	695	448	1055	971	1197	877	572	979	1061	465	638	448	1099	1124	513	446	820	316	901	152	821	850	759	471	779	907	377												
Poitiers	480	439	615	247	477	333	624	457	417	552	423	274	515	559	404	551	119	430	182	731	657	551	742	594	178	886	212	334	438	638											
Quimper	589	743	913	551	72	351	693	709	838	772	370	681	813	1065	458	771	526	961	359	1185	877	1021	1040	841	226	1340	502	553	742	985	407										
Reims	156	906	323	714	731	379	282	45	352	83	498	489	284	579	342	209	530	475	337	791	188	774	370	205	518	946	265	142	905	922	469	688									
Rennes	414	624	708	432	244	176	518	504	632	566	195	535	607	859	283	565	374	755	154	1071	671	902	834	636	107	1226	297	348	623	866	255	205	483								
La Rochelle	614	379	749	187	442	396	758	591	553	686	448	410	649	695	483	685	223	566	261	822	791	657	876	728	146	977	346	468	378	621	136	372	603	253							
Rouen	113	814	541	622	497	124	218	275	466	317	243	516	441	693	87	218	484	589	195	904	419	887	668	439	378	1059	218	139	813	1035	377	475	230	300	511						
St-Brieuc	466	724	811	532	143	288	570	607	736	670	247	639	711	963	335	669	477	859	257	1174	775	1002	938	739	207	1329	400	451	723	966	358	130	586	100	353	352					
St-Étienne	659	701	300	517	897	742	803	482	177	585	861	146	243	139	705	730	324	59	506	308	507	291	427	456	598	463	383	512	577	439	420	827	527	660	556	641	764				
Strasbourg	502	1119	242	927	1077	725	628	314	356	325	844	569	335	548	688	555	703	480	683	796	163	779	113	148	864	951	559	488	1188	927	815	1034	346	829	949	576	932	532			
Toulon	983	743	625	709	1380	1066	1127	807	502	909	1185	518	568	335	1029	1054	696	376	986	64	831	229	751	780	1020	153	821	837	638	377	792	1246	852	1132	883	965	1235	369	857		
Toulouse	851	298	783	244	851	767	995	785	660	923	857	395	726	536	839	922	309	534	616	404	989	240	909	938	555	559	575	704	182	204	434	781	839	662	417	793	762	527	1015	465	
Tours	380	537	515	345	484	233	524	357	440	452	348	299	415	533	304	451	204	429	82	736	557	636	642	494	198	891	112	234	536	738	100	418	369	236	234	277	339	424	715	797	534